衡阳教育信息指南

主　　编　　肖立建
执行主编　　刘虹梅　潘为东

中南大学出版社
www.csupress.com.cn

图书在版编目（ＣＩＰ）数据

衡阳教育信息指南／肖立建主编. --长沙：中南
大学出版社，2018.12
ISBN 978 - 7 - 5487 - 3423 - 9

Ⅰ.①衡… Ⅱ.①肖… Ⅲ.①地方教育－信息交流－
衡阳－指南 Ⅳ.①G527.643 - 62

中国版本图书馆 CIP 数据核字(2018)第 211833 号

衡阳教育信息指南
HENGYANG JIAOYU XINXI ZHINAN

肖立建　主编

□责任编辑	谢金伶　廖和平
□责任印制	易建国
□出版发行	中南大学出版社
	社址：长沙市麓山南路　　邮编：410083
	发行科电话：0731 - 88876770　　传真：0731 - 88710482
□印　　装	衡阳日报社印刷厂

□开　　本	889×1194　1/16	□印张 29	□字数 1046 千字	□插页 102
□版　　次	2018 年 12 月第 1 版　□2018 年 12 月第 1 次印刷			
□书　　号	ISBN 978 - 7 - 5487 - 3423 - 9			
□定　　价	268.00 元			

目　录
CONTENTS

第一篇　政策法规篇

第一章　湖南教育政策选登 ·············（3）

湖南省教育综合改革方案（2015—2020年） ·····················（3）

湖南省现代职业教育体系建设规划（2014—2020年） ··············（11）

湖南省建设教育强省推进教育现代化县市区分类监测方案（试行） ··········（20）

湖南省示范性普通高中督导评估方案（试行） ·····················（30）

湖南省义务教育学校办学标准 ······（35）

湖南省乡村教师支持计划（2015—2020年）实施办法 ·············（40）

第二章　衡阳市教育政策选登 ··········（44）

衡阳市"十三五"教育事业发展规划 ······（44）

衡阳市普及高中阶段教育实施方案 ······（52）

衡阳市中小学（中职学校）违规招生行为责任追究办法 ·············（56）

第二篇　办事指南篇

第一章　湖南省教育厅部分 ··········（61）

2016 年湖南省各类教育事业发展概况 ···（61）

湖南省教育厅领导信息 ··········（63）

湖南省教育厅内设机构 ··········（63）

湖南省教育厅直属机构 ··········（67）

湖南省教育厅权力清单 ··········（72）

湖南省教育厅行政审批事项公开目录 ···
·····················（78）

2016 年湖南省教育统计公报 ·······（82）

湖南省教育办事常见问题解答 ······（83）

第二章　衡阳市教育局部分 ··········（100）

衡阳市教育局领导信息 ··········（100）

衡阳市教育局主要职责 ··········（101）

衡阳市教育局直属学校 ··········（106）

第三章　驻衡阳的高校 ·············（123）

第三篇　县（市、区）教育风采

第一章　衡阳县教育风采 ··········（137）

衡阳县教育概况 ··············（137）

衡阳县教育局内设机构及二级机构职能
·····················（138）

衡阳县主要学校信息 ··········（140）

衡阳县普惠性民办幼儿园名单 ···（182）

第二章　衡南县教育风采 ··········（184）

衡南县教育概况 ··············（184）

衡南县教育局内设机构及二级机构职能
·····················（184）

衡南县主要学校信息 ··········（187）

第三章　衡东县教育风采 …………… （218）

　　衡东县教育概况 ……………… （218）
　　衡东县教育局内设机构及二级机构职能
　　……………………………………… （219）
　　衡东县主要学校信息 …………… （221）

第四章　衡山县教育风采 …………… （255）

　　衡山县教育概况 ……………… （255）
　　衡山县教育局内设机构及二级机构职能
　　……………………………………… （255）
　　衡山县主要学校信息 …………… （257）

第五章　祁东县教育风采 …………… （267）

　　祁东县教育概况 ……………… （267）
　　祁东县教育局内设机构及二级机构职能
　　……………………………………… （267）
　　祁东县主要学校信息 …………… （271）
　　祁东县部分学校通讯录 ………… （294）

第六章　耒阳市教育风采 …………… （296）

　　耒阳市教育概况 ……………… （296）
　　耒阳市教育局内设机构及二级机构职能
　　……………………………………… （296）
　　耒阳市主要学校信息 …………… （300）

第七章　常宁市教育风采 …………… （352）

　　常宁市教育概况 ……………… （352）
　　常宁市教育局内设机构及二级机构职能
　　……………………………………… （353）
　　常宁市主要学校信息 …………… （354）
　　常宁市民办教育机构基本情况一览表 …
　　……………………………………… （378）

第八章　南岳区教育风采 …………… （381）

　　南岳区教育概况 ……………… （381）

南岳区教育局内设机构及二级机构职能
……………………………………… （381）
　　南岳区主要学校信息 …………… （383）

第九章　珠晖区教育风采 …………… （388）

　　珠晖区教育概况 ……………… （388）
　　珠晖区教育文化体育局内设机构及二级机
构职能 …………………………… （388）
　　珠晖区主要学校信息 …………… （390）
　　珠晖区主要幼儿园基本情况一览表 ……
　　……………………………………… （405）

第十章　蒸湘区教育风采 …………… （408）

　　蒸湘区教育概况 ……………… （408）
　　蒸湘区教育文化体育局内设机构及二级机
构职能 …………………………… （409）
　　蒸湘区主要学校信息 …………… （410）
　　蒸湘区主要幼儿园基本情况一览表 ……
　　……………………………………… （422）

第十一章　雁峰区教育风采 ………… （426）

　　雁峰区教育概况 ……………… （426）
　　雁峰区教育文化体育局内设机构及二级机
构职能 …………………………… （426）
　　雁峰区主要学校信息 …………… （428）
　　雁峰区主要幼儿园基本情况一览表 ……
　　……………………………………… （439）

第十二章　石鼓区教育风采 ………… （442）

　　石鼓区教育概况 ……………… （442）
　　石鼓区教育文化体育局内设机构及二级机
构职能 …………………………… （442）
　　石鼓区主要学校信息 …………… （445）

后　记 ………………………………… （460）

01
第一篇

政策法规篇

第一章　湖南教育政策选登

湖南省教育综合改革方案(2015—2020 年)

湘政发〔2015〕45 号

根据国家教育体制改革领导小组办公室《关于做好教育综合改革方案编制和报备工作的通知》(教改办函〔2015〕6 号)要求,结合我省实际,制定本方案。

一、总体思路

(一)指导思想

高举中国特色社会主义伟大旗帜,深入贯彻党的十八大和十八届三中、四中、五中全会精神及习近平总书记系列重要讲话精神,按照"四个全面"战略布局,全面贯彻党的教育方针,以立德树人为根本,以推进教育治理体系和治理能力现代化为主线,以破解制约教育科学发展的关键领域和薄弱环节为突破口,深化教育领域综合改革,完善教育治理体制机制,加快建设教育强省和教育现代化步伐,努力办好人民满意的教育,不断满足人民群众对优质多样教育日益增长的需求,为全面建成小康社会提供人才支撑和智力支持。

(二)基本原则

——坚持面向未来与立足当前相结合。深刻把握新常态下湖南教育发展的新特点、新趋势,主动顺应人民群众对教育的新期待、新要求,以国际视野和前瞻思维谋划教育改革,确保湖南教育改革发展有力、有序、有效推进。

——坚持大胆创新与稳妥推进相结合。大力倡导解放思想、务实创新,因地制宜推进改革,破解难题。始终遵循教育规律和人才成长规律,精心设计和稳步实施改革方案,确保在原则和大局问题上不出现方向性和颠覆性失误,确保教育综合改革沿着正确的方向健康推进。

——坚持顶层设计与鼓励基层探索相结合。借鉴国际国内先进经验,强化省级政府整体规划、前瞻布局和组织协调,统筹谋划各级各类教育的改革任务和路径措施。充分发挥地方、学校和师生的主动性、积极性、创造性,尊重和强化学校改革和办学的主体地位,鼓励各地各校主动探索,积极试验,大胆突破。

——坚持全面推进与重点突破相结合。加强顶层设计和系统谋划,克服改革的碎片化和单项改革简单综合化倾向,切实增强改革的综合性、系统性、协同性。切实抓住我省教育事业发展全局的关键领域和薄弱环节,明确改革主攻方向,集中精力,先行先试,攻坚克难,尽快取得具有标志性和先导性的改革成果。

(三)总体目标

到 2020 年,教育的重要领域和关键环节改革取得突破性进展,形成系统完备、开放有序、高效公平的现代教育治理体系。各级各类教育协调发展,教育公平有效保障,教育质量全面提升,教育服务经济社会发展的能力明显增强,教育综合实力进入全国先进行列。基本建成教育强省,基本实现教育现代化。

围绕总体目标,努力构建四大制度体系:一是以立德树人、促进人的全面发展为核心,努力构建促进学生德智体美全面发展和终身发展的育人制度体系。二是以转变政府职能、突出学校办学主体地位、鼓励社会广泛参与为关键,努力构建各类教育主体各司其职、协同推进改革发展的"管办评"制度体系。三是以制定落实学校章程、优化学校内部运行机制为重点,努力构建学校依法办学,政府、社会、师生广泛监督的现代学校制度体系。四是以增强教育的适应性、服务经济社会发展为导向,努力构建教育与经济社会发展协同联动的制度体系。

二、主要任务

（一）坚持立德树人，提高人才培养质量

1. 构建大中小学德育一体化体系。发挥学校培育和践行社会主义核心价值观的基础性作用，深化中国特色社会主义和中国梦宣传教育，探索建立大学、中学、小学德育既重点突出又有机衔接的一体化体系。建立学校、家庭、社区共同参与的德育协同机制，引导学生广泛参与社会公益活动和志愿服务活动，建立"爱学习、爱劳动、爱祖国"教育活动长效机制，培养学生社会责任感、创新精神和实践能力。加强和改进学校法治教育，将法治理念培育和法律知识教育全面纳入国民教育体系。落实高校党委意识形态工作责任制，强化高校教师队伍思想政治建设，推动高校辅导员队伍专业化职业化建设。

2. 探索学生身心和个性发展教育模式。构建学生身心协调发展机制。深化课程教学改革，健全政府、学校、家庭、社会共同参与减负的机制，标本兼治减轻学生过重课业负担。建立专兼职结合的心理辅导教师队伍，推动各级各类学校开展心理辅导与疏导，促进学生身心健康。建立健全以促进学生身体、心理素质与科学文化素质全面协调发展为核心的中小学教育质量评价制度。改革体育课程体系和教学内容。建立适应青少年成长特点、课堂理论教学与技能训练相结合的课程和教学内容体系。广泛开展学生课余锻炼活动。改革高校高水平运动队和中小学传统体育项目管理制度，扩大覆盖面，增强辐射功能。加快推进校园足球改革发展。建立健全学生体质健康监测评价、学校体育工作评估和年度报告制度。构建加强艺术教育的长效机制。配齐配强教师队伍，开齐开足各学段艺术课程，全面推行初中毕业升学艺术科目考试。落实高校公共艺术课程开设规定，建立非艺术类专业大学生修满 2 个艺术课程学分的保障机制。建立开展课外、校外艺术活动的长效机制，引导每一位学生掌握 1 项艺术特长。建立健全学生艺术素质测评、学校艺术教育自评和艺术教育发展年度报告制度。

3. 深化以促进学生全面发展为核心的中小学课程改革。引导各地各校尊重学生个性差异，建设符合学生自身水平和特长的个性化课程体系。优化与学生成长和学科发展相适应的课程内容，完善地方课程和校本课程，保证教材质量。落实教学基本要求，合理设计教学流程，规范教学行为，保证学生达到学业基本标准。推动教学方式、学习方式改革，推广自主学习、探究式学习、实践教学等方面的成功经验，改变"满堂灌""填鸭式"的教学方式，提高课堂教学质量和效率。建立健全激励教师教学改革的长效机制，鼓励和支持教师加强教学研究，改进和创新教学方法。

4. 深化以提高职业能力为目标的职业院校育人模式改革。健全政府主导、行业指导、企业参与的办学机制，出台我省深化产教融合校企合作的政策法规，推动行业企业落实办学主体作用。深化职业院校人才培养模式改革，开展校企联合招生、联合培养的现代学徒制试点。建立完善产学研一体的教育教学模式，推进专业设置与产业需求、课程内容与职业标准、教学过程与生产过程对接，推进学历证书和职业资格证书"双证书"制度。支持高职院校积极探索五年制高职技术技能人才培养。支持职业院校与行业企业、产业园区共建生产性实习实训基地，鼓励学校之间共建共享校外实习实训基地。

5. 深化以提升创新创业能力为导向的高校人才培养模式改革。积极探索学生创造性学习模式，深化普通高校实践教学改革，大力推进高校重点实验室、工程技术研究中心等研究基地和创新平台等向本科学生开放。鼓励高校推进全面学分制、导师制、主辅修以及自主选择专业、自主选择课程等教学管理制度改革。引导研究生培养单位以高水平科学研究支撑高水平研究生培养。加大校企合作人才培养基地建设力度，探索校企合作育人新机制。加快推进公共服务平台和校园实践平台建设，着力构建大学生创新创业教育与服务体系。进一步完善高校就业反馈机制，建立健全高校就业质量与招生计划安排、学科专业调整、教育教学改革等联动机制。

6. 建立健全教育全过程质量监控制度。完善中小学教育质量监测制度。健全质量监测专业机构，创新质量监测手段，定期发布质量监测结果，督促学校、引导社会树立正确的教育观、成才观，坚决纠正唯分数论的考核倾向。完善职业教育质量监控制度。加强职业教育质量的过程化、系统化评价，推动行业企业与教育部门共同建立体现职业教育特点的评价体系，适时引入行业、企业评价和第三方专业性评价，强化评价结果的综合分析与运用。改革高等教育质量评估机制。督促高校落实质量保障主体责任，健全高校自我评估、院校评估、专业认证及评估、国际评估和教学基本状态数据常态检测"五位一体"的质量评估制度。研究制定研究生培养质量标准，改革研究生教育质量评价制度。

（二）改革教育资源配置，优化结构促进公平

7.全力促进教育机会公平。建立健全弱势群体受教育权益保障机制。健全从学前教育至研究生教育全覆盖的学生资助体系，完善国家奖助学金动态调整机制。进一步完善和落实进城务工人员随迁子女在流入地就学和升学的政策措施，构建农村留守儿童关爱服务体系。督促市州中心特殊学校建成招收视障、听障、智障三类残疾学生的综合学校，进一步完善县级残疾学生随班就读支持保障体系，对特殊残疾学生送教上门，探索建立特殊教育医教协同保障机制。着力破解中小学择校难题。健全义务教育免试就近入学制度，严格实行划片入学，完善随机派位招生入学方式，试行学区制办学，探索建立小学初中九年一贯招生制度，有效化解城镇"大班额""择校热"等难题。改进高中阶段学校招生机制，实行优质高中招生名额按不低于50%的比例合理分配到区域内初中的办法。

8.缩小基础教育区域、城乡、校际差距。保障学前教育资源供给。适应人口新政策，完善政府主导、社会参与、公办民办并举的学前教育办学体制。加快发展公办幼儿园，依法支持社会力量举办幼儿园，加大政府统筹城镇小区配套幼儿园建设力度，构建覆盖城乡、布局合理的学前教育公共服务体系。完善普惠性民办幼儿园认定制度和扶持机制。完善义务教育均衡发展机制。改进义务教育资源配置办法，

坚持向农村学校和城镇薄弱学校倾斜。制定《湖南省中小学校幼儿园规划建设条例》，优化城乡中小学布局，为适龄儿童少年提供足够的公办义务教育学位。着力推进义务教育标准化学校建设，全面改善薄弱学校基本办学条件，继续实施农村义务教育寄宿制学校运行补助与条件改善计划，完善中小学校舍维修改造长效机制。建立统筹协调、监测督查等长效保障机制，强化义务教育发展基本均衡县的评估认定。推进高中阶段教育区域整体提升。普及高中阶段教育。严格落实普职招生大体相当的要求，以加快发展中等职业教育为重点，引导初中毕业生合理分流。优化普通高中学校布局，指导各地完善以现代教育实验学校、示范性高中、综合高中和特色高中为基本模式的多样化办学格局，建立适应普通高中多样化发展的管理与评价制度。

9.改进优质教育资源共享机制。推广学区化、集团化办学模式。实施义务教育阶段学校成片统筹管理，支持和推动优质学校组建集团，实现学区和集团内课程、教师、设施设备等优质资源共享。建立优质学校集群式发展模式，推动学校之间组建学校联盟、试行集团化办学。鼓励品牌幼儿园以承办新园、托管薄弱园等形式扩大优质学前教育资源。推进城区优质教育资源向农村辐射。加强省级统筹，鼓励引导城市学校与农村学校对口协作，通过城区品牌学校赴农村合作办学、对口支援、委托管理等举措，整体提升农村中小学发展水平。重构职业教育优质资源共建共享机制。完善优质职教资源遴选共享机制，调动广大师生建设和运用优质资源的积极性，推进职业教育优质资源跨区域、跨行业共建共享。为贫困地区职业院校"量身定做"一批职业教育优质课程资源，有效实现贫困地区职业院校共享全省优质职业教育资源。改革高等教育公共资源平台建设及管理。改进高校数字图书馆运行和管理办法，建设一批开放共享的高校数字教学资源中心，加强高校在线开放课程建设和应用。完善湖南省高校大型仪器设备共享数据库等公共信息平台，促进大型仪器向全社会开发共享。加强与全国、省级平台的互联对接，打造全省高等教育的区域性公共资源共享体系。以信息化助推

教育现代化。构建县域整体推进"三通工程"建设机制，积极探索PPP模式。制定出台加强教育信息化"三通工程"建设与应用的指导性意见，探索符合我省实际的教育信息化可持续发展机制。加强优质教学资源的信息化建设，构建利用信息化手段扩大优质教育资源覆盖面的长效机制。积极推动信息技术与教育教学深度融合，有机整合省级资源服务平台和管理服务平台，积极开展数据挖掘和大数据服务，实现全省教育数字化资源和教育管理系统共建共享。

10. 完善教育精准扶贫工作机制。优化教育经费分配机制，加大对农村地区、贫困地区、民族地区倾斜支持力度。推进精准资助，对596万贫困人口中的贫困学生实行政府兜底，切实解决贫困家庭学生的后顾之忧。建立为贫困家庭免费培养技能技术人才制度，采取"9+3"模式，保障贫困地区未能升入高中的初中毕业生免费接受中职教育。积极扶持农村贫困地区、民族地区普通高中、中高职院校建设，鼓励优质学校与贫困地区学校"结对帮扶"。推动实施中西部高等教育振兴行动计划。落实好国家农村与贫困地区定向招生计划。

（三）深化内涵发展，提升教育服务社会能力

11. 推进高水平大学和优势特色学科建设。创新高水平大学建设机制。以创建一流大学、服务国家和湖南经济社会发展重大需求为目标，集中优势资源，重点建设一批高水平大学。探索建立以质量为核心的绩效拨款制度，形成项目引领、分类支持、竞争发展的新机制。加快提升重点建设高校的基础条件和整体水平，分校分期确定高水平大学建设主攻方向和支持政策。积极推进与国内外高水平大学合作。制定湖南特色高水平大学评价体系。大力促进高水平民办高等学校发展。统筹推进优势特色学科建设。立足科学发展前沿和战略需求，完善重点学科建设体系，突出一流学科队伍建设，深化学科管理机制、评估机制、绩效机制和人才培养机制改革。建立优势特色学科评价指标体系和同行评议制度，实施高水平学科动态调整机制。

12. 构建以助推地方经济发展为导向的高校科技创新体系。创新协同创新平台建设机制。根据科技创新体系布局，在高校优势和特色领域重点建设一批"2011协同创新中心"、重点实验室、工程（技术）研究中心。鼓励高校之间、高校与企事业单位之间组建跨学科、跨领域的研究团队和研究平台，聚焦前沿领域开展高水平协同创新和特色新型智库建设，增强高校服务国家和湖南区域发展的能力。创新高校科研体制机制。推动高校科教融合发展，建立科研引领教学、支持学科建设、促进人才培养的运行机制。健全任务牵引的人才评聘和流动机制，鼓励高校与科研院所、企业创新人才双向交流，鼓励高校开展校县市区合作、校企合作，鼓励高校教师创新创业。突出科技创新质量和实际贡献，建立导向明确、激励约束并重的分类评价标准和开放评价方法。推动高校科技成果使用、处置和收益管理改革，健全科技成果转化服务体系。

13. 构建促进应用型人才培养的引导机制。推进地方本科院校转型发展。出台推动地方本科高校向应用技术型发展的政策措施，组织开展省级试点。重点支持新建本科院校服务区域和行业发展，着力改造现有学科专业，加快培育与新兴产业相适应的相关专业，加强应用型技术技能型人才培育，努力建设一批高水平的应用型本科院校和优势特色学科专业。建立健全高校分类管理体系。构建高校二维分类标准体系，按照学科门类和主体功能差异合理划分高校类型，建立与高校分类相配套、以办学绩效为导向、适应高校分类发展的人财物等办学资源配置机制，引导每所高校准确定位、特色发展，在各自领域追求卓越、争创一流。探索高校学科专业结构动态调整优化机制。紧密对接经济社会发展和产业转型升级需要，建立完善专业预警和动态调整机制，加快发展与我省支柱产业、优势特色产业和战略性新兴产业相适应的相关学科专业，积极培育和增设新兴、边缘、交叉学科专业。推动高校建立专业退出机制和学位授权点自主调节机制。改进专业学位研究生教育。建立以职业需求为导向、以实践能力培养为重点、以产学结合为途径的专业学位研究生培养模式，构建覆盖专业硕士与专

业博士、行业与学校共同参与的高层次应用型人才培养体系。建立应用型人才培养行业企业协同机制。成立由学校、企事业单位、行业、部门组成的专家组织，发挥行业企业在人才需求预测、学生就业创业、专业课程设置、校外基地建设、"双师"队伍建设、教育质量评价等方面的作用，促进高校人才培养与社会需求对接。

14. 构建跨部门联动和校企深度融合的现代职业教育体系。探索构建中、高等职业教育相互衔接的发展体系。继续开展中高职衔接改革试点，推动各学段职业教育课程、实习实训、教学标准紧密对接，探索基于学分制的中高职贯通培养模式改革。提高应用型本科院校招收高职院校毕业生的比例和高职专科院校招收中职毕业生的比例，多途径打通中职、高职到本科职业教育的升学通道。推进职业教育集团化办学。创新校企合作体制机制，建立学校与企业密切协作的制度环境。完善支持行业企业参与办学的政策措施，借鉴企业化运作模式，强化产、学、研、用深度对接，加快区域性、行业性职教集团建设。推动行业、企业、职教集团合作，建立行业人力资源预测和就业状况定期发布机制，为职业院校专业结构调整、针对性培养技术技能人才提供支撑。

15. 构建相互沟通有效衔接的终身教育体系。打破各类教育间相互隔离的状况，架设各类教育"立交桥"。探索实行成人高等学历教育宽进严出和弹性学制。推动学历教育与职业培训沟通衔接，一体化发展。建立适应成人学习需要的课程学习资源平台，完善成人教育学历学位授予标准，探索建立自学考试、开放大学与普通高校之间学分转换与累积制度。加快发展和普及社区教育。

（四）改革考试招生制度，优化人才选拔机制

16. 构建统一高考基础上的综合评价、多元录取机制。改革高校招生录取机制。改进招生计划分配方式。规范高考加分政策，建立科学规范的高校招生扶助和激励机制。规范和完善高校自主招生，促进高校选拔具有学科特长和创新潜质的学生。建立基于统一高考和高中学业水平考试成绩、参考综合素质评价的多元

录取机制，破解"一考定终身""唯分数论"等难题。不断改进高校招生录取方式，逐步减少直至取消录取批次，不断优化平行志愿投档录取模式，探索增加高校和学生的双向选择机会。从 2017 年入学的高一学生开始启动高考综合改革，到 2020 年，各高校按照新的高考制度进行招生和录取。改革高考内容与形式。科学设置考试科目，增强高考与高中学习的关联度，考生总成绩由统一高考的语文、数学、外语 3 个科目和高中学业水平考试 3 个科目成绩组成，不分文理科。强化高中学业水平考试。建立合格性考试和等级性考试制度，合理设置两类考试科目、考试时间、考试成绩呈现方式以及学生自主选择考试科目的办法，学生自主选择的 3 个科目的成绩计入高校招生录取总成绩。建立和完善高中学业水平考试评价与反馈机制，促进高中课程改革和教学模式改革。构建普通高中学生综合素质评价机制。客观、真实、全面记录学生高中阶段发展状况，为高中学生毕业和升学提供重要参考。建立综合素质评价工作信息化管理平台和学生综合素质档案，强化公示审核，规范评价过程，确保评价结果公正有效。

17. 建立完善高职院校分类考试招生制度。完善高职院校单独招生考试制度，逐步扩大单独招生规模。鼓励各单独招生院校根据学校实际和行业特点制定科学合理的考核评价方式，建立分别针对普通高中学生和中职学生的文化基础与职业技能相结合的考核录取模式。完善对口升学制度，构建中职与高校有效衔接的升学通道。2017 年分类招考成为高职院校招生主渠道。

18. 推动研究生招生录取改革。探索研究生招生录取改革，逐步建立博士生选拔"申请—考核"机制，发挥专家组作用，更加注重对学生的专业素养、研究能力和创新潜质的综合评价，提高博士生入学遴选的科学性。

19. 建立考试招生全过程、全方位监督机制。完善考试招生管理制度，进一步强化各级招委会、部门联席会议等协作机制，健全各级教育行政部门、招生考试机构考试招生监督管理责任制，完善高校规范招生承诺制。强化考试安全管理，构建科学、规范、严密的教育考

试安全体系。健全考试招生诚信制度，加强考生诚信教育和诚信档案管理。深入实施招生"阳光工程"。加大考试招生违规违法行为查处和打击力度，综合整治考试招生环境。

（五）创新教师队伍建设机制，提升教师队伍整体素质

20.探索实施义务教育学校教师"县管校聘"和校长教师轮岗交流制度。加强县市区域内义务教育教师的统筹管理，推进"县管校聘"改革，打破教师交流轮岗的管理体制障碍。县级教育行政部门会同有关部门制定本县市区域内教师岗位结构比例，公开招聘和聘用管理办法、培养培训计划、业绩考核和工资待遇方案，规范人事档案管理和退休管理服务。学校依法与教师签订聘用合同，负责教师的使用和日常管理。推进县市区域内义务教育学校校长教师轮岗交流。推行校长教师交流轮岗，重点推动优秀校长和骨干教师到农村学校、教学点、薄弱学校任职任教并发挥示范带动作用。制定引导和鼓励教师积极参与交流轮岗的便利和优惠政策，建立交流轮岗保障机制。改善校长教师资源的初次配置和再次配置，力争在3～5年内实现县市区域内教师资源均衡配置。鼓励各地采取中心校一体化管理、学校联盟、名校办分校、集团化办学、对口支援、乡镇中心校教师走教等办学模式和手段，共享校长和教师优质资源。

21.创新教师管理机制和评价体系。制定完善大中小学及幼儿园教师配置标准，科学设置各级各类学校岗位结构和比例，建立动态调整机制，加快核定公办幼儿园教师编制。实行教师分类聘用、分类管理和分类考评。完善教师考核评价标准，探索实行学校、学生、教师和社会等多方参与的评价办法。理顺高校职务评聘体制，全面推进中小学教师职称制度改革，完善符合各类教师职业特点的职务（职称）评聘标准。积极推进中小学教师资格考试和定期注册改革试点。完善省级教学成果奖评选奖励制度，加大对教师优秀教学成果的奖励和推广力度。

22.探索公办学校干部管理制度改革。逐步取消学校行政级别，推进学校领导班子配备改革。实行学校领导干部任期制，推进学校领导干部有序交流。加大学校行政领导人员聘任制推行力度。逐步完善学校管理干部职级制，建立专业化标准的校长任用、管理和考核制度，畅通教育行政干部从校长、教师队伍选拔任用的渠道。

23.建立促进教师专业素养提升的发展机制。优化教师选拔聘用机制。严格执行事业单位公开招聘政策规定，规范教师公开招聘程序，充分发挥同行专家在选拔评价中的作用，选拔综合素质高、专业能力强的人才充实教师队伍。扩大"特岗计划"实施范围，鼓励支持市州和县市区实施本地"特岗计划"。改革教师岗位聘用机制，探索建立教师合理流动和退出机制。建立健全教师培养培训机制。推进卓越教师培养计划，建立高等学校与地方政府、中小学联合培养教师的新机制。推进实施农村教师公费定向培养计划，完善农村初中学校教师、特殊教育学校教师、本科层次农村幼儿园教师等公费定向培养机制。建构模块化、选择性和实践性的教师教育课程结构，提高教师培养专业化水平。推进中小学、幼儿园教师以及特殊教育教师培养培训基地建设。健全省、市、县、校四级教师培训体系，改革培训内容和方式。推广高校青年教师职业导师制度。落实民办学校教师的平等法律地位。创新高端教师培养体系。实施引进海外高层次人才"百人计划"。加大高校"芙蓉学者计划""学科带头人和青年骨干教师培养计划""教学名师支持计划"实施力度，大力支持高校科技创新团队建设，培养造就若干名国内领先的优秀学科带头人和能领导本学科进入国际先进水平的领军人才。推进名师（名专家）工作室建设，大力加强职业院校专业带头人培养、教学名师遴选和教学团队建设。积极实施中小学骨干教师、名师名校长"十百千万"工程。打造"双师型"职业教育教师队伍。建立职业院校和应用型本科院校教师与企业工程技术人员、高技能人才的双向聘用机制，完善相应的教师专业技术职务聘任、晋升、考核评价办法和薪酬制度。实施"双师型"教师培训计划，提升教师职业能力。制定实施教师兼职管理办法，拓宽专业教师来源渠道。

24.建立健全增强教师荣誉感和责任感的

导向激励机制。创新师德师风建设机制。完善师德规范，加强教师思想政治教育、职业道德教育和法纪教育，引导教师潜心教书育人。探索学校教职员工、学生和家长以及社会参与师德评价的有效机制，完善教师考核、奖惩机制，实行师德一票否决制。建立具有激励功能的教师收入分配机制。切实落实教师工资水平不低于当地公务员的政策，改善教师待遇。推进教育系统事业单位实施绩效工资，完善内部考核机制，凸显绩效激励的导向作用。对部分紧缺或亟须引进的高层次人才，探索试行以岗位任务为导向的协议工资等灵活多样的分配办法。制定高校教师兼职兼薪管理办法，引导和规范教师通过技术创新、科技开发、成果转让和决策咨询等方式服务社会。制定吸引优秀人才长期从教、终身从教的优惠政策。落实和完善教师医疗养老等社会保障政策。改善教师居住条件，将农村教师住房纳入保障性住房体系，依政策予以住房保障。加强舆论引导，大力宣传教育系统先进典型，着力营造尊师重教的良好社会氛围。

（六）深化管理体制改革，提升教育治理能力

25.理顺教育行政管理职能。加大简政放权力度，落实省级教育统筹权，推动省向市县、政府向学校放权。坚持放管结合，建立健全事中事后监管机制。深化教育行政审批制度改革，全部取消非行政许可审批，规范教育行政审批程序，减少对学校办学行为的行政干预。建立教育行政权力清单和责任清单制度，探索实施政府对学校的"负面清单"。综合运用法律、政策、规划、标准、财政拨款、信息服务和监督评价等措施，引导和督促学校规范办学。严格控制针对各级各类学校的项目评审、教育评估、人才评价和检查事项。

26.建立依法治校、依法自主办学的现代学校制度。落实学校办学自主权。理顺学校与政府部门的关系，克服学校行政化倾向。注重以法治方式保障各级各类学校办学自主权，进一步明确各级各类学校办学权利和义务。强化高校课程设置的统筹权，切实保障高校在专业人才培养方面有足够空间安排课程计划和专业教学内容。规范和引导各级各类学校依法接受政府、社会及校内监督。完善学校内部治理机制。加强和改善党对学校的领导，健全高校党委领导下的校长负责制，坚持和完善普通中小学和中等职业学校校长负责制。建立健全高校理事会（董事会）制度和中小学教务委员会制度，推进现代学校制度建设。健全以学术委员会为核心的高校学术管理体系与组织架构，保障学术权力相对独立行使。推动各级各类学校加强章程建设和配套制度建设。加强学校教代会、学代会等组织建设，健全校内民主管理和监督机制。完善校务公开制度。推进平安校园建设。健全涉校涉生矛盾纠纷预防调处与安全隐患排查整治机制，运用法治思维和法治方式化解校园风险隐患。加强对学生的安全教育，完善学生安全保障机制，出台《湖南省实施〈校车安全管理条例〉办法》。完善学生人身伤害事故处理机制，依法保护师生和学校合法权益。完善校园及周边治安环境综合治理机制和学校突发事件应急处置管理机制。

27.完善教育经费投入、使用与监管机制，保障教育经费投入。优化财政支出结构，切实把教育作为财政支出重点领域予以优先保障，落实法定增长要求。逐步建立职业教育、普通高中、学前教育生均拨款制度，提高义务教育生均公用经费标准，建立健全学前教育、高等教育成本分担与运行保障机制，完善各级各类教育生均拨款标准动态调整机制。进一步落实个人和企业捐赠教育的税收优惠政策，拓宽教育捐赠资金来源渠道。健全教育经费使用监管体系。加强学校财务会计制度建设，完善经费使用稽核和内部控制制度，加强预算管理、国有资产管理，强化内部审计，形成有效的监管体系。推行"阳光财务"，逐步实现教育经费使用、管理情况公开。建立健全教育经费使用绩效评价制度，加强重大项目经费使用考评，将评价结果作为经费安排的重要依据。加大经费使用违规违法行为处罚力度。

28.建立多元参与的教育督导评估机制。完善督政、督学、监测"三位一体"的教育督导工作体系。建立健全相对独立的教育督导工作体制，强化教育督导和执法职能。全面推行督学责任区制度。完善以县市区为主体的教育强省建设分类监测体系，加强对教育强县市区建

设的分类指导。完善教育督导和评估监测报告发布制度，建立健全公示、公告、奖惩、限期整改和复查制度。完善和落实县级党政主要领导教育工作约谈制度，健全问责机制。支持专业机构和社会组织规范开展教育评价。大力培育专业教育服务机构，整合教育质量监测评估机构，扩大行业协会、专业学会、基金会等各类社会组织参与教育评价。建立专业机构和社会组织参与教育评价的资质认证制度。引入市场机制，探索采取政府购买服务或专项委托的方式，把教育评估、评价、评审、抽样调查、监测等事务性工作转移出去，推进教育评价运行机制的转变。扩大科技、文化等部门和新闻媒体对教育评价的参与，发挥学生会等组织在教育评价中的作用。积极参与国际组织实施的教育质量评估项目。推动各级各类学校积极开展自我评价。引导和支持学校不断完善内部质量保障体系和机制，定期开展课程建设、教学科研、人才培养、师资建设、管理制度、校园文化等监测评估，开展对学生及其家长、用人单位等的满意度调查，努力形成自主发展、特色发展、可持续发展的良性机制。

29.创新政府扶持社会力量办学机制。探索实施民办学校分类管理，建立非营利性和营利性民办学校差别性扶持政策体系，给予非营利性民办学校同级同类公办学校支持力度。探索混合所有制办学模式，鼓励和吸引大型国有企业以及各种公有、民营等社会力量以多种方式参与办学。支持营利性民办学校的管理者和骨干教师以资金、技术、专利等形式出资，参与学校建设与管理。支持办学实力强、教育质量高、社会信誉好的营利性教育培训机构上市融资、打造品牌，多种途径扩大教育资源。全面清理并消除对民办学校的歧视政策。建立民办教育发展专项资金，探索政府补贴和购买服务制度。取消民办学校收费审批制度、备案制度，实施民办学校收费公示制度，建立民办学校自主定价、市场调节、社会监督的价格机制。

30.扩大教育对外开放。积极引进国外优质教育资源，开展高水平示范性中外合作办学，建设一批品牌专业和品牌课程。完善公派出国留学工作选派机制，拓宽国际化人才培养途径。启动专项出国研修计划，进一步提高我省高校具有海外学习研修经历的人员比例。提高来湘留学生培养质量，推动留学生汉语授课专业品牌课程和留学生示范基地建设。积极引进国外知名专家、学者，探索完善外籍教师服务和管理机制。深化与港澳台地区的教育交流与合作。加强孔子学院、孔子课堂建设，促进国际交流与汉语推广工作深度融合。规范自费出国留学中介服务，推动行业自律，加强涉外教育质量监测与评价，维护涉外教育市场秩序。

三、保障措施

（一）完善导向机制

坚持问题导向，认真梳理教育综合改革重点任务，有针对性地谋划落实各项举措，形成清晰的时间表、路线图。各地各校要立足于解决本地本校的实际问题，制定综合改革方案。密切跟踪改革进展情况，对改革中遇到的问题及时采取针对性的解决措施。建立激励机制，对积极参与改革并取得显著成效的地区和学校，在资源配置、权力下放等方面给予更多的政策支持。

（二）加强组织领导

省教育体制改革领导小组负责统筹领导全省深化教育综合改革工作，抓好改革总体设计、统筹协调、整体推进、督促落实，确定改革任务分解和责任分工。各地各校要相应成立专门班子，层层建立健全领导协调机制。按照"成熟一项启动一项"的原则分步推进，抓好改革试点，进行动态调整。建立健全深化教育综合改革目标责任制。

（三）凝聚改革合力

各级各有关部门要各司其职、各负其责，认真研究教育改革中的重大问题，形成加强政策协调，完善上下联动、各方协同创新的改革推进机制。在重大改革项目实施前，要进行合法性审查和风险评估，根据需要向社会公开征求意见；在改革实施中，要加强党内监督、民主监督、法律监督，确保人民群众的知情权、参与权、表达权和监督权。

（四）优化舆论环境

积极开展改革政策的权威解读和宣讲，对教育系统干部教师进行全面培训和宣传指导，及时收集和回应群众关切，争取各方理解支持，合理引导改革预期。建立教育综合改革新闻发布制度，及时有序释放改革信息，掌握舆论主动权。积极推广各地各校教育改革经验。

湖南省现代职业教育体系建设规划(2014—2020年)

根据《国务院关于加快发展现代职业教育的决定》(国发〔2014〕19号)、《教育部等六部门关于印发〈现代职业教育体系建设规划(2014—2020年)〉的通知》(教发〔2014〕6号)和中共湖南省委、湖南省人民政府《关于加快发展现代职业教育的决定》(湘发〔2014〕18号)、《湖南省建设教育强省规划纲要(2010—2020)》(湘发〔2010〕22号)等有关精神，为加快构建具有湖南特色的现代职业教育体系，推进职业教育与产业发展深度融合，有效服务湖南经济发展方式转变和产业转型升级，特制定《湖南省现代职业教育体系建设规划(2014—2020年)》。

一、指导思想

高举中国特色社会主义伟大旗帜，以邓小平理论、"三个代表"重要思想、科学发展观为指导，深入贯彻落实党的十八大精神，坚持以服务发展为宗旨，全面服务经济转方式、调结构、促升级和湖南"四化两型"建设；坚持深化体制机制改革，统筹发挥好政府和市场的作用，着力构建与现代化要求相适应的办学体制、管理体制和人才培养体制；坚持以立德树人为根本，面向全社会、面向人人，培养多层次、多类型、高素质劳动者和技术技能人才；坚持科学发展，不断完善职业教育体系结构，不断优化空间布局，努力建成具有湖南特色的现代职业教育体系，为湖南全面建成小康社会提供重要的智力支持和人才支撑。

二、规划目标

形成适应"四化两型"建设和产业转型升级要求、产教深度融合、普职相互沟通协调发展、中高职衔接贯通、培养层次和培养能力有效提升，体现终身教育理念，具有湖南特色的现代职业教育体系。高素质技术技能人才培养基本满足技术进步与产业结构调整需求，为湖南建设教育强省和全面小康奠定坚实基础。具体分两步走：

——到2015年，初步形成具有湖南特色的现代职业教育体系。现代职业教育理念得到广泛认同，系统化人才培养观念被人们普遍接受，对接产业、服务地方的空间布局基本形成，技术技能人才培养体系初步构建，技术技能人才成长"立交桥"初步搭建，现代职业教育制度基本完善，职业教育服务区域经济社会发展和产业转型升级能力明显提升。

——到2020年，基本建成具有湖南特色的现代职业教育体系。现代职业教育的理念深入人心，职业教育体系的层次、结构和布局更加科学，技术技能人才成长"立交桥"基本形成，职业教育的基本制度和运行机制更加完备，现代信息技术广泛应用，专兼结合的"双师型"教师队伍建设进展显著，技术技能人才培养全面满足经济社会发展需求，职业教育服务经济社会发展的能力显著增强，现代职业教育发展主要指标进入全国先进行列，职业教育综合实力达到国内先进水平，基本实现职业教育现代化。

三、基本架构

立足湖南实际，体现终身教育理念，对接区域产业转型升级对技术技能人才需求，优化职业院校布局和专业布点，推动产教深度融合，统筹普职协调发展，沟通学历教育与职业培训，完善初、中、高等职业教育层次结构，促进中高职有效衔接，构建起与"四化两型"相适应的现代职业教育基本框架和总体布局。

(一)开放融合、满足需求的培养体系

初等、中等、高等职业教育相互衔接的技术技能人才系统化培养。以发展本科及以上层次职业教育为突破，完善职业教育体系，培养高技术应用人才和复合型、创新型的技术技能人才。以发展中等职业教育为重点，加速普及高中阶段教育，提升一线劳动者整体素质。在各类教育机构中，开展初等职业教育和职业预备教育，使学习者获得基本的工作和生活技能。积极发展特殊职业教育，为学习者提高生活质量和就业质量服务。

适应学习者需求的多样化学习形式。学历教育与职业培训一体化发展，实行工学交替、双元制、现代学徒制、半工半读、远程教育等学习方式。学历教育与职业培训沟通衔接，推动职业院校（含中职学校、技工学校、高职院校、技师学院，下同）举行多种形式的职业培训，以学分制和模块化课程为基础，实行学历教育和职业培训学分互认，允许社会人员通过修满学分的方式获得职业教育相关学历、学位。

（二）立交沟通、内外衔接的体系结构

职业教育与人力资源市场开放衔接。职业教育人才培养类型、规格、数量满足人力资源市场对技术技能人才的需求，人力资源市场技术技能人才供求结构性矛盾有效缓解。职业教育与产业深度融合，与人力资源市场紧密对接。

职业教育与普通教育开放衔接。普通教育中渗透职业教育，基础教育阶段强化学生动手能力，初中及以上各级各类教育开展职业预备教育，保持中等职业学校和普通高中招生规模大体相当，高等职业教育规模占高等教育的一半以上，总体教育结构更加合理。加强职业教育与普通教育沟通，有条件的普通高中要适当增加职业技术教育内容。积极探索普职课程与学分互认制度，为学生多样化选择、多路径成才搭建"立交桥"。

职业教育体系内部开放衔接。按照技术技能人才成长规律，科学合理设置职业教育专业、课程体系和教育教学内容。探索中职、专科、应用技术本科和研究生职业教育贯通培养的体制机制。逐年扩大中职对口升入本科和高职毕业生专升本的比例。整合各类职业教育资源，促进职业预备教育、初次职业教育和职业继续教育相互衔接、有效沟通。

（三）对接产业、服务地方的区域布局

充满活力的多元办学格局。着力构建现代职业教育发展长效机制。发挥好政府保基本、促公平的作用，制定发展规划、改善办学条件、加强规范管理和监督指导，办好示范（骨干）职业院校。充分发挥市场导向作用，引导社会力量积极参与办学，企业深度参与职业教育或直接举办职业院校，推动公办与民办职业教育共同发展。

服务地方的学校布局。调整完善职业院校区域布局，引导地方普通本科高等学校向应用技术类型本科高等学校转型，推进高职院校稳步发展，中等职业学校和职业培训机构有效整合。长株潭及经济较为发达地区的职业院校以内涵建设为重点，着力提升面向现代农业、先进制造业、现代服务业、战略性新兴产业和社会管理、生态文明建设等领域的人才培养能力，形成核心竞争力。湘西湘南及经济欠发达地区的职业院校进一步加强基础能力建设，夯实办学基础，提升服务区域优势、特色产业和战略性新兴产业的能力。根据区域产业特点，推动区域职业教育资源优化整合，形成适应区域经济社会发展需要，初等、中等、高等职业教育衔接沟通的职业院校布局。

对接产业的专业布局。同步规划职业教育与经济社会发展，健全专业随产业发展动态调整的机制，推动教育教学改革与产业转型升级衔接配套，专业链深度融入产业链，形成与产业结构相吻合，与技术技能人才需求相适应的专业布局。重点对接优势、特色产业和战略性新兴产业，形成服务战略性支柱产业和战略性新兴产业专业群。对接区域优势产业和特色产业，推动职业院校集中力量办好当地经济社会发展需要的优势特色专业，实现职业教育专业建设与产业发展同步协调。

四、主要任务

（一）创新办学体制和管理机制

创新职业教育发展机制。健全统筹协调、责权明确、规范有序、运行高效的职业教育管理体制。完善政府主导、行业指导、企业参与的职业教育办学机制。建立健全现代职业教育制度，完善"管、办、评"分离的监管机制。健全专业随产业发展动态调整机制。市州、县市区人民政府统筹规划好区域内职业教育发展，强化部门协调配合，落实职业教育投入责任。市州人民政府主要办好所辖高职院校和中职学校，县市区人民政府重点办好一所示范（骨干）公办中职学校。构建职业教育行业指导体系，加强行业部门对本部门、本行业职业教育的指导,充分发挥行业在人才供需监测、校企合作和专业建设等方面的重要作用,建立健全有行业参与的职业教育教学指导委员会,完善行业与职业教育对话制度,推动职业教育深度融入行业(产业)。鼓励企业举办或参与举办职业院校,规模以上企业都要参与合作办学,将企业支持职业教育列入企业履行社会责任考核内容。企业举办的独立设置的职业院校享受与公办职业院校同等法律地位和政策支持。各级人民政府通过专项拨款、购买服务等方式支持企业举办的职业院校发展。通过政策引导、税收优惠、考核评价等多种方式落实企业校企合作责任。

支持民办职业教育发展。创新民办职业教育办学模式,鼓励引导社会力量通过多种形式举办或参与举办民办职业教育;不断探索完善公办和社会力量举办的职业院校相互委托管理和购买服务的机制。落实民办职业教育优惠政策,通过政府补贴、购买服务等方式,加大对民办职业教育的支持力度,扶持一批办学水平高、特色鲜明的民办职业院校。依法管理和规范民办职业院校办学行为,鼓励社会力量参与职业教育办学、管理和评价。努力形成公办和民办职业教育共同发展的多元化办学格局。

扩大职业院校办学自主权。各级人民政府和有关部门要树立服务意识,改进管理方式,减少和规范对学校的行政审批事项,依法保障学校在专业设置和调整、人事管理、教师评聘、收入分配等方面充分行使办学自主权和承担相应责任。鼓励支持职业院校自主制定学校发展规划并组织实施;落实职业院校在核定编制和经费总额的范围内,自主管理和聘任教师,自主确定内部收入分配,自主管理和使用学校财产和经费。推动建立现代职业学校制度,制定校长任职资格标准,积极推进校长聘任制、任期制改革和公开选拔试点。建立企业经营管理和技术人员与职业院校领导、骨干教师相互兼职制度。优化职业院校治理结构,完善职业院校章程,健全议事规则和决策程序,实现职业院校管理科学化和民主化。

(二)完善职业教育体系结构

调整高等教育结构。按照现代职业教育发展要求,对接湖南四大国家战略发展区域、九大千亿产业、七大战略性新兴产业,推动一批地方普通本科院校向应用技术类型高等学校转型发展,通过试点推动、示范引领,采取计划、拨款、评估等综合性调控政策引导地方本科高等学校转型发展。鼓励本科高等学校与示范性高等职业学校通过合作办学、联合培养等方式培养高层次应用技术人才。积极探索本科层次职业教育。拓宽高等职业学校招收中等职业学校毕业生、应用技术类型高等学校招收职业院校毕业生通道,打开职业院校学生的成长空间。省内本科高等学校要逐年增加对口招收中等职业学校毕业生的比例和扩大高职院校学生专升本的比例,到2020年,招收比例要达到中等职业学校和高职院校应届毕业生总数的10%左右,更好地适应我省经济社会发展对本科层次技术应用人才的需求。探索以职业需求为导向、以实践能力培养为重点、以产学结合为途径的专业学位研究生培养模式。在确有需要的职业领域,可以实行中职、专科、本科贯通培养。根据高等学校设置制度规定,将符合条件的技师学院纳入高等学校序列。

调整优化中等职业教育布局。强化市州、县市人民政府统筹发展中等职业教育的责任,市州政府要统筹规划好区域内中等职业教育学校和专业布局,县市区政府要重点办好一所示范(骨干)公办中等职业学校。以调整优化高中阶段教育结构为抓手,确保中等职业教育持续稳定发展。调整高中阶段学校布局,加快普及高中阶段教育,每20万左右人口设置一所普通高中和一所中等职业学校。原则上普通高中和职业学校不铺新摊子,到2020年,全省中等职业学校和普通高中分别调减到400所左右。地方政府和学校举办者要进一步加强中等职业学校建设,改善中职学校办学条件,增强中等职业教育吸引力,并采取计划调控、目标管理等手段,统筹做好中等职业学校和普通高中招生工作,合理控制普通高中发展节奏,确保普通高中和中职学校在校生规模大体相当。

积极推进中高职有效衔接。注重加强中等职业学校文化基础教育。积极探索中高职衔接的方式和途径,开展"3+3""2+3""3+2"中高职衔接改革试点,研究制定中职、高职专科、应用技术本科贯通衔接的人才培养方案,推动中高职实现培养目标、专业设置、课程体系、教学过程等方面的有机衔接，逐步扩大高职院校自主招收中职毕业生的比例。

（三）提升专业建设总体水平

建立健全职业院校专业动态调整机制。加强技术技能人才分析预测，建立健全职业院校专业建设预警机制，引导职业院校加强战略性支柱产业、战略性新兴产业和优势特色产业相关专业建设，不断调整优化专业结构，努力形成"对接产业、错位发展、优势互补"的专业布局。

加强专业链和专业群建设。重点对接长株潭"两型"社会实验区、湘南承接产业转移示范区、洞庭湖生态经济区和武陵山连片扶贫开发区等四大国家战略发展区域，以及湖南省九大千亿产业和七大战略性新兴产业，努力形成与技术技能人才需求相协调的中高职衔接专业链，以及和区域经济社会发展相适应的专业群，发挥专业建设的集聚效应。

加强特色品牌专业建设。支持职业院校建设与区域产业发展紧密相关的特色专业群，在此基础上，建设100个左右"产教深度融合、培养模式先进、办学条件优良、就业优势明显、引领推动产业发展"的省内领先、国内一流、国际知名的职业教育特色品牌专业，带动全省职业教育专业建设水平整体提升。

（四）推动农村职业教育发展

推进农村职业教育与成人教育示范县建设。制定《湖南省农村职业教育与成人教育示范县建设基本要求》，推动县（市）（含农业常住人口超过30%的区）创建农村职业教育与成人教育示范县，建设一批农村职业教育与成人教育省级示范县，部分县市进入国家级农村职业教育与成人教育示范县行列。

加强农村中等职业学校建设。坚持每个县市人民政府重点办好一所示范（骨干）公办中等职业学校不动摇，近三年内，通过实施"农村中等职业教育攻坚计划"，重点改善中等职业学校基本办学条件、提高教师队伍整体素质。根据区域产业发展特点和人口分布，合理规划农村中等职业学校布局和专业布点，制定并颁布《湖南省中等职业学校合格标准》，到2020年，全省所有中等职业学校均达到合格以上标准。

继续推进县级职教中心建设。以县级示范（骨干）中等职业学校为依托，整合县域内职业教育资源，建设县级职教中心。县市人民政府要按照高中阶段学校布局调整的总体要求，统筹整合区域内职业教育资源，对办学条件差、规模小、质量低的中职学校予以撤并和重组。采取有力措施整合县域内职业培训资源，从2014年起，职业教育培训机构原则上不铺新摊子，按照"政府统筹、部门支持、中心实施、群众受惠"的要求，统筹培训项目、计划、经费和实施，切实提高培训效益。

推进"三教"统筹和"农科教"结合。依托县域内示范（骨干）中职学校，整合教育、农业、科技资源，建设好县级农业技术推广中心和乡镇农校，鼓励支持农村职业院校面向农村和广大农民，开展农业技术咨询服务和技术推广，有效服务农业产业化和农业现代化。依托县域内骨干龙头企业，建设农村职业院校顶岗实习基地，依托职业院校建设县域内职工培训中心，实现职工培训中心和顶岗实习基地校企共建、资源共享。采取政策引导、重点扶持等方式，加强农业类相关专业建设，为农业产业化和农业现代化输送技术人员和服务人员，推动农业转型升级，加速我省农业现代化进程。

加快贫困地区职业教育发展。充分发挥职业教育在扶贫开发中的重要作用，围绕贫困地区产业发展和基本公共服务需求，提高职业教育扶贫的精准度。各级地方政府和发达地区要加大对贫困、边远和民族地区职业教育的扶持、支援力度。充分利用各地、各部门相关的扶贫项目改善职业院校办学条件，支持集中连片特殊困难地区初中毕业生到省内经济较发达地区接受职业教育。

（五）加强教师队伍建设

完善教师队伍管理机制。地方政府要按照中共湖南省委、省人民政府《关于加快发展现代职业教育的决定》（湘发〔2014〕18号）和省编办、省教育厅、省财政厅关于《湖南省高等学校机构编制标准》（湘编办〔2009〕21号）、《湖南省中等职业学校机构编制标准》（湘编办〔2009〕22号）精神，落实职业院校在编制部门核定的编制内，按照编制到校、经费包干、自主聘用、动态管理的要求,合理制定流动教师配备的具体方案。新增教师编制主要用于引进有实践经验的专业教师,到2020年,有实践经验的专兼职教师占专业教师总数的比例达到60%以上。健全教师专业技术职务(职称)评聘办法,探索在职业学校设置正高级教师职务(职称),推动职业院校改革人事及分配制度,真正实现全员聘用和绩效工资制度。

建立健全教师成长机制。建立健全职业院校教师准入制度和认证培训制度,落实教师企业实践制度,从2014年起,职业院校新进专业教师必须具备本科或研究生学历,具备两年以上的企业实践经历,并取得湖南省教育厅颁发的"专业技能教学水平合格证书"。建立健全教师成长激励机制,制定专业带头人、教学名师选拔培养任用办法,激励优秀人才快速成长。建立健全教学名师和技术能手双向交流制度,吸引长江学者、芙蓉学者等教学名师到职业院校兼职或任教,鼓励支持行业、企业工程技术人员、高技能人才到职业院校兼职或任教,职业院校教师特别是青年教师到知名企业专业对口岗位挂职锻炼。

进一步加强教师培养培训。实施职业院校教师素质提升计划,建立职业院校教师每五年一次的全员轮训制度。采取跟班学习、企业实践、国内访学、国外研修等方式,加强在职教师培养培训,不断提高专兼职教师教学水平,进一步优化职业院校教师结构。实施农村中职学校专业教师免费定向培养计划和职业院校专业教师特岗计划。加强师德教育,努力提高职业院校教师师德素养和教书育人水平。

(六)深化教育教学改革

坚持立德树人。积极培育和践行社会主义核心价值观,把立德树人作为职业教育的根本任务,努力提高学生思想道德水平、职业素养和综合素质。树立系统培养、人人成才、多样化成才的人才观,在关注学生全面发展和可持续发展的同时,鼓励支持学生个性化发展和差异化发展。树立开放办学的理念,不断吸收先进的企业文化,不断学习借鉴先进的职教理念,逐步树立具有湖南特色的职业教育教学观。

深化人才培养模式和课程改革。以校企合作、工学结合为核心,不断深化校企合作的领域和内容,将企业的生产过程融入教学之中,实现校企资源共享、人才共育。积极探索与企业开展定向培养、订单培养及联合招生、联合培养的现代学徒制试点,完善支持政策,推进校企一体化育人。加大实习实训在教学中的比重,强化以育人为目标的实习实训考核评价。在中高职院校积极推行学生实习责任保险制度,有效防范实习责任风险。积极推进学历证书和职业资格证书"双证书"制度。建立学分积累与转换制度,推进学习成果互认衔接。建立专业教学标准和职业标准联动开发机制,按照专业课程内容与职业标准相衔接、中等和高等职业教育衔接、普职相互沟通的总体思路,系统推进课程结构、课程内容改革,逐步建立适应技术技能人才成长规律的课程体系。大力推行现场教学、项目教学、仿真教学、案例教学、工作过程导向教学等具有职业教育特点的教学模式。

推进人才培养质量评价制度改革。改进质量评价,逐步建立行业、企业、社会组织共同参与的质量评价制度,定期开展职业院校办学水平和专业教学情况评估,实施职业教育质量年度报告制度。积极支持第三方机构开展评估。依托行业部门开展职业技能竞赛,完善技能抽查制度,建立健全质量评价报告制度。改革评价手段和方法,加强教育教学过程监控,推动学校建设与教育教学持续改进。

(七)积极发展继续教育

创新继续教育工作机制。坚持党委领导、政府主导、部门联动、社会支持、全民参与原则,依托和利用现有教育资源,广泛调动全社会力量共同参与,积极探索构建具有湖南特色的终身教育体系。

加快普及社区教育。依托示范性职业院校等具备条件的教育机构,统筹整合教育培训资源,建立融职业培训、自考助学、现代远程教育和其他成人教育于一体的社区教育平台,广泛开展技能培训、文化补习、科普教育、法制教育、文娱教育等各类教育培训活动。到2015年,所有职业院校都要开设10门以上社区课程。面向未升学初高中毕业生、残疾人、失业人员等群体广泛开展职业教育和培训,推进农民继续教育。积极探索社区学院建设模式，利用职业院校资源广泛开展职工教育培训。

创建学习型组织。积极推进各类学习型组织建设，充分发挥机关、企事业单位、乡镇、社区、社会团体、家庭、个人参与终身教育的积极性，营造"人人皆学"的良好学习氛围，建设学习型机关、学习型企业、学习型社区、学习型村镇，让广大人民群众各有所学、各展所长、各有所乐。

（八）加强科学研究

加强科研机构和队伍建设。建立健全省、市、县、校职业教育科研网络，加强职业教育科研教研队伍建设，市州、县市区和省级以上示范性院校均要在现有机构和人员范围内明确相关部门和安排人员从事职业教育研究，加大职业教育科研投入。职业院校要逐年加大科研经费投入，加强科研机构条件建设和科研人员培养培训，努力提高科研人员科研能力和教学研究水平。

加强应用性科学研究。加强决策咨询研究，研究解决现代职业教育体系建设中的重大现实问题，为加快现代职业教育体系建设提供理论指导和政策咨询。加强教育教学研究，研究解决职业教育教学改革中的重大实践问题和热点难点问题，为教育教学改革提供理论依据和实践指导。加强应用技术研究，研究产业领域内的新技术、新工艺、新设备、新标准、新方法，积极推动产业技术创新和产业转型升级。职业院校用于应用技术研究的经费应达到学校收入的5%。

（九）推进职业教育信息化

推动信息化与教育教学深度融合。按照"宽带网络校校通、优质资源班班通、网络学习空间人人通"的总体目标，以应用驱动为抓手，整体推进职业教育信息化。将信息技术课程纳入所有专业，在专业课程中广泛使用计算机仿真教学、数字化实训、远程实时教育等技术，积极探索基于网络学习空间的教学方法和学习方式。将现代信息技术应用能力作为教师评聘考核的重要依据。充分利用网络学习空间，改善职业院校管理，逐步实现政务公开和校务公开。

推动优质资源共建共享。构建利用信息化手段扩大优质教育资源覆盖面的有效机制，不断完善优质资源遴选共享机制，调动广大师生建设和运用优质资源的积极性，推进职业教育优质资源跨区域、跨行业共建共享。遴选建设一批职业教育网络精品课程。推进职业教育"专递课堂"建设，为边远地区和经济欠发达地区特别是武陵山、罗霄山片区农村中职学校量身定做一批优质资源，以此带动职业教育内涵水平全面提升。推进职业教育"名师课堂"建设，遴选部分教学名师建设名师讲坛，推动职业院校之间跨校选课和学分互认。

（十）构建开放型职业教育体系

鼓励职业院校与境外职业教育机构合作办学，鼓励引进国外优质教育资源、专业课程、先进的人才培养模式等，推动职业院校专业课程与国际标准对接。以省级以上示范职业院校为依托，建设若干个职业教育留学生基地。鼓励职业院校以团队方式派遣访问学者系统学习国外先进办学模式。鼓励职业院校"走出去"，支持培养符合湖南企业海外生产经营需求的国际化人才。

五、重大项目

根据国家现代职业教育质量提升计划，在我省职业教育基础能力建设计划基础上，实施以下四项计划。

（一）卓越职业院校建设计划

根据国家职业院校设置标准和办学标准，分类制定职业院校合格标准，推进职业院校标准化建设，到2020年，全省职业院校基本达到合格标准。遴选一批办学条件较好、专业特色鲜明的职业院校，重点投入，加强建设，使之进入国内一流、国际知名的职业院校行列。其中，建设20所左右行业背景突出、区域特色鲜明、专业优势明显、培养模式先进、能引领产业发展的高水平高职院校，使之成为高层次技术技能人才培养基地。建设40所左右对接区域产业紧密、办学特色鲜明、培养模式先进、就业优势明显、服务区域产业转型升级能力强的中职学校，使之成为中等职业教育改革发展、中高职衔接的示范基地，成为发展实体经济、振兴区域经济的重要支撑。

（二）特色专业体系建设计划

以提升专业服务产业能力、打造特色品牌

专业为目标，建设具有湖南特色的特色专业体系。支持每所高职院校重点建设 2~3 个与区域产业发展紧密相关的专业大类，重点建设好 2~3 个特色专业群，重点办好 3~5 个特色专业；引导每个市州重点建设 3~5 个与区域产业发展紧密相关的中职特色专业群，每所中职学校重点建设 2~3 个专业大类，重点办好 2~3 个特色专业。以此为基础，推动全省职业院校专业结构战略性调整。对接我省优势、特色产业和战略性新兴产业，瞄准产业领域内最前沿技术，建设 50 个左右产教深度融合、培养模式先进、办学条件优良、就业优势明显、引领产业发展的国内一流、国际知名的高职特色品牌专业，使之成为高素质技术技能人才的重要支撑；建设 50 个左右校企合作紧密、培养模式先进、办学条件优良、就业优势明显、推动产业发展的国内一流的中职特色品牌专业，使之成为中等职业教育专业建设的示范、中高职专业衔接的重要基地。

（三）专业教师素质提升计划

在完善教师队伍建设机制的基础上，重点加强职业院校专业教师队伍特别是农村职业院校专业教师队伍建设。推进高水平院校和大中型企业共建"双师型"教师培养培训基地。实施农村中职学校专业教师免费定向培养计划，每年为农村中职学校定向培养一定数量专业教师，实行单列计划、单独招生、联合培养。实施职业院校专业教师免费培训计划，到 2020 年，中高职院校在职专业教师培训面达到 100%。实施职业院校专业教师特岗计划，每年面向社会招收一定数量的行业、企业技术能手和现场专家，充实职业院校专业教师队伍。

（四）农村中等职业教育攻坚计划

以统筹发展、整合资源为抓手，以服务区域产业振兴为重点，以改善基本办学条件、整体提升农村中等职业教育办学水平为目标，积极推进农村中等职业教育攻坚计划。到 2016 年底，全省农村中等职业学校基本达到国家中等职业学校设置标准；每个县市政府重点办好一所示范（骨干）公办中等职业学校，集中连片贫困地区与少数民族地区县市政府重点举办的学校，基本办学条件和水平达到目前省级示范性中等职业学校标准；经济发展水平较高与职业教育发展基础较好地区县市区政府重点举办的学校，达到国家中等职业教育改革发展示范学校标准，部分学校进入国家一流中等职业学校行列。

六、保障措施

（一）建立现代职业教育体系工作机制

建立职业教育部门联席会议制度。省人民政府建立职业教育工作部门联席会议制度，由省人民政府分管领导召集，教育、编办、发改、经信、财政、人社、农业、国资、扶贫等部门主要负责人参加，研究现代职业教育体系建设中的重大政策，加强部门协调，形成工作活力，推动各部门落实相关制度和政策。市州、县市区人民政府也要参照建立相应的职业教育部门联席会议制度，定期研究解决职业教育发展中的重大改革问题。

明确各级政府、各部门现代职业教育体系建设的职责。省人民政府负责制定现代职业教育体系建设的重大政策和总体规划，统筹全省职业教育的改革与发展，加强职业教育的综合协调、宏观管理、分类指导与督导评估。市州人民政府负责对区域内职业教育尤其是中等职业教育的改革与发展进行统筹规划和管理。县市区人民政府根据县域经济社会发展需要，履行统筹高中阶段教育、发展中等职业教育、统筹职业培训等职责。教育行政部门负责现代职业教育体系建设的统筹规划、综合协调和推动实施。发展改革部门负责把职业教育纳入当地经济社会发展规划。经济和信息化部门负责推动校企合作，构建企业与院校互动机制。财政部门负责落实支持职业教育发展的财政政策。人力资源和社会保障部门负责推行国家职业资格证书制度和完善落实就业准入制度，健全职业院校人事管理制度，会同财政、教育部门督促职业院校落实教职工待遇。税务部门负责落实发展职业教育相关的税收优惠政策。国有资产管理部门要督促国有大中型企业按规定足额提供职业院校学生顶岗实习岗位。科技科研管理部门应对职业教育的科研立项、成果转化、新产品新技术开发、应用技术推广等项目在同等条件下优先安排。各级编制、教育、财政部门和学校举办者要按照《湖南省高等学校机构编制标准》（湘编办〔2009〕21 号）和《湖南省中等职业学校机构编制标准》(湘编办〔2009〕22号)精神,落实职业院校教职工编制。其他有关部门按照职责做好职业教育相关工作。要加快政府职能转变,减少部门职责交叉和分散,减少对学校教育教学具体事务的干预。

设立现代职业教育体系建设专家委员会。省设立由教育、人力资源和社会保障、产业部门组成的现代职业教育体系建设专家委员会,市州、县市区也要组建相应的专家委员会,对现代职业教育改革发展重大问题提供决策参考。

(二)完善现代职业教育体系建设基本制度

建立健全现代职业教育地方法规。适时提出修订《湖南省职业教育条例》的建议。凡国家颁布的有关职业教育的法律法规,适时提出制定符合本地实际实施办法的建议。在提出修订《湖南省劳动保障监察条例》《湖南省科学技术进步条例》等地方法规建议时,充分考虑现代职业教育体系建设。

完善职业院校人事管理制度。按照中央有关规定,适时组织完善职业院校相关机构编制标准。制定《湖南省职业教育教师资格实施办法》《湖南省职业教育"双师型"教师培养认定办法》,明确政府和部门在职业院校人事管理改革中的职责和分工,确保职业院校用人自主权。

制定行业、企业支持职业教育发展制度。建议制定职业教育校企合作促进办法,明确行业支持职业教育的职责和企业参与职业教育的社会责任,建立行业企业支持和参与职业教育的激励与制约机制,推动校企深度融合。

(三)健全职业教育经费保障机制

落实以公共财政为主的职业教育经费保障制度。各级政府要建立与办学规模和培养要求相适应的财政投入制度,落实公共财政为主的教育多元投入体制,把教育作为财政支出重点领域予以优先保障。依法增加现代职业教育投入,全面落实已有的职业教育政策性来源渠道,确保新增财政教育投入、教育费附加向职业教育倾斜,地方教育附加费用于职业教育的比例不低于30%。根据湖南省实际修订完善全省公办职业院校生均经费标准,实现国家示范性(骨干)高职院校生均财政拨款标准达到普通本科院校本级财政拨款标准,进一步提高其他公办职业院校生均财政拨款标准;综合考虑经济社会发展和职业教育改革要求,适时调整职业院校收费标准。引导和督促职业院校举办者加大办学投入,逐步实现企业举办的职业院校生均经费标准达到全省同类型公办职业院校标准,所需资金在企业成本中列支。

建立职业教育多元化投入机制。鼓励社会力量捐资、出资兴办职业教育,拓宽办学筹资渠道。完善财政贴息贷款等政策,健全民办职业院校融资机制。鼓励公办职业院校引入民间资本,以股份合作制等形式参与学校建设。鼓励和引导金融机构加大对职业教育的信贷投放力度。鼓励各级政府通过财政贴息等政策手段对职业院校融资予以支持。

加强职业教育经费的统筹管理。依法建立确保财政性职业教育投入增长的监督、检查机制,明确政府对职业教育的投入责任和监督措施。加强职业教育经费使用监督管理,提高经费使用效益。

(四)建立健全校企合作机制

建立健全职业教育与产业协作的长效机制。充分发挥行业主管部门和行业组织对职业教育的业务指导作用,明确企业支持校企合作的社会责任,形成职业院校与行业对话制度,建立健全行业人力资源需求预测和就业状况定期发布制度。建立健全职业教育与产业体系建设同步规划机制,在产业优化升级进程中,建立与之配套的人才培养系统,逐步形成产业规模扩张和企业发展与技术技能人才培养同步的产业发展规划。

深入推进集团化办学。完善集团化办学制度,继续支持行业、企业、科研机构、社会组织或职业院校共同组建职业教育集团,发挥职业教育集团在促进教育链和产业链有机融合中的重要作用,推动集团内职业院校与企业资源共享,建立健全校企深度融合、互利共赢、共生发展的集团化发展机制。

推进企业参与、举办职业教育。完善企业职业教育和职工培训制度,鼓励支持行业、企业直接举办或参与举办职业教育,发挥企业重要办学主体作用,到2020年,大中型企业参与职业教育办学的比例达到80%以上。企业对职业教育的办学投入允许进入成本。强化校企协同育人，落实企业接收职业院校学生顶岗实习和教师实践锻炼的责任，规模以上企业要有机构或人员组织实施职工教育培训、对接职业院校，设立学生实习和教师实践岗位，接收职业院校学生顶岗实习的岗位数不少于企业技术岗位数的10%；大中型企业每年提供的顶岗实习岗位数不低于在职员工数的0.5%。企业因接受实习生所实际发生的与取得收入有关的、合理的支出，按现行税收法律规定在计算应纳税所得额时扣除。支持企业与职业院校共建共享兼具生产与教学功能的公共实训基地，开展多种形式的项目合作。对职业院校自办的、以服务学生实习实训为主要目的的企业或经营活动，按照国家有关规定享受税收等优惠。建立完善校企合作激励补偿机制，落实学生实习、职工培训、新技术开发、实训设备购置等方面税收优惠政策，对举办职业院校的企业，其办学符合职业教育发展规划要求的，各地可通过政府购买服务等方式给予支持，调动行业企业参与职业教育的积极性。企业开展职业教育的情况纳入企业社会责任报告。县级以上人民政府依法收取的企业职业教育培训经费，统筹用于本地区的职业教育。

（五）建立科学合理的就业导向机制

完善职业资格证书制度。制定与岗位相适应的职业资格证书评价体系，依据国家职业标准，加强对职业技能鉴定、专业技术人员职业资格准入及水平评价、职业资格证书颁发工作的监督管理，建立严格的质量保证体系。探索职业资格证书与课程、学历证书的衔接与互换。

健全就业和用人的保障政策。对法律法规和国务院决定准入的职业，完善职业准入办法，认真执行就业准入制度，落实用人单位执证上岗制度。创造平等就业环境，消除城乡、行业、身份、性别等影响平等就业的制度障碍和就业歧视。

加大劳动执法力度。推动地方政府和有关部门加大对就业准入制度执行情况的监察力度。对违反法律法规或国务院决定，随意招录未经职业教育或培训人员的用人单位给予处罚，并责令其限期对相关人员进行培训。

（六）构建现代职业教育评价机制

推进评价制度改革。以职业教育事业发展、资源整合、校企合作深度推进、改革发展政策落实情况等为核心指标，建立区域职业教育、部门职业教育和行业职业教育发展水平公告制度，评价结果面向社会公布。

加强对规划实施情况的监测与指导。各级政府及部门要对湖南现代职业教育体系规划的实施情况进行跟踪检查和指导，及时研究规划实施过程中的新情况和新问题。人大、政协对规划实施情况进行监测与质询，督导部门加强对规划实施情况及政府和有关部门履行发展职业教育职责的督导，将督导报告作为对被督导单位及其主要负责人考核奖惩的重要依据。逐步建立地方政府、主管部门、行业支持职业教育发展情况的公示制度。鼓励社会各界与媒体对职业教育质量进行监督。

建立规划实施目标责任制。推动市州、县市区人民政府制订实施本地区职业教育体系建设规划和行动计划，出台相关配套政策，明确分阶段、分步骤的体系建设时间表、路线图。要将现代职业教育体系建设情况纳入地方和部门绩效管理，作为主要领导干部政绩考核的重要指标。

（七）优化职业教育发展环境

加强对现代职业教育改革发展的领导。市州、县市区党委、政府和有关部门领导应将职业教育纳入重要议事日程，每年专题研究1~2次职业教育，及时研究解决职业教育改革发展中的困难和问题，为现代职业教育体系建设提供政策支持和组织保障。

提高技能型人才的经济待遇和社会地位。逐步提高生产服务一线技能人才、特别是高技能人才的社会地位和经济收入，完善技能型人才评价体系，畅通技能型人才成长途径。定期开展职业技能竞赛活动，对优胜者给予表彰奖励。鼓励企业建立高技能人才技能职务津贴和特殊岗位津贴制度。研究完善职业教育先进单位和先进个人表彰奖励制度，大力表彰职业教育工作先进单位、先进个人以及在一线建功立业的技术能手和能工巧匠，广泛宣传职业教育的重要地位和作用，宣传优秀技术技能人才和高素质劳动者在社会主义现代化建设中的先进事迹和重要贡献，提高全社会对职业教育的认识。

加强舆论宣传与引导。树立和弘扬多样化人才观念，广泛宣传国家现代职业教育体系建设的重大战略和政策方针。建立和完善职业教育科研和教学成果奖励制度，用优秀成果引领职业教育改革创新。及时总结和宣传各地、各部门、各行业企业推进现代职业教育体系建设的典型经验和做法，引导全社会确立尊重劳动、尊重技术、尊重创新的观念，促进形成"崇尚一技之长、不唯学历凭能力"的良好氛围，提高职业教育的社会影响力和吸引力。

湖南省建设教育强省推进教育现代化县市区分类监测方案（试行）

湘教发〔2014〕36 号

为实现党的十八大提出的到 2020 年基本实现教育现代化的总目标，根据《中共湖南省委、湖南省人民政府关于分类指导加快推进全面建成小康社会的意见》精神，加快我省教育强省建设，推进教育现代化进程，现决定对全省县市区推进教育强省建设和教育现代化实现程度实行分类监测评价。

一、监测目的

通过实施分类监测，全面掌握县市区教育发展水平和进步程度，比较分析各县市区教育发展的优势与不足，分类指导县域教育协调发展，科学推进教育强省建设，加快教育现代化进程。

二、监测内容

根据湖南建设教育强省推进教育现代化的总体部署，从教育普及与公平、教育结构与质量、教育条件与保障三个方面，确定建设教育强省推进教育现代化县市区分类监测指标。

（一）指标选取原则

1. 系统性原则：指标涵盖县域范围内的各级各类教育，符合中央和省委省政府提出的教育现代化的目标和重点任务要求，与国家义务教育均衡发展指标体系和湖南小康社会指标体系相互衔接，力求反映县域教育现代化的建设水平和发展进程。

2. 可比性原则：合理选用广泛使用的教育指标及公开的权威性数据，以保障监测数据具有地区可比性，以及比较结果的可靠性和显示度。

3. 简捷性原则：选取的指标力求直观易懂，可借助已有的统计数据和业务部门数据直接采集。目前难以量化、难以获得、难以形成明确判断的指标，暂不纳入。

4. 引导性原则：突出县域教育发展的核心指标，分析县域内教育整体发展水平，引导各地总结成绩与问题，及时调整教育发展措施。

（二）具体指标及内容

监测指标分普及与公平、结构与质量、条件与保障三大类，共 22 项指标，每项指标设立了指标分值和 2020 年目标值（见附件 1）。该监测指标及方案在试行过程中将不断完善和修订。

三、监测方法

1. 根据《中共湖南省委、湖南省人民政府关于分类指导加快推进全面建成小康社会的意见》明确的三类县市区分年度分类进行监测评价。

2. 主要利用现有教育事业统计数据和业务部门数据进行监测，不专门到县市区现场考核获得数据，不专门组织县市区另行报送相关数据。

3. 主要监测县市区各年度建设教育强省推进教育现代化实现程度（即目标达成度）和提升幅度（即年进步程度）。实现程度按单项指标的标准化值综合加权计分，提升幅度按增长指数综合加权计分。

4.根据县市区监测结果对市州建设教育强省推进教育现代化实现程度和提升幅度进行引导性试测。

四、组织实施

（一）领导机构

省教育厅成立建设教育强省推进教育现代化县市区分类监测工作领导小组，领导小组组长由教育厅厅长担任，副组长由分管发展规划工作的厅领导担任，相关处室负责人任领导小组成员。领导小组办公室设省教育厅发展规划处，具体负责分类监测工作的组织实施和统筹。各项指标数据的测算，分别由省教育厅相关处室负责。

（二）时间安排

分类监测工作从 2014 年起试行。今后每年元月中旬由相关处室分别根据自然年度或学年度数据进行采集测算，元月底进行汇总审核，2 月初予以发布。

（三）结果运用

1.根据监测结果分别对建设教育强省推进教育现代化先进县市区和快进县市区予以表彰，并给予一定的奖励经费。先进县市区按实现程度，分别从第一类地区取前 2 位，第二、三类地区分别取前 4 位给予奖励。快进县市区按提升幅度，分别从第一类地区取前 2 位，第二、三类地区分别取前 4 位给予奖励。原则上先进县与快进县不重复奖励，出现重复时依次下推。

当年出现重大安全责任事故、重大败坏师德师风事件、重大负面舆情事件并造成恶劣影响，教育行政部门重大违法违纪案件以及教育经费投入出现负增长时，将报厅党组研究视情况取消表彰奖励资格。

2.按照实现程度占 40%、提升幅度占 60% 的权重进行加权计分，得出各县市区建设教育强省推进教育现代化监测评价的综合排名，并列入对县级人民政府教育工作的综合督导评估考核指标。

3.对市州的引导性试测结果将列入省教育厅对市州教育行政部门年度工作评估考核的重要依据，但不作为对市州建设教育强省推进教育现代化的评价和奖励依据。

附件：

1.湖南省建设教育强省推进教育现代化县市区分类监测指标

2.分类监测指标说明

3.测算计分说明

附件 1：

湖南省建设教育强省推进教育现代化
县市区分类监测指标

类别	序号	指标名称		分值	目标值（2020 年）		
					一类地区	二类地区	三类地区
普及与公平	1	学前教育三年毛入园率		4	≥85%	≥80%	≥80%
	2	九年义务教育巩固率		4	≥99%	≥98%	≥97%
	3	高中阶段教育毛入学率		4	≥98%	≥93%	≥88%
	4	15 岁及以上人口平均受教育年限		3	≥11.5 年	≥10.5 年	≥10 年
	5	义务教育均衡发展综合差异系数	小学	8	≤0.65	≤0.65	≤0.65
			初中		≤0.55	≤0.55	≤0.55
	6	随迁子女平等接受义务教育比例		4	100%	100%	100%

续上表

类别	序号	指标名称		分值	目标值（2020 年）		
					一类地区	二类地区	三类地区
结构与质量	7	义务教育阶段大班额比例	大班额	5	≤5%	≤5%	≤5%
			超大班额		0	0	0
	8	中职招生占高中阶段招生比例		3	→50%	→45%	→45%
	9	中小学按规定课程开出率		3	100%	100%	100%
	10	中小学生体质健康水平（合格率）		3	≥97%	≥97%	≥97%
	11	学业水平考试成绩合格率	初中	6	≥98%	≥95%	≥95%
			高中（正考）		≥90%	≥88%	≥85%
	12	中职在校生三年巩固率		4	≥85%	≥80%	≥80%
	13	中职学生技能和文化素养抽查合格率		4	≥90%	≥85%	≥80%
条件与保障	14	落实教育经费投入	公共财政教育支出占公共财政支出的比例（以 2012 年为基期）	8	增长		
			公共财政教育支出增长比例高于公共财政经常性收入增长比例		增长		
			各类教育生均教育事业费和生均公用经费的预算支出（以上年度为基期）		增长		
	15	义务教育教师工资和绩效工资到位率		4	100%	100%	100%
	16	义务教育合格学校建设完成比例		5	100%	100%	100%
	17	公办幼儿园及普惠性民办幼儿园建设规划完成比例		5	100%	100%	100%
	18	按编制标准（教职工配备标准）教师配备率		4	100%	100%	100%
	19	专任教师学历水平	幼儿园（专科及以上比例）	6	≥90%	≥80%	≥80%
			小学（专科及以上比例）		≥98%	≥95%	≥93%
			初中（本科及以上比例）		≥98%	≥95%	≥93%
			高中阶段（研究生比例）		≥20%	≥15%	≥10%
	20	按规定接受培训的教师比例		3	100%	100%	100%
	21	教育信息化"三通"完成率	宽带网络校校通	5	100%	100%	100%
			优质资源班班通		100%	100%	100%
			网络学习空间人人通		100%	≥95%	≥90%
	22	校园安全	学生非正常死亡控制比率（万分比）	5	<0.2	<0.2	<0.2
			校园安全技术防控系统覆盖率		≥95%	≥90%	≥85%
			校园保安配备率		100%	≥90%	≥80%

注：中职招生占高中阶段招生比例（序号 8）为区间指标，其目标值（2020 年）为接近值。

附件2:

分类监测指标说明

1. 学前教育三年毛入园率

指标描述:学前教育三年在园(班)幼儿数占学前教育三年适龄儿童总数的比例。

计算公式:学前教育三年毛入园率(%)=学前教育三年在园(班)幼儿数/所在地3~5岁年龄组人口数×100%

指标功能:反映适龄儿童学前教育入学机会,衡量学前教育普及程度,体现教育发展水平;适用全省评价、县级比较及评价。

选择理由:《湖南省建设教育强省规划纲要(2010—2020)》提出的教育事业发展主要指标;我国教育事业统计常用指标。

数据来源:教育事业统计;统计部门人口数据。

测算说明:在园幼儿数含小学等机构附设幼儿班的幼儿。

2. 九年义务教育巩固率

指标描述:初中毕业班学生占该年级进入小学一年级时学生数的比例。

计算公式:九年义务教育巩固率(%)=当年初中毕业班学生数/该年级进入小学一年级时的学生数×100%

指标功能:衡量义务教育普及质量和普及效果;适用全省评价、县级比较及评价。

选择理由:湖南省建设教育强省规划纲要(2010—2020)》提出的教育事业发展主要指标;我国教育事业统计常用指标。

数据来源:教育事业统计数据。

3. 高中阶段教育毛入学率

指标描述:普通高中、中等职业教育在校生数占高中阶段适龄人口的比例。

计算公式:高中阶段教育毛入学率(%)=高中阶段教育在校生数/15~17岁年龄组人口数×100%

指标功能:衡量高中阶段教育的普及程度,体现教育发展水平;适用全省评价、县级比较及评价。

选择理由:《湖南省建设教育强省规划纲要(2010—2020)》提出的教育事业发展主要指标;我国教育事业统计常用指标;《湖南省县市区全面建成小康社会考评指标体系》中的教育发展水平两项指标之一。

数据来源:教育事业统计数据;统计部门人口数据。

测算说明:测算用的高中阶段教育在校生数为普通高中、中等职业教育在校生人数。

4. 15岁及以上人口平均受教育年限

指标描述:所在地户籍15岁及以上人口的平均受教育年限。

计算公式:15岁及以上人口平均受教育年限(年)=15岁及以上年龄人口中每个人的受教育年限之和/该年龄群体的总人数×100%

指标功能:主要反映教育对人力资源和经济社会的贡献,体现人口受教育的总体水平和国民整体素质;适用全省评价、县级比较及评价。

选择理由:《湖南省县市区全面建成小康社会考评指标体系》中的教育发展水平两项指标之一;我国教育事业统计常用指标。

数据来源:教育事业统计数据;第六次人口普查数据。

测算说明:平均受教育年限包括成人学历教育,不包括各种非学历培训。

5. 义务教育均衡发展综合差异系数

指标描述:县域内义务教育阶段学校教师和办学条件均衡水平。

计算公式:$CV = \left(\dfrac{S}{\overline{X}}\right) \times 100\%$,$CV$为差异系数,$S$为标准差,$\overline{X}$为县市区平均数。式中,$S = \sqrt{\sum_{i}^{n}(P_i/P_N) \times (X_i - \overline{X})^2}$,$X_i$表示县市区均衡指标体系中第$i$个学校某个指标值,$X_i = x_i/P_i$,$x_i$为该指标第$i$个学校的原始值,$P_i$为第$i$个学校的在校生数;$\overline{X}$表示该指标的县市区县平均值,其中,$\overline{X} = \sum_{i=1}^{n} x_i/P_N$,$P_N$为县市区内所有学校的在校学生数,$P_N = \sum_{i=1}^{n} P_i$。所有8项指标的差异系数测算完成以后,对其进行加权平均,即得出县市区综合差异系数。

指标功能:用于反映县域内义务教育阶段学校校际的差异;适用全省评价、县级比较及评价。

选择理由：教育部《关于贯彻落实科学发展观进一步推进义务教育均衡发展的意见》以及省委省政府《关于进一步推进义务教育均衡发展的意见》对推进义务教育均衡发展提出了明确的要求。

数据来源：教育事业统计数据。

测算说明：8项指标为师生比、生均高于规定学历教师数、生均中级及以上专业技术职务教师数、生均教学及辅助用房面积、生均体育场馆面积、生均教学仪器设备值、每百名学生拥有计算机台数、生均图书册数。

6.随迁子女平等接受义务教育比例

指标描述：义务教育阶段就读的随迁子女中在公办学校就读学生所占的比例。

计算公式：随迁子女平等接受义务教育比例（％）＝平等接受义务教育的随迁子女人数/所在地义务教育阶段随迁子女总数×100％

指标功能：主要评价"两为主"政策贯彻落实情况，衡量各地公共教育服务水平、教育公平和普及程度，用于全省评价、县级比较及评价。

选择理由：落实《国家中长期教育改革和发展规划纲要（2010—2020）》中"坚持以输入地政府管理为主、以全日制公办小学为主，确保进城务工人员随迁子女平等接受义务教育"的精神；社会高度关注，教育发展特定时期内的重要评价指标。

数据来源：教育事业统计数据。

测算说明："随迁子女"即进城务工人员随迁子女；平等接受义务教育的随迁子女人数，包括与当地户籍学生同等在公办学校就读学生数和与当地户籍学生同等自愿进入政府购买学位的义务教育学校就读学生数。

7.义务教育阶段大班额比例

指标描述：超过规定班额标准的班级数占总班级数的比例。

计算公式：义务教育阶段大班额比例（％）＝义务教育学校56人及以上班级数/义务教育学校班级总数×100％

指标功能：综合反映教育资源配置水平及教育过程公平；用于全省评价、县级评价及比较。

选择理由：中小学没有达到国家班额标准要求的现象突出；《国务院关于深入推进义务教育均衡发展的意见（2012）》提出"要采取学校扩建改造和学生合理分流等措施，解决县镇'大校额'、'大班额'问题"；《湖南省建设教育强省规划纲要（2010—2020）》提出"推行小班教学""逐步消除大班额现象"。

数据来源：教育事业统计数据。

测算说明：56人及以上班级定为大班额，其中66人及以上学生数的班级，定为超大班额。

8.中职招生占高中阶段招生比例

指标描述：中等职业教育招生数占高中阶段招生总规模的比例。

计算公式：中职招生占高中阶段招生比例（％）＝中等职业教育招生数/高中阶段招生总规模×100％

指标功能：主要评价县域内中等职业教育发展情况，用于全省评价、县级比较及评价。

选择理由：依据《国家中长期教育改革和发展规划纲要（2010—2020年）》和《湖南省建设教育强省规划纲要（2010—2020年》，到2020年普及高中阶段教育，保持普通高中和中等职业学校招生规模大体相当。

数据来源：教育事业统计数据。

测算说明：高中阶段招生总规模为普通高中与中等职业教育招生数之和。

9.中小学按规定课程开出率

指标描述：中小学校实际开设的课程占课程计划规定应开设课程的比例。

计算公式：中小学按规定课程开出率（％）＝学校（含教学点）实际开设的课程门数/课程计划规定开设的全部课程门数×100％

指标功能：主要衡量教育过程公平程度和教育质量及其均衡程度；用于全省评价、县级比较及评价。

选择理由：《中华人民共和国义务教育法》第三十五条规定："学校和教师按照确定的教育教学内容和课程设置开展教育教学活动，保证达到国家规定的质量要求"；《国家中长期教育改革和发展规划纲要（2010—2020）》规定："严格执行义务教育国家课程标准。开足规定课程，全面落实课程方案，保证学生全面完成国家规定的文理等各门课程的学习"。

数据来源:业务部门数据。

测算说明:以县域内全部普通高中学校和一定比例的义务教育学校为测算对象,对照《湖南省普通高中课程方案(实验)》(湘教发〔2007〕12号)、《湖南省义务教育课程(实验)计划》(湘教基字〔2002〕5号)、《湖南省义务教育地方课程设置方案(修订)》(湘教发〔2007〕29号)等文件规定,查看学校课程计划、课程设置、课时安排情况:(1)课程计划方面,查看学校是否根据教育部和省教育厅课程计划(方案)制定学校课程计划,普通高中学校是否将选修课开设纳入课程计划,义务教育学校是否将地方课程、校本课程纳入课程计划;(2)查看学校是否开齐所有科目课程,包括艺体课程、综合实践活动课程开设情况;(3)查看学校开设课程是否足额安排课时,包括艺体课程、综合实践活动课程课时安排。课程计划完备、开设科目完整、课时足额安排的计为100%。

10.中小学生体质健康水平(合格率)

指标描述:参加《国家学生体质健康标准》测试达到及格及以上等级学生人数占参加测试学生总数的比例。

计算公式:学生体质健康合格率(%)=参加《国家学生体质健康标准》测试达到及格及以上等级的人数/参加测试的总人数×100%

指标功能:主要衡量学生身体素质,客观反映学生体质健康水平差异,体现教育质量,用于全省评价、县级比较及评价。

选择理由:《国家中长期教育改革和发展规划纲要(2010—2020)》提出:"加强体育,牢固树立健康第一的思想","促进学生身心健康、体魄强健、意志坚强;不断提高学生体质健康水平";《中共中央国务院关于加强青少年体育增强青少年体质的意见》(中发〔2007〕7号)提出:"健全学生体质健康监测制度,定期监测并公告学生体质健康状况。加大体育工作和学生体质健康状况在教育督导、评估指标体系中的权重,并作为评价地方和学校工作的重要依据。"

数据来源:教育事业统计数据;业务部门数据。

11.学业水平考试成绩合格率

指标描述:参加初中、高中学业水平考试成绩合格的学生占同年级全部学生的比例。

计算公式:学业水平考试成绩合格率(%)=参加初中、高中学业水平考试成绩合格的学生人数/应参加该考试的学生总人数×100%

指标功能:主要衡量素质教育实绩及学生学业成就,反映教育质量;适用全省评价、县级比较及评价。

选择理由:党的十八届三中全会颁布的《中共中央关于全面深化改革若干重大问题的决定》中明确要求"推行初高中学业水平考试和综合素质评价。"

数据来源:业务部门数据。

测算说明:初中学业水平考试成绩合格率,以正考、补考成绩合计为依据进行测算,由各市州提供数据;高中学业水平考试成绩合格率,以正考成绩为依据进行测算。

12.中职在校生三年巩固率

指标描述:中等职业学校毕业年级学生占该年级进入中职一年级时学生数的百分比。

指标功能:主要衡量县域中等职业教育普及、质量和效益,用于全省评价、县级比较及评价。

计算公式:中职在校生三年巩固率(%)=中职毕业年级学生数/该年级进入中职一年级时学生数×100%

选择理由:依据《国家中长期教育改革和发展规划纲要(2010—2020年)》和《湖南省建设教育强省规划规划纲要(2010—2020年)》提出的教育事业发展主要指标,是反映县域内中职教育办学质量、办学吸引力的重要指标。

数据来源:业务部门数据。

测算说明:指标测算时,以县域内中职学校全日制三年制学生数为基数测算;如个别县市区中职学校以两年制招生为主,则以全日制两年制学生数为基数测算。

13.中职学生专业技能和文化素养抽查合格率

指标描述:县域内中等职业学校在校学生分别参加省市中职学校专业技能和文化素养抽查成绩合格的学生占县域内参加抽查学生总数的比例。

计算公式:抽查合格率(%)=参加省市专

业技能抽查、文化素养抽查成绩合格学生数/县域内应参加抽查学生总数×100%。

指标功能：主要衡量县域内中职学生的专业技能和文化素养水平，反映教育教学质量，用于全省评价、县级比较及评价。

选择理由：党的十八届三中全会《决定》提出要"加快现代职业教育体系建设，深化产教融合、校企合作，培养高素质劳动者和技能型人才"；《国家中长期教育改革和发展规划纲要（2010—2020年）》和《湖南省建设教育强省规划纲要（2010—2020年）》提出职业教育要把提高质量作为重点，构建职业教育质量监控、评估与保障机制。

数据来源：业务部门数据。

测算说明：每年由省、市教育行政部门分别从县域内的中等职业学校开设的专业中随机抽取2～3个专业，从在校学生中随机抽取一定比例的学生，参加专业技能和文化素养的抽查考试。省、市教育行政部门根据参与抽查考试学生的成绩，测算该县当年中职学生专业技能和文化素养抽查考试的合格率。该项指标不公布具体学生个人的成绩，只公布每个县的成绩合格率。

14. 落实教育经费投入

指标描述：公共财政预算教育支出占公共财政支出比例、公共财政预算教育支出增长比例与公共财政经常性收入增长比较比例，各类教育生均教育事业费和生均公用经费预算支出增长。

计算公式：

（1）公共财政预算教育经费占公共财政支出的比例（%）＝本年度公共财政预算教育经费/本年度公共财政总支出×100%

（2）公共财政预算教育支出增长比例＝（本年度公共财政预算教育支出－上年度公共财政预算教育支出）/上年度公共财政预算教育支出×100%

（3）公共财政经常性收入增长比例＝（本年度公共财政经常性收入－上年度公共财政经常性收入）/上年度公共财政经常性收入×100%

指标功能：主要反映公共教育投入强度和保障水平，政府财政支出中教育支出情况和公共财政对教育事业的投入水平与力度，以及生均财政教育经费投入水平，体现政府教育投入的保障能力和重视程度。

选择理由：《国家中长期教育改革和发展规划纲要（2010—2020年）》提出教育投入是支撑国家长远发展的基础性、战略性投资，要大幅度增加教育投入；各级政府要优化财政支出结构，把教育作为财政支出重点领域予以优先保障；保证教育财政拨款增长明显高于财政经常性收入增长；要健全以政府投入为主、多渠道筹集教育经费的体制，明确各级政府提供公共教育服务职责，保障学校办学经费的稳定来源和增长，制定并逐步提高各级学校学生人均财政拨款基本标准；《国务院关于进一步加大财政教育投入的意见》（国发〔2011〕22号）要求落实法定增长要求，切实提高财政教育支出占公共财政支出比重。

数据来源：教育经费统计数据。

测算说明：按财政等有关部门确定的口径进行统计；公共财政预算教育支出占公共财政支出比例增长以2012年为基期。

15. 义务教育教师工资和绩效工资到位率

指标描述：义务教育阶段教师工资及绩效工资到位人数占义务教育阶段教师总人数的比例。

计算公式：义务教育阶段教师工资和绩效工资到位率（%）＝义务教育阶段教师绩效工资到位的人数/义务教育阶段教师总人数×100%

指标功能：反映财政性教育经费到位情况，衡量义务教育阶段教师待遇水平，考核政府政策执行情况及努力程度，用于全省评价、县级比较及评价。

选择理由：按照省人社厅、省财政厅和省教育厅联合印发的《关于湖南省义务教育学校绩效工资实施意见的通知》（湘政办发〔2009〕46号）精神，"义务教育学校要把实施绩效工资同深化学校人事制度改革、加强教师队伍建设紧密结合，同完善义务教育经费保障机制、规范学校收费行为和收费管理紧密结合"。"有关部门要密切配合、加强工作指导，建立健全有效的监督检查工作机制，严格把握政策和程序，指导和督促学校严格执行实施绩效工资的有关政策。"

数据来源：业务部门数据。

16. 义务教育合格学校建设完成比例

指标描述：义务教育阶段合格学校建设完成数量占义务教育阶段学校总数的比例。

计算公式：义务教育合格学校建设完成比例（%）＝义务教育阶段合格学校数量/义务教育阶段学校总数×100%

指标功能：主要反映义务教育学校的办学条件达标情况，衡量义务教育均衡发展的整体进度和水平，用于全省评价、县级比较及评价。

选择理由：义务教育均衡发展的基本门槛和前提；省政府为民办实事的重要项目。

数据来源：教育事业统计数据；业务部门数据。

测算说明：我省于 2008 年制定了合格学校标准，并逐年按规划实施。义务教育阶段合格学校数量为通过督导验收由省教育厅公布的义务教育阶段学校数量；学校总数为教育事业统计数。

17. 公办幼儿园及普惠性民办幼儿园建设规划完成比例

指标描述：按国家和省市要求的公办幼儿园及普惠性民办幼儿园建设规划完成数占规划园数的比例。

计算公式：公办幼儿园及普惠性民办幼儿园建设规划完成比例（%）＝（公办幼儿园建设数＋普惠性民办幼儿园建设数）/按规划应建相应幼儿园总数×100%

指标功能：主要反映学前教育发展与管理情况，衡量政府努力程度与治理能力，以及学前教育发展的整体进度和水平，用于全省评价、县级比较及评价。

选择理由：《国务院关于当前发展学前教育的若干意见》（国发〔2010〕41 号）强调：要把"发展学前教育摆在更加重要的位置"，"发展学前教育，必须坚持公益性和普惠性"；《湖南省发展学前教育三年行动计划》有具体发展规划。

数据来源：业务部门数据。

测算说明：按规划建设数依据学前教育行动计划，包括省市县规划应建的公办幼儿园及普惠性民办幼儿园数量。

18. 按编制标准（教职工配备标准）教师配备率

指标描述：按编制标准（教职工配备标准）的专任教师（教职工）配备数占专任教师（教职工）总数的比例。

计算公式：按编制标准（教职工配备标准）教师配备率（%）＝各级各类学校专任教师数及教职工人数/编制标准（教职工配备标准）要求的专任教师总数及教职工总数×100%

指标功能：主要反映教育条件保障水平，体现教师数量的充足程度，适应幼儿园、小学、初中、普通高中、中职学校，用于全省评价、县级比较及评价。

选择理由：根据省编办、省教育厅、省财政厅印发的《关于湖南省中小学教职工编制标准实施意见》（湘政办发〔2002〕44 号）、《湖南省中等职业学校机构编制标准（试行）》（湘编办〔2009〕22 号）要求，各地、各级、各类学校应以核定的编制为依据，合理设岗、精简优化教师队伍，促进教育事业健康发展。

数据来源：教育事业统计数据；业务部门数据。

测算说明：小学、初中、普通高中、中职学校已有国家或我省的编制标准，教师配备率按编制标准计算；幼儿园暂时只有教育部 2013 年制定的《幼儿园教职工配备标准（暂行）》（教师〔2013〕1 号），在国家或省关于幼儿园的编制标准出台前，幼儿园教师配备率暂按此配备标准计算，编制标准出台后，按编制标准计算。

19. 专任教师学历水平

指标描述：高于国家规定学历要求的专任教师数占专任教师总数的比例。

计算公式：高于规定学历教师比例（%）＝高于规定学历专任教师数/专任教师总数×100%

指标功能：反映教师学历水平，体现教育条件保障及质量水平，用于全省评价、县级比较及评价。

选择理由：《国家中长期教育改革和发展纲要（2010—2020）》和《湖南省建设教育强省规划纲要（2010—2020）》要求建设高素质教师队伍，提高教师业务水平。

数据来源：教育事业统计数据。

测算说明：高于规定学历是指幼儿园、小

学为专科及以上，初中为本科及以上，高中阶段（含普通高中和中等职业教育）为研究生及以上。

20.按规定接受培训的教师比例

指标描述：按规定每五年接受360学时以上培训的专任教师（含校领导）占专任教师（含校领导）总数的比例。

计算公式：接受培训教师比例（％）=每五年接受360学时以上培训的专任教师（含校领导）人数/专任教师（含校领导）总数×100％。

指标功能：主要体现教育条件与保障，反映教师教育教学能力及质量水平，用于全省评价、县级比较及评价。

选择理由：《纲要》提出要完善培养培训体系，通过研修培训、学术交流、项目资助等方式，提高教师业务水平；《国务院关于加强教师队伍建设的意见》有明确规定。

数据来源：业务部门数据。

测算说明：教师继续教育包括接受各级各类教师培训、参与国内外研修活动，测算时需对幼儿园、小学、初中、普通高中、中等职业学校按照教师数加权综合进行计算；每五年接受360学时以上培训方可统计为接受一定学时培训的专任教师数（含校领导）。

21.教育信息化"三通"完成率

指标描述：乡镇及以上学校"宽带网络校校通""优质资源班班通"、教师和初中及以上学生"网络学习空间人人通"完成比例。

计算公式：

（1）宽带网络校校通比例（％）=已经实现了宽带网络校校通的乡镇及以上学校数/乡镇及以上学校总数　×100％

（2）优质资源班班通比例（％）=已经实现了优质资源班班通的乡镇及以上学校数/乡镇及以上学校总数×100％

（3）网络学习空间人人通比例（％）=教师和初中及以上学生开通网络实名空间数/（教师总数＋初中及以上学生总数）×100％

指标功能：主要反映教育信息化实现程度、教育条件与保障水平，用于义务教育和高中阶段教育的全省评价、县级比较及评价。

选择理由：《国家中长期教育改革和发展规划纲要（2010—2020）》和《湖南省建设教育强省规划纲要（2010—2020）》确定的重要项目，是当前推进教育领域综合改革的重要项目。

数据来源：业务部门数据。

测算说明："宽带网络校校通"指乡镇及以上学校接入宽带互联网络，并具备互联网络条件下的基本教学与学习环境；"优质资源班班通"指已实现宽带接入的乡镇及以上学校积极建设与完善各类优质数字教育资源，能够将优质资源推送到每一个班级，充分利用现代信息技术设备和优质数字教育资源开展班级教育教学活动；"网络学习空间人人通"是指所有教师和初中及以上学生都拥有实名的网络学习空间，教与学、教与教、学与学全面互动，真正把技术与教学实践的融合落实到每个教师和学生的日常教学活动与学习活动中。

22.校园安全

指标描述：包括中小学（含幼儿园）学生非正常死亡控制比率、乡镇及以上学校（含幼儿园）校园安全技术防控系统覆盖率、乡镇及以上学校（含幼儿园）校园保安配备率。

计算公式：

（1）中小学生意外死亡控制比率=意外死亡的中小学生人数/全县中小学生总人数（万分比）

（2）校园安全技术防控系统覆盖率（％）=配备安全技术防空系统的学校数/学校总数×100％

（3）校园保安配备率（％）=配备保安的学校数/学校总数×100％

指标功能：反映各地安全教育成效，督促各地进一步落实防范意外事故的措施；衡量校园及周边治安防控能力，反映技防水平；反映校园安全管理水平，有利于维护校园及周边秩序。

选择理由：中小学生非正常死亡事故是中央综治委校园及周边治安考评项目；省委办公厅、省政府办公厅《关于进一步加强校园及周边治安工作的通知》（湘办发电〔2010〕75）明确要求大力加强学校技防建设和保安队伍建设；

《湖南省法治政府建设"十二五"规划》有明确要求。

数据来源：业务部门数据。

附件3：

测算计分说明

一、县市区实现程度（目标达成度）测算计分

对县市区建设教育强省推进教育现代化实现程度（目标达成度）的测算，采用标准化值综合加权评分的计分方法，进行测算计分。

1. 单项监测指标标准化值的计算。包括正指标、逆指标和区间指标，标准化值在0～1之间。当标准化值大于1，即实际值超出目标值时，标准化值按1计算。

正指标是指数值大小与工作绩效高低或努力程度正相关的指标，即附件1目标值中的"≥""100%""增长"项指标的标准化值。

计算公式：正指标的标准化值＝实际值/目标值。

说明："增长"项指标的标准化值计算，以2012各县市区实际值为目标值；区间值指标（序号8，中职招生占高中阶段招生比例）的标准化值计算，采用正指标的计分方法，即以接近值作为目标值。

逆指标是指数值大小与工作绩效高低或努力程度负相关的指标，即附件1目标值中的"≤""＜""0"项指标)的标准化值。

计算公式：正指标的标准化值＝目标值/实际值。

说明：目标值为"0"项指标的计分，以0.1%作为近似目标值。

2. 单项监测指标得分的计算。以各项监测指标的标准化值乘以指标分值（权重或权数），得出每一个单项监测指标得分。

3. 计算综合得分及排名。把每一县市区各单项监测指标得分相加得出综合得分，然后按综合得分从高到低在所属类型县市区中进行排名，评出建设教育强省推进教育现代化先进县市区。

测算说明：中小学生意外死亡事故是指发生中小学生溺亡、交通事故、自杀、猝死、意外伤害以及其他可以视作意外死亡的事故。

计算公式：县市区综合得分＝∑｛（正指标实际值÷正指标目标值）×分值＋（逆指标目标值÷逆指标实际值）×分值｝

二、县市区提升幅度（年进步程度）测算计分

对县市区建设教育强省推进教育现代化提升幅度（年进步程度）的测算，采用增长指数综合加权评分的计分方法，进行测算计分。

1. 将每一项监测指标的本年度增长幅度，即正指标的年度增长率、逆指标的年度下降率，换算成增长指数。

2. 将增长指数乘以分值得出单项监测指标得分，并把各单项监测指标得分相加，得出综合得分。

3. 按综合得分从高到低在所属类型县市区中进行排名，评出建设教育强省推进教育现代化快进县市区。

三、对市州试测的测算计分

将县市区建设教育强省推进教育现代化的监测数据对市州推进中、初等教育现代化建设情况进行测试，采用实现程度和提升幅度进行综合打分排名。

1. 分别将市州所辖每一县市区监测指标的实现程度和提升幅度的两个综合得分进行累计，取平均分，分别得出市州建设教育强省推进教育现代化的实现程度和提升幅度得分，并排名。

2. 将两个排名各按最高分14分计分，即第1名为14分，依次递减，第14名为1分，据此进行数据处理。

3. 按实现程度占40%的权重，提升幅度占60%的权重，分别对各市州进行加权计分，得出综合排名。

湖南省示范性普通高中督导评估方案（试行）

湘政教督〔2013〕3 号

为贯彻落实《国家中长期教育改革和发展纲要（2010—2020 年）》和《湖南省建设教育强省规划纲要（2010—2020 年）》，根据《教育部关于进一步加强中小学督导评估工作的意见》（教督〔2012〕9 号）的部署和要求，进一步规范湖南省示范性普通高中（以下简称"湖南省级示范性普通高中"）的办学行为，提高省级示范性普通高中的管理水平，充分发挥省级示范性普通高中在实施素质教育、人才培养体制创新、基础教育课程改革、现代学校制度建设中的示范引领作用，特制定本方案。

一、督导评估指导思想与原则

（一）指导思想

以科学发展观为指导，全面落实国家教育法律法规和政策，遵循教育规律和先进的教育理念，坚持公开、公平、公正，坚持监督、指导、服务并重，坚持过程督导与结果督导相结合，坚持网络评估与现场评估相结合，引导省级示范性普通高中科学谋划发展定位，以人为本，全面实施素质教育，进一步提升学校内涵和办学质量，促进学校个性发展、特色发展和多样化发展，不断增强学校办学的示范引领作用。

（二）基本原则

1. 发展性原则。既衡量学校基本办学条件达标程度和工作规范化程度，更重视学校管理、学生成长、教师发展的创新与进步，突出纵向比较和过程评价，注重将学校的发展需求和社会、学生的发展需求紧密结合，鼓励学校在原有基础上不断改进。

2. 差异性原则。充分考虑不同学校的地域特点和基础差异，差别化对待每一所学校，帮助、指导学校准确定位，通过以督促建、以督促改、以督提质，推动学校向建设现代教育实验学校目标迈进。

3. 合作性原则。强调教育督导部门与学校、督学与学校的合作意识，相互尊重、相互理解、相互信任，以平等对话的方式进行沟通与交流，把和谐对话、共同研究的氛围贯穿于督导评价的全过程。

4. 多样化原则。不断改进督导方法，实行督导工作动态管理，推进督导工作的科学化、信息化、多样化，将综合督导与专项督导、定期督导与经常督导、网络督导与现场督导、随访督导与跟踪督导相结合，及时发现学校管理中存在的问题并监督整改，指导学校在规范办学行为、推进教育改革、提高教学质量等方面发挥示范效应和引领作用。

5. 开放性原则。广泛吸纳教师、学生、家长及社区公众参与到学校督导和学校自评工作中来，引入办学满意度民意网络调查，努力形成多方参与的评价机制，增进社会各方对教育督导工作、学校管理工作和教育教学活动的支持与理解，增强学校督导工作的真实性、准确性，提升学校督导结果和自评结果的信度与效度。

二、督导评估的主要内容

（一）领导班子与学校管理

主要对校长办学理念、体制机制创新、学校管理能力、课程领导力、科研领导力等方面进行督导，包括建设校园文化，制定办学章程和发展规划，实行目标管理和绩效管理，建立健全校务公开、民主监督、社会参与的现代学校管理制度等，突出对校务委员会履行职责、落实学生发展指导制度和学分认定制度的督导。

（二）教师队伍与办学条件

主要对师德师风、教师专业发展和教师队伍结构进行督导，重点督导学校对教师教学活动的指导和专业发展的支持，教师改进教学方式、创新教学方法、注重因材施教、增强教学效果等。

为促进学校不断改善办学条件，主要对校园规划建设、教学装备与使用、安全设施与管理进行督导，重点督导资金的科学预算和规范使用，设备设施和图书资料的有效使用。

（三）办学水平与办学特色

对学校德育工作、课程设置、教学常规、课堂教学、教学评价进行督导，重点督导学校执行国家课程方案和学科课程标准，开足开好规定课程，积极创造条件增加课程的可选择性，开设好丰富多彩的选修课，高度重视新设的通用技术课程与综合实践课程等。

对学生学业水平发展及其思想道德素质、科学文化素养和身心健康发展、学习兴趣、审美情趣、实践能力、创新精神等综合素养进行督导，突出合理安排学生作息和锻炼，学生行为习惯养成、综合素质评价机制等。

对学校教育质量评价体系进行督导，包括以学业水平考试与考查成绩为依据，建立科学的课程管理和学分认定制度，并确保质量评价过程与结果可信、可用。

（四）示范效应与引领作用

对学校办学理念的先进性、认同度，办学行为的规范性、公正性，课程开设的时代性、创新性，办学模式、育人模式、课程设置和教育质量综合评价机制等方面进行督导，重点督导按计划招生、均衡分班、落实教学计划、规范评价标准及办学行为等。

三、督导评估的程序与方法

省级示范性普通高中每学年进行一次自评，省人民政府教育督导室每年实施一次网络评估，并有针对性选择部分学校开展有关事项的现场评估。网络督导评估一般5人为一组，由管理专家、教学专家组成，实行首席专家负责制。

1.建立"湖南省级示范性普通高中督导评估空间"。省级示范性普通高中按相关要求将学校有关办学方向、行政管理、教学实施、德育工作、后勤服务、教师资源、经费投入、办学条件与环境等上传到统一的网络主页空间上，构建学校网络实体。

2.开展办学满意度网络问卷调查。由省人民政府教育督导室面向学生、家长、教师和社会公众开展民意网络调查。

3.学校自我评估。每年7月底学校完成对上一学年办学情况的自我总结和评价，撰写《自评报告书》；并对照《湖南省示范性普通高中督导评估细则》，按指标分项自评记分。

4.市州随访督导。由市州人民政府教育督导室将辖区内省级示范性普通高中纳入督学责任区范围，每学年至少对省级示范性普通高中进行一次随访督导，并将发现的典型经验和突出问题反馈给省人民政府教育督导室。

5.网上督导评估。每年8月，督导评估专家通过查阅学校上传至网络主页空间的相关资料、图表、数据等，按领导班子与学校管理、教师队伍与办学条件、办学水平与办学特色、示范效应与引领作用等四个方面逐一进行审查打分，同一内容的打分由两位专家独立评判。首席专家负责形成学校督导评估总报告，并提出需现场评估核查的学校名单和核查内容。

6.现场督导评估。每年10月，对在网络督导评估、教育视导和问卷调查中发现的典型经验或突出的问题，由首席专家提出建议之后，省人民政府教育督导室每年将视情况抽查20%的省级示范性普通高中（可重复抽查），选派相关专家到学校现场评估，确定评估等次。

四、督导评估结果的认定与运用

每年11月，省人民政府教育督导室汇总、审核专家评估结果，反馈至学校及其主管部门和县级政府，并对督导评估结果进行分类定等。督导评估得分90分及以上的为优秀，90分以下70分及以上的为合格，70分以下的为不合格。凡评为优秀且得分在95分以上的，给予综合表彰奖励；凡评为优秀且得分在95分以下90分及以上的，给予单项表彰奖励；评为不合格的，取消省示范性普通高中资格。

根据《湖南省示范性普通高中管理办法》的规定，省示范性普通高中督导评估设定"不得评优"和"一票否决"指标。

1.县域内的省示范性普通高中有下列行为之一者，不得评为优秀；同时具有两项者，不得评为合格。

（1）举办或变相举办重点班的；

（2）随意增减课时或违反规定组织学生节假日成建制补课的；

（3）学校下达升学指标，并以指标完成情况评价和奖罚教师、学生的；

（4）违规单独组织招生考试或使用非正当手段争抢生源的；

（5）鼓励、支持、纵容公办学校教师到复

读学校(复读班)兼课的;

(6)公布学生考试排名,并以此奖罚教师、学生的;

(7)在职教师对本校及现任教学段的学生实行有偿家教、家养或有偿补课的;

(8)违反政策规定乱收费的。

2.有下列行为之一者,不得评为合格。

(1)举办或变相举办初中部和复读学校(复读班),或招收复读生的;

(2)参加教育行政部门组织的统(会)考和竞赛、检查、评估等重大活动,学校集体舞弊或严重弄虚作假的;

(3)违反政策乱收费,造成恶劣影响的;

(4)发生较大安全责任事故和群体性事件,学校负有直接管理责任的;

(5)上传网站的材料存在弄虚作假情况的。

五、督导评估的组织与领导

1.省级示范性普通高中的网络督导评估由省人民政府教育督导室具体负责,每年组织实施一次。每年年底,省人民政府教育督导室向社会发布《湖南省示范性普通高中督导评估年度报告》。

2.市、县两级教育督导部门要加强对省级示范性普通高中的随访督导,及时总结和推广成功的经验,发现和纠正存在的问题,以促进省示范性普通高中内涵发展、特色发展和多样化发展。

3.实施省级示范性普通高中督导评估时,省人民政府教育督导室建立学校督导评估专家库,挑选公道正派、工作认真负责、教育管理经验丰富、业务能力强、威望较高的同志担任督导评估首席专家。

4.严格督导评估的各项纪律与要求。为保证评估结果的公平、公正,督导评估组成员与被督导评估学校有利害关系的,应当主动申请回避;网络督导评估专家应严格遵守保密规定,不得以任何方式与被评估学校接触或联系。若需要补充相关资料时,均由省人民政府教育督导室负责通知相关学校;督导评估专家进入学校实地评估时,应严格遵守《湖南省教育督导人员行为规范》的规定。

附件:

湖南省示范性普通高中督导评估细则

一、领导班子与学校管理(20分)

1.办学理念。①符合现代教育发展思想、教育方针政策和改革方向及学校历史传承和发展实际。②师生家长和社区对办学理念的知晓、理解和认同程序。③办学理念与学校发展规划相统一,办学目标明确,有落实措施,措施到位。

分值4　①办学理念表述不够明确、清晰扣0.5分,观点错误该指标记0分,未体现办学历史与特点扣0.5分。②有20%的师生、家长和社区不知晓的该三级指标记0分,不理解的扣0.5分,不认同的扣0.5分。③无中长期发展规划或内容不具体、不科学记0分;规划缺乏具体可行的措施扣1分,未按规划分年度推进扣1分。

2.领导班子。①校长符合任职条件,其他领导班子年龄、学历、专业、结构合理。②办学思想端正,依法治校、管理有力、业务能力强。③团结、民主、务实、作风正派、廉洁自律、凝聚力强。④校级领导和中层干部有2/3兼课,校级领导每人每期听课不少于30节。

分值4　①②③某一项达不到要求扣1分;④未达要求的该三级指标记0分。

3.内部管理体制。①实行校长负责制和教师聘任制,中层干部竞争上岗。②内设机构设置、人员配备科学合理,职能界定明确,运转高效。③健全教职工代表大会制度,科学民主决策机制完善,校务公开。④设立有学校领导、师生、家长共同参与的校务委员会,聘请社区和有关专业人员参与学校管理与监督。

分值4　某一项达不到要求扣1分。

4.班级管理和学生自我管理。按照《中小学班主任工作规定》做好班级管理工作。①充分发挥班主任作用,班主任工作负责,后进生转化效果明显。②学生会、团委会、班委会组织机构健全,干部配备得力,定期举行班团组织活动等,并取得良好效果。③学校组织班级管理的培训与研讨活动。

5. 后勤、财务与安全管理。后勤工作切实为教学为师生生活服务。①生活条件逐步改善,学生食堂未承包个人经营,食堂、寝室等生活管理规范。②建立完备的校产档案,分学年立卷,公共财产无重大损坏或丢失现象。③财务制度健全,账目清楚,收支规范、公开。④安全保卫工作制度健全,有专人负责,定期检查。⑤近三年无重大安全责任事故发生,校园及周边治安状况良好。

分值5 ①②③④某一项达不到要求扣1分,⑤未达到要求的该三级指标记0分。

二、教师队伍与办学条件(25分)

6. 教师结构。①专任教师占85%以上。②任课教师学历合格率达100%,研究生占5%以上。③教师学科结构合理,符合课程设置要求。

分值2 某一项达不到要求扣1分,扣完为止。

7. 师德师风。①执行《中小学教师职业道德规范》,教师遵纪守法、关爱学生、教书育人、为人师表,教师个人无违法违纪行为。②无有偿补课、家教家养现象。③无校外兼职兼课以及为培训机构组织生源等现象。

分值3 某一项达不到要求扣1分。

8. 教师培训。①培训工作有计划、有措施,培训形式多样,内容全面,注重实效。②培养骨干教师、青年教师和学科带头人有切实措施,每个学科有带头人,某些学科形成明显优势。

分值2 某一项达不到要求扣1分。

9. 教师奖惩机制。①建立教师工作激励机制,引导教师真诚合作与良性竞争,鼓励个人冒尖与建设优秀团队。②有教师批评奖励制度。

分值2 某一项达不到要求扣1分。

10. 校园建设。①布局协调,区划合理。②校园整洁、美化和绿化。③生均校园面积不低于30平方米。

分值2 某一项达不到要求扣0.5分。

11. 校舍建设。①有足够的教学用房和教学辅助用房,生均教学用房不低于8平方米。②提供足额学位,逐步消除大班额现象,班额控制在55人以内(含55人)。

分值3 ①生均教学用房每少一平方米扣0.5分,扣完为止。②学校平均班额每超过1人扣0.5分,扣完为止。

12. 实验设备设施。①有专用的理、化、生仪器室和实验室,每4个班有一间实验室。②仪器设备达到《中学理科教学仪器配备》I类要求,且每年有新增仪器。③实验开出率达到要求。

分值2 ①②某一项达不到要求扣0.5分,③未达到要求扣1分。

13. 教育信息化。①建有校园网,网络带宽能满足正常教学和办公需要,并有一定冗余。②所有教室具备网络接入条件并配备网络信息终端。③每8个班配备1个计算机教室,满足学校正常教学需要。④校内数字教学资源全面系统,涵盖学科的各个知识点,能提供一批适应本校本区域的"同步课堂""名师课堂""名校课堂"和"专递课堂"等资源。⑤所有师生建有实名制网络学习空间,并能利用学习空间开展教学活动和师生互动。⑥所有教师具备利用信息化设备和资源开展教学的能力。⑦建有数字化广播电视系统、监控系统。

分值2 某一项达不到要求扣0.5分,扣完为止。

14. 馆室与配置。①有独立的图书馆,学生阅览室座位不少于学生总数的1/10,教师阅览室座位不少于教职工总数的1/3。②生均藏书达45册,且每年新增图书达到生均0.5册,刊物不少于100种,建立电子阅览室。③图书资料充分开放,每学期借书、阅览学生总人次达学生总数的5倍以上。

分值2 某一项达不到要求扣0.5分,扣完为止。

15. 体育场馆与器材。①有400米跑道的标准运动场。②有体育馆或容纳4个班同时上课的室内运动场。③有与规模相适应的篮球、排球场和乒乓球台。④体育器材达标,且每年有新增。

分值2 某一项达不到要求扣0.5分。

16. 其他教学设备设施。①有专用的音乐、美术教室和舞蹈排练厅,音乐、美术教学设备达中学器材设备设施配备I类标准。②有3间以上通用技术教室，设备符合要求。③有科技活动室。④建立心理健康教育室，有专用卫生室，卫生设备达Ⅰ类标准。

分值2　某一项达不到要求扣0.5分，扣完为止。

17.后勤设施。①学生寝室、食堂等生活用房和卫生设施符合要求。②学校用水、用电有保障。

分值1　某一项达不到要求扣0.5分，扣完为止。

三、办学水平与办学特色（30分）

18.综合素质培养。落实《普通高中课程方案（实验）》提出的培养目标。①建立德育工作队伍，德育活动计划能落实，实效性强。②建立学校、家庭、社会三结合的德育网络，效果明显。③建立学生发展指导制度，加强对学生的理想、心理、学业等方面指导。④提供丰富多样的选修课程，学生自主选择，促进个性发展。⑤保证学生每天1小时体育活动时间；坚持"两课两操"和课外体育活动；每学年组织1～2次全校运动会。⑥开展健康教育工作，常见病、多发病防治措施有力。⑦每学年举办1～2次全校学生艺术活动。⑧有一定规模的运动队、合唱队、舞蹈队、乐队和美术、书法小组等多种学生社团组织。⑨开展生命安全教育。⑩按规定组织学生开展社会实践、社区服务、研究性学习等综合实践活动。

分值3　某一项达不到要求扣0.5分，扣完为止。

19.课堂教学。熟悉新课程教学理念，面向全体学生，以学生为主体，运用"知识与技能、过程与方法、情感态度与价值观"三维教学目标指导教学；能熟练运用信息技术手段，丰富授课内容，广泛开展师生双向互动，注重引导学生自主学习、深入探究、合作交流；能根据学生的学习灵活调整教学方案，动态生成新的课堂结构；教学手段合理；课堂教学优良率达70%，其中优质课比例不低于30%。

分值3　优质课比例每降低5个百分点扣0.5分，优良率每降低5个百分点扣0.5分，扣完为止。

20.教学常规。①有备课制度的落实与检查记录。②有作业批改与辅导制度的落实与检查记录。③有考试考核制度的落实与检查记录。④教师每期听课不少于15节，有听课笔记和评价记录。⑤建立家访制度或家校沟通平台；⑥后进生转化工作有成效。

分值2　某一项达不到要求扣0.5分，扣完为止。

21.教研教改。①专任教师课堂教学研究参与率达80%以上。②有市州级以上课题，20%以上的教师参加联系本校实际的课题研究。③近两年内有10篇以上教育教学科研论文或教改成果在省级以上报刊发表或获市、州级以上奖励。④有10%以上的教师指导学生开展综合实践活动。

分值2　某一项达不到要求扣0.5分，扣完为止。

22.学生品行。①学生自觉遵守中小学生守则和日常行为规范，文明程度高，遵纪守法，诚实守信。②积极参加公益活动，具有社会责任感。③近三年学生犯罪率为0，年违纪处分率在1%以下。

分值2　①②某一项达不到要求的扣0.5分，③达不到要求的该三级指标记0分。

23.学业质量。①肄业年级学生期中、期末考试学科合格率在85%以上。②高二学业水平考试正考合格率95%以上。③高考（按毕业总数计）本科（二批）上线率达到全省平均水平。

分值2　某一项达不到要求扣1分，扣完为止。

24.操作技能。①98%以上的学生能独立完成规定的理、化、生实验，操作合格。②100%的学生掌握规定的计算机基本知识和操作技能。③通用技术考查合格率100%。

分值2　某一项达不到要求扣1分，扣完为止。

25.体质健康。①毕业生体检合格率98%以上。②在校生体育合格率98%以上。③体育达标率95%以上。④常见病发病率控制在2%以下。⑤近视眼新发病率低于4%。

分值2　某一项达不到要求扣0.5分，扣完为止。

26.个性发展。①培养音、体、美等特长生获得较好成绩，升学的特长生占升入高一级学校学生的5%。②近两学年度参加省级以上教育行政部门组织的学科竞赛及科技活动至少有5人次获得二等奖以上奖励。③每个学生有选择性地参与社会实践、社区服务、科技创新等各类课外活动。

分值2 某一项达不到要求扣0.5分，扣完为止。

27.在办学思想、办学模式、学校管理、学科建设等某一方面形成了突出的强项或优势，或者某项工作有重大创新。

分值5 达到一项（或多项）要求的记2～5分，否则记0分。

28.近三年来某项办学成果处于全省领先水平，或在省级以上会议交流经验或获得省级以上先进单位奖励。

分值5 达到一项（或多项）要求的记2～5分，否则记0分。

四、示范效应与引领作用（25分）

29.按规定招生。①不擅自增减招生计划、提前招生、跨区域招生。②不擅自组织单独的高中招生考试。③不使用非正当手段招揽生源。④不按规定公开招生信息。

分值4 某一项达不到要求的记0分。

30.均衡编班，均衡配置教师，不举办或变相举办重点班。

分值3 凡以学生获奖、竞赛、各类考试成绩作为编班依据，教师配置明显倾斜，均认定办重点班（含未经批准的各种名义的尖子班、特长班、实验班等），记0分。

31.落实教学计划。①按国家和省颁布的课程计划开齐开足所有必修课程和共同选修课程，不文、理分科。②教学时间、学生作息时间、课外作业时量、考试次数、竞赛活动、学生用书符合规定。③不在节假日成建制补课、办班。

分值4 违反其中一项要求记0分。

32.规范评价标准。①不单纯按学生成绩给教师、学生排队。②不向年级、班级下达升学指标。③不单纯以考试排名和升学率奖惩教师、学生。④学生评优评先公开、公平、公正。

分值2 违反其中一项要求记0分。

33.禁止乱收费。①学校按照省教育厅、省财政厅、省物价局制定的教育收费政策收费，未超标准收费或擅立项目收费。②部门、科室、班主任、任课教师未收取补课费、资料费等。③招收择校生严格执行"三限"政策。

分值2 违反其中一项要求记0分。

34.禁止举办重复教育。不举办或参与举办复读学校、复读班，不招收插班复读生，不为社会力量举办的重复教育办学机构提供教学场所或师资。

分值3 违反其中一项要求记0分。

35.参加教育行政部门组织的考试和竞赛、检查、评估等重大活动无集体舞弊或弄虚作假现象等重大责任事故。

分值3 教育行政部门组织的重大活动包括：高中学业水平考试及考查、高考、省级以上数、理、化、生、信等学科竞赛，市州以上教育工作检查，省级示范性普通高中督导评估等。凡上述活动有一次集体舞弊或弄虚作假的，记0分。

36.扶助并带动当地薄弱学校得到了新的发展，为薄弱学校提供学校管理、教师培训、教学研究、课程资源等方面的支持，帮助提高办学水平和教学质量。

分值4 达不到要求的扣1～4分。

湖南省义务教育学校办学标准

湘教发〔2016〕4号

第一章 总 则

第一条 为贯彻落实《国家中长期教育改革和发展规划纲要（2010—2020年）》精神，推进义务教育学校标准化建设，促进义务教育均衡发展，根据《义务教育法》等有关法律法规和教育部《义务教育学校管理标准（试行）》（教基一〔2014〕10号）等规定和要求，结合我省实际，制定本标准。

第二条 义务教育完全小学以上学校建

设、改造等原则上应达到本标准要求。

第三条　本标准的实施遵循分级负责、分步推进的原则。省教育行政部门负责统筹协调和监督、指导本标准的实施；各市州、县市区根据本标准制定本地学校建设实施规划并组织实施。

第二章　校园规划建设

第四条　学校规划建设应符合《农村普通中小学校建设标准》(建标〔2008〕159号)或《城市普通中小学校校舍建设标准》(建标〔2002〕102号)。学校布局应当依据城市或村镇总体发展规划及中小学布局调整规划，以方便学生就近入学为原则，办学规模适宜，合理设置并调整学校布点。学校选址应在位置适中、地势相对较高、地质条件较好、远离污染源、环境适宜的安全地段。

第五条　校园规划应功能齐全，布局设计按教学、体育运动、生活等功能进行分区，达到布局合理，分区明确，整体协调。同时也应当适应和符合中小学生身心发展的特点，以有利于学生和教师学习、工作、交往，确保师生安全为宗旨，最大限度地提供较为宽裕的活动空间。校园应有校门和围墙(或安全隔离设施)。

第六条　学校占地面积应满足必要的教学场地及附属设施、体育场地、绿化用地的需要。原则上学校最大规模不超过45个班，小学每班45人，初中每班50人。

1.生均占地面积

学校生均占地面积标准城乡统一，分达标和基本达标两种情况，具体标准见表1：

表1　不同规模学校生均占地面积(≥)

单位：平方米/生

学校类别	学校规模	学校生均占地面积	
		达标	基本达标
小学	<12班	34.00	22.00
	12班	29.00	18.79
	18班	23.00	17.57
	24班	20.00	15.45
	30班-45班	18.00	14.68

续上表

学校类别	学校规模	学校生均占地面积	
		达标	基本达标
初级中学	12班	30.00	19.20
	18班	29.00	17.78
	24班	25.00	17.30
	30班	23.00	16.44
九年一贯制学校	18班	27.92	19.24
	27班	25.52	17.65
	36班~45班	25.16	16.11

在山区、湖区和中心城区(中心城区指各市州、县市政府所在地的老城区，人口高度密集、周边建筑已定型，学校无法扩建又不能搬迁的城区，以下同)等特殊地区，学校用地条件确实受到限制的情况下，学校生均占地面积基本达标标准可适当降低。新建学校须严格执行标准。鼓励用节地模式、按"两型要求"建设学校。

2.体育场地

体育场地设置标准：完全小学6班应设置60米直跑道田径场一个；完全小学12班、完全小学18班、初中12班、九年制18班均应设置200米环形跑道田径场一个；完全小学24班、初中18班、九年制27班均应设置300米环形跑道田径场一个；完全小学30班、初中24班、初中30班、九年制36班均应设置300米~400米环形跑道田径场一个。有条件的地方可设置400米环形跑道田径场。中小学校均应设置适量的球类、器械等运动场地，每6班应有1个篮球场或排球场或5人制足球场。中心小学和初级中学均应设置室内运动场或风雨球场，12班的应有300平方米，18班的应有450平方米，21班的应有600平方米。体育场地建设应确保使用环保材料。

在山区、湖区、中心城区或因其他原因，学校用地确实受限的，可不设环形跑道运动场，但必须有能满足全校师生同时做操和开展其他必要的体育活动项目所需的场地。

3.绿化用地

农村学校宜设置集中绿地和学生种植园

地,用地面积按《农村普通中小学校建设标准》(建标〔2008〕159号)"绿化用地"标准执行。城市学校要尽可能地提高校园绿化覆盖率。

第七条 校舍能够满足正常的教学和生活需要,教学及教学辅助用房、办公用房、生活服务用房与安全饮用水、厕所和洗手设施等相配套。生均校舍建筑面积标准(不含寄宿制学校学生宿舍和食堂)分达标和基本达标两种情况,具体标准见表2:

表2 不同规模学校生均校舍建筑面积(≥)

单位:平方米/生

学校类别	学校规模	达标		基本达标
		农村	城市	
小学	<12班	8.25		7.4
	12班	7.81	10.0	6.6
	18班	6.75	8.3	5.8
	24班	6.54	7.9	5.4
	30班	6.5	7.2	5.2
初级中学	12班	10	11.4	7.9
	18班	8.92	10.1	7.1
	24班	8.56	9.8	6.7
	30班	8.3	9.0	6.4
九年一贯制学校	18班	9.3	9.3	6.5
	27班	7.9	7.9	5.8
	36班	8	8.0	5.6
	45班		7.8	5.5

在山区、湖区等特殊地区,学校办学条件确实受到多种因素制约的,生均校舍建筑面积基本合格标准可适当降低。新建学校须严格执行标准。

寄宿制学校学生宿舍、食堂建筑面积配置标准为:生均宿舍建筑面积不低于3平方米;生均食堂建筑面积不低于1.5平方米。寄宿制学校还应按照《农村寄宿制学校生活卫生设施建设与管理规范》(教体艺〔2011〕5号)配备其他生活卫生设施。

第八条 校舍设计应符合《中小学校建筑设计规范》(GB50099—2011)的相关要求,寄宿制学校还应符合《湖南省农村寄宿制学校建设设计导则(试行)》(湘建科〔2006〕201号)的规定。学校校舍安全,无D级危房。

第三章 条件装备

第九条 学校应按照国家《城市普通中小学校校舍建设标准》和《农村普通中小学建设标准》以及《国家学校体育卫生条件试行基本标准》(教体艺〔2008〕5号)、《农村寄宿制学校卫生设施建设与管理规范》(教体艺〔2011〕5号)、《中小学幼儿园安全防范工作规范(试行)》(公治〔2015〕168号)的规定设置教学及教学辅助用房、办公用房、生活用房,以及相应的生活卫生设施和物防、技防设施。

第十条 学校应根据课程标准和办学规模,配备音乐、美术、劳动技术(农村学校可不设)等专用教室以及图书室(馆)(包括藏书室、阅览室)、体育活动室(馆)、心理咨询室等公共教学用房,根据办学需要设置卫生室或保健室、社团(少先队)活动室、综合档案室等办公用房和生活服务用房。有条件的地方可设置舞蹈、书法、历史、地理等公共教学用房。学校每天定时开放专用教室和公共教学用房,供学生自主学习训练使用。

第十一条 学校应有理、化、生(小学为科学)实验室,达到教育部颁发的《中小学理科实验室装备规范》(教基〔2006〕16号)有关功能、面积、间数、建筑、环境、布置、固定设施、实验室设备等方面的"基本要求";有较高实验室装备能力的地方,可以达到"规划建议"的要求,并按照《湖南省中小学实验室管理办法(试行)》(湘教发〔2015〕5号),加强实验室建设和管理。教学仪器配备达到《湖南省初中理科教学仪器配备目录》和《湖南省小学数学、科学教学仪器配备目录》(湘教发〔2006〕121号)的"基本要求",有条件的地方可以达到"选配要求",建设理化生数字实验室。学校每天定时开放理化生实验室,供学生自主探究学习使用。

第十二条 学校应根据课程标准和办学规模,配备专用教室和公共教学用房的器材与设施。按照《国家学校体育卫生条件试行基本标准》及《九年义务教育阶段学校音乐、美术教学器材配备目录》(教体艺〔2002〕17号)要求配备体育、卫生、艺术教育教学器材与设施。劳动技术、心理咨询、书法、舞蹈、历史、地理等器材与设施的配备标准另行发布。

第十三条　学校应有多媒体教室、计算机教室(应同时具有视听功能)和校园广播系统。学校应通宽带网络并实现优质资源班班通,初级中学逐步实现网络空间人人通。原则上每12班配备1间计算机教室,计算机台数满足1人1机教学需要。有条件的地方可配备录播室和校园电视台。计算机教室应每天定时开放,供学生自主学习使用。

第十四条　学校生均藏书量小学25册以上,初中30册以上,书刊年流转率不低于40%。按照国家《中小学图书馆(室)规程(修订)》(教基〔2003〕5号)、《关于加强新时期中小学图书馆建设与应用工作的意见》(教基一〔2015〕2号)要求配置图书,每年新增图书比例不少于藏书量标准的1%。有条件的地方应配备电子阅览室。

第四章　办学经费

第十五条　按照国家核定的生均定额标准足额落实义务教育学校公用经费补助,并安排专项经费支持学校建设发展,确保办学质量。

第十六条　严格执行国家有关财务规章制度规定的开支范围及标准,各项支出据实列支,人员经费、公用经费、项目经费不得混用。

第五章　队伍建设

第十七条　加强学校领导班子建设。校长须热爱教育事业,品德良好,熟悉教育教学工作,有5年以上教育工作经历,改革创新精神强,具有履行职责所必需的专业知识与职业技能,有中级以上教师职称。新任校长须取得"任职资格培训合格证书",在职校长每五年必须接受一次提高培训,取得"提高培训合格证书"。根据有关制度配备班子成员,严格按程序择优选拔任用,结构合理。

第十八条　按照编制标准和学科要求配备合格的专任教师。语文、数学、外语、品德与社会(思想品德)、科学、物理、化学、生物、音乐、美术、体育与健康等学科须有专任教

师,其他学科可由经过相关专业培训的教师兼任。每所学校应当确定重点培养的骨干教师。学校至少要配备一名专职或兼职心理健康教育教师。

第十九条　按规定和需要配备其他辅助人员。学校应按照《国家学校体育卫生条件试行基本标准》配备保健人员或卫生专业技术人员。中小学保安配备按《中小学幼儿园安全防范工作规范(试行)》执行。寄宿制学校还应配备专门的生活辅导教师。

第二十条　强化师德建设。学校全体教师具有较强的荣誉感和责任感,加强修养,为人师表,关爱学生,无歧视、侮辱、体罚或变相体罚学生现象。将师德考核作为教师考核、职称评定、评先评优的首要内容。

第二十一条　促进教师专业发展。学校教师应普遍具有先进的教育理念,熟悉教育规律,注重教学研究,关注学生成长。所有教师能够使用普通话和规范汉字,运用信息技术开展教育教学工作。学校积极开展教师培训和教学研究工作,不断提高教师教书育人水平。学校用于教师培训的经费占年度公用经费总额的8%以上,落实每位教师五年不少于360学时的培训要求。

第二十二条　落实教师待遇。教师工资水平不低于当地公务员。关心教师生活状况和身心健康,定期安排教师体检。保障有需要的农村教师基本住宿条件。落实《中小学班主任工作规定》(教基一〔2009〕12号),定期组织班主任学习、交流和培训,落实班主任工作量计算、津贴等待遇和保障。

第六章　学校管理

第二十三条　学校应逐步建立依法办学、自主管理、民主监督、社会参与的现代学校制度。依法制定学校章程和发展规划,指定专人负责学校法律事务,或聘请专业机构、人员作为法律顾问协助学校处理有关事务。逐步实现学校管理的信息化、规范化、科学化。

第二十四条　学校实行校长负责制。学校应按规模设置分管教学、学生、后勤等工作机构。规模较大的学校应设学科组、年级组。机构职能和人员职责由学校规定。落实学校办学

自主权。

第二十五条　学校应建立健全民主管理制度。建立健全校长办公会议制度，研究决定学校重大事项。建立健全教职工（代表）大会制度，加强民主管理和民主监督，至少每学年召开一次会议，讨论通过涉及教职工切身利益及学校发展的重大事项。发挥学校党组织的战斗堡垒作用，发挥工会、共青团、少先队组织在学校工作中的积极作用。完善家长委员会，邀请家长和社区代表参与学校治理。

第二十六条　学校须建立健全部门岗位责任制和工作规程。教务、学生、后勤等工作部门以及年级组、学科组、图书馆、实验室、档案室等都应有明确的岗位责任和责任人。

第二十七条　学校按有关规定建立教职工人事管理制度，实行教师聘任制；建立健全教职工业务考核制度，完善教职工激励制度，奖励认真履行职责的优秀教职工。

第二十八条　学校要在校长的领导下，组成包括财务人员在内的相对稳定的预算编制管理小组。学校要加强财务管理，配备有资质的财务人员，规范财务行为，提高财务管理水平。

第二十九条　学校须建立健全对校舍、教学仪器设备、图书（含电子图书）资料、音体美器材、生活卫生设施、安全设施等使用维护管理制度，合理配置教育资源，提高使用效率。

第三十条　学校应当遵守有关安全工作的法律、法规和规章，落实《中小学校岗位安全工作指南》（教基一厅〔2013〕4号），建立健全校内各项安全管理制度和安全应急机制。有计划地开展各种安全教育，普及安全知识，落实《中小学幼儿园应急疏散演练指南》（教基一厅〔2014〕2号），定期开展应急疏散演练。落实人防、物防和技防等相关要求，定期进行学校安全检查，及时消除安全隐患，预防发生事故，确保师生人身安全、食品饮水安全、设施安全和活动安全。有校车的学校严格执行国家和省校车安全管理法律法规和政策制度。学校要加强校园治安巡逻，节假日要安排人员值班、护校。

第三十一条　学校须落实校务公开制度。校务公开的内容、形式、程序等须符合校务公开的有关规定。采取多种形式，听取学生、教职工和家长的意见和建议，主动争取社会资源和社会力量支持学校改革发展。学校服务性收费和代收费应按规定收取并实行公示制度。

第三十二条　使用中小学生学籍信息管理系统管理学生学籍。每天统计学生到校、上课信息，实行缺勤跟踪，开展晨检、午检，对患病学生或因病缺勤学生实行病因追查及登记报告制度。

第三十三条　学校管理应坚持以人为本原则，充分发挥师生员工的主动性、积极性和创造性，引导学生自我管理，建立师生申诉调解机制。在健全制度的基础上，形成良好运行机制，促进教育教学质量提高。

第三十四条　学校应做好校园绿化、美化、净化工作，建设生态校园、文明校园。

第七章　教育教学

第三十五条　学校教育教学应面向全体学生，关注学生差异，因材施教，促进学生德智体美全面发展，全面实施素质教育。

第三十六条　学校应坚持立德树人。做到教育与教学有机结合，把社会主义核心价值观内容融入课堂教学、社会实践和学校管理各方面，不断增强德育工作的针对性和实效性。加强爱国主义、理想信念、优秀传统文化、公民意识、生态文明等教育，增强学生社会责任感。

第三十七条　建立和完善校长负责、党政工团（少）齐抓共管、全体教职工共同承担的学校德育工作体系。充分发挥班主任骨干作用。形成德育课程、德育活动、日常行为规范和心理健康的教育体系。开展适合的社会实践和公益活动，重视学生良好行为习惯的养成。构建学校、家庭、社会共同参与的德育工作网络并发挥作用。

第三十八条　学校应按照国家颁布的课程改革纲要、课程方案、课程标准和省级教育行政部门制订的课程计划等有关要求组织教育教学。教育教学管理应符合有关法律法规和教育行政部门制定的有关管理规范。使用经国家或省级教材审定部门审定通过的教材。充分利用本地和学校资源，开好综合实践活动课程和校本课程。

第三十九条　深化课堂教学改革，提倡启发式、探究式、讨论式、参与式教学，逐步实现信息技术与课堂教学的深度融合。学校应加强实验和综合实践活动教学，按《湖南省初中物理化学生物实验目录》《湖南省小学科学实验目录（试行）》（湘教发〔2014〕60号）上好实验课。鼓励布置个性化、分层次和实践性作业，注重培养学生的创新精神和实践能力。学校应帮助学生学会学习，养成良好学习习惯，培养终身学习的能力。

第四十条　学校应重视体育、卫生、艺术等工作。保证学生每天1小时的体育活动时间，积极开展"阳光体育"活动，每学期举办一次全校性运动会或体育节。加强学生体检或体质健康监测工作，每年对在校学生进行一次健康体检和《国家学生体质健康标准》测试，并建立学生健康档案。高度关注学生视力和营养状况。保证每天小学生10小时、初中生9小时睡眠。教育引导学生依法上网、文明上网。

每学期应举办全校性的综合文艺活动。因地制宜，建立学生艺术社团和兴趣小组。尊重不同民族文化和地域文化。开展丰富多彩的文化活动，培养学生健康审美情趣。

第四十一条　学校应保证学生的课外活动时间，发展学生的个性特长。通过多种形式建立劳动和社会实践基地，利用校内外教育活动场所，指导开展学工、学农、社区服务等综合实践活动。组织学生参与卫生保洁、绿植养护、种植养殖等与学生年龄相适应的劳动。

第四十二条　学校应实行学生综合素质评价考核制度，形成学校、家长与社会多方参与的评价机制。以课程标准和《中小学生守则》为依据，对学生在校期间品德发展、学业水平、身心健康、兴趣特长、实践能力等方面进行综合评价，不以分数作为评价学生的唯一标准。做好学生成长记录，实行等级加评语的评价方式，建立学生综合素质档案。

第四十三条　学校应建立健全校本研训制度，完善教师互相听课、评课和集体备课制度，积极开展教育教学研究活动，运用先进教育理论指导教育教学实践，不断提高教育教学质量和水平。

第八章　办学水平

第四十四条　学校应根据教育行政主管部门划定的服务区域，组织适龄儿童、少年适时免试就近入学。学校应均衡编班，不分重点班、快慢班。实行标准班额办学。

第四十五条　完善教育公平制度。保障留守儿童少年、残疾儿童少年、家庭经济困难学生平等接受义务教育。做好心理和行为有偏差学生、学习有困难学生的转化工作，不让任何学生受到歧视，确保学生辍学率控制在国家规定的范围之内。

第四十六条　学校应促进学生全面发展。学生具有良好的思想品德、行为习惯、安全意识和健康生活方式，个性潜能得到发展；学业成绩合格率小学达到100%，初中达到98%以上；犯罪率为0，违纪处分比例控制在1%以下；达到《国家学生体质健康标准》；每个学生至少掌握2项体育运动技能和1项艺术特长。

第四十七条　学校内部运转有序，校风学风积极向上，办学特色逐步形成，人民群众满意。

第九章　附　则

第四十八条　非政府举办的义务教育阶段学校参照本标准自主实施。教学点按《湖南省小学教学点办学标准（试行）》（湘教发〔2012〕14号）执行。

第四十九条　本标准自公布之日起施行。

湖南省乡村教师支持计划（2015—2020年）实施办法

湘政办发〔2015〕114号

为贯彻落实《国务院办公厅关于印发乡村教师支持计划（2015—2020年）的通知》（国办发〔2015〕43号），深化教育领域综合改革，加强乡村教师（包括全省乡中心区、村庄学校教师，下同）队伍建设，推进城乡教育相对均衡发展，制定如下实施办法。

一、把乡村教师队伍建设摆在突出重要位置。我省是农业大省，50%以上的人口居住在乡村。乡村教育线长面广、基础薄弱，是全省教育工作的突出短板和边远山区群众脱贫致富的重要瓶颈。办好乡村学校，帮助乡村孩子接受公平、有质量的教育，阻止贫困现象代际传递，是实行精准扶贫和教育扶贫的关键环节，是实现2020年全面建成小康社会的重要基础。发展乡村教育，教师是关键，今后一个时期，必须把乡村教师队伍建设摆在优先发展的突出地位。

加强乡村教师队伍建设，必须坚持师德为先、以德化人，规模适当、结构合理，提升质量、提高待遇，改革机制、激发活力的原则，力争到2017年，使全省乡村学校教师来源保障有力，"县管校聘"管理体制基本建立，教师资源配置显著改善，教师队伍素质稳步提升，教师待遇依法得到较好保障，乡村教师职业吸引力明显增强，逐步建立"越往基层、越是艰苦，地位待遇越高"的激励机制，逐步形成"下得去、留得住、教得好"的局面；到2020年，努力造就一支数量足够、结构合理、素质优良、甘于奉献、扎根乡村的教师队伍，为建设教育强省、基本实现教育现代化提供坚强有力的师资保障。

二、切实加强师德师风建设。采取有效措施，提高乡村教师思想政治素质。引导乡村教师带头践行社会主义核心价值观，坚持不懈地用中国特色社会主义理论体系武装乡村教师头脑，进一步建立健全乡村教师政治理论学习制度，增强思想政治工作的针对性和实效性，不断提高教师的理论素养和思想政治素质。切实加强乡村中小学校党建工作，规范党组织设置，选优配强党组织书记，配备必要的党务干部，适度加大发展乡村教师党员的力度。开展多种形式的师德教育，将师德教育作为乡村教师培训的首要内容，把教师职业理想、职业道德、法治教育、心理健康教育等融入职前培养、准入、职后培训和管理的全过程，把师德考核结果作为教师聘用、评优评先的重要依据，严格查处师德失范行为，落实教育、宣传、考核、监督与奖惩相结合的师德建设长效机制。

三、大力加强公费定向师范生培养。逐步扩大公费定向师范生培养规模，到2020年，公费定向培养师范毕业生成为我省义务教育阶段乡村教师补充的主渠道。各市州、县市区人民政府要根据乡村学校教师"退员补员"的实际需要，制订好公费定向师范生中长期需求计划和年度培养计划，报省级教育行政部门统筹组织实施。建立完善与国家免费师范生相衔接，各类型、各学段、各学科教师培养全覆盖的地方公费定向师范生培养体系，确保公费定向师范毕业生到农村学校任教有编有岗。各培养院校要明确人才培养目标，改革人才培养模式，强化师范生职业素养和职业技能的培养和训练，积极推进顶岗实习，努力培养"一专多能"型乡村教师，不断提高人才培养质量。省财政逐步加大对公费定向师范教育的经费支持力度，公费定向师范生免学杂费补助在原标准基础上每生提高2000元。

四、拓展乡村教师补充渠道。高校毕业生取得教师资格并到我省农村中小学和公办幼儿园任教的，按照中央和省有关规定享受学费补偿和国家助学贷款代偿政策。采取有效措施鼓励城镇退休的特级教师、高级教师到乡村学校支教讲学，省财政给予适当支持。扩大贫困地区农村教师特岗计划实施规模，适时提高特岗教师工资性补助标准，采取有效措施，稳定特岗教师队伍。依法加强新进教师招聘管理，县级教育部门根据核定的教师编制总量和当年教师减员情况，制定教师招聘计划和招聘方案，报市州人力资源社会保障部门核准，在有关部门指导和监督下，按照市州组织、人力资源社会保障部门制定的办法组织实施。通过调整公费定向师范生招生政策和教师招聘办法等方式，优化乡村教师队伍结构，逐步实现男女教师比例相对均衡，满足学生健康成长的需要。

五、全面提升乡村教师能力素质。到2020年前，对全体乡村教师、校（园）长进行360学时的培训。省人民政府统筹规划和支持教师全员培训，市州、县市区人民政府要切实履行实施培训的主体责任。把乡村教师培训纳入基本公共服务体系，保障经费投入，确保乡村教师培训时间和质量。加大省本级教师培训经费投入，市州、县市区按照不低于幼儿园、中小学和中等职业学校教职工工资总额（含绩效工资）的 1.5% 安排培训经费，列入财政预算，并逐步提高；农村学校应按不低于年度公用经费预算总额的 8% 安排教师培训经费，确保培训工作的实际需要。整合高等学校、县级教师发展中心和中小学校优质资源，建立乡村教师校长专业发展支持服务体系。全面提升乡村教师信息技术应用能力，积极利用远程教学、数字化课程等信息技术手段，破解乡村优质教学资源不足的难题，促进信息技术与教育教学深度融合，同时建立支持学校、教师使用相关设备的激励机制并提供必要的保障经费。今后一个时期，"国培计划""省培计划"重点支持乡村教师与校长培训。积极实施中小学名师名校长培养"十百千万"工程，在未来教育家、青年精英教师、骨干教师培养等项目实施中重点向乡村教师倾斜。加强乡村学校理化生音体美等师资紧缺学科教师和民族地区双语教师培训。按照乡村教师的实际需求，采取顶岗置换、网络研修、送教下乡、专家指导、校本研修等多种形式，增强培训的针对性和实效性。鼓励乡村教师在职学习深造，提高学历层次。

六、切实提高乡村教师生活待遇。乡镇及以下学校在职在岗教师一律纳入乡镇工作补贴实施范围（特岗教师参照执行）。继续落实武陵山片区农村教师人才津贴，2016 年起，扩大到全省所有国贫县和省贫县乡镇及以下学校，鼓励其他有条件的地区自行设立乡村教师人才津贴。乡镇工作补贴不得冲抵原已享受的绩效工资中的农村学校教师补贴和武陵山片区农村教师人才津贴。依法依规落实乡村教师工资待遇政策，依法为教师缴纳住房公积金和各项社会保险费。逐步提高乡村教师班主任津贴，将班主任工作计算工作量，学校在绩效工资分配中向班主任倾斜。继续实施农村学校教职工周转宿舍建设，将符合条件的农村学校教职工周转宿舍建设统筹纳入当地保障性住房建设范围。关心教师身心健康，落实定期对乡村教师进行免费身体健康检查的制度，相关经费按照学校隶属关系由同级财政负担，列入当年财政预算，省级财政适当奖补。在现行制度架构

内，做好乡村教师重大疾病救助工作。乡镇以上人民政府要定期组织开展走访、慰问乡村教师工作，采取有效措施，积极帮助他们解决工作、生活中的实际困难，包括大龄未婚乡村教师婚姻难等问题，重点加大救助特困教师力度。支持省教育基金会建立省、市州、县市区三级联动救助特困教师机制。

七、建立乡村教师成长激励机制。2016 年开始，全面推进中小学教师职称制度改革，建立统一的中小学教师职务（职称）系列。完善乡村教师职务（职称）评聘条件和程序办法，实现县域内城乡学校教师岗位结构比例总体平衡，并切实向乡村教师倾斜。乡村教师评聘职称（职务）时不做外语成绩（外语教师除外）、发表论文的刚性要求，持有计算机等级证书和信息技术应用能力提升工程结业证书的教师，不再重复参加计算机应用水平培训与考试。坚持育人为本、德育为先，注重师德素养，注重教育教学工作业绩，注重教育教学方法创新，注重教育教学一线实践经历。适当调整乡镇及以下学校教师岗位结构比例，中级增加 5 个百分点，高级增加 3 个百分点，重点用于解决在乡村学校工作满 20 年和 30 年，目前分别还是初级、中级职称、符合评审条件与标准的乡村学校教师。建立乡村教师荣誉制度和表彰制度。对在乡村学校从教 20 年以上的教师按照有关规定颁发荣誉证书。在湖南省优秀教师表彰奖励项目中增设"湖南优秀乡村教师奖"，对在乡村任教 20 年以上的特别优秀教师每两年表彰一次。县市区对在乡村学校任教 10 年以上的教师给予鼓励。鼓励和支持省教育基金会等社会力量建立专项基金，开展"最可爱乡村教师"评选等表彰奖励活动。在评选表彰各级教育系统先进集体和先进个人、确定特级教师评选指标和评选条件等方面向乡村教师倾斜。广泛宣传乡村教师坚守岗位、默默奉献的崇高精神，在全社会大力营造关心支持乡村教师和乡村教育的浓厚氛围。

八、统一城乡教职工编制管理办法。乡村中小学教职工编制按照城市标准统一核定，其中村级小学、教学点编制按照生师比和班师比相结合的方式核定。县级教育部门在机构编制部门核定的编制总额内，按照班额、生源等情

况统筹分配各校教职工编制，并报同级机构编制部门和财政部门备案。通过调剂编制、加强人员配备等方式，进一步向人口稀少的教学点、村级小学倾斜，重点解决合格教师全覆盖问题，确保乡村学校开足开齐国家规定课程。严禁在有合格教师来源的情况下"有编不补"、长期使用临聘人员，严禁聘用1年以上的临聘人员，严禁任何部门和单位以任何理由、任何形式占用或变相占用乡村中小学教职工编制用于非教育教学工作。

九、推动城镇优秀教师向乡村学校流动。全面推进义务教育教师队伍"县管校聘"管理体制改革，为组织城市教师到乡村学校任教提供制度保障。建立并实行义务教育学校校长教师定期交流轮岗制度。实行骨干教师均衡配置，引导骨干教师向乡村学校和薄弱学校合理流动。强化城市教师支援乡村教育工作制度，城市中小学教师评聘中级职务应有1年以上农村学校工作经历，评聘高级职务应累计有2年以上农村学校工作经历；乡村学校教师评定为特级教师和高级专业技术职务，应服务5年后方可流动。各地可采取定期交流、跨校竞聘、中心校一体化管理、学校联盟、对口支援、乡镇中心学校教师走教等多种途径和方式，重点引导优秀校长和骨干教师向乡村学校流动。县域内重点推动县城学校教师到乡村学校交流轮岗，乡镇范围内重点推动中心学校教师到村级小学、教学点交流轮岗。采取有效措施，保持乡村优秀教师相对稳定。

十、强化各级政府的责任。明确责任主体。各级人民政府是实施乡村教师支持计划的责任主体。要加强组织领导，把实施工作列入重要议事日程，实行一把手负责制，细化任务分工，分解责任，推进各部门密切配合、形成合力，切实将乡村教师支持计划落到实处。将实施乡村教师支持计划的情况纳入2016—2020年省人民政府对市州人民政府的绩效评估工作指标体系，加强考核和监督。教育部门要加强对乡村教师队伍建设的统筹管理、规划和指导。发展改革、财政、编制、人力资源社会保障部门要按照职责分工主动履职，切实承担责任。要着力改革体制，鼓励和引导社会力量参与支持乡村教师队伍建设。对在乡村教师队伍建设工作方面改革创新、积极推进、成绩突出的基层教育部门，有关部门要加强总结、及时推广经验做法并按照国家有关规定予以表彰。

加强经费保障。各级人民政府要积极调整财政支出结构，加大投入力度，大力支持乡村教师队伍建设。要把资金和投入用在乡村教师队伍建设最薄弱、最迫切需要的领域，切实用好每一笔经费，提高资金使用效益，促进教育资源均衡配置。要制定严格的经费监管制度，规范经费使用，加强经费管理，强化监督检查，坚决杜绝截留、克扣、虚报、冒领等违法违规行为发生。

开展督导检查。省、市州人民政府教育督导机构要会同有关部门，每年对乡村教师支持计划实施情况进行专项督导，并建立情况通报与责任追究制度。省人民政府配合国家有关部门组织开展对乡村教师支持计划实施情况的专项督导检查。对实施不到位、成效不明显的，要追究相关负责人的领导责任。

市州、县市区、乡镇各级人民政府要按照本办法的要求，尽快制订实施细则，把准支持重点，因地制宜提出符合乡村教育实际的支持政策和有效措施，将本办法的要求进一步明确化、具体化。所有农村镇区参照本实施办法执行。各市州、县市区于2016年6月底前，将本区域实施细则报省教育厅备案，同时向社会公布，接受社会监督。

第二章 衡阳市教育政策选登

衡阳市"十三五"教育事业发展规划

衡发改规划〔2016〕19 号

为深入贯彻党的教育方针和党的十八大会议精神，更好推动我市教育事业全面协调可持续发展，全面提升我市各级各类教育发展水平，全面实现教育强市的宏伟目标，根据《国家中长期教育改革和发展规划纲要（2010—2020）》《湖南省建设教育强省规划纲要（2010—2020）》《衡阳市建设教育强市规划纲要（2011—2020）》等文件精神，制定本发展规划。

一、"十二五"教育事业发展的基本情况

"十二五"以来，我市坚持把教育摆在优先发展的战略地位，基本实现了"十二五"教育事业发展规划的目标：合格化学校建设取得明显成效，义务教育均衡发展有相当程度的改观；新课程改革有序推进，促进了教师教育观念的转变和学生学习方式的变革，有效地提高了学生的综合素质；养成教育"衡阳模式"在国内产生了深远影响，被列为"湖南省市州教育工作创新（特色）项目"，得到了《人民日报》《湖南日报》等多家媒体的全面推介，并被中央精神文明建设指导委员会授予"未成年人思想道德建设工作先进项目"；职业教育和民办教育发展有新的提升，职业教育在湖南省处于领先地位，办学规模位居全省第二，民办教育发展势头强劲，办学规模稳居全省第一方阵。全市教育发展的主要指标跻身全省前列，建设教育强市工作取得了突破性进展。

——学前教育。学前教育进一步普及，学前三年毛入园率达到70%，各级示范性幼儿园人数达到在园人数的30%。

——义务教育。全市实现县域范围内城乡之间、校际的初步均衡，出台了《衡阳市城区2014—2020年中小学校布局规划方案》和"七

年行动计划"，编制了《衡阳市农村义务教育布局专项规划》。城区学校"大班额"现象基本得到遏制；九年义务教育完成率达到98%，初中毕业升学率达到95%，有学习能力的残疾儿童入学率达到85%。

——高中阶段教育。高中阶段的毛入学率达到90%，中等职业教育与普通高中招生比例大体相当；普通高中示范性学校在校生人数达到65%。

——民办教育。全市共有经省、市、县三级教育行政部门批准开办的各类民办机构1497所，在校学生38.93万人，教职员工31244人，全市形成固定资产51.62亿元，民办教育已发展成为我市教育事业的一大亮点。

——职业教育。初步建立以高等职业教育为龙头、以国家级重点和省示范性学校为骨干、以合格中等职业学校为基础，以城市社区教育机构和农村乡镇成人文化技术学校为补充的学历教育和职业培训并举的具有衡阳特色职业教育体系。办学规模居全省前列，在校学生数居全省第二，测量中等职业教育质量的中职学生技能竞赛、技能抽查、黄炎培职业教育奖创业规划大赛、教师信息化教学比赛、中职学生文明风采竞赛等指标均名列全省前茅。

——继续教育。依托市广播电视大学组建"衡阳社区大学"并进入实质运作；初步建成以国民教育为主体、继续教育为补充，学历教育与非学历培训协调发展，有效满足人们不同发展阶段不同需求的终身教育体系。

——教师队伍。中小学教师学历明显提高，幼儿教师专科及以上比例达到60%，小学专任教师专科及以上比例达到90%，初中专任

教师本科及以上比例达到90%，普通高中专任教师中研究生学历人员占有一定比例，中等职业学校专任教师本科及以上比例达到90%，所有专业教师全部轮训一遍，专业教师中"双师型"教师比例达到60%，基本满足教学需要。

——基础设施。90%的义务教育学校达到合格学校要求。义务教育阶段学校"班班通"比例达到50%；职业院校生均校舍面积、实习场地面积、教学仪器设备、图书合格率达到60%，实习实训项目开出率达到80%。

——经费投入。以财政拨款为主、多渠道筹措教育经费的投入体制更加完善，教育经费投入总量不断增加。农村生均教育经费从"十二五"初期的小学500元、初中700元增长到2014年的小学600元和初中800元，城区生均教育经费从"十二五"初期的小学280元、初中417.5元增长到2014年的小学600元和初中800元，教育附加逐年递增。

但是，我市教育事业发展也还存在不少困难和问题：教育发展不均衡问题依然存在，农村教育仍然薄弱；优质资源总量不足、分配不均，导致城区（含县城）中小学择校现象严重；城区大班额现象虽然得到一定程度的遏制，尤其是小学明显改观，但初中、高中学校依然存在；学校布局仍需进一步调整；学前教育参差不齐；职业教育吸引力还不够，教育质量与水平仍待进一步提升；教师队伍存在结构性矛盾，教师职业倦怠感现象增多，教师职业幸福感不强，师德师风建设亟待加强，部分学校教师中家教家养现象依然存在；教育经费投入不足，部分高中学校债务问题虽有所缓解但依然突出；教师待遇有待进一步提高；部分县市区民办义务教育比例偏高；教育改革力度、深度不够，教育体制机制仍需完善。

二、"十三五"教育事业发展的目标

（一）指导思想

深入贯彻落实习近平总书记"全面建成小康社会、全面深化改革、全面依法治国、全面从严治党"的治国理政方略，全面坚持依法治教，坚持"立德树人、育人为本、改革创新、促进公平、提高质量、优先发展"的方针，培育和践行社会主义核心价值观，弘扬中华优秀传统文化和衡湘文化，提高教育现代化水平，提升教育质量，努力培养遵守社会规则、具有社会责任感、富有创新精神和实践能力的社会主义公民，逐步构建更加符合人民需求、更加适应衡阳区域发展进程的高品质、均衡发展的现代化教育体系；基本实现人口大市向人力资源强市转变。

（二）发展目标

1. 总体目标：

以建设教育强市为目标，以全面推进素质教育为根本，以加快学前教育发展、推进义务教育优质均衡发展、促进高中教育跨越发展为重点，进一步提升职业教育发展规模和质量，积极发展继续教育，努力构建终身教育体系，实现我市各级各类教育均衡、协调、可持续发展。到2020年，全市教育发展的主要指标跻身全省前列，15岁以上人口平均受教育年限达到10.5年，新增劳动力平均受教育年限达到12.5年。全市各级各类学校办学条件进一步改善，义务教育实现基本均衡，教育整体布局调整和资源整合基本完成。教育结构更趋优化协调，学校布局更趋科学合理，优质教育资源进一步发展壮大，基本满足社会对优质教育的需求，基本实现国家、省、市《中长期教育改革和发展规划纲要》确立的战略目标。

2. 具体目标：

——学前教育。到2020年，学前教育基本普及，学前一年毛入园率达到90%，学前三年毛入园率达到75%以上，各级示范性幼儿园人数达到在园幼儿总数的50%，公办幼儿园和普惠性民办幼儿园占幼儿园总数比例达到60%，公办幼儿园和普惠性民办幼儿园在园幼儿数占在园幼儿总数的比例达到70%，等级幼儿园覆盖面达到65%以上。

——义务教育。到2020年，全市实现县域范围内城乡之间、校级之间的基本均衡，完全小学以上的义务教育学校100%达到合格学校要求；全面贯彻落实《湖南省义务教育学校办学标准》，推进义务教育学校标准化建设，到2020年，全市90%以上的完全小学、初中、九年一贯制学校在校园规划建设、条件装备、办学经费、队伍建设、学校管理、教育教学、办学水平等方面基本达到《湖南省义务教育学校办学标准》要求，所有教学点基本达到《湖南省小学教学点办学标准（试行）》要求，城镇基本消除"大班额"现象；九年义务教育完成率达到98%以上，初中毕业生升学率达到98%，有学习能力的残疾儿童入学率达到90%，弱势人群义务教育有保障。

——高中阶段教育。到2020年，高中阶段教育基本普及，毛入学率达到95%；中等职业教育与普通高中招生比例大体相当；加大普通高中学校建设力度，力争1~3所普通高中学校进入湖南省特色学校行列。

——职业教育。到2020年，初步建立起以高等职业院校为龙头，中等和高等职业教育开放衔接，普职协调发展，职业教育的吸引力和服务经济社会的能力显著增强，产教深度融合，环境更加优化，具有衡阳特色的现代职业教育体系。建成普职协调发展的样板市，产教深度融合的职教示范市，技术技能人才强市。

——高等教育。到2020年，高等教育人才培养质量进一步提高，精品专业、品牌学科优势明显，数量增加，重点实验室建设力度加大，科研能力不断加强，高等教育整体实力进入全省先进行列。

——继续教育。以社区大学、社区学院、社区学校、社区学习中心为平台，有效构建市、县、乡（街道）、村（居委会）四级社区终身教育网络。到2020年，公民接受终身教育普及率和学习型组织创建率达到60%。以国民教育为主体，继续教育为补充，学历教育与非学历培训协调发展，能有效满足人们不同发展阶段不同需求的终身教育体系不断完善。

——教师队伍。到2020年，全市中小学教师年龄、学科结构基本合理，学历明显提高，全市幼儿教师专科及以上学历的达到90%以上；小学教师专科及以上学历的达到95%以上；初中教师本科及以上学历的达到95%以上；高中教师全部达到本科及以上学历，具有研究生学历的教师比例达到25%；中等职业教育专任教师本科及以上学历的达到95%以上，具有硕士研究生学历（学位）的达到5%以上，专业教师中"双师型"教师比例达到80%以上。教师数量满足区域教育现代化总体需求。职业院校教师参加免费培训达到100%。教师的职业道德水平明显提高。教师队伍的职务结构更

加合理，农村学校教师职务结构明显改善。

——基础设施。到2020年，100%的义务教育学校达到合格学校要求；平均每百名中小学生拥有计算机20台，义务教育阶段学校"班班通"比例达到95%；职业院校生均校舍面积、实习场地面积、教学仪器设备、图书配备合格率达到100%，实习实训项目开出率达到100%。

——经费投入。以财政拨款为主、多渠道筹措教育经费的投入体制更加完善。教育经费来源稳定，投入总量不断增加。建立教育公共财政体制和教育投入保障机制，依法落实政府投资教育的责任，实现教育经费的"三个增长"。生均教育经费逐年增长，社会捐赠教育机制和非义务教育办学成本分担制度更加完善。教育资金分配合理，分配结构优化。经费使用管理得到加强，教育经费使用效益明显提高。

三、"十三五"教育事业发展的主要任务

（一）构建覆盖城乡、布局合理的普惠性学前教育体系

将幼儿园建设纳入城乡社会经济发展整体规划，严格按照城镇建设规划要求，保证城镇新建小区配套幼儿园与小区同步规划、同步建设、同步交付使用。积极扶持民办幼儿园特别是面向大众、服务好、收费低的普惠性民办幼儿园的发展，采取政府购买服务、减免租金、以奖代补、派驻公办教师等方式，引导和支持民办幼儿园提供普惠性服务。将学前教育发展纳入社会基本公共服务体系，尽快出台加快推进全市学前教育事业发展的实施意见，真正落实"政府主导"责任。各级财政要依法、足额安排学前教育专项经费，要切实落实对普惠性民办幼儿园提供奖励性补助。"十三五"期间依据市财政情况设立学前教育专项经费，各县市区依据自身发展确定专项经费。

（二）推进义务教育均衡发展，逐步消除"大班额"和"择校热"

进一步完善义务教育阶段招生入学机制，建立城乡义务教育协调发展机制，全面统筹城乡义务教育均衡发展，加大公共财政对经济落后地区义务教育的投入，城乡对口支援，全面改善贫困地区义务教育薄弱学校基本办学条件，努力缩小民办与公办学校之间、城乡之间

的差距，全面推进义务教育学校标准化建设，推动义务教育均衡发展由县域向市域梯次推进，实现全市校际、区域间办学条件、师资力量、管理水平和办学质量基本均衡。通过区域内教师和教育行政管理干部定期交流制度，整体优化教育管理干部和师资队伍，加强区域之间、校际的教育交流与合作，启动衡阳市扶贫全覆盖行动，支持优质学校对口支援薄弱学校，推进优质教育资源共建共享，继续实施农村和城区中小学布局规划调整，采取切实有效的措施积极化解边远农村小学生就读难和城市"大班额"问题，试行小班制教学，逐步消除义务教育"择校"现象。

（三）创新办学模式，推动高中教育高质量、特色化发展

根据地方经济发展、人口变化、服务半径等因素，积极调整高中阶段学校布局。充分发挥省市示范性普通高中的示范带动作用，继续扩大省市示范性普通高中对口扶持薄弱高中学校参与面。积极推进高中阶段多样、灵活、开放办学，鼓励各高中学校立足传统文化、地域特色、学生发展要求与教学现状，结合自身实际和全市发展水平，实施错位发展战略，探索学校发展新途径，积极寻找突破口，创办科技、艺术、外语、体育等独特文化和教学特色的普通高中，努力创办一批有较高的办学品质、"湖南省内知名、国内有影响的"的特色高中学校。加快铁一中学新高、初中部和市八中初中部建设，不断摸索和总结基础教育集团化发展经验，支持优质教育资源做强做大。推动普通教育与职业教育的融合，开展新型综合高中建设试点，引导学生自主学习和个性发展，建立学生发展指导制度，推动学生社团活动，培养学生的创新精神。探索高中和大学的合作途径，开展创新人才培养基地建设，为学生提供多元化的学习机会和资源。

（四）积极发展特殊教育，完善特殊教育和弱势群体资助政策

到2020年，基本实现30万人口以上的县市区举办一所特殊教育学校。促进特殊教育向学前教育、高中教育两头延伸，促进不同类型特殊教育学校资源共享。积极推进各级各类学校开办特教班或接收残疾青少年随班就读试点

工作。指导特殊教育学校发挥骨干作用，开展特殊教育教学研究，通过开展观摩、教研、送教和业务竞赛等活动，提升特殊教育管理和教育教学业务水平。加大对家庭经济困难残疾学生的资助力度。培养残疾学生的自尊、自信、自立、自强精神，提高残疾学生的综合素质。建立健全政府主导、社会共同关爱留守儿童的工作机制，组织学校、家庭、社会和有关部门共同做好留守儿童教育管理工作。

（五）建设具有衡阳特色的现代职业教育体系

完善现代职业教育体系架构，推动中高职、普职开放衔接，打通技术技能人才职业素养能力不断提升的通道。推动普职协调发展，严格按比例控制普通高中招生计划，强化招生过程监管。提升中等职业教育发展水平，到2020年，全市高起点建设3~5所达湖南省卓越职业学校标准的中等职业学校、1~2所湖南省卓越高职院校，建设1所国家重点高级技工学校，每个县重点办好1所示范性公办中等职业学校。促进职业教育与产业深度融合。健全职业院校专业能动服务产业发展机制，建设好职业教育产教融合示范基地，推动职业教育集团化发展，优化职业教育布局，构建"中心带动、基地驱动、集团联动"的城市职教发展格局和"示范引领、中心统筹、农校联网"的县域职教发展格局、"特色品牌引领、中高衔接共建、错位集群发展"的专业发展格局。到2020年全市立项建成30个"产教深度融合、培养模式先进、办学条件优良、就业优势明显、引领推动产业发展"的特色品牌专业，建设一批覆盖我市基础优势产业和战略性新兴产业的专业集群。支持本地本科院校转型发展为服务地方经济社会发展的应用技术型高等学校。支持衡阳技师学院建成国家级示范性技师学院，建立国家级高技能人才培训基地。实施四大培训工程：依托职业院校和职业培训网络，组织实施员工技能提升培训工程、新型农民培训工程、专业基本技能培训工程、社会生活教育培训工程，确保年培训人次达到区域常住人口10%以上。在全市职业院校中实施特色专业体系建设计划、职业院校教师专业素质提升计划、农村中职教育攻坚行动计划，整合

职业教育资源，健全职业教育企业参与制度，建立具有衡阳特色的现代职业教育体系。

（六）支持民办教育多元化、内涵式发展

将民办教育纳入经济和社会发展规划，多管齐下，统筹安排，合理布局。适度发展民办初等教育，争取在民办高中教育阶段有新突破。加强对民办学校的引领，确定学校个性化办学定位、发展特色，形成灵活有效的办学机制与管理模式，追求一流的办学质量，打造鲜明的办学特色，引导发展一批规模适度、质量优良、优势明显、独具特色、社会反响良好的品牌民办学校。加大对民办教育的支持力度，完善民办教育发展政策，全面清理对民办学校的歧视政策，优化民办教育发展环境，切实落实好促进民办教育发展的各项政策措施，加大对民办教育的公共财政和金融支持力度。完善政府补贴和购买民办学校服务制度，完善促进民办教育发展政策体系。取消民办学校收费审批、备案制度，实施民办学校自主定价、收费公示制度，建立市场调节、社会监督的价格机制。创新民办教育办学模式。探索实施民办学校分类登记、分类管理，建立非营利性和营利性民办学校差别性扶持政策体系，给予非营利性民办学校同级同类公办学校支持。探索政府与社会资本合作模式，鼓励社会资本参与教育基础设施建设和运营管理。探索混合所有制办学模式，鼓励国家机构以外的社会组织和个人以资本、知识、技术、管理、品牌等要素参与举办民办学校，允许公办学校与民办学校之间相互购买管理服务、教育资源、科研成果等。支持办学实力强、教育质量高、社会信誉好的营利性教育机构上市融资、集团式发展，多途径扩大教育资源。保障民办学校教师合法权益。落实《民办教育促进法》规定，依法保障民办学校教师在业务培训、职务聘任、教龄和工龄计算、表彰奖励、社会活动等方面享有与公办学校教师同等权利。民办学校应依法聘用教师，明确双方的权利义务，并按合同规定及时兑现教职工的工资、福利待遇，为教职工缴纳社会保险费、住房公积金等。加强对民办学校教师合法权益落实情况的督查。规范民办教育机构办学行为，鼓励发展民办非义务教育，适度发展民办义务教育。鼓励和支持社会力量举

办特色初中和小学，提供多样化、个性化的教育服务，争取3~4所民办普通中学进入"衡阳市级骨干民办中学"行列，1~2所民办中学进入"湖南省级骨干民办中学"行列；全市民办中等职业学校在校生占全市整个中等职业学校在校生比例达20%。力争使1至2所民办中等职业学校成为省级示范性职业学校；争取新增民办高等职业技术学院1所。

（七）稳步发展高等教育

大力支持南华大学、湖南工学院、衡阳师范学院等在衡高校稳步发展，进一步加强重点学科、特色专业建设，整合衡阳幼儿师范学校、耒阳师范、衡阳市艺术学校并升格为衡阳师范艺术高等职业学院，支持市广播电视大学转型发展，建好国家开放大学衡阳学院。加快中小学教师发展中心基础能力建设，推进"学分银行"建设，实现各级各类、各层次教育的有效沟通。促进在衡高校之间、在衡高校与地方政府之间的交流与合作，深化产学研合作，提高服务地方经济社会发展的能力。依托在衡高校建设衡阳经济社会发展人才智库，切实发挥在衡高校在人才培养、科学研究、社会服务等方面的功能，为衡阳经济社会发展贡献力量。

（八）深入推进新课程改革，构建全面、科学的教育教学评价体系

全面加强基础教育课程改革示范校和先进县（市区）的建设，深入推进基础教育课堂教学改革，建立课堂教学改革长效机制，以落实教学常规为重点，创建适合我市的课堂教学模式。鼓励学校开展创新实验，吸收全国范围内课改名校的经验，探索新课程实施模式与策略，聚焦课堂，增强实效。坚持把提高质量作为教育改革和发展的核心任务，建立科学的教育教学质量和学生学业质量评价体系，客观评价学校教育教学质量和办学水平，引导学校按照教育规律和学生成长规律办学，引导社会以正确的教育观念评价教育和学校。

（九）加强校园文化建设，促进学生综合素质发展

全面推进优秀传统文化进校园，进一步深化和完善中小学养成教育"衡阳模式"，构建符合教育规律、系统全面的"养成教育"德育体系。实施"德育实践计划"，加强青少年校外活

动场所和教育体系建设，创建衡阳市示范性综合实践基地；实施"书香校园计划"，有计划地提供必读、选读书目，开阔学生视野；实施"科技创新计划"，建设一批中小学生科普教育基地，建立完善全市青少年科技教育评选、奖励机制。发展运动文化，调整我市学校竞技项目布局，支持各级各类学校原有的特色运动项目，扶持足球特色学校的发展，努力提升我市青少年的竞技体育在全省的实力水平。城区学校大课间活动有内容、有特色，力争出品牌。建好市级未成年人心理健康辅导站。做好全国中小学生艺术素质测评的实验区工作。

（十）大力推进教育信息化建设与应用，搭建"互联网＋"教育信息云服务平台

全面推进"宽带网络校校通""优质资源班班通""网络学习空间人人通"和教育管理、教育资源公共服务平台建设，努力形成覆盖城乡各级各类学校的教育信息化体系，逐步缩小区域、城乡、校际差距。促进优质教育资源信息共享。加强优质教育信息资源建设，建成依托"湖南教育资源汇聚与展示中心"、内容丰富、多层次的衡阳市教育资源中心。

全面落实国家互联网安全等级保护制度，根据省教育厅统一安排，推进全市教育信息与网络安全管控体系建设，提高整体网络与信息安全防护水平，确保教育网络安全与教育信息化的协调发展。

加快促进信息技术和教育教学的深度融合。加大"三个课堂"建设力度，充分发挥"专递课堂""名师课堂"和"名校网络课堂"的作用。鼓励广大师生广泛应用各类信息技术、设备和工具，促进教育、教学、管理和学习方式的变革。大力推动网络联校建设，提高教学点和薄弱学校的开课率。

四、"十三五"教育事业发展的保障措施

（一）加强组织领导，营造教育发展的良好环境

1.加强对教育工作的领导。建立健全党委、政府定期研究教育工作、定期召开党政联席会议、党政领导定点联系学校尤其是薄弱学校等制度。加强对教育强市建设的领导和考评，把教育强市工作的落实情况列入党政主要领导干部政绩考核的重要内容。

2.加强学校党组织和干部队伍建设。切实加强各级各类学校党组织建设和思想政治工作，优化学校领导班子结构，选好配强学校党政领导，尤其要注重培养肯干事、能干事、会干事、能力强、德才兼备的实干者，建设一支政治坚定、开拓进取、教育管理能力强的年轻领导干部梯队。为教育事业的改革与发展提供坚强的政治和组织保证。完善中小学校长负责制，充分发挥基层党组织的战斗堡垒作用和共产党员的模范作用。重视抓好民办学校党组织建设，探索符合民办教育特点的党建工作新形式、新路子。抓紧建立教育、制度、监督并重的预防和惩治腐败体系，深入推进教育系统党风廉政及行风建设。

3.切实维护学校安全稳定。公安、工商、城管、文化、交通等部门联动，加强学校周边环境综合治理，开展平安校园、文明校园、绿色校园和谐校园的创建活动。严格校车管理。城市治安电子防控系统工程要覆盖所有城区学校和地处农村集镇的中心学校。加强师生安全教育和管理，提高预防灾害应急避险和防范违法犯罪活动的能力，为学校师生创造和谐安全、充满活力的工作、学习、生活环境。

4.营造全社会尊师重教的氛围。动员和鼓励全社会关心、支持教育的发展。新闻媒体要加强教育强市建设的宣传，广泛宣传人民教师教书育人的高尚品德和甘为人梯的奉献精神。强化全社会的教育意识，进一步形成尊师重教、尊重知识、尊重人才的良好社会风尚，真正让人民教师成为全社会最受人尊敬、最令人羡慕的职业。

（二）加大财政投入，保障优先发展

1.依法加大政府投入。把教育作为财政支出的重点领域予以优先保障。按照中央要求提高教育拨款占财政总支出的比例。每年财政预算和决算时，预算内教育经费支出占财政支出的比例每年同口径提高1至2个百分点，市本级预算内教育经费应充分保证市本级家庭经济困难学生资助体系投入、新增政策性人员经费和国家规定省市级配套的项目经费，城区生均公用经费初中800～1000元/年、小学不低于600元/年的拨付标准，并根据国家政策逐步提高；建立健全普通高中教育生均财政拨款基本

标准。完善多渠道的普通高中生均经费投入新机制，逐步增加财政性经费对普通高中教育的投入。按照"明确各级责任、中央地方共担、加大财政投入、提高保障水平"的基本原则，逐步建立中央和地方分担的普通高中财政生均拨款机制。落实教育信息化建设经费投入，明确政府在教育信息化经费投入中的主体作用。将教育信息化项目建设与"数字湖南""为民办实事"等重大工程结合起来，与合格学校建设、农村薄弱学校改造、职业教育示范学校建设等重大项目结合起来，有效整合各类政策、资金与资源。设立教育信息化专项经费，每年在教育费附加中安排一定比例用于教育信息化建设，明确支出项目，每年安排经费不低于学校公用经费支出的10%。鼓励企业和社会力量投资、参与教育信息化建设与服务，形成多渠道筹集教育信息化经费的投入保障机制。

依法建立确保财政性教育投入增长的监督、检查机制，明确政府对教育的投入责任和监督措施。各级政府每年要依法向同级人民代表大会或其常委会报告教育经费预算和决算情况，并建立财政性教育经费统计公告制度，定期向社会公布，接受监督。

2.拓宽教育经费筹措渠道。足额征收和拨付教育费附加及地方教育附加，按规定落实城市建设维护税、城市基础设施配套费用于教育的比例；建立非义务教育办学成本分担机制，科学合理地确定政府、受教育者分担培养成本的比例，根据经济社会发展、办学成本、物价变动情况及居民经济承受能力，适时调整学费标准。吸引和鼓励企业、社会团体、个人和港澳台同胞、华人华侨捐资办学。

3.建立"生均教育经费指数"指标，强化地方政府教育投入责任。按照国际惯例，启用"生均教育经费指数"（生均教育经费与人均GDP之比）考核市县级政府的教育投入（目前可仅考核生均财政性教育经费与人均GDP之比，逐步扩大到考核全社会教育投入），以约束人均GDP大幅增长、排位靠前，而各级教育生均经费长期摆尾的现象。

（三）加强教师队伍建设，依法落实教师待遇

1.加强师德师风建设。开展多种形式、富有实效的师德教育，将师德教育作为教师培训的首要内容，把教师职业理想、职业道德、法治教育、心理健康教育等融入职前培养、准入、职后培训和管理的全过程，把师德考核结果作为教师聘用、教师资格证定期注册、职称评审、评优评先的重要依据，加强优秀教师、优秀校长的表彰力度，明晰师德底线和红线，严格查处师德失范行为，落实教育、宣传、考核、监督与奖惩相结合的师德建设长效机制。

2.启动"卓越教师、名师、名校长成长计划"，推进名师培养工程，探索教师不断成长的评价激励机制。采用多种形式对教学及管理领域有专长、有潜质的较高层次人才，高起点、高层次、高水平地开展培养，培养卓越教师和名师、名校长；继续做好市级学科（专业）带头人、骨干教师的培养和选拔工作，每三年在全市市级骨干教师中评选衡阳市市级学科（专业）带头人。学科带头人控制在中小学教师总数的3‰以内。建立健全学科带头人、骨干教师管理制度，明确相应的待遇、责任和义务。有计划地安排学科带头人、骨干教师参加带教、支教，充分发挥骨干和示范作用。努力建成一支拥有占中小学教师总数0.5%的国家级骨干教师，2%的省级骨干教师和6%以上的市县级骨干教师的高水平师资队伍。

3.完善农村教师补充机制。逐步实行城乡统一的中小学编制标准，对农村边远地区特别是学生规模较小的村级小学、教学点实行倾斜政策。继续实施义务教育阶段学校教师特岗计划，按照国家基础教育课程改革要求，补足配齐农村紧缺学科教师以及心理健康教育教师。统一调剂同一县域内中小学教职工编制。严禁任何部门和单位以任何理由任何形式占用或变相占用农村中小学教职工编制。严禁公办中小学校聘用长期代课教师。

4.加强教师培养培训。落实培养计划，改进培养模式，提高培养质量。继续实施中小学（幼儿园）教师公费定向培养省、市项目计划。认真实施中小学教师继续教育全员培训，规范和加强中小学教师继续教育学分登记工作。健全以校本研训为基础，以教师培训机构为依托，以现代远程教育为主要手段，以骨干教师培训带动全员培训的培训体系，认真实施市县

两级骨干教师培训计划。实施5年一周期的中小学教师全员培训制度，重点加强师德培训和农村中小学教师素质提升培训。职业院校重点加强"双师型"教师培训，建立中等职业教育专业教师培训与考核制度。加大学历培训力度，改善教师学历结构，形成学前教育以专科为主、小学教师以本科为主、普通中学和中等职业学校教师以本科为主并且硕士占一定比例的教师学历学位结构体系。

5. 依法落实教师待遇。实施乡村教师支持计划。认真贯彻《中华人民共和国教师法》等法律法规，确保教师平均工资水平不低于当地公务员平均工资水平，增强教师职业的吸引力。全面落实农村教师工资待遇，确保全省农村教师乡镇工作补贴和贫困地区农村教师人才津贴按时发放到位。推进教师养老保障制度改革，按规定为教师缴纳社会保险费及住房公积金。加大农村教师周转房和廉租房建设力度，帮助农村教师解决住房困难。关心教师健康，落实全省中小学教师定期体检制度，加强教师医疗保障，做好乡村教师重大疾病救助工作。

（四）推进教育综合改革，完善现代学校制度

1. 深化教育管理体制改革。转变政府职能，加强政府对教育的统筹和服务，保障教育部门的行政自主权。健全学校目标管理和绩效管理机制，制定符合学校特点、操作性强的绩效管理制度和配套政策。推进办学体制改革，推行品牌带动模式，扶持薄弱学校和新校发展。支持、培育、规范专业教育服务机构，促进教育事业兼容发展。

2. 完善中小学学校管理制度。推进政校分开、管办分离。完善普通中小学和中等职业学校校长负责制，探索中小学校长职级制。完善校长任职条件和任用办法。实行校务会议等管理制度，健全教职工代表大会制度，不断完善科学民主决策机制。建立中小学家长委员会，有序推进社区和有关专业人士参与学校管理和监督。扩大普通高中及中等职业学校在办学模式、育人方式、资源配置、人事管理、合作办学、社区服务等方面自主权。

3. 改革与完善教师管理制度。打破教师资格终身制，全面实行教职工岗位聘任制；推行

定期注册制度，不断提高教师入职门槛；探索建立教师转岗和退出机制，实施区域范围内校长、教师定期交流轮岗制度；推进中小学教师"县管校聘"管理改革，逐步推进教师由"学校人"向"系统人"转变。

4. 深化岗位设置和教师职务制度改革。完善中小学岗位设置制度。深化中小学教师职称制度改革，采取多元化的形式进行评审，积极探索现代化技术手段，确保评审的公平性和科学性。按照国家规定，建立统一的制度体系，在中小学和中职学校设置正高级教师职务（职称）。职称评定更注重职业道德，注重教育教学工作业绩，注重基层一线实践经历。

（五）强化教育督导和质量监测，推动教育事业科学发展

1. 认真贯彻落实国家、省教育督导法规、条例，推进"管、办、评"分离的教育治理现代化建设，构建和完善教育督导督政、督学、监测三位一体、覆盖全市各级各类基础教育学校和各项教育工作的督导评估体系，强化督政，深入督学，完善监测，充分发挥教育督导在教育改革与发展中的监督、评价和指导作用。

2. 进一步完善县级人民政府教育工作督导评估和县级党政主要领导干部教育实绩督导考核制度，健全教育强县（市区）督导评估考核制度，完善分类办学、分类督导的学校督导评估制度。

3. 健全督学责任区制度，强化督学责任区随访督导常态化机制，建立和完善学校内部督导制度。继续开展对全市合格学校及农村公办幼儿园督导和评估验收，加强对教育行政部门、教育督导部门工作的督导考核。强化督导信息化建设，推进教育督导科学化、专业化、规范化发展。充分发挥社会评价作用，动员社会参与、支持和监督教育。

4. 强化教育质量监测意识，建立完整的教育质量监测体系。建立和完善教育质量监测工作机制，按照分类评估分类指导原则，实现教育质量监测常态化，确保监测内容多元化、方法多样化，通过反馈监控机制，促进学生学习质量不断提高，促进学校全面发展。

（六）坚持依法治教、依法治校

1. 大力推进依法行政，加快推进依法治教进程。开展法制宣传教育，进一步增强法治理

念，提高依法行政的能力和水平。不断健全教育行政执法责任制，加大教育执法力度，坚决查处涉及教育的违法案件，全面维护学校、教师、学生、家长以及其他公民、法人和组织的合法权益，保证教育正常秩序。深入开展依法治校示范校建设，继续开展依法治校示范校的创建活动。贯彻落实《义务教育法》《教师法》等法律法规，建立健全各项规章制度，坚决杜绝学校出现有悖于法治原则的管理手段和规定。长期对教育"三乱"行为进行整治，对违规违纪的办学行为坚决做到有举必查，查实必究。保障公众对教育的知情权、参与权和监督权，形成教育机关依法行政、教育机构依法办学、教育质量依法接受社会监督的教育事业发展新格局。

2. 抓好学校章程建设。坚持把法治教育摆在首位，加大对校长法律知识培训的力度，切实提高校长法律素质，进一步增强校长依法治教、依法治校的能力和自觉性；加强教职员工特别是教师法制教育，提高广大教师依法施教、教书育人的自觉性。

（七）深化教育科学研究，以教研促教学，以教研促提高

1. 加强市、县（区）、校三级教育科研机构建设和教育科学研究队伍建设，构建科学合理的评价体系，培养一批能力较强的教研领军人物，强化教育科学研究为教育行政部门、学校、教师的教育教学创新实践提供专业引领和指导服务的职能。

2. 加大对教育科研工作政策和经费的支持力度，建立以财政拨款为主的教育科研经费保障机制，设立教育科研专项经费，把教育科研人员培养培训纳入全市教师继续教育整体规划。

3. 建立教研教改成果表彰奖励机制。落实教育科研工作定期表彰奖励制度，设立专项奖励基金，每三年组织一次基础教育和职业教育优秀教研教改成果评奖活动，资助学术成果出版，支持科研成果推广应用。

4. 注重对中考、高考制度改革的分析研究，结合我市教育实际，研究制定相应的改革实施方案，确保各项改革措施全面落实，充分发挥国家考试对全市教育质量评价和检测的作用。

衡阳市普及高中阶段教育实施方案

衡教通〔2016〕232 号

一、我市高中阶段教育现状

（一）基本情况

1. 普通高中。全市现有普通高中学校 55 所（其中市直属学校 12 所，县属学校 43 所），1964 个班级，在校学生 13.0917 万人，校园面积 461.8694 万平方米，校舍面积 235.0808 万平方米。全市普通高中教职工 11099 人，其中教师 7156 人。

2. 职业高中。全市现有职业高中学校 38 所（其中市直属学校 12 所，县属学校 26 所），1417 个班级，在校学生 7.0854 万人，校园面积 229.5120 万平方米，校舍面积 88.0380 万平方米，教育教学设备 2.2344 亿元。全市职业高中教职工 3372 人，其中教师 2267 人。

（二）存在问题

1. 普通高中。

（1）资金问题：一是债务过多，包袱沉重。

近年来，我市财政对教育的投入逐年增加，但对普通高中教育的投入有限。学校为了自身发展，自筹资金努力改造校园美化环境，添置现代化设备，引进教育教学人才，奖励教育教学先进，导致大部分普高学校都不同程度负债。目前，我市普通高中共欠债 6.9473 亿元，其中市本级学校欠债 1.2673 亿元，县市区学校欠债 5.6800 亿元。二是投入不足，经费紧张。普通高中学校公用经费紧张问题由来已久。普高学校的办学经费基本靠自筹，主要来源于学费和择校费。根据省教育厅文件规定，2016 年，普通高中学校取消择校生招生，而财政又没有有效的补偿机制，普通高中办学经费紧缺问题变得更加突出。省示范性普通高中此类问题更为明显，取消择校费后，省示范性普高学校办学经费非常紧张，如市一中、八中每校办学收入每年将减少 600 余万元，学校正常运转

都将发生困难，更别说进行学校建设、提质改造、教师奖励等，这势必影响学校工作的开展和教师的积极性。(2)生源问题。一是少部分优质生源因多种因素流向长沙；二是初三毕业学生就读普高的愿望非常强烈，导致普职分流大体相当的目标难以实现。(3)师资问题。县市区有编不补，通用技术、综合实践活动课程教师及心理健康教师严重缺乏。(4)设施设备问题。主要表现在功能室不全或缺乏，教学仪器达标率不够。

2.职业高中。

全市职业高中学校生均占地面积 32.4 平方米，生均校舍面积 12.43 平方米，生均校舍面积低于国家建设标准的 15.63 平方米。专业课教师特别是双师型教师严重缺乏。

二、目标任务

(一)指导思想

全面贯彻党的教育方针，深入落实党的十八届五中全会精神，深化改革、创新机制、扩大规模、优化结构、提升内涵、增强活力，努力破解教育资源短缺、质量不高、普职失衡等突出问题，提高教育质量和办学效益，加快普及高中阶段教育，努力办好人民满意的教育，不断满足人民群众对优质多样教育日益增长的需求，为建设教育强市和全面建成小康社会提供人才支撑和智力支持。

(二)总体目标

改善高中阶段学校办学条件，扩大高中阶段教育办学规模，着力构建一支结构合理、数量足够、素质优良的教师队伍，努力实现高中阶段教育从增量到增质、从外延到内涵发展的转变。到 2018 年，基本实现初中毕业生升学率达到 93%以上，普通高中在校生与中等职业教育在校生数比例为 5:5 左右。

(三)具体目标

1.高中阶段教育普及目标。为达到 93%的初中毕业生升学率，到 2018 年我市应有 24 万人在高中阶段学校就读。为完成 2018 年高中阶段毛入学率 93%的普及目标，按照 5:5 的普职分流比，我市在未来 2 年仍应解决增加 3.8 万人就读职业高中的问题。

2.高中阶段学校建设目标。2016 年到 2018 年，我市将按照班额 50 人的规模新建 3 所普通高中，新增 1.53 万个普高学位，通过普通高中改扩建工程项目，新增 0.6 万个普高学位；通过中职学校改造扩容，新增 3.8 万个职高学位。

3.高中阶段教师发展目标。根据 2018 年我市高中阶段在校生 24 万人的普及目标，按照省颁普通高中、中职学校教职工编制标准，我市 2018 年高中阶段教师总量应达到 18432 人。2016 年，我市现有高中阶段教职工数 14471 人，未来 2 年，我市仍需新增高中阶段教职工 3961 人。

三、实施步骤

(一)准备阶段(2016 年 10 至 2016 年 11 月)

成立普及高中阶段教育工作领导小组，制定《衡阳市普及高中阶段教育实施方案》，召开相关会议，安排部署各项工作，明确职责和工作要求。

(二)实施阶段(2016 年 12 月至 2018 年 8 月)

紧紧围绕"扩容、扩量、提质、改革"目标，采取有力措施，确保各项指标达到验收标准。新建(改扩建)各级各类学校和完善基础设施建设，满足教育教学需求；狠抓"控辍保学"，及时招聘补充教师，加大教师交流率，共享优质教师资源，全面提升教育教学质量。

(三)迎检阶段(2018 年 9 月至 2018 年 12 月)

9 月完成县级自评并向市级申请评估验收；10 月接受市级评估验收；11 月查缺补漏；12 月迎接省级验收。

四、主要措施

(一)实施规划布局调整，不断优化高中阶段教育学校规划布局

为化解大班额，全市拟增加 5 所普通高中、调减 2 所普通高中，同时加强部分高中扩容，共增加普通高中学位 2.13 万个。进一步加强职业高中整合扩容，把各县市区教师进修学校调整为职业教育培训基地，增加职业教育学位 3.8 万个。

牵头科室：计划财务科

(二)科学制定招生计划，全力推进扩容促优工程

1.普通高中招生本地生源数不足于申报

数，原则上按本地生源数全额下达（特殊情况专题报告市教育局批准同意后，视情况在本区域内适当调节）。本地生源数高于申报数，按申报数全额下达，差额部分作为调剂生源。中职招生基本上按申报数下达，差额部分作为调剂生源，调剂仍不足部分，由外地生源补充。

牵头科室：计划财务科

2. 进一步实行普通高中办学水平考核结果和高中学业水平考试一次性合格率调控招生计划，对连续两年高中学业水平考试一次性合格率低于30%的学校，暂停下达招生计划。

牵头科室：计划财务科

3. 继续实施"阳光招生"，科学制定高中阶段学校招生计划，全面取消普通高中"择校生"，严禁各学校超出核定计划、违反规定跨区域招生。不断完善优质高中阶段学校招生名额50%以上分配到区域内初中的政策，继续实施优质学校和薄弱学校的合作办学，持续推进以省示范性普通高中为龙头的教育集团的健康发展，不断扩大优质高中教育资源覆盖面。同时加大普职分流力度。

牵头科室：基础教育科

（三）着力抓好职高的控辍保学工作，确保职高有足够生源

1. 进一步规范办学行为。杜绝招生工作中的虚假宣传，让初中毕业生明明白白选择学校和专业。

牵头科室：职业教育与成人教育科

2. 加强和规范学校管理。严格执行新的《中等职业学校学籍管理办法》和《中等职业学校教学常规管理办法》。

牵头科室：职业教育与成人教育科

3. 确定高中阶段转学单行线，允许普通高中学校学生转入中等职业学校，严格控制中等职业学校学生转入普通高中学校，特别是普高录取控制分数线以下的学生，不得由中等职业学校转入普通高中学校。

牵头科室：职业教育与成人教育科、基础教育科

4. 进一步提高中等职业学校的就业质量。在毕业生就业单位的选择中，尽量突出学生的能力本位，选择工作环境和工作待遇好的单位作为学生的就业单位。

牵头科室：职业教育与成人教育科

（四）深化职业教育综合改革，增强职业教育吸引力，推动普职教育协调发展

推动普职教育协调发展。一是改善办学条件。由市政府在白沙工业园区整体规划1200亩①左右土地，建设衡阳职业教育产教融合示范基地。各县市依托示范性职业学校和有关园区或企业，建设县级职业教育产教融合示范基地。二是提升师资水平。5年内培养专业带头人150名，教学名师100名，优秀校长30名，引进500名德艺双馨的能工巧匠充实教师队伍。三是办出特色专业。到2020年全市立项建设30个"产教深度融合、培养模式先进、办学条件优良、就业优势明显、引领推动产业发展"的特色品牌专业。四是改革办学模式。推进人才培养模式和课程体系改革创新，深度推进校企合作、工学结合，将教学融入生产工程之中，实现校企资源共享、人才共育加大实习实训在教学中的比例，强化实习实训考核评价。积极推进学历证书和职业教育证书"双证书"制度。推进课题教学改革创新，推进人才培养质量评价制度改革。

牵头科室：职业教育与成人教育科

（五）拓展教师补充渠道，提升教师能力素质

建立教师补充长效机制，严禁县市区教师"有编不补"。根据我市高中阶段学校师资现状和教育教学需要，加强定向培养，完善公开招聘，大力补充紧缺学科教师及双师型教师，优化高中阶段教师队伍结构，建设一支数量足够、素质优良的高中阶段教师队伍。同时，对高中阶段学校教师加强培训，保障经费投入，提高培训工作的针对性和实效性。

牵头科室：组织人事科、教师工作科

五、保障机制

（一）成立组织机构，加强对普及高中阶段教育的组织领导

成立全市普及高中阶段教育工作领导小组，市教育局局长周法清同志任组长，局班子成员任副组长，相关科室负责人为成员，领导小组办公室设在市教育局基教科。各县市区也

———————

① 1亩＝666.7平方米。

要成立领导机构，安排专人负责此项工作，加强对辖区内普及高中阶段教育工作的领导和管理。

（二）加大宣传力度，营造普及高中阶段教育的浓厚氛围

要大力宣传普及高中阶段教育的重要作用和高中阶段招生政策，包括"减、免、补、奖"等优惠资助政策。各县市区、各乡镇（街道）、村（社区）、学校要悬挂宣传普及高中阶段教育的标语，让社会、家长、学生真正理解普及高中阶段教育的重要意义。

（三）加大经费投入力度，全力推进普及高中阶段教育

进一步加大经费投入力度，依法做到教育经费"三个增长"。按照衡阳市教育"十三五"发展规划，扩大办学规模，使生均校园面积、校舍面积、仪器配备、图书及各功能场室配备等符合国家要求。各级政府每年安排财政一般预算收入按一定比例用于发展高中阶段教育，保障普及高中阶段教育各项宣传、建设和奖励资金经费落实，最大限度减征或免征教育项目建设过程中的相关税费。

1. 加大普通高中学校债务化解力度。对于市直普通高中的债务，由市委、市政府明确，从 2017 年起，将全市普通高中债务从学校剥离，由同级政府财政负担债务利息，并逐年化解。对市本级普通高中 12673 万元债务，在 2016 年底剥离到政府，市财政设专项三年内全部化解，化解之前由市财政承担利息。

2. 建立普通高中教育公用经费标准。研究出台我市普通高中生均公用经费标准，按照目前我市普通高中运行成本测算，建议省示范性普通高中每生每年 500 至 800 元，一般普通高中学校每生每年 400 至 600 元的标准建立普通高中生均公用经费保障机制，由同级财政保障，并且逐年递增，以求从根本上解决普通高中经费困局。针对省示范性普通高中学校停止招收择校生的现状，建议 2017 年起，由同级财政按省示范性普通高中每校每年 500 万元，一

般普通高中学校每校每年 300 万元的标准设立普通高中教育发展基金，弥补学校办学经费缺口。

（四）完善助学体系，保障贫困生就读高中阶段学校

对经济困难的高中阶段学校在校生要认真做好国家助学金对本区域户籍学生就读生活补助金的申报和发放工作；学校要建立以"奖、助、补、减、免"为主体的高中阶段教育经济困难学生助学体系，保证及时落实解困经费。职校要加强与企业合作，认真抓好"顶岗实习"管理，帮助贫困家庭学生通过"顶岗实习"完成高中阶段学业。

（五）提高义务教育质量，为"普高"提供合格的生源基础

各地要采取过硬措施抓好义务教育阶段"控辍保学"工作，力争各项普及指标达到国家规定的标准，实现初步均衡发展，切实巩固提高义务教育普及水平；要狠抓学校的常规管理和教育教学质量的督导检查，全面提高义务教育办学质量，为加快普及高中阶段教育提供充足的合格生源。

（六）明确职责，全面落实责任。建立目标管理责任制，加强对普及高中阶段教育的考核评估

全市要制定普及高中阶段教育工作责任考核办法，对各县市区教育局进行考核，同时，各县市区也要加强考核。市、县两级教育督导部门要加强对普及高中阶段教育的督导、检查和评估。

（七）加大奖惩力度，对普及高中教育工作先进单位和个人进行奖励

对施工作后腿，不能如期实现普及目标的县市区实行责任倒查制度，追究有关人员的责任。各县市区要根据本地实际制定奖惩措施，充分调动各级普及高中阶段教育工作的积极性，形成合力，确保普及高中阶段教育工作任务圆满完成。

衡阳市中小学(中职学校)违规招生行为责任追究办法

衡监发〔2017〕1 号

　　为了进一步规范招生工作,切实维护招生秩序,促进教育公平,办人民满意教育。根据《中华人民共和国教育法》《中华人民共和国义务教育法》《中华人民共和国行政监察法》等法律法规,结合我市实际,制定本办法。

　　第一条　本办法所指招生工作包含全市的义务教育阶段学校、普通高中学校、中等职业学校的招生行为。

　　第二条　按照党风廉政建设责任制规定和"谁主管、谁负责"以及"有错必纠"的原则,追究违规招生的单位和个人的责任。违规责任追究要体现违规责任与违规程度相适应、教育与惩处相结合、追究责任与改进工作相结合的要求。

　　第三条　各级教育行政部门是中小学招生工作的主管部门,必须认真履行领导、组织、协调和监督的责任,及时纠正和查处违规招生行为。各级教育纪检监察机构要认真实行对招生管理部门、学校和相关工作人员履行职责的监督,严肃查处招生工作中的违纪违法案件。

　　第四条　各招生学校党政主要领导作为第一责任人,对学校的招生工作负全面领导责任;分管招生工作的副校长是学校招生工作的直接责任人,指导督促招生工作人员严格执行有关程序和规定,依法正确履行职责;学校纪检监察工作负责人履行监督职责,监督招生政策的执行,对违规行为进行查处。

　　第五条　各县(市)区教育行政部门负责承担辖区内中小学违规招生行为的行政处理,上级教育行政主管部门有权提出处理建议。对违规招生行为责任人的行政处理,由监察部门或责任人所在单位及任免机关作出。

　　第六条　违规招生行为的范围主要包括:

　　1.突破招生计划招生的;

　　2.违反规定招收普高最低分数控制线以下学生的;

　　3.以任何名义和理由,向学生收取与录取挂钩费用的;

　　4.普通高中招生学校进入初中生源学校进行招生宣传的;

　　5.买卖生源的;

　　6.违反"划片就近、免试入学"原则,学校与培训机构合作组织选拔性考试作为入学依据,招收义务教育阶段学生的;

　　7.违规拒收进城务工人员子女及随班就读的残疾学生入学的;

　　8.不按规定公开招生政策、招生计划、录取标准和结果的;

　　9.未经批准跨区域招生的;

　　10.空挂学籍的,以借读、转学等名义接收已被其他学校录取的学生的;

　　11.其他造成不良影响的违规招生行为。

　　第七条　违规招生行为责任追究的范围包括:

　　1.属于集体决策的,追究主要领导的责任;

　　2.属于分管领导或部门负责人决策的,追究有关领导或负责人的责任;

　　3.属于招生工作人员个人行为的,追究当事人责任。

　　第八条　责任追究包括行政处理、行政处分和追究刑事责任等三类。行政处理包括责令限期改正、通报批评、撤销教育类荣誉称号、调离工作岗位、调整招生计划等;行政处分按《行政机关公务员处分条例》和《事业单位工作人员处分暂行规定》的规定执行;构成犯罪的,依法追究刑事责任。

　　1.对相关单位的行政责任追究:

　　(1)责令作出书面检查;

　　(2)通报批评并纠正错误行为;

　　(3)取消当年度评先评优资格;

　　(4)属于省级示范性学校的,建议省教育厅停牌;属于市级示范性学校的,由市教育局停牌;属于民办学校的,由主管部门给予年检评估降等处理;

　　(5)对违反收费政策的,相关部门依法依

规查处。

2. 对主要领导、分管领导和直接责任人的责任追究：

（1）责令作出书面检查；

（2）通报批评；

（3）违纪违规招生行为造成严重后果的，按照干部管理权限，由有关部门按规定给予行政处分；

（4）在招生工作中触犯刑律的，移送司法机关处理。

02

第二篇

办事指南篇

第一章 湖南省教育厅部分

2016 年湖南省各类教育事业发展概况

一、幼儿与特殊教育

全省共有幼儿园 14365 所，比上年增加 421 所。在园人数 224.93 万人，比上年增加 8.3 万人，增长 3.83%。园平均规模为 157 人，比上年增加 2 人。幼儿园有园长和专任教师共 10.96 万人，比上年增加 0.91 万人，增长 9.01%。

全省共有特殊教育学校 79 所。特殊教育在校生 25737 人，比上年增加 3205 人，增长 14.22%；招生 5446 人，比上年增加 821 人，增长 17.75%。其中，在特殊教育学校就读在校生 9854 人，比上年增加 1357 人，增长 15.97%；招生 2095 人，比上年增加 56 人，增长 2.75%。

二、义务教育

全省共有普通小学 8272 所（另有教学点 7659 个），比上年减少 140 所。毕业 76.97 万人，比上年增加 3.95 万人，增长 5.41%；招生 89.99 万人，比上年增加 1.32 万人，增长 1.49%；在校生 501.81 万人，比上年增加 12.95 万人，增长 2.65%。小学校均规模 607 人，比上年增加 26 人。小学学龄儿童入学率 99.99%。小学有 56 人及以上的大班 30615 个，占小学班数的 25.59%，比上年降低 1.2 个百分点；其中 66 人及以上的超大班有 12128 个，占小学班数的 10.14%，比上年降低 2.02 个百分点。

全省共有初中 3322 所，比上年减少 9 所。毕业 73.99 万人，比上年增加 4.01 万人，增长 5.73%；招生 78.01 万人，比上年增加 4.15 万人，增长 5.62%；在校生 225.05 万人，比上年增加 2.64 万人，增长 1.19%。初中校均规模 677 人，比上年增加 9 人。初中学龄儿童入学率 99.80%。初中有 56 人及以上的大班 16854 个，占初中总班数的 39.77%，比上年降低 2.14 个百分点，其中 66 人以上的超大班有 5647 个，占初中总班数的 13.32%，比上年降低 2.91 个百分点。

全省有小学专任教师 25.37 万人，比上年增加 0.46 万人，增长 1.85%。专任教师学历合格率为 99.93%，比上年提高 0.15 个百分点，具有大专及以上学历的专任教师所占比例为 92.12%，比上年提高 2.37 个百分点。生师比为 19.78：1，比上年的 19.62：1 有所上升。全省有初中专任教师 16.93 万人，比上年增加 0.10 万人，增长 0.62%。专任教师学历合格率为 99.48%，比上年提高 0.38 个百分点，专任教师中本科及以上学历所占比例为 75.87%，比上年提高 2.7 个百分点。初中生师比为 13.29：1，比上年的 13.22：1 有所上升。

全省建有校园网的义务教育学校共有 5163 所，比上年增加 821 所，义务教育学校共有计算机 55.72 万台，比上年增加 5.18 万台。

全省义务教育阶段有寄宿生 230.51 万人，占义务教育阶段学生总数的 31.71%，寄宿制学生比上年减少 6.87 万人，减少 2.89%。义务教育阶段学生数中，农民工随迁子女在校生 56.04 万人，占总学生数的 7.71%，农民工随迁子女学生比上年增加 1.31 万人，增长 2.39%，农村留守儿童 229.82 万人，占总学生数的 31.62%，农村留守儿童比上年减少 15.11 万人，减少 6.17%。

全省小学有校舍建筑面积 3454.67 万平方米，比上年增加 142.27 万平方米，增长 4.30%，生均校舍建筑面积 6.88 平方米，比上年增加 0.1 平方米；全省初中有校舍建筑面积

3157.19 万平方米，比上年增加 117.26 万平方米，增长 3.86%，生均 14.03 平方米，比上年增加 0.37 平方米。

三、高中阶段教育

全省有普通高中学校 579 所，比上年增加 4 所；招生 39.39 万人，比上年增加 1.36 万人，增长 3.57%；在校生 110.91 万人，比上年增加 3.47 万人，增长 3.23%；毕业生 34.20 万人，比上年增加 0.70 万人，增长 2.10%。全省共有中等职业教育学校 460 所，比上年减少 11 所；招生 25.13 万人，比上年增加 1.36 万人，增长 5.71%，毕业 19.96 万人，比上年减少 0.46 万人，减少 2.24%。在校生 66.09 万人，比上年增加 1.29 万人，增长 1.99%。

全省有普通高中专任教师 7.22 万人，比上年增加 2210 人，增长 3.16%。生师比为 15.36∶1，比上年的 15.34∶1 有所上升。专任教师学历合格率为 97.74%，比上年提高 0.55 个百分点。中等职业教育学校有专任教师 2.56 万人，比上年减少 427 人，减少 1.64%。专任教师本科及以上学历比例为 86.71%，比上年提高 0.81 个百分点。

全省普通中学校舍建筑总面积 5411.87 万平方米，比上年增加 104.71 万平方米，增长 1.97%。

全省中等职业学校产权校舍建筑总面积 867.44 万平方米，比上年减少 25.99 万平方米，减少 2.91%。

中等职业教育招生数占高中阶段教育的比例为 38.95%，比上年上升 0.48 个百分点；在校生占高中阶段教育的比例为 37.34%，比上年下降 0.28 个百分点。

四、高等教育

全省共有普通、成人高等学校 120 所（不含国防科技大学、独立学院），其中普通高校 108 所。普通高校中本科院校 36 所，高职（专科）院校 72 所。全省共有研究生培养单位 20 个，其中普通高校 17 所（不含国防科大），科研机构 3 个。

全省共招收研究生 2.22 万人，比上年增加 594 人，增长 2.74%。有在学研究生 7.08 万人，比上年增加 1889 人，增长 2.74%。另招收在职研究生 6664 人，在学人数 23912 人。

全省共招收普通本专科学生 37.63 万人，比上年增加 1.63 万人，增长 4.51%；全省地方院校招收普通本专科学生 36.02 万人，比上年增加 1.64 万人，增长 4.76%；其中地方院校普通本科招生 16.39 万人，比上年增加 5707 人，增长 3.61%；高职专科招生 19.63 万人，比上年增加 10656 人，增长 5.74%，其中五年制转入 23002 人，对口招收中职生 10980 人。全省有普通、成人本专科在校生 145.60 万人，其中普通本专科（高职）在校生 122.50 万人，比上年增加 4.44 万人，增长 3.76%，其中地方普通本专科在校生 116.18 万人，比上年增加 4.49 万人，增长 4.02%。另外有自考助学班在校学生 9922 人；普通预科生注册人数为 1991 人；来华留学生 3253 人。

全省普通高校有专任教师 6.87 万人，比上年增加 2111 人，增长 3.17%；专任教师中硕士及以上学位 44491 人，占专任教师的 64.74%，比上年提高 2.5 个百分点，生师比为 17.47∶1，比上年的 17.42∶1 有所上升。

全省普通高校共有占地面积 11.22 万亩，比上年增加 565.43 亩，增长 0.51%，生均 57.23 平方米，比上年减少 2.06 平方米；校舍建筑面积 3432.26 万平方米，比上年增加 100.36 万平方米，增长 3.01%；生均 26.27 平方米，比上年减少 0.28 平方米；教学仪器设备值 133.99 亿元，比上年增加 8.47 亿元，增长 6.74%，生均 0.97 万元，比上年增加 0.03 万元；纸质图书 10990.71 万册，比上年增加 655.18 万册，增长 6.34%，生均 79.19 册，比上年增加 1.88 册。

五、民办教育

2016 年，全省共有各级各类民办学校 12702 所，各类民办学校在校学生 266.54 万人，比上年增加 18.12 万人，增长 7.29%。其中：民办幼儿园 12035 所，占全省幼儿园总数的 85.66%，在园幼儿 165.98 万人，占在园幼儿总数的 73.79%，在园幼儿比上年增加 10.73 万人，增长 6.9%；民办普通小学 156 所，在校生 24.27 万人，比上年增加 1.56 万人，增长 6.88%；民办普通中学 320 所，在校生 41.24 万人，比上年增加 3.34 万人，增长 8.81%；民办中等职业学校 176 所，在校生

11.66 万人，比上年增加 1.86 万人，增长 18.98%；民办高等教育机构 28 所，非学历教育学生 0.77 万人；民办高校 15 所，在校生 13.54 万人，比上年增加 1.11 人，增长 8.19%；独立学院 15 所，在校生 9.08 万人，比上年减少 0.86 万人，减少 8.65%，独立学院在校生占普通本科生学生总数的 13.19%。

湖南省教育厅领导信息

蒋昌忠　党组书记、厅长、工委书记

夏智伦　党组副书记、副厅长、工委副书记

王建华　党组成员、工委副书记

曹世凯　党组成员、驻厅纪检组组长、工委委员

葛建中　党组成员、副厅长、工委委员

应若平　副厅长

唐亚武　党组成员、主任督学、副厅长、工委委员

王玉清　党组成员、副厅长、工委委员

徐　伟　党组成员、工委委员

郭建国　党组成员、工委委员

陈飞跃　巡视员

左　清　副巡视员

杨里平　副巡视员

湖南省教育厅内设机构

【办公室】

主要职能：负责文电、会务、档案、财务、资产等机关日常运转工作，以及政务公开、新闻宣传、来信来访、督查督办、机要保密等工作；指导、协调机关后勤服务、治安保卫等工作。

联系电话：0731 - 84714924 | 邮箱：zwgk@hnedu.cn

单位地址：湖南省教育厅（长沙市东二环二段 238 号）办公楼 4 楼 | 邮编：410016

网站地址：bgs.gov.hnedu.cn

【政策法规处】

主要职能：研究教育改革与发展战略并就重大问题进行政策调研；起草地方性教育法规规章和有关规范性文件草案；协调和指导全省教育系统依法行政的有关工作；承办省本级教育行政复议、行政应诉工作；承担机关规范性文件的合法性审核工作。

联系电话：0731 - 84715490 | 邮箱：zfc@hnedu.cn

单位地址：湖南省教育厅（长沙市东二环二段 238 号）办公楼 3 楼 303、305 室 | 邮编：410016

网站地址：zcfgc.gov.hnedu.cn

【人事处】

主要职能：负责机关及直属单位的干部人事、机构编制等有关工作；参与拟订各级各类学校机构编制、人事管理、劳动工资和收入分配的有关政策；指导学校人事制度改革；承办教育系统表彰奖励工作；协调指导教育基金会秘书处的工作；协调指导直属单位体制改革工作。

联系电话：0731 - 84715485 | 邮箱：rsc@hnedu.cn

单位地址：湖南省教育厅（长沙市东二环二段 238 号）办公楼 3 楼 306、310 室 | 邮编：410016

网站地址：rsc.gov.hnedu.cn

【财务建设处】

主要职能：参与拟订全省教育经费筹措和管理的政策、法规；统计并监督全省教育经费投入、执行情况和教师工资发放情况；承担省本级教育部门财务管理工作，编制省本级教育部门经费预决算；会同有关部门管理国家下拨的和省本级教育专项经费、各种外资和国内捐赠款；会同有关部门拟订各级各类学校收费标准，规范收费行为；会同有关部门拟订各级各类学校建设标准，指导协调全省各级各类学校

建设安全工作；拟订省本级教育部门基建投资计划方案并承担省本级教育部门各单位基建管理工作；会同有关部门拟订各级各类学校国有资产管理政策，承担省本级教育部门各单位国有资产管理工作；承担省本级教育部门各单位政府采购管理工作；指导全省各级各类学校后勤管理工作；承担有关财经检查协调工作；指导协调全省资助经济困难学生工作；参与教育系统产业工作；履行内部审计监督职责，组织对厅委所属单位经常性的经济活动和重大的经费管理事项开展审计调查；负责对厅委所属单位各类教育专项资金的使用、管理情况进行内部审计；按照干部管理权限，受委托对厅委负责任免的所属单位负责人的任期经济责任进行审计；受委托协助查处教育系统内部有关单位或人员违反财经纪律、法规的行为和案件。

联系电话：0731 – 84714941｜邮箱：cwc@hnedu. cn

单位地址：湖南省教育厅（长沙市东二环二段 238 号）办公楼 4 楼 404、405、406、407、408、409、410、213 室｜邮编：410016

网站地址：cwjsc. gov. hnedu. cn

【发展规划处】

主要职能：负责拟订全省教育事业发展规划；负责高等学校和中等专业学校体制改革及布局调整；会同有关部门拟订高等学校各类招生计划和招生来源计划；按有关规定承办普通高等学校、成人高等学校、普通中等专业学校、成人中等专业学校的机构设置、撤销、调整、更名的审核、报批工作；负责全省教育基本信息的统计、分析、发布和事业发展监测。

联系电话：0731 – 84728682｜邮箱：jhc@hnedu. cn

单位地址：湖南省教育厅（长沙市东二环二段 238 号）办公楼 8 楼 808、811 室｜邮编：410016

网站地址：fzghc. gov. hnedu. cn

【高等教育处】

主要职能：指导普通高等学校（不含高等职业学院，本段同）教学工作；规划并指导普通高等学校的教学改革和专业建设；指导普通高等学校的教学管理以及实验室、图书馆、现代教育技术、校内外教学实践基地的规划和建设，指导普通高等学校的教学团队和教学基层组织建设，负责普通高等学校的教学指导文件及评估标准的制定并指导实施；负责普通高等学校的教材建设及学历、学籍管理、专升本工作；指导普通高等学校成人函授与业余教育的教学与学籍管理工作；指导普通高等学校的现代远程教育工作。

联系电话：0731 – 84764849｜邮箱：gjc@hnedu. cn

单位地址：湖南省教育厅（长沙市东二环二段 238 号）办公楼 7 楼 703、704、705、706、707、708 室｜邮编：410016

网站地址：gdjyc. gov. hnedu. cn

【科研处】

主要职能：规划、指导和组织高等学校科学技术、哲学社会科学研究工作，协调、指导高等学校参与国家、省创新体系建设，以及高等学校承担国家、省重大科技项目和重大哲学社会科学研究项目的实施工作；指导和组织高等学校重点实验室、工程研究中心、哲学社会科学重点研究基地等创新平台的建设；承担高等学校重点学科建设的指导和管理工作；组织和指导高等学校科技创新团队的建设与"新世纪优秀人才计划"的实施；协调"985 工程"和"211 工程"建设；指导高等学校产学研结合、科技成果转化和科技产业发展等工作。

联系电话：0731 – 84739947 ｜邮箱：4739947@163. com

单位地址：湖南省教育厅（长沙市东二环二段 238 号）办公楼 7 楼 711、712 室｜邮编：410016

网站地址：kxjsc. gov. hnedu. cn

【学生处（毕业生就业办公室）】

主要职能：拟订各类高等学校招生政策；承担普通高等学校、成人高等学校招生录取管理工作；承担省招生委员会交办的日常工作；指导普通高等学校开展毕业生离校前的就业指导和服务工作；参与拟订普通高校毕业生就业政策，组织实施国家急需毕业生的专项就业计划。

联系电话：0731 – 84714915｜邮箱：xsc@hn-edu. cn

单位地址：湖南省教育厅（长沙市东二环二段 238 号）办公楼 2 楼 210、212 室｜邮编：410016

网站地址：xsc. gov. hnedu. cn

【国际交流处（湖南省教育厅港澳台交流办公室）】

主要职能：组织指导教育方面的国际合作与交流；统筹管理出国留学、来湘留学、中外合作办学、外籍人员子女学校；承担教育涉外监管工作；负责举办国际教育展览的审批；规划、协调、指导汉语国际推广工作；指导、协调教育对外宣传工作；开展与港澳台的教育交流与合作。

联系电话：0731 - 84720174｜邮箱：wsc@hnedu.cn

单位地址：湖南省教育厅（长沙市东二环二段238号）办公楼7楼714、716室｜邮编：410016

网站地址：gjjlc.gov.hnedu.cn

【基础教育处】

主要职能：承担义务教育、普通高中、学前教育和特殊教育的宏观管理工作；拟订基础教育改革和发展的基本政策及基本教育教学文件与评估标准，组织指导基础教育的教育教学改革；会同有关方面拟订基础教育办学标准；指导中小学布局调整；指导中小学德育、校外教育工作；指导中小学教学信息化、图书馆和实验室设备配备工作；负责特色实验高中建设和报批认定工作；加强省级示范性普高高中和示范性幼儿园的建设和管理；组织普通高中学业水平考试；组织中小学地方教材和受委托的国家教材的审定，归口管理中小学教材（含音像教材）及配套用书；归口管理中小学竞赛活动；协调、指导扫除青壮年文盲工作。

联系电话：0731 - 84714912｜邮箱：4714912@163.com

单位地址：湖南省教育厅（长沙市东二环二段238号）办公楼8楼｜邮编：410016

网站地址：jcjyc.gov.hnedu.cn

【教师工作与师范教育处（湖南省语言文字工作委员会办公室）】

主要职能：规划、指导全省各级各类学校教师队伍建设工作，按有关规定组织和指导教师资格制度、教师聘任制度、教师职务制度的实施；负责各级各类学校学科带头人和青年骨干教师培养工作；负责特级教师和特聘教授工作；负责中小学教师培养的统筹规划和专项培养计划的组织实施，负责教育系统教师、中小学校长、幼儿园园长和其他管理人员业务培训工作；指导各级教师进修院校和中等师范学校教育教学工作；负责全省语言文字和推广普通话工作；指导文字规范化建设；推行语言文字信息处理标准。

联系电话：0731 - 84714916｜邮箱：jsc@hnedu.cn

单位地址：湖南省教育厅（长沙市东二环二段238号）办公楼7楼719、720室｜邮编：410016

网站地址：jsc.gov.hnedu.cn

【民族教育处】

主要职能：指导、协调少数民族教育的特殊性工作；研究少数民族教育改革和发展的有关问题；指导中小学民族团结教育；负责组织协调对少数民族和少数民族地区及贫困地区的教育援助工作；协调教育援藏、援疆工作。

联系电话：0731 - 84712883｜邮箱：mzjyc@hnedu.cn

单位地址：湖南省教育厅（长沙市东二环二段238号）办公楼11楼1101、1102室｜邮编：410016

网站地址：mzjyc.gov.hnedu.cn

【体育卫生与艺术教育处】

主要职能：指导学校体育、卫生与健康教育、艺术教育、国防教育工作，拟订相关政策和教育教学指导性文件；指导相关专业的教学资源建设，指导、协调学校及学生参加体育竞赛和艺术交流等活动。

联系电话：0731 - 84714942｜邮箱：twc@hnedu.cn

单位地址：湖南省教育厅（长沙市东二环二段238号）办公楼9楼904、907室｜邮编：410016

网站地址：twyc.gov.hnedu.cn

【职业教育与成人教育处】

主要职能：承担职业教育与成人教育统筹规划、综合协调和宏观管理工作，协调指导终身教育工作；拟订中等职业学校和独立设置的高等职业技术学校、独立设置的成人高等学校的教学指导文件及评估标准，指导教学改革；负责中等职业学校和独立设置的高等职业技术学校、独立设置的成人高等学校的专业设置、调整、教材建设和学历学籍等管理工作；指导中等职业教育学校的德育工作；协调指导全省农村、城市教育综合改革工作。

联系电话：0731 - 84714893 | 邮箱：zcc@ hn-edu. cn

单位地址：湖南省教育厅（长沙市东二环二段 238 号）办公楼 9 楼 906、908、909、910、911、912 室 | 邮编：410016

网站地址：zcc. gov. hnedu. cn

【民办教育处】

主要职能：拟定全省民办教育发展规划和政策措施；综合指导全省民办教育改革和发展；按有关规定组织对民办学校进行综合性检查评估；协调处理民办教育改革和发展过程中共同性矛盾和问题。

联系电话：84136793，84714896 | 邮箱：mbjyc@ hnedu. cn

单位地址：湖南省教育厅（长沙市东二环二段 238 号）办公楼 11 楼 1107、1109 室 | 邮编：410016

网站地址：mbjyc. gov. hnedu. cn

【教育督导处（省教育督导委员会办公室）】

主要职能：负责全省教育督导工作。

联系电话：0731 - 84723033 | 邮箱：dds@ hnedu. cn

单位地址：湖南省教育厅（长沙市东二环二段 238 号）办公楼 9 楼 901、902、903 室 | 邮编：410016

网站地址：dds. gov. hnedu. cn

【纪检组（纪工委、监察室）】

主要职能：负责全省教育系统党的纪律检查工作和行政监察工作。协助党组（工委）加强党风廉政建设；负责对党员和干部进行遵纪守法的教育；按照党组织隶属关系和干部管理权限，审理党的组织和党员、干部违反党的章程和其他法规的重大案件，受理党员和干部的检举、控告和申诉；监察厅机关及其工作人员和厅直属单位属教育厅委任人员的工作。

联系电话：0731 - 82204240 | 邮箱：jjz@ hnedu. cn

单位地址：湖南省教育厅（长沙市东二环二段 238 号）办公楼 10 楼 1001、1002 室 | 邮编：410016

网站地址：jjz. gov. hnedu. cn

【机关党委】

主要职能：负责机关和直属单位的党群工作。

联系电话：0731 - 84766241 | 邮箱：gudw@ hnedu. cn

单位地址：湖南省教育厅（长沙市东二环二段 238 号）办公楼 7 楼 701、702 室 | 邮编：410016

网站地址：jgdw. gov. hnedu. cn

【省委教育工委组织部】

主要职能：协助省委组织部对高等学校领导班子和领导干部进行考察、调配、思想教育和培训；负责组织高等学校处级干部、党员正副教授、马克思主义理论课和思想品德课骨干教师的政治理论培训；指导高等学校党组织的思想、组织、作风建设和党员管理及组织发展工作，并宏观指导其他学校党建工作；研究高等学校党建的政策和理论；按党的组织隶属关系承办高等学校召开党代会的有关工作；会同有关部门指导高等学校的党员教育及党校工作。

联系电话：0731 - 84734806 | 邮箱：hnjyg-wzuzhibu@ 163. com

单位地址：湖南省教育厅（长沙市东二环二段 238 号）办公楼 10 楼 1009、1010、1011、1012 室 | 邮编：410016

网站地址：gwzzb. gov. hnedu. cn

【省委教育工委宣传部（统战部、思想政治工作处）】

主要职能：指导各级各类学校精神文明建设工作；负责指导高等学校学生的日常思想政治教育与管理工作、心理健康教育工作；规划、指导高等学校思想政治理论课的教育教学和科学研究工作；指导高等学校精神文明建设工作和法制宣传教育、依法治校工作；协调和指导高等学校的宣传、统战和群团工作；负责指导高等学校网络文化建设与管理工作；协调和指导高等学校教师的思想政治工作；协调和指导高等学校学生辅导员和思想政治理论课教师队伍建设工作。

联系电话：0731 - 85715329 | 邮箱：xcb@ hnedu. cn

单位地址：湖南省教育厅（长沙市东二环二段 238 号）办公楼 10 楼 1005、1006、1008 室

|邮编：410016

网站地址：gwxcb. gov. hnedu. cn

【省委教育工委维护稳定工作办公室（防范和处理邪教问题办公室）】

主要职能：负责协调和指导全省教育系统维护稳定工作；负责协调和指导全省高等学校防范和处理"法轮功"等邪教及有害气功组织问题；负责协调和指导全省学校及周边治安综合治理工作；指导全省学校安全管理工作。

联系电话：0731-84743275

单位地址：湖南省教育厅（长沙市东二环二段238号）办公楼11楼|邮编：410016

网站地址：wwb. gov. hnedu. cn

【学位管理与研究生教育处（湖南省人民政府学位委员会办公室）】

主要职能：负责全省学位与研究生教育工作。

联系电话：0731-84715491|邮箱：xwb504@163. com

单位地址：湖南省教育厅（长沙市东二环二段238号）办公楼7楼709、710室|邮编：410016

网站地址：xwb. gov. hnedu. cn

【离退休人员管理服务处】

主要职能：负责机关离退休人员管理、服务工作，指导直属单位离退休人员管理、服务工作。

联系电话：0731-85795173|邮箱：sjytltxc@163. com

单位地址：湖南省教育厅（长沙市东二环二段238号）办公楼1楼106、104室|邮编：410016

网站地址：lgc. gov. hnedu. cn

【信息化推进工作办公室】

主要职能：统筹协调、指导推进全省各级各类教育信息化工作；统筹制定全省各级各类教育信息化政策、发展规划并指导实施；组织制定省级教育行业信息化标准规范并指导实施；规划、管理省级教育信息化基础设施、公共服务平台建设与运行；规划、指导全省数字校园建设、数字教育资源开发与应用、教育管理信息系统建设与应用；组织实施省级教育信息化重大项目，组织开展教育信息化宣传普及与人员培训，组织开展教育信息化考核和督查；承担厅教育信息化领导小组的日常工作及交办的其他事项。

联系电话：0731-89728306|邮箱：xxhtjb@hnedu. cn

单位地址：湖南省教育厅（长沙市东二环二段238号）办公楼401、115室|邮编：410016

网站地址：xxhb. gov. hnedu. cn

湖南省教育厅直属机构

【教育考试院】

主要职能：制订各类招生工作的实施办法，组织实施研究生和普通高等学校、成人高等学校本专科学生的招生录取工作；组织实施普通高等学校招生考试、成人高等学校招生考试、研究生招生考试、高等教育自学考试、全国计算机等级考试、全国英语等级考试、全国大学英语四六级考试、剑桥少儿英语考试以及其他有关专业证书考试；承担教育部和境外考试机构在湖南省内组织的各项国际交流考试；承担政府有关部门及单位委托的其他考试；拟订自学考试政策法规、开考专业及课程设置计划，管理自学考试的考籍和社会助学业务工作，核发单科合格证，颁发自学考试毕业证书；承担国家统一命题之外的各类国家教育考试命题和国家、省有关部门委托的命题以及省际的协作命题；统筹管理并指导各类教育统一考试的考点建设和考风考纪建设。处理各类教育统一考试中的偶发事件，依法查处考试中的违纪舞弊事件。承担各类教育招生考试的科学研究工作。管理开发各类教育招生考试的信息资源，对外发布有关信息。

联系电话：0731-88090456|邮箱：hnksy@hneao. edu. cn

单位地址：湖南省长沙市岳麓区潇湘大道271号|邮编：410006

网站地址：jyksy. gov. hnedu. cn/

【教育科学研究院】

主要职能：研究各类教育事业发展中的理论和实际问题；开展各类教育的理论和教学研究；制定并组织实施全省教育科学研究规划；指导全省各级各类教育科学研究和教学研究工作；组织开展各类教育的教研教改实验；总结完善和推广先进教学经验和实验成果；编写和发行各级各类学校所需的教材和教辅用书；收集整理和发布国内外教育方面的最新情况和信息；编辑出版教育学报、学刊；开展与境内外教育科研机构的合作与交流；归口管理并指导与教育有关的省级学会、协会等社团组织工作等。

联系电话：0731－84402982｜邮箱：hunan-jky@163.com

单位地址：湖南省长沙市教育街 11 号｜邮编：410005

网站地址：jky.gov.hnedu.cn

【后勤服务中心】

主要职能：贯彻落实中央、省有关机关事务管理工作方针、政策、法规；负责机关国有固定资产的管理工作；负责机关的基建管理、房屋维修等工作；负责机关的水、电、气，以及机械动力设备的管理和维修工作；负责机关和家属区的卫生绿化、节能减排、安全保卫、综合治理、计划生育和报刊订阅收发的管理和服务工作；负责厅机关安全工作和应急处置；负责机关车队、文印室、职工食堂的管理和服务工作；承办教育厅交办的会议服务、接待联络工作；负责机关办公用品和日常消耗品的采购、领用和管理工作；负责与市、区、街道、社区及有关部门的协调，并组织完成相关工作；承办上级部门和厅委领导交办的其他工作。

联系电话：0731－84430342

单位地址：湖南省长沙市东二环二段 238号｜邮编：410016

网站地址：hqzx.gov.hnedu.cn

【电化教育馆】

主要职能：参与编制全省现代教育技术事业发展规划，开展现代教育技术应用研究，推广研究成果；负责"现代教育技术实验学校"项目的组织实施；协助基础教育处规划全省中小学信息技术教育，对全省中小学信息技术教育工作进行业务指导。参与全省农村中小学现代远程教育工程的规划、建设指导、教学应用研究、维护管理等工作。负责全省中小学教师信息技术教育、教育技术能力的培训指导和骨干教师培训；协助教师工作处做好全省中小学教师信息技术教育、教育技术能力的基本知识与技能培训、考试与发证等工作。统筹规划全省中小学教育教学软件资源建设工作；负责组织全省中小学教育教学软件资源审定，并统一编著目录；组织基础教育资源征集、引进、开发和整合工作；负责中小学教育教学软件资源的应用研究、评价、推广和交流工作；负责中小学教育教学软件资源信息的组织、管理、发布工作。建立并管理基于网络环境的湖南中小学教育教学信息资源中心，负责中小学教育资源发送、技术支持、用户管理和反馈信息收集。协助基础教育处统筹规划全省"校校通"工程及中小学校园网建设工作；制定全省中小学信息技术硬件设施的配备标准；为全省中小学教育信息工程建设提供技术咨询服务等。

联系电话：0731－84413532｜邮箱：hns-dhjyg@163.com

单位地址：湖南省长沙市芙蓉区文运街23号｜邮编：410005

网站地址：dhjyg.gov.hnedu.cn

【大中专学校学生信息咨询与就业指导中心】

主要职能：负责全省毕业生供需信息的收集、发布和管理，开展毕业生就业信息和用人单位需求信息的交流和咨询服务；协助管理全省毕业生就业市场，负责管理用人单位招聘毕业生的活动，指导、组织和承办毕业生就业市场活动，推荐毕业生就业，为用人单位选聘毕业生提供服务；指导各地、各单位毕业生就业指导机构及大中专学校开展毕业生就业指导工作，培训毕业生就业指导工作人员，规划、指导毕业生就业指导教材建设，协助组织毕业生教育，为毕业生提供择业技巧、择业政策、择业心理调适等方面的咨询服务；协助管理待落实就业单位毕业生的档案；组织开展待落实就业单位毕业生的岗位技术与技能培训；宣传国家和省有关毕业生的就业方针、政策和法规，组织开展毕业生就业状况的调查和毕业生就业指导工作研究，为教育行政部门、大中专学校和用人单位提供反馈信息服务；受省教育厅委托负责全省普通高校毕业生就业率的统计、监测工作，签发大中专学校《毕业生就业报到证》；在有关部门的支持下，开展档案户籍托管服务；受教育部全国就业指导中心委托开展学历认证服务；承担省教育厅交办的其他工作。

联系电话：0731－82816655｜邮箱：office@hunbys.com

单位地址：湖南省长沙市雨花区雨花亭新建西路81号｜邮编：410021

网站地址：xsjyzx.gov.hnedu.cn

【学生资助管理中心】

主要职能：负责全省高校、中等职业学校、普通中小学家庭经济困难学生工作。包括落实国家奖助学金、国家助学贷款、勤工助学为主要内容的高校资助工作；落实中等职业学校和其他中小学阶段家庭经济困难学生资助政策，推动相关工作；负责发动、组织、接受社会各界对学生的救助和捐赠；协调指导全省学校开展助学活动，承担湖南省家庭经济困难学生资助工作领导小组交办的具体工作。

联系电话：0731－84715493｜邮箱：jyt1106@163.com

单位地址：湖南省长沙市东二环二段238号（湖南省教育厅内）｜邮编：410016

网站地址：xszzzx.gov.hnedu.cn

【湖南省教育厅信息中心】

主要职能：承办全省政务信息化建设和系统运行。负责执行全省教育统计信息管理工作，拟定全省教育信息标准和数据交换标准以及信息管理办法。参与制订全省教育信息化和现代远程教育发展规划，参与教育信息化和现代远程教育建设，为实现教育教学资源共享，参与教育教学信息资源的软件开发和利用。为教育厅机关各处室业务管理活动提供计算机网络等现代信息科学技术环境和服务，管理维护机关计算机局域网和湖南教育网，承担教育系统计算机网络安全监察工作。

联系电话：0731－85357658｜邮箱：hnemic@hnedu.cn

单位地址：湖南省长沙市雨花亭新建西路77号｜邮编：410007

网站地址：jyxxzx.gov.hnedu.cn

【湖南省中小学教师发展中心】

主要职能：负责全省中小学教师资格考试和定期注册的相关基础事务性工作；负责青年骨干教师、学科带头人、教学名师遴选、推荐、培养的相关基础事务性工作；负责全省中小学教师继续教育的业务指导工作；积极推进中小学教师继续教育信息化建设工作，牵头建设好湖南省中小学教师教育网络联盟，开展中小学教师非学历远程培训；开展中小学教师专业发展研究；组织开发并指导使用中小学教师教育课程资源；组织培训者培训，指导各级中小学教师培训机构和基地的教育教学工作；承担省教育厅交办的其他工作。

联系电话：0731－88607900｜邮箱：hnzxxjsjxjyzdzx@163.com

单位地址：湖南省长沙市雨花区同升街道新兴居委会同升路16号｜邮编：410116

网站地址：zxxjszdzx.gov.hnedu.cn

【湖南省语言文字培训测试中心】

主要职能：湖南省语言文字培训测试中心的职责是：实施全省语言文字培训测试规划和计划，培训普通话师资和省级测试员，聘任和管理本省的国家级和省级测试员，对全省语言文字培训测试工作进行业务指导、业务考核和质量检查，管理测试工作档案；参与开展推广普通话的宣传教育；针对湖南民族较多、地方方言复杂的特点，参与开展科学研究，探索推广普通话的工作规律。

联系电话：0731－84715569｜邮箱：hunanpsc@163.com

单位地址：湖南省长沙市芙蓉区杨家山职院街199号｜邮编：410016

网站地址：pthpxzx.gov.hnedu.cn

【湖南中华职业教育社办公室】

主要职能：开展职业教育、民办教育的调查研究与实验探索，并就有关问题向党委和政府有关部门提出建议；宣传国家有关职业教育、民办教育的方针政策，推动其健康发展；引进教育资金、项目、技术和人才，扶持职业教育、民办教育的发展，积极开展温暖工程培训工作；广泛开展职业指导和创业教育，多形式进行就业指导与服务；开展与境内外有关教育团体和人士的联谊活动，发展团体社员和个人社员，促进教育合作，并从中做好统战工作；举办有关职业院校和民办院校，主管湖南科技职业学院和湖南安全技术职业学院。

联系电话：0731－82255480

单位地址：湖南省长沙市教育街 11 号│邮编：410005

网站地址：zhzjs. gov. hnedu. cn

【湖南省教育基金会秘书处】

主要职能：湖南省教育基金会秘书处是湖南省教育厅直属事业单位，是湖南省教育基金会办事机构；主要任务是开展为全省教育事业服务的相关公益活动，促进教育事业和谐发展；办理湖南省教育厅交办的工作和湖南省教育基金会交办的日常工作任务；负责湖南省教育基金会交办的筹集、管理和运用教育基金；负责创建"爱烛行动""育才行动""援助学校发展计划"三个公益品牌项目和开展救助特困教师、奖励优秀教师和先进教育工作者、资助边远山区教师体检、组织优秀教师参加"园丁之家"活动、慰问困难教师和优秀教师、资助家庭贫困学生、援助边远贫困学校和民办高职院校等七个活动的具体事项；做好联络市（州）、县（市、区）教育基金会的工作；负责教育公益事业宣传工作。

联系电话：0731－84453001

单位地址：湖南省长沙市教育街 11 号│邮编：410005

网站地址：jyjjh. gov. hnedu. cn

【教育电视台】

主要职能：湖南教育电视台是由湖南省教育厅主管主办的公益性事业单位，接受湖南省委宣传部宣传管理和湖南省广播电视局行业管理，以"立足大教育，突出青少年，服务全社会"为办台宗旨，为湖南省九大主流媒体之一，是中国教育电视行业的大台与强台。

电视台现有《教视新闻》《国防教育频道》《湖南招考》《湖湘讲堂》《廉政频道》等多档自办栏目，在教育、文化领域品牌特色鲜明。常年承办《汉语桥世界大学生中文比赛》《校园好声音》《大学生微电影》《湖南省大中学生独舞、独奏、独唱比赛》《校园足球》《高考志愿咨询》等大型活动，在湖南本土乃至全国电视节目市场中，以其专业性、专注性和影响力享誉

业内。

湖南教育电视台频道全天播出节目 18 小时，其中教育、文化、科普、少儿类节目占 60% 以上，远程教育、专业知识讲座等纯教学类节目特色鲜明。电视信号覆盖全省 123 个县（市、区）、1320 万用户，掌控了招生、考试、就业、留学等信息的最先发布权，建成了资源互补、体制灵活、潜力巨大的市场开发平台。

联系电话：0731－85392200│邮箱：hnedutv@163. com

单位地址：湖南省长沙市雨花亭新建西路 77 号│邮编：410007

网站地址：dst. gov. hnedu. cn

【教育报刊社】

主要职能：湖南教育报刊社是湖南省教育厅直属事业单位，主要承担湖南省教育厅新闻中心的事务管理和组织实施工作；负责湖南省教育厅主管媒体《湖南教育》新闻周刊和"湖南教育新闻网"的建设与管理工作，宣传报道全省教育工作重大典型、重要经验、重大举措；负责湖南省教育厅主管期刊《高中生》（旬刊）、《初中生》（旬刊）、《小学生导刊》（旬刊）、《幼儿画刊》（月刊）、《爱你》（半月刊）的编务管理工作，每月编辑出版 6 种 16 本期刊；负责教育部主管报刊《人民教育》《中国教育报》《中国教师报》在湘记者站（通联组）的日常管理工作；负责全省中小学图书馆（室）的建设与管理工作。

联系电话：0731－84313717│邮箱：535423225@qq. com

单位地址：湖南省长沙市蔡锷北路 485 号│邮编：410008

网站地址：bks. gov. hnedu. cn

【教育建筑设计院】

联系电话：0731－84552841│邮箱：hnjysjy@126. com

单位地址：湖南省长沙市开福区东风路四条巷 42 号│邮编：410008

网站地址：jzsjy. gov. hnedu. cn

【高校干部培训中心】

联系电话：0731－82801808│邮箱：hnjygwdx@sina. com

单位地址：湖南省长沙市雨花区同升街道

新兴居委会同升路 16 号 | 邮编：410007

　　网站地址：gxgbpxzx. gov. hnedu. cn

　　【教育生产装备处】

　　联系电话：0731 - 85586681 | 邮箱：hnjbqg @ 126. com

　　单位地址：湖南省长沙市韶山中路 754 号 | 邮编：410004

　　网站地址：ysc. gov. hnedu. cn

　　【长沙市第一中学】

　　联系电话：0731 - 82222131 | 邮箱：yzoffice @ yahoo. cn

　　单位地址：湖南省长沙市开福区清水塘路 53 号 | 邮编：410005

　　网站地址：www. hnfms. com. cn

　　【长沙民政职业技术学院】

　　联系电话：0731 - 82804000

　　单位地址：湖南省长沙市香樟路 22 号 | 邮编：410004

　　网站地址：www. csmzxy. com/

　　【湖南铁道职业技术学院】

　　联系电话：0731 - 22783802 | 邮箱：hnrpc @ 0733. com

　　单位地址：湖南省株洲市田心路 18 号 | 邮编：412001

　　招生与就业处：0731 - 22783888　0731 - 22783889（兼传真）

　　网站地址：www. hnrpc. com/index. htm

　　【湖南工业职业技术学院】

　　联系电话：0731 - 82946110 | 邮箱：42321579@ qq. com

　　单位地址：湖南省长沙市含浦科教园 | 邮编：410208

　　网站地址：www. hunangy. com/

　　【湖南大众传媒职业技术学院】

　　联系电话：0731 - 84028501 | 邮箱：dzcm-bgs@ 126. com

　　单位地址：湖南省长沙市星沙经济开发区

特立路 5 号 | 邮编：410100

　　网站地址：www. hnmmc. cn

　　【湖南科技职业学院】

　　联系电话：0731 - 82861000 | 邮箱：Tjj555888@ sina. com

　　单位地址：湖南省长沙市井湾路 784 号 | 邮编：410004

　　网站地址：www. hnkjxy. net. cn/

　　【湖南工艺美术职业学院】

　　联系电话：0737 - 4200777 | 邮箱：hngy-mydzb@ 126. com

　　单位地址：湖南省益阳市栖霞路 135 号 | 邮编：410035

　　网站地址：www. hnmeida. com. cn

　　【湖南机电职业技术学院】

　　联系电话：0731 - 84033328 | 邮箱：hnjd-bgs@ 126. com

　　单位地址：湖南省长沙市开福区万家丽北路一段 359 号 | 邮编：410151

　　网站地址：www. hnjdzy. net

　　【湖南化工职业技术学院】

　　联系电话：0731 - 22537618 | 邮箱：hnhy-bgs@ 163. com

　　单位地址：湖南省株洲市云龙示范区智慧大道 1 号 | 邮编：412000

　　网站地址：www. hnhgzy. com

　　【湖南国防工业职业技术学院】

　　联系电话：0731 - 58300 | 邮箱：hnkgzy@ 126. com

　　单位地址：湖南省湘潭市雨湖区楠竹山镇敬贤路 1 号 | 邮编：411207

　　网站地址：www. hnkgzy. com

　　【湖南石油化工职业技术学院】

　　联系电话：0730 - 8451186

　　单位地址：湖南省岳阳市云溪区长炼

　　网站地址：www. hnshzy. cn

湖南省教育厅权力清单

一、湖南省保留的教育厅行政权力清单(2015 年 1 月)(共 33 项)

序号	职权名称	类别	实施依据	实施主体	备注
1	高等学校教师资格认定	行政许可	《中华人民共和国教师法》《教师资格条例》(国务院令第188 号)	湖南省教育厅	
2	中小学地方课程教材以及国家授权、委托地方审查的国家课程教材审定	行政许可	《中华人民共和国义务教育法》《湖南省实施〈中华人民共和国义务教育法〉办法》	湖南省教育厅	
3	民办非学历教育高等学校设立、分立、合并、终止和变更名称、举办者、办学地址审批	行政许可	《中华人民共和国民办教育促进法》《中华人民共和国民办教育促进法实施条例》(国务院令第 399 号)、《湖南省实施〈中华人民共和国民办教育促进法〉办法》	湖南省教育厅	
4	中外合作办学审批	行政许可	《中华人民共和国中外合作办学条例》(国务院令第 372 号)	湖南省教育厅	
5	自费出国留学中介服务机构资格认定	行政许可	《国务院对确需保留的行政审批项目设定行政许可的决定》(国务院令第 412 号)	湖南省教育厅	
6	开办外籍人员子女学校审批	行政许可	《国务院对确需保留的行政审批项目设定行政许可的决定》(国务院令第 412 号)	湖南省教育厅	
7	高等教育自学考试专科专业审批	行政许可	《国务院关于发布〈高等教育自学考试暂行条例〉的通知》	湖南省教育厅	
8	撤销高等学校教师资格	行政处罚	《教师资格条例》第十九条　有下列情形之一的,由县级以上人民政府教育行政部门撤销其教师资格:(一)弄虚作假、骗取教师资格的;(二)品行不良、侮辱学生,影响恶劣的。被撤销教师资格的,自撤销之日起 5 年内不得重新申请认定教师资格,其教师资格证书由县级以上人民政府教育行政部门收缴	湖南省教育厅	
9	民办高校资产不按期过户,办学条件不达标,发布未经备案的招生简章和广告,年度检查不合格的处罚	行政处罚	《民办高等学校办学管理若干规定》(教育部令第 25 号)第三十条　民办高校出现以下行为的,由省级教育行政部门责令改正;并可给予 1 至 3 万元的罚款、减少招生计划或者暂停招生的处罚:(一)学校资产不按期过户的;(二)办学条件不达标的;(三)发布未经备案的招生简章和广告的;(四)年度检查不合格的	湖南省教育厅	

续上表

序号	职权名称	类别	实施依据	实施主体	备注
10	民办高校擅自分立、合并，擅自改变名称、层次、类别和举办者，发布虚假招生简章或者广告，非法颁发或伪造证书，骗取、滥用办学许可证，恶意终止办学、抽逃资金的处罚	行政处罚	《中华人民共和国民办教育促进法》第六十二条 民办学校有下列行为之一的，由审批机关或者其他有关部门责令限期改正，并予以警告；有违法所得的，退还所收费用后没收违法所得；情节严重的，责令停止招生、吊销办学许可证；构成犯罪的，依法追究刑事责任：（一）擅自分立、合并民办学校的；（二）擅自改变民办学校名称、层次、类别和举办者的；（三）发布虚假招生简章或者广告，骗取钱财的；（四）非法颁发或者伪造学历证书、结业证书、培训证书、职业资格证书的；（五）管理混乱，严重影响教育教学，产生恶劣社会影响的；（六）提交虚假证明文件或者采取其他欺诈手段隐瞒重要事实骗取办学许可证的；（七）伪造、变造、买卖、出租、出借办学许可证的；（八）恶意终止办学、抽逃资金或者挪用办学经费的	湖南省教育厅	
11	民办高校出资人不按规定取得回报或回报比例过高，产生恶劣社会影响的处罚	行政处罚	《中华人民共和国民办教育促进法实施条例》第四十九条 有下列情形之一的，由审批机关没收出资人取得的回报，责令停止招生；情节严重的，吊销办学许可证；构成犯罪的，依法追究刑事责任：（一）民办学校的章程未规定出资人要求取得合理回报，出资人擅自取得回报的；（二）违反本条例第四十七条规定，不得取得回报而取得回报的；（三）出资人不从办学结余而从民办学校的其他经费中提取回报的；（四）不依照本条例的规定计算办学结余或者确定取得回报的比例的；（五）出资人从办学结余中取得回报的比例过高，产生恶劣社会影响的	湖南省教育厅	
12	民办高校未按规定将出资人取得回报比例的决定和向社会公布的与其办学水平和教育质量有关的材料、财务状况报审批机关备案，或者向审批机关备案的材料不真实的处罚	行政处罚	《中华人民共和国民办教育促进法实施条例》第五十条 民办学校未依照本条例的规定将出资人取得回报比例的决定和向社会公布的与其办学水平和教育质量有关的材料、财务状况报审批机关备案，或者向审批机关备案的材料不真实的，由审批机关责令改正，并予以警告；有违法所得的，没收违法所得；情节严重的，责令停止招生、吊销办学许可证	湖南省教育厅	
13	民办高校管理混乱，严重影响教育教学的处罚	行政处罚	《中华人民共和国民办教育促进法实施条例》第五十一条 民办学校管理混乱严重影响教育教学，有下列情形之一的，依照民办教育促进法第六十二条的规定予以处罚：（一）理事会、董事会或者其他形式决策机构未依法履行职责的；（二）教学条件明显不能满足教学要求、教育教学质量低下，未及时采取措施的；（三）校舍或者其他教育教学设施、设备存在重大安全隐患，未及时采取措施的；（四）未依照《中华人民共和国会计法》和国家统一的会计制度进行会计核算、编制财务会计报告，财务、资产管理混乱的；（五）侵犯受教育者的合法权益，产生恶劣社会影响的；（六）违反国家规定聘任、解聘教师的	湖南省教育厅	

续上表

序号	职权名称	类别	实施依据	实施主体	备注
14	违法颁发学位证书、学历证书或者其他学业证书的处罚	行政处罚	《中华人民共和国教育法》第八十条　违反本法规定，颁发学位证书、学历证书或者其他学业证书的，由教育行政部门宣布证书无效，责令收回或者予以没收；有违法所得的，没收违法所得；情节严重的，取消其颁发证书的资格	湖南省教育厅	
15	擅自设立中外合作办学机构的处罚	行政处罚	《中外合作办学条例》第五十一条　违反本条例的规定，未经批准擅自设立中外合作办学机构，或者以不正当手段骗取中外合作办学许可证的，由教育行政部门、劳动行政部门按照职责分工予以取缔或者会同公安机关予以取缔，责令退还向学生收取的费用，并处以10万元以下的罚款；触犯刑律的，依照刑法关于诈骗罪或者其他罪的规定，依法追究刑事责任	湖南省教育厅、省人社厅、省公安厅	
16	中外合作办学机构筹备设立期间招收学生的处罚	行政处罚	《中外合作办学条例》第五十二条　违反本条例的规定，在中外合作办学机构筹备设立期间招收学生的，由教育行政部门、劳动行政部门按照职责分工责令停止招生，责令退还向学生收取的费用，并处以10万元以下的罚款；情节严重、拒不停止招生的，由审批机关撤销筹备设立批准书	湖南省教育厅、省人社厅	
17	办学者虚假出资或在中外合作办学机构成立后抽逃出资的处罚	行政处罚	《中外合作办学条例》第五十三条　中外合作办学者虚假出资或者在中外合作办学机构成立后抽逃出资的，由教育行政部门、劳动行政部门按照职责分工责令限期改正；逾期不改正的，由教育行政部门、劳动行政部门按照职责分工处以虚假出资金额或者抽逃出资金额2倍以下的罚款	湖南省教育厅、省人社厅	
18	中外合作办学机构发布虚假招生简章或广告，骗取钱财，擅自增加收费项目或者提高收费标准，未按国家有关规定进行财务管理，对办学结余进行分配的处罚	行政处罚	1.《中外合作办学条例》第五十五条　中外合作办学机构未经批准增加收费项目或者提高收费标准的，由教育行政部门、劳动行政部门按照职责分工责令退还多收的费用，并由价格主管部门依照有关法律、行政法规的规定予以处罚。第五十七条　违反本条例的规定，发布虚假招生简章，骗取钱财的，由教育行政部门、劳动行政部门按照职责分工，责令限期改正并予以警告；有违法所得的，退还所收费用后没收违法所得，并可处以10万元以下的罚款；情节严重的，责令停止招生、吊销中外合作办学许可证；构成犯罪的，依照刑法关于诈骗罪或者其他罪的规定，依法追究刑事责任。中外合作办学机构发布虚假招生广告的，依照《中华人民共和国广告法》的有关规定追究其法律责任 2.《中外合作办学条例实施办法》（教育部令第20号）第五十七条　中外合作办学项目有下列情形之一的，由审批机关责令限期改正，并视情节轻重，处以警告或者3万元以下的罚款；对负有责任的主管人员和其他直接责任人员，依法给予行政处分。（一）发布虚假招生简章或者招生广告，骗取钱财的；（二）擅自增加收费项目或者提高收费标准的；（三）管理混乱，教育教学质量低下的；（四）未按照国家有关规定进行财务管理的；（五）对办学结余进行分配的	湖南省教育厅、省人社厅	
19	中外合作办学机构管理混乱、教育教学质量低下，造成恶劣影响的处罚	行政处罚	《中外合作办学条例》第五十六条　中外合作办学机构管理混乱、教育教学质量低下，造成恶劣影响的，由教育行政部门、劳动行政部门按照职责分工责令限期整顿并予以公告；情节严重、逾期不整顿或者经整顿仍达不到要求的，由教育行政部门、劳动行政部门按照职责分工责令停止招生、吊销中外合作办学许可证	湖南省教育厅、省人社厅	

续上表

序号	职权名称	类别	实施依据	实施主体	备注
20	中外合作办学机构擅自举办中外合作办学项目的处罚	行政处罚	《中外合作办学条例实施办法》(教育部令第20号)第五十六条　违反本办法,未经批准擅自举办中外合作办学项目的,由教育行政部门负责限期改正,并责令退还向学生收取的费用;对负有责任的主管人员和其他直接责任人员,依法给予行政处分	湖南省教育厅	
21	非法举办国家教育考试的处罚	行政处罚	《中华人民共和国教育法》第七十九条第二款　非法举办国家教育考试的,由教育行政部门宣布考试无效;有违法所得的,没收违法所得;对直接负责的主管人员和其他直接责任人员,依法给予行政处分	湖南省教育厅	
22	考生违规违纪的处罚	行政处罚	《国家教育考试违规处理办法》(教育部令第33号)第六条　考生违背考试公平、公正原则,以不正当手段获得或者试图获得试题答案、考试成绩,有下列行为之一的,应当认定为考试作弊:(一)携带与考试内容相关的文字材料或者存储有与考试内容相关资料的电子设备参加考试的;(二)抄袭或者协助他人抄袭试题答案或者与考试内容相关的资料的;(三)抢夺、窃取他人试卷、答卷或者强迫他人为自己抄袭提供方便的;(四)在考试过程中使用通信设备的;(五)由他人冒名代替参加考试的;(六)故意销毁试卷、答卷或者考试材料的;(七)在答卷上填写与本人身份不符的姓名、考号等信息的;(八)传、接物品或者交换试卷、答卷、草稿纸的;(九)其他作弊行为 第七条　教育考试机构、考试工作人员在考试过程中或者在考试结束后发现下列行为之一的,应当认定相关的考生实施了考试作弊行为:(一)通过伪造证件、证明、档案及其他材料获得考试资格和考试成绩的;(二)评卷过程中被发现同一科目同一考场有两份以上(含两份)答卷答案雷同的;(三)考场纪律混乱、考试秩序失控,出现大面积考试作弊现象的;(四)考试工作人员协助实施作弊行为,事后查实的;(五)其他应认定为作弊的行为 第九条　考生有第六条、第七条所列考试作弊行为之一的,其当次报名参加考试的各科成绩无效;参加高等教育自学考试考生,视情节轻重,可同时给予停考一至三年,或者延迟毕业时间一至三年的处理,停考期间考试成绩无效	湖南省教育厅	
23	教育考试机构、学校(考点)在考试、招生中违规违纪的处罚	行政处罚	《国家教育考试违规处理办法》(教育部令第33号)第十五条　因教育考试机构管理混乱、考试工作人员玩忽职守,造成考点或者考场纪律混乱,作弊现象严重;或者同一考点同一时间的考试有1/5以上考场存在雷同卷的,由教育行政部门取消该考点当年及下一年度承办国家教育考试的资格;高等教育自学考试考区内一个或者一个以上专业考试纪律混乱,作弊现象严重,由高等教育自学考试管理机构给予该考区警告或者停考该考区相应专业1至3年的处理	湖南省教育厅	

续上表

序号	职权名称	类别	实施依据	实施主体	备注
24	考试工作人员违规违纪的处罚	行政处罚	《国家教育考试违规处理办法》(教育部令第33号)第十三条 考试工作人员应当认真履行工作职责,在考试管理、组织及评卷等工作过程中,有下列行为之一的,应当停止其参加当年及下一年度的国家教育考试工作,并由教育考试机构或者建议其所在单位视情节轻重分别给予相应的行政处分:(一)应回避考试工作却隐瞒不报的;(二)擅自变更考试时间、地点或者考试安排的;(三)提示或暗示考生答题的;(四)擅自将试题、答卷或者有关内容带出考场或者传递给他人的;(五)未认真履行职责,造成所负责考场出现秩序混乱、作弊严重或者视频录像资料损毁、视频系统不能正常工作的;(六)在评卷、统分中严重失职,造成明显的错评、漏评或者积分差错的;(七)在评卷中擅自更改评分细则或者不按评分细则进行评卷的;(八)因未认真履行职责,造成所负责考场出现雷同卷的;(九)擅自泄露评卷、统分等应予保密的情况的;(十)其他违反监考、评卷等管理规定的行为 第十四条 考试工作人员有下列作弊行为之一的,应当停止其参加国家教育考试工作,由教育考试机构或者其所在单位视情节轻重分别给予相应的行政处分,并调离考试工作岗位;情节严重,构成犯罪的,由司法机关依法追究刑事责任:(一)为不具备参加国家教育考试条件的人员提供假证明、证件、档案,使其取得考试资格或者考试工作人员资格的;(二)因玩忽职守,致使考生未能如期参加考试的或者使考试工作遭受重大损失的;(三)利用监考或者从事考试工作之便,为考生作弊提供条件的;(四)伪造、变造考生档案(含电子档案)的;(五)在场外组织答卷、为考生提供答案的;(六)指使、纵容或者伙同他人作弊的;(七)偷换、涂改考生答卷、考试成绩或者考场原始记录材料的;(八)擅自更改或者编造、虚报考试数据、信息的;(九)利用考试工作便利,索贿、受贿、以权徇私的;(十)诬陷、打击报复考生的	湖南省教育厅	
25	高校学生转学条件确认	行政确认	《普通高等学校学生管理规定》(国家教育委员会令第7号)第二十一条 学生转学,经两校同意,由转出学校报所在地省级教育行政部门确认转学理由正当,可以办理转学手续;跨省转学者由转出地省级教育行政部门商转入地省级教育行政部门,按转学条件确认后办理转学手续	湖南省教育厅	
26	普通话水平测试等级证书核发	行政确认	《普通话水平测试管理规定》(教育部令第16号)第二十条 测试等级证书由国家语言文字工作部门统一印制,由省级语言文字工作办事机构编号并加盖印章后颁发	湖南省教育厅	
27	对自考考生免考课程的确认	行政确认	《高等教育自学考试暂行条例》第二十二条 已经取得高等学校研究生、本科生或专科生学历的人员参加高等教育自学考试的,可以按照有关规定免考部分课程	湖南省教育厅	
28	对自考考生免考课程的确认和对自考合格课程跨省转移的确认	行政确认	《高等教育自学考试暂行条例》第二十四条 高等教育自学考试应考者取得一门课程的单科合格证书后,省考委即应为其建立考籍管理档案。应考者因户口迁移或工作变动需要转地区或转专业参加考试的,按考籍管理办法办理有关手续	湖南省教育厅	

续上表

序号	职权名称	类别	实施依据	实施主体	备注
29	湖南省优秀教师(含湖南省徐特立教育奖、教学成果奖、特级教师奖)	行政奖励	《中华人民共和国教师法》第三十三条第二款　国务院和地方各级人民政府及其有关部门对有突出贡献的教师，应当予以表彰、奖励	湖南省教育厅	
30	湖南省普通高校优秀毕业生表彰	行政奖励	《普通高等学校学生管理规定》(教育部令第 21 号)第五十一条　对学生的表彰和奖励可以采取授予"三好学生"称号或者其他荣誉称号、颁发奖学金等多种形式，给予相应的精神鼓励或者物质奖励	湖南省教育厅	
31	湖南省高等职业院校人才培养工作评估	其他行政权力	《普通高等学校教育评估暂行规定》(国家教委令第 14 号)第六条　普通高等学校教育评估是国家对高等学校实行监督的重要形式，由各级人民政府及其教育行政部门组织实施	湖南省教育厅	
32	学位授予信息备案	其他行政权力	1.《中华人民共和国学位条例》第十九条　本条例的实施办法，由国务院学位委员会制定，报国务院批准 2.《中华人民共和国学位条例暂行实施办法》(1981 年 5 月 20 日国务院批准实施)第一条　根据中华人民共和国学位条例，制定本暂行实施办法 第二十条　学位授予单位每年应当将授予学士学位的人数、授予硕士学位和博士学位的名单及相关材料，分别报主管部门和国务院学位委员会备案	湖南省教育厅	
33	学生申诉处理	其他行政权力	1.《中华人民共和国教育法》第四十二条　受教育者享有下列权利：……(四)对学校给予的处分不服向有关部门提出申诉，对学校、教师侵犯其人身权、财产权等合法权益，提出申诉或者依法提起诉讼 2.《普通高等学校学生管理规定》(教育部令第 21 号)第六十三条　学生对复查决定有异议的，在接到学校复查决定书之日起 15 个工作日内，可以向学校所在地省级教育行政部门提出书面申诉。省级教育行政部门在接到学生书面申诉之日起 30 个工作日内，应当对申诉人的问题给予处理并答复	湖南省教育厅	

二、湖南省教育厅实行市、县（市、区）属地管理的行政权力清单（2015年1月，共1项）

序号	职权名称	类别	实施依据	备注
1	违反国家有关规定，举办学校或者其他教育机构的处罚	行政处罚	《中华人民共和国教育法》第七十五条　违反国家有关规定，举办学校或者其他教育机构的，由教育行政部门予以撤销；有违法所得的，没收违法所得；对直接负责的主管人员和其他直接责任人员，依法给予行政处分	

三、湖南省教育厅审核转报类事项清单（2015年1月，共1项）

序号	职权名称	实施依据	备注
1	遴选推荐硕士、博士学位单位，以及博士、硕士学位授权点的初审	《中华人民共和国学位条例》第八条第二款　授予学位的高等学校和科学研究机构（以下简称学位授予单位）及其可以授予学位的学科名单，由国务院学位委员会提出，经国务院批准公布	

湖南省教育厅行政审批事项公开目录

2015年1月

项目编码	审批部门	项目名称	子项	审批类别	设定依据	共同审批部门	审批对象	备注
A01Z	湖南省教育厅	高等学校教师资格认定	无	行政许可	1.《中华人民共和国教师法》第十三条　普通高等学校的教师资格由国务院或者省、自治区、直辖市教育行政部门或者由其委托的学校认定 2.《教师资格条例》（国务院令第188号）第十三条　在未受国务院教育行政部门或者省、自治区、直辖市人民政府教育行政部门委托的高等学校任职的人员和拟聘人员的高等学校教师资格，按照学校行政隶属关系，由国务院教育行政部门认定或者由学校所在地的省、自治区、直辖市人民政府教育行政部门认定	无	申请高等学校教师资格证的公民	

续上表

项目编码	审批部门	项目名称	子项	审批类别	设定依据	共同审批部门	审批对象	备注
A02Q	湖南省教育厅	中小学地方课程教材以及国家授权或委托地方审查的国家课程教材审定	无	行政许可	1.《中华人民共和国义务教育法》第三十九条 国家实行教科书审定制度。教科书的审定办法由国务院教育行政部门规定。未经审定的教科书，不得出版、选用 2.《中小学教材编写审定管理暂行办法》(教育部令第 11 号)第五条 教材的编写、审定，实行国务院教育行政部门和省级教育行政部门两级管理。国务院教育行政部门负责国家课程教材的编写和审定管理；省级教育行政部门负责地方课程教材的编写和审定管理 第十九条 各省、自治区、直辖市教育行政部门成立省级中小学教材审定委员会，负责地方课程教材的初审和审定；经国务院教育行政部门授权或委托，承担有关国家课程教材的初审工作 3.《湖南省实施〈中华人民共和国义务教育法〉办法》第四十七条 省人民政府教育行政部门在职责范围内负责义务教育课程、教育教学内容的确定和教材的审定，并对教材的编写、选用等进行指导和管理	无	编写中小学地方课程教材以及国家授权或委托地方审查的国家课程教材的单位、团体和个人	
A03Z	湖南省教育厅	民办非学历教育高等学校设立、分立、合并和变更名称、举办者、办学地址审批	无	行政许可	1.《中华人民共和国民办教育促进法》(中华人民共和国主席令第 80 号)第十一条 举办实施学历教育、学前教育、自学考试助学及其他文化教育的民办学校，由县级以上人民政府教育行政部门按照国家规定的权限审批 第五十三条 民办学校的分立、合并，在进行财务清算后，由学校理事会或者董事会报审批机关批准 第五十四条 民办学校举办者的变更，须由举办者提出，在进行财务清算后，经学校理事会或者董事会同意，报审批机关核准 第五十五条 民办学校名称、层次、类别的变更，由学校理事会或者董事会报审批机关批准 2.《中华人民共和国民办教育促进法实施条例》(国务院令第 399 号)第十一条 设立民办学校的审批权限，依照有关法律、法规的规定执行 3.《湖南省实施〈中华人民共和国民办教育促进法〉办法》第十条 高等教育自学考试助学机构、非学历教育高等学校，由省人民政府教育行政部门审批	无	民办非学历教育高等学校	

续上表

项目编码	审批部门	项目名称	子项	审批类别	设定依据	共同审批部门	审批对象	备注
A04Z	湖南省教育厅	中外合作办学审批	01 外国教育机构与中国教育机构在境内合作举办中外合作办学机构的设立、分立、合并、变更、终止审批	行政许可	1.《中华人民共和国中外合作办学条例》(国务院令第372号)第十二条第二款　申请设立实施中等学历教育和自学考试助学、文化补习、学前教育等的中外合作办学机构，由拟设立机构所在地的省、自治区、直辖市人民政府教育行政部门审批　第四十二条第一款　中外合作办学机构的分立、合并，在进行财务清算后，由该机构理事会、董事会或者联合管理委员会报审批机关批准　第四十四条第一款　中外合作办学机构名称、层次、类别的变更，由该机构理事会、董事会或者联合管理委员会报审批机关批准　2.《中华人民共和国中外合作办学条例》第二十五条第二款　中外合作办学机构聘任的校长或者主要行政负责人，应当经审批机关核准　《中华人民共和国中外合作办学条例》第四十三条第一款　中外合作办学机构合作办学者的变更，应当由合作办学者提出，在进行财务清算后，经该机构理事会、董事会或者联合管理委员会同意，报审批机关核准，并办理相应的变更手续　3.《中华人民共和国中外合作办学条例》第四十三条第二款　中外合作办学机构住所、法定代表人、校长或者主要行政负责人的变更，应当经审批机关核准，并办理相应的变更手续	无	中外合作办学机构	
			02 外国教育机构同中国教育机构在境内合作举办实施大专以下层次的合作办学项目审批	行政许可	根据《中华人民共和国中外合作办学条例实施办法》(教育部令第20号)第三十六条规定，申请举办实施高等专科教育、非学历高等教育和高级中等教育、自学考试助学、文化补习、学前教育的中外合作办学项目，报拟举办项目所在地的省、自治区、直辖市人民政府教育行政部门批准，并报国务院教育行政部门备案	无	各级各类教育机构	新增

续上表

项目编码	审批部门	项目名称	子项	审批类别	设定依据	共同审批部门	审批对象	备注
A05Z	湖南省教育厅	自费出国留学中介服务机构资格认定	无	行政许可	《国务院关于第六批取消和调整行政审批项目的决定》（国发〔2012〕52号）附件2"下放管理层级的行政审批项目"第4项　自费出国留学中介服务机构资格认定。原实施机关：教育部；下放后实施机关：省级人民政府教育行政部门	无	教育机构	
A06Z	湖南省教育厅	开办外籍人员子女学校审批	无	行政许可	《国务院关于第六批取消和调整行政审批项目的决定》（国发〔2012〕52号）附件2"下放管理层级的行政审批项目"第5项　开办外籍人员子女学校审批。原实施机关：教育部；下放后实施机关：省级人民政府教育行政部门	无	教育机构	
A07Z	湖南省教育厅	高等学校副教授评审权审批	无	行政许可	《国务院关于第六批取消和调整行政审批项目的决定》（国发〔2012〕52号）附件2"下放管理层级的行政审批项目"第6项　高等学校副教授评审权审批。原实施机关：教育部；下放后实施机关：省级人民政府教育行政部门	无	高等学校	
B01Q	湖南省教育厅	省属高等学校章程核准	无	非行政许可审批	《高等学校章程制定暂行办法》（教育部令第31号）第二十三条　地方政府举办的高等学校的章程由省级教育行政部门核准，其中本科以上高等学校的章程核准后，应当报教育部备案	无	高等学校	新增
B02Z	湖南省教育厅	举办全省性中小学各类竞赛的审批	无	非行政许可审批	《教育部关于印发〈中小学生竞赛活动管理若干规定〉的通知》（教基〔1999〕1号）　四、在省、自治区、直辖市范围内举办各类竞赛活动，须经省、自治区、直辖市教育行政部门审核批准；跨省举办的各类竞赛活动，须经所涉及的有关省、自治区、直辖市教育行政部门批准或同意。未经有关教育行政部门批准或同意，任何单位或个人均不得擅自组织中小学生参加各类竞赛活动	无	全省性中小学各类竞赛举办机构	

2016 年湖南省教育统计公报

指标名称		计量单位	绝对值	上年同期数	备注
全省普通高校数		所	108	109	
研究生教育	招生数	万人	2.22	2.16	
	在学生	万人	7.08	6.89	
	毕业生	万人	1.88	1.85	
普通高等教育	招生数	万人	37.63	36.00	
	在校生	万人	122.50	118.06	
	毕业生	万人	31.65	30.05	
成人高等教育	招生数	万人	11.12	10.74	
	在校生	万人	23.10	24.24	
	毕业生	万人	11.82	10.52	
中等职业教育	招生数	万人	25.13	23.78	
	在校生	万人	66.09	64.80	
	毕业生	万人	19.96	20.41	
普通高中	招生数	万人	39.39	38.03	
	在校生	万人	110.91	107.44	
	毕业生	万人	34.20	33.50	
初中学校	招生数	万人	78.01	73.86	
	在校生	万人	225.05	222.41	
	毕业生	万人	73.99	69.98	
普通小学	招生数	万人	89.99	88.67	
	在校生	万人	501.81	488.86	
	毕业生	万人	76.97	73.02	
特殊教育	招生数	万人	0.54	0.46	
	在校生	万人	2.57	2.25	
	毕业生	万人	0.33	0.18	
幼儿园在园幼儿人数		万人	224.93	216.63	
小学适龄儿童入学率		%	99.99	99.97	
高中阶段教育毛入学率		%	90.6	90	
小学毕业生升学率		%	101.35	101.15	
各类民办学校数		所	12702	12280	
民办学校在校学生		万人	266.54	248.42	
民办普通高校数		所	15	15	

续上表

指标名称	计量单位	绝对值	上年同期数	备注
民办普通高校在校学生	万人	22.62	22.37	
落实义务教育保障资金	亿元	86.1	74.08	
发放中职国家助学金	亿元	3.68	3.03	
中职国家助学金资助中职学生	万人次	33.5	30.31	
落实中职免学费资金	亿元	13.66	11.06	
中职免学费资助中职学生	万人次	96.98	92.2	
发放高校国家奖学金、助学金（本专科生）	亿元	8.95	10.77	
发放普通高中国家助学金	亿元	4.29	4.23	
国家奖学金、助学金资助高校学生（本专科生）	万人次	51.3	52.6	

湖南省教育办事常见问题解答

1. 中小学放学时间有无具体规定？

答：湖南省教育厅印发《关于进一步规范普通中小学办学行为的规定》（湘教发〔2009〕36号）的通知规定："严格控制学生作息时间。走读生每天在校学习时间（包括自习和文体活动）小学不超过6小时、初中不超过7小时、高中不超过8小时；早上到校时间冬季不早于7:50，夏季不早于7:30；放学时间冬季不晚于17:30（小学不晚于17:00），夏季不晚于18:00（小学不晚于17:30）；晚上不上晚自习。寄宿生每天在校学习时间（包括自习）小学不超过6小时，初中不超过9小时，高中不超过10小时；小学不上晚自习，晚自习时间初中不超过2课时，高中不超过3课时；晚自习结束时间初中不晚于21点，高中不晚于22点。"

2. 民办小学需要的条件是什么？

民办小学的设置标准依法参照公办小学设置标准，审批机关是县（市、区）教育局。

3. 公办小学能否办幼儿园？

答：根据湖南省人民政府办公厅转发湖南省教育厅等单位《关于加快幼儿教育改革与发展意见》（湘政办发〔2005〕43号）规定，城区小学和乡镇中心小学，以及社会力量举办的中小学校，一律不得再附设学前班。此外，根据湖南省人民政府《关于加快学前教育发展的意见》（湘政发〔2011〕17号）精神，湖南省教育厅正在抓紧制订普惠性民办幼儿园标准，普惠性幼儿园属民办性质。

4. 如何辨别自学助考点是否正规？

答：根据国务院《高等教育自学考试暂行条例》规定，高等教育自学考试是个人自学、社会助学和国家考试相结合的高等教育形式。在高等教育自学考试法律法规及语言文字表述体系中，没有"助考"和"自考助考"的表述，只有"助学"和"自学助学"的表述。

开展自考助学活动的自考助学机构必须是经政府和教育行政部门批准设立且通过自考管理部门登记备案、取得《高等教育自学考试社会助学登记证》的各级各类学校及教育培训机构。凡经政府和教育行政部门批准设立、通过自考管理部门登记备案的自考助学机构均在湖南招生考试信息港向社会公布。

5. 国家承认民办高校的学历吗？

答：民办高校与公办高校只是办学主体不一样，只要是列入国家普通高等高校序列的高校，不管是民办还是公办，国家都承认学历。

6. "三区"支教经费有何规定？

答：支教工作按人均2万元发放工作经

费，全部由中央和省级财政承担，不增加市级、县级财政的负担。目前，中央和省级财政支持力度前所未有，为各地推动义务教育阶段师资均衡配置改革提供了重要支持。

7. 如何保障"三区"支教教师的权益？

答：湖南省提出了保障"三区"支教教师权益的基本要求：一是"三区"支教经历视同城镇教师到农村教育工作经历。支教教师符合规定条件的，在工资、职务（职称）晋升、计算基层工作经历、研究生考试等方面，按现有倾斜政策执行。对于选派工作期间业绩突出、受基层欢迎的特别优秀人员，按照国家有关教师奖励的规定予以表彰奖励。二是"三区"支教教师享有支教工作补贴。除原单位工资福利待遇外，支教教师享有每人每年2万元的工作补贴。按照中央规定，这2万元包括购买人身意外保险的费用，实际发到手里的可能略少一点，但这2万元必须花在支教教师身上，严禁挪作他用。据了解，长沙、岳阳派出地教师保险费用都由单位承担，直接把这2万元按月发到了支教教师账户上。湘西把到州内的"三区"支教教师纳入武陵山片区基层教育卫生人员特殊津贴发放对象范围，每月由自治州财政发放300～700元不等的支教津贴。总体上说，各地教育行政部门已达成共识，决不能在经济上亏待"三区"支教教师。三是"三区"支教教师享有人身意外保险。按规定，支教教师派出报到前，各派出地教育行政部门必须为支教教师购买保额不低于40万元的人身意外保险。四是出台了"三区"支教教师管理办法。《湖南省边远贫困地区、民族地区和革命老区人才支持计划教师专项计划人员和经费管理办法》对支教教师支教工作期间的日常管理、后勤保障、考评考核做了全面细致的规定，制定了25条细则，详细区分了派出地和受援地教育行政部门、派出学校和受援学校各自的职责。如对大家普遍关心的支教教师安全管理问题，其明确规定："做好安全管理，安排人员带领支教教师熟悉本地环境及风土人情，及时防范化解安全隐患。支教教师住宿地应安排在乡镇（村）中心附近、治安较好、交通相对方便的区域；安排校内住宿的，必须具备必要的安防措施，且有本校教师相邻住宿。"对支教教师课余

生活安排方面，文件规定："受援学校要真心关爱支教教师，通过结对子、串家门、组织集体活动等方式丰富支教教师课余及节假日生活，及时跟踪了解支教教师思想动态，关心解决支教教师生活困难和思想困惑。"

8. 特岗教师何时可申请初任专业技术职务？

答：特岗教师工作一年后，考核合格，可申请初任专业技术职务（中学申报中学二级，小学申报小学一级）。

9. 武陵山片区农村教师人才津贴补助如何申请？

湖南省委、省政府于2013年5月出台了《关于对武陵山片区农村基层教育卫生人才发展提供重点支持的若干意见》（湘发〔2013〕3号），其中学一级项重要措施就是建立农村教师人才津贴，即从2013年起在奖励性绩效工资中增设"片区农村基层教卫人才津贴"，具有初级以上职称（含初级）的在编在岗教师，在片区农村中小学校（教学点）工作期间，按学校在自然村寨、村委会所在地、乡镇政府所在地（不含县城关镇）三类情况，分别给予每人每月不低于700元、500元、300元人才津贴。增发片区农村基层教卫人才津贴是省委、省政府为支持湖南省集中连片特困地区农村基层教育人才发展、提高农村基层教师待遇推出的重要举措，片区内的县（市、区）都应按照3号文件的规定和要求抓好落实。因此，符合条件的在编在岗教师都应该享受相应标准的人才津贴，由当地政府或教育行政部门统一组织发放，不需要个人提出申请。如有符合片区人才津贴发放条件、应享受人才津贴而未享受的教师可以到所在学校或当地教育行政部门咨询具体事宜。

10. 原民办教师和代课教师生活困难补助有哪些？如何申请？

答：湖南省政府办公厅于2014年11月出台了《关于做好原中小学民办教师和代课教师生活困难补助发放工作的通知》（湘政办发〔2014〕101号），对符合条件的原中小学民办教师和代课教师，按照教龄5～8年、8～12年、12年以上三个时段，每人每月分别发放60元、90元、120元的生活困难补助。

符合补助条件的原中小学民办教师和代课

教师，由本人向户口所在地的村委会(居委会)提出申请，填写《湖南省原中小学民办教师(代课教师)生活困难补助申请表》，并提供相关原始证明材料和证人名单，同时承诺填写的申请表和提交的相关信息材料真实准确。目前全省的原中小学民办教师和代课教师身份及工作年限等认定工作已经结束。

11. 代课教师能否转正？如何申请？

答：2011年，湖南省委组织部、湖南省人力资源和社会保障厅印发了《湖南省事业单位公开招聘人员试行办法》，该办法第二条明确规定："事业单位(参照公务员法管理的事业单位除外)管理岗位、专业技术岗位、工勤技能岗位，出现岗位空缺需要补充人员的，除国家政策性安置、按干部人事管理权限由上级任命及涉密岗位等确需使用其他方法选拔任用外，都需要面向社会公开招聘"。其第十四条还进一步规定："事业单位公开招聘在性别、民族及宗教信仰等方面不得设置歧视性条件，也不得针对特定对象设置'量身定做'条件。"根据这个文件精神，除政策性安置(随军家属、退役运动员安置，驻外使馆工勤人员、中办国办工勤人员、支边职工选调，重点工程建设项目职工、夫妻分居职工、照顾家庭困难职工、工作需要职工调动)外，成为公办教师的途径只能是参加公开招聘，目前没有代课教师直接转正的政策。

12. 普通话考试在哪里报名？

答：视具体情况而定。如果是在校在籍的高校学生，并且所在学校建有普通话测试站，则可根据学校的统一安排进行报名、测试；如果在校学生有特殊情况不便参加本校测试站的考试，可持本校测试站的书面意见到湖南省语言文字培训测试中心报名参加测试。如果是社会在职人员，可在所在市(州)教育局的测试站或者湖南省语言文字培训测试中心报名参加测试。

目前，湖南省语言文字培训测试中心报名有两种方式，一种是考生可持本人有效身份证到湖南省语言文字培训测试中心办公楼三楼综合服务部填写个人信息、交费；另一种是考生可先在湖南省语委语言文字培训测试中心网站(www. hnyycs.org)进行在线预报名，长沙市区

的考生原则上应于预报名自选测试日前3个工作日完成现场确认工作；长沙市区外的考生及其他特殊情况者，可于测试开考前半小时到湖南省语言文字培训测试中心办理相关手续。自测试完成5个工作日起，考生可凭本人身份证原件到湖南省语言文字培训测试中心办公楼305室领取普通话水平等级证书，也可在湖南省语委语言文字培训测试中心网站(www. hnyycs.org)"普通话水平测试考生"专栏查询成绩。湖南省语言文字培训测试中心的地址：长沙市芙蓉区杨家山职院街199号；报名服务时间：周一至周六8:00至17:30；报名咨询电话：0731—85157033。

13. 如何补办高中毕业证？

答：《湖南省中小学生学籍管理办法》(湘教发〔2015〕8号)第二十四条规定："毕业、结业、肄业证书遗失不能补发，只能由学校根据学生档案开具相应学历证明书，经原毕业、结业、肄业证书验印机关验印(钢印)后生效。学历证明书原则上只开具一次。"

14. 如何办理国内中、高等学历认证？

答：①普通高等教育学历认证。第一步：填写认证申请表(登录湖南省毕业生就业网下载或到湖南省就业指导中心现场领取)，准备好认证申请材料(申请表、毕业证原件及复印件、身份证原件及复印件，专升本学历须先认证前置学历)。第二步：申请人前往湖南省就业指导中心交验申请材料(材料不齐的，返回第二步)，缴纳认证费，确认报告领取方式(现场领取或邮寄)。第三步：认证中心进行认证。第四步：通过邮寄或现场领取的方式将认证报告反馈给申请人。身份证和毕业证上的姓名或出生日期不相符的，需要公安部门或学校提供相关证明原件。申请英文学历认证需要同时申请中文学历认证。

②成人、网络教育及开放式教育等的"专升本"以及自学考试(独立本科阶段)等证书认证。第一步：填写认证申请表(登录湖南省毕业生就业网下载或到湖南省就业指导中心现场领取)，准备好认证申请材料(申请材料包括申请表、毕业证原件及复印件、身份证原件及复印件，2001年之前毕业的，须提供个人档案中的毕业生登记表以及其他与学习经历相关的档

案材料复印件）。第二步：申请人前往湖南省就业指导中心交验申请材料（材料不齐的，返回第二步），缴纳认证费，确认报告领取方式（现场领取或邮寄）。第三步：认证中心进行认证。第四步：通过邮寄或现场领取的方式将认证报告反馈给申请人。

③军队院校学历认证。提交申请表、毕业证原件及复印件、身份证原件及复印件。根据"是否现役"的情况，分别提供士兵证或军官证原件及复印件、退伍证或转业证原件及复印件（如转业证丢失，请提供个人档案中的转业审批报告复印件），以及个人档案中的入伍批准书或入伍登记表复印件、入学批准书或参军登记表复印件、学员登记表复印件或学员学籍管理登记表复印件（2000 年后）。其中属于 1992 年起取得军队生长干部学历的，须提供个人档案中士兵入学批准书复印件；属于 1994 年起参加普通高考进入学校取得学历的，需提供《普通中学应届高中毕业生入军队院校批准书》复印件；如在校期间无军籍身份，请在《学历认证申请表》上注明。申请英文学历认证需要同时申请中文学历认证。具体程序如下：第一步：填写认证申请表（登录湖南省毕业生就业网下载或到湖南省就业指导中心现场领取），准备好认证申请材料。第二步：申请人前往湖南省就业指导中心交验申请材料（材料不齐的，返回第二步），缴纳认证费，确认报告领取方式（现场领取或邮寄）。第三步：认证中心进行认证。第四步：通过邮寄或现场领取的方式将认证报告反馈给申请人。

④大学成绩单认证。须提交申请表、毕业证原件及复印件或学习证明原件、身份证原件及复印件、中文成绩单原件、档案存放单位成绩单复印件并盖章。申请英文成绩单认证，须提供英文成绩单原件，并同时办理中文成绩单认证。具体办理步骤如下：第一步：填写认证申请表（登录湖南省毕业生就业网下载或到湖南省就业指导中心现场领取），准备好认证申请材料。第二步：申请人前往湖南省就业指导中心交验申请材料（材料不齐的，返回第二步），缴纳认证费，确认报告领取方式（现场领取或邮寄）。第三步：认证中心进行认证。第四步：通过邮寄或现场领取的方式将认证报告

反馈给申请人。

⑤高考成绩单认证。须提交申请表、身份证原件及复印件、高考成绩单原件。只有 1997 年以后（含 1997 年）毕业，且参加过全国普通高考的高中学历才能申请认证。原高考成绩单丢失，须到省招生办开具《高考成绩证明》，持《高考成绩证明》办理认证。具体办理步骤如下：第一步：填写认证申请表（登录湖南省毕业生就业网下载或到湖南省就业指导中心现场领取），准备好认证申请材料。第二步：申请人前往湖南省就业指导中心交验申请材料（材料不齐的，返回第二步），缴纳认证费，确认报告领取方式（现场领取或邮寄）。第三步：认证中心进行认证。第四步：通过邮寄或现场领取的方式将认证报告反馈给申请人。

⑥中等教育学历认证。须提交申请表、毕业证原件及复印件、身份证原件及复印件、学校证明原件（须注明开具此证明老师的姓名及办公电话）。其中毕业时间在 2000 年（不含）之前的，还须额外提供个人档案中的学籍表及相关材料复印件。具体办理步骤如下：第一步：填写认证申请表（登录湖南省毕业生就业网下载或到湖南省就业指导中心现场领取），准备好认证申请材料。第二步：申请人前往湖南省就业指导中心交验申请材料（材料不齐的，返回第二步），缴纳认证费，确认报告领取方式（现场领取或邮寄）。第三步：认证中心进行认证。第四步：通过邮寄或现场领取的方式将认证报告反馈给申请人。

15. 如何将党组织关系托管到湖南省就业指导中心？

答：先与湖南省就业指导中心签订档案户籍托管合同，由学校就业工作部门统一将档案移交至湖南省就业指导中心，毕业生本人持组织关系介绍信到湖南省就业指导中心办理组织关系转入手续。湖南省内院校的毕业生党员组织关系介绍信由本人所在毕业学校组织部门开出党组织关系介绍信，介绍信抬头写"湖南省教育厅机关党委"，去往单位写"湖南省大中专学校学生信息咨询与就业指导中心党总支"；湖南省外学校毕业的湖南省内生源介绍信抬头写"湖南省直属机关工作委员会"，去往单位写"湖南省教育厅机关党委"。党员档案须和学

籍档案一起移交，不能单独托管。

16. 如何办理国（境）外学历学位认证申请？

答：国（境）外学历学位认证具体办理步骤如下：第一步：网上注册申请。国外留学人员请登录教育部留学服务中心国（境）外学历学位认证系统（renzheng. cscse. edu. cn），注册个人账户，在线填写认证申请，选择验证点"湖南省教育厅就业指导中心"，按认证系统上公布的材料清单备齐相关认证材料（所有材料均须提供原件及复印件），备齐后在线支付费用。第二步：申请人前往湖南省就业指导中心学历学位认证窗口交验申请材料。第三步：认证中心进行认证评估。第四步：认证中心邮寄认证结果给申请人。须提交的申请材料请点击www. hunbys. com/xlxw/xlxwlist. jsp 查询。

17. 什么是录取控制分数线？

答：录取控制分数线是省教育考试院根据本省考生当年高考成绩情况和全国各招生院校在本省投放的招生计划等，按科类、分专业类相应确定的各批次录取新生的成绩标准。文史类、理工类各批次的录取控制分数线只对考生的文化成绩做出规定；体育类专业、艺术类专业的录取控制分数线则同时对文化成绩和专业成绩两方面做出规定。

18. 专科学生都能报考统招专升本吗？

专科学生报考统招专升本有两种渠道：

一种渠道是通过全国统一组织的成人高考，达到报考科类的录取线后统一录取。所有取得国民教育系列专科学历的毕业生均可按规定报考。

一种渠道是普通全日制专科学生毕业当年报考与所读学校合作的本科院校的普通全日制专升本，这种形式对报考比例和报名条件是有限制和要求的，各个专业只有成绩排名在前20%的学生才能报考。根据湖南省教育厅《关于印发〈湖南省普通高等教育"专升本"工作实施办法〉的通知》（湘教发〔2015〕4 号）要求，各高校都制订了具体的专升本工作推荐方案。有意愿专升本的学生，可通过湖南教育政务网"高等教育处网页"查阅了解文件精神、通过校园网了解本校的具体方案，仍有疑义的，直接咨询学校教务部门。

19. 跨地区转学和跨地区就学如何办理？

答：①跨地区转学流程。第一步：学生父母或其他法定监护人向转入学校或转入地教育行政部门提出申请，填写《湖南省中小学生转学申请表》，并提供转学相关证明材料。第二步：转入学校学籍主管教育行政部门核办完成后，将学生名单发送至转出学校核办。第三步：转出学校同意后，报其学籍主管教育行政部门核办；不同意的应说明理由，无正当理由的不得拒绝。第四步：转入学校获得其他三方同意信息后，通知学生报到入学，并通过管理系统调取学生学籍电子档案（管理系统同时通知转出学校）。

②跨地区就学：进城务工人员随迁子女进入义务教育阶段学校，按照"以流入地为主，以公办学校为主"的原则，其父母或其他法定监护人可按照流入地学籍管理具体办法和工作流程，向流入地学籍主管教育行政部门提出申请，到所安排的学校就读。如果跨地区就学为小升初或初升高的，按照流入地招生入学管理规定办理。

20. 请问省级示范性普通高中允许周日补课吗？

答：根据湖南省教育厅文件规定，全省任何普通高中学校不得组织学生在节假日成建制补课或变相补课，确因设置考试考点、遭遇突发事件等情形停课而耽误的课时，学校报请主管教育行政部门核实天数并批准后，安排在学期内节假日按实补足，并应向社会公布。

21. 校服必须每天都穿吗？

答：没有强制性规定。

22. 非寄宿小学生必须上晚自习吗？

答：湖南省教育厅印发《关于进一步规范普通中小学办学行为的规定》（湘教发〔2009〕36 号）的通知规定：小学走读生和寄宿生晚上不上晚自习。

23. 高考是否可以申请陪考？如何办理申请手续？

答：不可以。湖南省没有高考陪考的规定。如果有特殊困难会影响到考试，可以提前向考点提出申请，经办理好相关手续后，可以由考点按照教育部相关规定提供特殊的服务。

24. 中小学生异地转学如何办理，须提供哪些材料?

答:异地转学按照《湖南省中小学生学籍管理办法》有关规定进行办理,需要的具体材料由转入学校主管教育行政部门规定。

转学的流程如下:第一步:学生父母或其他法定监护人向转入学校或转入地教育行政部门提出申请,填写《中小学生转学申请表》,并提供转学相关证明材料。第二步:收到申请的转入学校依据规定和学校学位等情况审核,同意接收的,转入学校通过管理系统上传学校盖章后的转学申请表及证明材料电子影像件,报其学籍主管教育行政部门核办;不同意的要说明理由,无正当理由不得拒收。第三步:收到申请的转入地教育行政部门依据规定和学校学位等情况核办,同意接收的要确定转入学校并将有关材料转至转入学校;不同意的应说明理由,无正当理由不得拒收。第四步:转入学校学籍主管教育行政部门核办完成后,将学生名单发送至转出学校核办。第五步:转出学校同意后,报其学籍主管教育行政部门核办;不同意的应说明理由,无正当理由不得拒绝。第六步:转入学校获得其他三方同意信息后,通知学生报到入学,并通过管理系统调取学生学籍电子档案(管理系统同时通知转出学校)。

25.外来务工子女入学的条件是什么?

答:进城务工人员随迁子女进入义务教育阶段学校,按照"以流入地为主,以公办学校为主"的原则,其父母或其他法定监护人可按照流入地学籍管理具体办法和工作流程,向流入地学籍主管教育行政部门提出申请,到所安排的学校就读,学校应按照与当地常住户籍人口子女同等待遇建立学籍。具体条件由流入地县级教育行政部门规定。

26.外籍学生如何办理借读?

答:根据《中小学接受外国学生管理暂行办法》(中华人民共和国教育部第4号令)的有关规定,外籍小孩可以选择湖南省具有外国学生培养资格的中小学校就读。目前,湖南省具有外国学生招生培养资格的中小学校有:长沙玮希国际学校、湖南师大附中、长郡中学、麓山国际实验学校、长沙同升湖实验学校、株洲潇湘双语实验学校、常德市第二中学。家长可直接与上述学校外事部门联系,申请入学。相

关学费标准以物价部门核定为准。

27.港澳台居民是否可以在湖南就读小学至高中?

答:港澳台居民在湖南省中小学和幼儿园就读实行"欢迎就读、一视同仁、就近入学、适当照顾"的政策。港澳台居民就读幼儿园、小学、初中,可在其居住地所在学区公办学校就读,也可自行选择到民办学校就读。在湖南省就读初中的港澳台居民参加初中毕业生升学考试即可升入普通高中就读。港澳台居民在湖南省就学期间,其父母双方或一方须在湖南省常住并承担监护人的责任。因特殊原因,需要他人承担监护责任的,必须办理公证。港澳台居民办理入学(园)手续时,父母须持本人及学生的港澳居民来往内地通行证或台湾居民来往大陆通行证,同时携带本人的投资证明或湖南省劳动部门颁发的港澳台人员就业证以及居住证明,到拟就读学校上级教育行政部门办理入学手续。

28.建校费或择校费收取是否合理?

答:高中阶段学校按"三限"政策可以收取择校费,其他学校不允许收取。

具体规定如下:根据《湖南省物价局、湖南省财政厅、湖南省教育厅关于进一步加强中小学教育收费管理有关事项的通知》(湘价教〔2014〕77号)文件精神,全省将严格执行公办示范性高中招收择校生"三限"政策。其中,"限人数",指示范性普通高中择校生的比例最高不得超过本校当年招收高中学生计划数(不包括择校生数)的10%。

"限钱数",指省级示范性普通高中择校费每生每期不超过2300元,市级示范性普通高中择校费每生每期不超过1800元,择校费不得跨学期预收。学校对择校生收取择校费后不得再向其收取学费。

"限分数",指择校生的最低录取分数线为低于同层次公办高中计划内录取线的10%以内,具体分数线由各市(州)教育部门向社会公布。实行初中毕业考试与普通高中招生制度改革的省级课改实验区,"限分数"改为"限等级",由课改实验区报市(州)教育部门批准后向社会公布。禁止学校在"三限"政策之外,以自费、旁听、借读、转学、非计划生等名义招

收高收费学生。

29. 转学学生的学籍开头字母跟别的学生不一样，是否有影响？

答：目前学生学籍开头字母一共有三种情况：一是"G"开头，二是"J"开头，三是"L"开头。不管是哪种字母开头，只要学生学籍不是问题学籍，都可以正常办理学籍业务。

30. 为什么高校不同专业的学费相差很大？

答：因为不同专业办学成本不同，一般来说，医学、艺术类办学成本较高，文科类办学成本较低。

31. 毕业论文答辩重修费和补考重修费分别是多少？

答：①关于研究生毕业论文答辩首次未通过的：根据《湖南省发展和改革委员会、湖南省财政关于进一步规范教育收费管理有关事项的通知》（湘发改价费〔2015〕655 号）文件精神，再次答辩费为 1200 元/次。

②关于补考重修费：根据《湖南省发展和改革委员会、湖南省财政关于进一步规范教育收费管理有关事项的通知》（湘发改价费〔2015〕655 号）文件精神：经湖南省发改委、财政、教育部门批准实行学分制收费的学校，对第一次免费补考不及格、要求重修的学生可按重修课程的规定学分学费标准收取重修费；未实行学分制收费的学校对课程考试不及格的学生应允许免费补考一次，对补考一次仍不及格、申请第二次及二次以上补考的，可按每科 20 元收取补考费，但不得收取重修费、补修费或类似费用。

32. 大学想转学或转专业怎么办？

答：①关于大学转学：根据《普通高等学校学生管理规定》（教育部第 21 号令）和《教育部办公厅关于进一步规范普通高等学校转学工作的通知》（教高厅〔2015〕4 号）要求，学生应当在被录取学校完成学业，如患病或确有困难，无法继续在本校学习的，可申请转学。但入学未满一学期的学生、特殊类型招生的学生、应予退学的学生不能转学，同城之间的学校不转学，且学生转学必须达到转入学校相关专业相应年份的录取分数。为规范办理学生转学手续，各高校都制定了具体的操作办法，学生确有正当理由和充分证据要求转学的，请首

先咨询现就读学校的教务部门，经其审核同意后，再依序办理相关手续。

②关于大学转专业：国家对高校学生转专业未出台专门的政策，但在相关的招生文件及学籍电子注册文件中对一些特殊专业做出了规定。各高校也因专业教学资源总量有限，不可能完全放开让学生在不同专业之间自由转换，因而从公平公正、规范有序的原则出发，制定了各校学生申请转专业的具体实施办法。要求转专业的学生，可通过校园网及时了解相关政策，仍有疑义的，可直接咨询学校教务部门。

33. 中小学寒暑假放假时间是如何规定的？

答：没有统一规定放假时间，但必须完成规定的教学任务。湖南省教育厅印发《关于进一步规范普通中小学办学行为的规定》（湘教发〔2009〕36 号）的通知规定：学校要按照国家和省颁布的课程计划编排学期课程表，开齐开足所有课程。义务教育阶段每学年总教学时间为 39 周，其中上课时间 35 周，学校机动时间 2 周，复习考试时间 2 周（九年级下学期毕业复习时间可增加 2 周）。高中阶段每学年总教学时间为 41 周，其中上课时间 40 周，社会实践时间 1 周。任何学校不得增加或减少教学时间。

34. 湖南省九年义务教育小学的收费标准是什么？

答：根据湘价教〔2012〕113 号文件规定，农村义务教育阶段，除向自愿在校就餐的学生收取伙食费或饭菜加热服务费，按规定代收教辅资料费外，不得另收其他任何费用。伙食费标准由当地价格主管部门会同教育主管部门按"保本不赢利"原则核定。城市义务教育阶段学校除按规定向学生收取课本费（限经湖南省教育厅颁布目录并经湖南省物价局核定价格的课本）和作业本费外，在坚持学生自愿原则的前提下，还可向自愿接受相关服务的学生收取住宿费、伙食费、午休管理服务费、校服费、就餐卡补办费和校外活动费。除此之外，不得另收其他任何费用。如对收费有疑问，请向当地教育、物价部门投诉，投诉电话 12358。

35. 高中学校允许周末补课吗？

答：根据湖南省教育厅文件规定，全省任何普通高中学校不得组织学生在节假日成建制

补课或变相补课，确因设置考试考点、遭遇突发事件等情形停课而耽误的课时，学校报请主管教育行政部门核实天数并批准后，可安排在学期内节假日按实补足，并应向社会公布。

36. 中小学分班及教辅资料购买有具体规定吗？

答：根据湖南省教育厅《关于进一步规范普通中小学办学行为的规定》（湘教发〔2009〕36号）规定，严禁任何部门、学校和教师组织学生统一征订教辅资料；教师不得向学生推荐或变相推荐教辅资料，不得用教辅资料布置作业；严禁教师通过征订教辅资料谋取利益。学校一律实行均衡编班教学，不得以尖子班、特长班、实验班等名义举办重点班，不得以学生获奖、竞赛、各类考级成绩作为编班依据。教师必须均衡配置。如发现学校违规，请向学校主管教育部门举报。

37. 暑假补课允许吗？

答：根据湖南省教育厅《关于进一步规范普通中小学办学行为的规定》（湘教发〔2009〕36号）、《关于停止普通高中学校组织三年级学生节假日成建制补课的通知》（湘教通〔2010〕465号）等规定，湖南省禁止普通中小学任何年级组织学生节假日成建制补课。规范

办学行为工作按"属地管理"和"谁主管、谁负责"原则，实行分级管理、分工负责。你可向所在地教育行政部门反映或致电湖南省教育厅督导室（0731－84773422）。

38. 毕业生回湘就业档案派遣该如何处理？

答：外省毕业生回湘就业，未落实接收单位的湖南生源毕业生回原籍就业，《报到证》可直接派往湖南省大中专学校学生信息咨询与就业指导中心或生源地市（州）教育局毕业生就业办公室，档案随寄，相关手续办理接待地点：湖南省大中专学校学生信息咨询与就业指导中心（地址：长沙市雨花区雨花亭新建西路37号）。本省毕业生回原籍就业，《报到证》签发至原籍地毕业生就业主管部门，档案随转，请于《报到证》注明期限内到原籍地毕业生就业主管部门报到。

39. 毕业生毕业后回生源地择业的流程是什么？

答：湖南省内高校毕业生直接向毕业学校就业工作部门申请，本人持《回原籍申请书》、毕业所在学校的就业工作部门开具的《介绍信》和《毕业证书》、身份证原件在湖南省大中专学校学生信息咨询与就业指导中心业务大厅办理。

40. 湖南高等本科院校有哪些？

序号	学校名称	主管部门	所在地	学校类型	网址	备注
01	中南大学	教育部	长沙市	本科	www.csu.edu.cn	综合
02	湖南大学	教育部	长沙市	本科	www.hnu.cn	综合
03	长沙理工大学	湖南省	长沙市	本科	www.csust.edu.cn	理工
04	湖南师范大学	湖南省	长沙市	本科	www.hunnu.edu.cn	师范
05	湖南科技大学	湖南省	湘潭市	本科	www.hnust.edu.cn	综合
06	湘潭大学	湖南省	湘潭市	本科	www.xtu.edu.cn	综合
07	吉首大学	湖南省	吉首市	本科	www.jsu.edu.cn	综合
08	南华大学	湖南省	衡阳市	本科	www.usc.edu.cn	综合
09	湖南工业大学	湖南省	株洲市	本科	www.hut.edu.cn	理工
10	湖南农业大学	湖南省	长沙市	本科	www.hunau.net	农林
11	湖南中医药大学	湖南省	长沙市	本科	www.hnucm.edu.cn	医科
12	中南林业科技大学	湖南省	长沙市	本科	www.csuft.edu.cn	农林

续上表

序号	学校名称	主管部门	所在地	学校类型	网址	备注
13	长沙学院	湖南省	长沙市	本科	www.ccsu.cn	理工
14	湖南城市学院	湖南省	益阳市	本科	www.hncu.net	综合
15	湖南工程学院	湖南省	湘潭市	本科	www.hnie.edu.cn	理工
16	湖南理工学院	湖南省	岳阳市	本科	www.hnist.cn	理工
17	长沙医学院	湖南省教育厅	长沙市	本科（民办）	www.csmu.edu.cn	医科
18	衡阳师范学院	湖南省	衡阳市	本科	www.hynu.edu.cn	师范
19	湘南学院	湖南省	郴州市	本科	www.xnu.edu.cn	理工
20	湖南涉外经济学院	湖南省教育厅	长沙市	本科（民办）	www.hieu.edu.cn	综合
21	湖南商学院	湖南省	长沙市	本科	www.hnuc.edu.cn	财经
22	湖南文理学院	湖南省	常德市	本科	www.huas.cn	综合
23	怀化学院	湖南省	怀化市	本科	www.hhtc.edu.cn	综合
24	湖南科技学院	湖南省	永州市	本科	www.huse.cn	综合
25	邵阳学院	湖南省	邵阳市	本科	www.hnsyu.net	理工
26	湖南人文科技学院	湖南省	娄底市	本科	www.huhst.edu.cn	理工
27	湖南工学院	湖南省	衡阳市	本科	www.hnit.edu.cn	理工
28	湖南第一师范学院	湖南省	长沙市	本科	www.hnfnu.edu.cn	师范
29	湖南女子学院	湖南省	长沙市	本科	www.hnnd.com.cn	综合
30	湖南财政经济学院	湖南省	长沙市	本科	www.hnfe.edu.cn	财经
31	湖南警察学院	湖南省	长沙市	本科	www.hnpolice.com	政法
32	长沙师范学院	湖南省	长沙市	本科	www.cssf.cn	师范
33	湖南医药学院	湖南省	怀化市	本科	www.hnmu.com.cn	医科
34	湖南交通工程学院	湖南省教育厅	衡阳市	本科（民办）	www.hnjtgc.com	
35	湖南应用技术学院	湖南省教育厅	常德市	本科（民办）	www.tongde.com	

41. 湖南高等专科院校有哪些?

序号	学校名称	主管部门	所在地	学校类型	网址	备注
01	湖南中医药高等专科学校	湖南省	株洲市	专科	www.hntcmc.net	
02	湖南国防工业职业技术学院	湖南省	湘潭市	专科	www.hnkgzy.com	
03	长沙航空职业技术学院	空军装备部	长沙市	专科	www.cavtc.cn	
04	湖南环境生物职业技术学院	湖南省	衡阳市	专科	www.hnebp.edu.cn	
05	长沙卫生职业学院	湖南省	长沙市	专科	www.cswszy.com	
06	湖南食品药品职业学院	湖南省	长沙市	专科	www.hnyyxx.net	
07	长沙民政职业技术学院	湖南省	长沙市	专科	www.csmzxy.com	
08	永州职业技术学院	湖南省	永州市	专科	www.hnyzzy.com	

续上表

序号	学校名称	主管部门	所在地	学校类型	网址	备注
09	湖南铁道职业技术学院	湖南省	株洲市	专科	www.hnrpc.com	
10	湖南工业职业技术学院	湖南省	长沙市	专科	www.hunangy.com	
11	湖南大众传媒职业技术学院	湖南省	长沙市	专科	www.hnmmc.cn	
12	湖南信息职业技术学院	湖南省	长沙市	专科	www.hniu.cn	
14	湖南现代物流职业技术学院	湖南省	长沙市	专科	www.56edu.com	
16	湖南九嶷职业技术学院	湖南省教育厅	永州市	专科(民办)	www.hnxxjsxy.com	
17	湖南软件职业学院	湖南省教育厅	长沙市	专科(民办)	www.hnsoftedu.com	
18	长沙职业技术学院	湖南省	长沙市	专科	www.cszyedu.cn	
19	湖南高速铁路职业技术学院	湖南省	衡阳市	专科	www.htcrh.com	
20	长沙电力职业技术学院	湖南省	长沙市	专科	www.cseptc.net	
21	湘西民族职业技术学院	湖南省	吉首市	专科	www.xxmzy.com	
22	湖南信息学院	湖南省教育厅	长沙市	本科(民办)	www.hnisc.com	
24	湖南理工职业技术学院	湖南省	长沙市	专科	www.xlgy.com	
26	湖南工艺美术职业学院	湖南省	益阳市	专科	www.hnmeida.com.cn	
27	长沙环境保护职业技术学院	湖南省	长沙市	专科	www.cshbxy.com	
28	湘南汽车工程职业学院	湖南省	株洲市	专科	www.zzptc.com	
29	湖南外贸职业学院	湖南省	长沙市	专科	www.hnwmxy.com	
30	湖南石油化工职业技术学院	湖南省	岳阳市	专科	www.hnshzy.cn	
31	湖南化工职业技术学院	湖南省	株洲市	专科	www.hnhgzy.com	
32	湖南城建职业技术学院	湖南省	湘潭市	专科	www.hnucc.com	
33	湖南电气职业技术学院	湖南省	湘潭市	专科	www.hnjd.net.cn	
34	潇湘职业学院	湖南省教育厅	娄底市	专科(民办)	www.hnxxc.com	
35	怀化职业技术学院	湖南省	怀化市	专科	www.hhvtc.com.cn	
36	岳阳职业技术学院	湖南省	岳阳市	专科	www.yyzy.cn	
37	湖南网络工程职业学院	湖南省	长沙市	专科	www.hnevc.com	
38	常德职业技术学院	湖南省	常德市	专科	www.cdzy.cn	
39	湖南司法警官职业学院	湖南省	长沙市	专科	www.hnsfjy.cn	
40	湖南科技职业学院	湖南省	长沙市	专科	www.hnkjxy.net.cn	
41	保险职业学院	湖南省	长沙市	专科	www.bxxy.com	
42	湖南外国语职业学院	湖南省教育厅	长沙市	专科(民办)	www.hnflc.cn	
43	益阳职业技术学院	湖南省	益阳市	专科	www.yyvtc.cn	
44	湖南机电职业技术学院	湖南省	长沙市	专科	www.hnjdzy.net	
45	湖南体育职业学院	湖南省	长沙市	专科	www.hntyxy.net	

续上表

序号	学校名称	主管部门	所在地	学校类型	网址	备注
46	湖南民族职业学院	湖南省	岳阳市	专科	www. hnvc. net. cn	
47	湖南艺术职业学院	湖南省	长沙市	专科	www. arthn. com	
48	邵阳职业技术学院	湖南省	邵阳市	专科	www. syzyedu. com	
49	湖南工程职业技术学院	湖南省	长沙市	专科	www. hngcjx. com. cn	
50	长沙商贸旅游职业技术学院	湖南省	长沙市	专科	www. hncpu. com	
51	湖南财经工业职业技术学院	湖南省	衡阳市	专科	www. hycgy. com	
52	长沙南方职业学院	湖南省教育厅	长沙市	专科（民办）	www. nfdx. net	
53	湖南水利水电职业技术学院	湖南省	长沙市	专科	www. hnslsdxy. com	
54	湖南安全技术职业学院	湖南省	长沙市	专科	www. cssttc. gov. cn	
55	郴州职业技术学院	湖南省	郴州市	专科	www. czzy – edu. com	
56	湖南商务职业技术学院	湖南省	长沙市	专科	www. hnswxy. com	
57	湘潭医卫职业技术学院	湖南省	湘潭市	专科	www. xtzy. com	
58	张家界航空工业职业技术学院	湖南省	张家界市	专科	www. zjjhy. net	
59	湖南邮电职业技术学院	湖南省	长沙市	专科	www. hnydxy. com	
60	娄底职业技术学院	湖南省	娄底市	专科	www. ldzy. com	
61	湖南交通职业技术学院	湖南省	长沙市	专科	www. hnjtzy. com. cn	
62	湖南生物与机电工程职业技术学院	湖南省	长沙市	专科	www. hnbemc. com	
63	湖南铁路科技职业技术学院	湖南省	株洲市	专科	www. hntky. com	
64	益阳医学高等专科学校	湖南省	益阳市	专科	www. hnyyyz. com	
65	湖南电子科技职业学院	湖南省教育厅	长沙市	专科（民办）	www. 8379888. com	
66	湖南都市职业学院	湖南省教育厅	长沙市	专科（民办）	www. hnupc. net	
67	株洲师范高等专科学校	湖南省	株洲市	专科	—	
68	湖南税务高等专科学校	湖南省	长沙市	专科	www. csttc. cn	
69	湖南冶金职业技术学院	湖南省	株洲市	专科	—	
70	湖南吉利汽车职业技术学院	湖南省教育厅	湘潭市	专科（民办）	www. hngeelyedu. cn	
71	湖南幼儿师范高等专科学校	湖南省教育厅	常德市	专科	www. cdgdsf. com	
72	湘南幼儿师范高等专科学校	湖南省	郴州市	专科	www. xnyesz. com	
73	湖南劳动人事职业学院	湖南省	长沙市	专科	www. hnlrzy. net	
74	湖南有色金属职业技术学院	湖南省	长沙市	专科	www. hnyszy. com. cn	

42. 湖南独立高校有哪些?

序号	学校名称	主管部门	所在地	学校类型	网址	备注
01	湖南师范大学树达学院	湖南省教育厅	长沙市	本科	sdw. hunnu. edu. cn	
02	湖南商学院北津学院	湖南省教育厅	长沙市	本科	www. bjxy. net. cn	财经
03	中南林业科技大学涉外学院	湖南省教育厅	长沙市	本科	swxy. csuft. edu. cn	农林
04	湖南农业大学东方科技学院	湖南省教育厅	长沙市	本科	www. hnaues. com	农林
05	长沙理工大学城南学院	湖南省教育厅	长沙市	本科	www. csust. edu. cn/cnxy	理工
06	湖南科技大学潇湘学院	湖南省教育厅	湘潭市	本科	xxxy. hnust. edu. cn	综合
07	湖南工业大学科技学院	湖南省教育厅	株洲市	本科	kjxy. hut. edu. cn	理工
08	湘潭大学兴湘学院	湖南省教育厅	湘潭市	本科	xxxy. xtu. edu. cn	综合
09	南华大学船山学院	湖南省教育厅	衡阳市	本科	csxy. usc. edu. cn	综合
10	湖南文理学院芙蓉学院	湖南省教育厅	常德市	本科	fur. huas. cn	综合
11	湖南理工学院南湖学院	湖南省教育厅	岳阳市	本科	nh. hnist. cn	理工
12	吉首大学张家界学院	湖南省教育厅	张家界市	本科	zjj. jsu. edu. cn	综合
13	湖南工程学院应用技术学院	湖南省教育厅	湘潭市	本科	www. hnieyy. cn	理工
14	湖南中医药大学湘杏学院	湖南省教育厅	长沙市	本科	xxxy. hnucm. edu. cn	医科
15	衡阳师范学院南岳学院	湖南省教育厅	衡阳市	本科	nyxy. hynu. cn	师范

43. 湖南民办高校有哪些?

序号	学校名称	主管部门	所在地	学校类型	网址	备注
01	长沙医学院	湖南省教育厅	长沙市	本科	www. csmu. edu. cn	医科
02	湖南涉外经济学院	湖南省教育厅	长沙市	本科	www. hieu. edu. cn	综合
03	湖南九嶷职业技术学院	湖南省教育厅	永州市	专科	www. hnxxjsxy. com	
04	湖南交通工程学院	湖南省教育厅	衡阳市	本科	www. hnjtgc. com	
05	潇湘职业学院	湖南省教育厅	娄底市	专科	www. hnxxc. com	
06	湖南软件职业学院	湖南省教育厅	长沙市	专科	www. hnsoftedu. com	
07	湖南信息学院	湖南省教育厅	长沙市	本科	www. hnisc. com	
08	湖南应用技术学院	湖南省教育厅	常德市	本科	www. tongde. com	
09	长沙南方职业学院	湖南省教育厅	长沙市	专科	www. nfdx. net	
10	湖南外国语职业学院	湖南省教育厅	长沙市	专科	www. hnflc. cn	
11	湖南电子科技职业学院	湖南省教育厅	长沙市	专科	www. 8379888. com	
12	湖南都市职业学院	湖南省教育厅	长沙市	专科	www. hnupc. net	
13	湖南三一工业职业技术学院	湖南省教育厅	长沙市	专科	www. sanyedu. com	
14	湖南吉利汽车职业技术学院	湖南省教育厅	湘潭市	专科	www. hngeelyedu. cn	
15	湖南工商职业学院	湖南省教育厅	衡阳市	专科	www. hngsxy. com	

44. 湖南有哪些高校升格?

(1)2011 年 5 月 9 日,长沙市卫生学校升格为长沙卫生职业学院。

(2)2011 年 5 月 9 日,湖南省医药中等专业学校升格为湖南食品药品职业学院。

(3)2011 年 5 月 9 日,湖南有色金属职工大学升格为湖南有色金属职业技术学院。

（4）2011年5月9日，三一机电技术学校升格为湖南三一工业职业技术学院。

（5）2011年1月1日，湖南对外经济贸易职业学院更名为湖南外贸职业学院。

（6）2012年4月，设立湖南吉利汽车职业技术学院。

（7）2013年1月，长沙通信职业技术学院更名为湖南邮电职业技术学院。

（8）2013年3月，在长沙师范学校（专科）基础上建立长沙师范学院。

（9）2013年5月，在湖南省常德师范学校、湖南省桃源师范学校基础上建立湖南幼儿师范高等专科学校。

（10）2014年4月，在郴州师范学校基础上建立湘南幼儿师范高等专科学校。

（11）2014年4月，在湖南省就业培训中心（资源）基础上建立湖南劳动人事职业学院。

（12）2014年4月，株洲职业技术学院更名为湘南汽车工程职业学院。

（13）2014年5月，怀化医学高等专科学校更名为湖南医药学院。

（14）2014年5月，在湖南科技经贸职业学院 基础上建立湖南交通工程学院。

（15）2014年5月，在湖南同德职业学院基础上建立湖南应用技术学院（民办本科）。

（16）2014年5月，在湖南信息科学职业学院基础上建立湖南信息学院（民办本科）。

（17）2015年5月，在衡阳财经工业职业技术学院基础上建立湖南财经工业职业技术学院。

（18）2016年3月，邵阳医学高等专科学校并入邵阳学院。

（19）2016年4月，湘潭职业技术学院更名为湘潭医卫职业技术学院。

（20）2016年4月，湖南科技工业职业技术学院更名为湖南国防工业职业技术学院。

45.哪些学校是湖南省示范性普通高中？

答：（1）长沙市：长沙县一中、长沙县实验中学、望城区第一中学、长沙市雷锋学校、宁乡一中、长铁一中、浏阳市田家炳实验中学、长沙市第六中学、浏阳一中、浏阳三中、长沙市第十五中学、长沙市第一中学、宁乡四中、长郡中学、雅礼中学、周南中学、明德中学、南雅中学、长沙市田家炳实验中学、长沙外国语学校、湖南省地质中学、长沙市第十一中学、湖南师范大学附属中学、长沙市第二十一中学。

（2）岳阳市：岳阳市第一中学、岳阳县第一中学、岳阳市十四中、岳阳市十五中、岳阳中学、平江县第一中学、汨罗一中、汨罗二中、华容县一中、湘阴一中、临湘二中。

（3）株洲市：

株洲市一中、株洲市二中、株洲市四中、株洲市八中、株洲市十三中、株洲市南方中学、株洲市九方中学、株洲县五中、醴陵市一中、湖南省醴陵市第二中学、醴陵市四中、炎陵县一中、茶陵县一中、攸县一中。

（4）湘潭市：湘潭县一中、湘潭市一中、东山学校、湘乡一中、湘钢一中、湘潭市二中、湘潭市第三中学、湘机中学、韶山学校、湘潭县五中、湘潭凤凰中学。

（5）衡阳市：衡阳市第八中学、衡阳市第一中学、常宁市第一中学、衡东一中、衡南县第一中学、岳云中学、衡阳县第一中学、祁东二中、耒阳二中、祁东一中、耒阳一中、欧阳遇实验中学、衡阳市铁一中学。

（6）益阳市：益阳市箴言中学、益阳市第一中学、桃江县第一中学、南县第一中学、沅江市第一中学、沅江市第三中学、安化县第一中学、安化县第二中学、益阳市第六中学。

（7）永州市：祁阳一中、永州四中、永州一中、蓝山二中、东安一中、祁阳四中、宁远一中、道县一中、新田一中 双牌二中、江华一中。

（8）湘西土家族苗族自治州：湖南湘西自治州民族中学、永顺一中、吉首市第一中学。

（9）邵阳市：洞口一中、邵阳市二中、邵阳市一中、邵东一中、邵东三中、武冈二中、隆回二中、隆回一中。

（10）张家界市：张家界一中。

（11）怀化市：怀化市湖天中学、怀化市第一中学、怀化市第三中学、怀化市铁路第一中学、沅陵县第一中学、黔阳一中、靖州县第一中学、麻阳县第一中学、通道县第一中学。

（12）常德市：汉寿一中、桃源一中、澧县一中、安乡一中、津市一中、石门一中、临澧一中、常德一中、常德六中、鼎城一中。

（13）娄底市：娄底一中、涟源市第一中学、双峰一中、新化一中、涟钢中学。

（14）郴州市：郴州市一中、郴州市二中、宜章一中、资兴市立中学、永兴一中、桂阳一中、临武一中、安仁一中、汝城一中、嘉禾一中。

46.湖南省中小学教师定期注册制度问答。

（1）实施中小学教师资格定期注册的目的与意义是什么？

答：实施中小学教师资格定期注册是贯彻落实国家中长期教育改革和发展规划纲要，健全教师管理体制，严格教师资格准入制度，提高教师队伍素质的重要举措。目的是通过5年一周期的定期注册，加强在职教师考核，激发教师教书育人的积极性。

（2）所有取得教师资格的人员都要定期注册吗？

答：根据教育部有关文件精神和湖南省实际，符合以下条件的人员都要注册：中小学教师资格定期注册的对象为公办普通中小学、中等职业学校和幼儿园在编在岗教师，以及受聘于依法举办的民办普通中小学、中等职业学校和幼儿园且聘期为一年以上的教师；其他教育机构、教育部门的教师，暂时不进行注册。

（3）未列入注册范围的人员证书是否就没有用了？

答：不属于注册对象的教师资格证书持有人不参加定期注册，其教师资格证书按目前的政策仍然有效，相关人员今后仍可以使用其依法获得的教师资格证书应聘相应的教育教学工作。此类人员到符合注册条件的岗位工作后，则需要执行定期注册制度的相关规定。

（4）湖南省何时开展教师资格定期注册试点工作？

答：湖南省2016年下半年在全省开展教师资格定期注册试点工作。具体注册上网申报期从每年9月份开始。

（5）列入注册范围的人员，如果不持有教师资格证书，或者不符合注册合格条件的，是否需要申请注册？

答：列入注册范围的人员，无论是否持有教师资格证书或是否符合注册合格条件，都必须如期申请注册。定期注册不合格或逾期不注册人员，不得从事教育教学工作。

（6）尚在试用期的人员是否需要申请定期注册？

答：首次聘用人员在试用期不需要申请定期注册；在试用期满、考核合格后，应在当年申请首次注册；试用期满考核合格的时间在当年定期注册工作启动时间之后的，应在下一年度申请首次注册。

（7）什么是具有与任教岗位相应的教师资格？需要资格证书和任教学科一致吗？

答：根据《中华人民共和国教师法》的规定，取得教师资格的公民，可以在本级及以下等级的各类学校和其他教育机构担任教师；但是，取得中等职业学校实习指导教师资格的公民只能在中等专业学校、技工学校、职业高级中学或者初级职业学校担任实习指导教师。高级中学教师资格与中等职业学校教师资格相互通用，注册时可对所持有的教师资格证书进行注册。教师资格证书上的任教学科与实际任教学科暂不一致的，可对所持有的教师资格证书进行注册。

（8）有两本及以上教师资格证书，注册了一本后，其他证书必须注册吗？如不注册，其还有效吗？

答：一人一年只能对一本教师资格证书进行注册。有两本及以上教师资格证书的，应对与现任教学段和学科一致的教师资格证书进行注册；未注册的其他证书仍然有效。

（9）首次注册需要继续教育学时或学分证明吗？

答：申请首次注册者，前五年内的教师培训学分不低于240学分，入职时间不足五年的按每年不低于48学分累计。

首次注册因学分不足而暂缓注册的教师，在暂缓期内，补修学分和本年度必修学分都达到规定的，允许再次申请首次注册。

（10）继续教育学时如何认定？

答：培训学时或学分的计算和认定按照湖南省教育厅颁布的《湖南省中小学教师培训学分登记管理试行办法》执行。

（11）首次注册有年度考核要求吗？

答：申请首次注册者，须前一年年度考核为合格及以上等次。首次注册前一年年度考核未达到合格及以上等次的教师，暂缓注册。

（12）定期注册时在外地进修，符合注册条件吗？

答：经所在学校或教育行政部门批准的进修、挂职、借调、培训、学术交流、短期病休或产假等人员可以申请定期注册。未经批准的上述人员在注册有效期内中止教育教学和教育管理工作一学期以上的，应暂缓注册。

（13）如果首次注册后，在下一个五年注册期内出现暂缓注册情形的（如离开教学岗位一学期以上等），能否申请定期注册？

答：首次注册后，在后五年注册期内出现暂缓注册条件情形的，如果满足了暂缓注册应补足的相应条件，可以申请定期注册；未补足相应条件的继续暂缓注册。

（14）持有初中教师资格证，由于组织原因调到高中任教，可以注册吗？

答：首次注册时，对持有低学段教师资格证书在高学段任教，试点工作启动前已经在编在岗的（或民办学校在岗一年以上）教师，可对所持教师资格证书进行首次注册。但须限期取得相应学段的教师资格，或调整到相应学段任教。在下一个定期注册期间，仍不具备相应教师资格的人员，必须调整到相应学段任教，否则暂缓注册。其他持低学段教师资格证书在高学段任教人员，首次注册时应给予暂缓注册的结论。

（15）哪些情况下注册不合格？

答：有下列情形之一的，注册不合格：

①违反《中小学教师职业道德规范》和师德考核评价标准，影响恶劣的；

②一个定期注册周期内连续两年以上（含两年）年度考核不合格的；

③依法被撤销或丧失教师资格的。

（16）定期注册需要提交哪些材料？

答：申请教师资格定期注册，申请人应当提交下列材料：

①《教师资格定期注册申请表》一式两份；

②《教师资格证书》原件和复印件，申请首次注册时如教师资格证书非学校所在地县级以上教育行政部门教师资格认定机构颁发，且在

"中国教师资格网"上无法查询验证的，则应同时提供申请人人事档案中的《教师资格认定申请表》复印件；

③中小学或主管部门聘用合同复印件；

④所在学校出具的《湖南省中小学教师师德表现考核表》；

⑤年度考核证明；

⑥省级教育行政部门认可的教师培训证明。

初次聘用为教师的申请首次注册，还应提供试用期考核合格证明。

（17）定期注册需要缴纳费用吗？

答：申请定期注册不缴纳任何费用。

（18）注册范围内人员向哪一级教育行政部门申请定期注册？

答：申请人按有关材料要求向所在学校提交申请材料，所在学校对有关材料进行审核，并将申请材料按要求和顺序整理装袋。然后在规定时间内，所在学校按照人事隶属关系将申请材料集中报县级以上教育行政部门；中央在湘单位，省、市级有关单位所属中小学校按属地原则报市（州）教育行政部门。

（19）申请定期注册后什么时候可以知道结果？

答：县级以上教育行政部门在受理注册申请终止之日起 90 个工作日内，对申请人提交的材料进行审核并给出注册结论。注册结论应提前公示，公示期为 7 天。

（20）定期注册需要网上申请吗？

答：定期注册需要网上申请，请根据当地教育行政部门的统一安排，在规定时间内登录中国教师资格网（www.jszg.edu.cn）进行网上申请。申请人在网上申请的同时，提交相关书面材料，由所在学校集体向当地教育行政部门申请定期注册。

（21）如出现申请人隐瞒有关情况或提供虚假材料申请教师资格注册情况，应该怎么处理？

答：申请人隐瞒有关情况或提供虚假材料申请教师资格定期注册的，视情况暂缓注册或给予注册不合格结论，并给予相应处罚；已经注册的，应当撤销注册。

（22）所在学校未按期如实提供申请人定

期注册证明材料怎么办？

答：上级教育行政部门应当责令改正，对直接负责的主管人员和其他直接责任人依法给予行政处分。

（23）对暂缓注册、注册不合格的教师有什么处罚措施？

答：暂缓注册者，暂缓期内不得晋级及晋升高一级教师职称（职务），不得参加评优、评先。定期注册不合格的，不得从事教育教学工作。

（24）在外省首次注册后，调到湖南后能否申请定期注册？

答：可以申请注册，但必须符合湖南省定期注册的其他条件。

（25）教师资格证书中无任教学科、身份证号码等信息有误、资格证等材料缺失、资格证存疑的问题如何处理？

答：针对因教师资格认定政策调整而产生的教师资格认定特殊情况，以及因教师资格认定工作不规范而出现的一些问题，及资格证书、《资格认定申请表》材料缺失等问题，按照《教师资格认定特殊情况及不规范问题在中小学教师资格定期注册制度试点工作中的处理办法》（教资字〔2016〕2号）文件处理。

（26）定期注册结论如何体现？

答：县级以上教育行政部门根据省级教育行政部门的注册结论，在申请人的《教师资格定期注册申请表》上加盖注册结论章和公章，在申请人的教师资格证书的备注页上粘贴相应注册结论的"注册贴"。同时将贴好"注册贴"的教师资格证书返还申请人。

（27）对定期注册结果有异议该如何处理？

答：教师资格定期注册申请人对定期注册结果有异议的，可依法提出申诉或者行政复议。

（28）教师资格定期注册的常用网址有哪些？

答：中国教师资格网：www.jszg.edu.cn。

（29）定期注册范围、培训学分、暂缓期限、低段高聘期限，市（州）是否可以调整？

答：各市（州）在制订中小学教师资格定期注册的方案时，可以适当调整，但条件不得低于省里的条件。注册范围可以稍微扩大，如教育局、考研室、电教馆等单位教师可纳入注册范围，但公办中小学教师须是在编在岗教师，民办中小学教师须是聘期一年以上的教师。培训学分针对不同年龄的教师可以有所区别，但最低要求不得低于省里的要求。省里没有设置暂缓期限，也未明确低段高聘教师的调整期限，市（州）可以自己设定期限。

（30）公办中小学在编不在岗教师，如工勤岗位和教辅岗位教师，能否按自愿原则处理？如今年不注册，今后如何处理？特岗教师是否纳入注册范围？

答：在编不在岗教师按省里的政策，不纳入注册范围，以后如果调整到教学岗位，则以后再注册。今后按今后的政策办理。特岗教师在符合在编在岗条件后纳入注册范围。

（31）对于年满55岁的男教师和年满50岁的女教师，在首次注册时学分是否可以放宽要求？

答：可以和年轻教师有所区别，但不得低于省里每年48个学分以上的要求。

（32）首次注册的结果是否与定期注册结果一样运用？实施时间是什么？

答：首次注册的结果与定期注册结果是一样运用。实施时间从下注册结论之日起。

（33）师德表现不合格由哪个部门确定，从哪个渠道获悉？

答：由学校出具师德考核表，初审机构审查材料时核实。

（34）中职教师只对部分公共课有培训学分要求，其他专业课没有学分登记要求，该如何处理？

答：由各市（州）确定，但培训学分原则上要求必须与中小学教师一致。

（35）师德师风受处分有不同层次，该如何处理？首次注册是否有这方面的年限规定？

答：只要是因师德师风受过处分，不管什么层次，都是师德考核不合格。首次注册要求前一年度师德考核合格。

（36）试用期满人员注册的学分问题是怎样的？

答：首次注册试用期满人员要求前一年度培训学分不低于48学分。

（37）民办学校中的公办教师在公办学校

注册还是在民办学校注册？

答：公办教师因单位委派在民办学校教书，在注册范围内的，在公办学校注册；如因个人行为在民办学校教书，在注册范围内的，则在民办学校注册。

（38）在编在岗人员如何界定？在外县支教的教师在哪注册？病休人员是否注册？借调人员如何处理？

答：在编在岗人员，要求有所在学校的编制（含工人编制），并且在教学岗位工作（教育教学、教学管理、部分实验室图书馆协助教学等）。支教人员、病休人员、借调人员等，如果不符合公办学校在编在岗的要求，就不注册。

（39）不注册有什么影响？是否可以采取自愿原则？

答：所有注册范围内的教师原则上要求都注册，临近退休人员可以采取自愿原则，如果不愿注册的，要求出具承诺书，所有后果自己承担。具体办法由市（州）制订。除这些之外，在注册范围内逾期未申请注册的，由初审机构统一导入名单，并给出不合格的结论。

（40）民办学校教师为了确认一年以上聘期，是否必须上交社保单据？如教师中途间断教学，如何计算任职年限，如何计算培训学分？

答：须上交社保单据。计算任职年限应该连续计算，中途间断的，应从后一次开始工作时计算年限，培训学分也要重新计算。

（41）教师资格证书遗失补发程序如何？

答：教师资格证书遗失，应由申请人自行向发证机关申请补发证书。申请人须先在公开发行的报刊上刊登《遗失声明》，填写《教师资格证书补发换发申请表》，提交身份证和个人档案内的教师资格申请表复印件等材料。

（42）教师资格法定凭证材料缺失，如果初审复核都结束了还未提交，是否做暂缓处理？

答：按教资字〔2016〕2 号文件，补办证书或重新申请认定，一直都未提交的，注册结论为无教师资格证。

第二章　衡阳市教育局部分

　　衡阳市教育事业蓬勃发展，各类学校整体办学水平稳居全省第一方阵。全市共有各类学校3337所，其中公办学校1970所，民办学校1367所（含幼儿园）；全市共有学生151.1万人，其中公办学校学生102.6万人，民办学校学生（含幼儿园）48.5万人；全市共有教师（不含高校）9.34万人，其中公办教师5.4万人，民办教师3.63万人，代课教师3120人。中等职业学校（简称中职学校）与普通高中学生人数比例约为1:2，民办学校与公办学校学生人数比例约为1:2，全市办学格局相对合理。

　　【高等院校】　全市共有12所，其中本科院校4所[南华大学、衡阳师范学院、湖南工学院、湖南交通工程学院（民办）]，高职院校5所[湖南环境生物职业技术学院、湖南高速铁路职业技术学院、湖南财经工业职业技术学院、衡阳技师学院、湖南工商职业学院（民办）]，成人高校3所（衡阳广播电视大学、中钢集团衡阳重机职工大学和衡阳工业职工大学）；高校学生18.2万余人（含成教学生5.4万人）。衡阳市高校数量、在校学生数及办学水平均仅次于长沙，居全省第二。

　　【中小学校】　全市共有1908所，其中公办中小学1791所（普通高中45所，中职学校28所，初中337所，小学1376所，特殊教育学校5所），共有中小学生107.7万人。全市共有省级示范性普通高中13所（衡阳市第一中学、衡阳市第八中学、衡阳市铁一中学、耒阳市第一中学、耒阳市第二中学、衡阳县第一中学、衡南县第一中学、岳云中学、衡东县第一中学、衡东县欧阳遇中学、常宁市第一中学、祁东县第一中学、祁东县第二中学），占普通高中总数的22%；省级以上示范性职业中等专业学校（简称职业中专）有9所（衡阳市职业中等专业学校、衡阳市农工贸职业学校、祁东县职业中等专业学校、衡阳市幼儿师范学校、衡阳市核工业学校、耒阳市师范学校、衡南县职业中等专业学校、常宁县职业中等专业学校、衡阳县职业中等专业学校），占职业中专总数的24%，其中衡阳市职业中专等3所学校跻身国家改革示范校。

　　【幼儿园】　全市共有1417所，其中公办幼儿园169所。全市在园幼儿共有25.2万人。

衡阳市教育局领导信息

　　程少平　衡阳市教育局局长、党委书记
　　马建新　衡阳市教育局党委副书记、副局长
　　罗胜利　衡阳市教育局党委副书记（正处级领导职务）、副局长
　　彭天文　衡阳市教育局党委委员、副局长
　　马俭平　衡阳市教育局副局长、民盟衡阳市主委、原衡阳市政协副主席
　　谭小华　衡阳市教育局党委委员、副局长

　　李智平　衡阳市教育局党委委员、市教育考试院院长
　　宋腾飞　衡阳市教育局党委委员、工会主席
　　肖智亮　衡阳市教育局党委委员、主任督学
　　李青山　衡阳市教育局党委委员、市纪委派驻市教育局纪检组长

衡阳市教育局主要职责

一、衡阳市教育局职责

（1）贯彻落实国家教育工作的方针、政策和法律、法规、规章，结合本市拟定具体实施办法和管理制度，并监督实施。

（2）研究拟定全市教育改革与发展战略和教育事业发展规划、年度计划及教育发展的重点、结构、速度和步骤，指导并协调实施。

（3）管理全市的基础教育、职业技术教育、中等专业教育、成人教育、幼儿教育、特殊教育和扫除青壮年文盲及继续教育等工作；负责全市社会力量办学的管理工作；负责全市各大中专院校的协调、服务工作；按有关规定承办中等教育各类学校的设置、调整、更名、撤销的审核、报批工作。

（4）统筹和指导全市少数民族教育工作，协调对少数民族地区和贫困地区的教育援助。

（5）组织指导全市各项教育改革，组织实施城市教育综合改革，拟定教育体制及教育教学方法改革的实施办法，指导学校内部管理体制的改革，组织开展教研活动，提高教育教学管理水平。

（6）统筹管理本部门教育经费；会同有关部门拟订教育经费筹措、教育拨款、教育基建投资的政策规定，完善教育经费管理制度；检查监督全市教育经费的投入和使用情况；负责管理本级的教育经费及国外政府和组织以及香港、澳门特别行政区和台湾地区对本市的教育援助和教育贷款；监管教育系统国有资产。

（7）主管全市的教师工作。制订全市师资建设发展规划、教职工管理制度和培训计划，并组织实施。

（8）负责全面实施素质教育，规划并指导全市各级各类学校的思想政治工作、德育工作、体育卫生与艺术教育及国防教育等工作。

（9）统筹管理普通高校、成人高校、普通中专、成人中专的招生考试工作和高等教育的自学考试工作。

（10）归口管理高等学校、中等专业学校毕业生就业制度改革，拟定高等学校、中等专业学校毕业生就业政策并组织实施。

（11）管理全市勤工俭学、教育技术装备和图书建设工作。

（12）负责全市教育基本信息的统计、分析和发布。

（13）指导全市教育行政执法工作和全市教育系统的纪检内部审计等工作；负责市属学校和直属事业单位的纪检、监察、审计等工作。

（14）完成衡阳市委、市人民政府交办的其他事项。

二、衡阳市教育局内设机构及二级机构职能

【办公室】

主要职能：负责综合协调局机关对内对外重要政务；负责局机关干部职工劳动工资等有关工作；负责全局性会议的组织安排；负责局机关文秘、档案、保密、提案管理工作；负责机关财务、资产管理等工作；负责教育报刊发行等工作；负责机关车辆管理、后勤服务、计划生育、治安保卫及社区管理等工作；负责全市学校图书建设工作。

科室负责人：戴荣华；联系电话：0734－8811366。

【组织人事科】

主要职能：统筹规划并指导学校教师和教育行政干部队伍建设工作；负责机关和局属事业单位的人员编制、考核、奖惩、劳动工资等有关工作；指导县（市）区教育人事、分配制度改革；会同有关部门组织教育系统教职工的招聘录用、调配工作；按管理权限，管理机关和局直属单位人事档案；负责特级教师推荐评选、师德师风建设工作；负责局属单位的领导班子和党组织建设，考察、推荐和调配局直属单位的领导干部；负责全市教育援藏、援疆支教和公费出国（境）留学人员资格审核和呈报工作；会同有关部门承办本系统教职工专业技术职务评审工作；负责教育系统表彰奖励、协调指导教育基金会秘书处工作；协调、指导局

直属单位内部管理体制改革工作。

科室负责人：谢晓川；联系电话：0734 - 8811309。

【离退休人员管理服务科】

主要职能：负责局机关离退休人员管理、服务工作，指导直属单位离退休人员的管理、服务工作。

科室负责人：向红光；联系电话：0734 - 8811335。

【教育基金会】

主要职能：筹集、管理和使用教育基金，并依法确保投资安全与增值，在使用基金时，将尊重捐赠者的意愿；广泛、深入开展"爱烛行动"：以救助特困教师为重点，走访慰问困难教师和优秀教师，协助政府奖励各类优秀教师和先进教育工作者，组织教师开展以提升素质为目的的"园丁之家"活动；开展各种奖励优秀教师和优秀教育工作者的活动，兴办各种有利于提高教师社会地位、尊师重教、提高教师素质的事业；宣传、表彰为发展教育事业，在尊师重教方面做出突出贡献的先进集体和个人；开展资助家庭贫困、品学兼优的大学新生的活动；接受国内外企事业单位、团体和个人的委托，代行管理，使用各种用以发展我市教育事业的基金和捐赠；开展与港澳台同胞、海外侨胞、国内外友好团体和人士及国际教育组织的友好往来和相互合作；做好指导县（市）区教育基金会的工作，促进市、县二级教育基金会联动服务教育和发展。

科室负责人：刘君健；联系电话：0734 - 8811397。

【基础教育科】

主要职能：承担义务教育、普通高中、学前教育和特殊教育的宏观管理工作；组织实施"普九"和素质教育；组织、指导基础教育的教育教学改革并负责对学校教育教学质量进行评价；指导中小学、幼儿园、特殊教育的德育、劳技、科技、法制、社会实践、信息技术、禁毒、安全及其他教育工作；归口管理各类中小学教材（含音像教材）及配套用书；负责协调基础教育科研工作、教育装备等工作；负责全市中小学校学籍管理和组织高、初中学业水平测试、招生和管理中小学竞赛活动；负责全市中小学生的英语、计算机考级等工作；指导社会力量举办的基础教育各类学校及教育机构的业务工作；负责省、市示范性高级中学及特色实验高中的呈报、考核、审批工作；负责幼儿园等级评定工作；检查、督促、规范学校的办学行为；指导学校的校园文化建设，指导、协调全市少数民族教育工作；协调、指导扫除青壮年文盲工作。

科室负责人：王小将；联系电话：0734 - 8811339。

【职业教育与成人教育科】

主要职能：综合管理与协调全市的职业技术教育、成人教育和社区教育工作，拟订职业技术教育、成人教育、社区教育发展规划与管理措施，并组织实施；指导职业教育与成人教育教学改革和检查、评估等工作；归口管理全市中等职业学校；指导民办学校举办的各类职业和成人教育机构的业务工作及职业证书的考试、发证工作；负责职业和成人学校国家、省、市重点项目的呈报、考核及审批工作；负责各类中等职业学校专业设置的评审工作及招生工作；负责全市中等职业学校的学籍管理及毕业证书的审核与发放；指导中等职业学校教学改革并负责对教育教学质量进行评价；指导中等职业学校校园文化建设，指导和管理中等职业学校德育工作；指导中等职业学校选用教材和教学配套用书；负责协调职业和成人教育的科研与技术推广、仪器配备、生产实习基地建设、毕业生就业指导等工作；负责拟订全市农科教的规划和实施办法，并会同有关部门组织实施；按有关规定协助有关部门做好中等教育各类学校的设置、更名、撤销与调理的审核、报批工作；联系协调驻衡高校工作；负责全市研究生、本科生、大中专毕业生就业指导服务工作；制定全市研究生、本科生、大中专毕业生就业方案并组织实施；负责全市大中专毕业生、本科毕业生、毕业研究生的调配派遣和档案管理工作；负责全市大中专学校毕业生的思想教育工作；指导、协调全市普通高校、成人高校的招生、考试工作；承办市招生委员会办公室向市教育局和招生委员会的请示事项。

科室负责人：肖仲斌；联系电话：0734 - 8811303。

【教师工作科(加挂衡阳市语言文字工作委员会办公室牌子)】

主要职能:规划和指导中小学师资培训工作,组织和实施教师上岗前培训和教师的学历培训及继续教育(含信息技术、基础教育新课程、新大纲培训、考试)等工作;负责市级学科带头人和青年骨干教师的考核、认定和培养工作;负责教育系统中小学校长、幼儿园园长和其他管理人员的业务培训工作;组织实施教师资格证书制度;负责师范类教育培养的业务工作;指导各级教师进修院校(教师培训中心)工作;指导社会力量举办的各类学校的教师队伍培训工作;承办市人民政务语言文字工作委员会的日常工作,统筹管理全市语言文字工作;制定全市语言文字工作规划并组织实施;面向社会推广普通话,推行规范汉字;依照有关法律法规开展语言文字宣传和检查评估。

科室负责人:王益前;联系电话:0734 - 8811384。

【体育卫生与艺术教育科】

主要职能:拟定全市学校体育、卫生、健康、国防教育发展规划并组织实施;指导学校体育卫生教育教学工作和专业师资的有关培训工作;负责体育卫生教育的教研、教材建设以及学生健康状况的建档建制等工作;组织全市性的学校体育竞赛活动,指导学校体育人才的培养、选拔工作;指导高中以上学校的学生军训工作及各类学校爱国卫生和绿化美化等工作。

科室负责人:刘文艳;联系电话:0734 - 8811451。

【政策法规科】

主要职能:负责教育改革与发展战略研究,并就重大问题进行政策调研;承担地方教育规范性文件的调研和起草;组织、监督、指导全市教育行政执法;负责局机关干部职工及直属单位教职工的法制教育及局中心组学习等工作;承办市本级教育行政复议、行政诉讼应诉工作,指导全市教育行政复议、行政诉讼应诉工作;负责教育宣传及文明单位创建工作;指导全市学校精神文明建设工作。

科室负责人:贺雪峰;联系电话:0734 - 8811382。

【计划财务科】

主要职能:拟定全市教育事业发展的中长期规划及年度计划并组织实施;负责中小学布局调整;指导中小学危房改造和标准化校舍建设;制定全市大中专学校、职业学校、中小学招生计划并监督实施;负责局直属单位基建、维修计划的制订和资金安排及有关基建数据的统计等工作;组织审核局直属单位基建项目的预决算;指导各级教育部门编制学校教育经费的年度预决算;负责局本级教育经费年度预决算;依法检查监督教育经费的筹集、使用情况及教师工资发放情况;协调有关部门组织实施政府采购;统筹管理省、市拨付的教育经费和各种外资及国内捐赠款;负责全市教育事业基本信息的统计、分析、发布和事业发展监测;指导局直属学校的后勤管理工作;监督管理直属学校和其他直属单位的国有资产;指导、协调全市教育产业和勤工俭学工作;参与教育信息化建设;指导教育技术装备工作。

科室负责人:高坤云;联系电话:0734 - 8811499。

【审计科】

主要职能:负责对局机关和直属单位的下列事项进行审计:财务计划或预算执行和决算;各项教育资金的管理和使用;财务收支及有关经济活动;基本建设工程的预决算;办学效益;校办企业的资产、负债和损益;国有资产的管理和使用;内部控制制度的建立和执行;所属单位法定代表人和局机关科室主要负责人的任期经济责任;负责对局机关和直属单位的重大经济活动和大宗物资采购进行审计监督;指导全市教育审计工作。

科室负责人:董迅;联系电话:0734 - 8811321。

【民办教育科】

主要职能:归口管理全市的社会力量办学工作,拟定社会力量办学的发展规划及有关政策规定;负责企事业组织、社会团体、其他社会组织及公民个人利用非国有财政性教育经费、面向社会举办学校及其他教育机构的审批、审核及年检、评估工作;负责社会力量办学机构的有关招生广告(简章)的审核工作;指导社会力量办学机构的校园校舍、图书馆

（室）、教育技术装备和师资队伍等方面的建设；协调处理社会力量办学中出现涉及全局性的有关问题；指导县（市）区的社会力量办学管理工作；负责市社会力量办学协会日常工作。

科室负责人：唐仲和；联系电话：0734 - 8811356。

【学生科（毕业生就业管理服务中心）】

主要职能：归口管理全市研究生、本科生、大中专毕业生就业工作；制订全市研究生、本科生、大中专毕业生就业方案并组织实施；负责全市大中专毕业生、本科毕业生、毕业研究生的调配派遣和档案管理工作；指导全市大中专学校毕业生的思想教育工作。

科室负责人：刘晓阳；联系电话：0734 - 8811305。

【教育督导科】

主要职能：负责全市教育督导工作；承担市人民政府教育督导委员会办公室的具体工作。

科室负责人：蒋伟华；联系电话：0734 - 8811359。

【纪检监察室】

主要职能：负责委直系统党内纪律检查和行政监察工作，协助党委加强党风廉政建设，按照党组织隶属关系和干部管理权限，受理和查处党组织和党员违反党风党纪的重大案件，受理党员的检举、控告和申诉，监督委机关和委直单位人员的工作；负责查处违反政纪的案件；负责指导县（市）区教育纪检监察工作。

科室负责人：周刚；联系电话：0734 - 8811304。

【教育工会】

主要职能：配合同级党政做好教职工思想政治工作，加强教职工队伍建设；引导教职工参与学校民主管理，维护教职工的合法权益；协助和监督教育行政和学校改善教职工的生活和工作条件，组织教职工开展健康有益的各类活动，办好集体福利事业。

联系电话：0734 - 8811323。

【行政审批服务科】

主要职能：负责本单位对企业和个人办理行政许可、行政确认、行政征收、行政给付、其他职权（包括核准、备案、年检）等行政审批和管理服务事项的受理、审核（审批）和送达；负责组织协调行政审批和管理服务事项的调研论证；负责有关行政审批和管理服务事项的政策咨询、政务公开工作；负责与本单位承担行政审批和管理服务事项事中事后监管职能科室的沟通协调，并做到信息共享；负责行政审批和管理服务事项办事资料归档和信息统计工作；负责与市政务服务中心的协调联络，接受市审改办、市法制办、市政务服务中心的监督指导。

科室负责人：全宏发；联系电话：0734 - 8811325。

【综合治理科】

主要职能：贯彻落实上级综治委有关综合治理的方针、政策；对学校及周边治安综合治理工作做出规划。协调有关职能部门积极开展学校及周边治安综合治理工作；指导督促学校加强安全隐患的排查及整改和矛盾纠纷的排查及调处工作，协助各有关业务科室依法妥善处理突发事件；分析掌握市教育系统治安状况，建立情报信息网络并及时上报；总结推广学校及周边治安综合治理、学校安全工作典型经验，行使学校安全工作一票否决建议权；办理上级交办的学校周边治安综合治理工作有关事项；负责对职责范围内有关行业、领域的安全生产工作实施监督管理。

科室负责人：王道生；联系电话：0734 - 8811322。

【教育信息中心】

主要职能：负责指导、规范全市各级教育行政部门远程教育网、各类学校校园网的建设和中小学信息课程条件建设；负责贯彻落实教育部、省教育厅和市政府信息部门的指示精神，做好有关联系、协调工作；负责市本级远程教育网的网络建设、维护、使用、信息采集、数据处理、多媒体制作、远程教育、有关管理及软件开发等工作；负责县（市）、区远程教育网、各学校校园网的开发、应用、经验交流以及评估；负责我市教育资源信息库的建设和管理工作，提供网络技术服务；负责我市教育管理数据标准化评测的相关工作；负责市教育局办公网络的管理、维护、安全和保密工作；市教育局交办的其他事项。

科室负责人：李强；联系电话：0734 - 8811311。

【教育培训中心】

主要职能：贯彻执行国家和省、市中小学（幼儿园）教师继续教育的方针、政策、参与制订全市中小学（幼儿园）师资培训计划；综合协调高等师范院校函授站工作，协助管理高等师范院校驻衡函授站；指导全市中小学（幼儿园）教师培训业务。负责组织、编写和发行培训教材；制订全市中小学教师培训大纲、课时计划和评估办法；组织开展中小学（幼儿园）师资培训的教研活动；协助组织全市中小学（幼儿园）教师培训质量评估、验收考核活动；采集、发布中小学（幼儿园）师资培训信息，归口管理和具体承办针对教师开展的各种讲座、讲学活动；具体承担局直单位的师资培训任务；归口管理社会力量及厂矿企业举办的各类学校的教师队伍培训业务。

科室负责人：杨红艳；联系电话：0734 - 8811313。

【衡阳市教育考试院】

● 科室名称：综合科

主要职责：负责上传下达及考试院内外事物协调、对外接待和日常事务处理工作；负责全院报刊征订、文秘、宣传、档案及印鉴管理工作；负责考试院财务、财产管理及后勤服务工作；负责全院会议的通知、安排、会议记录及部门会议的协调安排及相关工作；负责考试院领导交办的其他工作事项。

办公电话：0734 - 8811394

● 科室名称：招生办

主要职责：负责全市硕士研究生招生报名、考试、资格审查工作；负责普通高校招生报名、考试、体检、政审、建档、志愿填报、录取及数据资料统计分析工作；受省考试院委托，负责普通高校单独招生、艺体美考试的巡视、督查及相关工作；负责空军招飞和民航招飞工作；受省院杂志社委托，协助市邮政做好全市《教育测量与评价》及高考相关资料的推荐工作。

办公电话：0734 - 8811386

● 科室名称：自考办

主要职责：负责全市高等教育自学考试的报名、考试、考籍管理和社会助学工作；负责成人高校招生报名、考试、资格审查、建档、志愿填报、录取及数据资料统计分析工作；代省考试院审核、发放自学考试毕业证书和学籍卡；拟订自学考试有关制度和规定；受省考试院委托，对自学考试助学点进行年审和考核工作。

办公电话：0734 - 8811387

● 科室名称：社考科

主要职责：负责开展各类学历教育证书、专业证书、等级证书考试的培训工作；承担上级机构和境外考试机构在市内组织的各项国际交流考试及出国留学相关服务工作；承担政府有关部门及单位委托的相关考试；负责全国英语等级考试的报名、组考、合格证书的发放工作；负责巡视、监察全市大学英语四六级考试、全国计算机等级考试的组考工作和考纪考风；负责全市中小学教师资格证考试（笔试）的报名、考试、成绩发布工作。

办公电话：0734 - 8811394

● 科室名称：考务监察科

主要职责：负责统筹管理考试院承办的各类考试的考纪考风建设；会同相关科室负责各类考试巡视员、监考员的选派、培训与管理工作；负责组织相关科室查处各类招生、考试中的违纪舞弊事件；负责组织审看上报相关考试的视频监控录像；及时向省里通报反馈信息；负责各类考试环节的检查、督查工作；负责制订各类考试的考点保密室建设总体规划、基本规范、技术标准、评估验收和考点设置及维护工作；负责考试院考务指挥中心和中心保密室的日常管理和维护工作。

办公电话：0734 - 8811380

● 科室名称：学考科

主要职责：负责全市高中学业水平考试报名、考试、建档、信息核对、成绩发布、政策咨询工作；负责全市高中学业水平考试的上下协调和衔接；根据省教育考试院统一部署，负责全市高中学业水平考试成绩与高考招生改革的配套安排和实施。

办公电话：0734 - 8811386

衡阳市教育局直属学校

【衡阳市广播电视大学】

衡阳市广播电视大学（简称衡阳电大）创办于 1979 年，是一所以现代信息技术为主要手段，采用广播电视、文字音像、计算机网络等多种媒体进行教学，以举办现代远程开放教育为主体，同时大力发展中等职业教育、非学历继续教育、社区教育、干部在线教育，全方位服务全民终身学习的综合性成人高等学校。学校曾被湖南省委、省政府授予省级"文明单位"称号，被中央广播电视大学授予全国"示范性基层电大""继续教育基地""社区教育实验中心"等称号，被湖南省教育厅授予全省"示范性电大分校"称号。

学校本部现有教职员工 130 余人，聘有各类专任教师 100 余人，其中教授、副教授、高级讲师、高级工程师等高中级职称教师占 60%以上。学校现有南北两个校区，南校区坐落在衡阳市高新技术开发区衡祁路 98 号；北校区坐落在衡阳市石鼓区向农路 54 号。

学校教育教学设施完善，办学条件居全省地市级电大前列。学校占地面积 55 亩，建筑面积 30000 余平方米，南、北两校区共有标准教室 60 余间，其中多媒体教室 41 间；建有两套广播卫星及 VBIIT 接收系统和 300M 校园网，校园实现了无线网络全覆盖，电子图书馆和"电大在线""衡阳学习网""衡阳干部教育在线培训网"等远程学习平台资源丰富；教学资源中心建有双向视频教学系统和录播系统，实训中心有中央财政支持建设的数控实训基地和计算机网络、电算会计等多个实验实训室，同时，学校积极同企事业单位合作，建有一批专业实习实训基地。

目前，衡阳电大正在积极向开放大学转型，以创建国家开放大学一流地方学院为目标，以提高教育教学质量为核心，以服务全民终身学习为己任，积极探索，改革创新，努力为构建终身教育体系和学习型社会、服务地方经济做出贡献。

学校地址：

（南校区）衡阳市高新技术开发区衡祁路 98 号

（北校区）衡阳市石鼓区向农路 54 号

联系人：刘蓉

联系电话：0734 – 8127180；0734 – 8895988

学校网址：www. hyrtu. com

【衡阳幼儿师范学校】

衡阳幼儿师范学校是 1980 年 3 月经湖南省人民政府批准而设立的全日制公办中等师范学校。学校办学条件优越，拥有一支爱岗敬业、敢为人先、爱生如子、甘为人梯的干部教师队伍，现有教职工 158 人，其中高级讲师 48 人，讲师 45 人，教师全部拥有本科及以上学历（其中硕士学历 23 人）；省级特级教师 3 人，省级优秀教师 2 人，市级优秀教师 8 人；市级专业带头人 7 人，省级专业带头人 2 人；心理咨询师 3 人，高级育婴师 4 人，国家级普通话测试员 6 人。

学校校园占地面积 283 亩，建筑面积 72000 平方米，环境优美，是省级文明单位和园林式单位；教育教学和实习实训设施设备齐全，功能完善，是湖南省示范性中等职业学校，衡阳市小学、幼儿园骨干教师培训基地，湖南省幼儿园园长培训基地，育婴师、保育员国家职业鉴定所。

学校招收初中应届和往届毕业生，开设五年制大专和三年制中专两个层次的专业。五年制大专有学前教育和初等教育两个专业；三年制中专开设有学前教育、音乐、计算机应用、动漫游戏与设计、工艺美术、酒店服务与管理、旅游服务与管理七个专业，其中学前教育专业为省级特色专业。

学校地址：衡阳市雁峰区罗金桥 4 号

联系人：欧阳晓华

联系电话：0734 – 8472312　18173472058

学校网址：www. hyyesf. com

【耒阳师范学校】

耒阳师范学校坐落在耒阳市城区中心，创建于 1958 年，直属衡阳市教育局管理，是一所国有公办全日制国家级重点中专。学校师资力量雄厚，教师全部具有本科及以上学历，现有高级讲师58人，教授级高级讲师2人，"双师型"教师达到40%。学校是湖南省先进集体、湖南省教育系统先进单位、湖南省园林式单位、湖南省综合治理模范单位、湖南省文明卫生单位、衡阳市优秀学校、衡阳市十佳书香校园。学校拥有现代化的教学设备，实训设施设备齐全，拥有语音实验室、钢琴室、财会模拟实验室、电子电工实验室、模具实训车间、服装裁剪设计室、计算机机房、平面设计工作室等。学校现开设有10余个专业。学校实行封闭式管理，学生宿舍实现了公寓化管理。学校走校企合作的路子，实行"订单式"培养。学校在北京、上海、广州、深圳、长沙、衡阳等地建立了几十个就业基地，确保各专业学生毕业后100%就业。学校承担了国家计划小学师资培养（小教大专班）工作。学生应届、往届初中毕业均可报考。经湖南省教育厅评估批准，学校与中南大学、陕西师范大学、中央广播电视大学等大学联合办学，开展专科、本科层次的成人高等学历教育。学生可在本校修完大学课程后获得国家承认的大学毕业文凭。

学校地址：耒阳市神农路86号

联系人：周开军

联系电话：0734－4332886

学校网址：www.hnlysf.com

【衡阳市职业中等专业学校】

衡阳市职业中等专业学校创建于1940年，前身为衡阳师专附中，1996年按国家级重点A类标准改制为市职业中专，先后并入了衡阳市第一、二、三、四职业中学和衡阳市第二十七中学。学校开设了信息技术专业群、电子技术专业群、现代服务专业群3个专业群13个专业，全日制在校学生3733人。教职员工244人，其中全国优秀教师1人，全国职教名师1人，特级教师3人，省优秀教师3人，市优秀教师12人，省级专业带头人3人，市级专业带头人9人，校级专业带头人30人，市级专业建设指导委员会委员17人，衡阳市职业教育教学评估与咨询委员会专家48人；兼职教师51人，其中曾媚姣老师荣获全国职业院校信息化教学大赛中职组信息化实训教学比赛一等奖。

长期以来，学校坚持"对接产业、工学结合、提升质量，推动职业教育深度融入产业链，有效服务经济社会发展"的工作方针不动摇，以"突出大品牌、提升大内涵、服务大衡阳、引领大职教"为目标，坚持"示范引领，革新图治，特色立校，科学发展"的办学方针，团结一致，开拓创新，取得了较大的发展成果，形成了鲜明的办学特色。

学校先后获得国家级重点中等职业学校、全国中职德育工作先进单位、湖南省卓越中等职业学校、湖南省示范性中等职业学校、湖南省职业教育先进单位、湖南省级文明单位、湖南省中职教学工作先进单位、衡阳市园林式单位等186项荣誉称号。

依托园区、行业、校企互通，学校优化了"深度融合、校企双赢"的合作办学模式。2011年，学校与湖南省两型社会建设示范园区白沙洲工业园区签订了校园合作协议，建立了校园战略合作联盟，构建了"政府、协会、企业、学校"四方良性互动的校企合作机制，形成了特色鲜明的"融入行业、融入企业、融入产业、融入职业、融入实践、融入团队"的"六融入"系统，成为学校富有个性特征的人才培养系统。学校拥有校外实习基地75个，合作企业94家，对接产业、依靠品牌带动，完善了结构合理、发展有序的专业体系。学校建成了计算机网络技术省级示范性专业群、2个省级精品专业、4个市级精品专业、6个校级精品专业、1个省级示范性专业、2个特色专业、1个省级生产性实训（教师认证）基地；建设了58门优质核心课程，专业带头人、精品课程、精品专业互为支撑、互为平台的局面已经形成；文化引领、制度护航，形成了规范化、科学化的内部管理机制。学校把"敬业、求实、奉献、廉洁"作为文化价值观的核心，形成了以忠孝礼仪廉为特色的礼仪文化，以乐业、敬业、服从、协作、守纪为基本内容的职业文化，以公平、公正、公开、自觉、规范、精细、高效为特点的管理文化，形成了敬业、爱岗、爱生的教风，勤奋、上进、守纪的学风和廉洁、民主、务实的校风。学校开展了"千名学生企业游"、蓝领大讲坛等活动，让学生亲身体验企业生产流程及文化氛围。学生在参加全国、全省或全市的各类比赛中，集体获得金牌 4 次，获得银牌 5 次。

学校已成为办学质量较为突出的中职学校。学校共承担市级以上赛事 12 次。学生中共有 487 人次在国家、省、市技能竞赛中获奖，连续十届技能大赛团体总分和获奖等次稳居衡阳市同类学校第一。在 2016 年湖南省职业院校技能竞赛中，学校信息技术专业群的学生获一等奖 3 个（包揽动画片制作项目的前 3 名）、二等奖 2 个、三等奖 2 个。在全国职业院校技能大赛中，学生曾获二等奖 1 个，三等奖 3 个。

学校已成为全市技能人才培养和输送的主阵地。学生初级获证率 100%，中级 80%。毕业生就业质量明显提高，学生就业率 98%，对口就业率 82%，用人单位满意率 100%，稳定就业率达 85%。在教育培训和技能鉴定服务方面，学校与衡阳市白沙洲工业园区、衡阳市人社局职业技能鉴定中心、鸿富锦精密工业（衡阳）有限公司等 45 家企事业单位合作开展职工的在职培训、农村劳动力转移培训等达 3246 人次；开展了 9 个工种的职业技能鉴定，职业技能培训服务规模达到 36000 人/天。在科技服务方面，学校为瑞达电源有限公司等 50 余家企业完成技术服务工作 20 项。在共享帮扶方面，学校与衡阳县职业中专等 8 所中职学校结成帮扶共建关系，培训教师 12 名，支援与共建合作开发课程 7 门，联合开展课题研究 3 项。学校开展了对外合作，与韩国永进专门大学签署了合作办学协议。

办学资质：开办 3 年制中等职业教育

学校地址：衡阳市蒸阳南路小塘村 79 号

联系电话：0734 - 2894501；0734 - 2894508

【衡阳市第一中学】

巍乎衡岳，浩哉湘流，船山精神，薪火相传。雁城之西，矗立着一座自然风物与人文景观交相辉映的、百年文化积淀与现代教育思想完美融合的省级示范性普通高中——衡阳市第一中学。学校创建于 1884 年，前身为船山书院。学校于 2005 年整体搬迁至华新开发区，占地 300 亩，环境优雅，设施一流，拥有全市普通高中唯一的五星级食堂、66 个多媒体空调教室、12 个标准化实验室、4 个现代化电脑机房、两个高端录播教室，以及能容纳 3000 余

学生住宿的空调公寓。学校践行"教育即是服务"的办学理念，立足教育的本质就是"为人的成长服务，为人的全面发展服务，为人的未来服务"的核心价值观，构建了"适合的教育才是真正的优质教育"的思想体系，同时，学校朝着"让爱和温暖弥漫校园、让激情与活力充满课堂、让感恩与责任铭记心中"的办学方向，努力办"有温度的"教育，积极构建"有温度的"学校。

一个多世纪以来，学校英才辈出，如"旷代逸才"之称的杨度，大学者谢彬，原中央委员、中共中央政策研究室原主任滕文生，全国人大外事委员会原副主任周觉，教育部原副部长周远清，中国工程院院士方智远，著名水稻专家曹希之等。

这一方教育热土已经成为莘莘学子的求学圣地。学校拥有一流的师资队伍，其中全国优秀教师 4 名，特级教师 12 名，高级教师 97 名，一级教师 119 名；省市级以上骨干教师 23 名；外籍硕士教师 4 名。学校坚持文化强校方略，以厚重、博大的船山文化引领学生的价值观，以优雅的环境文化陶冶着学生的心灵，以丰富的文化活动奏响文明之歌；坚持以德育为核心，让学生在德育活动中感悟真善美，在自主管理中磨砺成未来的民族精英，在丰富多彩的社团活动中健全个性、张扬个性、发展潜能；坚持以教学为中心，"345"高效课堂改革已是名播三湘，"自主·合作·探究"的快乐课堂培养了学生的实践能力和创造力，学生自信系统、高效课堂达标系统、教学质量保障系统和课外反馈系统则为教育教学质量的逐年攀升提供了有力保障。学校还设立了智慧教育班，利用互联网＋学校教育，扩大教学容量，拓展学生思维，实现教育现代化和均衡化，培养具有国际视野的创新人才。学校设立船山书院文学院、理学院，以书院制形式，聘请专家和教师，提供阅读场所和资料，培养文科特长学生和理科尖子学生。学校还设立中美课程实验班、艺术实验班、创新人才实验班，利用选修课、走班制、分层教学、面批面改、联系制度、导师制度、奥赛培训、自主招生培训、打造学科特色等为学生的终身发展、全面发展和精英教育营造了沃土。

学校办学特色明显，办学业绩突出。学校搬迁至新校区以来，被清华大学、北京大学录取18人，居全市前列；连续几年囊括了衡阳市高考城区理科状元；高考本科二批上线人数由2005年的突破300大关上升到2012年的突破900人大关，2012年高考本科一批上线419人，2013年、2014年、2015年、2016年学校本科二批上线人数持续保持在900人以上，本科一批人数稳定在450人左右。近年来，学校还被评为中国教育综合实力百强学校，并斩获中国特色学校、中国足球特色学校、全国现代教育技术实验学校、全国青少年劳技教育发明创造实验学校、湖南省生态文明示范学校、湖南省教育系统创建学习型党组织十佳先进单位、湖南省文明单位等100多项荣誉。学校连年被评为"衡阳市高中教育质量先进单位"，被誉为衡阳高中教育的窗口学校，被各界媒体誉为衡阳高中教育的领跑者。

百年名校一路风雨兼程，化四方学子，育百年英才。今天的一中，以放眼世界的胸襟，以海纳百川的气度，昂扬奋发，众志成城，求真务实，艰苦创业，锐意进取，把学校发展为全国示范性高中。

学校地址：衡阳市华新开发区51街区

联系人：周吉华

招生电话：0734－8862549；0734－8862529

学校网址：www.hysyz.com

【衡阳市第二中学】

衡阳市第二中学坐落于衡阳城西佳处之西湖，东瞰湘江，西望岣嵝，南倚回雁，北眺南岳，襟带蒸湘，近揽石鼓，吸三湘之灵气，钟衡岳之秀色，以千年悠悠学脉、百年辉煌历史，开衡阳近代基础教育之先河。千年学府，《爱莲说》墨香恒久流传，香远益清，从北宋大儒周敦颐筑庐读书到濂溪书院，从西湖书院到莲湖书院，直至1906年建立衡清官立中学堂，历经西湖中学、衡阳县立中学、衡阳市立中学，再到衡阳市第二中学。

学校现为衡阳市示范性完全中学，有高中教学班38个，初中教学班4个，在职教师183人，在校学生2200余人。学校长久以来是衡阳教育的窗口学校，先后被授予衡阳市行为规范示范校、湖南省现代教育技术实验学校、湖南省培养体育运动后备人才重点中学、武汉体育学院训练基地、湖南师范大学艺术学院衡阳附中、全国培养体育后备人才试点中学、省级有突出贡献单位、湖南省优秀学校、湖南省依法治校示范校、湖南省教育工作先进单位等40余项荣誉称号。

百年名校，久负盛誉，人才辈出，中国卓越的教育家曾熙、曾恕曾任学校校长，台湾著名诗人洛夫、当代著名作家唐浩明、著名画家钟增亚、演艺界明星何文超、苏青，三级跳远世界冠军董斌等知名人士皆毕业于此。清华、北大、央音（中央音乐学院）、央美（中央美术学院）等全国名校俊彦尽显校友风采，牛津、剑桥、耶鲁、哈佛等世界名校精英辉耀学子群星榜。

一流师资，一流设备。学校现有特级教师6名，国家、省级骨干教师15名，高级教师80余名，获国家级、省级"优秀教师"称号教师12名，获"全国师德标兵"称号教师1名，获"全国英才导师奖"教师2名，获"徐特立教育奖"教师1名，获省级以上理、化、生奥赛及科技发明"园丁奖"教师8名。教师名优特比例为全市最高。近几年来，学校教师在市级以上优秀课比赛中获奖达120余人次，其中全国奖7人次，省级奖29人次。教师教育科研成果及论文获奖149项（篇），论文获国家级奖16篇、省级奖100余篇。樊芬芳老师研制的"中学型化学实验盒"获国家专利及全国科技教育发明一等奖，课题"中学型实验盒的开发与应用"获湖南省教育科研成果一等奖。学校教室配备了多媒体投影仪等电教设备和空调，建成了一流的室外塑胶运动场、体育馆、艺术楼、实验室、语音室等，还建有安装了热水系统等完备设施的学生公寓楼、食堂，可同时容纳1000余名住校生食宿。

分层培养，低进高出。学校确定了以文化知识教学为主体，以体育、艺术特长教育为辅助的"一体两翼"办学思路。根据学生的兴趣爱好及学习基础开展分类教学、分层教学，让有体艺兴趣和特长的学生在发展专业的基础上，保障文化学习。近年来，按进校成绩与高考升学成绩进行比较，学校高考上线比例居全市前茅，成就了低进高出的传奇。校友陈开元先生全额资助的恩萌班及文化科技班学生品学兼优、高考成绩优异；校友、著名青年演员苏青出资创办了青荷艺术班，培养高品位艺术人才。学校美术、音乐、体育特长培养享誉三湘，师资力量雄冠湘南。近三年，学校科技班、艺术特长班高考录取率达95%，高中毕业班运动员98%保送或单招进入高校。学校培养了许多优秀学生，先后被清华大学、北京大学、中央美术学院、中央音乐学院等全国一流大学录取。学校正在争创湖南省特色教育实验校。

六级陪伴，校风谨严。学校倡导"走近学生，亲近学生，陪伴学生"，始终把陪伴成长、校纪校风的整顿与提升作为与教学质量同样重要的首要任务来抓。学校建立了宿舍管理员、科任老师与班主任、学生处和团委及学生会、学校党委、校外校风监督员、社区协同陪伴管理六级校纪校风和陪伴成长管理体系，校风逐步走向优良，并多次受到多家媒体的专访推介；建立了年级部、教研组及学科备课组、蹲班干部、下年级值班干部、教育教学督导组、主管校长和相应处室等组成的六级教学督导体系，促进了教育教学质量的提高。

秉承"教育就是创造幸福"的办学理念，二中人正凝心聚力、苦练内功、开拓创新，意气风发地走在开创学校新辉煌的征途上。

学校地址：衡阳市莲湖路10号

招生联系人：唐承衡

招生电话：13973452993

学校网址：www.hysez.net

【衡阳市第三中学】

衡阳市第三中学前身为衡阳市广德中学，于1931年7月由美国教会出资兴办。

近年来，在衡阳市委、市政府和衡阳市教育局的关怀下，学校先后投入近700万元，完成了第二教学楼的拆除重建、学校前坪广场与校园文化长廊的兴建以及塑胶运动场的铺设，校园环境得到大幅改善。学校现有在职在编教职工115人，其中高级教师36人，中级教师77人。中、高级教师比例占学校教职工总数的85%。学校现有21个教学班，学生总人数达千人。

近几年，为提高教育教学质量，学校立足课改，聚焦课堂，通过理论培训、外出学习、班级试点、分年级实施等方式，掀起了新一轮课堂教学改革热潮，摸索出一套符合学校校情的课改教学模式——"四习"教学模式（复习、预习、讲习、练习）。学校新课改取得了明显成效。2012年12月，衡阳市教育局组织的历史、生物课改观摩活动在学校成功举行。2013年，学校被评为衡阳市"新课改试点验收校"，每年15%以上毕业生升入省级示范性普通高中。同时，学校整体得到了稳步发展，先后荣获衡阳市教育局目标管理考核优秀学校、湖南省教育厅优秀教育实习基地、教育部关工委全国青少年主题教育优秀学校等称号。

地址：衡阳市珠晖区东风南路188号

电话：0734－3122485

【衡阳市田家炳实验中学】

衡阳市田家炳实验中学坐落于风景秀丽的雁栖湖畔，是一所历史悠久、办学规模大、教学质量高、育人环境优的公办市级示范性普通高中。

学校由意大利天主教会创办于1938年，取名为仁爱中学；1954年由衡阳市人民政府接管，命名为衡阳市第四中学；2002年因香港田家炳基金会资金注入，改名为衡阳市田家炳实验中学。

学校现有36个教学班，学生2000多名。学校师资力量雄厚，现有在岗教职员工160名，其中特级教师1人，市级学科带头人1人，市级骨干教师3人，高级职称教师38人，中级职称教师68人，研究生学历的8人，教师学历合格率达100%。教师年富力强，教学经验丰富。

学校设施先进完备，教学大楼、实验大楼、图书科技大楼、学生公寓、学生食堂和运动场地一应俱全，装备有2个电脑室、38个多媒体教室等现代教育技术设备。2009年5月，学校与长郡中学成功携手，全校师生可以跨越空间，共享长郡中学优质的教育资源。

学校被评为湖南省现代教育技术实验学校、湖南省师德建设先进单位、湖南省校务公开民主管理先进单位、衡阳市新课改样本校、衡阳市三星级文明单位、衡阳市中学生日常行为规范示范学校、衡阳市优秀学校。

学校全面推行素质教育，教学质量直线上升，建立了蒲公英文学社、英语角、奥赛班、篮球队、田径队、美术兴趣小组、音乐兴趣小组。近两年，教师参加业务比赛或撰写论文在国家、省、市获奖 200 余人次。学生参加市级以上各项比赛载誉而归，共有 300 余人次获各种奖励。高考升学率一年一个台阶，2014 年、2015 年、2016 年高考本科一批、本科二批上线总人数及 600 分以上高分人数均列市直示范性高中前茅。

学校于 2003 年创办宏志班，现已招收 13 届宏志生。宏志班以资助品学兼优、家庭困难的学生完成高中学业为目标，对学生实行"四免一补"政策，免交全部学费、杂费、住宿费、校服费、享受生活补助。从 2006 年第一届宏志班宏志生毕业到 2016 年，每届宏志生 100% 考上本科二批及以上的大学。宏志班现已成为衡阳市教育的一个品牌。

学校是香港田家炳基金会赞助的外向型中学。应届优秀高中毕业生均享受田家炳基金会奖励，凡本校毕业生考入清华大学、北京大学、上海交通大学、浙江大学、复旦大学、中国科技大学、华中科技大学、南开大学、西安交通大学、南京大学、哈尔滨工业大学、吉林大学、武汉大学、北京师范大学、中山大学、华南理工大学、四川大学、天津大学、大连理工大学、中南大学、厦门大学、西北工业大学、山东大学、华南大学、重庆大学等 64 所高校，田家炳基金会将发放奖学金 4000 元/生。

学校地址：衡阳市石鼓区黄沙湾 44 号

招生电话：0734 - 8516373

学校网址：www.hytjb.net

【衡阳市第五中学】

衡阳市第五中学始建于 1973 年，是衡阳市一所市级示范性普通高中。学校北依南岳之首的回雁峰，南傍绿草如茵的古樟园，东临浩荡北去的湘江，与衡阳八景之一的东洲岛隔江相望，环境恬静优美，四季花繁草绿，景色宜人，是读书、治学、成才的理想场所。

自 2004 年以来，学校经过改造和建设，布局日趋规范合理，拥有现代化的教学楼、办公楼、实验楼及高规格的学生运动场及体育设施设备。学校拥有一支包括湖南省骨干教师、衡阳市优秀教师在内的业务能力拔尖、教学经验丰富、现代教育手段操作娴熟的爱岗敬业的师资队伍。

学校近年来相继荣获了"衡阳市行为规范学校""衡阳市星级文明单位""衡阳市卫生优秀学校""衡阳市园林式单位""衡阳市优秀学校""湖南省体育优秀学校""湖南省优秀考点"等荣誉称号。2001 年，学校被湖南省教育厅定为"湖南省综合高中试点学校"，为了培养"合格＋特长"的学生，学校与衡阳师范学院美术系联合办学，开设了美术特长班，为学生的成才开辟了一条理想的渠道。2003 年，学校被评为"现代教育技术实验学校"。近年来，学校注重特色办学，在全面发展的基础上，发挥学生个性特长，拓展特色之路，在美术、定向越野、跆拳道、体育、艺术等方面形成了自己的办学特色。学校教育教学质量也不断攀升，高考升学率近年来连年稳居市直高中学校前茅。其中王健同学在 2017 年高考中，获得 657 分的优异成绩。

学校全面推行素质教育，校园文化生活丰富多彩，学生社团活动活跃。学校组织学生参加衡阳市教育局"三独比赛"，多次获得好成绩；开展了"校园十佳歌手""个人才艺秀""我是校园小画家""磨难教育"等多种有意义的活动；有声有色地编办《新五中》校报，丰富了校园生活，为学生展现自我和艺术才能提供了广阔的舞台。

学校地址：衡阳市雁峰区黄茶路 120 号

电话：0734 - 8411135

邮箱：10070769@qq.com

【衡阳市第六中学】

衡阳市第六中学是衡阳市教育局直属全日制完全中学，始建于 1941 年，前身为"湖南私立建德中学"，是一所老牌市属重点完全中学、首批市级示范性普通高中，系联合国教科文组织在我国开创人口教育的全国十所中学之一。

近 10 多年来，学校先后获得湖南省体育工作先进学校、湖南省青少年科技教育先进单位、湖南省安全文明校园、湖南省优秀高考考点、衡阳市二星级文明单位、衡阳市教研教改示范校、衡阳市中学生日常行为规范示范校、衡阳市现代教育技术实验学校、衡阳市优秀学校、衡阳市综合治理模范学校、衡阳市德育常规管理先进单位等数十项荣誉称号。

学校师资力量雄厚，有高级教师 59 人，其中特级教师 2 人，省级骨干教师 6 人，衡阳市学科带头人 1 人，具有研究生学历的教师 6 人。现有在校学生 2300 余人，40 个教学班，其中初中 10 个班，高中 30 个班。学校占地 50 亩，建筑面积 3 万多平方米，教学设施完备，拥有现代化的教学楼、实验楼和办公楼以及可容纳 600 名住校生的学生公寓、可容纳 800 人就餐的食堂和高标准化的塑胶田径运动场。教学设施市内一流，有先进的校园网络系统和校园广播系统，每间教室都配备了多媒体，所有教室、宿舍、办公室都装备了空调，还装备有全新的省内一流的标准理化生实验室、音乐美术教室、计算机教室、通用技术教室。

校园绿树成荫，环境幽雅，人文氛围浓厚。2014 年以来，学校快速推进校园环境提升工程，新的塑胶运动场、停车场、厕所相继投入使用。"国学主题文化长廊"、近两层楼高的不锈钢雕塑、各具特色的班级文化，以及花、草、树、石、桌、凳、廊、坛等景观小品的吸睛点缀，无不展现了一个宜教、宜学、宜居的园林化、现代化的校园。

2011 年开始，学校与衡阳市第一中学合作办学，借助省级示范性普通高中的优质教育资源，创办了"青化山班"，在招生、教学、教研、检测等方面实现了资源共享，进一步深化教学改革，推进素质教育，教育教学质量获得长足发展。2015 年，学校正式加入衡阳市第一中学教育集团，成为副理事长单位。

入学条件：小学毕业生按划片就近入读学校初中，学校高中根据志愿按分数线录取初中毕业生。

学校地址：衡阳市蒸湘区衡祁路 9 号（原汽车西站附近）

招生电话：0734 – 8306698；0734 – 8306656

学校网址：www.hys6z.cn

【衡阳市第七中学】

衡阳市第七中学创建于 1921 年，是衡阳市教育局直属的市级示范性普通高中，湖南省唯一一所全日制日本语学校，长郡中学远程教育示范学校。日语教学是学校的办学品牌，英语和日语双语教学是学校的办学亮点，学生在高中三年可掌握英语和日语两门外语。学校还举办由家庭困难且品学兼优的学生组建的励志班。

励志班是经过衡阳市教育局同意，面向城区招收家庭困难且品学兼优的学生的班级，从 2014 年秋季开始招生，每届不超过 50 人。学校免收励志生在校期间的一切费用，每年资助学生 2000 元生活费，并提供四套校服，同时学生还可享受国家助学金。学校对励志班的管理采用小班制、名师制、导师制、月假制等形式，与衡阳市第八中学同教材、同教辅、同考试、同评价。2014 年秋季首批招生 32 名。

学校现有在校日语生 840 人，是我国高中学校日语教学规模较大的学校；现有日语专职教师 10 人，其中有 3 名教师分别毕业于日本广岛大学、札幌大学和创价大学，另聘有日籍教师。自开办日语教学以来，学校有 1000 多人考上北京外国语大学、广东外语外贸大学、中山大学、武汉大学等著名高校；留日学生 200 多人，其中不乏早稻田大学、东京大学等名校骄子。近几年，在全省中学日语演讲及作文竞赛中，学校几乎揽获所有的一、二等奖；在全国日语作文和演讲比赛中，学校学生获奖达 50 人次，其中 12 人获特等奖，还得到免费赴日交流学习一周的机会。在高考、学业水平考试中，学校日语单科成绩还稳居全省日语学校前两名。

学校地址：衡阳市珠晖区湘江东路 108 号

招生电话：0734 – 8332253

网址：www.hysdqz.com

【衡阳市第八中学】

衡阳市第八中学创办于 1907 年，前身为私立成章中学，素有"湘南名校"之称，1953 年更名为衡阳市第八中学，曾四次确定为湖南省重点中学，1994 年成为湖南省首批挂牌重点中学，是全省 20 所挂牌重点中学之一。2002 年学校被评为全国百所知名重点中学；2003 年在湖南省首次教育督导评估中，综合得分位居全省第三，被誉为"湖南省重点中学的领头羊"；2004 年成为湖南省首批挂牌的湖南省示范性普通高中；2005、2007、2009、2011、2013、2015 年连续六次被评为"中国百强中学"；

2006 年被认定具有聘请外国文教专家单位资格；2009 年成为全国百所特色高中、全国群众体育先进单位；2010 年被评为"中国百年名校"；2012 年被评为全国重点大学暨"211 工程"大学生源基地学校、全国素质教育先进示范校、全国环境教育示范学校；2013 年被新浪网评为全国百强、湖南五强学校；2014 年被评为国家级体育传统学校、全国信息学奥林匹克特色学校，并组建了衡阳市第八中学教育集团，成为衡阳市规模最大的基础教育办学联合体；2015 年被评为全国青少年校园足球特色学校、全国学校体育工作示范学校、全国学校艺术教育百强示范学校、中华传统文化教学研究基地、湖南省文明标兵单位。

学校占地 150 余亩，建筑面积约 8 万平方米，现有高中 60 个教学班（含国际教学特色班），3500 余名学生。学校师资力量雄厚，现有教职工 257 人，其中具有研究生学历的教师 37 人，特级教师 12 人，高级教师 98 人，国家级及省级骨干教师 12 人，国家、省、市级优秀教师 43 人，聘请外籍教师 6 人。

学校是湖南省新课改样板校，率先在全市高中学校中推行新课程改革，构建以"启释固延"（启思自学·质疑释惑·典例巩固·拓展延伸）为模式的高效课堂体系，全面提高学校教育教学质量。近年来，学校高考成绩一直稳居衡阳市第一、湖南省十强：本科二批上线率一直保持在 85% 左右，本科一批上线率保持在 60% 左右，其中 600 分以上高分人数和北京大学、清华大学上线人数一直遥居全市第一。高中学业水平考试和考查，学校以接近 100% 的一次性合格率多次受到湖南省教育厅表彰。学校连年被评为"衡阳市普通高中教学质量先进单位"。

学校恪守"忠信笃敬"的校训，坚持"固本尚真，办一所美丽学校"的教育思想，形成了"全面育人，科学育人，质量为本，和谐发展"的办学理念和"从高从严，求真求美"的八中精神。学校全面实施依法治校，全面推进改革创新，全面提升教学质量，全面创建"高质量、有特色、现代型、国际化"全国知名示范性高中。学校大力营造本真文化，坚守教育本源，崇尚教育要义，引领师生对善的价值至高追求、真的规律的真切遵循，鼓励师生做美的追求者、创造者和展示者。学校已成为一所教风正、学风浓、教学质量高、社会声誉高的全国名校，被广大家长、师生称为"温馨的家园，成才的摇篮"。

学校地址：衡阳市雁峰区黄白路 81 号

联系人：李平波

招生电话：0734 – 8461242

网址：www.hysbz.com

【衡阳市第九中学】

衡阳市第九中学始创于 1941 年，原名平智中学，是由民主人士何益平、李明智夫妇创办的，中华人民共和国成立后，按统一规划更名为衡阳市第九中学，至今已经走过了 70 余年的风雨。

随着学校所在地——衡阳市白沙洲工业园园区的飞速发展，学校迎来了前所未有的发展机遇，作为工业园区唯一的公办初中，衡阳市专题办公会议纪要（〔2012〕第 49 次）中明确指出"衡阳市第九中学是园区唯一一所初级中学，必须高起点、高规划、高标准"，才能适应园区的发展要求，规划面积要达到 130～150 亩，向衡云干线、湘江风光带扩展，征地由衡阳市白沙工业园管委会负责，学校内部整体规划由衡阳市教育局负责。

根据园区经济平台发展的需要以及周边老百姓对教育资源的需求，衡阳市第九中学迁建项目于 2014 年 12 月立项，规划设计为全寄宿制中学，办学规模为 42 个教学班，可容纳在校学生约 2100 人，项目位于衡阳市白沙洲工业园区内，总建筑面积 53500 平方米。学校自 2016 年 6 月开始桩基础施工，2018 年 9 月正式在新址开学。

【衡阳市外国语学校】

衡阳市外国语学校前身为南路师范学堂，始建于 1908 年，1915 年更名为湖南私立道南中学，1958 年更名为衡阳市第十一中学，2000 年 5 月更名为"衡阳市外国语学校"，2014 年加入衡阳市第八中学教育集团，教育理念和管理措施与集团同步，教育资源共享。学校是衡阳市教育局直属的唯一一所全日制涉外公办特色中学，系全国外语特色学校、湖南省外国语实验学校。学校现有 21 个教学班，在校学生

1000余人。

学校以外语特色教育为突破口，以"强化特色，提高质量"为办学思想，开创了一条"外语特长"的教育新路。学校实行小班制教学，长期聘请外籍教师在校任教，让学生感受纯正的欧美英语，给学生提供口语交流的平台，并开设第二外语——日语、法语。同时在师生中积极推广英语口语交谈，广泛开展英语之角、英语沙龙、英语广播、英语演讲等形式多样的活动，营造了浓厚的外语交流氛围，培育了富有特色的校园文化和人文精神，以此为莘莘学子打造冲出湖南、走向世界的阶梯，为国家培养外向型综合人才。

凭借独特的办学理念和办学模式，经过多年的不断创新和努力，学校外语特色教育成果显著，带动了其他学科成绩的均衡提高，促进了学校各项工作的飞速发展，学校教育教学质量逐年提高，高考、中考成绩一路攀升。近几年来，学校还获得"湖南省外国语特色教育先进单位""衡阳市优秀学校""衡阳市文明单位"等100多项殊荣。

学校师资力量雄厚。现有专任教师84名，其中外籍教师1名，有国外留学经历的教师1名。学校环境优雅，办学设施一流，有崭新的塑胶跑道、学生公寓和食堂，并配有多媒体教室、实验室、舞蹈室和语音室。学校配备全方位安全监控系统，实行全封闭式管理、保安24小时轮流值班制。

学校地址：衡阳市石鼓区易赖街72号

招生电话：0734－8191334

联系人：于志民

网址：www.hysfls.cn

【衡阳市逸夫中学】

衡阳市逸夫中学是由香港著名爱国实业家邵逸夫先生捐资助建的一所衡阳市教育局直属公办初级中学。学校创办于1969年，原名衡阳市城建中学，1981年更名为衡阳市第十三中学，1995年全面改建并更名为衡阳市逸夫中学。学校前临雁栖湖公园，后枕石鼓书院，集传统文化之神韵，揽现代文明之精华，交通便利，乃求学胜地。

学校师资力量雄厚，现有27个教学班，学生1633人，其中住校生700人；在职教工124人，以中青年教师为主，其中湖南省特级教师1人、中学高级教师23人、中学一级教师55人，省、市级优秀教师7人、骨干教师5人，是一支师德高尚、业务精湛、为社会各界尊敬和称颂的教师队伍。

学校教学环境优雅，面积近40亩，建筑面积13000多平方米。校园布局科学合理，高标准的建筑群体融中国古典园林特色与现代建筑艺术于一体，美观典雅，独具风格。建筑群间亭廊相接，花草掩映，水树廊台，相得益彰。四季鲜花盛开，处处草木葱茏，为湖南省园林式单位。校内设施先进齐备，办学条件优越。

办学理念：对学生一生发展负责，为学生终身幸福奠基。

总体目标：建设"四型学校"、打造市一流初中。

办学目标：学校有理想，学生有志向，老师有追求，家长有希望。

联系人：李周利

网址：www.hnhysyfzx.com

【衡阳市第十四中学】

衡阳市第十四中学创办于1950年1月，1981年成为衡阳市教育局直属全日制初级中学。

学校坐落于石鼓区蒸阳北路36号。2003年后，学校加快了校园环境的改造，对教学楼、实验楼进行了维修，建成了高标准的校园网，办公室都配备了电脑。每间教室都安装了多媒体视频投影设备和电子白板。学校有语音室、多媒体教室、电脑教室、电子备课中心和音像资料库，有全市一流的生物、化学实验室。学校现有10个教学班，400多名学生；有在职教师56名，其中80%以上为中学高级教师和一级教师。

半个多世纪底蕴的积蓄与传承，使学校形成了一整套较为成熟的办学理念和管理思想。学校的办学理念是"以人为本，办人民满意教育"，办学策略是"质量为生命、素质为核心、创新为特色"，办学目标是"创办全市一流的精品学校"。

多年来，学校毕业会考各项指标完成情况在市直中学中名列前茅。2012年，毕业会考人均总分居市直公办中学第三；2013年，毕业会考优秀率居市直公办中学第三。学校自成立以来，已为高一级学校和社会输送了上万名合格人才，其中有第26届国际奥林匹克化学竞赛金牌获得者黄永亮，2002、2003年衡阳市高考文科状元李彦斐、罗恒。学校也先后荣获衡阳市"社会治安模范单位"（1998年）、"中学生行为规范示范校"（2001年）、"现代教育技术实验学校"（2005年）、"衡阳市教育局直属学校目标管理考评先进单位"（1997、1998、1999、2005、2012年）、"书香校园"（2010年）、"三星级文明单位"（2012年）等一系列荣誉。

招生电话：0734－8220040

网址：www.hy14.com

【衡阳市第十五中学】

衡阳市第十五中学，前身是白沙中学，于1973年成为衡阳市教育局直属学校，1985年改制为"衡阳市第二职业中学"，1997年又改为"衡阳市第十五中学"。学校东临白沙工业园、北望回雁峰，地理环境优越，人文气息浓郁。学校占地面积21363平方米，建筑总面积12250平方米，拥有18个教学班，近900名在校学生，是一所环境优雅、富有朝气、精神焕发的学校。学校校风严谨、学风优良，共有教师68名，其中高级教师15人，中级职称31人，具有大学本科学历的教师63人。在全体教工的共同努力下，学校曾多次被评为衡阳市优秀学校。学校的办学水平较高、教学质量较好。

学校始终树立教育为学生服务的宗旨，一切为了学生。为了避免部分学生不吃早餐赶时间来校，学校推迟第一节上课时间，方便学生能到食堂吃早餐。毕业班有部分学生基础较差，学校初三教师牺牲休息时间为这些学生开展周末义务免费补习。2015年中考，学生在衡阳市第五中学考试，路途较远，为了确保不出安全事故，保证组织秩序，确保学生准时参考，学校从有限的办学公用经费中挤出资金，免收学生任何费用，租用公交车接送全体参考学生，并免费为其提供优质中餐。学校设立"书记帮困基金"，多渠道筹措资金帮助困难学生就读，家长对此交口称赞。近几年，在部分同类学校生源急剧下降的环境下，学校招生形势可谓"风景这边独好"。

一分耕耘，一分收获，经过全校师生的共同努力，学校各方面工作取得了可喜的成绩。2014年9月，学校被遴选为"湖南省第三批省级教师培训基地校"，12月，学校被授为湖南省中小学教育管理专业委员会常务副理事长单位，2015年3月，省级德育课题"初级中学实施孝德教育的实践研究"荣获衡阳市第九届基础教育优秀教研教改成果一等奖。2015、2016年，中考再传捷报，实考人均分、优秀率均居市直公办初中前列，为省重点高中输送定向生60余人。教师在省、市级各类比赛获奖35人次，教师论文在省、市级获奖16人次，在国家级刊物发表2篇。教职工代表队参加衡阳市羽毛球比赛获得冠军，教职工田径运动会荣获全市第二名。学生获市级排球比赛第一名、健美操比赛二等奖、中学生篮球赛三等奖。其他各类比赛获奖学生多达110人次。学校获得"雁峰区社会管理综合治理工作先进单位"，顺利通过了义务教育均衡发展国家级检查。学校还成功申报获批国家级"足球特色学校"。168班被评为"衡阳市普通中小学校先进班集体"。

学校地址：衡阳市雁峰区塑电村12号

联系人：刘小武

联系电话：0734－8401767

网址：www.hnhys15zx.com

衡阳市第十六中学

衡阳市第十六中学始建于1958年，是一所隶属于衡阳市教育局的全日制初级中学。学校位于雁城路打线坪地段，北与岳屏公园毗邻，东与雁峰公园相望，位置优越，交通便利。学校有19个教学班，近900名在校学生。

学校师资力量雄厚，拥有一支业务精良、业绩突出、育人有术、敬业爱岗的教师队伍：其中市级骨干教师2人，高级教师16人、一级教师51人。学校配备了功能齐全的物理、化学、生物实验室以及图书馆和阅览室，建立了覆盖全校的校园网，是衡阳市初级中学中第一所"湖南省现代教育技术实验学校"。

学校环境幽雅，景色宜人，不仅是衡阳市三星级文明单位，还是衡阳市第一所被评为"湖南省园林式单位"的初级中学。

"为社会培养幸福的人，让学校成为教师会教，学生善学，师生共同成长的乐土"是学校的办学宗旨；"尚德、博学、求实、创新"是学校的校训；"大雁振翅，奋勇高飞"是学校的校园精神。"潜能生学有所获，中等生学有进步，优等生学有所成"，这是毕业生对母校办学业绩的精彩点评；"教有成效，学有收获"是社会各界对学校教学的高度评价。在全体教职工的共同努力下，学校的管理水平不断提高，校风严谨、学风优良，成为初级中学中第一批"湖南省依法治校示范校""衡阳市中小学生日常行为规范示范学校"和"衡阳市语言文字规范化学校"；多次被评为"衡阳市教育局直属学校目标管理考核优秀学校"。

学校地址：雁峰区雁城路王家山 1 号

招生联系人：唐朝霞　刘玉芳

招生电话：0734 - 8537708；18674745948；15200582504

【衡阳市第十七中学】

衡阳市第十七中学的前身为省立三中，创办于清光绪三十年（1904 年），被誉为"湘南革命摇篮"。学校地址位于衡阳市珠晖区晏家坪，地处衡阳市珠晖区湘江和耒河汇合处的三角平原上，面临湘江，背依耒河，与历史悠久、巍峨耸立的衡阳八景之一——来雁塔隔江相望，是衡阳市重点文物保护单位。

学校占地 49.5 亩，共有建筑 13 栋，教学班 12 个，现有在编教职工 75 人，具有中学高级职称的 14 人，中学一级职称的教师 38 人，初级教师 20 人，行政人员及工勤人员 7 人。

近年来学校以"进德修业，慎思笃行"为校训，以省立三中旧址为基地，办具有红色传统的特色教育，全体师生讲团结，讲奉献，讲服务，艰苦奋斗，务实进取。

学校地址：衡阳市珠晖区晏家坪 34 号

招生电话：0734 - 8371714

【衡阳市实验中学】

衡阳市实验中学是市级示范性初级中学，创办于 1995 年 9 月，坐落于衡阳市蒸湘区太平小区 127 栋。学校占地面积 16727 平方米，建筑面积 18000 平方米。除教学楼外，有实验楼（内有理化生实验室、电脑机房、语音室、多媒体教室、图书室、阅览室、校园电视台、天文观测台）、体育艺术馆、办公楼以及塑胶运动场。2007 年，教室全部改建为多媒体教室，

同时建立校园网络系统、智能广播系统、闭路电视系统，现代化教育教学设施先进。学校现有 42 个教学班，在校学生达 2400 余人，教职工 170 余人，其中专任教师 151 人，特级教师 2 人，高级教师 42 人，中级教师 90 人。

衡阳市实验中学的办学理念是：以人为本、以德育人；常规为主，科研领先；全面发展，注重特色；质量唯上，求真尚美。校训是：励志、善学、求美、创新。教风是：博学、善教、崇真、务实。学风是：勤奋、善学、文明、守纪。作风是：民主、团结、务实、高效。校歌是《光荣啊，实验中学》。

联系人：杜炜

招生电话：0734 - 8833661

学校网站：www.hyssyzx.com

【衡阳市铁一中学】

衡阳市铁一中学是一所省级示范性普通高中，创建于 1943 年，原交通部部立衡阳扶轮中学。学校办学历史悠久，环境优美。1995 年，学校通过湖南省示范性普通高中的检查评估，于 1996 年正式挂牌为湖南省示范性普通高中，是原长沙铁路总公司管内第一所省级示范性普通高中和衡阳市唯一一所企业办学的省级示范性普通高中。2004 年 7 月，学校由铁路企业移交给衡阳市人民政府管理。2006 年 7 月，原冶金中学高中部 77 名在职教师和 56 名退休教师并入学校，学校的办学规模逐步扩大。2003、2009 年两次接受了湖南省示范性普通高中的督导评估。2013 年 8 月 30 日，为进一步促进学校发展，提升办学品位，衡阳市委、市政府决定对学校实施整体搬迁。

学校现有 44 个教学班，2446 名学生，校园占地面积 80 亩，校舍总面积 23600 平方米。学校现有专任教师 178 人，其中中学高级教师 69 人。学校一直沿袭着铁路企业的"半军事化"管理模式，实行"坐班制"。衡阳市教育局领导多次在公开场合称道，衡阳市铁一中学"师德高尚、师资雄厚"。学校领导班子成员都是来自教学第一线，是一个有丰富的教学经验、事业心强、团结协作、清正廉洁、作风正派的领导集体。

学校布局合理，教学区、运动区和生活区相对独立，校内绿树成荫，百花争艳，是湖南

省园林式单位。学校的教学设备齐全但比较陈旧（因面临学校整体搬迁，避免重复建设，衡阳市委、市政府以及衡阳市教育局决定对老校区保运转、新校区按高标准建设）。学校原配备了微机教室、多媒体语音室，建成了多媒体中心电教室和校园局域网，配齐了智能广播系统、监控系统、通用技术教室。所有教室均安装了多媒体设备，为教师配齐了手提电脑用于教学。

衡阳市铁一中学原为铁路子弟中学，尽管生源面窄，学生起点低，但在全体教职员工的共同努力下，教育教学质量逐年提高。2016年，学校共746人参考高考，本科上线612人，上线率为82.04%，其中本科一批上线102人，本科二批及以上上线271人，600分以上3人。高二学业水平测试也取得了一次性合格率达94.8%的优异成绩，给社会和家长交出了一份满意的答卷。

衡阳市2016年的高中招生被媒体评为"史上最严"招生，学校录取线为919分，中等生源得到了很大的改善，这将更有利于学校教学质量的提高。

在衡阳市委、市政府的关心与支持下，学校的迁建工作正有序推进，有些主体建设已经完工；同时在衡阳市教育局的统筹下，与衡阳师范学院的联合办学项目也在有序进行中，已经与衡阳师范学院进行了两次有意义的直接会谈。

学校地址：衡阳市珠晖区东风南路308号

联系人：蒋才发　廖荣辉

招生电话：0734－8599076

网址：www.hytyzx.com

【衡阳市第二十三中学】

衡阳市第二十三中学创建于1953年2月，前身是"衡阳铁路职工子弟第二中学"，是一所历史悠久、享有盛誉、颇具质量的老牌铁路完全中学；也是一所具有复杂、多元的"移民"文化特征的学校（学校在2004年7月移交给衡阳市政府管理前后，无条件接纳了4所铁路附属学校的部分分流教师和接管了衡阳市探矿子弟中学的全部教师）。2004年7月，学校移交给衡阳市政府管理，更名为"衡阳市第二十三中学"。2008年在衡阳市教育布局大调整中，学校定位为市直公办初级中学。

学校现有学生人数为1445人，24个教学班；教职员工99人，其中市级学科带头人1人，高级教师13人，一级教师54人，研究生学历3人；退休职工152人。

学校占地面积33000平方米，绿草如茵，花木满园，环境优美宜人。学校拥有250米全塑运动场及人造草足球场、塑胶篮球场、塑胶排球场、塑胶羽毛球场、塑胶网球场、形体房等文体活动设施；建有实验楼、多媒体教学楼、学生公寓、学生食堂、图书馆等师生学习生活场所；拥有在省、市领先的绿色心理健康教育辅导中心——沁心楼（含书房斋、欢乐谷、泥捏室、聊天室、音乐厅、涂鸦室、沙盘室、影视室等多个功能室）；拥有完整的多媒体教学系统，建设了宽带数字化校园网络，教学办公实现了自动化、信息化；还拥有点对点的校园广播系统、全覆盖的校园监控系统、计算机室等现代教学所需的设备设施。

学校为市直公办初级中学，每年按照衡阳市教育局的招生政策精神和下达的计划任务进行招生，招收服务区内小学应届毕业生和进城务工子女、留守儿童入学。60多年来，学校以海纳百川的胸襟和气度，积极融合先进的办学思想，以育才泽人、服务社会为己任，以创办省、市知名学校为目标，以本真教育、自主教育和自主发展为抓手，以"坚持学生身心健康与道德习惯并重、坚持学生体艺素养与文化技能并重"为办学思想，逐步形成了"教育就是创造幸福"的办学理念，"关注幸福指数，提升生命质量"的办学特色和"唯实、唯新、允真、允善"的校训。近几年，学校紧紧依靠管理与创新，通过抓名师工程，打造出一支师德高尚、素质精良、敢为人先、人民满意的教师队伍；通过抓校风工程建设，形成了教风实、学风淳、校风雅、校名扬的办学局面；通过抓文化工程，构建出活力和谐的校园文化，体现了校园的"书生气、书卷气、书院气"，提升了文化品位；通过抓质量工程，推进教育创新、深化课程改革、优化教育教学模式，实现了教师善教乐教，学生乐学善学、个个成功成才的质量效应，学校办学谱写了以教书育人、创新发展为主旋律的华美篇章。

在学校全体师生员工奋力拼搏、励精图治下，学校于2013年挂牌成为国培计划湖南省教师培训基地校，2016年成为全国青少年校园特色足球校和衡阳师范学院教学实践基地。近几年，学校连续成为衡阳市教学质量先进单位（中考质量一直位居市直公办学校前列）、衡阳市年度目标考核优秀学校、衡阳市创先争优先进基层党组织，荣获全国亿万学生阳光体育冬季长跑活动优秀学校、湖南省优秀青少年维权岗、湖南省应急管理基层先进单位、湖南省防震减灾科普示范校、湖南省生态文明示范校、湖南省教育厅"身边的好学校"、衡阳市德育工作先进单位、湖南省禁毒宣传示范校、衡阳市共青团工作先进单位、衡阳市现代技术实验学校、衡阳市三星级文明单位、衡阳市心理健康教育先进单位、衡阳市阳光体育活动优秀学校、衡阳市思想政治工作示范点、衡阳市养成教育示范校、衡阳市教育教学常规先进单位、衡阳市体育艺术2＋1示范校、衡阳市教研工作先进单位、湖南省十一五课题研究成果一等奖等诸多荣誉；先后承办了市直校长管理现场会、衡阳市中小学体育艺术"2＋1"现场观摩会、衡阳市教育系统团干现场观摩会、衡阳市中小学防震减灾应急模拟演练观摩会、衡阳市青少年法治宣传教育启动仪式等大型活动；迎来了全国10名校长、全省100名校长（3次）等省内外100多个团体、兄弟学校来校参观考察学习。学校办学经验成果先后被《湖南日报》《湖南教育杂志社》《衡阳晚报》等多家媒体专题宣传报道。

学校地址：衡阳市珠晖区苗圃里85号

联系人：刘中海

招生电话：0734－3178617

网址为：www.hy23zx.cn

【衡阳市华新实验中学】

衡阳市华新实验中学成立于2010年9月1日，是一所极具现代化气息的市直公办寄宿制初级中学。学校占地55亩，建筑面积14077平方米，办学规模30个班，可容纳学生1500余人。现有初中3个年级，24个教学班，1300余名学生。

办学以来，学校秉承"尊重学生天性，发展学生个性，培养学生灵性"和"教育适度超前"的办学理念，内强素质，外树形象，开拓进取，强化特色，努力创建衡阳市义务教育窗口学校。学校基础设施不断完善，拥有电子白板、数字网络智能广播系统、安防监控系统、多功能报告厅、三维地理教室、塑胶跑道等一流的现代教学设备。教学质量稳步上升，中考成绩稳居市直公办中学前列，连续五年被衡阳市教育局授予"衡阳市市直义务教育阶段教育教学质量先进单位"称号。教研教改结出硕果，教师获得各项荣誉148人次，其中国家级4人次；学生获得各项荣誉135人次，其中国家级12人次。学生德育工作凸显特色，形成"八德"教育为主的中华传统文化教育。学校还先后荣获全国五好小公民示范校等各类荣誉50多项。办学至今，学校办学影响力不断提升，社会知名度不断提高，学校正朝着衡阳市义务教育窗口学校阔步前进！

地址：衡阳市高新技术开发区华新汽车站往南800米（蒸水南路与天台路交会处）

招生电话：0734－2635685

【衡阳市第二十六中学】

衡阳市第二十六中学（衡阳市第八中学二七二分校）原名二七二厂子弟中学，位于珠晖区东阳渡二七二厂内，占地约50亩，是衡阳市教育局直属的一所公办高中。学校位于湘江之滨，一年四季鸟语花香，风景秀丽，环境幽美，各种教学及生活设施一应俱全，是莘莘学子求学的理想场所。学校于1959年建校，1970年开办高中，2006年1月正式移交给衡阳市教育局，2009年停办初中。学校现有在编教职工79人，其中高级教师23人，一级教师33人，初级教师16人；教学班级18个，在校学生1000余人。

2011年9月，学校迎来了良好的发展机遇，在衡阳市委、市政府和衡阳市教育局的大力支持下，学校与全国百强名校衡阳市第八中学签署了合作办学协议，衡阳市第八中学在学校设立二七二分校（衡阳市第八中学高中部唯一的一所分校），并隆重举行了"衡阳市第八中学二七二分校"揭牌庆典仪式，2014年12月，学校正式成为衡阳市第八中学教育集团中唯一一所公办高中。学校积极借鉴衡阳市第八中学先进的办学理念和丰富的管理经验，创新办学模式，深化教育教学改革，不断促进教师专业化成长，不断提高教学质量和办学水平。近三年来，学校学业水平考试合格率、高考上线率均居市区同类学校前列（前五名），并先后获得了"湖南省贯彻体育卫生条例先进单位""衡阳市校园文化建设先进单位""衡阳市综合治理工作先进单位""衡阳市教育信息化先进单位""衡阳市三星级文明单位""衡阳市教师继续教育先进单位""衡阳市高中教育质量先进单位"等荣誉称号。

学校地址：衡阳市珠晖区东阳渡二七二厂内

邮编：421004

电话：8356371

网址：www.hys26z.com

【衡阳市衡钢中学】

衡阳市衡钢中学创办于1958年，2002年成为衡阳市首批挂牌的市重点中学，2004年成为衡阳市首批挂牌的市级示范性普通高中，2006年由衡阳钢管集团移交给衡阳市人民政府，成为衡阳市教育局直属全日制公办市级示范性普通高中。学校现有教职员工164人，其中专任教师154人，高级教师51人，中教一级教师83人，具有研究生学历教师9人，本科学历教师150人，其中有87人毕业于"211"大学和全国其他重点大学。学校拥有省级优秀教师、骨干教师及市级优秀教师、优秀班主任和骨干教师共18人。现有教学班39个，在校学生2500余人。

学校以"博学多思、健心强体"为校训，秉承"为学生的生存发展和终生幸福奠基"的办学思想，倡导"面向全体、全面发展、整体优化、重点培养"的办学理念，追求"科学与人文相融、个性与规范并存、基础与特色共举"，内抓管理，外树形象，学校先后被评为湖南省现代教育技术实验学校、湖南省文明卫生单位、湖南省实施《学校体育工作条例》先进单位、湖南省学校食堂食品卫生安全示范校、衡阳市优秀学校、衡阳市三星级文明单位、衡阳市模范职工之家、衡阳市中学生行为规范示范学校、衡阳市先进基层党组织、衡阳市教育系统反腐倡廉和治理教育乱收费工作先进单位、衡阳市共青团工作红旗单位、衡阳市工会工作先进单位、衡阳市教育阳光服务工作先进单位，是湖南名校长沙市一中远程教育合作学校。

学校以质量立校。学校大力推进新课程改革，高考教学质量稳步提升，近十年来，高考本科二批上线率、录取率一直名列市级示范性普通高中前茅。邹然同学以文科656分、湖南省第20名的成绩考入北京大学，许浩、邓悦欢同学先后考入清华大学，刘阳同学以理科637分、谭倩雯同学以理科654分考入浙江大学。此外学校还为复旦大学、南开大学、武汉大学、华中科技大学、中山大学、同济大学等知名高校输送了一大批优秀毕业生。2012年学校高考本科二批上线93人，本科二批上线人数、上线率、录取率均居市城区同类学校第一名。2013年学校高考本科二批上线118人，本科二批上线率、录取率均居市城区同类高中学校第一名。2014年学校高考本科二批上线166人，本科二批上线人数、上线率均居市城区同类高中学校第一名。2015年学校高考本科二批上线112人，本科二批上线率居市城区同类高中学校第一名；高二学业水平考试合格率居市城区同类高中学校第一名。2016年学校高考又取得历史性好成绩，本科二批及以上上线人数达到161人，其中本科一批上线62人，本科二批上线99人，理科考生肖海峰、李雪珩分别取得625分、606分的好成绩。学校自2012年以来连续三年被评为衡阳市优秀学校，2012年以来连续五年被评为衡阳市高中教育教学质量先进单位。

学校以特色强校。学校美术特长教育在湖南省美术家协会会员向云良老师的精心辅导下，每年专业本科上线率达到100%，在衡阳市城区产生较大的社会影响，吸引很多学生慕名而来。2000年以来，美术高考成绩斐然，有300余名学生被清华大学、中央美术学院、中国美术学院、北京印刷学院等高校录取。体育、音乐教学成绩显著，近年来，学校田径队荣获衡阳市中学生运动会第2名；有30余名同学在省、市"三独"比赛中取得一、二等奖；在2015年衡阳市第十届运动会上，获得金牌6块，银牌21块，铜牌13块。在体育、音乐、播音主持方面，学校为中国传媒大学、武汉体育学院、北京舞蹈学院、北京电影学院等高校输送了一批优秀人才。武术特长教育方兴未艾，为弘扬中华武术，传承民族文化，学校精心开展武术兴趣教育，并于2014年被湖南省体育局、湖南省教育厅授予湖南省实施国家校园武术段位制试点学校。2015年起学校全力建设衡阳市足球特色学校，目前已成立了教职工"龙之翼"足球队和学生"蓝焰"足球队。

学校坐落在世界第三大专业化钢管企业衡阳钢管集团公司家属区内，西临西外环线，北靠衡州大道，交通便捷，环境幽雅，学校办学条件优越，拥有一流的教学楼、办公楼、实验楼、图书馆、标准的塑胶运动场和全市唯一的环保纯天然草皮足球场。2014年9月学校建成了全市最新的学生公寓和食堂，就读环境一步优化。这里是有志青年放飞理想、成就未来、改变命运、求学圆梦的理想之所。

地址：衡阳市蒸湘区大栗新村10号

电话：0734 - 8872675

【衡阳市特殊教育学校】

衡阳市特殊教育学校是湖南省特教园地的湘南明珠，创办于1959年9月，是一所集视障、听障、智障于一体，涵盖学前康复教育、九年义务教育、三年高中兼职业教育的综合型特殊教育学校，共有23个教学班，374名学生。学校是衡阳市优秀学校、衡阳市三星级文明单位、湖南省特殊教育先进单位、湖南省生态文明示范学校、湖南省安全文明示范学校、全国特殊教育先进单位、全国校园文化先进单位。学校还是衡阳市特殊教育研究中心，承担全市特殊教育教研、教改工作。

自办学以来，学校在衡阳市委、市政府与衡阳市教育局等各级领导的关心与支持下，以"发展学生，成就老师"为办学理念，以"学生学有所得，教师教有所乐，缔造静心之家、温暖之家、希望之家"为工作目标，以"把人的发展放在首位，把严的管理作为常态，把高的品质作为追求"为工作主题，以"文化—康复—职业"教育三位一体的教育模式，打造高效课堂，构建微笑文化，缔造幸福家园。《人民日报》《中国教育报》《湖南教育杂志》多次报道学校的成功办学经验和学校教师的先进事迹。

学校有一支结构合理、德艺双馨的师资队伍。学校在职在编教职员工82人，本科及以上学历59人，大专及以上学历20人。其中，10人获得国家、省、市级荣誉。刘伶琍老师光荣当选"全国党和人民满意教师""湖南省优秀共产党员"。

特色兴校，"文""艺"齐飞。陆细民的美术作品《大鲸鱼》获湖南省首个全国智障儿童书画大赛一等奖；少儿舞蹈《吾语·卜算子·咏梅》在魅力校园第三届全国校园文艺汇演中获金奖，并参加2008年央视少儿频道春节联欢晚会。2015年，学校听障学生舞蹈《一样的青春》代表湖南省参加全国残疾人会演；全国第五届特奥运动会上，四名学生夺得了两金五银四铜；学校学生参加湖南省"梦飞扬"残疾青少年才艺展演的五个项目的角逐，获得了"四金一银"的骄人成绩。学校多名听障学生分别考入天津理工大学、北京联合大学、长春大学和中州大学等高等院校。

教育是心灵的艺术，宁静方能致远。衡阳市特殊教育学校全体特教工作者正用淡泊的情怀、爱的魔法和满腔的激情缔造冉冉升起的希望，让所有的残障孩子同在蓝天下，茁壮成长！

学校地址：衡阳市珠晖区勤俭里1号

联系电话：0734 - 3123863

网址：www.hystsjyxx.cn

【衡阳市实验小学】

衡阳市实验小学地处雁峰区黄白路，前身为湖南三师附小，始建于1908年，2001年被更名为衡阳市实验小学，是隶属于衡阳市教育局的一所公办小学。学校现有教学班49个，在校学生2884人。教职工总人数120人，专任教师96人，退休教师32人。其中特级教师2人，中学高级教师8人，小学高级教师67人，省级骨干教师2人、学科带头人3人。教师学历达到本科的有66人，80%的教师在省、市举行的优质课评选及基本功大赛中获奖，其中获省级奖的占12%。学校占地面积30.6亩，建筑面积20000平方米，拥有固定资产2600多万元。学校布局合理，每个班级都配有实物展示台，设施设备一流。

依托百年老校浓厚的文化底蕴，学校以新课程改革为契机，树立"质量就是满意"的意识。办学质量、办学水平、办学声誉显著提升，在全市质量抽检中，名列第一。学校先后开展了"潜智儿童跟踪调查""注音识字、提前读写""三算教学""作文教学从内容入手""小学作文教学改革探索""小学语文思维能力培养""小学创新素质发展研究""新课程改革中的校本培训""小学教师教育教学研训一体化""专题网站《蛇》的建设与应用研究"等课题，获国家、省、市级教育科研成果奖。

悠悠岁月，在百余年的发展历程中，衡阳市实验小学一直站在时代的最前沿，是雁城教育改革的示范校和窗口校，先后获得"全国红旗大队""国家级语言文字规范化示范学校""教育部体艺工作先进单位""湖南省文明美德学校""湖南省经典诵读特色学校""衡阳市十佳书香学校""衡阳市教育教学质量先进单位"等90多项荣誉称号。

电话：0734 – 8451300

学校网址：www.hyssyxx.cn

【耒阳师范附属小学】

耒阳师范附属小学创办于1961年，在"文化立校、质量为本、爱心育人"的办学理念引导下，"附小人"历经50余年的不断进取，学校已形成了两校三区的格局，共有教职工480余人。学校本部坐落于耒阳市城区中心的大桥路128号，现有44个教学班，在校学生3100人；本部校舍占地面积20000余平方米，建筑面积15550平方米，体育活动场地4000余平方米。学校现有一支师德高尚、业务精湛的优秀教师队伍。在编教师100名，退休教师22人。专业教师中，87人拥有本科及以上学历。国家级骨干教师1人，省级骨干教师3人、特级教师1人、优秀教师1人，衡阳市优秀教师1人；中学高级教师7人，小学高级教师69人。

附属合资民办耒阳市港湘实验小学和耒阳市港湘实验幼儿园分别位于神农路和白云路，现共有80个教学班，学生4000余人。

学校坚持实施封闭式管理，拥有良好的基础设施和一流的教学设备。根据教育现代化的需要，学校先后建成了校园智能广播系统、校园宽带网、校园局域无线网、校园电话网、校园监控网、多媒体教室及云机房等专业教室，基本实现了教学现代化、办公现代化、管理现代化。2016年起，学校启动了校园布局调整三年规划，已经基本实现了办公区与教学区分

离，功能教室得到进一步完善。

学校坚持走素质教育之路，坚持教育面向全体学生，促进学生全面发展。建校以来，共向高一级学校输送人才逾万名，其中已有不少成为知名人士和杰出人才。从学校毕业的学生有80余人考入北京大学、清华大学，有50余人获得博士学位。

学校把创品牌、铸名校作为自己的不懈追求。近年来，先后获得全国文明礼仪教育实验基地、全国少先队红旗大队、湖南省现代教育技术实验学校、湖南省创造教育基地、湖南省模范职工之家、湖南省巾帼文明示范岗、衡阳市文明学校、衡阳市园林式单位、衡阳市优秀学校、衡阳市教育教改示范校、衡阳市语言文字规范化示范学校、衡阳市优秀基层党组织等荣誉称号。

学校高度重视校园文化建设，塑胶操场、风雨长廊、桃李亭交相辉映，宣传橱窗、绿茵草地、腾飞钢雕等勾画出充满文化气息的美丽校园；学校坚持"全面发展、快乐成长"的办学目标和"以文明礼仪教育和经典诵读"为主线的办学特色，精心编排了《文明礼仪歌》《文明礼仪操》和校歌《再创辉煌》，把文明礼仪教育贯穿于学生的日常活动中。结合"经典诵读"开展的师生"晨读"活动有声有色，启动了教师"附小精神大讲坛"活动，汇编了师生校本教材，坚持让学生从小学习经典，接受中国传统文化的熏陶。

联系电话：0724 – 4345968

网址：www.lsfx.net

【衡阳市教育局实验幼儿园】

衡阳市教育局实验幼儿园创办于1955年，是衡阳市第一所省级示范幼儿园、湖南省学前教育研究会常务理事单位、湖南省艺术教育先进园，先后荣获"衡阳市巾帼建功标兵岗""影响衡阳市人民生活100品牌"等称号，2011年成为教育部学前教育教师培训实践基地。近十年来，衡阳市实验幼儿园获得各级荣誉100多项。

衡阳市教育局实验幼儿园是隶属于衡阳市教育局管理的公办园，素以"教学质量好，管理服务精，师资力量强，设备配套全"而成为衡阳市幼儿教育的领头雁。幼儿园始终坚持以"爱心献幼儿、放心给家长、恒心钻教育、全心

创事业"为办园宗旨；坚持全面发展、保教并重原则；按照国家教育部颁布的《幼儿园教育指导纲要》和《3~6岁儿童学习与发展指南》要求对幼儿进行健康、社会、科学、语言、艺术等方面的教育，以游戏为基本活动形式，寓教于乐。目前，幼儿园有教职工55人，其中研究生学历3人，大专及以上学历的占教师的93%，具有中高职称3人，小学高级职称35人。

幼儿园设有大、中、小10个教学班，共300余名幼儿。每天开设三餐一点，有专职保健医生和专业的男教师全面负责幼儿身心保健，体育锻炼，科学安排幼儿一日生活，合理调配膳食营养，确保幼儿在幼儿园健康快乐地成长！

地址：衡阳市石鼓区蒸阳北路43号

联系电话：0734－8223105

网址：http：//www.hy－yey.cn

第三章 驻衡阳的高校

【南华大学】

层次：本科

南华大学是由工业和信息化部、国家国防科技工业局、中国核工业集团公司、中国核工业建设集团公司与湖南省人民政府共建，具有59年办学历史的综合大学。学校由原隶属中国核工业部的中南工学院、核工业第六研究所与原隶属湖南省的衡阳医学院合并组建而成。

学校坐落在历史文化名城湖南省衡阳市市区，占地面积近3000亩，交通便捷，环境优美，是读书治学的理想园地。学校有直属学院26个，4所直属型附属医院，13所协作型附属医院，20个研究生协作培养单位。学校设有76个本科专业，18个一级学科硕士学位授权点，8种硕士专业学位授权类别，149个二级硕士学位授权点；3个一级学科博士学位授权点，18个二级学科博士学位授权点；3个一级学科博士后科研流动站；具有推荐优秀本科生免试攻读硕士研究生和硕博连读资格。

学校是教育部批准的卓越工程师、卓越医生教育培养计划单位，是国家级大学生创新创业训练基地，是中国人民解放军(海军)后备军官选拔培训基地，是全国毕业生就业典型经验高校，是中国大陆本科一批招生院校。学校拥有哲学、经济学、法学、文学、艺术学、理学、工学、医学、管理学等9大学科门类。

现有在校学生近38000名，其中全日制本科生33000余名，博士、硕士研究生4500余名，国际学生200余名。学校拥有国家级特色专业、卓越计划专业、国防紧缺专业、综合改革试点专业、示范实验教学中心、虚拟仿真实验教学中心、实践教学基地和工程实践教育中心等25个国家级本科教学教育平台；有20个中央与地方共建高校基础实验室，14个中央与地方共建高校特色优势学科专业实验室，19个中央支持地方高校发展专项资金项目实验室；10个省级实践教学中心、18个省级研究生创新培养基地、省级专业综合改革试点、省级校企合作人才培养示范基地、省级卓越计划校企合作基地、省级大学生创新训练中心等；有200余个稳定的综合性实习基地，24个省级优秀实习基地。

学校成立了由省部政府机构、核工业四大央企、大型科研院所、大型三甲医院、大型企事业单位等组成的董事会；与国际原子能机构、德国于利希气候与能源研究所建立了合作关系；与英国剑桥大学、南威尔士大学、美国哈丁大学、德国开姆尼茨工业大学、澳大利亚堪培拉大学、乌克兰国立矿业大学、清华大学、北京大学、中国原子能科学研究院、中国核动力研究院、中国工程物理研究院等国内外100多所院校在科学研究、学术交流、教师培训、学生培养等方面建立了长期的合作关系。同时，学校不断提升教育援外和技术援外水平，已经招收200余名来自十余个国家和地区的国际学生，多批次派遣医疗骨干到津巴布韦等非洲国家开展援助工作。

学校设有国防科学技术学院；设有核工业第六研究所、工程研究中心、生命科学研究中心、人文社科研究基地等20多个科研机构，30多个学科实验室(中心)；有全国首批"国家核应急宣传和培训基地""国家核应急医学救援队"；有10个国家国防支撑学科和省级重点学科；联合获批国家代谢性疾病研究中心和血管植入物国家地方工程实验室；有2个湖南省协同创新中心(含培育)；有13个省部级重点实验室(中心)，5个湖南省高校重点学科实验室，6个国防与湖南省高校科技创新团队、7个湖南省社科研究基地、产学研基地；附属医院拥有4个国家级专科(学科)，94个省级重点专科(学科)。学校先后承担了863、973、国家自然科学基金重大研究计划、国家自然科学基金重点、科技部重大专项、国防基础研究计划、核能开发专项等科研项目2000余项；获得国家级科技奖励 12 项，省部级科技奖励 300 多项。

学校现有教师 2808 人，其中专任教师 1610 人，直属型附属医院临床教师 1198 人，教授（含教授级高级工程师、研究员、主任医师等）458 人，副教授（含高级工程师、副研究员、副主任医师等）1158 人；有 14 个国家国防科技创新团队、部省级创新团队、湖南省高校科技创新团队、省级教学团队；有国家级突出贡献中青年专家、长江学者特聘教授、享受国务院政府特殊津贴专家 90 余名，有省部级学科学术带头人、教学名师、优秀中青年专家 220 余名；特聘中国科学院院士、中国工程院院士 10 名。

学校图书馆纸质藏书 255 万册，数字资源 18000 GB，电子图书 5900 GB，中外文期刊 2540 余种，是湖南省高等学校图书馆数字资源共享平台联盟单位；网络资源丰富，有线、无线网络覆盖校园。学校主办《中国动脉硬化杂志》《中南医学科学杂志》《南华大学学报·自然科学版》《南华大学学报·社会科学版》等学术期刊。

学校是全国普通高等学校招生工作先进集体、全国普通高等学校毕业生就业工作先进集体、全国青年就业创业教育先进集体、全国普通高等学校毕业生预征工作先进集体、全国军工文化教育基地；是湖南省文明单位、湖南省园林式单位、湖南省国防教育基地、湖南省学生资助工作先进单位、湖南省军训工作先进单位。59 年来，学校为国家及地方输送了 16 万余名高素质专门人才，培养了一批以中国科学院院士、省部级领导、企事业单位技术和管理骨干等为代表的学界巨子、政界精英、行业领军人物；毕业生广泛分布在珠三角、长三角、环渤海等地区和军队、国防工业、核工业、医疗卫生、环境保护、装备制造、金融管理等行业，成为所在单位技术、管理骨干，为国家的建设和发展、为社会的文明和进步、为地方的经济和社会发展做出了积极的贡献。中国核工业集团公司授予学校中国核工业培养和输送人才突出贡献奖。

南华师生秉承"传道、树人、惠民、强国"的办学宗旨；谨记"明德、博学、求是、致远"的校训；弘扬"勤勉务实、甘于奉献、刚健自强、敢为人先"的南华精神，按照"提高质量、彰显特色、改革创新、强化内涵"的发展思路，正在为创建省内一流、国内知名、具有国际影响、特色鲜明的高水平教学研究型大学而努力奋斗。

红湘校区：湖南省衡阳市常胜西路 28 号
邮政编码：421001
联系电话：0734－8160763
雨母校区：湖南省衡阳市衡祁路 228 号
邮政编码：421001
联系电话：0734－8630733
招生电话：0734－8282553　0734－8282530
学校主要领导：
党委书记　王汉青
校　　长　张灼华

【衡阳师范学院】

层次：本科

衡阳师范学院是湖南省属普通全日制公办本科师范院校。学院占地面积 2166 亩，现有建筑面积 42 万余平方米，图书馆纸质藏书 130 多万册，固定资产总值 9 亿元，现有在校学生 19000 余人。

学院前身为 1904 年创办的湖南官立南路师范学堂，"南学津梁"弦歌不断，百余年来培养了陶铸、恽代英、张秋人、蒋先云、黄静源、黄克诚、江华、张经武、张平化、张际春、曾希圣、唐天际、周里、秦光荣、樊芬芳、盛荣华等杰出校友。

学院现有 16 个院系、1 个独立学院、30 多个省市科研机构、54 个全日制本科师范和非师范专业，其中有 1 个国家级特色专业建设点，1 个国家级"十二五"综合改革试点专业，1 个国家级大学生校外实践教育基地，9 个省级重点专业和省级特色专业，2 个省级"十二五"专业改革试点项目，6 个省级重点学科。学院拥有文学、理学、历史学、法学、经济学、教育学、管理学、工学等八个学科门类，形成了以教师教育为主，文、理、工多学科相互支撑、协调发展的学科结构。

在一百多年的办学历史中，学院培养了各类人才 20 万余人，成为湖南省尤其是湘南地区基础教育师资的摇篮，衡阳市和湘南地区各类中学中，70%以上的骨干教师和80%以上的中学校长都毕业于该校，为我国教育事业的发展做出了突出的贡献。衡阳师范学院先后培养正国家领导人1人（原中央政治局常委、国务院第一副总理、中宣部部长陶铸）、副国家领导人4人（原解放军总参谋长黄克诚大将、原最高人民法院院长江华、原中共中央宣传部部长张平化、原国务院副总理余秋里）、省部级领导人多人（原中共中央军委秘书长伍云甫、原中共中央宣传部副部长张际春、原中共山东省委第一书记曾希圣、原中共湖南省委书记周里、原中央统战部副部长张经武、中共满洲省委第一任书记陈为人、原浙江省高级人民法院院长吴仲廉、原湖南省政协副主席谷子元、原中共省港罢工委员会书记李启汉、原云南省省长秦光荣等）、"黄埔三杰"之首的蒋先云烈士、中国革命先驱夏明翰烈士、中国无产阶级革命家恽代英烈士、毛泽东主席堂妹毛泽建烈士、刘少奇主席夫人何宝珍烈士、朱德总司令夫人伍若兰烈士等一大批杰出人才，为中国革命和建设事业做出了卓越的贡献。

学院前身为1904年建立的湖南官立南路师范学堂。学校创立伊始，首届监督（即校长）曾熙提出"南学津梁"的教育思想。1914年南路师范学堂改名为湖南省立第三师范学堂（简称"湖南三师"），是湖南创办最早的三所师范学堂之一。1922年毛泽东建立湘南地区第一个党支部——湖南三师党支部。湖南三师具有光荣的革命传统，培养出1位中央政治局常委、2位国务院副总理、5位开国将军、20多名省部级革命老干部、300多名革命烈士，被誉为"湘南的革命摇篮"。

1958年成立的衡阳师范高等专科学校，为全国办学历史最悠久的八所师专之一。1999年3月经教育部批准，由原衡阳师范高等专科学校与原衡阳教育学院合并升格为衡阳师范学院。2001年2月，原湖南三师并入。

衡阳师范学院新校区位于衡阳大学城，占地面积112.4公顷，建筑面积54.2万平方米，能容纳17000名全日制本科生学习和生活。学院新校区北靠衡州大道，南临衡花路，距武广客运专线衡阳东站、京广铁路衡阳站均不足3公里，与京珠、衡昆两条高速公路相距不到4公里，交通十分便利。2003年2月23日，时任院长古祖雪教授在新年第一次教职员工会议上，代表学院党委提出了学院征地扩建构想。2003年3月27日、4月30日、6月6日、6月10日，学院党委先后召开专题会议研究新校区选址问题。根据衡阳市城市规划修编，珠晖区酃湖乡规划为衡阳科技大学园区。为适应衡阳市城市规划，学院最后决定新校区选址珠晖区酃湖乡衡阳大学城。2003年7月，衡阳市人民政府成立了衡阳师范学院扩建征地领导小组。2004年1月，衡阳师范学院新校区工程被列入湖南省2004年重点建设项目。2004年4月28日，湖南省人民政府批准衡阳师范学院新校区第一期征用932.8亩土地。2004年12月28日，湖南省人民政府批准衡阳师范学院新校区建设第二期征用752.7亩土地。2005年1月16日，衡阳师范学院新校区建设破土动工，奠基典礼在新址校门广场举行。原湖南省人大常委会副主任唐之享、原衡阳市人民政府市长贺仁雨、原湖南省教育厅副厅长王键等省市领导出席了新校区奠基典礼并做了讲话。2006年9月7日，计算机、数学、中文、新闻、音乐等系（院）7000多名学生迁入新校区，开始新的学习和生活。

2007年9月1日，衡阳师范学院除外语系、资源环境与旅游管理系、南岳学院外，校本部已整体搬迁至新校区。

进入新时期，学校抓住高等教育"大改革、大发展、大提高"的重要战略机遇，发展进入了快车道。1999年3月，经教育部批准，衡阳师范高等专科学校、衡阳教育学院合并组建衡阳师范学院。2001年2月，湖南三师并入。2006年学校以优异成绩完成教育部本科教学水平评估。2013年，学校成为湖南省首批协同创新中心（即"2011计划"）立项建设高校。2015年，学校成功入选2015—2020年教育部—中兴通讯ICT产教融合创新基地第一批合作院校，成为"全国应用技术大学（学院）联盟"成员单位。

学校有东、西两个校区，西校区481亩，东校区（新）1685.5亩。校园环境优美，是湖南省文明卫生单位、湖南省园林式单位。现有马克思主义学院、经济与管理学院、法学院、文学院、新闻与传播学院、外国语学院、数学与统计学院、物理与电子工程学院、化学与材料科学学院、城市与旅游学院、计算机科学与技术学院、音乐学院、美术学院、体育科学学院、生命科学与环境学院、教育科学学院、初等教育学院、中兴通讯信息工程学院等 18 个二级教学单位，1 个独立学院——南岳学院，1 个继续教育与教师培训学院，均面向全国 30 个省（直辖市、自治区）招生，全日制在校学生 2 万多人。

学校以专业建设为基础，以学科建设为龙头，不断加强学科、专业建设，形成了文、理、工协调发展的学科专业结构。学校现有 57 个全日制本科专业，其中，物理学为国家级特色专业，地理科学为国家级综合改革试点专业，另有 6 个省级特色专业、3 个省级重点建设专业、3 个省级综合改革试点专业；拥有联合国教科文组织国际自然与文化遗产空间技术中心衡阳分中心、教育部—中兴通讯 ICT 产教融合创新基地、1 个国家地方联合实验室、1 个国家级大学生校外实践教育基地和人文地理学、光学、运筹学与控制论、中国古代文学、材料物理与化学、区域经济学等 6 个省级重点建设学科；有 2 个省级重点实验室、1 个省级工程实验室、1 个湖南省高校重点实验室、1 个省级应用基础研究基地、1 个湖南省院士工作站、1 个省级产学研合作示范基地、3 个省级社科研究基地、2 个省级社科普及基地、2 个省级基础课示范实验室、2 个省级虚拟仿真实验教学中心、2 个省级实践教学示范中心、3 个省级大学生创新训练中心、3 个省级校企合作人才培养示范基地、1 个省级校企合作创新创业教育基地；另有 12 门省级精品课程、9 个省级优秀实习基地、4 个省级优秀教研室。

学校大力加强师资队伍建设，成效显著。有专任教师 820 多人，其中具有正高级专业技术职务 138 人（二级教授 13 人），具有博士学位的专任教师 158 人，在读博士 80 多人。有 2 个湖南省高校科技创新团队、2 个湖南省自然科学基金创新研究群体、4 个省级教学团队；有享受国务院特殊津贴专家、全国优秀教育工作者、全国优秀教师、全国高校优秀思想政治教育工作者、教育部新世纪优秀人才、湖南省"芙蓉学者"讲座教授、湖南省新世纪 121 人才、省级教学名师、湖南省优秀社科专家、省级学科带头人、省级青年教学能手、省级青年骨干教师共计 180 多人；外聘海内外兼职教授 100 多人。围绕转型发展，学校大力加强"双师双能型"教师队伍建设。

学校大力加强科研工作，科研实力逐年增强。有 50 多个省、市级科研机构。近三年来，学校承担省级及以上科研项目 420 多项，其中国家自然科学基金和社会科学基金项目 60 多项；承担国家级和省级教改项目 130 多项；发表学术论文 2300 多篇；出版专著、译著和教材 120 多部；获各级科研奖励、教学成果奖 100 多项；获国家授权专利共 110 多项。积极推进产学研用结合，服务地方经济社会发展成效显著。《衡阳师范学院学报》被评为"第三届全国百强社科学报""RCCSE 中国核心学术期刊"，两次获教育部"优秀特色科技期刊"称号。

学校积极开展国际学术交流与合作办学，已招收首批留学生。先后与美国、英国、韩国等国家和地区的 10 多所高校建立了良好合作关系，近三年来，获得 30 多项国家留学基金、湖南省海外名师和省级引智项目，教师赴国外高校接受培训、学生暑期赴美社会实践活动、学生参加海外大学的国际交换生计划等一系列合作办学项目正在积极开展。

学校始终坚持质量立校，着力为基础教育和职业技术教育培养优秀教师，为地方经济和社会发展培养高素质应用型人才。积极推进协同培养、产教融合、校企合作，大力实施"一师范专业对接一省级示范中学、一非师范专业对接一国内一流企业"转型发展战略，与各地教育局、名优特中学及中兴通讯、深圳深软集团、深圳通拓科技公司、东莞工贸发展促进会等 300 多家单位建立了深度合作关系，学生创新创业能力不断提升。近三年来，学生在各类竞赛活动中，获得国家级、省级奖项 580 多项。应届毕业生一次性就业率一直保持在 90% 以上，办学质量受到社会各界好评。

学校秉承"厚德、博学、砺志、笃行"的校训，不断推进学校各项事业全面发展，办学影响力不断扩大。先后获得全国中小学骨干教师培训计划实施单位、全国农村校长助力工程实施单位、全国环境教育示范学校、全国大学生社会实践活动先进单位、全国模范职工之家单位、湖南省文明高校、湖南省大学生就业工作“一把手”工程优秀单位、湖南省就业创业示范校、湖南省高校招生工作先进单位、湖南省反腐倡廉建设先进单位、湖南省高校思想政治工作先进单位、湖南省社会治安综合治理先进单位等荣誉称号。

当前，学校正在积极推进内涵发展、转型发展、特色发展，努力建设特色鲜明的地方高水平应用型大学。

东校区：湖南省衡阳市珠晖区衡花路16号

邮　编：421002

西校区：湖南省雁峰区黄白路165号

邮　编：421002

电　话：0734－8486615　0734－8484941

学校主要领导：

党委书记　刘沛林

党委副书记、校长　皮修平

【湖南工学院】

层次：本科

湖南工学院创建于1975年，坐落于中南重镇雁城衡阳，是经教育部批准，由湖南建材高等专科学校和湖南大学衡阳分校合并成立的一所公办全日制普通本科高等学校，占地1400余亩，建筑面积40万平方米，全日制在校学生19000余人。学校设有机械工程学院、电气与信息工程学院、计算机与信息科学学院、建筑工程与艺术设计学院、安全与环境工程学院、材料与化学工程学院、经济与管理学院、外国语学院、数理教学部、体育教学部、思想政治理论课教学部及继续教育学院等12个教学院（部），教学仪器设备总值11亿余元，图书馆纸质藏书110余万册。

湖南工学院是国家第二批“卓越计划”重点建设高校，是湖南省为实现全国“新型工业化”目标重点培育和建设的工科大学。学校聘有刘大响、钱绍钧、何继善三位中国工程院院士。2011年，湖南工学院与国防科学技术大学、中国石油大学等高校一道入围全国百所“卓越工程师培养计划”高校。

1975年，湖南大学衡阳分校成立。1978年，湖南建材高等专科学校成立。2003年12月，由湖南建材专科学校和湖南大学衡阳分校合并，筹建湖南工学院。2007年，经教育部批准，筹建的湖南工学院升格为本科院校。

湖南工学院新校区位于衡阳大学城，占地面积1200亩（72公顷），总建筑面积24.3万平方米，已有1.8万名全日制本科学生入驻。学校北接衡阳师范学院，南连湖南交通工程学院，东临武广客运专线，西接衡花路。2004年1月18日，衡阳市规划局完成湖南工学院新校区总体规划设计方案。2004年7月20日，湖南工学院新校区开始征地。2004年12月20日，湖南省重点工程——湖南工学院酃湖校区建设工程开工典礼在这里隆重举行。典礼由原衡阳市人民政府副市长谢宏治主持，原湖南省人大常委会副主任唐之享、原衡阳市人民政府市长贺仁雨、原湖南省经济委员会副主任刘送保、原湖南省教育厅副厅长申纪云分别讲话，原湖南省人民政府副省长许云昭发来贺信。2005年9月，湖南工学院首批7000名学生入住新校区。2007年9月，湖南工学院本部已成功搬迁至新校区，新校区入住学生达11000余人。2007年12月18日，湖南工学院挂牌庆典暨第一届董事会成立大会在酃湖校区隆重举行。学院正式成为湖南省第27所、衡阳市第3所本科院校。原教育部监察局副局长张其华、原湖南省政府办公厅社会发展处副处长唐仁春分别宣读了教育部、湖南省政府关于设立湖南工学院的文件。2008年6月，学院与中钢集团衡阳重机有限公司合作成立的“湖南省高校‘先进制造技术’产学研合作示范基地”被批准为湖南省首批21个“湖南省高校产学研合作示范基地”之一。

湖南工学院立足湖南，重点面向工业企业，为区域经济建设和社会发展服务，是以工为主，理、管、经、文、艺等多学科协调发展，具有较强的科技服务能力，培养基础实、技术精、能力强、具有创新精神和社会责任感的高素质应用型专门人才的本科院校。

学校现有三个校区，占地1358亩，校舍建筑面积56.89万平方米。教学仪器设备总值1.3亿元，图书馆纸质藏书126万余册。全日制在校学生18000余人，教职工1100人，其中正高职称 75 人 (教授 57 人)，副高职称 249 人 (副教授 166 人)，博士 73 人，硕士 608 人。有一批获得享受国务院政府特殊津贴专家、湖南省院士专家咨询委员会专家、教育部思想政治教育中青年杰出人才支持计划培养对象、湖南省新世纪"121 人才工程"人选、全国优秀教师、湖南省高校教学名师、省级学科带头人等荣誉的高水平教师。

学校设有 11 个二级教学院、1 个教学部 (中心)，39 个本科专业 (招生专业 38 个)，有湖南省重点学科 1 个、教育部特色专业 1 个、教育部"卓越计划"试点专业 3 个、湖南省特色专业和重点资助建设专业 4 个、省级综合改革试点专业 5 个、教育部产学合作协同育人项目 1 项。学校全面实施教育质量和教学改革工程。现有校外实习基地 54 个、工程训练中心 1 个、各类实验室 55 个，其中国家级大学生校外实践教育基地 1 个、省级优秀实习教学基地 11 个、省级虚拟仿真实验中心 1 个、省级基础课示范实验室 3 个、省级实践教学示范中心 3 个、省级校企合作人才培养示范基地 4 个、省级创新训练中心 2 个。学校有省级优秀教研室 4 个、省级教学团队 3 个；国家级精品课程 1 门、省级精品课程 8 门。近年来，学生在省级以上的学科竞赛获奖 217 项，其中全国一等奖 6 项、二等奖 14 项、省级一等奖 26 项。

学校不断加强学科建设和科研工作，产学研合作紧密。设立了 14 个研究所，拥有国家地方联合工程实验室 1 个、省级科研平台 5 个、省级教育科学研究基地 1 个。升格为本科院校以来，全校教师承担各级各类科研项目 1337 项，省级以上科研成果奖励 9 项；在核心期刊上发表学术论文 1891 篇，其中被 SCI、EI、ISTP 收录 313 篇；获省级以上教研教改课题 140 余项，省级以上教学成果奖 15 项。学校坚持开放办学，以董事会为平台，以"校企合作、产教融合"为重点，分别与大亚湾核电站、三一重工、中联重科、南方水泥、皇朝家、泛华集团、千山药机、华兴工程、共创实业集团等企业进行合作共建实践实训基地，搭建实践实训课程平台。学校积极开展国际交流与合作，先后与美国、英国、澳大利亚、日本、韩国、马来西亚等 10 多个国家或地区的 30 多所高校建立了合作关系。学校具有招收来华留学生资格，有经教育部批准的中外合作办学项目 1 项。

奋进中的湖南工学院，秉承"勤学、务实、圆融、卓越"的校训，以学科专业建设为龙头，以应用型人才培养模式改革为重点，以校企合作与国际合作为突破口，全面推进"依法治校、质量立校、人才兴校、特色强校"的发展战略，坚持走"改革创新、强化基础、办出特色、科学发展"之路，为建设特色鲜明、社会声誉良好的应用型大学努力奋斗。

学校地址：湖南省衡阳市珠晖区衡花路 18 号

邮编：421002

招生咨询电话：0734 - 3452028

学校主要领导：

学校党委书记　谢国保

校长、党委副书记　罗建华

【湖南交通工程学院】

层次：本科民办

湖南交通工程学院是一所全日制普通民办本科高校，始创于 1991 年创办的中南技工学校。1996 年 9 月，建立中南科技财经管理学校，开始了中专学历教育；1999 年 4 月，经湖南省教育厅批准，成立中南科技财经管理专修学院，成为高等教育学历文凭考试试点院校。2004 年 5 月，经湖南省人民政府批准，教育部备案，以中南科技财经管理专修学院为基础，创建湖南科技经贸职业学院，开展高等职业教育。2014 年 5 月，经教育部批准，在湖南科技经贸职业学院的基础上升格为全日制普通本科院校。

学校占地面积 1059 亩，校舍总建筑面积 30 万平方米，其中教学科研行政用房 22.6 万平方米，教学仪器设备总值 1.2 亿元，教学用计算机 3560 台，多媒体教室 14145 个座位，语音室 750 个座位。学校有 160 个校外实习实训就业基地，12 个校内教学实训中心，校内实验实训室共 179 间；有汽车检测与维修实训基地、电工电子实训基地等两个国家级实训基地；馆藏纸质图书 93.5 万册，电子图书 150 万册，中外文期刊 1034 种，电子文献数据库 2 个，建有主干 4G 校园网和现代电子图书系统，所有教学实习实训场所都配备了现代化教学设施，全校实现了空调、网络、多媒体、视频、监控全覆盖；形成了一条街（大学生创业一条街）、二大园（大学生科技园、大学生创新创业园）、三中心（驾驶员培训中心、机动车检测中心、新能源汽车研发中心）、四条线（笔记本电脑生产线、4G手机生产线、小型变压器生产线、机械零部件来料来图加工生产线）的"一二三四"就业创业创新教育办学平台。

学校设有6个二级学院（交通运输工程学院、机电工程学院、电气与信息工程学院、经济管理学院、护理学院、继续教育学院）和2个部（思政课部、公共基础课部），开设了13个本科专业和37个专科专业，形成了以工学为主，管理学、经济学、医学、文学、理学等学科协调发展的学科体系；设有省级特色专业3个，"十三五"专业综合改革试点专业1个；有省级精品课程1门、国家行业"双师型"教学团队1个。目前，学校在校学生9415人，现有教师760人，其中专任教师545人，专任教师中具有副高专业技术职务以上的165人，具有硕士研究生学历的168人，享受国务院特殊津贴的专家3人，省级专业带头人1人，校级学科带头人6人。

学校始终坚持育人为本，立德树人，着力提高教学质量，积极推行多证融通、校企融合、工学结合的人才培养模式，强化实验、实训能力培养。学校自创办以来，已为国家培训了5万多名高素质技能型人才；立项省级以上科研课题183项，获省级以上教学科研成果奖48项。近年来，教师发表论文896篇，其中核心期刊92篇，被EI收录的论文12篇，专利78项，出版著作、教材52部。

学校面向全国22个省（直辖市、自治区）招生，生源稳定。多年来，毕业生就业率稳定在95%以上，多次被湖南省教育厅评为湖南省普通高校毕业生就业工作优秀单位。学校在教育部人才培养工作水平评估中被评为优秀等级，是全国民办十大特色院校、全国就业先进院校、中国职业教育"能力源"工程实践创新项目示范性教学基地、中国职业教育设计创业教育基地、湖南省职业教育先进单位、湖南省文明高校、衡阳市对外经济工作先进单位、湖南

省党建工作合格高校、湖南省园林式单位、湖南省优秀基层党组织，2009—2012年连续4年被评为湖南省就业工作优秀单位。

学校设有职业技能鉴定所，全国计算机等级考点，全国大学生英语四、六级考点，普通话测试站等考证、助考培训机构。学校是中国职业技术教育设计创业教学基地、中国职业教育"能力源"工程创新项目示范性教学基地、湖南省出国劳务培训考证基地、湖南省消防培训基地、衡阳市就业创业研究基地，是湖南培养工程技术人才的摇篮。

学校适应湖南乃至国家经济社会发展的需要，积极体现为国家级湘南承接产业转移示范区服务的办学特色，结合当代科学技术、文化教育的发展趋势和本校实际，立足湘南、面向湖南、辐射全国，努力建成特色鲜明、在国内有一定知名度、在省内有较大影响力的应用型本科院校。

学校地址：湖南省衡阳市蒸湘区呆鹰岭
招生电话：0734－8815001
传真：0734－8815008
学校主要领导：
董事长、党委副书记　刘福生
副董事长、党委副书记、校长　章怀云

【湖南环境生物职业技术学院】

层次：专科

湖南环境生物职业技术学院是国家生态文明教育基地、全国职业教育先进单位、湖南省首批省级示范性高职院校、中国林业科学院专业硕士湖南省唯一培养基地。

学校前身为1975年创办的湖南农学院衡阳分院；1987年经湖南省人民政府批准改办湖南林业高等专科学校；1999年为适应高等职业教育发展的需要，经教育部批准由普通高等专科学校改办为高等职业院校；2001年3月更为现名；2004年6月原衡阳市卫生学校整体并入。

校园占地面积1208亩，分为南北两个校区，在校学生17000人。在编教职工932人，教授42人、副教授238人，博士、硕士生导师22人，有国务院特殊津贴专家、全国教育工作者、全国教学名师、全国黄炎培杰出教师奖等知名学者100余人。学校设有园林学院等5个

二级学院，招生专业 30 个，涵盖农林、生物、医卫、商贸、艺术等学科门类。近年来，学校获批国家级重点实习实训基地、国家级重点建设专业、国家级教学团队、省级首批示范高等职业院校等教育教学重点建设平台 33 个，如园林学院的园林技术专业为示范性特色专业，以园林技术专业为核心的生态绿化技术及服务专业群是示范性特色专业群，其财政支持额度达到 2400 万元，园林学院在全国率先开发了专业教学质量标准；先后主持完成了国家 948 项目、中央财政推广项目等 7 个国家级重大科研项目，省部级以上项目 151 项；是中国林业科学研究院专业硕士湖南培养基地，研究生导师 22 人，招收风景园林、林业推广等专业研究生，在校研究生 74 人；先后获全国生态文明教育基地、全国绿化模范单位、全国职业教育先进单位等荣誉 40 余项。今后，学校将以创建卓越院校为一号目标，围绕"生态"这个轴心，打造生态绿化技术及服务、生态养殖技术及服务、生态产品经营管理技术、生态宜居技术、生态队伍建建设健康技术及服务等特色专业群，积极探索先行先试的混合办学体制改革，建设全国一流的"生态 + 智慧"校园。

学校地址：湖南省衡阳市石鼓区望城路165 号

邮编：421005

招生联系电话：0734 - 8591999

0734 - 8591244

传真：0734 - 8594111　0734 - 8591335

学校主要领导：

党委书记　罗振新

党委副书记、院长　左家哺

【湖南财经工业职业技术学院】

层次：专科

湖南财经工业职业技术学院坐落于中南重镇、历史文化名城——衡阳市，成立于 1958 年，是于 2004 年 5 月经湖南省人民政府批准、教育部备案、衡阳市人民政府主管的一所全日制公办普通高等学校。学院办学历史悠久、综合实力强，为湖南省唯一的财工兼备、文理兼容的高等院校。学院现分为院本部（衡阳市珠晖区）和实训基地（衡阳市雁峰区）两个校区。京广高铁、京广铁路、湘桂高铁、湘桂铁路、

衡茶吉铁路、衡昆高速公路、京港澳高速、京港澳高速复线、泉南高速、107 国道、322 国道、湘江航运等为学院构筑了四通八达的交通网络。

学院设有会计系、机电工程系、经济贸易系、电子信息系、汽车工程系、现代物流系共 6 系 30 个专业。学院专业特色鲜明，形成了财经和制造两大类专业为主体的专业布局，建成了会计电算化和模具设计与制造两个省级精品专业，会计、数控技术专业两个省级教学改革试点专业，电子商务、市场营销两个省级重点扶持专业，会计专业在全省同类专业建设评估中被评为优秀等级并名列前茅。2013 年，学院会计电算化专业立项为湖南省示范性特色专业，会计专业立项为特色专业，会计电算化立项为生产性实习实训基地。

学院现有教职工 631 人，其中专任教师480 人，具有硕士学位以上的专任教师 162 人，副高以上专业技术职务教师 150 人，"双师型"教师 261 人，注册会计师 3 人，国家级教学名师 1 人，省级专业带头人 5 人，享受国家特殊津贴专家 1 人。

学院有 60 多年的办学历史，综合实力强，为湖南省唯一的财工兼备、文理兼容的高等院校，有全日制在校学生 17000 余人。学院占地面积 1600 余亩，教学仪器设备总值 1 亿元，教学用计算机 2684 台；拥有标准的教学楼、电教中心、驾驶培训中心、学生公寓、学生食堂，建有先进的校园网络系统、双向闭路电视系统、现代远程教学系统、校园安全电子监控系统；拥有满足校内实践教学要求的 58 个校内实验实训室及 9 个生产性实训场所、263 个校外实训基地。所有教室都配备了多媒体设备，并建有高标准的语音室、运动场和体育馆。图书馆藏书 151 万册，各系都有电子图书阅览室，拥有万方数字期刊库和中国知网数据库使用权。

主校区地址：衡阳市珠晖区狮山路 20 号

邮政编码：421002

电话：0734 - 8378042

西校区地址：衡阳市雁峰区岳屏街道芝麻塘 1 号

邮政编码：421008

学校主要领导：

党委书记　高楚云

院　　长　戴旻

【湖南高速铁路职业技术学院】

层次：专科

湖南高速铁路职业技术学院是衡阳市人民政府主办、主管，经湖南省政府批准，教育部备案的一所综合性、多学科、全日制、具有鲜明特色的公办普通高等学校，被誉为"铁路的黄埔军校"。学院于1951年由铁道部创办，首任校长为铁道部部长郭维城将军。学院是全国第一所以"高铁"命名、中南地区唯一以铁路工程建设为主体专业的高等院校。新校区占地面积804亩，全日制学生1万余人。学院现有铁道工程系、铁道建筑系、铁道运输系、铁道电信系、铁道机电系等5系1部24个专业，面向全国27个省市招生。

学院与广铁集团、上海铁路局、南宁铁路局、武汉铁路局、中铁四局、中建五局、香港地铁、广州地铁、深圳地铁、湖南第一测绘院等十多家单位签订了专业对口的"订单"培养协议，从招生、课程开设、教学开展、企业文化熏陶、实习实训、顶岗考核等各方面进行了深度合作。学院面向全国23个省（直辖市、自治区）招生，毕业生就业渠道畅通、层次高、对口性强，是铁道部在中南六省培养建筑工程类专业技术人才的主要基地、全国地方铁路协会培训基地、香港地铁培训基地。

1951年5月23日，衡阳铁路中级技术学校成立，时任衡阳铁路局局长郭维诚（后任铁道部部长）兼首任校长。1958年9月，为适应经济发展形式和铁道建设事业的需要，学校升级，由原来的中专体制改为大专体制，开设铁道建筑系、铁道房屋系、铁道桥隧系，改称"衡阳铁道工程学院"。1959年8月，铁道系统高校重新布局，学校体制改革，撤销大学体制，恢复中专体制，仍称"衡阳铁路工程学校"。1960年7月，经铁道部决定，学校体制再次改革，升格为大学体制，成立"衡阳铁道学院"，设铁道建筑本科和铁道桥隧本科四年制，铁道房建本科五年制，机械与电机制造、工程地质和水文地质专科五年制，在校学生达1863人。1961年铁道部部长吕正操来校视察检查工作。

1996年，学校荣获全国铁路"火车头奖杯"。1999年，经湖南省教委和计委批准，学校连续举办了五年一贯制和三年制高职班，开设了交通土建、市政工程、建筑工程、建筑装饰工程、计算机应用、城市轨道交通、市场营销等专业。2004年9月20日，为顺应铁路主辅分离、跨越式发展，学校移交衡阳市人民政府管理。2005年3月3日，经湖南省政府批准，学校升格为"湖南交通工程职业技术学院"，纳入普通高等学校序列。2005年4月1日，学院顺利通过教育部备案。2011年4月，为突出办学特色，传承铁路历史，紧跟高铁发展步伐，学院经湖南省政府批准、教育部备案正式更名为湖南高速铁路职业技术学院，成为中国第一所高速铁路职业技术学院。

为迎接教育部高等职业技术学院督导评估，2007年5月20日湖南高速铁路职业技术学院拟定计划，整体搬迁至衡阳大学城，在怡心园以东的白渔潭，征地804亩。衡阳市委、市政府高度重视湖南高速铁路职业技术学院新校区建设，经湖南省政府批准，列为湖南省重点工程。湖南高速铁路职业技术学院新校区位于衡阳大学城内，与衡阳东站（京广客运专线新衡阳站）隔耒水相望。东靠东外环线，南临衡花公路，总占地面积804亩（533000平方米），总建筑面积188000平方米，其中包括综合教学楼、图书信息中心、实验实训基地、办公大楼、体育馆、学生公寓、食堂、室外体育场等其他附属设施。2008年9月湖南高速铁路职业技术学院将三年制大专生迁移至新校区学习，2010年湖南高速铁路职业技术学院全部搬迁至新校区。

学校地址：湖南省衡阳市珠晖区一环东路南9号

邮编：421002

联系电话：0734 – 8221915

招生电话：0734 – 2522039　0734 – 2548115

学校主要领导：

党委书记　刘一华

院长、党委副书记　陈春泉

【衡阳技师学院】

层次：技师

衡阳技师学院是于2006年8月经湖南省

人民政府批准成立的全省第一所技师学院。学院由原衡阳市第一高级技工学校、衡阳市生物与信息学校、衡阳市经济贸易学校、衡阳市机电工程学校四所学校合并升格而成，由衡阳市人民政府主办主管，属国家副厅级全额财政拨款事业单位。

学院占地 701.8 亩，校舍建筑面积 26.9 万平方米，固定资产原值 3.5 亿元（不含土地）。学院现有在职教职工 562 人，离退休人员 246 人。在职教职工中，在职在编员工 447 人，聘任制员工 89 人，农场工 26 人。现有领导班子成员 9 人，设有 15 个行政职能处室及群团组织、7 个教学系、3 个教辅机构。

学院现有在校学生 12000 余人，基本形成了以技师教育为龙头，以技师和高级技工教育为主体，以各类短期培训和技能鉴定为两翼的办学格局。

学院设有电气工程学院、机械工程系、工模具设计与制造系、汽车工程系、信息与生物技术系、经济贸易系、物流技术系等 7 个教学系共 37 个专业，其中电气自动化、机电一体化、数控技术应用、工模具设计与制造、现代物流技术等专业是中央财政重点支持专业。学院建有数控加工、汽车检测与维修、模具设计、工业机器人、机械装调、气动与液压技术、智能楼宇、电气技术、服装设计与制作、电算会计、物流仓储等专业先进的实训工场和技能工作室，基本能满足教学需要。

学院荣获"全国职业教育先进单位""全国技能人才培育突出贡献奖"等荣誉，是国家高技能人才培养示范基地、全国技工院校师资培训基地、中国人民解放军士官输送基地、中国仓管员培养基地、湖南省服务外包人才培训基地、湖南省大学生创业就业技能培训基地、湖南省汽车制造业高技能人才培养基地、湖南省对口援疆后备人才培训高校、衡阳市党员科技教育基地、衡阳市农业机械化技术人才培训基地、衡阳市青少年廉政教育基地、衡阳市民族团结示范点。

学院坚持以就业为导向，以技能为核心，以特色树品牌，紧贴市场需求，毕业生深受用人单位的欢迎。随着中国制造 2025 的战略部署，学院将深入贯彻中央"四个全面"战略布局，改革创新，真抓实干，努力建设成为技能大师云集、能工巧匠涌现、学术人才汇聚、创新人才辈出、办学设施先进、校园环境优美、社会贡献卓越的"综合性、应用型、特色化"的全国著名技师学院。

主校区地址：衡阳市西郊三塘镇振兴路 5 号

邮编：421101

白沙分院地址：衡阳市白沙洲铜桥港 1 号

邮编：421007

联系电话：0734－8729898

学院主要领导：

党委书记　何东球

院　　长　邱家才

【湖南工商职业学院】

层次：专科民办

湖南工商职业学院是经湖南省人民政府批准、教育部备案的全日制综合性普通高等职业院校，行政隶属湖南省教育厅主管。学院位于衡阳市石鼓区松木经济开发区，东临湘江，北依南岳，与湖湘文化名胜石鼓书院隔江遥望。学院地理位置优越，交通便利，前往南岳衡山风景区的 107 国道近在咫尺。校内风景秀丽，环境舒适，楼群峻拔，绿草如茵。

学院以质量兴校、特色强校为宗旨，秉承"明德、修能、致用、求新"的校训，弘扬"一切为了学生，为了学生的一切"的教风，倡导"知识改变命运，学习成就未来"的学风。学院数十年如一日，坚持走内涵发展和特色发展之路，志在培养思想品德高尚、行为习惯良好、文化知识丰富、职业技能优秀的应用型人才，为工商企业界输送基层管理干部和技能精英。

学院下设经济管理系、机电工程系、建筑工程系、基础教育部、继续教育部、教学实训中心、职业技能鉴定所、工学院、商学院、计算机工程系、基础课教学部和继续教育部，共开设 30 多个专业，涵盖文、理、工、管、经五大学科。现有在校学生 5000 余人。

学院规划面积近 600 亩，校舍建筑面积 20 万平方米，藏书 60 万册（含电子书刊），语音多媒体仪器 300 台，教学电脑 1500 台。学院现有教职工 225 人，其中专任教师 168 人，具有副高以上职称教师 59 人，双师型教师 65

人，具有硕士研究生学历教师 26 人。校内教学实训基地、明德汽修厂、致用电子厂、修能机械厂设备设施齐全，逐步形成以工商管理、汽车维修、建筑技术为核心的专业集群，将学院的教学实训与企业生产实践结合起来。

学院实行专家治校，建立了一支以"双师型"教师为主体、资深教授为核心的专兼职相结合的教师队伍，为学院教学质量的提高和科学化的管理提供了有力的保障。学院每年投入上千万元用于师资队伍建设，培养和引进学科带头人和"双师型"骨干教师，构建了一支专业、职称、年龄结构合理，团结、务实、进取的专职师资队伍。

学院重视学生的行为习惯和职业精神培养，组建科学规范的管理网络，使学生从进校到毕业都处于良好的教育管理之中。学院开展精英教育，培养了一批具有先锋示范作用的精英学生，重视养成教育，开展星级文明示范社区建设，通过环境育人。为提高学生社会竞争力，学院与长沙理工大学、湖南商学院联合开展本科自学助考，通过学分互认和过程性考核，提高学生获得本科文凭的积极性和主动性，强化职业教育和学历教育的双重意义。

学校地址：湖南省衡阳市石鼓区松木塘

邮编：421001

电话：0734 – 8593338　　0734 – 8593358

传真：0734 – 8593325

学校主要领导：

党委书记　涂　昊

院　　长　罗玉成

03

第三篇

县（市、区）教育风采

第一章 衡阳县教育风采

衡阳县教育概况

衡阳县教育局位于西渡镇保安小区，全局现有干部职工92人，退休55人，内设19个股室。教育局班子成员9人，属其行政管理范围的有县属高中6所，职业中专、教师进修学校、特殊教育学校各1所，26个乡镇中心学校及所辖中小学399所（其中初级中学62所、九年一贯制学校7所、小学330所）。全县在校中小学生156928人，其中小学90775人、初中44634人、高中21519人。现有在职教职员工9018人，其中专任教师8076人（小学教师3977人、初中教师2988人、高中教师1111人）。

近年来，衡阳县教育局牢固树立和贯彻落实创新、协调、绿色、开放、共享的发展理念，以办人民满意教育为宗旨，以提质量、树正气、保稳定、塑形象为根本，全面加强校长、班子及教师队伍建设，推进依法治校，提升治理能力，努力构建"学前、小学、初中、高中'四段并进'，普教、职教、成教、幼教'四教齐驱'，学校、家庭、社会'三位一体'"的教育工作格局，力促教育均衡，回归教育本位。

"普九"水平不断提高。1999年实现"两基"教育目标后，衡阳县一直把"普九"工作作为教育的重点。一是办学条件不断改善。近年来，为改善中小学办学条件，全县将中小学危房改造工作作为重中之重，狠抓落实，到2006年底，全县原有中小学D级危房已基本消除。衡阳县因此连年被评为"衡阳市危房改造工作先进县"。结合危房改造，不断推进寄宿制学校建设，全县农村初中基本实现了寄宿制目标。同时，加大了学校设备设施投入。2007年全县基本建成了农村中小学"校校通"工程。全县所有乡镇中学、中心小学的实验室和电教

室均达到Ⅰ类装备标准。二是控流保学形成机制。全县进一步完善了双向控流保学机制，落实了县、乡政府、村组和学校的控流保学责任；认真落实"两免一补"政策，2007年春季起，全免了义务教育阶段中小学生杂费和书籍费，补助了部分经济困难的寄宿生生活费；在此基础上，大力实施"减、免、缓、捐"助学措施，在校学生巩固率不断提高。"普九"各项指标均接近或达到省定Ⅰ类标准。

高中教育均衡发展。衡阳县教育局以省级示范性普通高中——衡阳县第一中学为龙头，实施高中均衡发展战略，狠抓常规管理及教育教学研究，取得了令人瞩目的成绩。近年来，衡阳县高考成绩在全市独占鳌头，教育局及6所普通高中多次被评为衡阳市高中教育质量先进单位。衡阳县高中教育引起了省、市媒体的广泛关注，并给予高度评价：衡阳县的高中教育"重点更重点，一般不一般""衡阳县的高中教育是这个农业大县一张精美的名片"。2016年高考，衡阳县全县本科一批上线642人，其中600分以上57人；本科二批及以上上线2345人，上线总数约占全市1/5，以绝对优势高居全市首位。衡阳县第一中学本科一批上线333人，本科二批及以上上线777人，本科二批上线率为56.39%，其中600分以上44人。高考大户衡阳县第三中学本科二批及以上上线人数为1081人，连续六年突破千人大关，其中应届生本科二批及以上上线307人，上线率为26.28%；高考复习班本科二批及以上上线人数774人，上线率为51.53%。

民办教育初绽新蕾。衡阳县委、县政府坚持"积极鼓励，大力支持，正确引导，依法管理"的十六字方针，采取政策扶持、招商引资、

融资办学等措施，为民办学校营造了宽松的发展环境。同时，加强对民办学校办学的检查评估，有力地推动了民办教育的发展。民办学校大多能立足长远，积极改善办学条件，并通过加强学校管理来提高学校品位。光华实验学校、江山（中英文）学校成为全县乃至全市的知名民办学校。

职成教育锦上添花。成教工作先后荣获"湖南省扫盲工作先进县""湖南省农村成人教育工作先进县"的殊荣。2007年西渡镇农校被立项批复为湖南省重点建设项目。衡阳县职业教育一直是全省的一面旗帜，已拥有中等职业学校9所，其中公办职业中专1所，民办公助学校8所，在校学生8000余人。衡阳县职业中等专业学校在2005年被教育部认定为"全国重点职业中学"后，办学规模不断扩大，在全市公办职业学校中独领风骚。职业教育的强劲发展为新农村建设积蓄了大量人才资源。

近年来，衡阳县教育各项工作均衡推进，协调发展，一直在省、市享有盛誉。2003年，衡阳县教育局党委被评为全省教育战线唯一的"防非"工作先进基层党组织。此外，全县教育获得的省级荣誉有"文明卫生单位""统计工作先进单位""档案宣传工作先进单位""学校及周边治安综合治理先进单位"等10项；获得的市级荣誉有"职业教育发展先进县""高中教育质量先进单位""四五普法依法治理先进单位""社会主义新农村建设先进职能单位""两项督导评估先进单位"等38项。

地址：衡阳县西渡镇保安小区蒸武路8号

值班电话：0734－6813473

传真：0734－6822310

● 衡阳县教育局领导班子成员

党委书记、局长：肖高登（15073455999）

党委副书记、副局长：蒋自强（13873444665）

党委委员、副局长：黄前（13575245968）

副局长：蒋和平（13975456718）

党委委员、主任督学：李孝良（18908441567）

党委委员、衡阳县纪委派驻教育局纪检组长：冉效伟（13908440117）

副主任督学：刘志强（13908440158）

工会主席：肖启梁（13973442898）

衡阳县教育局内设机构及二级机构职能

【办公室】（加挂宣传法规股牌子）

主要职能：综合协调局机关重要政务、事务；负责局机关干部职工劳动工资、生活福利等有关工作；负责全局性会议的组织安排；负责全局性综合文字工作及重要文件起草和发布审校；负责文秘、档案、保密、信访、提案建议的办理、机关财务、资产管理等工作；负责教育报刊的新闻宣传及发行等工作；负责机关车辆管理、后勤服务、治安保卫及社区等工作；负责机关离退休人员的管理服务工作；负责党委办公室日常工作。负责教育改革与发展战略研究，承担地方教育规范性文件的调研和起草；组织、监督、指导全县教育行政执法；负责局机关干部职工及局属单位教职工的法制教育及局中心组学习等工作；承办县本级教育行政复议、行政诉讼应诉工作，指导全县教育行政复议、行政诉讼应诉工作；负责教育宣传及文明单位创建工作；负责人大、政协议案、提案的回复工作。

【人事老干股】（加挂衡阳县大中专毕业生管理办公室牌子）

主要职能：统筹规划并指导学校教师和教育行政干部队伍建设工作；负责机关和局属事业单位的人员编制、考核、奖惩、劳动工资福利等有关工作；指导局属单位教育人事、分配制度改革；负责教育系统教职工的录用、调配工作；按管理权限管理机关和局直属单位人事档案；组织实施教师资格证书制度管理和教师聘任工作；会同有关部门承办本系统教职工专业技术职务评聘工作；负责特级教师推荐评选工作；负责中小学教师系列初级专业技术职务的评审和认定；负责局属单位的领导班子和党组织建设，考察、推荐和调配局直属单位的领导干部；负责局直属单位离退休干部的管理工作；负责全县教育援藏、支教人员资格审核和呈报工作；负责教育系统考核、奖励工作，归口管理教育基金会；负责局属单位的计划生育工作；负责全县研究生、本科生、大中专毕业生就业工作；制订就业方案并组织实施；负责全县大中专毕业生、本科毕业生、毕业研究生的调配派遣和档案管理工作；指导全县大中专学校毕业生的思想教育工作。

【基础教育股】

主要职能：综合管理全县的普通中小学教育、特殊教育和幼儿教育工作，参与制订全县基础教育发展规划；组织实施"普九"和素质教育；指导中小学教育教学改革并负责对学校教育教学质量进行评价；指导和管理中小学、幼儿园、特殊教育的德育、体育、艺术、劳技、科技、法制、社会实践、信息技术教育等工作；审定中小学教材、教学配套用书；指导教育系统共青团和少年先锋队工作；负责协调基础教育科研、教育装备等工作；负责全县中小学校学籍管理和组织初中毕业会考、招生和中小学竞赛等活动；负责全县中小学生的英语、计算机、艺术考级等工作；指导社会力量及厂矿企业举办的基础教育各类学校及教育机构的业务工作；负责省、市重点中学的呈报、考核、审批工作；负责幼儿园等级评审的工作；检查、督促、规范学校的办学行为；指导学校的校园文化建设；拟定全县学校体育、卫生、健康、目标教育发展规划并组织实施；指导学校体育教育教学和专业师资的有关培训工作；负责体育卫生教育、教研、教材建设以及学生健康状况的建档建制等工作；组织全县性的学校体育竞赛活动，指导学校体育人才的培养、选拔工作；指导高中以上学校的学生军训及各类学校爱国卫生和绿化美化等工作。

【教育督导办公室】

主要职能：负责起草、制订全县教育督导工作规划与年度工作计划；负责修订完善全县教育督导评估系列方案；组织乡镇教育督导员、县属学校督学开展教育督导工作；为衡阳县教育局、衡阳县人民政府教育督导室领导当好参谋，搞好服务；对教育的各类检查、考核、评估的归口管理进行协调；具体协助做好"两基"工作验收、素质教育督导评估、学校(含社会力量所办学校及幼儿园)等级督导评估、县属学校与乡镇中心学校的年度考核评估、乡镇党政重教督导评估、县直有关部门重教督导、衡阳县教育局有关股室落实教育政策法规督导和其他专项督导评估工作；开展教育督导研究，推介教育督导经验，传递教育督导信息；承办衡阳县政府、上级教育督导部门及县教育局交给的其他工作；使用现代化办公手段，搞好档案和信息管理。

【成人教育股】

主要职能：综合管理与协调全县的成人教育工作，拟定成人教育发展规划与管理措施，并组织实施；指导成人教育改革和检查、评估等工作；归口管理全县成人学校和大中专函授站；指导社会力量及厂矿企业举办的各类成人教育机构的业务工作；负责各级成人学校的呈报、考核及审批工作；参与成人教育学校的设置、布局、调整和教师队伍建设工作；负责协调成人教育的科研与技术推广、仪器配备、生产实习、基地建设、毕业生就业指导等工作；负责拟定全县农科教的规划和实施办法，并会同有关部门组织实施；负责全县的扫盲工作；负责成人大中专招生工作；协调全县职工的文化教育、岗位培训；归口管理全县的社会力量办学工作，拟定社会力量办学的发展规划及有关政策规定；负责企事业组织、社会团体、其他社会组织及公民个人利用非国家财政性教育经费，面向社会举办学校及其他教育机构的考核、审批及年检、评估工作；负责社会力量办学机构的有关招生广告(简章)的审核工作，指导社会力量办学机构的校园校舍、图书馆(室)、教育技术装备和师资队伍等方面的建设；协调社会力量办学中出现涉及全局性的有关问题。

【师训股】

主要职能：规划和指导中小学师资培训工作，组织和实施教师上岗培训和教师的学历培训及继续教育(含信息技术、新课程新大纲培训、考试)等工作；负责县级学科带头人和青年骨干教师的考核、认定和培养工作；负责教育系统中小学校长、幼儿园园长和其他管理人员的业务培训工作；负责指导衡阳县教师进修学校工作；指导社会力量及厂矿企业举办的各类学校的教师队伍培训工作；贯彻落实语言文字工作的方针、政策，负责全县语言文字和普通话培训、测试工作。

【计划财务股】

主要职能：拟定全县教育事业发展的中长期规划及年度计划并组织实施；负责中小学布局调整；指导中小学危房改造和标准化校舍建设；制订全县各类学校招生计划并监督实施；负责指导局属单位基建、维修计划的制订和资金安排及有关基建数据的统计等工作；组织审核局直属单位基建项目的预决算；指导各级编制学校经费的年度预决算；负责本级教育经费年度预决算；依法检查、监督教育经费筹集、使用情况及教师工资发放情况；协调有关部门组织实施政府采购；统筹管理省、市拨付的教育经费和各种捐款；负责全县教育事业基本信息的统计、分析、分布和事业发展监测；指导局直属单位的后勤管理工作；监督管理直属单位的国有资产；指导、协调全县教育产业和勤工俭学工作；参与教育信息化建设；指导教育技术装备工作。

【审计股】

主要职能：审计财务计划或预算执行和决算、各项教育资金的管理和使用、财务收支有关的经济活动、基本建设工程的预决算；审计办学效益和校办企业的资产、负债和损益；审计国有资产的管理和使用；审计内部控制制度的建立和执行；审计所属单位法人代表人的任期经济责任；负责对局机关和县属单位的重大经济活动和大宗物资采购进行审计监督。

【纪检监察室】

主要职能：纪检监察宣传教育；参与监督主要事项；纠正行业不正之风；处理违纪违规案件；建立廉政监察档案。

【教育工会】

主要职能：参与民主管理和民主监督；抓好教职工思想教育工作；加强工会自身建设；维护教职工合法权益、离退协和关工委工作。

【招生考试委员会办公室】

主要职能：负责各类高等学校宣传、报名、体检、组考、建档、政审、录取工作；负责自考报名、资审、组考、建档、录取工作。

【教学研究室】

主要职能：负责教育教学研究；组织师生各项比赛；组织教育教学论文评比；负责教育教学质量监管。

【职业技术教研室】

主要职能：统筹管理职业教育工作；负责职业学校招生、办学水平评估、教学业务指导和学历认定。

【电化教学仪器站】

主要职能：负责全县教育技术装备工作，如电教仪器、音像教材等装备；组织开展实验教学、电化教育、信息技术教育等方面研究。

【勤工俭学站】

主要职能：管理和指导全县勤工俭学工作；参与校办企业经营、监管；制作材料发行。

【中小学救助受援捐赠中心】

主要职能：负责中小学贫困学生救助、社会捐赠的管理。

衡阳县主要学校信息

【衡阳县第一中学】

衡阳县第一中学前身为湖南私立光华中学，创建于1945年。学校五易学校地址，三更校名，1997年搬迁到衡阳县县城城西大道39号。学校于1998年获"湖南省重点中学"称号，2004年获"湖南省示范性普通高中"称号，是衡阳县唯一一所省级示范性普通高中，湖南省教育厅和湖南省人民政府教育督导室对学校教学业务、内部管理、办学行为进行指导和督导。

学校占地近300亩，建筑面积11万平方米，有学生公寓楼7幢，教学大楼3幢，综合实验大楼1幢，图书大楼1幢，多媒体教室70间，通用技术教室2间，理化生实验室17间，舞蹈排练室、美术欣赏室各一间，专业画室2间，图书阅览室4间，图书馆藏书16万余册，电子图书10万册，教学设备设施齐全。学生教室、寝室和教师办公室全部安装了空调和直饮水,学生宿舍还安装了热水系统,为师生提供了优雅、舒适的学习、工作和生活条件。学校新修了能容纳2400人的体育馆,新建了塑胶田径场。学校现有教职员工340余人,其中特级教师3人,高级教师110余人;教学班级67个,在校学生4200余人。

学校办学历史悠久,底蕴深厚,师生和谐,发展稳定。办学理念在实践中不断提升,办学行为在自律中逐步规范,办学条件在发展中陆续改善,队伍素质在竞争中整体优化,学校管理在务实中更加精细,德育工作在探索中全面渗透,教学教研在创新中再上台阶,学校特色在积淀中初步形成。学校先后获得"全国基础教育名校""全国高质量特色办学单位""湖南省文明单位""湖南省现代教育技术实验学校""湖南省教研教改先进单位""衡阳市普通高中教育教学质量先进单位""衡阳市中学生行为规范教育示范学校""衡阳市书香校园""衡阳市诚信机关诚信单位""衡阳市最受欢迎好品牌五十强"等几十项荣誉称号。中央文明委和湖南省委宣传部的领导称赞学校为"文明的殿堂,人才的摇篮,教育的窗口",《人民日报》赞誉学校为"三湘教育一明珠"。多家知名媒体对学校的办学成果进行了推介报道。中国科技大学、中南大学、湖南大学、湘潭大学、湖南农大、南华大学、原广州军区后勤部等十几所名牌高校及单位授予学校"优秀生源基地"称号。

学校教学区、生活区、运动区相对独立,又融为一体,规划科学,布局合理,校园环境优美,绿树葱茏,绿草成茵,建有励志亭、树人亭、飞天雕塑、名言警句牌、假山曲水、文化广场等景观,不是花园,胜似花园,是理想的求学场所,是全县人民公认和青年学子向往的好学校。学校校友资源丰富,社会精英遍布各行各业、五洲四海,其中有睿智的学者,有高水平的专家,有威武的将军,有政坛的翘楚,有商界的巨贾。

学校校风正,学风浓,管理严,质量高,高考录取总人数连续10多年荣居衡阳市榜首,是衡阳市乃至湖南省的高考大户,20余名学生被北京大学、清华大学录取,被社会各界称为"高考场上的不倒翁"。2016年高考,学校本科一批上线347人,本科二批及以上上线778余人,本科二批及以上上线率为58.88%,在衡阳市省级示范性普通高中中名列第三,位居衡阳县第一。近年来,300余名学生在全国奥赛及其他学科竞赛中获国家级及省级大奖。

在新的发展时期,学校将进一步增强忧患意识,抢抓机遇,振奋精神,团结一致,稳步奋进,锐意改革,开拓创新。为早日实现省内一流、全国知名示范性高中的"一中梦"而不懈努力。

学校行政班子成员信息

校长:吴同春(13875772777)
党总支书记:李新本(13575245757)
副校长:肖永良(13974766976)
副校长:刘晓林(13974766232)
副校长:赵力生(13875634248)
办公室主任:文春(13975476945)

【衡阳县第二中学】

衡阳县第二中学坐落于古镇渣江。这片物华天宝、人杰地灵的土地孕育了清代名臣彭玉麟,哺育了清代大书法家曾熙,诞生了当代著名作家琼瑶。学校历史悠久,源远流长。20世纪初,其前身光华中学就置办于此。1956年秋,渣江完全小学附设初中班在光华中学旧址上开班,1958年更名为"衡阳县第二中学",并由当代文豪郭沫若亲笔题写校名。

学校校园面积近百亩,建筑面积37450平方米,固定资产8000万元,现有教职工143人(含临聘代课教师2人),开设教学班32个,共有学生2400余人。学校在校领导班子的带领下,大胆探索,勇于创新,在办学理念、办学方向、教育教学改革上实现了质的飞跃。学校坚持"规范管理,质量至上,全面育人,特色强校"的办学理念,并实行"按类别组班,分层次教学",逐步形成了"提高班、水平班、特长班、技能班"之"四班当家,全校联动"的独特教育模式,打造了农村高中教育特色。

学校先后荣获湖南省贯彻《学校体育工作条例》优秀学校、教育部"十五"重点课题"中华民族传统美德教育"实验学校、湖南省文明卫生学校、衡阳市廉政文化建设先进单位、衡阳县基层(窗口)政风行风建设示范单位等荣誉称号,2009、2010、2011、2012、2013、2014、

2015 年连续七年被评为衡阳县教育教学质量先进单位，2012 年获衡阳市教育教学质量进步奖，2014 年被评为衡阳市"十二五"科研先进单位，2015 年被评为全国青少年五好小公民"少年向上，真善美伴我行"主题教育活动示范学校，成为衡阳县唯一获此荣誉的学校，2016 年 7 月获"优秀基层党组织"称号。学校的知名度和竞争力大为提高，在社会上产生了良好的反响。

地址：衡阳县渣江镇赤石村

学校行政班子成员信息

校长：李雄伟（13975474493）

党总支书记：涂宏平（13975455498）

副校长：胡茂良（13807342101）

副校长：欧阳碧（13975455448）

副校长：王政（13974734782）

纪检委员：肖朝晖（13974734642）

办公室主任：易顶茂（13637347879）

【衡阳县第三中学】

衡阳县第三中学始建于 1958 年，属县政府公办学校，衡阳市示范性普通高中，原址在偏远山区，因生源不足于 1995 年停办。1998 年为适应全县高中教育发展需要，经衡阳县政府批准，恢复挂牌于县城之东的原衡阳县第一中学农场，现坐落县城之东，米子路 82 号，西靠工业园区，南临蒸阳大道和 S315 省道，北靠衡邵高速公路。学校位置优越，交通便捷，占地面积 366 亩，建筑面积 11.2 万平方米，软硬件设施齐全；师资力量雄厚，专任教师 310 人，均有本科及以上学历，国家级骨干教师 1 人，省级骨干教师 12 人；现有 83 个教学班，学生 5600 余人。

学校以"求知、创新、强体、励志"为校训，以"合格 + 特长、个性 + 创新"全面提高学生素质为办学特色，以"办人民满意的教育"为办学目标。十几年来，学校为高校输送本科二批及以上学生 13000 余人；有 30 多位教师先后在省、市级教学比武中获奖；课题研究结成果"普通高中学案导学教学法研究与实践"获湖南省二等奖，"如何提高班主任工作的积极性与能力"获全国二等奖；2008 年经督导评估验收，被评为"衡阳市示范性普通高中""湖南省三星级文明单位"，2012 年被评为全国"十

一五"教育科研示范学校，2014 年被评为衡阳市思想政治工作先进单位，连续七年被评为衡阳市普通高中教学质量先进单位，连续十一年被衡阳县教育局评为高中教育教学质量先进单位；中国教育学会基础教育评价专业委员会与湖南日报社授予学校"湖湘名校"称号；2016 年顺利通过湖南省"安全文明学校"验收。

学校虽底蕴不深，却胜在地利人勤。几番风雨，今日三中恰似翱翔九天的雄鹰，又似动力十足航母，朝着理想的彼岸不停地挺进。

学校行政班子成员信息

校长：周振华（15807340999）

党总支书记：宋元东（17773426716）

副校长：易志敏（15873469569）

副校长：王辉成（15973401639）

副校长：朱燕（13974700260）

纪检组长：徐招灵（13974767886）

办公室主任：邹贤尚（13762430926）

【衡阳县第五中学】

衡阳县第五中学是衡阳市示范性普通高中，坐落在夏明翰故乡——洪市镇，南临蒸水河，北靠天柱峰。学校的前身是 1884 年创办的文昌书院。现有在编教工 160 余人，高级教师 37 人，一级教师 81 人；教学班级 38 个，在校学生 2748 人。

学校坚持"全面育人、科学育人、安全为本、质量为主、和谐发展"的办学理念，全面推行素质教育，创造了辉煌的办学业绩。2001—2008 年，五中连续八年被衡阳市教育局表彰为"高中教学质量先进单位"；2008 年正式挂牌为"衡阳市示范性普通高中"；2010 年被评为"湖南省文明单位""全国名优学校"，2010 年 10 月 14 日，学校作为衡阳典型单位在湖南省高中德育工作会上介绍经验，题为"德育领航，办好农村高中"；2011 年，被评为"衡阳县基层单位政风行风建设示范单位"；2010—2015 年连获衡阳县教育局年度目标考核一等奖；2011—2014 年连获衡阳市"高中教学质量先进单位"奖牌；2013 年 6 月被衡阳市委宣传部表彰为"衡阳市未成年人思想道德建设先进单位"；2014 年 12 月被评为"全国教育管理创新示范校"；2015 年 2 月被评为"衡阳市'十二五'教育科研先进单位"；2016 年 3 月被评为

"衡阳市毒品预防教育示范学校"；2016 年 6 月评为"衡阳县先进基层党组织"。

2010 年 11 月 4 日，《湖南教育》杂志以题为《十年奋斗写华章》报道了学校的办学业绩。2011 年 7 月，252 班被教育部命名为"夏明翰班"，10 月，天柱文学社被评为"全国示范校园文学社"。《湖南日报》2013 年 8 月 15 日以"百年老校，青春常在"为题，2014 年 10 月以"百年风姿"为题头版头条报道了学校。2015 年 11 月，《衡阳日报》发表《打造高效课堂》《劲吹德育新风》《后勤服务创一流》，连续三天头版报道学校。

学校行政班子成员信息

校长、党总支书记：王禹（13973414093）

副校长兼党总支副书记：朱顺利（13975475108）

副校长：陈增良（13786453169）

纪检委员：邹小阳（13975429136）

副校长：曾小亚（13975429619）

副校长：刘雁鸣（1397503553）

办公室主任：李元华（13575100025）

【衡阳县第六中学】

衡阳县第六中学创办于 1921 年，其前身是"湖南省私立新民中学"，1958 年改为现名。1983 年学校跻身衡阳市重点中学之列，1988 年载入教育部编印的《中国著名中学》，2002 年经衡阳市教育局重新评估验收，再次成为市重点中学，2003 年通过市级示范性学校评估验收，被评定为市级示范性普通高中。2014 年经评估验收被评为衡阳市示范性高中督导评估优秀单位。

学校坐落于衡阳市蒸湘区呆鹰岭镇 134 号，占地面积 119 亩，建筑面积 6 万平方米，现有 56 个高中教学班，学生 3400 余人；教职工 258 人，其中专任教师 182 人，硕士研究生 1 人，具有本科学历的 179 人，中学高级教师 47 人，具有中级职称 118 人，县级学科带头人 5 名，先后有多人次荣获"全国优秀班主任""全国教育系统劳模""全国三八红旗手"等荣誉称号。学校建设规划科学，教学区、办公区、生活区、运动区布局合理。办学条件不断优化，所有教室均装备了多媒体，教室、办公室和学生宿舍均安装了空调，学生宿舍还安装

了热水供应系统；各种设备设施日臻完善，拥有能满足素质教育需要的理化生实验室、语音室、计算机室、课件制作室、音乐室、美术室；建有 100 兆网速的校园网络系统、电子监控系统、智能广播系统和电子售饭系统等现代化设施。

在九十多年的办学历程中，学校始终坚持正确的办学方向，以"勤奋进取，求实创新"为校训，以"科学办学，依法治校，育人为先，质量为本"为理念，以"培养合格加特长的学生，创建规范加特色的学校"为目标，形成了具有自己特色的"艰苦创业，无私奉献，德育为首，全面发展"的新民精神。

古稀名校，桃李芬芳。建校九十多年来，学校共培养初中毕业生一万余人，高中毕业生六万余人。许多学子后来成为政界、文化、教育、军事、企业等领域的著名人物，如中华人民共和国原驻法大使周觉、广东省人民政府副省长欧阳卫民、著名学者书法家唐翼明、中国人民解放军某部军长邹昌柱、美国哈佛大学著名教授莫加大、清华大学著名教授黄存汉、大庆油田总工程师周亮臣、国家运动健将邹发祥、中国登山队队长李余良等杰出人物就是从学校这块沃土上一步步走向辉煌的。自恢复高考以来，学校向各高等院校输送了 2 万余名合格新生，特别是近年来，培养了像肖利民、胡宗南、刘涌波、刘端阳、周武、常利军、刘安邦、刘强等一批考入清华大学、北京大学、中国人民大学等名校的优秀毕业生。教育教学业绩受到了上级领导的充分肯定和社会的一致好评。学校先后获得了"衡阳市普通高中教学质量先进单位""衡阳市教育科研项目管理先进单位""衡阳市现代教育技术实验学校""湖南省文明卫生单位""湖南省园林式单位""湖南省中学生篮球赛女子组第五名""中南大学优秀生源基地""国家基础教育课程改革项目实验学校""全国绿化模范单位"等殊荣。近三年来，师生参加各级各类比赛成绩显著。学生学科竞赛获国家级奖 22 人次、省级奖 35 人次，教师业务竞赛有 3 人次获国家级奖、17 人次获省级奖。教研教改蔚然成风，学校独立完成湖南省教育科学"十一五"课题"新时期农村高中学生思想政治工作内容、方式、途径改革创新

研究"并获国家级奖,申报并开展了湖南省教育科学"十二五"课题"生命化教育在农村中学的开展"的研究,填补了全市该学科教研项目的空白。

"路漫漫其修远兮,吾将上下而求索。"立足阳光下的土地,面对新的历史时期、新的教育理念,全体六中人又以"而今迈步从头越"的精神接受新的挑战,和衷共济开创美好灿烂的明天!

学校行政班子成员信息

校长:易善忠(15973420098)

党总支书记:谭兰桂(13907470105)

副校长:冯小亚(13974795008)

副校长:蒋青山(13974794948)

副校长:龙之洞(13787717216)

纪检组长:杜伍阳(13875605568)

办公室主任:龙小华(15580289001)

【衡阳县职业中等专业学校】

衡阳县职业中等专业学校属衡阳县政府公办学校,坐落于县城向阳北路98号,东临工业园区,西傍蒸水河,南接S315省道,北靠衡邵高速公路。学校交通便利,环境幽雅。学校于1983年创办,1990年被认定为湖南省首批"合格中等职业学校",2004年经验收通过成为"国家级重点中等职业学校";2012年被湖南省教育厅评定为"湖南省级示范性中等职业学校";2004年挂牌为"国家阳光工程农村劳动力转移培训基地"和"大中专院校农民工免费培训基地";2005年被认定为"湖南省外派劳务培训基地"和"中央财政支持职业教育区域性综合实训基地"。学校占地316亩,建筑面积9.3万平方米,固定资产8680万元;教职员工222人,专任教师178人,其中具有中、高级职称98人,"双师型"教师86人;在校学生2813人;开设电子电器、机电、汽车维修、服装设计、计算机应用、平面设计、网络工程和运动训练等12个专业,共53个教学班。学校以"知行相融、德技双馨"为校训,致力培养具有职业道德好、实践操作能力强、综合素质高的"一专多能的复合型技能人才"。

学校行政班子成员信息

校长、党总支书记:易积修(13974741283)

党总支副书记、副校长:李秩生(13873426346)

副校长:邹顺意(13467771689)

副校长:罗礼德(13974787392)

纪检组长:周益东(13517342760)

【衡阳县弘扬中学】

衡阳县弘扬中学坐落于西渡镇咸水村,南临315省道。学校前身是衡阳县卫生职业学校,2014年12月4日开始筹建,2015年5月13日正式启动一期工程,2015年9月1日如期招生开学。学校为衡阳县直属公办寄宿制初中,目前占地40余亩,现有教学班13个,学生802人,在职在编教师39人;以"弘道、笃学、扬善、求真"为校训;确立了"一年打基础、两年上台阶、三年成示范"的发展目标。

学校二期工程现已启动。规划向南征地29.6亩,校门南移,修筑校园大道;向西征地27亩,修建标准足球场和田径场;新建学生公寓两栋约4500平方米;新建教学楼一栋约2400平方米;新建教师周转房两栋约3000平方米;新建科技实验楼一栋约2000平方米,预计投入约1800万元。二期工程结束后,将建成一所占地100亩、功能设施齐备、分区合理、美观大方的标准化学校,为县城解决初中学位2000个,有效缓解城区大班额问题。

学校行政班子成员信息

校长:蒋兴华(13873450108)

副校长:黄昌沛(18674758250)

【衡阳县特殊教育学校】

衡阳县特殊教育学校位于衡阳县西渡镇城东市场二巷11号,是一所属衡阳县教育局管理的、对残疾少儿实施义务教育的学校,办学经费由财政全额负责,面向全县各乡镇招生。

学校开办于1993年,当时定名"聋哑儿童学校",1996年更名为"衡阳县特殊教育学校";起初是租用民房,1997年迁入现学校地址,学校占地面积为1800平方米,建筑面积2470平方米。学校现有教职工12人,有一人获"全国特教园丁奖",是一支高素质的教师队伍;老师们积极参加教研教改,有20余篇论文在省、市获奖。

学校现有5个教学班(含学前班一个),学生来自全县各乡镇,在校学生42人(含听障和智障两类),学生全面发展,文艺节目曾获衡阳市二等奖。学校自开办以来,已累计向社会和上级学校输送毕业生达156人,一部分进入衡阳市特殊教育学校继续学习,一部分被周边一些企业录用。

学校行政班子成员信息

校长:刘小元(13807345775)

【衡阳县金兰镇学区】

主任、党支部书记:陈晓龙(13974791232)

学区督导专干:刘平芳(13873426719)

基教专干:张永林(13875779877)

人事专干:凌峻(13975429412)

计财专干:聂东永(13875685098)

工会主席:聂维生(13974791044)

衡阳县金兰中学(衡阳县金兰镇中心学校)

衡阳县金兰中学坐落在衡阳县金兰镇中心。学校始建于1923年3月,其前身为金兰黄氏私塾学堂。学校先后几经更名为金兰完全初级小学、金兰公社初中、金兰镇中学,1971年办过金兰区高中,1989年金兰镇中学与金兰区高中合并为金兰中学,2005年更名为衡阳县金兰镇中心学校。学校办学历史悠久,文化传承积淀雄厚。

学校现有18个教学班,在籍学生1204人,在职教职工86人,其中高级教师18人,一级教师47人,市级学科带头人1人,市级骨干教师1人,市优秀教师5人。

90年多来,学校筚路蓝缕,矢志攀越,风雨兼程走过了从无到有、从小到大、从大到强的发展历程。90年多来,中华传统教育思想的熏陶、湖湘文化的洗礼、船山文化的浸润,使得学校深沉而又厚重、古老而又年轻。特别是进入21世纪以来,学校更是以新发展、新跨越的姿态,取得了一个又一个骄人的成绩。学校先后荣膺"全国优秀校园文学社""全国学校体育工作示范学校""教育部五好小公民主题教育示范学校""湖南省初级合格中学示范学校""湖南省关爱留守儿童示范学校""湖南省中学生日常行为规范示范学校""衡阳市文明卫生单位"等光荣称号。

学校行政班子成员信息

校长:刘朝晖(13875626689)

【衡阳县洪市镇学区】

主任:左利民(18975413129)

(13875634236)

基教专干:李仲红(13875657469)

计财专干:陈伯春(13875712010)

人事专干:王乐成(13873450698)

办公室主任:李公平(13873490828)

工会主席:陈高兴(13974773667)

衡阳县洪市中学

衡阳县洪市中学是洪市镇的中心初中,现有教师90余人,在校学生1600余人。学校管理科学,师资力量雄厚,办学条件优越,教育质量优异,办学特色鲜明,是衡阳县教育系统首批文明单位和农村素质教育的窗口学校。学校先后获得"湖南省示范性家长学校""湖南省合格初级中学""衡阳市示范初级中学""衡阳市电教科学实验先进单位""衡阳市体育工作先进单位""衡阳县园林式单位""中学生日常行为规范示范单位""初中教育质量先进单位"等荣誉称号。

学校行政班子成员信息

校长:蒋武超(15197420188)

衡阳县高碧中学

衡阳县高碧中学位于洪市镇的高碧村,学校绿树成荫,环境优美,现有教师30余人,在校学生500余人。学校管理科学,师资力量雄厚,办学严谨,教育质量优异,是洪市镇教育质量先进单位。

学校行政班子成员信息

校长:李中秋(13873448396)

衡阳县洪市镇夏明翰中学

衡阳县洪市镇夏明翰中学是一所乡村初级中学,坐落在洪市镇印山村。学校占地面积7000平方米,现有校舍4000多平方米,分区布局合理。目前在校学生684人,12个教学班,教职员工39人,中学高级教师2人,中学一级教师11人。在现任校长王杰军的带领下,夏明翰中学全体同志精诚团结,努力奋斗,取得了可喜的成绩。每年中考优秀生在全镇名列前茅,受到上级领导的嘉奖,得到人民群众的好评。学校坚持以"办人民满意教育"为宗旨,以崭新的姿态向更高的目标迈进。

学校行政班子成员信息

校长：王杰军（13975485236）

衡阳县洪市镇礼梓学校

衡阳县洪市镇礼梓学校是一所九年一贯制学校，坐落在洪市镇太平村，交通便利，环境优美。学校占地面积8000平方米，现有校舍4000多平方米，分区布局合理。目前初中部在校学生240余人，5个教学班；小学部7个教学班，共有学生350人。学校有教职员工39人，中学高级教师2人，中学一级教师10人。在现任校长易爽的带领下，学校全体教师精诚团结，努力奋斗，取得了可喜的成绩。

学校行政班子成员信息

校长：易爽（13875625418）

衡阳县洪市镇中心小学

衡阳县洪市镇中心小学坐落于洪市镇西正街，依傍210省道和益衡娄高速，交通便利。

学校下辖中心小学、太山小学、天柱小学、龙江教学点、太和教学点、余田小学、云华教学点、大印教学点共8个校区。学校现有在校生2200余名，共有55个教学班，在编教师110人。其中本科学历的24人，专科学历的30人。在编高级教师32人，一级教师22人。县级教学能手2人，县级优秀教师3人，县级优秀班主任2人，县级骨干教师3人。

学校校园面积为6000平方米，建筑面积3500平方米，绿化面积600平方米；教学用房为3000平方米，功能室齐全。

近年来，在易卫文校长的带领下，本着"科学育人，全面发展"的教育理念，学校全体师生精诚团结，艰苦创业，取得了一系列成绩。学校德育工作一直是学校的特色，在县内都享有很高的美誉度和知名度。

"一流的校舍，一流的管理，一流的质量"正成为全体师生的奋斗目标，"一切为了学生，为了一切的学生，为了学生的一切"已成为学校的办学宗旨。学校相信，洪市镇中心小学必将成为洪市镇教育事业的中流砥柱，将为明翰故里谱写华美的新篇章。

学校行政班子成员信息

校长：易卫文（13762430528）

衡阳县洪市镇高碧完全小学

衡阳县洪市镇高碧完全小学下辖两所小学、三个教学点。在校学生600余人，在职教师40人。已经完成新老交替的教师队伍正在均衡发展的征途上扬帆启航。

学校行政班子成员信息

校长：周达毅（15973402196）

衡阳县洪市镇礼梓完全小学

衡阳县洪市镇礼梓完全小学下辖五所小学、两个教学点。在校学生900余人，共有20个教学班；在职在编教师60人，其中本科学历的10人，专科学历的20人。在编高级教师12人，一级教师20人。县级教学能手2人，县级优秀教师3人，县级优秀班主任2人，县级骨干教师3人。

学校行政班子成员信息

校长：王宏顺（13762430998）

【衡阳县樟木乡学区】

主任、党总支书记：何兰桂（13873450189）

基教、督学、民职教、体艺专干：杜勋亮（13975480344）

人事、纪检专干：胡汉军（13974788228）

计财、审计专干：徐远平（15717585336）

办公室主任：黄秋运（13575121358）

教研、团队、电教专干：刘军（15074735709）

衡阳县樟木乡樟木中学

衡阳县樟木乡樟木中学新建于1997年，由原来的樟木中学和里仁中学合并而成。学校坐落于樟木乡衡岳村（现为白鹭坳社区），傍107国道。

学校占地63亩，建筑面积6000余平方米。1999年学校圆满通过湖南省教育厅义务教育督导评估验收。2009年学校顺利通过湖南省合格学校验收，成为首批合格化学校。近几年来，学校多方筹措，积极争取财政投入和社会捐赠，努力改善和优化办学条件，努力使学校成为一所优秀的农村寄宿制中学。

学校现有13个教学班，共660名学生，教职员工46人，其中中学高级教师2人，中学一级教师39人。

学校人杰地灵，环境优美，是莘莘学子成长的摇篮。

学校行政班子成员信息

校长：樊新云（13762402061）

副校长：张端青（13974790285）

副校长：莫春华（13975438788）

衡阳县樟木乡中心小学

学校坐落于衡阳县樟木乡衡岳村，依山而立，风景怡人。学校始建于1990年，由原衡岳村级小学迁址改建而成，师资力量雄厚，现有教职员工30人，下辖九渡小学、西林教学点。学校秉承"努力办人民满意的教育，向新世纪培养合格人才"的办学宗旨，全校师生同心同德，励精图治。二十多年来办学成绩优异，获得了社会各界的一致好评。

学校行政班子成员信息

校长：刘义俊（18229206099）

副校长：汪宏华（15273417538）

衡阳县樟木乡里仁完全小学

衡阳县樟木乡里仁完全小学坐落在衡阳县樟木乡仁爱村大山组与陈瓦屋组交界处，下辖永升小学、两个教学点（七里小学和双衡小学），是在原樟木乡里仁中学学校地址的基础上于2011年建成的一所完全小学，2011年12月通过了湖南省合格学校验收。这是一个地灵人杰的地方，为国家输送了不少人才，学校正努力把学校建成一所"学生满意，家长放心"的优质学校。

学校行政班子成员信息

校长：谢忠明（13873410703）

衡阳县樟木乡樟木完全小学

学校坐落于衡阳县樟木乡吉星村，107国道旁。学校占地10余亩，有教学班10个，教职工26人。学校办学历史悠久，原名吉星小学，2005年樟木寺学校并入后改名樟木完全小学，下辖村级小学高级城小学和塔兴教学点。学校依山傍水，校园环境整洁优美。学校认真规范学校管理，建立健全各项制度，德育、常规管理、教学管理、艺教、体育等工作得到有序发展。

学校行政班子成员信息

校长：李云国（15886413898）

【衡阳县溪江乡学区】

主任：贺兴健（13873450111）

基教、督学专干：汤俊（13975469796）

计财专干：邱水清（13786453601）

人事专干：凌峻（13975429421）

工会主席：刘福春（13575243171）

衡阳县溪江中学

衡阳县溪江中学创办于1925年，坐落于衡阳县西北边陲——溪江乡，地处九峰山脚、岳沙河畔。学校依山傍水，绿树成荫，交通便利，环境优美，人才辈出，远近闻名。在历届党政领导的正确领导和一代代师生的共同努力下，学校培育了许多优秀人才，打造了教育名校品牌，被誉为"衡阳县山区教育的一朵奇葩"。学校校园占地面积14061平方米，拥有高标准的电脑室、语音室、多媒体室、美术室、音乐室、劳技制作室和规范化的仪器室、实验室、图书室、阅览室等，近年又新建了教学楼、学生宿舍楼、体育运动场、水泥篮球场……硬件设施已初具规模。

学校现有初中3个年级，12个教学班，在校学生768人，教职工48人，专任教师45人，其中中学高级教师2人，中学一级教师26人，多人被评为省、市、县优秀教师。

多年来，沐浴着社会各界和溪江父老的关爱，学校坚持"一切为了学生，为了一切学生，为了学生的一切"的办学理念，本着"面向全体、发展全面"的育人宗旨，内抓管理，外树形象，打造品牌，书写辉煌，取得了令人瞩目的成绩，赢得了上级主管部门的多次褒奖和溪江父老的交口赞誉，先后被评为"合格初级中学""示范性初级中学""学生行为规范教育示范性学校""衡阳县教育教学质量先进单位""衡阳县第一中学优秀生源基地单位"。学校毕业生多人获得硕士、博士学位，在各个领域做出了卓越的贡献。近年来，学校进一步加强校园管理，狠抓教育教学工作，努力改善后勤服务，各项工作都在一步一个新台阶地稳步发展。

学校行政班子成员信息

校长：高志强（13908441095）

副校长：谭国军（13875718566）

副校长：李顺发（13975476567）

衡阳县富田中学

衡阳县富田中学位于衡阳县蒸水支流岳沙河畔——溪江乡富田村富田组。学校有6个教学班，368名学生，24个教职员工。严谨务实的管理团队、雅致如画的校园环境，彰显出山区教育人执教为民、办人民满意教育的亮丽风景。

学校行政班子成员信息

校长：高洪波（13574778161）

副校长、教导主任：杨斌（13787708892）

副校长：范远志（13657340715）

总务、工会主席：唐耀胜（13367349945）

衡阳县溪江乡中心小学

衡阳县溪江乡中心小学，坐落于蜿蜒东流的岳沙河旁——溪江乡岳沙社区老强组，直辖两所联校、两所村级小学、一个教学点，共有师生1200余人。视教育为生命、视学生为亲情的办学理念，使这盏山区教育的彩灯更加璀璨亮丽。

学校行政班子成员信息

校长：唐君（15874750607）

副校长：彭爱良（13875749560）

总务、工会主席：杨修武（13875618725）

衡阳县九峰学校

衡阳县九峰学校拥有初中教学班4个，小学教学班8个，在校初中生216人，小学生474人，直辖一所联校、两所村级小学、一个教学点，共有教职工38人。"内抓管理，外树形象"的办学理念使这所位于九峰山脉下的校园更加秀丽。

学校行政班子成员信息

校长：欧阳志奇（13762404321）

副校长：汤明初（13973442084）

副校长：刘习之（13548511169）

工会主席、总务：彭国华（15096098164）

衡阳县溪江乡富田完全小学

衡阳县溪江乡富田完全小学坐落于美丽的山村——溪江乡富田村廖关组，直辖一所联校、两所村级小学、两个教学点，共有师生820余人。务实的班子成员带领全校师生致力打造山区一流教育团队。

学校行政班子成员信息

校长：彭栋梁（13575158941）

副校长：李朝良（13762419102）

工会主席、总务：罗志坚（13473488961）

副校长：范宏伟（13467740499）

【衡阳县西渡镇学区】

学区主任：陈卫华（18374700166）

其他组成人员：

王晓（13973415703）

邹社生（13762449585）

申华（13873426906）

邓佑初（13973442833）

周达展（13974716909）

胡蔚（13975454266）

曾祥运（13575290888）

周和平（15873427402）

段国生（13974716908）

彭勇（13975402168）

何美英（13789393499）

邹要良（15096008608）

毛小平（18975456777）

衡阳县西渡镇西渡中学

西渡中学坐落于县城西区，地处平畴，毗邻衡阳县第一中学，旁倚315省道。学校创办于1903年，先后办过私塾小学、简易师范、完全中学，1981年起被确定为初级中学，现为衡阳县规模最大的寄宿制初级中学。

2006年以来，衡阳县委、县政府先后投入近千万元改善西渡中学的办学条件，新建了综合大楼、学生宿舍大楼和多功能食堂，并逐步完成了硬化、绿化、美化、亮化等工程。2017年，衡阳县委、县政府再次对西渡中学建设进行了规划，拟征地40亩新建田径运动场、拆建教学大楼4500平方米。

学校现有23个教学班，在校学生1960人，教职员工133人。其中高级职称32人，中级职称76人，市、县学科带头人和骨干教师13人，教师学历合格率100%。

一直以来，学校秉承优良的教风、学风，围绕"思想纯、能力强、素质高"的育人目标，致力于教研教改，成功探索了"创新教育法""三性一体教学法""两成教育法"，教师"安教乐教"、学生"勤学好学"。特别是自2003年以来，学校发展步入快车道，呈现出一片欣欣向荣的景象！2007年湖南省"船山爱心书屋"落户学校，文学社团办得红红火火。教学质量连续十二年稳居全县前三位。学校被誉为基础教育、教研教改的一面旗帜，先后被评为湖南省合格化学校、中学实验教育学校、湖南师大附中教科研协作体学校、衡阳市素质教育示范校、衡阳县常规管理示范校、衡阳县教育教学质量品牌学校、衡阳县园林学校、衡阳县第一中学优秀生源基地学校。

如今，西渡中学在社会各界有着良好的声誉，是全县莘莘学子梦寐以求的成长乐园。

学校行政班子成员信息

校长：邓仲春（13875645138）

衡阳县西渡镇蒸阳中学

衡阳县西渡镇蒸阳中学原名西渡镇二校，创办于1982年，地处蒸水之滨、县城北郊，坐落在西渡镇中心北路43号，占地面积70余亩，校舍建筑面积16980平方米。现有教学班45个，在校学生近3000人，教职员工203人，是衡阳县规模最大的一所公办初级中学。

学校师资力量雄厚，管理科学严谨，设施齐全，办学条件优越，教育教学质量上乘，科研成果彰显特色。办学至今，学校秉着坚持"质量立校、人才兴校、创新强校、特色旺校"的办学理念，紧扣"崇德、砺志、笃学、尚美"的育人宗旨，努力构建"以人为本，和谐文明"的校园文化氛围。学校先后被授予"湖南省创新教育实验学校""湖南省科技活动先进集体""衡阳市示范性初级中学""衡阳市禁毒教育先进学校""衡阳县常规管理示范校""衡阳县初中质量先进单位""衡阳县安全管理示范校""衡阳县园林式学校"等荣誉称号。

学校将继续循着"求真务实、与时俱进、争创一流"的目标，在教育改革的大潮中，破浪扬帆，意气风发地向前迈进！

学校行政班子成员信息

校长：万冬生（13974730766）

副校长：黄杰（13873414329）

副校长：刘介红（13975455512）

副校长：唐冰（18216047108）

副校长兼教导主任：曹建新（13974789589）

衡阳县西渡镇秋塘中学

衡阳县西渡镇秋塘中学坐落于衡阳县西渡镇秋塘村，历史悠久，布局合理，环境清幽。学校外操场绿树环绕跑道，相得益彰，内操场上各类运动设施齐全，是师生体育健身的乐园；新竣工的学生餐厅，设计科学，装饰整洁；新建成的运动场观礼台，气势宏伟；图书室、仪器室、实验室等设备齐全，充分助力教育教学。

学校现有7个教学班，在校学生235人，教师16人。学校从课堂入手，坚持"先学后教，以学定教、教学合一"的现代教学理念，改革教学模式，提高教学质量，促进学生全面发展。在各学期的学区统考和历年中考中，文化和体育方面都能取得令人欣喜的成绩，办学成效一直得到各界的好评。"长风破浪会有时，直挂云帆济沧海"，秋塘中学全体师生正携手同心驾驶理想教育之轮，不断前进。

学校行政班子成员信息

校长：吕付生（13875610158）

副校长：冯盛良（13575133960）

衡阳县西渡镇清平中学

衡阳县西渡镇清平中学位于衡阳县西渡镇清平乡梅木村溪水组。现有教学楼、宿舍楼、教师办公楼、食堂各一栋。师资力量雄厚，各种设施齐全。现有教师17名，5个教学班，260余名学生，学校教师平均年龄32岁，全部为本科学历，每年中考成绩位于西渡镇前列。学校有以下优势：

优势一：小班化教学，手把手辅导。为了确保每个学生健康成才，学校常年坚持小班化教学模式，每班不超过50人，作业可面批面改，手把手辅导。

优势二：封闭式宿舍，规范的管理。学校宿舍实行军事化管理，每周开展"文明寝室"评比活动，楼梯走廊安装了灭火器、监控摄像头，晚上值班行政人员和班主任依照床头卡清点人数，严管就寝纪律，确保学生安全。

优势三：标准化的食堂，严格食品管理。为了确保学生在校能吃饱吃好，学校严格执行学生伙食标准，实行零利润办食堂，严把食品质量关，食品的采购索证，建立食品安全台账。另外，对于特别贫困的学生，学校建议食堂让该生免费就餐。另外学校对特困生每年补助生活费1250元。

优势四：丰富的校园文化生活。学校大力推行素质教育，主要开展国旗下的讲话、校风校纪教育、安全教育、大课间活动、入团宣誓仪式、家长会、献爱心活动、读书活动、演讲比赛、元旦文艺汇演、校田径运动会等活动，既丰富了学生生活，又提升了学生素质。

学校行政班子成员信息

校长：杨小军（13875794162）

衡阳县西渡镇英陂中学

衡阳县西渡镇英陂中学南临蒸水，北望南岳，吸蒸湘之灵气，人文钟灵毓秀，人才辈出。学校师资雄厚，成绩显著，先后荣获"衡阳县第一中学优秀生涯基地""衡阳县规范化初级中学""衡阳县职高生源输送先进单位""衡阳县常规管理示范学校""衡阳县初中教学质量先进单位""衡阳县西渡镇优秀党支部"等荣誉称号。

学校占地面积 19739.5 平方米，建筑面积 9324 平方米，建筑布局合理，环境优雅。实验室、微机室、多媒体教室、远程教室、图书室、阅览室一应俱全，高标准的篮球场、乒乓球场等运动场所应有尽有。实验器材共 50 多万元，图书室藏书 1.2 万册，多媒体教室可容纳 160 多人同时听课。这些教学设施为提高学校教学质量创造了良好的条件。

学校现有 15 个教学班，1067 名学生，教职工 78 人，其中中学高级教师 5 人，中学一级教师 68 人，具有本科及以上学历的 22 人。学校以"厚德、博学、求实、创新"为校训，以"把英陂中学办成名校"为奋斗目标，以"一切为了学生，以教育质量服务社会"为办学宗旨，以"勤政、廉洁、团结、高效"作为工作要求。对老师，学校本着"发展新人、培养名人、起用能人、淘汰庸人"的原则，实行竞争上岗和全员聘用制度，不断强化师资队伍，让学生"学会求知，学会审美，学会生活，学会合作"。学校十分注重素质教育，深化教育教学改革，广泛开展书法、绘画、舞蹈、体育运动等各项课外活动，力促学生全面发展。

学校努力推进体艺特色工作，注重学生的全面、和谐发展。学校要求教师上好每一节体育、音乐和美术课，以确保音、体、美教学质量的稳步提升。学校每年举办田径运动会、篮球赛和体操比赛，强健了学生体魄，磨砺了学生意志，增进了学生友谊，缓解了学习压力。学校还开设成立书法、绘画、舞蹈等兴趣小组，有指导教师，有时间安排，有活动成果，并定期举办文艺晚会，开展书画竞赛等活动，丰富了学校生活，陶冶了学生情操，增长了学生才艺，激发了学生的爱国热情，也为学生提供了发展空间，让他们的爱好特长得到发挥。

近年来，学校的教学质量稳步提高。2009 年以来，在全县 70 多所公办初中中，学校的中考综合排名一直位居前列。2010、2011 年学校连续两年创下了西渡镇的特优率、普高上线率双第一。

学校行政班子成员信息

校长：凌晨（13973456899）

衡阳县西渡镇春晖小学

学校创办于 1986 年 9 月，原名西渡镇三校，1999 年 4 月 8 日更名为衡阳县西渡镇春晖小学。学校坐落在春风中路 61 号，位于县城中心，地理位置优越。现有 32 个小学教学班，在校学生 2539 人，在职教师 101 人，中级及以上职称的 97 人，大专及以上学历的 88 人，师资结构合理，素质精良。学校占地面积 9500 平方米，建筑面积 3400 平方米，建有 200 米环形跑道、标准篮球场、排球场、乒乓球场等体育运动场地，拥有多媒体教室、电脑室、图书室、仪器室等部分现代教学设施。学校 1990 年 5 月被衡阳市教委授予"城镇规范化小学"，2007 年 5 月被湖南省爱卫办授予"文明卫生先进单位"。学校还荣获省、市两级"传统体育项目学校"等称号，是衡阳县小学教育的窗口。

学校办学理念前卫：坚持着眼未来的教育观、以人为本的管理观、全面发展的质量观、传统道德与现代文明互融的人文观。办学目标明确：三年建合格，五年争示范，十年创名校。办学思路清晰：做"规范"文章，树"春晖精神"，显"校园文化"，兴"名师工程"，创名牌学校。

师生严格遵循"求真务实，甘为人梯""诚实守纪，勤学创新"的校训，学校管理规范，校风纯正，教风严谨，教育教学质量一直稳居全县小学教育榜首，办学成果丰硕：师生先后有 22 人次获国家级奖，126 人次获省级奖，214 人次获市级奖，县级各类竞赛活动获奖近 500 人次。学校 1987 年 10 月获国家"雏鹰起飞"田径大奖赛先进单位称号，1988 年 12 月获全国"五有红旗大队"称号，2007 年 6 月获衡阳市"阳光伙伴"第一名并赴省参赛，2006—2007 年分获衡阳市小学生软式排球赛第一、第二名，因此学校先后获得湖南省"体育达标学校"和"传统体育项目学校"称号。2012、2013、

2014 年连续三年荣获西渡镇中心学校教育目标管理考核第一名。全校师生将弘扬"团结求实，开拓创新，永不言败"的春晖精神，奋力拼搏，朝着新的更大目标迈进！

学校行政班子成员信息

校长：范肇春（13975427013）

党支部书记：李培党（13548526008）

副校长：颜军（15873487168）

副校长：李少政（13875649461）

副校长兼教导主任：张卫良（15973478596）

衡阳县西渡镇中心小学

衡阳县西渡镇中心小学除完全小学本部外，下辖保安小学、面湖小学、正大小学、桐桥小学四所村级小学。校本部占地 86718 平方米，建筑面积 4468 平方米；现有教学班 21 个，学生 1869 人；教职工 59 人，专任教师 57 人，其中大专及以上学历的 40 人，小学高级教师 43 人，中学高级教师 1 人；学校拥有固定资产 300 万元，校园布局合理，环境优美，育人氛围浓，设施齐全，各功能室建设规范，开通了互联网。保安小学占地 24008 平方米，建筑面积 17728 平方米，现有教学班 6 个，学生 141 人，教职工 9 人，专任教师 8 人，小学高级教师 6 人，大专及以上学历的 5 人，2015 年建成合格化学校。面湖小学占地 2500 平方米，建筑面积 1024 平方米，现有教学班 6 个，学生 114 人，教职工 3 人，专任教师 3 人，大专及以上学历的 2 人，小学高级教师 2 人，2015 年建成合格化学校。正大小学占地 5100 平方米，建筑面积 17902 平方米，现有教学班 6 个，学生 105 人，教职工 5 人，专任教师 5 人，大专及以上学历的 3 人，小学高级教师 4 人，2014 年建成合化学校。桐桥小学占地 4125 平方米，建筑面积 1839 平方米，现有教学班 6 个，学生 190 人，教职工 9 人，专任教师 8 人，大专及以上学历的 4 人，小学高级教师 7 人，2012 年建成合格化学校。

学校行政班子成员信息

校长：杨凯林（13789362479）

副校长：刘四平（13575276078）

副校长：王再星（15074705563）

衡阳县西渡镇滨江小学

衡阳县西渡镇滨江小学创建于 1995 年，坐落于西渡镇聚庆路，学校占地面积 22428 平方米，建筑面积 23687 平方米，有教学楼三栋、办公楼两栋、家属楼等相应配套。

学校在职教职工 168 人，其中中学高级教师 10 人，中学一级教师和小学高级教师 125 人。学校是衡阳县最大的完全小学。学校目前在校学生达 3985 人，有 65 个教学班。

建校以来，学校在办学实践中，突出自己的办学思想，坚持自己的办学特点，形成了自己的办学模式。坚持"以德治校，和谐育人"的办学思想，实践"对学生负责，为学生终生发展奠基"的办学理念；奉行"个个合格，追求卓越"的办学宗旨；追求"办人民满意学校"的办学目标。在学生中，遵循"虚心、博学、明理、奋进"的校训。在教师中，恪守"教书育人，以身垂范"的师训，突出"规范＋特色"的管理目标。

学校先后荣获"湖南省园林式单位""湖南省卫生先进单位""湖南省安全文明小区"光荣称号，被评为"衡阳市中学生健康教育示范校""衡阳市教研教改示范校""衡阳市贯彻卫生工作条例优秀学校""衡阳市中小学生行为规范示范校""衡阳县教学质量先进单位"。

学校行政班子成员信息

校长：欧阳和（13873426983）

衡阳县西渡镇秋塘完全小学

衡阳县西渡镇秋塘完全小学位于衡阳县西渡镇新桥村，学校占地面积 13000 平方米，建筑面积 4200 平方米，现有教学班 10 个，学生 487 人，教师 20 人。

学校布局合理，设施齐全，绿化率达 70%；管理严谨，校风、教风、学风优良，学校常规管理非常规范。学校大队委、教导处经常组织学生开展各种课外活动及比赛，丰富了校园生活。学校在家长中有良好口碑。

学校行政班子成员信息

校长：李小中（13707471013）

衡阳县西渡镇杨柳学校

衡阳县西渡镇杨柳学校坐落于衡阳县西渡镇杨冲路，居县城之中心，傍蒸水而立，是一所完全小学。学校创办于 1951 年 2 月，当时只设小学，原名衡阳县城关镇校。1958 年 2 月增设初中和高中，1974 年 3 月撤办高中，更名为西渡镇一校。1994 年 8 月停办初中，1998 年 8 月重设初中，并更名为衡阳县西渡镇杨柳学校。2009 年学校初中部撤并至蒸阳中学，改为完全小学。

学校始终坚持"三个面向"的办学方向，牢固树立办人民满意教育和人民满意学校的办学宗旨，秉承"团结奋进，求实创新"的校风、"严谨求实，甘为人梯"的教风和"勤学善思，励志笃行"的学风，逐渐形成了以素质教育为目标，以德育教育为主线，以创新教育为手段的杨柳教学特色。学校强调学生创新能力的培养和教师创新手段的实施，致力于猜·证教学法的研究，让老师在轻松中教，让学生在愉快中学，使课堂成为师生互相交流的乐园。杨柳学校创办至今，已为社会培养合格毕业生近万人。

学校现有 24 个教学班，近 2000 名学生，在职教师近百人，退休教师 80 余人，95% 具有中高级职称和大专学历。学校现正值全面改造之际，原来的老教学楼将全部拆除，辟为运动区，新教学区四栋教学楼正在抓紧施工。当建设完成规划蓝图时，杨柳学校必将以崭新的面貌成为县城一道亮丽的风景，铸就新的辉煌。

学校行政班子成员信息

校长：颜学文（13873414880）

衡阳县西渡镇蒸阳小学

衡阳县西渡镇蒸阳小学创立于 2007 年 2 月，其前身是创办于 1984 年的衡阳县氮肥厂子弟学校。学校坐落于衡阳县西渡镇向阳北路 79 号，现有在编教师 9 人，在校学生 418 人，学校共有 7 个教学班，学前班至六年级，每个年级只有一个教学班，是一所独立的完全小学。

学校行政班子成员信息

校长：吴小平（18821818999）

衡阳县西渡镇咸水学校

衡阳县西渡镇咸水学校位于西渡镇三联社区，距离西渡镇人民政府 5.6 公里，蒸水河在学校旁蜿蜒流过。学校始建于 1948 年，前身是草塘小学，历经风雨，于 1998 年 8 月与原咸水完全小学合并改为衡阳县西渡镇咸水学校，是一所九年一贯制学校，并下辖咸水小学、陡岭教学点。

近年来，学校本部投入 145 万元，兴建了食堂和学生宿舍，硬化了操场，增加了办学设施；咸水小学投入 49 万元，硬化了操场，增添了体育设施，建设了小游园；陡岭教学点投入 400 万元，兴建教学楼 1300 平方米，硬化了操场，绿化、美化了校园。现学校总占地面积 19000 平方米（含下辖学校，下同），建筑面积 6900 平方米，其中主体教学楼面积为 4300 平方米，办公室、食堂、宿舍厕所等附属设施为 2600 平方米；铺设了 3 个篮球场地，3 个排球场地。学校现有计算机教室 2 个（计算机 72 台），多媒体教室 2 个，实验室 2 个，艺术教室 1 个，图书室、档案室、体育器材室各 3 个。

学校现有 19 个教学班，学生 828 人，其中初中生 143 人、小学生 685 人。专任教师 36 人，其中中学高级教师 3 人、中学一级教师和小学高级教师 28 人，具有本科学历的 10 人。几年来，学校先后涌现出衡阳市优秀班主任 1 人、教育经费统计先进个人 1 人，衡阳县优秀教师 4 人、师德标兵 2 人、优秀教育工作者 2 人、优秀团干 1 人、职教先进个人 5 人。目前，颇具规模的学校已成为咸水学子求学问道的理想摇篮。

学校秉承"以德育树人，以质量立校，以学生为本"的办学理念，逐步形成了"励志笃学、求实和谐"的校风，"厚德博学、善教民主"的教风，"乐学善思、奋进创新"的学风，努力创建平安校园、文明校园、人文校园、和谐校园。

栉风沐雨，沧海桑田。历届领导班子艰苦创业，锐意改革，带领全体教师努力拼搏，取得了丰硕的成果。现任校长廖焕龙，2009 年上任至今，锐意进取、立足长远，其事彰显，其人饮誉。他带领校行政一班人，精诚团结，与时俱进，实现了咸水学校里程碑式的高速发展：办学条件得到了根本改善，教育教学成绩不断迈上新台阶，学校软硬件设施日臻完善，布局日趋合理，实现了新突破、新飞跃，使得咸水学校声誉鹊起，《湖南日报》2014 年 11 月 20 日在 D2 版以"咸淡共享育桃李"为题报道了咸水学校的发展情况。2009 年来，学校先后获得衡阳县初中教育教学质量先进单位、衡阳县中职生源输送先进单位、衡阳县教育工作目标管理考核先进单位等荣誉。

学校行政班子成员信息

校长：廖焕龙(13974703702)

副校长：杨朝华(13973413585)

衡阳县西渡镇英陂完全小学

衡阳县西渡镇英陂完全小学位于衡阳县城东侧、蒸水河畔，与省际交通大动脉315线毗邻。学校创办于1931年8月，原名乾安镇亨利团第一初小，因时代变迁，几经易名，于1995年撤区并乡后更为现名。学校占地12亩，建筑面积3840平方米，现有教学班13个，学生1125人，教职工38人，具有高级职称1人，中级职称31人，教师学历合格率100%。校园环境优美，设备设施齐全，育人氛围浓厚。

学校现管辖村级小学三所、教学点两所，分别为阳古小学、英南小学、豆陂小学、青里教学点、合济教学点。

学校以"乐学、尚美、自强、创新"为校训，弘扬"崇尚一流、追求卓越"的精神，信守"给我一个孩子，还您一个人才"的理念，牢固树立"一切为了每一个学生的发展"的办学宗旨，形成了以素质教育为目标、以德育教育为主线、以快乐教育为手段的综合教学特色。

学校创办至今，先后走出了著名书法家欧伯达、席志强，西安交通大学教授黄永宣，中南大学教授汪恒益等社会名流；也培育了颜依、颜云霞等一批进入清华大学、北京大学深造的时代骄子；还有一举摘下中央电视台少儿频道第三届曲艺大赛一等奖的钟慧敏，勇夺"浩中杯"湖南省第六届体育舞蹈青少年锦标赛摩登拉丁舞项目B组第一名的肖翼邦等后起之秀。

学校现任校长颜自力努力谋划科学发展，办好人民满意教育，推崇"人本化、精细化"管理，以"做学生喜欢的老师，育社会合格人才，创平安和谐校园"为奋斗目标，立志把学校建设成为育人目标更高远、校园环境更美好、教育质量更上乘、人民更满意的学习乐园。

学校行政班子成员信息

校长：颜自力(13873414809)

书记：易红兵(13873401876)

副校长：高友林(13667456008)

工会主席：席传国(13575103506)

副校长：万建林(15273414456)

【衡阳县板市乡学区】

主任：陈向前(13575276777)

基教助理：刘礼文(13974758911)

计财助理：刘志毅(13469127127)

教研助理：肖建勋(13974722904)

衡阳县板市乡板市中学

衡阳县板市乡板市中学始建于1968年9月，是衡阳市成章中学的前身，占地面积约10000平方米，坐落在衡阳市蒸湘区呆鹰岭镇土桥村金乌井组，现有学生344人，6个教学班；教师34人，其中高级职称3人，中级职称25人。

学校的办学宗旨是"一切为了学生，为了学生的一切"。在近五十年的风雨历程中，学校艰苦奋斗，不断探索，取得了令人瞩目的成绩，在环境育人、创新育人、活动育人、以德育人上大胆实践，不断探索，促进了素质教育的全面发展。

学校行政班子成员信息

校长：李军(15116861755)

副校长：郭付利(13762422209)

衡阳县板市乡中心小学

衡阳县板市乡中心小学前身为友爱小学，创办于1978年。1995年在友爱村沙子岭组新建校舍，占地7085平方米，建筑面积两千余平方米。1996年迁至新校，更名为衡阳县板市乡中心小学。

学校现有教师29人，7个教学班，下辖板市小学、子元小学、松林小学，共有学生661人。

学校秉承"办学有特色，教育接地气，学生有特长"的办学宗旨。始终把解决好留守儿童的教育问题作为学校的首要任务。近年来，学校坚持"安全第一，主动适应，追求发展，以和为美"的办学思想，校园里形成了爱生、务实、创新、奉献的教风，学子们朝着基础宽实、思想优良的方面迈进。

学校行政班子成员信息

校长：何军(13574774326)

副校长：陈辉东(18692007841)

【衡阳县集兵镇学区】

主任：唐渊（13973415403）

其他组成人员：

洪庆要（13786459198）

何阳生（13575153186）

刘国讲（13467343667）

邱光如（13575232738）

邹金初（13873437132）

黄富勇（13469110347）

黄昌访（13873418373）

王敏（13762449567）

衡阳县集兵镇中学

衡阳县集兵镇中学坐落于集兵镇集市街002号，在107国道与衡阳县西集公路交会处，环境优美，是一所闻名遐迩的乡镇中学。

学校始创于1926年10月，当时命名为钟祠萃英小学，历经数次更名，撤区并乡时定为集兵镇中学。大革命时期，毛泽建烈士曾在这里举办过"农民运动讲习班"，培养了肖觉先、戴金吾等一批革命先烈，传承革命遗志。

学校现有21个教学班，学生1235人，教职工83人。其中专任教师74人，大学本科学历的25人，中学高级教师8人，中学一级教师60人。校园面积24000余平方米，建筑面积为7000余平方米，家属楼3栋，学生宿舍2000多平方米，雄伟的教学楼与实验楼对峙矗立，内设电脑室、语音室、多媒体教室等现代化教学装备。图书室、阅览室宽敞明亮，标准环形跑道及篮球场更为学校增添了无限的生机。校园四季如春，鸟语花香，林映蔽日。

学校信守"管理为重点、教学为主题、质量为生命"的办学宗旨，制定了"用正确的思想引导人、凭高尚的人格感染人、以竞争的机制激励人、靠科学的管理规范人"的工作标准。学校全面推行素质教育，大胆实施课改，把德育工作放在首位，严格执行全日制封闭式管理，将愿升学的培育成好苗子、将愿读职高的夯实基础，秉承"以人为本，全面发展，合格＋特长"的办学理念，功夫不负有心人，在师生的共同努力下，取得了令人瞩目的成就。近十年内，获国家级奖励的师生30多人次，获省、市、县级奖励的不胜枚举。2006年刘凯同学被湖南师大附中破格录取，后保送清华大学。衡阳市第八中学、衡阳市第一中学、衡阳县第一中学等省级示范性普通高中每年争先恐后来学校选拔苗子。学校于1993年被湖南省政府授予"合格初级中学"铜牌，2002年获市级"示范性初级中学"美誉，2004年5月获县级"中小学图书建设合格中学"称号，被多所省级示范性普通高中认定为"优秀生源基地学校"，2009年创建合格学校，2010年获衡阳县"新课改示范性学校"称号。

学校行政班子成员信息

校长：冯绍生（13973461350）

副校长兼党支部书记：成培革（13875677891）

副校长：肖春林（13574793715）

衡阳县集兵镇中心小学

衡阳县集兵镇中心小学坐落于集兵镇集峰路。学校始创于1926年，现有占地面积12000平方米，建筑面积4800平方米。学校设有多媒体教室、阅览室、广播室、少先队室等功能室，校园布局合理，环境优美。

学校现有22个教学班，1400余名学生，教职工42人，其中专任教师41人。教师学历合格率100％，适龄儿童入学率100％。

目前，学校领导班子团结务实，教师队伍乐于进取。学校始终以"全面贯彻党的教育方针，全面提高教育教学质量"为办学宗旨，全面推进新课改，教学质量一直名列县、镇前茅，体艺各类比赛成绩突出，赢得了社会的一致好评。学校下辖水湖小学、李坳小学、太力小学、白果小学、松桂小学。

学校行政班子成员信息

校长：吴增东（13974713992）

副校长：何水（13975485571）

副校长：王绪宝（13974767641）

衡阳县集兵镇通天完全小学

衡阳县集兵镇通天完全小学坐落于集兵镇五马村，位于西集路旁边，创办于1969年，前身为松山小学，下辖石狮小学、麻町小学。学校占地面积3000余平方米，教职工12名，学生153人。学校环境优美，有高标准的教室及10个功能室，以及规范化的礼堂、食堂、教工宿舍，设备设施齐全，于2010年顺利通过省、市合格学校验收。

根据"示范＋特色"的办学方向，学校确立

了"智慧育人"的教育理念，即努力构建"智慧育人"的新型管理育人模式，通过为学生营造智慧生成的空间，让学生养成智慧生成的习惯和掌握"智慧学习的方法"来培养学生的十种能力，达到让学生全面和谐发展的目的。

学校以实施素质教育为主题，以教育科研为先导，以课堂教学改革为重点，以教学创新为动力，在教育教学中坚持"六种解放"：解放孩子的头脑，使他能想；解放孩子的眼睛，使他能看；解放孩子的嘴，使他能谈；解放孩子的双手，使他能干；解放孩子的空间，使他能接触社会；解放孩子的时间，使他能做自己的事情。学校实施"多元激励性评价"机制，注重"以关爱为核心，以激励为手段，以活动为载体，以发展为目的"，讲出孩子一个优点，让他们发挥出十个优点，给学生一个全面、公正、客观、理性、富有激励性的评价，创设出智慧生成的空间。

学校先后被评为集兵镇学区教学工作先进单位、体育工作先进单位、财务管理工作先进单位，衡阳县小学学生素质发展评价改革先进学校，衡阳市德育课题实施先进单位。

学校行政班子成员信息

校长：肖永波（13723834776）

衡阳县集兵镇潮江中学

衡阳县集兵镇潮江中学位于衡阳县偏远山区——潮江乡永乐村。学校历史悠久，布局合理，创设了全方位、多角度、人性化的育人环境。这里的学习环境幽雅、舒适、清新，既展现自然风光，又彰显人文特色，是教与学的乐园。

学校创建于 20 世纪 60 年代，占地面积 6100 余平方米，在五十多年的风雨历程中，艰苦奋斗，不断探索，取得了令人瞩目的成绩。学校始终把"坚持以人为本，构建和谐校园，培养学生的可持续发展"作为办学理念，在环境育人、创新育人、活动育人、以德育人上大胆实践，不断探索，促进了素质教育的全面发展。

学校现有 6 个教学班，在校学生 300 余人，专任教师 27 人，其中专科学历的 1 人，本科学历的 26 人，全部达到合格水平，高级教师 2 人，中级教师 15 人，衡阳市学科带头人 1

人、骨干教师 11 人，已初步形成了一支学科门类齐全、结构合理的教师队伍。

学校拥有教学楼、实验楼共两栋，一栋学生宿舍楼。校舍总建筑面积 4130 平方米，其中餐厅面积 250 平方米，生均 0.83 平方米，完全满足学生就餐需要。学校配有图书室、仪器室、理化生实验室、体音美器材室，为实施素质教育奠定了良好的基础。

学校行政班子成员信息

校长：肖文胜（13875700210）

副校长：屈文峰（13875650879）

衡阳县集兵镇潮江完全小学

衡阳县集兵镇潮江完全小学坐落于衡阳县集兵镇永乐村，占地面积 2000 余平方米，9 个建制班，师生共 350 人。学校下辖大道小学、何坳小学、松桥小学。学校师资队伍强大，学科建设合理，校园文化浓厚。学校致力打造人民满意的优质教育。

学校行政班子成员信息

校长：谭新秋（13974758908）

副校长兼教导主任：黄朝阳（13873482570）

【衡阳县大安乡学区】

主任：左荣华（13762432186）

基教专干：谢端训（13575266526）

计财专干：易享良（13873488971）

工会主席：阳祖元（13873437292）

人事专干：刘金生（13875645633）

信息中心专干：陈蔚（13974734578）

出纳：曾文生（13873451489）

督导专干：邓进军（13875704970）

衡阳县大安中学

衡阳县大安中学创办于 1968 年。学校西临邹岗山，蒸水河从东侧蜿蜒流过。目前，学校共有学生 1062 人，教职员工 66 人。学校占地面积 16136 平方米，学生宿舍面积 1758 平方米，食堂面积 628 平方米，18 间教室全部安装了白板。学校秉承"育人为本，科学发展"的办学理念，着眼于全体学生，在实现学生的全面发展的基础上，让学生的爱好、特长得以充分健康的发展。

学校行政班子成员信息

校长：左春晖（13907344521）

党小组长：吴云初（13786442802）

副校长：吴文（13873415106）

副校长：廖艺兵（15173410256）

衡阳县大安乡水寺中学

衡阳县大安乡水寺中学坐落在衡阳县大安乡三阳村玉江组，210 省道 129 公里处。学校始创于 1942 年，2013 年以高标准通过湖南省合格化学校验收。现有教学班 9 个，学生 450 余人，教职工 30 人，其中本科及以上学历的 25 人。学校坚持"五育"并举，师生恪守"团结、自强、求实、创新、博学、慎思、厚德、笃行"的校训。如今，环境优美、布局合理、氛围和谐、管理科学、师资雄厚、成绩骄人的水寺中学被各界誉为"乡村中学的一朵奇葩"。

学校行政班子成员信息

校长：刘国军（13574772266）

党小组长：龙祖发（13575112212）

副校长：黄颖（13575130511）

衡阳县大安乡中心小学

衡阳县大安乡中心小学现有在校学生 898 人，在职教师 43 人。学校以精细的管理造就精品，行政管理精雕细琢，教育管理精耕细作，学生管理精心细致，后勤管理精打细算；以"生活成就教育，教育出彩学生"为核心，形成了"让每个学生健康成长，让每个学生尝试成功"的教育理念，提出"小学之小，小在小处，小在细节"的德育养成教育。学校已声誉鹊起，成为区域窗口名校。

学校行政班子成员信息

校长：邓兴（13469107288）

党小组长：李国庆（13974792498）

副校长：吕彬文（13975476817）

衡阳县大安乡水寺完全小学

衡阳县大安乡水寺完全小学于 1968 年兴建，位于 210 省道旁。这里山清水秀，群山环绕，古樟参天，环境幽静，是学生学习、生活的乐园。

目前，学校共有学生 344 人，教师 23 人，高级教师 2 人，中级教师 17 人，初级教师 4 人，于 2009 年通过湖南省合格学校验收。

学校总占地面积约为 5000 平方米，内设篮球场、排球场各一个，有 200 米环形跑道。学校为学生提供了全面发展的教学设施，设有美术室、音乐室、图书室等各种功能室 12 个。

在这里，学生得到了各方面的锻炼。

学校行政班子成员信息

校长：王识文（13875610122）

党小组长：刘景学（13875624269）

【衡阳县关市镇学区】

主任、党总支书记：唐斌（15116808646）

人事助理：贺柏生（15115421530）

工会主席：盛磊（13875604340）

衡阳县关市镇汇水中学

衡阳县关市镇汇水中学地处关市东南边陲，前临武水，后傍青山，风光秀丽，景色宜人，是广大学生读书求学的好地方。学校创建于 1971 年，至今已有 40 多年办学历史。学校现占地面积 12000 余平方米，学生 800 余人，12 个教学班。学校教学设施齐全，教学楼、实验楼、师生食堂各一栋，男、女生宿舍各一栋，拥有高标准的多媒体教室，电脑室，化学、物理、生物实验室，图书室，阅览室，音乐室，美术室等教学设施。

学校交通便利，布局合理，场地开阔，校园环境优美，绿树红花交相辉映，芳草萋萋、清丽怡人，道路两侧布建了花坛，栽植了各种花木。整个校园鲜花斗艳、翠竹青青，绿树成荫，呈现出一派生机勃勃、春意盎然的园林景色。

学校拥有一支教学经验丰富、力量雄厚的师资队伍，教师学历结构在全县首屈一指。全校共有教师 48 人，其中本科学历的 36 人，中学高级教师 4 人，一级教师 30 人。多年来，学校奉行"办人民满意教育，让每一个学生成才"的宗旨，进一步深化教育教学改革，全面推进素质教育和创新教育，加强教师校本教研，苦练教学本领，近三年来有 48 篇教育教学论文在省、市级比赛中获奖或发表，有 16 人次在县、市级教育教学授课比赛中获奖。

学校创办 40 多年来，通过几辈老师的不懈努力，赢得了很好的办学声誉，已为社会培养毕业学生近万人，培养了一大批优秀人才。目前，学校在新的行政班子的带领下，全体老师精诚团结、群策群力，为学校更加美好的明天而努力耕耘、奋进！

学校行政班子成员信息

校长：石永青（13469114022）

副校长：吕强(13873449654)

副校长：谭黎阳(18975413148)

副书记：贺仕新(18774225918)

衡阳县关市镇双溪中学

衡阳县关市镇双溪中学位于衡邵祁三阳交界处，坐落于关市镇唐市村。学校经过多年的发展，现有 7 个教学班，在校学生 300 余人；专任教师 30 人，职工 3 人，其中高级职称的 3 人，中级职称的 15 人，学历合格率为 100%。学校教学设备设施日益完善，教育质量稳步提升，是一所环境优美、师资力量雄厚的农村初级中学。

学校行政班子成员信息

校长、党支部书记：宁坚军(15197415566)

副校长：唐亮(13975476058)

党支部副书记：万忠平(13975429800)

衡阳县关市镇中心小学

衡阳县关市镇中心小学创办于 1915 年，已有百年的历史。学校现有 12 个教学班，教师 29 人。

学校现有一至六年级 12 个教学班，660 名学生。在职教师 33 人，职工 3 人；其中本科学历的 3 人，专科学历的 15 人，高级教师 25 人。

学校共占地 10 余亩，校园绿茵匝地，花草繁密，总体规划布局合理、协调。美观大方的教学楼、文化长廊、升旗台、礼堂掩映其中，育人环境宜人；各功能室健全，设施完善。

学校以质量为生命，狠抓教学改革，深化内涵发展，赢得了良好的社会声誉。2006 年学校被评为"衡阳县常规管理示范校"；2008 年成为"湖南省合格学校"；2010 年被评为"衡阳市文明卫生单位"。学校将继续前进！

学校所辖的分六、源江、黄泥、马岭、黄町小学布局合理，育人环境好，设施齐全。

学校行政班子成员信息

校长：龙新良(13575286609)

副校长：熊庚元(13975428340)

副校长：宁三元(13787714710)

副书记：胡学良(15115414118)

衡阳县关市镇中心学校

学校创办于 1931 年 7 月，原为范族学校，现初中部有 12 个教学班共 700 余名学生，小学部 6 个教学班共 160 余名学生。学校总占地面积 19385 平方米；校舍建筑总面积 10173 平方米。学校教学设施齐全，有教学楼两栋、师生食堂各一栋，男、女生宿舍各一栋，拥有高标准的多媒体教室，电脑室，化学、物理、生物实验室，图书室，阅览室，音乐室，美术室等教学设施，还有硬化篮球场两个。学校现有专任教师 57 人，100% 获得合格学历，其中高级职称的 6 人，中级职称的 36 人，校级班子配备合理，是全县一所办学条件优良、规模较大的农村中学。

学校行政班子成员信息

校长：张端云(13975429815)

衡阳县关市镇盘石完全小学

衡阳县关市镇盘石完全小学下辖盘石、印子山、观山、庙湾、梅麓、汇水、金马、高明等 8 所小学，是湖南省青少年科技活动示范学校、"全国科普日"开放单位之一，曾先后获得全国青少年科技活动先进集体，全国小星火杯先进集体，全国农村中小学科技小星火计划活动先进集体，全国生物百项先进集体，第 32 届湖南省青少年科技创新大赛优秀组织单位，第二十六、二十七届衡阳市青少年科技创新大赛优秀组织单位等称号；并于 2016 年率先在衡阳县中小学中开展机器人教育。学校环境优美，教学设施齐全。本部现有高级教师 13 人，中级教师 2 人，8 个教学班。

学校坚持以"面向农村，科学育人"为办学宗旨。学校结合当地农业生产实际、生活实际和小学生的特点，发挥农村优势，围绕当地农副业生产和生活实际开展科技活动。学校开展的"小创造、小发明、小论文"三小科技活动，向学生进行科技启蒙教育，培养学生从小热爱科学的思想。学校组织科技兴趣小组，采取课内与课外相结合的方法开展科技活动、进行科技教育教学。为鼓励学生创作热情，学校每学期举办一次科技作品展览会、"三小"作品评比会、经验交流会，每年举办一届科技节。

近五年来，学校科技小组的同学们在老师的辅导下，先后开展了 20 多项科技活动，其中朱利民同学的"葡萄育苗新方法"、万沛剑同学的"创造新的一条植物链"、李涛同学的"淮山悬种新方法"、胡玲的"黄姜倒种产量高"、阳柏华的"甘薯卷叶蛾防治新方法"、何为的"脐橙培植新方法"、万湘玲的"防治西瓜炭疽病的新方法"、六（1）班的"衡阳县福音村贫困原因调查报告"等项目分别在省、市青少年科技创新大赛中获奖。

2012 年衡阳市科协与衡阳电视台联合制作青少年系列科普专题节目，学校共摄制播出 4 期。

2016 年，学校派出的机器人代表队在"衡阳市中小学机器人大赛"中获得优异成绩；同年 5 月参加"湖南省第十三届机器人大赛"，获得省级大奖。

学校行政班子成员信息

校长：唐祝生（15616077295）

党支部书记：王宏（13762422091）

副校长：刘柏林（13975474868）

衡阳县关市镇双溪完全小学

衡阳县关市镇双溪完全小学地处关市东南边陲，前临武水，后傍青山，风光秀丽，景色宜人，是广大学生读书求学的好地方。学校创建于 1945 年，至今已有 70 多年办学历史。学校现占地面积 10000 余平方米，学生 300 余人，8 个教学班。学校教学设施齐全，教学楼、实验楼、师生食堂各一栋，男、女生宿舍各一栋，拥有高标准的多媒体教室，电脑室，化学、物理、生物实验室，图书室，阅览室，音乐室，美术室等教学设施。

学校交通便利，布局合理，场地开阔，校园环境优美，绿树红花交相辉映，芳草萋萋、清丽怡人，道路两侧布建了花坛，栽植了各种花木。整个校园鲜花斗艳、翠竹青青、绿树成荫，呈现出一派生机勃勃、春意盎然的园林景色。

学校拥有一支教学经验丰富、力量雄厚的师资队伍，教师学历结构在全县首屈一指，全校共有教师 42 人，其中本科学历的 12 人，中学高级教师 15 人，中学一级教师 5 人。多年来，学校奉行"办人民满意教育，让每一个学生成才"的理念，进一步深化教育教学改革，全面推进素质教育和创新教育，加强教师校本教研，进一步深化改革，推进素质教育、创新教育，苦练基本功，提高教育教学质量。

学校行政班子成员信息

校长：刘树生（13557251378）

副校长：王新华（18274702348）

【衡阳县界牌镇学区】

主任：蒋卫忠（13469123608）

基教、人事专干：汪时林（13618444279）

计财专干：陈斌（13974773338）

工会主席、办公室主任：刘克华（13787729259）

督导员：汪琦（13974723092）

衡阳县界牌镇中学

衡阳县界牌镇中学始创于 1958 年，学校占地面积 18 亩，在校学生 1074 人，共有 16 个教学班级。学校有专任教师 57 人，其中高级教师 2 人，一级教师 34 人，具有本科学历的 8 人，大专学历的 38 人。近几年来，学校教师获省、市、县三级奖励的论文 100 余篇，在市、县教学比赛中获奖 30 余人次。

学校秉着"三个面向"的宗旨，坚持德育为首、全面育人的办学思想，逐步形成了"教书育人、管理育人、服务育人、环境育人"的办学特色。学校每年为国家输送各类人才 300 余人；近几年来，在各级各类竞赛中，获国家级奖 8 人，省级奖 15 人，市、县级奖 100 余人次。

学校满载荣誉，近几年来先后被评为"衡阳县中学生日常行为规范教育示范校""衡阳县初级中学示范校（A 级）""衡阳县寄宿制建设先进单位""衡阳县图书室建设先进单位""衡阳县教育目标管理先进单位"。

学校行政班子成员信息

校长：刘丰收（13575112438）

副校长：汪振华（13762434562）

副校长：廖建国（13575131648）

衡阳县界牌镇中心小学

衡阳界牌镇中心小学位于衡阳县西北边陲"瓷镇"——界牌。学校创办于 1958 年，占地面积 9858 平方米，教职工 18 人，学生 358 人。学校环境优美，有高标准的教室及十个功能室，规范化的礼堂、食堂、教工宿舍，设备设施齐全，2010 年顺利通过省市合格学校验收。

学校以"办合格＋特色的学校，育合格＋特长的学生，做合格＋专长的教师"为办学理念，积极创办优质教育，教研教改成绩斐然。学校教师撰写的教研论文有 5 项在省级获奖，32 项在市级获奖，200 余项在县级获奖。学校教育教学质量稳居全镇前列。学校下辖银瓷完全小学、共升小学,三所学校共有教师60人,学生1410人。

学校行政班子成员信息

校长:汪冬生(13875745563)

副校长:赖为良(15074792446)

【衡阳县金溪镇学区】

主任:谭天一(13786469148)

督学、教研助理:汤正辉(13212695339)

基教助理:凌长生(13517342159)

人事助理:彭振声(13974767128)

计财助理:朱水平(13786419308)

工会主席、办公室主任:唐继谷(13974741710)

衡阳县金溪镇中学

衡阳县金溪镇中学创办于1964年,坐落于衡阳县金溪镇金溪村高照组,占地面积11322平方米,总建筑面积6982平方米,办学层次为三年制初级中学教育。在校学生760多人。

办学理念与培养目标:学校以"弘扬民族精神,培育优秀人才"为核心教育理念,培养一批批懂礼仪、善学习、会合作,具有创新思维和独立思考能力的"四有"新人。

师资力量:学校拥有精英管理团队和一支业务水平高、教学能力强、经验丰富的教师队伍,共有教职工55人,其中高级教师职称9人,中级职称教师27人。

学校行政班子成员信息

校长:李孝明(13212692358)

副校长、总务主任:汤守德(13974767103)

副校长:周益冬(18216024166)

工会主席:易光明(13762431269)

衡阳县金溪镇隆兴中学

衡阳县金溪镇隆兴中学创办于1958年秋,坐落于衡阳县金溪镇隆兴村瓦屋组,占地面积4亩,总建筑面积2797多平方米,办学层次为三年制初级中学教育。

办学理念与培养目标:学校以"弘扬民族精神,培育优秀人才"为核心教育理念,培养一批批懂礼仪、善学习、会合作,具有创新思维和独立思考能力的"四有"新人。

师资力量:学校拥有精英管理团队和一支业务水平高、教学能力强、经验丰富的优秀的中青年教师队伍,得到了学生、家长和社会的一致好评。

学校行政班子成员信息

校长:彭文光(13875675513)

副校长:欧阳纳新(13575127269)

衡阳县金溪镇中心小学

衡阳县金溪镇中心小学创办于1968年9月,前身是德声小学。经过40多年的发展,目前校园占地面积14568平方米,校舍面积4124平方米。学校现有硬件设施齐全,布局合理,办学条件好,是少年儿童求知的理想场所。全校现有教学班级12个,学生700余人,教职员工29人。由于师生和衷共济,学校成绩显著。经省、市、县各级领导考核,分别获得"衡阳县行为规范教育合格学校""衡阳市级示范性学校""湖南省合格学校"等殊荣。

学校行政班子成员信息

校长:唐春明(13707471167)

副校长:李建湘(13723834618)

衡阳县金溪镇聚英完全小学

衡阳县金溪镇聚英完全小学创办于1969年,前身是荣光完全小学,坐落于衡阳县金溪镇坪岭村。历年来,在各级领导及社会各界的关心下,学校领导、师生员工艰苦奋斗、锐意进取,敬业爱岗,安教乐教;学生文明礼貌,勤奋好学。学校已成为一所"校风好、学风好、质量好"的农村小学。

除校本部外,学校还管辖上峰小学、柏青小学、柿竹教学点。近年来,几所学校的办学条件不断得到改善,各种功能室都已逐步配备到位,各项设备设施基本上能满足教育教学工作的需要。学校现有教学班24个,学生近400人,教职工年龄、学历、职称结构搭配合理。校园布局合理,分区明确,整体协调,各类建筑实用、美观,校园窗明几净,环境优美舒适。

学校行政班子成员信息

校长:邱德雁(13875680989)

衡阳县金溪镇隆兴完全小学

衡阳县金溪镇隆兴完全小学创办于1978年秋,坐落于衡阳县金溪镇隆兴村坪上组,占地面积5亩,总建筑面积3690多平方米,办学层次为六年制小学教育。学校管辖横江小学、登山小学、石榴小学、桂枝教学点。

办学理念与培养目标：学校以"弘扬民族精神，培育优秀人才"为核心教育理念，培养一批批懂礼仪、善学习、会合作，具有创新思维和独立思考能力的"四有"新人。

师资力量：学校拥有精英管理团队和一支业务水平高、教学能力强、经验丰富的优秀的中青年教师队伍，得到学生、家长和社会的一致好评。

学校行政班子成员信息

校长：彭文光（13875675513）

副校长：欧阳纳新（13575127269）

【衡阳县井头镇学区】

主任：蒋智林（13974767288）

人事助理：李隆寿（15273432899）

基教助理：赵琼林（13974766405）

工会主席：邓顺宁（13789358026）

办公室主任：谭政（13786408491）

衡阳县井头镇大云中学

衡阳县井头镇大云中学位于衡阳县井头镇石山村，雄伟的大云山脚下。

学校办学条件优良先进。学校现有 9 个教学班，在校学 476 人，教师 35 名，配有高度智能化、现代化的多媒体校园网络，各种功能教室齐全并达到省级规范化标准。

学校办学特色创新超前。学校确立了"以人为本、成功与人、和谐发展"的理念，坚持"学做人、会求知、健身心、育特长"的宗旨，秉承"团结、进取、开拓、创新"的校风，齐心协力，真抓实干，各种活动丰富多彩，校园面貌生机盎然。"阳光体育运动"广泛开展，"每天锻炼一小时，健康生活一辈子"的理念深入人心，班班有歌声、人人有活动，营造了和谐向上、健康文明的校园文化氛围和艺术教育环境。

学校育人环境和谐优美。学校健全各种制度，完善德育网络，加大安保措施。在内部环境建设上，"从新、从特、从细"装点布置，教室、宿舍、走廊、活动室美观洁净，宣传橱窗、画廊、板报内容丰富多彩，标语、警句彰显人生信仰。学校最大限度地把时代信息、时代精神、时代理念融入校园文化之中，使学生做到"立足校园、关注祖国、放眼世界"。学校积极

推进绿色生态校园建设，大力开展生态环境教育，倡导绿色低碳生活。

学校行政班子成员信息

校长：王富生（18773441758）

廖庆意（13875727279）

党支部书记：黄承忠（18373464766）

副校长：唐世桥（18229205602）

衡阳县井头镇泗水中学

衡阳县井头镇泗水中学位于衡阳县井头镇麻岭村柏町祖，紧靠 210 省道。

办学条件优良先进。学校现有 9 个教学班，在校学 416 人，教师 36 名，配有高度智能化、现代化的多媒体校园网络，各种功能教室齐全并达到省级规范化标准。

办学特色创新超前。学校确立了"以人为本、成功与人、和谐发展"的理念，坚持"学做人、会求知、健身心、育特长"的宗旨，秉承"团结、进取、开拓、创新"的校风，齐心协力，真抓实干，各种活动丰富多彩，校园面貌生机盎然。"阳光体育运动"广泛开展，"每天锻炼一小时，健康生活一辈子"的理念深入人心，班班有歌声、人人有活动，营造了和谐向上、健康文明的校园文化氛围和艺术教育环境。

育人环境和谐优美。学校健全各种制度，完善德育网络，加大安保措施。在内部环境建设上，"从新、从特、从细"装点布置，教室、宿舍、走廊、活动室美观洁净，宣传橱窗、画廊、板报内容丰富多彩，标语、警句彰显人生信仰。学校最大限度地把时代信息、时代精神、时代理念融入校园文化之中，使学生做到"立足校园、关注祖国、放眼世界"。学校积极推进绿色生态校园建设，大力开展生态环境教育，倡导绿色低碳生活。

学校行政班子成员信息

校长：刘贤文（13875664518）

党支部书记：龙平（13762431053）

副校长：刘朝当（13873450194）

副校长：刘国振（13575264680）

副校长：蒋昌祝（13467746963）

衡阳县井头镇井头中学

衡阳县井头镇井头中学创办于 1966 年，原名传仁堂中学。学校占地面积 3721.4 平方米（约 6 亩），其中建筑面积 2410.9 平方米。

学校现有教职工 25 人，其中高级教师 11 人，10 个教学班，学生 328 人。学校育人氛围浓厚，现已成为衡阳县一所管理规范的九年一贯制学校。

学校以"勤奋好学、诚实守纪"为校训，以一切为学生为服务宗旨，以"三个面向"为办学理念。一个个德才兼备的教师脱颖而出，成为教育战线的中流砥柱；一批批品学兼优的学生进入全国知名学府深造，成为国之栋梁。

学校行政班子成员信息

校长：肖应山（13637349469）

党支部书记：李三元（13873401962）

副校长：贺文禹（13762432710）

衡阳县井头镇中心小学

衡阳县井头镇中心小学是一所集教育、教研、课改功能齐全的学校，管辖竿城、双阳、仙桥、雷峰四所村级小学联校。学校占地面积共 17.86 亩，建筑面积达 11248 平方米。学校配置了多种功能室；现开设教学班 29 个，在校学生 816 人；辍学率为零，适龄儿童入学率和毕业合格率均为 100%。

学校现有教职工 50 人，其中党员 10 人，大专及以上学历的 35 人，获中级职称的 33 人，教师结构趋于青年化、知识化、专业化。师资力量雄厚，素质过硬。

学校坚持正确的办学方向、先进的育人理念，面向全体学生，以"文明守纪，勤学奋进"为校训，全面实施素质教育，多次被评为井头镇先进单位，是一所设施齐全、管理规范、环境优美的学校。

学校行政班子成员信息

校长：刘黎明（13873401569）

副校长：朱丹（15211848738）

衡阳县井头镇大云完全小学

衡阳县井头镇大云完全小学创办于 1949 年，原名孟山小学。1993 年村民集资新建一幢建筑面积 2830 平方米的四层教学大楼。学校占地面积 6140 平方米，现有教职工 14 人，其中高级教师 8 人，7 个教学班，学生 230 人。学校育人氛围浓厚，现已成为衡阳县一所规范化管理学校。

学校以"奋进，好学，守纪"为校训。团结务实、廉洁进取的领导班子，以"一切为学生

服务"为宗旨，以面向学生每个方面为办学理念。一个个德才兼备的教师脱颖而出，成为教育战线的中流砥柱；一批批品学兼优的学生进入全国知名学府深造，成为国之栋梁。如今，学校被老百姓誉为"山区师生成长的摇篮"。

面临新世纪的挑战，学校师生解放思想，攻坚克难，时刻为"不忘家乡，报效祖国，面向世界"的人生美好愿望而不懈追求。

学校行政班子成员信息

校长：廖俊良（13762412822）

党支部书记：熊厚树（13017168821）

副校长：黄先军（13875708094）

衡阳县井头镇东山完全小学

衡阳县井头镇东山完全小学位于东山村武水河畔，1920 年创校至今，已有 90 多年历史，学校占地面积 7600 平方米，建筑面积 2115 平方米，综合教学楼三层，有 12 间教室，7 个教学班，现有学生 231 人，教职工 15 人，具有小学高职职称的 11 人，其中专科学历的 10 人，本科学历的 2 人，学校师资力量雄厚，办学条件优越。

1994 年以来，学校以合格学校建设为契机，完成了各功能室的建设与配备以及校园的美化、亮化工程，校容校貌大为改观。

学校坚持"以人为本，以德治校，民主理校，科研强校"的办学方略，以"诚信、创新、勤奋、健康"为校训，与时俱进，形成了"校以教学为本，师以敬业为乐，生以成才为志"的良好校风，使学校受到家长和社会的广泛赞誉。

如今，学校已跻身衡阳县教育先进行列，将迎来新的机遇和挑战。有各级领导的亲切关怀和人民群众的鼎力支持，以及学校全体师生的共同努力，学校这颗井头镇东大门的明珠，必将放射出夺目的光芒！

学校行政班子成员信息

校长：邓盛友（13575247069）

党支部书记：胡增频（15173403099）

副校长：文中华（13762432678）

【衡阳县库宗桥镇学区】

主任：蒋顺生（13973414424）

助理：仇胜（13657474099）

工会主席：左群壬（13723836938）

助理：李教东（13762461819）

教研助理：李旭晖（13974766333）

衡阳县库宗桥镇库宗中学

衡阳县库宗桥镇库宗中学是一所初级中学，坐落在华山村白马塘组，现有学生435人，教职员工32人。学校领导和教师团结一心，致力于学校的教育教学管理，最近几年教学成绩突出，多次受到上级教育主管部门的表彰，成为衡阳县省级重点中学——衡阳县第一中学的优质生源地。学校现有9个班级，建有图书室、舞蹈室、多媒体教室、电脑房、音乐室各一间。学校注重学生的全面发展，积极培养学生的兴趣和特长，深得家长的好评与信任。

学校行政班子成员信息

校长：李建军（18674771638）

副校长：左朝阳（15973386288）

衡阳县库宗桥镇石口中学

衡阳县库宗桥镇石口中学创建于1976年，坐落于库宗桥镇大关村，占地面积30余亩，建筑面积约6500平方米。学校现有教学班11个，学生800余人。

学校秉承"吃苦耐劳、求真务实"的校训，高扬"教师兴教、教师兴研"的发展旗帜，在"立足课堂、注意课外"的办学理念指导下，强化"质量意识、责任意识"的价值观，着力培养"积极向上、永不言弃"的石中人。

近年来，学校科学民主管理，扎扎实实办学，兢兢业业育人，教育教学质量连续10年名列全县公立学校前列，多次被评为全县先进教育单位。

学校行政班子成员信息

校长：王动飞（13873487015）

副校长：蒋孝祥（13307475226）

衡阳县库宗桥镇古井中学

衡阳县库宗桥镇古井中学建校于1970年，现有40多年历史，坐落于衡阳县库宗桥镇古井村马家坳，位于315省道侧边。学校交通便利，环境优美。学校现有12个教学班，学生600多人，拥有一批优秀的教职员工，教职员工46人，其中中学高级教师7人，中学一级教师35人，中学二级教师8人，工友1人。教师爱岗敬业，教学质量稳步上升，近6年来，在全市的初三毕业考试及初二的生地检测中，学校稳居全县前十强；在全市举行的学科竞赛中，学校学生更是以优异的成绩回报母校。学校连续6年被衡阳县教育局评为教学质量先进单位，被衡阳市第一中学评为优秀生源输送基地。

学校行政班子成员信息

校长：阳利华（13786481313）

衡阳县库宗桥镇中心小学

学校坐落于衡阳县库桥镇古井村，位于315省道（1815线）东侧。学校有教职员工22人，其中小学高级教师18人，学生433人。学校下辖栾木小学、飞龙小学。学校自创办以来，在政府及各种社会团体的支持下，全校师生同心协力创建进步、文明、向上的优良校风。学校重抓学生素质教育，培养学生德、智、体、美、劳发展，学生参加县各种比赛都能获得优异的成绩。

学校行政班子成员信息

校长：蒋国华（15200536619）

副校长：左喜阳（13762433311）

衡阳县库宗桥镇新华完全小学

衡阳县库宗桥镇新华完全小学创建于20世纪70年代。学校坐落于衡阳县库宗桥镇和隆村（原新华村），居库宗桥镇东部，315省道傍校而过，交通十分方便。

学校除完全小学本部外，还包括大町联小、木田小学及石口小学。其中完全小学本部占地面积约15亩，建筑面积2000多平方米。大町联小、木田小学均通过了合格学校验收。

学校共有28个教学班，学生1000多人，科任教师46人。其中完全小学本部有学生500余人，教学班12个，科任教师24人。学校教职员工秉着"尚德·笃学·锐意进取"的办学理念，潜心钻研，扎实工作，使学校各方面的工作如旭日初升，蒸蒸日上。

学校行政班子成员信息

校长：刘孝军（13974767275）

副校长：蒋纯祝（15973478469）

衡阳县库宗桥镇玩市完全小学

衡阳县库宗桥镇玩市完全小学坐落在金华山下，315省道旁，下辖玩市、库宗、坊厢、华山四所小学及小学教学点，学生1153人，教师58人。这几年几所学校先后通过合格验收，办学条件大为改善，先后招聘招考 13 名教师，师资结构发生了根本性变化。几年来，教学成绩突出，得到了社会的高度肯定。

学校行政班子成员信息

校长：刘卫平（13762431488）

衡阳县库宗桥镇嘉隆完全小学

衡阳县库宗桥嘉隆完全小学坐落在衡阳县库宗桥镇嘉隆、双关、东方头三村交界的推子岭上，曾被列入湖南省 100 强小学之一。学校辖嘉隆完全小学校本部及牌楼联校。

学校总面积为 10000 平方米，建筑面积 4500 平方米；共有 12 个教学班，学生 329 人，专任教师 17 人，其中本科学历的 9 人，大专学历的 5 人，中专学历的 3 人。

先进的办学理念，团结务实的领导班子，德才兼备的师资队伍，加上书香浓郁、环境幽雅的校园必将使学校的每一个孩子享受健康成长的快乐，拥有生命发展的美好未来！

学校行政班子成员信息

校长：胡永辉（13975435842）

副校长：蒋志辉（13974711238）

【衡阳县栏垅乡学区】

主任：周长志（13975429714）

工会主席、办公室主任：刘新华（13908440698）

基教、教研助理：曾利军（13707472547）

计财助理：欧迪家（13974703499）

人事助理：徐富国（13975474162）

衡阳县栏垅乡白水中学

衡阳县栏垅乡白水中学地处衡阳县栏垅乡白水村，校园占地 6000 余平方米，现有 3 个教学班，学生 200 余人。

学校致力于"创造最适宜学生发展的教育"。创建特色鲜明的校园文化、班级文化，深化小组合作学习，建设学习共同体，注重学生心理健康的维护，用丰富多彩的校园活动引领学生的精神生活。

学校致力于"审是迁善，模范群伦"的教育。建校四十年来，学校取得了良好的办学业绩，获得了社会广泛的美誉。2013 年至 2015 年连续 3 届中考均取得优异成绩，位居全县前十名。

学校精神：审是迁善、模范群伦。

学校传统：启迪有方、治学严谨、爱生育人。

办学追求：创造最适宜学生的教育。

办学目标：学生成才、教师成功、学校领先。

教育思想：着眼整体发展，立足个体成才，充分发挥学生的主体作用。

学校行政班子成员信息

校长：蒋晓利（13974767545）

衡阳县栏垅乡中学

衡阳县栏垅乡中学位于县城西北部 10 公里的栏垅乡栏市村。学校始建于 1947 年，其前身为金竺完全小学，1969 年更名为栏垅中学。这里风景优美，交通便利，西荷公路和赤水河环绕而过。现有教职员工 36 人，在校学生 480 人，从这里走出了一代将军周乐群；国画大师钟增亚；政界精英周明生；商界名流汤秋云。近年来，许军、欧建平、何朝晖等一批品学兼优的学子走进清华大学、北京大学的殿堂。"每天进步一点点"，全体师生将这一办学理念当作治校之本，直面校情，抓住机遇。2007 年，学校被评为"衡阳县第一中学优质生源学校"；连续五年被衡阳县教育局授予"初中教育教学质量先进单位"荣誉称号。

学校行政班子成员信息

校长、教导主任：陈兴良（13975455675）

协管全面工作、团支部书记：赵云华（13907470721）

副校长：蒋雁（13873480126）

副校长：王晓成（13875630831）

副校长：欧建波（13975455033）

衡阳县栏垅乡中心小学

衡阳县栏垅乡中心小学创办于 1947 年，原名金竺小学，坐落于衡阳县栏垅乡栏市村。学校占地面积 12650 平方米，其中建筑用地 1280 平方米。学校服务半径近 3 公里，服务人口近 8000 人。学校现有教职员工 30 人，专任教师 26 人，12 个教学班，学生 500 余人。2010 年，学校多方筹资近 170 万元，整个校园修葺一新，顺利通过省、市"合格学校"验收，是一所在县内外都享有很高声誉的设施完善、设备一流、师资雄厚的农村中心小学。

近年来，学校以"办人民满意教育，创优质教育品牌"为办学目标，秉承"以人为本，和谐发展"的办学理念，坚持"品牌、质量、服务"的办学宗旨，走素质教育之路，逐步探索形成了"面向全体，发展个性，养成习惯，培养能力"的办学模式。"勤奋、求实、开拓、创新"八字校训激励着一代又一代学子成才。学校拥有一支团结、实干、高素质的具有创新精神的教师队伍。目前，在职教师本科及以上学历的占40%，中级以上职称的占92%，被评为省、市以上学科带头人、教学能手的2名；衡阳市优秀教育工作者、教育科研先进个人、优秀教师10余名，在县级以上教学竞赛中获奖10余人次，在省级以上教学刊物发表论文（或评选获奖）20余篇，专题课改"自学解疑法在小学数学中的运用"获省级三等奖。

学校行政班子成员信息

校长：蒋凤生（13975481465）

副校长：颜恒山（15173421569）

党支部书记：傅绍君（13975474992）

衡阳县栏垅乡白水完全小学

衡阳县栏垅乡白水完全小学现有学生300多名，在职教师20余人，教师学历100%达标。

学校以"落实四个全面"为指导，树立"为学生终身发展奠基"的教育理念，各项工作紧紧围绕"以人为本，和谐发展"的办学思想，坚持"精细管理，追求卓越"的办学理念，提出"争创一流的教育教学质量，做到学校办有特色，教师教有特点，学生学有特长，知识、能力、品德健康发展，办家长、社会满意的教育"的办学目标，制订"力争用三到五年时间，努力把学校办成一流学校"的发展规划，不断形成以素质教育为主线、以教育教学质量为中心、以艺术教育和特色英语教学为两翼的办学思路，积极开展丰富多彩的教育教学活动和社会实践活动，促进学生德、智、体、美、劳的全面发展。

学校行政班子成员信息

校长：王亚国（13975456067）

衡阳县栏垅乡上春小学

衡阳县栏垅乡上春小学始建于1954年。学校校园占地面积约9136平方米，总建筑面积约为1670平方米，是一所高标准现代化农村完全小学。

学校现有6个教学班，在校学生181人。专任教师11人，其中小学高级教师8人；本科学历的6人，专科学历的4人，中专学历的1人；县级优秀教师4人，市级优秀教师2人；在县级教学竞赛中获奖4余人次，在省级以上教学刊物发表论文（或评选获奖）10余篇。

近几年来，学校坚持"以德治校，教研兴校"的宗旨，走新课改之路，兴爱岗敬业之风，办特色学校，各方面都取得了显著成效。学校连续三年被评为栏垅乡"教育目标管理考核一等奖""教育教学质量先进单位"。

学校行政班子成员信息

校长：冯晓春（13875613507）

【衡阳县曲兰镇学区】

主任：王进军（13873437385）

　　　刘跃进（13875627319）

工会主席：邓建华（13974773458）

人事助理：王燎原（13762487377）

基教助理：刘正良（13875626909）

计财助理：王小斌（13875745350）

办公室主任：王剑（13875726267）

衡阳县曲兰中学

衡阳县曲兰中学坐落于衡阳县西北边陲的曲兰镇曲兰村，创办于1958年，前身为曲兰附属高中，20世纪80年代更名为曲兰中学。学校现有面积10100多平方米，建筑面积7000多平方米，14个班，800多学生，教职工57人。

学校全面贯彻党的教育方针，坚持依法办学、以德治教，时刻牢记"励志进取，求实创新"的校训，发扬船山精神，以安全为主线，以质量为中心，团结奋进，自强不息，让王船山故里成为人才辈出之乡。

学校行政班子成员信息

校长：邹黄龙（13875771960）

衡阳县曲兰镇桐梓中学

衡阳县曲兰镇桐梓中学是一所乡村初级中学，坐落在曲兰镇花桥村，1954年建校。学校占地面积12000平方米，现有校舍7000多平方米，分区布局合理。目前在校学生554人，10个教学班，教职员工36人，其中中学高级教师4人，中学一级教师11人。2014年，学校顺利通过合格学校建设验收。学校每年中考优秀生人数在全镇名列前茅。

学校行政班子成员信息

校长：刘伟（13786479818）

副校长：聂东武（13762487378）

衡阳县曲兰镇高汉中学

衡阳县曲兰镇高汉中学始建于1976年，位于曲兰镇木山村。学校占地9600平方米，建筑面积3580平方米，现在6个教学班，300多名学生，教师17名，其中中学高级教师1人，中学一级教师6人，大学本科学历的16人，专科学历的1人。

学校始终坚持"德育为首，质量强校，全面育人，以人为本"的办学思想，将"培养人，发展人，完善人"作为学校教育工作的根本，把学生的养成教育贯彻学校教育工作的始终。"齐心合力，勇于创新"鼓舞着师生不断进步，学校各方面均取得了斐然的成绩。

学校行政班子成员信息

校长：邹志军（13789369909）

衡阳县曲兰镇中心小学

衡阳县曲兰镇中心小学坐落于明末清初伟大思想家王船山先生故里，依傍210省道和益衡娄高速，交通便利，风景宜人。

学校现有在校生1288名，共有35个教学班。学校在编教师62人，其中本科学历的24人，专科学历的30人，中师学历的8人；在编高级教师32人，一级职称教师22人，未评职称的8人；县级教学能手2人，县级优秀教师3人，县级优秀班主任2人，骨干教师3人。

学校校园面积为14186平方米；建筑面积5222平方米，绿化面积600平方米；教学用房为3200平方米；各功能室齐全。

近年来，在王幸校长的带领下，本着"科学育人，全面发展"的教育理念，学校全体师生精诚团结，艰苦创业，取得了一系列成绩。学校德育工作一直是学校的特色，在县内都享有很高的美誉度和知名度。

"一流的校设，一流的管理，一流的质量"正成为全体师生的奋斗目标，"一切为了学生，为了一切的学生，为了学生的一切"已成为学校的办学宗旨，学校相信，其必将成为船山故里教育事业的砥柱，将为船山故里谱写华美的新篇章。

学校行政班子成员信息

校长：王幸（13762449560）

教导主任：朱益群（13973415909）

总务：朱高兴（13875730497）

党支部书记：易优良（13973442051）

副校长：邓端阳（13789384920）

副校长：贺胜利（13907470177）

副校长：朱仁义（15096016999）

衡阳县曲兰镇桐梓完全小学

衡阳县曲兰镇桐梓完全小学创办于1988年，坐落于花桥村田名组。学校现有教职员工26人，其中小学高级教师18人；有10个教学班，学生482人。学校教育教学设施齐全，人文环境优美。2015年学校顺利通过省、市合格学校验收，是一所规范化的寄宿制完全小学。

学校行政班子成员信息

校长：邹旭东（13575234465）

副校长：吕孝达（13873448453）

教导主任：王铁军（13762430816）

总务主任：邓衡军（13707472103）

衡阳县曲兰镇高汉完全小学

衡阳县曲兰镇高汉完全小学是一所经衡阳县教育局批准的公办农村小学。学校位于衡阳县西北部，与双峰交界，面临盘古水库，依山傍水，绿树成荫。历年来，在各级领导及社会各界的关心下，学校领导、师生员工艰苦奋斗、锐意进取，敬业爱岗，安教乐教；学生文明礼貌，勤奋好学。学校已成为一所"校风好、学风好、质量好"的农村小学。

除校本部外，学校现还管辖金星联校、培才学校、黄龙教学点、合中教学点和前进教学点。近年来，几所学校的办学条件不断得到改善，各种功能室都已逐步配备到位，各项设备设施基本上能满足教育教学工作的需要。学校现有教学班30个，学生达1000人，教职工年龄、学历、职称结构搭配合理。

学校全面贯彻教育方针，根据"依法治校、规范办学、全面发展"的办学思路，努力为师生学习、工作和生活创造良好的条件；加强学校管理，提高办学水平，鼓励教师参加学历提高等各种继续教育培训。学校每学期除了利用重大节日开展一系列德育熏陶活动，还常规化地举办体操比赛、作文比赛、书法比赛等各种活动，激发了学生的学习兴趣，培养了学生的个性特长。学校积极推行教学改革，优化办学条件，坚持以人为本，优化育人环境，强化内部管理，办学质量日以提高，受到家长及上级部门的充分肯定。

近年来，学校教师撰写的论文分别在省、市、县获奖，选派参加市、县各项比赛活动的教师和学生均获得了优异的成绩。

学校行政班子成员信息

校长：邹振军（13875764572）

【衡阳县石市镇学区】

主任：李志云（13575133911）

基教助理：魏平波（13974734428）

人事助理：蒋新曲（13762438497）

计财助理：姚敏（13575293795）

办公室主任：王大力（18107473187）

教研助理：刘喜军（13575245548）

教研助理：李继华（13973442041）

衡阳县石市镇中学

衡阳县石市镇中学坐落在石市镇兴源村，学校原址是清朝新疆提督谭上连将军府邸，历史悠久，底蕴丰厚，人才辈出。学校现有教学班13个，学生722人，教职工43人。学校功能室齐全，环境幽美，是学子求学的好处所。学校一贯坚持"品牌、质量、服务"的意识，在全面推进素质教育的进程中，以一流的教育质量树立了自身的品牌形象，赢得了社会的赞誉，是老百姓心目中最好的、最满意的学校之一。

学校行政班子成员信息

校长：许启慧（18711479670）

副校长：邓新建（13875727221）

副校长：洪庆谷（13575276930）

衡阳县石市镇中心小学

衡阳县石市镇中心小学始建于1958年，迁址新建于1990年，位于西界公路北侧，坐落在石市村洪祖堂村民小组。校园占地面积11988平方米，建筑面积4479平方米，校园内树木葱茏，环境幽雅，教室宽敞明亮。学校实验室、仪器室、图书室、电脑室、音乐室、综合实验室、阅览室、教工活动室、多媒体室等功能室配套设施齐全，是一个教书育人的理想环境。

学校坚持面向全体学生，积极推行素质教育，以"一切为了学生，为了学生的一切，为了一切学生"为宗旨，近年来先后被评为"衡阳市合格中心小学""衡阳县学生行为规范示范学校""衡阳县示范家长学校"等。学校下辖太清小学、明星小学、石狮小学、兴源小学，有教职工60人，学生1100人。

学校行政班子成员信息

校长：王海乾（18773479678）

副校长：邓吉成（13762421798）

副校长：曾三才（13873414341）

衡阳县石市镇金屏学校

衡阳县石市镇金屏学校是一所九年一贯制学校，位于风景秀丽、人杰地灵的衡阳、衡山、双峰三县交界处，办学历史悠久。学校占地1.2万平方米，现有9个教学班，学生427人，其中中学部141人，小学部286人，专任教师22人；教学设备设施齐全，配备电脑室、多媒体室、物理实验室、化学实验室、音乐室、体育保健室、美术室、劳技室等10个功能室；拥有图书7000余册，仪器电教、理化生仪器、卫生保健器械配备到位。学校多次被评为衡阳县、石市镇先进学校。

学校行政班子成员信息

校长：刘国成（13974703060）

党支部书记：杨祥春（13786453493）

副校长：周武军（13787717956）

衡阳县石市镇甲满学校

衡阳县石市镇甲满学校坐落在石市镇珍珠村，位于风景秀丽的万源湖之滨。学校占地总面积12850平方米，建筑面积4300平方米，学生食堂380平方米，学生宿舍14间共690平方米，有教室18间，各功能室齐全、装备完善，各种体育设施、活动场地一应俱全，整个校园布局合理，环境优美，是理想的育人场所。除校本部外，学校还下辖灵川小学和金屏小学。现在全校共12个教学班，在校中小学生800余人。现有教职工34人，具有中级技术职称的32人，高级技术职称的1人，教师学历达标率为100%，师资力量雄厚，教学水平精湛。学校领导班子精诚团结，务实创新，教师团队结构合理，和衷共济。在"以人为本"的管理中，学校坚持"立德树人，质量为校"的办学宗旨,以"厚德、笃学、传承、创新"的校训,努力实施精细化的学校管理,打造高效课堂,形成了良好的发展态势。

学校行政班子成员信息

校长:王峥嵘(13786484486)

衡阳县石市镇醒狮完全小学

衡阳县石市镇醒狮完全小学坐落在醒狮村下乐组,创办于20世纪50年代,前身为周祠堂。2010年迁建于醒狮中学院内,现占地面积为7800平方米,建筑面积1780平方米。

学校本部现有学生260多人,6个教学班;教职工14人,其中中级职称的9人,学科带头人4人。学校以"勤学、敬业、善思、求实"为校训。学校师资队伍强大,学科设置合理,文化氛围浓厚,坚持用科学发展观指导办学实践,打造人民满意的优质教育。学校下辖4所村级小学、1个教学点,各村级小学及教学点共有学生500余人,教师34人。多年来,在学校行政领导班子与全体教职工的大力努力下,6所学校教育教学各项工作齐头并进,取得了可喜的成绩,获得了各级领导及社会的一致好评。

学校行政班子成员信息

校长:洪波(13975475168)

【衡阳县台源镇学区】

主任:曾晓洪(13873451266)

办公室主任:王克俭(13974741953)

人事专干:刘俊(13974741459)

计财专干:阳益峰(13875654656)

教研专干:王青松(13974741906)

衡阳县台源镇台源中学

衡阳县台源镇台源中学始创于1930年,最初为衡阳县第八高级小学;1958年增设初中班,为台源附中;1971年台源附中更名为红卫中学,始招高中生;1978年,红卫中学更名为台源区中学;1984年调整学校布局,台源区中学被撤销,停招高中生,合并于台源中学。

学校东临蒸水,北望南岳,吸蒸湘之灵气,人文钟灵毓秀,人才辈出。学校师资雄厚,成绩显著,先后荣获"全国中小学实验室与仪器管理工作先进集体""衡阳县规范化初级中学""衡阳县中小学图书管理示范学校""衡阳县常规管理示范学校""衡阳县初中教学

质量先进单位"等荣誉称号。

学校占地面积21635平方米,建筑面积9000多平方米。学校建筑布局合理,环境优雅。实验室、微机室、语音室、多媒体教室、远程教室、图书室、阅览室一应俱全;实验器材共50多万元;图书室藏书2.1万册;多媒体教室可容纳200多人同时听课。这些教学设施为提高学校教学质量创造了良好的条件。

学校现有17个教学班,1100余名学生,教职工82名,其中中学高级教师8人,中学一级教师56人,具有本科及以上学历的55人。学校以"善志、笃学、求实、创新"为校训,以"把台源中学办成名校"为奋斗目标,以"一切为了学生,以教育质量服务社会"为办学宗旨,以"诚信、勤廉、高效"作为工作要求。对教师,学校本着"发展新人、培养名人、起用能人、淘汰庸人"的原则,实行竞争上岗和全员聘用制度,不断强化师资队伍。学校十分注重素质教育,深化教育教学改革,广泛开展书法、绘画、舞蹈、体育运动等各项课外活动,力促学生全面发展,让学生"学会求知,学会做事,学会合作,学会生存"。

为提高教育教学质量,学校一直重视教育教学教研的有机结合。教学研究目前已经成为全校教师的一项常规工作,学校省级课题"农村乡镇学校校本教研制度建设的研究"已经结题,并获省级二等奖;多位教师在省市教学比武中获奖;学校还申报了衡阳市现代教育技术实验学校项目。

近年来,学校的教学质量稳步提高。2007年以来,在全县80多所公办初中中,学校中考综合排名一直稳居全县前列。学校代表全镇参加衡阳县中学生田径运动会,团体总分名列全县前列。近年有不少教师取得理化奥林匹克竞赛国家级园丁奖,辅导学生在国家、省、市、县各级比赛中获奖的数不胜数。

学校行政班子成员信息

校长:曾夕(13975400761)

党支部书记:龙幼元(13469139775)

副校长:夏忠知(13789353880)

副校长:王有文(15874713716)

副校长:王雄飞(13807475567)

副校长:唐宏亮(13975428472)

衡阳县台源镇花滩中学

衡阳县台源镇花滩中学是一所寄宿制公办初中，坐落在台源镇花江村，其前身为花滩保校，1978 年改为花滩中学，2015 年学校经过改扩建，校园面貌焕然一新，鲜花盛开，花卉、草坪错落有致，苍松、冬青相映成趣。

目前，学校可开设教学班 6 个，能满足 400 名学生轻松就读。学校设施先进，理化生实验室、多媒体教室、微机室、图书室、音体美劳器材室齐全，设备一流。

学校现有教职工 20 人，其中中学高级教师 2 人，一级教师 13 人。学校校训为"乐学，善思，明理，诚信"。学校坚持科学而严格的管理，为学生提供优质服务，把心放在学生身上。根据寄宿制学校和农村初中生生源为主的特点，学校加强晚自习和周末管理，从每一个细节入手，关心学生的学习、生活与身心健康，关注每一个学生德、智、体、美各方面的发展情况，为他们的成长提供良好环境。

学校行政班子成员信息

校长：许志光（13723838256）

副校长：易鸿亮

衡阳县台源镇高真中学

衡阳县台源镇高真中学，是一所乡镇初级中学，坐落在台源镇西北角的高市村泉塘组。该校创办于 20 世纪 70 年代，在校学生最多时达七百人。随着上学人口的回落，现有教师 14 人，教学班级 3 个，学生 110 多人。学生大多来自台源和渣江、杉桥的偏僻山区。

学校行政班子成员信息

校长：曾奇（13975428362）

衡阳县台源镇福溪中学

衡阳县台源镇福溪中学始建于 1935 年，原学校地址位于台源镇福溪猫山，1997 年 9 月正式迁至台源镇砖村南竹皂，现有 3 个教学班，156 名学生，教师 15 名，其中高级教师 1 人，一级教师 13 人。大学本科学历的 10 人，专科学历的 5 人。

学校始终坚持"德育为首、质量强校、全面育人、以人为本"的办学思想，以"博闻、广识、超越、奋进"为校训，将"培养人、发展人、完善人"作为学校教育工作的根本，把学生的养成教育贯彻学校工作的始终。开展经典诵读、演讲比赛、国旗下系列教育活动、主题班会等，寓德育教育于各项活动之中。浓浓书香充满校园，文明礼仪在学生中蔚然成风。

学校行政班子成员信息

校长：刘立明（13974766644）

衡阳县台源镇中心小学

衡阳县台源镇中心小学创办于 1930 年，原名衡阳县立第八高小，学校地址设在台源寺古寺内，1950 年更名为台源寺完全小学，1972 年迁至台源镇上街，紧靠西界公路，更名为台元小学，1985 年更名为台源寺镇中心小学，1995 年更为现名。

经过几十年的不懈努力和发展，学校办学条件不断完善。学校现有占地面积 8957 平方米；现有教职工 46 人，专任教师 43 人，其中具有中级职称的 39 人，具有大专及以上学历的 26 人；现有学生 800 余人，16 个教学班；现有图书 21030 册，电脑 21 台；2005 年兴建一栋 1100 平方米的学生住宿楼，现有固定资产 163 万元。现正在兴建一栋综合楼。

学校下辖三所学校，分别是东湖小学、演陂小学、向阳教学点。其中东湖小学现有学生 191 人，教职工 8 人；演陂小学现有学生 132 人，教职工 7 人；向阳教学点现有学生 31 人，教师 2 人。

学校行政班子成员信息

校长：胡先进（13723834588）

村级小学校长：廖玉生（13975476169）

村级小学校长：王瑞莲（13973445930）

衡阳县台源镇花滩完全小学

衡阳县台源镇花滩完小坐落于衡阳县台源镇长塘村，学校绿树成荫，环境优美，是理想的育人场所。

学校占地 18 亩，建筑面积 3000 余平方米，教学区、生活区、功能室严格分区，教学设施齐全。学校现有教师 12 人，学生 283 人，6 个教学班级。

学校行政班子成员信息

校长：屈孝生（13975474108）

教导主任：凌润江（13875643989）

总务主任：曾卫华（13974773127）

衡阳县台源镇高真完全小学

衡阳县台源镇高真完全小学位于台源镇高

真村，始建于 1936 年。学校现有教学班 6 个，在校学生 146 人；教师 11 人，其中本科学历的 3 人，大专学历的 4 人。

学校校园占地面积 8000 平方米，校舍面积 1700 平方米，绿化面积 1000 平方米。整个校园布局合理，分区明确，整体协调。学校有音乐室、美术室、多媒体教室、图书室等。

学校本着建一所能够托起学生梦想的学校为目标，让每一个孩子健康快乐成长，近年来，学校教学质量稳步提升，各项工作成绩显著，受到上级领导和社会各界的一致好评。

学校下辖两所学校，分别是花滩小学、永明小学。其中花滩小学现有学生 163 人，教职工 7 人；永明小学现有学生 150 人，教职工 7 人。

学校行政班子成员信息

校长：唐胜（13974741908）

副校长兼教导主任：李先锋（13647342716）

副校长：许黎明（13723836575）

衡阳县台源镇福溪完全小学

衡阳县台源镇福溪完全小学坐落于台源镇新福村，环境优美，占地 5000 平方米，始建于 1988 年，2008 年新修建一栋实验楼，竣工之后即投入使用，2010 年经省、市评定为合格学校，现有教学班级 7 个，各功能室齐全，教职工 20 余人，在校学生 408 人，下辖天龙、福溪两所村级小学。其中天龙学校现有教职工 7 人，学生 121 人；福溪小学现有教职工 7 人，学生 150 余人。

学校行政班子成员信息

校长：余良国（13875727216）

副校长：欧元华（13875712036）

衡阳县台源镇瑞基学校

衡阳县台源镇瑞基学校始建于 1951 年，学校几经搬迁，现坐落在台源镇台九村肖院子组，2007 年香港瑞基实业有限公司董事长戴明瑞先生捐款建校，学校由九市完全小学改为现名。

学校校园面积 6.1 亩，建筑面积 1622 平方米，现有教学楼、办公楼、综合楼、食堂各 1 栋，6 个教学班，18 名在职教师，在校学生 222 人。校园环境优美、典雅。学校下辖九市、九垅两所小学和司林教学点。九市小学坐落在台源镇九市村，现有 3 个教学班，在校学生 66 人，教师 5 人；九垅小学坐落在台源镇九垅村，现有 3 个教学班，在校学生 48 人，教师 6 人；司林教学点坐落在台源镇司林村，现有 3 个教学班，在校学生 37 人，教师 4 人。

学校行政班子成员信息

校长：冯经文（15073408686）

副校长：夏振宇（13907470747）

衡阳县台源镇台源镇中心幼儿园

衡阳县台源镇中心幼儿园是台源镇唯一一所公办幼儿园。2014 年经学区领导积极争取，学校获得改造资金，对衡阳县台源镇中心小学部分校舍进行全面改造，建成标准化的中心幼儿园，于 2015 年春季正式开园。园区共占地面积约 1900 平方米，建筑面积约 1025 平方米，室外活动场地约 1200 平方米，各室设有空调，铺设木地板，配备直饮机、40 寸液晶电视、电子琴。休息室有实木床和纯棉花被，每层设有男女冲水卫生间。室外运动场刷上地坪漆，室内配有大型淘气城堡。

学校行政班子成员信息

园长：汪雪英（18175850786）

【衡阳县岘山镇学区】

主任、党支部书记：邓仲春（13875645138）

基教专干：胡兴涛（13707472579）

计财专干：刘克诚（13973416036）

人事专干：曾振国（13786445779）

蒋亚平：（13575254605）

工会主席：屈球粮（13575245988）

督导、教研专干：刘斐（13974741789）

衡阳县岘山镇岘山中学

衡阳县岘山镇岘山中学创办于 1944 年。学校占地 19100 平方米，建筑面积 6750 平方米。学校各功能室齐全，装备水平达到国家规定标准。学校现有电脑 50 台，图书室藏书量达 13840 册。近年来，学校发展步入快车道，2008 年财政投入 54 万元，新建学生宿舍楼 1200 平方米；2011 年学校被列入国家"初中工程"项目学校，国家财政投入 260 万元，新建学生宿舍 1280 平方米、学生食堂 950 平方米。

学校师资力量雄厚，共有教职工 49 人，其中专任教师 45 人，本科学历的 13 人，专科学历的 32 人，教师学历合格率 100％。教师爱岗敬业，治学严谨。

学校以"博学、修德、勤勉、奋进"为校训，以创新教育为突破口，注重素质教育，面向全体学生。学校现有 9 个教学班，在校学生 569 名学生。近年来，学校初中毕业会考成绩一直名列全县前茅，毕业生合格率 80％ 以上，初中升高中率 60％ 以上，被上级学校定名为"优秀生源学校"。学校目标管理综合考核获全镇第一名。

学校行政班子成员信息

校长：刘其伟（13975474569）

副校长：欧保国（13873426222）

副校长：李先华（13875618959）

副校长：杨驰名（13974766385）

副校长：肖旻（13469112478）

副校长：肖高会（15886443088）

副校长兼教导主任：王买生（13574794532）

衡阳县岘山镇檀山中学

衡阳县岘山镇檀山中学办学历史悠久，创办于中华人民共和国成立前，曾办过高中教育。学校环境优美，特别是在 2011 年合格学校建设后，教学设施齐备，各功能室齐全。学校现有 9 个教学班，40 多位教职工，460 多名学生。学校注重学生的品德教育和养成教育，注重培养学生德智体全面发展。近年来，经过全体师生的共同努力，教育教学质量逐步上升。

学校行政班子成员信息

校长：毛熊民（13786475448）

副校长：肖维亚（18216047359）

副校长：汪根深（15073444939）

副校长：戴明裕（13973414420）

衡阳县爱民学校

衡阳县爱民学校坐落在衡阳县岘山镇水口村，由原广州军区退休干部蒋永彰先生投资 400 多万元兴建。学校环境幽雅、建筑宏伟，左后方的牛形山水库与之相映生辉。学校占地面积 31 亩，目前总建筑面积 13000 平方米，教学楼、办公楼、学生宿舍楼、礼堂、实验楼及配套设施配设齐全，是教书育人的理想场所。

学校以"团结、诚实、勤业、奋发"为校风，以"爱生、奉献、严谨、创新"为教风，以"尊师、好学、求实、上进"为学风。学校努力弘扬蒋永彰先生"爱民"精神，强化学校管理，全面实施素质教育，以"以德立校、依法治校、科研兴校、质量强校"为办学方略，以"一切为了学生未来"为办学理念，以培养"道德高尚、素质全面、思想活跃、身心健康"的合格初中生为育人目标。课堂教学充分体现以"学生为主体""教师为主导""训练为主线"的原则，端正办学思想，规范办学行为。学校管理务实高效，队伍建设开拓创新，德育工作生动有序，常规教学常抓常新，艺术教育丰富多彩，教育科研有特色，教育质量全面提高。近年来，学校先后有近百篇教学论文分别获省、市、县奖项。学校先后被评为"园林式单位""衡阳县规范化学校""岘山镇教育目标综合考核先进单位"，并入选《中国地方名校》。学校以骄人的办学成绩、良好的社会声誉，成为武水河畔一颗璀璨的明珠。

学校行政班子成员信息

校长：杨志（13575238642）

副校长：蒋阳元（13875712186）

衡阳县岘山镇木口学校

衡阳县岘山镇木口学校坐落在衡阳县岘山镇三元村，创办于 1962 年，原名金星农业中学，1985 年更名为木口中学，2013 年更名为木口学校。

校园占地面积 37539 平方米，建筑面积 5304 平方米，拥有多媒体室、电脑室、图书室、阅览室、音乐室、美术室、劳技室、卫生室、理化生实验室、仪器室、化学药品室等。师生活动场地宽广，有篮球场、排球场、羽毛球场、200 米田径跑道等田径运动场地。学校办学设备齐全，布局合理。教学楼、实验楼、教职员工办公楼、师生宿舍错落有致，校园环境优美，鸟语花香，是师生工作、学习、生活的理想场所。

学校现在 12 教学班，其中初中部 6 个班，小学部 6 个班，学生 416 人；教职工 39 人，其中专职教师 39 人，本科学历的 16 人，专科学历的 12 人，中级职称教师 19 人。师资队伍素质优良，充满生机与活力，爱岗敬业，治学严谨。

学校行政班子成员信息

校长：蒋云建(15873495366)

副校长兼教导主任：高尊明(13974767446)

副校长兼总务主任：肖高兴(13875618723)

副校长：刘吉东(13974741801)

副校长：杨东华(13875645098)

衡阳县岘山镇中心小学

衡阳县岘山镇中心小学位于美丽的织女湖下游武水河畔，坐落在岘山镇政府所在地岘市社区。学校始建于1940年，当时为金峰村小学堂，后先后改名为岘市小学、荣泰爱心小学，2014年下学期正式定名为"衡阳县岘山镇中心小学"。学校现有教学班12个，学生530人，专任教师28人。目前，学校占地面积13000平方米，生均24.52平方米；建筑面积4300平方米，生均8.11平方米；绿化面积1528平方米，生均2.88平方米。学校下辖三所村级小学和一所公办幼儿园，分别是木口小学(原中心小学)、金星小学、田心小学和小天使儿园，学生928人。

学校坚持"以人为本，以德治校，民主理校，教研强校"的治校理念，坚持"让校园充满生命活力，圆孩子一个欢乐的梦"的办学理念，几十年如一日，以质量树品牌，以改革促发展，以创新写未来，形成了"团结、严谨、求实、创新"的校园精神、"校以教学为本，师以敬业为乐，生以成才为志"的良好校风。先进的办学理念及一项项荣誉，使学校受到学生、家长及社会的广泛赞誉。

学校行政班子成员信息

校长：刘维(13975461978)

衡阳县岘山镇岘山完全小学

衡阳县岘山镇岘山完全小学始建于1937年，原名易市小学，1991年重建，2013年纳入薄弱学校建设项目，再建综合楼一栋。学校坐落在岘山镇易市村武水河畔，占地1116.3平方米，建筑面积4615.2平方米，环境优美，景色秀丽。现有教学班12个，在校学生400余人，专任教师26人，其中本科学历的3人，大专学历的16人，中专学历的7人。学历合格率为100%。全体教师中有小学高级教师23人，占88.5%。

学校以"特色立校，教研兴校"为办学思想，以"教育理念现代化，学校管理科学化，教育质量优质化"为办学目标，以"明德、求真、崇善、尚美"为校训。

学校本着"示范性、前瞻性"的建设理念，现已建成为一所功能齐全、设备先进的现代化小学。壮观实用的教学楼、繁盛成荫的绿化带、高速互联的校园网、高配备的电脑室、充满文化气息的校园环境，立体折射出学校深厚的文化底蕴。多媒体教室、实验室、美术室、音乐室、体育室、卫生保健室、图书室(藏书9338册，生均22册)一应俱全，为学生提供了广阔的实践与创新舞台。

学校行政班子成员信息

校长：李春林(13723837037)

副校长：龙淮海(13574796264)

副校长：刘朝晖(13974787298)

衡阳县岘山镇檀山完全小学

衡阳县岘山镇檀山完全小学现有教学班16个，学生800名。学校占地面积38.9亩，生均占地面积22平方米，总建筑面积5069.7平方米，生均面积6.9平方米。学校教育教学设施一流，拥有学生电脑室1间、计算机20台，建设了体育器材室、音乐器材室、卫生器材室、仪器室等，图书室总藏书量达11080册。

一直以来，学校以"为学生一生的幸福奠基"为宗旨，以"以德立校，特色活校，质量强校"为思路，以丰富多彩的活动为依托，致力于培养素质全面、敢于创新的学生群体。正因为如此，学校深受学生、家长及社会的好评。

学校行政班子成员信息

校长：肖正国(13575101303)

副校长：包迎宾(13786481130)

副校长：杨敏(13707471507)

衡阳县岘山镇碧崖完全小学

衡阳县岘山镇碧崖完全小学坐落于岘山镇的东部边远山区，办学历史悠久，现辖完全小学本部及四所村级小学，共20个班级，398名学生，教师31人。由于学生人数少、班级多，目前绝大多数班级实行包班制。学校于2014年接受了省里的合格学校验收，无论是软件建设，还是硬件建设，均得到上级领导的一致好评。近年来，学校十分注重学生的素质教育，在全镇的学生运动会、软式排球赛中，取得了优异成绩。

学校行政班子成员信息

校长：刘贤斌（13975428210）

党支部书记：刘忠毕（13723838085）

【衡阳县演陂镇学区】

党总支书记、主任、督学：夏伯平（13787704886）

党务助理：肖振良（18932114699）

计财助理：赵顺初（13973443421）

人事助理、出纳：龙振宇（13548501390）

基教、教研助理：周达干（13575110993）

工会主席、办公室主任兼衡阳县演陂镇中学校长：戴冬生（18908441345）

衡阳县演陂镇方工中学

衡阳县演陂镇方工中学位于演陂镇方工村，创建于1969年，1973年迁至现址，是一所全寄宿制农村初级中学。学校占地面积16940平方米，建筑面积4336平方米，现有6个教学班，学生280余人，教职工30余人。

2013年学校被列入初中工程项目学校，国家投资300余万元，使学校面貌焕然一新，教学区、生活区、运动区分区明显，实验室、仪器室、图书室、阅览室、电脑室、多媒体室等功能室一一俱全。

学校是湖南省级示范性普通高中衡阳县第一中学优秀生源基地。自2009年以来，学校教育教学质量连续六年跻身衡阳县前十强，多次受到衡阳县政府嘉奖，被誉为衡阳县农村中学的一面旗帜。学校形成了讲团结、能吃苦、争上进的优良传统，2012年被评为衡阳县基层（窗口）单位政风行风建设示范单位。

现在，学校管理严谨有序，学生活动丰富多彩，全体教职员工以饱满的热情，勤奋工作，努力把学校办成学生成才、社会满意的学校！

学校行政班子成员信息

校长：肖启旺（13975428020）

衡阳县演陂镇中学

衡阳县演陂镇中学创办于1958年，环境优美，交通便利，是一所底蕴深厚、理念先进、业绩一流的示范性农村初级中学。学校现有12个教学班，学生700余人，教职员工49人，其中高级教师5人，达本科学历者40余人。

学校占地15047平方米，校园建筑面积7547平方米，配有标准的理化生实验室、语音室、仪器室、图书室、多媒体室、电脑室、美术室、音乐室、科技活动室、标准的运动场等。2008年学校被上级教育行政部门认定为省级合格学校。近年来，在上级有关部门的关怀下，学校建设取得了长足的发展，自2006年以来，共投入近400万元，新建校舍面积3000余平方米；安装了班班通工程，实现了课堂网络化、教学多媒体化；新建标准化冲水公厕、崭新的教师周转房和校园风雨走廊；安装了全覆盖的校园广播系统和监控系统。师生的学习、工作、生活条件大为改善。

学校牢固树立"崇德修身、励志博学、活泼开朗、追求卓越"的办学宗旨，始终坚持"面向全体，因材施教，分类指导，整体推进"的办学理念，推行"以德育为先导，以教学为中心，以教研为突破口"的办学方针，在推进新课程改革的基础上全面提高教育教学质量。近八年来，学校中考成绩均居全县前10强，校排球队5次进入全县前3名，并夺得过全市第2名的佳绩。学校先后被评为"湖南省农村初级中学合格学校""湖南省基础教育优秀实验学校""衡阳市示范性初级中学""衡阳市教育科研先进单位"。2014年省级课题"培养农村初中学生课外阅读兴趣的研究"荣获衡阳市第九届基础教育优秀教研教改成果二等奖，2014年省级课题"培养农村初中学生课外阅读能力的研究"荣获首届湖南省基础教育教学研究项目成果三等奖。

学校行政班子成员信息

校长：戴冬生（18908441345）

衡阳县演陂镇中科实验学校

衡阳县演陂镇中科实验学校是演陂镇的一所初级中学，创办于2004年，现有教学班6个，教职工26人，学生420余名。

学校距离演陂街2千米，环境优雅，交通便利，库宗、金兰方向的公交车可以直达，是求学的好去处。自创办以来，中科人励精图治，开拓创新，教育教学质量一直稳居全县公办类学校第一名。

学校教师队伍建设常抓不懈，一直以师德师风建设为先导，以教师专业成长为主旨，以争创名师活动为抓手，着力加强教师队伍建设。

学校不断尝试创新教育教学管理，不仅抓课堂，还积极探索寻求留守孩子教育新模式，努力做到三心四优：学习上优先辅导；生活上优先照料；心理上优先疏导；活动中优先安排。对留守孩子多一分耐心、多一分关心、多一分信心。早在2006年，学校就被全国妇联授予"全国流动人口留守儿童家长学校"称号。

学校行政班子成员信息

校长：李海波（13707471878）

衡阳县演陂镇中心小学

衡阳县演陂镇中心小学创建于1940年，2012年10月学校整体搬迁至新校区，并于当年11月顺利通过县、市、省合格学校验收。新校区设计科学，布局合理，绿树成荫，育人氛围浓。

学校现有18个教学班，956名学生，37名教师。学校秉承着"为了一切学生，为了学生的一切"的教学理念，踏踏实实做好教育服务。围绕着"合格＋特长＝人才"的教学模式，从学生养成教育入手，开展教学各项工作，办人民满意的教育。

近四年来，学校在镇、县、市小学六年级毕业会考中，成绩突出。学校在抓教学质量的同时，还注重抓学生的合格和特长发展，学生的体艺发展也取得了可喜的成绩，在每年的演陂镇冬季田径和夏季排球运动会中，成绩稳居全镇第一。排球比赛中，2010、2015年两次获得全县第一名；2010年获得全市第二名；2015年获得全市第一名。"三独"比赛中，20多人次获得县、市级一等奖，还获省级和国家级奖各一个。2017年5月，在衡阳县"感恩老师"的合唱比赛中，学校获得全县第二名。学校的教研教改蔚然成风，教师在国家、省、市、县各级讲课比赛中获奖8人次，论文获奖41人次。

学校行政班子成员信息

校长：欧海波（13975430506）

衡阳县演陂镇新塘完全小学

衡阳县演陂镇新塘完全小学创建于1971年。学校占地9606平方米，建筑面积4273平方米，2010被评为合格学校。学校现有6个教学班、学生251人；下辖一所村级小学——白石小学，6个教学班，共有学生120人。全校在岗教师24人，职工1人，其中13人具有本科学历、4人大专学历、7人中师学历，是一支年龄结构合理、勤奋务实、团结奋进的教师队伍。

学校的教育理念是："诚实、文明、勤奋、创新"。学校的发展思路是：注重学生思想道德的熏陶，锻炼师生强健的体魄，牢固树立"今天我能行、明天我更棒"的自信心和进取精神，让每一位学生的精神世界充满阳光。

几年来，学校不断改善办学条件、优化育人环境，抓管理、促质量，成绩显著、硕果累累：在2010、2013年小学六年级毕业会考中居全镇第一；在2015、2016年小学六年级毕业会考中居全镇第二；在2010年中小学排球比赛中获全镇第一；2013年，在"欢乐潇湘、和风衡州、幸福蒸阳"群众文艺汇演中，舞蹈《天天向上》获全镇第二名；在2010、2012、2014年全镇中小学田径运动会中，均获总分第一；2015年被县、市评为"示范性家长学校"。

学校行政班子成员信息

校长：曾军华（15197414757）

衡阳县演陂镇六塘完全小学

衡阳县演陂镇六塘完全小学位于S1814与S210交汇处的演陂镇福盛村福元组栗山。学校现占地面积10200平方米，6个普通教学班和1个学前班，共有学生260余人，教职工20人。学校下辖一所村级小学——大川小学，现有教师14人，6个教学班，学生150余人。

学校以均衡发展为契机，加大校园文化建设力度。学校面貌日新月异，办学条件日趋完善，为培养学生全面发展奠定了良好基础。

近年来，学校紧紧围绕"办农村孩子的乐园，教师成长的沃土"这一理念，本着"办人民满意的学校，做人民满意的教师，教人民满意的学生"的教育宗旨，立足农村，科学施教，全面执行教育方针，积极推进素质教育。学校以"严谨、求实、勤奋、守纪"为校训，以"为学生一生负责"为目标，狠抓学生养成教育。学校在实践中发展，取得了一定的成绩，近十年来，多次获得"演陂镇教学质量一等奖""演陂镇排球比赛小学组一等奖"等奖项。

学校行政班子成员信息

校长：仇东亚（15874757397）

衡阳县演陂镇方工完全小学

衡阳县演陂镇方工完全小学坐落于演陂镇方工村五斗组。学校占地面积约 20 余亩，现有教师 20 余人，10 个教学班，学生 400 多人。

学校所辖的陇头小学，有教师 10 余人，学生近 200 人。

学校行政班子成员信息

校长：杜振华（15886474488）

【衡阳县渣江镇学区】

主持学区党总支、行政全面工作：欧卫国（17773475870）

分管基教、职教、教研、电仪、督学、幼教工作：高军（13575269148）

分管人事、师训、纪检、工会、办公室工作：陈明勇（13975474290）

分管计财、勤工俭学、学生捐助工作：屈小良（13723834359）

衡阳县渣江镇官埠中学

衡阳县渣江镇官埠中学发轫于 1958 年，当时是由陈公祠改建而成的官埠完全小学。1968 年，官埠中学始得其名。

合格的学校建设。借 2012 年合格学校建设契机，学校飞跃发展，焕然一新。征地 8000 平方米，占地 20 余亩，建筑面积 3900 平方米。学校规划了标准运动场，安装了高规格的理化生实验室、美术室、劳技室、电脑室、多媒体实验室，配备了各类图书近 10 万册，修葺了学生宿舍楼，新建了学生食堂，砌成了雄伟的校门和围墙，扩充了校园广播系统，开辟了校园文化长廊。整个校园气势恢宏，布局紧凑，是莘莘学子的精神家园和文化乐园。

过硬的师资队伍。学校现有 6 个教学班，在校学生 330 人；教职工 23 人，其中专任教师 22 人，教师本科学历的 21 人，专科学历的 2 人，学历合格率达 100%。学校配有音、体、美、劳专职教师，专业设计合理，为全面发展素质教育奠定了坚实的基础。教师勤于探索，安贫乐道，积极进取，意气风发。多人多次在省、市教学比武中斩获殊荣，成为学生效仿的精神楷模。

清晰的办学理念。学校坚持"三个面向"的办学方针，信守"博学、慎思、诚信、修身"的校训，倡导"教育就是服务，学生成长高于一切"的育人理念，秉着"让每个学生成长、成才、成功"的指导思想，制定"用正确的思想引导人，凭高尚的情操感染人，以竞争的机制激励人，靠科学的管理规范人"的工作准则，推行全过程、全方位、人尽其能的全员管理格局。学校十分重视教师的师德师风建设，注重学生的养成教育，确保所教学生德才兼修。

显著的教学业绩。学校全面推行素质教育，办学成绩显著。中考合格率连续四年稳居全镇榜首，步入了全县先进行列，实现了学校拟定的一年一台阶，走出渣江、走向全县的目标。毕业学生基础扎实，后劲十足，深受高级学校好评。学生踊跃参加各级各类比赛，成绩优秀。学校多次荣获衡阳县"教育质量提高单位""教育教学管理工作先进单位"等称号。2013 年经省、市验收评为合格学校。

学校行政班子成员信息

校长：陈小征（13574793869）

教导主任：屈亮（15211842558）

总务主任：凌黎明（13786404613）

衡阳县渣江镇赤石中学

衡阳县渣江镇赤石中学位于渣江镇松市村向阳组，是一所农村寄宿制初级中学。校园面积 8800 平方米，现有教学班 6 个，学生总人数 260 人，教职工 18 人，其中中学高级教师 2 人，本科学历教师 14 人，专科学历教师 4 人，教师学历合格率达 100%。学校教育教学质量一直名列全镇前列。

学校行政班子成员信息

校长：彭小东（13873448149）

副校长：曾郴生（13723836628）

衡阳县渣江镇盐田中学

衡阳县渣江镇盐田中学始建于 1949 年 9 月，前身为汤氏唐梅完全小学，1952 年 9 月更名为盐田小学，1972 年 2 月创办初中，改名为盐田中学。

学校现有校园面积 10000 平方米，教学班 6 个，在校学生 260 余人，教职工 17 人。学校以"修身立德，勤业育人"为办学理念，全面贯彻党的教育方针，面向全体学生，努力提升教育教学质量，锐意创新，形成了"以德立校，艰苦奋斗，严谨治学，全面育人"的办学特色，为国家培育了大量的优秀人才。

学校设备设施齐全。学校配备了各种功能室，有音乐室、美术室、学生体育活动室、劳技室、多媒体室、计算机室、图书室、阅览室、理化生实验室和仪器室等。仪器配备率达90％，价值近18万元。计算机室宽敞明亮，有学生用机40台；图书室有藏书5000余册，各种参考书及工具书500多册，报纸杂志数量达50多种。

学校师生正以"艰苦创业，励精图治，负重奋进"的精神，循着"自治自理，励志笃学"的校训，自强不息，开拓进取，朝着"管理科学化，条件现代化，育人全面化，质量优质化"的方向迈进！

学校行政班子成员信息

校长：王一德（13908440442）

衡阳县渣江镇中学

衡阳县渣江镇中学地处蒸水河畔、历史重镇渣江西侧，其前身为晚清名臣彭玉麟于1866年始创的彭氏义塾，风雨兼程，迄今已历150余年。如今，学校桃李满天下，已成为一所规模较大、办学规范的公办初级中学。她以深厚的人文底蕴、科学的管理手段、优秀的办学质量闻名遐迩。

学校办学历史悠久，近年来，又多方筹措资金，不断改善办学条件，优化育人环境。现学校布局合理、设施齐全，校园绿树成荫，鸟语花香，是莘莘学子求学的理想场所。学校师资力量雄厚，其中音、体、美、信息技术等专任教师配备到位，整个教师队伍学历层次高、政治素质高、业务素质硬，师德高尚，结构合理，能助广大学子放飞梦想，铸就人生辉煌。

在全面推行素质教育的改革洪流中，学校乘风破浪，披荆斩棘，不断贯彻落实科学发展观，以"质量为本"为核心，树立"以师生发展为本，办人民满意教育"的办学思想，始终坚持"面向全体学生、优化教育过程、培养素质特长、促进全面发展"的教育原则，大胆创新，勇于探索，取得了令人瞩目的办学成果，受到了上级的首肯、同行的赞赏。在初中学业水平考试、衡阳县田径运动会及其他各级各类竞赛中，渣中学子不负众望，屡传捷报。学校多次被评为县级先进单位和市级先进集体，并曾被誉为"农村初中实验教学的闪光点"；2001年

被评为"衡阳县中小学生行为规范教育示范学校"；2004年经衡阳县教育局推荐申报为"湖南省名校"；2008年通过"湖南省合格学校"验收。

在改革与发展的路上，学校任重道远。学校领导班子正励精图治、务实进取，全体教职工仍在不懈努力、高歌猛进。学校一定会向着成为"学生向往、家长放心、社会满意"的品牌学校这个目标顺利航行，她必将成为衡阳教育的一颗璀璨明珠！

学校行政班子成员信息

校长：陈继宇（13467747158）

党支部书记：谢勇战（13787704935）

副校长：刘腊初（13467346433）

副校长：刘劲松（18229292995）

衡阳县渣江镇中心小学

衡阳县渣江镇中心小学坐落在城镇中心的蒸水河畔仓场路1号。现有占地面积12674平方米，校舍面积7293平方米，教学班18个，在校学生1120余人，教职员工45人。学校所管辖的村级小学联校有大湖小学、马山小学、水波小学、洪冲小学、沐林小学、荷溪小学6所。

学校从2005年起以"学校为主体、家庭为基础、社区为依托"创办家长学校。家长学校采用面授、函授、网授等方式向家长传授科学的家庭教育知识。学校以"学校好学生、家庭好孩子、社区好（小）公民"新"三好学生"标准全面评价学生，构筑起全新的学校、家庭、社区立体育人模式。

2010年以来，学校教师在省、市、县讲课比赛、论文评优等活动中获奖75人次，其中省级5人次，市级18人次，县级52人次；2013年学校教研课题"农村隔代家庭孩子健全人格培养"获市级奖。

2010年以来，学校学生在各级学生"红读"征文、数学"奥赛"、科技"三小"、艺术"三独"、书画摄影、艺术节展演等比赛中获奖85人次，其中国家级3人次，省级11人次，市级28人次，县级43人次。

2010年以来，学校多次在市、县各项活动中获奖：2010年获"渣江镇综合治理先进单位""衡阳县示范性家长学校""衡阳县关工委

工作先进单位""衡阳县学校常规管理先进单位""湖南省示范性家长学校";2011 年获"渣江镇基层先进党组织""衡阳县体育工作先进单位";2012 年获"衡阳市关工委工作先进单位""衡阳市留守儿童教育先进单位";2013 年获"衡阳县园林式单位""衡阳县学生行为规范示范学校";2014 年获得全市中小学生运动会健美操比赛县区第一名,获"衡阳县体育工作先进单位""渣江镇体育工作先进单位";2015 年在第五届艺术节中,学校舞蹈节目获得全县一等奖,并获"衡阳县第五届中小学生艺术展演活动优秀组织奖";2016 年参加衡阳县"三独"比赛,三位选手的独舞、独奏、独唱齐获一等奖。学校现已成为当地精神文明建设的示范窗口。

学校行政班子成员信息

校长:刘春辉(13574793869)

衡阳县渣江镇文德完全小学

衡阳县渣江镇文德完全小学位于渣江镇文德村江东岸组,现有占地面积 4650 平方米,其中校舍建筑面积 1300 多平方米。学校下辖有唐福、盐田、太源、黄柏、七星五所联校村级小学。

2014 年,学校顺利通过合格学校建设验收,教学设备齐全,条件优越。学校教师学历合格率达 100%,师德高尚,爱生如子,工作扎实,各项工作业绩稳居全镇前列,先后获得"教学质量先进单位""教研工作先进单位""湖南省文明单位""衡阳市文明单位"等荣誉。

几年来,学校始终坚持"抓管理、育新人,以发展为本,重科研、创特色学校"的办学理念;全校上下形成了"科学管理,和谐施教,传承文明"的校风、"实、博、专、新"的教风、"勤、全、活、真"的学风,使教育教学质量稳中有升。在鼓励教师参加继续教育、强化校本培训的同时,实施"科研兴校,科研强师"战略。在全体师生的努力下,学校的教育教学成绩稳步上升,得到了上级和群众的好评。

学校行政班子成员信息

校长:罗诗君(13973443121)

衡阳县渣江镇松市完全小学

衡阳县渣江镇松市完全小学始建于 1968年,下辖有东风、联谊、同心、秋夏五所联校村级小学及湖西教学点。

2013 年,学校本部完成了省级合格学校的创建,辖下的东风小学也于 2013 年完成合格学校创建,联谊小学于 2015 年新建并通过合格学校验收。

学校本部现有学生 252 人,7 个教学班(含学前班),教职员工 14 人,其中专任教师 12 人,中共党员 4 人,本科学历的 3 人,专科学历的 8 人,中师毕业的 1 人,学历合格率达 100%。学校教师师德高尚,爱岗敬业,工作扎实,质量和创新意识强,深得领导和老百姓的肯定和赞颂。

学校在实践中探索,在探索中发展,取得了一定的成绩,先后获得"目标管理先进单位""教学质量先进单位",学校党支部被评为"优秀党支部",2014 年学校被评为"衡阳市级文明卫生单位",2015 年又被评为"湖南省文明卫生单位"。

学校行政班子成员信息

校长:邹旺华(15273414506)

衡阳县渣江镇长岭完全小学

衡阳县渣江镇长岭完全小学始建于 1951年,下辖乌村、水山、乌雅、同庆、井塘五所联校村级小学及江冲教学点。

2011 年,学校本部完成了省级合格学校的创建,新建综合楼、功能室、学生宿舍等 1500 多平方米,设有实验室、美术室、劳技室、微机室、音乐室、美术室、卫生室、体育室、图书室、阅览室等多个功能室,并按要求配置了各种器材,为素质教育的实现提供了硬件上的保障。下辖的乌冲学校于 2014 年新建并通过合格学校验收;江冲学校 2014 年完成合格学校创建;水山和乌雅学校于 2013 年完成合格学校创建;同庆学校于 2015 年完成合格学校创建。

学校本部学校现有 7 个教学班,在校学生约 200 人。教职工 13 人,其中专任老师 12人。教师学历合格率达 100%。近年,辖下各校也陆续配置了一批学历高、能力强、安心扎根乡村的年轻教师,极大地提高了学校师资队伍的工作能力,有力地推进了教育教学的稳步发展。

学校在教育教学的实践中形成了自己的办

学特色：其一是"以德树人"，重视德育；其二是"教研提质，质量立校"，强调质量意识；其三是"充分发挥学生特长"，开辟第二课堂，提高学生素质。在全体师生的努力下，学校的教育教学成绩稳步上升，得到了上级和群众的好评。

学校行政班子成员信息

校长：范君琪（15874785946）

副校长：陆中初（15873414616）

【衡阳县樟树乡学区】

主任：李育平（13973442658）

办公室主任：易志初（13575101957）

基教助理：张兵生（13975475331）

衡阳县樟树中学

衡阳县樟树中学是一所公立初级中学，位于衡阳县东部，是衡阳县的东大门，创办于1956年。学校占地面积7044平方米，生均20.12平方米；有教职工55人，专任教师51人，大专及以上学历的51人，学历合格率达100%；现有教学班9个，学生350人；有图书3500册，生均10册。学校有教学楼1栋，教室12间，办公楼1栋，电脑教室、仪器保管室、生化实验室各1间。各功能室全面投入运用，教师均能运用现代教育资源进行教学，为整合资源、提高教育教学质量奠定了坚实基础。

多年来，学校牢固树立"以人为本、和谐发展"的办学理念，建立民主平等的师生关系，激发学生学习积极性、主动性和创造性，培养学生健康向上的审美情感和自强不息、艰苦奋斗的个性品质，使学校成为师生愉悦成长的乐园。在决战课堂、新教材大练兵精神指导下，学校从实际出发，认真开展校内外教研活动，坚持全员参与、平等互动，逐步形成平等、多元、丰富的学习、教研氛围，搭建了师生、生生交流沟通的平台，营造了和谐、健康、向上的人文环境，内化了学生行为，增强了教师素质，提高了学校管理水平。

学校行政班子成员信息

校长：肖强（13575248711）

副校长：罗业军（13575233929）

工会主席：熊飞（13975485423）

衡阳县樟树乡樟树中心小学

衡阳县樟树乡樟树中心小学是一所公办六年制小学，坐落于衡阳县樟树乡樟树村315省道旁，现有小学一至六年级13个班，在校学生712人，教师35人。学校已经过合格化学校建设，环境优美，设施齐备。学校秉着"立足农村，建和谐校园，育合格学生"的指导思想，以学生"成人，成功，成才"为培养目标，教育教学质量逐年提高，特色办校成效凸显。

学校行政班子成员信息

校长：王大治（13873432272）

副校长：梁祚勇（13575293859）

衡阳县樟树乡连政小学

衡阳县樟树乡连政小学始建于1955年，坐落于樟树乡连政村羊角组，离衡阳县县城15公里，是一所规模很小的村级小学，建筑面积300余平方米。现有学生83人，教职工9人。

学校行政班子成员信息

校长：邹海龙（13575280135）

衡阳县樟树乡罗洪小学

衡阳县樟树乡罗洪小学坐落于樟树乡罗洪村罗洪组315省道旁边，交通便利。学校占地面积2441平方米，有7个教学班，在校学生254人，教师15人，其中小学高级教师12人，小学一级教师3人，女教师9人，本科学历的3人，大专学历的10人。

学校始建于1974年，2002年重新修建，并于2012年通过湖南省合格学校验收，现有教学楼1座、教学辅助用房1座、学生操场1个，配有计算机教室1间，体、美器材室各1间，图书室1间，藏书总量4000册，生均15册。校园环境整洁优美，绿意盎然，已成为教师顺利工作、学生健康成长的乐园。学校坚持以"德育"为核心、"教学"为中心、"安全重于泰山"为原则，加强教育，重视学生各方面的培养和全面素质的提高。

学校行政班子成员信息

校长：蒋国际（13875708186）

【衡阳县三湖镇学区】

主任：梁增科（13875704691）

其他组成人员：

凌成运（13975454598）

王贵成（13975454589）

王任祝（13973426333）

王文广（13607340698）

梁东辉（13875771582）

衡阳县三湖镇鼓峰中学

衡阳县三湖镇鼓峰中学前身是 1927 年在湖南第一师范任校长的王况裴先生所倡办的王族一校。1968 年，鼓峰中学始得其名。2003 年 9 月，全县调整学校布局，鼓峰中学与文峰中学合并，搬迁至新址。新校坐落于三湖镇鼓峰村马环组，这里交通十分便利，渣（江）九（峰）公路和渣（江）洪（市）公路在此交汇。

学校占地面积 40000 平方米，建筑面积 9933 平方米。整个校园气势恢宏，教学区、运动区、生活区，分块明显，布局合理，是莘莘学子成长的摇篮、放飞理想的乐园。

学校现有 18 个教学班，在校学生 1144 人。教职员工 73 人，含专任教师 72 人，其中高级教师 10 人，一级教师 38 人，二级教师 22 人，本科及以上学历的 50 人，占教师总数 69.4%，大专及以上学历的达 100%。

学校安装了高标准的理化生实验室、劳技室、体育锻炼室、舞蹈室、音乐室、棋艺室。学校图书室共藏书 16858 册，阅览室读物达 40 余种。学校建有 2 个多媒体室、2 个计算机室，共有计算机 70 台；安装了 20 兆的光纤网络，Wi-Fi 覆盖了整个教学区和办公区；建有 3 个篮球场、1 个足球场、10 个乒乓球台，运动场地达 6280 平方米；安装了监控系统和校园广播系统，绿化面积达 1240 平方米。学校各类设备设施基本齐全，一年四季绿树成荫，环境优美。

学校坚持"三个面向"的办学方向，信守"博学、慎思、诚信、修身"的校训，倡导"让每个学生快乐成长"的育人理念，依法治校，以德树人，以德育工作为重点，把安全工作放首位，内抓管理，外树形象，锻造过硬团结协作的师资队伍，努力打造平安校园、和谐校园、文明校园、美丽校园、特色校园，办人民满意的教育事业，力争五年内达到示范性初级中学的目标。

学校共有文学社、排球、足球、田径、乒乓球、棋艺、书法绘画、合唱队、舞蹈队、奥数等兴趣小组 13 个，近年来，在教师们的辅导下，均取得了较好成绩。其中体育方面，2014 年男女排球队双双获得全县亚军，2015、2016 年女排均获全县第四名的好成绩；田径队 2015 年荣获全县第六名，2016 年获全县第八名。学校还被确立为湖南省足球特色学校。艺术方面，舞蹈队 2015 年获全县二等奖；合唱队 2016 年获全县二等奖；"三独比赛"中，王姝菲荣获 2011 年衡阳市独奏一等奖，王颖仪荣获 2014 年全县独唱第一名，曾玉凡荣获 2016 年全县独奏第一名。文学方面，王睿荣获全国一等奖，欧阳雅琴荣获全国三等奖。奥赛近年有 12 人荣获国家级一等奖，10 人荣获二等奖。

近年来，学校培养的学生参加高考取得的成绩有：每年本科一批上线 30 余人，本科二批上线 50 余人；其中在 2009 年高考中，王成同学被清华大学录取；凌军同学荣获 2012 年衡阳县理科状元；王娟同学荣获 2015 年衡阳县理科状元；2016 年毕业生王睿同学被国家空军青少年航空学校破格录取。

学校行政班子成员信息

校长：曹迎新（13787717643）

副校长：刘立新（13875771693）

副校长：王志飙（13723836715）

衡阳县三湖镇三湖中学

衡阳县三湖镇三湖中学是一所农村寄宿制学校，坐落在衡阳县三湖镇西村村梁家组。学校创办于 20 世纪 50 年代初，先后办过初级小学、完全小学、高中、初中。现有 6 个教学班，254 名在校学生，18 名教职员工。学校条件优越，环境优雅，教学质量优秀，2016 年与 2017 年中考分获"衡阳县初中教学质量进步奖"与"衡阳县初中教学质量先进单位"荣誉称号。

学校行政班子成员信息

校长：曾庆初（13875726056）

副校长：华良初（15873404640）

教导主任：汪志辉（13723836025）

总务主任：王成（13973424828）

衡阳县三湖镇中心小学

衡阳县三湖镇中心小学位于有粮仓之称的"三湖町"，坐落在三湖镇中心地带。学校现有 8 个教学班，学生 309 人。专任教师 20 人，其中高级教师 5 人，一级教师 11 人，二级教师 4 人。学校校园面积 12500 平方米，校舍面积约 3920 平方米，绿化覆盖率达 40%，教学区、运动区、生活区布局合理，达到了人与自然的完美融合，是学生求知求学的理想场所。

学校行政班子成员信息

校长：王平（18073485666）

副校长：谢小君（15073433853）

教导主任：黄昌广（13975499032）

总务主任：王辉（13507343953）

衡阳县三湖镇鼓峰完全小学

衡阳县三湖镇鼓峰完全小学位于三湖镇鼓峰村，背靠鼓峰岭，学校创建于20世纪50年代，校园环境优雅，交通便利。占地面积3000平方米，其中建筑面积1500平方米。在校学生人数300余人，共计7个教学班。现有教职工17人，其中高级教师6人，一级教师10人。

学校经2014年合格学校创建后，设备设施齐全，配有多媒体室、图书室、电脑室、阅览室、音乐室、体育器材室，2015年获湖南省青少年宫项目。学校历史悠久、底蕴丰厚，以一流的教育教学管理，赢得了社会的赞誉，树立了自己的品牌。

学校行政班子成员信息

校长：王维生（13875708246）

教导主任：蒋陆军（18774231455）

总务主任：王琼（13975771329）

衡阳县三湖镇甘泉完全小学

衡阳县三湖镇甘泉完全小学坐落在衡阳县三湖镇联洋村中湾组，占地面积7000平方米，主要建筑有教学楼、实验楼、综合楼各一栋，建筑面积4500平方米。学校设备设施比较先进，功能室配备齐全。现有6个班级，在校学生283人，教师14人。

学校行政班子成员信息

校长：彭斌（13975455811）

教导主任：阳孝炳（13875684756）

总务主任：王四清（13786432575）

【衡阳县长安乡学区】

主任、督学、人事专干：唐俊（17377869998）

三教专干：彭毅（13873414691）

计财专干、办公室主任：万忠成（13575276060）

衡阳县长安中学

衡阳县长安中学于1998年由原长安中学和大胜中学合并而成，占地面积40多亩，建筑面积约5000平方米。现有8个教学班，在校学生431人。在编教职工29人，其中中学高级教师1人，市级优秀教师3人，中学一级教

师占70%，大学本科学历以上教师占60%。

学校不断扩大办学规模和改善办学条件。学校2007年新建了850平方米的学生宿舍楼；2008年新建了380平方米的学生食堂；2009年征地8亩，新建了校门，新砌围墙500米，硬化路面400米，新建篮球场2个、乒乓球台10个，完成教学楼屋面防漏、墙面刮胶及门窗刷漆等维修工程，绿化面积达1200平方米；建立了现代远程教育接收宽带网络，装备了多媒体室、计算机室（配备电脑56台）、理化生实验室、仪器室、图书室（配备图书21394册）、阅览室。

学校不仅拥有在初级中学中堪称一流的硬件设施，更有骄人的教学成绩。在2006年的全县初二联赛中，学校荣获全县二等奖；2009年的中考，学校各项指标均列全县前8名，有5名学生进入全县400强，有10名学生被衡阳县第一中学录取。

学校坚持"德育兴校、科研强校、质量立校"的教育理念，秉承"严谨治学、开拓进取"的校训，全面实施素质教育，注重学生个性发展，充分发挥学生特长，让学生的才华能力得到发展和提高。为办好人民满意教育，创办长安教育美好的明天，学校将坚持不懈地抓好学校软硬件建设和教育教学管理，真正办成"让学生健康成长，让家长切实放心，让社会高度满意"的合格学校。

学校行政班子成员信息

校长：屈平明（13875685102）

副校长：王延禄（13974775213）

副校长：袁永存（13974756168）

副校长：彭国辉（13974741220）

衡阳县长安乡中心小学

衡阳县长安乡中心小学始创于1972年，学校地址在长安乡长安村。学校占地面积23310平方米，建筑面积4590平方米。教学功能用房、公共教学用房、办公和服务用房齐全，且均按Ⅰ类标准配备，档次高，管理规范。学校共有12个教学班，期均学生数为666人。现有教师30人，工友1人；教师本科毕业的2人，大专毕业的22人，中师（函）毕业的6人，学历合格率为100%；小学高级教师19人，中学一级教师1人，小学一级教师8人，中学二

级教师1人，未评1人（属2012年特岗教师）。教学仪器、体卫艺器材设备品种配备率为100％。学校建设了校园网，实现"班班通"；生均藏书量达标，现有藏书2.4万册；有标准的田径场，有200米的环形跑道。学校教育教学设施齐全，教学管理井然有序，教育教学质量一直稳居全乡榜首，得到了上级充分肯定，先后获得"县级规范化中心小学""衡阳市级合格中心小学"等荣誉称号。在创建合格学校的契机中，学校在绿化、美化、净化方面投入10万余元，营造了一个幽静、舒适的教学环境。

目前，学校遵循党的教育方针，努力推行新的一轮教育大发展，深化改革，不断创新，与时俱进，办学规模逐渐变大，教学设备设施不断更新，教育投入逐年增加。

学校行政班子成员信息

校长：万忠诚（13575276060）

副校长：屈平访（13973414930）

副校长：曾昭辉（13873450016）

衡阳县长安乡大胜完全小学

衡阳县长安乡大胜完全小学创办于20世纪50年代。学校原占地面积只有2200平方米，建筑面积近800平方米，校舍简陋陈旧。2010年，政府投资200余万元，新建教学楼近900平方米、食堂餐厅和宿舍400平方米、厕所60平方米；完成标准运动场、围墙、校门、传达室、幼儿乐园建设；硬化了校门前公路、操场，硬化面积达5000平方米。学校还建设了高标准的实验室、计算机室、多媒体室、音乐室、美术室、图书室、阅览室等十多个功能室，添置了学生课桌300张，教师办公桌15张。学校布局科学，分区明显，整体协调，2010年底以高标准通过县、市合格学校验收。

如今，展现在大家面前的是一所设备设施齐全的崭新学校。学校正朝着"教风严谨、学风优良、质量优秀"的办学目标践行。

学校行政班子成员信息

校长：屈高级（13873484323）

副校长：龙幸喜（13875680445）

副校长：廖俊运（13575266281）

【衡阳县界牌陶瓷工业园区学区】

主任：陈向阳（13975428262）

其他组成人员：刘永雁（18890261028）

衡阳县界牌陶瓷工业园区国庆完全小学

衡阳县界牌镇陶瓷工业园区国庆完全小学创办于1958年，坐落于衡阳县界牌镇国庆村，学校占地面积12000平方米，有教职工15人，6个教学班，学生202人。

学校行政班子成员信息

校长：彭基国（13873433248）

副校长：屈孝初（15873402642）

【民办学校】

衡阳县船山学校

衡阳县船山学校创办于1993年春，开衡阳民办学校之先河。学校坐落于衡阳县西渡镇春风中路118号，占地面积2亩，总建筑面积2500多平方米，办学层次为九年一贯制和学前教育。

办学理念与培养目标：学校以"弘扬船山精神，培育优秀人才"为核心教育理念，培养了一批批懂礼仪、善学习、会合作，具有创新思维和独立思考能力的"四有"新人。

办学条件：学校拥有小学部教室9间，初中部教室4间，功能室多间。每间教室均配备最先进的多媒体互动白板、实物展示台、投影仪等现代化教学设施。专业功能室有计算机室、美术手工室、书法室、科学实验室，并设有图书室、阅览室等。学校努力为孩子创造一个安全、温馨、舒适、愉悦的生活与学习环境。

师资力量：学校拥有精英管理团队和一支业务水平高、教学能力强、经验丰富的优秀的中青年教师队伍。连续多年中考中，学校都取得了优异的成绩，得到家长和社会的一致好评。

学校行政班子成员信息

理事长：莫尔雅（15973388639）

校长：莫崇船（15173440888）

衡阳县江山学校

衡阳县江山学校是一所全日制市级优秀学校，坐落在衡阳县县城西渡，315省道旁，距衡阳市市区10公里。学校创立于2005年，占地面积320余亩，投资逾2.3亿元，设施优良，质量上乘，环境优美，交通便捷。学校设有小学、初中、高中三个学部，现有教学班64个，在校学生3500余人，教职工281人，其中专任教师196人，研究生学历的8人。

2015年1月，江山学校正式加盟衡阳市第一中学教育集团。学校由衡阳市第一中学教育集团全面负责管理,与衡阳市第一中学、衡阳市船山实验中学、衡阳市船山实验小学实行学校统一管理、教师统一调配、教学统一组织、招生统一分配。

办学条件好。全校共有教学楼5栋,153个教室,其中在93个教室中,装有监控系统、多媒体教学系统和语音广播系统,部分教室安装了空调。学校还有200座的大型多媒体室2个,58座专用计算机室1个,大型小学生舞蹈室1个,配有钢琴的音乐室2个,美术、科技活动、图书仪器、大中小会议室等专用功能室齐全。所有教师办公室都是全新的办公桌椅,都安装了空调,办公条件优越。教师套间住房72套,面积达7920平方米。学校有学生公寓6栋,设标准床位4000个,每间宿舍都配有空调,有独立卫生间、洗漱间和热水供给系统。学生食堂8900平方米,分两层四区,能容纳6000多人同时就餐。学校配有一流的全塑胶运动场、标准篮球场等体育场地、设施。绿化、净化、亮化、美化逐步彰显了校园文化。

师资队伍强。学校拥有一支业务水平高、教学能力强、经验丰富的优秀中青年教师队伍,中学高级教师14人,中学一级教师60人,小学高级教师13人,教师100%拥有师范本科学历。在市、县组织的说课比赛和教学比武中,各学科都有教师获奖。

教学质量高。小学部的素质教育颇具特色,在全县享有盛誉,成为小学教育的旗舰。在参加全县质量检测抽考中,其平均成绩遥遥领先。初中部的教学质量稳步提升,在每年的中考中,学生上普高率、特优率和人均总分三项指标在全县71所初级中学中,一般都能进入前10名。高中部的高考成绩骄人,已连续四年被衡阳县教育局评为"高中教育教学质量先进单位"。

各项管理精。学校始终坚持"以人为本,追求卓越,全面发展,和而不同"的办学理念,紧紧盯住"到2020年,把江山学校打造成为规模宏大、功能齐全、设施优良、环境优美、管理规范、特色突出、质量上乘的蒸阳名校"的办学目标,强化制度建设,强化队伍建设,强化设施建设,强化思想教育,强化过程管理,强化整体推进,从而使管理不断规范,成效不断显现,整个学校教风正、学风浓、校风好,秩序井然。

江映巨龙舞,山托金凤飞。学校正以昂扬的斗志,矫健的步伐,朝着蒸阳名校的目标阔步迈进!

学校行政班子成员信息

校长:雷隆运(13973421960)

常务副校长:刘文杰(13786400383)

衡阳县元培学校

衡阳县元培学校是由北京京师元培教育科技发展中心、衡阳县教师进修学校和中国元培教育家书院引进"北京大学附校"品牌,在衡阳县倾力打造的股份制民办学校。学校坐落于衡阳县西渡高新区联胜路,占地面积30余亩,总建筑面积2万多平方米,目前办学层次为小学和幼儿园教育,提供走读和寄宿两种就读方式。

办学理念与培养目标:学校以蔡元培先生"崇尚自然,发展个性"和约翰·杜威博士的"教育即生活、学校即社会"为核心教育理念,融汇吸纳中国君子教育和西方公学精英教育理念及优质教育资源,培养懂礼仪、善学习、会运动、能合作,具有创新思维和独立思考能力,并具有中国灵魂和国际视野的灵动少儿。

办学条件优越。学校为全国足球特色学校。学校建有200米环形塑胶跑道、足球场、网球场、排球场、羽毛球场、篮球场、乒乓球室、软式垒球场、室内外游泳池等体育运动设施。学校配有能容纳千人的学生公寓及餐厅。学生公寓配备空调、直饮水、电话、独立卫生间、淋浴设施;餐厅内装备空调、广播电视系统等。安全设施包括遵循国家检测标准的欧普光源、进口安全的环保地胶、高档大鼻子校车、24小时高清监控、校园安全卫士接送系统、交互式家园网上实时沟通平台等。小学部共有24间教室,12间专业功能室。每间教室均配备最先进的多媒体互动白板、实物展示台、投影仪等现代化教学设施,专业功能室有计算机室、戏剧舞蹈室、音乐棋类室、美术手工室、书法陶艺室、科学实验室,并设有图书室、阅览室、校园电视台、电影院、演播厅等。学校努力为孩子创造一个安全、温馨、舒适、愉悦的生活与学习环境。

　　课程独具特色。学校在完成国家规定课程的前提下，开设了20多个特长社团，包括经典国学、演讲、科学、书画、创意手工、棋类、合唱、戏剧舞蹈、健美操、器乐、足球、篮球、乒乓球、羽毛球、网球、跆拳道、游泳等。少年军校军事拓展、游泳、足球、阅读、国学已成为学校特色课程。这些旨在满足学生的各种兴趣爱好和个性特长培养，让孩子自由选择、自主发展、自信成长！

　　师资力量雄厚。学校拥有精英管理团队和一支业务水平高、教学能力强、经验丰富的优秀的中青年教师队伍。学校理事长盛彪先生是北京师范大学区域教育均衡化研究中心研究员、中国元培教育研究院执行院长、北京京师元培教育中心主任、菲尔德国际教育董事。学校常务副校长魏振英女士是衡阳市十佳老师、东莞市骨干教师、北京大学教育家型校长培养对象、国家"立体教育"课题组成员，参与全国

教育科学"十一五"2007年教育部规划课题"中小学整体课堂管理模式的理论与实践研究"成果《整体课堂管理教师手册》的编写，并担任"课堂创建"卷的副主编，曾在东莞市东华小学、衡阳市船山英文学校、珠晖区凯杰实验小学任教及担任校领导。2016年学校教师在衡阳市语文教学比赛中连获三个一等奖。

　　教育教学成果显著。学校的素质教育颇具特色，在全县享有盛誉，成为县域小学教育的旗舰。在衡阳县质量检测抽考中，学校学生的平均成绩遥遥领先。2016年学校首届毕业班的26名学生中有6人进入衡阳市成章实验中学和船山实验中学，有16人考入衡阳县光华实验中学，其中6人获得光华奖学金。

　　学校行政班子成员信息

　　理事长兼校长：盛彪（18188971868）

　　常务副校长：魏振英（13974787678）

　　副校长：李吕章（18507225245）

衡阳县普惠性民办幼儿园名单

衡阳县樟木乡樟木幼儿园

衡阳县樟木乡托苗幼儿园

衡阳县集兵镇智慧幼儿园

衡阳县集兵镇集兵中心幼儿园

衡阳县板市乡卓越幼儿园

衡阳县板市乡板市幼儿园

衡阳县樟树乡爱婴幼儿园

衡阳县杉桥镇育星幼儿园

衡阳县杉桥镇你好宝贝幼儿园

衡阳县东方幼儿园

衡阳县蓝精灵幼儿园

衡阳县东郊幼儿园

衡阳县英陂幼儿园

衡阳县未来之星幼儿园

衡阳县聪明宝贝幼儿园

衡阳县西渡镇秋塘幼儿园

衡阳县西渡镇群星幼儿园

衡阳县金色童年幼儿园

衡阳县红苹果幼儿园

衡阳县棒棒糖幼儿园

衡阳县金鹰幼儿园

衡阳县西渡镇喜羊羊幼儿园

衡阳县超级宝贝幼儿园

衡阳县小博士漂亮宝贝幼儿园

衡阳县小博士金摇篮幼儿园

衡阳县小博士满天星幼儿园

衡阳县皇家宝贝幼儿园

衡阳县自家幼儿园

衡阳县七色花幼儿园

衡阳县西渡镇金色摇篮幼儿园

衡阳县启明星幼儿园

衡阳县聪明宝贝怡心幼儿园

衡阳县育蕾幼儿园

衡阳县智慧星幼儿园

衡阳县英市精博幼儿园

衡阳县大风车幼儿园

衡阳县皇家宝贝财润幼儿园

衡阳县小神童幼儿园

衡阳县元培幼儿园

衡阳县岘山镇梦鸽幼儿园

衡阳县岘山镇金太阳幼儿园　　　　衡阳县溪江乡新蕾幼儿园

衡阳县岘山镇碧崖幼儿园　　　　衡阳县溪江乡九峰幼儿园

衡阳县岘山镇城头幼儿园　　　　衡阳县界牌镇荣辉幼儿园

衡阳县岘山镇小龙人幼儿园　　　　衡阳县石市镇繁星幼儿园

衡阳县井头镇长乐幼儿园　　　　衡阳县石市镇贝贝乐幼儿园

衡阳县井头镇北斗星幼儿园　　　　衡阳县石市镇米奇幼儿园

衡阳县井头镇乐乐幼儿园　　　　衡阳县石市镇醒狮幼儿园

衡阳县关市镇爱尔幼儿园　　　　衡阳县石市镇金屏幼儿园

衡阳县关市镇叮当响幼儿园　　　　衡阳县石市镇灵川幼儿园

衡阳县关市镇家家福幼儿园　　　　衡阳县渣江镇蓝天幼儿园

衡阳县演陂镇佳星幼儿园　　　　衡阳县渣江镇阳光宝贝幼儿园

衡阳县演陂镇小龙门幼儿园　　　　衡阳县渣江镇嘉嘉幼儿园

衡阳县栏垅乡明日之星幼儿园　　　　衡阳县渣江镇爱乐多幼儿园

衡阳县栏垅乡白水幼儿园　　　　衡阳县三湖镇开心幼儿园

衡阳县栏垅乡心宝幼儿园　　　　衡阳县台源镇明星宝贝幼儿园

衡阳县库宗桥镇宝宝晨光幼儿园　　　　衡阳县三湖镇小天使幼儿园

衡阳县库宗桥镇旺旺幼儿园　　　　衡阳县三湖镇鼓峰幼儿园

衡阳县金兰镇贝贝幼儿园　　　　衡阳县三湖镇管桥幼儿园

衡阳县金兰镇英才幼儿园　　　　衡阳县三湖镇成龙幼儿园

衡阳县金兰镇聪慧幼儿园　　　　衡阳县三湖镇枫坳幼儿园

衡阳县金兰镇花蕾幼儿园　　　　衡阳县三湖镇甘泉幼儿园

衡阳县金兰镇檀桥幼儿园　　　　衡阳县台源镇乖乖幼儿园

衡阳县金兰镇红星幼儿园　　　　衡阳县台源镇明珠幼儿园

衡阳县曲兰镇桐梓幼儿园　　　　衡阳县台源镇迎新幼儿园

衡阳县曲兰镇曲兰幼儿园　　　　衡阳县台源镇七色光幼儿园

衡阳县洪市镇印山幼儿园　　　　衡阳县台源镇东湖幼儿园

衡阳县洪市镇礼梓幼儿园　　　　衡阳县台源镇星星幼儿园

衡阳县洪市镇洪市幼儿园　　　　衡阳县台源镇紫霞幼儿园

衡阳县大安乡天翼幼儿园　　　　衡阳县台源镇长兴幼儿园

衡阳县金溪镇蒙特梭利幼儿园　　　　衡阳县亲亲宝贝幼儿园

衡阳县金溪镇隆兴幼儿园　　　　衡阳县洪市小精灵幼儿园

第二章　衡南县教育风采

衡南县教育概况

衡南县教育局是衡南县人民政府主管全县基础教育工作的职能部门。负责贯彻执行党和国家的教育方针、政策、法规和地方性教育规章制度，统筹全县教育事业发展，协调研究制订全县教育体制改革的意见，研究拟定教育事业发展规划和年度计划并负责实施，指导和负责全县中小学校的办学体制、基本建设、队伍建设、教学管理、教育信息、教育质量评估、思想政治及安全教育等工作，负责教育督导和评估，管理全县学历教育及各种考试工作，承担衡南县委、县政府和湖南省、衡阳市教育主管部门交办的其他事项。

地址：衡南县云集镇雅苑南路 123 号

值班电话：0734 – 8551655

传真：0734 – 8551075

● 衡南县教育局领导班子成员

党委书记、局长：祝小雪
（0734 – 8551638　13875720166）

党委副书记、副局长：唐代斌
（0734 – 8551639　13975472246）

副局长：袁谋发
（0734 – 8551628　18907345357）

副局长：肖明（13807478831）

纪委书记：陈鹰
（0734 – 8551648　15673417368）

总会计师：欧迪仕（15173481169）

衡南县教育局内设机构及二级机构职能

【教育督导办公室】

主要职能：监督、检查、指导县、乡（镇）两级人民政府及有关部门贯彻执行教育法律、法规、规章和方针、政策以及履行教育职责的情况；负责检查指导全县义务教育和素质教育工作；对全县中小学校、中等和中等以下职业学校、成人学校及经主管部门批准的社会力量举办的教育机构、幼儿园的办学水平和教育质量进行评估；对教育事业发展的重大问题进行调查研究，向政府报告工作，反映情况，提出建议；负责牵头对教育系统各单位进行年终目标管理考评工作；承办衡南县人民政府和上级教育督导机构交办的其他事项。

【招生考试委员会办公室】

主要职能：组织实施普通高校、成人高校、高等教育自学考试的报名组考工作；组织实施国家统一的普通高校、成人高校建档及普通高校体检工作；管理自学考试的考籍工作；代上级招生考试部门审核、发放自学考试单科合格证及自学考试毕业证书；统筹管理并指导国家统一的普通高校、成人高校及高等教育自学考试考点建设和考风考纪建设，处理考试中的偶发事件，配合教育行政主管部门依法查处上述考试中的违纪舞弊事件；承担招生考试的科学研究工作，管理开发招生考试、自学考试和其他有关社会考试的信息资源，对外发布有关国家统一的普通高校、成人高校及高等教育自学考试招生、考试信息；承办地区级考试处和衡南县教育局交办的其他事项。

【办公室】

主要职能：综合、协调局机关重要政务、事务，负责局长办公会、局级工作会议等重要会议的组织安排并督办;负责全局性综合文字、文件起草与审核、发文工作;负责信访、值班、档案、保密、提案建议的办理和协调学校周边安全综合治理工作;负责全县教育新闻宣传工作;负责机关财务、后勤、资产管理、接待服务、干部职工劳动工资、生活福利等有关工作;负责机关离退休人员的管理服务工作;负责机关车辆、生活、卫生、治安保卫管理及文明单位创建等工作;负责教育系统的教育报刊、图书、寒暑假作业的发行工作;负责协调指导教育信息技术中心工作。

【工会】

主要职能:紧紧围绕党和政府的工作大局以及各个时期教育战线的中心任务,切实履行"维护、建设、参与、教育"等社会职能,加强学校民主管理,积极推进教代会和校务公开制度建设,落实教职工民主权利;以师德教育为核心,积极开展"三育人"和"学、树、创、献"活动,树立先进典型,提高广大教职工的思想素质和业务水平;实施"送温暖工程",开展农村教师家属扶贫;负责组织教职工开展文体、劳动竞赛等活动;承办衡南县教育局、总工会和上级教育工会交办的其他事项。

【职成教育股】

主要职能:综合管理与协调全县的职业教育、成人教育工作、民办教育工作;拟定职业教育、成人教育、民办教育发展规划与管理措施,并组织实施;指导职业教育和成人教育、民办教育教学改革和检查、评估等工作;指导社会力量举办的各类职业和成人教育机构的业务工作及职业证书的考试、发证及年审工作;负责国家、省、市重点职业和成人学校、民办学校的呈报、考核等工作;负责中等职业学校专业设置的评审工作及招生工作;负责执行普通中专招生任务;参与或指导职业和成人教育、民办教育学校的设置、布局调整和教师队伍建设工作;负责协调职业和成人教育的科研与技术推广、仪器配备、生产实习基地建设、毕业生就业指导等工作;负责拟定全县农科教的规划和实施办法,并会同有关部门组织实施;按有关规定承办中等职业教育各类学校的设置、更名、撤销与调整的审核、报批工作;参与拟订全县考试、招生政策。

【审计股】

主要职能:指导本系统内部审计工作;拟订内部审计规章制度;培训内部审计人员;负责对本机关及县属学校和乡镇中心校进行审计及审计调查;对学校领导干部进行经济责任审计;负责审计咨询工作;协助查处有关人员违反经济纪律、法规的行为和案件。

【师训股】

主要职能:规划和指导中小学师资培训工作,组织和实施教师上岗前培训和教师的学历培训及继续教育等工作;负责教育系统中小学校长、幼儿园园长和其他管理人员的业务培训工作;负责幼师及电大举办的师范类教育培训的业务工作;指导全县教师进修学校工作;指导民办教育学校的教师队伍培训工作;贯彻落实语言文字工作的方针、政策,负责全县语言文字和普通话培训、测试工作。

【计划财务股】

主要职能:拟定全县教育事业发展的中长期规划;负责编制县本级教育经费的年度预决算;统筹管理市、县拨付的教育经费和各种外资及国内捐赠款;依法监督教育经费的筹集、使用情况及教师工资发放情况;制订教育经费管理的有关规定和条例;负责全县教育事业基本信息的统计、分析、发布和事业发展监测;协同有关部门制订中小学收费标准和规范中小学收费行为;负责有关税务、财务检查等协调工作;负责中小学布局调整;指导中小学危房改造和标准化校舍建设;负责教育系统的基建、维修计划的制订和资金安排及有关基建数据的统计等工作;组织审核教育系统的基建项目的预决算;监督管理教育系统单位的国有资产;协调有关部门组织实施政府采购;负责教育系统财会人员的培训工作;负责中小学后勤管理工作;负责管理全县校园绿化工作;参与协调全县教育产业和勤工俭学工作、教育信息化建设、教育技术装备工作。

【纪检监察室】

主要职能:负责教育系统党内纪律检查和行政监察工作,协助党委加强党风廉政建设;按照党组织隶属关系和干部管理权限,负责对局管干部的提拔和使用进行监督;负责对党员、干部进行党纪、政纪教育;受理和查处党组织和党员违反党章和党内法规的重大案件，受理党员的检举、控告和申诉；负责查处全系统违反党纪政纪的案件；负责指导局直属单位、乡镇中心校（含初中）纪检监察工作。

【人事股】

主要职能：统筹规划并指导学校教师和教育行政干部队伍建设工作；负责教育系统的人员编制、考核、奖惩、劳动工资福利等有关工作；指导教育系统各单位人事、分配制度改革工作；负责教育系统教职工的调配工作；组织实施教师资格证书、计算机等级证书制度和教师聘任工作；负责教育系统领导班子人员的考察、推荐、任免和调配工作；负责教育系统离退休人员的管理工作；负责会同有关部门承办教育系统教职工专业技术职务评聘、特级教师推荐工作；负责推荐中学教师系列高级专业技术职务的评聘工作；负责县级及以上学科带头人和青年骨干教师的考核、认定及推荐、送培工作；按管理权限，负责归口管理教育系统的人事档案工作；负责归口管理教师奖励基金；负责归口管理局机关、局直单位党群工作；负责协调教师培训工作。

【基础教育股】

主要职能：综合管理全县的普通中小学教育、特殊教育和幼儿教育工作；组织实施"普九"、素质教育和扫除青壮年文盲工作；拟定初中会考和中小学竞赛活动政策；负责全县中小学校（含民办学校）学籍管理和组织中小学毕业会考（含查查）及普高招生工作，指导中小学教育教学改革并负责对普通中小学教育教学质量进行评价；指导和管理中小学、幼儿园、特殊教育的德育、劳技、法制、社会实践等工作；指导学校的校园文化建设、艺术活动和青少年科技创新活动；指导社会力量举办的基础教育各类学校及教育机构的业务工作；归口指导中小学校共青团和少年先锋队工作；归口审定中小学、幼儿园（含民办学校）各学科教材（含音像教材）和教学配套用书；负责幼儿园等级评定工作；负责检查、督促、规范全县基础教育办学行为工作；负责协调基础教育科研工作、教学仪器实验（含教学资源库配备）、学校体育卫生保健及民办教育管理工作；归口管理全县关心下一代协会工作；参与制订全县基础

教育发展规划和中小学布局调整工作；参与校长、教师队伍建设。

【执法股】

主要职能：参与教育局规范性文件的审核工作；协调和指导全县教育行政执法工作及教育普法、法制宣传工作；负责全县教育系统计划生育工作，承办全县教育系统复议、行政诉讼应诉工作；负责局机关治安工作，指导局直单位和全县各中小学校内保、社会治安综合治理工作；配合公、检、法、司等部门维护学校、教师及学生的合法权益；研究拟定社会力量办学的有关政策规定。

【体卫股】

主要职能：拟定全县学校体育、卫生、健康、国防教育发展规划并组织实施；组织开展全县中小学（幼儿园）学生体质健康监测、常规体检和学生常见病防治；协助卫生防疫部门做好中小学（幼儿园）学生疫苗接种工作；负责组织全县中小学（幼儿园）体育和卫生设备的配置、评估、验收、考核活动；指导学校体育卫生教育教学工作和专业师资的有关培训工作；负责体育卫生教育的教研及学生健康状况的建档建制等工作；组织全县性的学校体育竞赛活动；指导学校体育、艺术人才的培养、选拔工作；指导高中以上学校的学生军训工作及各类学校爱国卫生工作；参与制订体育、艺术特长生招生政策。

【勤工俭学管理站】

主要职能：负责拟定和实施全县勤工俭学长远规划和年度计划；指导教育系统各单位开展勤工俭学工作；组织和指导学校开展劳动和劳动技术教育；负责全县勤工俭学工作队伍的管理、培训及统计工作；指导校办企业收集信息，引进新技术，开发新产品；负责中小学学具的配备、供应；组织开展勤工俭学理论研讨和经验总结、推广活动；承办衡南县教育局交办的其他事项。

【装配站】

主要职能：负责制订全县电教、仪器工作规划；负责中小学实验教学、电化教学标准的制订、执行和评估；负责组织全县学校电化教育、实验教学研究和评比竞赛活动；负责全县中小学（含民办学校）电化教学仪器、音像教

材、实验器材(含药品)、电教设备的配置工作;负责电教、实验管理人员的技术培训工作;负责全县中小学电教仪器的维修工作;承办衡南县教育局交办的其他事项。

【教学研究室】

主要职能:认真贯彻、严格执行教学计划与课程标准;负责全县中小学教育教学业务管理指导工作;组织建立三级教研网络,全面开展教育教学工作视导;组织全县中小学(含民办学校)教学质量检测,搞好教学质量综合分析研究,全面提高教育教学质量;及时引进教育信息;负责组织学生参加国家、省、市奥赛和学科竞赛;组织开展师生教学竞赛;负责新课程改革实验及新大纲、新教材的培训;组织开展教育教学科研实验,负责全县教改实验课题的规划、审批、指导和教研教改成果(含经验论文)的评审、认定、推荐、推广工作;开展教育教学专题调查研究,为教育规划、决策提供理论和实践依据,发挥决策参谋作用;负责衡南县教育学会秘书处工作。

【中小学救助受援捐赠中心】

主要职能:负责九年义务教育"两免一补"(为家庭经济困难学生免费提供教科书、免除杂费、补助寄宿生生活费)管理工作;负责普通高中家庭经济困难学生资助管理工作;负责中等职业学校国家助学金管理工作;负责资助政策的宣传工作和资助典型事迹的宣传报道;负责积极引导鼓励企事业单位、社会团体、个人等面向各级各类学校设立奖学金、助学金,配合各单位做好各类奖助学金的发放管理工作;根据上级要求,完成其他有关资助管理工作;完成衡南县教育局布置的其他相关工作。

【关工委】

主要职能:负责组织开展退教协工作和家长学校教育工作。

衡南县主要学校信息

【衡南县第一中学】

春风又绿耒水岸,一中花开压雁城。百年名校衡南县第一中学,是衡南县唯一一所省示范性高中,素以"校园美,管理严,校风好,质量高"饮誉湘湘,是衡阳地区办学历史最悠久、规模最大、享誉最高的学府之一,是清华大学、北京大学等数十所985大学正式挂牌的生源基地。

历史悠久,文化深厚。学校原名衡清师范学堂,始创于1905年,至今已有110多年。首任校长为晚清著名书法绘画大师——曾熙。百年沧桑,数迁学校地址,九易校名,1958年,正式改为现名,1981年被评为首批湖南省重点中学,1999年正式挂牌,现已成为在全省享有盛誉的湘南名校。

理念先进,追求卓越。学校秉承"因人因材施教,用心用情育人"的育人理念,全力打造"忠诚,团结,勤奋,健美"优良校风,努力践行"办一流名校,做一流名师,育一流人才"的办学宗旨,正在朝着"全省领先,全国知名"的方向阔步前进。

环境优雅,条件优越。学校坐落在衡南县向阳桥镇,俯临耒水,近傍107国道。学校占地288.3亩,绿化率达40%,远离闹市,独守宁静,林木葱郁,环境幽雅,是湖南省建设厅认定的"园林式单位"。校园布局合理,设施先进,配备现代化的多媒体教室80多间,建有数字化广播系统、监控系统和信息化办公系统,教室配有空调、直饮水系统,寝室配有空调和热水系统。

团队优良,师资雄厚。学校有一支特别能吃苦、特别能奉献、特别能战斗、特别能创新的教师队伍,尤其是有一支高水平、有爱心、专家型的班主任队伍。学校现有教职员工315人,其中专任教师241人。专任教师中,有国家级优秀教师6人,特级教师3人,省级骨干教师8人,衡阳市"金牌教师"1人(全市高中学校仅2人),市级学科带头人14人,县级首届教学名师7人,高级教师99人,一级教师79人,教师100%具有本科学历,拥有研究生学历的19人。

业绩优异,质量一流。近年来,学校教育

质量突飞猛进，高考、学业水平考试连创佳绩，不断改写历史。学校相继培养了全国汉字听写大赛、成语大赛双料冠军彭敏，全省理科状元左芬，高中数学联赛全国一等奖、被北京大学破格录取的邓子房等优秀学生。2013—2016年连续四年高考本科一批、本科二批上线总人数雄踞衡阳市第一，清华大学、北京大学累计上线18人，在衡阳地区首屈一指。在2016年高考中，清华大学、北京大学上线4人，录取3人；本科一批、本科二批上线991人，其中理科上线819人，是衡阳市唯一一所文化成绩上线总人数突破900人、理科上线人数突破800人的学校；全省前100名和前300学校分别有2人和4人，位列全省前15强。学校连续十年获得"衡阳市普通高中教育教学质量先进单位"，连续三年获得"衡阳市高素质人才培养先进单位"，多次获得衡阳市"教育教学质量突出贡献奖"。《湖南日报》《科教新报》《衡阳日报》等数十家媒体对学校做典型推介报道，吸引众多省内外学校来学习交流。

发展特长，彰显特色。学校在"创新发展，突出特色"的目标指引下，特长教育卓有成效，音、体、美特长生屡创佳绩。校文艺队、田径队、篮球队在衡阳市独领风骚，在各级大赛中摘金夺银。高考体、艺特长生录取人数一直稳居全市前三强，学校获得"湖南省艺术教育先进单位""湖南省体育传统项目学校"和"全国青少年校园足球特色学校"称号。

百年一中，底蕴深厚，名师荟萃，俊才云集；衡南一中，花繁果硕，名扬雁城，誉满三湘。"海阔凭鱼跃，天高任鸟飞。"选择衡南一中，你就选择了广阔与高远，选择了与优秀为伍、与卓越同行！

网址：http://www.hnhnyz.com

【衡南县第二中学】

衡南县第二中学原名大刚中学，1941年9月18日由江西省旅衡同乡会集资创办。首任校长为主要倡办人毛健吾，时为《大刚报》报社总经理，故以"大刚"为校名。历经沧桑，六易学校地址，现坐落在衡南县历史古镇——车江镇。秉着"立德树人，健心报国"的创校宗旨，七十多年来，学脉绵延，人才辈出。1958年学校由私立转公立，1959年正式更名为"衡南县第二中学"。1986年，学校成为衡阳市首批"重点中学"，2002年被评为衡阳市示范性高中。现有校园面积146亩，建筑面积91400平方米；教学班56个，学生4100余人；教职员工299人，其中专任教师206人，职员、工人93人。

学校是"衡阳市高中教学质量先进单位""湖南省校务公开民主管理先进单位""湖南省教研教改先进单位""湖南省文明美德学校""湖南省书香校园""湖南省园林式单位""全国五好小公民主题教育示范学校""全国中小学思想教育先进单位""教育奠基中国——全国名优学校"。

办学理念：德育为首，教学为主，特色为先，素质为本。

办学目标：改革、实验、示范、高质量、有特色、创名校。校以育人为本，师以敬业为训，生以成才为志。

办学模式：人本管理、创新教学、面向全体。

校训：忠、信、勤、健。

校风：文明、守纪、勤奋、创新。

师则：爱岗敬业，团结奋进。

学校行政班子成员信息

校长、党总支书记：贺朝晖（13973419767）

副校长：刘夫生（13973429391）

副校长：谭益利（15575574148）

副校长：伍弼时（13974740688）

副校长：邱立新（13974718086）

党总支副书记：刘衡生（18974798588）

【衡南县第三中学】

衡南县第三中学创建于1958年，是衡南县人民政府兴办的一所普通高级中学。改革发展中的三中荣膺了各种称号：教育部首批认定的"全国青少年校园足球特色学校"、湖南省体育局教育厅共同命名的"湖南省体育传统项目（足球）学校"、湖南师范大学艺术学院实验中学、衡阳市星级文明单位。

学校坐落在湖南省鸟类自然保护区江口鸟洲所在地——江口古镇，东接京珠高速公路，西濒耒水，与江口鸟洲隔水相望，并与107国道相通，交通十分便捷。

学校是衡阳市园林式单位，校园内有竹

林、池塘荷花等亮丽景点。学校校园环境十分优美幽静，堪称老师传道解惑和学生进业修身的理想场所。

学校现拥有 35 个教学班，在校学生超过 2200 人。学校拥有一支充满活力、深受学生欢迎的师资队伍，教师专业知识精深，业务素质优良。专业教师共 105 人，其中高级教师 35 人，一级教师 55 人。学校办学条件优越，教学设施齐备，并日趋现代化。学校拥有一流的教学大楼、学生公寓、餐厅及运动场所。教室、学生公寓和办公室都安装空调，学生公寓 24 小时供应冷、热水。

学校历史久远，人文积淀深厚。建校以来，学校培养出了一大批优秀人才，人民日报社江苏分社社长贺广华、任职中央办公厅调研室局的厅级干部何金定、湖南省社科院副院长贺培育、湖南省委办公厅副主任胡建新、"千人计划"入选者的中国科学技术大学教授雷久侯（空间物理学博士）、郴州市副市长贺遵庆、中国人民大学硕士毕业的谢玲华、清华大学硕士毕业的罗文广、湖南大学硕士毕业的秦春生、武汉大学硕士毕业的倪洪波等学子就是其中的杰出代表。

学校音、体、美、书法、足球等特色专业在衡阳乃至湖南都久负盛名，历年来为高等院校输送了大批优秀专业学生。2016 年 5 月，教研处主任谢雕老师荣获第七届"羲之杯"诗书画邀请赛一等奖，享誉湖南。

学校注重学生的思想道德品质、专业特长及综合素质教育。学校文化气息浓厚，校园生活丰富多彩。"校园之声"广播站、绿岛文学社、天健体育（足球）俱乐部等学生社团每个学期都定期开展各种活动。学校每年春季举行的近 40 公里的学生远足活动深受社会各界人士好评。

2011 年以来，以朱斌为校长的行政领导开拓创新，锐意进取，带领三中人共同奋斗努力，学校取得了一系列重大成绩：校园建设突飞猛进，环境日益优美舒适，教学质量稳步提高。学校每年都吸引了大批优秀学子前来求学。

学校过去成就真非凡，未来发展更美好！三中人正在把建设人文、特色、大美三中的理想目标变成生动现实。

地址：衡南县江口镇龙王街 1 号
邮编：421156
办公电话：0734－8016083
学校行政班子成员信息
校长、党总支书记：朱斌（15386010333）
副校长、党总支副书记：许一帆（18007345876）
副校长、党总支委员：罗斌（15386000365）
副校长：石茂清（13786455798）
工会主席、党总支委员：李韶清（15573455933）
办公室主任、党总支委员：彭波（18007345866）

【衡南县第五中学】

衡南县第五中学创办于 1958 年，是衡阳市重点中学、衡阳市示范性高中，坐落在衡南县三塘镇，北接湘桂线、322 国道，南临雨母山。学校环境优美，是湖南省园林式单位。学校现有 48 个高中教学班，学生 3400 余人，教职员工 263 人，其中高级教师 66 人，一级教师 94 人；全国优秀教师 1 人，国家级、省级骨干教师 6 人。学校占地 8 万余平方米，建筑面积 5 万余平方米，各种教学设施齐全，教学手段现代化，拥有标准的教学楼，一流的科技楼、图书馆、公寓楼和大礼堂，建有先进的校园网络系统，设有学生电脑室、语音室、电子阅览室、多媒体教室和现代教育技术中心。

学校坚持"德育为首、教学为主、教研引路、争创一流"的办学宗旨，德育工作常抓不懈，学校管理与时俱进，教研教改成效卓著。学校视质量为生命，近年教育教学质量稳中有升：连续多年高考本科二批上线突破 200 余人；先后有多位学子考取名校，学校教学质量位居衡阳市重点中学的前列。学校课题"农村中学影响、反思、探究性学习研究""中华民族传统美德教育实验研究"均获国家级一等奖，"宋词专题学习网站"获湖南省教育科研一等奖，"课堂教学创新策探索"获衡阳市教育科研二等奖。学校前景看好，形势喜人，先后荣获"全国百家优秀文学社团""全国教育改革创新示范校""湖南省园林式单位""湖南省现代教育技术示范学校""衡阳市重点中学""衡阳市示范性高级中学""衡阳市学校管理先进单位""衡阳市教研教改示范校""衡阳市双文明单位""衡阳市教育质量先进单位""全国'十一五'教育科研先进单位""衡阳市十佳书香校园"等称号。在大力推行素质教育的铿锵号角中，校长罗战辉同志提出了"改革、实验、示范、高质量、现代化、有特色"的奋斗目标，学校正以矫健的步伐向一流中学迈进。

地址：衡南县三塘镇环城南路88号

电话：0734 - 8722215

邮编：421101

【衡南县第九中学】

衡南县第九中学创建于1958年，是一所全日制公办县属高级中学，占地70余亩。学校现有36个教学班，学生2300余人；教职员工138人，其中高级教师37人，中级教师61人。

学校贯彻"以人为本，和谐发展；让学生称心、家长满意、社会认可；让教师活得有尊严、工作很开心、生活很幸福"的办学思想，秉着培养"身心健康、人格健全、对自己负责、为父母争气、为学校争光、为国家出力的合格高中生"的育人目标，关心、关怀、关爱每一个学生。历年来，学校高考升学率稳居同类学校前列。近年来，学生巩固率不断提高，其中2012年高达99.46%，居全县之首。

学校是衡南县政府授予的"规范化高级中学"、衡南县学校管理和德育工作示范单位、衡阳市"五四"红旗单位、衡阳市现代教育实验学校、湖南省长郡中学远程合作学校。

学校坚持以教学为中心，狠抓学风、校风建设，努力深化教育改革，积极推进素质教育和创新教育，从2012年下学期开始积极稳步推进新课改，充分发挥学生的主体作用，调动学生学习积极性，全面培养学生能力。学校建立了学校、家长、社会三级教育网络，配有法制课教师及心理辅导教师；与长郡中学合作办学、共享优质教学资源，学生在教室可以直接聆听长郡中学名师的授课；特别注重对学生情商的培养和潜能的开发。

学校以培养学生德、智、体、美、劳全面发展为导向，以提高学生综合素质和能力为目标，在狠抓教学质量的同时，经常开展丰富多彩的课外体育、文娱活动，既有校运会，又有班级篮球赛、体操赛、拔河赛等各种体育兴趣活动，还有美术兴趣小组、历史兴趣小组、舞蹈兴趣小组、翰轩棋社、龙虎辩论协会、羽毛球协会、乒乓球协会等各种学生社团，更有让学生一展写作才华的多棱镜文学社。朗诵比赛、演讲比赛、辩论比赛是学生雄辩口才的舞台，学科竞赛给学生提供了崭露头角的机会。畅通快捷的校园网络让学生足不出户便可一览外面精彩的世界，迅速了解天下大事。

在全校师生的共同努力下，校园面貌日新月异。现在，挺拔的教学大楼，宏伟的教工宿舍，明亮的学生公寓，整洁的学生食堂，一流的理、化、生实验室，标准的体育运动场，还有信息教育中心、多媒体教室，与绿树红花相映生辉，任莘莘学子尽情遨游。

地址：衡南县泉溪镇思泉路1号

电话：0734 - 8754532

邮编：421171

【衡南县教师进修学校】

衡南县教师进修学校始建于1976年，前身为衡南县五·七大学，1981年更名为衡南县教师进修学校。该校地处向阳镇水口村，坐落于耒水河畔，占地60余亩，与衡南县第一中学毗邻。

学校现有教职工52人，其中专业技术人员48人，具有高级职称的7人，中级职称的25人。学校师资配备齐全，教学力量雄厚。

学校拥有现代化的教学设施：白板教室、电脑室、多媒体室等一应俱全。

学校承担全县中小学教师培训工作。学校在20世纪80年代至90年代，主要担负全县中小学教师的学历培训。通过函授的形式，先后有8000多名小学教师取得中师学历。同时，学校所举办的民办教师提高班为当时的湖南省立第三师范学校和耒阳师范学校输送了大批学员，为全县民办教师转正为公办教师做出了积极的贡献。

进入21世纪，教师进修学校及时调整了发展方向，主动承担起全县中小学教师继续教育工作，先后开展了中小学教师信息技术高级培训，小学校长岗位培训，中小学教师普通话培训，音、体、美教师专业培训，中小学教师班主任工作培训，中小学教育干部专业培训，中小学教师非学历远程培训，中小学教师师德培训等培训工作。培训工作适应了新时期教育发展的需要,学校连续五年被湖南省中小学教师发展中心评为"湖南省中小学教师远程培训工作实施先进单位"。

学校为全县中小学教师参加在职进修学习搭建平台,先后与陕西师范大学网络教育学院、衡阳师范学院、湖南工学院合作办学。到目前为止,全县有近600名教师参加本科、专科进修学习,参加学习的教师提升了学历,更新了学识水平。

地址:衡南县向阳镇向氮路195号

邮编:421141

邮箱:264498053@qq.com

电话:0734-8742257

【衡南县云集镇中心学校】

衡南县云集镇中心学校成立于2006年8月,其前身是云集镇学区和云集镇教育管理办公室,下辖2所公办初级中学(云集中学、云市中学)、8所公办完全小学(中心小学、新塘、普贤、河田、毛塘、渡口、杨柳、阳家坪小学)、4所民办学校(北斗星、雅文、大同和誉彰学校)。共有教学班232个,在校中小学生10303人,公办学校中,现有在编公办教师328人。其中,具有大学本科及以上学历的103人,大学学历的158人,中师学历的67人,学历合格率达100%;公办教师中具有副高职称的教师7人,一级教师182人;年龄在45岁以下的中青年约占85%,形成了一支学历合格、专业素质优良、年龄结构趋势向年轻化的优秀教师队伍。

学校始终坚持"以德育为首、智育为主、五育并举"的办学宗旨,全面贯彻党的德育方针,积极推进素质教育和教育体制改革,以全面提高教育教学质量为核心,以创新平安校园为重点,以强化教学常规管理为抓手,着力整治校园周边环境,全力促进云集教育健康和谐发展,同时,以县城为依托,抓住县城建设的千载难逢的机会,以创建合格化学校为契机,积极改善办学条件,不断优化教学质量,努力打造办学特色,创品牌、树形象,使云集教育跻身于全县教育的先进行列。

地址:衡南县云集镇云峰南路

邮编:421100

学校行政班子成员信息

校长:陈少华(13975432007)

常务副校长:包秋琳(18711468499)

衡南云集中学

衡南云集中学原名石塘中学,2010年经衡南县人民政府批准更名为云集中学。学校坐落在衡南县县城云峰南路,占地46946平方米,建筑面积31539平方米,60个教学班的办学规模,目前共有48个教学班,小学部20个班,初中部28个班,在校学生3000余人。学校环境优美,设施一流,学校办公楼、教学楼、实验楼、图书楼、生活楼、学生公寓楼一应俱全。各实验室、计算机教学室、学术报告厅、录播室、阅览室、图书室等功能室按高标准配备。学校共有教职员工180多名,师资力量雄厚。

近年来,学校遵循"全面实施素质教育,为学生持续发展服务"的办学理念;以"博学、诚信、笃行"的教学理念;树立"依法治校与情感管理相结合,凸显人文关爱"的管理理念;坚持"办人民满意的优质教育"为目标,立足现实,着眼未来,开拓进取,踏实奋进,形成了"敬业、精业、乐业"的教风和"勤学、善学、乐学"的学风。

学校不断提升办学品位,建立了一支"务实、高效、开拓创新"的年轻教师干部队伍。多年来,学校领导班子坚持民主治校、依法治校、模范引领,充分体现"制度育人、情感育人、服务育人"的管理风貌。

学校行政班子成员信息

包秋琳:18711468499

王清华:13027345003

陈明杰:13875740485

衡南县云集镇云市中学

衡南县云集镇云市中学坐落在云集镇堆子岭社区,于1958年创办。学校现有学生数658人;教师57人,其中本科学历的27人,专科学历的30人,高级教师职称的2人,中级教师职称的34人,教师学历合格率达100%。校园面积为33000平方米,校舍面积为11454平方米,体育场馆面积为6000平方米,生均校园面积为50.2平方米,生均校舍面积为17.4平方米。图书室藏有图书1.5万余册,生均图书拥有量小学为21册、中学为31册。实验室设施齐全,配备完整,能完成相关教学环节的任务，教学设备总值为 43 万余元，生均教学设备值小学为 467.8 元、中学为 1225.6 元。学校现有办学条件基本达到义务教育均衡发展的相关标准。

学校行政班子成员信息

校长：阳时恩（13627343599）

副校长：陈朝晖（13786444335）

工会主席：曹友兰（13762487262）

衡南县云集镇中心小学

衡南县云集镇中心小学坐落在云集镇保合村，创办于 1971 年。学校现有学生数 488 人；教师 47 人，其中本科学历的 10 人，专科学历的 33 人，拥有中级教师职称的 27 人，教师学历合格率达 100%。校园面积为 9426 平方米，校舍面积为 2981 平方米，体育场馆面积为 1240 平方米，生均校园面积为 21.1 平方米，体育场馆面积全部达标。图书室藏有图书 11956 册，生均图书拥有量为 24.5 册。实验室设施齐全，配备完整，能完成相关教学环节的任务，教学设备总值为 21 万元，生均教学设备值为 430 元。学校现有办学条件已达到义务教育基本均衡的相关标准。

学校行政班子成员信息

校长：陈志刚（13203060019）

衡南县云集镇渡口小学

衡南县云集镇渡口小学坐落在云集镇渡口村，创办于 1951 年。学校现有学生 59 人；教师 10 人，其中专科学历的 3 人，中师学历的 7 人，拥有中级教师职称的 6 人，教师学历合格率达 100%。校园面积为 9000 平方米，校舍面积为 1500 平方米。图书室藏有图书 856 册，生均图书拥有量为 14.5 册。实验室设施齐全，配备完整，能完成相关教学环节的任务，教学设备总值为 3.2 万元，生均教学设备值为 542.4 元。学校现有办学条件已达到义务教育基本均衡的相关标准。

学校行政班子成员信息

校长：刘亚萍（15211835346）

衡南县云集镇河田小学

衡南县云集镇河田小学坐落在云集镇河田村，创办于 1959 年。学校现有学生 63 人；教师 8 人，其中专本科学历的 5 人，中师学历的 3 人，拥有中级教师职称的 6 人，教师学历合

格率达 100%，校园面积为 2564 平方米。图书室藏有图书 1519 册，生均图书拥有量为 24 册。实验室设施齐全，配备完整，能完成相关教学环节的任务，教学设备总值为 5 万元，生均教学设备值为 793.6 元。学校现有办学条件已达到义务教育基本均衡的相关标准。

学校行政班子成员信息

校长：陈铭（13142306097）

衡南县云集镇毛塘小学

衡南县云集镇毛塘小学坐落在云集镇毛塘村，1972 年创办。学校现有学生 66 人；教师 7 人，其中专科学历的 6 人，中师学历的 1 人，拥有中级教师职称的 4 人，教师学历合格率达 100%，校园面积为 8438 平方米。图书室藏有图书 662 册，生均图书拥有量为 10 册。实验室设施齐全，配备完整，能完成相关教学环节的任务，教学设备总值为 3 万元，生均教学设备值为 454 元。学校现有办学条件已达到义务教育基本均衡的相关标准。

学校行政班子成员信息

校长：周拥军（15616655596）

衡南县云集镇普贤小学

衡南县云集镇中心小学坐落在云集镇普贤村，1995 年创办。学校现有学生数 43 人、教师 10 人，其中专科学历的 8 人，本科学历的 2 人，拥有中级教师职称的 5 人，教师学历合格率达 100%，校园面积为 9000 平方米。图书室藏有图书 450 册，生均图书拥有量为 24.5 册。实验室设施齐全，配备完整，能完成相关教学环节的任务，教学设备总值为 3 万元，生均教学设备值为 43 元。学校现有办学条件已达到义务教育基本均衡的相关标准。

学校行政班子成员信息

校长：胡昌保（13875649941）

衡南县云集镇新塘完全小学

衡南县云集镇新塘完全小学坐落在云集镇新城社区向阳组（云集大道以北，蒸湘南路延伸段以东），1953 年创办。学校现有学生 264 人；教师 19 人，其中专科学历的 12 人，本科学历的 7 人，拥有中级教师职称的 12 人，教师学历合格率达 100%。校园面积为 14923 平方米，校舍面积为 998 平方米，体育均馆面积为 780 平方米，生均校园面积为 56.53 平方米，

体育场馆面积全部达标。图书室藏有图书7000册，生均图书拥有量为26.5册。实验室设施齐全，配备完整，能完成相关教学环节的任务，教学设备总值为11.6万元，生均教学设备值为440元。学校现有办学条件已达到义务教育基本均衡的相关标准。

学校行政班子成员信息

校长：李桂香(13875633493)

副校长：周晓玲(13875683603)

副校长：王维新(13875793289)

衡南县云集镇阳家坪小学

衡南县云集镇阳家坪小学坐落在云集镇阳家坪村，1958年创办。学校现有学生106人；教师9人，其中专本科学历的4人，中师学历的5人，拥有中级教师职称的6人，教师学历合格率达100%，校园面积为3600平方米。图书室藏有图书2604册，生均图书拥有量为24册。实验室设施齐全，配备完整，能完成相关教学环节的任务，教学设备总值为6万元，生均教学设备值为566元。学校现有办学条件已达到义务教育基本均衡的相关标准。

学校行政班子成员信息

校长：阳友才(15573418867)

衡南县云集镇杨柳小学

衡南县云集镇杨柳小学坐落在云集镇杨柳村，2007年创办。学校现有学生91人；教师9人，其中专本科学历的6人，中师学历的3人，教师学历合格率达100%，校园面积为3657平方米。图书室藏有图书550册，生均图书拥有量为5册。实验室设施齐全，配备完整，能完成相关教学环节的任务，教学设备总值为5万元，生均教学设备值为550元。学校现有办学条件已达到义务教育基本均衡的相关标准。

学校行政班子成员信息

校长：朱建军(13786466991)

衡南县北斗星小学

衡南县北斗星小学是2013年9月正式投入使用的一所全日制示范性寄宿学校，坐落在衡南县云集镇雅园路与云雅路交会处，交通便利。学校占地60亩，建筑面积37000平方米，校园设备设施先进，功能齐全，环境优美，布局典雅，风格独特，文化气息浓郁，是培育人才的理想摇篮。

学校现有学生2600余人，教职工220余人，其中教师103人，本科学历的57人，专科学历的43人。自办校以来，学校领导班子带领全校教职工上下一心，发扬"一生只做人民最满意的教育"的拼搏精神，秉承"誓把最优质的教育献给家乡百姓子女"的办学宗旨，坚持走"办特色学校、创特色品牌、育特色人才"的特色教育之路，让从学校走出去的学生不但爱学习，会学习，而且每个孩子都拥有一项特长，从而让孩子们终身受益。学校致力于办有灵魂的教育、办负责任的教育、办有公信力的教育、办有发展力的教育，让每一位学生接受最先进的教育，让每一个学生获得最充分的发展。

学校地址：衡南县云集镇雅园路

学校邮箱：1371363975@qq.com

邮编：421100

学校办公电话：0734-8551111

0734-8552222

学校行政班子成员信息

校长：杨芝(15367083455)

衡南县雅文小学

衡南县雅文小学是经衡南县教育局批准的一所全日制、走读寄宿相结合的完全小学。学校秉承"以生为本，以教为根，五育并举，和谐共进"的办学宗旨，依法办教，面向全体学生，全面推进素质教育，促进学生主动、活泼、健康地发展。

学校占地面积2万余平方米，建筑面积1.46万平方米，校园绿化面积4800多平方米，设有环形塑胶跑道、足球场、篮球场、羽毛球场各一个，乒乓球台和健身器材多个。学校现有多媒体教室36间，达到市级标准的功能教室12间，食堂可同时容纳1200人用餐，学生公寓可容纳1100人住宿。

学校现有教职员工96人，其中专职教师50人。专任教师中，大学本科及以上学历的26人，占比达47%。学校配有专职生活老师对学生在校生活进行护理。此外，学校特聘请6名国家、省级教授，定期为学生上辅导课。为了全面培养学生素质，学校免费为学生增开了写作、奥数、声乐、舞蹈、跆拳道、绘画、书法等多种特长兴趣教学科目。

学校行政班子成员信息

校长：魏任海（18073454939）

衡南县誉彰学校

衡南县誉彰学校是经衡南县教育局批准设立的一所九年一贯制民办学校，隶属于衡阳市第八中学教育集团，为衡阳市成章实验中学云集校区。

学校位于衡南县云集工业园黄金路，距衡云干线约300米，交通便利，环境幽美，设施一流。学校占地面积约60亩，建筑面积约4.1万平方米，总学位约3300人。学校由成章实验中学负责管理，成章实验中学教学副校长担任校长，中层以上干部和骨干教师全部由成章实验中学派遣。学校依托成章实验中学的优质资源，全面推行衡阳市第八中学教育集团的先进教育教学理念和管理方法，其小学、初中与教育集团的博雅学校、成章实验中学教学上同步、资源上共享，充分发挥湖南省级示范性普通高中的引领作用。

学校秉承"学校有灵魂，教师有思想，学生有个性"的办学思想，坚守"忠信笃敬，礼义廉耻"的校训，弘扬"从高从严，求真求美"的成章精神，树立"教育着眼于学生的未来，着眼于国家和民族的未来"的教育追求，为衡南县及市区周边提供优质的教育资源，力争三年超过衡南县同类学校办学水平，六年办成衡阳名校，十年创三湘名校。

学校邮箱：315566694@qq.com

邮编：421100

办公电话：0734－2858363

　　　　　　0734－2858367

学校行政班子成员信息

校长：龙仕艳（13907342659）

教学副校长：成兆辉（13973434169）

政工副校长：李文（13974756680）

衡南县大同小学

衡南县大同小学前身是衡阳市工业职业学校，2012年根据衡南县政府规划，为增加云集镇基础教育阶段学位，改办基础教育。学校于2014年开办，现有21个班，1007名学生，平均班额47人；学校现有教师65人，其中专科学历的26人，本科学历的39人，教师学历合格率达100%。校园面积为105338平方米，校舍面积为41000平方米，生均校园面积为21.1平方米。图书室藏有图书25000册，生均图书拥有量为25册。实验室设施齐全，配备完整，能完成相关教学环节的任务，教学设备总值为570万元。学校现有办学条件已达到义务教育基本均衡的相关标准。

学校行政班子成员信息

校长：廖孟清（13907345407）

副校长：聂风云（14786334455）

衡南县明德小学

衡南县明德小学坐落于云集镇新塘路，是一所公办完全小学。学校创办于2007年，现有47个班级，3000多名学生，150名教师。占地面积27141.4平方米，建筑面积12669.08平方米，绿化面积8726平方米，绿化覆盖率达43%。教学设施齐备，现已建成教学大楼、综合大楼、学生教师餐厅等主要用房和250米环形塑胶跑道运动场。学校配备科学实验室2个、音乐舞蹈室3个、美术室2个、书法教室1个、图书阅览室1个、劳技室1个、教学自动录播室1个、学生计算机教室2个、多媒体多功能教室1个。校园绿树成荫，环境优雅，景色宜人。

学校以"一切为了每一位学生心智的发展，让每一位学生都获得学习的成功"为办学理念，以"国学教育"为特色品牌，将中国传统文化引入学校教育之中。学校以经典诵读为切入点，开展国学知识大讲堂、每日一诵、国学一刻、书法学堂等课程，通过礼文化走廊、楹联亭、明德赋等校园文化项目建设，致力于育人环境的优化，着力打造"绿意、书香、人文、和谐"的校园。

学校把"为学生的终身发展奠基"作为教育的终极目标。德育课程以养成教育作为重要抓手，培养学生良好的文明、礼仪和卫生习惯；常规课程实行"主题引领，活动育人"的原则，注重学生体验，培养学生综合能力；学校还开设了手工、绘画、书法、足球、小器乐等兴趣小组，让每一位学生都有所专长。

地址：衡南县云集镇新塘路

邮箱：1913485457@qq.com

办公电话：0734－8552728

学校行政班子成员信息

校长：肖家军（13907345721）

副校长：王芳（13762471278）

副校长：陈玲玲（13875680861）

副校长：崔光锦（15073426180）

【衡南县向阳镇中心学校】

衡南县向阳镇中心学校所在的向阳镇位于衡南县南部，东临耒水，西傍湘江，系衡南县文化教育重镇。学校下辖9所学校，其中初级中学1所、中心小学1所、完全小学1所、教学点3个、幼儿园3所，共有在校学生5000余人，在职教师280人。

学校坚持"以德立校，教研兴校，质量强校、特色优校"的办学理念，坚定不移地推行高效课堂改革和实施自主管理，始终以励志创新、务实求真的工作作风朝着"办好人民满意教育"的目标迈进。

衡南县向阳初级中学

衡南县向阳初级中学创办于1958年。学校占地总面积33400.0平方米，建筑面积达14630平方米，现有学生达1713人。学校坐落在云集镇向阳片区，交通便利，校园内树木成荫，环境优雅，是一所理想的培养人才的摇篮。学校于2002年被评为"衡阳市示范性初级中学。"

学校拥有良好的办学条件，教学设施配套齐全、各功能室齐备。现有三栋教学楼，男女生公寓各一栋，有宽敞的师生食堂，住宿条件比较优越。学校设有理、化、生标准实验室、电脑室、多媒体教室、音乐室、美术室、图书室，图书室有图书45000余册。

学校师资力量雄厚。现有教职工127人，其中专任教师106人，具有本科学历的96人，中学高级职称的9人，中学一级职称的60人。

学校地址：云集镇向阳片区车荷塘40号

电话：0734-8742107

邮政编码：421141

学校行政班子成员信息

校长：刘冬生（13975472338）

副校长：邓小明（13378044136）

副校长：莫中华（13575111028）

副校长：阳四平（13875797830）

衡南县向阳镇中心小学

衡南县向阳镇中心小学位于衡南县南端，

距离衡阳市约25公里，学校地址设在云集镇向阳片区车和村一座山脚下，前身是苏湖小学，1993年易址于此，拥有60多年的办学历史。学校东面107国道、京广铁路并行而过。学校是全县乡镇中心小学办学规模较大的一所学校，占地面积14300平方米，校舍建筑面积及教学辅助用房5620平方米，有20个教学班，3个学前班，学生1700余人。学校现有教职工61人，省级骨干教师4人，衡阳市学科带头人10人。

学校以"质量立校，科研兴校"为发展思路，采取"请进来、走出去"的方法，努力造就了一支高素质、高水平的教师队伍。坚持以德育为首、五育并举，在全面推进素质教育的征途中，取得骄人的成绩。近年来，学校教育教学质量一直名列全县前茅，学生各项竞赛活动在国家、省、市、县频频获奖，获国家级奖10人次、省级奖15人次、市级将近200人次、县级奖400人次。教育科研氛围浓厚，硕果累累。教师参加各级竞赛获奖达50人次，发表论文100余篇。德育课题"诚信感恩"、语文课题"自主选择"均获省级二等奖。"创建学习型家庭可持续发展的实践与研究"立项为"十二五"省级重点课题，并于2016年11月结题。学校先后荣获了全国青少年校园足球特色学校、湖南省示范家长学校、湖南省五好关工委、衡阳市文明美德学校、衡阳市红领巾示范校、衡阳市教研教改示范校、衡阳市教育系统关心下一代工作先进单位、衡阳市示范性家长学校等荣誉称号。

学校行政班子成员信息

校长：廖连秋（13974777096）

副校长：唐艳华（15307470692）

副校长：刘华革（13975426047）

衡南县向阳镇和平小学

衡南县向阳镇和平小学坐落在衡南县向阳片区白洋村。校园环境优美，绿树成荫，女贞成带，桂花飘香，空气清新，四季宜人，文化气氛浓厚。

学校占地2200平方米，校舍面积1180平方米，有格局新颖的教学楼、整洁舒适的综合楼。学校实行教师统一办公，师生一同就餐的管理模式。学校为县级示范性村级小学，现有

5 个教学班级，学生 37 人。教职工 11 名，其中小教高级职称的占一半以上，大专及以上学历的 8 人。在市、县先进性评选中，部分教师获得荣誉。近三年教师论文获县、市级以上奖励的有 20 余篇；有 3 位同学曾获市、县级奥数一等奖；4 位同学荣获市级小学创新作文竞赛和书信大赛一、二等奖。

地址：云集镇向阳片区白洋村村委会旁

邮编：421141

学校行政班子成员信息

校长：阳昌信（15367066618）

副校长、教导主任：陈建伟（13875741336）

衡南县向阳镇勇明小学

衡南县向阳镇勇明小学原名为向阳镇小学，坐落在向阳镇中心地段。2010 年，在欧阳勇明先生 100 万元的资助下，学校进行了大规模的教学场所改造，新建了一栋 1820 平方米的教学楼，2017 年再建教学楼一栋，面积达 1436 平方米，大力改善了办学条件。学校现占地面积已扩大到 16463 平方米，校舍建筑面积 5434 平方米。学校拥有多媒体室一间、电脑室一间，配备电脑 32 台。

学校现有 14 个教学班，学生将近 1000 人。教师员工 39 人，其中专任老师 39 人，小学高级教师 25 人，小学一级教师 14 人，大学本科学历的 16 人，专科学历的 20 人，中师学历的 3 人，合格学历 100%。

地址：衡南县云集镇向阳片区学辅路 35 号

电话：0734 - 8743327

邮编：421141

学校行政班子成员信息

校长：罗种棉（18942004937）

副校长：首利华（18973413273）

副校长、教导主任：全春香（13875700894）

衡南县向阳镇黄狮小学

衡南县向阳镇黄狮小学创办于 1958 年，属公办寄宿制学校。其前身是黄狮乡中心小学，撤区并乡后更为现名，是向阳镇最偏僻的山村小学。学校占地面积 7020 平方米，生均 59 平方米，其中校舍面积 1958 平方米，生均面积 16.6 平方米，校园绿化覆盖率在 35% 以上。学校建有教学楼 1 栋、综合楼 1 栋、厨房 1 栋、标准校门 1 座。学校有围墙，进行封闭式教学，校内有标准篮球场以及环形跑道和文化长廊。

学校现有专任教师 9 人，共有 6 个教学班。在校人数 118 人，学生分别来自周边 5 个邻村，大多为留守儿童。

地址：衡南县向阳镇黄狮村

邮编：421141

学校行政班子成员信息

校长：何佑先（13016187698）

衡南县向阳镇界牌小学

衡南县向阳镇界牌小学创办于 20 世纪 70 年代，占地面积 6567 平方米，建筑面积 1476 平方米，坐落于向阳南端 5 公里处 107 国道旁，交通便利，校园树木成荫，环境优雅，是一所理想的培养人才的摇篮。

学校拥有良好的办学条件，教学设施配套齐全，现有 1 栋教学楼、5 个教学班，图书室、实验室、仪器室等齐全。

学校师资力量雄厚，现有教师 9 人，具有本科学历的 7 人，大专学历的 2 人，小学高级职称的 6 人，小学一级职称的 3 人。教师教学经验丰富，政治素质与业务水平高，在历年教学比武与论文评比中均取得优异成绩。

学校全面贯彻执行党的教育方针，大力推行素质教育，校训为"团结、务实、勤奋、创新"。为了提升文化品位，学校修建了充满浓郁文化氛围的"黑板报"和多个展柜，处处陶冶情操，历年来在衡南县教育教学质量评价中，学校均评为优胜单位，并评为衡南县小学生日常行为规范教育示范学校。

地址：云集镇向阳片区新联村村委会旁

邮编：421141

学校行政班子成员信息

校长：何庆云（15377343577）

衡南县向阳镇彭祠小学

衡南县向阳镇彭祠小学位于衡南县向阳镇彭祠村，傍美丽的湘江，与衡南县新县城隔江而立。学校始建于 20 世纪 50 年代，办学历史悠久。学校占地面积 5806 平方米，总建筑面积 2786 平方米，现有教学班 4 个。专任教师 11 人，其中具有大专及以上学历的有 8 人，小学高级职称的 7 人，小学一级职称的 4 人。教师们良好的师德、广博的知识、敬业的作风，赢得了家长和社会的广泛赞赏。

学校十分注重硬件设施建设，在2010年新建了60米直线跑道、篮球场，改建了公共厕所。美丽的校园、宽敞的教室、先进的教学设施，使学生享受着健康成长的快乐。

学校全面贯彻党的教育方针，全面实施素质教育，先后被评为"衡南县小学生日常行为规范学校""衡南县规范化完全小学"。学校坚持以教学为中心，以德育为核心，以科研为先导，努力践行"一切为学生健康成长服务，一切为学生可持续发展奠基，一切为学生素质全面提高着想"宗旨，以基础教育新课程改革为契机，努力探索教育教学新模式，为创建群众满意学校、满意教育而不懈奋斗。

地址：衡南县向阳镇彭祠村

邮编：421141

学校行政班子成员信息

校长：彭秀恒(13469113515)

【衡南县车江镇中心学校】

衡南县车江中心学校(前身为车江镇联合学区、车江镇教育管理办公室)成立于2006年9月，坐落于车江镇万兴路45号，下辖车江中学及实验、友谊、铁市、白水、古城等5所小学。现有在校学生5268人(其中女生2518人)，83个教学班，教职员工408人，专任教师388人(其中高级职称的18人，中级职称的266人；本科学历的136人)，学历合格率达100%。

学校以教育教学为核心，积极推进教研教改，不断深化教育管理体制改革，稳步提高教育教学质量；以创建平安校园为重点，强化学校内部管理，着力整治校园周边环境，促进车江教育和谐发展；以合格化学校建设为契机，率先调整结构，优化教育资源，创特色树品牌，全面提升车江教育品位，创造车江教育新辉煌。

学校秉承车江教育人勤奋工作开拓进取的传统，精诚团结，齐心协力，密切联系地方政府，举全镇之力，正朝着"办人民满意的教育，建人民满意的学校，做人民满意的教师"的目标迈进，各方面工作都取得了骄人的成绩。在衡阳市2011年小学质量抽检中，车江实验小

学六年级综合评价分名列全市第一。2009、2010、2011年连续三年被衡南县教育局评为"目标管理考核先进单位"。

衡南县车江中学

衡南县车江中学是衡南县唯一一所湖南省体育后备人才重点学校，2009年通过市、省合格化学校验收。2015年5月，经湖南省体育局推荐，学校申报成为全国校园足球特色学校；2016年，被湖南省硬笔书法协会授予硬笔书法教育实验学校。

衡南县车江实验小学

衡南县车江实验小学是衡南县唯一一所市级三星级教研教改实验学校，2010年通过市、省合格化学校验收。

【衡南县三塘镇中心学校】

衡南县三塘镇中心学校下辖公办学校6所，其中，中学一所，即星火实验中学；九年一贯制学校两所，即松山中学和蒸北中学；中心小学一所，即星火实验小学；完全小学两所，即三塘小学和农科所小学；民办学校三所，即华岳实验小学、星灿实验小学及华星学校。另外，学校还管辖幼儿园21所，其中，公办幼儿园一所，即星火实验幼儿园；民办幼儿园20所。全校教师共计830余人，其中在职公办教师540人，民办教师290余人。学校成立了教育党总支，下辖6个党支部，其中公办教育党支部5个、民办教育党支部1个，共有党员210余人。

多年来，学校在校长蒋先德同志的带领下，团结一致，勤奋工作，狠抓管理，不仅保质保量如期完成了上级有关部门交付的各项任务，而且在教育教学、教研教改、学生管理、学校财产及师生安全等方面取得了令人瞩目的成绩，得到了学生及家长和社会各界的一致肯定。

教学质量高。多年来，学校的教育教学质量始终处于全县的领先地位。如连续多年荣获全县教育质量综合评价先进单位、全面工作目标考评总分第一名。尤其是2016年中考，学校上省、市级示范性普通高中线的有399人。2016年全县小学六年级会考，学校人均分192.5分，其中，人均分、合格率、优秀率在全县领先。近几年来，学校学生参加各种比赛，

荣获国家级一等奖的 12 人，国家级二等奖的 15 人，国家级三等奖的 10 人，省级奖的 18 人，市级奖的 34 人，县级奖的 564 人。

教研成果不断刷新。由蒋先德校长负责，李乐智、刘吉军等骨干教师参研的课题"小学生基础学科作业的研究开发"荣获衡阳市第九届基础教育优秀教研教改成果二等奖，是衡南县在本届获奖中的最高名次。由星火实验小学王红华老师主持的"留守儿童心理健康教育研究与实践"课题荣获湖南省教育学会教育科研一等奖。仅 2016 年，学校教师有 107 篇教研论文在省、市、县获奖。全市"老师您好，我的好老师"主题教育现场观摩会在星火实验小学召开，并得到了与会人员的一致好评。

校园安全教育成效显著。虽然有中、小学校及幼儿园 30 余所，学生 12000 余人，有正规接送车 25 辆，但由于学校狠抓师生安全教育防范工作，多年来未出现一起安全责任事故，打造了平安校园。

办学条件进一步改善。仅 2016 年，学校争取上级安排专项资金 220 万元，装配了 48 个教室的"班班通"，更换了星火实验中学、星火实验小学电教室 114 台电脑，解决了星火实验小学、三塘小学、蒸北中学教学楼及学生宿舍漏水问题，扩建了松山中学操场并维修了该校旧学生宿舍等。

衡南县星火实验中学

衡南县星火实验中学原名为三塘镇初级中学，始建于 1987 年，是一所公办的初级中学。学校位于三塘镇三元村和衡阳技师学院之间，现有 38 个教学班，学生约 2600 人，有高标准的教学综合楼、学生公寓、实验楼、教工住宅楼、礼堂、学生淋浴澡堂等建筑群。学校还有 4 个篮球场、1 个排球场和 300 米环形跑道的田径场一个。学校固定资产逾千万元，配有多媒体电教室、实验室、音乐室、美术室、劳技室、图书室、阅览室、电脑室、体育器材室、卫生保健室等教育教学实验设施和现代技术装备。学校现有教职工近 200 人，其中教师 160 人中，有本科学历的 115 人，专科学历的 45 人，学历合格率达 100%，有高级职称教师 15 人。

学校以"一切为了学生，为了学生的一切，为了一切学生""坚持全面发展，培养特色人才"为办学理念。用"忠诚、勤奋、勇敢、坚毅"做校训，以整体推进素质教育，逐渐把学校建成和谐团结、设施完美的"家园"，教学严谨、学风扎实的"学园"，身心健康、个性发展的"乐园"，环境优美、精神文明的"花园"，发展星火特色教育。

近年来，从学校走出的优秀学子考上北京大学、清华大学的就有蒋桂芝、蒋梦平、刘彦、赵超、何邦振、刘毅、刘罡、贺琪等，如此辉煌的业绩，是同类的乡镇中学不可比拟的。在教研方面，罗利新老师参加湖南省历史教学比武荣获省级一等奖，孙龙平老师主持课题"孩子的学习兴趣良好的学习习惯与家庭指导"获省级课题一等奖。学生在各类竞赛活动中获国家级奖 11 人次，省级奖 32 人次，市级奖 44 人次。教师以良好的职业道德和严谨的治学作风，在社会上享有崇高声誉，近几年有 50 多人次分别被授予省、市、县"优秀教师""十佳教师""四新教学之星"等称号，教师的论文及公开课在省、市、县获奖有 120 多人次。

学校已加入了衡南县第一中学教育集团并实现了"班班通"，引进优质教育资源，实现资源共享共建，进一步提升了学校的办学品位，为学校的发展增添了新的动力。

在校长刘吉军的带领下，学校一步一个脚印，扎扎实实，多措并举，让这所老名校，焕发出了新的勃勃生机。

学校地址：衡南县三塘镇

邮编：421101

办公电话：0734 - 8722381

学校行政班子成员信息

校长：刘吉军（18973416885）

副校长：谢永忠（18007345986）

副校长：蒋雄鹰（13786415193）

衡南县星火实验小学

衡南县星火实验小学坐落在衡南县三塘镇中心地段，南邻湘桂铁路，北接 322 国道，毗邻衡阳技师学院。学校占地面积 35.29 亩，校舍建筑面积 8980 平方米。学校规划合理，环境优美，景色宜人，各种设施较齐全。现有 34 个教学班，学生 2385 人，教职员工 126 人，专任教师 117 人，其中中级以上职称的 76 人，湖南省特级教师 1 人，省级骨干教师 3 人，本科学历的 25 人，专科学历的 82 人，学历合格率达 100%。

学校始建于 1981 年，当时只有 12 个教学班，教师 29 人，学生 800 余人，建筑面积 1800 平方米，2004 年通过多种形式融资改制扩建达到现有的办学规模。学校建成一栋六层的新教学楼，一座 1600 平方米多功能礼堂，一个 4 × 200 米田径场，操坪全部硬化，修建 2 个篮球场，装修了学生宿舍，综合楼修缮一新。学校配有一间多媒体教室和现代化远程教学设施，会议室、电脑室、图书室、阅览室、仪器室、实验室、音乐室、美术室、体育器材室、卫生保健室、少先队活动室、广播室、综合档案室、劳技室、教工活动室一应俱全。仪器装备已达 II 类标准，各类图书装备齐全，校园绿化率达 21.1%。教学区、校务办公区、运动区、生活区独立成片，布局合理。学校先后荣获"衡阳市示范性中心小学""衡阳市教研教改示范学校""衡阳市中小学生创造能力培养示范学校""湖南省文明美德学校""湖南省艺术教育先进单位""全国示范家长学校""全国青少年五好小公民主题教育示范学校"等荣誉称号，被誉为"雏鹰哺育的圣地，人才成长的摇篮"。

学校坚持正确的办学方向，秉着"依法治校、以德立校、教研兴校、特色强校"的办学理念。学校有一个团结、务实、创新的领导班子，从严治校、科学管理。在实施素质教育的进程中，学校充分发挥课堂教学的主渠道作用，坚持"双基"并重，形成了以教师为主导、学生为主体、训练为主线、思维为核心、能力为目标的课堂教学模式。学校注重创新精神和实践能力的培养，学生在德、智、体各方面得到全面的发展。加强社会、学校、家庭三方的交流互动，促进学生健康成长，使学校形成了良好的校风、班风、学风及良好的育人环境，教育教学教研成绩斐然，硕果累累。在三塘镇乃至衡南县的小学教学质量综合评价中，学校连续多年名列前茅，小学升初中合格率达 100%。在教研方面，学校先后自创 5 个教育科研课题："养成教育" 1999 年获市级教研改成果奖；"均等教育" 2004 年 8 月被《湖南教育》杂志向全省报道，次年获省级基础教育科

研成果奖；2010 年，"四式阅读教学研究"和"培养孩子良好的学习品质与家庭指导"获得省级课题成果奖。2011 年，"农村小学语文'以学定教'阅读教学模式群的研究"课题获湖南省规划办青年专项立项。教师在国家级报纸杂志发表论文 3 篇，省级报纸杂志发表论文 5 篇，教师的作文获国家级奖励的有 15 篇，获省级奖励的有 19 篇，学生习作在省、市级刊物发表的达 170 余篇。教师发表的论文获省、市级奖励的达 312 篇，县级奖励的 58 篇；有 34 人次在省、市、县各类优质课评比中获一等奖，其中省级一等奖 3 人。

衡南县三塘镇大山中学

衡南县三塘镇大山中学地处衡南县三塘镇最偏僻的地方，距离交通要道——322 国道主干线还有 8 公里，与谭子山镇、硫市镇接壤。学校创建于 1968 年，2006 年与南堡中学合并，2015 年由于乡镇合并更名为衡南县三塘镇大山中学。学校是一所农村初级中学，现有在校生 425 人，开设 8 个教学班。

学校占地面积 26 亩，有两幢 1990 年和 1998 年修建的教学楼，一幢 2011 年兴建的综合楼，还有建筑面积 2000 余平方米的学生一幢、825 平方米的学生食堂一幢以及 2015 年建成的教师周转房一幢（20 套间）；活动场地 8 亩。校园绿化带造型独特美观，校园文化独具特色。校园内绿树成荫，花团锦簇，环境幽静，空气清新，校园文化、净化、美化、绿化、硬化、信息化等"六化"基本完善。晚间校园各处均有 400 瓦大灯照射，尤同白昼，实为莘莘学子学习科学文化知识、领悟做人道理、掌握各种技能、实现人生蓝图的理想场所。

学校现有专任教师 45 人，宿舍管理教师 2 人。专任教师中，拥有本科学历的 23 人，大专学历的 22 人，教师学历达标率为 100%；高级教师 2 人，一级教师 26 人，二级教师 11 人。这是一批朝气蓬勃、无私奉献、敢于创新、能教善导，并掌握现代教育技术、教学基本功扎实、业务过硬的教师队伍。

学校领导班子坚持贯彻党和国家的教育方针政策，坚持素质教育和创新教育，坚持以德育为首，注重开发和培养学生在体育与艺术、劳技与农村实用技术等各方面的能力。学校以

"全面提升学生各方面的素质，为学生成功的明天做准备"为办学宗旨；以"培养学生'三养一改'行为、为学生身心发展奠基、为教师专业成长搭台、为新农村建设服务"为办学理念，以"尚德、强学、健体、求新"为校训，大力弘扬"和谐、文明、自律、上进"的校风，倡导"敬业、爱生、务实、求真"的教风，培养学生养成"勤奋、守纪、乐学、善思"的学风。

长期以来，学校管理逐步形成了规范化、制度化。整体教学质量稳步提升。连续五年在中考中评为质量优秀学校，是衡南乡村中学教育的一面旗帜。

【衡南县谭子山镇中心学校】

衡南县谭子山镇中心学校现下辖 8 所中小学，其中 1 所中学、1 所九年一贯制学校、6 所小学，在校学生 2200 人，教职工 213 人；3 所幼儿园，在园幼儿 403 人。经过几年的建设和改造，8 所中小学校舍错落有致，校园干净整洁，各功能室齐全，活动场地宽敞，一年四季树木葱茏，鸟语花香，自然风光与人文特色相得益彰，是传播知识和文明的乐园。

学校在罗振华校长的带领下，始终坚持以人为本的管理理念。在学校管理方面，注重在"严"字上夯基础，在"实"字上下功夫，在"细"字上做文章，在"精"字上求创新。在教育教学方面，以培养学生全面、可持续发展为目标，注重以教研促教改，以教改促教学，全镇一直坚持"高效课堂"改革，如今已结出了丰硕的成果。近几年来，全镇中小学教育教学质量评价都位居全县前四，已跻身全县教育教学第一方阵。

衡南县谭子山镇京山初级中学

衡南县谭子山镇京山初级中学坐落在衡南县谭子山镇长圻村。谭茅公路从校门前经过，交通便利，校园规划合理，环境幽雅宜人。学校占地 25246 平方米，校舍建筑面积 9960 平方米，校园绿化面积 5000 平方米，运动场地 8000 平方米。现有 14 个教学班，在校学生 485 人；教职工 45 人，其中专任教师 40 人，中级教师 25 人，高级教师 3 人。

学校始建于 1986 年，是一所乡村初级中学。学校文化底蕴深厚，人才辈出。2010 年为了整合教学资源，京山中学、京山联校、杨梅联校、蟠龙联校四所学校合并为一所九年一贯制学校。学校既有初中，又有小学，图书馆、仪器室、实验室、电脑室、音乐室、美术室、体育器材室、劳技室、体育活动室等各教学功能室一应俱全。学校教学区、办公区、运动区、生活区、实验区独立成片，布局科学合理。

学校坚持"教学质量求发展"的教育决策，师生遵循"立志、笃学、诚实、明理"的校训，以创新教育为突破口，全面实施素质教育，坚持德、智、体、美、劳全面发展与培养学生特长相结合，教育教学工作成绩斐然，硕果累累。中考被省、市级示范性普通高中录取的学生比例均居全县前列，得到了上级领导的认可和社会的好评。学校先后获得"衡南县示范性初级中学""衡南县职教招生先进单位""衡南县教育质量教学腾飞单位""衡南县教育质量先进单位""衡南县京山现象"等荣誉称号。

衡南县谭子山镇中心小学

衡南县谭子山镇中心小学坐落于衡南县谭子山镇兴隆村，322 国道从校门前经过。学校前身为兴隆小学，于 1985 年正式定名为谭子山镇中心小学。现有 12 个教学班，在校学生 643 人。

学校规划合理，环境幽雅宜人，校园占地 24140 平方米，建筑面积 6328 平方米，绿化面积 3000 平方米。学校师资雄厚，现有专任教师 40 人，教师学历合格率达 100%，其中大专及以上学历的 28 人，小学高级教师 28 人，小学一级教师 6 人。

学校在建校之初，仅有一栋教学楼、一栋教师办公楼，之后又陆续修建了校门、围墙以及一栋集教学功能房和教工宿舍于一体的综合楼；2005 年建成了一栋学生宿舍楼；2008 年配置了一间多媒体教室、一间电脑房，之后又陆续配备了图书室、阅览室、仪器室、音乐室、美术室、劳技室、体育器材室、体育活动室等功能室，全面改善了学校的教学条件。学校实验仪器装备达到国家基本配备标准；图书室现有图书 20000 余册；电脑室有电脑 40 台。2011 年学校兴建了一座集食堂、礼堂、大型多媒体教室于一体的综合楼。现如今学校又添置了校园广播系统、校园局域网、文化宣传栏及大量健身器材，各行政办公室和教师办公室都配备了电脑，开通了互联网，基本实现了现代化办公。2011年11月，学校顺利通过衡阳市义务教育合格学校评估。2015年，学校启动了运动场项目建设。至此，一所现代化的农村中心小学已经初具规模。

谭子山镇中心小学的教育理念是：快乐学习，健康成长；办学目标是：全面发展，一专多能；校训是：博学、善思、友爱、上进；校风是：品行优良、有礼有序；教风是：师德优秀、教艺精湛、科研创新、自我超越；学风是：精神亮丽、行为端庄、主动实践、快乐成长。学校师生在明确的教育思路的引领下，以创新教育为突破口，全面实施素质教育，坚持德、智、体、美、劳全面发展与培养学生的特长相结合，不仅教育教学质量一直以来稳居全镇前列，素质教育成果也硕果累累，在近几年省、市、县等各级各类竞赛和教学比武中，学校师生共获各类国家级二等奖5项，省级奖12项，市级奖30余项，各类县级奖50余项，教师在各类教育杂志、报纸发表教育教学和教育管理论文近20篇。

地址：衡南县谭子山镇莲塘村兴隆组

邮编：421107

学校行政班子成员信息

校长：蒋金柱（18175872961）

工会主席：陈春秀（13575237575）

【衡南县泉湖镇中心学校】

衡南县泉湖镇位于衡南县西部，距市区34公里，东邻谭子山镇，西接鸡笼镇。衡南县泉湖镇中心学校就坐落在泉湖镇镇正街。学校辖1所初中、6所完全小学、5个教学点、3所幼儿园。在校学生近3000人，现有教职工196人，教师学历合格率达100％。学校师资力量雄厚，有骨干教师和教学名师26人，高级职称的教师12人，中级职称的教师103人。

学校坚持"以人为本、以德立校、质量强校"的办学思路，确立了"让每一位学生都能健康发展，让普通老百姓的孩子体验成功、顺利成才"的教育理念。学校坚持德育为首，突出教学中心，以课堂教学改革为重点，以优化评价方式为手段，加强了教师管理、学生管理和教育教学过程管理，形成了"博爱、崇德、敬业、创新"的教风以及"乐学、善思、探究、笃行"的学风。教育思想的转变、教育观念的更新使学校在全面贯彻教育方针、全面实施素质教育、全面推进课程改革、全面提高教育质量的旅途中取得了长足的进步。一面面锦旗，一项项荣誉，展示出了学校师生风采。

长风破浪会有时，直挂云帆济沧海。前进中的衡南县泉湖镇中心学校正站在新起点，迎接新挑战，谋求新发展，实现新跨越，在素质教育的实践和课程改革的汹涌浪潮中扬帆远航，直抵理想的彼岸。

电话：0734－8911046

邮编：421112

【衡南县鸡笼镇中心学校】

衡南县鸡笼镇中心学校坐落于风景秀丽、文化底蕴深厚的岐山脚下，环境优美，绿树成荫。学校教学设施齐备，办学理念先进，创新育人方法多样，教学楼、办公楼、学生公寓、学校礼堂、老师宿舍宽敞明亮，体育室、书法室、美术室、阅览室、图书室、劳技室、音乐室、棋艺室、理化生实验室及多媒体室、语音室设备先进，功能齐全，篮球场、运动场及前坪、花坛错落有致，美丽大方。

学校下辖2所中学、6所小学、3所幼儿园，在校学生4400人，教师学历合格率达100％。学校师资力量雄厚，他们师德高尚，学识渊博，教学经验丰富，教学思想、理念及方法先进，各学科省级骨干教师4人，市级骨干教师8人，县级骨干教师35人，中学高级教师10人。

学校贯彻"育社会满意的学生，做学生满意的教师，建家长满意的学校，办人民满意的教育"的办学理念，以全面贯彻党的教育方针、面向全体学生、全面提高学生素质为目标，形成了学校有特色、老师有特能、学生有特长的办学特点，初具"诚信、和谐、创新"的校风、"博爱、博学、善诱"的教风、"自信、自立、自强"的学风。学校现已实现学校管理科学化、德育教育立体化、教育管理规范化，逐渐成为精神文明的校园、培养人才的学园、发展特长的乐园。

学校校长王环球带领全体学校领导班子，为学校制订了长远的发展规划，把抓教师队伍的建设和一切为了学生的发展作为学校的根本任务，在他们的领导下，学校正朝着更高的目标迈进。

衡南县鸡笼镇赐山初级中学

衡南县鸡笼镇赐山初级中学创办于1951年。2005年8月，赐山中学与原日光小学合并为公办九年一贯制学校，称为衡南县鸡笼镇赐山初级中学。学校校园总面积为12313.9平方米，校舍建筑面积5408平方米，校园绿化面积500平方米，环境幽雅。

赐山中学中学部现有6个教学班，学生335人；小学部现有6个教学班，学生323人。共有教职工38人，其中专任教师37人，本科学历教师23人，专任教师学历合格率为100%；学科带头人8人，骨干教师5人，教学能手6人，高级教师2人，中级教师19人，初级教师14人。

学校教育教学设施完善，环境优美。学校拥有一流的远程教育网络，率先开始利用现代化教育手段辅助教学；拥有先进的微机教室、多媒体教室、标准化实验室，并在全县率先开设信息技术和小学英语课程。

学校全面贯彻教育方针，整体推进素质教育，确立了"育人为本，德智双馨，全面发展，终身受益"的办学宗旨，以"提供优质教育，构建和谐校园"为办学思想，以"砺志、奉献、乐学、创新"为校训，以"厚德博雅，求真尚美"为校风，坚持"德育为首，教学为主"的办学原则，努力践行新课程标准，大兴以研促教之风，每学科均有教研课题，特别是"小语整改"成绩显著，得到上级教育部门的好评。

学校领导一班人锐意进取，获得了一个又一个荣誉——"农村中学全面管理一类学校""花园式学校""文明单位标兵""现代化远程教育先进学校"。2011年学校顺利通过省"合格学校"验收，并且获得衡南县教育局初中教育质量评价"腾飞奖"。

学校地址：衡南县鸡笼镇日光村

邮编：421111

联系电话 0734－8774661

学校邮箱 cishanjhb@126.com

学校行政班子成员信息

校长：蒋小平（13875799065）

副校长：张孝东（15575402798）

副校长：廖名义（13627348278）

衡南县鸡笼镇中学

衡南县鸡笼镇中学始创于1971年。学校占地25916.3平方米。现有教学班12个，学生639人，其中寄宿生621人，教职员工58人。

学校整体布局合理，现有教学楼、实验楼各一幢，办公楼两幢，教师家属楼一幢，学生公寓一幢，有能容纳全校师生同时就餐的食堂一个，篮球场、田径场各一个。

学校师资力量雄厚。学校专任教师中拥有本科及以上学历的达87%，有县级以上优秀教师14人，县级以上学科带头人8人，有27人在市、县级优质课评比中获奖，其中2人获市级一等奖。

教育教学质量逐年攀升。学校以"厚德、博学、求实、创新"为校训，坚持"依法治校、以德立校、科研兴校；德育为首、教学为主、规范管理"的办学思路，不断加强教育教学管理。在有效促进学生全面发展的基础上，教育教学质量逐年提高，学校知名度不断提升，2012年、2013年连续两次学校均获得衡南县教育局教育质量评价"腾飞奖"。

地址：衡南县鸡笼镇赐山村

邮编：421111

邮箱：jilongschool@163.com

办公电话：0734－8772357

学校行政班子成员信息

校长：刘向荣（13117340330）

副校长：龙山彪（13054065079）

副校长：伍春元（13973445567）

衡南县鸡笼镇中心小学

衡南县鸡笼镇中心小学创办于1985年。学校现有教学班18个，在校学生1105人，教职工51人。

学校整体布局规范，现有教学楼、综合楼各一幢，能容纳全校师生同时就餐的食堂一个。

教师队伍中拥有本科学历的31人，大专学历的10人，中师学历的10人，学历达标率为100%。学校领导班子年轻有为，能勇挑重担、率先垂范、廉洁自律。

学校的办学理念：为学校可持续发展创造

条件，为学生终生发展奠定基础；学校的校训：坚毅、勤奋、健美、活泼。

近几年来，学校全面贯彻党的教育方针，狠抓教育教学管理，规范各项教育教学工作，全面实施素质教育，办学水平和教育质量逐年提高，多次受到上级领导的表彰奖励。学校曾多次被评为鸡笼镇教育先进单位，2013年在全县德育工作评比中取得了全县第二名的好成绩，2017年在衡南县中小学篮球比赛中荣获第四名。

地址：衡南县鸡笼镇鸡笼村

邮编：421111

邮箱：569201451@qq.com

办公电话：0734 - 8773758

学校行政班子成员信息

校长：左学国（15576735001）

副校长：陈刚健（13135346908）

副校长：欧阳化球（13087341170）

副校长：吕清燕（13762487006）

衡南县鸡笼镇大江完全小学

衡南县鸡笼镇大江完全小学是由鸡笼镇大江、赤堰、栋塘、泉井、中山五所小学整合而成的完全小学。学校占地面积4.12亩，拥有一座教学楼、一座综合楼。2017年上学期，有6个教学班（幼儿园除外），学生188人（不包括幼儿园）。现有小学教师14人，幼儿园教师4人，后勤工作人员3人，其中小学高级教师9人，小学一级教师5人，学历结构为：本科6人，专科5人，中师3人。学校教师的学历达标率为100%，全校教师平均年龄为40.2岁。教师敬业精神强，教学观念新，能熟练地运用现代化教学手段进行教学。

2005年学校新建了一栋综合楼。校园环境洁净、优雅。校园内有篮球场、乒乓球台。学校厨房规范、设施齐备。学校现有教学功能用房11间：计算机室、图书室、阅览室、仪器室、实验室、少先队活动室、美术室、音乐室、科技活动室、卫生保健室、体育活动室。学校办学条件基本改善。

地址：衡南县鸡笼镇中山村

邮编：421111

办公电话：0734 - 8915746

学校行政班子成员信息

校长：彭玲丽（15386017948）

衡南县鸡笼镇花山完全小学

衡南县鸡笼镇花山完全小学始建于1960年。学校现有教学班6个，在校学生136人；教职工13人，其中本科学历的6人，大专学历的4人，学历达标率为100%。学校领导班子不断年轻化，现任领导班子平均年龄40岁。近几年来，学校不断加大投入，规范管理，办学条件迅速改善，办学水平不断提升。自申报"义务教育合格学校"评估验收以来，学校面貌更是发生了翻天覆地的变化，为学生提供了更为舒适的学习环境。现在学校占地面积1836平方米，生均面积13.5平方米，校园布局合理，绿化环境优美。图书室、阅览室、仪器室、实验室、音体美室，应有尽有。学校开通了宽带连接，实现了无线Wi-Fi全覆盖，实现了资源共享，扩展了教育教学资源，并将其广泛运用于教育教学之中。一所布局合理、管理科学、装备基本齐全的全新农村完全小学正逐步崭露头角。

近几年来，学校全面贯彻党的教育方针，狠抓教育教学管理，规范各项教育教学工作，全面实施素质教育，办学水平和教育质量逐年提高，多次受到上级领导的表彰奖励：2013年在全县德育工作评比中取得了第二名，2014年在全镇教育目标管理考核与教育质量综合评价中均取得了第四名，2015年在全镇教育质量综合评价中取得了第二名。近几年来，共有两名教师荣获"衡南县优秀教师"称号，11名教师被评为"鸡笼镇优秀教师"。

地址：衡南县鸡笼镇花山村

邮编：421111

邮箱：914617935（QQ）

学校行政班子成员信息

校长：符方军（13548509136）

衡南县鸡笼镇岐山完全小学

衡南县鸡笼镇岐山完全小学创建于1968年，前身为岐山林业乡完全小学附中，2003年，岐山林业乡完全小学附中、芳冲小学、东华小学和岐山小学经调整布局合并为一所完全小学。学校坐落于衡南县最西部的岐山办事处岐山村，紧邻国家AAA级风景区——岐山森林公园，依山傍水，环境优美，交通十分便利。

学校现有教学班 6 个，在校学生 79 人；教职工 11 人，其中本科学历的 7 人，大专学历的 4 人，学历达标率 100%。学校占地面积 4600 平方米，生均校园面积 58.22 平方米；校舍建筑面积 1388 平方米，生均面积 17.57 平方米；绿化面积 200 平方米，生均面积 2.53 平方米。学校现有一栋标准的三层教学大楼。学校办学条件优越，功能齐全，各种教学设施设备比较齐全。其中教学用房 6 间、教学功能用房 6 间、办公用房 11 间，有体育器材室、图书室、阅览室、仪器室、科学实验室、音乐室、美术室，各个功能室的设施按照湖南省义务教育办学标准基本配备到位，其中图书室藏书 4193 册，生均 18.56 册。学校的服务区为岐山办事处所辖的三个行政村，服务半径约 6 公里，总受益人口 4000 余人。学校立足实际，以办成规范性、高质量、有特色的教育现代化学校为总目标，提出了"创和谐校园，抓一流管理，办品牌学校"的办学思路。学校管理规范、职责分明、特色明显。

地址：衡南县鸡笼镇岐山村

邮编：421111

电话：0734 – 8775955

邮箱：774358363@qq.com

学校行政班子成员信息

校长：尹甫（15211384290）

衡南县鸡笼镇永兴完全小学

衡南县鸡笼镇永兴完全小学创建于 1968 年，重建于 2002 年。学校坐落于衡南县鸡笼镇永兴村，地处清花河畔，永兴集市之旁，群山环绕，风景秀丽，交通十分便利。

学校现有教学班 6 个，在校学生 133 人；教职工 13 人，其中本科学历的 3 人，大专学历的 7 人，学历达标率为 100%。学校领导班子不断年轻化，现任领导班子平均年龄 42 岁。学校占地面积 2125 平方米，生均校园面积 15.97 平方米；校舍建筑面积 2270 平方米，生均面积 17.06 平方米；绿化面积 120 平方米。学校现有一栋两层教学大楼。学校办学条件优越，功能齐全，各种教学设施设备比较齐全。其中教学用房 6 间、教学功能用房 4 间、办公用房 2 间，有体育器材室、图书室、阅览室、仪器室、科学实验室、音乐室、美术室，各个

功能室的设施按照湖南省义务教育办学标准基本配备到位，其中图书室藏书 3800 册，生均 28.57 册。学校立足实际，全面推进素质教育，以培养学生创新精神和实践能力为重点，造就有道德、有文化、有理想、守纪律的社会主义建设者和接班人，努力把学校办成让人民满意的学校。

地址：衡南县鸡笼镇永兴村

邮编：421111

电话：07348774252

邮箱：543907171@qq.com

学校行政班子成员信息

校长：符君（15573463647）

衡南县鸡笼镇长康完全小学

衡南县鸡笼镇长康完全小学创建于 20 世纪 50 年代。新校区占地面积 7000 平方米，建筑面积 1196 平方米，绿化面积 200 多平方米，校园内绿化树木 200 多株。篮球场、沙坑及体育器材功能区一应俱全。学校现有在职在编教职工 14 人，学校共有 6 个小学教学班，在校学生 259 人；附设幼儿园 3 个班，幼儿学生 80 多人。学校各种配套设施基本齐全，图书室藏书达 2120 多本。学校校园文化氛围浓厚，校风、学风良好。

办学宗旨：全面贯彻党的教育方针，全面推进素质教育，以培养学生创新精神和实践能力为重点，造就有道德、有文化、有理想、守纪律的社会主义事业建设者和接班人，努力把学校办成让人们满意的学校。

校训：严谨、勤奋、求实、创新。

地址：衡南县鸡笼镇长康村

邮编：421111

电话：07348775309

邮箱：1764847499@qq.com

学校行政班子成员信息

校长：秦大龙（15573447006）

【衡南县咸塘镇中心学校】

衡南县咸塘镇中心学校所在的咸塘镇地域区位优势非常明显，与衡阳市珠晖区仅一河之隔。学校下辖咸塘中学（九年一贯制）、咸塘镇中心小学、高桥小学（教学点）、中心幼儿园（公办）、阳光幼儿园（民办）。目前在职在编教师 137 人，其中专任教师 133 人，本科学历

的 46 人，高级教师 12 人，一级教师 83 人。在读初中生 555 人，小学生 963 人，适龄幼儿 375 人。

近些年来，学校着眼全局，统筹谋划，科学设点布局，大力改善办学条件，合理配备师资力量，严格督查各项工作，尤其是对各校（园）的教学常规、学生管理、后勤服务、安全卫生等实行常态化检查。辖区内校容整洁舒适，学生好学、教师乐教，已经连续多年在衡南县教育局年终综合目标考评中，荣获"先进单位"称号。2017 年 8 月 25 日顺利完成咸塘中学、中心幼儿园的整体搬迁，2017 年 9 月以来，各校（园）先后接受湖南省"两项督导评估"、教育部"义务教育均衡发展"、衡阳市"标准化学校建设"专项检查，由此翻开了咸塘教育发展的新篇章！

衡南县咸塘镇中心小学

衡南县咸塘镇中心小学始建于 1957 年，是一所寄宿制农村小学。

学校现有 12 个教学班，学生约 600 人；30 名教职工，其中副高级职称教师 1 人，一级职称教师 22 人，二级职称教师 6 人，拥有大专及以上学历的占 60%，学历合格率达 100%，曾获得县级以上教学能手、骨干教师称号的有 5 人。

学校环境优美，布局合理，教学设施完善。目前学校占地面积 5800 多平方米，建筑面积 3200 多平方米，校内有 250 米塑胶跑道一个、篮球场一个、羽毛球场两个，按标准配置了电脑室、音乐室、实验室、图书室、美术室、体育室。2017 年，学校又新建了一栋高标准的教师公租房。

学校确立了"团结活泼、求实创新"的校训，以"尚德、博学、健体、爱美"为校风，以"忠于教育、严谨治学、为人师表"为教风，以"巧学、守纪、求真、创新"为学风，取得了累累硕果。学校连续十三年荣获了镇、县级以上的先进教育单位称号，赢得了社会各界的广泛好评。

【衡南县泉溪镇中心学校】

衡南县泉溪镇是衡南县四个卫星城镇之一，位于耒水河畔，交通便利，环境优美，教育覆盖半径 10 余公里。

衡南县泉溪镇中心学校下辖一所初级中学和一所中心小学。

另外，泉溪镇还有 3 所联校、1 个叫教学点，共有 28 个教学班，学生 600 余人。

学校管理规范，严格遵循"更新观念，奋发进取，追求卓越，完善自我"的理念。广大教职员工忠诚党和人民的教育事业，求真务实，恪尽职守，甘于默默奉献，成绩斐然，深受学生家长和社会各界的好评。

衡南县泉溪镇初级中学

衡南县泉溪镇初级中学始建于 20 世纪 50 年代，校园占地面积 41.2 亩，校舍建筑面积 10206 平方米。现有 18 个教学班，在校学生 1000 余人。教职员工 80 余人，其中专任教师 70 余人，高级教师 12 人，中级教师 50 人；本科学历的 58 人，专科学历的 23 人，学历合格率达 100%。学校是一所规划合理，平整宽敞、环境优美、设施齐全的规范化初级中学。

衡南县泉溪镇中心小学

衡南县泉溪镇中心小学创办于 1984 年，学校占地 32000 平方米，建筑面积 7260 平方米，体育场地 3000 平方米。现有教职工 57 人，其中专任教师 55 人，高级教师 5 人，小学高级教师 41 人，小学一级教师 6 人，本科学历的 18 人，专科学历的 32 人，中师学历的 6 人，学历合格率达 100%。学校管理规范，设施齐全，以质量求生存，以特色求发展，是一所合格化中心小学。

【衡南县洪山镇中心学校】

衡南县洪山镇中心学校现辖初级中学 2 所（双林中学和古城中学）、中心小学 1 所、完全小学 8 所、幼儿园 4 所，在校中小学生 4484 人，在职中小学教师 281 人。

全镇学校布局比较合理，办学条件基础良好，各类学校均衡发展。义务教育阶段学校管理科学严格，办学高质量美名扬衡南，近三年来，全镇中小学教育质量综合评价一直稳居全县乡镇排名前两位；两所中学高标准装配了"三通两平台"设备设施，学校教育信息化建设与应用初具规模；全镇教师爱岗敬业、安居乐业。

衡南县洪山镇中心小学

衡南县洪山镇中心小学始建于 1952 年，

原名双林完全小学；1976 年更名为双林乡中心小学；1995 年全国实行撤区并乡，以洪山镇中心小学为校名沿用至今。

学校面貌日新月异，原来总面积不足 5000 平方米的四合院式校园已发展成占地面积 3 万余平方米的县级强校。学校建有 250 米的标准跑道运动场、篮球场、实验室、图书室、仪器室、音乐室、美术室、体育活动室、计算机室、多媒体教室等。学校现有教学班 19 个，学生 1352 人。教职员工 67 人，其中中级职称的 32 人，初级职称的 27 人；大专及以上学历的教师 60 人，其中本科学历的 24 人，专任教师学历达标率 100%。

学校针对农村小学学生的实际情况，切实推行素质教育。自 2010 年以来，学校教师撰写的论文获得国家级奖项 12 人次、省级奖 30 余人次、市级一等奖达 100 余人次；近年来，学生参加各级各类比赛获奖达 530 余人次。学校申报的课题"留守家庭的家庭教育特点与指导的研究"获省级三等奖。

【衡南县茶市镇中心学校】

衡南县茶市镇中心学校坐落在衡南县东南部被誉为"东乡交通中枢"的茶市镇石子村。学校环境优美，舒爽怡人，办学历史悠久，文化底蕴丰厚，人才辈出，是教书育人的理想场所。

学校下辖 1 所初中、1 所中心小学、6 所完全小学、8 所幼儿园，在校学生 3400 余人，教职工 203 人，教师学历合格率 100%。学校拥有一支团结、实干、高素质的教师队伍，其中高级职称教师 20 人，中级职称教师 120 人，骨干教师 12 人。

学校坚持正确的办学方向，师生遵循"勤奋、守纪、求实、进取"的校训，以创新教育为突破口，全面实施素质教育，按照以教学为主、整体优化的原则，让每一个普通的学生都能得到最好的发展，以学生的超越促进学校的超越。学校坚持德、智、体、美、劳全面发展与培养学生特长相结合，提高学生道德素质，加强学校、学生、家长三方交流互动，促进学生健康成长，使学校形成了优良的校风、班风、学风及良好的育人环境，教育教学工作成绩斐然，硕果累累。

衡南县茶市镇中学

衡南县茶市镇中学坐落在衡南县茶市镇石子村，南邻茶市街，东西两条公路侧旁而过。校园规划合理，平整宽敞，环境幽雅宜人，学校占地面积 54 亩，校舍建筑面积 15300 平方米。现有 16 个教学班，在校学生 1000 余人；教职员工 89 人，其中专任教师 72 人，高级职称的 15 人，中级职称的 65 人，本科学历的 62 人，专科学历的 27 人，学历合格率达 100%。

学校始建于 1954 年，20 世纪 80 年代还只有师生 300 多人，建筑面积近 2000 平方米。前些年，茶市镇党委、镇政府加大教育投入，采取"农民集一点、企业拿一点、单位摊一点、争取上级资助一点"的多种渠道，共筹集资金 200 多万元，建成了 6×250 米的田径场，修建了水泥球场 2 个，筑水泥马路一条，砌好了学校围墙，教学大楼拔地而起。2003、2005 年又筹集资金 290 余万，建成了两栋学生宿舍楼和一间多媒体教室。2016 年，新食堂、教师公租房相继建成。学校配有图书室、仪器室、实验室、电脑室、音乐室、美术室、体育器材室、卫生保健室、劳技室、教工活动室。仪器装备已达 II 类标准，各类图书 27000 多册。校园绿化覆盖率达 30.7%，被授予"衡南县园林式单位"称号。教学区、运动区、生活区井然有序，学校先后被衡南县督导室评估为"规范化学校"和"示范性初级中学"；被衡阳市教育局评为"教研教改示范校"；2012 年被评为湖南省示范性家长学校；2013 年在中央文明办、省市文明办的直接领导下设立了乡村青少年宫；2014 年创建衡南县茶市书画之乡；2016 年根据国家体育总局和教育部的文件精神，学校成功创建全国青少年校园足球特色学校。

学校坚持正确的办学方向，师生遵循"勤奋、守纪、求实、进取"的校训，以创新教育为突破口，全面实施素质教育，按照以教学为主、整体优化的原则，让每一个普通的学生都能得到最好的发展，以学生的超越促进学校的超越。学校坚持德、智、体、美、劳全面发展与培养学生特长相结合，提高学生道德素质，加强学校、学生、家长三方交流互动，促进学生健康成长，形成了优良的校风、班风、学风及良好的育人环境，教育教学工作成绩斐然，硕果累累。近三年来，初中入学率均在99%以上，毕业率在96%以上，优秀率在31%以上，学年辍学率均在2%以下。教师的教研论文在省、市、县获奖的达58人次，学生在各级各类竞赛中有158人获奖，学校获市、县授予的各种荣誉称号达40余次。

衡南县茶市镇中心小学

衡南县茶市镇中心小学坐落于茶市镇龙山路东端，创建于1979年。校园面积12338平方米，建筑面积5480平方米，教学楼3栋，综合楼1栋，200米环形跑道运动场1个，水泥篮球场2个，设有图书室、体育器材室等功能室。现有教学班18个，学生900多名。教师50名，其中中级职称的32人，初级职称的18人，中专学历的8人，专科学历的19人，本科学历的23人，学历合格率达100%，特岗教师13人。

2012年10月通过合格化学校建设后，学校各功能室再次得以健全，多媒体室、音乐室、美术室、卫生保健室、体育活动室、图书室、阅览室、电脑室、实验室、仪器室、科技活动室、少先队活动室、工会活动室、会议室一应俱全。校园建有高标准文化长廊，环境优雅，基本上实现了绿化、美化、净化。

2014年，中央财政彩票公益基金在此建起了乡村青少年宫，为在校学生和校外少年儿童提供了更丰富的娱乐、课外学习场地，为学校培养多方面人才打下了坚实的基础。

近几年，教师获国家、省、市级奖励达100余人次，学生参加县、市各科竞赛有400多人次获奖，多次受到上级的表彰和奖励。

学校始终坚持以学生为本、和谐发展为目标，在充分考虑学生身心特征、发展需求的基础上，结合学校实际，树立学生"做一个有道德的人"的思想意识，养成良好习惯，培养高尚品质。

衡南县茶市镇扬帆小学

衡南县茶市镇扬帆小学坐落在美丽的茶市镇黄泥村。学校始建于2001年，是一所全日制小学。2015年伊诺尔教育集团投资300万元，对学校重新改建装修。今日的校园绿树成荫，鸟语花香，环境优雅，周边无外界干扰，如置身世外桃源，是莘莘学子求学的理想之地。改造后的校园现拥有学生宿、篮球场、多媒体教室、中型餐厅、图书室、少先队活动室等，现代化教学设施一应俱全。

师资力量雄厚。学校与衡阳师范学院、衡阳幼师学校已签订就业实习基地合作协议。所有任课教师都必须经过实训后，通过严格考核方可进入学校任教。目前，学校教师队伍中，本科及以上学历的达9人。

实行小班制。小学一至六年级，每个班学生人数不超过30人。

重视英语教学。采用发达地区教材，从一年级起开设与深圳同步的英语教材。该教材内容生动有趣，寓教于乐，孩子学起来没有压力。英语专业教师采用全英文授课，让学生接触真实的英语语音环境，突破哑巴英语的困境。

集团管理。学校隶属于伊诺尔教育集团，集团总部设立在衡南县云集镇，集团旗下现拥有华泉小学、扬帆小学、小神童幼儿园、伊诺尔幼儿园。2016年5月集团投资2000万在云集镇新建一所高端民办小学，目前学校正在筹建中。学校严格按照集团化统一管理，服务广大家长和学生。

实行全封闭式管理，坚持校车接送及早餐、中餐、午休制。学校不设小卖部，改变学生乱花钱、爱吃零食的习惯。每个教室都安装多媒体、电脑，实行多媒体教学，让孩子轻松愉快地接受知识。每个教室都安装摄像头，直接连接家长的手机。家长打开手机便能看到孩子们在课堂上的表现。

配备专业生活管理老师。每台校车配备专门的接车老师，保证上下车学生安全。学生用餐、午休期间，配备专门的生活老师细心呵护。住校生除配备专门生活老师照顾孩子的生活起居外，夜间晚自习还配有专门的老师辅导孩子学习，解决家长的后顾之忧。

衡南县茶市镇拔萃小学

衡南县茶市镇拔萃小学坐落于茶市镇贺新村，地处南岳衡山之南，依傍耒水，毗邻八县，畅通九衢。学校始建于20世纪20年代；1950年命名为衡南县茶市镇贺新学校；1978年更名为贺新完全小学；2012年6月，通过中国红十字会总会事业发展中心的推荐，得到爱心企业——珠海怡华通投资有限公司的捐助，进行了扩建，并定名为衡南县茶市镇拔萃小学，寓意"出类拔萃"。

校园占地面积3900平方米，校舍面积1440平方米，其中教室6间，图书室、实验室、多媒体教室各1间。学校设有教学区、生活区、运动区，校园环境优美。学校现有6个教学班，11名教职员工。其中，小学高级教师3名，小学一级教师8名。"学高为师，身正为范"，领导班子团结务实，科任教师认真负责，教学经验丰富，在历年的教学评比中，学校均名列前茅。学校认真贯彻落实党的教育方针，坚持"以德立校、依法治校、教研兴校、质量强校"。学校现有学生185人，适龄儿童入学率为100%，完成率为100%，辍学率为0，毕业生合格率为100%，每年都有数名毕业生考入重点中学。

衡南县茶市镇僚塘学校

衡南县茶市镇僚塘学校坐落在茶市镇杜桥村和僚塘村的交界处，四周稻田环绕，水波如镜。学校占地面积12000余平方米，建筑面积3000余平方米，校园布局合理，整洁美观，包括一栋3层12间标准教室的教学楼，一栋可供500师生就餐的食堂，以及20套公寓式的教师宿舍。学校是在原村支部书记刘友华的大力支持下，耗资400多万，于2013年建设而成。

学校现有一到六年级共6个教学班，学生366人，生源来自周边的僚塘、冠山、杜桥、白田等9个村。学校为五、六年级学生提供寄宿，并配备了两辆标准校车为一至四年级的部分走读学生提供接送服务，服务辐射半径最大达到8公里。

连续三年，学校在小升初考试质量综合评价中都位居全镇前两名，其中2015年居全镇第一。2015年6月，罗淑兰老师辅导学生周利蓉获得"美丽中国·我的中国梦"主题征文国家级一等奖以及主题演讲比赛市级二等奖；2016年6月，刘慧老师辅导学生江慧获得"我身边的好老师"主题征文国家级特等奖以及主题演讲比赛省级二等奖；2016年4月，罗淑兰老师参加衡南县小学语文阅读教学比赛，获得一等奖。

学校创建四年来，在上级各部门的关怀和指导下，学校乘着新课改的强劲东风，加快建设，加强管理，一跃而成为集环境优美、设施完善、管理精细、质量优良于一体的合格化完全小学，成为衡南县教育园地里一道亮丽的风景。

【衡南县栗江镇中心学校】

衡南县栗江镇中心学校是全镇教育行政管理机构，现有初中3所、小学10所、幼儿园6所，教职工332人，学历合格率达100%。所有学校全部通过合格化学校验收，其中衡南县第七中学被评为市级示范性学校。全镇在校学生（幼儿）5308人。

近几年来，学校精抓细管求质量，一心一意谋发展，全镇的办学条件、学校布局、教育管理和质量等方面都取得了突出的成绩：一是教育质量稳中有升，全镇教师以质量为立教之本，各校狠抓教学教研、精细过程管理，全镇初中教学质量连续十年稳居全县前十位。近几年，三所初中质量评价均迈入全县先进行列，两所初中被评为"教育质量腾飞单位"；二是办学条件日趋改善，近几年，学校多渠道筹集资金，改善了衡南县第七中学、隆市中学、檀市完全小学附中、新月完全小学、石滩完全小学、青峰完全小学、中心小学、大泉完全小学等学校的办学条件；三是合格化学校建设步伐加快，隆市完全小学、石滩完全小学、新月完全小学、檀市初中、大泉完全小学等先后通过了合格化学校验收；四是目标管理考评工作常抓不懈。三年来，学校在全县目标管理考评中一直位居前列，受到各级好评。

学校将以"力将教育为人民，办好教育为栗江"为宗旨，突出质量兴校、巩固两基成果、整合教育资源、优化教育管理，以学生健康成长、校园和谐平安为基础，全面提高教育教学质量，为描画山川秀美、文明和谐的新栗江书写亮彩的一笔。

地址：衡南县栗江镇双岭南路88号
邮编：421125
邮箱：1047121607qq.com
办公电话：07348785362
学校行政班子成员信息
校长：周友清（13873452308）

常务副校长:龙水云(15575563058)

【衡南县松江镇中心学校】

衡南县松江镇中心学校(前身为松江镇学区、松江镇教育管理办公室)成立于2006年8月,坐落于松江镇衡常路172号,与常宁松柏镇隔河相望,下辖1所初级中学(松柏中学)、1所九年一贯制学校(长岭中学)、7所完全小学(中心小学、实验小学、月堡完全小学、周田完全小学、因果完全小学、霭市完全小学、长岭完全小学)、3所村级小学(中高小学、湖林小学、满意小学)、1所公办幼儿园(松江中心幼儿园)、4所民办幼儿园(季乐幼儿园、新星幼儿园、喜洋洋幼儿园、锦绣前程幼儿园),现有在校中小学生2625人,83个教学班,在园幼儿960余人,教职工226人,其中专任教师223人(高级职称的7人,中级职称的149人;本科学历的96人),学历合格率达100%。

学校坚持正确的办学方向,以教育教学为核心,不断深化教育管理体制改革,积极推进教研教改,师生遵循"勤奋、守纪、求实、进取"的校训,以创新教育为突破口,全面实施素质教育。学校按照以教学为主、整体优化的原则,稳步提高教育教学质量;以创建平安校园为重点,强化学校内部管理,着力整治校园周边环境,狠抓安全管理,促进松江教育和谐发展;以合格化学校建设为契机,努力改善办学条件,整合优化教育资源,全面提升全镇教育品位,不断打造松江学校办学特色。

学校各方面的工作都取得了可喜的成绩,2012—2016年连续五年被衡南县教育局评为"目标管理先进单位"。学校全体教职员工精诚团结,齐心协力,密切联系地方政府,举全镇之力,正朝着"办人民满意的教育,建人民满意的学校,做人民满意的教师"的目标迈进。

衡南县松柏中学

衡南县松柏中学始建于20世纪60年代初,于1997年搬迁至松江乡政府所在地。目前,学校已成为一所颇具规模的市级示范性农村初级中学,并先后获得"县级文明单位""中学生日常行为规范教育示范性学校""体卫工作先进单位""德育工作先进单位""教育质量优胜单位"等荣誉称号。

学校占地面积63.2亩,总建筑面积13667平方米。现有教学班9个,共有学生480余人。学校拥有一批高素质、爱岗敬业的教师队伍,现有教师46人。其中,中学一级教师36人;本科学历的38人,专科学历的8人,学历达标率为100%。

学校始终坚持先进的办学理念,努力实现教学手段的现代化。学校装备了语音室、电脑室、多媒体教室,并安装远程教育网和班班通。同时,学校的图书室、阅览室、音乐室、美术室、仪器室、物理实验室、化学实验室、风雨活动室等各个功能室一应俱全,为学生的全面发展提供了有力的硬件保障。

学校管理科学、民主。学校实行"校长负责制",落实"岗位责任制",建立"目标—管理—考核—评价—奖惩"有效机制。安全管理力度不断加强,德育工作常抓不懈,素质教育全面实施。加强新课程改革探究,科学创新,推行校本教研。学校进行的省级"十一五"规划课题"培养自控力,促进农村中学生健康成长教育的实践与研究",荣获省级教研成果三等奖;学校教育教学质量稳步提升。

学校良好的育人环境、浓厚的校园人文建设、逐步推进的课堂教学改革、日益强化的过程管理、扎实有效的工作作风、日益变新的教学姿态,为学生的健康成长创造了有利条件,学校成为一所家长满意、学生喜欢、社会认同的学校。

衡南县松江镇中心小学

衡南县松江镇中心小学位于松江镇松竹村井家坪组,三面环山,南临湘江。学校历史悠久,始建于1950年。学校现有8个教学班,学生283人。学校占地20979平方米,生均74.13平方米;校舍建设面积5150平方米,生均18.19平方米;食堂面积162平方米,生均2.05平方米。

学校认真贯彻落实党的教育方针,实践"以德立校,以法治校,教研兴校、质量强校"的办学理念,"一切为了孩子",关注学生的健康成长,培育学生的综合素质,为学生的发展铺路奠基。学校不断注重文化知识的传授和思想品德教育,而且注重音、体、美、劳的教育,发展学生个性,培养合格加特长的社会主义接班人。

学校办学水平逐渐提高，得益于规范化的管理。学校建立健全了各项制度，德育教育、日常管理、教学教研、体艺育人、财务管理等工作有效发展。学校重视学生的行为品行，以养成教育为依托，培育学生健康人格。

衡南县松江镇实验小学

衡南县松江镇实验小学建于20世纪90年代，占地面积600平方米。学校现有7个教学班，在校学生307人；教师21人，均具备相应的教师资格证，学历合格率为100%。

学校秉承"五有并举、全面发展"的办学思想，着眼于学生的全面发展，大力开展德育活动和教学教研活动，努力发展学生特长，致力于让每一个孩子得到发展，让每一位教师施展才华，让每一个家长收获希望。多年来，学校的教育教学质量一直名列全镇前茅，师生素质整体提升，参加县级及以上各项活动和竞赛频频获奖，得到上级领导和家长的肯定。

衡南县松江镇月堡完全小学

衡南县松江镇月堡完全小学创建于20世纪50年代末，坐落在松江镇月堡村一组。学校现有教学楼两栋、综合楼一栋，总建筑面积为2254平方米，占地面积为3824平方米。现有教学班7个，在校学生231人，其中寄宿生53人。现有教师14人，其中专任教师14人，本科学历的4人，专科学历的10人。学校拥有教学设备仪器总值为66941元。图书室藏书量达到了1350类、总计4804本，总值83851.13元。

学校于2012年顺利通过了衡阳市合格化学校验收。学校实行"校长—主任—教研组长"的三级管理模式。学校通过科学管理，明确责任，分工合作，调动了相关责任人的工作积极性。

学校自建校以来，全面贯彻党的教育方针，经过历代教师的不懈努力，学校办学业绩突出，积淀了厚实的学校文化底蕴，形成了自己独到的办学理念。学校的办学理念是：为学校可持续发展创造条件，为学生终生发展奠定基础。

衡南县松江镇周田完全小学

衡南县松江镇周田完全小学位于衡南县松江镇和平村，创办于1968年。学校占地面积2600平方米，建筑面积1600平方米。设有6个教学班，学生120余人，教职工11名。

学校认真贯彻落实党的教育方针，"以德立校、依法治校、教研兴校、质量强校"是学校的管理策略。学校着眼于一切为了学生、为了学生的一切、为了一切学生；立足于偏远山区的需求，扎实工作，以提升当地的文化氛围为目标；以"艰苦奋斗、严格谦逊、团结活泼、求实进取"为校风；以"教书育人、言传身教、诲人不倦"为教风；以"尊师、守纪、团结、勤奋"为学风。

学校认真规范学校管理，建立健全各项制度，使学校德育、常规管理、教学管理、艺教、体育等工作的有序发展。随着教育改革的不断深入，学校正在创建"一流的管理、一流的师资队伍、一流的教育质量"，培养"勤奋、活泼、严谨、博学"的学生，构建和谐、民主、务实、高效的运行机制。

衡南县松江镇因果完全小学

衡南县松江镇因果完全小学坐落在松江镇因果村，离衡南县城17公里，交通便利，学校周围群山环绕，绿树成荫。目前，学校占地面积为3800平方米，建筑面积1188平方米，运动场地500平方米。现有教学班6个，在校学生110余人，教职工12人（专任教师11人，职工1人）。专任教师中，大专及以上学历的9人（其中大专学历的7人，本科学历的2人）；获得中级及以上职称的3人，获得教师资格证的11人。学校配备了图书室、阅览室、体育室等，由于条件有限，暂无多媒体设备及电脑室。

学校坚持正确的办学方向，本着"明德、博学、宁静、致远"的办学宗旨，在团结、务实、创新的领导班子的领导下，从严治校、科学管理。在实施素质教育的过程中，学校充分发挥课堂教学主渠道作用，形成了以教师为主导，学生为主体，训练为主线，思维为核心，能力为目标的课堂教学模式。学校注重创新精神和实践能力的培养，学生在德、智、体、美、劳各方面得到全面的发展，教育教学教研成果斐然，其中学校青年教师唐日丽老师发表的论文，多次获得市、县一等奖。学生们在参加各级各类考试中多人获奖。

衡南县松江镇霭市完全小学

衡南县松江镇霭市完全小学始建于1948年。学校占地面积2800余平方米，建筑面积1600余平方米。校园布局合理，绿化环境优美。学校有教学楼、综合楼、新竣工的学生食堂，环境优雅；各种资料齐全，琳琅满目；图书室、阅览室、仪器室、实验室、多媒体室，应有尽有，并广泛运用于教育教学之中。

学校现有教学班7个，在校学生200余人。专任教师13人，其中高级教师7人，师资力量雄厚，教学水平精湛。

学校从课堂入手，坚持"先学后教、以学定教、教学合一"的现代教学理念，改革教学模式，提高教学质量。学校注重学生素质教育，在参加乡镇各项比赛均获得较好名次。学校坚持面向全体学生，开齐开足课程，开展阳光运动，增强师生体质。

衡南县松江镇长岭完全小学

衡南县松江镇长岭完全小学坐落在长岭村，始建于1953年。学校占地面积2800平方米，校舍建筑面积980平方米，校园规范合理、设施齐全、环境优雅。学校现有7个教学班，在校学生120余人；教职工11人，专任教师中，具有本科学历的1人、专科学历的3人，具有小学高级职称的8人。

学校坚持正确的办学方向，秉持"开拓创新、勤学励志"的行为准则，始终坚持"以人为本"，把握"面向世界、面向未来、面向现代化"的办学理念，全面贯彻党的教育方针，大力推进素质教育，切实提升管理水平，不断提高办学效益，成效卓著。

硬件设施不断完善。近几年来，学校的硬件设备设施不断完善：2011年投入4万元，硬化校园道路及挡土墙；2012年投入8万元新建厨房60平方米；2013年投入资金1.5万元，为教学楼添加了防护网和楼梯扶手；2014年投入35万元，维修了教学楼屋顶，更换了所有门窗，给所有墙壁刮胶、喷漆，新建了60平方米的厕所、40平方米的澡堂，安装了路灯，并通过了衡阳市教育局合格化学校验收；2015年，改装透明围墙，学校面貌焕然一新；2016年"免费午餐"解决了贫困孩子吃饭的难题。现在学校校舍设施、设备已能满足教学实际所需。

素质教育不断提升。近几年来，学校素质教育不断提升。在2014年全镇"六一"文艺汇演中，学校的"双人拉丁舞"荣获全镇一等奖。2014年至2016年，学校连续三年举办快乐"六一"的活动，每次活动都获得圆满成功，受到社会、家长的一致称赞。教育教学质量不断提升，连续几年来在全镇期末检测中，学校都取得了优异的成绩，特别是在2016年小学毕业会考中，超额完成中心学校60强的指标任务。

衡南县松江镇中高完全小学

衡南县松江镇中高完全小学始建于1956年，位于衡南县松江镇中高村，占地面积1836平方米，建筑面积944平方米，现有4个教学班，36名学生，教师4名，其中小学高级教师3人，小学一级教师1人，大学专科学历的4人。

学校始终坚持"德育为首，质量强校，全面育人，以人为本"的办学思想，以"团结务实，勤奋创新"为校训，把养成教育贯彻学校工作的始终。学校经常开展演讲比赛、国旗下讲话等系列教育活动，寓德育教育于各项活动中。

学校以新课程改革为主线，把教育教学改革的重点放在提高课堂教学质量上，积极推进课程的改革与发展，注重培养学生良好的素质，健全人格和创新精神，学校各方面取得了斐然的成绩。

衡南县松江镇湖林小学

衡南县松江镇湖林小学位于山水旖旎的湖林村珠明组，现有4个教学班，学生60人。学校占地1705平方米，生均28.42平方米；校舍建设面积559.24平方米，生均9.32平方米；食堂面积42平方米，生均1.62平方米。学校交通便利，地质条件好，且远离污染源，是一所环境舒适的农村学校。

学校认真贯彻落实党的教育方针，实践"以德立校，以法治校，教研兴校、质量强校"的办学理念，"一切为了孩子"，关注学生的健康成长，培育学生的综合素质，为学生的发展铺路奠基。学校不断注重文化知识的传授和思想品德教育，而且注重音、体、美、劳的教育，发展学生个性，培养合格加特长的社会主义接班人。

衡南县松江镇满意小学

衡南县松江镇满意小学始建于 1948 年。学校占地面积 2800 余平方米，建筑面积 1600 余平方米。校园布局合理，绿化环境优美。学校有教学楼、综合楼、新竣工的学生食堂，环境优雅；各种资料齐全，琳琅满目；图书室、阅览室、仪器室、实验室、多媒体室，应有尽有。

学校从课堂入手，坚持"先学后教、以学定教、教学合一"的现代教学理念，改革教学模式，提高教学质量。学校注重学生素质教育，在乡镇各项比赛中均获得较好名次。

【衡南县茅市镇中心学校】

衡南县茅市镇位于衡阳市的西南部，居衡南、祁东、常宁三县(市)交界地，系衡南县边远贫困乡镇。衡南县茅市镇中心学校是全镇教育行政管理机构，现有各级各类学校(含幼儿园)24 所，在职教职工 368 人，在校学生(含幼儿)4805 人。

近几年来，学校在办学条件、学校布局、教育管理和教学质量等方面都取得了比较突出的成绩：一是教育质量稳中有升。全镇教育工作者视教育教学质量为学校生命线，一贯坚持以质量立校，狠抓教学教研，精细过程管理。自 1999 年以来，全镇初中教育质量连续 17 年位居全县前三位，特别是近 6 年，3 所初中在全县初中教育质量评价中均位于前 10 强；连续 6 年都被评为全县教育质量先进单位，3 所初中学校校长也连续 6 年被评为衡南县优秀校长(全县表彰 10 名)。二是办学条件显著改善。近几年来，学校采取各种渠道共筹措资金近 2000 万元，改善了衡南县第六中学、茅市初中、斗山初中及八石、友爱、黄巩、油麻、白木、占禾等学校的办学条件，校容校貌大为改观。三是合格化学校建设步伐加快。近三年来，宝树完全小学、汎市完全小学、友爱完全小学、斗山初中、占禾小学先后通过了合格化学校验收。四是目标管理考评工作常抓不懈。近三年来，在全县目标管理评价中，学校一直位居前两名，全面"两考"工作多次代表衡南县接受省、市年检，都受到了好评。

学校将以"教育为人民服务、努力办好人

民满意的教育"为宗旨，以学生安全、健康成长为目标，突出质量兴校，巩固两基成果，深化教育改革，优化教育结构，整合教育资源，推进教育创新，全面提高教学质量，为办好茅市镇人民满意的教育而努力奋斗。

地址：衡南县茅市镇衡祁路 98 号
邮编：421115
邮箱：3082622756@qq.com
办公电话：0734 - 8776360
学校行政班子成员信息
校长：王秀佳(13875761346)
常务副校长：邓秋生(13875766168)

【衡南县川口中心学校】

衡南县川口中心学校坐落于衡南县花桥镇川口片区豹泉村，成立于 2003 年 7 月，现有管理工作人员 6 名，校长为廖国辉。学校现有教职员工 88 人，其中副高级教师 8 名，中级教师 15 名。学校下辖学校 7 所，其中九年一贯制学校(川口初级中学)1 所，完全小学 2 所，教学点 3 个、公办幼儿园 1 所，现有在校学校千余人。

近年来，学校秉承"面向全体、全面发展、因材施教、培优促特"的办学理念，为学生终身发展服务，为未来幸福生活奠基，为办好人民满意教育砥砺前行。

衡南县川口初级中学

衡南县川口初级中学位于衡南县东边山区川口乡。学校前身为川口钨矿职工子弟学校，创建于 1958 年，占地面积 6852 平方米。2002 年 11 月因川口钨矿破产改制，学校划归衡南县地方管理，更名为衡南县川口初级中学。学校始终把"坚持以人为本，构建和谐校园，培养学生的可持续发展"作为办学理念，在环境育人、创新育人、活动育人、以德育人上大胆实践，不断探索，促进了素质教育的全面发展。

学校现有 10 个教学班，在校学生 460 余人。学校有专任教师 30 人，其中专科学历的 5 人，本科学历的 25 人，学历合格率达 100%；高级教师 1 人，中级教师 9 人，已初步形成了一支学科门类齐全、结构合理的教师队伍。

学校拥有标准化教学楼、教室宿舍楼、学生宿舍楼、食堂，校舍总建筑面积 3000 平方米。学校配有图书室、仪器室、理化生实验室、多媒体教室、微机室，为实施素质教育奠定了良好的基础。

近几年，学校全体师生团结拼搏，锐意进取，先后获得了"教育腾飞奖""目标管理先进单位"等称号。

衡南县川口浅潭小学

衡南县川口浅潭小学创办于1976年。学校占地1800多平方米，建筑面积750平方米，体育场地700余平方米。学校教学设施齐全，有标准教室7间，图书阅览室1间，音体美及仪器室各1间，另有篮球场、乒乓球台及健身设施若干。

学校现有专任教师7人，其中全日制本科学历的4人，全日制专科学历的2人，中师学历的1人。

学校以质量求生存，已形成了较为鲜明的办学特色。近年来，在各级领导的关心下，以创建合格学校为契机，学校面貌焕然一新，办学条件大为改善，全面实施素质教育，努力提高办学质量，力争为促进当地农村基础教育的发展做出更大的贡献。

学校行政班子成员信息

校长：王磊（18397431206）

衡南县川口将军完全小学

衡南县川口将军完全小学坐落于衡南县与衡东县交界的川口乡将军村胜利组，学校占地面积23.19亩，校园建筑总面积2908平方米。学校规划合理，各种设施比较齐全。学校现有6个教学班，学生共计122人。教职员工9人，其中专任教师有8人，教师中拥有本科学历的6人，专科学历的1人，中师学历的1人，教师学历合格率为100%。

学校基础设施比较完善，还配有图书阅览室、仪器室、音体美活动室、少先队活动室、会议室等。学校各类图书共有2000多册，学校绿化率也在逐渐提高。

衡南县川口敏东小学

衡南县川口敏东小学始建于1952年。学校以均衡发展为契机，大力加大校园建设力度，校园面貌日新月异。教学楼、宿舍、食堂、餐厅全部到位。学校教学条件日趋完善，为教育教学水平的提高创造了良好的条件，为培养学生全面发展奠定了良好的基础。

学校行政班子成员信息

校长：余汪洋（18821929959）

衡南县川口金竹教学点（金竹小学）

衡南县川口金竹教学点（金竹小学）创建于1958年。2005年，金竹中学并入衡南县川口初级中学，金竹小学迁入初中校区。学校占地面积1580平方米，校舍建筑面积1380平方米，现有6个教学班，在校学生69人，教职工9人，其中专任教师8人，中级职称的1人，初级职称的4人。学校教学设施较为齐全，设有图书室、阅览室、音乐室、美术室、少先队活动室、教职工活动室等。学校各类图书达1160册，校园绿化面积125平方米。空气清新，环境优美。

学校坚持正确的办学方向，以"以人为本，以德治校"为办学宗旨，培养学生"自强、诚信、求实、创新"精神，依法治校、以德立校。学校注重创新精神和实践的培养，学生在德、智、体、美、劳等方面得到全面发展。学校注重社会、学校、家庭的交流互动，促进学生健康成长，使学校形成了良好的校风、班风、学风，教学质量不断提高。

地址：衡南县川口马署村

邮编：421166

学校行政班子成员信息

校长：李杰（15211477110）

衡南县川口金石小学

衡南县川口金石小学创办20世纪60年代。2002年，学校所在地金石村村支两委牵头，集资30多万，改造校区，将原有土木结构建筑且成为危房的校舍拆毁，重建新教学大楼，于2003年交付使用至今。

学校现有3个教学班（小学二、四、六年级各一个班），在校学生32人，教师5人。现教学设施齐全，有标准教室5间，图书阅览室、音体美室及仪器室各1间，另有篮球场、乒乓球台及健身设施若干。食堂、卫生间等生活设施一应俱全。校园布局井然有序，校园内外一年四季郁郁葱葱，风景秀美。

学校行政班子成员信息

校长：谢小华（15575579379）

【衡南县江口镇中心学校】

衡南县江口镇中心学校位于衡南县东南部的江口镇新街(耒水河畔)。学校辖2所初中、2所完全小学、10所小学、5个教学点、8所幼儿园。在校学生3690人，现有教职工203人，教师学历合格率达100%。学校拥有一支团结、实干、高素质的教师队伍，其中高级职称教师21人，中级职称教师120人，骨干教师和教学名师17人。

学校在长期的办学中形成了"学尽其材，践善其身"的校训和"善德善行，敏而好学"的校风；养成了"知学善教，立德树人"的教风和"学有所长，行为至善"的学风。为全面贯彻落实"立德树人"的教育方针，按照"抓均衡、抓管理、抓质量、抓特色"的江口教育总思路，学校以《江口镇中心学校布局设点方案》和《江口镇教学质量提升方案》为管理依据，以"学尽其材，践善其身"特色创建为抓手，以特色课程建构和课堂教学改革为切入点，以夯实学科课程、创新德育课程、加大活动课程、做亮特色课程为重点，以学生发展和教育教学规律为原则，面向全体，因材施教，促进学生综合能力的发展，实现"学有所长，行为至善"的目标。

衡南县江口镇中学

衡南县江口镇中学坐落在风景秀丽的耒水河畔。校内古樟参天，绿树成荫，花香四溢，环境幽静，是学子求知的上选之地。学校建筑布局合理，配套设施齐全，有标准式的理、化、生仪器室，实验室，电脑室，图书室，多功能教室。学生住的是公寓，吃的是点菜。兴趣小组任学生选择，课余生活丰富多彩。

学校现有专任教师45人，其中本科学历的15人，大专学历的30人；具有中学高级教师职称的5人，中级职称的28人；各专业都有学科带头人。现有教学班12个，在校学生800余人。

学校科学管理，品位提升，狠抓学生思想道德品质教育。在2010年与2011年衡南县教育局德育工作评价中，学校荣获先进单位荣誉称号。学校注重校园文化建设，不断改善校园环境。在2009年学校顺利通过衡阳市合格化学校验收，得到市、县领导高度评价。2011年学校家长学校被评为市级示范性家长学校，

2012年学校家长学校被评为省级示范性家长学校。2013年学校兴建樟韵广场，此广场由学校44班部分校友捐资建成，目前是衡南县各类学校中最大的园林式广场，极大地发挥了环境育人的作用。

学校教育教学质量不断提高。2009年在衡南县教育质量评价中，学校名列老江口区六所中学之首。在2011年衡南县五科联赛中，学校有14人被录取到衡南县第一中学特招班，位居全县前10名，其中贺阳洋名列全县第2名。2012年中考中，学校重点高中上线45人。2013年衡南县五科联赛中，全县前200名中，学校占6人，位居全县第六名。2014年衡南县五科联赛中，学校上线13人。2015年衡南县五科联赛中，学校上线11人。

学校地址：衡南县江口镇江口村

联系电话：13016196546

邮政编码：421156

学校行政班子成员信息

校长：贺俊杰(13016196546)

衡南县江口镇中心小学

衡南县江口镇中心小学创建于1985年。学校位于江口镇东北面的江新街22号，拥有两栋教学楼、一栋综合楼、一栋教师宿舍楼和礼堂、食堂等建筑。校园地形平坦，环境优美，一年四季绿树成荫，花香袭人，绿化率为54.68%，被人们誉为"耒水河畔一枝花"。

学校现有15个教学班，学生984人。在职教师47人，是一支老、中、青相结合的队伍，其中具有专科学历的23人，本科学历的15人，中师学历的6人，幼师学历的3人；小学副高级教师2人，中级职称教师23人，初级职称教师14人。学校配备了电脑室、广播室、图书馆、音乐室、多媒体室以及卫生保健室等，各项功能室一应俱全。如今，学校已成为一所办学规模较大、教育教学设施比较齐全的中心小学。

学校秉承以人为本、与时俱进的办学理念，建立健全了比较完整的管理制度和方案，内抓管理，外树形象，形成了良好的教风、学风和校风。"尊师爱校、勤学守纪"的校训约束全校学生勤勉自励，好学上进；"学为人师，行为世范"的师德督促全体教师关爱学生，严谨

笃学。学校建立了红领巾广播站，开辟了文化走廊，校园文化氛围浓郁。

学校全面推行素质教育，全面提高教育质量。培养学生自主学习、生活和发展的能力，努力提高学生的综合素质，是学校的教育目标。多年来，学校教育质量稳步提高，每届毕业班都有一批优秀学生进入省级重点中学，几乎年年都有优秀学生在县、市、省直至国家级各项竞赛活动中获奖。

在这个充满机遇与挑战的时代，学校将一如既往地恪守"一切为了学生健康成长，创建人民满意的学校"的宗旨，团结一致，务实创新，努力铸就农村基础教育新的辉煌！

学校地址：衡南县江口中心小学

邮编：421156

学校行政班子成员信息

校长：罗晖（18974777388）

【衡南县铁丝塘镇中心学校】

衡南县铁丝塘镇中心学校位于衡南县东北部的铁丝村巨麓峰脚下，这里钟灵毓秀，是修身治学的理想场所。学校辖1所九年一贯制学校、3所完全小学、1个教学点、3所幼儿园。在校学生1700余人，在编在岗教职工82人，在岗教师学历合格率达100%。学校拥有一支团结奋进、勤勉务实的高素质的教师队伍，其中高级职称教师13人，中级职称教师40人，骨干教师和教学名师12人。

学校坚持以德为先、教学为主、育人为本的办学思想，以素质教育为核心，大力推进新课程改革，恪守"团结、务实、进取、创新"的精神，倡导"追求卓越、崇尚一流"的品质，遵循"让学生满意、让家长放心"的办学思路，适应新形势，注重抓管理，创先争优，力求特色。

学校始终围绕"全面贯彻教育方针，着力教改教研"这一主线，突出"遵循教育规律，提高学生素质"的主题，抓住"实施素质教育，培养创新人才"的办学宗旨，注重整体素质的全面提升，注重学生个性特长的培养，注重学生创新意识和创造能力的培养。

衡南县铁丝塘镇初级中学

衡南县铁丝塘镇初级中学始建于1964年。学校占地面积33210平方米，建筑面积5368平方米，食堂580平方米。学校拥有校园绿化面积550平方米；运动场地有800平方米田径场1个、排球场3个、篮球场3个、羽毛球场1个、乒乓球台10个；配备了物化生实验室、电脑室、音乐室、图书室等各种功能室。校园内建筑布局合理，设施完整，绿树成荫，基本上满足现代教育和师生们的生活需要。

学校以"以德为首，教学为主，育人为本"为办学思想，以素质教育为核心，大力推进新课程改革，恪守"团结、务实、进取、创新"的精神，倡导"追求卓越、崇尚一流"的品质，遵循"让学生满意，让家长放心"的办学思路，适应新形势，注重抓管理，创先争优，力求特色。

学校采取校务公开、民主决策、分工协作、多方监督的管理模式。教师管理实行优化组合，全员竞聘。教师先竞聘班主任，然后由班主任在学校组织下选聘各科教师，在广大教师中形成了竞争意识、忧患意识和民主意识；学校当班领导负责当日的教学督导、清洁卫生、突发事件的处理等。学校推行封闭式管理和校门保卫值日制，学生管理实行纪律卫生检查量分制，学生文明卫生习惯逐渐养成。

学校始终围绕"全面关切教育方针，着力教改教研"这一主线，突出"遵循教育规律，提高学生素质"这一主题，抓住"实施素质教育，培养创新人才"这一办学宗旨，注重领导素质和整体素质提高，注重学生个性特长的培养，注重学生创新意识和创造能力的培养，学校教育教学工作取得显著成绩。学校多次被上级主管部门评为"先进单位""德育工作先进单位""文明单位""教育质量评价腾飞单位"等。多年来，学校中考升学率稳步提高，重点高中上线人数逐年增加，并有大批学生进入职业学校和各级各类中专学校学习。

邮编：421167

联系电话：13787715667

【衡南县宝盖镇中心学校】

衡南县宝盖镇中心学校位于湖南省环境优美乡镇、特色旅游名镇——宝盖镇中心地带。学校辖2所中学、1所中心小学、8所完全小学和1所村级小学，共有305名教师，4700余名学生。学校另有7所幼儿园，其中公办幼儿园1所，全镇在园幼儿800余人。

近年来，学校在党总支书记、校长罗小成

同志的带领下，全面贯彻党的教育方针，通过合格化学校建设，消除了危房，美化了校园，化解了大班额，构建了一支业务精、能力强、素质高、师德过硬的教师队伍，促进了教育教学质量稳步提升。

学校依法办学、依法治校、以德立校，树立"安全第一，质量第一"两个第一的理念，积极推行教育制度改革，引入竞争机制，细化了学校内部管理，完善了各项规章制度。全镇教职工团结一致、上下一心、积极进取、奋力拼搏，建设了健康的、生动的校园文化，树立了良好的校风、教风、学风，各项工作均取得可喜的成绩，多次受到上级的表彰。

衡南县宝盖镇初级中学

衡南县宝盖镇初级中学位于美丽的省级生态旅游示范乡镇——宝盖镇中心地带，坐落在316省道边。学校依山傍水，环境幽雅，交通便利，文化底蕴深厚。学校始建于1959年，占地面积41126平方米，建筑面积15625平方米，体育用地7910平方米，学生宿舍面积3389平方米，绿化面积18000平方米。学校现有多媒体室和现代化远程教学设施，计算机室、图书室、阅览室、理化生仪器室、理化生实验室、音乐室、美术室、体育器材室、教职工活动室等一应俱全。学校建有三栋教学楼、两栋学生公寓、两栋教师宿舍、一栋实验楼、一个文化广场及一座礼堂等。学校现开设初中19个教学班，在校学生1260人，教职工88人。87名专职教师中，中学高级教师11名，中级教师70名；本科学历的63人，学历合格率为100%。

学校有一个团结、务实、创新的领导班子，坚持正确的办学方向，从严治校、科学管理，坚持"双基"并重，形成了以教师为主导、学生为主体、训练为主线、思维为核心、能力为目标的课堂教学模式。学校注重创新精神和实践能力的培养，不断加强社会、学校、家庭三方的交流互动，学生在德、智、体各方面得到全面健康发展，形成了良好的校风、班风、学风，教育教学教研成绩斐然，硕果累累。学校先后被上级主管部门评为"衡阳市规范化初级中学""教学质量先进单位"。

校园布局合理、环境清幽、设施齐全、师资雄厚、管理先进、教育教学质量显著，有"衡南教育明珠"之美誉。

【衡南县冠市镇中心学校】

衡南县冠市镇中心学校辖衡南县冠市中学、衡南县黄竹中学、衡南县冠市镇中心小学、冠市镇第一完全小学、黄竹联合完全小学、五一完全小学、杨武完全小学、石六完全小学、新塘完全小学、引田完全小学、西头完全小学、大桥小学，共计在校学生3391人。在职教师279人，其中高级职称教师39人，中级职称教师188人，初级职称教师42人。

中心学校肩负着冠市镇30个行政村、4个居委会共4.4万人的教育重任。近年来，中心学校所辖中小学教育教学设施不断完善，教育教学质量稳步提升。衡南县冠市中学2017年获衡南县教育局"腾飞奖"，衡南县冠市镇中心小学、黄竹联合完全小学等得到上级部门及社会的好评；各学校在音乐、美术、体育等多个方面办出了特色。

衡南县冠市中学

衡南县冠市中学创立于1944年。学校占地38亩，在校学生1100余人，有16个教学班。现有教学人员83人，本科及以上学历的50人，高级职称的15人，师资力量雄厚。近三年，教师获奖论文和发表在各种刊物的文章105篇；近三年，在衡南县初中毕业班教育教学质量评价中，学校均居前三名；近五年，学校为重点高中输送学生429人，参加县级以上各学科竞赛的成绩一直名列衡南县前茅；学校是"衡南县初中教育示范性学校"以及湖南省首批"合格化学校"。

学校实行全封闭式管理，采用多媒体教学，电脑室、仪器实验室、图书阅览室、美术室等设施齐全。学校坚持"以人为本、以德育人"的办学理念、"一切为了学生，为了一切学生，为了学生的一切"的办学宗旨；倡导"崇德、博学、慎思、创新"的校训，以大力推进素质教育为宗旨，实行分层次教育，设有培优班。学校创办了跆拳道培训基地，培养合格加特长的新型人才；成立了"溪水"文学社，给广大师生提供一个充分展示个性风采的舞台和相互交流的空间；改善了学生食堂生活，教室及寝室装好了风扇，并在寝室向学生全天候提供热水。学校育人环境舒适优雅、管理科学规范、教学质量一流。

【衡南县相市乡中心学校】

衡南县相市乡中心学校坐落在相市乡托塘村，现辖13所公办中小学校、2所公办幼儿园和1所民办幼儿园。在校中小学生1592人；教职工141人，其中专任教师140人，高级职称的7人，中级职称的80人；本科学历的52人，专科学历的78人，学历合格率为100%。在校幼儿351人，教职工24人，其中专任教师13人。

学校校园占地总面积124587平方米，建筑面积27933平方米，学校配有图书室、仪器室、实验室、电脑室、音乐室、美术室、体育器材室、卫生保健室、教师活动室等，校园绿化覆盖率达31.2%。

学校坚持"以人为本，德育领先，全面发展"的办学理念，加强校园文化建设，重视育人环境的改善，开展形式多样的德育活动，促进学生的身心健康发展。学校布局合理，环境优良，管理科学，办学规范。

近年来，学校坚持"依法治校、改革活校、科研兴校、质量固校"的办学策略，大力实施课程改革和推进素质教育，教育教学工作成绩斐然。

【衡南县硫市镇中心学校】

衡南县硫市镇中心学校位处衡南县西南边陲，现有初中1所、小学8所，在校学生2258人；幼儿园3所，在园幼儿633人。全镇教职员工235人。

近年来，在硫市镇党委、镇政府的领导下，学校得到上级主管部门的大力支持，前后筹措资金近1300万元，新建两所小学；中心小学、衡南县第十一中学新建了食堂、教学楼和标准操场；全镇中小学校园教学环境和设施设备得到大幅提升。在省市合格化学校验收中，学校多次得到上级部门点名表扬。学校教育质量也是逐年提升，2014年小学毕业考试成绩居全县第三位；2015年在全县年度目标管理考核中，排名第二；2016年衡南县第十一中学中考上线人数、五科联赛上线人数均大幅上升。

地址：衡南县硫市镇园丁东路5号

邮编：421121

电话：0734 – 8782325

邮箱：531593278@qq.com

学校行政班子成员信息

校长：肖正初（13873478095）

常务副校长：邹昌强（17773418019）

【衡南县近尾洲镇中心学校】

衡南县近尾洲镇中心学校位处衡南县最南端乡镇，负责管理全镇1所中学、1所中心小学、5所乡村完全小学及1所公办幼儿园和1所民办幼儿园。现有在职教职工158人，在校学生2066人。学校始终以办好人民满意教育为己任，统筹规划，与时俱进，妥善处理教育发展过程中出现的各种问题，得到了师生和各级领导的肯定。

第三章 衡东县教育风采

衡东县教育概况

衡东县现有各级各类学校 183 所，其中，教师进修学校 1 所，县直属普通中学 7 所，职业学校 1 所，乡镇初中学校 24 所，九年一贯制学校 9 所，完全小学 43 所，村校和联校 94 所，义务教育阶段民办学校 4 所。在校学生 84048 人，在职教职员工 4690 人。

近年来，衡东县教育局以办人民满意教育为宗旨，积极建设教育强县，不断深化教育改革，提升教育质量，促进教育公平，全县教育事业科学、健康、持续、和谐发展。自 2007 年实施义务教育经费保障新机制以来，衡东县委、县政府在教育投入上坚持"四个确保"，落实"三个优先""四项制度"，保证了教育经费法定的"两个比例"和"三个增长"，确保了教育优先发展，衡东县被作为新机制改革先进典型向全省推介。1995 年衡东县以高分通过"两基"验收，被湖南省委、省政府认定为"基本普及九年义务教育、基本扫除青壮年文盲县"，2002 年全部乡镇顺利通过"普九"年检。目前全县幼儿一年入园率城镇达 100%，农村达 99.9%；小学入学率为 100%；小学升初中比率达 100%；初中辍学率控制在 1.83% 以内；高中阶段入学率达 91.8%。在提高普及程度、夯实"两基"的基础上，全县深入实施素质教育，中小学新课程改革全面展开，教学质量屡创佳绩。2004 年起，全县本科上线人数突破千人大关。特别是自 2006 年衡东县高中教育综合排名位居全市第一后，一直保持高位发展的态势。2008 年、2009 年连续两年勇摘全市理科状元桂冠，先后有 4 人被清华大学、北京大学录取。衡东县教育局积极应对中、高考改革，紧紧扭住质量这一"牛鼻子"，突出"三个抓手"，抓德育、常规、课改；落实"三个管理"，加强队伍管理、狠抓初中教学管理、抓实

校校结对帮扶管理；加快"三个建设"，加快学校建设、装备建设和文明校园建设。全县以一如既往地坚守责任、追求质量、打造特色，实现全县基础教育"更加规范、更高质量、更具特色"为奋斗目标。2016 年高考中，全县本科一批和本科二批上线率均位列全市第二；本科一批和本科二批上线增加人数分别位列全市第一、第二；文科人均总分为全市第二，理科人均总分稳居全市第一。衡东县教育局连续 12 年被评为衡阳市高中教学质量先进单位。

与此同时，全县各类教育协调发展，服务社会经济建设能力普遍增强。目前全县有各类民办教育机构 115 所，在校学生、幼儿 10648 人，全县初步形成了以政府办学为主、社会各界积极参与的多元化办学体制。在努力形成"体系完善、基础厚实、特色鲜明、社会满意"的教育发展格局下，全县教育发展水平一年一个台阶，成效显著。

地址：衡东县城迎宾路 179 号

值班电话：0734 - 5222204

传真：0734 - 5215099

● 衡东县教育局领导班子成员

党委书记、局长：陈宏建（13974731496）

党委副书记、副局长：陈太文（13975450359）

党委副书记、总会计师：李香宇（13974782300）

党委委员、副局长：康立和（13975422286）

党委委员、副局长：肖文新（0734 - 5235078）

党委委员、主任督学：许道富（13575102048）

党委委员、工会主席：钱升平（13974782703）

主任科员：文小成（13974765450）

副主任督学：吴小玲（0734 - 5229732）

招生考试办公室主任：袁卫果（0734 - 5235069）

副主任督学：陈秋平（0734 - 5229732）

衡东县教育局内设机构及二级机构职能

【办公室】

主要职能：综合协调局机关政务、事务工作，协调督办各股室的局务中心工作；负责全局性会议的组织安排；负责全局性综合文字工作及重要文件起草和发文审校；负责文秘、档案、保密、信访、提案建议的办理、后勤、保卫等工作；负责辖区范围内的教育改革和发展战略并就当前重大问题进行调研，供领导决策；负责教育年鉴的编写；负责外事接待、会务组织、会务招待工作；负责突发性事务处理的组织、联络、协调和值班组织工作；负责机关采购、固定资产管理、公共建设等工作；负责教育宣传工作；负责教育装备、邮发教育报刊征订和发行工作以及中小学图书装备和管理工作；负责政府绩效管理考核工作和系统内的目标管理考评工作。

【法规股(行政审批股)】

主要职能：负责全县教职工法律、法规教育工作；依法监督、依法行政；进行规范性文件合法性审查；开展教育法律、法规宣传工作；负责校园及周边环境的综合协调。

【信息中心】

主要职能：负责指导、规范全县各乡镇各类学校校园网建设、中小学信息课程条件建设；负责全县远程教育网和衡东县教育局机关及二级机构办公网络建设、维护、使用、信息采集、数据处理、多媒体制作、远程教育、网站建设、信息发布、安全保密、软件开发及有关管理工作；负责全县教育信息资源库的建设和管理工作，提供网络技术服务；负责全县教育信息工作的管理、交流、评估；负责全县教育管理数据标准化测评的相关工作；负责贯彻落实各级教育管理部门和衡东县人民政府信息化工作部门的指示精神，做好有关联系，协调工作；负责教育行政办公系统的文件收发和教育局公文发布；承担衡东县教育局交办的其他事项。

【政工人事股】

主要职能：负责学校干部、教师队伍建设；负责人员编制管理，人事档案管理，教职工年度考核，教职工招聘录用，职称评聘，干部教育、考核、任免；负责教职工工资福利和死亡抚恤、离退休教职工管理以及计划生育工作。

【机关党委】

主要职能：负责教育局机关党的思想建设、组织建设和作风建设；制订并实施党建工作计划，落实党建目标责任制，发挥党委的政治核心作用；负责教育系统宣传思想政治工作、精神文明建设、未成年人思想道德建设和法制建设；加强学校文化建设，指导学校开展教师职业道德教育；加强党组织自身建设，做好党员发展、培训、教育、管理、监督工作；按照党组织的隶属关系，领导机关3个党支部、9个县直学校和楚天中学党组织的工作；完成上级部门交办的其他工作。

【基础教育股】

主要职能：综合管理义务教育、普通高中、学前教育和特殊教育工作；组织实施"普九"和素质教育；组织指导基础教育的教育改革；负责对学校教育教学质量进行评价；指导中小学、幼儿园、特殊教育的德育、劳技、科技、社会实践、信息技术教育工作；归口管理各类中小学、幼儿园教材(含音像教材)及配套用书；负责协调基础教育科研工作、教育装备等工作；负责全县中小学学籍管理和组织高、初中学业水平测试、招生；归口管理中小学竞赛活动；指导社会力量举办的基础教育各类学校及教育机构的业务工作；负责省、市示范性高中及特色实验高中的呈报工作；负责幼儿园等级评定工作；检查、督促、规范学校的办学行为；指导学校的校园文化建设；指导青少年校外活动中心开展活动。

【计划财务股】

主要职能：拟定全县教育事业发展的中长期规划及年度计划并组织实施；负责教育经费的预算、调度、管理和使用，并组织进行教育经费的财务会计核算；制订全县中小学校布局调整规划，并组织实施；协调制订并指导执行教育系统的各类收费标准；负责基建、维修计划的制订、资金安排、项目监管及有关基建数据的统计；指导所属教育机构编制单位经费预、决算；监督管理教育系统的国有资产；协调有关部门组织实施政府采购和招投标；负责全县教育事业基本信息的统计、分析、发布和事业发展监测；建立并保存全县教师工资异动档案，统一发放教师工资；制订中小学及其他教育机构教育经费内部管理和后勤管理制度、办法；负责教育系统的会计事务管理和后勤、财会人员的考核、任用及继续教育、岗位培训工作。

【基建股】

主要职能：管理和指导教育系统基建项目；负责指导教育系统危房等级鉴定；对接重点项目建设；负责基建统计工作；配合做好教育系统基建项目的政府采购和招投标工作；协助制订教育系统基建计划；协助做好教育系统有关基建安全的监督检查。

【职成教育与民办教育股】

主要职能：综合管理与协调全县的职业技术教育、成人教育工作，拟订职业技术教育、成人教育、社区教育发展规划与管理措施，并组织实施；指导职业教育和成人教育教学改革和检查、评估等工作；归口管理全县中等职业学校；指导民办学校的各类职业和成人教育机构的业务工作及职业证书的考试、发证工作；负责协调职业和成人教育的科研与技术推广、仪器配备、生产实习基地建设、毕业生就业指导等工作；负责拟订全县农科教的规划和实施办法，并会同有关部门组织实施；负责区域内民办教育的统筹规划、综合协调和宏观管理，完善民办教育宏观管理的政策措施，规范办学行为，促进民办教育事业健康发展；归口管理全县的民办教育工作，拟订民办教育的发展规划及有关政策规定；负责民办学校设立、变更的行政审批备案和校长核准工作；牵头组织对民办学校的考核、审批、财务资产监督及年检工作；负责民办教育机构的有关招生简章的审核工作；指导民办教育机构的校园校舍、图书馆（室）、教育技术装备和师资队伍等方面的建设；协调处理民办教育改革和发展过程中共同

性矛盾和问题。

【招生考试委员会办公室】

高考办：负责全国普通高校招生的报名、体检、组考、志愿填报、录取及信息管理工作；负责全国英语等级考试和计算机等级考试的报名及组考工作。

成考办：负责成人高校招生的报名、组考、录取及信息管理工作。

自考办：负责组织国家高等教育自学考试的宣传、报名、考试；办理自考考生入籍、转籍、教材预订及毕业文凭（专、本科）的审核、呈报、颁发等手续。

【教师工作股】

主要职能：规划指导中小学师资培训工作，组织和实施教师上岗前培训和教师的学历培训及继续教育（含信息技术、基础教育新课程、新大纲、考试）等工作；负责县级学科带头人和青年骨干教师的考核、认定和培养工作；负责教育系统中小学校长和其他管理人员的业务培训工作；负责教师资格证办理工作；指导衡东县教师进修学校（教师培训中心）工作；指导社会力量及厂矿企业举办的各类学校的教师队伍培训工作；贯彻落实语言文字工作的方针、政策，负责全县语言文字和普通话培训的组织、测试工作；归口管理全县本科生、大中专毕业生就业指导工作，负责全县本科毕业生、大中专毕业生的调派和档案管理工作，会同有关部门制订全县本科生、大中专毕业生就业方案，并组织实施。

【教育督导办公室】

主要职能：对本级人民政府有关部门、下级人民政府及其有关部门贯彻执行教育法律、方针政策、履行教育职责的情况进行监督、检查、评估和指导；对本行政区域内的义务教育、高中教育、成人教育、职业教育进行检查和指导；对本行政区域内的中小学校、中等和中等以下的职业学校、成人学校、本级人民政府有关主管部门批准的社会力量举办的教育机构、幼儿园的办学水平和教育质量进行评估；承办本级人民政府和上级教育督导机构交办的其他事项。

【审计股】

主要职能：负责对局机关和直属单位以及

县直学校、乡镇中小学的下列事项进行审计监督与评价：财务计划或预算执行和决算；各项教育资金的管理和使用，与财务收支有关的经济活动、基本建设工程的预决算；办学效益和校办企业的资产、负债和损益情况；国有资产的管理使用情况；内部控制制度的建立和执行情况；所属单位负责人的任期经济责任；法律法规规定和本局局长要求办理的其他审计事项。

【体卫艺股】

主要职能：指导学校体育、卫生与健康教育、艺术教育、国防教育及安全教育工作；组织中小学开展体育和艺术比赛活动；搞好中小学音乐、体育、美术教育的业务培训和教学教研活动；负责学校饮水安全管理工作。

【安监股】

主要职能：负责本部门(含所属单位和企业)、本行业的安全生产监督管理工作，贯彻实施安全生产的方针政策和法律法规；指导、协调、核查和督促本部门本行业的安全生产工作；指导学校抓好安全教育；组织或参与本部门、本行业安全生产事故的调查处理；承担衡东县安全生产委员会交办的其他工作。

【教育工会】

主要职能：围绕教育大局，密切配合中心工作，切实维护教职工的合法权益与根本利益，努力为教职工办实事；着力抓好基层教育工会工作，积极推进全县教育系统的社会主义民主政治建设，团结动员广大教职工为衡东县教育事业的改革和发展而奋斗。

【教学研究室】

主要职能：负责全县基础教育科学研究、学术交流、教师教学培训、教育教学质量的评价与监测、组织参与课程教材改革实验等工作；负责组织教育科学研究成果和教育改革实验成果的初步鉴定、评审与推广。

【勤工俭学站】

主要职能：指导、规划、协调全县勤工俭学、校办产业工作；指导、规划全县中小学学生劳动实践场所建设；负责全县教育内部市场的开发和管理；负责全县教育系统招商引资工作。

【电化教学仪器站】

主要职能：装备分配中小学校教学仪器设备，指导管理实验、电化教学。

【教育基金会】

主要职能：奖励、宣传优秀教师；慰问特困教师，帮扶特困学生；开展尊师重教的其他活动。

【学生资助管理中心】

主要职能：负责发动、组织、接受社会各界对中小学校和学生的救助和捐赠；协同有关职能部门统筹安排中央、省、市、县财政确定的中小学助学金、免教科书经费；协调指导全县中小学开展助学活动，承担衡东县中小学助学联席会议交办的具体工作；建立并保存全县中小学受助学生档案及建库工作。

【教育阳光服务中心】

主要职能：负责全县教育阳光服务建设的统一管理与推进，统筹做好全县各级教育阳光服务实体平台和网络平台建设的综合协调、业务指导、督促检查等工作；负责制订教育阳光服务建设的有关规章制度、管理办法，并组织实施；负责向来电、来信、来访群众提供办事指南、政策咨询、信息公开、投诉受理、舆情回应等具体服务，并及时对有关服务事项进行督办；负责定期收集整理有关数据，分析群众反映强烈的有关问题，并提供给领导决策参考；完成教育局党委、行政交办的其他工作。

衡东县主要学校信息

【衡东县第一中学】

衡东县第一中学始创于1940年，前身为国立师范学院附中和湖南省立十二中。20世纪50年代，其是当时省属六所重点中学之一，还是湘南地区唯一一所具有保送留苏预备生资格的学校。1977年恢复高考后，学校被首批定为市属重点中学，1998年挂牌为湖南省重点中学，2004年更名为湖南省示范性普通高中。学校现有校园面积 305 亩，48 个高中教学班，在校学生 3136 人，教职员工 256 人，其中特级教师 3 人，高级教师 87 人，市级以上优秀教师、优秀班主任、劳动模范 23 人，省、市学科研究会理事和学科带头人 21 人。

学校地处洣水之滨，素有"公园式、花园式学校"之称。校内软硬件设施较为完善，拥有综合性教学大楼、藏书 8 万册的图书馆、多功能体育馆、50 米×22.5 米标准游泳池、400 米塑胶田径场、学生公寓以及现代化的校园网络教学平台。

近年来，学校以"砺志、勤学、求实、奋进"为校训，以"优化育人环境，构筑名师群体，推行素质教育，培育高质人才，创建一流名校"为办学理念，坚持走"依法治校，质量立校，科研兴校，特色强校"的内涵发展之路，努力办人民满意的学校，形成了"和谐、文明"的校风、"奉献、务实"的教风和"好学、奋进"的学风。学校高考本科二批及以上录取率多年保持在全市省级示范性普通高中前五名。其中，2008、2009 年学校学生连续两年摘得衡阳市理科状元桂冠，3 人考入清华大学（自恢复高考以来，总计 28 人考入清华大学、北京大学）。

学校在长期的办学实践中，始终坚持"质量立校，特色强校"的办学方针，着眼于学生的长远发展和终身发展，大力推进素质教育，努力为学生个性特长的发挥、综合素质的提高和创新精神的养成提供平台。各兴趣小组和社团基本保持在 20 个以上，每学期开展的大型活动不少于 10 次。在省、市中学生科技创新大赛中，年年有作品进入决赛并获奖，已连续 7 年被评为省、市青少年科技创新优秀组织单位，还被衡阳市教育局授予"中小学创造力培养示范校"荣誉称号。

此外，学校被授予"全国学校体育卫生工作先进单位""全国部门造林绿化 400 佳单位""全国青少年校园足球特色学校""湖南省中小学德育工作先进集体""湖南省园林式单位""湖南省文明单位""湖南省安全文明校园""湖南省现代教育技术实验学校""湖南省模范教工之家""湖南省优秀省级体育传统项目学校""衡阳市普通高中教学质量先进单位""衡阳市校园综合治理先进单位"等 50 多项荣誉称号。

地址：衡东县洣水镇向阳路 18 号
邮编：421400
邮箱：553775305@qq.com
办公电话：5222381
学校行政班子成员信息
校长：李春辉（15074725999）
党总支书记：陈启华（13807476679）
副校长：左国庆（15074726999）
党总支副书记：谭京湘（18274774988）
副校长：刘水清（13975422230）
副校长：刘柏泉（18821802168）
工会主席：李灵芝（13975422206）

【衡东县欧阳遇实验中学】

衡东县欧阳遇实验中学是美籍华人、著名实业家黄彰任先生捐资兴建的涉外型学校。为了纪念黄彰任先生已故夫人欧阳遇女士，弘扬黄先生精诚爱国、造福桑梓的精神，经湖南省人民政府批准，学校命名为衡东县欧阳遇实验中学。学校以"爱国、团结、勤奋、创新"为校训，以"自觉觉人、学人气质、国际视野、和谐发展"的办学理念为核心，以"以德育人，与爱同行，敬业博学，追求卓越"为工作目标，以"办人民满意教育"为宗旨，以"现代化示范学校"为目标，从黄彰任先生、欧阳遇女士的事迹中吸收精神营养，为新时期学校的办学理念奠定厚实的精神底蕴，立足实际，突出特色，育一流人才，创三湘名校。

学校是一所拥有初中、高中的公办完全中学，1986 年动工兴建，1987 年开始招生。学校坐落在衡东县新塘镇，东面紧临京广铁路衡山站、G4 京广澳高速公路新塘收费站，西邻武广高铁衡山西站，314 省道紧挨学校，交通便利，闹中取静。校园面积 260 亩，建筑面积 55983 平方米。校园分为教学、运动、生活、实验四大区域，布局科学合理，环境优美。青山环绕，大道宽阔，雕塑耸立，高楼亭台并美，绿树红花掩映，是砺志求学的好地方。

学校有一流的教育教学设施。学校有独立的科技楼，物理、化学、生物实验设备和电仁教学设备都达到了国家 I 类标准。电脑室、多媒体教室、语音室齐全，是湖南省第一批认定的"湖南省现代教育技术实验学校"。图书馆藏书达 90000 多册，生均 56 册；学生阅览室有座位 500 多个。学校投资 377 万元，建成了校园网、电子阅览室、电脑室。所有教室均为多媒体教室，并且都连接了互联网，每堂课均可运用网上的信息和资源。

涉外是学校的优势。为把学校办好，黄先生已捐资 200 多万美元，还设立了 160 多万美元的三项基金，其利息的一部分用于聘请美籍教师来学校任教、学校教师出国进修、学校学生出国留学及购置图书仪器等。在基金会的资助下，学校常年驻有 2～3 名美籍教师，已有 6 名英语教师赴美进修，每年选送一名高中毕业生到美国留学。黄先生每年捐资资助贫困生，奖励优秀生。他还帮助学校与湖南名校——长沙雅礼中学结成姊妹学校，使学校在高考信息、成绩比较等方面享有独特优势。2008 年 3 月，学校与美国圣马克中学缔结为姊妹学校。

依托涉外优势，学校英语教学已形成特色。学校有自办的英语角、英语墙报、英语刊物、英语阅览室和英语广播，有很好的英语学习氛围。省级教研课题"信息技术与英语教学的有效整合研究"获省级一等奖。学生在各级各类英语竞赛中屡获大奖，高考英语人均成绩名列衡阳市前茅，有一批学生升入大学后在大学一年级时即以高分通过托福考试。

学校有一流的师资队伍。学校有特级教师 2 名，高级教师 54 名，一级教师 71 名；有省级骨干教师 3 名，省级优秀教师 3 名，市级优秀教师 5 名，衡阳市"十佳"教师 2 名，县级教学能手 8 名。广大教师勤奋工作，积极进行教研教改。现有国家级实验课题 2 个，省级课题 4 个；教师都能运用现代教育技术进行教育教学和教研工作；每年在正规刊物上发表论文 70 多篇；获市级以上奖励超过 30 人次；已出版专著和教学辅导书籍 20 余种，均居全市前茅。

学校高考成绩突出，曾有五年本科二批及以上上线率居衡阳市第一，已涌现出 3 名衡阳市理科状元（分别居当年全省的第 7 名、第 8 名、第 5 名）、2 名衡东县理科状元、3 名衡东县文科状元，有一大批学生考上了清华大学、北京大学、中国人民大学等名校。

学校有一流的生活设施。学生宿舍公寓化。学生餐厅面积达 3200 平方米，比 6 个篮球场还大，学生就餐座位 900 多个。

学校有 400 米跑道的塑胶运动场，有篮球场 6 个、排球场 3 个、乒乓球台 29 个，有专门的音乐教室和美术教室。学校体育专业生升学人数多年稳居衡阳市第一。

学校管理严谨科学，校风正、学风浓。先后获得"全国绿化模范单位""湖南省文明卫生单位""湖南省园林式单位""湖南省现代教育技术实验学校""湖南省侨界科技兴湘示范单位""衡阳市高中教学质量优胜单位""衡阳市重点中学"等 30 余项市级以上荣誉。2005 年 1 月，学校通过了"湖南省示范性普通高中"验收，2005 年 7 月正式挂牌，2008 年 11 月顺利通过湖南省复检。2014、2015 年，学校均被评为衡东县"初中教育教学质量先进单位"和"高中教育教学质量先进单位"。

在黄彰任先生、欧阳遇女士的爱国精神激励下，学校必将乘长风破万里浪，用奋斗创新辉煌。

详细地址：衡东县新塘镇新衡路 101 号

办公电话：0734－5384252

网址：www.ouyangyu.net

邮箱：404352985@qq.com

邮政编码：421411

学校行政班子成员信息

校长：王勋业（13789392288）

党总支书记：樊杰 13974765679

副校长：陈竹林（13875657172）

副校长：颜桂元（13875740228）

副校长兼工会主席：刘海峰（13762463728）

副校长：刘孟冬（13973436629）

【衡东县职业中专学校】

衡东县职业中专学校前身是由创办于 1946 年的湖南私立文昭中学逐步发展而来的衡东三中，1983 年改制为衡东县农业职业中学，1988 年更名为衡东县第一职业中学，1990 年经湖南省教委批准晋升为职业中专学校。学校于 1995 年经国家教委批准，湖南省人民政府授牌为湖南省重点学校。学校办学理念：视质量如生命，视家长为上帝，视学生如亲子。校训：做人为本，技能立身。办学方略：以服务为宗旨，以就业为导向，以能力为本位。校风：文明、严谨、勤奋、进取。

学校新校区现已落成并投入使用，位于衡

东县城河西新区状元路，占地160亩，总投资2.2亿，规划总建筑面积65079 m^2，可容纳学生3600人。学校拥有四合院式的教学楼，共有教室60间、一栋实训楼、图书办公楼、学生食堂、两栋学生公寓，第三期工程正在筹备建设中。学校设施齐全，拥有实验仪器设备1000万元，图书5.4万余册，图书阅览室3个。实训大楼共六层，每个专业有独立的实训楼层，建成了汽修专业实训车间、手机维修实训室、单片机实训室、制冷与空调实训，电工实训室、音视频八合一实验实训室、服装工艺室、中心机房、立体裁剪制版室、画室、会计沙盘实训室、影视后期制作机房、平面设计机房、动画片制作机房、网络搭建机房、网络空间安全实训室、多个微机室，同时投入大量财力建立了工业机器人实训中心。校内实训基地设备先进，同时还有50多个校外（企业）实习基地，校区建设了完善的校园网，所有教室均配备多媒体教学设备，为教学和实验实习提供了良好的条件。

学校现有在编教师117人，其中高级讲师15人，讲师40人，省级专业带头人2人，市级专业带头人5人，市级骨干教师2人，县级学科带头人5人，先后有20余人参加国家级骨干教师培训，3人赴德国研修，专业课双师型教师59人。

学校开设了电子技术应用（工业机器人应用方向）、电子技术应用（理想班）、电子技术应用（美的班）、计算机及应用（数字媒体技术应用方向）、计算机及应用（计算网络技术方向）、计算机及应用（凯舟班）、服装设计与工艺（以纯班）、会计、工艺美术、数控技术应用（湘泵班）、中餐烹饪、汽车运用与检修等专业。

学校在教育教学中把德育工作放在首位，将社会主义核心价值观教育践行活动和敢做大国工匠教育实践活动作为德育的两大主题，组织学生参加青年志愿者、文明风采大赛、社会实践等德育活动，开设了30多个社团，并将本地区的先进地域文化、产业文化、企业文化引进和融入校园文化。学校注重学生文化素养与身心素质培养，开设人文、礼仪和音乐欣赏、体育等课程。

学校坚持就业导向的课程设置和教学改革，坚持专业与产业、课程内容与职业标准、教学过程与生产过程、学历证书与职业资格证书、职业教育与终身学习对接。学校组织教师及专家加强对企业、市场调研，及时调整专业布局，及时修改各专业人才培养方案、坚持"2.5＋0.5"办学模式，并在人才培养上采用学校与企业结合模式，侧重技能培养，利用寒暑假让学生去企业接受培训和锻炼，让学生学以致用，实现与企业零距离对接；教学教程中大力推进"行动导向教学法"，充分调动学生学习积极性和主动性，在"做中教，做中学，学中做"，让学生"乐于学，学得会，用得上"，增强学生的自信心。实行"双证书"制度，让毕业生获取职业技能等级证书。近年来，在全国技能大赛中，学校学生先后获得服装设计与制作一等奖1项、平面模特三等奖1项、果蔬嫁接三等奖2项、单片机装置安装与调试三等奖1项、工业机器人二等奖1项。2017年全市共13项技能大赛国赛获奖，学校占2项，跻身全国中职学校20强；2017年服装专业抽查合格率和优秀率均位居全市第一，电子专业合格率全市第一，优秀率全市第五，文化课抽考数学合格率全市第一，优秀率全市第二；近年来学生技能考证通过率100%。2017年对口高考录取率100%，名列衡阳市中职学校第一名。衡阳市教育局对各县区目标管理考核，2016、2017年我校教学质量均以满分位居第一。

30多年来，学校曾荣获"全国军民学雷锋先进单位""湖南省职业教育先进单位""湖南省中等职业学校学生管理先进单位""湖南省中等职校教学工作优秀学校""湖南省学生就业指导先进单位""衡阳市三星级文明单位""2016—2017学年度高中阶段教育教学质量先进单位""2017年度衡阳市中等职业学校教育教学先进单位"等荣誉称号，8项课题获湖南省教育科研成果奖，"湖南省普通高中与职业高中毕业生对比效益研究"获湖南省九五教育科研规划课题优秀成果二等奖。

目前，学校是一所基本实现办学条件现代化的中职学校。未来，学校将着力构建现代智能系、现代服务系、文化艺术系，力求将学校建设成为衡东产业人才摇篮、衡东产业技术中心、衡东技能培训中心,为衡东经济发展做出应有的贡献。

办公电话:0734 - 5211246

学校行政班子成员信息

校长:眭耀文(13707476133)

党支部书记:谢正余(13807476893)

副校长:王建平(13707476033)

晏建华(13574790410)

吴上升(13973436481)

【衡东县第二中学】

衡东县第二中学始建于1956年,坐落在四方山下、洣水河畔的杨林镇。学校占地106亩,现有64个教学班,4000余名学生,239名教职工,其中特级教师1人,高级教师39人,一级教师87人,省级优秀教师5人,市级优秀教师、优秀班主任8人,省、市级骨干教师5人,县级学科带头人7人。

学校本着"让学校成为学生获得发展、教师获得成功的乐园"的办学理念,坚持"高质量、创一流、有特色、示范性"的办学目标,努力打造衡阳市一流的完全中学。学校先后获得"湖南省文明卫生单位""湖南省园林式单位""湖南省文明单位""衡阳市普通高中教学质量先进单位"等十多项省、市级荣誉称号。

学校注重德育育人,专题活动、节日活动丰富了学生的校园生活,如主题征文比赛、国旗下讲话、感恩教育、诚信教育等活动逐渐彰显学校德育特色,促进了学生全面发展。

学校树立全面的质量关,教研氛围浓厚。"高中理科问题·探究·创新教学模式研究"在2005年被评为湖南省第七届基础教育教学研究成果一等奖,填补了衡东县基础教育科研史的空白。近五年来,全校教师在各级各类杂志、学会上发表和获奖的教育教学论文达200余篇。高中教学质量一直稳居市级重点中学第一名,连续13年荣获"衡阳市高中教育教学质量先进单位"称号。

详细地址:衡东县杨林镇新街07号

办公电话:0734 - 5358255

邮箱:635015662@qq.com

邮政编码:421400

学校行政班子成员信息

校长:颜素卿(13575257971)

党总支书记:单望(13575123417)

副校长:刘文根(13974742913)

【衡东县第五中学】

衡东县第五中学创办于1958年,是衡东县唯一一所具有开办俄语、英语双语教学的完全中学,现有教学班36个,在校学生2000余人。学校于2003年确定为衡阳市重点中学、衡阳市示范性高级中学,并获得了"衡阳市二星级文明单位""衡阳市园林式单位""规范化中学""现代教育技术实验学校""中学生日常行为规范教育示范校""衡东县高中教育质量和教育目标管理先进单位"等光荣称号。

学校地处交通便利的大浦镇,占地面积205亩,校舍面积25978平方米。学校绿草如茵,拥有教学大楼两幢,有面积为9213平方米、按湖南省Ⅰ类标准配备的科技实验楼1幢,拥有全省最大的天文观测台1个、400米标准田径场1个、篮球场4个、排球场2个、足球场1个、标准化学生公寓3幢、按现代化标准设计的学生综合服务楼1幢,为莘莘学子成长、成才提供了良好条件。

学校现有教师157人,其中高级职称的29人,中级职称的67人,市、县级骨干教师12人,17人曾担任过衡东县高三学科组长,具有研究生学历的1人。近年来,在省、市教学比武中,学校有36人次荣获一等奖,67人次获得二等奖。

学校坚持"夯实基础、发展特长、广育英才"的办学宗旨,秉承"一切为了学生、为了一切学生、为了学生的一切"的办学思想,努力培养"敬业、严谨、创新、奉献"的教风和"勤学、多思、善问、实践"的学风,办人民满意的教育。学校先后有邓建梅、颜岳雄、胡用等同学考入北京大学、复旦大学、南京大学、吉林大学、天津大学、武汉大学等著名重点大学,其中胡用同学曾获全县应届文科状元。俄语教学已成为学校特色教育品牌,邓建梅同学就是以俄语优势考入了北京大学,俄语毕业生有90余人在国家经贸部门及国外从事俄语翻译工作。同时,学校已发展成为全县最大的音体美特长生培训基地。近几年来,有一大批音体美专业生考入各类音乐、美术、体育院校,其中胡天遥同学考入清华大学,刘慧、赵永红同学考入中央美术学院，陈楼同学考入俄罗斯柴可夫斯基音乐学院，毛文根、谭文亮考取了中国人民解放军空军航空大学，成为飞行员。

当前学校正面临重要的发展机遇，投资300多万元的校园改造项目正在建设之中，学校新校门建设也在运作之中。

详细地址：衡东县大浦镇民主街 99 号

办公电话：0734 – 5375109

邮箱：3766785@qq.com

邮政编码：421421

学校行政班子成员信息

校长：晏建军(18274709988)

党总支书记：周林(13575275388)

副校长：许世铭(13723825698)

工会主席：胡吉松(15073468209)

【衡东县第六中学】

衡东县第六中学是一所久负盛名的公办县直初级中学，创建于 1958 年，定名为"石湾农中"，两年后改为"石湾中学"，1981 年升格为"衡东县第六中学"。学校师资力量雄厚，现有教职员工 80 多人，其中高级教师 8 人，省、市、县级优秀教师(班主任)7 人，县级骨干教师 1 人。目前，学校开设 18 个教学班，学生1200 余人。

学校布局合理，环境优美，设施齐全。教学区、运动区、生活区规划科学，图书馆、运动场、标准化实验室、多功能教学室、现代远程教育设施、校园网络、热水系统、监控系统等一应俱全，是求学上进的理想之地。

学校办学理念先进，内部管理规范。校风好、教风正、学风浓、质量优成了学校的特色。学校教育教学质量一直名列全县前茅，曾创下中考成绩全县六连冠的佳绩；每年考入省、市级重点高中的达 300 人之多，升学率达85% 以上，是衡东县优质生源基地；参加各级各类竞赛，获奖人数众多，居衡东县公办学校之首。毕业生中有陈鸥、曾亚军、陈增辉、周衡威等人考入了清华大学。

近年来，以尹国平校长、罗文晋书记为首的学校行政班子政治素质过硬、业务素质精良、团结务实协作，有力地保证了学校的和谐稳定、改革发展。他们秉承"以德立校，以章治校，以质强校，以特兴校"的办学理念，着力

打造团队精神，着力打造高效课堂，着力打造三湘名校，着力培养"四有"新人。在他们的带领和感召下，学校事业蒸蒸日上，教师敬业，学生乐学，人文蔚起，成绩斐然。

衡东县第六中学被称为"人才的摇篮"，是一所学生向往、家长放心、社会满意的好学校。

详细地址：衡东县石湾镇向阳路 1 号

办公电话：0734 – 5323558

邮箱：914276954@qq.com

邮政编码：421431

学校行政班子成员信息

校长：尹国平(13974731502)

党支部书记：罗文晋(13975452556)

副校长：武水华(13786477639)

工会主席：李中桂(13762421482)

副校长：夏中辉(13974765399)

副校长：许登科(13875600622)

【衡东县第八中学】

衡东县第八中学是一所县办完全中学，坐落在洣水南岸的百年古镇吴集。学校办学历史悠久，师资力量雄厚，交通便利，环境幽雅，是莘莘学子励志求学的理想学校。学校校园面积 102 亩，建筑面积 40000 平方米，拥有现代化的综合教学楼和高标准的学生公寓楼，学生公寓都安装了热水淋浴设备。现有在编教职工103 名，其中中学高级教师 19 人，中学一级教师 65 人。学校有初、高中部共 22 个教学班，在校学生 1083 人。学校建有多媒体室、理化生实验室、美术室、书法室、电脑室、音乐室、体育器材室、舞蹈厅、劳技教室等。近年来，学校先后被评为"三个文明建设先进单位""教学教研先进单位""教育工作目标管理先进单位""衡阳市班级管理工作先进单位""衡阳市三星级文明单位"。

学校从实际出发，坚持"初中办优，高中办特"的办学思路。初中教育大力倡导素质教育，注重能力培养，根据学生基础实施分层教学，因材施教。学校大力推行课堂教学改革，打造高效课堂，改变了传统的教学模式，实现了课堂民主，师生交流互动频繁，通过独学、对学、群学，师生合作探究，实现课堂效益最优化，收到了很好的效果，得到了全体师生、

学生家长和上级的肯定。高中部大力培养美术、音乐特长生,多年来美音特长生高考成绩在全县名列前茅,美音专业生培养成了学校高中办学的亮点和特色,打造了衡东县第八中学美音特长生这一高考品牌,促进了教育教学质量的全面提高。

学校初中教育教学成绩日渐突出,优秀率、合格率在全县排名不断前进,近年升入重点高中的人数逐年增多,学生综合素质大幅提升,高中后续发展潜力巨大。高中教育教学质量稳步上升,高考成绩捷报频传。2007 年以来,美音专业生共有 174 人考入本科二批及以上院校,其中 38 人考入重点大学,美音专业生本科二批录取人数和录取率在全县遥遥领先。在 2014 年高考中,学校重点本科上线率达 5.1%,本科二批及以上上线率为 13.3%,本科三批以上上线率为 16.3%,其中本科二批及以上上线人数超额 160% 完成教育局下达的目标任务,美术专业生本科二批上线率达 63%,本科上线率及高考成绩超过了衡阳市部分市级重点中学。2015 年,学业水平考试中,9 科一次性合格率超 50%;高考中,本科二批及以上上线 17 人,上线率达 17%,其中,美术专业生刘杰同学以全国第 93 名的优异成绩超过了清华大学的专业分数线。2016 年高考,学校有 6 人被本科二批及以上院校录取,其中 4 人录取在重点高校。

详细地址:衡东县吴集镇建设路 45 号

办公电话:0734 - 5211247

邮箱:hdbz6789@163.com

邮政编码:421400

学校行政班子成员信息

校长、党支部书记:向建华(13873471338)

党支部副书记:文铁坚(13575293273)

副校长:董金华(13975451775)

副校长:文端林(13873407760)

副校长:王伟成(13786422372)

工会主席:彭日成(13873471149)

【衡东县第九中学】

学校创立于 1958 年 8 月,现有面积 116 亩,教学班 18 个,学生 1345 人,教职工 77 名,其中专任教师 73 人,中学高级职称的 8 名,学生入学年巩固率均在 98% 以上,合格率

100%。现在校园环境幽雅、教学设施先进、学习资源丰富、师资力量雄厚,教学质量在全县名列前茅,先后荣获"衡阳市园林式单位""衡阳市现代教育技术实验学校""衡阳市楹联教育基地""衡东县教育教学质量先进单位""衡东县教育教学常规管理示范校""衡东县教育目标考核先进单位""衡东县双文明单位""衡阳市综治工作先进单位"等一系列荣誉称号。如今学校教育管理精细、教育质量良好、学生行为文明、校园环境优美,初步形成积极向上、求真务实、平安和谐的校园精神,初步形成了学校让家长满意、教师让学生满意、领导让教师满意的局面。《湖南日报》《科教新报》《湖南教育》《衡阳日报》《衡阳晚报》、湖南卫视等省、市媒体对学校的办学经验进行了宣传报道,学校被誉为"山旮旯里飞出的金凤凰"。

地址:衡东县杨桥镇交通北路 8 号

办公电话:0734 - 5347378

学校行政班子成员信息

校长:彭哲(13974782585)

党支部书记:凌冲(13787700808)

【衡东县楚天中学】

衡东县楚天中学创办于 2005 年,是一所股份制民办初级中学。校园视野开阔,高楼林立,花圃点缀,环境清雅,教学设施设备先进,师资力量稳定雄厚。学校始终围绕"励志、笃学、尚美、日新"八字校训,本着"对每位学生的终生发展负责,让每位学生成为最佳的我"的办学理念,坚持"立德树人,德育为先"的育人理念,实行"推进精细化、追求精致化、打造精品化"的工作理念,积极打造"敢为人先、孝道感恩、尚美崇真"的楚天育人文化,把"育核心素养,办精品教育,创三湘名校"作为学校努力和发展的方向。

办校以来,学校办学成绩显著,特色鲜明,受到社会各界的高度赞可。学校本着"终身教育、全面育人"的办学思想,立足学生核心素养,创设"三环导学练"高效课堂,注重"海量阅读""书法习字"等习惯培养,开展丰富多彩的社团活动,培养出有朝气、有灵气、有品格、有内涵的学生。学校先后荣获"衡东县教育教学质量先进单位""衡阳市德育工作

先进单位""衡阳市共青团红旗单位""衡阳市园林式单位""衡阳市课改示范校""衡阳市骨干民办学校""湖南省优秀语文教研组""湖南省文明卫生单位""湖南省教师培训基地校"等光荣称号。

衡东县楚天中学这颗迅速崛起的衡东基础教育明珠，正昂首向前，以博大的胸怀，广纳英才，培养一流学子，创造教育奇迹。

详细地址：衡东城关交通东路378号

办公电话：0734－5237499

网址：www.hdctzx.com

邮箱：524113548@qq.com

邮政编码：421441

学校行政班子成员信息

校长：周永方（13975423499）

党支部书记：宋佳琪（13975452975）

副校长：颜仁贵（15874731605）

副校长：陈志男（18674702226）

工会主席：谢智清（13707476166）

【衡东县兴东中学】

衡东县兴东中学创办于2000年，是一所由衡阳市教育局直管的优秀民办公助完全中学，坐落在衡东县洣水镇衡东大道77号。校园占地65.4亩，建筑面积21009平方米，有高标准的教学楼3栋，餐厅、学生公寓、办公楼各1栋，有条件完善的理化生实验室、语音室、电脑室、音乐室和舞蹈室，建有250米标准塑胶田径场。

学校坚持"崇德、乐学、自主、创新"的校训和"为学生的终身发展和幸福筑基"的教育理念。为提高课堂教学效率，学校实行"减时增效，向四十五分钟要质量"理念，采用"25＋20"崭新的教学模式，实施"课后零作业"。

学校现有专职教师109人，其中中学高级教师31人，中学一级教师47人；近几年学校招聘了赵玉柱、宾露等四位硕士研究生来校任教。文双喜、阳玮老师在全县第二届教学能手比赛中分别夺得初中英语和初中文综的"教学能手"桂冠。

学校的教育教学质量有口皆碑，历届初中毕业生省、市重点高中录取率达90%以上。学校已连续七年荣获衡东县教育局中考综合考评第一名。多年来，学校初中毕业生升入高中学

校后的高考本科一批、本科二批上线率和上线总人数在全县名列前茅。

学校连续多年被衡阳市教育局评为"优秀民办学校""初中素质教育示范学校"，更是被衡东县教育局多次评为"初中教育质量先进单位"。学校现已成为衡阳市骨干民办学校和课改示范学校，每年有近千人次的县内外的同行慕名前来参观交流。

详细地址：衡东县洣水镇衡东大道77号

办公电话：0734－5223085

网址：www.xdzx.com

邮箱：xingdongzhongxue@sina.com

邮政编码：421400

学校行政班子成员信息

校长：袁建军（13575144932）

党支部书记：袁海宁（18507346605）

副校长：胡文伟（13707476750）

副校长：邓桂秋（13875696348）

工会主席：赵自富（13873462349）

【衡东县教师进修学校】

衡东县教师进修学校创办于1980年，是一所集教师培训、高中教育、职业教育、青少年校外活动中心、电大教育五位一体的全日制学校。学校现有教职工125人，专任教师113人，其中特级教师1人，高级教师37人，一级教师53人，均具有本科及以上学历（其中研究生学历的1人）。学校牢牢把握"整合优质资源，形成办学特色，保障高位发展，打造名校品牌"的治校方略，紧扣"奋发向上、人格健全、知书明礼、素质全面"的育人目标，努力办好人民满意学校。

近年来学校先后被湖南省人民政府、湖南省教育厅授予"湖南省文明单位""湖南省园林式单位""湖南省示范性教师培训机构""2015年湖南省中小学教师远程培训工作先进单位""2016年省级先进基层党组织""湖南省示范性县级电大教育机构"；2015年学校协助衡东县教育局以全省第四名的得分成功申报"国培计划"项目县，2016年湖南省国培办对2015年"国培计划"项目县进行评估，衡东县被评为A类项目县；2012、2013、2014、2016年被衡东县教育局评为"教育质量先进单位"；2015年被衡东县教育局评为"全县教育目标管理考评

先进单位"；连续多年高考成绩本科一批、本科二批上线率居全市同类学校前列，其中陈博同学勇夺 2005 年高考湖南省文科状元。

详细地址：衡东县洣水镇交通东路 343 号

办公电话：0734－5222362

网址：www.hdjinxiu.net

邮箱：1584383559@qq.com

邮政编码：421400

学校行政班子成员信息

校长：颜亚华（13908442466）

党支部书记：罗利辉（13974742117）

副校长：赵爱平（13974732403）

副校长：肖志泉（13875720019）

【衡东县白莲镇教育管理服务中心】

衡东县白莲镇小初完全小学

衡东县白莲镇小初完全小学是白莲镇内的一所完全小学，坐落于谭家桥村 7 组，始建于 1974 年，后经上级政府和各界人士的大力支持，逐步形成现有规模。学校现有教学楼 2 栋、办公楼 1 栋、综合楼 1 栋，总占地面积 8900 平方米，生均 20 平方米，总建筑面积 3633 平方米，其中教学及辅助用房 1778 平方米，总运动场地面积 5325 平方米，生均 11.8 平方米。学校现开设 9 个教学班，在校学生 450 人左右，拥有图书 12500 册、实验室 1 间、音乐室 1 间、美术室 1 间、多媒体 1 间、电脑室 1 间、语音室 1 间，10 M 光纤 Wi-Fi 网络覆盖全校，租赁 29 座校车 1 台。学校现有 20 名在岗教师，其中本科学历的有 10 人，大专学历的有 8 人，其余均取得中专学历，取得小学高级教师任职资格的有 9 人。在上级政府和教育行政部门的领导下，学校秉承"以管理求质量，以质量求生存，以生存求发展"为兴校宗旨，在抓教学常规管理的同时狠抓新课程改革，培养学生观察、思考、探索、动口、动脑、动手的良好习惯，增强学生创新意识和创新能力，全面提高学生素质，多次被衡东县教育局评为教育教学质量先进单位。

详细地址：衡东县白莲镇谭家桥村 7 组

办公电话：0734－5423002

邮箱：3509457215@qq.com

邮政编码：421433

学校行政班子成员信息

校长：柳韶辉（18711437531）

教导主任：赵安（15886463668）

总务主任：向柏贤（18175875528）

衡东县白莲镇尚德学校

衡东县白莲镇尚德学校创办于 1911 年，是衡东县唯一一所有据可查的办学历史达到百年的学校。中华人民共和国成立前的衡山县就流传着"前山白莲，后山白果"的人文美誉。

学校位于白莲镇中心、衡石公路中段，位置优越，经过百年的发展，现在已是一所九年一贯制学校。目前校园总面积 80575 平方米。学校现有 19 个教学班，学生 1101 人；教职工 78 人，其中专任教师 65 人，本科学历的 35 人，大专学历的 19 人，中学高级教师 1 人，中学一级教师和小学高级教师 31 人，中学二级教师 27 人，教师队伍优良。成立于 1988 年的校董事会一直关注着学校的成长，通过他们的牵线搭桥，引进了各类资金 700 多万元，设立了向大延基金、莲园科技基金、向大云基金，用于奖教奖学、扶贫助困。其中，台胞向大延先生向学校捐款 490 多万元，以 100 万作为奖教奖学基金，已连续发放了 21 届，累计发放资金近 60 万元，其余作为硬件建设投资，兴建了乐谷文教纪念馆、尚德教学楼、教师公寓和学生宿舍，开辟了 250 米环形跑道的运动场。近几年，董事会和政府加大对学校的投入：硬化、绿化和美化了校园，配建了远程教育信息中心，相继建起了语音室、电脑室、仪器室、多媒体教室；不断扩大了乐谷文教纪念馆图书室的规模，藏书量已达 31709 册，开辟了教师阅览室、学生阅览室，改装了物理、化学实验室；兴建了能同时容纳 2000 人的学生食堂、大礼堂以及气势不凡的科技楼。学校固定资产 835 万元。学校的基础设施堪称乡镇一流，是育人的摇篮，成才的宝地。

"捐资助学和扶贫帮困"是学校的办学特色，"培养特长、全面提高"是学校的办学宗旨，"相尚以道惟德化人"是学校的办学理念。"立志、尚德、勤学、遵纪"是学校的校训。

学校在上级领导和董事会的关心支持下，通过全校教师的辛勤耕耘、全体同学的不懈努力，取得了一个又一个的可喜成绩：学校被授予"衡阳市合格初级中学""衡东县规范化中学""衡东县示范性学校"等光荣称号；普九成果进一步巩固，2013—2016年连续被衡东县教育局评为控辍保学先进单位；教育教学成绩突出，年年都被衡东县教育局评为教育教学管理先进单位、教育教学质量先进单位；校本培训、教学教研方兴未艾，学校初中数学教研组多次被衡东县教育局评为先进教研组，2013—2017年，学校教师获县级以上奖励的论文达305篇。2016年学校荣获衡东县中职招生先进单位和衡东县安全管理工作先进单位。

详细地址：衡东县白莲镇莲花居委会

办公电话：0734-5428222

网址：www.shangdexuexiao.com

邮箱：279384456@qq.com

邮政编码：421433

学校行政班子成员信息

校长：阳印文（13786410081）

副校长：向天云（13975486763）

副校长：黄少桃（13873488179）

副校长：向斌贤（13974732989）

副校长：黄宇轩（13975425375）

【衡东县蓬源镇教育管理服务中心】

衡东县蓬源镇云集学校

云集学校前身为石枧完全小学，创办于1953年，1965年办农业中学，1969年正式命名为石枧中学，1975年迁入现地，1976—1979年办完全中学，1983年更名为云集中学；1995年通过"两基"验收；1997年被授予湖南省合格初级中学铜牌；1998年被授予"中学生日常行为规范教育示范校"；2002年被授予"规范化中学"。2008年云集中学与原云集完全小学合并为衡东县蓬源镇云集学校，2009年被评为"义务教育合格学校"。

学校地处衡东县蓬源镇云集村，位于衡东县东北边陲，与株洲县、攸县接壤。学校总占地面积24054平方米，服务区覆盖6个行政村，服务人口约2万人。学校教学区、运动区和生活区布局合理，校园环境优美。学校拥有化学、物理、生地等实验室及仪器室、图书室、多媒体教室、电脑室、语音室。学校现有教职员工34人，其中专职教师31人，现有本科学历教师15人，专科学历的16人。现有12个教学班，在校学生459人。学校办学以来，共培养了毕业生6000余人，为社会培养了不少合格接班人。

学校狠抓管理工作，形成了德育工作规范化、教学工作科学化、素质教育多样化、服务学生全面化、管理制度规范化的学校发展模式。全校师生恪守"严格求实，刻苦好学"的校训；以"明理诚信，自强励志，团结奋进"为办学宗旨；坚持"每一个孩子都有尊严，每一个孩子都可教导，每一个孩子都能成功"的办学理念，秉持"面向全体，对每一个学生负责"的教学思想，实行"以人为本，和谐发展"的管理理念。

学校通过创新管理，全面提升办学水平，取得了可喜的成绩。学校学生每年巩固率均在98%以上，每年为高中学校和中职学校输送了大量优秀人才。近几年，学校多次被衡东县教育局评为"先进工作单位"，并多次被衡东县教育局授予"控辍保学先进单位"和"中职招生工作先进单位"称号。同时学校注重发展特色教育，注重学生体育素质培养，培育体育特长生，2002—2011年十年间，学校体育代表队参加全县中小学生田径运动会，七年获第一名，其余获一个第三名、一个第五名和一个第六名，为各高中学校输送了大批拔尖的体育人才，打造了边远乡镇学校体育教学这个知名品牌。

详细地址：衡东县蓬源镇云集村石枧街上

邮政编码：421441

学校行政班子成员信息

校长：侯凤祥（15773472016）

副校长：侯新兵（18175821358）

衡东县蓬源镇完全小学

衡东县蓬源镇完全小学是由前界塘小学发展而来，历经五十多年，有着深厚的文化底蕴。学校占地面积19848平方米，地理位置雄踞丘岗，绿树环抱，常年花香，环境优雅。学校现有15个教学班，在校学生632人。在几十年的发展历程中，学校始终围绕"诚朴、乐学、宏智、创新"八字校训，本着育人为本、德育为先、仁爱爱人、教人求真、学做真人的办学理念，为学生积淀丰厚的"诚相宏智"底蕴，把"自主学习、自我教育、差异发展、乐于学习"作为"乐学"的目标；培养师生的科学素养、文化创新理念。

学校设有实验室、仪器室、体育室、卫生

保健室、电脑室、图书室、大队活动室等功能教室。每间教室配备了多媒体、多功能讲台、投影仪、实物投影仪等现代化教学设备。学校布局规范合理,校园环境优雅,师资力量雄厚,管理科学严谨。

近年来,学校先后荣获"文明规范示范学校""衡东县先进单位""衡东县安全文明示范校""衡东县园林单位""衡东县家长学校"等光荣称号。

详细地址:衡东县蓬源镇横路社区界塘

办公电话:0734 - 5149666

邮箱:pywx12345678@163.com

邮政编码:421441

学校行政班子成员信息

校长:陈红春(18908441898)

副校长:侯庆元(15580216537)

衡东县蓬源中学

衡东县蓬源中学位于蓬源峰下横路街头,前身是衡云完全小学,创办于1927年,最早的校舍是刘家祠堂的老四合院,10年后,改办中学,改名为横路中学,2003年,改名为衡东县蓬源中学。

岁月变迁,老四合院早已不见踪影,新教学楼、师生宿舍楼、综合楼先后拔地而起,各功能室、办学设备设施不断添置更新。现在校园面积7256平方米,校舍面积3990平方米,校园全面硬化。老校友的反哺,更为学校办学条件的完善锦上添花。今天的蓬源中学,鸟语花香,书声琅琅,是蓬源学子求学的好地方。

学校现有4个教学班,在校生约200人,教职工17人,一代一代的蓬中人在这里奉献青春,为学校的发展贡献力量。学校教学质量稳步提升,养成教育成效显著,受到各方好评。

详细地址:衡阳市衡东县蓬源镇社区

邮箱:1037892260@qq.com

邮政编码:421001

学校行政班子成员信息

校长:金宏琨(13786470610)

【衡东县草市镇教育管理服务中心】

衡东县草市镇草市完全小学

衡东县草市镇草市完全小学创办于1976年8月,学校共15个教学班,在校学生819人。校区总面积2871.56平方米,绿化面积为1028平方米,建筑面积7246.15平方米。现有教学楼2栋、综合楼1栋,可满足师生的工作、学习、生活所需。学校配有图书室(藏书10000余册)、篮球场、排球场、乒乓球场等运动设施俱全。

校园布局合理,整体协调,环境优美舒适。

学校现有教师39人,其中专职教师38人,本科学历的18人,大专学历的19人,中师学历的2人,教师学历达标率为100%。年轻教师约占1/3,是学校工作的生力军。

学校始终贯彻党的教育方针,全面推进素质教育,遵循"教学有特点,学生有特长,办学有特色"的改革思路,取得了一定的成效,学校的教育教学质量不断提升,学生的整体素质得到了提高。

详细地址:衡东县草市镇草市村1组

电子邮箱:263999257@qq.com

邮政编码:421461

学校行政班子成员信息

校长:颜昌华(15607341746)

副校长:刘朝阳(13974714699)

副校长:阳剑辉(13387470709)

副校长:谭彦鹏(13875696429)

副校长:邓黄龙(13873489850)

衡东县草市镇大洲完全小学

学校前身为高塘乡大洲学校,2016年8月更名为衡东县草市镇大洲完全小学,位于衡东、攸县、安仁三县交界处的大洲村。学校创办于20世纪40年代,至今有70多年的办学历史。校园占地面积2000平方米,建筑面积2300平方米。学校现有学生195人,7个教学班;教职工15人,其中专任教师12人,本科学历的6人,学历合格率100%。

学校始终贯彻党的教育方针,全面推进素质教育,始终围绕"励志尚学,修身养性"的校训,本着"依法治校、科研兴校、质量强校"的办学理念,坚持安全第一,安全工作时时抓、人人抓,定期进行安全隐患排查,做到立查立纠,建立路护制度,确保学生平安到校,平安回家;坚持质量是学校的生命线,强化教学常规管理,大力推进校本教研,关注年轻教师成长,狠抓教育教学质量,教学质量稳步提升。

2016 年学校被评为衡东县小学教育教学质量先进单位。

详细地址：衡东县草市镇大洲村 6 组

电子邮箱：1442411409@qq.com

学校行政班子成员信息

校长：刘华（13875779908）

副校长：单东升（18975405652）

衡东县草市镇米坪完全小学

衡东县草市镇米坪完全小学前身为米坪乡中心小学，1989 年撤乡并镇后改名。现有 10 个教学班，学生 493 人，其中留守儿童 423 人，在校寄宿生 223 人。学校现有专任教师 20 人，平均年龄 37 岁，其中小学一级教师 8 人，专科以上学历的 16 人。

学校校区总面积 19008 平方米，绿化面积为 6606 平方米，建筑面积 6384 平方米，配有图书室（藏书 20000 余册）、梦飞翔阅览室、电脑室（兼语音室）、电子白板教室、音乐教室、科学实验室、劳技室、美术室、卫生室、体育活动室、留守儿童室、多媒体教室（每班都配备）；200 米环形跑道、篮球场、排球场、网球场、乒乓球场、沙地器械场等运动设施俱全。

详细地址：衡东县草市镇米坪村 5 组

电子邮箱：1074621375@qq.com

邮政编码：421461

学校行政班子成员信息

校长：单小华（13873459384）

副校长：陈志华（13575282448）

衡东县草市中学

衡东县草市中学创办于 1957 年。现有校园面积 9999 平方米，建筑面积 12790.32 平方米。目前共有学生 594 人，教职工 44 人，其中专任教师 37 人，中级职称的 19 人。

学校现有 1 栋教学楼共 20 间教室；学生宿舍楼 2 栋共 65 间宿舍；建有高标准的物理、化学、生物仪器室和实验室、语音室、计算机室、多媒体教室、图书室、阅览室，新建了一个较高标准的食堂、2 个篮球场。近三年，上级共拨付资金 600 余万元用于项目新建和维修。学生学习、生活、运动场地完全满足需要。

学校狠抓学生的思想道德建设、文化基础教育、行为习惯养成及个性化发展，既注重严格管理，又注重人文关怀，教育教学质量稳中有升，近年来，学校学生在综合素质考查中绝大多数被评为优良；升入高中段人数比例达 89%。

详细地址：衡东县草市镇草市村五组

办公电话：0734 - 5368181

邮箱：879887044@qq.com

邮政编码：421461

学校行政班子成员信息

校长：单小勇（13575282590）

副校长：刘永春（13873462443）

衡东县草市镇高塘中学

衡东县草市镇高塘中学创办于 1968 年。学校现有 10 个教学班，学生人数 488 人，教职工 32 人，其中专业教师 29 人，高级教师 1 人，中级教师 12 人，本科学历的 25 人，教师学历达标率为 100%。

学校占地面积 25519.6 平方米，校舍建筑面积 7604 平方米，绿地面积 686 平方米，体育场地面积 3060 平方米。校园内教学区、运动区、生活区布局合理，功能明确，整体协调，环境优美。

近几年来，学校组织适龄青少年按时免费就近入学，学生的巩固率均达到 98% 以上；按《国家学生体质健康标准》，学生体质健康达标率 98.5% 以上；综合素质考评合格率达 100%。学校校纪校风积极向上，深受群众好评。学校多次被评为"衡东县中学生日常规范示范校""衡东县教育教学质量先进单位""衡东县教育目标考核先进单位""衡东县控辍保学先进单位"等。

详细地址：衡东县草市镇两路新村 12 组

办公电话：0734 - 5136038

邮箱：807741798@qq.com

邮政编码：421461

学校行政班子成员信息

校长：刘新政（13873444451）

副校长：侯志强（13762443962）

衡东县草市镇焕塘完全小学

衡东县草市镇焕塘完全小学始建于 1974 年，学校占地面积约 6000 平方米，建筑面积约 3000 平方米。学校现有 251 名学生，6 个教学班，专任教师 13 人，其中高级教师 1 人，一级教师 3 人；本科学历的 9 人，大专学历的 4 人，教师的学历合格率是 100%。

自学校 2015 年建成综合楼后，学校更加以均衡发展为契机，大力加大校园建设力度，学校风貌日新月异，如今校园环境干净，空气怡人，是孩子们的理想乐园。教学条件日趋完善，为教育教学水平的提高创造了良好的条件，为培养学生全面发展奠定了良好的基础。

多年来，学校紧紧围绕办"农村孩子的乐园，教师成长的沃土"这一理念，以"办人民满意的学校，做人民满意的教师，教人民满意的学生"的教育为宗旨，立足农村现实，科学施教，教研兴校，全面执行教育方针，积极推进素质教育。学校以"重德、博学、务实、尚美"为校训，以"和谐德育、三结合教育、安全化管理"促发展。

详细地址：衡东县草市镇福塘村
电子邮箱：504737867@qq.com
邮政编码：421400
学校行政班子成员信息
校长：宋鸿彬（13974705347）
副校长：陈志雄（15973403419）

【衡东县大浦镇教育管理服务中心】

衡东县大浦镇大明完全小学

衡东县大浦镇大明完全小学建于 1960 年，原为核工业部七一二矿子弟学校，2004 年交由衡东地方管理，2005 年更名为衡东县大浦镇大明完全小学。学校占地面积 21293 平方米，建筑面积 8640 平方米，校园实际绿化面积 4244 平方米，拥有 200 米环形跑道田径场、两个标准篮球场，校内软硬件设施较为完善。

学校现有学生 284 人，专任教师 20 人，其中一级教师有 16 人，二级教师 4 人。学校将"融合、稳定、创新、发展"为工作目标，始终坚持走"依法治校、质量立校、科研兴校、特色强校"的办学方针，推行素质教育，用创新的方法引导学生，用丰富的情感激励学生，努力为学生个性特长的发挥、综合素质的提高和创新精神的养成提供平台。学校办学特色日益鲜明，办学条件日益完善，深受家长社会、家长的好评。

学校地址：衡东县大浦镇大明村 3 组
座机：0734－5315194

邮政编码：421421
学校行政班子成员信息
校长：袁锋（15343345417）
副校长：许嘉（13875758808）

衡东县大浦完全小学

衡东县大浦完全小学占地面积 23518 平方米，建筑面积 8346 平方米，体育场地有 5400 平方米；图书室藏书 3.4 万册。学校每个教室都配备了多媒体设备，电脑室、实验室、美术室、音乐室等多种功能教室一应俱全，学校已实现网络班班通。目前，学校有 1~6 年级 27 个教学班，现有学生 1770 人，教职员工 78 人。

多年来，学校以办人民满意教育为追求，遵循德育是灵魂、教学是中心、质量是生命、教研是先导、教师是根本、设施是基础、管理是保证、服务是宗旨的办学理念。办学成绩卓著。学校先后培养和造就了一大批优秀教师，有全国优秀教师、全国优秀班主任和湖南省优秀教师 5 人，教学质量也长盛不衰。学校也先后被上级授予：先进基层党支部、精神文明建设先进单位、优秀教研组、年度教育工作先进单位、教育教学管理示范校、衡东县优秀家长学校、衡阳市合格家长学校。

学校始终坚持"品牌、质量、服务"的意识，在全面推进素质教育的进程中，以一流的教育质量树立了自身的品牌形象，赢得了社会的赞誉。

学校行政班子成员信息
校长：邓兰云（13974742876）
副校长：黄代清（13054052043）
副校长：丁玉玲（13574787521）
副校长：颜红梅（13875601691）

衡东县大浦中学

衡东县大浦中学的前身是大浦乡渡江中学和青鸦中学，创建于 1964 年，1986 年合并迁址大浦街，定名为大浦镇中学，2004 年改名为大浦镇中心学校，2016 年 9 月更名为衡东县大浦中学。学校占地面积 30636 平方米，校舍面积 12463.57 平方米，校区环境优美，布局合理，设施齐全。现有学生 1579 名，教职工 84 人（其中高级教师 5 人，一级教师 41 人），市、县级优秀教师（班主任）8 人。学校教风严谨，学风优良，先后被评为"衡东县教学常规管理示范学校""湖南省合格学校""湖南省示范性初级中学",是衡阳师范学院挂牌定点实习基地。学校多次获县级先进单位、安全工作先进单位等各项称号。

学校努力打造"人文德育",以"让学生学会负责"为课题,通过引领学生自主管理及礼仪文化、感恩文化、体艺文化的熏陶,促进学生养成良好的行为习惯;积极构建"高效课堂"教学模式,抓常规,促教研,拓课改,向45分钟要质量,让学生在快乐中成长。学校历年中考成绩均在县内名列前茅,已连续10年获得了衡东县中考质量优胜单位奖,6次在全县中考综合成绩排名中位列乡镇中学第一。2004年衡东县高考文理科状元、清华大学学子谭莎丽和赵铜铁钢两位同学初中毕业于此学校。

梅花香自苦寒来,学校始终秉承"创名校,做名师,育英才"的办学目标,牢记"勤思、博学、求实、创新"的校训箴言,践行"一切为了学生"的服务宗旨,励精图治,奋勇争先,终让素质教育之花悄然绽放于"衡东南大门"的沃土之上。

详细地址:衡东县大浦镇浦园东街

办公电话:0734-5375205

邮箱:dpzxx5375205@163.com

邮政编码:421421

学校行政班子成员信息

校长:王石平(15874731386)

副校长:康迪湘(13875726818)

副校长:单雄(13575255378)

副校长:贺卫平(13575255228)

衡东县大浦镇岭茶学校

衡东县大浦镇岭茶学校始建于1970年。2008年大浦镇岭茶完全小学与大浦镇岭茶中学合并为现在的衡东县大浦镇岭茶学校,是一所九年一贯制义务教育农村初级学校。学校现有18个教学班,学生853人,教职工63人,其中本科学历的30人,大专学历的26人,中学高级教师1人,中级教师37人。

近年来,学校教学质量得到稳步提升,"普九"成果得到巩固:学校连续6年荣获衡东县教育教学质量先进单位。2014年学校初三毕业生116人,升入省重点高中12人,升入市重点高中33人,升入普通高中11人,全县综合排名名列第10名;2015年初三毕业生124人,900分以上学生3人,800分以上学生9人;2016年初三毕业生121人,中考成绩再创新高,升入省重点高中60人,升入市重点高中12人。

近年来,学校办学条件得到显著改善,校容校貌发生巨大变化。目前学校校园布局合理,分为教学区、生活区、教师住宿区、学生住宿区、运动区。学校占地面积70710平方米,生均占地59平方米,校舍建筑面积10810平方米,生均校舍面积9平方米;体育运动场面积11749平方米,有250米的环形跑道1个,水泥篮球场3个,羽毛球场、排球场各1个,单双杠区1个,绿化用地6080平方米;图书室藏书23542册,教学用计算机60台,固定资产达537万元;共有教学楼5栋,平均班额只有48人;音乐、美术、劳动技术、计算机教室和语音实验室各1间,多媒体教室1间,体育活动室、卫生室各1间;学生宿舍建筑面积1600平方米,学生食堂建筑面积1933平方米。

学校始终以育人为根本,以"办人民满意的教育"为指导思想,以"厚德、笃学、求实、创新"为校训,以"关注人、发现人、塑造人"为办学理念,以"质量立校、管理强校、教研兴校、特色活校"为办学目标,坚持"一切为了学生,为了一切学生,为了学生的一切"为办学宗旨,努力探索农村九年一贯制义务教育的新路径!

详细地址:衡东县大浦镇大岭村

办公电话:0734-5373073

邮政编码:421421

学校行政班子成员信息

校长:肖清波(13807476870)

副校长:唐山(13575266347)

副校长:刘庆祥(15616306379)

副校长:侯玉兰(13357344025)

衡东县大浦镇托源完全小学

衡东县大浦镇托源完全小学始创于20世纪50年代中期,2016年下学期升格为完全小学。学校占地6600平方米,校舍面积1954平方米(教学楼741平方米、综合楼1213平方米)。学校现有6个教学班,212名学生,11名教职工。大专及以上学历教师11人,学历合格率为100%，其中具有小学高级职称的6人。

近年来，学校不断改善教师队伍结构，提升学校管理及教学水平。2012年，学校荣获"全县教育教学质量提高奖"；2013年，学校荣获"全县教育教学质量先进单位"；2015年，学校荣获"全县教育教学质量提高奖"。尤其是通过2016年下学期的创建合格学校验收，学校面目焕然一新，孩子们有了平整的水泥运动场地，有了明窗净儿的新教室、功能室，有了设施齐全的新餐厅……整个校园环境文化氛围浓厚。

详细地址：衡东县大浦镇托源村

邮箱：1547583908@qq.com

邮政编码：421421

学校行政班子成员信息

校长：彭伟（18773475292）

副校长：李新国（13575122198）

衡东县大浦镇新开完全小学

衡东县大浦镇新开完全小学创办于1955年，2016年下期升格为完全小学。学校现有6个教学班，教师9人，学生200人。

学校始终本着"以师德创造人格魅力、以制度提升教育能力、以教研挖掘质量潜力、以实绩获取社会认力"的教育理念，认真贯彻党的教育方针，紧扣"教育强县"的战略目标，规范办学行为，狠抓教育教学质量，科学地加快学校的发展，致力提升学校的整体水平。尤其是2016年下学期，学校升格加上创合格学校，学校的硬件日臻完善、校园校貌焕然一新、教学装备大大改善，为把学生培养成"文明守纪，团结创优"的学生、把教师打造成师德高尚、技能过硬的精英团队打下了坚实的基础。

详细地址：衡东县大浦镇新开村

邮箱：494459307@qq.com

邮政编码：421421

学校行政班子成员信息

校长：胡拥军（13575123680）

副校长：周录槐（15200743427）

衡东县大浦镇新庄完全小学

衡东县大浦镇新庄完全小学创办于1959年，2016年升格为完全小学。学校占地面积10184平方米，校舍建筑面积1971平方米，生均校园面积30.4平方米。学校办公室、多媒体室、仪器室、科学实验室、图书室、阅览室、美术室、体卫室、少先队活动室等一应俱全。学校现有教学班6个，共有335人。现有在职教师15人，其中，副高级教师1人，一级教师11人，二级教师2人，本科学历的2人，专科学历的12人，中专学历的1人，学历合格率为100%。教师中有县级骨干教师1人，镇级优秀管理者1人，镇级优秀班主任2人，镇级优秀教师1人。

多年来，学校坚持"务实求真，拼搏创新"的办学宗旨，全面贯彻党的教育方针，并先后制定各种规章制度和考核办法，坚持"特色学校，管理治校，素质强校，科研活校"的办学宗旨，全面推进素质教育。学校先后获得"县教育质量先进单位""学校管理先进单位"等荣誉称号。

详细地址：衡东县大浦镇新开村

学校行政班子成员信息

校长：罗振华（15173489549）

副校长：易庚新（18229276257）

【衡东县高湖镇教育管理服务中心】

衡东县高湖镇完全小学

衡东县高湖镇完全小学现有18个教学班。在发展历程中，学校始终围绕"崇德乐学，务实求真"八字校训，本着育人为本、德育为基、仁爱为纲、求真为尺、务实为标的办学理念，为高湖镇的父老乡亲所喜爱和信任。

近年来，学校在各级政府和当地父老乡亲的帮助下，进行了翻新改建和扩展，呈现出越来越好的校园面貌。新的学生食堂和学生宿舍拔地而起；新校门昭显着新气象；旧操场的整改和新操场的建设如期竣工；旧厕所的改造也顺利完成。同时，学校本身也不断地充实和提高自己的软件实力。学校的录播室，是全县能进行远程课程同步教学和赛课录播的两个专业化、现代化多媒体教室之一。2016年湖南省"一师一优课"活动，衡东县乡镇所属学校的课程录播有很大部分是由学校承担的。2016年，学校又斥资建立了"留守儿童活动中心"，为留守儿童创建了一个温暖的家园。

详细地址：衡东县高湖镇伍湖社区

邮箱：657287218@qq.com

邮政编码：421453

学校行政班子成员信息

校长：何乐清（13975452229）

副校长：胡蔚东（13873488187）

副校长：单迪平（13786465469）

副校长：董宁芝（13807476161）

副校长：董剑纯（13575123443）

衡东县高湖中学

衡东县高湖中学创办于1969年。学校现有9个教学班，学生人数500多人，教职工37人。

校园总面积17850平方米，其中校舍建筑面积为6648平方米；体育用地面积4589平方米；绿化用地面积3642平方米。校园内教学区、运动区、生活区布局合理，分区明确，整体协调，环境优美。学校教学设施齐全，有图书室、阅览室、电脑室、多媒体教室、实验室、音乐室、美术室、劳技室、体育室、卫生室等。

学校贯彻教育方针，遵循教育规律；深化教育改革，优化学校管理；创建合格学校，促进均衡发展；实施素质教育，巩固"普九"成果。学校坚持"以人为本、德育首位"的办学思想，不求人人升学，但求个个成才。学校以"勤奋、创新、诚信、博爱"为校训，创"勤奋、文明、求实、创新"的校风，兴"科学、严谨、博学、厚德"的教风，"乐学、多思、探索、求新"的学风，努力办人民满意的教育。

学校多次被评为"衡东县教育局先进单位""衡东县教育教学质量先进单位"。学校还先后被评为"衡东县规范化学校""衡东县中学生日常行为规范校""衡阳市安全文明校园"。2004年学校通过了"衡阳市示范性学校"验收，2010年通过了省、市合格学校验收。

详细地址：衡东县高湖镇五湖社区

办公电话：0734－5498116

邮政编码：421453

学校行政班子成员信息

校长：罗水良（13873415891）

副校长：李国华（13875634191）

副校长：李智勇（15200565753）

衡东县高湖镇红桥学校

衡东县高湖镇红桥学校是一所九年一贯制学校，始建于1916年，至今已有百年历史。现有教学班21个，在校学生938名，分初中部、小学部、幼儿园，教职工65名，其中高级教师2名，一级教师16名，大学本科学历的25人，大学专科学历的15人，学历达标率为100％，其中专任教师40人。

校园（一校两区）总面积52883平方米，其中教学及辅助用房面积6731平方米，校舍建筑面积为9097平方米；教学仪器设备总值43.202万元，高标准的体育运动场馆面积8300平方米（正在建设之中），绿化用地面积31796平方米。校园内教学区、运动区、生活区布局合理，分区明确，整体协调，绿树成荫，环境优美。

学校以"诚实、友爱、乐学、多思"为校训，以"以人为本，和谐发展，全面育人"为办学理念，以"面向生活育人，面向社会树人"为办学宗旨，以"提升教育品质，构建优质学校"为办学目标，以"美丽校园、人文校园、和谐校园"为办学特色，以育人为根本，以教学为中心，以奋斗求发展，以质量为生命，努力办人民满意的教育。

详细地址：衡东县高湖镇红桥村6组

邮政编码：421453

学校行政班子成员信息

校长：彭柏昌（13975460365）

副校长：朱亦清（13875654420）

副校长：谭俊波（13875601832）

副校长：边红伟（15273486689）

【衡东县洣水镇教育管理服务中心】

衡东县洣水镇金花小学

衡东县洣水镇金花小学创办于1983年，原名城关四小。学校开设1~6年级，并设有附属金花幼儿园，现有在校学生700余人。现有专任教师25人，平均年龄34岁，其中中小学一级教师16人。学校于2017年8月完成新校园建设，校园总面积约15000平方米，可开办成35~40个班、2000人左右规模的现代化寄宿制小学。

学校的校训是文明团结，求知创新；办学思想是办勤勉向上、德才兼备的教育；办学特色是把学生像花朵一样来培育；办学目标是为学生的品质人生奠基。万紫千红，离不开百花齐放；祖国的花朵，需要精心哺育，才能有丰硕的果实回报。"校园即家园,家园即乐园",近年来,学校大力改造校园环境,创设优美的校园环境,营造育人文化,学校成了孩子们的乐园。

学校自创办以来,历任行政人员与教师众志成城、无私奉献,教学工作扎实,教育活动丰富,德育成效显著,师德师风良好,后勤服务完善,学校信誉高。特别是近年来,学校大力推进教研教改,夯实教学质量,学校教学质量综合排名大幅提高,2013、2015年两次获得了衡东县教育局颁发的教学质量提高奖。

详细地址:衡东县洣水镇金花村

办公电话:13875601177

邮箱:Cgsx5221249@163.com

邮政编码:421400

学校行政班子成员信息

校长:康志展(13875601177)

副校长:丁义云(15886463405)

副校长:晏志华(13873462878)

衡东县洣水镇踏庄完全小学

衡东县洣水镇踏庄完全小学位于距衡东县城6公里的洣水镇踏庄街村,始建于1981年。学校占地面积6508平方米,建筑面积2385平方米。现有9个教学班,学生390人;教职工31人,学历达标率为100%,其中本科6人,专科21人。学校功能教室齐全,通过改造实现了多媒体教学。校园环境整洁优美,实现了绿化、美化、净化及路面硬化,基本达到合格学校标准。

学校认真贯彻落实党的教育方针。学校以德育工作为先,积极开展主题教育、红领巾广播站、国旗下讲话、创优争先等系列活动;积极推进素质教育,自觉进行课程改革,扎实开展校本研修;以目标管理为手段,狠抓教学常规管理,教育教学质量明显提高,得到家长和社会的广泛好评,2014、2015年均被衡东县教育局评为"教学质量先进单位";面向全体学生,有效开展丰富多彩的活动,认真组织六一、国庆、元旦的文艺活动,活跃校园文化;强化安全管理,始终把安全工作放在重中之重,及时排查安全隐患,开展消防演练、紧急疏散演练、安全知识竞赛等教育活动,提升师生安全防范意识。

近年来,学校各项工作稳步推进,学校面貌焕然一新,校风正,学风浓,上下一致,团结一心。

详细地址:衡东县洣水镇踏庄村

办公电话:0734-5178415

邮箱:tzwx6648@163.com

邮政编码:421400

学校行政班子成员信息

校长:李世平(13575282369)

副校长:谭晚华(13873415540)

副校长:曹时云(13908442283)

副校长兼教导主任:陈平(13873444412)

衡东县洣水镇文冲完全小学

衡东县洣水镇文冲完全小学创建于2008年,坐落于衡东县县城北区中心,校园总占地面积63.9亩,总建筑面积27163平方米。校园环境清幽雅致,拥有高规格的综合教学大楼,配备了设施齐备的微机室、图书室、教学仪器室、实验室、各学科室等多功能室,修建了标准校园田径场、篮球场,建立了校园网络系统、智能广播系统,每间教室配有多媒体教学平台。现代化的设施、花园般的校园为学生提供了舒适优越的生活和学习环境。

学校以"学生的健康成长和全面发展高于一切"为办学宗旨,励精图治、锐意进取,形成了鲜明的办学特色。学校发展迅速,现有教学班75个。学校先后获得了"全国青少年校园足球项目学校""湖南省优秀少先队集体""湖南省语言文字规范化示范学校""湖南省规范汉字书写教育特色学校""湖南省经典诵读特色学校""湖南省教育信息化创新应用中小学网络联校""衡阳市示范家长学校""衡阳市现代教育实验学校""衡阳市阳光体育活动优秀学校""衡阳市养成教育示范校"等荣誉称号。

详细地址:衡东县洣水镇文冲东路

办公电话:0734-5215818

邮箱:373566280@qq.com

邮政编码:421400

学校行政班子成员信息

校长:陈秋平(18374749788)

副校长:刘交平(15096029749)

副校长:徐红忠(13618443459)

副校长:秦海玲(15200516799)

衡东县洣水镇迎宾完全小学

衡东县洣水镇迎宾完全小学坐落在衡东县城迎宾路，占地面积 16700 平方米，校舍面积 7590 平方米，体育场地约 6270 平方米。学校创建于 1990 年，始建时仅有 7 名教师，2 个教室，78 名学生。经过 20 多年的建设，学校现有教学班 46 个，在校学生 3530 人，在职教师 146 人，其中专任教师 124 人。在这支年轻的教师队伍中，大专及以上学历的 136 人，占 93.1%；本科学历的 78 人，占 53.4%；小学高级教师 129 人，占 95.6%。目前，学校已发展成为一所办学规模大、教学质量优的现代化小学。学校固定资产总值为 385 万元，包括标准美观的教学楼 3 栋、综合楼 1 栋，内设实验室、图书室、仪器室、阅览室、电脑室、多媒体教室等，其中图书室、仪器室均达省级Ⅰ类标准。

学校始终秉着"崇德、尚美、求知、健体"的办学指导思想，坚持"课改兴校，质量强校"的办学理念，并坚持"学校：常规 + 特色；教师：达标 + 专长；学生：合格 + 特长"的办学思路，逐渐形成了"团结进取、勤奋求实"的校风，"敬业爱生、精深创新"的教风和"乐学上进、求实创新"的学风，以及"以管理统揽全局，以德育塑造灵魂，以课堂教学为主渠道，以艺术教育为突破口，积极推进素质教育"的办学特色。

27 年来，学校先后多次被省、市授予各种荣誉称号："湖南省合格中心小学""衡阳市园林式单位""衡阳市反邪教教育先进单位""衡阳市二星级课改实验示范校""衡阳市艺术教育先进单位""衡阳市规范化小学""衡阳市艺术展演组织风尚奖""衡阳市中小学生日常行为规范校"。教师中，有 400 多人次受到国家、省、市的表彰奖励，课题"发挥多媒体功能，培养学生创新能力"获省级成果奖；德育课题"留守儿童良好行为习惯培养的研究"获衡阳市"十一五"规划重点立项课题。学生中，有 1200 多人次荣获国家、省、市各种竞赛奖励和"三好学生""十佳少年""小发明家"等荣誉称号。学校从创办起，教育教学质量始终保持全县领先位置，已经培养了 6438 名合格的毕业生，名副其实地成为衡东县县城家长和孩子们首选的理想学校。

详细地址：衡东县迎宾路 69 号
办公电话：0734 – 5223484
网址：www.hdcgex.com/
邮箱：416026518@qq.com
邮政编码：421400
学校行政班子成员信息
校长：邓云华（13975424176）
副校长：刘秋平（13574786977）
副校长：康健（13873444071）
副校长：谷姣秋（13873462412）

衡东县洣水镇幸福完全小学

衡东县洣水镇幸福完全小学创建于 1969 年。学校占地 11751 平方米，建筑 8953 平方米，目前教学班 45 个，学生 3374 人，教师 136 人，其中本科学历的 53 人，专科学历的 52 人，中级职称教师 142 人。学校是国家教育质量管理示范基地、湖南省基础教育教学研究实验学校、湖南省基础教育项目培训基地、湖南省红领巾示范学校、湖南省现代教育技术实验学校、湖南省示范家长学校、湖南省传统体育项目学校，是省级"文明卫生单位"、湖南省交通安全示范性学校、全国青少年"艺术教育先进单位"。

学校奉行教书育人、全面发展宗旨，弘扬"文明、诚实、勤奋、求知"的优良校风，走以德育为先导、以教学为中心、以质量求生存、以特色谋发展之道。学校坚持以德养校、严管治校、科研兴校、名师扬校、质量立校、特色创校；坚持外塑形象，内铸素养，争创特色，敢超一流；坚持以校为本，以生为本，以人为本；形成了一支过硬的、与时俱进的、敢于创新的教师队伍；形成了教育、教学、教科研全面发展的格局；形成了彰显学生个性、全面发展的教育特色；形成了"人本化"学校管理模式。

学校地址：衡东县洣水镇幸福路一号
办公电话：0734 – 5222383
网址：www.hdcgyx.com
邮箱：xxc9596@sina.com
邮编：421400
学校行政班子成员信息
校长：陈建光（13975457338）
副校长：谭石生（13974742863）

副校长：赵活平（13875619808）

副校长：罗金林（13574786842）

副校长：刘东明（13875600599）

衡东县洣水镇珍珠完全小学

衡东县洣水镇珍珠完全小学现有 8 个教学班，学生 348 人，平均班额 43 人，最大班额 54 人，在职教师 18 人。学校占地面积约 10000 平方米，其中教室 12 间，微机室和多功能室 3 间，共计 262 平方米，图书室、音体美室、科学室等全部配备齐全。校园环境整洁优美，基本实现了绿化、美化、净化及路面硬化。在校园环境整体布局上以突显中华古典文化、营造浓郁读书氛围为主线，努力营建书香校园，彰显学校特色。

"以德立校、依法治校、教研兴校、质量强校"是学校的管理策略，"为学生健康成长奠基，为教师持续发展铺路"是学校的办学理念。学校不但注重文化科学知识的传授及思想品德教育，而且注重音、体、美、劳的教育，努力创设实施素质教育的环境，使学生全面和谐地得到发展。几年来，在县、镇级的教师基本功大赛、教师教案评比、说做课比赛、学生活动比赛等活动中，学校均取得了优异的成绩。

详细地址：衡东县洣水镇印湘村十九组

邮政编码：421413

学校行政班子成员信息

校长：彭如云（13789377664）

副校长：向春林（13786440955）

衡东县洣水镇珍珠学校

衡东县洣水镇珍珠学校是一所九年一贯制学校，校园总面积 21326 平方米，建筑面积 9158 平方米。现有教职工 51 人，其中专任教师 49 人。现有在校学生 753 人，其中初中部 6 个教学班，学生人数 311 人；小学部 10 个班，学生人数 442 人。

近几年，政府加大了对学校的投入，美化了学校校园。学校拥有现代化的电脑室、理化生及科学实验室，每间教室都配备了多媒体教学设备，布置了一间电子白板室，还有劳技室、美术室、音乐室、棋牌室、器乐室、书画室、经典诵读室、歌舞室、图书室，其中图书室藏书达 22963 册。学校兴建了一栋 1139 平方米的学生宿舍和一栋 792 平方米的教师公租房，拆旧重建了两所水冲式厕所，改造了教学楼西边楼道，维修了学校食堂，切实改变了学校环境和办学条件，为师生创造了一个良好的学习生活环境。

"以人为本，以德育人"是学校的办学特色，"规范管理，力求创新"是学校得以发展的根本。一直以来，学校遵循"抓师资、夯基础，抓质量、树形象，抓纪律、保平安，抓养成、促学风，寻外援、促发展"的工作思路，秉承"文明、守纪、勤奋、进取"的校训，通过建设"德高、业精、管严、导活"的教风和"勤学、巧练、多思、善用"的学风，教研教改业绩突出，2014—2016 年，学校教师获省、市级奖项 30 余次；教学质量也稳中有升。

地址：衡东县洣水镇珍珠村 8 组

办公电话：0734 – 5168319

邮政编码：421413

学校行政班子成员信息

校长：谭建伟（13875614127）

副校长：廖伟军（15874764047）

副校长：刘高义（13875682845）

副校长：李雄辉（1397545205）

衡东县城关镇中学

衡东县城关镇中学地处衡东县城交通东路，是县城唯一一所公办初中。学校现有 29 个教学班，在校学生 1777 人，在职在岗教职员工 140 人。学校占地 36 亩，硬件设施齐全，校园环境优美。

学校有一支爱岗敬业、具有丰富教学经验的教师队伍。在岗教师中，有中学高级教师 13 人，中学一级教师 97 人；全国优秀教师 1 人，省、市级优秀教师 3 人；衡东县学科带头人 1 名，衡东县骨干教师 6 人，湖南省作协会员 2 名及一大批名优教师。在全县教学能手和教坛新秀大赛中，学校共有 6 人获全县"教学能手"和"教坛新秀"的光荣称号。

学校连续十五年被评为"衡东县初中教育教学质量先进单位"。多年来，学校中考优秀人数都排在乡镇中学第一名，教育教学质量突出。学校根据生源，确立了少年宫特色发展之路，大力开展第二课堂活动。学校做到"两个坚持"，一是坚持第二课堂教育愉悦特征，二是坚持把第二课堂教育的普及与提高相结合。

学校成立了乒乓球、篮球、健美操、艺术体操、美术、湘绣、书法、创意手工、苗鼓、龙狮、合唱、舞蹈队等兴趣小组，让学生在愉悦的气氛中学有所长，改变学生的不良行为习惯，培养出一批素质高、能力强的学生。

　　详细地址：衡东县洣水镇工农路 29 号
　　办公电话：0734 – 5222382
　　邮政编码：421400
　　学校行政班子成员信息
　　校长：阳建军（15973420380）
　　副校长：陈水宝（15874731137）
　　副校长：刘卫泽（13875717816）
　　副校长：唐旭东（1397545205）
　　副校长：王宁屹（13873407808）
　　副校长：邹岳云（18374770746）
　　副校长：李春晖（13762458071）

衡东县洣水镇踏庄中学

　　衡东县洣水镇踏庄中学始建于 1973 年。学校占地面积 21600 平方米，固定资产 300 余万元，楼宇规范有致，绿树成荫，文化氛围浓郁，教学、生活、运动场区布局合理，达到合格学校标准。校舍总建筑面积 4683 平方米，拥有 300 米环形跑道 1 个、标准篮球场 2 个，是全校师生强身健体的好场所。学校配备了多媒体室、电脑室、理化生仪器及实验室、美术室、音乐室、图书阅览室等功能室。现代技术装备达 I 类标准。

　　学校现有 4 个教学班，在校学生 193 人，教职工 33 人。学校师资力量较强，教师学历合格率达 98%，其中专任教师 31 人，本科学历的 20 人，占教师总数的 60%，一级教师 22 人，占教师总数的 66%，能胜任初中的所有课程教育教学工作。

　　近年来，学校重视教育教学改革，教研教改论文获国家级奖项的有 5 篇、省级的有 15 篇，市级的有 42 篇。学校狠抓教育教学质量，近 5 年来，学生毕业总数 390 人，毕业合格率为 98%，其中共有 36 人升入重点高中，升入一般高中的 108 人，升入职业中专的 73 人，升学率为 80.6%。为呵护和关爱学校留守少年儿童，学校建成了高标准的留守少年儿童活动室，为留守儿童少年健康学习、生活、亲情沟通交流和成长提供了专用场地和平台。

　　详细地址：衡东县洣水镇踏庄村 3 组
　　办公电话：13873444496
　　邮箱：13873444496@ 163. com
　　邮政编码：421400
　　学校行政班子成员信息
　　校长：杨正良（13873444496）
　　副校长：赵灿新（15096029568）
　　副校长：赵曙明（13787344841）

【衡东县南湾乡教育管理服务中心】

衡东县南湾乡完全小学

　　衡东县南湾乡完全小学始建于 20 世纪 90 年代，占地面积 21 亩，建筑面积 3600 余平方米。校园绿树成荫，景色宜人，是莘莘学子成长的摇篮。近年来，学校增加了多媒体教室、图书室、仪器室、科学实验室、音乐室、美术室及体育器材室等，为师生创设了良好的工作、学习环境。

　　学校现有 7 个教学班（含幼儿园），在校学生 212 人；教职工 15 人，其中本科学历的 6 人，大专学历的 4 人，中师学历的 2 人，一级教师 6 人，二级教师 5 人，三级教师 1 人，教师学历均达标。在全面实施新课程改革中，学校抓住机遇，坚持以发展为主题推进素质教育，以促进学生全面发展。

　　详细地址：衡东县南湾乡合江村
　　邮政编码：421446
　　学校行政班子成员信息
　　校长：谭红峰（13875762004）
　　副校长：樊炳发（15211484467）

衡东县南湾学校

　　衡东县南湾学校是一所九年一贯制学校，现有教学班 12 个，在校学生 719 名；现有教职工 38 人，其中专任教师 30 人，研究生学历的 1 人，本科学历的 17 人，大专学历的 12 人，教师学历合格率为 100%。

　　学校坚持"踏踏实实学习，开开心心生活，堂堂正正做人"的办学宗旨，以"培养身心健康、德才兼备的学生"为目标，致力于让每一个学生"学会学习、学会生活、学会做人"。学校始终坚持面向全体学生，"不抛弃、不放弃"；不分快慢班，不办重点班；对学习或生活有困难的学生给予热忱关怀；注重因材施教，发展学生个性。2014 年，在小学质量检测中，学校综合排名提高了9个名次；初中中考成绩在全县乡镇中学中名列第12名，比上一年提高了8个名次，2015年跃居第7名。因成绩突出，学校先后荣获衡东县"教学质量进步奖""教育工作先进单位""优秀团支部"等光荣称号。

学校的师资力量也正在逐步加强。在县、市级比赛中，学校教师都取得了不俗的成绩：2014年，在全县"教坛新秀"大赛，学校生物老师岳婵荣获二等奖；2015年，"一师一优课，一课一名师"教学比赛中，学校语文教师谭轶波的课件荣获省级优秀；2016年，戴丽、石浪峰、邹榕三位老师在中学数学教师解题竞赛中，成绩显著，戴丽荣获衡阳市二等奖，石浪峰、邹榕荣获衡阳市一等奖并代表衡东参加省里的决赛（衡东县仅两人）；岳婵老师在衡阳市中青年教师教学竞赛初中生物微课评比中，荣获衡阳市二等奖。

详细地址：衡东县南湾乡新南村

邮编号码：411462

学校行政班子成员信息

校长：龙雄才（13574797128）

副校长：阳小华（15873411767）

副校长：颜香文（13875799338）

副校长兼教导主任：殷建军（15273456941）

【衡东县荣桓镇教育管理服务中心】

衡东县荣桓镇船湾完全小学

衡东县荣桓镇船湾完全小学占地面积8882平方米，校舍面积为2766平方米，生均占地面积23.8平方米，生均校舍面积7.42平方米。学校教学设施齐备，有教室7间，还有仪器室、实验室、电脑室、多媒体教室、图书室、阅览室、劳技室、音乐室、美术室、体育器材室、广播室、少先队活动室和工会活动室等功能室；宽带网络也覆盖全校。学校有一个较为标准的运动场，设有1个篮球场、1个羽毛球场、1个200米环形跑道和1个60米直跑道，还有单杠、双杠、攀梯等设施。校园整体布局规范合理，学习区、运动区、生活区划分明晰，生活配套设施较为齐备，是师生们工作和学习的好地方。

学校现有6个教学班，学生285人，平均班额47人。现有在编在职教师14人，其中行政人员1人，专任教师13人。教师中具有本科学历的7人，专科学历的5人，中师学历的2人，学历合格率为100%，教师资格证获得率、教师普通话水平合格率、信息技术合格证获得率均达100%；其中高级教师1人，一级教师5人，二级教师7人。

近三年来，学校教育教学质量稳步上升，德育工作渐成特色，养成教育卓有成效，毕业班教学质量的各项统计指标均居全县中上水平。

详细地址：衡东县荣桓镇杉山村船湾组

办公电话：0734-5458828

邮政编码：421442

学校行政班子成员信息

校长：刘新平（13873464708）

衡东县荣桓完全小学

衡东县荣桓完全小学创建于1995年，是一所以罗荣桓元帅的名字命名的镇级完全小学。学校校园总面积为20327平方米，总建筑面积为5537平方米，绿化面积占校园总面积的35.5%，绿树成荫，鸟语花香，是一所园林式的学校。

学校拥有教学班13个，学生861人。学校现有教师35人，大专及以上学历的25人，中师学历的10人；小学高级教师21人，小学一级教师14人。

学校校园文化浓厚，建有凉亭一座，文化长廊80余米，拥有篮球场和200米环形跑道，配置了单双杠、篮球架等体育设备。

学校各功能馆室齐全。拥有音乐舞蹈室、美术室、劳技室、电脑语音室、实验室、图书室、阅览室、卫生室，拥有多媒体教室，全校实行校园网班班通，设备先进。

学校在教学管理方面一直严格执行《义务教育课程标准》，开齐课程、开足课时、开展丰富多彩的课外活动。学校督促每位教师精心备好每一节课，精心上好每一节课，精心改好每一次作业；对教师的备课、作业批改、听课每月定期检查，并将检查结果在例会上讲评，对存在的问题限期改正，把常规工作落到实处。

学校重视德育工作，强化学生养成教育活动；定期举行文明礼貌月活动；开展"阳光体育"活动。同时学校注重学生的安全教育，学生安全高于一切。

详细地址：衡东县荣桓镇长岭村

办公电话：0734－5458828

邮政编码：421442

学校行政班子成员信息

校长：贺必成（13974782083）

副校长：刘吉良（13875600341）

副校长：刘珍荣（15873456802）

衡东县荣桓镇鱼形完全小学

衡东县荣桓镇鱼形完全小学占地面积9304平方米，建筑面积达到了3704平方米，绿化面积5600平方米。学校配有图书室、仪器室、电脑室和现代技术装备室等多种功能室。教学设备设施齐全，是理想的育人场所。学校为了服务家长、方便学生，积极创造条件让学生在学校寄宿，有专门的学生宿舍，配备了几百张床位，现可容纳三四百名学生在校寄宿。

学校坚持以人为本的办学理念，更新观念，与时俱进，开拓创新，积极推进教研教改，努力提升学校的办学品位；以素质教育为准绳，注重发展学生的个性特长，培养全面发展的人才；在抓好教育教学的同时，狠抓学生的思想道德教育、安全健康教育，帮助学生形成良好的思想道德品质。

学校人才辈出，曾是开国元帅罗荣桓同志的母校。学校历来励精图治，弘扬元帅精神，为各级各类学校输送了不少后备生源。

学校行政班子成员信息

校长：李贤元（13973435615）

副校长：刘昌青（13762460259）

衡东县荣桓中学

衡东县荣桓中学是以罗荣桓元帅命名的初级中学，始建于1992年，由原来鱼形中学和杉山中学合并而成，校园总面积52000平方米，建筑面积为9680平方米。现有教职工33人，其中专职教师32人，本科学历的28人，大专学历的4人；中学高级教师3人，中学一级教师13人，中学二级教师9人，高级技师1人。现有学生464人，8个教学班。

多年来，衡东县教育局和荣桓镇政府对学校加大投入，硬化、绿化和美化了校园，学校现拥有现代化的电脑室一间，理化生实验楼一栋，还有多媒体、劳技、音乐、美术、棋艺室；图书室藏书25000余册，生均达50册；阅览室有50余种教学杂志、报刊；有一栋高标准的逸夫教学楼、规范化的餐厅和食堂及田径场，还有两栋教师住房和一栋学生公寓，为师生创造了一个良好的学习和生活条件。

"以人为本，以德育人"是学校的办学特色，"规划管理，力求创新"是学校得以发展的根本。一直以来，学校遵循抓师资，夯基础；抓质量，树形象；抓纪律，保平安；抓养成，促学风；寻外援，促发展的工作思路，秉承"团结、进取、勤奋、创新"的校训，通过建设"德高、业精、严谨、导活"的教风和"勤奋、刻苦、善思、向上"的学风，学校教学质量稳中有升，学校学年入学巩固率名列全县前茅。教研教改也蔚然成风，并取得了可喜的成绩。近年来，学校教师在国级及省、市级刊物上发表获奖论文20余篇。2014年以来，学生参加各级各类比赛获奖100余人次。

详细地址：衡阳市荣桓镇田垅村七组

邮政编码：421441

学校行政班子成员信息

校长：尚秋伟（18473497043）

副校长：兰润龙（13875614025）

副校长：刘水平（13876407864）

副校长：向轶群（18773477404）

【衡东县石湾镇教育管理服务中心】

衡东县石湾镇平里完全小学

衡东县石湾镇平里完全小学占地7550平方米，现有教职工11人，学生300余人，教学班8个，其中学前班一个，1～6年级各一个班，附属幼儿园有朵朵班一个。

学校始终坚持"忠、孝、廉、勤"的校训，本着育人为本、德育为先的办学理念，教师爱生敬业，严谨创新。学生勤奋自理、探究求真。学校呈现出一片学生文明进取、教师奉献求实的勃勃生机。

学校各功能室齐全，拥有音乐室、舞蹈室、美术室、劳技室、电脑室、语音室、实验室、图书室、阅览室、体育活动室、卫生室、档案室、多媒体教室；校园网络实现班班通；学校藏书4000多册，生均图书多达20余册。

近年来，随着教育改革的大潮，学校教师

立足学校，锐意创新，不断改进教育教学方法，努力学习教育教学新理念，成功找到了"素质教育"和"应试教育"的契合点，让学生在全面提升自身素质的同时，也能轻松应对各种考试，取得优异成绩。

详细地址：衡东县石湾镇坪沅村6组

办公电话：0734－5329065

邮箱：1581538757qq.com

邮政编码：421431

学校行政班子成员信息

校长：刘芳（13467769319）

衡东县石湾镇完全小学

衡东县石湾镇完全小学现有两个校区，33个教学班。学校始终围绕"立志、博学、尚美、创新"的校训，秉承"平民教育、服务百姓"的办学宗旨，致力于全面培养学生，充分张扬学生个性，教学质量享誉衡岳。

近几年来，学生入学率、巩固率均为100%，成绩显著。学校先后荣获"全国青少年冰心文学大赛文学摇篮奖""全国写作教学示范校""衡东县首批校本研修示范校""全国教书育人先进学校""衡东县中小学办学水平督导评估合格学校""衡东县文明交通示范学校""全国百（十）佳文学社"等荣誉称号。2010—2016年学校连续七年荣获衡东县小学教育教学质量先进单位。

详细地址：衡东县石湾镇和平路85号

办公电话：0734－5323131

邮箱：602567729@qq.com

邮政编码：421431

学校行政班子成员信息

校长：康建良（13786484819）

副校长：谭岳松（15573484839）

副校长：向彬湖（13575151219）

副校长：刘曙峰（13707478070）

衡东县石湾中学

衡东县石湾中学，其前身为"石湾回澜中学"，1986年迁来现址。目前学校占地面积43420平方米，生均占地面积145平方米；建筑面积13546平方米，生均建筑面积45平方米。各项教育教学设施齐全，有电脑室（50台电脑）、美术室、劳技室、音乐室、体育室、图书阅览室，拥有图书20000余册，人平67册；有实验楼1栋，按省级标准配置；有300米环形跑道田径场1个、篮球场地4个、乒乓球台5个。学校现有教职工31人，在27名专任教师中，高级教师3人，一级教师14人。

学校全面实施素质教育，深化基础教育课程改革。以"让学生满意、让家长满意、让社会满意"作为学校工作的指导思想，以"全方位培养学生，全过程管理学生，全天候服务学生"作为学校的办学理念。

随着课程改革全面铺开，学校坚持自己的办学思路：以质量求生存，狠抓教学质量，提高办学声誉；坚持开展各种课外活动，为学生提供各种平台，让学生在活动中成长，成才！每个学期举行各学科的竞赛、诗歌朗诵比赛、跳绳比赛、班级男女篮球赛、拔河比赛、校运会，各种活动层出不穷，极大地激发了学生的兴趣。

办学成绩突出。学校每年都输送大批人才到高一级学校就读。2015年，初中毕业人数107人，升入普通高中的41人，职业高中就读的62人，升学率达96.2%。学校曾获得全县乡镇中学男子篮球赛第一名，每年都有多名同学被重点高中篮球专业录取。

详细地址：衡东县石湾镇振华路62号

办公电话：0734－5323501

邮箱：233420217@qq.com

邮政编码：421431

学校行政班子成员信息

校长：曾明新（13786490008）

副校长：谭中林（13135046556）

副校长：罗洪林（13975421064）

【衡东县吴集镇教育管理服务中心】

衡东县吴集镇德圳完全小学

衡东县吴集镇德圳完全小学始建于1975年。现有在编教师10人，5个教学班，学生60人，其中70%为留守儿童。近年来，学校进行薄弱条件改造，在各级政府、教育局的大力扶持下，不断夯实教学硬件设施。学校以"关注留守儿童"为契机，致力于"探索留守儿童的教育，谋求山区教育均衡"的新课题。省、市、县多家媒体对学校关注留守儿童进行了现场报道。

详细地址：衡东县吴集镇德圳中心村

邮编：421421

学校行政班子成员信息

校长：尹可（13347245069）

副校长：胡桐林（13973436543）

衡东县吴集镇莫井中学

衡东县吴集镇莫井中学原名东风中学，始创于1969年。学校占地19亩，校舍建筑面积为4419平方米，学校布局合理，设施齐全，拥有一幢教学楼、一幢实验楼、一幢学生宿舍楼、一幢生活服务楼，教室12间；配有各种（理、化、生）实验室、仪器室、语音室、音美劳技室、计算机房、多功能教室、心理咨询室、卫生室；有藏书6000余册的图书室和可供50名师生同时阅读的阅览室以及能容纳500人的大礼堂；建有200米的田径运动场及水泥篮球场，开通了校园宽带。学校现有3个教学班，在校学生118人。学校教职工17人，其中教师16人。教师中，本科学历的9人，大专学历的7人。

学校行政班子成员信息

校长：曹小平（13762478455）

副校长：段伟华（13707472418）

衡东县吴集镇德圳学校

衡东县吴集镇德圳学校原名许家祠学校，2016年9月更名为衡东县吴集镇德圳学校。学校占地面积13614平方米，校舍建筑面积近3000平方米。近年来，学校不断加大资金投入，办学条件不断改善。学校现有实验室2个，内部设施配备齐全，配有专人管理；设有多媒体教室1个、微机室1个，学生用机50台，教室用机4台，实现了微机进办公室，到办公桌；学校藏有图书近6000册，门类齐全，专人管理，师生阅览室宽敞明亮，环境舒适。

办学以来，学校始终认真贯彻落实党的教育方针，坚持"以德立校、质量兴校、依法治校、特色名校"的办学宗旨，树立"励志、求实、敬业、爱生"的教风，培养"求实、善思、乐学、进取"的学风，坚持"以考风促学风，养成促发展"的办学理念。教育教学常规管理日趋规范，教学质量稳步提升，学校先后被评为衡东县"教育教学常规示范校""学校管理工作先进单位""衡东县教学质量先进单位""衡阳市中职招生工作先进单位"等荣誉称号。同时

学校青年教师在衡东县教育局举行的"教学能手""教坛新秀"的教学比武活动中，分别获得一等奖、二等奖。

学校地址：衡东县吴集镇德圳村

邮编：421421

学校行政班子成员信息

校长：卢国华（13575282478）

副校长：龙红忠（13723839246）

副校长：陈春明（13789355350）

衡东县吴集镇栗木完全小学

衡东县吴集镇栗木完全小学是一所全日制公办完全小学。学校占地6302平方米，生均8.89平方米；建筑总面积4100平方米，生均6.2平方米。现有教职工36人，专任教师28人，其中一级教师26人，大专及以上学历的28人；有教学班14个，在校学生584人。

学校教室宽敞明亮，远程教育系统、电脑室等功能室一应俱全。校园环境幽雅，"绿化、净化、美化、文化、硬化"五化合理，布局规整。教师队伍以高尚的师德、高强的素质、精湛的业务，秉着"一切为了学生，为了学生的一切，为了一切学生"的办学理念，以"团结、奋进、求实、创新"为校训，全心地为学生、社会服务。

学校1995年通过湖南省"两基"验收，1999年被评为衡东县"小学生日常行为规范教育示范校"，2001年通过湖南省"中小学图书管理"专项评估验收，2005年评为衡阳市校务公开先进单位，2005、2006年被评为衡东县教育先进单位。近几年来，教职工获国家、省、市、县各项奖励66人次，学生获奖18人次，适龄儿童入学率、巩固率均为100%。

地址：吴集镇栗木村溪塘7组

邮编：421400

邮箱：723869757@qq.com

办公电话：0734－5431126　0734－5431156

学校行政班子成员信息

校长：刘雪桂（13875709714）

副校长：尹岳衡（13786445286）

副校长：胡朝晖（13875612181）

副校长：罗爱华（13575112998）

衡东县吴集镇红坪完全小学

衡东县吴集镇红坪完全小学创办于20世

纪70年代,曾为一所九年一贯制义务教育学校,2016年改为完全小学。学校现有8个教学班,学生人数230人;现有在编教职员工23人,其中本科学历的13人,专科学历的6人,中师学历的4人,学历合格率达100%。

学校校园总面积24071平方米,校舍建筑面积为3853.7平方米。校内教学区、运动区、生活区布局合理,分区明确,整体协调,环境优美。其中有教学楼、综合楼1栋,师生食堂1栋,厕所2栋;有200米环形跑道1个、篮球场2个、排球场1个、羽毛球场1个、乒乓球台10张;有单双杠区。学校教学设施齐全,有图书室、阅览室3间,其中图书室藏书达7328册;有电脑室1间,多媒体教室1间;有实验室、仪器室各1间,且均按教育部颁布的标准配备;有音乐室、美术室、劳技室、体育室、卫生室各1间;根据课程标准和学校规模,配备了仪器器材,体卫艺设施设备达到《国家学校体育卫生条件实行基本标准》及教育部《九年义务教育阶段学校音乐、美术教学器材配备目录》规定标准。

学校坚持"以人为本、德育首位"的办学思想,秉承"尊重个性,和谐发展,自我超越,勇于创新"的办学理念,不求人人升学,但求个个成才。学校以"文明、守纪、勤学、创新"为校训。近几年来,学校积极组织适龄青少年按时免费就近入学,学生巩固率均达99%以上;按《国家学生体质健康标准》,学生体质健康达标率98.5%以上;综合素质考评合格率达100%。学校校纪校风积极向上,群众满意。学校多次被评为"衡东县教育教学质量先进单位""衡东县安全工作先进单位"等。

衡东县吴集镇涞桥完全小学

衡东县吴集镇涞桥完全小学创办于1949年,重建于1992年。学校占地面积3827平方米,建筑面积1488平方米,校内绿树成荫,环境幽雅,风格别致。现有教学班5个,学前班2个,拥有电脑房、图书室、多媒体室、科学实验室等。

多年来,学校始终重视师资队伍的建设和教学质量的提高。学校的青年教师全部为大学本科学历,一级教师5人,占38%。学校是衡东县安全工作考核先进单位、教育教学先进单位、学校管理工作先进单位、交通文明示范学校。

学校秉承"以人为本"的办学思想,着眼于为学生的全面发展、终身发展奠基,致力让每一个孩子得到发展,让每一位教师施展才华,让每一个家长收获希望,形成了"团结、奋进、自立、自强"的校风。

地址:衡东县吴集镇德圳村34村
邮编:421421
学校行政班子成员信息
校长:邓冬中(18273475748)
副校长:文成军(15116809925)

衡东县吴集镇泉新完全小学

衡东县吴集镇泉新完全小学创建于1970年,原名"衡东县栗木乡泉新完全小学",2016年下学期,因乡镇合并更名为"衡东县吴集镇泉新完全小学"。学校占地面积8000平方米,校舍面积3000平方米。学校设施齐全,校园绿树成荫,窗明几净,师生工作、学习环境良好。

学校现有8个教学班,2个学前班,在校学生371人,幼儿81人,寄宿生153人。教职工27人(专任教师26人,工勤人员1人)。其中中共党员6人;高级教师3人,一级教师14人,二级教师9人;本科学历的7人,大专学历的19人,中师学历的1人,教师学历达标率为100%;教师普通话、计算机等级达标率为100%;湖南省先进个人1人,衡阳市的十佳教师1人,衡东县优秀教师3人,吴集镇优秀教师5人。校行政班子成员均取得了大专及以上学历,素质优良,具有较高的教育管理水平。

学校始终坚持"全面贯彻教育方针,提高教育教学质量"的办学宗旨,确定了"把学校办成发展学生个性,提高学生整体素质,能适应和推动社会发展,有自身特色"的办学目标;校风、教风、学风良好。近年来,学校教学质量稳步提高,各项工作成绩显著,2013年,被授予衡东县教育教学质量"先进单位";2015年,又夺得衡东县教育局教育教学质量"提高奖","武术进校园"试点工作被评为"湖南省先进单位";2016年,再度被授予衡东县教育教学质量"先进单位",受到当地社会各界的一致好评。

详细地址：衡东县吴集镇泉新村十一组
邮编：421431
邮箱：496459756@qq.com
电话：0734－5432109
学校行政班子成员信息
校长：黄鹤楼（18273488029）
副校长：刘正午（15273402424）
副校长：袁书政（13807476557）

衡东县吴集镇吴集完全小学

衡东县吴集镇吴集完全小学坐落于历史悠久的吴集古镇。学校占地面积3281平方米，校舍建筑面积3496平方米。校内配有仪器室、实验室、图书室、阅览室、电脑室、劳技室、多媒体教学室、音乐室、美术室、书法室、体育器材室等专用教室，配备了现代化的教育教学设施。学校还建设了高标准的篮球场，配备了标准的乒乓球台，最大限度地满足了现代教育教学活动的需要。

学校现有12个教学班，在校学生642人，在编教职员工47人，其中高级教师3人，中级教师33人，县级骨干教师1人。

学校以"办人民满意的教育"为指导思想，以"厚德、笃学、求实、创新"为校训，以"质量立校、管理强校、教研兴校、特色活校"为办学目标，以"关注人、发现人、塑造人"为办学理念。

学校致力于探索教育的新途径，致力于创建书香校园和交通安全示范校，开展丰富多彩的教育教学活动，全面推进素质教育。六年美好时光，孩子们不仅学习了技艺，培养了兴趣，发展了个性，还传承了中华优秀的传统文化。

近年来，学校多次被衡东县教育局评为"教育教学工作先进单位""衡东县交通安全示范校"。

地址：吴集镇吴集村建设路35号
邮编：421401
邮箱：594612012@qq.com
办公电话：0734－5211037
学校行政班子成员信息
校长：董建平（13974755410）
副校长：曹冬红（13875706929）
副校长：罗树林（13575241787）

衡东县吴集镇新民完全小学

衡东县吴集镇新民完全小学是一所农村寄宿制学校。学校环境幽雅舒适，占地面积13162平方米，建筑面积4809平方米，体育场地面积3732平方米。图书馆藏书20000余册，拥有计算机50台，投影机、电视等教育设备12台。学校建有阅览室、画室、舞蹈教室、微机室、多媒体教室、物理实验室、化学实验室、生物实验室等多个专用教室，还有德育活动基地2个。截至2017年3月，学校现有8个教学班，在校学生299人，教职工23人，其中中共党员5人。

学校全面贯彻党的教育方针，不断提高教育教学质量，积极推进素质教育。坚持"教有用之人，育有用之才"的办学理念，以"诚信、勤学、砺志、进取"为校训，以"敬业爱生，严教善导"为教风，以"勤学苦练，全面发展"为学风，注意培养学生的"六个学会"，即学会做人、学会求知、学会生活、学会劳动、学会审美、学会健体。

学校重视彰显教育的人文性，着重塑造和谐统一的直观的校园文化。校训体现着学校的办学方向；科普展板、走廊壁画不拘一格的内容，带给学生开阔的眼界和丰富的知识；吊牌、教室里的格言警句，则成为学生成长的推动力，为形成学校良好的校风、学风、教风打下坚实的基础。同时，整体优化的校园环境，使人一走进校园，就能体会到学校的特色气氛，无论是一树一花、一砖一瓦，都无不装点着学校环境育人的先进情愫，无不渗透着打造优秀品牌的良苦用心。

学校确立了德育为办学之首、教学为教育之本、创新为发展之源、科普为强校之路的新时期学校发展指导思想，以实现学校教育工作的跨越式发展。学校确立了优化师资、净化师风、改造师德的师资建设总体方针。在教师结构的优化方面，学校制定了"以老带新、以优补拙、奖勤惩怠"的人才培养模式，扎扎实实推进教师自主学习，积极开展校本培训，引进先进的教育教学理念，如观摩许市中学、常宁塔山学校，积极参加衡东县楚天中学手拉手活动，以达到教师整体素质飞跃式发展。学校还通过师德大讨论、师德演讲比赛、家长座谈会等活动,提升师德师风水平,共同确立师道尊严、为人师表的从业准则。

学校坚持面向全体学生,促进学生全面发展,坚定不移地推进素质教育,教育成果不断彰显。近年来,学校入学率、巩固率、合格率、升学率均为100%。

地址:衡东县吴集镇杨梓坪村6组

邮编:4241401

办公电话:0734－5218220

学校行政班子成员信息

校长:赵任华

副校长:张跃文

副校长:赵树杰

【衡东县霞流镇教育管理服务中心】

衡东县霞流镇中学

衡东县霞流镇中学始建于1978年。学校现有10个教学班,在校学生573人。教职工43人,其中专任教师42人,教师中,本科学历的36人,占教师总数的84%;专科学历的7人,占教师总数的16%;硕士学位的11人;中学高级教师2人,中学一级教师17人;中共党员9人,湖南省作家协会会员2人,湖南教育报刊社通讯员1人。

学校校园面积41688平方米,建筑面积8866平方米,其中教学楼3栋,面积3600平方米,实验楼1栋,面积700平方米,学生宿舍2栋,面积2943.88平方米,食堂1栋,面积750平方米;运动场2个,其中一个为250米环形田径场,内设4个水泥篮球场。学校有校园局域网、远程教育室、语音室、多媒体教室、电子备课室、科技活动室、劳技室、美术室、音乐室、电脑室、广播室、理化生实验室与仪器室各1个,有图书室、图书阅览室各1个,图书室藏书23053册(另有在编图书4258册),常年订阅报纸杂志40余种。2008年学校通过湖南省合格学校验收。学校是衡阳市"现代教育技术实验学校""衡东县中小学教育教学常规管理示范学校""霞流镇中学乡村少年宫"。

学校以"崇德求智、开拓创新"为校训,逐步形成了"民主,务实,公正,廉洁"的政风,"敬业、爱岗、务实、创新"的教风和"勤奋、守纪、求实、进取"的学风,校园人文精神积淀日渐深厚。

学校注重教研教改,教育教学质量稳步提升,初中毕业学业水平考试、教育教学质量评估多年名列全县乡镇中学前茅,多年被评为中考优秀单位。2014—2016年,学校三年巩固率均达到98%以上,毕业生升学率超过90%,毕业率100%,体育健康达标率99.9%。

学校注重校园文化建设,校园环境优美,绿树成荫,四季花香,文化设施齐全。2001年,学校成立朝霞文学社,并创办《朝霞》会刊,朝霞文学社现为全国中小学校园文学研究会中心团体成员,师生已在国家、省、市级公开刊物发表小说、散文、诗歌、新闻作品300多篇(首),出版文学作品集两部,有校本教材《新闻写作》一部。近五年,教师在国家、省、市级公开刊物发表教育教学论文43篇,并有210多篇教育教学论文在国家、省、市级征文中获奖。学生参加国家级各类竞赛有24人次获全国一等奖。学校"现代教育技术与语文教学"的研究课题获衡阳市课题研究一等奖。

2010年开始,学校将劳动实践教育正式纳入学校整体发展规划之中,配备劳动实践教育专业教室、展室,开辟了6000平方米的蔬菜基地、180平方米的生猪养猪场、3000多平方米的苗圃基地、2000多平方米的林地。劳动实践教育种类齐全,形式多样,特色突出。这些不但给学生的劳动实践提供了场所,还可以改善师生生活;学生通过劳动,懂得了一粟一帛来之不易,节约意识随之形成;学生通过劳动,培养了劳动意识、创新精神和实践能力,劳动光荣深入人心,勤奋学习风行校园。

学校还建有霞流镇中学乡村少年宫,设有图书阅览、科技活动、健身、音乐等十几个活动室,各室长年对青少年开放,教师定期或不定期进行辅导。这个校外活动中心,发展了学生的个性特长,健康了学生的身心。很多青少年学生,特别是那些留守儿童,节假日不再上网吧,他们在中心找到了自己的乐趣和爱好,他们在活动中心学习、健身,有很多学生因学有一技之长而被高一级学校录取,或考取大专院校音、体、美特长生。

详细地址:衡东县霞流镇大桥村一组

办公电话:0734－5333906

邮箱：229459877@qq.com

邮政编码：421414

学校行政班子成员信息

校长：秦新文（13974765260）

副校长：罗祝岐（13973452808）

副校长兼总务主任：闵泽峰（13786438148）

副校长兼政教主任：许慧平（13762450979）

衡东县霞流镇完全小学

衡东县霞流镇完全小学创建于1972年。现在学校有17个教学班，在校学生1045人；在编教职员工有53人，专任教师50人，其中本科学历的18人，大专学历的28人，中师学历的4人，教师学历合格率达100%。学校配有仪器室、实验室、图书室、阅览室、电脑室、劳技室、多媒体教室、音乐室、美术室、体育器材室、卫生室等现代教学设施，校园广播、校园监控等设备齐全。

近几年来，学校遵循"学校发展、教师发展、学生发展"的宗旨，强化内部管理，教学质量稳步提升，每年巩固率达到100%，2014年在全县教学质量检测中提高了10个名次，2015、2016年在全县排名中分列第15、17名，受到上级教育主管部门的表彰和奖励，教师和学生参加各类竞赛均取得了不俗的成绩，得到了社会各界的好评。

三年来，学校共投入资金60多万元，用于校园建设，添置教学设备、生活设施等。其中投入4.5万元改造教师办公室，投入16万元拆除旧卫生间、新建水冲式卫生间，投入14.9万元扩建附属幼儿园及新建140米通透式栏杆，投入6.19万元建设校园监控及校园广播系统，投入9.07万元购置办公室空调以改善教师办公环境，投入5.9万元建设停车场，投入9.56万元拆除重建学校围墙，实现了现代化教学手段及办公设备配套，办学条件得到明显改善，集美化、净化、人文化、素质化于一体，营造了文明、愉悦、和谐的育人环境。现在，只要一进入校园，一座现代化的学校就呈现在面前。

详细地址：衡东县霞流镇爱平路19号

邮箱：2334778903@qq.com

邮政编码：421414

学校行政班子成员信息

校长：尹益国（13786411618）

副校长：许德华（15874771177）

副校长：赵和平（13875695317）

副校长：刘生国（13974762852）

衡东县霞流镇洋塘完全小学

衡东县霞流镇洋塘完全小学前身为洋塘中心学校，于1981年始建于藕塘村，2002年因发展需要搬入现址。现在学校占地面积15230平方米，建筑面积5822平方米，绿化面积805平方米。学校拥有教学楼、综合楼、食堂、宿舍各一栋，并配有实验室、计算机室、图书室、仪器室、音乐、美术、多媒体、阅览、劳技、语音、体育活动、卫生、心理咨询等功能室。现有教学班8个，在校学生543人，学校教职工20人。其中有中小学一级教师20人，学校以"爱国·自信·宽容·创新"为校训，并提出了"创办一流现代化农村小学，造就未来高素质公民"的办学目标和"品行端正，人格健全，思维活跃，发展协调，特长初露"的育人目标；形成了为"农村现代化建设奠基，为孩子未来发展铺路"的办学理念，围绕"以德育人，以情育人，以美育人，以乐育人"的教育理念，全面推进素质教育，着力打造特色教育，努力构建学生健康成长的精神家园。

详细地址：衡东县霞流镇大源渡村

办公电话：0734－5336878

邮箱：ytwxyyp@163.com

邮政编码：421414

学校行政班子成员信息

校长：陶飞跃（13975483398）

副校长：王争文（13397479737）

副校长：阳岳平（13807476737）

衡东县霞流镇洋塘中学

衡东县霞流镇洋塘中学始建于1976年，原名为大源渡乡大源渡中学。

学校是一所九年制义务教育农村初级中学。学校现共有6个初中教学班，学生345人。教职工28人，其中本科学历的16人，大专学历的9人；中学高级教师1人，中学一级教师11人。学校总占地面积12080平方米，总建筑面积5400多平方米，教学区、运动区、生活区、学习实验区规划科学，场地布局规范合理。学校各功能馆室齐全，配备了理、化、生仪器室和实验室及劳动技术室、计算机室、多媒体室、音乐室、美术室、团队活动室、图书室、阅览室，各种仪器上万件，能进行初中理、化、生学科的教学实验，图书8800余册。

学校始终以育人为根本，以"明德、博学、尚美、创新"为校训，以"办人民满意的教育"为指导思想，努力探索农村教育的新途径。在管理上，实行校长负责制，各项制度齐全，规范有序。2011、2014、2016年，学校中考综合排名位居全县前八强，连续多年被衡东县教育局评为教育教学质量先进单位和学额巩固先进单位。

详细地址：衡东县霞流镇大源渡村

办公电话：0734－5336025

邮箱：124908141@qq.com

邮政编码：421414

学校行政班子成员信息

校长：宋健（13875682941）

副校长：胡宏志（13707476249）

副校长：罗国欣（13973428103）

【衡东县新塘镇教育管理服务中心】

衡东县新塘镇潭泊完全小学

衡东县新塘镇潭泊完全小学位于新塘镇石杨村，学校占地面积6985平方米，建筑面积2068平方米。近年来，学校的办学条件不断得到改善。学校已配备监控、校园广播系统、仪器室、科学实验室等。学校的设备设施基本上满足教育教学工作的需要，为学校的持续发展提供必要的条件。学校现有6个教学班，学生300余人，在编教职工18人，其中一级教师14人，二级教师4人，学历达标率为100%。

学校全面贯彻教育方针，根据"依法治校、全面发展"的办学思路，秉承"以人为本、面向全体、提高素养、和谐发展"的育人理念，积极推行教学改革，优化办学条件，坚持以人为本，优化育人环境，强化内部管理，办学质量日益提高，受到家长及上级部门的充分肯定。学校在社会上享有较高的声誉。

学校行政班子成员信息

校长：陈仕辉（13974783446）

副校长：阳运根（13974765583）

副校长：罗红江（15580287888）

衡东县新塘镇潭泊中学

衡东县新塘镇潭泊中学建于1979年。校园总面积33350平方米，建筑面积4208平方米，现有教职员工13人，专任教师13人，其中本科学历的13人。现有初中生159人，3个教学班。

学校位于新塘镇石杨村。近几年，衡东县教育局、新塘镇政府加大了对学校的投入，硬化、绿化、美化了校园；建起了电脑室、仪器室、多媒体教室、音乐室、美术室、劳技室，开辟了教师阅览室、学生阅览室，改装了物理、化学实验室，图书室藏书达14783册。

"以人为本，以德立校"是学校的办学特色，"科学管理，锐意创新"是学校得以持续发展的根本原因。近年来，学校遵循"抓师资、夯基础；抓质量、树形象；抓纪律，保平安，抓养成，促三风；寻外援，促发展"的工作思路，秉承"砺志、勤学、锐意、进取"的校训，通过建设"德高、业精、管严、导活"的教风和"勤学、巧练、多思、善用"的学风，促成了"崇尚科学，陶冶人文，自强不息，和谐发展"的校风。教育质量逐年提高，入学率、巩固率名列前茅，教研教改，业绩斐然。2013—2016年下半年，学校教师获奖论文20多篇，学生参加各级竞赛获奖15人次。

学校行政班子成员信息

校长：樊志锋（18973454168）

副校长：阳卫东（13575128937）

副校长：向伏林（13786484965）

衡东县新塘镇新塘完全小学

学校创建于1987年。校园占地面积28600平方米，建筑面积10455平方米，其中办公楼1栋，教学楼3栋，综合楼1栋，拥有较高标准的多媒体教室、计算机教室、仪器室，有藏书达4万余册的图书室。

学校现有教职工103人，专任教师均有合格学历，其中本科学历的45人，专科学历的43人，中师学历的6人；小学高级教师64人。

近年来，学校办学质量逐步提升，学校声誉日益提高，办学规模日渐扩大，现有在校学生2385人。为落实上级化解大班额精神，2015年下期起，一年级招生班额严格控制在65人以内，超大班额数已逐年减少。

为满足教育教学需要，学校硬件建设不停

步，借创合格学校东风，耗资 70 万元对两栋老教学楼进行全面维修改造，投资 172 万元的综合楼投入使用，开辟了新的文化长廊，校容校貌焕然一新。

学校建校以来，秉着"以人为本、以德立校、科研强校、特色兴校"的办学理念，以"自强、自律、博学、创新"为校训，致力于培养学生创新精神和实践能力，形成了学校独有的教育教学风格。"弘扬国学经典，助推养成教育"已成为学校德育工作特色，2015 年被衡东县教育局评为"学生养成教育示范学校"。学校在狠抓德育工作的同时，大力在科研兴教提质上做文章，多年来学校教育教学质量稳居全县先进行列。适龄儿童入学率、学生入学巩固率均达 100%。学校教师锐意进取，乐于学习，先后在各类报纸杂志发表论文 100 多篇。学校2014、2015、2016 年均被衡东县教育局评为教育教学质量先进单位，学校工作在各级各类检查中深受上级好评，被誉为"衡东教育的一颗明珠"。

学校行政班子成员信息

校长：赵文新（18873455958）

副校长：邓云桂（13575151095）

副校长：宋伏英（15873460648）

副校长：曹燕云（13873488081）

衡东县新塘中学

衡东县新塘中学始建于 1971 年，山环水绕，布局井然，环境优美，现有办学水平和教育教学质量均在衡东县乡镇中学中名列前茅。

学校共有校园面积 34240 平方米，校舍面积 9068 平方米。现有 8 个教学班，学生 283 人。教职工 31 人，其中本科学历的 24 人，专科学历的 6 人；中学高级教师 3 人，中学一级教师 14 人，二级教师 13 人。

近几年来，学校通过政府投入与社会力量办学等途径，累计投入资金 200 余万元，新建、扩建了学生宿舍、学生食堂、办公楼和文化长廊，增添了体育场地、设施，铺设了 200 米环形塑胶跑道，美化、绿化了校园环境，新装备了计算机室、语音室、多媒体教室等功能室，图书、教学仪器均按 I 类标准配备。

在社会各界大力支持下，学校已逐渐成为学校建设与管理的典型，创造了衡东县乡镇中

学的多个第一：第一个"衡东县校园文化建设先进单位"，第一个"衡阳市现代教育技术实验学校"，第一批通过"合格学校"建设达标评估，成为衡东县首批"合格学校"……并多次作为重点对象，代表衡东县迎接省、市"督导评估""三评合一"等重大检查，得到了各级领导的好评。

近年来，学校的招生政策向县办、民办学校倾斜，担当起普及义务教育基石的重担，通过不懈努力，教育教学质量也稳步提高。近年来，学校学生参加各类竞赛活动，有 2 人次获国家级奖励，94 人次获省、市、县级奖励，3 人被评为市级三好学生，各种德育、文体活动也开展得有声有色；教师参加论文评比和教学比武也有 50 余人次获省、市、县奖励，4 人在省级刊物上发表了 6 篇教育论文。

学校行政班子成员信息

校长：肖岁林（13973452827）

副校长：杜岳衡（13875776886）

副校长：文正楚（13786460663）

副校长：李峰（18907470737）

【衡东县杨林镇教育管理服务中心】

衡东县杨林镇青山完全小学

衡东县杨林镇青山完全小学创立于 1952 年，是一所全日制农村小学，学校校园占地总面积 8479.3 平方米。目前，学校有六年制教学班 6 个，学生 155 人；幼儿园两个班，学生 65 人。学校现有在职教师 11 人，其中本科学历的 4 人，专科学历的 6 人，中师学历的 1 人，教师学历合格率为 100%。

近年来，学校的办学条件不断得到改善，学校已配套仪器室、阅览室、美术室、音乐室、心理咨询室等。田径场、篮球场、宣传窗等文体场地均设施齐全，学校的设备设施基本上满足教育教学工作的需要，为学校的持续发展提供必要的条件。在各级领导及社会各界的关心下，学校教职员工艰苦奋斗、锐意进取，敬业爱岗；学校秉承"以人为本、面向全体、提高素养、和谐发展"的育人理念，使每一个孩子享受健康成长的快乐，学生文明礼貌，勤奋好学，已形成"校风好、质量优、声誉佳"的良好局面。

详细地址：衡阳市衡东县杨林镇青山完全

小学

邮箱：329788295@qq.com

邮政编码：421451

学校行政班子成员信息

校长：罗用明(15096091929)

副校长：赵明亮(15115462876)

衡东县杨林镇石峡完全小学

衡东县杨林镇石峡完全小学前身为石峡学校，创建于1970年8月，1998年8月与青山完全小学合并，改名为杨林镇青山完全小学(石峡校区)，由于一校两址，管理不便，2016年下学期与青山完全小学分开，创立了石峡完全小学。

学校占地面积7200平方米，建筑面积1200平方米，拥有6个教学班，142名学生，12名在岗教师。学校拥有规范宽敞的室外运动场、室内乒乓球场和篮球场，生均体育场地面积8.13平方米。

学校人文环境、地理位置优越，与远近闻名的四方山麓隔河相望，依山傍水，物产丰富，真可谓"鱼米之乡"。淳朴的民风、秀丽的风景、悠久的历史孕育了深厚的文化，教育事业在丰富历史文化底蕴的滋养下根深蒂固、苗壮成长。在这方人杰地灵的土地上，办学薪火代代相传，文明之风悠长深远。

学校提出了"创办一流现代化农村小学，造就未来高素质合格公民"的办学目标和"品行端正、人格健全、思维活跃、发展协调、特长初露"的育人目标，形成了"为农村现代化建设奠基，为孩子未来发展铺路"的办学理念，坚持"把属于孩子的快乐童年还给孩子"的教育宗旨，围绕"以德育人、以情育人、以美育人、以乐育人"的教育理念，全面推进素质教育，着力打造教育特色，努力构建学生健康成长的精神家园。

校园整体设计突出学校特色，在布局、格调和育人功能上做到和谐统一，以人为本，以学生健康成长、全面发展为目的，校园的每一个角落都建成了育人的堡垒。

详细地址：衡东县杨林镇石峡村

办公电话：13786480651

邮箱：1745950912@qq.com

邮政编码：421451

学校行政班子成员信息

校长：杜子孝(13786480651)

衡东县杨林镇完全小学

衡东县杨林镇完全小学前身为杨林村小学，始建于1968年，1985年易名为杨林镇中心小学，1995年正式更名为杨林镇完全小学。虽然如今她已走过40多个春秋，却更加青春焕发，以优美的环境、优秀的师资、优质的教育享誉洣水两岸，成为衡东教育界的一朵历久弥新的奇葩，深受广大家长学生及同仁推崇。

环境优美，设施一流。学校依四方山，傍洣水河，邻衡东县第二中学，坐落杨林镇中心，交通方便。学校占地面积20664平方米。现有学生1642人，每个年级4个班，共24个教学班级。教室、学生寝室、教师住房、食堂、澡堂等基本条件齐备。实验室、电脑室、音乐室、美术室、劳技室、多媒体室、卫生室、图书室等功能室齐全，田径场、篮球场、羽毛球场、宣传廊等场地设施精美。

名师荟萃，人才济济。教育要发展，教师是关键，学校名师荟萃，人才济济。全校现有72名教职员工，其中本科学历的20人，专科学历的45人，评定高级职称的40人，中级职称的25人，学历合格率为100%。中青年教师中新秀辈出，在全县乃至全市影响深远。

理念先进，引领潮流。学校以"塑造品格、培养习惯、激发兴趣、发展个性、奠基未来"为办学理念；以"学生的健康成长和全面发展高于一切"为办学宗旨；以"办学生乐意、家长中意、社会满意的优质教育和品牌学校"为办学总目标；以"德育立校、质量强校、科研兴校、名师扬校、特色创校"为办学方略；以"创优雅环境、抓优质管理、展优秀业绩"为办学亮点。

学校以"文明、守纪、团结、创优"为校训；以"团结活泼、快乐自信"为校风；以"敬业爱生、严谨创新"为教风；以"勤奋好问、乐读精思"为学风。

详细地址：衡阳市衡东县杨林镇完全小学

办公电话：07345358005

邮箱：756640741@qq.com

邮政编码：421451

学校行政班子成员信息

校长：尹辉(13974742029)

副校长：董福云（13873448661）

副校长：邓石林（15873452676）

副校长：阳少辉（13789374174）

衡东县杨林中学

衡东县杨林中学的前身是董氏私立学校，坐落在衡东县杨林镇双丫港村，20世纪50年代初由政府接管，改名向阳中学，2003年更名为杨林镇中心学校，2016年再次改名为衡东县杨林中学。

学校现有9个教学班，学生508人。教职员工31人，其中专任教师30人；共产党员6人；本科学历的28人，专科学历的2人，中师学历的1人；高级职称的2人，中级职称的20人，学历合格率100%。

学校占地面积18990平方米，绿化用地面积4600平方米，建筑面积7270平方米，教室、寝室、食堂等基本条件齐备，实验室、仪器室、图书室、阅览室、电脑房、劳技室、音乐室、美术室、体育室、多媒体室等功能室齐全。校园内教学区、运动区、生活区布局合理，分区明确，整体协调，环境优美。其中田径场1个、篮球场3个、羽毛球场1个、室外乒乓球台10个、室内乒乓球台2个、宣传窗4个，文体场地设施齐整。

学校与时俱进，坚持贯彻党的教育方针，认真实施素质教育，按照全体性、全面性的要求和学校实际情况，确立了"以人为本，以德为先，以管理为保障，以特色为亮点"的办学理念。学校以"文明、守纪、勤奋、创新"为校训，创"勤奋务实，团结进取、乐于奉献、敢为人先"的校风，兴"博时、善诱、关爱、严谨"的教风、"好学、上进、思辨、拓新"的学风，扎实办好人民满意的教育。

学校面向全体学生，因材施教，课堂教学注重启发性，开发学生智力，培养学生能力。学校开展第二课堂活动，如演讲比赛、征文比赛、田径运动会等。

学校加强德育管理，积极开展德育活动，寓教于活动中，构建德育网络，形成了"学校、家庭、社会"三育人的立体格局和优良的校纪校风。

详细地址：衡东县杨林镇双丫港村

办公电话：0734－5358007

邮箱：245296360@qq.com

邮政编码：421451

学校行政班子成员信息

校长：彭国超（13875720022）

副校长：颜亚军（13908441705）

副校长：罗烈云（13786489356）

副校长：董知云（15073472468）

【衡东县杨桥镇教育管理服务中心】

衡东县杨桥镇东烟中学

衡东县杨桥镇东烟中学现有3个教学班。在近50年的发展历程中，学校始终围绕"团结求实、拼搏进取"八字校训，本着"育人为本，德育为先，仁爱爱人，教人求真，学做真人"的办学理念，立足衡东边陲，办好乡村教育。

近年来，学校先后荣获"衡东县教育工作先进单位""衡东县控辍保学先进单位""衡东县中职招生工作先进单位""衡东县教学质量提高奖"等光荣称号。学校教师参加上级组织的教学比武活动也屡屡获奖。

详细地址：衡东县杨桥镇上水村

办公电话：0734－5348457

邮箱：2747219740@qq.com

邮政编码：421441

学校行政班子成员信息

校长：粮平辉（13873464633）

副校长：刘海卫（13875726499）

衡东县杨桥镇东烟完全小学

衡东县杨桥镇东烟完全小学位于衡东县杨桥镇的西北部，有80多年的办学历史。学校前身为衡山县白莲乡中心国民小学，始于1936年，中华人民共和国成立后改名为衡山县东烟完全小学，1958年后学校地址4次变迁，1990年迁入杨桥镇。学校以她顽强不屈、不卑不亢的姿态，见证了衡东县的历史改革和变迁。

学校校园总面积约为5600平方米，其中建筑面积约为4500平方米，学生活动场地约为3000平方米。2013—2015年，学校争取中央资金和县级专项资金237万元，用于改善办学条件（新建1697.2平方米综合楼，维修改造生活服务区等）。学校教学设施与场地已非昔日可比。

学校图书馆共有图书11000册，教学参考资料30余种；有仪器室、实验室，价值10多万元；有音美室，价值 12500 元；电脑室配备了 45 台计算机，连通了互联网；配备了远程教育网络及多媒体教室，让山区的孩子也能享受现代化的信息资源。

学校共有 9 个教学班，在校学生 397 人，有教师 21 人，其中本科学历的 9 人，专科学历的 4 人，中师学历的 8 人。全校教职工努力拼搏，取得了优异的成绩。2012、2013 年连续两年被评为教育教学质量先进单位。更值得一提的是，近年来从学校毕业的学生中有 10 多人分别到美国、英国、俄罗斯、澳大利亚、新加坡等国留学，200 多人考取了重点大学，特别是 2000 年从学校毕业的丁凤芳同学以 657 分的成绩被清华大学录取，开创了杨桥历史上考取清华大学的先河。

学校的办学成绩之显著，得到了上级领导的首肯、同行的钦佩、社会各界人士的赞誉，引起了社会贤达、名人对学校教育工作的极大关爱。学校利用捐款 15 万元，设立了"宏达"奖助学基金，帮助山区的孩子成才。

学校的今天，凝聚了每位师生的汗水和智慧。丰富的文化底蕴、博大的人文精神成为学校未来发展的精神源泉和前进动力。在今后的工作中，学校遵循"文明，尚美，勤奋，创新"的校训，秉承"一切为了学生，为了一切学生，为了学生的一切"的办学理念，朝着新的目标而努力奋斗！

详细地址：衡东县杨桥镇上水村二房组

办公电话：0734 - 5348454

邮箱：545081539@ qq. com

邮政编码：421441

学校行政班子成员信息

校长：刘小平（13807476394）

衡东县杨桥镇完全小学

衡东县杨桥镇完全小学创办于 1956 年，现为一所全日制完全小学。现有专任教师 73 人，达到本科学历的 35 人，具有小学高级职称的 30 人，所有教师均达到合格学历。学校现有学生 1656 人，校园占地 29741 平方米，校舍面积 5651 平方米，教学辅助用房 2548 平方米，运动场面积 3966 平方米，教学设备价值 100000 万元，计算机 107 台，图书 32945 册。学校设有实验室、仪器室、体育室、音乐室、美术室、卫生保健室、电脑室、图书室、大队活动室等功能教室。每间教室配备了电子白板、电子讲台、投影仪、实物投影仪等现代化教学设备。学校布局规范合理，校园环境优雅，师资力量雄厚，管理科学严谨。

近几年来，学校获得了"湖南省合格中心小学""衡阳市教育教学管理示范校""衡阳市日常行为规范学校""湖南省示范家长学校""衡阳市示范家长学校""衡东县道路交通安全示范校""衡东县示范家长学校""衡东县学运车管理先进单位"诸多殊荣，多次被衡东县教育局评为"先进单位"；近三年，有两次被衡东县教育局评为"衡东县教育教学质量先进单位"。近年来，学校教师在县级以上的教师教学比武、网上晒课、演讲比赛中有 38 人次获奖，在上级组织的教育教学论文评比中有近 40 人次分别获得国家、省、市、县级奖励。2013 年胡春霞老师分别获得"衡阳市教学能手""衡东县教学能手""衡东县骨干教师"称号，康淼老师获得"衡阳市科学实验教学创新大赛一等奖"，刘凌云老师 2014 年荣获"衡阳市优秀班主任"称号，许杜老师 2015 年荣获"衡东县优秀党员"称号。2014、2015 年颜正新、文奕两位同志分别荣立三等功，2016 年龙新华、文凤英两位同志分别被衡东县教育局评为"优秀行政干部""优秀教师"，刘春香同志被衡东县教育局评为"县级骨干教师"。两个数学教研课题分别荣获衡阳市一等奖、衡东县三等奖，校本教材荣获衡东县一等奖，数学教研组被评为衡东县优秀教研组，2012 年学校被衡东县教育局确认为课改学校。近两年来，学校在参加国家级"一师一优课，一课一名师"活动中，有 23 堂课成为"县级优课"，有 11 堂课成为"市级优课"。其中康淼、易迪获"部级优课"奖励，戴灵敏、许杜、边青获"省级优课"奖励。三年来，在上级组织的学科竞赛中先后有 47 位学生获得奖励。小学毕业生合格率一直处于全县先进行列。在近三届衡东县小学运动会中，学校两次获得总分第一名、一次获得总分第二名。2015 年学校有 3 名学生代表衡东县参加衡阳市中小学生运动会并取得了优异成绩。

学校坚持以人为本，在全校教职工的共同努力下，全校师生上下凝心聚力，奋发图强，各项工作取得了可喜的成绩，学校已成为衡东县农村教育一张闪亮的名片。

详细地址：衡东县杨桥镇交通北路

办公电话：0734－5348254

邮箱：402980456@qq.com

邮政编码：421441

学校行政班子成员信息

校长：李传新（13875600574）

副校长：罗爱民（12469117412）

副校长：颜正新（15211816619）

副校长：丁兆云（15211821399）

副校长：龙新华（15211817996）

副校长：颜立新（13873464908）

衡东县杨桥镇中学

衡东县杨桥镇中学创办于1962年秋，占地面积13005平方米，建筑面积7595平方米，绿化面积2550平方米。学校基础设施齐全，环境优雅，是莘莘学子求学的胜地、成长的摇篮。目前，学校共有6个教学班，学生393人，教职员工24人，其中高级职称的2人，中级职称的13人，初级职称的9人。

近几年来，以校长为首的学校行政一班人，率领全校师生秉承"外树形象，内抓管理"的原则，遵循"诚信、勤学、创新、超越"的校训，坚持"质量立校，管理强校，教研兴校，特色活校"的办学理念，精诚团结，奋勇拼搏，不断拓展办学思路，倾力打造品牌学校。学生进得来，留得住。2014—2017学年度巩固率为100%。学校先后被评为"衡阳市禁毒教育先进单位""衡东县中职招生先进单位""衡东县教育教学质量先进单位""衡东县教育督导评估先进单位"，连续多年获衡东县中小学生田径运动会中学生组团体总分第二名。

详细地址：衡东县杨桥镇杨桥村5组

办公电话：5348992

邮箱：2964211240@qq.com

邮政编码：421441

学校行政班子成员信息

校长：向良虎（18229274325）

副校长：刘海湘（13187205496）

副校长兼教导主任：陶铁顶（13875682755）

【衡东县育星小学】

衡东县育星小学是经教育行政部门批准而新办的一所集幼儿园、小学教育，走读和寄宿于一体，以"德智双全，身心两健"作为育人目标的现代化、有特色的民办学校。

学校占地总面积75亩，总建筑面积35395平方米，绿化面积15017平方米，现有教学班级46个，在校学生2010人。学校地理位置优越，规划设计科学，设备设施齐全。班班通、多媒体教室、图书室、阅览室、实验室、电脑室、劳技室、舞蹈室、音乐室……一步到位，悉数配齐；装备空调和独立卫生间的学生公寓、学生食堂、专用校车、运动场地、娱乐设施……一应俱全，应有尽有。为悉心照顾学生的生活起居，学校还配有专职生活老师，让家长无后顾之忧，让学生安心学习。

近年来，学校先后荣获"2014—2015学年度教育教学质量先进单位""湖南省实施国家校园武术段位制试点学校""全国少先队红领巾阅读推广计划示范学校""2015年度民办教育机构年检评估优秀学校""2105年度民办教育先进单位""2105年度全县教育工作目标管理考评先进单位""全国青少年校园足球特色学校""2015—2016学年度教育教学质量先进单位""2015年度民办非企业单位年检工作先进单位"等光荣称号。学校武术操代表队参加湖南首届校园武术段位比赛，获得集体项目二等奖。学校还获得"新华杯"小学生广播操比赛一等奖、衡东县"新华杯"教职工文艺汇演一等奖。

详细地址：衡东县城关镇金堰广场往东30米

办公电话：0734－5311199

网址：www.hdyx100.com

邮政编码：421400

学校行政班子成员信息

校长：单烈（13975421668）

副校长：向琼芳（15116873618）

副校长：肖国平（18974780499）

第四章　衡山县教育风采

衡山县教育概况

衡山县教育局坐落于衡山县开云镇建设街49号，是衡山县人民政府履行教育管理职能的行政机构，负责全县教育教学工作的规划、统筹、管理。下设办公室、信息中心、基础教育股、人事股、师训股、计划财务股、纪检监察室、职教成教股（含社会力量办学管理办公室）、审计股、体艺股、安全法规股、学生资助中心、档案室、机关工会；直属二级机构有招生考试办公室、教学研究室、教育技术装备站、勤工俭学管理站；另设衡山县人民政府教育督导办公室。全县现有各级各类公办学校137所，其中普通高中4所、初中21所、九年一贯制学校5所、小学105所以及职业中专、教师进修学校和机关幼儿园各一所，在职教职工3292人，在校学生51583人；各类民办学校64所，其中小学2所、完全初中1所、高中1所、文武兼修学校1所、幼儿园47所、中职及各类培训机构12所，在校学生1.2万余人。

2016年全县高考本科一、二批上线人数及上线率均创历史新高。全县共2025名考生参考，本科一、二批上线957人，比去年增加120人，本科一、二批上线率为47.26%，增幅为3.61%。其中本科一批上线351人，比上年增加86人，本科一批上线率为17.33%，增幅为3.51%。全县600分以上考生24人。

地址：衡山县开云镇建设街49号

值班电话：0734-5812489

传真：0734-5812489

● 衡山县教育局领导班子成员

党委书记、局长：王维荣（13575144892）

县政协副主席（兼）、副局长：文铁良（13873407288）

党委委员、主任督学：肖吉平（13707477918）

党委委员、副局长：成祥辉（13975459488）

党委委员、副局长：李崇凯（13575241323）

党委委员、副局长：旷正秋（18907470588）

党委委员、副局长：陈建怀（13975457705）

党委委员、纪工委书记：王俊斌（13974768448）

工会主席：欧衡松（13908443478）

衡山县教育局内设机构及二级机构职能

【办公室】

主要职能：当好领导参谋，搞好三个服务，服务机关、服务基层、服务教师；做好信息综合、文书档案、通讯报道和图书发行工作；协调内外关系，筹办全县性教育会议；抓好机关财产管理、环境卫生、安全保卫工作；搞好信访接待、车辆调配等工作；承办领导交办任务，确保机关高效有序运转。

联系电话：0734-5812489

【安全法规股】

主要职能：负责学校普法教育、对外宣传工作和本部门规范性文件的审核、备案；负责教育行政执法的管理、指导和具体行政执法案例的审查，负责行政处罚决定的审查和法律文书的制作；牵头处理涉及本部门的行政申诉、行政复议案件，办理行政诉讼公文事宜；负责学校综治维稳工作。

联系电话：0734-582318

【基础教育股】

主要职能：制订全县基础教育发展规划和近期工作计划；对全县基础教育、职业教育、幼儿教育、特殊教育实行宏观管理，负责中小学（含职业教育、社会力量办学单位）德育、教育、学籍常规管理工作，对基层教育行政单位和中小学的管理工作及办学水平进行评价和奖惩；贯彻落实党的教育方针，实施全面素质教育，构建运行机制，执行课程计划，建立示范网络，总结推介典型经验；做好中小学的招生、会考、抽考、质量分析等工作；做好中小学教材征订与管理工作。

联系电话：0734－5822358

【人事股】

主要职能：对全县各级各类学校教师和教育行政干部队伍建设工作进行管理；负责教育系统人事调配、劳动工资、奖励的管理工作；指导学校内部人事、劳动工资管理体制与分配制度的改革；指导局机关与所属学校的机构设置和人员编制工作；负责教师职称评聘及专业技术人员考核工作；考察任免各乡镇中心学校的主要领导干部及县属学校中层领导干部；负责局属单位的人事档案管理工作；参与研究全县中小学师资队伍及校长队伍建设工作，统筹规划和指导中小学教师和校长培训工作；归口管理衡山县教师进修学校及有关中小学的继续教育。

联系电话：0734－5822229

【计划财务股】

主要职能：编制教育事业发展规划；编制全县教育经费年度收支计划，做好经费的使用和管理工作；指导编制并负责汇总上报全县各级各类学校教育经费的年度预、决算；做好系统内部专项经费的筹措和管理工作；负责对基层单位财务人员的业务培训、考试考核、任免推荐和管理工作；制订全县中小学后勤管理制度，监督和检查各基层单位的财务管理工作；做好教育系统计划统计工作。

联系电话：0734－5829078

【体艺股】

主要职能：负责学校体育、卫生、艺术等方面教育教学工作管理；指导组织中、小学生各种体育竞赛；组织初、高中毕业生体育素质考评。

联系电话：0734－5823315

【审计股】

主要职能：对本单位、本部门的经济活动进行审计监督；培训兼职审计员，指导全县教育系统内部审计工作；开展专项审计和审计调查，并负责审计咨询工作。

联系电话：0734－5822641

【职教成教股】

主要职能：综合管理与协调全县的职业技术教育、成人教育工作，制订职业技术教育、成人教育发展规划与管理措施并组织实施；指导职业技术教育、成人教育教学改革；负责对职业技术教育、成人教育进行检查、评估；参与职业教育与成人教育学校的设置、布局调整和教师队伍建设工作；负责职业教育与成人教育的科研与技术推广、仪器配备、生产实习基地建设，拟定全县农科教规划和实施办法，并会同有关部门组织实施；归口管理全县的社会力量办学工作，负责对社会力量办学及其他教育机构的考核、审批及年检、评估工作；指导社会力量办学机构的校园校舍、图书、教育技术装备和师资队伍等方面的建设。

联系电话：0734－5822361

【纪检监察室】

主要职能：履行保护、惩处、监督、教育职能；负责对本局任命的教育行政干部、学校干部和教职工执行法律、法规、政策、决定情况及违法违纪行为监察；对教师晋级、进城、评先评优，干部的提拔任免，大宗物件购置，基建招标，招生考试的全过程参与监督和对财务进行半年一次的审查工作；在局党委集体领导下，开展反腐败斗争，抓好廉政建设；负责接待群众来信来访。

联系电话：0734－5822231

【机关工会】

主要职能：依法维护广大教职工的合法权益；搞好参政议政、民主管理工作；协助党委（支部）做好对教职工的思想教育工作，提高教职工的思想道德水平；负责组织教职工开展劳动竞赛活动；组织教职工的文体活动，联合人事部门做好评优评模考察工作；领导基层工会工作。

联系电话：0734 – 5822640

【招生考试办公室】

主要职能：负责全县全国普通高等院校招生考试、自学考试、成人招生考试及计算机等级考试、英语等级考试等有关组织工作；按要求搞好各类考生的建档、新生的录取等配合性工作。

联系电话：0734 – 5822645

【教学研究室】

主要职能：认真贯彻、严格执行教学计划和教学大纲；负责全县中小学的教育教学业务管理，全面指挥、调度、检查、指导、评价各校教学工作；组织建立三级教研网络，深入开展教育教学工作研究，指导学校优化教学过程，改进教学工作，全面提高教育教学质量；组织开展教育教学科学研究和区域性素质教育实验，负责本县教改实验课题的规划、审批、指导和教育教学成果（含经验论文）的评审、认定、推荐工作；及时提供教育信息，推介教改经验，组织开展经上级批准的师生教学比赛、学科竞赛，培训教学、科研骨干，提高教师教学水平；开展专题调查研究，为教育规划、决策提供理论和实践依据，发挥决策参谋作用；监控中小学教学质量，组织教学质量评估验收。

联系电话：0734 – 5822360

【勤工俭学管理站】

主要职能：负责指导全县中小学校勤工俭学工作；制订落实全县勤工俭学规划，加强对全县中小学校勤工俭学的监控、管理；协助抓好校办产业公司，帮助校办产业公司疏通产、供、销渠道，协助解决有关问题；注意收集信息、引进新技术、开发新产品，组织技术合作与产品交流。

联系电话：15717588889

【教育技术装备站】

主要职能：负责制订全县现代教育技术、仪器工作规划；指导全县学校开展现代教育技术和实验教学研究，总结经验，推介成果；做好电教装备、软件和教学仪器、药品的计划、订购、分配工作；搞好全县中小学"两室"建设和现代教育技术示范化设施装备；培训现代教育技术实验管理人员；搞好电教仪器维修工作；收集、整理、储存现代教育技术信息资料。

联系电话：0734 – 5822642

【衡山县人民政府教育督导办公室】

主要职能：对全县乡镇人民政府、县直相关部门和学校贯彻执行教育法律、法规和履行教育职责的情况进行监督、检查；按照有关规定对教育工作进行评估考核；按照管理权限对全县的学校及其他教育机构的办学情况进行监督、检查、评估、指导；对全县教育工作中的重大问题进行调查研究，并向县人民政府报告情况，提出建议；组织培训教育督导人员，开展教育督导科学研究，总结推广教育督导经验；做好法律、法规规定的其他事项。

联系电话：0734 – 5822230

衡山县主要学校信息

【衡山县岳云中学】

衡山县岳云中学由中国近代著名教育家何炳麟等人于1909年（清宣统元年）创办于长沙，抗日战争期间迁址于南岳，系省级示范性普通高中；1963年被湖南省教育厅确定为全省14所重点中学之一；1992年，成为全省9所首批挂牌的重点中学之一。学校坐落在南岳衡山南麓，前临南岳古镇，背倚紫云雄峰，占地160余亩，其址为宋、明两代文定、白沙、甘泉三大书院故址，属湖湘学派发祥地之一，人文传统源远流长。学校现有41个教学班级，学生2634人；在职在岗教职工217人，教师197人，其中具有硕士文凭的6人，本科文凭的191人。

学校始终坚持"以人为本，和谐发展"的办学理念；以"面向现代化、面向世界、面向未来"为办学方向；以"延聘好教师，招收好学生，办成好学校"为治校原则。同时，以"勤恪忠毅"为校训，在扎实的传统教学中加入一系列创新的特色教育，设立了如国学、诗教、英语口语强化、科技创新等独具特色的课程，力求培养情操高尚、体魄健全、思维敏捷的全面发展的人才。

近年来，学校的教育教学质量稳步上升，高考本科一、二批上线率多次跻身全省前十强。学校先后获得"湖南省文明建设先进单位""湖南省艺术教育先进单位""湖南省园林式单位""湖南省卫生先进单位""全国创建绿色学校活动先进学校""全国模范职工之家""全国诗教先进单位""全国中小学外语教研工作示范学校"等10余项省级以上荣誉称号，并被相关部门和组织确认为"湖南省青少年科技活动示范基地""两岸三地教育示范基地""出国留学人才选拔基地"；曾被湖南省政府教育督导评估团誉为"名副其实的三湘名校"。2012年，学校被教育部评为"全国德育工作百强学校"和"和谐校园先进学校"。2013年，学校被评为"衡阳市中小学养成教育示范学校"和"衡阳市中小学生创造力培养示范学校"。2014年，学校被湖南省教育厅授予"湖南省中小学教师培训基地学校"称号。近年来，学校有6人考入清华大学、北京大学，并连续19年被评为"衡阳市高中教学质量优胜单位"，其中2015年高考文科和理科均位居衡阳市第二，汪文珊同学以637分勇夺衡阳市高考文科第一名，李嘉文同学以670分荣居衡山、衡东、南岳地区高考理科第一名。

联系电话：0734 – 5662310

学校行政班子成员信息

李桂元（13203062088）

杨妙仁（13875768622）

【衡山县第二中学】

衡山县第二中学坐落在衡山县城开云镇解放北路177号，背倚巾紫峰，濒临湘江水，占地61.8亩，总建筑面积27419平方米。学校有教学班28个，在校学生2037人，在岗教职工134人。学校是一所衡阳市市级示范性普通高中。

学校前身是1893年创办的官建"研经书院"，1902年书院改建为城北小学堂；1910年开办初中，合并1903年开办的衡山官立初级师范学堂，始称衡山县立中学堂；1912年学校改名为衡山县公立中学堂；1933年改为衡山县初级农科学校；1942年改为衡山县立中学；1952年秋，由1943年创办的私立好善中学、1946年创办的私立文召中学、1943年创办的私立务本中学合并而成的衡山临时中学并入衡山县立中学，1953年更名为"衡山第四初级中学"；1961年夏，学校更名为"衡山县第三中学"，同年迁入清凉寺永久定址；1966年学校更名为"衡山县第二中学"。

学校自创办以来，认真贯彻执行党的教育方针政策，以"团结、勤奋、求实、创新"为校训，秉承"教书育人、全面发展、德智体美、质量第一"的宗旨，坚持"勤俭建校，严谨治校，科研兴校"的办学方向，积极推进学校教育改革，谱写了一曲又一曲动人的赞歌。

联系电话：0734 – 5823656

学校行政班子成员信息

康太平（18674745735）

肖荣（13975420123）

【衡山县第四中学】

衡山县第四中学坐落在衡山县白果镇，是一所衡阳市市级示范性普通高中。学校占地面积151亩，创办于1938年，由杨氏焕新初级职业学校和赵氏三忠初级中学两所学校合并而来，至今已有78年历史。1992年，学校被衡阳市教育局确认为"衡阳市重点中学"；2002年被正式授牌为"衡阳市示范性高中"。目前初、高中共33个教学班，学生1821人。学校师资力量雄厚，现有在编在岗教职员工127人。其中，研究生学历2人，高级教师31人，中级教师85人。

学校立足于"科研兴校"的办学方略，并取得了令人瞩目的成绩。"农村普高全面提高学生综合素质实验研究""语文学习资源的开发与应用研究"等多个课题获省、市教研教改成果奖。早在2002年，学校就晋升为二星级"衡阳市教研教改示范学校"，并被评为"衡阳市教育科研项目管理先进单位"。2010—2012年，学校再次荣获"衡阳市十一五教研教改先进单位""湖南省基础教育教学实验学校优秀单位"等光荣称号。学校教育教学成绩优异，先后被评为"全国心理教育实验先进学校""湖南省现代信息技术实验学校先进单位""湖南省文明卫生单位""衡阳市普通高中教学质量先进单位""衡阳市学校管理先进单位"。2014 年高考，学校取得了本科上线 88 人的好成绩，获得了市、县教育局的好评。近年来，初三毕业会考，学校学生合格率、优秀率、平均分均居全县第二名。学校连续五年荣获"衡山县年度教育教学质量先进单位""衡山县教育目标管理先进单位"称号。近三年来，学校教育教学质量综合评价在全市 18 所市级示范性普通高中当中均位居前列。

联系电话：0734 – 2855626

学校行政班子成员信息

彭文星(13973457387)

杨振林(13973457287)

【衡山县职业中等专业学校】

衡山县职业中等专业学校始建于 1922 年，是一所由衡山县人民政府主办，衡山县教育局主管的全日制中专学校。学校前身为衡山县第三中学。学校占地面积 198.2 亩，建筑面积 41000 平方米。学校设有计算机及应用、电子电器应用与维修、旅游服务与管理、汽车制造与维修、模具设计、财会等专业，目前有 35 个教学班，在籍学生 2139 人，在职教职工 170 人，外聘教师 10 人。

学校在强化常规管理的同时，也注重师资队伍的建设，先后派出罗国平、陈洪敏等 18 人参加国家级专业骨干教师培训，旷玉清等 6 人被评为省级学科专业带头人，有 42 人被评为高级讲师，此外，双师型教师 25 人。这样一支高素质的专业教师团队，有力推动了学校教学质量的稳步提高。

学校狠抓专业建设，近年来学校对专业进行调整布局，把商贸与旅游类、信息技术类、加工制造类作为学校的三个重点建设专业大类。学校的旅游服务专业被评为省级精品专业。汽车维修专业是学校将要打造的重点专业，通过多方争取，汽车制造与维修专业实训基地于 2011 年通过国家立项，总投资 320 万元，目前设备已全部到位。该基地是衡阳市最先进的实训基地。中央财政支持 1000 万的实训大楼已于 2016 年正式投入使用。

学校坚持以就业为导向，培养学生就业意识和市场意识，毕业生深受用人单位欢迎。学校办学以服务衡山工业园的外资企业及南岳衡山旅游产业为目标，形成了"订单式"培养、校企合作办学的培养模式，为衡山经济建设培养了大批中初级技能型人才。同时学校在广州、深圳、上海等沿海城市和经济发达地区建立了长期稳定的实习就业基地，并与广达集团、联想国际、富士康科技集团、名幸电子等三十多家名优企业签订了实习就业协议。毕业生就业率达 100%，满意率在 98% 以上，对口率在 70% 以上。学生工作环境好、工资高，受到了家长和学生的一致好评。

学校坚持以育人为根本，视教学质量为学校生命线，注重学生道德品质、仪表行为的养成教育；注重学生实践操作、职业能力培养。学生参加省、市、县各级职业技能比武屡创佳绩。近三年以来，学校参加衡阳市中等职业学校技能竞赛，10 人次获市一等奖，21 人次获市二等奖。汽修专业学生连续三年代表衡阳市参加全省中职院校技能比武，均获二等奖。2015 年，学校 19 人升入本科院校。

学校在学历教育的基础上，举办了各类长训班、短训班和业余班，是衡山县阳光工程和农村劳动力转移培训基地，年培训人数在 1000 人以上。2011 年，学校成立了衡阳电大衡山分校。2013 年，学校与湖南三一重工职业技术学院联合办学，为企业培养实用型人才。目前学校已初步形成多层次、多格局的办学形式。

联系电话：0734 – 5823777

学校行政班子成员信息

汪维场(13786471036)

唐伟民(13786468282)

【衡山县教师进修学校】

衡山县教师进修学校，学校地址设在衡山县城两路口，1980 年 10 月筹建，翌年 8 月开办，是一所培训在职小学教师和教育行政干部的成人中等师范学校。学校占地面积 25 亩，总建筑面积 5233 平方米，在岗教职工 23 人。教学和生活用房配套，教学设备、图书资料齐全。1984 年 3 月，经省教育厅检查验收，学校被列为全省第一批合格县(市)级教师进修学校。

1981 年至 1990 年，学校举办了中师函授脱产培训班 25 期，参加培训的学员达 1061 人；中师函授面授 2676 人，其中两年制中师班

45 人，三年制普通中师班 90 人，高师函授 4 个班共 506 人，还举办了小学教师专业合格证培训 14 个班共 578 人，小学教师岗位培训 7 个班共 252 人。每届中师函授学员参加全省毕业统考的成绩在全市多次名列第一。1981 年，全县小学教师具备合格学历的占教师总数的 15%；到 1990 年，具有中师学历的 967 人，学历达标率达到 84.1%。

20 世纪 90 年代以后，教师培训工作的重点逐步转移，在继续抓学历达标的同时，不失时机地积极推进教师的继续教育，开展全员性的岗位培训。从 1991 年至 2000 年，学校举办中师函授班共培训 310 人，小学一级语、数教师岗位培训班共培训 1472 人，小学教师基本功骨干培训班共培训 120 人，小学教师音、美培训班共培训 39 人，非师范类教育学、心理学培训班共培训 74 人，小学新教师转正前培训班共培训 293 人，中小学教师中、高级职称任职计算机应用知识培训班共培训 1145 人，还培训了初中语、数教师 59 人，小学校长 157 人。

2001 年以来，学校认真贯彻教育部《关于中小学教师继续教育的规定》，进一步加大教师岗位专业培训的规模，对全县 1372 名中小学教师进行了计算机专业知识培训，对 1983 人进行了普通话培训，每年通过全市统一考试，合格率都在 95% 以上。学校继续举办了新教师转正前培训班 3 个共 176 人，非师范类教育学、心理学培训班 4 个共 223 人，小学校长、教导主任、总务主任培训班 3 个共 153 人。为推进基础教育课程的改革，学校于 2003 年对全县中小学教师进行了一轮通识培训。学校还尽力拓展教师的学历培训渠道，组织了 55 名教师参加华中师范大学远程本科培训，36 名教师参加了衡阳师范学院本科函授培训。通过培训，教师的整体素质大大提高，有力地推动了全县教育事业的发展。

联系电话：0734－5812542
学校行政班子成员信息
肖荣（13975420123）
戴建平（13974738771）

【衡山县实验中学】

衡山县实验中学是衡山县城唯一一所公办初中，始创于 1893 年，办学历史悠久，文化积淀深厚，历经风雨沧桑，不断发展壮大。学校现有 41 个教学班，2714 名学生；教职工总数 231 人，其中高级教师 19 人，中级教师 186 人，专业合格率 100%。

学校占地 21292 平方米，校舍面积 24218 平方米，坐落在衡山县城北，濒临湘江，东南为湘江沿江风光带，西北与县体育运动场接壤，西南为县城 6 路车终点站。沿江风光带上的毛泽东农民运动讲习所和毛泽建烈士墓等教育基地距学校不足一公里。学校交通便利，校园小巧精致，环境清雅优美，教学设施齐全，管理水平先进，领导班子团结务实，教师诚朴勤奋敬业。这里是读书、明志和修身的好去处。

历年来，学校秉承"忠诚、勤奋、博学、健康"的校训，坚持"质量求生存，管理出效益、特色促发展"的办学理念，实行全封闭式的管理模式，通过落实"思想管理班主任责任制""生活管理辅导员责任制""学校管理科任教师责任制"，实现对学生思想、生活、学习的全面关心，促进学生德、智、体、美、劳诸方面全面发展。

学校教学质量位居全县前列，得到家长的一致赞誉。近 10 年来，初中毕业生一次性合格率达 98%，实验操作考试合格率达 100%，初中会考升学率稳居全县领先地位。近年来，学校已成为省级示范中学主要的生源基地。学校多次被评为全县教育教学质量先进单位。

学校特色教育成绩突出，音体美特长生培训更是成果喜人。学校充分利用青少年校外活动中心优势，开展丰富多彩的文体活动，开办了舞蹈、作文、播音主持、美术、书法和器乐等科目的特长培训，年年举办校园文化艺术周。学校每年为高一级学校输送音体美特长生不下 50 人，收到了良好的社会效益。

学校教研教改成绩显著。近几年来，学校教师在各级刊物发表论文百余篇，获奖论文和课件 300 余篇（件）。学校已完成两个省级课题。现有省级课题 2 个，已结题，正处于实施阶段。2010 年，学校被衡阳市教育局评为教育科研先进单位；学校数学教研组在湖南省第八届数学年会上被评为教研教改先进集体。

学校教师队伍严谨规范，教师成长快、业务水平高，2013年获全县教师业务能力素养考试第一名。学校现有市级骨干教师1人，县级骨干教师13人，校级骨干教师23人，学科带头人15人。

春沃其华，秋繁其实。学校先后获得"衡山县文明单位""衡阳市文明单位""衡阳市体育传统项目学校""衡阳市普法先进单位""衡山县园林式单位""衡阳市文明安全校园""衡阳市示范性家长学校""湖南省高等教育实习基地""湖南省现代教育技术实验学校"等荣誉。学校食堂被授牌为市级"三星级食堂"。学校工会年年获衡山县工会工作先进单位，学校团委年年被评为县级红旗单位。学校多次获得衡山县教育系统年度目标考核先进单位。

长风破浪会有时，直挂云帆济沧海。衡山县实验中学致力于内抓管理，外树形象，博采名校之长，广纳专家之智，用智慧加仁爱点化学生，用知识加执着创造品牌，在衡山基础教育的苗圃中铸造辉煌！

联系电话：0734 - 5812944

学校行政班子成员信息

宾亚葵（13575100728）

赵合元（13975443518）

郑德宇（13787722565）

刘玉兰（18907470590）

【衡山县实验小学】

衡山县实验小学坐落于开云镇解放南路，始建于1524年（明嘉靖三年），称雯峰书院；废除科举后，先后易名为雯峰初等小学堂、县立第一高等小学堂、义安镇中心国民学校、安石镇第一中心国民学校、衡山县城南完全小学；1996年，更名为衡山县实验小学。

学校总占地面积17936平方米，教学楼两栋，科技楼一栋，教学及办公用房10179平方米。各类教育教学设备齐全，功能完善。目前在校学生2828人，在职教职员工125人，其中省、市级骨干教师4人，中学高级教师2人，小学高级教师106人，取得本科学历45人、大专学历53人。目前，学校是衡山县规模最大、师资力量最雄厚的示范性小学之一。

衡山县实验小学以"明礼、尚学、创新、向上"为校训；以"健康第一，德育为先，能力为

重，全面发展"为办学宗旨，努力打造成衡山小学教育的一个知名品牌。学校不仅办学历史悠久，文化底蕴深厚，特色鲜明，而且业绩辉煌：近年来，学校教学效益十次荣获衡山县一等奖，全县教育工作目标管理考核十次被评为先进单位；少先队工作三次荣获国家级表彰，现为湖南省四星级红领巾示范校；现代教育技术工作多次获市级先进，现为湖南省现代教育技术实验学校；学校坚持"科研兴校"方针，多个教研课题在省、市获奖；教师的教研论文、课堂比武在省、市获奖的级别和数量均居全县之首，是市教研教改二星级示范学校。学校还是"爱国基础教育全国示范校""湖南省文明卫生单位""湖南省安全文明校园""衡阳市语言文字规范化示范校""衡阳市规范化小学""衡阳市艺术教育先进单位""衡阳市体育传统项目学校""衡阳市园林式单位""衡阳市养成教育示范校"。

【衡山县城西完全小学】

衡山县城西完全小学始建于1950年，1998年整体搬迁至现址，是衡山县教育局直属的一所完全小学。学校地处享有"文明奥区"之称的衡山县城区西端，悠悠湘江，巍巍巾子峰，孕育了"锐意进取、敢为人先"的城西精神。

学校现有47个教学班，在校学生3700人，教职工140人，小学高级教师占全体教师的93%，其中县级骨干教师13人，市级骨干教师4人，是一支师德高尚、教艺精湛的教师队伍。

学校占地26730平方米，校舍总建筑面积为10929平方米。学校拥有现代化教学设备齐全的教室47间，配备了标准的实验室、仪器室、多媒体教室、语音室、图书室、阅览室、舞蹈排练厅、汇报厅等功能教室，是衡山县信息化程度最高的学校之一，也是衡山县"三通两平台"项目建设的首批推荐学校。

学校以办"人民满意教育"为己任，以"弘道正人"为办学理念，以"文明修身，博学笃行"为校训，坚持"办学有特色，管理有特效，教师有特点，学生有特长"的办学目标，坚持"德育立校、质量强校、科研兴校、文化润校、安全护校、特色亮校"的发展思路，逐步探索

出了一套科学、实效、健康、具有"城西特色"的办学模式，已成为衡山小学教育一面最靓丽的旗帜。

学校每年被评为衡山县"教育教学质量先进单位""目标管理考核先进单位"，先后被授予"衡阳市班级管理先进单位""衡阳市园林式单位""衡阳市三星级文明单位""衡阳市语言文字规范化示范校""衡阳市体艺二加一示范校""衡阳市模范职工之家""衡阳市首届未成年人思想道德建设工作先进单位""湖南省现代教育技术实验学校""湖南省中小学管理专业委员会副理事长单位""湖南省红领巾示范校""湖南省安全文明校园""湖南省十一五规划课题实施学校""湖南省教育学会小学语文教学研究专业委员会会员学校""湖南省先进工会组织""国家级青少年体育俱乐部"等荣誉称号。

联系电话：0734－5810166

学校行政班子成员信息

校长：赵和华（13975459458）

党支部书记：曹伟平（13908442859）

【衡山县星源学校】

衡山县星源学校，原名衡阳市迥程实验学校，2006年秋季由民营企业家唐正魁先生与岳云中学联合创办，2007年秋季由唐正魁先生独资办学，2008年秋季更名。学校已开办幼儿园、小学部、初中部和高中部。现有教学班110个，学生6200余人，专任教师278人，学历达标率为100%。学校坐落在开云镇金龙北路729号，占地面积260余亩，建筑面积8万余平方米，师资雄厚，设备齐全。

学校坚持"以人为本、求真务实、质量第一、追求卓越"的办学理念，以"打好扎实基础、发展个性特长"为办学宗旨，以培养"德智体美全面发展的社会主义建设者和接班人"为育人目标，全面实施素质教育，教学质量不断攀升。小学毕业会考成绩优异，素质教育硕果累累，在衡山居领先地位。初中"二三三"课改模式，深受省、市教育科研部门好评，初中毕业会考成绩连续七年稳居全县第一。高中发展势头良好，高考本科二批及以上上线率连续三年位居衡阳市第一；高二学业水平考试连续三年合格率为100%，优秀率位居全省前10名，

受到湖南省教育厅通报表彰。学校连续六年蝉联"衡阳市社会力量办学优秀单位"，先后荣获"湖南省科学发展百强品牌学校""湖南省文明单位"等近三十项荣誉称号。

联系电话：0734－5998105

学校行政班子成员信息

总校校长：钟图强（15973396329）

幼儿园园长：李玉梅（15897346348）

小学部校长：胡光辉（13786451622）

初中部校长：成三清（13762469581）

高中部校长：彭朝晖（18073433187）

办公室主任：廖冰（13187345011）

【衡山县白果镇中心学校】

衡山县白果镇中心学校坐落于涓水之滨，岳山之麓，北与湘潭县接壤，周边与岭坡乡、贯塘乡、江东乡毗邻。学校成立于2003年8月，2016年2月与长青中心学校合并，组成新的衡山县白果镇中心学校。

目前，白果镇中心学校下辖1所九年一贯校、2所中学、7所完全小学、3所联校、2个教学点、1所中心幼儿园和5所民办幼儿园。全镇中小学占地面积共143825平方米，建筑面积共47368平方米。现有小学生2858人，中学生670人。学校有一支师德高尚、教艺精湛的教师队伍，中小学教师共计222人，其中本科学历78人，专科学历105人，中专学历39人，学历合格率100%。

近年来，学校取得了喜人的成绩：2011、2013、2015年均被评为"衡山县目标管理先进单位"；白果镇大地中学于2013年被评为"衡阳市课改示范学校"；白果镇小学在2011、2012、2013年均获"衡山县教学质量奖"；中心学校于2012年获"衡山县教学质量三等奖"；长青中学、大地中学于2012年均获"衡山县教学质量二等奖"；大地中学、中心学校、中心完全小学、大地小学分别于2008、2010、2012、2013年顺利通过合格学校验收；中心完全小学于2014年被评为"衡阳市防震减灾示范学校"。

联系电话：0734－5914434

学校行政班子成员信息

校长：陈益文（13762457068）

支部书记：尹建军（13975420828）

【衡山县江东中心学校】

衡山县江东中心学校位于江东乡龙溪村聚塘组，办学历史悠久，原址为白山村"白山书院"，始建于民国初年，1937年迁入现址——龙溪祠，为廖氏族学，中华人民共和国成立后政府接收称"白山完全小学"，1969年更名为江东中学，2003年更名为衡山县江东乡中心学校。

学校现有教学班7个，在校生342人，教职工共31人，其中专任教师30人，专任教师学历合格率达100%。近年来，荣获"全国优秀教师"称号的1人，获"衡阳市优秀教师"称号的8人，获县级优秀教师称号的10人。

江东中心学校占地面积18675平方米，有综合楼、学生宿舍、教师住宅楼、厨房礼堂等建筑，总建筑面积6369平方米，学校各功能室齐全，有标准的多媒体室及电脑语音室，图书室藏书17242册，学校各类仪器设备达I楼标准，有250米环形跑道、篮球场及羽毛球场。

学校以"求实、笃行、勤奋、博学"的办学宗旨，以"创一流教学设施，培养高素质人才，打造农村优秀学校"为办学目标，治学严谨，教风好，学风浓，形成了浓厚的校园文化氛围。学校每学期都要举办墙报展览，每年都要举行形式多样的艺术活动，丰富学生的校园文化生活。学校教师锐意进取，不断创新，积极投身于新课程改革，教研教改蔚然成风，每年都有多名教师撰写的论文在国家、省、市、县获奖。同时领导班子团结务实，打造了一支爱岗敬业的教师队伍，在全面实施素质教育、稳步推进新课程改革、全面提高教学质量方面成绩斐然。学生入学率、巩固率、合格率、升学率均居全县前列。

联系电话：13575109800

学校行政班子成员信息

校长：董育明（13875790943）

党支部书记：赵建国（13007349598）

【衡山县店门镇中心学校】

衡山县店门镇中心学校创建于1969年，地处南岳衡山以南约3公里处，107国道旁。学校占地面积10408平方米，校舍建筑面积3812.68平方米。主要建筑有教学楼1栋，综合楼、学生食堂各1栋。校内有标准篮球场一个，有一个200米环形跑道的标准运动场。2013年，学校新建一栋4层综合楼，配备音乐、体育、美术、劳技、实验、图书、电脑、多媒体等功能室；2015年争取了省青少年宫建设项目，按要求进行了设备配备和活动开展。

学校领导班子精诚团结，勇于开拓，乐于奉献，教师勤研善教、勇于创新、富有活力。现有教职工23人，大学本科学历6人，大专学历13人，中师学历4人；具有中级职称22人，初级职称1人；县级骨干教师3人。学校现有10个教学班，在校学生483人。

学校重视校本课程开发和使用，加大兴趣爱好特长的培养，突出文体和科技。学校编写了小学生行为习惯养成教育教材，规范小学生日常礼仪行为，使他们从小便识礼、懂礼、行礼，做一个文明有礼的小公民。学校先后成立了音乐、乒乓球、篮球、美术等8个兴趣小组。读一本好书、写一手好字、说一口标准的普通话的"三个一"校园文化活动在学校蓬勃开展，现在，学生读书、讲普通话蔚然成风，书写姿势正确率和书写质量不断提高。学校从2011年开始开展诵读国学经典的活动，通过诵读、演唱、书法、表演等灵活多样的形式，让广大少年儿童亲近经典，领悟人生。自以上活动开展以来，学生在习惯的改变、行为的养成、素养的提高上已初见成效。

联系电话：0734－5959143

学校行政班子成员信息

校长：唐立新（13807477722）

党支部书记：谭泽范（15574796578）

【衡山县东湖镇中心学校】

衡山县东湖镇中心学校由原东湖中学、马迹中学、东湖学区、马迹学区合并而成，坐落在东湖镇区内，目前辖区内有东湖中学、马迹中学、东湖完全小学、杉木桥完全小学、马迹完全小学、坪田小学、杏溪小学、罗渡小学、严渡小学、南溪小学、新林小学、梅田小学、长牌小学、马迹小学、团山小学15所学校，总占地面积180亩。学校共开设80个教学班，在校学生2535人。全校共有教职工201人，其中公办教师163人，代课教师38人。教师中，有本科学历的73人，大专学历的57人，中师学历的31人；高级职称的6人，中级职称的95人。多年来，学校领导班子端正办学思想，规范办学行为，致力于办人民满意的教育，学校教育事业呈现持续、稳定、健康的发展势头。所辖学校全部纳入远程教育网络覆盖范围，办学条件不断改善，实验室、仪器室、图书室、阅览室、体育室、音乐室、电教室和团队活动室建设均达省、市农村中小学Ⅰ类标准。学校校园环境整洁优美，绿意盎然，文化气息浓厚，已成为教师安心工作、学生健康成长的乐园。

联系电话：0734－5987919

学校行政班子成员信息

校长：罗立新（13575250508）

党支部书记：李纵横（13974738345）

【衡山县开云镇中心学校】

衡山县开云镇中心学校现有学校21所，其中初中3所、完全小学3所、联校及村级小学8所、幼儿园7所。其中，义务教育阶段中小学14所，共有教职工304人，在校学生3539人。

学校拥有一支高素质的教师队伍，师资力量雄厚，教育教学质量稳步提升，居县先进行列。小学教师中专及以上学历达100%，初中教师大专及以上学历达100%，中学高级职称的11人，中学一级、小学高级职称的近300人，职称结构、年龄结构相对合理。广大教师爱岗敬业、乐于奉献，教书育人，成绩显著。近几年来，每届初中毕业生都有四五十人考入省级示范性普通高中学校，在社会上有良好的口碑。

学校办学条件日渐完善，办学水平不断提高。有两所中学、两所小学通过了省合格学校评估验收。宋桥小学率先在全县完成保育制试点并取得圆满成功；师古中学青少年宫建设，音、美、棋等艺术特长班、兴趣班办得有声有色，培育了一大批优秀艺术人才，彰显了学校的办学特色。

学校历来治学严谨，管理科学高效，多年以来在各方面取得了令人满意的成就，多次获得省、市、县的表彰。今后学校将一如既往地开拓创新、不断进取，为实现教育强镇、教育强县的目标不懈奋进！

【衡山县福田铺乡中心学校】

衡山县福田铺乡中心学校位于衡山县福田铺乡，距离县城19公里。学校辖区现有白云学校、福田中心学校两所九年一贯制学校，石东学校、东湖学校两个教学点，红星、七巧、三坐桥三所民办幼儿园。现有在校初中学生403人，小学学生920人，幼儿园在园幼儿486人。全校现有教职工108人，专任教师合格率为100%，其中本科及以上学历41人，专科以上学历58人。教师中现有高级职称的1人，中级职称的70人，市、县级骨干教师5人。

学校以"办人民满意的教育"为宗旨，坚持德育为首，教学为中心，努力提高教育教学质量。近年来，学校连续在县教育局对中心学校综合考核中获得全县年度目标管理考核一等奖，又陆续获得"教育教学质量优胜奖""衡阳市园林式单位"等一系列荣誉称号。白云学校率先建立了衡阳市首家省级学生心理咨询室、青少年宫和快乐家园，并成为湖南农业大学应用心理学特色专业实践基地和湖南省农村儿童青少年健康研究中心示范实验基地。学校40余人次学生作品在上级组织活动中获奖，20余篇教师论文在各级刊物发表或获奖，多名教师受到上级表彰奖励。

联系电话：0734－5943127

学校行政班子成员信息

校长：赵斌（18674704168）

党支部书记：曹建华（13907472314）

【衡山县贯塘中心学校】

衡山县贯塘中心学校坐落在衡山县贯塘乡境内，成立于2003年7月。辖区内有中学1所、九年一贯制学校1所、村级小学3所、联校1所和公办幼儿园1所。学校占地共54179平方米，建筑面积共15590平方米；现有35个教学班，1189名在校学生；教职工88人，其中本科学历的25人，大专学历的37人，中师学历的26人。他们吃苦耐劳的工作作风和认真负责的工作态度得到了家长的一致好评及社会各界的充分肯定。"高尚的职业道德、先进的办学理念、突出的办学特色、合理的知识结构、高超的育人艺术"正成为学校每一位教师追求的目标。在全校师生的不断努力下，一所人民满意的学校正沐浴着科学发展的春风阔步向前。

联系电话：0734－5735493

学校行政班子成员信息

校长：屈文君（15096035133）

党支部书记：刘检祥（13975420965）

【衡山县岭坡乡中心学校】

衡山县岭坡乡中心学校坐落在衡山县岭坡乡，由原望峰中心学校和岭坡中心学校合并而成。这里山青水绿、环境优美、交通便利、人才辈出。辖区内共有学校 14 所，在校学生 2347 人，教职工 124 人。

学校聚巍巍衡山之灵，博采众长，历经磨砺，以坚持"实施素质教育，培养学生全面发展"为办学特色，用校园的每一面墙壁、每一块绿地、每一个课堂、每一次活动回报社会和家长的期待。学校将以鲜明的素质教育特色而扬名。

学校在"以人为本、和谐发展"办学目标的引领下，努力践行"弘扬蜜蜂精神、铸就健康人格"的蜜蜂文化教育观。以"做幸福的老师 教幸福的学生"为办学追求，以"勤奋文明、阳光创新"为校风，以"科学严谨、民主和谐"为教风，以"乐学多思、进取求新"为学风，确立了"勤诚博健"四字校训。数十年来，学校在几代人的共同努力和不懈奋斗下，不断发展壮大，赢得了社会群众的一致认可和高度赞扬。如今，学校全体师生正以饱满的热情、积极的态度，借合格学校建设的东风，立足农村，以人为本，扬素质之帆，驾和谐之舟，努力把学校创建成衡山县现代特色农村学校！

联系电话：0734－5920045

学校行政班子成员信息

校长：康良才（13974721639）

党支部书记：肖自祥（15096057939）

【衡山县新桥镇中心学校】

衡山县新桥镇中心学校由原新桥中学、贯底中学、新桥学区、贯底学区合并而成，位于衡山县新桥镇内。目前辖区内有群英中学、贯底中学、新桥一完全小学、新桥二完全小学和堆积小学、梅溪小学、檀树小学、福金小学、金田小学 9 所学校，总占地面积 120 亩，其中群英中学属"湖南省名人学校"。学校共开设 62 个教学班，有学生 2223 人；共有教职工 162 人，其中公办教师 135 人，代课教师 27 人。教师中有本科学历的 88 人，中师学历的 71 人，专业合格率 100%。学校校园环境幽静，文化气息浓郁，教学区、生活区、运动区布局合理，错落有致，令人赏心悦目。教学楼、综合楼、学生公寓楼和学生食堂、餐厅等相依而建；各种设施设备、器械规范、齐全，为师生的办公和学习创造了优越的条件，整体办学条件进入全县一流水平。

学校一直秉承"以师生为根本，以教学为中心，以管理求效益，以质量促发展"的办学宗旨，本着"安全、快乐、尊严"的办学理念，坚持科研兴校战略，以养成教育为平台，以书香活动为载体，全面推进素质教育。学校班子团结协作、作风过硬、求真务实、积极向上。全体教师敬业、善教、爱生、进取。学生勤学、好问、善思、努力。贯底中学的教学质量连续十年居全县农村中学前列。小学教学质量也一直名列全县前茅，体育竞赛多年稳居全县前六强。群英中学的诗词教学更是在全县独领风骚，被评为全省诗词教学先进单位。近年来，新桥镇中心学校多次荣获衡山县"目标管理先进单位""优秀党支部""教育教学质量先进单位""先进基层工会"等荣誉。

联系电话：0734－5978991

学校行政班子成员信息

校长：李素军（13975421366）

党支部书记：杨金良（13575255766）

【衡山县萱洲中心学校】

衡山县萱洲中心学校由原贺家中心学校和原萱洲中心学校合并而成。学校坐落在萱洲镇贺家山社区，占地面积 23000 平方米，建筑面积 12000 平方米。校园布局合理、环境优美、校风淳朴。教学楼书声琅琅，学生宿舍井然有序，展览室资料齐全、琳琅满目；图书室、阅览室、仪器室、实验室、微机室、美术室、音乐室设施齐全，并广泛运用于日常教学之中。近年来，学校新建了学生食堂、操场和篮球场，办学条件日趋完善。学校现在下辖 3 所中学、1 所完全小学、5 所村级小学，共计 56 个教学班、2414 个学生。现有在编在岗教师 177 人，专任老师 167 人，其中拥有本科及以上学历的 86 人，专科学历的 64 人。

学校始终坚持"德育为首、质量强校、全面育人、以人为本"的办学思想，以"博闻、广识、超越、奋进"为校训，将"培养人、发展人、完善人"作为学校教育工作的根本，把学生的养成教育贯彻学校工作的始终。开展经典诵读、演讲比赛、国旗下系列教育活动、主题班会等，寓德育教育于各项活动之中。浓浓书香充满校园，文明礼仪在学生中蔚然成风。

学校以新课程改革为主线，把教育教学改革的重点放在提高课堂教学质量和科研兴校方面，积极推进新课程的改革与发展，注重培养学生的良好素质、健全人格和创新精神。"齐心合力、勇于创新"的教育思想鼓舞着师生不断进步，学校各方面取得了斐然的成绩，得到了社会各界人士的高度评价和认可。

联系电话：0734 – 590035

学校行政班子成员信息

校长：李招展（13016187217）

党支部书记：倪志祥（13487542748）

【衡山县永和乡中心学校】

衡山县永和乡位于衡山东南部，东临湘江，西倚南岳，南接贺家乡，北通开云镇。永和乡中心学校负责管理全乡的义务教育学校和幼儿园的教育工作，现有中小学校 5 所，其中九年一贯制学校 1 所、完全小学 1 所、村级小学 3 所；幼儿园 3 所，含公立合格幼儿园 1 所。学校现有教职工 119 人，其中初中教职工 39 人，小学教职工 80 人；大专及以上学历的教师有 92 人，中小学教师学历合格率 100%；中级职称的 81 人，高级职称的 5 人，县级骨干教师 2 人。在校中学生 264 名，小学生 859 人，在园幼儿 484 人。各学校布局合理，环境优雅，具有良好的教风、学风，教育教学工作井然有序。

学校以新课程改革为主线，把教育教学改革的重点放在提高课堂教学效率上，积极推进新课程的改革与发展，注重培养学生的良好素质、健全人格和创新精神。学校正在着力夯实各方面基础，在素质教育之路上踏实、坚定地前行，呈现永和乡教育的新风貌。

联系电话：0734 – 5992088

学校行政班子成员信息

校长：王轶材（13762470168）

党支部书记：聂斌（13875695510）

【衡山县长江镇中心学校】

衡山县长江镇中心学校位于衡山县长江镇石桥铺，辖区内共有学校 9 所，在校学生 2351 人，教职工 227 人。学校硬件设施日趋完善，并配有电脑室、主控室、中心机房、电子备课室、美术室、音乐室、舞蹈室、实验室等。校图书室藏书 38000 余册、音像资料 6000 余册、报纸杂志 40 余种。

学校坚持以学生发展为主，让学生在参与中生动活泼地发展，在发展中积极主动地参与，引导学生自动完成任务；让学生自动设计班队活动，自动管理班队组织，自动学会服务本领，自动参加多角色实践，全面提高素质，发展个性、特长；学校提倡学科教育向素质化方向发展，教学过程中重视学生思维的发展和能力的培养。相信在全校师生的共同努力下，学校一定会有更加辉煌灿烂的明天。

联系电话：0734 – 5802528

学校行政班子成员信息

校长：胡德雄（13875745199）

党支部书记：廖章玉（13974743437）

第五章　祁东县教育风采

祁东县教育概况

祁东县教育局经历了多次更名和搬迁。1953 年 4 月，祁东县人民政府设文教科；1972 年 9 月，成立祁东县文教局；1987 年 4 月，成立祁东县教育委员会；1994 年，更名为祁东县教育局；2005 年 1 月 18 日，迁入现址，总建筑面积 8928 平方米。祁东县教育局机关内设 13 个职能股室，下辖二级机构 11 个，管理全县各级各类学校 342 所。1997 年，祁东教育提前通过国家"两基"验收，1999 年被评为湖南省"普九"先进县。21 世纪以来，尤其是近年来，县教育局高扬办人民满意教育的大旗，积极推进教育改革，锐意创新管理机制，全面实施素质教育，切实加强队伍建设，不断提高教育质量、致力教育和谐发展，教育水平持续提高，获得"湖南省中小学布局调整工作先进单位""湖南省现代教育技术装备先进单位""湖南省教师继续教育工作先进单位""湖南省职业教育先进单位"等省级以上荣誉数十项。

地址：祁东县城永昌大道 75 号
值班电话：0734 - 6264483
传真：0734 - 6264483
● 祁东县教育局领导班子成员
党委书记、局长：王君辉（13807471959）
党委副书记、纪委书记：
蒋爱民（13907475622）
副局长：肖禄元（13575272766）
副局长：刘春琦（13807470589）
副局长、主任督学：刘琳（15907345931）
副局长：陈红球（13575288568）
党委委员、教育工会主席：
陈少雄（13170346088）
主任科员：陈红光（15307476287）
党委委员：王晓平（13975449321）
副主任督学：谭钢桥（13575285948）
副主任督学：周剑云（13707475181）

祁东县教育局内设机构及二级机构职能

【办公室】
主要职能：综合协调局机关重要政务、事务；负责局机关干部职工劳动工资、生活福利等有关工作；负责全局性会务组织、综合文字工作及重要文件起草和发文审核；负责局机关出勤管理、图书、文书档案、保密、值班、信访接待、议案提案办理、机关财务、资产管理、车辆管理、后勤服务等工作；负责教育宣传、局中心组学习、党报党刊和教育报刊发行、文明单位创建等工作，认真抓好妇联工作；负责机关离退休人员的管理服务工作；负责教育改革与发展战略研究并就重大问题进行政策调研；承办县教育局对局直二级机构的年度目标管理考核，协助政府教育督导室对县属学校和乡镇中心学校进行年度目标管理考核。

【人事股】
主要职能：统筹规划并指导学校教师和教育行政干部队伍建设工作；负责全县教育系统人员编制、考核、奖惩、劳动工资福利等有关工作；指导全县各级各类学校内部人事、劳动管理体制与分配制度的改革；负责教育系统教职工的录用、调配工作；会同县委组织部门考察、任免局属单位科级干部，组织领导乡镇中心学校、乡镇中学、中心小学的主要领导干部的竞聘上岗工作；组织实施教师资格证书上岗制度和教师聘任工作，进行初中及以下教师资格认定；协助党委抓好政工工作；会同有关部门承办本系统教职工专业技术职务评聘工作，负责初级教师专业技术职务的评审，负责中、高级教师的推荐评选工作；负责管理教师奖励基金会；负责局直单位离退休干部的管理工作；归口管理全县本科生、大中专毕业生就业工作，制订全县本科生、大中专毕业生就业方案并组织实施，负责全县大中专毕业生、本科毕业生、毕业研究生的调配派遣和档案管理工作。

【基础教育股】

主要职能：综合管理全县的普通中小学教育、特殊教育和学前教育工作，参与制订全县基础教育发展规划；组织实施素质教育、巩固"普九"成果；指导中小学教育教学改革并负责对学校教育教学质量进行评价；指导和管理中小学、幼儿园、特殊教育学校的德育、劳技、科技、社会实践等工作，审定中小学教材、教学配套用书；指导全县学校共青团和少先队工作；负责协调基础教育科研、教育技术装备等工作；负责全县中小学生学籍管理，组织初中毕业会考、招生和中小学相关竞赛活动；负责全县中小学生的英语、计算机等考级相关工作；指导社会力量举办的基础教育各类学校及教育机构业务工作；负责省、市示范性中学的呈报工作；负责幼儿园等级评定工作，检查、督促、规范学校的办学行为，指导学校的校园文化建设。

【计划财务股】

主要职能：拟定全县教育事业发展的中长期规划及年度计划并组织实施；负责中小学布局调整；制订全县职业学校、中小学招生计划并监督实施；负责编制全县教育经费年度预决算并组织实施，汇总审核本系统助学金资金计划和基建维修资金计划并监督实施，指导各级各类学校编制教育经费的年度预决算；依法检查监督教育经费的筹集、使用情况及教师工资的发放情况，协调有关部门组织实施政府采购，统筹管理省、市、县拨付的教育经费和各

种捐赠款；根据省、市规定参与制订全县教育收费标准，做好教育收费管理工作；负责办理收缴全县农村义务教育学校教师住房公积金；负责全县教育事业基本信息的统计、分析、发布和事业发展监测，指导全县学校后勤管理工作；监督管理全系统各单位的国有资产，指导、协调全县教育产业和勤工俭学工作。

【审计股】

主要职能：负责对全县教育系统各单位的下列事项进行审计：财务计划或预算的执行和决算，各项教育资金的管理和使用，财务收支有关的经济活动，基本建设工程的预决算，办学效益和校办企业的资产、负债和损益，国有资产的管理和使用，内部审计制度的建立和执行，单位法定代表人和局机关股室主要负责人的在任和离任经济责任；负责对局机关及直属单位的重大经济活动和大宗物资采购进行审计监督，指导全县教育审计工作。

【职教成教股】

主要职能：综合管理与协调全县的职业技术教育、成人教育工作，拟定职业技术教育、成人教育发展规划与管理措施，并组织实施；指导职业教育和成人教育教学改革和检查、评估等工作；归口管理全县职业学校、成人学校和大中专函授站；指导社会力量及厂矿企业举办的各类职业和成人教育机构的业务工作及职业证书的考试、发证工作；负责国家、省、市重点职业和成人教育学校的呈报、考核及审批工作；负责各类中等职业学校专业设置的评审工作及招生工作；指导职业教育和成人教育学校的设置、布局调整和教师队伍建设工作；负责协调职业和成人教育的科研与技术推广、仪器配备、生产实习基地建设、毕业生就业指导等工作；负责拟定全县农科教的规划和实施办法，并会同有关部门组织实施；按有关规定承办中等职业教育各类学校的设置、更名、撤销与调整的审核、报批工作；为促进职业教育发展提供信息和咨询服务、职教政策法规理论研究、职业教育指导和督查相关社会服务；负责开展全县成人教育研究（农村成人教育、社区教育），推进各类成人教育教学的改革与发展；负责为全县成人教育提供咨询管理服务及相关社会服务；负责对全县从事成人教育工作干部

进行政策法规及专业能力的培训。

【纪检监察室】

主要职能:负责本系统内党员干部的监督检查和行政监察工作,负责本系统党风廉政建设,促进全县教育系统各单位及其工作人员严格执行廉洁自律各项规定;负责受理本系统来信来访,受理县长热线及有关媒体转来的信访举报件,并及时给予回复;负责查处本系统违反党纪条规的案件;负责全县教育乱收费治理工作;对本系统物资采购、工程项目建设招投标、招考招生、职称评定、评优评先、干部任免、财务审计及重大事项决策进行全方位监督;做好县纪委、县监察局、市教育局纪检监察室及局领导交办的信访案件查处工作;做好本系统中心工作和局纪委联系点工作。

【法规股】

主要职能:贯彻落实上级综治委有关综合治理的方针、政策;对学校及周边治安综合治理工作做出规划;协调有关职能部门积极开展学校及周边治安综合治理工作;指导督促学校加强安全隐患的排查及整改和矛盾纠纷的排查及调处工作,协助各有关业务股室依法妥善处理突发事件;分析掌握全县教育系统治安状况,建立情报信息网络并及时上报;总结推广学校及周边治安综合治理、学校安全工作典型经验,行使学校安全工作一票否决建议权;办理上级交办的学校周边治安综合治理工作有关事项;负责组织、监督、指导全县教育行政执法;负责教育系统干部职工的法制教育工作;承办县本级教育行政复议、行政诉讼应诉工作,指导全县教育行政复议、行政诉讼应诉工作。

【基建管理股】

主要职能:负责中小学校舍维修改造和标准化校舍建设管理工作;负责全县中小学校园规划和基建维修计划的编制工作,指导学校基本建设的工程设计、立项、招投标、签订施工合同等前置服务;组织对学校建设工程项目的施工管理、质量监督及项目工程验收,组织审核学校建设工程预决算;负责全县中小学基建数据统计工作,保管和提供学校基建项目的档案资料;指导中小学特种设备的使用和管理。

【校车管理股】

主要职能:调查统计全县乘车学生数量分布和用车需求;与各乡镇教育管理中心签订交通安全责任书,指导和督促各乡镇教育管理中心履行校车安全管理职责;联合公安、交通等相关部门对各级各类学校进行交通安全宣传教育及校车安全工作督查;统筹建立校车管理台账与数据库,上报校车管理信息。

【人口与计划生育办公室】

主要职能:认真贯彻党和国家现行的计划生育方针政策,确保本系统计划生育各项任务的完成;积极宣传党和国家的计划生育方针政策、法律、法规;认真落实湖南省计划生育条例及计生部门的各项规定,依法管理本系统计划生育工作;负责本系统育龄妇女普查工作,并做好孕检记录;准确做好本系统计生统计报表,负责下属单位计生统计人员的业务培训工作,指导基层做好计生统计报表;负责做好本系统计划生育情况调查,掌握育龄妇女的结婚、生育、节育等相关信息;建立健全计划生育账卡,指导基层做好计划生育账卡的建立和保管工作,做到上下数字对口。

【招生考试管理中心】

主要职能:贯彻执行国家和省、市招生和考试工作的方针、政策与规定,参与拟订全县招生、考试政策,负责拟订招生工作的实施办法;组织实施普通高校、成人高校学生的招生录取工作;组织实施国家统一的普通、成人高校报名、招生考试,高等教育自学考试,普通高校专升本考试,全国英语等级考试,剑桥少儿英语考试;参与管理广播电视大学注册视听生考试以及有关的计算机、专业证书考试;管理自学考试的考籍;代省招生考试部门审核、发放自学考试单科合格证及自学考试毕业证书;统筹管理并指导考点建设和考风考纪建设,处理考试中的偶发事件,配合教育行政主管部门依法查处考试中的违纪舞弊事件;管理开发招生考试、自学考试和其他有关社会考试的信息资源;对外发布有关招生、考试信息;承担县招生考试委员会办公室的日常工作;承办县教育局交办的其他事项。

【教学研究室】

主要职能:贯彻执行国家和省市有关基础

教育方面的政策法规，研究基础教育发展中的理论和实际问题；开展基础教育的教育理论和教学研究，提出改进基础教育的意见和建议，为教育行政部门决策提供科学依据；制订全县基础教育研究规划并负责组织实施；负责向有关部门申报和推荐全县基础教育科研课题和成果；指导全县基础教育研究工作，组织开展基础教育的教育教学研究、教改实验，总结、完善、推广先进的教育教学经验和实验成果，收集、整理、发布基础教育的最新情况、信息；根据国家和省市有关政策规定，结合全县实际，编写相关教学参考资料和乡土教材；按照有关规定，归口管理并指导与教育有关的学会、协会等社团组织的工作；承办县教育局交办的其他工作。

【教学仪器站】

主要职能：负责拟定和实施全县教育技术装备的长远规划和年度计划，负责中小学各学科教学仪器、实验器材、通用技术实验器材、电教设备和各功能教室的器材配置检测工作，负责中小学标准化实验室的配置检测工作；负责以计算机为中心的信息技术教育和包括教育网络建设的现代教育装备检测工作；负责中小学生计算器的配备检测工作；负责教育音像教材、电子教材、教学资源库的配置检测工作；负责中小学标准课桌椅（凳）的配置检测工作；负责中小学实验教学、电化教学、现代教育技术标准的制订、执行和评估；负责教育信息化建设和"校校通"工程的规划、评估，参与大宗教育装备的招标采购检测工作，对中小学教学仪器的使用进行检查、指导；负责初（高）中物理、化学、生物学生实验操作考试（考查）、信息技术考试（考查）和高中通用技术考查工作；统一管理、使用教育技术装备经费；提供现代教育技术装备的咨询和技术服务，组织开展实验教学、电化教育、现代教育技术的研究、培训和评比、竞赛活动，推广教育技术研究成果；负责全县现代教育技术装备工作年度目标管理考核相关工作；承办县教育局交办的其他工作。

【勤工俭学管理站】

主要职能：负责拟定和实施全县勤工俭学长远规划和年度计划；指导各学校开展勤工俭学工作；组织和指导学校开展劳动和劳动技术教育；负责全县勤工俭学工作队伍的管理、培训及全县勤工俭学统计工作；指导和管理局直校办企业；负责中小学学具的配备、供应；组织开展勤工俭学理论研讨和经验总结、推广活动；承办县教育局交办的其他工作。

【民办教育管理办公室】

主要职能：归口管理全县的民办教育工作，拟定民办教育的发展规划及有关政策规定；负责企事业组织、社会团体、其他社会组织及公民个人利用非国家财政性教育经费、面向社会举办学校及其他教育机构的考核、审批及年检、评估工作；负责学历教育、学前教育及其他文化教育的民办学校的设立、分立、合并和变更名称、层次、类别审批，民办学校聘任校长、变更举办者、变更举办地点等情况的核准备案工作；负责社会力量办学机构的有关招生广告（简章）的审核工作，指导社会力量办学机构的校园校舍、图书馆（室）、教育技术装备和师资队伍等方面的建设；协调处理社会力量办学中出现涉及全局性的有关问题，负责民办教育协会日常工作；协调落实国家和地方政府对民办学校优惠、补助、扶持的相关政策和待遇；承办县教育局交办的其他工作。

【学校体育卫生保健所】

主要职能：拟定全县学校体育、卫生与健康教育、艺术教育、国防教育发展规划并组织实施；指导学校体、卫、艺教育教学工作和专业师资的有关培训工作；组织开展中小学（幼儿园）体、卫、艺宣传教育活动和体、卫、艺教研工作，提供相关咨询服务；组织开展中小学（幼儿园）学生体质健康监测、常规体检和学生常见病防治工作，建立学生健康状况档案；协助卫生防疫部门做好中小学（幼儿园）学生疫苗接种工作；组织全县性的学校体育竞赛活动，指导学校体育人才的培养、选拔工作；协助组织全县中小学（幼儿园）体、卫、艺相关设备的评估、验收、考核活动；指导高中学校学生军训工作及各类学校爱国卫生和绿化美化等工作；承办县教育局交办的其他工作。

【信息技术教育管理中心】

主要职能：负责指导、规范全系统远程教育网、各类学校校园网的建设和中小学信息课程条件建设；负责贯彻落实国家、省、市教育局和县政府信息部门的批示精神，做好有关联系、协调工作；负责县本级远程教育网的网络建设、维护、使用、信息采集、数据处理、多媒体制作、远程教学、有关管理及软件开发等工作；负责各学校校园网的开发、应用、经验交流以及评估；负责全县教育资源信息库的建设和管理工作，提供网站技术服务，负责全县教育管理数据标准化评测的相关工作；负责县教育局办公网络的管理、维护、安全和保密工作；承办县教育局交办的其他工作。

【学生资助管理中心】

主要职能：负责高校学生和寒门学子入学资助工作；负责中等职业学校助学金的审批、发放和管理；负责普通高中困难学生助学金的发放工作；协同有关职能部门统筹安排中小学助学金和"两免一补"经费，并对经费的使用情况进行监督，协调指导全县中小学开展助学活动；负责全县普通高校家庭经济困难学生开展生源地信用助学贷款工作；承办县教育局交办的其他事项。

【教师培训中心】

主要职能：贯彻执行国家和省、市中小学(幼儿园)教师继续教育的方针、政策，制订全县中小学(幼儿园)师资培训计划，指导中小学(幼儿园)师资培训工作，组织和实施教师上岗前培训和教师的学历培训及继续教育(含信息

技术、基础教育新课程、新大纲培训、考试)等工作；负责县级学科带头人和青年骨干教师的考核、认定和培养工作；采集、发布中小学(幼儿园)师资培训信息，归口管理和具体承办针对教师开展的各种讲座、讲学活动；负责教育系统中小学校长、幼儿园园长和其他管理人员的业务培训工作；负责幼师及电大举办的师范类教育培训的业务工作；指导县教师进修学校工作；指导社会力量举办的各类学校的教师队伍培训工作；贯彻落实语言文字工作的方针、政策，负责全县语言文字和普通话培训、测试工作；承办县教育局交办的其他工作。

【青少年校外活动中心】

主要职能：负责在课余时间、节假日组织举办公益性的各类素质教育兴趣活动及培训；负责全县校外活动的规划、协调、研究、指导以及校外健身、娱乐学习、咨询、艺术培训等活动的组织管理；负责成立青少年社团，以及对全县家长家庭教育的培训；承办县教育局交办的其他工作。

【档案室】

主要职能：受组织部委托，负责教育系统教职员工人事档案的收集、整理、保管、鉴定、统计等工作；严格执行国家《保密法》和有关保密、保卫制度，确保档案和档案机密的安全；为上级有关部门积累档案史料；承办县教育局交办的其他工作。

祁东县主要学校信息

【祁东县第二中学】

祁东县第二中学位于祁东县城，背倚巍峨雄伟的鼎山，藏峰蕴色，览全城风光，面对湘桂铁路和322国道，犹如展翅金凤，通九州名都。校园布局合理，环境优美，古树葱茏，遮天蔽日，风清气爽；平整的大道蜿蜒曲折，羊肠小径通幽入雅；排排楼房鳞次栉比，丛丛花草错落有致。学校创办于1955年，是一所底蕴深厚、人才辈出的农村省示范性普通高中。学校占地面积183亩，建筑面积70000平方米；现有54个教学班，学生3500名；教职员工309人，其中专任教师252人，包含特级教

师6人，国家级发明创新教练1人，高级教师87人。

学校于1978年跻身湖南省重点中学行列；1982—1983年，在全国中学生数学竞赛中，学校的获奖者占了衡阳地区总数的2/3；1993年通过了湖南省教育厅对省级重点中学的重新评估验收；1994年被授予"湖南省重点中学"的金字匾牌(全省仅30所)，系"湖南省绿色学校""湖南省现代教育技术示范学校"；2003年10月，又一次通过了湖南省督导评估团的复查评估并获得"一先二特三校八有"的高度评价；2003年11月，被推选为湖南省重点中学

常务理事校；2003 年与北京四中正式签订为友好学校。自创办以来，学校已成为一所享誉三湘、独具特色的农村高级中学。为了培养高素质的劳动者，学校很注意学生科技活动的开展，注重学生劳动技能的培养。学校成立了 20 余个业余兴趣小组，学生的小论文、小发明、小制作多次在省、市、县获奖。在学校优秀老师的指导下，由爱好文学的优秀学生创办的《鼎山通讯》、"雏鹰"文学社分别获得"湖南省十佳校报""全国十佳百优文学社团"。

在 2015 年的高考中，学校学生张凯（689 分，理科）、赵少靖（686 分，理科）和魏泓泉（668 分，理科）分别名列衡阳市高考理科第一名、第二名及第四名，其中，张凯与赵少靖名列湖南省前 100 名，魏泓泉属于湖南省前 300 名内。2016 年高考湖南首次采用"全国卷"，学校本科一、二批上线 568 人。学校以自己的骄人成绩续写祁东县教育之辉煌。

地址：祁东县文化路二号

电话：0734 – 6264322

邮编：421600

【祁东县第一中学】

祁东县第一中学的前身是湖南私立达孝中学，创建于 1941 年，曾任国民革命军第十七军军长的周斓先生担任第一任校长；1955 年改为祁东县第一中学，迄今已有 70 多年办学历史。现为衡阳市首批挂牌市属示范性普通高中。

学校位于风景秀丽的县城鼎山南坡，校内外树林荫翳，花草溢香，环境幽静，是读书的好地方。校园占地面积 160 余亩，总建筑面积达 46500 平方米。学校拥有全市一流的多功能教学楼，而集教学科研于一体的多功能科教楼，则安装了全县唯一的天文望远镜，晴朗的夜晚，在老师的指导下，可以领略到繁星点点的天穹无尽的奥妙。科教楼内，高档次的电脑室、地面卫星接收站、电视监控系统、闭路电视、多媒体电教中心、语音室、钢琴室、舞蹈排练厅、音乐厅一应俱全。学校图书馆内藏书 10 万余册，阅览室有几百个座位，均对全校师生开放。湘楚文化的深层积淀与现代教育的浓厚气氛在校园内交相辉映。学校还有别具一格、具有现代气息的学生宿舍和 168 套教师住房，学生乐学、教师乐业。

七十余载栉风沐雨，七十余载弦歌不辍。学校人文蔚起，英才辈出，成为三湘大地久负盛名的人才培养基地，迄今已有三万名英才从这里走出。在七十多年的办学历程中，学校强调德育立校，以德育人。从达孝中学"严、正、朴、诚"的校训，到如今的"忠、孝、勤、敏"的校训，无不体现学校"做人""求真"的办学理念的精髓。

地址：祁东县洪桥镇学前路 44 号

联系电话：0734 – 6264631

邮编：421600

【祁东县贤育中学】

祁东县育贤中学是 1986 年由国家拨款、集体赞助与个人捐资而创办的一所年轻的衡阳市示范性高级中学。学校位于祁东县城西北鼎山南麓，占地面积 195 亩，生均占地 32.2 平方米；建筑总面积 551516 平方米，生均建筑面积 12.76 平方米。现设高、初中两个部，共 58 个教学班，在校学生 4300 余人。教职工 302 人，其中专任教师 217 人，占 73%；本科学历的 178 人、专科学历的 33 人，合格率为 97%；特级教师 1 人，高级教师 57 人，一级教师 94 人，国家、省、市级骨干教师、优秀教师 18 人；在国家、省、市级学学术团体中享有主导地位的教师 9 人，全国劳动模范、全国优秀科技辅导教师、省优秀科技工作者、省优秀科技辅导老师共 4 人。

学校始终坚持把育人工作放在首位。"全国心理教育研究会中小学心理健康教育研究所"在学校立项挂牌。学校注重在学生心理领域里开拓；设有校级、年级、班级德育工作小组和 6 个社会实践教育基地；成立了家长委员会，聘请了校外辅导员，形成了爱国主义，两史一情、环境保护、优抚助残、法制、行为品德教育等六大思想教育系列和近二十种思想政治教育的途径和方法；构建了"队伍全员化、内容系列化、形式多样化、管理立体化、评价科学化"的育人体系。学校先后被评为"全国心理教育实验先进学校""祁东县学生日常行为规范教育示范学校"，学生思想品德合格率达 100%。

学校一贯坚持以教学为中心，坚持"以人为本，科研兴校，与时俱进，创新发展"的办学思想,不断探索教育教学规律,逐步建立了一个由必修与选修、课内与课外、校内与校外、显性与隐性相结合的,由必修课、选修课及活动课三大板块组成的素质教育课程体系。学校大胆进行研究性课程改革试验,开展了"创造性'心育'模式—'诊所'立体疏导式""中学生创新能力的八大培养观念""应用现代信息技术,培养学生创新能力"等一系列国家、省、市级研究课题,取得了丰硕的成果。

学校十分重视师资队伍建设,鼓励年轻教师岗位成才,一专多能,教师基本功比武频繁进行,精品课、学生喜爱课达85%。学校不定期地举办素质教育培训班,领导全体任课教师向45分钟要质量。教师运用现代教育技术开展教学的课时覆盖率达60%。

学校狠抓硬件设施建设。近年来,在祁东县委、县政府及教育局的大力支持下,学校的校园立体文化建设系统工程已完成,汇贤亭、健身道、草坪、植物园等发挥效益;3300平方米教研楼交付使用;多媒体电教设备、双控多通道闭路电视教学系统、局域网、电视监控系统等现代化教育技术设施全部到位;近9000平方米的科技馆落成,计算机室、电子备课室等现代化教育技术有效运行;首屈一指的电子图书室也全面建成。

学校教育教学质量稳步提升。2016年,祁东育贤中学高考再创佳绩,本科一、二批一次性上线总人数448人,创造历史新高,在学校生源基础较差的情况下,再一次实现了低进高出。

地址:祁东县洪桥镇香山路1号

电话:0734-6261846

邮编:421600

【衡阳师范学院祁东附属中学】

衡阳师范学院祁东附属中学是祁东县重点立项建设的"高规格、现代化、示范性"公办寄宿制完全中学。学校占地面积361.59亩,建筑面积9.66万平方米,总投入建设资金近6亿元于2015年主体工程完工,2016年7月所有工程建设和设施配备已全部竣工验收并投入使用,成为一所能容纳6000名学生的高规格、高标准的公办完全中学。2017年9月1日,学校正式开办,迎来第一批学生1680名,教师

136名。

学校教学楼、办公楼、艺术楼、电教楼、体育馆错落有致;网络系统、多媒体教室、监控系统、广播系统、图书馆、实验室等一应俱全。学校拥有开阔的学生运动场地,建有高标准的塑胶跑道、篮球场和室内体育馆;教工食堂、教师公寓、校内生态公园等生活服务设施配套完善;现已形成分区合理、功能齐全的数字化校园,是衡阳乃至湘南地区面积最大、建设标准最高的完全中学。学校依托衡阳师范学院的优质资源,立足新起点,拓展大视野,着眼高品位;创新办学机制,优化管理模式,完善育人体系;将围绕"品德高尚、基础扎实、个性丰富、自主发展、富于创新"的育人目标,把学校办成"绿色、数字、人文、卓越、幸福"的现代化一流学校。

地址:祁东县永昌街道办事处南山大道

【祁东县职业中等专业学校】

祁东县职业中等专业学校是祁东县唯一一所公办职业中专学校,创办于1985年,位于祁东县洪桥街道办黄山街119号。学校占地17.46万平方米,建筑面积10.86万平方米,现有教学班级59个,在校学生4075人,教职员工263人。2000年9月,学校被教育部评为首批"国家级重点中等职业学校";2011年被湖南省教育厅评为"湖南省示范性职业中等专业学校";2012年成功申报为"国家中等职业教育改革发展示范学校",2014年成功通过教育部验收成为"国家中等职业教育改革发展示范校"。

学校现有固定资产2.2亿元,建有PLC与单片机实训室、美术绘画室、数控模具车间、旅游模拟实验室、计算机机房等专业实验室,并建有图书管理系统、语音系统、闭路电视系统、计算机校园网等网络系统。近三年学校共投入了4000多万元用于国家中等职业学校改革发展示范校建设,并投入了2000万元新建学生食堂和学生公寓。

目前,学校开设了工艺美术、服装设计与工艺、计算机应用、电子技术应用、旅游服务与管理、模具制造技术、会计电算化、电子商务、农业机械应用与维修、音乐曲艺表演等10个专业,其中,工艺美术为湖南省示范性特色

专业和湖南省工艺美术专业生产性实训基地；服装设计与工艺专业建有中央财政支持的服装集训基地，并为湖南省示范性特色专业及湖南省生产性实训基地；计算机应用专业为湖南省特色专业；模具制造技术和电子技术应用等专业为市级精品专业。

学校坚持"以服务为宗旨、以就业为导向"的办学方针，谨遵"修身笃行、博学精技"的校训和"严格、规范、高效"的管理理念，倡导"敬业奉献、勤勉严谨"的教风和"尚德励志、乐学健体"的学风，办学成绩显著。近年来，学校为中央美术学院、清华大学美术学院、天津美术学院等名牌院校输送了大批优秀学生，毕业生就业率95%以上，不少毕业生成名成家，或成为行业精英，其中彭斯已成为全国著名青年画家，颜志雄成为国内知名的青年摄影家。

近年来，学校内强管理，外树形象，社会声誉不断提高，赢得了社会各界的好评，办学成果也倍受媒体高度关注，2014年，《湖南日报》以《职教奇葩》的长篇全力推介了学校的办学经验；2015年，学校被湖南省教育厅指名为全省职业教育宣传单位；2015年6月13日，《中国教育报》、湖南电视台、湖南经视等12家媒体汇聚学校，实地报道了学校的办学成果。

学校还先后获得了"全国星火实验学校""湖南省优秀职业学校""湖南省职业教育先进单位""湖南省示范性县级职教中心""湖南省综合治理先进单位""湖南省防震减灾示范性学校""湖南省园林式单位""湖南省文明卫生单位""衡阳市职业教育优秀学校""衡阳市三星级文明单位""祁东县县直目标管理先进单位"等荣誉称号。

在职业教育发展的大好形势下，学校将抢抓机遇，开拓奋进，用先进的职业教育理念，引领全体学生成为高素质、高技能人才，把祁东县职业中等专业学校办成一所"高知名度、高美誉度、活力更强、实力更强"的国家卓越职业学校。

学校地址：祁东县洪桥镇黄山路119号
邮编：421600
网址：www.hnqdzz.cn

电话：0734－6263940
传真：0734－6279909
学校行政班子成员信息
校长：唐卫民（13875776508）
党支部书记：江伯顺（13337342198）
后勤副校长：曾祥吉（13016198858）
教学副校长：汤时成（13007346159）
政工副校长：唐寒冰（13575255258）
副校长：谭文凯（15211391206）
工会主席：曾响民（1355286606）
副科级干部：周国贵（15897349823）

【祁东县蒋家桥镇教育管理中心】

祁东县蒋家桥镇教育管理中心坐落在蒋家桥镇腊元村，管辖全镇公、民办中小学校及幼儿园共19所，共有学生6300多名，在校教师268名。全镇公、民办学校及幼儿园办学模式各具特色，办学理念先进一流，教育教学质量稳步提高，基教、人事、计财、体卫、安全等工作扎实开展，德育、艺术工作迎头赶上，全镇各学校（幼儿园）出现了奋起直追、齐头并进的良好局面。

祁东县蒋家桥镇教育管理中心设有5名行政管理成员，中心一班人大兴教改教研之风，大力推进教育均衡发展，狠抓教育教学质量，深入开展党建工作，切实加强环境综合整治工作。全镇的各项工作都取得了突出的成绩，尤其是教育教学质量连续两年都荣获全县一等奖，其他各项工作也都名列全县前茅，赢得了上级领导及社会各界人士的高度评价。

单位地址：祁东县蒋家桥镇腊元村
邮政编码：421636
电子邮箱：34115406@qq.com
办公电话：15874740848
学校行政班子成员信息
主任：陈德鸿（15074773588）
人事助理：匡宗信（15886490566）
计财助理：刘爱国（15211896688）
基教助理：陈舟（13875617317）
体卫助理：雷娥英（15874740848）
祁东县蒋家桥镇第一中学

祁东县蒋家桥镇第一中学，又名蒋家桥镇中心学校，学校位于龙兴村，三面环水，原野空旷，校园绿树成荫，鸟语花香，干净整洁，多次被评为园林式单位。

近年来，学校办学条件不断改善，图书室、远程教育室、阅览室、多媒体教室、各种实验室等功能室均符合要求，各种仪器设备先进，使用正常。有液晶屏电脑52台，所有教室、功能室都安装了监控，祁东县教育局及学校能随时了解师生的教学、学习情况，学校管理更加完善。生活设施也在不断改善，宿舍楼、标准课桌椅、热水池、餐桌椅基本到位。

学校师资力量雄厚，39名教师中有高级教师6人，中级教师26人，其中有县、市骨干教师2名，26人次在县、市教学比武中获奖。近年来，学校以"创办人民满意教育""一切为了学生的发展"为宗旨，全体行政领导真诚团结，率先垂范，勤政务实，全体教职员工忠于职守，精益求精，任劳任怨，使本校教育教学质量稳步上升，连续五年被评为"先进学校"。学校教研教改及文体活动也开展得有声有色，素质教育结出了累累硕果，在体育比赛、学科竞赛、征文比赛、演讲比赛、信息技术操作比赛中先后有200人次获省、市、县级奖励，学校被评定为衡阳市六所"教研教改试点学校"之一。

学校地址：祁东县蒋家桥镇龙兴村

邮政编码：421636

电子邮箱：406710279@qq.com

办公电话：15874780592

学校行政班子成员信息

校长：曾三喜（15874780592）

党支部书记：陈东方（13762487670）

副校长：雷剑（13787700855）

副校长：王青山（13786473872）

副校级领导：匡想民（15873423818）

祁东县蒋家桥镇第二中学

祁东县蒋家桥镇第二中学，创办于1952年，前身为新陂江完全小学、新陂江中学，位于新塘坪村。近几年来，学校的办学条件不断得到改善，电脑室、图书室、多媒体教室、实验室等功能室都符合要求并使用正常。师生的生活设施也在不断完善，宿舍、热水设备、标准课桌椅、餐桌椅全部到位。

学校以"创办人民满意教育"为方针，坚持以质量求生存、向管理要效益的办学宗旨，全

体班子成员真诚团结、勤政务实，全体教职员工敬业爱岗、无私奉献，学校的教育教学质量在全县小有名气。自2007年以来，学校年年被评为"先进学校"；2009年以来，连续7年中考成绩均获得全县C类学校第一名，在全县所有中学中排名前三。学校的教研教改和文体活动也开展得有声有色，2015年有两位教师获得了全县教学比武及业务比赛一等奖，学生在征文比赛、学科竞赛中有30多人次获市、县级奖励，近三年来由学校学生组成的男子排球队代表全镇参加县初中排球赛均获得了前三名的好成绩。学校的素质教育硕果累累，被誉为"祁东县农村素质教育一颗璀璨的明珠"。

学校地址：祁东县蒋家桥镇新塘坪村

邮政编码：421636

电子邮箱：184313433@qq.com

办公电话：13974749234

学校行政班子成员信息

校长：刘建阳（13974749234）

副校长：曹德吉（15874776203）

祁东县蒋家桥镇小坪中学

祁东县蒋家桥镇小坪中学，是一所九年一贯制学校，位于小坪村，校内绿树成荫，校外绿水长流，环境幽雅，是读书励志的理想之所。

近年来学校办学条件不断改善，有了远程教育室、阅览室、多媒体教室、标准化电脑室、实验室、仪器室、图书室，为教育教学创造了很好的条件。学生生活设施也在不断改善。

学校师资力量雄厚，全校25名教师中有高级教师1人，中级教师23人，其中有县、市骨干教师多名，多次在县、市教学比武中获奖。近年来，学校以质量求生存，以人民满意为准则，真抓实干，埋头苦干，精益求精，无私奉献，本校教育教学质量显著提高，受到老百姓的赞同。学校各项工作都开展得有声有色，教师乐教，学生乐学。无论是教学成绩，还是各种比赛，都捷报频传，如雷灵阳老师在教学竞赛中曾获市、县三等奖，在学生创新作文大赛中，学校参赛选手一半以上获县级奖。学校在2015年初中毕业会考中，初三毕业生47名，其中考取县重点高中9人，录取率为19.2%，是近几年来录取率最高的一次。

学校地址：祁东县蒋家桥镇小坪村

邮政编码：421636

电子邮箱：2695363794@qq.com

办公电话：13975414459

学校行政班子成员信息

校长：罗强（13875605415）

副校长：陈西平（13762428394）

副校长：曾辉（18374773535）

祁东县蒋家桥镇兰芳小学

祁东县蒋家桥镇兰芳小学位于蒋家桥镇新坪塘村。学校附近有祁东著名的5A景区——四明山，可谓依山傍水，鸟语花香。校园占地面积3000平方米，建筑用地面积1262平方米，操场面积950平方米。校园布局合理，环境优雅，教学楼有普通教室6间，有澡堂、厕所、食堂、厨房等配套设施。学校配备了语文、数学、美术、体育、科学、品德、音乐等多科教学器材和设备，确保教育、教学工作的正常开展。学校师资力量雄厚，有在编教师6名，其中大专学历的教师2名，本科学历的教师4名；小学高级教师2名，小学一级教师4名。全体教职员工忠于职守，精益求精，任劳任怨，使本校教育教学质量稳步上升。近几年来，无论是在全镇统考还是全县统考中，学校都取得了优异的成绩，受到家长及学生的一致好评。学校教研教改及文体活动也开展得有声有色，素质教育结出了累累硕果，在体育比赛、征文比赛中多次获县级及镇级奖励。

学校从科学规范管理入手，坚持以"一切为了学生，为了一切学生，为了学生的一切"为指导思想，坚持"德育为首、教育为主、育人为本"的办学原则，认真贯彻党和国家的教育方针，全面推行素质教育，强化师资培训，提高师资水平，不断改善教学条件，为祖国培养"四有"新人奠定基础。

学校地址：祁东县蒋家桥镇新塘坪村

邮箱编码：421636

办公电话：13507349964

电子邮箱：1539189918@qq.com

学校行政班子成员信息

校长：匡智明（13507349964）

祁东县蒋家桥镇龙合小学

祁东县蒋家桥镇龙合小学位于蒋家桥镇龙兴村，校园占地总面积3000平方米，建筑面积1028平方米。学校现有4个教学班，另有一所附属幼儿园。现有专任教师6人。

近年来，学校积极争取财政投入，新建了教学楼、厨房、厕所及幼儿娱乐场所。教室里换上了全新的桌椅，为学生的学习营造了一个全新的环境。在村干部的支持下，学校新增了一批体育器材；在村民的帮助下，学校新规划出了现代化的篮球场及羽毛球场，学校办学条件有了很大改善。

学校现在已是绿树成荫，空气怡人，教学条件日趋完善，为教育教学水平的提高创造了良好的条件，为培养学生全面发展奠定了良好的基础。多年来，学校紧紧围绕办"农村孩子的乐园，教师成长的沃土"这一理念，本着"办人民满意的学校，做人民满意的教师，教人民满意的学生"的教育宗旨，立足农村现实，科学施教，教研兴校，全面执行教育方针，积极推进素质教育。

学校行政班子成员信息

校长：黄云凤（18397763169）

祁东县蒋家桥镇罗塘小学

祁东县蒋家桥镇罗塘小学创建于1953年，坐落于祁东县蒋家桥镇罗塘村。学校现有4个教学班，学生80多人；在编教师3名，其中小学一级教师1名。

近几年来，学校坚持以办"人民满意教育"为宗旨，以培养英才为己任，以先进的教育模式和理念全面推进素质教育的发展，努力实现新课程改革的目标。

学校行政班子成员信息

校长：曹勋柱（15273489939）

祁东县蒋家桥镇三佳小学

祁东县蒋家桥镇三佳小学创办于2003年，是一所农村民办完全小学。学校占地面积2000平方米，建筑面积2500平方米，地理条件好，校园内环境干净，是莘莘学子成长的摇篮。目前有7个教学班级，共有260多名学生，教师12人。

学校坚持党的教育方针，秉承"诚信为教，教人为本"的教育理念；以"为孩子的快乐学习"为宗旨；以"培育有智慧的学生，成就有本领的教师，建设有安全的校园"为目标；不断推进新课程改革，教学硕果累累，每学期的期末统考，学校都取得了较好的成绩。

学校地址：祁东县蒋家桥镇叶家村

邮编：421636

邮箱：404350496@qq.com

办公电话：18274750238

祁东县蒋家桥镇晒谷小学

祁东县蒋家桥镇晒谷小学创建于1971年，2006年重建，规模为6个班；教职工9人，其中在编在岗的有5人，小学高级教师1人。此后，在这个基础上，校园面积逐步增加，校园设施逐步改善，师生人数逐年增多。2011年，学校已经拥有了1幢教学楼、1幢食堂、1栋教工宿舍楼，2012年底被衡阳市评为市级"规范化学校"。

学校地址：祁东县蒋家桥镇两百斗村

邮政编码：421636

电子邮箱：772397633@qq.com

办公电话：15973473017

学校行政班子成员信息

校长：匡柏华（15973473017）

祁东县蒋家桥镇幸福小学

祁东县蒋家桥镇幸福小学创办于1939年，坐落于原樟木村，是一所一流的农村完全小学。学校占地面积19100平方米，建筑面积3890平方米，地理条件优越，毗邻091县道。校园内环境明净，绿树成荫，是莘莘学子成长的摇篮。目前有7个教学班级，共有180多名学生，教师10人，在编教师7人，其中本科学历的5人，大专学历的2人；小学高级教师2人，小学一级教师1人，符合教育部门规定的标准。

早在2010年，在上级领导的关心和支持下，学校的教学楼面貌焕然一新，确保了学校教育教学工作的正常开展；配备了多媒体设备、实验器材、体育器材等，学生的动手能力得到了锻炼，体质也得到了加强，全面提高了学生的综合素质。如今学校安装了全新的节能灶，食堂内全天供应热水跟开水，给全校师生的生活用水提供了极大的方便。

这些年，学校坚持党的教育方针，秉承"以人为本"的教育理念；以"为孩子的幸福奠基"为宗旨；以"培育有灵性的学生，成就有智慧的教师，建设有品位的校园"为目标；不断推进新课程改革，教学成果累累，每学期的期末统考学校都取得了优异的成绩，得到了老百姓的一致好评。

学校地址：祁东县蒋家桥镇胡坪村

邮编：421636

邮箱：11815060@qq.com

办公电话：18229272552

学校行政班子成员信息

校长：雷章林（18229272552）

祁东县蒋家桥镇玉成小学

祁东县蒋家桥镇玉成小学原名余庆小学，坐落于余庆村。学校现有6个教学班，学生300余人，教师9人，有一排两层的教学楼，有宽敞的体育运动场地及师生澡堂。

多年来，学校坚持以办"人民满意教育"为宗旨，以培养英才为己任，以先进的教育手段全面推进素质教育为目的，体现了"质量立校，特色强校"的治校方略和管理理念，使学校教育教学质量不断提高，在历年考核考评中，深受上级主管部门及当地群众的称颂。

学校地址：祁东县蒋家桥镇余庆村

邮政编码：421636

电子邮箱：1357086501@qq.com

办公电话：15874780697

学校行政班子成员信息

校长：刘长林（15874780697）

祁东县蒋家桥镇育才小学

祁东县蒋家桥镇育才小学创建于1970年，坐落于祁东县蒋家桥镇新陂江村，现有4个年级，4个教学班，学生130多人。在编教师4名，其中大专学历的教师2名，本科学历的教师2名，小学高级教师2名；小学一级教师1名，符合教育部门规定的标准。

学校占地面积3000平方米，建筑面积1200平方米，生均占地面积超过21平方米。学校有普通教室6间，面积960多平方米，有厕所、厨房等配套设施，确保教育、教学工作的正常开展。

2013年，学校积极争取财政投入，维修了教学大楼，新建了厨房、厕所，教室里换上了全新的桌椅，为学生的学习营造了一个全新的环境。

近几年来，学校坚持以办"人民满意教育"为宗旨，以培养英才为己任，以先进的教育模式和理念全面推进素质教育的发展，实现新课程改革的目标。

学校行政班子成员信息

校长：曾东山（13875694893）

祁东县蒋家桥镇中心小学

祁东县蒋家桥镇中心小学位于蒋家桥镇大兴街，317 省道旁，交通便利。学校创建于1953 年，原名腊元小学，1999 年更名为祁东县蒋家桥镇中心小学。校园占地 26053 平方米，总建筑面积为 9852 平方米，设有计算机房、美术室、科学实验室、师生阅览室、师生餐厅、室外运动场等。目前学校拥有 12 个教学班，在校学生 650 余名。学校拥有一支高素质的科研型教师队伍，教职工 29 名，其中本科毕业生8 人，大专及以上学历教师达 70%。学校秉承"每个孩子都重要"的教育理念，以"为孩子的幸福人生奠基"为教育宗旨，以"培育有灵性的学生、成就有智慧的老师、建设有品位的校园"为整体工作目标。

学校地址：祁东县蒋家桥镇大兴街

邮政编码：421636

电子邮箱：361327114@qq.com

办公电话：13707479720

学校行政班子成员信息

校长：周玉峰（13575299569）

副校长：曾战志（13776462294）

副校长：谭双林（15874780629）

副校长：罗向阳（13707479720）

祁东县蒋家桥镇祖官小学

祁东县蒋家桥镇创建于 1978 年，坐落于祁东县蒋家桥镇祖山湾村，现有 6 个年级，6个教学班，学生 200 多人，是一所农村寄宿制学校。学校在编教师 9 名，其中大专学历的教师 5 名，本科学历的教师 4 名；小学高级教师5 名，小学一级教师 4 名。

学校占地面积 6427 平方米，建筑面积2251 平方米，生均占地面积超过 23 平方米。学校有普通教室 6 间，面积 1000 多平方米；教辅用房 8 间，面积 300 多平方米；有澡堂、厕所、食堂、厨房、宿舍等配套设施，另设有实验室、仪器室、图书室、体育室、音乐室等多个功能室，并配备了语文、数学、美术、体育、科学、品德、音乐等多科教学器材和设备，确保教育教学工作的正常开展。

近几年来，学校以"办人民满意教育"为宗旨，以培养英才为己任，以先进的教育模式和理念全面推进素质教育的发展，赢得了上级领导的高度评价。

学校行政班子成员信息

校长：陈泽浩（13762447089）

祁东县蒋家桥镇栗山学校

祁东县蒋家桥镇栗山学校位于祁东县蒋家桥镇栗山村。学校占地面积 28 亩，建筑面积11116 平方米，创办于 2002 年，是一所集幼儿园、小学部、初中部于一体的民办学校。校园环境优美，师资力量雄厚，硬件设施齐全。现有 30 个教学班，在校师生 1800 多人。

学校秉承"为学生幸福人生奠基"的办学理念，坚持"教育就是帮助人养成良好习惯"的教育理念，本着"让每一位教师都发展，让每一个学生都成才"的办学宗旨，树立"务实创新、科学民主"的办学思想和"高度负责、艰苦创业、团结协作、开拓进取"的办学精神。近年来，在各级党委、政府和上级主管部门的正确领导下，经过学校董事会和全体教职工的辛勤耕耘，学校办学水平逐年提高，教育教学质量稳步提升。2009—2012 年学校连续四年被评为县级"优良学校"，2013—2014 年连续两年被评为县级"优秀学校"。2015 年在祁东县首届"文武杯"武术健身操段位拳比赛中，学校荣获一等奖。

学校举办人（董事长）：周秀梅

办公电话：15073428830

学校地址：祁东县蒋家桥镇栗山村

邮编：421636

祁东县蒋家桥镇新岭小学

祁东县蒋家桥镇新岭小学为一所普惠性民办小学，地处祁东县蒋家桥镇新岭村。学校始建于 1996 年，现有 7 个教学班，共有学生 267人。校园占地 7 亩，建筑面积 2000 平方米。学校现有教职工共 13 人，其中大专及以上学历的 4 人，中专学历的 5 人。

学校紧紧围绕以"强化内部管理，提升队伍素质，促进学校发展，提高教学质量，努力办让学生信赖、教师热爱、人民满意的学校"为办学目标；牢固树立"以人为本，全面发展，敢于超越，力争更好"的办学理念，按照"塑师德，抓作风；讲学习，练素质；重德育，抓养成；促常规，保安全；提质量，抓全面；强管理，得发展"的工作思路，进一步深化课程改革，推进素质教育，提高教育质量，努力改善办学条件。

学校举办人（校长）：匡胜峰

联系电话：15173407472

学校地址：衡阳市祁东县蒋家桥镇新岭村

邮编：421636

祁东县蒋家桥镇中心幼儿园

祁东县蒋家桥镇中心幼儿园是一所由国家投资近 400 万元、占地面积达 3500 平方米、绿化面积 500 平方米的公办幼儿园，最多可以容纳 600 名幼儿入园。现在园内幼儿有 110 名，有大、中、小 3 个班，园内共有 7 名教职工，其中具有幼师资格的专业教师 4 名，教学顾问 1 名，另外还配有 1 名保育员、1 名炊事员。园内环境净化、美化、儿童化浑然一体。全园有配套齐全、符合幼儿健康发展要求的活动室、午睡室、漱洗室；有功能多样的大型玩具，蹦蹦床、秋千……

先进、环保、卫生的设施设备；丰富适宜的活动空间；平等关爱的人文气氛；处处体现着以幼儿发展为本的教育理念。学校拥有一支教育观念新、业务能力强、师德修养好的教师队伍，始终以"一切为了孩子"为办园宗旨，团结奋进、开拓创新，努力创设适合幼儿发展的宽松环境。

学校地址：祁东县蒋家桥镇计生办旁边

邮政编码：421636

电子邮箱：934498690@ qq. com

办公电话：18773416899

学校行政班子成员信息

园长：雷阿丹（18773416899）

祁东县蒋家桥镇熙扬洋幼儿园

祁东县蒋家桥镇熙扬洋幼儿园创办于2000 年，位于蒋家桥开发区兴旺街，占地面积达 2178 平方米。园内布置大方美观，童趣浓厚，干净卫生；有大型淘气堡、滑梯、木马等玩具；有宽敞的活动室、教室、午睡室等。园内设计与幼儿年龄特征相适应，能陶冶幼儿的情操，树立幼儿良好的个性，有效地促进幼儿活泼、健康、茁壮地成长。

现在园内幼儿有 210 名，有大、中、小 6 个班。园内共有 12 名教职工，其中具有幼师资格的专业教师 6 名，教学顾问 1 名，专业指导员 1 名，另外还配有 4 名保育员、1 名炊事员。

幼儿教师专业对口，素质全面，特长明显，个个会唱善跳，她们用爱促进幼儿一路成长，用智慧陶冶幼儿的心灵，让幼儿天天快乐，让幼儿人人成才。办园理念：专业化，人性化，个性化。办园特色：多样化，多元化，多种类，多形式。让孩子在儿童的世界里快乐成长，让家长在活动中共享成长的快乐。办园优势：优质的幼教资源，完善的课程体系，资深的专业指导，富有爱心的教师。

地址：祁东县蒋家桥镇兴旺街

办公电话：13203052986

邮编：421636

学校行政班子成员信息

幼儿园举办者、园长：艾凤云（13203052986）

祁东县蒋家桥镇豪豪幼儿园

祁东县蒋家桥镇豪豪幼儿园创办于 2008 年，地处政法街。园舍占地面积 2660 平方米，建筑面积 1660 平方米。园内有设 800 个座位的大厅和正规的大舞台，音响、电子琴、电脑、EVD、液晶电视、投影仪、电子监控、专用校车等电教设备一应俱全，总投入达 126 余万元。

幼儿园是一所经教育主管部门批准的教育理念新、教学能力强、师资力量硬、文化氛围浓的开拓创新型幼儿园，并始终秉承"正规办园、安全办园、和谐办园、特色办园"的宗旨。经不懈的努力，幼儿园被评为 2014 年度祁东县教育局 B 级普惠性幼儿园，并在祁东县电视台娱乐频道举办的全县"快乐宝贝才艺秀"文艺汇演总决赛中荣获二等奖；2015 年荣获全镇小学、幼儿园"安全杯"庆六一文艺汇演一等奖。自办园以来，每年"快乐宝贝"庆六一班级文艺汇演更是规模空前，精彩纷呈。每期举办的亲子、家园共育活动，每周的升国旗仪式，每天的早操歌舞活动，深受上级领导的首肯和家长的赞评。

邮编：421636

电子邮箱：1027519279@qq.com

园长：雷超艳（15096025142）

【祁东县河洲镇教育管理中心】

祁东县河洲镇教育管理中心现辖初级中学1所、九年一贯制学校1所、中心完全小学1所、村级完全小学7所、教学点2所、中心幼儿园1所。在册教师155人（其中特级教师1人，中高级教师7人），现有学生2822人（其中小学生1705人，初中生1117人），市级合格学校4所，全镇中小学校、幼儿园占地面积88900平方米。近年来，河洲镇的教育工作在祁东县教育局和河洲镇党委、镇政府的正确领导和指导下，大力推行素质教育，全面深化教育教学改革，一心一意谋发展，脚踏实地抓质量，努力创办人民满意教育，现全镇风清气正，学校面貌焕然一新，教育教学质量蒸蒸日上。

地址：祁东县河洲镇第一中学

邮编：421691

学校行政班子成员信息

主任：廖志刚（13575295538）

人事助理：陈富生（13667452899）

基教助理：雷劲松（13787703298）

计财助理：高红军（13873486912）

督学：雷菊元（13575293236）

督学：刘长桂（15873422799）

祁东县河洲镇第一中学

祁东县河洲镇第一中学创建于1962年，是一所寄宿性农村初级中学。学校坐落于湘江之滨的古镇——河洲镇清泉街，占地面积约22500平方米，总建筑面积达6342平方米，有教学楼、实验楼、学生宿舍楼、教工宿舍楼、餐厅礼堂楼、文化长廊等。校园布局合理，教学区、运动区、生活区界限分明。

学校配套设施齐全。按Ⅰ类标准配备的理、化、生实验室各1间和多媒体电教室1间；按Ⅱ类标准配备的电脑室1间；学校图书室藏书30008册，生均43册，师生阅览室各1间，有报纸杂志100余种。

学校现有13个教学班，学生861人；教职工54人，专任教师53人，其中中学特级教师1人，高级教师6人，一级教师37人。教师力量雄厚，学历合格率为100%。

学校的办学宗旨：以人为本，依法治校，培养21世纪合格公民。奋斗目标：办满意教育，育优质人才，争一流质量，创示范学校。育人途径：以严格的规范要求学生，以优良的校风影响学生，以高尚的师德感染学生，以优美的环境熏陶学生，以崇高的典范激励学生，以现代的观念武装学生，以丰富的活动提高学生，以扎实的课程发展学生。学校通过各种规章制度的制订、完善、落实，形成了"团结务实，锐意创新"的校风、"爱岗敬业，勤勉奋进"的教风、"博学笃志，强身健体"的学风。

学校教育教学质量有口皆碑，教育品牌正在形成，赢得了社会的广泛赞誉。学校自创办以来，已培养合格毕业生上万人，其中有3名校友考取了北京大学、清华大学，有6人获得了博士学位。

学校坚持面向全体学生，以生源求生存，以质量求发展的办学方向，办特色学校。近几年来办学成果硕果累累：分别被祁东县人民政府授予"文明单位"铜牌；获祁东县教育局"中学生日常行为规范示范学校"铜牌；获衡阳市"园林式单位"铜牌；被祁东县教育局授予"学雷锋先进单位""勤工俭学先进单位"；获衡阳市"示范性初级中学"铜牌；获湖南省教育厅颁发的"合格初级中学"铜牌等。近年来，学校教育教学质量稳步上升，2000年至2004年连续五年被评为"祁东县教育教学工作先进单位"。2015年衡阳市初三毕业会考学校中考排名中，学校荣获祁东县A类学校第二名。

学校地址：祁东县河洲镇清泉街100号

学校邮编：421691

学校邮箱：664623895@qq.com

办公电话：13787345880

学校行政班子成员信息

校长：丁松林（13787345880）

党支部书记：雷建军（15874778816）

副校长：张宜成（13873452969）

副校长：雷逸群（13875645018）

祁东县河洲镇莲花小学

祁东县河洲镇莲花小学坐落在河洲镇莲花庵村。学校始建于20世纪70年代，教学楼改建于 2002 年, 学校占地 5000 平方米, 建筑面积 992 平方米。学校现有 1~6 年级 6 个班级, 在校学生有 106 人, 其中寄宿生 49 人, 有教职工共 9 人, 其中在编教师 1 人, 特岗教师 2 人, 代课教师 4 人, 幼儿教师 1 人(附设幼儿园)。学校立足学校实际, 充分发挥老师的特长, 积极开展活动, 倡导师道尊严, 同时坚持教育为学生服务之理念, 赢得了学生的尊重、家长的赞许。学校重视安全教育, 开学第一课就以安全教育为主题, 向学生宣传安全知识, 营造安全氛围, 取得了良好的反响。

学校行政班子成员信息

校长: 赵志勇(13117344470)

祁东县河洲镇戏台小学

祁东县河洲镇戏台小学坐落在河洲镇戏台村。学校始建于 20 世纪 70 年代, 教学楼改建于 2003 年, 学校占地 2000 平方米, 建筑面积 500 平方米。学校现有一年级、三年级及幼儿班, 在校学生 27 人, 教职工共 4 人, 其中在编教师 2 人, 代课教师 2 人。

学校行政班子成员信息

校长: 赵寿生(13786439356)

祁东县河洲镇草塘小学

祁东县河洲镇草塘小学始建于 1965 年, 坐落在原草塘村四组, 学校占地面积 4000 平方米, 建筑面积 1200 平方米, 现有 5 个教学班, 学生 51 人, 教师 6 人。学校地处偏僻山区, 条件艰苦, 90% 的学生为留守儿童。但教师们爱岗敬业, 甘守清贫, 默默奉献, 学校教育教学质量稳步上升。

地址: 祁东县河洲镇草塘小学

校长: 雷保国

电话: 15580213988

邮编: 421691

祁东县河洲镇三友小学

祁东县河洲镇三友小学位于三友村, 学校占地面积约 5000 平方米, 建筑面积约 1200 平方米。现学校拥有教学楼 1 幢, 学生食堂、宿舍 1 幢, 教师办公室 1 幢, 有专用会议室 1 间。学校现有小学部 1~6 年级 6 个教学班, 附设幼儿班 1 个, 共 7 个班级, 学生人数近 130 人, 教职工人数共 10 人。

学校办学理念: 为学校的可持续发展创造条件, 为学生的终生发展奠定基础。

校训: 诚信、博爱、励志、自强。

校风: 团结、奋进、求实、创新。

教风: 敬业、爱生、进取、奉献。

学风: 勤学、好学、严谨、博学。

学校行政班子成员信息

校长: 雷志红(13875600378)

祁东县河洲镇中心幼儿园

祁东县河洲镇中心幼儿园位于定丰村(原定山小学), 是全镇唯一一所经教育局审批的公办幼儿园。幼儿园规划科学, 布局合理, 教学区, 运动区、生活区区分明确, 校园绿化、美化、硬化等设计人性化。全园占地面积 2020 平方米, 国家投资 160 万元。2016 年秋季招生 6 个幼儿班, 学生 120 人。

幼儿园秉承打造一所"社会满意、家长放心、孩子喜欢、教师自豪"的幼儿园, 以"轻松学习、开心游戏、快乐成长"为教育理念, 坚持全面发展与个性化并重, 提出"健康、聪明、活泼、自信"的幼儿培养目标。幼儿园力争办成全镇规模最大、规格最高、设施一流、师资一流的品牌幼儿园。

地址: 祁东县河洲镇中心幼儿园

园长: 雷菊元

电话: 13575293236

邮编: 421691

【祁东县凤歧坪乡教育管理中心】

祁东县凤歧坪乡教育管理中心下辖凤歧坪乡中学、凤歧坪乡中心小学、清华山小学、茅亭子小学、韭菜坪小学、庙安小学 6 所学校和中心幼儿园。小学 5 所, 有教学班 21 个, 在校生数 620 人, 教师 34 人; 中学 1 所, 有教学班 6 个, 在校生数 331 人, 教师共 22 人。

教育管理中心重视教师的培养, 实施科学的教师培养计划, 认真抓好新教师岗前培训。教管中心坚持择优引进、优化组合、综合培养, 实施涵盖师德建设、专业发展、形象宣传等方面的"名师"工程, 骨干教师、学科带头人的队伍日益壮大。近年来, 所辖学校取得的成绩有目共睹。在硬件设施方面, 祁东县凤歧坪乡中心小学崭新的校园必将成为山区教育一道亮丽的风景。祁东县凤歧坪乡中学各项设备正在逐步得到完善。在教育教学方面, 历年来,全乡有不少教师的教研教改论文在省、市、县活动奖项，谭艳艳老师在 2012 年被评为衡阳市优秀教师。2012 年，在祁东县中小学田径运动会上，曾许凤荣获中学女子组铅球第一名和女子组铁饼第一名；罗运军、刘夕分别获得男子铁饼第一名和第二名。2015 年，全县高考文科状元曾银花、文科第三名曾顺平都毕业于祁东县凤歧坪乡中学。

教育管理中心积极开展"树新风，修师德，讲奉献，铸师魂"的师德建设系列活动，净化教师队伍，抵制不正之风。学校积极推进全体师生团结协作，创建有特色、有内涵的校园文化，提升办学品位，形成正确的价值观念，力争把山区学校建设成为植根文化的沃土、师生共享幸福的精神家园。

学校行政班子成员信息

主任：谢维柯（13974785492）

计财助理：王学军（13575285676）

基教助理：杨耀（13973454692）

主任助理：周忠郎（13974763253）

祁东县凤歧坪乡中学

祁东县凤歧坪中学坐落于凤歧坪乡上街 59 号，校园现在占地面积 7003 平方米，建筑面积 4278.8 平方米，其中教学楼 2596 平方米，礼堂 663 平方米，厨房 58.5 平方米，学生宿舍楼 856.3 平方米。

凤歧坪中学创办于 1949 年，原是一所公馆，现在是省级贫困乡——凤歧坪乡唯一的初中学校。学校现在有教职工 21 人，学生 286 人，6 个教学班（其中初中七、八、九年级各 2 个班）。凤歧坪乡人口约 12000 人，初中教育适龄少年 600 余人，根据发展的需要，学校规划办 12 个教学班，即各年级 4 个班，教职工应需要 42 人。

学校礼堂、教师周转房于 2016 年完工，教学设施正逐步得到完善。

新的时代发展迅速，学校伴着新世纪的旋律，沿着正视现实、不甘落后的发展轨道，面向未来，与时俱进，开创美好明天！

学校行政班子成员信息

校长：洪伟胜（13875722669）

副校长：曾铁刚（13875785408）

副校长：雷小明（13875730187）

祁东县凤歧坪乡中心小学

祁东县凤歧坪乡中心小学始建于 1947 年，原是一所私塾小学。学校于 2016 年整体搬迁至凤歧坪乡凤歧坪村与龙塘村交界处，占地面积约为 21000 余平方米，新校区的教学楼、综合楼、大礼堂、厨房、学生宿舍楼、教师周转房等一应俱全。

学校现承担着凤歧坪村、龙塘村、药材场村、庙安村、光祖村、天狮村、灵官村、菜山村、锁石村小学阶段义务教育任务，服务半径 6 公里，覆盖人口 6000 余人。学校始终坚持"德育为首、质量强校、全面育人、以人为本"的办学思想，以"尚德、博学、勤俭、感恩"为校训，将"培养人、发展人、完善人"作为学校教育工作的根本，把学生的养成教育贯彻学校工作的始终。开展经典诵读、演讲比赛、国旗下讲话系列教育活动、主题班会等，寓德育教育于各项活动之中。浓浓书香充满校园，文明礼仪在学生中蔚然成风。

学校行政班子成员信息

校长：雷立（15973466198）

副校长：刘兵（1588647383）

副校长：罗飞（13786467495）

祁东县凤歧坪乡韭菜坪小学

祁东县凤歧坪乡韭菜坪小学始建于 20 世纪 60 年代。学校占地面积 2400 平方米，建筑面积 1500 余平方米，现有学生 10 人，1 个教学班，教师 1 人。

祁东县凤歧坪乡茅亭子小学

祁东县凤歧坪乡茅亭子小学始建于 1954 年，是一所六年制完全小学。学校位于凤歧坪乡茅亭子村，占地面积 4836 平方米，建筑面积 734 平方米。学校现有 6 个教学班，在校学生 116 人；教师 6 人，其中中共党员 1 人，本科学历的 3 人，大专学历的 3 人，小学一级教师 5 人，教师学历达标率为 100%。

学校始终坚持"全面贯彻教育方针，全面提高教育教学质量"的办学宗旨，确定了"把学校办成发展学生个性、提高学生整体素质、能适应和推动社会发展的农村小学，成为有一定特色的学校"的办学目标。学校逐步形成了"自学、自理、自律、自强"的校训、"团结、文明、开拓、创新"的校风。近年来，学校教学质量稳步提高,各项工作成绩显著,多次受到当地社会各界的一致好评。

学校在 2015 年 9 月由国家财政拨款 80 万元,进行危房改造,重建教学楼。

学校行政班子成员信息

校长:肖飞宇(15073481520)

祁东县凤歧坪乡庙安小学

祁东县凤歧坪乡庙安小学始建于 20 世纪 50 年代,是一所村级小学。学校位于凤歧坪乡庙安村,占地面积 1300 平方米,建筑面积 788 平方米。学校现有 3 个教学班,在校学生 20 人,教师 3 人,其中公办教师 1 人,代课教师 2 人。

学校行政班子成员信息

校长:王超男(15116858686)

祁东县凤歧坪乡清华山小学

祁东县凤歧坪乡清华山小学始建于 20 世纪 50 年代。学校现占地面积 3300 平方米,建筑面积 2000 余平方米,现有学生 52 人,3 个教学班,教师 3 人。

2010 年至今,学校大力加大校园建设力度,教学楼几经维修,修建了围墙,硬化了操场,学校面貌日新月异,如今校园环境优雅,空气怡人,是孩子们理想的乐园。

多年来,学校本着"办人民满意学校"的宗旨,立足农村现实,全面执行教育方针,积极推进素质教育。学校以"重德、好学、务实、爱美"为校训,以培养学生"独立的人格、独特的个性、独创的精神"为办学目标,狠抓学生的养成教育。学校在实践中探索,在探索中发展,取得了可喜的成绩,受到当地社会各界的一致好评。

学校行政班子成员信息

校长:陈彩霞(18573440825)

【祁东县白鹤街道教育管理中心】

祁东县白鹤街道教育管理中心地处祁东县东大门,辖区内共有 2 所初中、8 所小学、2 所幼儿园。初中有 21 个教学班,在校学生 1213 人,教职工数 160 人,其中专任教师 144 人,学历合格率达 100%。小学有 51 个教学班,在校学生 1371 人,教职工 102 人,其中专任教师 102 人,其学历合格率达 100%。教育管理中心认真贯彻落实党的教育方针,普及九年制义务教育,大力实施素质教育。学校布局合理,教学环境优美,教学质量一直稳居全县前列,为党和国家培养教育一批批合格人才。

教育管理中心不仅注重学生的文化课质量,同时还注重对学生实施全面素质教育,使学校所有学生得到全面发展。历年来,祁东县白鹤街道教育管理中心参加全县各类中小学生比赛,其团体成绩均居全县前茅,为省、市重点中学输送了大批体育运动人才,深受社会各界好评。辖区内 10 所中小学校均已通过了全省农村合格学校验收。近年来,一大批教师被评为县级师德标兵、县级教学能手和教坛新星。

祁东县白鹤街道鸣鹿中学

祁东县白鹤街道鸣鹿中学始建于 20 世纪 80 年代,占地面积约 5490 平方米,建筑面积约 3190 平方米,校园呈阶梯分布,是一所九年一贯制农村中学。

近年来,学校把教育放在优先发展的战略地位,不断改善学校条件,优化育人环境,新建了教学大楼和教师宿舍及学校食堂。学校设有图书室、阅览室、仪器室、实验室、电脑室、学生洗衣机房等各功能室。浓郁的校园文化氛围、良好的育人环境和优美整洁的校园让人深深陶醉、流连忘返,系教书育人的理想场所。

学校一直坚持"以人为本,环境育人,德育育人"的办学理念,坚持"明德、尚学、慎思、创新"的校训,"尊师、重教、求实、进取"的校风、"乐学、善思"的学风和"爱岗、敬业"的教风,不仅打造了一支积极进取、不断创新的骨干队伍,而且促进了学生素质的全面提高,涌现出一大批品学兼优、综合素质强、发展全面的优秀学生。

学校教育教学成绩卓越,连续多年荣获祁东县初中教育教学工作"先进学校"称号。赢得了良好的社会声誉,成为一所学生向往、家长放心、社会公认的合格学校。

学校行政班子成员信息

唐海军(13789366548)

肖攀(13873478343)

江文雄:13975406868

祁东县白鹤铺镇中学

祁东县白鹤铺镇中学创办于 1993 年 2 月,

地处祁东县城东侧，322 国道旁。学校占地61940 余平方米，建筑面积达 20000 平方米。学校建筑布局合理，树木花草错落有致。学校配有高标准的电脑室、语音室、实验仪器室、电子白板室、多媒体录播室等现代教学设备，图书室有藏书 4 万余册，固定资产达千万余元。

学校现有一支高素质的教师职工队伍 136人，学历合格率为 100%；其中中学特级教师 1人，高级教师 8 人，一级教师 89 人，二级教师 38 人。学校现有 19 个教学班共 1268 名学生。

学校以"创办人民满意教育，让学生个个成才"为宗旨，在多年的教育教学过程中，逐渐形成了"以德立校、全面育人"的办学理念和"规范管理、开放教育"的管理模式。学校全面推进素质教育，着力培养学生的创新精神和实践能力，形成了"合理负担高效益，因材施教高质量"的办学特色。学校连续十六年荣获"祁东县初中教育教学先进学校"，先后被评为"衡阳市示范性初级中学""衡阳市教研教改示范学校""湖南省基础教育教学研究实验学校""衡阳市现代教育技术实验学校""湖南省示范家长学校""生态文明示范校"等，素有祁东教育的"东方明珠"之美誉。

在新的发展周期，学校将不断深化教育教学改革，努力打造品牌教育，向着地区一流、校园和谐、师生幸福的现代化名校迈进。

学校行政班子成员信息

校长：唐小华（13575274001）

副校长：唐学高（13574782105）

副校长：李文生（13723832383）

副校长：凡启增（13975448262）

副校长：肖牧（13975448289）

祁东县白鹤中心小学

祁东县白鹤中心小学位于祁东县东大门，距县城 6 公里处的 322 国道旁，学校占地面积17973 平方米，建筑面积 4364 平方米，图书12500 册，配备了电脑室、多媒体室、仪器等，各室设备设施完善。

学校现有教学班 9 个，学生 410 人，在岗教师 41 人。学校拥有一个"团结、勤奋、求取、进取"的有拼劲的领导团队，有一支"严谨、博学、乐教、奉献"的年轻有为的师资队伍。近年来，学生入学率、升学率、思想品格率皆达到 100%，学生成绩优秀率达到 30% 以上，合格率为 100%，年辍学率为 0。

学校坚持贯彻党的教育方针，全面推行素质教育，以建特色校，育"合格＋特长"学生为办学宗旨，全面规范办学行为。学校创办了乒乓球、羽毛球等 14 个课外兴趣活动小组，建立"红领巾广播站"，充分发挥学生的个性爱好和特长。多年来，学校各项工作所取得的成绩均受到上级领导的肯定。省、市、县授予"合格中心小学""示范性中心小学""优秀学校"等10 余种荣誉称号。

学校行政班子成员信息

王梦楠（15115403448）

张芳（13786401135）

彭琳（13575153510）

祁东县白鹤街道白鹤小学

祁东县白鹤街道白鹤小学坐落于白鹤街道办白鹤村，在 322 国道旁边。这里交通便利、气候宜人、人杰地灵，是学生求知成长的乐园、教师尽展才华的殿堂。

学校始建于 1979 年。目前，学校占地面积 2200 平方米，建筑面积 936 平方米，配备了各种教学仪器。学校现有在校学生 130 多人，5 个班，10 位在编教师，其中具有高级职称的7 人。多年来，学生入学率达到 100%，思想品德优秀等级达 98% 以上，年辍学率控制在 1%以内。

学校贯彻党的教育方针，夯实基础学科课程，突出现代课程改革理念，发展本校特色课程，全面推行素质教育，努力实施"满意工程"；全面规范办学行为，狠抓学校内部管理，实施教师聘任制，激发活力；以教研教改为龙头，努力开辟第二课堂。学校深受各级领导及社会的好评，先后被市、县授予"合格学校""学校教学改革先进单位"等荣誉称号。

学校行政班子成员信息

校长：肖萍（15200717788）

祁东县白鹤街道井泉小学

祁东县白鹤街道井泉小学坐落于白鹤街道办唐家村桃花山南麓，学校占地面积 7000 平方米，建筑面积 5320 平方米。近几年来，学校投资 140 多万元扩建、硬化操场，新建了教学楼、学生宿舍，增添了各种功能室，是一所合格的完全小学。学校现有教职工 11 人，其中本科学历以上的 6 人，专科学历的 3 人，高级教师 7 人；学生 160 人。多年来，学校秉承"尊师爱校，勤学守纪，博学多识，励志成才"的校训，实践"内强素质，外树形象"和"以体艺为突破口"的发展思路，坚持"质量立校，科研兴校，管理强校"的理念，严格管理，开拓进取，大胆创新，学校的教育教学质量稳步提高，社会评价越来越好。

学校行政班子成员信息

校长：肖奇勋（15973383199）

【祁东县白地市镇教育管理中心】

祁东县白地市镇教育管理中心所辖学校有完全中学 1 所、九年一贯制学校 3 所（其中一所民办）、完全小学 12 所。现有学校中初中生共 2116 人，小学生 4261 人，初中班级 35 个，小学班级 106 个。所辖幼儿园公、民办共 21 所，学生 2455 人。

中心所辖学校共有公办教职员工 747 人，其中在岗教职工 438 人，专任教师 429 人；市级骨干教师和学科带头人 3 人；有副高职称的共计 15 人；退休教师 309 人。中心领导班子共 6 人，是一支精诚管理、精心合作的优秀团队。

白地市镇是祁东县的教育强镇，中心所辖学校无论是在学校管理还是教育教学业绩等方面一直名列祁东县教育系统的前列。

学校行政班子成员信息

主任：管林峰（13973431092）

助理：张智勋（13975449099）

助理：刘志刚（13875616789）

助理：肖紧跟（13487545599）

助理：刘春球（15874780998）

助理：陈文国（13574771293）

祁东县白地市镇中学

祁东县白地市镇中学创办于 1943 年。学校南临 322 国道和湘桂线，北倚秀丽的七宝山，占地面积 60 余亩，建筑面积约 13000 平方米，交通便利，环境幽静，绿树成荫，鸟语花香，是一座园林式学校。

学校校园内分布合理，教学楼、宿舍楼、办公楼、综合楼、大礼堂、运动场连成一体。

学校教学配套设施完备，拥有图书室、实验室、仪器室、电脑室等各种专用教室，满足了教育教学的需要。

学校现有 22 个教学班，在读学生 1500 余人，教职员工 154 人，其中专任教师 148 人，教师的学历合格率为 100%。

近年来，学校秉承"以人为本，全面发展、培养特长、稳步提高"的办学理念，确定了"教实学活，面向未来"的校训，形成了"求真、进取、和谐、创新"的校风和"勤奋、乐学、善思、律己"的学风，提出了"建设规范加特色的学校，造就身正学高的教师队伍，培养合格加特长的学生"的办学目标。学校大力推进素质教育，教育事业蓬勃发展，校园环境日臻完美，教育质量不断上升，声誉逐年提高。

联系电话：0734 - 6356718

邮编：421611

学校行政班子成员信息

校长：黄铁甲（13187167559）

党支部书记、副校长：崔少军（15874729081）

副校长：李剑阳（15386076555）

副校长：曾花明（13467768000）

工会主席：漆青云（15173462818）

祁东县白地市镇枫树山中学

祁东县白地市镇枫树山中学创办于中华人民共和国成立初期，是一所九年一贯制农村中学。学校坐落在祁东县白地市镇往邵东方向的省道边，交通便利。学校占地面积 5.86 亩，有一栋办公综合楼、两栋教学楼，2011 年 7 月新建了一栋三层学生宿舍。学校校内建筑布局合理整齐，教学区、运动场、办公区、生活区互不干扰。学校现有 12 个教学班，在校学生 632 人（小学 6 个班，328 人；中学 6 个班，304 人）。在校教职工 38 人，其中中级职称的 28 人，初级职称的 10 人；教师学历全部合格，本科学历的 30 人，专科学历的 7 人，高级技工 1 人。学校以"勤奋、务实、求真、创新"为校训，秉承"一切为了学生、为了学生的一切"的办学宗旨，立足"从严治校，质量兴校"的办学思路。学校坚持走改革创新之路，不断强化自身建设，不断提高教育质量，努力构建"办人民满意教育"的教育理念，取得了显著的成效，是祁东教育战线上一颗璀璨的明珠。

学校行政班子成员信息

校长：谭正军（13575158268）

教学副校长：李追（15173493189）

后勤副校长：刘新中（13017161028）

祁东县白地市镇万福岭中学

祁东县白地市镇万福岭中学创办于 1971 年，是一所九年一贯制公立学校。学校坐落在白地市镇万福岭村，白太公路从旁经过，交通便利。学校现有教学班 9 个，学生 450 人，在校教职工 35 人，师资力量雄厚，其中高职职称的 6 人，中级职称的 26 人；教师学历全部合格，本科学历的 30 人，专科学历的 5 人。学校校园面积 18972 平方米，建筑面积 6300 平方米，现有一栋教学楼、一栋宿舍楼兼办公楼，2013 年新建了厨房、食堂、学生澡堂，实验室、电脑室等功能室一应俱全。学校布局合理，环境优美，绿树成荫。

学校坚决贯彻党的教育方针，以"勤奋、务实、求真、创新"为校训，秉承"一切为了学生、为了学生的一切"的办学宗旨，立足"从严治校，质量兴校"的办学思路，努力构建"办人民满意教育"的教育理念，坚持走改革创新之路，不断强化自身建设，不断提高教育质量。学校先后被评为衡阳市"初中教育教学质量先进学校""合格化学校""中职招生先进单位"等，获得了社会各界的广泛好评，是祁东教育战线上一颗璀璨的明珠。

学校行政班子成员信息

校长：徐有平（13548518562）

副校长兼教导主任：刘明勋（13657349805）

副校长：邹小毛（13575280811）

祁东县弘扬实验学校

祁东县弘扬实验学校是一所九年一贯制民办学校，创办于 2003 年。学校坐落于祁东县白地市镇杨柳岭村，位于 317 省道旁，交通十分便捷。学校占地面积为 10000 平方米，建筑面积为 3200 平方米，设有教学楼、学生公寓、生活区，教学设备齐全。学校现有学前班 1 个，小学 6 个班，初中 3 个班，学生 500 人；共有教职工 30 人，所聘任的教师学历合格率为 100%。

学校不断探索教育教学经验，刻苦求实，勤奋创新。2006 年以来，学校每年为重点高中输送大量的人才，深得社会的好评。

学校地址：祁东县白地市镇杨柳村一组

邮编：421611

联系电话：0734－6350006

祁东县白地市镇第一中心小学

祁东县白地市镇第一中心小学成立于 2014 年 8 月，坐落于白地市镇文化街 16 号。学校占地面积 108 亩，有效使用建筑面积为 8945 平方米。学校绿化率超过 30%，环境优美，地理条件优越，硬件设施充裕。多媒体室、电脑室、图书室、室内外体育活动场所等一应俱全，并拥有内操场一个、标准面积田径场一个。

学校拥有白地市镇唯一的乡村学校少年宫，现建有九室一场，不定期对学生开放，由辅导老师组织开展各种活动，学生的素质得到进一步提高。它放飞着农村孩子的梦想，已成为留守儿童的快乐驿站。

学校现有教学班 24 个，学生 1176 人。教职工 69 人，教师中本科学历的 29 人；副高级职称的 1 人，小学高级职称的 35 人，中学一级职称的 8 人，可谓师资力量雄厚。

学校行政班子成员信息

校长：刘向异（13187167086）

教学副校长：张定群（13873467208）

后勤副校长：何新中（15307475196）

政工副校长：刘启华（13548522596）

祁东县白地市镇第二中心小学

祁东县白地市镇第二中心小学创建于 1946 年，前身为白地市镇中学（小学部），2014 年 9 月更名为祁东县白地市镇第二中心小学。学校地理位置优越，办学规模较大。学校占地 2.9 万平方米，校舍面积 5000 平方米，体育场地 4400 平方米；学校有仪器室、实验室、图书室（各类书籍 3 万余册）、阅览室、电脑室（学生电脑 30 台）和少先队活动室。学校现有 22 个教学班，在校学生 1260 人。教职员工 72 人，其中本科学历的 20 人，专科学历的 48 人，中师学历的 4 人，教师学历合格率为 100%；中级职称（中学一级、小学高级）的 62 人，占全体教师的 86.1%，师资力量雄厚。

学校狠抓"名师名校"工程，培养了一批青年骨干教师和学科带头人，以"名师"筑"名校"。在教育教学过程中，学校责成教师加强学生德育和日常行为规范教育，同时，既要注重学生的全面发展，更要注重学生的个性发展，加强特长教育。近年来，学校各项工作都取得良好成绩，受到上级部门及社会群众的一致好评。学校被祁东县教育局评为"小学生日常行为规范教育示范学校""规范化中心小学"。

学校行政班子成员信息

校长：肖仲华（13548518972）

教学副校长：刘海峰（18175821559）

后勤副校长：刘毓（13667458799）

政工副校长：洪志（13575283098）

祁东县白地市镇第三小学

祁东县白地市镇第三小学地处祁东县白地市镇老白地村。学校占地面积4225平方米，建筑面积1250平方米，设有小学1~6年级共6个班，附设幼儿园2个班，现有教职员工12人（含代课教师），其中本科学历的4人，专科学历的5人，中师学历的3人，专任教师学历合格率为100%。

学校致力于让每一个师生拥有阳光的心态、健康的体魄、开阔的视野、真诚的情感和属于自我的幸福感。学校除传授科学文化知识外，还鼓励学生积极参与社会实践活动、课外活动、兴趣小组活动，尽可能发展学生个人潜能。学校对学生品德修养非常重视，经常开展各种形式的品德教育，促使他们成为"四有"新人。

学校遵循"塑造全面发展少年"的办学理念，在"求知、创新"的校训引导下，努力走"以文化创特色，以特色求发展"的强校之路。

学校行政班子成员信息

校长：徐剑楠（13787724546）

祁东县白地市镇铁塘联校

祁东县白地市镇铁塘联校创办于1951年。现有一到六年级全日制在校学生100多人；教师10人，其中高级职称的5人，中级职称的3人。

学校秉承"德高为师，学高为范"的理念，对全体老师高要求、高标准，一切为了学生，为了学生的一切，教书育人，诲人不倦。如今的校园，一年四季鸟语花香，三层教学楼傲然屹立，鲜艳的国旗在学校的操场迎风招展，朗朗的读书声随风飘荡。

学校地址：祁东县白地市镇铁塘桥村

邮政编码：421611

邮箱：2052279394@qq.com

办公电话：0734-6358575

学校行政班子成员信息

校长：张奕琼（15073453052）

祁东县白地市镇金盘山联校

祁东县白地市镇金盘山联校始建于1950年，是一所六年制完全小学。学校位于白地市镇小河塘村8组，占地面积4666平方米，校舍建筑面积999平方米，绿化面积398平方米。学校校园环境明净，绿树成荫，景色宜人，是莘莘学子成长的摇篮。学校现有6个教学班，在校学生99人，教师9人，教师学历达标率为100%。

学校始终坚持"全面贯彻教育方针，全面提高教育教学质量"的办学宗旨，确定了"把学校办成发展学生个性，提高学生整体素质，能适应和推动社会发展的农村小学，成为有一定特色的学校"的办学目标，逐步形成了"自学、自理、自律、自强"的校训、"团结、文明、开拓、创新"的校风、"严谨、爱生、务实、善诱"的教风和"勤奋、善思、求实、进取"的学风。近年来，学校教学质量稳步提高，学校各项工作成绩显著，多次受到了上级和社会各界的一致好评。

学校行政班子成员信息

校长：周夫驰（13548517750）

祁东县白地市镇盘塘小学

祁东县白地市镇盘塘小学校园面积约930平方米，建筑面积约260平方米。学校现有教职工7人，其中大专学历的2人，本科学历的3人，高级教师2人；现有5个班级，在校生67人。

学校拥有一支充满人文关怀、深谙管理艺术、富有育人智慧的教师队伍，并落实"全员育人，全程育人"的工作思路，每一位老师都参与到德育管理之中，做到"事事德育，人人德育"。学校坚持全面实施素质教育。"崇善致美，笃行致远"的校训内涵，"团结奉献、务实进取"的学校精神，培育了学生的人本情怀，提升了教师的人文素养，丰富了学校的文化积淀。

祁东县白地市镇灌渡桥联校

祁东县白地市镇灌渡桥联校始建于20世纪70年代，坐落在白地市镇灌渡桥村和元木冲村交界处。学校有6个教学班，130多名学生；在职在编教师9人，8人具有大专及以上学历，4人具有小学高级教师职称，1人具有中学二级教师职称，4人具有小学一级教师职称。

学校行政班子成员信息

校长：曹爱民（13575130316）

祁东县白地市镇洪塘联校

祁东县白地市镇洪塘联校始建于20世纪70年代，坐落在白地市镇洪塘冲村和珍珠塘村交界处，占地面积约5000平方米。学校现有6个教学班，学生人数100人；教师9人，其中在编教师3人，具有大专及以上学历的有3人，具有小学高级教师职称的3人。

学校本着"办人民满意的学校"的宗旨，立足农村现实，科学施教，教研兴校，全面执行教育方针，积极推进素质教育。

祁东县白地市镇松林桥小学

祁东县白地市镇松林桥小学创办于1956年，地处白地市镇城东村，302国道旁。学校现有六年制教学班6个，学生200多人。学校现有专任教师12人，其中本科学历的10人，专科学历的1人，中师学历的1人，专任教师学历合格率为100%；1名教师被评为市级优秀骨干教师。

近年来，学校坚持以"厚德至善，务实求真"为办学理念，创办留守儿童之家；以"课程改革"为契机，开设"写字书法教育""作文创新教学"等校本课程，重视学生学习能力及特长的培养，全面推进素质教育。

学校行政班子成员信息

校长：周志勇（13575280589）

祁东县白地市镇乌山冲联校

祁东县白地市镇乌山冲联校创办于1990年，地处白地市镇石留仙山脚下。学校现占地面积7300多平方米，校舍建筑总面积12000平方米。学校现有六年制教学班6个，学生200多人。教学仪器按Ⅰ类标准配备，图书室藏数5000多册，有天然的草坪供孩子们课余玩乐，篮球场和乒乓球台一应俱全。学校现有专任教师12人，其中本科学历的10人，专科学历的1人，中师学历的1人，专任教师学历合格率为100%。

学校行政班子成员信息

校长：邹家华（13873496781）

祁东县白地市镇享福联校

祁东县白地市镇享福联校坐落在白地市响鼓岭街上，是一所公办农村小学，现有5个小学教学班，在校学生98人。学校有两栋教学楼、一栋教师宿舍、一个大礼堂等，符合合格化学校标准。2015年3月，祁东县白地市镇枫树山中学接手管理学校，为了提高教学质量，从中学中选派了最优秀的老师来这里任教，教学成绩突飞猛进。学校不断精细化管理，规范办学行为，紧抓一个根本——教育教学管理以人为本；体现一个中心——以教育教学为中心，扎实有效地抓好办学过程中的每一个环节，推进办学过程中的实效性、人文性。

祁东县白地市镇元里坪小学

祁东县白地市镇元里坪小学创建于1967年。学校坐落于白地市镇元里坪村志目山，占地面积8009平方米，校舍总建筑面积2386平方米；现有6个教学班，130多名师生；专任教师9人，合格学历达标率为100%，本科学历的6人，占专任教师的67%。广大教师积极参加继续教育，教师的普通话水平和信息技术水平均达到了规定的要求。学校现有标准教室12个，装备了微机室和远程教育教室共1个，现有科学实验室一个、活动室一个、各种仪器设备、图书配置均达到一定数量。

学校行政班子成员信息

校长：官立新（13467756418）

祁东县未来星幼儿园

祁东县未来星幼儿园坐落在白地市镇政府街，是一所融现代气息与传统文化经典于一体的高起点幼儿园。幼儿园教室宽敞明亮，设施齐全，每生配有一床、一杯、一套被褥。幼儿园还配有电视机、钢琴、消毒柜等教育教学设施，配套完善。

幼儿园坚持"教养并重，保教结合"，秉持"育人为本，服务为先，与时俱进，特色创新，幼儿至上,安全第一,追求快乐,体验成功"的办园思想,以"德、智、体、美"为培养目标,致力打造特色幼儿园、品牌幼儿园,使未来星的孩子在快乐幸福中成长,力争孩子在园三载受益一生。

办园宗旨:幼儿养性,"培养习惯,塑造人格,发展天赋,开发智慧",为孩子一生幸福奠基,让每个孩子都体验成功。

办园理念:涵养正德,让孩子们懂得爱、恭敬和感恩。

地址:祁东县白地市镇政府街(祁东县白地市镇第二中心小学正门处)

邮编:421600

邮箱:1565469724@qq.com

学校行政班子成员信息

园长:15073491773(李园长)

副园长:18974746811(周园长)

祁东县白地市镇智慧城艺术幼儿园

祁东县白地市镇智慧城艺术幼儿园于2010年2月开始建园招生。幼儿园地处白地市白钢街72号,属民办幼儿园,占地面积1000平方米。幼儿园采用国内外先进的教育理念,以注重幼儿的快乐教育、全面发展为出发点,形成自己独特的教育方式。全园现开8个班级,有大班、中班、小班和小小班,共有幼儿230人。

多年来,幼儿园以"亲近孩子,激发智慧,冉起希望——孩子是学校的一切"为服务宗旨;以《幼儿园工作规程》《幼儿园教育指导纲要》为指针,全体教职工团结协作,取得了一个又一个可喜的成绩。2012、2013、2014年被祁东县教育局评为优秀幼儿园,2013、2014年又被祁东县教育局评为A级普惠幼儿园。学校办学期间得到了家长的一致好评。

地址:祁东县白地市白钢街72号

邮编:421600

邮箱:1157329347@qq.com

270722420@qq.co

办公电话:0734-2567803

学校行政班子成员信息

邹腊梅(13207347056)

彭姣(15211442868)

祁东县白地市镇爱心艺术幼儿园

祁东县白地市镇爱心艺术幼儿园创建于2008年9月,坐落在白地市镇黄花场村,占地面积880余平方米,建筑面积达750平方米,可容纳5个班的幼儿。园内环境干净整洁,布置儿童化,有配套齐全、符合幼儿身心健康发展的活动室、午睡室、漱洗室、阅览室等。园内设施先进、环保、卫生,文化、安全教育气氛浓,处处体现以幼儿健康快乐成长为根本的教育理念。

幼儿园现有在园幼儿90多名,分为大、中、小三个班。园内共有8名教职工,幼儿园老师们工作认真负责,素质较高,保教质量一流,受到幼儿家长的广泛好评。

办园目的:一切都是为了祖国未来的花朵,让幼儿在成长中能够健康快乐,养成好习惯,增强自信。

办园宗旨:给幼儿快乐幸福的童年,让幼儿安全开心,让家长更放心。

办园理念:培养兴趣,懂得关爱,增强自信。

园风:以爱心、兴趣为文化核心发展个性,构筑爱的家园。

园址:白地市镇黄花场村

电话:13298638461 18944987786

祁东县白地市镇飞翔幼儿园

祁东县白地市镇飞翔幼儿园创建于2004年9月,坐落在白地市镇龙华村,占地面积900余平方米,房屋建筑面积400多平方米,可同时容纳5个班的幼儿。园内环境净化、美化、儿童化浑然一体,有配套齐全、符合幼儿身心健康发展需求的活动室、午睡室、漱洗室,有培养幼儿兴趣的舞蹈室、美术室、阅览室等。园内设施设备先进、环保、卫生,人文气氛浓,处处体现着以幼儿发展为本的教育理念。

幼儿园现在园幼儿80多名,分为大、中、小三个班。园内共有8名教职工,幼儿园领导班子富有朝气,师资队伍素质较高,保教质量一流,多次受到幼儿家长的好评。

办园宗旨:给幼儿快乐幸福的童年,让幼儿开心,让家长放心。

办园理念:放飞希望,笑迎未来。

园风：注重个性发展，以关爱、感恩为文化核心，构筑爱的家园、探索的家园。

园址：白地市镇龙华村

电话：13467344110

祁东县享福幼儿园

祁东县享福幼儿园成立于 2003 年 8 月，是民办普惠性幼儿园。现拥有独立的高标准综合楼一栋。园舍设计新颖美观，布局合理。地处祁东县白地市镇享福岭村中心地点，幼儿园占地 460 平方米，建筑面积 808 平方米，可容纳幼儿 100 余人，开设班级有大班、中班、小班及学前班。

目前，幼儿园室外活动场地全部铺设了防滑彩色地砖，安装了组合滑梯；配有秋千架、篮球架、跷跷板、木马等各类儿童玩具及 50 套益智儿童积木；有各类幼儿画报书刊及教辅刊物 2000 余册；添置了 4 台大屏多媒体互动电视机，能满足各班的电化教学需要；配备了幼儿低价床、空调午睡室；安装了电子防控系统，实行封闭式管理。

幼儿园拥有一支专业、勤奋、敬业、诚信的教工队伍。打造品牌幼教，办一所幼儿喜欢、家长满意、社区放心的幼儿园，是学校全体教职工努力的方向。2014 年，幼儿园被评为"优良幼儿园"，2015 年庆"六一"文艺汇演节目，荣获祁东县民办教育系统三等奖，2014—2016 年连续三年被评为"A 级普惠性幼儿园"。

地址：白地市镇享福岭村

邮编：421611

学校行政班子成员信息

园长：谭国英（13789366937）

祁东县白地市镇万福幼儿园

祁东县白地市镇万福幼儿园成立于 2012 年，是一所民办幼儿园，幼儿园位于白地市镇万福岭村。幼儿园占地面积 800 平方米，建筑面积 1000 平方米，户外活动场地 300 平方米，在这里，孩子们可以玩大型玩具、滑滑梯、摇摇椅。园内环境优美，美观大方，安全系数高。园内设有班级活动室、幼儿寝室、幼儿图书室、阅览室、幼儿保健室、资料档案室、舞蹈教室、幼儿厨房、保管室、办公室等配套设施。

幼儿园现有 6 个教学班，在园幼儿人数 178 名，教师 10 名，后勤及管理人员 4 名，每班配有两教一保及英语教师 1 名。全园 80% 的教师达到了中专及以上学历，70% 具有幼儿园五年以上工作经验。

幼儿园的办园宗旨是以"一切为了孩子"，尊重生命，关注孩子心灵成长，创设丰富多元的物质环境，培养孩子广泛深刻的学习兴趣，使孩子们学会生存、学会学习、学会交往、学会做人，从而成就美好童年。

地址：祁东县白地市镇万福岭村万福街

联系人：伍春香（13517347600）

　　　　张　思（15273401125）

祁东县小博士幼儿园

祁东县小博士幼儿园创建于 2001 年 8 月，现坐落在白地市镇建设西街老电影院生活区内，是一所民办的 A 级普惠性幼儿园，占地面积 800 多平方米，室外有宽阔的运动场，可同时容纳 300 名幼儿集体活动。园内使用面积 600 多平方米，现有幼儿 138 名，开设大、中、小、学前 4 个班。幼儿园教职工共 12 人，全体教师均为中专以上学历，均接受专业培训，教职工队伍结构合理，素质全面，充满生机和活力。

幼儿园环境优美，配套设施齐全，针对幼儿活动的需要，购置了多种智益玩具，各功能室配套齐全，多功能活动室配备了多媒体、舞蹈器械、音美器材、图书柜、水杯柜等，全面服务幼儿玩乐的需要，保证幼儿的健康活动。幼儿园配置了电脑，安装了视频监控，确保幼儿全程安全健康。

幼儿园树立"培养好幼儿，服务好家长，贡献于社会"的办园理念，实现以"能力均衡发展，人格健全发展，身心同步发展"的育人目标。

园址：祁东县白地市镇建设西街

联系电话：18974769389

联系人：陈月秀（18974769389）

　　　　谭绪兵（18974788752）

祁东县小松树幼儿园

祁东县小松树幼儿园创建于 2005 年，坐落在白地市镇新停车场内，园内供幼儿使用面积达 1600 平方米，环境优雅，空气清新，教室干净整洁，宽敞明亮，各项设施齐全，玩具多多。幼儿园远离交通要道,无交通安全隐患。幼儿园开设 6 个班,学前班 2 个、大班 2 个、中班 1 个、小班 1 个,共有学生 196 人,有教职员工 16 人,每班有一教一保,教师 100% 是专业老师。

幼儿园每年进行设施设备更新,增设了适合幼儿成长发育的大型和小型玩具,购买了国家标准的幼儿校车,清毒柜、饮水机等日常用具一一俱全。在教学方面,特别增设了幼儿喜欢的体智能课和幼儿手工制作特色课。

办园地址:祁东县白地市镇新停车场

办公电话:0734 – 2519600

联系人:王敏艳(13548526971)

谭玉香(15211801569)

祁东县白地市镇育英幼儿园

祁东县白地市镇育英幼儿园创建于 2012 年 9 月,坐落在白地市镇富豪街白地市镇老国土所,占地面积 900 余平方米,房屋建筑面积 400 多平方米,可同时容纳 5 个班的幼儿。园内环境净化、美化、儿童化浑然一体,有配套齐全、符合幼儿身心健康发展需求的活动室、午睡室、漱洗室,有培养幼儿兴趣的舞蹈室、美术室、阅览室等。园内设施设备先进,环保、卫生,人文气氛浓。

幼儿园现有在园幼儿 128 名,学前班 1 个、大班 1 个、中班 1 个、小班 1 个,共 4 个班。园内共有 11 名教职工。

办园宗旨:给幼儿快乐幸福的童年,让幼儿开心,让家长放心。

办园理念:放飞希望,笑迎未来。

园风:注重个性发展,以关爱、感恩为文化核心,构筑爱的家园、探索的家园。

园址:白地市镇富豪街(白地市镇老国土所)

办公电话:0734 – 2405761

联系人:李萍英(13007469748)

李小龙(13807471060)

【祁东县太和堂镇教育管理中心】

祁东县太和堂镇中学

祁东县太和堂镇中学位于太和堂镇白溪村,是一所公立全日制寄宿制初级中学,是湖南省合格初级中学、湖南省实施国家校园武术段位制试点学校、衡阳市示范性初级中学。学校久负盛名,有"祁东县西区教育一枝花"的美誉。

学校办学源头可溯源于清朝光绪年间,1996 年定名为祁东县太和堂镇中学。学校占地面积 35 亩,建筑面积 7555 平方米,共有 9 个初中教学班,在校学生总计 525 人,教职工 44 人,其中中学高级教师 3 人,中学一级教师 28 人。

"雄关漫道真如铁,而今迈步从头越",学校一班人坚持"教育就是管理,教育就是服务"的办学理念,正抓住机遇,乘势而上,把学校的教育教学工作推上一个新台阶。

学校行政班子成员信息

校长:匡松来(13298639911)

副校长:李军民(15115447899)

党支部书记:凌红志(13975449299)

副校长:王萍(15873461156)

祁东县太和堂镇中心小学

祁东县太和堂镇中心小学于 1966 年建校,其时,6 个教学班,9 个老师,学生近 300 人。1995 年因撤区并乡,更名为祁东县太和堂镇中心小学,当时有 20 个班,教师 55 人,学生达 1200 人。今天的学校已经成为太和堂镇最大的基础教育学校,占地 7400 平方米,建筑面积 7680 平方米,教学用房 2851 平方米,图书馆藏 13716 册,电化教学仪器一流,学生用电脑 60 台,各功能室齐全。学校现有学生 650 余人,14 个教学班;教职工 49 人,其中专任教师 41 人,本科学历的 21 人,专科学历的 12 人,小学高级教师 29 人。

随着全面改革开放的深入,"教育优先发展"的战略持续推进,学校在各级的统筹兼顾中,全面改、扩建项目已破土动工,到 2017 年底,学校综合楼、实验楼、运动场、大礼堂、厨房、学生宿舍、教师公租房全部竣工,学校成为祁东县西区基础设施最健全的学校。

学校趁着改革的春风,凭借靓丽的身姿,以浓郁人文、积极教改之翼,矫健地翱翔于基础教育的浩瀚蓝天。

学校行政班子成员信息

校长:邓虎生(13762487657)

副校长:曾素素(13367477808)

副校长:邓育伟(13617348175)

祁东县太和堂镇五里小学

祁东县太和堂镇五里小学始建于1970年，位于祁东县西陲太和堂镇五里堆村，学校占地面积8546平方米，校舍总建筑面积1736平方米，共有校舍3栋。学校现设6个教学班，另附设学前班1个，共有学生127人，教职工6人。

学校行政班子成员信息

校长：李晋（13574791687）

祁东县太和堂镇洄水湾小学

祁东县太和堂镇洄水湾小学始位于祁东县太和堂镇新书房村，学校占地面积3641平方米，校舍总建筑面积3862平方米，共有校舍5栋。现设6个教学班，另附设学前班1个，共有学生188人，教职工9人。

学校行政班子成员信息

校长：匡伯仁（18274755805）

祁东县太和堂镇包山小学

祁东县太和堂镇包山小学始建立于1974年，坐落在美丽的森林公园——四明山的脚下。学校于2011年开始扩建，修建了教学楼、教师办公楼、图书室、实验室、美术室、仪器室等一应俱全，面貌焕然一新。2014年，学校成为"合格小学"。学校班额12个（含有学前班），学生总人数达到426人；教师18人，其中本科学历的7人，大专学历的3人，中专学历的8人。

近年来，学校狠抓师资队伍建设，制定了《师德师风评估方案》《教师学习制度》，使每一位教师在为人师表、教书育人的同时，继续提高自己的政治、业务素质；要求每一位教师要面向全体学生，以人为本，让每一个学生都能健康快乐地成长。

学校地址：祁东县太和堂镇包山村

邮编：421641

邮箱：412996383@qq.com

842390079@qq.com

学校行政班子成员信息

校长：邓成贵（18273450625）

副校长：刘书文（15074799778）

祁东县太和堂镇把口小学

祁东县太和堂镇把口小学位于太和堂镇把关口村，学校占地总面积880平方米。现有在校生132名，其中寄宿生67名，教学班7个，教职工11人。

近几年来，在各级党委、政府的大力支持和太和堂镇教育管理中心的共同努力下，学校硬件配套设施日趋完善。学校坚持走"质量立校、管理治校、科研兴教"之路，坚持以德育为核心、教学为中心，加强教育，重视学生各方面的培养和全面素质的提高。

地址：祁东县太和堂镇把关口村

邮编：421641

邮箱：1072973917@qq.com

祁东县太和堂镇三口湾小学

祁东县太和堂镇三口湾小学创建于1927年，1958年发展为一所九年一贯制学校，改名为祁东县太和堂镇三口湾中学，1995年中学部合并到其他学校，从此，该校成为现在的祁东县太和堂镇三口湾小学。

学校占地6880平方米，建筑面积1800平方米，环境舒适宜人，古树参天，交通便利。目前学校拥有6个班，200余学生；专任教师8人，其中本科学历的4人，专科学历的4人，小学高级教师3人，小学一级教师5人。

近年来，学校教育教学质量年年攀升，每年的毕业班统考都名列全镇前茅。祁东县财政投资了300万建设的美丽校园也在这里诞生，学校领导与全体教师正努力打造孩子们喜爱的花园式、乐园式学校，以实现贫困山区孩子接受与城镇孩子一样的优质教育梦。

学校地址：祁东县太和堂镇三口湾村

邮编：421641

邮箱：1521782898@qq.com

学校行政班子成员信息

校长：王七宝（18274755860）

祁东县太和堂镇豹子岩小学

祁东县太和堂镇豹子岩小学坐落于太和堂镇玉溪村。学校占地面积为3344.38平方米，建筑面积为1338平方米。学校有科学实验室、仪器室、多媒体室、图书室、音乐室、美术室、体育室、劳技室等，教育教学设施一应俱全。学校现有学生129人，教学班6个；教师10人（小学高级教师4人，小学一级教师4人，特岗教师2人），是一所完全小学。

近几年来，学校的硬件设施越发完备，学

校的教学质量节节攀升，学校管理不断完善。学校坚持以德育为核心，以教学为中心，以培养德智体美劳全面发展的学生为目标，办人民满意的教育。

学校地址：祁东县太和堂镇玉溪村

邮编：421641

邮箱：1685646735@qq.com

学校行政班子成员信息

校长：王泽民（13873457355）

祁东县太和堂镇大路边小学

祁东县太和堂镇大路边小学位于太和堂镇牛子庙村，创办于1948年。学校现有主体教学楼两栋，新教学楼面积为854平方米，老教学楼面积为450平方米，设有6个班级和1个附设幼儿园。小学生135人，幼儿园20人，教师9人，是一所农村寄宿制完全小学。

学校地址：祁东县太和堂镇牛子庙村

邮编：421641

邮箱：2470089501@qq.com

学校行政班子成员信息

校长：匡湘南（18274756376）

祁东县太和堂镇姜叉小学

祁东县太和堂镇姜叉小学位于太和堂镇太和村主干公路旁，创办于1958年。学校占地面积为4600平方米，建筑面积为1600平方米。现有学生286人，其中寄宿生112人，教学班6个；教师11人，是一所完全制小学。

近几年来，学校的教育教学质量节节攀升，各方面的管理不断完善。学校坚持以德育为核心、教学为中心，重视学生各方面的培养和全面素质的提高，办人民满意的教育。

学校地址：祁东县太和堂镇太和村

邮编：421641

邮箱：1091864335@qq.com

学校行政班子成员信息

校长：王党林（15874797556）

祁东县太和堂镇良村小学

祁东县太和堂镇良村小学位于最偏远的腾云岭山脚下，创办于1932年。学校占地面积为1779平方米，新建综合楼1040平方米，生活用房140平方米。学校拥有6个年级，7个班级，共有学生179人。学校师资力量雄厚，有中青年教师9人，是一所全日制公办小学。

近年来，学校以"勤奋、文明、健美、创新"为校训，激励学生德才兼备、奋发有为，学校呈现出一派生机。

学校行政班子成员信息

校长：肖忠团（15575492168）

祁东县太和堂镇罗口町学校

祁东县太和堂镇罗口町学校位于祁东县太和堂镇司福新村。学校占地面积为15175平方米，现有两栋教学楼，面积为4432平方米；两栋宿舍楼，面积为2792平方米；两个礼堂，面积为450平方米。学校规模初具，办学条件日臻完善，电脑室、远程教育室、理化实验室、阅览室、舞蹈室、书法室、手工制作室、音乐室、图书室齐备；学生体育运动场6583平方米，篮球场、排球场、羽毛球场、健身器材场等一应俱全；拥有电脑50多台；教学仪器设备总价值达56.7万元；藏书达10000余册。

学校师资力量雄厚，现有教师38人，全部拥有专科或本科学历，其中高级职称的2人，中级职称的18人。学校现有13个教学班，学生800余人，教学质量稳步上升，为国家培养了大量优秀人才。

祁东县太和堂镇前进小学

祁东县太和堂镇前进小学位于太和堂镇马井村通往向阳村的主干公路旁，创办于1945年，曾用名保学堂、大平小学，占地约2.5亩。现有主体教学楼1栋，面积650平方米，新建综合楼700平方米；拥有6个年级，6个班级，学生106人；中青年教师5人，是一所完全制小学。

学校地址：祁东县太和堂镇马井村

邮编：421641

邮箱：743170408@qq.com

学校行政班子成员信息

校长：李霄（15574718067）

祁东县太和堂镇文冲小学

祁东县太和堂镇文冲小学位于太和堂镇文冲村，2003年因校舍太过陈旧而停办。在多方的努力下，学校于2006年新建，2006年下半年招生办学。学校现有教学楼一栋，教学楼面积为850平方米；学校生活用房一栋，面积为270平方米。学校设有6个班级，共有学生235人，教师10人，除2名代课教师外，其他教师全部都是小学高级教师。学校是一所农村寄宿制完全小学，是一所创文明、创优雅、创舒适校园环境、创平安校园的村级完全小学。

近年来，学校已由 2006 年新建时的 132 名学生增至现在的 235 名学生，教学质量也在全镇首屈一指，在 2015 年上期的期末质量检测中，24 个考试科目一共获得 20 个名次，获奖率高达 83.3%，名列全镇第一。

学校地址：祁东县太和堂镇文冲村

邮编：421641

邮箱：627025308@qq.com

学校行政班子成员信息

校长：谢平勇（13467759196）

祁东县太和堂镇希望小学

祁东县太和堂镇希望小学（其前身为原湾头小学和大塘小学）于 1997 年由香港苗圃行动团捐资、政府筹资、村民集资修建而成。学校坐落于太和堂镇大桃村 3 组，校园内绿树成荫，景色秀丽；建筑呈阶梯形式布局，舒适大方，错落有序。

创建初期，有教师 12 人，8 个教学班，学生近 400 人，为一时之盛。经历年扩修，目前，学校占地面积 6000 余平方米，建筑面积 1000 余平方米，操场宽阔，公路畅通，多媒体教室已具雏形，"关爱图书室"拥有图书近 30000 册，已全面向学生开放。学校一贯秉承办村民满意教育的宗旨，着力发展学生素质，各类文体活动开展得较有特色，每年的元旦和六一文艺汇演，已成为家长、学生以及周围村民的盛会。

学校开办以来，在村民心中树立了良好的口碑，为上一级学校输送了大批优秀学生。但近几年来，因农村外出务工人员持续增多，空巢现象凸显，学校生源逐年减少，留守儿童已突破 90%。学校现有教学班级 6 个，教师 9 人，学生 126 名，为历史新低。

学校行政班子成员信息

校长：邓翔军（13365887827）

祁东县太和堂镇中和小学

祁东县太和堂镇中和小学始建于雍正四年，原为慧凤书院。学校坐落于中和村、乐家村和圆珠村的交界处，占地面积 5758 平方米，总建筑面积为 1504 平方米。学校现有学生 183 人；教职工 8 人，其中具有本科学历的 3 人，专科学历的有 2 人，中师学历的有 2 人，具有高级职称的 4 人，中学二级职称的 2 人，教师以中青年教师为主。2015 年学校被评为衡阳市"合格化学校"。

学校本着"一切为了学生的健康和进步，一切为了学校的建设和发展"的办学理念，以"德育强校，质量兴校"为目标，以提升教师素质为核心，以"爱岗敬业，爱国立学，勤奋拼搏"为校训，以"学生欢迎，家长放心，社会满意"为标准，创新学校工作思路，规范学校办学行为，不断提升学校的形象，培育了一批批优秀人才。

学校行政班子成员信息

校长：王百顺（18274756377）

副校长兼教导主任：匡增想（13575238957）

祁东县部分学校通讯录

教育管理中心	学校	联系电话	邮编	地址
祁东县城连墟乡教育管理中心	祁东县城连墟乡中学	0734－7900202	421641	祁东县城连墟乡杨梅村
祁东县砖塘镇教育管理中心	祁东县砖塘镇双江中学	13017163388	421632	祁东县砖塘镇曾家村
	祁东县砖塘镇包圣殿中学	0734－7887333	421632	祁东县砖塘镇包圣殿村

续上表

教育管理中心	学校	联系电话	邮编	地址
祁东县步云桥镇 教育管理中心	祁东县步云桥镇中学	0734-6370537	421631	祁东县步云桥镇西华街 26 号
	祁东县步云桥镇鳌鱼学校	0734-6372287	421631	祁东县步云桥镇鳌鱼村
	祁东县步云桥镇择善远孝学校	0734-6373029	421631	祁东县步云桥镇择善村
	祁东县步云桥镇拔茅中学	0734-6374039	421631	祁东县步云桥镇油塘村
	祁东县步云桥镇坪塘中学	0734-6374039	421631	祁东县步云桥镇坪塘村
	祁东县步云桥镇攸陂中学	0734-6374246	421631	祁东县步云桥镇鱼子村
祁东县石亭子镇 教育管理中心	祁东县石亭子镇中学	0734-7860055	421624	祁东县石亭子镇秋塘村
	祁东县石亭子镇梅塘中学	0734-78600157	421624	祁东县石亭子镇草鱼村
祁东县官家嘴镇 教育管理中心	祁东县官家嘴镇中学	0734-7870166	421622	祁东县官家嘴镇石龙村
	祁东县官家嘴镇草源中学	0734-7870166	421622	祁东县官家嘴镇草源村
祁东县黄土铺镇 教育管理中心	祁东县黄土铺镇中学	0734-6360129	421621	祁东县黄土铺镇大正村
	祁东县黄土铺三星中学	0734-6360833	421621	祁东县黄土铺镇七姓村
祁东县马杜桥乡 教育管理中心	祁东县马杜桥乡中学	0734-7850041	421623	祁东县马杜桥乡石桥村五组
祁东县风石堰镇 教育管理中心	祁东县风石堰镇毛坪中学	13875623417	421612	祁东县风石堰毛坪村
	祁东县风石堰镇紫冲中学	0734-7840322	421612	祁东县风石堰镇龙湾村
	祁东县风石堰镇中心学校	0734-7840127	421612	祁东县风石堰镇庙湾村
祁东县灵官镇 教育管理中心	祁东县灵官镇中学	0734-7830101	421652	祁东县灵官镇文化路
	祁东县灵官镇大同市中学	0734-7837032	421662	祁东县灵官镇球树村
祁东县双桥镇 教育管理中心	祁东县双桥镇大云中学	13973430560	421651	祁东县双桥镇
	祁东县双桥镇中心学校	0734-6340072	421651	祁东县双桥镇
祁东县过水坪镇 教育管理中心	祁东县过水坪镇福炎中学	0734-6336363	421661	祁东县过水坪断河村
	祁东县过水坪镇会塘中学	0734-6336470	421661	祁东县过水坪镇会塘村四组
祁东县粮市镇 教育管理中心	祁东县粮市镇中心学校	0734-7800027	421692	祁东县粮市镇民主村
祁东县归阳镇 教育管理中心	祁东县归阳镇二中	0734-6312315	421681	祁东县归阳镇双河村
	祁东县归阳镇中心校	0734-6312315	421681	祁东县归阳镇振兴街
祁东县鸟江镇 教育管理中心	祁东县鸟江镇丁字中学	0734-7810076	421682	祁东县鸟江镇丁字村
	祁东县鸟江镇中心学校	0734-7811518	421682	祁东县鸟江镇学府路
祁东县金桥镇 教育管理中心	祁东县金桥镇官山中学	0734-6321227	421671	祁东县金桥镇官册村
	祁东县金桥镇二中	0734-6320609	421671	祁东县金桥镇龙溪村
	祁东县金桥镇中心学校	0734-6320036	421671	祁东县金桥镇新屋村花果山

第六章　耒阳市教育风采

耒阳市教育概况

耒阳市教育局系耒阳市人民政府(县级市)的教育行政管理部门。局机关内设办公室、人事股、基础教育股、计划财务股、基建办公室、纪检监察室、师资培训股、审计股、职成股、教育政策法规股、民办教育管理办公室、综治安全维稳办公室、体育卫生艺术教育股、计生办等。直属二级机构有招生考试办公室(副科)、教育电视台(副科)、教育信息技术中心(副科)、教育教学研究室、电教仪器管理站、勤工俭学管理站、学生资助管理中心、青少年校外活动中心、教育工会等。

耒阳市有各级各类学校 463 所(含教学点)、幼儿园 371 所,在职教职工 8211 人,在校学生 179893 人,在园幼儿 50443 人。近年来,耒阳市教育局围绕"教师乐教、学生好学、公平均衡、协调有序、优质高效、百姓满意"的耒阳教育梦,按照"一年学前教育整改规范、两年农村薄弱学校强制达标、三年城区义务教育扩容攻坚、四年高中阶段教育全面提质、五年耒阳教育整体创强"的工作思路,稳步实施"师资队伍提升、学校管理创新、教研教改强

教、教育信息化推进"四大战略工程,先后荣获"湖南省教育科学规划课题管理先进单位""湖南省教师继续教育宣传工作先进单位""湖南省教育基金会先进单位""衡阳市园林式单位""衡阳市普通高中教学质量先进单位""衡阳市民办教育工作先进单位""衡阳市未成年人思想道德建设工作先进单位"等 10 余项省、市级荣誉称号。

地址:耒阳市西湖路 127 号
值班电话:0734 – 4332533
传真:0734 – 4348808
● 耒阳市教育局班子成员
党委书记、局长:刘书钟
党委副书记、副局长:曹寿昌
党委委员、主任督学:李小卫
主任科员:朱文锦
党委委员、市纪委派驻教育局纪检组长:陈善春
党委委员、副局长:周立新
党委委员、副局长:李瑞成
副局长:张仁芳

耒阳市教育局内设机构及二级机构职能

【政府教育督导室】
主要职能:制定教育督导工作的方针、政策、规章;对本级人民政府有关部门、下级人民政府及有关部门贯彻执行教育法律、方针政策、履行教育职责的情况进行监督、检查、评估和指导;对本行政区域内的义务教育、高中教育、成人教育、职业教育进行检查和指导;对本行政区域内的中小学校、中等和中等以下

的职业学校、成人学校、本级人民政府有关主管部门批准的社会力量举办的教育机构、幼儿园的办学水平和教育质量进行评估;承办本级人民政府和上级教育督导机构交办的其他事项。

【办公室】
主要职能:处理本局机关日常政务,起草和审核有关文件和报告;负责全局性会议组

织、文秘事务、档案管理、保密、信息综合、工作督查和目标管理工作；制定机关内部管理制度；负责机关后勤服务工作；负责全市中小学校图书与教育报刊的发行、图书馆(室)管理工作。

【人事股】

主要职能：统筹规划并指导学校教师和教育行政干部队伍建设工作；负责教育系统的人员编制、考核、奖惩、劳动工资福利等有关工作；指导教育系统各单位人事、分配制度改革工作；负责大中专毕业生招聘录用和教育系统教职工的调配工作；组织实施教师资格证书、计算机等级证书制度和教师聘任工作；负责教育系统领导班子人员的考察、推荐、任免和调配工作；负责教育系统离退休人员的管理工作；负责会同有关部门承办教育系统教职工专业技术职务评聘、特级教师推荐工作；负责推荐中学教师系列高级专业技术职务的评聘工作；负责市级及以上学科带头人和青年骨干教师的考核、认定及推荐、送培工作；负责推荐援藏、支教和公费出国(境)留学人员资格审核和呈报工作；按管理权限，负责归口管理教育系统的人事档案工作；负责归口管理教师奖励基金金；负责归口管理局机关、局直单位党群工作；负责协调教师培训工作。

【计划财务股(加挂基建办公室牌子)】

主要职能：拟定全市教育事业发展的中长期规划；负责编制市本级教育经费的年度预决算；统筹管理拨付的教育经费和各种外资及国内捐赠款；依法监督教育经费的筹集、使用情况及教师工资发放情况；制订教育经费管理的有关规定和条例；负责全市教育事业基本信息的统计、分析、发布和事业发展监测；协同有关部门制订中小学收费标准和规范中小学收费行为；负责有关税务、财务检查等协调工作；负责中小学布局调整；指导中小学危房改造和标准化校舍建设；负责教育系统的基建、维修计划的制订和资金安排及有关基建数据的统计等工作；组织审核教育系统的基建项目的预决算；监督管理教育系统单位的国有资产；协调有关部门组织实施政府采购；负责教育系统财会人员的培训工作；负责中小学后勤管理工作；负责管理全市校园绿化工作；协调全市教

育产业和勤工俭学工作；参与教育信息化建设；协助做好教育技术装备工作。

【基础教育股】

主要职能：综合管理全市的普通中小学教育、特殊教育和幼儿教育工作；组织实施素质教育，巩固"普九"成果；拟定初中会考和中小学竞赛活动政策；负责全市中小学校(含民办学校)学籍管理和组织中小学毕业会考(含考查)及普高招生工作，指导中小学教育教学改革并负责对普通中小学教育教学质量进行评价；指导和管理中小学、幼儿园、特殊教育的德育、劳技、法制、礼仪、禁毒、社会实践等工作；指导学校的校园文化建设、艺术活动和青少年科技创新活动；指导社会力量举办的基础教育各类学校及教育机构的业务工作；归口指导中小学校共青团和少年先锋队工作；归口审定中小学、幼儿园(含民办学校)各学科教材(含音像教材)和教学配套用书；负责湖南省、衡阳市重点中学的呈报工作；负责幼儿园等级评定工作；负责检查、督促、规范全市基础教育办学行为工作；负责协调基础教育科研工作、教学仪器实验(含教学资源库)及民办教育管理工作；归口管理全市关心下一代协会工作；参与制订全市基础教育发展规划和中小学布局调整以及组织指导全市合格学校建设工作；参与校长、教师队伍建设。

【职成股】

主要职能：综合管理与协调全市的职业教育、成人教育工作；拟定职业教育、成人教育发展规划与管理措施，并组织实施；指导职业教育和成人教育教学改革和检查、评估等工作；指导社会力量举办的各类职业和成人教育机构的业务工作及职业证书的考试、发证工作；负责国家、省、市重点职业和成人学校的呈报、考核等工作；负责中等职业学校专业设置的评审工作及招生工作；负责执行普通中专招生任务；参与职业和成人教育学校的设置、布局调整和教师队伍建设工作；负责协调职业和成人教育的科研与技术推广、仪器配备、生产实习基地建设、毕业生就业指导等工作；负责拟定全市农科教的规划和实施办法，并会同有关部门组织实施；按有关规定承办中等职业教育各类学校的设置、更名、撤销与调整的审

核、报批工作；参与拟订全市考试、招生政策。

【民办教育管理办公室】

归口管理全市的民办教育工作，拟定全市民办教育的发展规划及有关政策规定；负责事业组织、社会团体、其他社会组织及公民个人利用非国家财政性教育经费、面向社会举办的学校及其他教育机构的考核、审批及年检、评估工作；负责民办教育办学机构的有关招生广告（简章）的审核工作；指导民办教育办学机构的校园校舍、教育技术装备和师资队伍等方面的建设；协调处理民办教育办学中出现的涉及全局性的有关问题；负责耒阳市民办教育协会日常工作。

【师资培训股】

规划和指导中小学师资培训工作，组织和实施教师上岗前培训和教师的学历培训及继续教育等工作；负责教育系统中小学校长、幼儿园园长和其他管理人员的业务培训工作；负责幼师及电大举办的师范类教育培训的业务工作；指导全市教师进修学校工作；指导民办教育学校的教师队伍培训工作；贯彻落实语言文字工作的方针、政策，负责全市语言文字和普通话培训、测试工作。

【综治安全维稳办公室】

主要职能：指导、协调、检查局直单位和全市各中小学校安全及社会治安综合治理工作；指导、协调全市教育系统维护稳定工作，负责重大事件和特殊时段的维稳工作；承接上级交办的事项，受理、协办或督办来人、来信、来电、网络等信访事项。

【教育政策法规股】

主要职能：负责全市教育改革与发展战略研究，并就重大问题进行政策调研；参与教育局规范性文件的审核工作；协调和指导全市教育行政执法工作；负责教育普法、法制宣传工作；承办全市教育系统复议、行政诉讼应诉工作；配合公、检、法、司等部门维护学校、教师及学生的合法权益。

【审计股】

主要职能：指导本系统内部审计工作；拟订内部审计规章制度；培训内部审计人员；负责对本机关及市属学校、直属单位和乡镇中心校进行审计及审计调查；对上述单位领导干部进行经济责任审计；负责审计咨询工作；协助查处有关人员违反经济纪律、法规的行为和案件。

【纪检监察室（内设计生办）】

主要职能：负责教育系统党内纪律检查和行政监察工作，协助党委加强党风廉政建设；按照党组织隶属关系和干部管理权限，负责对局管干部的提拔和使用进行监督；负责对党员、干部进行党纪、政纪教育；受理和查处党组织和党员违反党章和党内法规的重大案件，受理党员的检举、控告和申诉；负责查处全系统违反党纪、政纪的案件；负责指导局直属单位、乡镇中心校（含初中）纪检监察工作；负责贯彻国家、省、市各级地方政府的计划生育方针、政策、法规，管理本系统的计划生育工作，完成上级下达的各项任务；根据国家和地方政府的有关法律和政策法规，结合教育系统的实际情况，研究制定计划生育工作的规章制度，并监督落实；做好计划生育政策、避孕、节育、生殖健康等科学知识的宣传教育工作；掌握育龄妇女的结婚、生育、节育和生殖健康动态情况，建立健全全系统已婚育龄妇女的档案资料；配合局纪检监察室查处系统内违法生育人员；抓好本系统的计划生育综合治理工作；按上级要求，做好各类数据的统计工作，并及时上报。

【勤工俭学管理站】

主要职能：负责拟定和实施全市勤工俭学长远规划和年度计划；指导教育系统各单位开展勤工俭学工作；组织和指导学校开展劳动和劳动技术教育；负责全市勤工俭学工作队伍的管理、培训及统计工作；指导校办企业收集信息，引进新技术，开发新产品；负责中小学学具的配备、供应；组织开展勤工俭学理论研讨和经验总结、推广活动。

【电教仪器管理站】

主要职能：负责制订全市电教、仪器工作规划；负责中小学实验教学、电化教学标准的制订、执行和评估；负责组织全市学校电化教育、实验教学研究和评比竞赛活动；负责全市中小学（含民办学校）电化教学仪器、音像教材、实验器材（含药品）、电教设备的配置工作；负责电教、实验管理人员的技术培训及全市中小学电教仪器的维修工作。

【招生考试办公室】

主要职能：组织实施普通高校、成人高校、高等教育自学考试的报名组考工作；组织实施国家统一的普通高校、成人高校建档及普通高校体检工作；承担上级教育行政主管部门和境外考试机构在市内组织的各项国际交流考试及出国留学有关服务；管理自学考试的考籍工作；代地区级招生考试部门审核、发放自学考试单科合格证及自学考试毕业证书；统筹管理并指导国家统一的普通高校、成人高校及高等教育自学考试考点建设和考风考纪建设，处理考试中的偶发事件，配合教育行政主管部门依法查处上述考试中的违纪舞弊事件；承担招生考试的科学研究工作，管理开发招生考试、自学考试和其他有关社会考试的信息资源，对外发布有关国家统一的普通高校、成人高校及高等教育自学考试招生、考试信息；承办地区级考试处和市教育局交办的其他事项。

【教育教学研究室】

主要职能：认真贯彻、严格执行教学计划与课程标准；负责全市中小学教育教学业务管理指导工作；组织建立教研网络，全面开展教育教学工作视导；组织全市中小学(含民办学校)教学质量检测，搞好教学质量综合分析研究，全面提高教育教学质量；及时引进教育信息；负责组织学生参加国家、省、市奥赛和学科竞赛；组织开展师生教学竞赛；负责新课程改革实验及新大纲、新教材的培训；组织开展教育教学科研实验，负责全市教改实验课题的规划、审批、指导和教研教改成果(含经验论文)的评审、认定、推荐、推广工作；开展教育教学专题调查研究，为教育规划、决策提供理论和实践依据，发挥决策参谋作用；负责耒阳市教育学会秘书处工作。

【教育工会】

主要职能：坚持工会工作的指导方针，结合本系统工作实际，围绕教育中心任务确定本级教育工会的工作目标；维护教职工的合法权益，对全市教职工普遍关心的问题进行调查研究；指导学校加强民主管理和民主监督，完善教代会制度，落实教代会职权，推进校务公开；积极组织开展各种活动，丰富教职工的文体生活；关心困难教职工生活，解决教职工实际困难；健全工会基层组织，开展工会干部培训，指导下级工会开展工作；承办耒阳市总工会和上级教育工会交办的其他事项。

【教育电视台】

主要职能：坚持党的教育方针政策、做好电视新闻对上、对外、对内的宣传工作；做好重大会议，各种活动的录制工作；办好各种内容健康丰富、形式活泼多样、具有地方特色的教育栏目。

【教育信息技术中心】

主要职能：承办全市教育系统政务信息化建设和系统运行；负责全市教育信息化建设经费筹集和落实工作；负责全市教育信息网络管理、网站建设和维护工作；负责全市教育系统信息传递和管理工作；负责全市教育系统办公局域网管理、维护、安全和保密工作；为局机关各股室业务管理活动提供计算机网络等现代信息科学技术环境和服务；管理维护机关计算机局域网和耒阳教育信息网站；负责全市教育资源库建设和管理工作；承担教育系统计算机网络安全监察工作。

【学生资助管理中心】

主要职能：负责义务教育"两免一补"管理工作；负责普通高中家庭经济困难学生资助管理工作；负责中等职业学校国家助学金管理工作；负责困难家庭大学生生源地助学贷款工作；负责资助政策的宣传工作和资助典型事迹的宣传报道；负责发动、组织、接受社会各界对中小学校和学生的救助和捐赠。

【青少年校外活动中心】

主要职能：负责做好全市青少年学生校外活动和社会实践活动的总体规划、组织落实和管理工作；负责组织举办公益性的各类素质教育兴趣活动及培训；负责指导乡镇青少年宫开展活动；承办教育局交办的其他工作。

【体育卫生艺术教育股】

主要职能：研究制订全市中小学校体育、卫生、艺术发展规划和年度计划；指导各级各类中小学校体育、卫生、艺术教育；指导学校体育、艺术人才的培养、选拔工作；指导学校体育、卫生、艺术和国防教育的基础设施建设；组织协调学生体育、艺术比赛和交流活动；指导和监督学校卫生防疫和学生体检工作；指导协调学校国防教育和学生军训工作；指导学校体育、卫生教育教学工作和专业师资的有关培训工作；负责体育、卫生教育的教研及学生健康状况的建档建制等工作；负责组织全市中小学(幼儿园)体育和卫生设备的配置、评估、验收、考核活动。

【教育阳光服务中心】

主要职能：负责全市教育阳光服务工作的统一管理与推进，统筹做好各级各类学校教育阳光服务实体平台和网络平台建设的综合协调、业务指导、督促检查等工作；负责制定教育阳光服务建设的规章制度、管理办法，并组织实施；负责向来电、来信、来访群众提供办事指南、政策咨询、信息公开、投诉受理、舆情回应等具体服务，并及时进行督办；负责定期收集整理有关数据，分析群众反映强烈的有关问题，并提供给领导决策参考。

【教育质量监测中心】

主要职能：围绕全市基础教育教学质量管理，贯通幼儿园、小学、初中、高中，全面诊断、评价各学段学校的教学质量；积极开展基础教育教学质量调研，优化质量调研和评价的方式，完善基础教育质量监测机制，为基础教育质量监测提供技术支持和业务指导，为教育行政决策提供依据；完成上级基础教育质量监测中心布置的基础教育质量监测工作，制订全市基础教育质量监测实施方案，组织实施监测工作；对上级基础教育质量监测中心反馈的结果数据进行处理、分析，形成耒阳市基础教育质量监测报告；协调各相关职能部门，组织教学质量监控工作会议、座谈会、问卷调查等，做好教学质量管理的分析和总结工作，建立和完善教学质量监控与评价体系的档案管理。

【退休教师协会(关工委)】

主要职能：负责组织开展退教协工作和家长学校教育工作。

耒阳市主要学校信息

【耒阳市第一中学】

耒阳市第一中学是湖南省示范性普通高中、湖南省现代技术实验学校、全国教育科学"十一五"规划"整体构建学校德育体系的深化研究与推广实验"国家重点课题实验学校，2009 年被确定为"全国百所特色高中项目学校"。

学校历史悠久。学校发轫于杜陵书院(公元 907 年)，校内有杜甫墓、杜公祠等省级保护文物；1902 年创办新学，为耒阳县立第一高等小学堂；1941 年升格为耒阳县立初级中学；1958 年为耒阳县第一中学，2002 年被评审为湖南省重点中学，后改为湖南省示范性普通高中。

办学理念先进。学校坚持"内涵发展、精品办学"的办学理念，确立"队伍精干、业务精湛、管理精细、铸就精品"的办学目标，求真务实，攻坚克难，开拓创新，各项工作取得了显著的成效，呈现了崭新的风貌，展示了全新的气象。

教学设施完善。学校坐落于马埠山下、耒水河畔，环境幽雅，校园面积 150 亩，建筑面积 65840 平方米，绿化面积达 40%。学校教学区、生活区、运动区区划分明。图书馆藏书达 15 万册，并设有电子视听阅览室；理化生实验仪器设备、通用技术、信息技术及音体美教学设备达到省内先进水平。

师资力量雄厚。学校现有教职工 401 人，其中一线教师 376 人，湖南省"121 人才工程"优秀人才 1 人，特级教师 5 人，享受国务院津贴 5 人，高级教师 93 人，全国优秀教师 2 人，国家级骨干教师 2 人，省级骨干教师 4 人，省级优秀教师 18 人，衡阳市骨干教师 12 人，衡阳市学科带头人和后备学科带头人 26 人。

教育质量一流。学校有 87 个教学班，学生 5800 余人，素以"治校严，校风好，读书空气浓"著称，近年来有 16 名学子考入清华大学、北京大学，连年被评为衡阳市教育教学质

量先进单位；学校奥赛获国家级、省级奖的学生占衡阳市获奖学生的 1/3，是湖南省奥赛获奖大户；音体美教育有声有色，享誉三湘，多次荣获湖南省歌咏比赛、文艺汇演一等奖，被评为"湖南省艺术教育先进单位"，女子排球一直列全省前四名；学生科技创新活动异军突起，学校连续多年荣获湖南省科技创新活动优秀组织奖，被评为"湖南省青少年科技活动基地"。2014 年高考，学校本科上线人数 606 人，在衡阳市名列前茅。

办学特色突出。学校坚持"质量立校、教研兴校、管理强校"的发展之路，切实推行素质教育。在省内首开先河，实施"中学内部教育督导与评估"；敢为人先，创立"班级教育教学管理体系"；大胆改革，创建"学科学术研究管理体系"；深入探索，在三维德育丰硕成果的基础上，构建"普通高中德育特色体系"，被教育部确定为"全国百所特色高中项目学校"。

奖学措施得力。学校设有"力中树兰""鹏程""中柱""乐群"等奖（助）学金，奖励品学兼优或家庭困难而乐学上进的学生，做到不让一个学生因贫困而辍学。每年援助、奖励学生达 1800 余人，发放奖（助）学金逾 260 万元。

耒阳市第一中学先后获得了全国模范职工之家、全国中学生文学社团示范单位、全国教育网站示范单位、全国中小学信息技术道德教育示范学校、湖南省文明单位、湖南省园林式单位、湖南省红旗团组织等省级以上荣誉近 40 项。

如今，耒阳市第一中学正以高速发展的态势向全国示范性高中挺进。

学校地址：衡阳市耒阳市杜陵路 88 号

邮政编码：421008

办公室电话：0734 - 4332580

学校行政班子成员信息

校长、党总支书记：曹飞跃（13974711174）

副校长：梁乾生（13974746389）

副校长：郭成根（13874772238）

副校长：李作球（13786458200）

党总支副书记：徐正武（13975417419）

工会主席：刘春生（13973410395）

【耒阳市第二中学】

耒阳市第二中学是耒阳市第一所湖南省示范性普通高中，创办于 1924 年，其前身为湖南省私立广湘初级中学；1952 年被耒阳县人民政府接管为公立学校，定名为耒阳县第二初级中学；1953 年开办高中，从事高初中学历教育，学校更名为耒阳县第二中学；1978 年学校评为郴州地区重点中学；1984 年耒阳县行政区划为衡阳地区管辖，学校定位为衡阳地区重点中学；1985 年耒阳县变更为县级市，学校也随之更名为耒阳市第二中学；1999 年挂牌为湖南省重点中学；2004 年挂牌为湖南省示范性普通高中。学校现占地面积 201 亩。学校有教职员工 416 人，其中高级教师 121 人，特级教师 2 人，国家、省级优秀教师 13 人，衡阳市和耒阳市学科带头人 15 人，衡阳市和耒阳市骨干教师 24 人；学生 5800 人。

学校绿化、美化、亮化成龙配套，楼树交映，花团锦簇，鸟语花香，生态校园、书香校园、人文校园初步显现。学校教育教学设施布局合理、规划有序、功能齐全，建有高标准的科教楼、图书馆、生活服务中心、学生公寓，完成了校园宽带网、多媒体教室、电子备课室、电子阅览室、智能广播系统、电子监控系统、校园闭路电视系统等现代教育技术设施的建设。

多年来，学校秉承"德能兼修，己物相融"的校训，坚持"面向每一位学生：高贵其精神，引爆其潜能"的办学理念，努力做"引爆潜能教育"，形成了"整体＋系统的德育特色，素质＋个性的教学特色，全员＋错位的研训特色，精管＋细理的管理特色"。

学校教育教学质量高，共计培养初、高中毕业生 68000 余人，其中向高等院校输送新生 35000 余人，被誉为"高考上线大户学校"。学校教研教改硕果累累，近十年来，共计 15 项教育科研课题在国家和省级获奖，其中"农村高中教师队伍素质研究"课题获教育部教师奖励基金会重点研究课题一等奖；"德育校本课程的开发与实施"荣获湖南省基础教育教学成果一等奖。

学校先后被评为湖南省现代教育技术示范学校、湖南省体育传统项目学校、湖南省教育科学学科研究基地；先后获得湖南省德育整体改革先进单位、湖南省教研教改先进单位、湖南省百佳文明卫生单位、湖南省绿色学校和园林式单位、湖南省未成年人教育工作先进单位、湖南省综治工作先进单位、湖南省安全文明校园、湖南省心理教育先进单位、全国贯彻《学校体育工作条例》优秀学校、国家教师奖励基金会"十一五"重点课题研究先进单位、全国学校体育工作示范校等 40 多项省部级荣誉称号。

近年来，全体教职员工坚持做"引爆潜能教育"，推动学校科学发展，正为实现"办学理念精准，教师队伍精良，学校管理精细，校园环境精美，育人质量精品"的特色学校发展目标而努力奋斗。

学校地址：耒阳市学府路 88 号

邮政编码：421800

办公电话：0734 - 4332689

学校行政班子成员信息

校长、党总支书记：邓玉明（13973412485）

副校长：伍小青（13469113363）

副校长：陆小琳（13873465789）

副校长：谭贱东（13575263658）

副书记：蒋劲松（15073458305）

工会主席：李鑫（13973411927）

【耒阳市第三中学】

蔡伦造纸，神农创耒，耒阳号称"荆楚名区"，耒阳市第三中学更是这"荆楚名区"中的一颗璀璨明珠。她创办于 1983 年，30 多年来，两易学校地址，数度创业，励精图治，取得了丰硕的办学成果。

学校位于耒阳市五里牌办事处栖凤园管理区，金杯路与金华路交会处，总占地面积42800 平方米，建筑面积共 29925 平方米。校园内绿树成荫，环境幽静，是理想的求学场所。学校拥有标准的运动场，电脑室、语音室、多媒体教室、理化生仪器室、实验室、卫生保健室、团队活动室、阅览室、图书室、体育器材室等一应俱全，且均已达标；1800 多平方米的学生食堂宽敞、明亮，设计规范；配套设施齐全的学生公寓为学生们提供了舒适、卫生的生活环境。

学校有 48 个教学班，在校学生 3769 人，专任教师 209 人，学历合格率达 100%，获得中学高级职称的教师 31 人，获得中学一级职

称的教师 158 人，市级学科带头人 4 人，市级"骨干教师"2 人，耒阳市骨干教师 12 人，有专职卫生技术人员 1 人，兼职心理健康教师7 人。

学校秉承"育人为本，质量第一，突出特色，全面发展"的办学理念，不断强化德育工作，创新课堂教学模式，教育教学质量有了长足的发展；尤其是近十年来，上省级示范性普通高中的总人数一年一个台阶，连续八年教学质量考评荣获耒阳市一等奖，良好的办学效益受到了社会各界的普遍赞誉。学校师生锐意进取，群策群力，不断铸就新的辉煌！学校先后被评为"湖南省新课程改革实验学校""湖南省现代教育技术实验学校""湖南省文明卫生单位""湖南省合格学校""衡阳市园林式单位""耒阳市规范化初级中学"。

走过三十多年的耒阳市第三中学已是桃李满天下。"百尺竿头，更进一步。"如今，全校师生在谭啸尘校长的带领下，以"求真、求实、至善、至美"作为师生修身、治学的座右铭，向着更高更新的目标阔步迈进！

学校地址：耒阳市金杯路 7 号

邮政编号：421800

办公电话：0734 - 4366280

学校行政班子成员信息

校长、党总支书记：谭啸尘（13974736780）

副校长：刘静（13974746266）

副校长：李治军（13974710099）

副校长：黄杰（15211898899）

副校长：伍恢坚（13875790907）

副校长：梁小明（15973451616）

党总支副书记：邓托（13789368237）

工会主席：吴少文（18821938099）

【耒阳市第四中学】

耒阳市第四中学创建于 1961 年。学校从创建至今，经历了"灶市民中""红色中学""城关三中""城关中学""耒阳县灶市中学""耒阳县第四中学""耒阳市第四中学"等名称的变更。经过半个多世纪的锐意进取，从初创时一间简陋盐仓中的 22 名学生和 1 名老师，到今天拥有在校学生 2000 多人、教职工 130 多人，学校走过了一条艰难而荣光的发展之路。近年来，学校与时俱进，不断更新办学理念，全面

实施素质教育，取得了令人瞩目的成就。

设施设备齐全。学校有功能完备的实验室、多媒体教室、语音室、舞蹈室、美术室、电子备课室和电子计算机室，配有学生电脑近300台及现代化的教学设备，教学楼及学生公寓配有IC卡、电话、家校通等。

办学特色鲜明。学校坚持"面向全体学生，优化教学过程，培养素质特长，促进全面发展"的教育原则，大力弘扬音、体、美特色教学。

师资队伍强大。学校拥有专任教师120余人，其中高级教师27人；拥有大学本科学历的教师达90%。学校师资力量雄厚，教师政治素养高，业务素质强，师德高尚，校园文化氛围浓厚。

如今，全体四中人以"以德育人，以德立人"为办学方向，以"严谨求实，奋发向上"为校训，以创"四优"学校和特色学校为追求，以素质教育为突破口，以"学校有特色，学生有特长"为模式，执着进取，努力拼搏，树立了新的形象，取得了学生、家长的普遍信任，赢得了社会各界的如潮好评。学校正谱写新的灿烂辉煌，逐步实现着四中人的"四中腾飞梦"。

学校地址：耒阳市五一南路208号

邮政编码：421800

办公电话：0734－4222387

学校行政班子成员信息

校长、党总支书记：罗小飞（13875631808）

副校长：殷许春（15807342053）

副校长：李子恒（13973411126）

党总支副书记：刘福生（13974772358）

工会主席：刘志斌（15074797666）

副校长：邓志文（13087340777）

【耒阳市第五中学】

耒阳市第五中学，创办于1934年秋，原名为新城纺织职业学校；1937年改为新城高级小学，1938年，广湘中学自衡阳迁入，1939年南京私立新生中学迁入，1940年，二校合一，名为新京中学；1943年，广湘中学复迁耒阳城关；1948年学校改名为新城中学；1950年，中南中学自江苏镇江迁入，与新城合并，办高小、初中、高中；同年，湖南私立大江初级中学迁入，三校合一，办初中，更名为湖南私立

大江初级中学；1952年秋，由湖南省人民政府接办，更名为衡南第二初级中学；1953年又更名为湖南省耒阳第三初级中学；1966年升格为完全中学，1977年秋更名为新市区中；1984年定为耒阳市第五中学。学校历史悠久，校风笃实，桃李芬芳。

学校现有教学班12个，在校学生715人，在职教职工41人，其中中学高级教师4人，中学一级教师20人，耒阳市骨干教师2人，教师学历合格率为100%，本科学历人数占81.8%。学校占地70余亩，建筑面积7980平方米，学校图书馆藏书3.368万册，教学配套设施齐全。

学校确立了"坚持三个面向——服务社会，实施素质教育——质量立校，创新教育观念——教研兴校"的办学理念，坚持用严格规范要求学生，扎实课程发展学生，丰富活动提高学生，现代理念武装学生，树立了"文明、团结、勤奋、进取"的校风和"严谨、求实、创新、奉献"的教风，学校始终坚持正确的办学方向，全体教职工齐心协力、无私奉献、立足本职、埋头苦干，八十多年创业，硕果累累，学校先后被评为湖南省基础教育课程改革耒阳试验区样本学校、耒阳市教育教学质量先进单位、耒阳市综治工作先进单位、耒阳市先进基层党组织、耒阳市中小学控流保学先进单位等称号。

学校地址：耒阳市新市镇紫云路

邮政编码：421818

办公电话：0734－4900392

学校行政班子成员信息

校长：雷群吉（13297344088）

党支部书记：王勋平（13187345052）

副校长：谷平阳（13875735435）

副校长：廖永忠（13187249450）

【耒阳市第六中学】

耒阳市第六中学是一所耒阳市教育局直属的九年一贯制学校，创建于1958年，原为一所完全中学，曾名为马水区中学、耒阳四中。学校位于耒阳市马水镇桃花村六组，耒阳市018县道旁边，距衡阳市中心、耒阳市中心仅40公里，交通便利。学校占地面积30余亩，规划合理，设施先进，功能齐全，环境优雅。

学校现有14个教学班，教职员工46人，

其中特岗教师 7 人，顶岗教师 2 人，幼师 1 人，后勤工作人员 4 人。学校办学历史悠久，几十年来经过一代又一代六中人艰苦奋斗，爱岗敬业，刻苦努力，创造了辉煌的业绩，一大批优秀学子从这里走向高等学府。

学校地址：耒阳市马水镇桃花村六组

邮政编码：421819

办公电话：0734 - 4810430

学校行政班子成员信息

校长：罗平古（13975419320）

党支部书记：刘洪发（13975418692）

副校长：刘金华（13973465335）

副校长：王柱立（15211897658）

【耒阳市第七中学】

耒阳市第七中学创办于 1958 年，坐落在耒阳市东湖墟乡坳山村，地处耒阳东大门，与安仁、永兴两县毗邻，省级公路 320 线从校门前经过，交通十分便利，辖区内有著名风景名胜区，环境怡人。学校占地面积 30866 平方米，校舍建筑面积 12659 平方米，校舍布局基本合理，教学、生活、运动区呈条带状分布，四季鲜花盛开，绿化覆盖率达 30.5%。

学校拥有良好的办学条件，教学设施配套齐全，现有教学班 16 个，在校学生 1149 人，有容纳 1500 人集会的学校大礼堂。实验室、仪器室配套齐全，已达省级 Ⅰ 类标准；图书室有各类图书 21738 册；还有现代化多媒体室 2 间，电脑室配备电脑 86 台、现代化一体机一台，其他各室建设初具规模。投资 180 万元的邓慕莲教学大楼和投资 120 万元的学校科教大楼都已建成使用，学生公寓楼也在建设过程中，这从根本上改善了学校的办学条件。

学校非常重视信息技术在教学中的推广和应用，还在 20 世纪 80 年代，学校的电化教学就饮誉三湘，曾在一段很长的时间里是农村电话教学的窗口学校。21 世纪以来，学校进一步加大了对信息技术的投入，一方面不断改进和完善设备设施，另一方面加强对人员的培训，近三年来先后培训教师 200 余人次，提高了广大教师的信息化教学水平。

学校师资力量雄厚，现有在岗教师 64 人，中学高级教师 8 人，中学一级教师 31 人，其中有本科学历的教师 34 人，教师学历合格率达 92.94%。广大教师敬岗爱业，又不断提高自身业务素质和专业水平，有 32 人参加了现代远程教育国家级培训，有 45 人获得信息技术高级证书，有 52 人获得三甲以上普通话等级证书。教育教学精益求精，教师累积获县级以上奖励 300 余次，有 9 位教师荣获"衡阳市优秀教师"光荣称号。学校坚持正确的办学方向，实行科学严格有序的管理，师生遵循"严谨、求实、砺志、创新"的校训，创办了一条"合格＋特长"的办学路子，取得了明显的办学效益，先后 8 次荣获耒阳市年终综合目标考评一等奖，先后 6 次荣获耒阳市教学质量考评一等奖，共荣获县级以上各项荣誉 128 项，并被定为"耒阳市区域性素质教育实验校""耒阳市基础教育课程改革样本学校"。学校在 2008 年首批被评为湖南省"合格学校"，2011 年被评为"耒阳市语言文学规范化示范学校"。

学校地址：耒阳市东湖圩乡坳山村

邮政编码：421812

办公电话：0734 - 4881928

学校行政班子成员信息

校长：王建录（13873496251）

副校长：尹忠荣（13975442308）

副校长：刘国文（13574776779）

副校长：王磊（13974760503）

副校长：张根成（13707474195）

工会主席：邓文斌（13786450222）

【耒阳市第八中学】

耒阳市第八中学坐落在耒阳市夏塘镇，面临耒阳市交通主干道——夏大路，交通极为便利，校园环境优雅，布局合理。

学校创建于 1958 年，有着近 60 年的办学经验和文化底蕴。学校现有 12 个教学班，在校学生 600 余人。校园面积 4 万平方米，建筑面积 8800 多平方米，体育运动场 7200 平方米，教育教学设施齐全，教学设备先进，装备有现代化的语音室、电脑室、多媒体室及多功能餐厅。

学校坚持以办"人民满意的教育"为宗旨，以"勤奋求实，开拓创新"为校训，坚持以文化建设为中心，弘扬个性特长，把学校办成一流的规范化完全中学，真正成为农村学生成长的摇篮。

学校地址：耒阳市夏塘镇

邮政编码：421804

学校行政班子成员信息

校长：李志文（13974704628）

党支部书记：郑丘碧（13807472038）

副校长：谢凤阶（13875722166）

副校长：谭奇伟（13908444828）

【耒阳市第九中学】

耒阳市第九中学始建于1958年秋，坐落于耒阳南大门——公平镇范围内，1970年兴办高中，1999年调整为初级中学，2009年秋，开始接手新华小学为小学部。现共有学生853人，教学班17个，学校占地面积5万余平方米。自2008年起，学校争取上级资金或自筹资金，兴建了实验大楼、学生公寓并维修了教学大楼，改建了教工宿舍、绿化了校园环境等，并对小学部进行了全新维修。学校办学条件有了很大的改观，极大地满足了现代教育教学的需要。学校布局合理，环境优雅，办学设施齐备，文化氛围浓郁。

学校现共有在编教职工57人，其中本科学历的23人，中学高级教师4人，中学一级教师26人。学校坚持"以人为本，从严治校，重抓质量，全面发展"的办学理念，以课堂教学改革为核心，不断丰富发展内涵。

五十多年的风风雨雨中，这所普通的农村中学培育了不计其数的莘莘学子，可谓桃李满天下。如今，激情洋溢的九中人正一如既往地追赶着时代的脚步。新的时代为教育的发展带来了前所未有的机遇和挑战，学校将以此为契机，励精图治，科学规划，努力提高办学水平，不断扩大办学声誉，为创耒阳市优秀学校而不懈努力。

学校地址：耒阳市公平圩镇新华村

邮政编码：421825

办公电话：0734－4680074

学校行政班子成员信息

校长：陈奇赳（15575545679）

副校长：欧阳祖安（13875760606）

副校长：刘亚平（13667445468）

副校长：楚显浩（15115486517）

副校长：邓卓林（15886491188）

【耒阳市第十中学】

耒阳市第十中学创办于1958年，系耒阳市直属初级中学。学校位于耒阳市仁义镇，占地面积21800多平方米，校园内古樟参天，绿树成荫，区划合理，布局科学。近几年来，学校因管理出色，教育教学质量稳步提升，取得了可喜的成绩，在社会上享有较高声誉，逐渐走入人们的视野，被誉为"耒阳市农村中学的一面新旗帜"。学校现有18个教学班，在校学生1468人，教职员工82人，其中本科学历的26人，专任教师学历合格率为100%，中学高级教师8人，中学一级教师62人。

学校有图书室1个，藏书21800余册；电脑室1个，电脑80多台；标准化化学实验室和物理实验室各1个。近年来，学校开源节流，加大投入，新建了多媒体教室、学生宿舍、澡堂、塑胶篮球场，修缮了老教学楼，换上了铝合金门窗，添置了学生用空气能热水器。校容校貌焕然一新，设施设备不断完善，功能较为齐全，为学校发展提供了有力保障。

继承优良传统，剔除管理弊端。在"内强管理，外树形象"的思想指导下，秉承"做祖国期望的学生、当家长信赖的老师、办人民满意的教育"的办学目标和"诚信为人、踏实做事、严谨治学"的校训，学校始终坚持以质量效益为核心，不断深化管理制度改革，狠抓教学质量，紧紧围绕"学"和"教"做文章，总结经验，走出了一条较有特色的办学之路，较多经验被兄弟学校借鉴。制度合理严格，管理科学人性，干部以身作则，教师恪尽职守，师生融洽，学教和谐。由于管理到位，教师凝聚力增强，敢于打拼，乐于奉献，学校各项工作开展有声有色，教学质量稳步提高，中考上重点高中人数年年攀升，连续五年居耒阳市农村中学之首。学校良好的发展势头及取得的成绩，得到了上级领导和有关部门的好评，近几年在耒阳市教育局组织的教育教学质量评价和目标管理考评中都能获奖。

学校地址：耒阳市仁义镇

邮政编码：421837

学校行政班子成员信息

校长：谢夫才（13873419316）

副校长：王均平（15973424875）

副校长：姚平修（15886490641）

【耒阳市第十一中学】

耒阳市第十一中学创建于 1958 年，其前身是耒阳第十八中学，20 世纪 60 年代初期更名为耒阳第十二中学，1984 年更名为耒阳第十一中学。学校原为一所完全中学，1993 年教育体制改革后，停办高中，只办初中。学校历史悠久，校风笃实，学风优良，誉满耒阳。

学校现有教学班 8 个，在校学生 427 人；教职工 51 人，其中中学高级教师 5 人、中学一级教师 21 人，现有衡阳市骨干教师 1 人、耒阳市骨干教师 3 人、衡阳市优秀教师 1 人。教师学历合格率为 100%，其中本科及以上学历的 20 人。学校占地 44510 平方米，建筑面积 6510 平方米，教学配套设施齐全，校园布局合理，分区明确，环境优美舒适，实为求学胜地。

自 2003 年以来，学校本着"内抓管理，外树形象"的宗旨，坚持以教学为中心，以质量为核心，办学条件不断改善，教学质量稳步提升。学校现有标准运动场 1 个、标准篮球场 2 个，有现代化的电脑室、多媒体教室和高标准的理化生实验室。2004 年，学校"大山的呼唤"课题获得湖南省教育科学研究院中小学生研究性学习成果评比二等奖；学生篮球队参加耒阳市中学生篮球赛，2011、2012 年夺得第一名，2014 年夺得第二名。学校先后获得衡阳市社会治安模范单位、耒阳市教育系统综治安全工作先进单位、耒阳市教研工作先进单位、耒阳市支教工作先进单位、耒阳市语言文字规范化示范校等各级各类荣誉 30 余项。

学校地址：耒阳市哲桥镇哲桥村

邮政编码：421841

办公电话：0734－4763356

学校行政班子成员信息

校长：李康新（13517346208）

党支部书记：李集成（15973428818）

副校长：罗才明（13873474245）

副校长：陈志陆（15273439017）

副校长：魏华（18974778039）

副校长：谷平安（13574786659）

【耒阳市中等职业技术学校】

耒阳市中等职业技术学校是由耒阳市人民政府主办的中等职业学校，是衡阳市园林式单位、湖南省示范性县级职教中心牵头校。

学校位于耒水河畔，狮子岭山下，发明家广场北侧，107 国道与西湖路横跨交织于学校两侧，校园环境优美，交通便捷。为适应耒阳市职业教育发展的需要，经耒阳市人民政府批准，2012 年 4 月耒阳市职业中专和成人中专两校合并为耒阳市中等职业技术学校。近几年来，学校积极进行教育教学和内部管理制度改革，综合办学实力与核心竞争力显著提高，跃入衡阳市同类学校"第一方阵"。学校在 2014 年衡阳市职业教育教学质量评比中获一等奖，2015 年起成为衡阳市技能竞赛赛点单位。

学校现有教学班 46 个，在校学生 1865 人，教职工 194 人，其中专任教师 180 人，专业教师 76 人，"双师型"教师 37 人；高级讲师及相应职称的 33 人，讲师及相应职称的 98 人；省级骨干教师 18 人，市级骨干教师 23 人。学校占地 103 亩，产权建筑面积 36000 平方米，固定资产 8600 万元。近年来，新学生宿舍、新教学楼、新实训楼等教学设施拔地而起，崭新的塑胶运动场、配备优良的实训室，为全校师生营造了良好的学习与生活环境。

学校开设了 7 个专业，确立了信息技术、加工制造、财经商贸三个重点建设专业大类，形成了 3 个专业部 7 个专业的教学管理构架。近 4 年来，耒阳市政府和上级部门为学校投入了 1000 多万元，建设了平面设计、综合布线、网络搭建、网页制作、影视多媒体、电子商务、会计电算化、工艺美术、电子产品装备与维修、PLC、光机电一体化、电子技术、电工技术、电力拖动、电子电工考核、客户信息服务、机械加工等多个实训室和实训基地，学生实训课程占总课程量的 50%。学校现代化信息平台、校园网为现代化教学打下了坚实的基础。

学校坚持"让学生学到真技能，找到好工作"的办学宗旨，积极开展校企合作，与湖南火电建设公司、浙江众泰汽车制造有限公司、深圳高斯宝电气技术有限公司、环鸿电子（昆山）有限公司等数十家大中型企业建立了长期稳定的合作关系，稳定和拓宽了学生的就业渠道；引进太极装饰、深圳鸿联九五、武汉视野等数家企业在校建立实训基地；开设淘宝商务、鸿联客服等数个订单式培养班，"2＋1"培养模式学生比例率为 100%。近几年来，学校学生就业率保持在 98% 以上，对口就业率在 85% 以上，"双证书"拥有率逐年提高，2014 年达 85%；学生参加省级综合能力测试 100% 合格，参加对口高考上线率在 92% 以上；学生参加各级技能竞赛荣获 100 余个奖项，其中 1 人获国家级科技发明奖，20 人次获省级技能竞赛奖，80 人次获市级技能竞赛奖。

学校大力推进以"突出专业建设为主线"的教研教改建设，现有省级重点专业建设项目 1 个，衡阳市重点专业建设项目 3 个，衡阳市示范性特色专业 2 个（计算机应用、机电设备安装与维护），2 位老师为中职相关专业教材副主编，国家级科研课题 2 个，省级科研课题 1 个，先后有 6 位教师获国家级教学与说课比赛奖，3 位教师获省级教学与说课比赛奖，45 位教师获市级教学和技能竞赛奖，省级获奖论文 30 余篇，市级获奖论文 60 余篇，40 余人在省级以上刊物发表教育教学论文 100 余篇。

学校秉承"励志、明德、精技、致业"的校训，形成了"以市场需求为导向、以能力培养为核心、以人的发展为根本"的办学理念，确立了"厚德、博学、开拓、创新"的校风、"求严、求实、求精、求新"的教风、"乐学、勤学、博学"的学风。学校推动以养成教育为主线的自我教育和环境育人模式，建立了学生自立、自主、自律的各种社会实践和公益活动团队。在国家大力发展现代职业教育浩荡东风的鼓舞下，学校面对新的发展机遇与挑战，以创办国家卓越中职学校为奋斗目标，扬帆起航，奋力拼搏，共铸新辉煌。

学校地址：耒阳市西湖路 415 号

邮政编码：421800

办公电话：0734 - 4388136

学校行政班子成员信息

校长、党总支书记：李松林（13973410404）

副校长：胡运根（18773402067）

副校长：谢振炳（13787737989）

副校长：章拥军（15116899393）

副校长：梁成树（15347340299）

党总支副书记：邓林（13973440265）

工会主席：蒋卫国（13974747222）

【耒阳市冠湘中学】

耒阳市冠湘中学于 2001 年由耒阳师范学校创办，2006 年与湖南三立教育发展有限公司联合办学，是一所全日制民办初级中学。学校环境优美，师资力量雄厚，设施设备一流，功能室齐全，实行多媒体教学，每个教学班均配备两台大功率空调。学校致力发展学生能力，倾力打创教育品牌。在近几年的中考中，考取省级示范性普通高中人数及上线率均居耒阳市第一名，蝉联耒阳市六连冠，并被挂牌为"湖南省级示范性普通高中优质生源基地"；学生参加耒阳市各种球类比赛及田径运动会，均取得团体第一名的好成绩，参加国家及省、市音、体、美等各类比赛，获奖达 500 余人次，并获多项团体、个人一等奖。学校先后荣获全国先进民办学校、耒阳市优秀民办教育机构、教育教学质量一等奖、德育工作先进单位、综治安全工作先进单位、课程改革样本学校等荣誉称号。

学校地址：耒阳市神农路 86 号

邮政编码：421800

办公电话：0734 - 4213000

学校行政班子成员信息

校长：谭旭玲（18173429288）

副校长：陈满成（15073436588）

副校长：资凯（15115452348）

【耒阳市实验中学】

耒阳市实验中学是耒阳市教育局直属公办初级中学，创建于 2012 年 8 月。学校地处五里牌办事处锡里居委会，南抵 107 国道，北临新城一路，东邻西湖北路，西至锣鼓岭山峰，占地面积 184 亩。校园规划依山傍势，分区合理，总建筑面积约 44000 平方米，学校功能齐全，设备先进，环境清雅，是学生学习的理想场所。

学校现有教学班 57 个，在校学生 4000 多名，教职员工 202 人，其中中学高级教师 20 人，中级教师 116 人，衡阳市骨干教师 3 人，耒阳市骨干教师 12 人。

学校确立了"坚持以人为本，着眼持续发展，构建和谐校园，追求卓越未来"的办学理念，提出了"创有特色、高质量、高品位的标准化初中"的办学目标，制订了"一年保稳定、三年上台阶、五年创品牌、十年铸辉煌"的发展规划。

学校始终坚持立德树人，致力于学生养成教育的培养；始终坚持师资强校，致力于名师工程的建设；始终坚持质量兴校，致力于新课改模式的探索；始终坚持特色发展，致力于多领域亮点的打造，全面促进学生成长。学校先后荣获"全国足球特色校""湖南省实施国家校园武术段位制试点学校""衡阳市园林式单位""衡阳市中小学生创造力培养示范学校""衡阳市依法治校示范学校""耒阳市中小学养成教育示范学校""耒阳市综治先进单位""耒阳市安全生产示范学校"等荣誉称号；2014、2015年，学校分别荣获耒阳市目标管理考评一等奖、耒阳市中小学教育教学质量一等奖；2015年初三中考，省级示范性普通高中上线532人。目前，耒阳市实验中学已成为一所家长放心、领导称赞、学生向往、社会满意的学校，正释放出耀眼的光芒！

学校地址：耒阳市城西东路198号

邮政编码：421800

办公电话：0734－2813228

学校行政班子成员信息

校长：蒋成林（13875753711）

副校长：蒋海森（13786430509）

副校长：朱跃生（15886439008）

副校长：刘光怀（13575154202）

副校级干部：雷超峰（13055054706）

【耒阳市大和圩中学】

耒阳市大和圩中学具有近80多年历史，富有深厚的人文底蕴，其创办前身可以追溯到二十世纪二三十年代的口头湾师塾，中华人民共和国成立后由政府收归办文化学校。1970年将恒乐完全小学（在口头湾原址）正式命名为大和圩中学。学校在二十世纪八九十年代的办学规模较大并有较好的办学声誉。20世纪90年代后期，由于诸多原因，教育硬件设施得不到改善，学校规模不断缩小，学校发展几乎停滞不前，成为耒阳市一所薄弱的农村初级中学。

现学校占地面积30亩，校舍建筑面积4470平方米（教学楼1栋1800平方米，综合楼1栋726平方米，生活楼1栋1100平方米，其他辅助设施844平方米）。学校坐落在耒阳市大和圩乡五和存西岭山上，校园有山有水，环境幽雅，是一个读书求学的好地方。

学校现有4个教学班，学生263人。教职工18人，其中中学高级教师2人，中学一级教师7人，初级职称的7人，工人2人，包括特岗教师4人；本科学历的11人，教师平均年龄40岁。多年来，学校在各级政府与教育局的关心与指导下，在大和圩乡人民的关心支持下，学校行政班子团结教职工共同努力，精诚协作，负重奋进，在艰苦的环境中，管理逐步迈入正轨，学校和谐稳定发展，教育教学质量逐步提升。

学校行政班子成员信息

校长：肖小龙（13786458277）

副校长：王勋仙（13627343923）

【湖南师大附中耒阳分校】

湖南师大附中耒阳分校是由耒阳市人民政府、湖南禄芳集团联手湖南师大附中重点打造，全权委托湖南师大附中负责教育、教学、教研、行政管理的一所高品质的全日制学校。学校属于衡阳市重点民生工程，位于耒阳市经济开发区，距耒阳城区仅3.8公里，专线公交19路等多路公交车直达。学校占地600余亩，投资6.8亿元，建筑面积20余万平方米，幼儿园、小学、初中和高中各学部既相对独立又融为一体。校园布局科学合理，建筑美观实用，人均绿地面积国内领先。理化生实验室、计算机房等一应俱全，设备先进；体育馆规模宏大，各类体育设施齐全。学校于2014年秋季开学，从幼儿园到高三各个年级均有招生，现有师生员工4000余人，在2015年首届高考中本科一批、本科二批上线率居衡阳市第一，位列全省前茅。

学校秉承湖南师大附中"自强不息，勇创一流"的精神，坚持"以人为本，兼容并蓄"的办学理念，真心实意地实施素质教育，促进学生全面发展、特长发展和可持续发展，培养"理想高远，仁爱阳光，素质全面，个性彰显"的学生；以湖南师大附中为依托，充分发挥优质教育品牌的辐射带动作用，力争尽快实现"湘南第一，湖南一流，全国知名"的办学目标，最终实现"办人民满意的学校"的办学宗旨。

学校定期选送老师去湖南师大附中本部及其分校、湖南师大附小、湖南师大幼儿园学习培训，更新教育理念，提升教育教学水平。学校共享湖南师大附中本部所有师资和其他资源，不仅如此，湖南师大附中也一直全力支持学校办学，不仅选拔优秀的毕业生来校教学，而且还从湖南师大附小和湖南师大幼儿园派出优秀的管理团队和骨干教师。

学校既重视文化科目的教学，又开设琴艺、棋艺、书法、绘画、舞蹈、足球、健美操等多门类的校本特色课程，要求每个学生擅长一项运动，学会一门乐器。学校有专人指导成立各种社团和兴趣小组。学校每年开展"四大节双体验"活动，艺术节、体育节、科技节、社团节、军营生活体验、社区生活体验等主题活动和社会实践活动，让学生增长了见识，锻炼了能力。学校将继续组织优秀中学生开展数学、物理、化学、生物等学科奥赛培训，由湖南师大附中金牌教练培训。

学校把学生的安全、健康放在第一位。保健医生昼夜值班，保安24小时巡逻值守。学生食堂干净卫生，营养配餐，各学部均设独立食堂。教室与宿舍都配有冷暖空调、双卫生间，热水供应到寝室，宿舍有生活辅导老师全天候服务和管理，培养学生良好的生活习惯和独立生活的能力。

学校是中国电信目前在湘南地区唯一的智慧校园战略合作伙伴，共建湘南第一所智慧校园。学校全方位安装智能监控设施，全天候监管学生动态和校园安全。家长可以通过这个平台实时与老师保持联系，掌握学生的学习生活动态，及时与学校、老师等沟通和互动。

学校地址：耒阳市三架办事处七岭村

邮政编码：421800

办公电话：0734－4618015

学校行政班子成员信息

校长：李泽（15273488888）

副校长：黄宇鸿（18173496869）

副校长：李霞（18173496666）

工会主席：肖秀英（18175889977）

【耒阳市教师进修学校】

耒阳市教师进修学校是耒阳市中小学教师培训的基地，位于耒阳市中心繁华路段金华路旁。学校占地面积24亩，现代化的多功能教室、电脑室、图书室、语音室成龙配套，与省内多所高校联合办学，规模建制在衡阳市同类学校独领风骚。校园整洁美观、花木常青，布局匠心独运，文化底蕴深厚，是求学的理想场所。学校成立于1975年，定址耒阳小水镇，取名为耒阳县"五·七"大学师范分校，1982年定名为教师进修学校，1985年湖南省教育厅确认为中等专业学校，并从小水镇搬迁至现址。

学校开拓创新，锐意改革，坚持面向基础教育，服务素质教育，造就一支高素质的中小学教师队伍。现有在职教职工49人，其中高、中级教师25名，硕士研究生2人，特级教师2人，省、市级劳动模范、优秀教师3人。

自成立以来，学校先后举办了普通话、计算机、教师岗位、国培、省培、继续教育学分等各种短期培训，与中央电教馆、湖南教师发展中心、湖南师范大学、衡阳师范学院、衡阳广播电视大学、郴州广播电视大学等联合举办了多形式的中、长期培训，为耒阳引进了更多优质资源，方便了广大教师继续深造和专业发展，是培育中小学教师干部的绿色家园、红色摇篮。

学校实施"课题带动，科研兴校"的战略，"异步教学推广实验"蜚声海内外；"幸福指向的教师文化"课题荣获湖南省"十二五"重点规划课题；"教师培训优质空间"首批获湖南省嘉奖；教师教育专著《专业化视野中的创新型教师》被衡阳市教育局指定为中小学教师继续教育教材；近年来，还有100余篇教育教学论文在国家、省、市各级论文评比中获奖或在报刊上发表。

学校以骄人的办学业绩先后被各级有关部门授予"湖南省教师培训先进单位""耒阳市教育目标考评一等奖""湖南省花园单位""湖南省心理教育先进单位""湖南省教师进修学校教学质量检查先进单位"等40多项荣誉称号。而今，学校众志成城，只争朝夕，迈步在"发展—跨越—腾飞"的大道上。

学校地址：耒阳市金杯路10号

邮政编码：421800

办公电话：0734－4332681

学校行政班子成员信息

校长、党支部书记：曾华（15074708599）

后勤副校长：刘飞（13054055248）

教研副校长：伍艺凭（13037344009）

党务副校长：刘友生（1387572580）

培训副校长：贺文生（13187233318）

校务副校长：陈宝才（1387576060）

【耒阳市大义中学】

耒阳市大义中学坐落于耒阳市大义镇大义居委会。校园占地面积 7260 平方米，校舍总面积 4902 平方米。学校校门、围墙、运动场齐全，电教仪器达 II 类标准。学校有 1 个多媒体教室及 1 个电脑室，物理、化学、生物实验室各一个。近年来，学校教育教学质量稳中有升，学生思想品德合格率达 100%，优秀率达 46% 以上，为高一级学校输送学生人数不断增多，其中在 2015 年的毕业会考中优秀率达 36%。

学校现有教学班 9 个，学生 477 人；教职工 30 人，学历合格率达 100%，其中本科学历的 16 人，高级教师 1 人，中级职称以上的占 85% 以上。

学校基本设施齐全，绿树成荫，鸟语花香，环境优美。全体教职工在新班子确立的"以人为本、和谐发展"的办学理念的指导下，坚持"团结、守纪、求实、奋进"的校训，师生共创"和谐文明，勤奋创新"的校风，以"以人为本，和谐发展"为学校发展理念，达到"创建合格学校，成就学生梦想"的办学目标，教师严格遵守"敬业、爱生、博学、创新"的教风，学生培养出"勤奋、守纪、善思、自信"的学风。学校勤奋守纪，求实创新，争取办"学生舒心、家长放心、社会满意、文明和谐"的学校。

学校地址：耒阳市大义镇大义居委会

邮政编码：421842

办公电话：0734 - 4650056

学校行政班子成员信息

校长：雷杰（15197463198）

【耒阳市广湘初级中学】

耒阳市广湘中学是金华教育全额投资、委托省级示范性普通高中——耒阳市第二中学全面管理的一所全寄宿制民办初级中学。学校于 2013 年秋季开始面向耒阳市内外招收初一新生，每年限招 14 个班共 770 人，每班限额 55 人，现有学生 2300 多名，科任教师 118 人，全部具有本科及以上学历，大多带过一届以上的初、高中毕业班，平均年龄约 35 岁。

学校办学证照齐全，教育设施设备齐全、先进。校园面积 60 余亩，建筑面积 25108 平方米；寝室空调、热水供应等俱全；餐厅每生一个固定餐位；教室均装备了先进的多媒体交互式一体机；学校各种功能室齐全、运动设施齐备、文化氛围浓郁、校内环境优美，是衡阳市花园式学校。

学校追求"理念精准、队伍精良、管理精细、环境精美、育人精品"，全面贯彻国家的教育方针，坚持实施素质教育，让学生"引爆潜能，增长智能，优化品行，彰显个性"，实现"全员发展、全面发展，特长发展，和谐发展"，坚持"小班额、小规模、精品化"办学，追求办人民赞赏的教育，把学校打造成"高质量、有特色、精品化"的品牌初中。

学校自 2013 年 5 月 24 日挂牌开办以来，全体教职员工共同努力，付出了很多，也取得了喜人的回报。学校的养成教育和德育工作成绩斐然。学校优良的校风、学风、教风，已得到了家长、社会、上级领导、外地各参观考察团的一致肯定和交口称赞。学校的体育艺术教育质量名列前茅。2014、2015 年耒阳市中小学生田径运动会，学校均获得了团体总分第二名；2015 年上期耒阳市中学生篮球赛，学校以两个年级的力量夺得初中一组第三名；2014、2015 年耒阳市、衡阳市"三独"比赛，学校学生均有优异表现，获奖等级高，获奖人数多。学校的文化课教学质量显著提升。在 2015 年上期 2016 届生物、地理会考中，地理、生物两科的优秀率、合格率、人均分三项指标均以绝对优势位列耒阳市第一；在 2014 年下期末初二年级耒阳市教学质量统一检测中，各科总及格率、总优秀率、人均总分三项指标均以绝对优势位列耒阳市第一；在 2015 年下期末初二年级耒阳市教学质量统一检测中，人均总排名耒阳市第二，但语文、数学、英语、物理、生物、政治等科目的及格率、优秀率、人均分几乎都是耒阳市第一，历史科目是耒阳市第二，地理科目是耒阳市第三。在 2015 年全国第十八届读书征文比赛中，学校学生获全国一等奖 1 项，全国三等奖 1 项，衡阳市一等奖 2 项，衡阳市二、三等奖 3 项。

学校地址：耒阳市三桥居委会旁

邮政编码：421800

办公电话：0734 - 4266822

【耒阳市集贤中学】

耒阳市集贤中学是一所农村初级中学，现位于哲桥镇黎明村凤凰山下，占地 29998 平方米，体育运动场 12000 平方米，建有教学楼、学生宿舍、教职工宿舍、食堂等；内设实验室 3 间、电脑室 1 间、图书室 1 间；校舍总建筑面积 6140 平方米。

学校现有 8 个教学班，学生 506 人。现有教职工 32 人，其中中学高级教师 3 人，中学一级教师 22 人；本科学历的 26 人，专科学历的 5 人。

学校推行素质教育，注重学生全面发展；倡导"团结、勤奋、求实、进取"的校风，坚持"学有所成，学有所用"的理念，师生共同成长。让学生喜爱学校，让家长信赖学校，知识改变命运，读书成就未来……这些浸透着时代气息的强音伴随着学校的发展，铸造着学校的良好形象，推动着学校与时俱进，学校已成为"耒阳市基础课程改革实验创新样本学校"。

学校地址：耒阳市哲桥镇黎明村

邮政编码：421800

办公电话：0734 - 4920266

学校行政班子成员信息

校长：谢碧芹（15973400829）

副校长：刘功文（13875602301）

副校长：李平华（18773436478）

【耒阳市特殊教育学校】

耒阳市特殊教育学校创建于 1993 年，对耒阳市的适龄残疾儿童进行义务教育。学校现有教职工 20 人（正式职工 13 人，招聘老师 7 人）。学生按残疾类别，分为聋哑部和启智部，共 8 个班级（其中聋哑班 7 个，启智班 1 个），在校学生 89 人。

学校全面贯彻党和国家的教育方针，以"一切为了残疾儿童，为了残疾儿童的一切"为办学宗旨，狠抓科学化、规范化、现代化管理，以"融职教与普教于一体，搞好学校的教育和保育工作"为特色，以"师爱""母爱""友爱"的"三爱精神"为学校的办学精神，坚持以创名校、出名师为突破口，不断提高学校教师的教育教学能力。

学校十分重视教师队伍的建设工作，中级职称的有 8 人，本科及以上学历的有 9 人，任课教师学历合格率为 100%。学校始终坚持运用科学的理论指导特殊教育实践，每一位教师都能以高尚的师德、高超的专业技能表达对每一个学生的爱，不懈追求特殊教育事业的成功。学校教师所写的教学经验文章和论文参加省、市级论文评比多次获奖。由于全体教职工的共同努力，学校在耒阳市教育局每年组织的目标考核中均获得好成绩。学生参加省、市残疾人文艺节目表演屡次获奖。学校工作受到了各级领导、社会各界人士及家长们的高度肯定。

学校地址：耒阳市灶市办事处迫冲路

邮政编码：421800

办公电话：0734 - 4308510

学校行政班子成员信息

校长：伍谷生（13875622848）

副校长：李小荣（13875691593）

副校长、工会主席：肖琼（13397476989）

【耒阳市余庆中学】

耒阳市余庆中学始创于 1958 年。学校校园占地面积 8150 平方米，校舍总面积 6493 平方米。学校电教仪器、体育器材室达 Ⅱ 类标准，音、体、美、劳、卫器材室与图书报刊为 Ⅲ 类标准。学校有 1 个多媒体教室及 1 个电脑室，物理、化学、生物实验室各一个。近年来，学校教育教学质量稳中有升，学生思想品德合格率为 100%，优秀率达 45% 以上，为高一级学校输送了大量的合格人才。

学校现有教学班 12 个，学生 600 余人，寄宿学生 400 多人；教职工 65 人，其中本科学历的 30 人，学历合格率达 100%，高级教师 4 人，中级职称的占教师总数的 80% 以上。

学校基础设施齐全，绿树成荫，鸟语花香，环境优美，是学生求学的理想之地。2016 年，全体教职工在新班子确立的"做人民满意教师，办人民满意学校"的办学理念的指导下，团结拼搏，锐意革新，争取把学校打造成九年一贯制学校，创造耒阳市余庆中学品牌教育。

学校地址：耒阳市余庆街道办事处余冲村

邮政编码：421899

办公电话：0734－4242888

学校行政班子成员信息

校长：曾勇军（13973410107）

副校长：罗锡联（13016185439）

副校长：邓主芳（13787341921）

【耒阳市长冲中学】

耒阳市长冲中学创办于1965年。2006年8月，耒阳市教育局为整合教育资源，调整学校布局，将原耒阳市夏塘镇五星完全小学撤并到耒阳市长冲中学，办成了一所九年一贯制学校。学校现有学生400余人。学校地处夏塘镇长冲居委会3组，群山环抱，环境幽静，景色宜人，正是莘莘学子求学的好地方。

学校占地面积7380平方米，建筑面积3680平方米，有按Ⅰ类标准装备的实验室、仪器室、电脑室、多媒体室、美术室，此外还有藏书丰富的图书室、标准化篮球场。2013年，学校在上级的支持下，又安装了校园广播系统。

学校拥有一支爱岗敬业的教师队伍，现有专任教师26人，教师的学历全部合格，其中专科学历的有7人，本科学历的有16人；具有中级职称的教师13人，高级职称教师2人。合理的师资结构为学校教育教学质量的稳步提高奠定了基础。

学校的历届行政人员、教师秉着"一心一意办教育，办好教育为人民"的教育宗旨，呕心沥血、精诚团结，为上级学校输送了一批又一批优秀学生，为本地培养了一大批合格的社会主义建设者。

在新的历史时期，学校践行"办人民满意教育"的承诺，遵循"开拓进取，求实创新"的校训，教育学生要学好科学文化知识，让知识改变自己的命运，让学习去创造美好的未来。

学校地址：耒阳市夏塘镇长冲居委会3组

邮政编码：421804

办公电话：0734－2542386

学校行政班子成员信息

校长：周磊（13170344389）

【耒阳市竹市中学】

耒阳市竹市中学坐落于耒阳市竹市镇竹市居委会。校园占地面积16000平方米，校舍总面积5396平方米。学校校门、围墙、运动场齐全，电教仪器、体育器材室达Ⅱ类标准，音、体、美、劳、卫器材室与图书报刊为Ⅲ类标准。学校有1个多媒体教室及1个电脑室，物理、化学、生物实验室各一个。近年来，学校教育教学质量大幅度上升，学生思想品德合格率为100%，优秀率达45%以上，为高一级学校输送学生人数不断增多。

学校现有教学班6个，学生259人。教职工39人，学历合格率达100%；中级职称以上的占教师总数的80%以上。

学校基本设施齐全。全体教职工在校领导班子确立的"一切为了学生"的办学理念的指导下，团结拼搏，开拓创新，努力办"学生舒心、家长放心、社会满意、文明和谐"的学校。

学校地址：耒阳市竹市镇竹市居委会

邮政编码：421801

办公电话：0734－4391119

学校行政班子成员信息

校长：廖爱炳（13055058667）

副校长：陈美凤（13627340099）

【耒阳市龙塘中学】

耒阳市龙塘中学毗邻省道320线，占地总面积已达12600平方米，校舍建筑总面积7123平方米。现在校学生780余人，教学班13个；在岗教职工50人。学校努力实施素质教育，全面提升教育教学水平，办人民满意的学校。学校布局日益规范合理，新建了教学楼、多功能食堂、宿舍楼、运动场；设施设备日趋完善，各功能室装备都达到农村最高标准；校园环境优美，绿树成荫，花草飘香。

学校办学遵循科学规律，管理科学规范，突出精细化，狠抓规范化；教师爱岗敬业，教学教研能力强，业务素质强，师德师风好。近年来学校坚持"以人为本"的办学理念，朝着"立足耒阳农村一流，打造学校特色"的总体目标奋进，促进师生全面和谐发展，强化特色教育，艺体教育已有重大突破，在耒阳市中小学田径运动会及"三独"比赛中均取得优异成绩。教学环境设备一年更比一年优，教育教学质量一年更比一年好,重点高中上线人数一年更比一年多,位居农村中学前列。几度春秋,几载耕耘,学校在拼搏中成长,在竞争中壮大,逐渐成为耒阳市农村中学的窗口学校。

学校地址:耒阳市龙塘镇司兰桥居委会二组辖区内

邮政编码:421803

办公电话:0734-4890709

学校行政班子成员信息

校长:谢海滨(13789369688)

副校长:曹和平(15886436033)

副校长:奉志峰(13469106262)

【耒阳市罗渡中学】

耒阳市罗渡中学创办于1979年,地处耒阳、常宁和贵阳三地交界处,西傍春陵江,交通便利,环境优雅。学校始终坚持"校兴我荣,校衰我耻"的办学理念,以"自加压力,负重奋进"为校训,全面推进素质教育,为社会培养了一大批服务人才。

一分耕耘,一分收获。近年来,学校内加压力,外树形象,经过不懈的努力,将一个教育教学质量落后的学校,办成了群众满意、家长放心、教师安心、学生舒心的示范性学校。2014年学校被评为"教育系统综治安全维稳工作先进单位",并荣获"教育目标管理考评二等奖"。在2014、2015年的中考中,学校连打翻身仗,创造了"以最差生源考出最好成绩"的奇迹,标志着学校的发展进入了新的阶段。近两年来,学校的校园环境建设也得到了进一步改善:建成了高规格的食堂、高标准的塑胶球场、美观大气的校门。

学校地址:耒阳市仁义镇罗渡村9组

邮政编码:421837

办公电话:0734-4842011

学校行政班子成员信息

校长:黄玉斌(13786469519)

【耒阳市三都镇石准中学】

耒阳市三都镇石准中学是一所乡办初级中学,创办于1968年。学校校园占地面积30亩,建筑面积6000平方米。学校依山傍水,小巧宜人,环境清雅舒适。

学校现有9个教学班,在校学生697人。教师35人(含特岗教师9人),其中中学高级教师3人,中学一级教师13人;现有湖南省优秀教师1人,耒阳市优秀教师2人,耒阳市骨干教师3人;教师学历合格率为100%。教师开阔的视野、高尚的师德、精良的业务为学校争创一流的业绩奠定了坚实的基础。

学校秉承"科学发展,以教为重,以德治校,以效强校"的办学理念,以"办学条件标准化,办学行为规范化,办学质量高效化"为办学目标,坚持"与学习同行,与文明同路,与健康同在"的育人追求,不断推进以人为本的教学管理模式,尊重教师,关爱学生,营造和谐的育人环境,全面推进素质教育。学校是衡阳市教育管理先进单位、衡阳市园林式单位、耒阳市素质教育示范校、耒阳市新课改实验校、衡阳市养成教育示范校。近年来学校省级示范性普通高中上线率节节攀升,2014、2015年分别上线104人和112人,上线率为53.8%和55.1%。从2004年开始,学校连续12年在耒阳市教育局年终目标考评和教学教学质量评价两项评比中均获一等奖。

学校地址:耒阳市三都镇石准村

邮政编码:421807

办公电话:0734-4873435

学校行政班子成员信息

校长:蒋平(13487547455)

副校长:张世能(15200878186)

副校长:文冬元(15200734960)

【耒阳市三架中学】

耒阳市三架中学坐落在耒阳市北大门,校园占地面积76.08亩,校舍总面积6698平方米。学校校门、围墙、运动场齐全,电教仪器、体育器材室达Ⅱ类标准,音、体、美、劳、卫器材室与图书报刊为Ⅲ类标准。学校有1个多媒体教室及2个电脑室,物理、化学、生物实验室各一个。校内绿化成荫,是园林式单位。2013年秋季起学校转变为全国首所留守儿童九年一贯制公立寄宿学校,堪称留守儿童的乐园。近年来,学校教育教学质量稳中有升,学生思想品德合格率为100%,优秀率达45%以上,为高一级学校输送学生人数不断增多,其中在2015年的毕业会考中优秀率达30%。

学校现有教学班10个,学生538人,其中寄学生100多人;教职工24人,学历合格达

100%，其中教育管理硕士1人，本科学历的19个，高级教师4人，中级职称以上的占教师总数的80%以上。

学校地址：耒阳市五里牌办事处梅新村

邮政编码：421800

办公电话：0734-4381369

学校行政班子成员信息

校长：蒋战修（18173466677）

副校长：周林森（18173466698）

【耒阳市南阳中学】

耒阳市南阳中学创办于1965年，是耒阳市一所农村初级中学。校园占地15441平方米，校舍面积4827平方米。校内绿树成荫，鸟语花香，清新秀丽，宛如镶嵌在南阳沃土上的璀璨明珠。步入校园，优雅的育人环境、浓郁的校园文化、崭新的教师公寓、温馨的校园生活……处处让人感到生机与活力。

学校现有教学班8个，在校学生485人；教职工34名，其中本科学历教师16人，大专学历教师17人，学历合格率为100%。学校教师师德高尚，业务精湛，教风严谨，队伍优良，有中学高级教师4人，中学一级教师14人；现有湖南省优秀教师1人，衡阳市骨干教师2人，耒阳市优秀教师6人，耒阳市优秀班主任4人。

近年来，学校坚持以"立德树人"为目标，秉承"以人为本、质量立校、教研兴校、特色强校"的办学理念，践行"民主理校、教研兴校、质量立校、创新强校、以德树校"的办学思路，倾力打造环境优美、师资优良、成绩优异、管理高效的农村初级中学。学校多次获得了"耒阳市教育教学目标管理考评奖""耒阳市综治工作先进单位"，还获得了"耒阳市交通安全知识征文先进单位""耒阳市中小学生书信征文优秀组织单位""耒阳市禁毒教育实验学校""耒阳市教育信息政务保障工作先进单位""耒阳市校级网络空间建设先进单位"等20多项荣誉称号。

学校地址：耒阳市南阳镇南阳村十二组

邮政编码：421805

办公电话：0734-4500478

学校行政班子成员信息

校长：邓凤平（13974772268）

副校长：谢涛峰（13973456367）

【耒阳市导子中学】

耒阳市导子中学坐落于耒阳市导子镇导子居委会。校园占地面积10000平方米，校舍总面积4902平方米。学校校门、围墙、运动场齐全，电教仪器、体育器材室达Ⅱ类标准，音、体、美、劳、卫器材室与图书报刊为Ⅲ类标准。学校有1个多媒体教室及1个电脑室，物理、化学、生物实验室各1个。校内绿化成荫，是园林式单位。近年来，学校教育教学质量大幅度上升，2013年重点高中上线率达48%。学生思想品德合格率为100%，优秀率达45%以上，为高一级学校输送学生人数不断增多，在2015年耒阳市初二会考中，学校初二年级各科教学成绩均在耒阳市名列前茅。

学校现有教学班6个，学生363人。教职工20人，学历合格率达100%，中级职称以上的占教师总数的80%以上。

学校基本设施齐全，绿树成荫，鸟语花香，环境优美。全体教职工在新班子确立的"一切为了学生"的办学理念的指导下，团结拼搏，开拓创新，努力办"学生舒心、家长放心、社会满意、文明和谐"的学校。

学校地址：耒阳市导子镇导子居委会

邮政编码：421813

办公电话：0734-4630371

学校行政班子成员信息

校长：王贱成（13973411735）

副校长：黄志军（13873411964）

副校长：张为军（18711451927）

【耒阳市导子乡浔江中学】

耒阳市导子乡浔江中学创办于1969年，位于导子乡曹流村陈家山脚下。学校三面环山，一面临水。校园内绿树成荫，环境幽雅。学校现有教学班8个，在校学生476人；教职工27人，其中中学一级教师16人，全日制大专院校毕业的年轻特岗教师9人，教师学历合格率达100%，本科学历的达62.9%。学校占地面积99.3亩，建筑面积18664平方米。2009年学校通过湖南省农村义务教育合格学校验收。

学校以全面实施素质教育、培养合格中学生为办学目标，注重学生品行及综合素质培养。教学上,教师根据学生的自身基础,着重抓好学生的基础知识和基本技能。在关注学生学科成绩的同时,广泛开展课外活动,以活动为载体,达到规范学生日常行为和提高学生素质的目的。这些年来,学校教育教学质量一直稳居耒阳市农村中学前列,为高一级中学输送了大批合格毕业生。学校多次获得耒阳市教学质量奖、教育目标管理考评奖。

学校地址:耒阳市导子乡曹流村陈家山

邮政编码:421814

学校行政班子成员信息

校长:唐岳南(18973491915、13974761259)

副校长:徐文庆(13875724077)

副校长:陆月魁(13762454441)

【耒阳市长坪中学】

耒阳市长坪中学始建于1985年7月,坐落在长坪乡政府东侧约200米处,占地面积9000多平方米。学校布局合理,教学楼、综合楼、师生宿舍等鳞次栉比;各功能室建设、设备齐全;校园广播系统、校园网络建设完成;篮球场、乒乓球场、排球场、羽毛球场等设施完备。

学校于2010年6月创建为湖南省第二批农村义务教育合格学校,是耒阳市农村学校的"领头羊"。学校现有学生737人,教学班10个,在编教师31人,其中中学高级教师3人,中学一级教师13人,耒阳市骨干教师2人。学校秉承"厚德博学,自强不息"的教育精神和"敢争第一"的雄心壮志,内强管理、外树形象、深化课改,建立了一整套行之有效的科学管理机制。

学校地址:耒阳市长坪乡长坪村(长坪墟东200米)

邮政编码:421839

学校行政班子成员信息

校长:刘家运(13975419051)

副校长:谢朝良(13875733672)

【耒阳市永济中学】

耒阳市永济中学始建于1958年,地处耒阳市永济镇葫头湖畔,占地面积29718平方米。学校配有电脑室、多媒体室、理化生实验室、图书室、阅览室等,教学设施设备齐全,是耒阳市第一批湖南省合格学校验收单位之

一。学校现有800余名学生,教职工58人,有中学一级教师26人,中学高级教师4人。

学校围绕"创环境舒适、校风优良、质量一流学校"的办学目标,在"团结、勤奋、求实、创新"的校训引领下,坚持"以人为本、从严治校、依法治校、名师治校、民主治校"的理念,走"严格管理立校,教育科研兴校"之路,紧扣"全面提高教学质量"这一中心,深入推进规范管理,大力加强师德建设,扎实开展校本教研,不断丰富校园文化生活。学校环境舒适,文化生活丰富,师生礼仪文明,学生素质全面,教学质量突出。学校多次荣获耒阳市教育局督导评估及教育教学质量奖,重点高中上线人数一直稳居新市片区前列。

学校地址:耒阳市永济镇葫头湖畔

邮政编码:421848

办公电话:0734-4751258

学校行政班子成员信息

校长:伍昭文(13107345383)

副校长:伍毛生(15570937801)

副校长:梁武(13187246782)

【耒阳市盐沙中学】

耒阳市盐沙中学现有校园面积约48900平方米,拥有专任教师24人,其中高级职称教师1人,中级职称教师16人;现有6个教学班,学生300人。多年来,在教育教学目标管理考评中,学校一直获奖。

办学理念:以人为本、质量立校、教研强校、特色兴校。

校训:文明勤奋、求实创新。

教学观:重视双基教学,培养良好学习习惯。重视学生自主学习习惯的培养。以学生为主体,教师为主导。

师生观:相信学生、解放学生、依靠学生、发展学生。

学习方式:自主、探究、合作、展示。

学校行政班子成员信息

校长:周龙文(18674790174)

副校长:罗永和(13723829978)

副校长:李少飞(13974704648)

【耒阳市泗门中学】

耒阳市泗门中学始建于1958年,原名白沙中学,占地面积20751平方米,校舍建筑面

积 7089 平方米，绿化面积达 36%。学校拥有 1 栋教学楼、1 栋学生宿舍楼、1 栋综合大楼、1 个新建食堂、1 栋教师宿舍楼，现在建 1 栋六层工作楼。学校设施比较齐全，建有 1 个运动场、2 个篮球场、1 个排球场、1 个羽毛球场；装配了图书室、化学实验室、物理实验室、微机室、音乐室、多媒体室各 1 间，学生电脑 28 台，图书藏书达 19851 册。

学校现有教学班 10 个，在校学生 586 名。学校有一支敬业爱岗、富有战斗力、向心力强的教师队伍，其中中学高级教师 2 人，中学一级教师 30 人，中学二级教师 15 人。

学校秉承"为了学生的一生发展"的精神，以打造特色、争创耒阳市优秀农村中学为目标。目前，学校努力创建和谐校园，逐步形成了"尊师爱生，重教勤学"的校风、"平等宽容，和谐互动"的教风和"善思、好问、合作、互动"的学风，旨在培养"情商丰富，智商发达，体魄健壮，品德高尚，基础扎实，胸怀世界，善于交流，勇于创新"的优质生源，为高一级学校输送更多的合格学生，为社会培养一批具有远大眼光和踏实能干的实用性人才。

单位地址：灶市街街道办事处泗门居委会
单位邮编：421857
学校行政班子成员信息
校长：张春华（13787726595）
副校长：李世恒（15874778048）
副校长：李小文（18974743152）
副校长：匡东（13875745894）

【耒阳市水东江中学】

耒阳市水东江中学是一所公办初级中学。学校占地面积 23571 平方米，建筑面积 7128 平方米，在校学生 400 多人。学校教学硬件设施一流，拥有漂亮的教学楼、多媒体教室、电脑室、音乐室、美术室及理化生实验室以及能容纳一千多人就餐的食堂和近千人寄宿的学生公寓。学校还有篮球场 3 个、标准环形运动场和学生健身场各 1 个。

学校师资力量雄厚。近年来通过省级考试，录用了 13 名高水平的特岗教师，充实了学校的教师队伍。学校现有中学高级教师 5 名，中学一级教师 24 名，各科教师力量均衡，能为学生提供优质的教育教学服务。

近几年，学校本着"以人为本，质量第一，因材施教"的原则，教育教学质量不断提高，升入重点高中的人数逐年增加。学校还根据不同学生的兴趣爱好，成立了音乐特长班、美术特长班和校田径队、篮球队。学生在近几年的"三独"比赛和美术比赛中多次取得好成绩。特别是学校科技创新活动成绩突出，领先耒阳市所有学校，成为耒阳市唯一获得衡阳市科技创新组织奖的单位。

多年来，学校加强常规教学管理，加强对学生的日常行为规范教育和品德教育，学生的学风和品行得到根本好转。学生守纪律、有礼貌、爱卫生，教师爱岗敬业，讲奉献。学校对寄宿生实行全封闭式管理，深得广大家长的赞誉。学校的教育教学管理也多次得到耒阳市教育局的好评。

学校地址：耒阳市水东江街道办事处东鹿居委会
邮政编码：421800
办公电话：0734 – 4373658
学校行政班子成员信息
校长：刘元生（13203082583）
副校长：刘孟阳（13975418191）

【耒阳市长坪乡石枧中学】

耒阳市长坪乡石枧中学创办于 1966 年，为乡镇初级中学。学校现有 6 个教学班级，在校学生为 345 人。学校校园占地面积为 6400 平方米，校舍面积 2750 平方米。学校装备有较为完备的仪器室和实验室，每个教室配备电脑加电视屏幕作为多媒体教学仪器。现学校在编教职工 23 人，其中高级职称教师 2 人，中级职称教师 10 人，初级职称教师 7 人；有大专及以上学历的教师 23 人，占比 100%，其中已获得本科学历的有 8 人，占比 35%。

由于学校办学规模较小，办学条件相对简陋，学校领导班子带领全校师生立足现实、艰苦创业，坚持以人为本，推行以质量求生存、以管理谋发展的办学理念。学校实行"人性化"管理，领导与职工平等，教师与学生平等，学校的教育教学风气一直呈良性循环。为了更好地抓好"质量"这个生命线，学校在搞好教学常规、全面提高学生综合素质的同时，大力推进教研教改，提高教师的综合技能，全面实施

"走出来，引进来，以点带面"的教研教改新举措，学校每学年派出多门学科的骨干教师参加各种教师培训及其他相关业务培训，并不时调派部分教师到兄弟学校听课，引进教学新理念，积累丰富的实践经验。学校通过校本培训、以老带新等各种方式，提高教师的业务水平，优化师资结构，弥补学科的不平衡现象，构建了一支爱岗敬业、作风过硬、业务精湛的教师队伍，为学校教育教学质量的全面提升夯实了基础。

学校地址：耒阳市长坪乡潭湖桥村

邮政编码：421839

办公电话：0734－4512213

学校行政班子成员信息

校长：吴军（13187203139）

副校长：刘洪胜（15200585231）

副校长：肖璘（13975471581）

副校长：王校军（13973440223）

【耒阳市亮源中学】

耒阳市亮源中学创建于1950年。学校现有教学班8个，在校学生386人。学校占地总面积为13367平方米，生均校园面积34.6平方米，校舍群落，结构紧凑，教学区、生活区、活动区布局合理；总建筑面积4839平方米，生均建筑面积12.5平方米。近年来，学校还新建了宽敞明亮的教学楼、现代化的科教楼、学生宿舍楼，学校"十室"建设配套齐备，其他配套的教学设施、教学设备一应俱全，为教育的可持续发展提供了可靠的保障。

学校现有教职工28人，专任教师28人，其中本科学历的22人，专科学历的6人，学历合格率达100%，学校有中学高级教师2人，中学一级（小学高级）教师19人，中学二级教师3人。教师队伍年轻化，进取意识强，敬岗爱业。

学校办学思想端正，全面贯彻党的教育方针，全面实施素质教育，按照"团结奋进，求实创新，诚信博爱，励志自强"的校训，坚持"质量为本，全面育人，科学育人"的办学理念，以人为本，和谐发展；注重以德治校，注重创新教育。在学校管理中，突出一个"爱"字，做到一个"细"字，狠抓一个"实"字，坚持一个"恒"字，努力做到思想上引导，学习上辅导，生活上指导，心理上疏导，使每一个亮中人教得舒心、学得开心、住得安心。在教学中逐步实现由教师带着书本走向学生，到教师带着学生走向书本、学生带着问题走向教师转变。

几十年的办学经历奠定了学校教育的基脚，学校全体教职工正齐心协力，抢抓机遇，办出特色，为学校教育再上新台阶而不懈努力。

学校地址：耒阳市亮源乡双丰村四组

邮政编码：481259

办公电话：0734－4812159

学校行政班子成员信息

校长：刘洪志（13875667137）

副校长：刘承华（13467767217）

副校长：王松华（13786413491）

副校长：杨乾红（18773420397）

【耒阳市洲陂中学】

耒阳市洲陂中学始创于1969年，当时只是一栋民房。现在学校校园面积36996平方米，建筑面积7508平方米，教学楼1136平方米；硬化了道路，美化、绿化了校园，添置和完善了教学设施和生活设施，图书馆藏书17560册，配备了多媒体教室8间，装配了一流的实验室，教学仪器配备齐全，有功能齐全的多媒体教室、远程教育室、电脑室和音乐室。

学校现有教学班8个，在校学生370人，教职工20人，其中中学高级教师2人，中学一级教师14人。教师学历合格率为100%，本科学历人数占40%。

近几年，学校进一步深化改革，加快发展步伐。全体师生牢记"团结奋进，文明守纪，求实创新"之校训，发扬"勤勉务实，乐于奉献，敢为人先"之教风，围绕着教育现代化这个大主题，真抓实干，拓新图强，赶超时代，自主发展，开创了教育教学内部管理和基本建设的新局面。学校先后被评为耒阳市年终目标考评优秀单位、耒阳市综治先进单位、衡阳市示范化学校、耒阳市工会先进单位等称号。

学校地址：耒阳市马水镇洲陂村六组

邮政编码：421819

学校行政班子成员信息

校长：罗志光（15575545585）

副校长：刘功平（15575545595）

副校长：王志文（15575545599）

【耒阳市上架中学】

耒阳市上架中学创办于 1973 年，是耒阳第一批授牌的规范化初级中学和农村示范性初级中学，2009 年顺利通过了湖南省合格学校验收。学校拥有一流的办学条件，校园面积为 23520 平方米，校舍面积为 8118 平方米，运动场面积约 5000 平方米。校舍布局合理，绿树成荫，环境优美。

学校现有教学班 8 个，学生 300 多人，教职工 28 人。学校拥有团结协作、开拓进取的领导班子和一支素质精良、经验丰富、勇于创新的教师队伍。学校创办 40 多年来，教育教学质量稳步提高，为社会培养出了一批又一批的合格人才，向高一级学校输送了许多优秀人才。

学校地址：耒阳市三都镇珊钿村五组

邮政编码：421808

学校行政班子成员信息

校长、党支部书记：谢林峰（13187241798）

副校长：陈细军（13203083758）

副校长：林文良（13575120860）

副校长兼总务主任：罗明葵（13272303542）

【耒阳市遥田镇中学】

耒阳市遥田镇中学创办于 20 世纪 50 年代初。现有教学班 12 个，在校学生 685 人。教职工 44 人，其中中学高级教师 3 人，中学一级教师 31 人；教师学历合格率为 100%，本科学历人数占 83.5%；具有中学教师资格证的 43 人，获证率为 100%。学校校园占地面积 46.71 亩，生均 36.2 平方米；校舍总占地面积 9255 平方米，生均 10.75 平方米；绿化面积 7932.5 平方米，绿化覆盖率达 35.5%。学校有直跑道 100 米、环形跑道 250 米；学生劳动实践场所 13902 平方米。教学配套设施齐全，有独立的科教楼，学生理化生实验室、阅览室、语音室、多媒体教室、网络电脑室、音乐室、美术室、劳动器材室齐备，各类器材标准达省级 Ⅰ 类标准。

学校秉着"让每个学生都得到发展，让每一个学生都能成才"的办学理念，以"注重个性、培养特长、不求升学、但求成才"为办学目标，以"让学生成才，让家长放心，让社会满意"为办学宗旨，严格要求，科学管理，教育教学质量和办学水平不断提高。学校于 2006 年被评为衡阳市示范性初级中学；2008 年通过湖南省合格校验收，为耒阳市第一批合格校验收通过单位；2014 年学校学生劳动实践场所建设通过验收；连续多年在耒阳市教育局综合目标考评、教育教学质量评价、综治安全考评中摘牌获奖；教师在教学之余，潜心研究教育理论，多篇教育成果、论文获国家、省、市奖。

学校地址：耒阳市遥田镇灯塔村

邮政编码：421849

办公电话：0734 – 4749138

学校行政班子成员信息

校长：陆东生（15116888577）

副校长：段小林（13717343706）

副校长：段文颖（13975464710）

副校长：李晓明（13762450749）

【耒阳市小水镇中学】

耒阳市小水镇中学始建于 1969 年，占地面积 27264 平方米。学校教学区、生活区、运动区布局合理；教学大楼、科教楼、师生宿舍楼、食堂餐厅鳞次栉比；"十室"建设装备齐全；校园广播系统、电子安防平台、校园网络系统成龙配套；篮球场、乒乓球场、田径运动场等设施完备。2008 年 6 月学校创建为湖南省首批"农村义务教育合格校"，是耒阳市"办特色学校，创乡镇名牌，育创新人才"的样本学校。

学校现有学生 1540 人，教学班 24 个。在编教工 103 人，其中中学高级教师 7 人，省级骨干教师 1 人。学校秉承"严谨勤勉，务实创新"的教育精神，内强管理，外树形象，严谨治校，深化内部管理体制改革，建立了一套行之有效的科学管理机制，办学特色和理念已被载入《三湘名校录》。学校实施科研兴校、课题带动战略，通过岗位练兵，近 30 人次荣获国家、省、市级优质课、论文竞赛奖等；20 余人次荣获省、市、县级"优秀教育工作者""师德标兵"等殊荣；学校课题"农村初中生创新学习的方式与方法"荣获湖南省"十一五"教育科研成果三等奖。"农村初中生高效课堂的研究与实践"经课题组成员予以重点突破，已于 2011 年

12 月通过专家评估，立项为湖南省"十二五"教育重点规划课题。

近年来，学校毕业生上省级示范性普通高中人数居耒阳市乡镇中学之首；学校田径代表队连续十二次蝉联耒阳市中小学田径运动会初中二组团体总分第一名；学校先后荣获衡阳市贯彻实施《学校体育工作条例》优秀学校，耒阳市教育局年度目标管理考评、教育教学质量评价一等奖等殊荣。

学校地址：耒阳市小水镇农科村一组

邮政编码：421824

办公电话：0734 - 4820276

学校行政班子成员信息

校长：刘小文（15575571792）

副校长：龙希良（15575571750）

副校长：陈美良（13762451916）

副校长：刘剑光（13873459949）

副校长：李明先（13786413416）

副校长：谭国勇（13574776406）

【耒阳市太平圩中学】

耒阳市太平圩中学是耒阳市一所农村乡镇初级中学，创办于 1958 年。学校现有教学班 14 个，在校学生 855 人。教职工 38 人，其中中学高级教师 2 人，中学一级教师 15 人；现有耒阳市优秀教师 8 人；教师学历合格率为 100%，本科学历人数比例占 28.3%。学校占地 30 余亩，建筑面积 4698 平方米，绿化面积 2600 多平方米，运动场使用面积 958 平方米。教学配套设施完备，拥有学生计算机房、多媒体教室、多功能理化生实验室等现代化的功能教室。现在校园整洁，绿树成荫，鸟语花香，充满了浓郁的乡土气息和人文情怀。

学校秉承着"德育为首，育人为本，五育并举，全面发展，提高素质，发展能力，努力培养合格＋特长的创新型人才"的办学宗旨，坚持"教书育人、管理育人、服务育人、活动育人、环境育人"的育人方针，确立了"自强诚信、求是创新"的办学思路，传承着"团结谦逊、文明礼貌、遵规守纪、奋发图强"的优良校风，用"严谨执教、管教管导、教书育人、为人师表"作为教职工的座右铭，教育学生勇于坚持、注重细节，激励学生勤奋扎实，戒骄戒躁，培养学生学有创新、全面发展。为高一级学校和社会培养了大量德才兼备的优秀人才。

学校深化素质教育，优化课程体系，立足于学生的整体发展，着眼于学生个性特长，培养合格＋特长的学生。学校在关注学生学科成绩的同时，尤为重视学生的身心健康发展，特别是留守儿童的心理健康发展。学校广泛开展学生书画、器乐、科技创新、文学、英语、环保、篮球、羽毛球、乒乓球、跳绳、自行车越野、留守儿童心理辅导等社团活动，其中校篮球队、乒乓球队已成为太平圩乡青少年活动中心技能培训基地，留守儿童的心理辅导课题已与湖南农业大学该课题研究小组精诚合作，被定为教育部人文社会研究项目的合作基地。

学校地址：耒阳市太平圩乡太平村四组

邮政编码：421826

学校行政班子成员信息

校长：吴铭（13875743571）

副校长：刘平生（13873459502）

副校长：龙中美（18229295302）

【耒阳市三都中学】

耒阳市三都中学创于 1946 年。学校现有教职工 24 人，其中中学高级教师 1 人，中学一级教师 17 人；共有教学班 8 个，学生 400 人。学校教学设施齐全，环境优美，占地近 40 亩。近几年，学校新建了教学楼、教工宿舍、学生宿舍、200 米标准运动场及学生餐厅。学校有仪器室 4 个，实验室 3 个，多媒体教室、电脑室、音乐教室、美术教室等一应俱全，有独立的图书馆、安逸幽静的阅览室，总藏书量 20000 余册。

近年来，学校狠抓质量、细抓管理、严抓教风，严格实行封闭式管理，把"学会做人"的教育理念贯穿教育教学始终，注重培养学生良好的习惯，使每一个学生都有改变，让每一个学生都有进步。在全体师生的共同努力下，学校 2009、2011 年荣获耒阳市教育目标管理考评一等奖、教育教学质量二等奖；2008、2010、2014 年荣获耒阳市教育目标管理考评三等奖、教育教学质量三等奖。

学校地址：耒阳市三都镇三都村 4 组

邮政编码：421809

学校行政班子成员信息

校长：李卫东（13875794670）

副校长：谢高贵（13973424859）

副校长：李红华（18974778800）

【耒阳市南京中学】

耒阳市南京中学地处耒阳以西南京镇境内，占地 50 余亩。学校建筑面积 7700 平方米，建有标准化科教综合楼、教学楼，精致的教师公租房；配有计算机、多媒体、仪器、实验、体艺卫、图书、阅览、办公等各类功能室。现有教学班 12 个，在校学生 800 余人，教职工 45 人，其中高级职称的 1 人，中级职称的 22 人，教师学历全部达标，本科学历的 24 人。

学校树立"以质量谋发展，凭质量创优秀"的办学理念，充分关注学生全面素质的培养，立足学生的全面发展，在规范常规的基础上，实施课程改革，力求课堂实效，尝试创新管理，优化管理过程，取得了良好的教育教学效果。多年来，学校获得了许多荣誉和成绩，教学质量稳步提升，名列片区前茅，得到了上级主管部门认可和社会的良好评价，为进一步争先创优奠定了坚实基础。

学校地址：耒阳市南京镇南京村

邮政编码：421834

办公电话：0734－4540719

学校行政班子成员信息

校长：姚国清（18674788759）

副校长：刘宣（15074706158）

【耒阳市东湾中学】

耒阳市东湾中学位于水东江办事处大成村境内，紧邻耒阳城区，创办于 1990 年。办学之初为初级中学，现在学校办成九年一贯制学校并涵盖幼儿园。学校文化氛围厚重、校风淳朴务实、学风纯正高效。

学校现有教学班 12 个，在校学生 582 人。教职工 37 人，其中中学高级教师 3 人，中学一级教师 28 人，衡阳市优秀教师 2 人，耒阳市优秀班主任 3 人。教师学历全部合格，并积极参加衡阳市举办的各类继续教育，不断提高自己、完善自己。学校教师通过自学、函授、成人教育等方式已全部取得本科学历。学校占地 85 亩，布局合理。近年来学校不断改善办学环境，教学配套设施齐全。现在校园整洁美丽、绿树成荫、环境优雅、文化气氛浓厚，充满了特有的农村中学风貌。

学校始终坚持"面向全体学生，优化教育过程，培养素质特长，促进全面发展"的教育原则，把"求知、创新、发展、责任感"作为学生培养目标，逐步形成了以"面向全体、分层教学、培优促困、人人成才"为主要特色的教学模式，促使优秀生更加优秀，不同层次、不同类别的学生都得到转化、提高和全面发展。学校倡导"我运动、我健康、我快乐"的体育锻炼口号，培养学生的运动技能，使学生愉快地锻炼、学习。学校办学以来，为重点中学培养了大量品学兼优的优秀人才，重点高中上线率一直名列农村中学前茅。

学校十分重视自己的品牌和特色，注重学生个性的发展，注重学校特色和示范作用的发挥，立足于学生的全面发展，学校领导高度重视课堂教学，向课堂教学要质量，根据学校的实际情况开展"校际合作、以老带小、以小促老、互动参与式"课堂教研教改教活动模式，互帮互助，互相促进，互相沟通，互相交流，让青年教师长足发展，让老教师老有所为，这样不断提高学校的课堂教学水平，受益的是全体学生，使全体教师和广大学生和谐发展、共同提高。

学校坚持党的教育方针政策，以"办人民满意的教育"为己任，在以教育教学为中心的同时，注重学生的全面发展，坚持教书育人、管理育人、环境育人、服务育人。教学质量不断提升，在全校师生的共同努力下，学校在 2010 年耒阳市年度教学质量考核中荣获农村片第七名；2011 年被评为耒阳市综合治理先进单位；2012 年被评为耒阳市教学质量提高先进单位；2014、2015 年连续两年年度考核位列第三名，并荣获 2015 年耒阳市园林单位称号。

学校地址：耒阳市水东江办事处大成村

邮政编码：421800

办公室电话：4396505

学校行政班子成员信息

校长：谢良军（15580257679）

副校长：李万祥（18607344833）

【耒阳市高炉中学】

耒阳市高炉中学创建于 1954 年，2010 年创建为湖南省义务教育合格学校，2011 年下学期新市镇高炉小学并入。学校现占地面积

27464 平方米,建筑面积 4358 平方米,校园绿化面积达到 1764 平方米。学校布局合理,场地开阔,校园环境优美,绿树成荫,环境优雅,育人氛围浓厚,是孩子们读书成才的理想场所。

教学设施设备齐全,配有电脑室、多媒体室、理化实验室、图书室、阅览室、音体美劳室等。学校现有 12 个教学班,共 502 名学生;教师 40 名,其中专任教师 39 名,高级教师 3 人,中学一级教师 21 人,本科学历的 20 人,专科学历的 17 人,中师学历的 2 人。

学校以"建一流学校、创一流质量、育一流人才"为办学目标,以"德馨求是、励志有为"为校训,以"厚德、笃学、敬业、奉献"为教风,以"励志、文明、勤学、守纪"为学风,以"廉洁奉公、务实创新"为领导作风。学校始终坚持"面向全体、全面发展"的教育方针,围绕"全面推进素质教育"这一目标,以师德建设为核心,以现代教育技术为手段,以提高教师素质为保证,以提高教育教学质量为宗旨,忠于职守,艰苦奋斗,团结协作,教书育人,为社会培养了大批优秀人才。

学校地址:湖南省耒阳市新市镇高炉村

邮政编码:421818

办公电话:0734 - 4830531

学校行政班子成员信息

校长:李奇(18373455018)

副校长:刘勇(13875686707)

副校长:张小波(13786444396)

副校长:倪勇成(13575240919)

【耒阳市大市中学】

耒阳市大市中学占地面积 23998 平方米,校舍面积 6648 平方米。学校现有教学班 18 个,学生 1225 人。学校教职工 60 人,其中高级职称的 4 人,中级职称的 23 人,初级职称的 15 人,新招考未评职称的 11 人;本科学历的 45 人,专科学历的 13 人,中专学历的 2 人(食堂工人)。教师学历全部达标,学科结构均衡,教师年龄结构呈年轻化。学校是耒阳市农村中学规模较大、人数较多的学校之一。

学校教学设施一应俱全,条件优越,学校已新建学生宿舍、食堂和教工宿舍。理化生实验室、图书室、多媒体教室的建设逐步达到农村中学一流标准。学校是耒阳市第一批通过湖南省检验收的合格校之一。

学校秉着"办人民满意教育"的宗旨,不断强化师德师风建设,全面推行教育内涵发展和素质教育,加强和谐校园建设,营造和谐发展氛围,全面推行素质教育。近几年来,学校教育教学质量均取得了可喜的成绩,每年都获得二、三等奖,重点高中上线人数在片区中稳获第一,在耒阳市农村中学中居前五名;2014 年被评为耒阳市安全生产示范学校;连续三年被评为耒阳市"控流保学"先进单位,受到家长、社会和领导的好评。

学校地址:耒阳市大市镇大陂村黎家冲

邮政编码:421817

办公电话:0734 - 4660417

学校行政班子成员信息

校长:李贱生(15570939388)

副校长:梁禾生(15570939301)

副校长:段冬生(15570937867)

副校长:伍建云(15570939398)

【耒阳市龙塘镇江头中学】

耒阳市龙塘镇江头中学始建于 1969 年。现有学生 479 人,教学班 9 个。学校占地面积 9650 平方米,生均校园面积 19.3 平方米,校舍建筑面积 3980 平方米。学校布局合理,办学设施齐备,文化氛围浓厚。

学校有教职工 36 人,教师学历合格率为 100%,本科学历的 30 人,中级职称的 12 人。学校坚持"以人为本,从严治校,创建特色,全面发展"的办学理念,以课堂教学改革为核心,不断丰富发展内涵,近年来教育教学成绩喜人,2003 年获耒阳市教育局教学质量评价一等奖,2012、2013 年获耒阳市教学质量评价三等奖,2010、2012 年分别获耒阳市教育综合目标管理考评一、二等奖。学校综治维稳安全工作突出,多次被评为先进工作单位。

学校地址:耒阳市龙塘镇大石村六组

邮政编码:421800

办公电话:0734 - 4892092

学校行政班子成员信息

校长:谢秋成(13974761294)

副校长:黎品荣(15211800649)

【耒阳市坛下中学】

耒阳市坛下中学地处坛下乡天宝村，创办于1971年，学校占地19815平方米，建筑面积9170平方米。目前，学校在校学生498人；教职工27人，教师学历达标率为100%，其中具有本科学历的教师16人，占35%；具有中高级职称的教师20人，占59%。

学校把"静以修身，俭以养德"作为校训，全面推行素质教育，学校的教育教学质量逐年上升。学校科学制定学校管理制度，规范学校各项管理，强化教育教学秩序；争取各方面资金，积极改造、完善学校的办学条件，学校的软硬环境不断美化、亮化。2010年学校顺利通过湖南省九年义务教育阶段合格学校验收。

学校地址：耒阳市坛下乡天宝村

邮政编码：421844

办公电话：0734－2551536

学校行政班子成员信息

校长：欧阳新德（13187203438）

副校长：刘红标（13975442478）

副校长：朱正贵（13487944966）

【耒阳市芭蕉中学】

耒阳市芭蕉中学始建于20世纪初，前身为两铭小学；1969年开始办初中，更名为芭蕉中学。学校占地8066平方米，建设面积6575平方米。目前，在校学生有462人，共8个班。专任教师30人，专任教师学历合格率为100%，其中本科学历的10人，占33.3%；中学高级教师4人，中学一级教师15人。学校校园整洁，绿树成荫，花香四溢，校园文化建设丰富。围墙、校门齐全，便于封闭式管理，各类功能室及食堂、礼堂等教学辅助设施配备齐全。

多年来，学校领导与全体教师以团结一心、艰苦创业、奋发向上、争创一流、为国育人的精神，依靠科学规范的管理体制、优秀稳定的师资队伍，严谨求实、开拓创新、关爱学生、从严施教，学校教学质量连年上升。近五年来，学校在耒阳市年终教育目标管理考评中，2015年获二等奖，2014年获三等奖，2013年获优胜奖；2014和2015年在耒阳市教学质量评比中分别获得三等奖、二等奖；在综合治理安全维稳工作考评中，2012、2014、2015年被评为先进单位；2012—2015年被评为中职招生工作先进单位；学校体艺教学工作在耒阳市农村中学中名列前茅。

学校地址：耒阳市大市乡芭蕉圩

办公电话：0734－4700913

学校行政班子成员信息

校长：曹小华（15873425188）

副校长：谷方成（15580312266）

【耒阳市蔡子池中学】

耒阳市蔡子池中学是一所全日制公办初中，创办于1990年，现有48个教学班，3000多名学生和260多名教职工。学校地处耒阳市区中心，北接五一路，西连金华路，南临人民西路，地理位置优越，交通便利。学校秉着"教书育人、思想为本，素质为标"的办学宗旨，有先进的办学理念、清晰的发展思路、正确的发展目标、科学的发展举措、不竭的发展动力。

设施一流。学校教学设施齐全，现有2栋教学楼、1栋科教楼、1栋现代化的学生公寓、1个标准学生食堂、2个多媒体电教中心、3个电脑机房（现有电脑200余台）、1个语音室和6个篮球场，建有1个高标准的教师电子备课室，并设有教学用音乐室、美术室以及图书室，学生用电子阅览室、理化生实验室齐备。为拓展教学空间，学校建有功能强大的百兆校园网。

师资雄厚。学校师资力量雄厚，研究生学历教师1人，80%以上的教师皆具有大学本科及以上学历，高级职称教师有30多人，中级职称教师有170多人。教师队伍学历层次高、政治素质高、业务素质过硬、师德师品高尚、师资结构合理。

特色办学。学校始终坚持"面向全体学生，优化教育过程，培养素质特长，促进全面发展"的教育理念，把"求知、创新、发展、责任感"作为学生培养目标，逐步形成了以"面向全体，分层教学，培优补差，个个成人"为主要特色的教学模式，促使优等生更加优秀，不同层次、不同类别的学生都得到转化、提高和发展。

成绩斐然。学校励精图治，内抓管理，外树形象，各项工作都取得了质的飞跃。教育教学质量稳步提高，每年初三毕业会考，学校升学率名列耒阳市榜首，合格率均名列耒阳市第一。教研教改一直处于耒阳市的前列，学校课题研究连连报捷，"十二五"课题"提升农村初中教师课件开发和应用能力的研究"中期评估获优秀奖。学校连续荣获耒阳市学校目标管理考评一等奖、耒阳市初中教育教学质量考评一等奖，是衡阳市二星级教研教改示范学校、湖南省基础教育实验校、衡阳市现代教育技术实验学校、湖南省依法治校示范学校，2005年被教育部命名为"全国依法治校示范学校"。

学校以"一流的教育观念，一流的校园环境，一流的教学装备，一流的师资队伍，一流的教学质量，一流的管理水平"为发展目标，努力办成省内知名的基础教育学校。

学校地址：耒阳市蔡子池街道办事处野鹅塘北巷7号

邮政编码：421800

办公电话：0734 – 4334150

学校行政班子成员信息

校长：孙毅（13787716911）

副校长：李晓惠（13974781989）

副校长：廖亚明（13787703329）

副校长：谢志刚（13974735566）

副校长：刘归农（13975442483）

工会主席：梁新军（13974781998）

【耒阳市杜甫学校】

耒阳市杜甫学校位处耒阳市城区水东江街道办事处铜锣洲，是由耒阳市教育局批准创办的一所高起点、高配置、高标准的九年一贯制学校，是耒阳教育整体创强、招商引资重点民生项目。学校占地面积约125亩，建筑面积约10万平方米。校园布局合理，环境优美，集幼儿部、小学部、初中部于一体，是一所享誉全市的花园式学校。学校引进国内外优质教育资源，委托全国百所特色高中、湖南省级示范性普通高中耒阳市第一中学全面进行教育教学管理，办学理念先进，文化底蕴深厚，教学设施一流。学校现有班级29个，在校学生1800多人，教职工106人，其中中学特级教师1人，中、高级教师33人，耒阳市学科带头人2人，耒阳市骨干教师5人，耒阳市优秀教师或师德标兵3人。

走进学校，便有一股蓬勃之气、书香之气、自然之气迎面扑来。学校秉承"公勇勤朴"的校训，结合先进的教育理念，坚持教书育人、管理育人、服务育人、环境育人、艺体育人的办学思想，倡导"团结、勤勉、进取、文明"的校风、"求实、奉献、严谨、创新"的教风和"立志、博学、勤思、自主"的学风，强化"内强素质，外塑形象"的管理制度，培养健康会自理、礼貌会交流、好奇爱探索、独立能合作的德、智、体、美、劳全面发展的学生。学校实行民主管理，注重德育，重视科研，发挥特长，坚持创办高质量、现代化、有特色的一流学校。

学校坚持"内涵发展，精品示范"的办学理念和"管理精细，业务精湛，队伍精干，铸就精品"的办学目标，不断完善，不断创新，各项工作稳步推进，绩效显著。办学仅一年多来，学校就被授予耒阳市教育系统综治安全维稳工作先进单位、耒阳市教育信息政务保障工作先进单位和湖南省实施国家校园武术段位制试点学校等多项荣誉，在2015年下学期耒阳市教育局组织的全市初二年级统考中荣获第一，赢得了良好的口碑和极大的社会反响。

长风破浪会有时，直挂云帆济沧海。学校正以昂扬的斗志，卓越的风采，展示学校魅力；正乘上理想教育的巨轮，开拓奋进，迈向理想的彼岸。

学校地址：耒阳水东江街道办事处铜锣洲

办公电话：0734 – 4350009

邮编：421800

网址：www.dufuedu.com

电子邮箱：dufuedu@163.com

学校行政班子成员信息

校长：徐正武（13975417419）

【耒阳市白沙学校】

耒阳市白沙学校位于耒阳市灶市办事处王子村，创办于1969年，2015年成为九年一贯制学校。学校占地面积24775.3平方米，校舍面积8432.8平方米。

学校现有教学班级19个，在校学生916人，教职工69人，其中中学高级教师7人，中学一级教师27人，小学高级教师14人。教师学历合格率为100%，本科学历人数占60%。学校实行全封闭管理。校园内环境幽静，花木飘香。学校以学生全面发展为中心，以"团结进取、求实创新"为校训，以"尊重人、理解人、关心人"为办学原则，积极进取、开拓创新。学校教风严谨、学风浓郁。

学校自办学以来创造了大量辉煌业绩，荣获了诸多荣誉。学校发展至今，美誉不衰。2005、2006年连续两年被白沙电力分公司授予文明单位称号；2006年获白沙煤电集团学校年度工作竞赛第一名；2007年以来获得耒阳市初中系列教育教学质量二等奖、耒阳市中小学教学质量二等奖、耒阳市年检评估优良单位、耒阳市先进基层党组织等诸多奖项。学校师生在各级各类竞赛中也荣获诸多个人奖项。

学校地址：耒阳市灶市办事处王子村
邮政编码：421831
办公电话：0734 - 4713750
学校行政班子成员信息
校长：邓昌春（13875698679）
副校长：谷依农（18711464488）
副校长：许华平（15874752044）
副校长：刘小方（15873487094）

【耒阳市黄市镇中学】

耒阳市黄市镇中学创办于1958年。学校占地面积13387平方米，建筑面积9850平方米，运动面积3000余平方米，绿化面积2000余平方米。现有教学班16个，学生934人。学校有教职工43人，其中高级职称的5人，中级职称的22人，初级职称的10人；研究生学历的1人，本科学历的26人，专科学历的16人；湖南省优秀教师1人，衡阳市骨干教师2人，耒阳市骨干教师4人。学校配套设施齐全，拥有高标准的多媒体教室、电脑室、功能实验室、广播室、学生公寓楼。规划布局合理，环境优美宜人。

学校秉承"团结务实、勤奋进取"的校训，积极探索特色强校的思路。一方面严抓常规管理，美化教学环境，通过各种德育活动，教育学生养成良好的行为习惯；另一方面严谨治学，优化教师队伍，深化教研教改，努力提高教学效果，现已形成了高效互动的课堂模式。

随着近几年蔡伦竹海旅游风景区的开发利用，学校依托其丰富的文化底蕴，深入探究"竹文化"这一校本课题，并通过"竹"的精神

陶冶学生的情操，影响着一届届学生，成为乡镇中学一大特色。为了让学生的个性特长展现出来，学校根据现有资源，因材施教，开设了书法、音乐、美术、播音主持、乒乓球、篮球、田径、阅读与写作、花卉种植等兴趣小组，并初具规模，为学生提供了一个广阔的平台。

一分耕耘，一分收获。在全校教职工的共同努力下，学校各方面都取得了辉煌的成绩。升学率一直稳居农村中学前列，连续六年被耒阳市教育局评为"综治维稳先进单位"。

学校地址：耒阳市黄市镇上堡村
邮政编码：421832
办公电话：0734 - 4580001
学校行政班子成员信息
校长：欧阳祖斌（13187237984）
副校长：欧阳小云（15197451713）
副校长：刘小毛（13487543426）

【耒阳市雅江学校】

耒阳市雅江学校位于耒阳市大和圩乡雅江村，始建于1969年，2003年因雅江小学并入而成为一所九年制学校。现在校学生数为711人，教学班13个，其中初中部学生数为341人，教学班6个，教师19人（中学高级职称2人，中学中级教师8人；本科学历的15人，大专学历的4人，学历合格率为100%）；小学部学生371人，教学班7个，教师14人（小学高级教师8人，小学一级教师6人；本科学历的5人，大专学历的9人，学历合格率为100%）。学校占地面积15080平方米，学校总建筑面积6098平方米，其中教学楼建筑面积4533平方米，绿化面积8063平方米。现学校有教室27间，多媒体教室1间，微机室1间（电脑30台），教师办公室2间，行政办公室1间，仪器室、实验室各1间，体育器材室1间，校长办公室、副校长、教务处办公室、总务处办公室、政教处办公室各1间，图书室1间，200米环形跑道田径运动场1个，篮球场3个，羽毛球场2个，乒乓球台10个。

近几年来，学校以全面实施素质教育为目标，为提高教学质量而奋斗。学校强化了学校基础设施建设，先后建起了电脑室、多媒体室、图书资料室等，现初中部各班教室都装有多媒体，初步形成了现代化的教学系统。在教

育教学方面，大力开展教育科研活动和校本培训，积极组织教师参加业务培训，取得了显著的成绩。学校 2014 年获耒阳市教育局教育目标管理考评及教学质量考评二等奖；2015 年获耒阳市教育局教育目标管理考评三等奖及教学质量考评二等奖。

学校坚持"办人民满意教育"这一宗旨，针对学校就读的孩子大多为留守儿童这一特点，学校还始终坚持"爱心、耐心、责任心"的"三心"教育模式，在教学中始终牢记"鼓励鼓励鼓励"六字真言，全面抓学生的养成教育，受到家长和社会各界的一致好评。

学校地址：耒阳市大和圩乡雅江村

邮政编码：421845

办公电话：0734 - 2565007

学校行政班子成员信息

校长、党支部书记：廖书铨（15973400798）

副校长：李文就（13786420505）

副校长：陈小东（15886454906）

【耒阳市泗田中学】

耒阳市泗田中学始建于 20 世纪 50 年代，前身为耒阳市第十四中学，2010 年创建为湖南省义务教育合格校。学校占地面积 26880 平方米，建筑面积 7900 平方米。学校设施设备齐全，有电脑室、多媒体教室、图书室、阅览室、卫生室、舞蹈室、音乐室、美术室、仪器室、实验室、体育器材室、风雨活动室等功能室。现有藏书万余册，有 250 米标准环形跑道 1 个、篮球场 2 个、羽毛球场 2 个、室外乒乓球台 6 个。

学校现有教职工 42 人，教师 40 人，专任教师中本科学历的 19 人，专科学历的 18 人，中专学历的 3 人；教师专业技术职称有高级 3 人，中级 19 人。学校现有学生 409 人。

学校坚持"爱是阳光，是雨露，是沃土"的核心理念，"进校你是一切，离校一切是你"的办学理念，坚持"以德育为先导，以教学为中心，以科研为突破口"的办学方针，遵循教育规律，规范办学行为，依法治校，实行精细化管理，致力办好人民满意的教育，努力构建平安和谐校园。近年来，教育教学质量稳步提升，2016 年度学校在耒阳市教育局年度目标管理考核中获得一等奖，在教育教学质量评价中

获得二等奖，同时学校还被评为教育系统安全维稳工作先进单位、党风廉政工作先进单位、网络优质空间课堂建设先进单位。

学校地址：耒阳市泗田中学

邮政编码：481800

办公电话：0734 - 4910007

学校行政班子成员信息

校长：段延桃（15575542899）

副校长：刘桂生（13487944992）

副校长：蒋崇涛（15575542905）

副校长：陆冬生（13875683496）

【耒阳市电厂完全小学】

耒阳市电厂完全小学是一所耒阳市教育局直属完全小学，坐落于央企大唐华银耒阳分公司厂区内。学校创办于 1986 年，前身为湖南省耒阳发电厂子弟学校，实行九年一贯制，2000 年随企业改制更名为大唐耒阳发电厂子弟学校，初中部自行移交地方，保留小学，2006 年按国家政策成建制移交地方，更名为耒阳市电厂完全小学。

学校现有教学班 8 个，在校学生 344 人。学校有教职工 22 人，其中，中学高级教师 6 人，中学一级教师 6 人，小学高级教师 8 人，中学二级教师 1 人，小学二级教师 2 人；耒阳市骨干教师 1 人；教师学历合格率为 100%，本科及以上学历的 10 人，专科学历的 12 人。学校占地 14500 平方米，建筑面积 4535 平方米，教学配套设施基本齐全，与耒阳发电厂共用标准运动场。

办学三十余年，特色突出，成绩斐然。学校从建校起就确立并坚持走"合格加特长"的办学之路，教师秉持"凭良心做事，对学生负责"以自律，勤恳执业，教书育人，为高一级学校输送了大量优秀毕业生，教育教学成绩长期位居耒阳市前列。教师在电力系统和地方中小学教学评比竞赛中成绩突出，学生在演讲、朗诵、唱歌、跳舞、器乐演奏、绘画、科技小发明小制作、足球、田径等方面，从国家级到省市县级的获奖不计其数，学校先后被评为耒阳发电厂、湖南省电力公司、电力部先进单位，2012 年成为湖南省合格学校，2015 年成为耒阳市第一所教育部认定的足球特色学校。

学校地址：耒阳市振兴路 185 号（大唐华

银电力股份有限公司耒阳分公司生活区内)

邮政编码：421800

办公电话：0734－4302365（校长室）

学校行政班子成员信息

校长：周孚寿（13575264041

副校长兼教导主任：谭云艳（13873454568）

【耒阳市白山坪学校】

耒阳市白山坪学校位于耒阳市水东江办事处大塘角村北面，始建于1976年3月，原隶属于白沙矿务局白山坪煤矿，2005年因企业改制交由地方管理。该校属九年一贯制学校，校区由白山坪总校和磨田分校组成，占地面积17000平方米，现有学生1022人，教职员工62人。其中中学高级教师3人，中学一级教师和小学高级教师45人；教师学历合格率为100%，本科学历人数占33%。

近年来，学校以"办一流农村学校"为目标，坚持"依法、科学、人文、严格"的办学理念，从提高教师素质入手，大力开展师德师风建设，立足学校实际，致力内部挖潜，倡导新型教学模式，改变陈旧教学观念，以提高教学质量。2013年，该校5名教师参加耒阳市青年教师教学比武，有3人获一等奖，2人获二等奖。师资水平的提升促进了校风学风的显著变化。近5年该校被重点高中录取人数逐年攀升；连续四年代表公平片区参加耒阳市初中二组篮球赛均获第一名，2015年有两名学生被耒阳市第二中学篮球队特招；2012至2015年连续四年获耒阳市教育教学目标考评二等奖；2014、2015年连续两年获耒阳市综治安全维稳先进单位；2014年获耒阳市教学质量三等奖；职高升学率连续五年被耒阳市教育局评为先进单位。

学校地址：耒阳市水东江办事处大塘角村

邮政编码：421828

办公电话：0734－4714031

学校行政班子成员信息

校长：刘仁伟（13975427566）

副校长：罗连云（15200709838）

副校长：王磊（15073446239）

副校长：谭元兵（13974710969）

【耒阳市马水镇坪田学校】

耒阳市马水镇坪田学校创办于1969年，是一所九年一贯制学校。校园占地面积近90亩，总建筑面积10174平方米，现有教师44人，其中中学高级教师2人，省级特级教师1人，中学一级教师15人，小学高级教师12人，学历合格率达100%。学校现有在校学生984人（含学前班66人）。学校共有17个教学班。

近年来，学校在上级领导的关心与社会各界的支持帮助下，新建设了学生宿舍、教师宿舍及教学综合楼，每班配备了多媒体教学设备，学校面貌发生了根本性改变，办学条件及办学环境得到了很大改善。2012年起，在耒阳市教育局领导、衡阳师范学院专家的指导帮助下，学校以校园文化建设为纽带，秉承"以生为本，内涵发展，师生共进，建设和谐活力乡村学校"的宗旨，以课改为突破口，让课堂变成绽放师生智慧和生命活力的平台。学校办学质量明显提升，越来越多的人知道学校这一教育品牌，在校学生人数逐年递增就是对学校办学质量充分肯定的最好证明。

学校地址：耒阳市马水镇坪田村八组

邮政编码：421821

办公电话：0734－4815179

学校行政班子成员信息

校长：刘洪河（13974780791）

副校长：梁伯齐（13974715131）

副校长：郑芳明（15616644777）

【耒阳市六处学校】

耒阳市六处学校是耒阳市教育局的一所直属学校，地处耒阳市繁华的五一中路与西湖路交会的西湖亭山头178号，东临美丽的西湖，西眺母亲河耒水，北望发明家广场，南邻樟隍岭公园，地理位置优越，交通便捷通达。学校创办于1968年，原全称为湖南省煤炭基础建设第六工程处子弟学校，简称六处子弟学校，隶属于湖南省白沙矿务局。2005年8月根据国家政策移交耒阳市，更名为耒阳市六处学校。

学校现有教学班17个，在校学生1140人。学校现有教职工52人，其中中学高级教师2人，中学一级教师21人，小学高级教师20人；衡阳市骨干教师1人，耒阳市骨干教师3人；教师学历合格率为82.7%，其中本科学历的17人，占32.7%，专科学历的26人，占

50%。学校占地 7835 平方米,建筑面积 3315 平方米,拥有一个 200 米的标准环形跑道和田径运动场,教学配套设施较齐全。校园地面硬化整洁,樟树、桂花树等树木四季常青,香气怡人,沁人心脾。花坛里绿草茵茵,鸟语花香,赏心悦目。

学校形成了"以质量为本、以人为本"的办学理念,确定了"勤奋求实,笃学创新"的校训,塑造了"严谨自然,身体力行,为人师表"的教风。2008 年 9 月以来,学校先后被评为耒阳市语言文字规范化示范学校,2008、2009、2011、2012、2013、2015 年度耒阳市教育系统综治安全先进单位、耒阳市教育局先进基层党组织以及平安校园;先后获得 2008 年度耒阳市学校教育目标管理考评二等奖、2009 年度耒阳市学校教育目标管理考评二等奖、2013 年度耒阳市学校教育目标管理考评三等奖、2015 年度耒阳市学校教育目标管理考评二等奖、耒阳市第八届及第九届青少年儿童书信活动优秀组织奖、2015 年耒阳市中小学经典诗词歌赋吟诵比赛三等奖。

学校地址:耒阳市五一中路西湖亭山头 178 号

邮政编码:421800

办公电话:0734 - 4385279

学校行政班子成员信息

校长:资朝文(13875659071)

副校长:谭文景(18674788749)

副校长:梁文波(13327341933)

【耒阳市磨形学校】

耒阳市磨形学校是一所普通初级中学,位于耒阳市西南方。学校创办于中华人民共和国成立前,1974 年搬迁于现址后更名为磨形中学,2000 年耒阳教育局将磨形乡六年级并入其中,更名为耒阳市磨形学校,2009 年加入磨形乡教育集团。学校治学严谨,校风淳朴。

校园占地近 25 亩,分为教学、生活、运动区。学校较为宽阔,濒临水库,环境幽雅。教学配套设施较齐全,如今校园整洁,绿树繁花,和风送爽,整个校园充满文化氛围。学校现有教学班 10 个,学生近 700 人,教职工 35 人,其中中学高级教师 2 人,中学一级教师 11 人,教师学历合格率 100%,并拥有一支年轻

有为、责任感强的班主任队伍。

为全面贯彻党的教育方针,学校确立了"安全让家长放心、生活让学生满意、质量让社会认可"的办学理念,致力于全面提高学生的文化素养,逐步形成了"礼仪教育、励志教育、理想教育"为主体的特色教学。学校历年中考成绩均名列仁义片前茅,2012 年学校 60 人参加中考,上省级重点高中的 20 人,上线率居仁义片区第一,2013 年 98 人参加中考,30 人上重点高中;上线率稳居仁义片第一。在关注学生学科成绩的同时,学校还非常重视素质教育,广泛开展学生书画、演讲、歌舞、乒乓球等比赛活动,其中校篮球队代表仁义片参加耒阳市中学生男篮 B 组比赛,荣获第二名。"享受成长,体验成功"已成为学校学子校园生活的真实写照。

学校先后获得耒阳市"普通中小学先进班集体""教育系统综治安全维稳工作先进单位"等光荣称号。

学校地址:耒阳市磨形乡

邮政编码:421838

办公电话:0734 - 4542194

学校行政班子成员信息

校长:匡斌斌(13873434195)

副校长:李育光(19874729071)

【耒阳市实验小学】

耒阳市实验小学是耒阳市教育局直属的一所全日制小学。学校创办于 2009 年,坐落于西湖路 354 号,占地面积 9000 余平方米,校舍建筑面积 10000 余平方米。学校各种教育教学设施齐全:拥有一流的教学设备和基础设施,每个教室都安装了高端先进的多媒体设备,教师人人配备了笔记本电脑,拥有功能齐全的多媒体教室,基本实现了无纸化办公。在职在岗教职工 111 人,其中中学高级教师 2 人,小学高级教师 72 人;本科学历的 66 人,学历合格率为 100%。学校现有 43 个教学班共 2700 名学生。

自办学以来,学校秉着"为学生的健康成长导航,为孩子的幸福人生奠基"的办学目标和"共同成长、共享快乐"的办学理念,以"真诚、好学、快乐、向上"为校训,全面实施素质教育,科学管理,初步建立了"扎实、有序、高

效"的运行机制,在教师中形成了"严谨、务实、敬业、创新"的教风,在学生中形成了"勤奋、守纪、乐学、奋进"的学风,学校形成了"勤奋、创新、文明、向上"的校风。"规范化、高质量、有特色"的办学格局已初步成型,教学质量稳居耒阳市前列,各项工作成绩斐然,赢得了社会各界人士的广泛好评。

把学校创办为耒阳市小学教育的窗口、示范学校是每一个实小人不懈的追求。经过全体师生的共同努力,学校以教研兴校,以课堂为基点,狠抓学生养成教育。学校先后获得"耒阳市防震减灾示范校""耒阳市教育系统社会治安综合治理先进学校""耒阳市新课程教学改革优秀实验学校""耒阳市教育局年度目标管理考核一等奖""耒阳市学雷锋先进集体""耒阳市巾帼文明芙蓉岗""衡阳市 2011 年度普通中小学班级管理先进集体""衡阳市2010—2012 年教育系统创先争优活动先进集体""衡阳市养成教育示范校""湖南省防震减灾示范学校"等荣誉。

学校地址:耒阳市西湖路 354 号
邮政编码:421800
办公电话:0734 – 4266725
学校行政班子成员信息
校长:陈琳琳(15211869991)
副校长:徐作荣(18373439908)
副校长:李小红(15096008889)
副校长:曾美平(13789363088)

【耒阳市西湖学校】

耒阳市西湖学校是耒阳市教育局直属的一所全日制公办小学,地处耒阳市五一中路西湖亭段,毗邻风景秀美的西湖游园。学校创办于1958 年,前身为一四零子弟学校,2000 年挂牌为耒阳市西湖学校,2009 年移交到耒阳市人民政府。学校占地面积约 8700 平方米,校舍面积 4000 平方米,现有教学班 17 个,学生达1198 人。

学校办学条件精美,环境优雅,设施齐全,设有多媒体教室、图书室、书法室等功能室;师资精良,拥有一支师德高尚、爱生敬业、业务精湛、拓新进取的高素质教师队伍,岗位合格率和学历达标率均为 100%。现有教职员工 46 人,中学高级教师 1 人,中学一级教师和小学高级教师共 23 人;衡阳市骨干教师 3 人,耒阳市骨干教师 5 人。

学校管理规范精细,秉承"重素质、夯基础、兴特色"的办学思路;奉行"一切为了学生,为了一切学生,为了学生的一切"的治校理念;践行"质量创校、特色兴校、科技强校"的管理模式。学校全面实施素质教育,注重学生全面发展,开设书法、国学经典诵读等特色,积极营造浓郁的校园文化氛围,努力创建教育精品。

学校社会声誉良好,办学成果斐然,近年来,在社会各界的关心与支持下,通过全体"西湖人"的辛勤耕耘,学校已在教育的田园中绽放芬芳。教师参加县级以上各项比赛 50 余人次获奖,100 多篇论文获奖或发表,学生在各级各类比赛中获奖达 200 多人次,深受大家一致好评。学校先后荣获"标准化学校""模范职工小家""优秀学校""综治先进单位""先进党支部""教学质量三等奖""衡阳市运会团体总分第五名""控流保学先进单位""教育目标年度考评三等奖""耒阳市中小学生经典诗词歌赋吟诵比赛二等奖""教育阳光服务平台建设先进单位""教育信息政务保障工作先进单位""湖南省实施国家校园武术段位制试点学校"等多项殊荣。

学校地址:耒阳市五一中路 153 号
邮政编码:421800
办公电话:0734 – 4268063
学校行政班子成员信息
校长、党支部书记:黄雪容(13873400082)
副校长:李国云(13873436606)
党支部副书记:欧阳四新(13789399622)
工会主席:欧阳晓萍(18273423288)

【耒阳市实验小学金杯塘分校】

耒阳市实验小学金杯塘分校是耒阳市教育局直属的一所全日制小学,坐落于耒阳市金杯路 327 号,占地面积约 6000 平方米,毗邻耒阳市第三中学、耒阳市教师进修学校,地理位置优越,交通便利。2015 年 8 月,耒阳市委、市政府为了缓解城区小学就学压力,拓展优质教育资源,决定将原青少年活动中心校舍改办耒阳市实验小学金杯塘分校。学校现有教学班19 个,在校学生 1000 余人;教职工 56 人,其中本科学历的 33 人,占 59%,专科学历的 23 人,学历合格率达 100%,小学高级教师 27 人,党员教师 16 人。师资队伍主要由实验小学部分骨干教师和耒阳市其他兄弟学校选调的优秀教师共同组成,学校拥有一支年富力强的师资队伍和管理团队。

学校创办以来得到了上级领导的大力支持,教育教学设施设备逐步完善,每个教室都配有高标准的多媒体,各种功能室齐全。学校在发扬和拓展耒阳市实验小学的办学优势上,不断创新,打造自己的办学特色。学校以"尊重教育,培养兴趣,发展个性,促进成功"为办学思想,以"培养全面发展的儿童,成就受人尊敬的老师,创造令人向往的学校"为办学目标,以"健康、快乐、好学、上进"为校训,内抓管理,外树形象,全面实施素质教育,广泛开展各种学生社团活动和节日文化活动。教师爱岗敬业、乐于奉献、艰苦创业,学生尊师爱校、爱学乐学的良好校风已经形成。目前,学校各项管理规范,教育教学质量稳步提升,得到了广大家长和社会各界的认可和赞誉!

学校地址:耒阳市金杯路 327 号

邮政编码:421800

办公电话:0734 - 4668508

【耒阳市红卫学校】

耒阳市红卫学校,原名湖南省白沙矿务局红卫煤矿职工子弟学校,创建于 1963 年,2007 年整体移交耒阳市教育局管理。学校是一所九年一贯制学校,拥有一支"精诚团结、无私奉献"的教师队伍。

学校地处耒阳市小水镇洲里村与红卫煤业公司交会处,占地面积 18035 平方米,建筑面积 4025 平方米。学校现有教学班级 10 个,中小学在校学生 548 人。学校为省级合格学校,拥有现代化的教学楼、实验楼、住宿楼、食堂、洗澡堂;建有内容丰富功能齐全的图书室、多媒体电教室,还有电脑室、理化生实验室、美术室、音乐室、风雨活动中心。校园环境清新自然,学校风貌焕然一新,教学条件大有改善,为全校师生提供了良好的工作和学习场所。

学校提出了"实现红卫梦,走复兴强校之路"的号召,设计了学校发展总目标:"营造优良环境、管理民主、学风浓郁、人际和谐的学校氛围;塑造品行端正、身心和谐、行为规范、自主创新的学生形象。"学校重新确立了"让孩子拥有幸福的童年、少年,让教师品味精彩的人生"的办学理念,确定了"一切为了学生,为了学生的一切,为了一切学生"的办学宗旨,正努力营造"学之勤奋、人之文明、德之养成"的校风、"学为人师、行为世范,以生为本、润物无声"的教风、"我努力、我成功、我幸福"的学风以及"民主、协作、求实、创新"的领导作风。崇尚一流,追求卓越是红卫人的目标;团结拼搏,争优敢先是红卫人的精神。学校正朝着既定目标,开拓创新、奋勇前行。

【耒阳市枫冲学校】

耒阳市枫冲学校是耒阳市教育局直属学校,位于耒阳市遥田镇,成立于 1968 年。学校占地面积 11018 平方米,现有 5 个教学班,学生 234 余名。学校共有在职教师 19 人,其中本科学历的 9 人,专科学历的 10 人;中级职称的 15 人,初级职称的 4 人;中共党员 5 人。校内绿树成荫,鸟语花香,环境怡人,是一所理想的求学之地。

近年来,学校坚持"着眼未来,全面发展,整体优化,个性鲜明"的办学方针,以"团结、拼搏、上进、创新"为校训,以"面向未来、面向世界、面向现代化""一切为了学生的发展,为了一切学生的发展,为了学生的一切发展""坚持和谐育人、坚持和谐管理、坚持和谐发展"为办学宗旨,以"学会做人,学会求知、学会创新、学会健体、学会审美、学会生活"为培养目标,坚持在内涵上下功夫,在特色上做文章,严格学校管理,坚持依法治校,学校教育教学质量稳步上升,学生讲文明、懂礼貌、讲卫生、爱学习,"尊师守纪,勤学善思"的学风初步形成。

新的时代为教育的发展带来了前所未有的机遇和挑战,学校将以此为契机,励精图治,科学规划,努力提高办学水平,不断扩大办学声誉,为创优秀学校而不懈努力。

学校地址:耒阳市遥田镇建新村 7 组旁

邮政编码:421849

办公电话:0734 - 4742556

学校行政班子成员信息

校长：刘洪桥（15115423539）

【耒阳市鹿峰学校】

耒阳市鹿峰学校创办于 1992 年，是耒阳市教育局直属、正规、专业、唯一的公办复读学校。20 多年的办学经验使学校成为质量过硬的专业性高考教学研究机构。专业的教师队伍更是学生的良师益友和实现理想的有力保障。校园安静恬雅，交通便利，闹中取静，绿树成荫。学校在"用心教育，服务于人"的办学宗旨指导下，办学成果得到社会各界的一致认可。

学校地址：耒阳市金杯路 10 号

邮政编码：421800

学校行政班子成员信息

校长：刘贤林（13786473239）

副校长：周孚新（18711436655）

副校长：曹文军（18573446131）

副校长：邓秋云（13786429002）

【耒阳市慈晖学校】

耒阳市慈晖学校是耒阳市首家民办十五年一贯制学校，由幼儿园、小学部、初中部、高中部组成。学校创办于 2003 年，经过了十多年的建设与发展，已经形成了 6000 余位学生、500 余位教职员工的办学规模。在全体师生凝心聚力、扬鞭奋进的努力下，学校的教育教学水平得以飞速发展，学校连续多年被省、市教育部门评为"民办教育优秀学校""民办教育先进单位"，多次获"湖南省艺术教育特色学校""湖南省写作学会优秀单位"等荣誉称号。

学校占地面积 202 亩，目前建筑面积达112738 平方米。现有教学楼 8 栋、综合楼 1栋、学生宿舍楼 6 栋、塑胶运动场 2 个、生活服务中心 1 栋、职工宿舍 4 栋，可满足 8000 名学子的学习生活所需。学校高标准配置有图书室、信息室、语音室、音乐室、舞蹈室、美术室、理化生实验室、多媒体功能室等，现代化先进教学设施一应俱全。教学仪器 7899 台（件），图书 48838 册，仪器设备总价值近 400万元。到目前为止，学校固定资产总价值已达2.8 亿元。学校计划建设宽带数字化校园网络，教学办公实现自动化、信息化，所有教室、宿舍配备空调。

学校致力于成为"学生成才、教师成长、家长放心、社会满意"的一流民办学校，着力构建"文化、管理、服务"三大体系，践行以"爱、责任、感恩、诚信"为核心的校园文化建设、以"规范、创新"为核心的管理理念、以"细致、满意"为核心的服务精神。始终坚持"以人为本、尊重差异、健全人格、助推成功"的教育原则，把"做一个具有民族精神的合格中国公民"作为学生培养目标，逐步形成了以"面向全体，分层教学，培优补差，人人成才"为主要特色的教学模式，促使学生更加优秀，使不同层次、不同类别的学生都得到转化、提高和发展。

学校拥有专任教师 500 余人，其中高级教师占 8%，中级教师占 21%，学历达标率为100%。学校师资力量雄厚，教师队伍以大学的优秀毕业生居多，学历层次高，业务素质硬，师德高尚，结构合理。随着办学规模的不断扩大，学校每年引进大批新教师充实到师资队伍中，增添了新鲜血液，改善了师资队伍结构，形成了良好的竞争和人力资源开发机制。

学校集幼儿园到高中于一体，分为幼儿园、小学部、初中部、高中部，就读方式多样化，即走读、日托、日托车送、半月托、月托等。学校构建了以学部为管理中心的"扁平式六线管理"的管理模式，把管理重点下移到学部，强化学部的管理职能，夯实了管理基础，简化了管理层次，增加了管理幅度，强化了工作向心力、凝聚力，形成了强大的教育合力。

【耒阳市振兴学校】

耒阳市振兴学校是耒阳市创办最早的一所民办 12 年一贯制学校。学校创办于 1992 年，1998 年增办初中，2002 年开办高中。学校坐落于鹿岐峰下的耒水之滨，东校门紧邻热闹的金南大道，南校门面对宽阔的西湖东路，是湖南省民办教育协会理事学校、耒阳市省级示范性普通高中优质生源培训基地。

学校现有小学、初中、高中 85 个教学班，学生 5300 余人。学校占地面积 102 亩，校舍建筑面积 42400 平方米。学校颇具现代气息的新科教大楼屹立，各类教学实验室、多媒体教学平台、塑胶运动场、师生公寓及食堂、医疗保健室等配套设施一应俱全，全面达标。

学校一直坚持"质量兴校，办学为民"的宗

旨，"办人民满意的学校，不让留守孩子有后顾之忧"是学校不变的承诺，"文化＋特色"是学校奋进的目标。迄今学校办学条件优良，办学优势明显，中、小学各部均实行"全封闭、全方位、全天候、全过程"的微观精细化管理；小班制便于管理，适于教学，有利于对学生进行精心培育；学校初中部省级示范性普通高中的上线率在60%以上，高中部的本科上线率在同类学校中亦居前列；注重"文化＋特长"的育人理念，让学生充分发挥个性特长，音、体、美教学富有成效，课外小组形式活泼，校园文化生活多姿多彩；奖学助学已成定例，学业优秀和家庭困难的学生能得到学校的奖学金或助学金，奖学助学制惠及万家；寄宿生住6~8人间的标准学生公寓；学校全天候供应热水，饮用水为干净卫生的直饮水；食堂餐厅宽敞明亮，学生凭卡就餐，秩序井然。学校配有生活辅导员、心理辅导教师，学生学习、生活安全舒适，家长满意放心。

学校实行董事会领导下的校长负责制，各年级、处室通力协作，管理理念与时俱进。现有教职员工349人，其中专任教师219人。专任教师中，具有大学本科及以上学历的194人，占88.6%；高级职称的69人，占31.57%；中级职称的174人，占79.5%。学校常抓不懈的六件事是：一抓课堂教学，确保学生的主体地位，向课堂要效率、要质量；二抓教师常规管理，确保教师的主导地位；三抓班级管理，树立良好的班风学风；四抓教研教改，不断更新教学模式；五抓分层教学和培优辅差，挖掘每个学生的潜力；六抓学生的心理教育，关注非智力因素的积极培养。

学校主要面向耒阳市招生，辐射于周边县市，办学得到了家长和社会的信赖。办学以来，学校硕果累累，业绩辉煌，已为高等学校输送了4000余名优秀学子，其中400多人进入了全国60余所名牌大学深造。历年来，在省、市田径运动会、文艺、美术各类比赛中，学校获奖项目已超300项，考入体育、音乐、美术学院的学生已逾200人。近几年来，教学质量稳步提升，高考连年完成或超额完成耒阳市教育局下达的指标，初中部在耒阳市历届中考中成绩突出，排名在城区同类学校中处于领先地位。学校多次被衡阳市教育局评为优秀或优良民办学校，曾于2009年代表衡阳市出席湖南省民办学校"双十佳"表彰大会。《中国青年报》《现代教育报》《三湘都市报》等多家媒体对学校进行了全方位的宣传报道与推介。

学校地址：耒阳市金南路145号

邮政编码：421800

学校邮箱：1057468852@qq.com

办公电话：0734－4356448

学校行政班子成员信息

董事长兼校长：陈平（13027461537）

副董事长兼副校长：陈眉（15115469553）

副校长：谢琪（18773405058）

【耒阳市童星学校】

耒阳市童星学校创建于2005年7月，是一所全日制民办学校。学校坐落在耒阳市烈士陵园与金盆塘交会处。校园依山临水，环境优雅，布局合理，文化氛围浓厚。学校占地面积26亩，建筑面积16000多平方米，是一所高起点、高标准、高品位、现代化的学校。学校设施完备：每间教室拥有高档气派的多媒体教学系统；拥有约200平方米的专业舞蹈室；拥有约200平方米的现代化、多功能会议室；拥有近3000平方米的塑胶运动场；拥有专业的美术室、钢琴室、乐器室、实验室等。学校现有教师99人，后勤职员50人，学生2365人。

学校办学目标明确：办一所双语式学校、文武式学校、艺术式学校；逐步实现一流的设备、一流的环境、一流的管理、一流的质量。学校始终遵循用特长铸就特色、靠特色成就品牌的特色办学思路。从学前班到六年级实施小班制教学、养成教育、英语口语、经典蒙学、特长和信息技术培训特色教育。主要操作如下：一年级为养成教育、经典蒙学的夯实阶段；二年级为英语口语、艺术教育的启蒙阶段；三、四年级为英语口语、艺术教育的熏陶阶段；五、六年级为语数奥赛、艺术教育的强化阶段。每个年级开设不同的特色课程：一年级开设礼仪课、写字课；二、三年级开设舞蹈、健美操课；四、五年级开设乐器课、跆拳道课；六年级开设奥赛课、武术课。学校努力实现：让孩子走进童星收获一种习惯，掌握一门特长，学好一口外语，练就一身本领。

自创办以来，学校教育教学成绩斐然，先后获得"中国民办教育百强学校""全国中小学思想道德建设活动先进单位""耒阳市民办教育优秀单位""耒阳市新课改优秀实验学校""耒阳市中小学养成教育示范学校"等20余项荣誉称号。

学校行政班子成员信息

董事长：谢廷飞（13974774285）

校长：周凤成（15115484229）

董事：周慧云（13973465398）

董事：谢成秀（13187330905）

政教主任：谢高兴（15874754585）

后勤主任：杨柳社（15074777158）

办公室主任：张荣（18229296423）

【耒阳市港湘实验小学】

耒阳市港湘实验小学隶属耒阳市港湘实验学校，是一所由耒阳市教育局民办教育管理办公室批准、耒阳市民政局民间组织管理局备案的民办小学。自2009年秋季创办以来，学校坚持以小班管理、名师执教、课延拓展、英语强化、网络辅助、名校同步、午托服务、校车接送、品格塑造、特长发展为办学特色。

学校占地面积50亩，可容纳90个教学班。学校现有教学班48个，学生2500余人，专职教师120人，教职员工180人。教师队伍由省、市级优秀骨干教师、中学高级教师、小学高级教师等组成。

学校环境优美，设施齐全，采用欧式建筑风格，现已投资一亿余元。学校拥有现代化标准塑胶运动场、一流的室内运动馆和演播大厅、艺术特长培训功能教室、多媒体教室、图书室、标准化的厨房、餐厅、实验室、生物室、劳技室、专业音乐室、专业录音棚；宿舍均配有中央空调；多媒体覆盖每个教室，教学资源与湖南省名校共享；实现了校园智能化管理；校区全方位视频监控，且免费提供公用电话和直饮水。学校集所有办学力量，努力为学生营造一个良好的学习、生活环境。

生机勃勃的绿树鲜花在微风中向师生频频点头；琅琅书声，把人们的思绪引入学习的乐园、知识的殿堂；每一个走进学校的人都会感到校园犹如远离喧嚣的天然氧吧，处处别具匠心，每景每物仿佛都能说话、都在说话。"为强国而学，做世界公民"的教育理念正在这里逐步实施。

学校地址：耒阳市育才路

邮政编码：421800

办公电话：0734－4199999

学校行政班子成员信息

校长：许耒建（18188975988）

【耒阳市金华小学】

耒阳市金华小学创办于2007年9月，是一所从事幼儿园到小学教育教学的民办学校。学校占地24亩，建设面积16200平方米，总投资2820万元，在校学生、幼儿2300余人，教职工146人。学校办学设备先进，教师每人配有手提电脑，智能广播、校园网班班通，每班装有多媒体，实现现代化教学。教学功能室齐全，有电脑室、电子备课室、多媒体室、美术室、音乐室、舞蹈厅、仪器室、实验室、图书室、阅览室，每班有图书柜。校内绿树成荫，芳草如茵，是一所环境优美、设备先进的现代化学校。

学校拥有先进的办学理念和高素质的教师队伍，开办以来取得了令人瞩目的成绩：学生参加各种竞赛获国家级奖89人次、省级奖21人次、市级奖207人次、县级奖426人次；教师参加教学比武和论文评奖，118人次获国家级奖，335人次获省级奖、216人次获市级奖、316人次获县级奖，参加上级部门组织的各类学生竞赛中，10人次获国家级优秀指导老师奖、15人次获省级优秀指导老师奖、25人次获市级优秀指导老师奖、68人次获县级优秀指导老师奖。学校被中国民办教育联合会评为"全国先进民办学校"；被中国关心下一代工作委员会确认为"全国养成教育实验学校"；获"湖南省优秀少先队集体称号"；在耒阳市教育局学校教育目标管理考评中，四年获一等奖，两年获二等奖，两年获三等奖；连续八年被评为"耒阳市优秀民办学校"；学生参加耒阳市中小学生田径运动会连续七年获耒阳市小学一组团体总分第一名；2012年确定为衡阳市校园足球试点校；2015年确定为全国校园足球特色学校；2011年3月校长周平安同志被评为湖南省民办学校优秀校长。学校拥有先进的办学理念和管理模式，特色教育成效誉满三湘，学校办学品牌初步形成。

学校将继续秉承"为每个学生的健康成长服务,让每个学生拥有成功的喜悦、拥有进步的欢乐"的办学理念,努力让每个学生充分享受教师的关爱,让每个学生的个性得到充分发展,为培养具有国际竞争力的中国人打下良好的基础。

学校地址:耒阳市经济开发区金华路北端西侧

邮政编码:421800

办公电话:0734 - 4367729

学校行政班子成员信息

校长:周平安(15074765998)

【耒阳市金华第二学校】

耒阳市金华第二学校是一所实行全日制教学的股份制民办学校,办学层次为幼儿园和小学。学校坐落在耒阳市经济开发区三桥办事处三桥居委会,位于耒阳市经济开发区新城二路和新城三路之间,紧靠107国道,交通便捷通达。

校园占地60亩,建筑面积约40000平方米,现有42个教学班,2000余名学生,200名教职员工,专任教师90%以上具有大专及以上学历。生均占地面积、建设面积、学校师资均达到或超过湖南省合格学校标准。

学校建有标准的田径运动场,全省最大的校园网球场,其他体育设施一应俱全。互联网覆盖整个校园。白板、投影仪等先进的电化教学设备配置到班。图书室、实验室、美术室、舞蹈室等教辅场地充分满足学生学习和活动需要。学校配置达到了标准化和现代化水平。

学校坚持"精品、优质"的办学方向,走素质教育发展道路。学校实行小班制教学,积极开展体育运动、才艺展示、养成教育和德育主题班会等有益于学生身心健康的活动,在注重夯实知识基础的同时,关注学生身体成长、行为养成、思想发展和能力的培养,把德智体全面发展的教育方针落到实处;重视校园文化建设,大胆创新治校理念。以"远志、笃行、博学、缜思"为校训,倡导"厚德、敬业、博学、高效"的教风和"勤奋、自信、谦慎、竞争"的学风,致力形成"明理、务实、崇真、尚质"的校风,实践"职责约束、细则规范、效果激励"

的教职工管理理念。校园文化气息浓厚,工作作风严谨,环境和谐有序。办学以来,学校先后获得"激情耒阳·唱响耒阳教育"网络春节联欢晚会一等奖、耒阳市教育局庆"六一"文艺汇演一等奖、耒阳市中小学生田径运动会小学组第三名;连年获得耒阳市教育局学校综合治理和社会维稳先进单位、教学质量优秀奖、年终教育目标考评一等奖;学校网球队参加衡阳市十运会夺得一金7银三铜的好成绩,在2015年全省少年网球锦标赛中夺得男子团体第三名。学校已是衡阳市和湖南省体育后备人才网球基地、国家校园短式网球教练员培训基地。

学校地址:耒阳市经济开发区三桥办事处三桥居委会

邮政编码:4221800

办公电话:0734 - 4266819

学校行政班子成员信息

校长:谢阶东(13789398677)

【耒阳市导子镇中心学校】

耒阳市导子镇中心学校位于导子镇境内,下辖8所完全小学。目前校园总面积40248平方米,建筑面积17824平方米。全校现有50个教学班,在校学生1899人。现有专任教师85名,其中小学高级教师52人,教师学历合格率达100%。教师年龄结构合理,业务素质高,爱岗敬业精神强,教育教学成绩显著。

学校坚持"以人为本、以德为先、全面发展、培养个性"的办学理念。在办学过程中学校始终把教会学生做人放在首位,做到以美育情,以情优教,致力抓学生的养成教育。学校以"和谐"为主旨,以"文明、勤奋、求实、进取"为校训。坚持"抓德育,创文明校园;抓教学,创人文校园;抓目标,创和谐校园;抓课改,创快乐校园;抓读书,创书香校园;抓安全,创平安校园"的办学思路。不断深化教育改革,全面贯彻党的教育方针,全面优化教育环境,全面提高教育教学质量,各项工作不断跃上新台阶。特别是近年来,学校以合格校创建为契机,争取各级政府资金投入,办学条件得到很大改善。全镇8所学校,校校有特色,校园干净整洁,树木葱郁,幽静芳香,学生文明活泼,教师精神奋发,敬岗爱业,每所学校,书声琅琅,充满生机与活力。学校一直走在教育改革的前列，紧紧围绕"以人为本，科研兴校"这一宗旨，大胆改革创新。近三年，教师在市级以上业务竞赛和论文评比中获奖60余项，学校每年均获得耒阳市教育局颁发的学校教育目标管理考评奖、综治安全维稳工作先进单位和学校教学质量奖。

学校行政班子成员信息

校长、党支部书记：曹禄昌（13875659252）

办公室主任：曹斌（15874714001）

教务主任：黄顺生（13975419381）

总务主任：肖从元（13467755698）

主任：李祝元（13575110149）

中心完全小学校长：吴智（13975418992）

【耒阳市东湖圩镇中心学校】

耒阳市东湖圩镇中心学校下辖15所小学：东湖中心完全小学、枫泉小学、北龙小学、湖塘小学、枣子小学、龙山小学、株山小学、上石小学、大桥小学、观音阁小学、小塘小学、石堰小学、汤泉小学、玄芝小学、小田小学。其中：枫泉小学在2010年、汤泉小学在2011年、观音阁小学在2012年分别被耒阳市人民政府督导室评估认定为"合格校"。

学校现有教学班78个，在校小学生2175人，教职工109人，其中中级职称的82人，高级职称的1人，专任教师有本科学历的24人，专科学历的37人，学历合格率达100%。

学校以"德育为先，育人为本，全面发展，提高素质，发展能力，努力培养合格加特长的创新型人才"为办学宗旨，以"办合格学校，育创新人才，创一流佳绩"为办学目标。以"忠、勇、公、朴"为校训。

近年来，学校紧紧围绕教学工作中心，构筑科学的教学常规管理体系，通过教职工大会，形成一系列教育教学常规管理章程、制度、规定；创建教师广泛参与的教学评价队伍，定期实施阳光评价，充分运用评价结果激励广大教工爱校乐教，良好的教风、校风、学风初步形成，学校工作成绩喜人。学校2009、2010、2012年获耒阳市学校教育目标管理考评一等奖；2010、2011年分别获耒阳市教学质量评估二等奖、三等奖；2010—2015年连续五年获耒阳市教育系统综治安全工作先进单位；2010年获耒阳市教育系统新课程教学改革优秀实验学校；2009年在两项制度评估考核中获耒阳市先进单位；2014、2015年分别获耒阳市中小学生田径运动会小学二组第七名、第三名。

学校地址：东湖圩镇坳山村5组

邮政编码：421812

办公电话：0734-4880328

学校行政班子成员信息

中心校校长：陈祥云（13974704321）

【耒阳市蔡子池街道办事处中心学校】

耒阳市蔡子池街道办事处中心学校辖区共有13所小学、61所幼儿园，现有小学生18904人、幼儿12905人，教职工683人，其中中学高级教师1人，中学一级教师及小学高级教师414人。现有全国特级教师1人，衡阳市学科带头人1人、衡阳市优秀骨干教师6人、耒阳市优秀骨干教师10人。教师学历合格率为100%，本科学历的245人。学校聘请专任幼儿教师582人。

学校以做"耒阳基础教育的领头雁、创耒阳基础教育的一面旗"为工作思路，展示出团结和谐的工作局面，呈现出生机勃勃的发展态势。学校强化德育创新：以小学生养成教育为契机深化社会主义核心价值观，以学生全面发展的质量观衡量学校管理。近年来，学校积极推行阳光锻炼一小时、学校大课间、足球进校园、国学教育等特色教育。学校教育、教学、教研等各项工作稳居耒阳市前茅。

学校地址：耒阳市金甶路72号

邮政编码：421800

办公电话：0734-4332319　0734-4339007

学校行政班子成员信息

校长：谢晓华（15115452233）

副校长兼教导主任：郑兵（15973468199）

副校长兼耒阳市城北完全小学校长：曹艳萍（18975466896）

副校长兼耒阳市前进小学校长：李小燕（13974746617）

办公室主任：谷安路（15573422069）

总务主任：刘云满（18873429209）

校长助理：谢瑞香（13574776928）

耒阳市城北完全小学

耒阳市城北完全小学创办于1946年。学

校现有 49 个教学班，学生 4200 余人，教职员工 140 多人，其中小学高级教师 95 人，湖南省优秀教师、骨干教师 25 人。学校设有电脑、音乐、图书、舞蹈、美术、仪器、实验等专业教室，图书室藏书 10 万多册，达湖南省一流水平。该校建有 1000 兆校园骨干网，安装了闭路电视网，实现了校园网与互联网联通。学校内部设施先进，教育教学质量一流，受到社会各界的广泛赞誉，是耒阳市小学教育的龙头和窗口学校。

学校坚持科学管理，不断提升办学品位，建立了一支务实高效、开拓创新的干部队伍。多年来，学校班子坚持民主治校、依法治校、模范引领，充分体现了"制度育人、情感育人、服务育人"的管理风范。学校坚持走课改之路，创特色、树品牌，在课题研究、书香校园、文明礼仪教育等方面独树一帜。湖南省"十二五"规划课题"小学生文明礼仪习惯养成的研究"获衡阳市基础教育成果二等奖，"小学数学学困生的成因及转化的研究"正在研究实施中，已得到上级领导及专家的高度评价。

学校先后被评为"湖南省文明卫生单位""湖南省优秀家长学校""湖南省现代教育技术实验学校""湖南省红领巾示范校""衡阳市汉语言文字规范化示范校""衡阳市实验小学""衡阳市规范化小学""衡阳市教研教改示范校"，师生在各级各类竞赛中频频获奖，硕果累累。

学校地址：耒阳市金山路 68 号

邮政编码：421800

办公电话：4354928

学校行政班子成员信息

校长：曹艳萍（18975466896）

党支部书记：罗煦容（15575571595）

副校长：袁成凤（18975461538）

副校长：周启云（13054060886）

副校长：段星莲（15211849966）

副校长：唐艳霞（18711422612）

工会主席：谢晓茜（13974735896）

耒阳市前进小学

耒阳市前进小学创办于 1958 年，现已成为耒阳市基础教育的一面旗帜。学校占地约 8000 平方米，在校学生人数约 2600 人，有 34 个教学班，现有教职工 93 人，其中专科以上学历的达 95%，小学高级教师 69 人，衡阳市学科带头人 1 人，耒阳市学科带头人 3 人，耒阳市骨干教师 3 人。

学校环境优美，办学条件一流。学校配备了 35 间多媒体学生教室，配备了现代化的、功能齐全的"十室"，建立了校园网络、广播系统、安监系统，配备了教师电子备课设施，图书馆藏书近 40000 册。学校拥有高标准的 200 米塑胶环形跑道、硅 PU 篮球场和排球场。

长期以来，学校实施规范化、精细化管理，打造了一支"师德高尚、业务精湛、追求卓越"的师资队伍，培养了一批批"文明守纪、好学向上"的莘莘学子，铸就了学校深厚的文化底蕴，学校各项工作取得了优异的成绩。近年来，学校师生共获得县级及以上各类比赛奖励达 1600 多人次。学校的教育教学质量，近年来在耒阳市乃至衡阳市稳居同类学校的前茅。学校语文课题"农村小学运用信息技术优化语文教学的研究"荣获了湖南省一等奖。学校体育教学有成效，连续几年在耒阳市田径运动会上，荣获同类学校第一名的好成绩。学校先后获得了"全国模范教工之家""全国名优学校""全国首批武术进校园试点学校""湖南省校园足球特色学校""湖南省示范性家长学校""湖南省文明卫生单位""湖南省少先队工作先进单位""衡阳市现代教育技术实验学校""衡阳市语言文字规范化示范学校""衡阳市十佳巾帼文明岗""衡阳市班级工作管理先进集体""衡阳市教育信息化创新应用示范学校"等多项殊荣，连续五年被评为耒阳市教育系统"综治安全工作先进单位"。

学校地址：耒阳市南外街 79 号

邮政编码：421800

办公电话：0734 - 4349587

学校行政班子成员信息

校长：李小燕（13874746617）

党支部书记：谢永雄（13187167175）

副校长：曾四萍（15874750333）

副校长：刘慧梅（13875760799）

副校长：周小笔（13575103945）

副校长：李路林（15116883179）

副支书：陈小忠（13087342686）

党支部副书记：罗娜（18397772056）

工会主席：李秋花（13973465526）

耒阳市金星小学

耒阳市金星小学是耒阳市内一所全日制小学，学校创办于1950年，原坐落在城北路金杯塘边，1996年，由于城市规划和学校发展需要，整体搬迁至耒阳市体育中路，毗邻发明家广场。学校各种教育教学设施齐全。校园占地总面积13559平方米，校舍建筑总面积8230平方米。现有在职在岗教职工89人，其中中学高级教师1人，小学高级教师54人；本科学历的30人，专科学历的55人，中师学历的4人；学校专任教师学历合格率为100%。学校现有教学班32个，学生2402人。

办学以来，学校秉着"为孩子们未来奠基，为孩子们幸福导航"的办学宗旨，充分履行"办孩子们成长的乐园"的办学理念，以"快乐学习，健康成长"为校训，全面实施素质教育，科学管理育人，建立了"扎实、有序、高效"的常规管理机制，在教师中形成了"敬业爱生、严教善导、合作创新"的教风，在学生中形成了"乐学、善思、合作、探究"的学风，学校形成了"守礼、勤俭、乐学、友善"的校风。"规范化、高质量、有特色"的办学格调初步成型。教学质量稳步提升，各项工作成绩斐然，赢得了社会各界人士的好评。学校是军民共建单位，先后获得"湖南省实施国家校园武术段位制试点学校""衡阳市无邪教示范校先进单位""耒阳市文明单位""耒阳市语言文字规范化示范校""耒阳市教育系统综治安全维稳工作先进单位"，2013年度及2014年度连续获得耒阳市教育教学质量评价三等奖、耒阳市蔡子池街道办事处中心学校教育目标管理考核一等奖等。

学校地址：耒阳市体育中路

邮政编码：421800

办公电话：0734－4334157

学校行政班子成员信息

校长：李佐斌（13723829988）

副校长：蒋显友（15570953913）

副校长：沈川梅（13007460558）

副校长：曾满细（18373404560）

副校长：刘丽丽（13873412721）

工会主席：陈春红（13789396121）

耒阳市梅桥小学

耒阳市梅桥小学创建于1972年，位于德泰隆大道，毗邻耒阳市政府神龙广场，占地面积12543平方米，建筑面积5483平方米。学校现有教学班34个，在校学生2513人。

学校现有在编在岗教师78人，其中小学高级教师38人，小学一级教师31人，特岗教师8人。教师中拥有大专或以上学历者达100%，其中19人拥有本科学历。学校教师治学严谨，敬岗爱业，科学施教，博学善导，深受广大学生欢迎。

学校借助2012年创建湖南省合格学校的东风，办学环境得到了极大改善，各功能室都得到充实。校园的美化、绿化工作已经基本到位，学校环境的优雅对孩子们的美育及养成教育都有着事半功倍的作用。

学校行政班子成员信息

校长：曾少云（18908440022）

党支部书记：曹伟华（13469128833）

副校长：蔡悦华（13973447908）

副校长：李娜（18374799505）

副校长：匡六家（13017342980）

耒阳市南正完全小学

耒阳市南正完全小学是一所全日制公办小学，创办于1958年，2004年授牌为"耒阳市规范化小学"。校园面积2249平方米，校舍面积4010平方米，现有15个教学班，学生1142人，在编在岗教师36人（含特岗教师6人），其中本科学历的13人，大专学历的20人，中师学历的3人。

2003年，学校抓住城区改造的机遇，筹集资金140多万元，新建了一幢近2000平方米现代化教学楼，改善了学校的办学条件。近几年，政府加大投入，拨款300余万改造旧教学大楼2010平方米，填高操场并进行硬化、美化，清除内涝隐患，修建硅PU操场，并高标准装备"十室"，办学条件日趋现代化。

学校全面贯彻党的教育方针，以"一切为了孩子，为了孩子的一切"为服务宗旨，以"学会学习，学会生活，学会健体"为目标，以全面提高教育质量为核心，规范管理，深化改革，丰富内涵，不断提升校园文化品质，努力打造一支"敬业爱生,勤勉奉献"的优秀教师队伍,使学生的政治思想、文化素质、身体素质、心理素质和各种技能都得到均衡发展,形成了"规范、有序、进取、和谐"的校风,为耒阳市基础教育做出了较大贡献。

学校教师工作认真、锐意进取,学校坚持质量兴校战略,教育教学硕果累累。仅这几年学校师生积极参加各级各类竞赛活动,获国家级奖2人次,省级奖6人次,衡阳市奖64项,有20多篇教育教学论文在省、市级报纸杂志上发表,学校首次参加耒阳市田径运动会就获得了团体第六名的好成绩。2014年学校通过合格学校验收,2015年成功申报"养成教育示范校",2016年又申报"示范性家庭学校"。学校一跃成为耒阳市小学中一颗在冉冉升起的璀璨新星。

学校地址:耒阳市沿江路143号

邮政编码:421800

办公电话:0734 - 4212562

学校行政班子成员信息

校长:谭丽成(13142304390)

副校长:蔡晨晖(13786413052)

副校长:谭怡青(15211378777)

耒阳市西关完全小学

耒阳市西关完全小学坐落在耒阳市群英北路114号,与金钱山寺隔街相望,是一所地处繁华地段、交通便利的完全规范化小学。学校创办于1970年,其前身是耒阳市五一小学。

2016年3月学校改建后,校园面貌焕然一新。学校占地面积2670平方米,生均面积3.2平方米;校舍建筑面积3033平方米,生均建筑面积3.67平方米。学校共两栋教学楼,各五层,总计18个教室。教学配套设施齐全。现有教职工34人,其中小学高级教师23人,小学一级教师11人;本科学历的10人,专科学历的21人,中师学历的3人;中共党员4人。教学班13个,学生总人数842人。

学校以"打造精品学校,办人民满意的教育"为办学目标,秉承"一切为了每一个学生的发展"的办学理念,深入开展自信、自尊、自爱、自理、自省、自律、自立、自强"八自"教育,促进学生自主发展;坚持"明礼、诚信、活泼、创新"的校训,形成了"善思、善教、身正、爱生"的教风和"自主、探究、合作、乐学"的学风。学校大力创建人文校园、平安校园、和谐校园,坚持走特色办学之路。

学校正以"人性化管理,研究型教师,和谐化校园"的崭新理念、扎实的工作作风、无私奉献的敬业精神,为教育事业创造更加卓越的成绩。

学校地址:耒阳市群英路114号

邮政编码:421100

办公电话:0734 - 4330153

学校行政班子成员信息

校长:李竹祥(13974746707)

副校长:曾中红(15886454308)

副校长:资海珍(13974771839)

耒阳市金南小学

耒阳市金南小学创办于1958年,学校地处蔡子池办事处金南居委会辖区。校园占地面积9340平方米,在校学生1562人,20个教学班,教职工48人。学校在全面贯彻党的教育方针的同时,坚持依法办学,积极落实素质教育,推行民主科学管理。

自2012年创建合格学校以来,学校不断发展,快速蜕变。如今,学校布局合理,育人环境优美,教学设备齐全,师生共处和谐,现已成为耒阳市教育窗口的一颗新星。

学校地址:耒阳市庞统路168号

邮政编码:421800

办公电话:0734 - 4331772

学校行政班子成员信息

校长:王灵彬(13575286118)

副校长:王四香(18173473839)

工会主席:曾美华(13786489674)

耒阳市蔡子池聂洲中心完全小学

耒阳市蔡子池聂洲中心完全小学位于耒阳市蔡池路345号,创办于1974年。校园占地面积11852平方米,校舍建筑面积6723平方米。校园亮丽而不失淳朴,活泼而不失典雅,运动设施完善,各功能室配备齐全。现有教学班39个,学生3120人,教职工109人,其中小学高级教师69人,一级教师38人。现有湖南特级教师1人,衡阳市骨干教师3人,教师学历合格率达100%,拥有本科学历的50人,占45%。

学校构建"以少年军校为载体，培植学校德育特色"的德育模式和"以课题研究为引领，拓展常规教学途径"的教研体系，推动学校朝"管理规范化，条件现代化，育人全面化，质量优质化"的方向迈进。在少年军校建设中，学校制定了《聂洲完全小学少年军校常规管理细则》，对军校学生的日常行为进行规范化管理。严格的训练不仅锻炼了学生体魄，增强了学生体质，更培养了学生吃苦耐劳、顽强不屈的意志品质，减少了娇气，在细雨润物中磨砺了学生的意志品质。学校实施"课题带动"战略，以教育改革为动力，创建规范的管理体系，建立适应素质教育的科学的管理机制。

学校先后被授牌为"湖南省义务教育合格学校""湖南省现代教育技术实验校""湖南省爱国拥军模范单位""湖南省先进单位""湖南省武术进校园试点学校""衡阳市教育科研先进单位""衡阳市中小学心理健康教育先进单位""衡阳市现代教育技术实验校""衡阳市军民共建文明单位""衡阳市语言文字示范校""衡阳市十二五教研先进单位""耒阳市少年军校"等。

学校地址：耒阳市蔡池路 345 号

邮政编码：421800

办公室电话：0734 - 4345839

【耒阳市大市中心学校】

耒阳市大市中心学校现有教学班 102 个，在校学生 2868 人，在编教师 146 人，其中特岗教师 12 人。学校目前所辖学校：2 所中心完全小学（大市、芭蕉）、联小 7 所（长丰、八石、集中、蒲兴、敖山、石壕、高塘）、村级小学 8 所（花坪、长洲、长塘、油屋、关帝、水口、明星、利群）、5 个教学点（架江、排一、三塘、老屋坪、长布），小学专任教师学历合格率达 100％。

近年来，学校办学条件不断改善。全镇共消除 D 级危房 6000 余平方米，新建教学楼 14 栋，维修改造 8 栋，目前，22 所小学教学环境都得到了大力改善，学校面貌有了大幅度改观，为全镇广大师生提供了舒适的生活学习环境。由于学校面貌的改观，学校的教育教学管理得到不断完善，教研教改工作得到不断深入，教育教学质量不断提高，连续多年荣获耒阳市教育教学质量奖，2013—2015 年连续三年名列全市前茅，2014—2015 年连续两年目标管理考评获耒阳市一等奖，其他各项工作均取得优异成绩，如师德师风教育形势喜人，综合治理安全工作成绩突出，年年都被耒阳市教育局评为先进单位。

耒阳市大市镇党委、政府一直以来对教育都很重视，对新建的每一栋教学楼都给予一万元的奖励，书记、镇长经常下校调研，为教育解决实际问题，每年的教师节在镇财政紧缺的情况下都要拨付 2 万元的慰问金。由于镇党委、政府的领导对教育的高度重视，大市镇的基础教育才能够健康稳步发展，特别是在耒阳市教育局实施教育五年创强行动计划的鼓舞下，大市镇的教育事业在加快学校硬件建设的同时，立足常规管理，学生养成教育成了耒阳市农村学校的排头兵，特别是敖山学校、集中学校两所学校特色明显。2014 年上期敖山学校被评为衡阳市"养成教育示范校"，近年来接待来校参观的兄弟单位达 30 余起。中心完全小学的校园环境、学校常规管理工作的示范作用也很强，2000 年被评为"耒阳市规范化中心完全小学"，2005 年被评为"耒阳市教研示范校"，2008 年被评为"湖南省两项督导评估优秀单位"，2009 年通过了湖南省第一批合格学校验收，2010 年被评为"耒阳市园林式单位"，2010 年被评为"耒阳市语言文字规范校"，2011 年高标准通过湖南省"三评合一"验收。目前，大市镇共有 13 所小学校通过了合格学校验收。

回眸成绩，展望未来。大市镇大胆探索办学模式改革，树立了以敖山小学为典型的养成教育品牌学校、中心完全小学园林式学校的教学模式，走出了一条切实可行的和谐教育环境的办学新路子，以自己的办学特色，为耒阳市树立了榜样。

学校行政班子成员信息

中心学校校长：何芳文（13707478384）

办公室主任：谭功成（13908445476）

教务主任：梁志辉（15197440929）

总务主任：谢青华（13974735940）

校长助理：江严（15973400222）

校长助理：蔡德志（13347342133）

【耒阳市泗门镇中心学校】

耒阳市泗门镇中心学校现辖 7 所小学,其中:中心完全小学 1 所、完全小学 4 所、初级小学 2 个、中心幼儿园 1 所,校园总面积28860 平方米,校舍总面积 12980 平方米;各校总藏书 28161 册,生均 26 册(中心完全小学12063 册,生均 32 册)。现有教职工 61 人,师资力量雄厚,其中本科学历的 7 人,大专学历的 40 人,中师学历的 14 人;获中级职称的 46人,初级职称的 9 人,6 人未评;教师资格证获证率 100%,专任教师比例为 100%。目前,在校小学生 571 人,32 个教学班;全镇学前三年儿童总数 1118 人,已入园 1029 人,学前三年入园率 92%,学前一年教育入园率 100%,全校年巩固率 100%。

近几年来,学校全面贯彻党和国家的教育方针、政策,面向全体学生实施全面素质教育,以"励志修德、格物致知"为办学理念,以推进素质教育内涵发展、全面优化资源配置、促进学校均衡发展为重点,以规范管理为抓手,全面加强教师队伍建设,努力将学校建设为"耒阳市一流中心学校"。目前,全校校园环境进一步优化,办学条件进一步改善,素质教育进一步深化,学校管理进一步规范,教育质量与发展水平全面提升。2009 年度学校荣获了耒阳市教育局中小学教育教学质量二等奖、语数质量调研一等奖、年度学校目标管理考评二等奖、控流保学先进单位以及耒阳市体运会小学(二组)团体总分第四名;2010 年度荣获了耒阳市教育局中小学教育教学质量三等奖、控流保学先进单位,在湖南省义务教育合格学校创建中,获湖南省评估团嘉奖;2011 年度,荣获了耒阳市教育局中小学教育教学质量二等奖、年度学校目标管理考评一等奖、控流保学先进单位、学校安全与综治工作先进单位、第六届少年儿童书信比赛组织奖、"学雷锋"先进集体;2012 年度,荣获了耒阳市教育局年度学校目标管理考评三等奖、中小学教育教学质量三等奖、学校安全与综治工作先进单位、第七届及第八届少年儿童书信比赛组织奖、"学雷锋"读书征文活动组织奖;2013 年度,荣获了耒阳市教育局年度学校目标管理考评二等奖、学校综治安全工作先进单位、"学雷锋"读书征文竞赛活动组织奖;2015 年度,荣获了耒阳市教育局年度学校目标管理考评二等奖、学校综治安全工作先进单位。

学校地址:耒阳市泗门镇肥美村

邮政编码:421858

办公电话:0734 – 4910010

学校行政班子成员信息

校长:刘晓春(15116826582)

【耒阳市黄市镇中心学校】

耒阳市黄市镇中心学校创办于 1969 年,总占地面积有 13320 平方米,建筑面积 5860平方米,学生运动、游乐面积 8596 平方米。学校现有教学班 10 个,在校学生 636 人,教职工30 人,其中小学高级教师 12 人。学校装备了多媒体教室、电脑教室、实验室、图书室、音乐室等功能室以及 200 米环形跑道、运动场、篮球场、排球场等运动设施,文化走廊赏心悦目。学校布局规范巧妙,环境清新宜人。

学校坚持"以人为本,和谐发展"的办学理念,坚持"规范管理提品位,内涵发展树品牌"的办学思路,把学校建设成为人文浓郁的学园、活动健体的乐园、自然和谐的花园、亲切温馨的家园,让每位学生成才,每位老师成功。

近年来,在行政班子和全体师生的共同努力下,学校取得了优秀成绩:2010 年通过了湖南省合格学校验收;在 2014 年衡阳市学生素质抽测中取得耒阳市第一名的好成绩;2015 年被评为耒阳市教育系统综合治理安全工作先进单位。

学校行政班子成员信息

校长:黄顺华(13974760780)

副校长:李丰(13575263753)

副校长兼中心完全小学校长:黄运球(15200701010)

【耒阳市仁义镇中心学校】

耒阳市仁义中心学校管辖 16 所小学、1 个教学点、1 所农村公办幼儿园、5 所民办幼儿园。学校现有小学教学班 78 个,幼儿教学班32 个,在校小学生 3125 人,在园幼儿 1305人。在编教职工 124 人,其中高级职称的 1人,中级职称的 45 人;本科及以上学历的 24人,大专学历的 77 人,学历合格率 100%。

"相信每一个学生都能学好"是仁义教育人一直以来的坚持。近年来，学校以全面提高教育质量为中心，全面实施素质教育，全力推行规范管理，强师德、正师风、抓礼仪、重养习，着力校园文化，力促内涵发展，打造出了一支素质过硬的专业化教师队伍：现有衡阳市级骨干教师2人，耒阳市级骨干教师2人；近3年，教师参加省、市各级教育教学比赛获奖达20余人次，获奖论文30多篇。

培名师，创佳绩，学校办学成果硕果累累：连续十几年在耒阳市教育目标管理考评中获奖；连续五年，每年创建一所湖南省合格学校；教学质量评价更是多次获奖；2012年，获耒阳市教育目标管理考评一等奖、教育质量评价一等奖、耒阳市中小学田径运动会第四名；2013年，获耒阳市教育目标管理考评二等奖、耒阳市综治先进单位；2014年，获耒阳市教育目标管理考评三等奖、耒阳市中小学田径运动会第二名；2015年，学校更是在耒阳市中小学田径运动会中一举夺魁，获得团体第一名。

学校地址：耒阳市仁义镇

邮政编码：421837

办公电话：0734－4841746

学校行政班子成员信息

校长：钟洪南（13975464213）

【耒阳市水东江街道办事处中心学校】

耒阳市水东江街道办事处中心学校现辖6所完全小学、1个教学点、16所民办幼儿园。学校校园占地面积28394平方米，建筑面积12522平方米，小学共有64个教学班，在校学生3117人，幼儿园共有班数66个，在园幼儿2344人。小学段现有教职工131人，专任教师学历合格率达100%，专科及以上学历的占86%，小学高级教师占61%。教师年龄结构合理，业务素质优良，爱岗敬业精神强，教育教学成绩显著，近年来，教师以及学生在省、市等各级竞赛及评比中屡屡获奖。

学校一直秉承"以爱为源，和谐发展"的办学理念，以教学生"学会学习、学会生活、学会感恩、学会做人"为宗旨，辖区各所小学都能做到既教书、又育人，形成浓郁而独具特色的校园文化氛围。学校行政一班人求真务实，精诚团结，在上级的正确领导下，带领全体师生，以湖南省合格学校创建为契机，大力争取各级政府投入，努力改善办学条件，不断深化教育教学改革，优化学校管理，牢固树立质量生命意识和创新意识，注重学生德、智、体、美等全面发展，取得了令人可喜的成绩。学校先后被评为耒阳市素质教育实验学校、耒阳市工会工作先进单位、耒阳市"控流保学"先进单位、耒阳市教育目标管理考评一等奖、耒阳市中小学教学质量一等奖、耒阳市综治工作先进单位、耒阳市水东江办事处先进党组织等。

"长风破浪会有时，直挂云帆济沧海。"具有传统风韵与现代气息的学校现已成为耒阳教育的一颗璀璨明珠，放眼未来，学校更加坚信，有各级领导的高度重视，有社会各界的大力支持，有全体教职工的共同努力，学校必将迎来更加辉煌灿烂的明天！

学校地址：耒阳市水东江街道办事处水东江居委会16组

邮政编码：421800

办公电话：0734－4316166

学校行政班子成员信息

校长：邓承满（13875678555）

耒阳市水东江中心完全小学

耒阳市水东江中心完全小学地处耒阳市城区东大门，南对汽车东站，西邻耒水，环境优美、交通便利。学校始建于1947年。学校现有教学班31个，在校学生2281人。校园面积11215平方米，校舍建筑面积6233平方米。教职工82人，其中中学高级教师1人，小学高级教师48人，获大专及大专及以上学历的62人，中师学历的20人，学历合格率为100%。教师年龄结构合理，业务素质高，爱岗敬业精神强，教育教学成绩显著。

学校全面贯彻党的教育方针，实施素质教育，不断深化教育教学改革，优化学校管理，科学谋划学校发展，学科教学质量始终保持全镇桂冠之位。各种活动丰富多彩，成绩斐然。学校成立了鼓号、体育、美术、英语、书画等兴趣小组，更加丰富了校园文化生活。学校注重德育活动的开展与创新，学校文化长廊独具特色，周会活动尤为规范，受到了上级领导的高度评价。

学校自2009年以来，抓住创建"义务教育合格校"和"督导评估"等机遇,力争上级的支持和投入,大力改善办学条件,学校面貌焕然一新。到目前,学校功能室齐全、管理合理,为学校的教育教学提供了有力的保障,也为学校教师教学水平的提高提供了条件。

近几年来,学校多次通过了省、市级检查评估并受到上级的多次表彰:2009年创建"湖南省义务教育合格校"成功;2010年创建成为衡阳市"语言文字规范化示范校";2014年被耒阳市教育局评为"禁毒教育示范校";2015年被衡阳市禁毒委员会评为"毒品预防教育示范学校";2015年被湖南省体育局、湖南省教育厅确立为"湖南省实施国家校园武术段位制试点学校"。学校先后被耒阳市教育局评为:年度无流失学生优秀学校,教育系统社会治安综合治理先进单位,新课程教学改革优秀实验学校,学校教育目标管理考评一等奖,小学教学质量二等奖,耒阳市第六届、七、八届少年儿童书信征文"优秀组织奖"。

学校地址:耒阳市水东江街道办事处水东江居委会16组

邮政编码:421800

办公电话:0734－4371984

学校行政班子成员信息

校长:谢武贵(13875622703)

副校长:梁青平(18774229962)

副校长:谢斌(15211407358)

【耒阳市太平圩中心学校】

耒阳市太平圩中心学校是一所文化底蕴浓厚、历史较为悠久的乡级全日制小学,也是一所耒阳市"德育示范学校"。校园环境明净,绿树成荫,景色宜人,是农村孩子们成长的摇篮。学校布局合理,设施齐备,拥有多媒体电教室、图书室、实验室、美术室、音乐室、体育器材室、留守儿童之家,乡村少年宫,为师生创设了良好的工作、学习环境。

学校辖区现有学校9所、幼儿园3个,即中心完全小学1所、联小3所、村级小学4所、教学点1所;公办幼儿园1个、民办幼儿园2个。学校共有教师60人,专任教师59人,其中学历合格教师59人,中高级专业技术职务教师42人;共有学生2000余人。

学校秉承"文明守纪,勤奋上进"的校训,确立"让每一位农村学生和每一位老师都健康、幸福地生活和成长"的办学理念,学校内部管理日趋规范化,标准化,围绕着"以人为本、以质为魂、以安全第一、和谐发展"的工作思路,突出校园常规管理,落实素质教育各项要求,规范办学行为,逐步形成了"团结、文明、开拓、创新"的校风,"严谨、爱生、务实、善诱"的教风和"勤奋、善思、求实、进取"的学风。学校以课堂教学为主阵地,推进新课程改革,实施素质教育。办学效益日益凸现,教学质量稳步提高。

近几年来,学校塑造了一支敬业、尽职、奉献的教师队伍,勤奋、文明、进取的学生群体,形成了科学、严格的内部管理,整洁、优美、清爽的校园环境,受到上级领导和社会各界的一致好评。学校于2013年被评为耒阳市养成教育示范单位;在2014年年度考核中,被耒阳市教育局评为安全先进单位。

学校地址:耒阳市太平圩乡

邮政编码:421826

办公电话:0734－4682038

学校行政班子成员信息

校长:龙希平(13975441460)

【耒阳市新市镇中心学校】

耒阳市新市镇中心学校坐落在千年古镇的新市镇新城居委会境内,现有公立学校12所、民办学校1所,教学班58个,学生2089人,教职员工118人,其中小学高级教师63人,一级教师35人,耒阳市骨干教师4人,耒阳市优秀教师12人。教师拥有本科学历的29人,专科学历的61人,教师学历合格率为100%。现所有学校已完全消除危房,近几年通过合格学校创建,学校的硬件建设取得了很大的成绩,学校面貌焕然一新,教学配套设施基本满足需要。

学校确立了"质量立校,文化引领,立足学生一生发展,培养良好生活习惯和学习习惯"的办学思想。学校一贯注重校园文化建设和学生日常行为规范教育,涌现了周星、渠塘、水东、坪上、横龙、湾李等一大批校园整洁、文化氛围浓厚的农村小学,2015年耒阳市教育局在学校召开耒阳市校园文化建设暨学生养成教育现场会,上级领导及同行们对学校的校园文化建设和学生行为规范教育给予高度评价，并且吸引兄弟学校纷纷来学校参观学习。学校不断深化素质教育，着眼学生基础和个性发展，加强体育、国学特色教育，在耒阳市田径运动会、大课间活动评比、诗词歌赋比赛中均获得很好成绩。教育教学成绩一直名列耒阳市前茅，为上一级学校输送了大批优秀苗子。

学校始终坚持以打造农村品牌教育为目标，广大教职员工共同努力，群策群力，艰苦创业，埋头苦干，取得了一系列的优异成绩：学校多次评为耒阳市年终目标管理考评一、二等奖，耒阳市教育教学先进单位，耒阳市教育教学质量检测一、二等奖，耒阳市综治安全维稳先进单位，耒阳市教职工模范之家，耒阳市日常行为规范示范学校等荣誉称号。

学校地址：新市镇新城居委会

邮政编码：421818

办公电话：0734－4900386

学校行政班子成员信息

校长：邓桂生（13378946888）

副校长：梁春林（13272219779）

中心完全小学校长：刘小刚（13787712535）

【耒阳市哲桥中心学校】

耒阳市哲桥中心学校地处耒阳市西北部。学校自2009年下学期开始实行中小学一体化管理，辖区各类学校18所，其中初级中学1所、小学17所（含3所民办小学）。在校学生2446人，其中小学学生1939人，初中学生507人；教职工184人，其中专任教师180人。

学校秉承"德育为先，育人为本；质量立校，科研先行；优化队伍，制度保证；现代装备，信息工程；校园建设，花园标准；综合实力，整体提升"的办学思路，不断完善机制，加大管理力度，以创建合格学校为契机，校园文化建设、教育教学质量、师资水平、党建工作和工会工作不断提升。2007年荣获学校教育目标管理考评三等奖、学校教学质量二等奖；2008年荣获学校教育目标管理考评二等奖、学校教学质量一等奖，耒阳市哲桥中心完全小学被评为语言文字规范化示范校；2009年荣获学校教育目标管理考三等奖、学校教学质量三等奖、工会女职工工作先进集体奖、为民办实事先进单位奖、先进党组织奖；2010年荣获学校

教育目标管理考评一等奖、学校教学质量一等奖、为民办实事先进单位奖；2010、2011、2013、2015年荣获综合治理安全工作先进单位、衡阳市教育系统关心下一代先进工作单位。2007年以来，学校教师获国家级教育教学论文奖13篇，省级论文奖27篇，衡阳市级、耒阳市级论文奖118篇。

学校行政班子成员信息

校长：谢碧芹（15973400829）

副校长：谷安华（13875643402）

【耒阳市龙塘中心学校】

耒阳市龙塘中心学校东与东湖镇相邻，南临夏塘镇，西抵南阳镇，北界大市镇，省道320线横跨其中，离耒阳市区18公里，交通便利。近年来，学校办学条件得到明显改善。2008年至2015年间累计投入800余万元，新建小学5所，分别是龙塘镇第一联小、第二联小、白洋小学、香兰小学、畔塘小学。其他各小学的教学环境和办学条件也得到了大幅度的改善，在学校范围内消除了危房。

学校辖区内现有全日制完全小学4所、村级小学8所，共有在校学生1200余人，教学班51个，学龄儿童入学率和在校学生巩固率均达100%。学校注重教师队伍的建设，在90名教师中，本科学历的17人，大专学历的46人，中师学历的27人，小学高级教师55人，通过校本教研及教师学科培训，涌现了一大批中青年教学骨干，先后有68名教师在各级各类竞赛荣获荣誉和奖励。

学校确立了"关注所有学生的发展，关注每一个学生的全面发展，关注每一个学生的未来"的办学理念，以及"以德育为首，以教学教学改革为核心，以教师队伍建设为关键，以优化育人环境为保证，促进农村学生的全面发展"的办学思路，与时俱进，全面实施素质教育。

学校领导班子是学校的核心力量，学校领导团结协作，开拓进取，扎实工作，思路清晰，治校理念先进，治学目标明确，各方面均取得了可喜的成绩。2010年，学校荣获耒阳市年终目标管理考评二等奖、五年级教学质量调研一等奖、"无流失学生"优秀学校奖；2014年，荣获耒阳市综治考评先进单位、中小学教育质量

三等奖；2015 年荣获耒阳市综治先进单位、年终目标考评三等奖；2014、2015 年，分别荣获耒阳市田径运动会团体第十名、第五名。

学校行政班子成员信息

校长：符生平（13762451578）

【耒阳市马水乡中心学校】

耒阳市马水乡中心学校于 2006 年成立，位于马水乡东北部，地理位置优越，交通便利。学校占地面积 35600 平方米，建筑面积 4500 多平方米，绿化面积 20000 平方米。校园绿树成荫，有鱼塘、竹林、杉林、桃李园等景观，可谓鸟语花香，空气清新，环境优美。

学校现有教职工 55 人，其中中学高级教师 1 人，中学一级教师（含小学高级教师）34 人，小学一级教师 20 人，特岗教师 5 人；全国优秀教师 1 人；教师学历合格率 100%，本科学历的 36 人，专科学历的 19 人。学校现有学生 580 人。

学校拥有一个 250 米跑道的运动场，有一栋宽敞明亮的教学楼，有整洁舒适的学生宿舍、学生食堂、设有套间的教师宿舍。学校布局合理，教学区、活动区、生活区分明。教学设施齐全，有仪器室、实验室、图书室、美术室、远程教育室、多媒体室、留守儿童活动室等多功能室。

2006 年至今，学校借合格学校建设东风，更以均衡发展为契机，大力加大校园建设力度，校园面貌日新月异，教学条件日趋完善，为教育教学水平的提高创造了良好的条件，为培养学生全面发展奠定了良好基础。多年来，学校紧紧围绕办"农村孩子的乐园、教师成长的沃土"这一理念，本着"办人民满意的学校，做人民满意的教师"的教育宗旨，立足农村现实，科学施教，教研兴校，全面执行教育方针，积极推进素质教育。学校广泛开展学生书画、音乐、科技创新、乒乓球等兴趣小组活动。

学校教学质量连年处于耒阳市农村中心学校第一方阵。学校关注每一位学生的学习状态，促进每一位学生的发展。教师们改变传统的教学观、教学模式，引导学生开展"自主、合作、探究"式学习，充分发挥学生学习的积极性和主动性，教育质量不断提高。近几年，学校在耒阳市年终教育目标评估、教育教学考评、社会治安综合治理考评、学科竞赛中所获成绩初步显现出学校教学工作的高质量，同时也确立了学校在耒阳市中较为领先的地位。2012 年学校成功创办了"湖南省中小学劳动实践场所建设合格单位"。

学校地址：耒阳市马水乡东升村 5 组

邮政编码：421819

办公电话：0734 – 4811319

学校行政班子成员信息

校长：王松柏（13974737145）

副校长：杨本生（15211380988）

【耒阳市南京镇中心学校】

耒阳市南京镇中心学校坐落在南京镇南京村 4 组，学校始建于 1958 年。学校现辖中心完全小学 1 所、完全小学 2 所、村级小学 5 所、教学点 1 个、中心幼儿园 1 所、民办幼儿园 4 所。现有教职工 110 人，小学生 1397 人，幼儿 799 人。教师中，小学高级教师 51 人，衡阳市骨干教师 1 人，耒阳市学科带头人 2 人；研究生学历的 1 人，本科学历的 24 人，大专学历的 48 人，中师学历的 27 人，教师学历合格率 100%。校园内教学设施完备，生活条件便利，绿草茵茵，树木成荫，校园整洁，花香四溢。

学校始终坚持以德立校，以文治校。在学校领导班子的用心领导下，广大教职工艰苦创业，无私奉献，立足本职，埋头苦干，形成了良好的教风和学风。多年创业，硕果累累。近五年学校先后被评为耒阳市综治先进单位 4 次，教育目标管理考评二等奖 3 次、三等奖 2 次，教育教学质量评价一等奖 2 次、二等奖 3 次，书信征文大赛先进单位 4 次，5 次进入耒阳市中小学生运动会团体总分前十名，每年在耒阳市教育局组织的"三独"比赛中均有学生获一等奖。

学校行政班子成员信息

校长：唐玉魁（13974711264）

【耒阳市沙明乡中心学校】

耒阳市沙明乡中心学校位于耒阳市边远山区——耒阳市导子镇沙明村。学校创办于 20 世纪 70 年代，2011 年由原沙明中学与原沙明学区改制而成为现在的九年一贯制学校。学校占地面积 15 余亩，建筑面积 5000 多平方米，校园环境整洁、绿树成荫、鸟语花香。学校办学条件优良，设施设备齐全，拥有标准化的理化生实验室、多媒体教室、电脑室等现代化办学设施。

学校现有教学班 10 个，在校学生 232 人。教职工 17 人，其中中学高级教师 1 人、小学高级教师 6 人、中学一级教师 1 人，衡阳市骨干教师 1 人，耒阳市最美乡村教师 1 人。教师学历合格率达 100%。

学校本着"以人为本，以质量求生存"的管理理念，制度完善；坚持用严格规范要求学生，高尚师德感染学生，在注重学生学科成绩的同时，更重视学生素质教育的发展；狠抓教育教学常规工作，积极开展教学教研，教育教学质量年年攀升，为高一级的学校和社会培养了一批又一批的合格人才，教育教学成绩得了上级领导和社会各界的认可。学校多年被评为耒阳市教育教学质量一、二、三等奖，年终目标考评先进单位，综治安全先进单位，中职招生工作先进单位等。

学校地址：耒阳市导子镇沙明村八组
邮政编码：420013
办公电话：0734 – 4631321
学校行政班子成员信息
校长：罗小亮（13875773498）
副校长：谭兴桂（13575131677）

【耒阳市坛下乡中心学校】

耒阳市坛下乡中心学校现辖坛下中心完全小学、天宝小学、湾阳小学、石墩小学、一甲小学、寨尹小学、新建教学点、屈家教学点、曾州教学点、江边教学点、金冲教学点共 6 所小学、5 个教学点和 1 所中心幼儿园、1 所民办幼儿园。现有学生 652 人，32 个教学班，教职工 79 人。其中小学高级教师 52 人，衡阳市骨干教师 1 人，耒阳市骨干教师 1 人；教师学历合格率达 100%，本科学历的 9 人。3 所小学通过湖南省合格学校建设标准验收。

学校始终把办人民满意教育摆在首位，走素质教育发展之路，坚持德育教育与养成教育并举、常规教学与学科活动并举。广大教职工立足本职，开拓进取，敬业爱岗，无私奉献。学校以学生向往、家长满意、社会认可为目的，追求学生全面发展，为高一级学校输送了一批又一批合格新生。

学校地址：耒阳市坛下乡坛下村 7 组
邮政编码：421800

【耒阳市夏塘镇中心学校】

耒阳市夏塘镇中心学校创办于 2006 年 9 月，现有夏塘镇中心完全小学（寄宿制）、东兴小学、新江小学、福利小学、夏岭小学、下蕉冲小学、兴康小学共 7 所学校（后六所小学只办 1～3 年级），遍及 24 个村、2 个居委会，布局合理。学校现有学生 886 人；教职工 73 人，其中专任教师 73 人，中级职称的 60 人，学历合格率达 100%。学校作为耒阳市整合农村教育资源、深化教育改革的试点单位，地处耒阳市东乡，交通便利、地大物博、人文资源丰富，随着改革的不断深入，党和政府的不断重视，全校师生的不懈努力和辛勤耕耘，学校在农村义务教育的可持续发展中必将不断发展壮大，就像一颗种子，发芽、生根、开花、结出丰硕果实，展示其无穷的魅力。

学校地址：耒阳市夏塘镇葵田村 13 组
邮政编码：421804
办公电话：0734 – 4864605
学校行政班子成员信息
校长：陈明仕（13212699688）
副校长：周继成（13107241948）

【耒阳市小水镇中心学校】

耒阳市小水镇中心学校是耒阳市规模最大的中心学校，地处耒阳市南大门。学校下辖中心完全小学 1 所、村级完全小学 18 所、村级小学 1 所、教学点 2 个、公办中心幼儿园 1 所、民办幼儿园 6 所，在校学生 4308 人，在园幼儿 1800 人。学校现有教职工 208 人，其中中学高级教师 2 名，小学高级教师 112 人，现有湖南省优秀教师 1 人，衡阳市骨干教师 2 人，耒阳市骨干教师 34 人；教师学历合格率 100%，本科学历人数占 25%，硕士学历教师 1 人。21 所小学，19 所小学达到湖南省合格学校建设标准，现在各小学正朝着绿化、美化、亮化、规范化的新目标迈进。

学校始终把办人民满意教育摆在首位，走素质教育发展之路，坚持德育教育与养成教育并举、常规教学与学科活动并举、学校教育与少年宫活动并举，崇尚学生素质全面提高，追求学生能力发展，为高一级学校输送了一批又一批合格新生。教学质量一直位居耒阳市优秀行列。

学校始终坚持党的教育方针，广大教职工立足本职，开拓进取，敬业爱岗，无私奉献，以学生向往、家长满意、社会认可为目的。学校成立以来，硕果累累。学校年年被评为耒阳市教育局目标考评先进单位、教育教学质量优秀单位；参加耒阳市中小学运动会，每次都是前两名；在耒阳市学生阳光1小时活动评比中，获得一等奖。

学校行政班子成员信息

校长：徐作春（13187348266）

【耒阳市永济镇中心学校】

耒阳市永济镇中心学校位于耒阳市北端，经过多年的布局调整，7所小学现已形成布点均衡、学区合理的发展格局。近年来，学校投入资金1000余万元，进行全校的"薄改"工程，到2015年底，7所小学全部通过合格学校验收，办学条件大为改善。新建教师宿舍2000平方米，体育设施基本满足教学需要，装备多媒体教室5间，实验室、图书室、音乐室、美术室装备率达到85%。

近年来，学校按照"以德立校，依法治校，以绩强校，以研兴校"的办学理念，提出了"让每一个孩子都享受成功的喜悦，让每一名教师都拥有创新的舞台，让每一个家庭都得到满意的回报"的办学目标，坚持走特色发展之路，强化教育教学管理，重视德育安全工作，大力促进学生素质全面发展，赢得了良好的社会声誉。

"潮平两岸阔，风正一帆悬。"奋进的耒阳市永济镇中心学校，将继续站在教育改革和发展的前沿，励精图治，齐心协力，追求素质教育的更高境界。

学校行政班子成员信息

校长：李录生（13187206948）

【耒阳市余庆乡中心学校】

耒阳市余庆中心学校位于耒阳市西郊。学校办学条件日趋完善，教学设施齐全。学校有标准的仪器室、美术室、广播室、音乐室、图书室和实验室，图书室拥有图书36328册；有多媒体教室1间，配套设施齐全，活动开展正常。学校各项管理制度周密、科学、切实可行，管理日趋规范。

学校所辖中心完全小学1所、村级小学7所、中心幼儿园1所，共有教学班56个，在校学生1029人。学校师资力量雄厚，有专任教师102人，本科学历的16人，大专学历的63人，学历合格率达100%；高级职称教师1人，中级职称教师61人。教师能自学教育理论，不断加强师德修养，以"十年树木，百年树人"的理念鞭策自己，业务素质高、爱岗敬业精神强，近年来，在各级各类竞赛活动中有100多人次获奖。其中，刘慧斌老师的论《浅谈对后进生的转化》获国家级二等奖，蒋文君老师的论文《浅析如何运用腾讯QQ辅助教学》获湖南省一等奖，郑飞霞老师的论文《巧用阅读方法进行英语阅读教学》获湖南省一等奖。

学校办学行为规范，始终坚持教育面向全体学生，注重学生的全面发展，在耒阳市教育局目标管理综合考评中多次获奖。2011年学校少先队组织获耒阳市"先进少先队大队"称号，2010、2011年获耒阳市"控流保学"先进单位，2012年度被评为耒阳市教育系统"综合治理先进单位"，2012年度被耒阳市教育局、教育工会授予"十大杰出标兵岗"称号，2013年度新课程教学改革评为耒阳市"优秀实验学校"，2014年获耒阳市中小学教学质量二等奖。学校是耒阳市教育局"校本教研"实验学校，多次送课下乡活动在学校举行。

学校始终把德育工作放在首位，有专门的领导班子，曾被耒阳市教育局定为"三维"德育窗口学校。"欧阳海烈士纪念馆"和余庆敬老院是学校的德育教育基地。学校非常重视学生的养成教育，校纪校风良好。

学校依法治校成绩突出，校园周边环境治理良好。狠抓了校园环境建设，重修了围墙，改造了校园环境，绿化、美化了校园，校园环境优雅，文化氛围浓厚。

学校地址：耒阳市余庆乡余冲村

邮政编码：421833

办公电话：0734－2497779

学校行政班子成员信息

校长：贺臻（13786444436）

副校长：王振华（15347349918）

【耒阳市公平圩镇中心学校】

耒阳市公平圩镇中心学校地处耒阳市最南端。学校辖 9 所完全小学：公平中心完全小学、严丰学校、泉沙学校、白露学校、横岭学校、小泉学校、花萼学校、桐树学校、石湾学校；5 所村级小学：鲁碑学校、大路学校，光华学校、群丰学校、洲泉学校；1 个教学点：易兰小学；一所公办幼儿园：公平圩镇中心校幼儿园；两所民办幼儿园：小天才幼儿园、小明珠幼儿园。学校共计幼儿 549 人，小学生 1549 人。学校教职工 121 人，其中中学高级职称的 1 人，小学高级职称的 89 人，现有耒阳市骨干教师 4 人，教师学历合格率 100%，本科学历的占 76%。

学校认真贯彻落实党的教育方针，大力实施素质教育，不断完善机制，规范管理，塑造了敬业、尽职、奉献的教师队伍，勤奋、文明、进取的学生群体。学校布局合理，教学环境整洁、优美、清爽。近年来，学校教育教学质量稳步提高，为高一级学校培养了一批批优秀学生，受到上级领导和社会各界的一致好评。

学校以自强不息、厚德载物为立校之本，以团结拼搏、争优敢先为教育精神。在今后的发展道路上，学校会继续为办耒阳市一流的标准化学校、人民满意学校而努力奋斗。

学校地址：耒阳市公平圩镇农科村

邮政编码：421825

办公电话：0734 – 4684046

学校行政班子成员信息

中心校校长：李选儒（13054058878）

中心完全小学校长：曾紫萍（13055050708）

【耒阳市大和圩乡中心学校】

耒阳市大和圩乡中心学校现辖大和中心完全小学、雅江完全小学、春江小学、群阳小学、新芳小学、新华小学、联盟教学点、莲花教学点、丰乐教学点、沙元教学点、爱群教学点共 6 所小学、5 个教学点和 1 所中心幼儿园、4 所民办幼儿园。现有学生 691 人，32 个教学班，教职工 93 人。其中小学高级教师 58 人，耒阳市骨干教师 3 人。教师学历合格率达 100%，本科学历的 12 人。4 所小学通过湖南省合格学校建设标准验收。

学校始终坚持党的教育方针，把办人民满意教育摆在首位，走素质教育发展之路，坚持德育教育与养成教育并举、常规教学与学科活动并举，广大教职工立足本职，开拓进取，敬业爱岗，无私奉献，以学生向往、家长满意、社会认可为目的，追求学生全面发展，为高一级学校输送了一批又一批合格新生。

中心学校地址：耒阳市大和圩乡五和村 1 组

邮政编码：421800

学校行政班子成员信息

校长：蒋后泉（13974780896）

【耒阳市大义镇中心学校】

耒阳市大义镇中心学校是一所普通的农村义务教育公办学校，坐落于耒阳市大义镇大义圩居委会，创办于 1956 年。学校以大义中心完全小学为主体，下辖船江小学、新白石小学、石正小学、石江小学、尧隆小学、泥湾小学、陶洲小学、东方红小学和红泉小学等 10 所小学，现有教学班共计 45 个，在校学生 1014 人。学校拥有一支作风踏实、教书育人、勇于进取、乐于奉献、政治业务素质良好的教师队伍，现有教职工 83 人，教师学历合格率达 100%。近年来，学校办学条件不断改善，新建了多栋教学楼，引进了不少现代化教学设施设备，校园环境也得以大大优化，学校步入了一个崭新的时代。

多年来，学校一贯坚持"为学校可持续发展创造条件，为学生终生发展奠定基础"的办学理念，"民主治校、文明美校、质量兴校、创新强校"的办学思路和"一切为了孩子，为了孩子一切，为了一切孩子"的办学宗旨，坚持从严治校，优化校风、学风，促进每一个孩子的健康、全面发展，以一流的教育质量树立了自身的形象，赢得了社会的赞誉，是老百姓心目中最好的学校之一。

近年来，学校紧密围绕"创建平安、文明、和谐校园，促进学生、教师、学校可持续发展"这一总体目标，沿用"为学校可持续发展创造条件，为学生终生发展奠定基础"的办学理念，创办留守儿童之家，成立贫困儿童服务团队，走科研兴校之路，以"课程改革"为契机，开设了"快乐写字""快乐大课间""快乐绘画"等寓教于乐的特色校本课程，重视学生学习能力与特长的培养，全面推进素质教育；大力加强校园文化建设，让校园的每一件物品、每一个教室都成为学生的作品、思想表达的窗口，彰显了平安、文明、和谐校园的特色，学校步入了一个崭新的时代。

现在学校全体教职工正凭借开放的教学思想、领先的教研成果，以良好的业务素质、进取的生活态度、乐于奉献的精神和踏实的工作作风，引领全体学生以崭新的姿态走向未来，走向社会，走向世界。

学校地址：耒阳市大义镇大义圩居委会

邮政编码：421842

学校行政班子成员信息

校长：陈飞(13873454370)

【耒阳市三都镇中心学校】

耒阳市三都镇中心学校现辖三都镇中心完全小学、第一联小、板桥学校、高龙学校、双红学校、坪州学校、石准学校、南庄学校、东冲学校、朗生学校10所小学和1个中心幼儿园。现有学生2466人，63个教学班，在编教职工93人。

耒阳市三都镇中心完全小学

耒阳市三都镇中心完全小学创立于1968年。学校现有专任教师31人，其中本科学历的10人，大专学历的13人，中师学历的8人，学历合格率为100%。现有学生582人，教学班13个。学校现占地面积12466平方米，校舍面积5180平方米，各项现代化设施设备完善，固定资产达480余万元。2002年学校被衡阳市教育局定为"衡阳市规范化学校"，2003年获得衡阳市"园林式单位"称号，2009年高标准通过湖南省合格学校验收。

学校以"培养合格加特长的创新型人才"为办学宗旨，以"办一流学校，育一流人才"为办学目标，以"勤奋学习，报效祖国"为校训，全面贯彻教育方针，大力推进素质教育，高标准高质量实施义务教育。

学校拥有一支团结、实干、高素质的具有开拓精神的教师队伍，曾培养和造就了一大批优秀教师，有耒阳市优秀班主任、优秀体育教师、优秀教育工作者。教师们凭着开放的教育思想、先进的教学理念，以良好的素质、进取的态度、奉献的精神和踏实的作风培养了一批

又一批优秀的学生。

中心学校地址：耒阳市三都镇明冲村1组

邮政编码：421809

学校行政班子成员信息

校长：张小伟(13575122575)

【耒阳市上架乡中心学校】

耒阳市上架乡中心学校现辖上架中心完全小学、下庄联小、三江教学点、东畔教学点、文冲教学点、架木教学点、丛木塘教学点、南基教学点，即2所小学、6个教学点，此外还有1所中心幼儿园、1所民办幼儿园。现有学生587人，19个教学班，教职工51人。其中小学高级教师24人，耒阳市骨干教师4人。教师学历合格率达100%，本科学历的6人。2所小学通过湖南省合格学校建设标准验收。

学校布局合理，环境优美，基础设施齐全，文化氛围浓郁。学校坚持依法治校的办学政策，坚持以人为本的办学理念，以新课改为契机，以师资建设为动力，以安全工作为底线，以教学质量为生命线，全面贯彻教育方针，全面实施素质教育，教学质量稳步提高，多年来为党和国家培养教育一批批合格人才。

中心学校地址：耒阳市上架乡古楼村1组

邮政编码：421808

学校行政班子成员信息

校长：谢枭文(13975441707)

【耒阳市长坪乡中心学校】

耒阳市长坪乡中心学校位于耒阳西南边陲。学校现辖完全小学3所，村级联校9所、教学点3个。全校办有72个教学班，共有学生1660人，在编教职工88人，特岗教师4人，其中获得中级以上职称的40人，有省级优秀教师2人，市级优秀教师4人，省级骨干教师1人，全校教师学历合格率100%，本科学历的人数占30%，专科及专科以上学历的人数占78%以上。

学校确立了"规范管理强校，教育质量立校"的办学思想，走素质教育发展之路。全体教师以"爱生、尚贤、求是"为座右铭，力争使学生形成"多思、乐学、诚实、友爱"的优良品质。学校坚持用严格规范管理学生、优良校风熏陶学生、高尚师德感染学生、优美环境陶冶学生、崇尚理想激励学生、丰富的活动发展学

生，为高级学校培养和输送了大量品学兼优的优秀人才，教育教学质量一直得到广大干群的广泛好评。

学校始终坚持正确的办学方向，号召全校职工敬岗爱业、无私奉献、立足本职、扎实苦干，为长坪乡早日脱贫致富添砖加瓦。自办学以来，多次荣获耒阳市教育局教育质量先进单位，学校党支部也多次被长坪乡党委评为先进党支部。

学校地址：耒阳市长坪乡田坎村1组

邮政编码：421839

办公电话：07344510778

学校行政班子成员信息

校长：李佐高（13875625988）

【耒阳市亮源乡中心学校】

耒阳市亮源乡中心学校于2007年成立，位于耒阳市东北部，属于一个偏远山区学校。

学校现有教职工71人，其中中级职称教师52人，初级职称教师19人，特岗教师7人；本科学历的19人，专科学历的23人，中师学历的29人。在校学生849人，39个教学班级。现辖中心完全小学以及观音、积明、湖岭、余升、培英、桐木、泉塘、新民、元明10所学校和教学点。2011年在师生的共同努力下，学校顺利通过了省、市合格学校验收。

近年来，学校围绕"教师乐教、学生好学、公平均衡、协调有序、优质高效、百姓满意"的耒阳教育梦，引导学生开展自主、合作、探究的学习，充分发挥学生的学习主观能动性，促进每一位学生身心得到健康发展；落实"依法治教、党风廉政、安全维稳、自身建设"四大保障，不断改善办学条件，优化教育环境，狠抓学校常规管理，向管理要质量，强化师德师风建设，提振亮源教育形象；多措并举、确保校园安全。通过全体教职工的努力，学校教育教学质量不断攀升，成绩丰硕，先后评为耒阳市教育局"综治安全管理先进单位""目标管理考评进步奖"和"教育教学质量先进单位"，获得了亮源乡老百姓的好评。

学校地址：耒阳市亮源乡双丰村6组

邮政编码：421859

学校行政班子成员信息

校长：贺洪文（13907473171）

【耒阳市南阳镇南阳中心学校】

耒阳市南阳镇南阳中心学校坐落在南阳镇原南阳煤矿子弟学校。目前管辖区内有14学校、2个教学点，共65个班级。在校学生有1642名学生。教职工有108人，大专学历的专业教师达到70%，本科学历的专业教师达到20%，中师学历占的10%。

学校始终坚持"以人为本，以德立校，以法治校，科研兴校，质量强校"的办学思想；以把学校建成学习型组织、合作型团队、竞争型集体、创新型基地、和谐型家园，让每名学生闪光、让每位教师成功、让每位家长满意为办学目标；围绕"以德育人、以情育人、以美育人、以乐育人"的教育理念，全面推进素质教育，着力打造教育特色，努力构建学生健康成长的精神家园。

近几年来，学校在参加耒阳市各种活动中，取得了优秀成绩。如在2015学年中，学校在耒阳市教育局综治考评比中，获得一等奖；在参加耒阳市教育局"小五"教研比赛中，获得农村片三等奖；在耒阳市武术进校园的活动中，获得二等奖；在耒阳小学生田径运动会中，连续三年取得小学二组第三名。付出了汗水，也收获了成绩，学校先后被授予"养成教育示范校""教育教学先进单位"等荣誉称号。

学校地址：耒阳南阳镇南阳煤业公司西区

邮政编码：421805

办公电话：0734-4719754

学校行政班子成员信息

校长：资道洪（17773471501）

【耒阳市泗门中心学校】

耒阳市泗门中心学校现辖泗门中心完全小学以及新渡、石下、集中、王差、五陵、江冲、易成、泗门学校，共9所小学。

耒阳市泗门中心完全小学

耒阳市泗门中心完全小学的前身是白沙小学，成立于1952年，1981年成为耒阳市泗门中心完全小学。学校现有专任教师29人，其中本科学历的4人，大专学历的20人，中师学历的5人，学历合格率为100%。现有学生651人，教学班14个。学校经多次重建，现占地面积11727平方米，校舍建筑面积4190平方米，各项现代化设施设备完善。1999年学校被衡阳市教育局定为"耒阳市规范化中心完全小学"，2009年通过了湖南省农村中心完全小学合格学校验收。近年来，学校的实验室、仪器室、图书室、阅览室、电脑教室、远程教育多媒体室等均能适应现代化农村小学教育的发展需求。

学校以"面向未来、面向世界、面向现代化"为办学宗旨，以"学会做人、学会求知、学会创新、学会健体、学会审美、学会生活"为培养目标，以"勤学守纪、求实创新"为校训，全面贯彻教育方针，大力推进素质教育，高标准高质量实施义务教育。学校将励精图治，努力提高办学水平，为办人民满意的教育、办人民满意的学校而不懈努力。

【耒阳市五里牌街道办事处中心学校】

耒阳市五里牌街道办事处中心学校成立于2005年，下辖金杯小学、锡里小学、五里牌小学、青麓小学、白洋度小学5所小学，成立之初仅有学生2448人，教职员工157人。经过学校一班人十年的辛勤耕耘、不懈努力，学校现已发展成拥有学生6050人、89个教学班的大型中心学校。现有教职员工240人，中学高级教师1人，小学高级教师150人，省级骨干教师2人，衡阳市教学能手、学科带头、骨干教师6人，大专及以上学历教师210人，学历合格率达100%。

近年来，学校秉承"敬业爱岗，勤恳自勉，勇于探索，积极进取"的精神，坚持教育优先发展地位，全面落实教育发展规划纲要，紧扣提高教育质量核心，突出推进教育改革和提高队伍建设水平，充分发挥学校服务与指导功能，紧密团结、精诚合作，认真开展工作。一是狠抓师资培训，采取"请进来、走出去"、教师相互听课相互评课、一对一师徒结对等多种形式提高全体教师的教学能力；二是狠抓常规教学，提出了质量立校、教研兴校、管理强校的口号，向课堂四十分钟要质量；三是加强民主管理，广泛征求教师意见，制订科学的教师管理制度，调动全体教师教书育人的热情。学校围绕创建"精神文明的校园、培养人才的学园、发展个性的乐园、优美整洁的花园"的工作目标，奋力拼搏，开拓进取，整体推动学校基础教育又好又快发展，取得了丰硕的办学成果。学校连年荣获耒阳市教育目标管理考评一等奖或二等奖、耒阳市教育教学质量评价一等奖或二等奖，多次被评为耒阳市教育系统综治安全维稳工作先进单位和五里牌街道办事处党工委先进党支部。

学校地址：五里牌街道办事处金杯路89号

邮政编码：421800

办公电话：0734-4363076

学校行政班子成员信息

校长：彭传清（13875763938）

耒阳市金杯小学

耒阳市金杯小学创建于1976年，是耒阳市五里牌街道办事处的中心小学，现有两个校区，校园面积16092.9平方米，建筑面积13001.9平方米，教学班55个，学生3885人，教职工143人。教职工岗位合格率和学历达标率均为100%。

学校坚持"以德为首，五育并举，努力培养合格加特长的创新型人才"的办学宗旨，坚持"铸金杯特色，创金牌学校"的办学目标，坚持"教书育人，管理育人，活动育人，环境育人"的育人方针，全面实施素质教育，取得了丰硕的办学成果，2015年荣获中国移动"和教育"杯第十六届全国中小学电脑制作活动"和教育"专项作品优秀组织奖、第十六届湖南省中小学电脑制作活动最佳组织奖。

学校被评为湖南省合格学校，多次被评为耒阳市"文明单位""语言文字规范化学校""少先队工作先进单位""社会治安综合治理先进单位""无流失学生优秀学校""毒品预防教育活动示范学校""第五届科技创新大赛优胜单位""新课程教学改革优秀实验学校"等。近年来，学校在教育教学质量、年终管理目标考核中均名列耒阳市前茅，办学水平得到社会广泛好评。

学校地址：耒阳市五里牌街道办事处金杯路8号

邮政编号：421800

办公电话：0734-4268527

学校行政班子成员信息

校长：邓小煌（15573482762）

副校长：邓洪流（18373458858）

副校长：谢光煌（13575151843）

副校长：段明光（15575571383）

副校长：黎洪辉（13875625511）

【耒阳市遥田中心学校】

耒阳市遥田中心学校辖区内有 8 所学校，其中 1 所中心完全小学、2 所村级联小、4 所村级小学、1 个教学点。学校共有 36 个教学班，在校小学生 859 名；教职工 82 名，专任教师 80 名，获得大专及以上学历的教师 65 人，小学教师学历均达到规定要求。专任教师中取得小学高级教师资格的 51 人，初级职称的 31 人。

自 2009 年启动义务教育合格学校建设以来，学校辖区内遥田镇中心完全小学、被塘小学、宣塘小学、立新小学先后被评为湖南省合格学校。如今学校布局合理，环境雅致，设施齐备，管理规范，质量上乘。

【耒阳市灶市中心学校】

耒阳市灶市中心学校位于耒阳市城区的西南部。学校共辖全日制小学 7 所，100 个教学班，在校小学生 6376 人；有幼儿园 31 所，在园幼儿 4800 人。校园布局基本合理，每所学校的服务半径在 2 公里以内，基本保证了适龄儿童就近入学。

学校共有在编教职工 235 人，在编教师中，有专任教师 232 人，管理人员 3 人；有幼儿教师 402 人，其中男性 14 人，女性 388 人。

教师学历和专技职称基本达标，其中大学专科学历的 134 人，大学本科学历的 69 人，中师学历的 29 人；学历合格率达 98.7%；专任教师中有中学高级职称的 3 人，小学高级职称的 158 人，初级职称的 62 人。

学校行政班子成员信息

校长：侯宝林（13707478877）

副校长：谭志峰（15096093829）

耒阳市灶市完全小学

耒阳市灶市完全小学创建于 1950 年，是一所公立完全小学。学校地处耒阳市五一南路 253 号，交通便利，占地面积 5960 平方米，建筑面积 4730 平方米。校园环境优雅，设施齐备，是莘莘学子成长的摇篮。学校现有 19 个教学班，在校学生 1500 余人。现有教师 52 人，其中本科学历的 14 人，专科学历的 32 人，

中师学历的 6 人；小学高级教师 36 人，小学一级教师 16 人。

学校秉着"全面贯彻教育方针，全面提高教育教学质量"的办学宗旨，以"创精品学校、育优秀人才"为办学目标，逐步形成了"尊重、合作、博学、健体"的校训、"爱生、敬业、学高、身正"的教风和"尊师、乐学、善思、好问"的学风。学校教育教学质量稳步提升，各项工作成绩显著。2012 年，学校参加耒阳市中小学田径运动会荣获团体第四名，2013 年，学校荣获团体第三名；2013、2014 年，学校参加耒阳市庆"六一"文艺汇演活动连续两年荣获一等奖；2015 年参加耒阳市诗词歌赋比赛获得一等奖；2014、2015 年度，学校被评为耒阳市综治安全先进单位；2014 年，学校被评为湖南省合格学校；2015 年，学校被评为耒阳市养成教育示范校。学校不断彰显办学特色，积极推进和深化科教体制改革，各项工作均实现了历史性的跨越和发展。

学校地址：耒阳市五一南路 253 号

邮政编码：421800

办公电话：0734 – 4252172

学校行政班子成员信息

校长：何阿军（15874778081）

副校长：雷满桂（13975464708）

副校长：李三贵（18974777637）

副校长：贺光银（13574776267）

副校长：王增湘（15173411366）

副校长：蒋红英（15074759316）

耒阳市灶市彭桥中心完全小学

耒阳市灶市彭桥中心完全小学始建于 1953 年，是一所公办六年制完全小学。学校位于耒阳市灶市街道办事处彭桥居委会，占地面积 31 亩，建筑面积 5893 平方米，校园环境明净，绿树成荫，景色宜人，是莘莘学子成长的摇篮。学校布局合理，设施齐备，拥有电脑室、主播室、多媒体室、美术室、音乐室、实验室等，图书馆有藏书 38000 余册、音像资料 6000 余册、报纸杂志几十余种。

学校现有 51 个教学班，在校学生 3816 人，教职工 136 人，其中小学高级教师 94 人，小学一级教师 21 人，教师学历合格率达 100%。

学校始终坚持"全面贯彻教育方针，全面

提高教育教学质量"的办学宗旨,以学生发展为本,让学生在参与中生动活泼地发展,在发展中积极主动地参与,引导学生自觉完成学习任务。在全面实施新课程改革的征途中,学校将以现代教育理念为先导,以人为本,实施科学的管理,群策群力,争创有特色、有内涵的校园文化,提升办学品位。近年来,学校各项教育教学质量稳步提高,各项工作成绩显著,多次受到当地社会各界的一致好评。

学校地址:耒阳市灶市街道办事处灶市村九组

邮政编码:421800

办公电话:0734 - 2624190

学校行政班子成员信息

校长:伍建威(13575103932)

副校长:龙建军(15874389698)

副校长:刘带云(13873468789)

副校长:王红(13707473890)

副校长:饶东平(13637345868)

副校长:梁超美(13762451088)

第七章 常宁市教育风采

常宁市教育概况

常宁市教育局行政管理范围现有各级各类学校 186 所。其中，公办幼儿园 1 所、民办幼儿园 120 所；公办完全小学 59 所、民办完全小学 1 所；公办九年一贯制学校 16 所、民办九年一贯制学校 1 所；公办初中 33 所；公办高中 4 所、民办高中 2 所；公办中等职业技术学校 1 所、民办中等职业技术学校 1 所；公办教师进修学校 1 所。全市在校学生 109966 人（不包括幼儿园学童和民办职业技术学校学生）。

近年来，常宁市教育局带领全体广大教育工作者紧紧围绕"育人为本，特色创新，优质高效，均衡发展"的工作思路，深入贯彻落实《常宁市教育改革与发展规划纲要》，以改革创新为动力，以教育教学工作为中心，以提高教育质量和办学水平为目的，全面实施素质教育，不断深化教育改革，教育教学质量显著提高，全市教育事业呈现出蒸蒸日上的良好发展态势。一是全市教育投入逐年增加，办学条件不断改善。"两免一补"政策落实到位，"两基""普九"成果巩固有力，"合格学校建设""校安工程"进展迅速，全市小学入学率达100%，初中入学率达 99.8%。二是办学环境不断优化，各类教育和谐共进。普、职教育合理分流，中职对口升学率在衡阳市名列前茅。三是教研教改进一步深入，教育质量稳步提升。从 2004 年起，全市高考成绩连年提升，上升幅度在衡阳市位居前列；从 2006 年开始，全市高考本科二批及以上上线人数连年保持在1100 人以上，在衡阳市整体排名不断上升。

常宁市学前教育健康发展，义务教育稳步发展，高中教育快速发展，职业教育超前发展，民办教育规范发展，为常宁教育赢得了诸多荣誉，常宁市教育局连续多年被评为湖南省教育教学质量先进单位、教育教改教研先进单位、学校合理布局先进单位、教育宣传先进单位，连续三年在衡阳市重点工作考评中被评为一等奖，连续五年被常宁市委、市政府授予"年度目标管理先进单位"。

地址：常宁市群英西路 224 号

值班电话：0734 - 7221872

传真：0734 - 7245795

● 常宁市教育局领导班子成员

局长、党委书记：

封红伟（0734 - 7245728 15874706333）

副局长、党委委员：

欧和平（0734 - 7245756 13973438305）

副局长、党委委员：

欧索漫（0734 - 7245739 13786445195）

副局长、党委委员：

李启越（0734 - 7245748 13973463148）

副局长、党委委员：

李冬茂（0734 - 7245729 13807474545）

副局长、党委委员：

伍志方（0734 - 7245758 13975446009）

副局长：王小林（13807474118）

工会主席、党委委员：

孙桂荣（0734 - 7299215 13875644696）

副主任督学：毛国华（13807474821）

常宁市教育局内设机构及二级机构职能

【常宁市政府教育督导室】

主要职能：督查评估政府职能部门和乡镇党委政府履行重教兴教、优化教育环境、解决教育实际问题等职责的情况。

【工会】

主要职能：维护教职工合法权益；组织教工活动等机关工会工作。

【办公室】

主要职能：负责文秘、宣传、文书档案管理；负责会务、综合、协调、联络、接待等机关事务管理；负责文明创建、图书装备、教育报刊发行、常宁教育信息网站管理。

【人事股】

主要职能：负责机构编制管理、教职工人事管理、教育干部管理、教育基金会管理。

【教师工作股】

主要职能：负责教师资格认定、教师培养、教师继续教育、教师培训、教师学习培训的统计与评价。

【计划财务股】

主要职能：负责学校布局规划、教育财务管理、基建管理、教育统计。

【普通教育股】

主要职能：负责普通教育机构设置、监督学校(园)课程设置、学籍管理、考试招生和教学质量评价、监督办学行为。

【职教成教股】

主要职能：负责职成教育机构设置、职成学校招生及学籍管理、职成教育规范化管理、社区教育、市(农)民教育工作、职成教育质量评估。

【体卫艺股】

主要职能：指导体卫艺教育业务；制订体卫艺器材计划；组织体艺活动；指导监督学校卫生与健康工作。

【民办教育股】

主要职能：负责民办教育机构设置、民办教育机构监管、民办教育机构服务与协调。

【招生考试办公室】

主要职能：负责普通高校招生考试、成人高校招生考试、高等教育自学考试及其他考试的考试信息管理。

【法规股】

主要职能：负责法制宣传教育工作、学校安全工作、综合治理工作、法制安全档案管理。

【审计股】

主要职能：负责机关内部审计，下属单位经济责任审计，专题审计，审计宣传、培训与督查。

【纪检监察室】

主要职能：负责纪检监察宣传教育；参与监督主要事项；纠正行业不正之风；处理违纪违规案件；建立廉政监察档案。

【信访办】

主要职能：接待来信来访；联系协调处理信访问题；建立信访台账档案。

【毕业生管理办公室】

主要职能：毕业生就业信息采集；管理大中专学生教育实习；参与教师招聘工作。

【计生办】

主要职能：宣传计生政策；建立计生档案；组织开展计生领域的各种活动；查处违反计生政策的案件。

【机关党总支】

主要职能：负责局机关党务工作、指导基层学校党务工作。

【阳光服务中心】

主要职能：负责办事指引、政策咨询、信访接待、举报受理、舆情回复。

【勤工俭学管理站】

主要职能：指导管理学校勤工俭学工作；根据计划统一招标，采购学校工作用品；提供其他后勤服务。

【教育技术装备站】

主要职能：负责教学仪器装备、教学仪器维修和报损、学校仪器管理员、实验员操作培训、实验教学督查指导。

【教育信息中心】

主要职能：负责现代化办公系统建设、教育信息网络系统建设、教育信息资源库建设、教育网站的技术支持。

【教育科学研究室】

主要职能：研究和指导课堂教学；研究和评审教研课题；组织学生学科竞赛；组织教师教研活动和业务竞赛活动；提供考试服务。

【学生资助管理中心】

主要职能：按政策助学，帮助高校学生申请生源地贷款；协助民间资金支教、助学；建立助学台账档案。

【经核中心】

主要职能：按财务预算和计划向下属教育机构拨付专项资金；指导和监管学校财务账目。

常宁市主要学校信息

【常宁市第一中学】

常宁市第一中学是常宁市内唯一一所省级示范性普通高中，是湖南省现代教育技术实验学校、湖南省体育传统项目学校、湖南省田径与女子摔跤后备人才基地。学校于1902年由清末翰林王良弼先生倡办，始称合江学堂，中华人民共和国成立前，历经县高等小学（1913年）、县立第一高等小学（1925年）、县高等小学（1929年）、县立初级中学（1941年）等几个发展阶段；1955年改名为县第一初级中学、县第一完全中学；1958年更名为常宁县第一中学，1997年随县改市更名为常宁市第一中学；2002年被定为湖南省重点中学，2005年被定为湖南省示范性普通高中。中共中央原委员、中央政策研究室原主任滕文生，解放军高级将领彭明治中将，原驻外大使陈伯顺，五届全国人大代表李忠，空军大校王先贵，全国著名版画家吴国威，作家毛寄颖，驻美记者唐典伟，2005年湖南省理科状元王力等曾在这里指点江山，激扬文字；谢培福、黄少彪、崔国华、蒋方丹、谭英平、左金平、梁鑫、王力、李小根等一大批少年英才从此飞向清华大学、北京大学、复旦大学等著名高等学府。

学校坐落在常宁市区西北部，一洲两桥三地，地理位置得天独厚，校园面积约130多亩，校舍面积约50407平方米，绿化率为56.4%。2016年底学校有教职工378人，其中正高级职称教师1人，省级特级教师3人，高级教师98人，国家级骨干教师2人，省级优秀教师5人，省级骨干教师13人，衡阳市骨干教师16人，

常宁市教学能手24人。学校现有74个教学班，在校学生4842人。学校以"博厚、高明、悠久"为校训，以"涵养至诚，培育至人"为办学理念，以"规范化、过程化、精细化、自主化"为管理体系，以"学生向往、家长满意、领导放心、社会赞誉"为工作目标，以人为本，创和谐校园，做幸福一中人，突出一个中心，狠抓两个提升，求索真知，服务社会，教育教学成绩稳步提升。2013—2016年学校高考本科二批及以上上线人数突破530人大关，创造了常宁教育奇迹，被誉为湖南省状元的摇篮、省级示范性普通高中的排头兵、万千学子成才的乐园。

学校教研教改成效显著，现有教研课题11个，其中国家级2个，省级3个，物理课题——"信息技术在构建高中常见物理模型中的应用"被湖南省电教馆评为优秀课题；政治课题——"普通高中留守学生德育问题研究"已通过湖南省教育学会结题；语文课题——"高中语文优质空间课堂"通过省级中期评估。学校被评为衡阳市"十二五"教育科研先进单位。"高中语文素质教育三课型实验课题"荣获全国语文教改成果二等奖、衡阳市基础教育一等奖。2014年度，学校先后被评为"教育部关心下一代委员会全国青少年五好小公民、'美丽中国——我的中国梦'主题征文、演讲比赛"活动全国示范校、湖南省综治模范单位、衡阳市教学质量优胜单位。2015年度，学校荣获衡阳市"十二五"教育科研先进单位、衡阳市国防教育工作先进单位、常宁市教育系统目标

管理考评一等奖、常宁市社会管理综治工作先进单位、常宁市2015年度校本研训示范校、常宁市信息技术工作先进单位等10项荣誉称号，收到中南大学招生办发来的关于学校陈林、肖聪、雷益华、唐嘉、李子琦、郭荣杰6名学生被该校录取的特大喜报。学校现为中南大学、湖南大学、湖南师范大学等一批"211"和"985"高等学府的优质生源基地和衡阳师范学院毕业生优秀实习基地。

学校行政班子成员信息

校长：张永康(15007349996)

党总支书记：肖贻华(13786491310)

副校长：袁诗军(15211366106)

副校长：李志刚(13975430052)

副校长：詹先文(15173472096)

副校长：胡绳(15211379266)

工会主席：谭静(13787711178)

副科级督学：陈跃专(15211446178)

【常宁市水口山高级中学(常宁市第三中学)】

学校于1984年建校，命名为水口山矿务局高级中学；2003年改名为水口山有色金属集团有限公司高级中学；2007年因移交地方改名为常宁市水口山高级中学；2010年常宁市第三中学并入，校名为常宁市水口山高级中学或称常宁市第三中学。

学校校园面积27900平方米；校舍总面积24341.22平方米，校园绿化率为48.6%。

教学楼共有多媒体设备齐全的专用教室21间，此外有美术教室3间、音乐教室2间、电控室1间、心理咨询室和保健室各1间、教师办公室7间等。科教楼有藏书5万多册的图书室和阅览室，有标准的理化生实验室和电脑教室，有多功能多媒体教室和通用技术实验室，楼顶配有天文观测台等。行政办公楼有专用办公室14间、多功能会议室2间。体育场地有400米标准跑道的田径运动场，有室内竞技的多功能体育馆，此外还有足球场、篮球场、排球场、体操房等。生活用房有自带澡堂洗漱间的学生公寓54套、教师套间住房15套，有设施齐备的两层学生食堂，有三层蹲位足够的公共厕所，有职工活动室等。校园内配有雕塑和宣传橱窗，树木茂盛，花草密集，是学子们理想的求学场所。

地址：常宁市水口山镇文明北路36号

邮政编码：421513

邮箱：178133905@qq.com

学校行政班子成员信息

校长：李昌运(13975411586)

党支部书记：王端生(18674735768)

(18073482600)

副校长：夏明静(18974787258)

副校长：管少仁(15096013669)

(15574707899)

工会主席：刘璧华(13787738326)

【常宁市松柏中学】

常宁市松柏中学是一所由常宁市教育局直管的公立学校，坐落在有世界铅都、中国铅锌工业的摇篮、全国重点镇、湘南第一镇之美誉的常宁市水口山镇，其前身是松柏镇中学和原水口山有色金属集团公司中心学校初中部，创办于1954年，历史悠久、英才辈出，校园绿树成荫，四季鸟语花香。2016年2月为了整合水松地区教育资源，推动水口山金铜项目建设进程，学校根据常宁市委、市政府以及常宁市教育局的相关部署，将原松柏镇中学与常宁市水口山有色金属集团有限公司中心学校初中部合并成立为常宁市松柏中学，学校地址搬迁至常青中路新校区(原常宁市第三中学校区)。

学校校园占地面积40433平方米，建筑面积15804平方米。学校拥有多功能会议厅1个、电脑教室和教师电子备课室各1个、标准篮球场1个，智能广播系统实现班班通，各班装备推拉黑板、交互式电子白板、近焦投影仪、钢制多媒体教学讲台，教学设施一流。

学校现有24个教学班级，1350余名在校学生，拥有一支117名教职工的师资队伍，其中高级教师34人，中学一级教师64人；专任教师98人中，研究生学历教师2人，本科学历教师67人，专科学历教师49人，学历合格率达100%；师资结构趋于年轻化、专业化和合理化。

学校始终坚持"质量立校、科研兴校、管理强校"的办学原则，秉承"团结、守纪、勤学、奋进"的校训，走"以德治校、依法治校、民主治校、从严治校"之路，狠抓管理，注重塑造学生自理、自律、自强、自信的品质，培养"合格＋特长"的优秀人才。

原松柏镇中学 2011 年至 2017 年连续荣获常宁市教育教学质量先进单位，同时还获得了常宁市校本研训示范学校、信息技术工作先进单位、模范教工之家、红旗团委等光荣称号。学校培养了一大批优秀学子，近年来学生参加各级各类学科竞赛，捷报频传，其中获省级奖达 80 人次，市级奖 130 人次，县级奖 240 人次。原常宁市水口山有色金属集团有限公司中心学校多年以来教育教学质量也一直在常宁市名列前茅，两校合并重组成为常宁市松柏中学，实现了强强联手，整合了教育资源，优化了师资结构，打造了优质教育品牌，促进了水松地区的教育发展。

地址：常宁市水口山镇常青中路

邮政编码：421513

学校行政班子成员信息

校长：刘国辉（13973453439）

党支部书记：欧祎（13786474668）

副校长：李成龙（13975411101）

副校长：曾宪荣（13873417212）

【常宁市官岭镇中心学校】

常宁市官岭镇中心学校即原常宁市第四中学，坐落在官岭镇官岭村胡湾组，地处 320 省道旁的官岭镇中心，办学历史悠久，创建于 1952 年，其前身为官岭胡家祠堂小学，后发展成为初中、高中一体办学的常宁市直学校，2001 年 9 月与官岭中学合并成为官岭镇管辖的一所乡镇初级中学，多年来为社会培养了大量的优秀人才，有着辉煌的历史。学校的办学理念是"勤学修德，明辨笃实"，校训为"文明多些，人生大写"。2011 年学校获得常宁市教育局教学质量进步奖，2012 年获得常宁市教育局教学质量三等奖；近几年来，在常宁市田径和篮球运动会上，分别获得过常宁市乡镇组第三名、第四名、第七名的好成绩；多次被评为"中职招生先进单位"和"优秀考点"。学校于 2012 年先后以高标准通过了常宁市校本研训示范校、衡阳市示范性家长学校、湖南省合格化学校验收。

学校现有教职员工共 47 人，专任教师 41 人，其中中学高级教师 4 人，中学一级教师 12 人，本科学历的 29 人，研究生学历的 2 人，学历合格率为 100%。现有教学班 12 个，学生 698 人。

学校占地面积 19531 平方米，校舍面积 7124 平方米，新建了综合楼和学生食堂寝室楼；配备了计算机室、多媒体教室、图书室、卫生室、实验室、仪器室、音乐室、美术室及器材室等专用教室；创建了农村青少年宫，丰富学生课余文化生活。学校安装了电子显示屏，监控系统几乎全覆盖，可随时了解学校动态。学校绿树成荫，校园林荫大道、罗汉园、桂花园已成亮丽的风景。

目前学校正朝着办学目标，努力迈进。学校将从实际出发，扎实工作，推动农村教育改革和发展。

学校行政班子成员信息

校长：黄天财（13873429408）

执行校长：贺家兴（15886478599）

副校长：郭秀成（13574774771）

副校长：李国刚（13875768872）

副校长：李常（13575254242）

【常宁市第五中学】

常宁市第五中学创建于 20 世纪初，原名为振南学堂，地处常宁市的南大门，1807 省道穿镇而过，交通便捷。校内绿树成荫，暗香浮动，四季如春，环境幽雅宜人。

2001 年，常宁市进行教育资源整合，优化育人环境，将原由市直管的常宁市第五中学与原板桥中学合并，划归板桥镇管理，实行一校两址分部办学，统一管理。2010 年两部合并至原常宁市第五中学校区办学。学校现有教职工 53 人，15 个教学班，858 个学生，基本来自板桥镇周边村落，其中留守儿童比例偏大。

近几年，学校投入大量资金用于硬件建设，同时又组织校友捐资对学校进行了绿化、美化、亮化，学校硬件设施已达常宁市乡镇级一流标准。

一个多世纪以来，一代代五中人薪火相传，谱写了一曲曲跌宕而激越的教育乐章。学校在"以人为本播种幸福、以法为本传承文明、以优为本追求卓越"的办学理念下砥砺出校训——"每天进步一点点"；要求教师"道有所容、业有所为、惑有所思"，贯彻"不放弃一个学生，不落后一门功课，不掉队一个班级，不放走一个问题"的教育教学原则；打造"主动、互动、恒动"的学风；努力营造"求真、崇善、尚美"的良好校风。学校实行"管理育人求精心，教育质量求精品，校园文化求精粹"的精细化管理，做到了每天反思，每周通报，每月小结，每期考评。为促使学校实现从"进步"走向"优秀"的持续发展，学校在工作中重视教育教学改革创新，重视综合素质能力的提升，重视传统礼仪教育和文明习惯的养成，重视校园文体大型活动的开展，重视学生兴趣特长的培养与个性的发展，重视创设安全、健康、正能量的教习氛围。通过一系列新举措，学校教育教学质量稳中有升，音体美办学独具特色，习惯养成教育初见成效，多年来为社会输送了大量的人才，成为各行各业的佼佼者，赢得了社会的广泛赞誉。

"百年大计，教育为本"，办好教育已成为民族复兴的头等大事。"雄关漫道真如铁，而今迈步从头越。"2016 年教育机构改革后，学校面临新的挑战和新的发展机遇。学校将依托这一支高素质的师资队伍和高效率的管理团队，以稳健有序的步伐、饱满自信的精神、坚定不移的信念，"内强素质、外树形象"，把学校建设成为校园环境优美、师资力量雄厚、教学质量一流、教育特色鲜明、办学水平更高的示范性农村中学。

学校行政班子成员信息

校长：黄平荣(13786431788)

党支部书记：贺海麟(13974737058)

副校长：吕前章(13974745089)

副校长：张云芳(15273469011)

副校长：邓文华(15273460198)

督学：彭祖治(15273484198)

【常宁市第七中学】

常宁市第七中学创建于 1987 年，其前身为城关中学，是常宁中学教育的发祥地。学校是一所隶属常宁市教育局直管的全日制完全中学。

学校位于常宁市城区东部，坐落在常宁市泉峰东路 153 号。校内树林荫翳，风景优美，校舍壮观，布局合理；校外，1811 省道紧贴而过，美丽的县城、繁华的街市相依相邻，交通畅通，生活便利。学校现已晋升为全国首批足球特色学校、湖南省基础教育实验学校、湖南省文明卫生单位、衡阳市现代教育技术实验学校、衡阳市中小学养成教育示范学校、衡阳市优秀青少年维权岗、衡阳市五四红旗团组织、衡阳师范学院美术系实习基地，学校还是常宁市社会治安综合治理先进单位、常宁市教育目标管理考评先进单位、常宁市教育技术工作先进单位。

学校植根于浓郁文化氛围中，于沉稳中见睿智，在奋进中创品牌。学校拥有一支德艺双馨、底蕴深厚的教师队伍。现有教师 216 人，其中高级教师 21 人，中级教师 185 人。学校充分发挥"名师工作室""青年教师成长行动计划"的引领带动作用，已形成了一支专业基础扎实、知识结构合理、学识全面开阔的教学中坚，涌现了湖南省优秀教师，衡阳市师德先进个人、学科带头人、优秀共产党员等一批师德高尚、业务精湛的先进典型。

近年来，学校不断更新教育理念，办出自身特色，确定了"办平民教育的优质学校"的宗旨，以养成教育建设为重点，大力实施素质教育，着力培养学生良好的行为习惯，塑造健康的人格。学校遵循以文化基础知识教学为主体，以体育、艺术特长教育为辅助的"一体两翼"办学思路，始终不忘时代重托，以兴学育人为根本，以校长治学严谨、教师教育有方、学生勇于创新、学校办学成绩斐然而闻名遐迩。学校现有教学班 47 个，学生 3000 余人，历届中考连续多年取得辉煌战果，已成为常宁市初级中学的一面旗帜。

"潮平两岸阔，风正一帆悬。"锐意进取的七中人正积极筹谋未来发展战略，以特色兴校，以德育立人，力争将学校建设成为常宁市一流的精品示范学校。

学校行政班子成员信息

校长：李小林(13575144723)

党总支书记：吴玉发(13875650919)

副校长：曹小平(13973438509)

副校长：唐柏林(13875705050)

工会主席：欧春连(14789399211)

校级督学：李菁(13975465817)

校级干部：吴静川(13974794925)

【常宁市第八中学】

常宁市第八中学坐落在常宁市泉峰办事处砚池山下，交通便利，环境清幽，是闹中取静的理想办学之地，学校创办于 1996 年 9 月，系常宁市教育局直属初级中学。学校占地面积54432 平方米，校舍建筑面积 17173 平方米。现有在职教职工 182 人，其中专任教师 177人，本科学历教师 128 人，专科学历教师 46人；高级教师 12 人，中级职称教师 103 人；衡阳市骨干教师 2 人，常宁市骨干教师 3 人，常宁市级学科带头人 8 人。学校有 39 个教学班，在校学生 2088 人。

学校布局合理，教学区、生活区、运动区、休闲区功能分区明显。有标准化运动场，4 个篮球场、4 个羽毛球场、14 个乒乓球台，运动场地充足，多媒体室、电脑室、图书室、阅览室、理化生仪器室、实验室、音乐室、舞蹈室、美术室、播音室、体育活动室、心理健康咨询室一应俱全，各个教室均装备班班通，建有校园网络，办学条件日臻完善。

学校坚持以"强素质，高质量，美校园，创特色"为办学目标，以"育人为本，和谐发展"为办学理念，"厚德、博学、求实、创新"为校训，不断深化教育教学改革，加强师德师风建设，认真落实教学常规管理，狠抓教师业务能力提高培训，努力建设好行政和教师两支队伍，持之以恒抓紧抓实学生养成教育、法制安全教育、文明礼貌教育、心理健康教育，积极推行"全员育人"德育模式，创新工作方法，努力创建平安和谐校园，不断改正课堂教学，积极探索小班额高效课堂途径，教育教学质量稳步提高，位居常宁市前列。

立足现实，兴办特色教育，以艺术科技创新、足球特色教育为抓手，大力挖掘学生潜力，培养学生兴趣特长。每年向重点高中输送艺术特长生超过 20 人，科技创新教育先后被评为"湖南省科技创新先进单位""衡阳市科技创新先进单位"。学生先后有了 300 多人在国家、省、市、县级科技创新竞赛活动中获得奖励。雷洋文老师主持的"探究酸雨对塔山山岚茶的影响"课题获湖南省科技创新大赛一等奖、国家科技创新大赛决赛铜奖。校园足球运动开展有声有色，2016 年上期，学校被授牌为"全国青少年校园足球特色学校"。

近几年来，在常宁市委、市政府和常宁市教育局的高度重视与关怀下，学校硬件设施建设先后投入了 600 多万元，办学条件发生了巨变，学校各项工作取得了长足发展。2013 年至2016 年，学校先后荣获"衡阳市二星级文明单位""衡阳市防震减灾科普教育示范学校""衡阳市综合实践活动课堂常态实施优秀学校""衡阳市现代化教育技术实验学校""衡阳市中小学创造力培养示范学校""常宁市标准化学校""常宁市综合治理工作先进单位""常宁市中职招生先进单位""常宁市教育技术先进单位""常宁市先进基层党支部"等荣誉称号。

地址：常宁市泉峰区八中路 36 号

邮政编号：421500

学校行政班子成员信息

校长兼党支部书记：周宏文（15973405248）

副校长：李涛清（13107049143）

副校长：周治元（13575273534）

副校长：廖湘钢（13786480671）

【常宁市职业中等专业学校】

常宁市职业中等专业学校创办于 1983 年，原学校地址位于兰江乡高益村，2002 年新校区建成，整体搬迁至常宁市泉峰东路 378 号。学校是一所有着 30 多年职业教育办学积淀的国家公办中等职业学校。学校新老校园面积共23.2 万平方米，建筑面积 75913 平方米。学校现有教职工 182 人，专任教师 156 人，实习指导教师 28 人，外聘教师及合作企业工程师 28人，在校学生 3176 人。学校专任教师全部拥有本科及以上学历，其中，硕士学历的 2 人，双师型专业课教师 59 人，省级学科带头人 3人，技师 6 人，省级优秀教师 2 人，市级专业带头人 5 人，市级骨干教师 2 人。学校现开设有电子电器应用与维修、机电设备安装与维修（工业机器人方向）、模具制造技术、计算机应用、计算机动画与游戏制作、汽车运用与维修、会计电算化、电子商务、文秘、现代特种生态农艺、服装设计与工艺等 11 个专业。其中模具制造技术专业是国家级地方骨干专业，电子电器应用与维修和计算机应用专业是湖南省精品专业，汽车运用与维修专业是衡阳市精品专业。

学校现有教学教研楼4栋,教室82间,校内共有八大教学实训中心,有电子电器实训室7间、计算机实训室9间、多媒体及语音室5间、汽修实训室5间、机电实训室7间、财会实训室3间、电子商务实训室5间、现代农艺实训室1间、服装实训室4间、模具制造实训室5间和工业机器人实训室5间,设备总价值2500万元。校内有独立的图书馆,内设教师阅览室和学生阅览室6个,其中建有电子阅览室2个,可同时容纳100名教职工和500名学生进行阅览。学校有独立的教师公寓1栋和学生公寓4栋,每一栋公寓内都带有卫生间和洗漱间,水电设施齐全,并配有洗衣机和风扇。校内有独立的食堂1栋,可容纳3500人就餐。学校拥有8跑道标准田径运动场,有篮球场、排球场、室内羽毛球场等体育设施,让全校师生强身健体有良好的锻炼场地。

学校树立了以提高素质为基础,以培养能力为本位的教育理念,努力培养具有良好职业道德和综合职业能力的有知识、懂技术、会经营的复合型人才。首先,学校广泛开展校企合作,实施"订单式"培养,实现了专业与产业对接、课程内容与职业标准对接、教学过程与生产过程对接、学历证书与职业资格证书对接、职业教育与终身学习对接。模具制造技术专业与广东勤德模具厂建立了校企合作关系;汽车运用与维修专业与长沙北方汽修学校签订联合办学协议;会计电算化、文秘与计算机应用等专业与湖南财经工业职业技术学院签订联合办学协议;计算机动画与游戏制作专业与韶山红色动漫传媒有限公司签订联合办学协议,实行"订单式"培养,实行"3+2"中高职衔接办学;工业机器人专业与深圳拓野机器人公司"订单式"培养人才;现代特种生态农艺专业与中联科技公司合作,培养"订单式"人才;模具制造技术专业、机电设备安装与维修专业、电子电器应用与维修专业同水口山有色金属集团有限公司及衡阳天伦机电公司深度合作,实施"订单式"培养;在校外建立了油茶生产性实训基地、美国红提生产基地、草莓种植基地等10余个实习实训基地;与湖南水口山有色金属集团有限公司、衡阳天伦机电公司、常宁帝棉公司、中联科技、咏胜农场、常宁动力快车、

常宁何锋电器等企业签订了长期实习实训及就业协议。其次,学校充分发挥专业师资和实训设施的优势,多层次、多形式面向社会开展职业技术培训,实行以学历教育为主、短期培训为辅、长短结合的教育培训模式。近三年,学校共完成各类培训5815人次,其中下岗工人再就业培训600人、退役士兵职业技能培训753人、新型职业农民培训2218人、成人继续教育培训886人、技能型人才培训1358人。其中培训保安1820名,"常宁保安"劳务品牌享誉全国。最后,学校以"学生满意、家长满意、社会满意"为目标,秉承"诚信、尚志、笃学、精技"的校训,以"立德树人,促进就业"为宗旨,加强学生的综合素质的培养,重点培养其具有良好的职业道德和公民意识,形成了良好的行为习惯。学校的校风、学风良好,一大批学子走向社会都成为社会的有用之才。

近几年,常宁市职业中专办学成效显著提高。一是办学规模不断扩大。全日制学历教育在校生由2014年2638人,发展到现在的3347人;办学专业由7个发展到现在的11个;市级以上示范性特色专业由2个(电子电器应用与维修、计算机应用)增加到4个(增加汽车运用与维修、模具制造技术)。二是办学条件大幅度改善。固定资产总值由2.5亿元,发展到现在的3.2亿元。学校新建了1栋教师公寓、1栋学生宿舍楼、校园网、校园供水系统、电子实验室、计算机室、计算机网络实验室、服装实训室、财会实训室、350 kV变压器、中心垃圾站、理实一体化教室18间,扩建了汽修车间;实习实训教学设备总值由近1500万元增至现在的2500万元;学校新校区建筑面积由4.75万平方米增至现在的5.06万平方米;校内外实习实训基地由10处发展到现在的32处。三是教学质量明显提升。学校加入职业教育集团的组织由1个增加到2个;开发工学结合的校本教材由1本增加到22本;组织学生参加湖南省黄炎培创业规划大赛连续三年获奖(获一等奖2个、二等奖4个、三等奖2个);连续三年参加衡阳市技能竞赛团体总分位于前列,获市级一等奖2个、二等奖4个、三等奖10个;2个国家级课题和5个省级课题通过结题验收;教师在各级各类比赛中获奖50人次,

其中国家级二等奖 2 个、省级奖 32 个。

学校是湖南省示范性中等职业学校、湖南省示范性县级职教中心的牵头学校、国家级重点中等职业学校、国家级模具制造技术专业重点实训基地以及湖南省校企合作油茶生产性实习实训基地、衡阳市卓越中职学校。学校还是常宁市三星文明单位、保安培训基地、新型职业农民培训基地、退役士兵就业培训基地，是衡阳市园林式单位、衡阳市中职招生先进单位，被湖南省商务厅认定为"外派劳务培训基地"。

学校正乘着国家大力发展职业教育的东风，以创建省级卓越学校为契机，精诚团结、开拓创新、校企融合、质量为本、内抓管理、外树形象，为把学校建成辉耀三湘的职教名校而不懈努力。

地址：常宁市泉峰东路 378 号
邮编：421500
学校行政班子成员信息
校长：郝绍华（13973437553）
党总支书记：谭楚荣（13908447962）
副校长：陈海涛（15874780397）
副校长：刘明华（13974761939）
工会主席：刘国生（13054067369）

【常宁市教师进修学校】

常宁市教师进修学校成立于 1975 年，前身是常宁县"五七大学"师范分校，1980 年改名为常宁县教师进修学校；1996 年常宁撤县设市，更名为常宁市教师进修学校，主要是从事本地教师培训工作；2003 年起经常宁市教育局同意创建常宁市第二职业中专，2007 年经衡阳市教育局职教成教科验收合格、报湖南省教育厅批准正式挂牌成立，从事中职教学；2009 年经常宁市人民政府和常宁市编委批准成立衡阳市首家县级电大分校，从事成人教育和学历提升教育；2013 年经常宁市人民政府批准成立衡阳市第一家县级社区学院，从事常宁市全民终身学习教学工作；2015 年 9 月在常宁市人民政府和常宁市教育局的支持下，创办了教师进修学校附属小学，从事小学教育教学工作。学校形成了教师培训为先导、职业教育为主体、学历教育为补充、社区培训为辅助、义务教育为延展的"五位一体"办学格局。

学校坐落在风景宜人的南一环旁边，校舍面积占地 70 余亩，建筑面积 20000 余平方米。学校师资力量雄厚，现有教职工 79 人，其中具有高级职称的 13 人，中级职称的 30 人，大学本科及以上学历的 70 人。学校是经湖南省教育厅批准的与湖南工学院、衡阳师范学院、衡阳电大合作办学的教学点，是一所公办的综合性学校。学校以"博学、深思、求实、创新"为校训，以"一切为了学生、为了学生的一切、为了一切学生"为办学理念，始终坚持"一体两翼，提质扩容"的办学思路。学校先后荣获"全国成人中等专业教育先进单位""湖南省园林式单位""湖南省国培项目示范县""湖南省师训工作先进单位""湖南省小学科学新课程实施研究基地"等称号。

● 常宁市教师进修学校：被誉为"湘南一枝花"的教师进修学校是首批"全国 49 所县级示范性教师培训机构"之一。学校以教师专业化理论为指导，树立以教师专业化发展为核心的教师培训新观念，坚持走"研训一体"的培训路子，坚持集中研修与分散研修相结合，坚持短期面授和长期跟踪指导相结合，积极探索以参与式为主的教师培训模式，逐步建立了"以校本为主要形式，以教研为主要抓手，以远程为主要方式，以信息技术与学科课程深度融合为主要内容"的培训体系，极大地提升了常宁市教师队伍的整体素质，为常宁市教育的改革与发展提供了有力的人才支持。学校通过开展多层次、多形式、多途径的培训，每年培训教师达 3000 人次。

● 常宁市第二职业中专：于 2003 年 5 月开始筹建，2007 年 8 月，经衡阳市教育局职教成教科验收合格并报湖南省教育厅批准正式成立。学校以坚持职业教育为地方经济发展服务的宗旨，始终坚持"招得进、留得住、送得出"的办学方针。学校目前在校中职学生 1064 人，18 个教学班，开设了学前教育、计算机应用、平面设计、工艺美术四个专业。中职教学以技能教育为主导，狠抓学生基本技能训练，每年参加衡阳市中职学校技能抽测均获得了较好的成绩。在常宁市委、市政府的关心支持下，学校毕业生参加常宁市教师招聘考试，近年来取得了喜人的成绩，100% 的就业率保证了学校的持续发展。

● 衡阳电大常宁市分校：衡阳电大常宁教师进修学校工作站于 2006 年设立，2009 年 9 月，经常宁市人民政府以常政函〔2009〕58 号文件和常宁市编委〔2009〕14 号文件批准，衡阳市首家县级电大分校正式成立。分校坚持以现代远程开放教育为理念，主动适应地方经济和社会事业发展需要，坚持面向基层，坚持服务"三农"，为常宁市广大求学者提供了多种参加高等教育和继续教育学习的机会。分先后开设了初等教育、英语教育、学前教育、行政管理、计算机、会计、法律、乡镇企业管理等 8 个学历教育专业，开设非学历教育项目达 10 余个，形成了以远程开放教育为特色，学历教育与非学历教育并举，普通教育和成人教育协调发展的格局。分校自成立以来，先后累计招收学生 1933 人，毕业学生 1679 人，为常宁市培养一大批"留得住，用得上"的毕业生，为实现常宁市高等教育大众化起到了重要作用，为常宁市经济建设和社会发展做出了突出贡献。学校正逐渐发展成为常宁市的远程教育中心、继续教育龙头和终身教育基地。

● 常宁市社区学院：为贯彻落实《湖南省建设教育强省规划纲要》和《关于推进终身教育和学习型社会建设的意见》文件精神，围绕"人才兴市、文化活市"的总目标，构建社区居民终身教育体系，建设学习型社会，经常宁市人民政府批准，学校于 2013 年 4 月 17 日成立衡阳市第一家县级社区学院。学校坚持以站点管理为主线，以学用结合为重点，立足创新，分层施教，抓点示范、全面推进，以"社会大课堂"为平台，着眼群众的生活需求，组织卫生保健、文明礼仪、消防安全、创业就业、家庭理财知识等专题宣讲。学校充分利用社区学院这个平台，完善了多级社区教育网络，不断充实社区教育建设基础；狠抓特色创新活动，不断深化社区教育的内涵，切实提高社区成员的整体素质和生活质量，有力促进了常宁市三个文明建设，为建设平安常宁、文化常宁、和谐常宁做出了应有的贡献。

● 附属小学："一体两翼、提质扩容、转型发展"是学校持续发展的总体思路。为了适应社会需求和学校转型发展，着眼解决城区小学学位紧张、班额超大和考虑学校长远发展，在常宁市委、市政府和教育局的大力支持下，学校于 2015 年 9 月成功创办了附属小学，目前，已基本完成征地 30 余亩的任务。附属小学的创办，将为学校持续发展奠定坚实的基础。

目前，常宁市教师进修学校坚持"以特色教育为宗旨，以质量立校为方针"，团结奋进、务实创新，脚踏实地、埋头苦干，努力实现教育教学质量的新突破，办党和人民满意的教育事业。

地址：常宁市宜阳镇泉峰办事处南水村

邮编：421500

学校行政班子成员信息

校长：滕仲春(15211366116)

党支部书记：雷向林(13974707298)

副校长：谭德意(15074717773)

副校长：胡彦新(13575145616)

工会主席：王桂生(13873494900)

【常宁市水口山中心小学】

常宁市水口山中心小学直属于常宁市教育局，坐落在湘江南畔、衡阳工业重镇——常宁市水口山镇。

学校校址原为水口山有色金属集团有限公司职工子弟二校，创办于 1954 年，历史悠久、英才辈出、校园绿树成荫，鸟语花香。2006 年 12 月，学校由水口山有色金属集团有限公司移交到常宁市人民政府管辖，更名为常宁市水口山中心学校，成为常宁市教育局九年义务制教育学校。2016 年 2 月，常宁市委、市政府以及常宁市教育局为适应全市经济工作发展的需要，进一步整合水松地区教育资源，将原常宁市水口山中心学校小学部和原常宁市水口山办事处中心小学合并组建成一所新的学校——常宁市水口山中心小学。

学校现有 49 个教学班级，学生近 3000 人，教职员工 140 余人。其中大专学历教师 89 人，本科学历教师 47 人，中高级职称教师 102 人，40 岁以下教师 83 人，师资结构趋于年轻化、专业化、合理化。

学校积极改善办学条件，拥有占地面积 2000 平方米的标准游泳池及标准塑胶篮球场。学校各功能室齐全，校园智能广播系统实现班班通，每个班都装备有推拉式黑板、交互式电子白板、近焦投影仪、钢制多媒体教学讲台，学校教学设施一流。

学校行政班子成员信息

校长：李晓艳（13975497349）

党支部书记：刘美艳（18773403439）

副校长：欧迅（13135184918）

副校长：欧书武（15574708068）

副校长：邹文军（13873441758）

副校长：万宝琼（15574708068）

【常宁市水口山镇中心学校】

常宁市水口山镇三香完全小学

常宁市水口山镇三香完全小学于 2012 年升格成一所完全小学，地处水口山经济开发区新园路段，现有 9 个教学班（含学前班 1 个）。学校现有占地面积约 6000 平方米，学校建筑面积约 1800 平方米。学校现有绿化面积约 800 平方米，体育场地面积约 800 平方米，体育设施为 1 个篮球场、1 个羽毛球场、4 个乒乓球台、1 个单杠、1 个双杠、1 个滑梯、1 个 150 米环形跑道。学校于 2016 年建设了校园网，完成了"班班通"的前期准备工作。

学校行政班子成员信息

校长：刘娟（13469129011）

党支部书记：黄理生（13055065107）

副校长：陈诗龙（15574716342）

常宁市水口山希望中学

常宁市水口山希望中学地处 214 省道边，北临湘江，南靠青山，交通便利，始建于 1996 年，发展至今，校园面积约 67067 平方米。校内环境优雅，绿树成荫，鸟语花香。现有教职工 64 人，在籍学生 781 人。多媒体室、语音室、电脑室、各种实验室、风雨体育馆等各种功能室及学生运动场一应俱全。

本着服务学生的理念，以办好人民满意的教育为宗旨，学校行政一班人带领全校师生员工，紧紧围绕"德育为先、注重质量、优化环境、适度发展"的办学思路，加强学校内务管理，努力提高学校办学水平；切实改善办学条件，团结一心，力求上进，一步一个脚印，一年一个台阶。

学校法制安全教育成绩斐然，制度健全，管理严格到位，连续几年无一例安全事故出现。为教育学生，学校聘请公安分局、交警队的领导担任法制副校长，并多次邀请他们来校做法制安全工作报告。如今学校校园和谐、学校周边环境良好。

科学民主的管理、兢兢业业的教职工，已让学校的旗帜在常宁教育界崭露头角，正放光彩。相信在上级教育行政部门的正确领导下，有社会各界的支持、帮助，只要学校继续努力，再接再厉，做大做强是可以实现的，也是一定能实现的。

地址：常宁市水口山镇新园路省道 214 旁

邮政编码：421513

学校行政班子成员信息

校长：吴建军（13875673643）

党支部书记、执行校长：蒋展荣（15200508662）

副校长：詹桂春（15096013668）

副校长：周辉艳（13575273095）

副校长：王启成（15074787599）

副校长：何云贵（15173417399）

常宁市水口山镇松阳完全小学

常宁市水口山镇松阳完全小学，创办于 1985 年，原名松阳小学，于 1998 年升格为松阳完全小学。学校坐落于水口山镇松阳村，濒临湘江，雄伟的松柏大桥近在咫尺。

近几年来，学校想方设法多渠道筹措资金，加大基础设施的投入。常宁市教育局、水口山镇、水口山镇中心学校以及松阳村两委本着教育优先发展的策略，不断加大对学校的投入，新建了教学楼、运动场，更新、添置了大量的教学设备，校园网已经开通，厨房进行了改造，基本满足了学校不断发展的教育需求。

学校占地面积 16660 平方米，校舍建筑面积 6498 平方米。现有 19 个教学班，学生共 1311 人。教职工 58 人，其中高级职称教师 1 人，中级职称教师 39 人，初级职称教师 17 人，高级工 1 人；具有本科学历的 27 人，大专学历的 29 人，中专学历的 2 名。

多年来，学校始终坚持以"三个"面向为指针，坚持以质量求生存、以特色谋发展的办学宗旨，以培养全面发展的人才为己任，在继承中创新，在创新中发展，力求先进的教育思想、规范的办学行为、科学的组织管理，全面推进素质教育；体现了"质量立校、教研兴校"

的治校方略和管理理念，严格学校管理，坚持依法治校，学校教学质量稳步上升，学生讲文明、懂礼貌、讲卫生、爱学习，"尊师守纪，勤学善思"的学风已经形成。自2009年以来，学校连续六年被评为"常宁市教育教学先进单位"，由于学校教研教改工作抓得扎实，2010年被评为常宁市教育局"校本培训先进单位"，并作为常宁市农村小学校本培训单位去迎接湖南省校本检查。

学校行政班子成员信息

校长：吕如成(18873491699)

书记：阳帆(13723830302)

督学：姚爱莲(15874778996)

副校长：廖常梅(15574708042)

副校长：朱志运(15574707628)

副校长：唐红艳(13975497519)

【常宁市白沙镇中心学校】

常宁市白沙镇中学地处常宁市东南边陲，创办于1936年，时名兴隆庵高小；1965年办农业中学；1969年正式办初中，更名为白沙公社中学；1986年改为白沙镇中学；2004年被确定为常宁市规范化中学；2011年通过衡阳市合格学校验收；2016年8月改为常宁市白沙镇中心学校。

目前，学校有8个教学班(其中九年级3个班、八年级2个班、七年级3个班)，在校学生434人，教职工32人。学校占地10413平方米，校舍面积4795平方米，教学及辅助用房面积1920平方米，运动场面积2500平方米，生均占地23.99平方米。学校有多媒体室、图书室、书画室、健身活动室、音乐室、舞蹈室、美术室、生化实验室、物理实验室、生化仪器室、器材室、卫生保健室、综合档案室。图书室有各类图书16979册，生均藏书39册。体育场地、器材配置比较规范，有200米环形跑道、100米直跑道、3个篮球场等活动场地。绿化面积900平方米，生均绿化面积12.1平方米，绿树成荫，环境优美。仪器达国家Ⅰ类标准，硬件设施达合格学校标准。自办学以来，学校师生秉承"勤学守纪、团结上进"的校训，在"让文明诚实成为一种时尚；让健康幸福成为一种追求；让勤奋好学成为一种主旋律"的办学理念的指引下，学校正朝着"现代

化、有特色、高质量"的办学目标奋勇前进。

近几年来，学校在常宁市教育局和白沙镇党委、镇政府的指导下，先后获得了"先进党支部""衡阳市法制安全工作先进单位""衡阳市示范性家长学校""学校综合治理工作先进单位""中小学学业水平考试先进单位"等荣誉称号。

地址：常宁市白沙镇下洲村

邮编：421507

学校行政班子成员信息

校长：资道武(13873441906)

执行校长：王志成(18821810446)

副校长：欧鹏奎(18397746769)

副校长：徐建雄(13975411136)

常宁市白沙镇阳加中学

学校成立于1920年，前身为清溪书院，学校地址位于清溪江与舂陵江汇合处；1932年更名为清溪高级小学；1940年改名为清溪小学；1955年迁现址，更名为阳加完全小学；1958年办阳加完全小学附属初中；1962年停办附属初中；1964年至1966年，改名为阳加耕读中学；1969年，更名为常宁县阳加中学；1972年始办高中，1981年停办高中，共办高中班次15个；1995年，改名为常宁市白沙镇阳加中学，沿用至今。

地址：常宁市白沙镇阳市村

邮编：421509

学校行政班子成员信息

校长：董立军(13786443108)

副校长：蒋清勇(13975444515)

副校长：吴云洋(18274769007)

常宁市白沙镇中心小学

常宁市白沙镇中心小学地处常宁市东南边陲，创建于1945年，时名兴隆庵高小；1987年改为常宁市白沙镇中心小学。学校现有学生835人，教职员工35人，13个教学班。近几年来，学校以湖南省合格学校验收为契机，加大了硬件建设力度，办公设备、教学设施不断更新完善，学校已初具规模。学校占地面积4894.7平方米，建筑面积3364.9平方米，学校生均建筑面积4.06平方米，有固定资产2513367元。学校教学设施完善，拥有教学楼、师生宿舍楼、师生食堂，实验室设备齐全，装

有卫星电视台接收系统、校园网络系统、电脑室和图书室。图书室有各类图书15874册。学校硬件设施均达到办学标准。

学校秉承了"文明守纪，勤学上进"的校训，以培养基础扎实、个性优良、特长突出、素质全面的学生为办学目标，以快乐读书、快乐交友、快乐实践为办学理念，严格要求，科学管理，成功打造出了学校的教育品牌。

近几年来，学校先后承担了各级多项科研课题任务，教师参加教学大赛有10人次获县级奖；近三年来教师在各级刊物上发表论文7余篇，教师论文有20篇获省市级奖、80多篇获县级奖。学校学生素质全面，特长突出，自2002年以来在各级各类学科竞赛中，有100人次获得省、市级奖励，2013年被评为湖南省合格学校。

30多年来，学校为国家培养了近一万名小学毕业生，为高等学校输送了大批优秀人才，为国家和社会培养了德才兼备的建设者，校友遍布海内外，已是一所师资优良、管理完善、设备齐全、环境优美的规范化小学。

地址：白沙镇下洲村

邮政编码：421507

学校行政班子成员信息

校长：邬金华（15115496585）

党支部书记：王成林（17141484638）

副校长：杨清满（13873455677）

副校长：谢少勇（13887700415）

常宁市白沙镇荽河完全小学

常宁市白沙镇荽河完全小学于1997年由荽河小学升格为荽河完全小学，现有教师18人，在校学生324人。2014年学校荣获"常宁市合格单位"称号，2015、2016年荣获"常宁市优秀单位"称号。

地址：白沙镇管钟村四组

邮政编码：421507

学校行政班子成员信息

校长：郑兴（13575273117）

副校长：邓洪荣（18229250036）

【常宁市板桥镇中心学校】

常宁市板桥镇樟塘学校

常宁市板桥镇樟塘学校是一所公办九年一贯制农村学校。它由1958年7月创办的樟塘完全小学和1966年8月创办的樟塘中学于2000年8月合并而成。

学校现有初中教学班5个，中学生249名；小学教学班12个，小学生530名，全校共有学生779名。学校现有教职员工45人，专任教师43人，其中硕士学历的1人、本科学历的26人、专科学历的22人，学历合格率为100%。学校秉承"以德立校、依法治校、质量强校、教研兴校"的办学理念，追求"让学生成才、让教师幸福、让家长放心、让社会满意"的办学目标，以"快乐学习、砺炼成长"为校训，培养"勤奋、团结、创新、开拓"的校风，要求教师具有"学为人师，行为世范、以生为本、润物无声"的教风，对学生学习提出了"我进步、我成功、我幸福"的激励口号。学校以质量为本，全面实施素质教育，以塑造学生完美人格、培养学生完美性格的"双格"教育作为德育工作的首要任务，既重视学生成才，更重视培养学生成人。

学校始终把创建一流的管理水平、一流的教师队伍、一流的育人环境、一流的教育质量作为办学追求。近年来，学校在常宁市教育局的领导和关心下，坚持正确的办学方向，坚持深化教育教学改革，不断提升办学水平。学校以德育为核心，以学生行为规范养成教育为抓手，不断提高学生的思想道德水平；以养成教育为特色，关注每一个学生，让每一位学生得到充分的发展。学校各项制度日趋健全，内部管理运作良好。教师队伍结构合理，安于工作，乐于奉献，工作和学习的自觉性较好，参与教研的积极性较强。学校的办学水平、教学质量、社会影响均有显著提高。2010年小学学业水平考试，学校荣获"教育教学质量先进单位"；2012年初中学业水平考试，学校荣获"教育教学质量进步奖"；2012年小学学业水平考试，学校荣获三等奖；2014年教育信息化工作考评，学校荣获"先进单位"；2014年度，学校获"教育教学质量合格单位"及"衡阳市示范示家长学校"；2016年度，学校初中部被评为"教育教学质量先进单位"，小学部被评为"教育教学质量合格单位"。

学校地址：常宁市板桥镇高艮村

邮编：421519

学校行政班子成员信息

校长：彭卫华(13762478048)

党支部书记：廖洪志(15273484189)

副校长：段宾(15273484159)

副校长：曾智梅(15211877198)

常宁市板桥镇中心小学

常宁市板桥镇中心小学创办于1992年。学校占地面积15600平方米，其中校舍建筑面积为5564平方米，体育活动场地面积3700平方米，绿化用地740平方米。校园内景色秀丽，碧草如茵，环境幽雅，教学、办公及生活服务用房齐全。

学校现有学生901人，19个教学班，教职工43人，专任教师42人，学历合格率达100%。小学高级教师10人，小学一级教师20人；35岁以下青年教师30人，占教职工总数的81%；教师学历、普通话、计算机水平达标率100%。

近几年来，学校全面贯彻党的教育方针，大力推行素质教育。学校坚持"每次只追前一名"的育人理念，以"办学条件标准化，教学思想现代化，学校管理规范化，学生素质全面化"为目标，形成"知良知、有尊严、辨是非"的优良校风；把创办"合格加特色"的学校，培养"合格加特长"的人才作为发展方向，不断完善"德育为首，教研先行，强化师资，科学评价，全面育人"的管理措施，想尽一切办法筹措资金，增加教育投入，完善基础建设。学校教育质量和办学效益逐年提高，受到上级领导和当地群众的一致好评。

地址：湖南省常宁市板桥镇大新阳村

邮编：421519

学校行政班子成员信息

校长：帅路生(15074720929)

党支部书记：周国强(13469102269)

副校长：李小荣(15074794534)

副校长：邓小华(15273488613)

常宁市板桥镇仙桥完全小学

常宁市仙桥镇完全小学创建于1985年，1999年9月，与仙桥中学合并成九年一贯制学校。2001年9月常宁市进行各乡镇中小学合理布局调整，仙桥完全小学初中部与常宁市第五中学合并，从而学校又恢复为六年制完全小学。

学校占地面积17750平方米，校舍建筑面积为1740平方米，体育活动场地面积为1370平方米，绿化用地280平方米。学校教学设备齐全，有音乐室、美术室、劳动技术室、卫生室、多媒体室、计算机室、阅览室、图书室、仪器室、实验室、综合资料室等。学校图书室总藏书8275册，参考资料、工具书齐备。学校现有学生280多人，6个教学班；教职工14人，其中专任教师12人，学历合格率达100%，高级教师1人，一级教师8人，二级教师3人。

地址：常宁市板桥镇石塘村

邮编：421519

学校行政班子成员信息

校长：肖尤贵(15273469337)

副校长：刘方益(18216096100)

【常宁市大堡乡中心学校】

常宁市大堡乡到湖中学

常宁市大堡乡到湖中学创办于1973年7月。学校现有学生475人，教学班8个；在校教职工27人，其中高级教师2人，一级教师16人，二级教师9人。校园面积16650平方米，生均约33.4平方米；总建筑面积3670平方米，生均约7.4平方米；校园绿化面积约6500平方米，生均约13.1平方米；体育场地面积7500平方米，生均约15.1平方米；学生宿舍面积790平方米，生均约1.6平方米；配备250米标准环形跑道、100米直跑道、2个标准篮球场，校园环境整洁优美。另外学校配置了标准化的实验室3个(物理、生物、化学)，教学仪器达II类标准。电脑室配备电脑30台，有多媒体教室、美术室、钢琴房。

多年来，学校认真贯彻党的教育方针，始终秉承"以人为本、以爱为源、尊重个性、全面发展"的办学理念，坚持"以教研促质量，以管理促发展"的办学思路，全面实施和推进素质教育，内抓管理，外树形象，学校各项工作得到快速发展。教育教学质量多年来一直稳居全市前列，连续9年被评为"常宁市教学质量先进单位"。

常宁市大堡乡中心小学

常宁市大堡乡中心小学创办于1976年，其前身为"到湖小学"，1995年撤区并乡更名为"常宁市大堡乡中心小学",一直沿用至今。2007年因台胞捐资助学,又挂牌为"大堡乡滕巽三希望中心小学"。学校占地面积为14350平方米,校舍面积5320平方米,藏书13726册,现有教职员工26人,12个教学班,学生人数654人。学校先后获得了"仪器管理实验教学先进单位""日常行为规范教育示范校""园林式学校""双文明建设目标管理先进单位""基础教育教改教研成果先进单位""教育教学质量先进单位""红领巾示范校"等荣誉。

多年来,学校认真贯彻党的教育方针,坚持"以教研促质量,以管理促发展"的办学思路,奉行"办人民满意的教育,做人民满意的教师"的宗旨,秉承"以和为美,以爱为本,关注每一个学生的健康成长"的理念,打造"人文校园,平安校园,和谐校园"的特色,实现"环境优美,质量领先,追求卓越"的目标,全面实施和推进素质教育,内抓管理,外树形象,学校各项工作得到快速发展。

地址:常宁市大堡乡联丰村

邮政编码:421506

学校行政班子成员信息

校长:郭冬生(13975444779)

党支部书记:胡贵华(13975482572)

副校长:刘立宏(13575107850)

常宁市大堡乡麻洲学校

常宁市大堡乡麻洲学校的前身是麻洲中学,创办于1972年,1984年8月迁入现址。学校占地14000平方米,建筑面积2642.4平方米。

学校最初是三年制初级中学,2005年下期开始改为九年一贯制学校,2010年下期初中部撤走并入常宁市大堡中学,学校因此成为现在的完全小学。

地址:大堡乡深水村梨子树组

邮政编码:421503

学校行政班子成员信息

校长:易金华(15211874929)

党支部书记:易泽贵(13975412576)

副校长:李彬(13974745233)

常宁市大堡乡大堡完全小学

常宁市大堡乡大堡完全小学现有13个教学班,学生人数600多人;教职工27人,专任教师25人,其中中学一级教师1人,小学高级教师11人,本科学历的8人,学历合格率100%。学校占地面积23680平方米,建筑面积5878平方米,绿化面积2848平方米,基本实现了校园的绿化、美化、硬化,书香氛围浓郁。

一直以来,学校认真贯彻落实党的教育方针,以科学精细化管理为策略,坚持"以人为本、科学管理、质量兴校、和谐发展"的办学理念,坚持"质量树形象"的办学目标。自2006年以来,教育教学稳居大堡乡同级同类学校第一名,荣获常宁市教学质量一等奖5次、三等奖2次,多次被评为常宁市教育教学先进单位,教育教学成绩获得了全社会的普遍认同。学校在重视学生文化课的同时,更注重学生的全面发展。学校的德育、艺育、体育等工作有序开展,在文艺汇演、体育、书画、书信等各级各类比赛活动中多次获奖。

随着教育改革的不断深入,学校正在沿着创建"一流的管理、一流的师资、一流的质量"的目标,培养"勤奋、活泼、文明"的学生,构建"民主、务实、高效"的管理运行机制而奋斗。

学校地址:常宁市大堡乡枫林村孔雀组

学校邮编:421503

学校邮箱:2385168818@qq.com

学校行政班子成员信息

校长:孟文元(13974770341)

党支部书记:唐中文(13875678768)

副校长:雷宇城(13575259306)

【常宁市兰江乡中心学校】

常宁市兰江乡中心学校始建于1997年,由原兰江中学、正同中学、金源中学、湖塘中学合并而成,地处常宁市兰江乡常洋路口,交通便利,环境幽雅。校园占地面积30000余平方米,功能布局合理。学校以"明理启智,健魄成才"为办学理念。学校现有学生1000余人,18个教学班。现有教职工68人,其中专任教师66人,本科学历的52人,专科学历的14人,副高级教师8人,一级教师35人。

近两年,学校以标准化学校建设为契机,大力改善办学条件。学校新建了3000平方米的教师公租房;对教学楼、学生宿舍进行了维修改造;对电脑房、理化生实验室等功能室设备进行了更新换代,学生教室安装了电子白板;维修了田径场,运动场面积增加到9000平方米;增加了绿化面积3000平方米;添置了教师办公座椅70余套,更换了标准学生课桌1300余套;下大力气加强校园文化建设,打造书香校园。两年来,在各级部门领导的关心和支持下,学校累计投入700余万,明显改善了办学条件,提升了办学品质和效益。

学校精细化的管理、良好的办学条件和优越的教育资源营造了一个高品位的育人氛围,校园文化建设水平和教育教学质量已享誉全市,赢得了各级领导和社会各界人士的广泛赞誉。学校连续14年荣获"常宁市教育质量先进单位"称号,2014年被评为"常宁市标准化学校"。学校办学水平曾被《中国教育报》《湖南日报》《湖南教育》等刊物载文推介。

地址:常宁市兰江乡常洋路口

邮政编码:421500

学校行政班子成员信息

中心校长:刘仁智(15273488800)

执行校长:易泽正(15873486558)

副校长:雷雨(13875610600)

副校长:唐冬桂(15273484166)

副校长:王峥(13875764571)

常宁市兰江乡中心小学

常宁市兰江中心小学成立于1991年,前身是"正同乡中心小学",1995年撤区并乡,改名为常宁市兰江中心小学,是一所全日制完全小学。学校坐落于兰江乡元山村谭坪组,下面管辖东塔、巴黎两所村级小学。

学校现有学生360人,教职工22人,设有一至六年级9个教学班。校园面积10870平方米,校舍面积3200平方米。学校拥有电脑室、多媒体室、实验室、仪器室、图书室、阅览室、美术室、音乐室等,设施设备日趋完善。

近年来学校秉承"高质量,有特色"的办学理念,以"勤学、守纪、奋发、向上"为校训。朝着"规范管理,提升质量,办出特色"的奋斗目标努力前行,连续六年被评为常宁市教育教学质量先进单位。

学校行政班子成员信息

校长:邓小华(13789385718)

副校长:阳祖军(13575125126)

副校长:张鲁阳(15886431333)

副校长:周成(13007340585)

常宁市兰江乡金源完全小学

常宁市兰江乡金源完全小学始建于1955年,是金源最早的公办小学之一,2003年搬至现址。学校占地13000平方米,校舍建筑面积3900平方米。现有439名学生,11个教学班。学校硬件设施雄厚,有环形200米跑道运动场,有高标准的教学楼,有现代化的电脑室、科学实验室、仪器室、图书阅览室、音乐室、美术室、多媒体室、体育器材室、劳技操作室、卫生保健室及体育活动室。校园布局协调,功能区划分合理,各项建设安全、适用、美观。学校还加大了校园环境建设,硬化道路,美化、绿化校园,新建四面围墙作为文化宣传场地,为学生提供了一个富有文化气息的环境。

学校拥有一支高素质的教师队伍。专任教师本科学历的8人,大专学历的11人,中师学历的7人,有6人正在参加学历提高进修培训。

学校确立了"特色兴校、管理治校、质量强校、教研活校"的工作思路,大力推行创新教育,积极进行教改,努力探索素质教育的新途径。学校在常宁市教育质量检测中连续6年进入了前20强。

在开齐各门课程的基础上,学校注重特色素质教育和心理健康教育,充分发挥学生个性特长;定期组织学生参加"各科知识竞赛""诗歌朗诵赛""拔河比赛""体运会""六一文艺汇演""国学经典"等,各项活动的开展为学校学生在上级各类活动中获得多项奖励奠定了基础,也丰富了师生的校园文化生活,激发了学生的学习兴趣,促进了学生的全面发展。

地址:兰江乡新山村

邮编:421505

邮箱:1165400435@qq.com

办公室电话:0734-7401968

学校行政班子成员信息

校长:王春明(13786430080)

副校长:易丕成(13574777615)

常宁市兰江乡湖塘完全小学

常宁市兰江乡湖塘完全小学建于1969年,1995年撤区并乡之前属于原湖塘乡所辖,原名湖塘乡中心小学,1995年改名为常宁市兰江乡湖塘完全小学，是一所全日制完全小学，现隶属于兰江乡中心学校。

学校现有学生 253 人；占地面积 10667 平方米，建筑面积 2192 平方米；已装备仪器室、实验室、图书室、音美劳室、体育器材室。

学校认真规范学校管理，建立健全各项制度，使学校德育、常规管理、教学管理、后勤管理等工作有序开展。随着教育改革的不断深入，学校以"自强、博爱、求实、创新"为校训，以"严谨、敬业、爱生"为教风，以"为学生的终身发展与幸福生活奠基"为办学宗旨，内强素质，外树形象，教育教学质量逐年稳步提升。2015—2016 学年度学校被评为常宁市教育局教育教学质量合格单位。

地址：常宁市兰江乡铁塘村
邮政编码：421505
学校行政班子成员信息
校长：袁旭云（13873428780）
副校长：胡志峰（13875650579）

【常宁市罗桥镇中心学校】

常宁市罗桥镇汤市完全小学

常宁市罗桥镇汤市完全小学始创办于 1950 年，1985 年搬到现址，曾命名为汤市中心校，1995 年撤区并乡后改为现名。学校坚持"全面发展、弘扬个性"的办学目标和"科学求真、人文求善"的校训，在学校历届领导班子的努力下，学校先后被评为"衡阳市先进单位""常宁市先进单位""日常行为规范示范性学校"；后经湖南省验收，被评为"规范化学校""合格学校"。学校校园内布置合理、绿树成荫、鸟语花香、环境优雅宁静，是学生求学、教师育人的好地方。

学校现有 9 个教学班，学生 443 人，寄宿生 70 人；教职工 21 人，其中专任教师 19 人，学科带头人和骨干教师 2 人，学历达标率 100%；占地面积 14090 平方米，校舍建筑面积 3022 平方米；学生宿舍面积 220 平方米，食堂面积 430 平方米；体育场地 5410 平方米，图书室藏书 9000 余册。

学校行政班子成员信息
校长：陈建忠（13575141253）
党支部书记：袁细平（13875778877）
副校长：陈志军（13974750895）

【常宁市庙前镇中心学校】

常宁市庙前镇中心学校创办于 1997 年，为原庙前中学与春和中学合并而来，是一所隶属于常宁市教育局的全日制初级中学。

学校现有 9 个教学班，450 余名学生，教职工总共 36 人，其中高级教师 3 人，一级教师 9 人，拥有本科学历的教师 27 人，学校教师平均年龄 30 岁左右，是一支年轻的充满朝气与活力的队伍。

学校以"诚信、勤奋、成才"为校训，以"办人民满意的教育"为宗旨，先后获得了"衡阳市教育局系统文明单位""规范化学校""常宁市优秀考点""教育目标管理奖""初中教育教学质量进步奖"等荣誉，2011 年顺利通过湖南省合格学校验收。学校新建了综合楼、运动场，更新了电脑房、理化实验室，种植了樟树园等，2016 年建成了青少年宫。学校功能室齐全，校园环境优美，教育教学设施有很大的改善，能够为学生提供一个更好的学习环境，现有校园 20400 平方米、校舍面积 4950 平方米。

学校行政班子成员信息
校长：刘学金（13575107868）
执行校长：白文中（13875659631）
副校长：谭德平（13873417989）
副校长：段骞（13973463152）
副校长：张小勇（13973438025）

常宁市庙前镇中心小学

常宁市庙前镇中心小学创办于 1930 年，学校占地面积 12462 平方米，现有教学楼 2 栋、综合楼 1 栋。学校环境幽雅舒适，教学区、生活区、运动区各成体系，相对独立。学校拥有图书 20429 余册，电教、体器、卫仪设备价值 232500 余元。学校教学设施多样，功能齐全，配有实验室、图书室、阅览室、仪器室、体育器材室、卫生保健室、音乐室、美术室等。

学校为全日制小学，现有 10 个教学班，学生 495 人。师资力量雄厚，现有教职员工 24 人，学科专业合理，人员匹配适当。

近几年来，学校以"湖南省合格学校建设"及"新农村卫生新校园建设"为契机，加快学校硬件建设的步伐，新建了 1 栋集食堂、学生宿舍、功能室为一体的综合楼，整修了 200 米跑道的运动场，新建了 1 个高规格的篮球场，改建了水冲式卫生厕所，新建了沼气池、垃圾处理站，更换了主教学楼的铝合金窗户，完善了厨房、会议室、多媒体室、实验室等配套设施，并添置了大量的教育教学仪器设备。

地址：常宁市庙前镇中田村子荣街

邮编：421516

学校行政班子成员信息

校长：李文利（13975444220）

副校长：周圣芽（13723830527）

副校长：王琪（15886454822）

【常宁市培元中心学校】

常宁市培元中心学校建立于2009年，坐落于培元办事处桃江路。2016年以前校名为常宁市培元小学。现有教职工146人，具有本科及以上学历的104名，中学高级教师3人，小学高级教师88名；现有班级45个，学生3314人。校园占地面积20亩，有教学楼1栋，综合楼2栋，办学条件较完善。学校于2012年通过湖南省合格学校验收，是常宁市首批标准化学校。

学校以"引领学生成长、承载家长重望、促进社会发展"为办学宗旨，以"校风优良、质量一流、环境优美、特色彰显"为办学目标，追求"播种良好习惯"的校风，秉持"敬业爱生、追求卓越"的教风，培育"自主、合作、勤学、乐学"的学风，努力让每一位学生"快乐学习、健康成长"。

常宁市培元中心学校教学质量位于常宁市一流水平，先后获得湖南省气象科普示范学校、衡阳市芙蓉标兵岗、常宁市教育教学质量先进单位和优胜单位等荣誉，在校园足球、四项课程建设、少年宫活动等方面初步办出了特色，学校社会声誉良好，多次接受兄弟学校来校学习考察，办学经验、特色多次被省、市电视等媒体报道推介。

学校行政班子成员信息

校长：段春艳（13875643262）

党支部书记：唐绍赤（13575141427）

副校长：刘春（13637346345）

副校长：王政华（13974770871）

副校长：李南平（13975446132）

【常宁市泉峰办事处中心学校】

常宁市泉峰办事处中心学校成立于1977年，1993年新建校舍于此，1994年升格为完全小学，命名为宜阳镇夏联完全小学，2016年8月因教育管理体制改革更名为常宁市泉峰办事处中心学校。

学校占地面积5844平方米，校舍面积6016平方米。现有40个教学班（小学一至六年级），学生2906人，教职工144人。

学校行政班子成员信息

校长：邓福强（13975465629）

执行校长党支部书记：刘建华（13212686191）

常宁市双蹲小学

常宁市双蹲小学其前身为双蹲书院，历史悠久。学校校园面积达7472.7平方米，校舍总面积4799.2平方米，有教学楼3栋，配有图书室、实验室、仪器室、科技室、书法室、劳技室、声乐室、器乐室、美术室、舞蹈室、陶艺室等。学校设施齐全，布局合理，景色宜人。学校校园文化建设氛围浓厚，绿化、美化做到立体化、精品化、现代化。

学校现有教职工136人，其中本科及以上学历的教师41人，专科学历教师64人；副高职称教师3人，中级以上职称教师占88人；省级骨干教师2人。学校现有37个教学班，学生2463人。

近几年来，学校坚持"传承双蹲文化，提供展示平台，提高教育质量，提升学校品位，走精品学校发展之路"的办学理念，以"把学校办成：学生喜欢、家长满意、教师幸福、社会赞誉、常宁领先、湖南知名、全国有影响力的现代化精品学校"为办学目标，全面推进素质教育，深入开展"让学生成才，让家长放心，让社会满意，树文明校风"等系列活动，取得了较好的成效，成为常宁市小学教育的窗口学校。学校先后获得"常宁市日常行为规范教育示范学校""常宁市文明单位""常宁市教研教改示范校""衡阳市规范化小学""衡阳市园林式单位""衡阳市现代教育技术实验学校""衡阳市语言文字规范化示范校""衡阳市电化教育示范校""湖南省艺术教育先进学校""湖南省教学仪器达标学校""湖南省示范性家长学校""湖南省三星级红领巾示范校""湖南省教学仪器达标学校""湖南省艺术教育先进单位"等荣誉称号。《湖南教育》杂志赞誉学校为"艺术教育的明珠"。学校"心理教育与学生主动发展"实验获湖南省第五届教研成果三等奖。学校的办学经验先后被《湖南教育》《科教新报》《衡阳日报》《衡阳新视报》《常宁报》等媒体推介。

地址：常宁市泉峰办事处解放南路111号

电话：0734－7233753

邮编：421500

学校行政班子成员信息

校长、党支部书记：彭昶（13637347569）

副校长：谢君晔（13975445036）

副校长：邓敏（13762436409）

常宁市盐湖中学

常宁市盐湖中学始建于1968年，占地面积近5万平方米，其中建筑面积有6000平方米，绿化面积有22000平方米。学校辐射半径7公里，服务人口2万人。现有9个教学班，在校学生422人。教职工41人，其中男教师31人，女教师10人；研究生学历的1人，本科学历的34人，大专学历的5人；中高级教师26人；教师平均年龄36岁。

多年以来，学校始终坚持"三风三校"的办学理念。校风：让读书成为习惯，使学习变成快乐。教风：敬业、爱生、善教、求实。学风：勤奋、乐学、善思、体验。校训：崇德、乐学、励志、创新。校歌：《追梦》。校徽：盐中托起明天的太阳。学校从管理入手，以办学特色促办学育人质量提高，以管理特色促学校竞争力提升，以自己独特的办学育人实战求得自身更大发展。2012年中考，学校在常宁市排名第七，获三等奖，一举甩掉了落后的帽子；2013年中考，学校在常宁市排名第五，获二等奖；2014年中考，学校在常宁市排名第一，获优秀奖，实现了"三级跳"，创造了盐湖教育史上前所未有的辉煌。2015、2016年，学校中考再续辉煌，稳夺第一，实现"三连冠"，被评为常宁市"优质学校"。2016年下期在全镇统考中，24个单科有16个获得全镇第一名，同时在素质教育方面，获得了常宁市2016年"阳光一小时"课间操一等奖，参加2016年常宁市田径运动会获第二名；2016年3月，成为常宁市唯一一所入围评选"湖南省身边的好学校"的学校。

学校行政班子成员信息

校长：廖小云（13873477525）

副校长：冯鹄（15886482437）

【常宁市三角塘镇中心学校】

常宁市三角塘镇中心学校坐落于三角塘镇双渔村。学校创办于1969年3月，原名三角塘镇中学，2016年8月更名为常宁市三角塘镇中心学校。学校共占地3万余平方米，建筑面积8千余平方米，绿化面积达80%以上。校园布局合理，绿化环境优美。学校有教学楼、科技楼、综合楼、办公楼、学生食堂和宿舍楼，拥有一个250米环形跑道大操场，拥有一流的仪器室、实验室、电脑室和多媒体室、图书室、阅览室等，各种功能室应有尽有，并广泛运用于教育教学之中。

学校现有教学班10个，在校学生550余人，专任教师38位，均是本科学历，高级教师5人，一级教师18人，初级教师15人，师资力量雄厚，教学水平精湛。

学校从课堂入手，坚持"先学后教、教学相结"的现代教学理念，改革教学模式，提高教学质量。学校以"发展为主题，德育是首位，质量是生命"为办学理念，努力巩固提高"普九"成果，全面推行素质教育，大力提高教育教学质量，先后荣获"衡阳市合格初中""衡阳市园林式单位""衡阳市双文明建设先进单位""常宁市日常行为规范教育合格校""常宁市规范化初中"等光荣称号，2010—2016年初中毕业会考连续七年荣获常宁市"教育教学质量先进奖"等。

学校在提升教育教学质量的同时，注重学生的养成教育，提高学生的综合素质，开展阳光运动，增强师生体质，早操、晨练风雨无阻，大课间、体育课百花齐放，篮球、乒乓球你争我抢，每天锻炼一小时，师生快乐满校园。

地址：常宁市三角塘镇双渔村

邮政编码：421527

邮箱：472291821@qq.com

学校行政班子成员信息

校长：王淑国（13873441503）

党支部书记：彭景春（13974797113）

常宁市三角塘镇中心小学

常宁市三角塘镇中心小学是一所乡镇完全小学，学校目前有教学班级10个，学生493

人。教师 20 人，其中一级教师 15 人，二级教师 5 人；具有本科学历的 7 人，专科学历的 13 人；学历合格率 100%。

学校占地面积 14502 平方米，总建筑面积 3786 平方米，师生体育运动场面积 3650 平方米，藏书 14500 册，生均图书 29 册。学校建有教学楼、综合楼、多功能餐厅、学校宿舍楼、运动场等。学校位置特殊，交通便利。学校备有仪器室、科学实验室、电脑室、语音室、多媒体室、图书室、音乐室、美术室、劳技室等功能室，基本能满足学校教学所需，其中电脑室、科学实验室装备一流。

学校地址：湖南省常宁市三角塘镇石岭村

邮政编码：421527

学校行政班子成员信息

校长：谭伟红（18273461269）

副校长：李贻荣（18374743708）

副校长：唐志辉（13786429479）

常宁市三角塘镇盐湖中心小学

常宁市三角塘镇盐湖中心小学前身是衡阳市裕民煤矿子弟学校，2008 年 8 月因资源整合，将盐湖中心小学、盐湖完全小学、裕民煤矿子弟学校三校合并，改为现名。

学校占地面积 18510 平方米，校舍面积总共 6325 平方米，现有体育活动场馆用地达 6800 平方米，其中设有标准篮球场 2 个、200 米跑道田径运动场 1 个、学生室内活动场地 1 个。教学仪器设备值 496936.6 元。学校共有图书 17495 册。学校现有教学班 17 个，在校学生 922 人。学生入学率、巩固率均达 100%。在校教职工 51 人，师生比 1∶19.6。学校有专任教师共 47 人，专任教师学历合格率达 100%；高级教师 2 人，一级教师 20 人，二级教师 16 人。

学校地址：原裕民煤矿子弟学校（老井南村 1 号）

邮政编码：421527

学校行政班子成员信息

校长：伍志新（18773419827）

副校长：刘敬东（13973438880）

副校长：廖运国（15873464088）

常宁市三角塘镇渔池学校

常宁市三角塘镇渔池学校位于三角塘镇白铺村，创办于 1977 年 8 月。2001 年渔池小学和渔池中学合并成一所九年一贯制学校，称为常宁市三角塘镇渔池学校。

学校现有小学部、中学部，包括 1 所村级小学——四有小学。现有专任教师 46 人，学生 752 人，8 个年级共 21 个班。校园面积 18555 平方米，校舍面积 5612 平方米，其中四有小学校园面积 6600 平方米，校舍面积 2425 平方米。

学校行政班子成员信息

校长：曾向芽（13975465571）

副校长：易明刚（15211352976）

副校长：周成（15348344692）

副校长：袁超华（15273479617）

常宁市三角塘镇瑶塘学校

常宁市三角塘镇瑶塘学校，位于常宁市的南郊。学校创办于清末年间，其前身为"朱田义学"。1999 年，瑶塘小学与瑶塘中学合并为一所九年一贯制学校，更为现名。学校一校两院，总占地面积 28489 平方米，建筑面积为 4788 平方米。现有 12 个教学班，学生 495 人，其中初中生 151 人，小学生 344 人。专任教师 42 人，其中本科及以上学历的 28 人，专科学历的 11 人，中师学历的 3 人，学历全部达标；高级教师 2 人，一级教师 31 人，二级教师 6 人。学校备有图书室、阅览室、仪器室、实验室、多媒体室、微机室、语音室、音乐室、美术室、科学室等，功能齐全。

学校以"志存高远，追求卓越"为校园精神，坚持"育人为本，重在发展"的办学方向，明确"依法治校，质量立校，办人民满意的教育"为办学理念，精诚团结、求真务实、积极进取、开拓创新的优良教风一直在学校不断传承，学校教育教学质量一直位处常宁市前列。

学校地址：常宁市三角塘镇市塘村

邮政编码：421500

学校行政班子成员信息

校长：胡鹏（15873413968）

党支部书记：詹行姿（15074765659）

副校长：刘贵（18273476418）

副校长：邓振球（13517343265）

【常宁市塔山瑶族乡中心学校】

常宁市塔山瑶族乡中心学校坐落于素有

"衡阳西藏"之称的常宁市塔山瑶族乡板角村，是衡阳市唯一的民族寄宿制中学。其前身为常宁县塔山中学，创办于1968年3月。1995年，因原塔山乡、铜钟岭林场与蒲竹瑶族乡合并为蒲竹瑶族乡，学校更名为常宁县蒲竹瑶族乡中学，1997年常宁县改市，2001年原蒲竹瑶族乡更名，学校相应更名为常宁市塔山瑶族乡中学，2016年因常宁市乡镇教育管理体制改革，加挂常宁市塔山瑶族乡中心学校牌匾。

学校占地面积12756.84平方米，建筑面积3600平方米，绿化面积2190平方米。学校现有教学楼、学生宿舍、教师办公住宿楼、学校综合楼、食堂等建筑群体；有物理仪器室、生化药品仪器室各1个，物理实验室、生化实验室各1个；1个电脑室（50台电脑），多媒体教室1个；1个图书室（馆藏图书6500余册）和1个阅览室；会议室和教职工活动室各1个；1个2900平方米的运动场（环形跑道200米，直跑道60米）和1个篮球场，4个室外水泥乒乓球台、3个室外乒乓球桌、1个室内乒乓球桌，体育器材室、艺术室各1个。现有6个教学班，259名学生。

学校有一支爱岗敬业、积极奉献、素质精良、争创一流的教师队伍。学校有22名教职工（其中专任教师22人），专任教师中本科学历的16人，专科学历的6人，学历合格率100%，教师资格证持证率100%；高级职称教师1人，中级职称教师6人，初级教师职称11人；常宁市级骨干教师1人。近年来，学校教师被评为衡阳市优秀教师3人次，常宁市优秀教师、班主任累计达8人次，在各级报纸杂志发表学术论文达60多篇，2010年被衡阳市教育局授予"师德模范集体"荣誉称号。

近年来，在各级党委、政府的高度重视和社会各界的鼎力支持下，学校进入到一个跨越式发展阶段。2010年，学校顺利通过湖南省"合格学校"验收，并被评为当年优秀学校；2011年，学校被评为"常宁市模范教工之家"；2016年初，学校申报创建湖南省民族团结进步示范校，已经获得湖南省教育厅批准。学校教育质量连年攀升，2014年被评为"常宁市教育质量优秀单位"，2015年被评为"常宁市教育质量合格单位"，2016年共13人考取常宁市重点高中及免费师范生，被评为"常宁市教育质量优秀单位"。2014年学生男子篮球队首次出征常宁市中学生运动会，取得男篮B组第八名；2015年再上一个台阶，取得男篮B组第五名；2016年取得历史性突破，取得男篮B组第二名的可喜成绩。

地址：常宁市塔山瑶族乡板角村
邮政编码：421524
学校行政班子成员信息
校长：李贱生（15074709625）
执行校长：欧阳太红（18873490896）
副校长：龙秀成（13875677493）
副校长：李治军（13975412681）

常宁市西岭镇中心学校

常宁市西岭镇中心学校创办于1969年，前身为西岭完全小学，后更名为西岭中学，1975年从西岭镇石湾存迁至现址，2016年8月更名为常宁市西岭镇中心学校。

学校现有15个教学班，学生797人。占地面积20014平方米，建筑面积10773平方米。学校建筑林立别致，教学楼、综合楼、宿舍、礼堂错落有致，计算机室、多媒体室、图书室、阅览室、实验室相得益彰。校园环境静雅，古樟得天独厚，荫庇芸芸学子，花草交相辉映，彰显勃勃生机。

学校师资力量雄厚，现有教职工55人，其中专任教师52人，达本科学历的52人，学历达标率为100%。教师学科结构优化、年龄结构合理，是一支爱岗敬业、志存高远、淡泊名利、乐于奉献的团队，保障了学校教育质量的稳步提高。

近年来，学校推行"育人先育德、育人先育心"的教学理念，狠抓养成教育，培养学生守纪、文明、礼貌的良好风尚。学校先后获得"日常行为规范教育示范校""规范化学校""目标管理先进单位""衡阳市现代教育技术实验学校""教学技术装备先进单位"等荣誉称号。

地址：常宁市西岭镇石江村
邮政编码：421511
学校行政班子成员信息
校长：王方荣（13974732488）
党委书记：李铁发（13762465763）
执行校长：易明伟（15897349356）

副校长：廖书中(13638449789)

副校长：廖银军(13762478037)

副校长：邓福华(13575247940)

常宁市西岭镇双安中学

常宁市西岭镇双安中学创办于1978年。学校占地面积22200平方米，建筑面积4012平方米。现有教职工27人，其中专任教师26人，学历达标率100%；高级职称教师1人，中级职称教师13人。现有9个教学班，学生450人。学校功能室较齐全，理化生实验仪器和音体美器材均达部颁标准，教师机房和学生机房各1个，配备电脑50台，配备班班通3台、教师办公电脑6台，学校基本实现教师办公网络化。图书室藏书9643册。运动场面积6960平方米，拥有250米环形跑道1个、水泥篮球场2个。校园内绿树成荫，环境幽静，空气清新，实为莘莘学子学习科学文化知识、领悟做人道理、实现人生蓝图的理想场所。

学校全面贯彻党和国家的教育方针政策，坚持"强化管理、狠抓质量、依法治校、和谐发展"的办学理念，坚持德育为首，科研兴教的方针，注重开发和培养学生的体育与艺术等各方面全面发展。近三年来，全校教师共撰写论文上百篇，其中获市级以上奖的30余篇，获县级以上奖的40余篇。学校女子篮球队参加常宁市中学生运动会荣获第二名，男子篮球赛荣获第五名；参加常宁市中小学学校阳光体育大课间活动比武荣获二等奖；参加常宁市化学、生物学科竞赛，学校学生尹鹏、周子乐分别荣获一等奖、三等奖。学校先后被评为常宁市规范化学校、常宁市日常行为规范示范学校、常宁市教育教学质量合格单位与先进单位，2010年通过湖南省合格学校验收。

学校行政班子成员信息

校长：何炜频(13975435799)

副校长：李明(13974729627)

常宁市西岭镇双安完全小学

常宁市西岭镇双安完全小学始建于1974年，当时命名为红星小学(村级小学)；1985年升格为双安乡中心校；1995年被正式命名为常宁市西岭镇双安完全小学。学校占地面积13354平方米，生均占地面积20.75平方米；建筑面积4399平方米，生均建筑面积6.78平方米；运动场面积3240平方米。学校本着"让学生成才、让教师成功、让家长放心、让社会满意"的办学理念，严守"诚信尚礼、厚德博学、勤勉务实、振兴双教"的校训，在历届领导班子苦心经营下，通过教职工的努力拼搏，1997年在国家双基验收中被评为"两基建设先进单位"，2003年教育教学质量被常宁市教育局评为"乡镇优胜单位"；2013—2014年在中心学校质量抽测中被评为优胜单位。

学校现有学生649人，1至6年级12个教学班。教职工共27人，其中高级教师1人，一级教师11人，二级教师7人；本科学历的13人，大专学历的14人，学历达标率100%，师资力量雄厚，结构合理。

学校硬件建设日趋完善。2014—2015学年度学校顺利通过省、市两级合格学校验收。学校兴建了综合楼，开设了各个功能室，修建了校门、围墙及一些附属设施，校园环境整洁美观、舒适优雅，是教书育人的净土。

地址：常宁市西岭镇六图村

邮编：421512

学校行政班子成员信息

校长：雷荣(15200551629)

副校长：蒋瑞华(13908448183)

副校长：蒋玉良(15197495488)

常宁市西岭镇中心小学

常宁市西岭镇中心小学创办于1975年，前身是西岭乡石江小学，1995年更名为常宁市西岭镇中心小学。学校现有学生1452人，6个年级，23个教学班。专任教师51人，其中研究生学历的2人；大专及以上学历的49人，占教师总数的96.1%。学校占地面积20159.5平方米，校舍面积7494平方米。学校教学设备先进齐备，教学设备值达634500元，装备了实验室、仪器室、音乐室、美术室、图书室和5间多媒体室。学校共有图书36978册，校园网络和校园广播全覆盖。校园内绿树成荫，古樟繁茂，鸟语花香，环境优美。

学校全面贯彻党的教育方针，实施素质教育。学校秉承着"以人为本、科学发展、和谐共进"的办学理念，以"成人成才成功"为办学目标，培养德、智、体、美、劳全面发展的合格学生。学校以文化为底蕴，以制度建设为抓手，规范管理，努力创建常宁市标准化学校。近几年来，学校办学成果累累。学校于2014、2015年连续两年获常宁市教育质量合格单位奖。2014、2015年学校艺术节目连续两年在常宁市教育局举办的艺术节中获一等奖。2016年度，学校老师的论文有6篇以上在省级获奖，有2篇在省级刊物发表。学校教师张永发同志在山区工作37年，其优秀事迹在2015年被湖南电视台公共频道、《衡阳晚报》《常宁报》等多家媒体采访报道。

地址：常宁市西岭镇石江村

邮政编码：421511

学校行政班子成员信息

校长：徐洪东（15273484068）

党支部书记：徐富金（15273488669）

副校长：胡爱军（13875711634）

副校长：周小青（13786489144）

【常宁市新河镇中心学校】

常宁市新河镇江河中学

常宁市新河镇江河中学位于常宁市西北边陲，其前身为江口学堂。学校校园面积达9476平方米，校舍面积达4340平方米。学校环境优美，基础设施齐全，有崭新的教学楼、宽敞明亮的教室。现有在读学生183人，共有4个教学班。

学校本着"勤奋守纪，求实创新"的校训，以及"让学生找到家感觉"的办学理念，教育教学质量连年处于常宁市初级中学前列，2015年获常宁市偏远组第四名；2016年获得常宁市第二名、偏远组第一名的好成绩。

地址：常宁市新河镇湘江村大桥组

邮政编码：421512

学校行政班子成员信息

校长：刘灵芝（0734－691899）

副校长：刘小平（0734－691713）

副校长：吕小云（18821926640）

常宁市新河镇江河完全小学

常宁市新河镇江河完全小学目前有教学班6个，在校学生313人。学校占地面积6886平方米，校舍面积3910平方米，运动场地面积1230平方米，校内建有图书室、仪器室、实验室、阅览室、美术室、音乐室等功能室。学校共有在职教师15人，其中本科及以上学历的7

人，专科学历的8人，且都获得了国家承认的教师资格证书；获得小学高级教师职称的有9人，获小学一级教师职称的有6人。

近年来，学校学生的思想品德合格率达100%，入学率达100%，巩固率达100%。学校先后被评为"常宁市规范小学""常宁市示范化小学""常宁市示范性家长学校""衡阳市示范性家长学校"；连续几年被评为常宁市"教学质量优胜单位""优质学校"。学校已累计为社会输出了6000多名小学毕业生。

地址：湖南省常宁市新河镇湘江村庙背组

邮政编码：421512

学校行政班子成员信息

校长：何万志（15273408175）

副校长：谭志龙（15616675970）

常宁市新河镇双坪完全小学

常宁市新河镇双坪完全小学位于常宁西北边陲。学校占地面积8166平方米，生均约38平方米；建筑面积2100平方米，生均约9.6平方米；学生宿舍面积450平方米，生均面积4约平方米；学生食堂面积430平方米，生均约2平方米；校园绿化面积131平方米，生均约0.6平方米。学校教学设施齐备，配备了高标准的电脑室、科学实验室、仪器室、图书阅览室、音乐室、美术室、多媒体教室、体育器材室、劳技操作室、卫生保健室及体育活动室。学校有标准的器械场、运动场和200米环形跑道，校园布局科学合理，功能区划分明确。现有教师13名，其中中级职称教师7人，初级职称教师3人；省级骨干教师1名；兼职心理咨询教师1名。学校现有教学班6个，在校学生179人，平均班额30人。

学校行政班子成员信息

校长：刘文赋（13875631872）

副校长：阳自立（13975496462）

【常宁市烟洲镇中心学校】

常宁市烟洲镇烟洲完全小学

常宁市烟洲镇烟洲完全小学创办于2015年9月，由一所村级小学升格而来，是一所重新选址、重新建设的全新学校。学校占地面积19576平方米，校舍总面积5913平方米，有3栋标准化的现代建筑：一栋教学大楼、一栋综合大楼、一栋教师公租房。学校的功能室有：

实验室、仪器室、音乐室、美术室、舞蹈室、图书阅览室等，教室装备了班班通，能利用多媒体辅助教学。现有在校学生760余人，教学班13个；教职工28人，其中高级教师1人，一级教师15人。校训是：尊师重教、勤奋进取。2016年11月，学校顺利通过湖南省合格学校验收。学校校园文化气氛浓，绿化率高，还是湖南省乡村学校少年宫活动项目校。

学校地址：常宁市烟洲镇烟洲居委会

邮编：421526

学校行政班子成员信息

校长：谭朝生（13786447067）

副校长：吴冬平（15197435311）

副校长：刘启国（15574705639）

常宁市烟洲镇新力学校

常宁市烟洲镇新力学校创办于1949年，是一所全日制公办农村学校。学校占地面积23368平方米，建筑面积2800平方米。学校生活区、教学区、运动区，布局井然，合理规范，多媒体室、电脑室、图书室、美术室、音乐室、实验室等各种功能室一应俱全，为学校教育教学提供了坚实的物质基础。

学校现有6个教学班，1个附属幼儿园，在校学生246人，专任教师18人，90%的教师具有小学高级职称，90%的教师具有大专学历，本科学历的6人。

学校办学成绩斐然。几十年来，学校共培养合格毕业生7000余人，为上一级学校输送许多优秀的人才。学校全体教职员工同心同德、扎实工作，积极进取，连续三年获"常宁市教育教学质量先进单位"的荣誉称号。学校特色办学方面成绩突出，2014、2016年师生艺术节中，学校老师精心编排的音乐剧《让留守的心不再孤单》《老师，妈妈》均获常宁市一等奖。

学校以"以人为本，追求和谐，为学生的一生奠基"为理念，以"团结创新，厚德力学"为校训，认真贯彻党的教育方针，以人为本，全面发展，加强师资队伍建设，促进教师的专业化成长，不断改善办学条件，加强校园文化建设，优化育人环境，办人们满意的学校。

地址：烟洲镇火田村

邮编：421526

学校行政班子成员信息

校长：朱立平（13212695679）

副校长：舒锋（18374782180）

【常宁市宜潭乡中心学校】

宜潭乡中心学校始建于20世级50年代，如今，校园绿树成荫，教学设施完善。学校现有教师55人，其中高级教师1人，所有教师学历均为本科及以上学历。学校现有六至九年级四个年级，共有学生466人。学校占地面积28776平方米，校舍总面积6305平方米。学校建有教学楼、食堂、教师宿舍楼、标准学生宿舍、综合楼、田径运动场，有多媒体教室、音乐室、图书室、阅览室等10多个功能室。教学区、生活区、运动区分开，建筑布局科学合理。

学校校训为"文明勤奋，团结上进"。学校教风严谨，学风优良。教育教学质量名列常宁市前茅，连续两年获得常宁市教育教学质量先进单位称号。

地址：常宁市宜潭黄桥村

邮编：421500

学校行政班子成员信息

校长：夏兴华（13974770476）

执行校长：刘启林（15074770002）

副校长：吕云龙（13875692406）

副校长：满小军（15197496688）

副校长：黄鹏（13762410082）

常宁市宜潭乡桐黄完全小学

常宁市宜潭乡桐黄完全小学校园总占地面积13650平方米，校舍总建筑面积3100平方米。

学校秉承"让孩子拥有幸福的童年，让教师品味精彩的人生"的办学理念，追求"环境好、师资强、高质量、有特色"的办学目标，以"明德、修身、博学、立志"为校训，培养"学之勤奋、人之文明、德之养成"的校风，要求教师具有"学为人师、行为世范、以生为本、润物无声"的教风，对学生学习提出了"我努力、我成功、我幸福"的激励口号。学校以质量为本，全面实施素质教育。学校以塑造学生完美人格、培养学生完美性格的"双格"教育，作为德育工作的首要任务，既重视学生成才，更重视培养学生成人。学校内强素质，外树形象，教育教学质量稳居全乡前列，各项工作逐步走向辉煌。2015 年，在常宁市师生艺术节上，学校的音乐类集体节目《小荷才露尖尖角》荣获一等奖，并在常宁市第一中学体艺馆成功演出。

学校以最前沿的教育理念为引领，以建设精干实干的师资队伍为基础。学校现有小学 1~6 年级共 9 个教学班，学生人数 401 人。专业教师 18 人，学历合格率为 100%。

学校行政班子成员信息

校长：邓志明（15273488686）

党支部书记：彭良志（13786464639）

副校长：尹俊（13762463634）

常宁市宜潭乡乌联完全小学

常宁市宜潭乡乌联完全小学始建于 1968 年。现有教职工 13 人，其中专任教师 12 人。学校现有一到六年级 6 个教学班，学生 183 人。教学楼 2 栋，由生活区、教学区、运动场三部分组成。学校总占地面积 9396 平方米，校舍建筑面积 2380 平方米，绿化面积 1494 平方米，运动场总面积 5620 平方米。学校充分利用现有资源，对各功能室重新调配。科学实验室设备齐全，水、电到桌，有专用的仪器室、操作间。图书室、美术室、音乐室、劳技室、卫生保健室、体育器材室、体育活动室等一应俱全。

学校以"明德、修身、博学、立志"为校训。近年来，学校教育教学质量稳步提升，曾先后获得"示范校""合格学校"称号；2014—2015 学年度被评为常宁市教学质量合格单位。

学校行政班子成员信息

校长：黄志文（15211395426）

副校长：廖冬虎（13875643198）

副校长：朱晓迪（15273488673）

【常宁市宜阳办事处中心学校】

常宁市宜阳办事处中心学校始建于 2012 年，前身为常宁市宜阳小学的新校区；2014 年 8 月正式独立并命名为"常宁市宜城小学"，属常宁市教育局直属管理；2016 年 8 月，因乡镇教育管理体制改革，学校设立宜阳办事处中心学校，下辖东北、嵩塘、东湖 3 所完全小学。

学校校园占地 30000 平方米，校舍建筑面积 8876 平方米，校园布局合理。学校各种功能教室和教学设施基本完备，校园文化氛围浓厚。学校积极推进校园信息化工作，目前拥有

教学用电脑 122 台，其中办公用台式电脑 25 台，教学用手提电脑 97 台。在校学生 2949 人，教学班 46 个。教职员工总人数 158 人，其中专任教师 151 人，中级职称教师 75 人，高级职称教师 2 人；湖南省特级教师 1 人，湖南省骨干教师 1 人，衡阳市学科带头人 1 人，衡阳市骨干教师 2 人，常宁市学科带头人 2 人，常宁市骨干教师 6 人。

学校秉承"质量立校、科研兴校、特色强校"的办学宗旨，确立"以教师发展为龙头，学生发展为中心"的学校发展思路，努力让每一位学生"快乐学习、健康成长"。学校开设"写字教育""经典诵读""阳光一小时""版画制作"等校本课程，重视学生学习能力及特长的培养，全面推进素质教育。建校以来，教师发表国家、省、市级优秀论文百余篇，教师个人及辅导学生在各级比赛中捷报频传，其中学生科幻画比赛多次获得省级一等奖，两次获得国家级三等奖。学校已有 3 项教改实验项目生根开花结果，其中"利用导学案提高小学中高年级数学课堂教学效率"课题实验获湖南省教科院三等奖，"家校携手培养小学生的文明礼仪素养"和"现代教育技术与大班额小学语文有效课堂教学的探究"两个课题获衡阳市教科所三等奖。学校被评为常宁市校本研训示范校、常宁市教育系统财务管理先进单位、常宁市教育技术工作先进单位、常宁市教育信息技术工作先进单位、常宁市教师工作管理先进单位、衡阳市示范性家长学校等。

地址：常宁市宜阳街道办事处石洲村邓家组

邮编：421500

办公电话：0734 - 7221685

联系邮箱：1093445368@163.com

学校行政班子成员信息

校长：唐玉龙（13975465894）

党支部书记：詹先坤（15211418066）

副校长：胡小义（18873493827）

副校长：孙庚生（13974790235）

副校长：欧向阳（18942003393）

常宁市宜阳小学

常宁市宜阳小学始建于 1905 年，是常宁市教育局直接管辖的一所完全小学，是衡阳市

示范性小学。1981 年,经省、市、县批准为重点小学,1996 年撤县设市后,改为今名。

学校现有教学班 45 个,学生 3381 名,老师 175 名。教学楼共 4 栋,其中科教楼 1 栋,新建的教学楼 1 栋。校园面积 8139.2 平方米,校舍面积 9407 平方米。

学校秉着"现代化、高质量、有特色、创一流"的办学目标,推行"质量立校、科研兴校、特色强校"的办学方略,坚持"以每一个学生发展为本"的办学理念。学校拥有一流的现代化教学设施:校园电视台、CAI 辅助教学系统、多媒体教室、电教室、音乐室、舞蹈室、版画室等。学校推行"刚性管理、柔性服务、活性激励"的管理理念,努力建设一支"敬业奉献、博学专攻、务实创新、勤政廉洁、团结坦诚、明法省身、与时俱进"的行政班子和一支"师德高尚、学识渊博、理念时尚、教艺精湛、敢于创新"的教研型、学者型师资队伍,并逐步形成"教育理念现代化""教学特色化""教师精英化""学生素质全面化""管理规范化""校园园林化"的 21 世纪办学特色。

学校不断进行教改实验,并形成了自己的拳头产品。1993 年,自创的"心理健康教育"实验课题被原国家教委副主任柳斌誉为"百花园中一枝独具特色的奇葩",并获省教研成果二等奖。1998 年,"导学促思"实验获省教研成果三等奖。学校先后获得湖南省艺术教育先进学校、湖南省现代教育技术实验学校、湖南省文明卫生单位、湖南省安全文明校园、湖南省四星级红领巾示范学校、湖南省"十五"规划重点课题"小学科学新课程实施研究"实验基地、湖南省示范性家长学校、湖南省生态文明进校园示范校、全国艺术教育先进学校、全国体育传统项目学校、全国中小学生思想道德建设活动先进单位、全国中小学科研兴校示范基地、全国义务教育语文教学研究中心实验学校、中国教育学会"十一五"科研规划重点课题"科研兴校与学校优质发展的研究"实验基地等荣誉。学校还是唯一的湖南省少儿版画创造基地,并于 2016 年 4 月 9 日代表湖南省参加在山东省青岛市举行的全国第五届中小学生艺术展,成为湖南省唯一参与这次艺术展演活动的美术代表团队,并荣获由国家教育部颁发的

"学生艺术实践工作坊展示奖"。自 1995 年以来,学校师生参赛共获得国家级、省级奖 2000 多人次。

学校行政班子成员信息

校长:杨开生(15973405148)

副校长:黄红娟(13875687179)

副校长:刘爱斌(13575273923)

工会主席:占迎春(13974744728)

【常宁市荫田镇中心学校】

常宁市荫田镇龙门学校

常宁市荫田镇龙门学校始建于 1965 年,经过 50 多年的发展,龙门学校的办学规模逐步壮大,办学水平进入常宁市先进行列。校园面积 12450.17 平方米,校舍总面积 4125 平方米,现有教学楼、宿舍楼共 4 栋,配有电脑室、图书室、阅览室、语音室、实验室、仪器室、多媒体教室、校园广播室,设施齐全,布局合理。校园绿树掩映,花草点缀,翠竹摇曳,鸟语花香,优雅宜人。

学校现有 18 个教学班,其中初中 6 个班,小学 12 个班,辖区有 3 所村级小学:红联小学、湖州小学、小栗小学。全片共有学生 1193 人。在岗教职工 61 人,其中本科及以上学历的教师 47 人,专科学历教师 13 人;高级教师 2 人,一级教师 13 人;常宁市骨干教师 2 人。

办学以来,学校坚持"以人为本,以质兴校"的办学理念,以"勤学乐思、尚德励志"为办学目标,全面推进素质教育,深入开展"树文明新风,创文明校园"等系列活动,取得了较好的成效。学校先后获"常宁市德育先进单位""常宁市最佳文明单位""常宁市规范化学校""常宁市团队工作先进单位""荫田镇教学质量先进单位""荫田镇五个好党支部"等荣誉称号。

地址:常宁市荫田镇张力村

电话:0734 - 7661622

邮编:421522

学校行政班子成员信息

校长:何朝晖(13975498180)

党支部书记:周建安(13107245103)

督学:周国仕(13975412186)

副校长:廖伯成(13762419496)

副校长:廖立异(15886421418)

常宁市民办教育机构基本情况一览表

名　称	负责人	地　址
湘南实验中学	许光程	宜阳镇廖家巷
泉峰中学	彭国清	宜阳镇桃江路
明珠学校	曾凡红	宜阳泉峰开发区汪家湾
宜阳小学	杨开生	宜阳镇劳动北路
公园幼儿园	吴国成	宜阳镇公园路 37 号
文化馆文艺幼儿园	胡晓霞	宜阳镇解放路 67 号
百花幼儿园	曹柏花	宜阳镇王家园南区
燕燕幼儿园	滕梅香	宜阳镇王家园南区 215 号
柏坊小精灵幼儿园	谭晓英	柏坊镇新街
党校幼儿园	唐晟	常宁市委党校门口
新世纪幼儿园	陈美红	宜阳镇泉峰东路
洋泉小天使幼儿园	邓日丽	洋泉镇农贸中心市场
追蝶幼儿园	阳琼华	宜阳镇侨谊路
德旺幼儿园	褚金花	宜阳镇北外街
小叮当幼儿园	刘翠英	阳镇尹家洲 22 号
图书馆书艺幼儿园	唐国雄	宜阳镇新村路图书馆内
新河金太阳幼儿园	刘海英	新河镇新街
宜阳小精灵幼儿园	朱丽	宜阳桃江村魏家 165 号
松柏世纪星幼儿园	许红英	松柏镇渡东 27 栋
松柏镇雏鹰幼儿园	全利清	松柏镇大桥路口
艺苑幼儿园	阳晨	宜阳镇青阳南路八中旁
小红帽幼儿园	邹建明	宜阳镇交通路老车站
叮当幼儿园	张秋花	宜阳镇两江路
西岭小太阳幼儿园	周碧花	西岭镇西坪街跃进组
嵩宜成才乐园	曾玲	宜阳镇北外新街三巷 43 号
白沙小神童幼儿园	陈明利	白沙镇下洲街
柏坊镇明星幼儿园	谭褚生	柏坊镇新街 118 号
松柏镇幸福幼儿园	陈丽	松柏镇三园农贸市场
荫田镇蓓蕾幼儿园	李冬梅	荫田镇
兰江蓝月亮幼儿园	朱小花	兰江乡新山村
盐湖蓝天幼儿园	邬艳荣	盐湖镇盐湖街
柏坊镇芙蓉幼儿园	胡观容	柏坊镇桐梓村一组

续上表

名　　称	负责人	地　　址
新河镇童星幼儿园	易晓娇	新河镇常新路口
宜阳小太阳幼儿园	李香	宜阳王家园南区 309 号
书香幼儿园	龙月英	宜阳镇群英西路郭家坳
大堡镇苗苗幼儿园	易美华	大堡乡省胜村省一组
蓬塘乡童星幼儿园	谭晚霞	蓬塘乡蓬塘村塘湾组
宜潭乡阳光幼儿园	李细兰	宜潭乡回江村下街组
罗桥红苹果幼儿园	张丽华	罗桥镇中心市场
官岭富贵幼儿园	罗登高	官岭镇富贵村二组
烟洲镇阳光幼儿园	汤媚	烟洲镇烟洲居委会张家巷组
官岭镇金孔雀幼儿园	滕丽娜	官岭镇新街
三角塘镇小背篓幼儿园	刘彩娟	三角塘镇三角塘村
鹏程幼儿园	谭卫华	宜阳镇宜阳街 137 号
宜阳小天使幼儿园	张贵华	常宁市职业中专旁
宜潭大拇指幼儿园	刘志娟	宜潭乡中义村洲上组
蓝猫幼儿园	李海英	宜阳镇西上街
松柏苗苗幼儿园	陈花琼	松柏镇常青路
板桥街幼儿园	邓幼梅	板桥镇板桥街
官岭金太阳幼儿园	谢丽霞	官岭镇官岭村
大堡红星幼儿园	邓伏秀	官岭镇到湖
宜阳红太阳幼儿园	曾萍	宜阳镇冷水村
松柏童星幼儿园	黄鹰飞	松柏镇开发区
英豪幼儿园	熊满英	宜阳镇草桥街
板桥小天使幼儿园	廖年玉	板桥镇群益村
育才幼儿园	李晓玲	宜阳镇桃江村魏家湾
宏源幼儿园	贺水桥	宜阳镇劳动路宏源小区
松柏小太阳幼儿园	康建华	松柏镇铅锌矿区
蓬塘多林幼儿园	欧多林	蓬塘乡田尾街
罗桥群英幼儿园	陈群英	罗桥镇汤市街
三角塘江南幼儿园	谭满爱	三角塘镇三塘街
三角塘培育幼儿园	褚满英	三角塘镇瑶塘
胜桥小白兔幼儿园	张永辉	胜桥镇合益村
洋泉小燕子幼儿园	刘艳	洋泉镇洋泉村九组
洋泉小神童幼儿园	张彩燕	洋泉镇兰田村
官岭娥院幼儿园	刘运娥	官岭镇娥院村
官岭双龙幼儿园	滕春艳	官岭镇双龙村

续上表

名　称	负责人	地　址
万隆世纪星幼儿园	汪浩	宜阳镇青阳路万隆世纪星城
江河东升幼儿园	王新吉	江河乡江河新街 192 号
星河职业技术学校	朱品行	宜阳镇铁局巷 33 号
松柏新浪电脑学校	郭一赋	松柏镇常青路 98 号
希望电脑学校	郭建华	原常宁卫校南校区
正雄电脑学校	唐佩芳	宜阳镇解放北路 31 号
水口山朝阳学苑	尹少林	松柏镇文明北路
农村实用人才技能培训中心	龙仕震	常宁市市政公司三楼
数控模具培训中心	李秀林	常宁市职业中专院内
欧美加外语培训中心	雷琳	宜阳镇桃江路教工之家
数码电子培训中心	黄兴	常宁市职业中专院内
英才外语进修学校	李文胜	常宁市委党校院内
北京大学新星教育培训中心	曾凡红	宜阳镇群英路友谊广场
青少年宫培训中心	周球妹	常宁市青少年宫

第八章　南岳区教育风采

南岳区教育概况

南岳衡山是国家级重点风景名胜区、全国首批 5A 级旅游区、全国文明风景区和国家级自然保护区，素以五岳独秀、宗教圣地、文明奥区、中华寿岳著称于世。南岳区域面积 181.5 平方公里，辖 1 乡 1 镇 1 街道办事处。至 2015 年，南岳区共有各级各类公办学校 24 所，其中普通高中 1 所、初中 1 所、小学 19 所、省级示范性幼儿园 1 所、农村公办幼儿园 2 所，在编教职员工 483 人，在校学生、幼儿共 8571 人；共有各类民办学校及培训机构 31 所，其中小学 1 所、初中 1 所、文武兼修学校 3 所、中等职业学校 1 所、幼儿园及各类培训机构 25 所，在校学生及幼儿 5966 人。全区初中学生巩固率为 99.83%，小学生巩固率为 100%，适龄儿童入学率达 100%。作为"文明奥区"的南岳，文化底蕴博大精深，尊师重教氛围浓厚。

近年来，南岳区先后荣获"湖南省 2013 年县级人民政府教育工作督导评估优秀单位""湖南省规范教育收费示范区""湖南省现代教育技术实验区""衡阳市初中教学质量先进单位""衡阳市 2015 年度平安校园建设工作优秀单位"等荣誉称号，南岳区第一中学、南岳区万福中心学校等先后被评为省级安全文明校园，2015 年，南岳区顺利通过了湖南省"平安校园建设先进县市区"评估验收。

地址：南岳区独秀路 57 号

值班电话：0734 - 5662249

传真：0734 - 5688082

● 南岳区教育局领导班子成员

局长：左传益（13975405695）

党组书记：刘科（13873460038）

主任督学：旷志平（13975462630）

党组成员、副局长：李莉（13907475069）

党组成员、副局长：王旭明（13973439439）

党组成员、副局长：阳红云（13975453861）

党组成员、纪检组长：朱桂娥（15211499766）

工会主席：肖成云（13973439858）

南岳区教育局内设机构及二级机构职能

【办公室】（加挂综治办、政策法规股牌子）

主要职能：综合协调局机关重要政务、事务；负责全局性会议的组织安排；负责全局性文字综合工作，起草并审校重要文件和发文；负责教育报刊的宣传及发行等工作；负责机关车辆管理、后勤服务、治安保卫等工作；负责全区学校图书建设工作；负责本系统网站建设；负责学校及周边治安综合治理、森林防火、信息、史志、法制、文秘、宣传、档案、保密、资产管理及文明创建工作；负责教育法律、法规、政策的宣传、贯彻等工作；协调和指导全区教育行政执法、执法监督工作，指导及承办区本级教育行政复议、行政诉讼应诉工作；负责处理全区教育系统的政务咨询和信访投诉工作。

联系电话：0734 - 5662249

【基础教育股】（加挂招生办、精神文明指导办牌子）

主要职能：制订全区基础教育发展的中长期规划；统筹管理全区学前教育、义务教育、普通高中教育和特殊教育工作；组织实施"普九"和素质教育；指导学校开展科技创新工作；指导中小学教育教学改革，并负责对学校教育教学质量进行评价；审定中小学教材、教学配套用书及教辅资料的发行；负责义务教育合格学校建设和标准化学校建设工作；指导青少年校外教育工作和学生综合素质评价；负责全区中小学德育工作、学校管理、学籍管理、招生和中小学竞赛等活动；负责做好普通高校招生考试工作和全区中小学、幼儿园的招生工作；检查、督促、规范学校的办学行为；监控中小学校教学质量，组织教学质量评估验收，做好基础教育各级升学考试、毕业会考、学业水平检测的考务组织工作，搞好教学质量综合分析；指导学校的校园文化建设；指导学生的国防教育工作；负责研究和指导各级各类学校的设置及布局调整工作；指导全区中小学精神文明建设工作。

联系电话：0734－5675486

【人事师训股（加挂语委办牌子）】

主要职能：负责提出全区教育系统的编制调配方案，统筹规划、协调指导全区学校内部管理体制改革；负责授权范围内的学校干部的考察工作；负责全区教师招聘、调动交流、业务考核、教师资格认定及职称评定工作；负责局机关干部职工劳动工资、全区教职工工资、劳保福利待遇及奖罚工作，组织拟订绩效工资方案；协助办理教职工离退休（职）手续，并负责管理工作；负责全区教师队伍和校长队伍学历达标、继续教育、在职提高等工作；负责中小学教师计算机和普通话等基本功的培训、等级测试工作；负责教职工人事、业务、文书档案管理工作；负责教育基金会日常工作；负责大中专毕业生就业指导工作；统筹管理全区语言文字工作；制订全区语言文字工作规划并组织实施；面向社会推广普通话，推行规范汉字；依照有关法律法规开展语言文字宣传和检查评估。

联系电话：0734－5675479

【计划财务股（加挂勤工俭学管理站牌子）】

主要职能：负责教育事业的统计工作；多渠道筹措教育经费，并安排好教育经费预决算；指导各基层单位建立健全财务、财产管理制度，监督管理本系统的国有资产；负责局机关财务管理工作；负责本系统财会人员的培训工作；做好校园安全工程建设工作，配合各级政府和有关职能部门对学校校园校舍的规划设计、经费决算、质量检查、基建维修、危房改造等工作进行管理；依法组织和指导各学校开展勤工俭学工作，多渠道筹措资金，为发展教育事业服务；负责后勤管理人员的培训和指导；组织学生开展社会实践、劳动技术教育等。

联系电话：0734－5675478

【监察审计股（加挂信息化办牌子）】

主要职能：监督检查本系统所属部门、各单位及工作人员在遵纪守法和执行法律法规、政策文件等方面的情况；受理对本系统所属部门、各单位及工作人员违法乱纪行为的检举和控告；查处和纠正本系统所属部门、单位及工作人员的违法乱纪行为，保护国家、集体和个人的合法权益；调查处理违纪案件，受理本系统所属部门、单位及工作人员不服主管行政机关给予的行政处分的申诉；负责对全区中小学校教育体育经费使用情况进行审计，负责对校长的任期经济责任审计，负责对学校固定资产的使用管理、基建和修缮工程项目进行审计；负责教育系统信息化建设工作。

联系电话：0734－5675487

【体育卫生与艺术教育股】

主要职能：拟订全区学校体育、卫生、艺术发展规划并组织实施；指导学校体育卫生与艺术教育教学工作和专业师资的有关培训工作；负责协调体育卫生艺术教育的教研教改工作；指导相关专业的教学资源建设；负责学生健康状况的检测与建档建制等工作；牵头做好学校安全、食品卫生监督及传染病的预防工作；负责学校食堂、商店等校内经营服务行业的指导工作；负责高、初中体育、艺术学业水平测试；指导学校体育人才的培养、选拔工作；指导高中学校的学生军训工作及各类学校爱国卫生和绿化美化等工作；指导学校及学生参加体育竞赛和艺术交流等活动。

联系电话：0734－5675485

【民办教育管理办公室（加挂职教成教股、行政审批服务股牌子）】

主要职能:归口管理全区的社会力量办学工作,拟订社会力量办学的发展规划及有关政策规定;负责企事业组织、社会团体、其他社会组织及公民个人利用非国有财政性教育经费创办学校及其他办学机构的审批、审核及年检、评估工作;负责社会力量办学机构的有关招生广告(简章)的审核工作;指导社会力量办学机构的校园校舍、图书馆(室)、教育技术装备和师资队伍等方面的建设;协调处理社会力量办学中出现涉及全局性的有关问题;综合管理与协调全区的职业技术教育、成人教育工作,拟订职业技术教育、成人教育发展规划与管理措施,并组织实施;指导职业教育与成人教育教学改革和检查、评估等工作;负责各类中等职业学校专业设置的评审工作及招生工作;负责本单位对企业和个人办理行政许可、行政确认、行政征收、行政给付、其他职权(包括核准、备案、年检)等行政审批和管理服务事项的受理、审核(审批)和送达;负责组织协调行政审批和管理事项的调研论证;负责有关行政审批和管理服务事项的政策咨询、政务公开工作;负责与本单位承担行政审批和管理服务事项中事后监管职能股室的沟通协调,并做到信息共享;负责行政审批和管理服务事项资料归档和信息统计工作。

联系电话:0734－5675480

【教育督导股】

主要职能:依据《湖南省教育督导条例》,负责全区教育督导工作;负责制订全区教育督导工作规划、制度及实施方案;对南岳区人民政府有关部门、下级人民政府及有关部门、各级各类学校及其他教育机构依法履行教育工作的情况进行监督、检查、评估、指导;对全区基层教育发展水平和教育质量进行监测;承担法律法规规定或南岳区人民政府和上级教育督导委员会办公室交办的有关事项。

联系电话:0734－5675481

【学生资助管理中心】

主要职能:做好生源地学生信用助学贷款申请、初审等管理工作;负责生源地信用助学贷款学生的贷后联系、催还、信息报送等管理工作;按照《财政部、教育部关于印发〈中等职业学校国家助学金管理暂行办法〉的通知》的有关规定,负责本区中等职业学校的国家助学金管理等资助工作;做好本区范围内资助政策宣传和咨询工作;负责完成其他有关资助工作。

联系电话:0734－5688082

【电教仪器站】

主要职能:负责制订全区教育技术装备发展规划;负责配置全区学校教育技术装备和功能室建设;负责对辖区内学校实验室教学指导、评估;负责对全区学校实验教学工作年度考评。

联系电话:0734－5675480

【教育研究室】

主要职能:负责全区基础教育教学研究工作;负责辖区内基础教学质量评估检测工作;组织开展各项教学研究活动。

联系电话:0734－5675482

南岳区主要学校信息

【南岳区第一中学】

南岳区第一中学是南岳区唯一的一所全日制普通高级中学,是衡阳市首所实行"免费高中教育"的学校。

学校现有 16 个教学班,教职员工 87 人,其中特级教师 1 人,高级教师 21 人,中级教师 40 人,专任教师的学历达标率为 100%。学校占地面积 94 亩,建筑面积 17115 平方米。

南岳区第一中学办学历史悠久,文化底蕴深厚。学校前身是始建于 1895 年的南路师范学堂。经百年的栉风沐雨,历世纪的筚路蓝缕,学校先后经历 9 次更名、4 次迁址。1949年以后,在政府的领导下,定名为"南华中学";1984 年南岳设区,学校定名为"南岳区第一中学",为高、初中兼收的完全中学;从2005 年秋季开始,南岳区教育局调整学校布局,学校将初中部搬迁至南岳区实验中学,成为一所全日制普通高级中学。

在一百多年的办学历程中，南岳区第一中学培养了近 4 万名初、高中毕业生。据统计，在学校历届毕业生中，名扬海内外的专家、学者、军政领导干部多达数百名，革命烈士杨开慧、著名作家丁玲、琼瑶等都曾是南华中学的学生。现镌刻在校门上的"南岳第一中学"六个大字是著名书法大师启功先生的墨宝。

几年来，学校教育教学质量稳步提高，办学成果斐然。近三年，学校累计本科一批上线 40 余人，本科二批上线 120 多人，连续五年稳居衡阳市非示范性高中前列，甚至超过多所衡阳市示范性高中学校。这些成绩的取得，又一次证明了学校"低进中出、中进高出、高进优出"的教学效果。

良好的办学效益、显著的办学成效，赢得了社会各界的好评。学校先后被授予"湖南省文明卫生单位""湖南省青少年科技教育实验基地""湖南省安全文明校园""湖南省仪器达标学校""湖南省贯彻实施《学校体育工作条例》优秀学校""湖南省先进基层工会""衡阳市中学生行为规范教育示范学校""衡阳市综合整治校园环境 创规范化园林学校达标单位""衡阳市社会治安综合治理安全文明校园""衡阳市现代教育技术实验学校""衡阳市五四红旗团组织"等荣誉称号。

"春催桃李遍天下，雨润栋梁竖九州。"南岳区第一中学正借助新课改的东风，引领全体师生奋发向上，锐意进取，为社会造就更多英才。

办学理念：以人为本，为学生的一生发展做准备。

校训：博学、慎思、明辨、笃行。

办学宗旨：让学生成才，使家长满意。

办学特色：挖掘学生的学习潜力，培养学生的学习自信心；注重学生的专业培养，促进学生的全面发展。

学校行政班子成员信息

校长：谢小才（13875655833）

党支部书记：曾淑荣（13575290589）

教学副校长：廖北东（18973440928）

后勤副校长：梁文格（13975405975）

工会主席：胡慧平（13789392030）

校长助理：赵志刚（13786439240）

【南岳区黄竹中心学校】

南岳区黄竹中心学校原名胡氏私立吉文学校，创立于 19 世纪 40 年代，1986 年改名为黄竹中心完全小学，2007 年 4 月成立黄竹中心学校，位于南岳区黄竹村下胡组，下辖黄竹小学、樟树桥小学、紫峰小学 3 所学校。

学校目前占地面积 2155 平方米，建筑面积 2561 平方米。学校经过两次改建，再经合格学校建设，已具现代规模。学校设有图书室、仪器室、文体器材室、少先队活动室、实验室、电脑室、卫生室、档案室、党员活动室、行政办公室、教师办公室，各项设备完全符合合格学校标准。图书室有藏书 7746 册，学生人均图书 20 册。除此之外，各班配有图书柜，建立图书角。各类仪器 25431 件，学校固定资产约 290.67 万元。教师工作环境舒适，学生学习环境轻松。学校校园文化建设以学生养成习惯为主，在布置方面追求童趣。

2016 年全校共有教师 38 人，其中本科毕业生 16 人，专科毕业生 17 人，中师毕业生 5 人；小学高级教师 25 人，小学一级教师 13 人。目前在校学生 507 人，其中男生 238 人，女生 269 人。学校设 6 个年级，11 个教学班。

学校行政班子成员信息

校长：陈志敏（13807479474）

教学副校长：贺昭（15874704503）

财务副校长：陈国平（13907475282）

【南岳区金月完全小学】

南岳区金月完全小学坐落于南岳区南岳镇金月社区，前身为金月小学（原为南岳区一所村级小学），创办于 1938 年。2015 年 9 月，经南岳区教育局批准，将金月小学更名为金月完全小学。学校恪守"明德、博学、励志、敏行"的校训，坚持"学校有特色、教师有特点、学生有特长"的办学思路，立志打造一所"质量优、环境美、有特色"的现代化学校。

学校现有 16 个教学班，在校学生 905 人，教职人员 42 人（专职教师 40 人），其中县区级骨干教师 6 人，市级骨干教师 2 人，本科及以上学历教师 18 人，学历达标率为 100%。

近几年来，学校紧紧抓住教育发展的良机，积极推进项目建设，并得到了南岳区委、区政府和南岳区教育局的关心与支持。2013 年 6 月，金月完全小学被中央文明办、财政部、教育部确定为乡村青少年宫项目校；2013 至今，南岳区委、区政府投资 5000 万元项目建设资金对金月完全小学进行全面扩建。新建成的学校占地面积 65 亩，建筑面积 12300 平方米。建成后的学校可容纳 36 个教学班，1800 余名学生，可供 400 学生寄宿，硬件条件跻身全省一流。

学校始终坚持以提高教育质量为中心，以强化德育教育和常规管理为抓手，取得了显著的成效。作为办学特色的"微课"教学、"拟人态"写字教学和经典诵读，在全区教育发展改革中崭露头角，赢得了一致好评；"家长志愿者"活动和一系列丰富多彩的课内外活动的开展，既增强了家校的沟通与理解，更为构建"和谐教育"夯实了基础。

学校行政班子成员信息

校长：刘建国（13203062470）

副校长：胡金辉（13203062469）

副校长：綦玉梅（18974757728）

工会主席：谭淑莲（18975423262）

【南岳区实验中学】

南岳区实验中学创办于 1996 年，坐落在广济路和文体路间，是南岳区唯一的公办初中。学校占地 55000 平方米，环境优美，设施先进。学校有 2 栋教学楼（内有 29 间教室以及教师办公室、音乐室、阅览室、科技活动室、劳技室）、1 栋综合楼（内有理化生实验室、微机室、多媒体教室、图书室、心理咨询室、舞蹈室）、3 栋学生宿舍、2 个食堂以及高标准的 400 米田径运动场。现有 23 个教学班，在职教职工 87 人，学生 1240 多人。

学校秉着"以师生发展为本、办人民满意学校"的办学思想，坚持"精神文明的实验学校、教研教改的特色学校、群众满意的示范学校"的办学目标，形成了"励志、笃学、健行、强体"的校训、"乐思、善问、博学、创新"的学风、"无私奉献、爱岗敬业、为人师表"的教风、"民主治校、质量立校、科研强校、特色兴校"的管理策略。学校正以创新务实的精神，朝着"一流的教育观念、一流的校园环境、一流的教学装备、一流的师资队伍、一流的教学质量、一流的管理水平"的发展目标迈进。

建校 20 多年来，学校教育教学质量稳步提升。尤其是近几年，考取省、市重点高中的学生大幅增加，学校先后获评"衡阳市未成年人思想道德教育先进单位""衡阳市基础教育课程改革示范校""南岳区交通文明示范校""南岳区教育系统安全生产工作先进单位""衡阳市禁毒教育示范学校""衡阳市国防教育先进单位""衡阳市足球特色学校"等光荣称号，目前正在积极申报"国家级足球特色学校"。

地址：南岳区南岳镇万福村七组

邮编：4219000

邮箱：1982634406@ qq. com

学校行政班子成员信息

校长：伍泗洋（13786495466）

工会主席：王萍（18973440912）

校长助理：周书华（18973440916）

副校长：冯丽筠（13975405338）

副校长：聂德新（13974706550）

副校长：王岳璜（13975453534）

【南岳区南岳完全小学】

南岳区南岳完全小学坐落在钟灵毓秀的南岳衡山脚下，始创于 1943 年，其前身为"湖南省立实验小学"，历经 70 多年的发展历程，学校先后被省、市教育行政部门确定为"湖南省合格中心小学""湖南省教研教改实验学校""衡阳市示范性完全小学""衡阳市中小学创造力培养示范学校"。作为南岳的窗口学校，学校已发展成为一所具有广泛影响力的三湘名校。

70 年多来，校园占地面积从 500 平方米到 30000 平方米，师生人数从 260 余名到 3200 多名，教学班从 5 个到 50 个。学校教育从 20 世纪 50 年代初的"儿童活动中心"到 60 年代的"学生特色小队"，从 70 年代的"三算结合教学""汉语拼音基本式教学"到 80 年代的"注音识字提前读写"，从 90 年代的"小学活动课改革研究与实践"到 2004 年的"课间游戏开发"，从 2007 年的校园文化建设到"三根线、两讲台、一播台"的办学特色的打造，再到 2012 年推行的以熏陶学生情感，塑造学生心灵为目标的"雅行、孝行、德行"教育。"德品双馨，身心两健，智能两全"是学校新时期的办学理念，是完全小学人经过长期的理性思考及教育实践所形成的教育观念、教育向往和教育追求。

而今的学校坚持以构建"美丽校园""平安校园"为出发点，以"立德树人"为宗旨，以课堂改革为重点，以校园文化建设为中心，以全新的姿态昂首阔步，朝着更高、更大、更新的目标向前迈进。

地址：衡阳市南岳区衡山路 196 号

邮编：421900

学校行政班子成员信息

校长：谢小才（13875655833）

党支部书记：罗伶（13974706987）

政教副校长：曾雁平（18015882003）

后勤副校长：郭峰（13975405275）

教学副校长：文华（13974757531）

工会主席：蒋婷（13789376406）

【南岳区万福中心学校】

南岳区万福中心学校组建于 2007 年 3 月，是由万福小学、红星小学、荆田小学、双田小学合并而成，2011 年双田小学改建成南岳镇农村公办幼儿园——双田幼儿园。学校本部坐落于南岳镇万福路。

全校现有 26 个教学班，在校学生 801 人，教职工 46 人。短短几年，学校在发展中取得了一系列成绩：学校曾先后被评为湖南省留守流动儿童家庭教育指导中心、湖南省安全文明校园、湖南省义务教育合格学校、衡阳市安全文明校园、衡阳市语言文字规范化示范校、衡阳市科技创新大赛优秀组织单位、衡阳市普通中小学庆祝建党 90 周年主题教育活动优秀组织单位、南岳区学校目标管理考核先进单位、南岳区第三届校园文化艺术节活动中荣获一等奖、南岳区中小学"知我南岳，爱我家乡"旅游知识抢答赛荣获二等奖等 20 多项荣誉称号。本部校区地理位置优越、规划合理、规模较大、功能较全。实验、图书、电教、音体美卫劳等器材均达省 I 类配备标准，学校还配置了电脑教室、校园网、电子监控系统，教室全部安装了交互式电子白板等先进的教学设备。校园绿树成荫、整洁优美，富有浓郁的文化气息。

学校行政班子成员信息

刘亚雄（18973476238）

崔新民（15574720976）

李盛贵（13875631726）

赵斌（18974717839）

黄建（15386079563）

蒋小芬（18007470118）

胡冬梅（15574720957）

旷满意（18173417628）

蔡燕（15367475042）

钟倩（17773445409）

蔡慧（17742546686）

旷岳桥（18973440911）

成颂（13575242934）

【南岳区寿岳中心学校】

南岳区寿岳中心学校成立于 2016 年 2 月，是由原岳林中心学校、龙凤中心学校、拜殿中心学校合并而成。学校坐落于南岳衡山后山山区，下辖红旗、龙凤、水口、拜殿、观音、龙潭、岳林、沙湾 8 所村级小学和 2 所公办幼儿园。学校本部设在红旗小学。

学校以"我健康，我学习，我快乐"为校训，秉承"严谨、踏实、勤奋、求新"的校风，发扬"上好每堂课，做实每件事，尽到每份责，走正每步路"的红旗精神，近年来，教育教学质量稳步提升，山区教育品牌初步形成。

学校现有 29 个教学班，400 余名学生。现有 36 名专任教师，其中本科学历的 12 名，大专学历的 18 名，中师学历的 6 名；35 岁以下年轻教师 15 名；小学高级教师 10 名，小学一级教师 22 名。学校教育教学设施齐全，拥有电子计算机室、图书室、阅览室、实验室、音乐室、美术室、体育活动室等专用教室，基本实现了办学条件的标准化和现代化，为山区孩子的学习提供了优良的硬件和软件设施。

"山高人为峰，路远脚更长"，学校将一如既往以质量为根本，以学生为核心，努力拼搏，永不停止前进的步伐！

学校行政班子成员信息

中心学校校长：刘美莲（13973439786）

校委会成员：彭立华（13786461048）

校委会成员：陈安（13974711869）

【南岳区童心幼儿园】

在风光秀丽的南岳衡山脚下，闪耀着一颗璀璨夺目的学苑之星。她朝气蓬勃、昂扬向上，她聚集精华、师资雄厚；她书香满园、环境优美。她就是南岳城区内唯一一所公办幼儿园——南岳区童心幼儿园。

童心幼儿园创建于 2003 年，它的前身为南岳区机关幼儿园，是一所理念先进、设施齐全的现代化幼儿园。幼儿园于 2004 年被评定为"衡阳市一级幼儿园"，2008 年晋升为"湖南省示范性幼儿园"，2013 年被评定为"湖南省幼儿教师培训基地"。近年来，幼儿园办学条件不断改善,办学成果不断凸显。

幼儿园始终坚持高起点规划、高标准定位、高质量建设,地理位置优越,交通条件便利,设备设施一流。园区占地面积5661平方米,建筑面积3339平方米。园区设计巧妙,布局合理,幼儿教室、卫生间与寝室既分开设置又连为一体,极大地方便了幼儿生活和教师管理,达到了省级示范性幼儿园的标准,有力保障了园内各项工作的高效开展。

幼儿园不仅重视硬件的现代化,更注重软件的高质量,外树形象,内强素质,以"通过教育与训练让孩子们学习动手、学习健体,身体技能得到健康发展"为办园宗旨,以"寓教于乐、因材施教、教学互长"为教育艺术,以"在快乐中学会生活、在礼教中学会交往、在摸索中学会学习"为教育理念。

学校行政班子成员信息

园长:旷庆红(18975439432)

副园长:旷文芬(17752763898)

副园长:谭丽美(18073425729)

第九章　珠晖区教育风采

珠晖区教育概况

珠晖区有区属中小学校 49 所（含教学点），在校中小学生 23191 人。其中，公办初中 4 所，在校学生 1937 人；公办小学 43 所，在校学生 21254 人；民办九年一贯制学校1 所，在校学生 653 人；民办小学 3 所，在校学生 2875 人。区属中小学在职教职工 1189 人，其中高级职称的 61 人，中级职称的 708 人，初级职称的 367 人。全区有幼儿园 67 所，3～6 岁儿童应入园 8678 人，已入园 8406 人，学前一年入学率达 100%，学前三年入学率达 100%。小学适龄儿童入学率、巩固率、升学率达 100%，初中适龄人口入学率为 100%，初中生巩固率达到 99.62%。小学毕业升初中的升学率为 100%，初中毕业升高中（含职高）的升学率为 98%。

地址：珠晖区江西路案居里 245 号

值班电话：0734 – 8331150

传真：0734 – 8388641

● 珠晖区教育文化体育局领导班子成员

党委书记、局长：谢志军（0734 – 8338779　13974758685）

党委委员、副局长：郁剑军（0734 – 8300089　13907340121）

党委委员、主任督学：刘辉（0734 – 8163668　13786446569）

党委委员、纪委书记：刘志明（0734 – 8331813　13973468940）

党委委员、副局长：范翔（0734 – 8372776　13974753407）

党委委员、副局长：向文（0734 – 8333539　13974757379）

主任科员：欧阳小泉（0734 – 8333539　18607342175）

主任科员：程钢（0734 – 8155923　13807341163）

珠晖区教育文化体育局内设机构及二级机构职能

【办公室】

主要职能：负责综合协调局机关重要政务、事务、管理机关内部事务；负责全局性会议的组织、安排和会议议定事项的督办；负责上级部门及局领导交办重要事项的督办工作；负责机关文档、文印、机要、保密、信访等工作；负责综合全区教育、文化、体育动态、信息及图书、报刊的发行工作；负责机关车辆管理和后勤服务等工作；负责人大代表、政协委员建议、提案意见的办理工作；组织编写教育年鉴和教育史志；负责公务接待、外事等工作；负责教育、文化、体育改革与改革战略研究，并就重大问题进行政策调研，提出意见和建议，为领导决策提供政策、法律服务；负责本级教育、文化、体育行政复议、行政诉讼应诉工作；负责局中心组学习等工作。

【人事师训股】

主要职能：负责统筹规划并指导学校教师和教育行政干部队伍建设工作；负责机关和区属事业单位人员的考核、奖励、劳动工资福利等有关工作；负责教育系统教职工的录用、调配工作；组织实施教师资格证书制度和教师聘任工作，负责教职工职务评聘工作，负责特级教师推荐评选工作；考察、推荐和调配局属单位的领导干部；负责局机关及直属单位离退休干部的管理工作；规划和指导中小学教师培训工作；负责组织和实施新教师上岗前培训和在职中小学、幼儿园等教师的学历培训和继续教育（含信息技术、基础教育新课程、新大纲培训和考试）等工作；负责学校学科带头人和青年骨干教师的考核、认定和培养等工作；负责教育系统中小学校长、幼儿园园长和其他管理人员的业务培养工作；指导社会力量的教师队伍培养工作；负责教师资格证的办理工作；贯彻落实国家语言文字工作的方针、政策，负责全区普通话培训、测试工作。

【计划财务审计股】

主要职能：负责制订全区教育事业发展的中长期规划及年度计划，并协调组织实施；负责中小学布局调整、危房改造和标准化校舍建设；统筹协调并制订全区中小学招生计划，并监督实施；负责和管理局直属单位的基建、维修计划、资金安排及有关基础建设数据的统计等工作，负责组织局直属单位基建项目的预决算；指导全区各学校教育经费的年度预决算，负责局本级教育经费年度预算，并拨资金；依法检查监督教育经费的筹集和使用情况及教师工资发放情况，并协调有关部门组织实施政府采购等工作；负责统筹管理省、市下拨的教育、文化、体育经费和各种捐赠款；根据上级有关收费政策，制订中小学、幼儿园的收费管理办法；负责全区教育、文化、体育事业基本信息的统计、分析、发布；指导学校的后勤管理工作，并负责监督管理教育系统国有资产有关制度的制订；参与教育信息化建设，指导教育技术装备等工作；负责对本单位和所属单位的财务收支及其他经济活动进行内部审计、监督；负责对全区直属单位财务收支及有关经济活动的重大事项进行审计调查，并对有关问题提供咨询服务。

【基础教育股】

主要职能：负责综合管理全区普通中小学教育、特殊教育和幼儿教育工作，参与制订全区基础教育发展规划；实施全面"普九"和全面实施素质教育，指导中小学教育教学改革并负责对学校教育教学质量进行评价；指导和管理中小学、幼儿园、特殊教育的德育、教学、体育艺术、劳技、科技、法制、社会实践、信息技术教育等工作，并审定全区中小学、幼儿的教材、教学配套用书；负责全区中小学校学籍管理并负责组织招生、考试和中小学竞赛管理等活动；归口管理等级评定工作及检查、督促、规范学校的办学行为，指导学校的校园文化建设。

【职业教育与成人教育办公室】

综合管理与协调全区的职业技术教育、成人教育等工作；负责制订职业技术教育、成人教育发展规划与管理措施，并组织实施；指导职业教育和成人教育的教育教学改革和检查、评估等工作；归口管理社会力量及厂矿企事业单位举办的各类职业和成人教育的业务工作；宏观调控和指导毕业生就业工作；负责自考、成人高考的报名和自考学籍管理等工作。

【体育卫生股】

主要职能：认真贯彻实施学校体育、卫生工作两个条例，制订全区学校体育教育、卫生教育、健康教育、国防教育、群众体育的发展规划并组织实施；组织对学生的体质健康检查，指导全区各学校体育卫生教育教学工作和专业师资的有关培训工作，抓好体育卫生的教研、教材建设以及学生健康状况的建档建制等工作；组织全区性的学校体育竞赛活动，指导学校体育人才的培养选拔工作；组织实施全民健身计划；组织开展全区大型群众体育竞赛活动；研究全区群众体育工作动态，总结经验，推介典型，负责全区国民体质监测工作。

【民办教育股】

主要职能：负责拟订全区民办教育的发展规划及有关政策规定；负责企事业组织、社会团体、其他社会组织及公民个人利用非国家财政性教育经费、面向社会举办学校及其他教育机构的考核、审批及年检、评估工作；负责民办教育机构的有关招生广告（简章）的审核工作；指导民办教育机构的校园校舍、图书馆（室）、教育技术装备和师资队伍等方面的建设；协调处理民办教育办学中出现的涉及全局性的有关问题；负责珠晖区民办教育协会日常工作。

【法制法规股】

主要职能：负责协助宣传贯彻教育政策和相关法律、法规、规章；负责普法教育工作；承担教育政策法规贯彻执行情况的调查研究，负责本局有关教育政策法规规范性文件的起草和其他政策法规规范性文件的审查备案工作；负责教育政策法规方面的咨询服务工作；指导督促基层学校对教育方针政策及有关法律、法规、规章的执行；抓好学校安全及社会治安综合治理工作，协助司法部门治理学校周边环境；协调处理学校偶发治安案件。

【教育督导办公室】

主要职能：负责对政府有关部门、各乡（镇）街道政府及有关部门贯彻执行教育法律、法规、规章和方针、政策，履行教育职责的情况进行监督、检查和指导；负责对全区内的义务教育、扫盲教育和素质教育进行检查与指导；负责对全区的中小学、职业学校、成人学校以及珠晖区人民政府有关部门批准的社会力量举办的教育机构、幼儿园的办学水平和教育质量进行评估；负责承办珠晖区人民政府和衡阳市教育督导室交办的其他事项等。

【教育研究室】

主要职能：对课程纲要、考试大纲、教材、教法、学法进行研究；进行教学评估检查、管理及实施学生各科考试，对教学改革、课题研究进行管理；策划、组织、指导教研活动、教学竞赛活动，对教师进行业务指导；编写教辅资料，收集、整理、传播教学信息。

【勤工俭学管理站】

主要职能：制订和实施全区勤工俭学、校办产业发展规划；组织和指导全区中小学勤工俭学工作，进行财务监督检查；制订和实施全区学校劳动实践场所建设发展规划及建设标准，指导全区中小学劳动实践场所建设工作，重点扶持农村学校尤其是薄弱学校因地制宜、因校制宜开展勤工俭学等工作。

【教育阳光服务中心】

主要职能：负责全区教育阳光服务工作的统一管理与推进，统筹做好各级各类学校教育阳光服务实体平台和网络平台建设的综合协调、业务指导、督促检查等工作；负责制订教育阳光服务建设的规章制度、管理办法，并组织实施；负责向来电、来信、来访群众提供办事指南、政策咨询、信息公开、投诉受理、舆情回应等具体服务。

珠晖区主要学校信息

【衡阳市第八中学教育集团珠晖一中】

衡阳市第八中学教育集团珠晖一中始建于1968年，坐落于珠晖区东阳渡镇正街78号，占地129亩，校舍面积15053平方米。前身为东阳渡二中、衡阳市郊区二中；2001年8月衡阳市区域调整时挂牌为珠晖区第一中学；2014年5月加挂"衡阳市成章实验中学珠晖分校"牌；2015年3月6日挂牌为衡阳市第八中学教育集团珠晖一中。学校现有学生1000余人，是珠晖区最大的全日制初级中学。专任教师82人，其中全国优秀教师2人，省级劳动模范2人，省级骨干教师3人；中学高级教师11人。

学校十分重视校园文化建设，注重环境育人。校园内绿树成荫，高大的古樟、四季飘香的桂花树、生机勃勃的迎春花、四季常青的灌木，将整个校园装扮得幽雅宜人。知行亭、书页图案的花坛、钛金板宣传橱窗、内容丰富的文化长廊，每一处都浸透了书香校园的文化理念。学校在"追求卓越，精益求精"的精神的引领下，坚持"平安是前提、和谐是基础、质量是核心、管理是关键、发展是根本"的办学理念，秉承"行德、励志、博学、健美"的校训，追求"人人能成功、人人能成才"的办学目标，在教学中形成了"勤学、苦练、慎思、好问"的学风和"博学、博爱、求实、求新"的教风。

学校充分发挥党员、团员的先锋模范作用，加强师德师风建设，构筑三位一体的德育网络，凝聚德育力量，形成教育合力。学校十分注重"做人"方面的教育培养。教育学生先学会做人,再学会生活,再学会求知,让学生做一个人格健全、乐观向上、积极进取、团结互助的人。学校实行封闭式的管理,就餐、就寝、午休均有专人管理,运用电子设备进行安全监控;校外人员来校须经门卫登记后方可入内。从早操、晨读到晚自习,班主任对学生实施"九到"管理,跟踪服务;注重班主任队伍建设,学校每年都要组织召开班主任工作经验交流会,通过参观学习和经验交流,不断提升班主任队伍管理水平。

学校扎实推进教学改革,优化课堂教学结构,形成了独具特色的"二二六课堂教学模式"。新课改激发了绝大多数学生的学习兴趣,极大地调动了学生学习的积极性和主动性,切实提高了学生的综合能力。学校重视教师课堂教学能力培养,派出教师参加国、省、市、区各级各类培训,开展教学比武,实行"以老带新",提高专业能力;坚持以教学推动教研、以教研促进教学,教研组和教学组每周活动有安排、有主题;2014年与衡阳市成章实验中学开始合作办学,同年12月18日成为衡阳市第八中学教育集团下属学校,集团内实行教学资源共享,考试评价同步,互派领导、教师参与管理、教学等举措,学校积极吸收名校先进的办学理念,走上一个新的发展平台。

学校为湖南省安全文明校园、衡阳市三星级文明单位、衡阳市书香校园、衡阳市园林式学校、衡阳市养成教育示范校、衡阳市文明美德学校、衡阳市中小学心理健康教育先进单位、珠晖区素质教育先进单位、珠晖区中考质量优秀单位。学校团委为衡阳市"五四"红旗团组织,工会为湖南省教育工会先进工会组织,花石文学社为"全国优秀文学社团百家"。学科竞赛获奖居同类学校之首。办学50余年来,人才辈出,学校1968届毕业生高扬2010年7月被中央军委授予少将军衔。近年来,初中毕业会考人均总分连续多年位居全区前列。目前学校有1个国家级课题、3个市级课题获课题成果一等奖,1个省级课题、2个市级课题获课题成果二等奖。2015年学校中考又取得了优秀成绩:1000分以上学生4人,900分以上学生38人,全校人均总分稳居全区第一、全市前茅。

地址:衡阳市珠晖区东阳渡正街78号
邮编:421002
邮箱:258085190@qq.com
办公电话:07348363678
学校行政班子成员信息
校长:向文
党支部书记:李选芳
副校长:王北城、胡红艳、邱文韬
工会主席:黄和生

【珠晖区第二中学】

珠晖区第二中学创办于1958年,原名衡阳市郊区三中,2001年因区划调整更名为珠晖区第二中学。学校坐落于珠晖区茶山坳镇,占地面积11000平方米,现有学生300余人,教师26人。学校环境优美,设施完备,拥有教学楼、科技楼、多媒体室、电脑室、图书室、实验室、体育室、科技活动室、学生公寓等完善的硬件设施。教师学历合格率达100%,本科学历教师占97%,高级信息技术合格率为90%。学校着力于争创优化育人环境,强化长效管理,保持校园环境优美、校园管理优质、校风学风优良的合格中学。教育质量和办学水平逐年稳步提高,在校学生巩固率达98.8%,学生家长满意率达97.5%,初中毕业会考合格率为90.5%。学校自创办以来无重大安全事故发生。学校先后获得湖南省合格初级中学、衡阳市综合治理先进单位、衡阳市中学生日常行为规范示范学校、衡阳市教改教研二星级示范学校、珠晖区优秀学校、珠晖区政法综治维稳工作先进单位、珠晖区普法先进单位等称号,2011年被评为衡阳市三星级文明单位。

"科研兴校,特色办校,质量树校"是学校不变的理念。

学校以创建"衡阳市二星级文明单位"为契机,加快基础建设,不断改善办学条件,净化校园环境,提升校园文明程度,如今校园环境幽雅,布局合理,设施完备,装备齐全,师资合格,管理民主,现已成为一所按照高标准装备的现代初中学校。

地址:珠晖区茶山坳镇茶金路附1号
邮编:421006
办公电话:0734-8303689
学校行政班子成员信息

校长：屈昀

党支部书记：李德君

工会主席：周文明

副校长：宾咏华

副校长：刘旭兰

【珠晖区茶山中学】

珠晖区茶山中学是一所九年义务教育学校。全校共有教职工 29 人，其中本科学历的 23 人，大专学历的 4 人，其他学历的 1 人；中学高级教师 2 人，中学一级教师 18 人，中学二级教师 8 人，高级技工 1 人；党员教师 9 人。

学校地处远郊乡镇，办学条件远不如城区学校，但全体教职工在学校领导班子的带领下，忠诚于党和政府的教育事业，励精图治，教育教学取得优秀成绩，自 2003 年以来，连年获得珠晖区优秀学校或中考先进单位等荣誉称号。在 2015 年衡阳市 384 所初中学校中考成绩排名中，学校比 2014 年再进 5 个名次，至第 84 名。

学校认真贯彻国家素质教育方针政策，高度重视学生素质全面发展，积极开展各项校园活动，在活动中培养了学生体育、音乐、美术等方面特长，形成了校园特色文化，校园艺术节、校园秋季运动会、广播操比赛、球类（足球、篮球、乒乓球）比赛、五四青年节趣味游艺活动、校刊《红山茶》编写、各类读书征文赛、各学科竞赛、青少年志愿服务等活动的开展受到了全校学生的欢迎及社会各界的好评。

学校地址：衡阳市珠晖区茶山坳镇金甲岭街 27 号

邮编：421006

邮箱：792200234@qq.com

办公电话：0734 - 8300551

学校行政班子成员信息

校长：李建波

党支部书记：邓小辉

副校长：李雪松

工会主席：何依臣

【珠晖区酃湖中学】

珠晖区酃湖中学坐落在酃湖乡合福村，东望耒水，西接老城，南毗怡心园、花果山休闲山庄，北临衡阳师范学院、湖南工学院。学校交通便利、环境幽雅，是一所全日制公办初级中学。

学校本着"规范、特色、和谐、进取"的办学宗旨，40 多年来培养了一批又一批德才兼备的人才。特别是近几年，学校以"外树形象、内修内功"为抓手，对校园建设、师资队伍建设进行了全面优化升级。学校教室进行了全面装修，学生桌椅全部更换，学生电脑更新换代，添置了实验仪器和大批图书，学生宿舍重新改造并配置了热水器等生活设施，学生食堂重新装修，新建了羽毛球场地，改造了篮球场，校园进一步美化。学校还狠抓师资队伍建设，加强师德师风教育，提高教师教学水平，强化教师的爱心和责任心，练就了一支教学业务能力强、具有爱岗敬业精神的教师队伍。学校还启动了教师进家庭工程、家校合作工程。学校现有 6 个教学班，200 余名在校学生。专业教师 19 名，其中中学高级教师 3 人，中级教师 7 人；市级骨干教师 1 人，区级骨干教师 3 人。2013 年 3 月，衡阳师范学院大学生党员教学实践基地落户学校，学校各项建设及教育教学均得到衡阳师范学院的鼎力支援，实现了基础教育与高等教育的对接，双方合作共获双赢。经过几年的努力拼搏，学校在上级教育主管部门、珠晖教育界乃至衡阳教育界获得了良好声誉，在广大家长中赢得了良好的口碑。

学校行政班子成员信息

校长：曾春锋（154851873@qq.com）

党支部书记：杨承文

副校长：罗辉（810952976@qq.com）

工会主席：周建楚（355382797@qq.com）

【珠晖区泉溪村小学】

珠晖区泉溪村小学地处繁华的火车站旁，西临美丽的湘江，北接雄伟的珠晖塔，是一所有着深厚文化底蕴的品牌学校，是珠晖区窗口学校、湖南省名校，在半个多世纪的历史长河中，培养了成千上万的优秀学子。

学校创建于 1954 年，现有 24 个教学班，学生 1233 人，教师 71 人。其中省级骨干教师 3 人，省级优秀少先队辅导员 1 人，衡阳市"十佳"学科教师 5 人；中学高级教师 1 人，小学高级教师 51 人，小学一级教师 20 人；具有本科学历的教师 39 人，大专学历的教师 32 人。

学校治校严谨，教育理念新颖，教育教学

质量高，校园环境优雅温馨。学校师生团结务实，开拓进取，与时俱进，学校工作一年一个新台阶。学校被评为：全国中小学民族团结教育先进单位、全国优秀雏鹰大队、全国优秀手拉手联谊会、湖南省现代教育技术实验学校、湖南省现代教育技术工作先进单位、湖南省小学干训实践基地、湖南省基础教育教学研究实验学校、湖南省基础教育教学研究先进实验学校、湖南省文明卫生先进单位、湖南省关心下一代教育工作先进单位、衡阳市二星级文明单位、衡阳市规范化示范小学、衡阳市中小学三星级教研教改示范校、衡阳市学校管理工作先进单位、衡阳市社会综合治理先进单位。"十一五"期间，学校开发了校本教材《小学生理财教育读本》。2007 年学校荣获湖南省基础教育教学研究先进实验学校称号。2009 年学校校本项目"小学理财教育研究"荣获第二届湖南省基础教育教学成果二等奖。《小学生理财教育》校本课程的开发与实施研究荣获全国"十一五"教育科研优秀成果一等奖。2011 年学校荣获湖南省基础教育优秀实验学校称号。2012 年学校获衡阳市中小学心理健康教育先进单位。"十二五"期间，学校继续开发了第二套校本教材《小学生文明礼仪教育读本》。学校"十一五""十二五"期间被评为衡阳市教育科研先进单位。学校在"十五"和"十一五"期间承担省级课题分别获优秀奖、成果一等奖、优秀单位等奖项。学校在珠晖区教育目标管理年度考核中连续十年获得一等奖，还多次获优秀学校称号。

办学理念：以人为本，和谐自主，德育为首，智育为重，促进师生双发展。

治校方略：以德立校，依法治校，科研兴校，质量强校。

校训：团结、求实、勤学、创新。

校风：诚实勇敢，团结活泼，尊师守纪，勤奋进取。

教风：爱岗敬业，乐于奉献。

学风：乐学、勤学、会学、博学。

学校地址：珠晖区广东街道泉溪村 42 号

学校行政班子成员信息

校长：吴润贵（0734 - 8331259）

党支部书记：何庆菊（0734 - 8331259）

副校长：王国清（0734 - 8331259）

副校长：付莉（0734 - 8331259）

工会主席：贺勇（0734 - 8331259）

【珠晖区湖北路学校】

珠晖区湖北路小学，原名延安小学，坐落于珠晖区湖北路杨家东村 72 号。学校创办于 1958 年，是省级信息技术教育示范小学。校园占地面积 5330 平方米，建筑面积 5192 平方米。学校现有 13 个教学班，在校学生 566 人。专任教师 39 人，其中本科学历的 18 人，大专学历的 21 人；小学高级职称的 31 人，中学一级职称的 1 人；湖南省级课件资源组评审专家暨基础教育资源研发专家指导 1 人，省级课件资源初级评审专家 1 人。

近几年来，学校紧紧围绕致力打造"中心城区基础教育品牌"的战略决策，不断加大投入，规范管理，学校办学条件迅速改善，办学水平正在逐步提升。近年来在上级领导的支持与关心下，学校投入数百万元全面维修改建了教学楼和综合楼，更新了电脑室、语音室、多媒体室和校园班班通设备设施，按照湖南省义务教育标准化学校建设标准完善了各教学配套功能室的建设，并添置了各学科实验设施；按照教育部的要求新添了校园监控系统及语音录播室，学校面貌焕然一新，硬件设备更上一层楼。

学校全面贯彻党的教育方针，推进素质教育，促进学生幸福成长和教师的专业发展。学校以新课程改革为统领，深化课堂教学，优化课堂教法，将素质教育理念和德育教育落实到学校工作的每一个环节中；细化学校管理，加强校园安全、法制教育与校园文化建设，全面营造和谐、向上的育人环境，提升学校办学品位，朝着"办人民满意的教育"这一目标继续前进。学校曾先后荣获"2007—2012 年全国亿万学生阳光体育冬季长跑活动先进单位""湖南省信息技术示范学校""珠晖区育教育先进单位""珠晖区优秀学校""珠晖区先进基层党支部""珠晖区师风师德建设奖"等荣誉称号。

学校地址：珠晖区湖北路杨家东村 72 号

办公电话：0734 - 8332316

邮箱：18143652@qq.com

学校行政班子成员信息

校长：林琳

党支部书记：赵庆梅

副校长：何兰平

副校长：陈柏青

工会主席：周亦珠

【珠晖区东站路小学】

全国中小学创造教育先进集体、湖南省创造教育基地——珠晖区东站路小学地处湘江东岸。学校坚持走改革创新之路，大力培养学生的创新精神和实践能力，开拓进取，成为衡阳湘江东岸一朵盛开的素质教育之花。学校先后荣获"全国中小学创造教育先进集体""衡阳市心理健康教育先进单位""衡阳市体育工作先进单位""珠晖区中小学教育目标管理考核优秀单位""珠晖区先进基层党组织"等荣誉。

学校原名忠定小学，始创于抗战时期，中华人民共和国成立后，改名为衡阳市第十完全小学，1952 年始称东站路小学。学校现有 15 个教学班，730 名学生，45 名教师。其中中学高级教师 2 人，小学高级教师 31 人；大专及以上学历的 43 人；市级骨干教师 2 人，区级骨干教师 6 人，衡阳市道德模范 1 人。

近年来，学校办学条件显著改善，教育信息化建设成效明显，教育质量稳步提升，办学效益有效提高。学校十分重视校园文化环境建设，力争让每一面墙壁、每一个角落都能焕发出文化的韵味。运动场、文化廊、功能室、办公室布局合理，设施齐备。学校现有多媒体教室、音乐室、美术室，还铺设了较为标准的 5 人制足球场。校园环境美观、整洁。

自 2003 年以来，《三字经》《论语》这些代代相传的文化瑰宝，一直是学校的校本课程教材。2008 年 8 月，爱心人士心开法师为了更好地弘扬中国传统文化，特资助母校成立"文龙国学促进会"，自此，全校师生学国学、用国学的氛围更加浓厚。每天早自习全校学生分别研习《三字经》《千字文》《弟子规》《论语》《老子》《大学》等国学经典。每年 12 月份，学校都将举行经典诵读、书法展示活动。这也成为学校教书育人的一大亮点。学校课题"经典美文诵读与健康人格培养"获衡阳市一等奖。

学校体卫工作成绩显著，文艺活动丰富多彩，校园足球活动开展得如火如荼，曾获得湖南省青少年校园足球 U11 锦标赛第三名、全国校园足球冠军杯赛三等奖、衡阳市首届小学生足球赛亚军、衡阳市小学生足协邀请赛亚军，多次获珠晖区中小学田径运动会团体总分第一名，并多次作为基层单位代表珠晖区参加衡阳市中小学田径运动会。

在新时代的感召下，学校将继续弘扬中国传统文化，开拓新天地，以德育为本，以学生为先，和谐共进，翱翔未来。

地址：衡阳市珠晖区湘江东路 48 号

邮编：421002

邮箱：1175058541@ qq. com

办公电话：0734 – 8332934

学校行政班子成员信息

校长：曾定宇（0734 – 8332934）

党支部书记：陈韬（0734 – 8332934）

副校长：盛蔚萍（0734 – 8332934）

副校长：肖国红（0734 – 8332934）

工会主席：王朝阳（0734 – 8332934）

【珠晖区东风路小学】

珠晖区东风路小学始建于 1952 年，原名衡阳市第七完全小学。学校位于珠晖区东风南路 186 号，地处城区中心位置，交通便利。学校占地 9700 平方米，拥有 1 栋五层教学楼、1 栋三层功能室、1 栋三层图书馆、200 米 4 股道田径场。校园内布局合理，分区明确，整体协调，优美舒适。学校现有教学班 11 个，学生 454 人，教职员工 31 人。其中专任教师 31 人，本科学历的 14 人，专科学历的 17 人；小学高级职称的 17 人；50 岁以下教师 30 人，占总人数的 97%。

多年来，学校秉承"为学生幸福人生奠基"的办学宗旨，坚持德育为先，德才兼修。教师务实、创新、团结，学生美德、勤学、健康。近几年，学校在教育教学质量稳步提高的同时，注重打造德育特色，走内涵发展之路。学校先后荣获"全国优秀（示范）家长学校""湖南省经典诵读特色学校""衡阳市现代教育技术实验学校""珠晖区中小学教育目标管理考核优秀学校""珠晖区先进基层党组织"等称号。

学校地址：衡阳市珠晖区东风南路 186 号

机构代码：44554755 – 0

邮编：421002

学校行政班子成员信息

校长：段辉楚

党支部书记：伍红君

工会主席：李菊芳

副校长：王勇

【珠晖区玄碧塘小学】

珠晖区玄碧塘小学坐落于风景秀丽的湘江东岸，107 国道旁，交通非常便利。学校环境幽雅，绿树成荫，鸟语花香。学校占地面积11810 平方米，校舍面积 3407 平方米，其中教学用房 1950 平方米，绿化面积 1893 平方米，有 80 米的直跑道和 200 米的环形跑道，运动场地有 3629 平方米，现有固定资产 500 万元。学校现有教师 36 人，学历合格率达 100%，其中本科学历的 15 人；高级教师 22 人，一级教师 13 人，助理医生 1 人。教学班 12 个，学生633 人。学校功能室基本齐备，其中有多媒体网络、语音教室、计算机室、科学实验室、音乐室、卫生室、会议室、资料档案室等，为教育教学提供了良好的环境；图书室拥有 21000 多册藏书，50 多种报纸杂志，图书室、阅览室面积 150 多平方米；实验室，仪器室，音乐室，体育、音乐、卫生室、美术器材和数学自然实验仪器配备均达到湖南省 I 类标准；另建有漂亮的露天大舞台。

学校的教育教学质量一直名列珠晖区前茅，素质教育硕果累累。学生多次参加各项比赛，每年有数以百计人次在国、省、市、区获奖，在社会上享有良好的声誉。

学校先后获"珠晖区目标管理考核先进单位""珠晖区德育工作先进单位""珠晖区教研教改示范校""珠晖区先进基层党支部""珠晖区民主管理先进单位""珠晖区综合治理先进单位""衡阳市园林式单位""衡阳市现代信息技术学校""湖南省合格学校"等称号。

地址：珠晖区东风南路愚公里 58 号

邮编：421002

邮箱：1398102617@qq.com

办公电话：0734 – 3134516

学校行政班子成员信息

校长：朱国安

党支部书记：魏启凡

副校长：贺敏

工会主席：何晋安

【珠晖区粤汉小学】

珠晖区粤汉小学前身系东方红小学，始建于 1949 年。学校现有教学班 12 个，学生 438人。学校发展因受周边环境限制，仍保持现有办学规模。但随着旧城改造力度的进一步加大、船山东路的延伸、沿江风光带的北移以及周边楼盘的新建，学校的办学规模将在近几年会有较大的扩张。

学校现有在职教师 33 人，其中师范院校毕业的 32 人；具有中级职称的 21 人，初级职称的 12 人。

学校占地面积 3044 平方米，校舍面积3593 平方米。学校拥有一流的图书室，藏书17000 多册，生均 35 册，并配有多媒体室、语音室、实验室、音乐室、美术教室、劳技室等。

学校校园环境优雅，西临湘江河畔，东依107 国道。学校管理一流，秩序井然，是孩子们读书求知的好地方。而今，学校正以加强管理、从严治校、开拓创新为宗旨，以全面推行素质教育、努力提高教学质量为方向，加强教研教改，逐步推行现代信息技术教育。学校于2012 年 11 月顺利通过了湖南省合格学校评估团的验收。

学校地址：珠晖区唐家巷 180 号

邮编：430002

办公电话：0734 – 8332966

邮箱：2499283084@qq.com

学校行政班子成员信息

校长：屈冬仕

党支部书记：欧春艳

副校长：符容

工会主席：王先红

【珠晖区马路口小学】

珠晖区马路口小学地处京广线以北，始建于 1948 年，占地面积 4873 平方米，建筑面积5512 平方米，现有在职教师 51 人，教学班 20个，990 名学生。

学校秉着"团结守纪，勤学创新"的校训，全体教师努力拼搏，兢兢业业，奋发向上，连续八年被评为珠晖区优秀学校，教学质量稳居全区前列。2011 年学校被评为湖南省合格学校。珠晖区教育文化体育局多方筹措资金共计600余万元建成了一栋崭新的教学大楼，配套设施一应俱全，2012年正式投入使用。现在学校焕然一新，电子备课室、多媒体室、电脑语音室、会议室、音乐室、美术室、劳技室、少先队活动室、工会活动室、图书室、阅览室、实验室、仪器室等功能室齐备，校园网畅通。学校相继被定为校园安全试点学校和衡阳市新课程改革试点学校。学校正日益朝着更高的目标前进。

学校地址：衡阳市珠晖区红星菜园43号

办公电话：0734－8371952

邮编：421002

邮箱：340292774@qq.com

学校行政班子成员信息

校长：李淳

党支部书记：黄科伟

副校长：周伟、欧阳媛

工会主席：郑婷

【珠晖区狮子山小学】

珠晖区狮子山小学坐落于风景秀丽的耒水河畔，地处珠晖区狮山路肖家村1号，创建于1987年，是一所全民所有制的完全小学。

学校占地面积5800平方米，建筑面积3017平方米，拥有2幢教学楼，内设教室18间，现有6个教学班。学校电脑室、多媒体教室、美术室、音乐室、劳技室、科学实验室等各类功能室一应俱全；室外运动场设施齐备，有篮球场、足球场、100米直跑道、沙坑池、单双杠等体育运动设施。

学校现有在职的教职工16名，其中本科学历的10名，专科学历的6名；获得小学高级职称的9人。专任教师学科配备合理、科学。

学校办学目标明确，办学思想端正，全面贯彻党的教育方针，全面实施素质教育。学校以"学生的发展高于一切"为办学宗旨；以"爱与责任"为工作理念，形成了自己鲜明的办学特色。近年来，学校强化服务意识，依法办学、认真执教，连续八年被评为珠晖区目标管理考核"优秀学校"，多次被评为珠晖区"先进基层党组织""先进基层工会组织""示范性家长学校""养成教育先进单位"，先后通过了衡阳市"合格学校""现代教育信息技术学校"等

项目的验收。学校为学生的健康成长创造了良好的氛围，受到家长和周边群众的交口称赞，取得了良好的社会美誉。

地址：珠晖区狮山路肖家村1号

邮箱：szsxx123456@sina.com

办公电话：0734－8377837

学校行政班子成员信息

党支部书记：李霞

副校长：吕美玲

工会主席：肖少玲

【珠晖区衡州路小学】

珠晖区衡州路小学位于珠晖区衡州路街道王江村，紧邻高铁衡阳东站，2013年完成新建并投入使用，是珠晖区一所新型窗口学校。学校占地15000余平方米，建筑面积2700多平方米。

学校现有教学班10个，教师19人，学生420余人。

学校办学条件良好，多功能室齐全，设备设施完善。学校拥有图书室、阅览室、计算机室、多媒体室、实验室、舞蹈室、会议室等13个功能室；配有学生电脑45台，办公电脑室13台；装备图书15000余册，报纸期刊40余种；并拥有教学钢琴、学生电子琴、鼓号、画板、画架、围棋、象棋等多种音乐、美术、娱乐装备；学校建有200米环形跑道、田径运动场、篮球场、排球场、羽毛球场、乒乓球区及杠上运动区等多个体育活动场地。

学校确立了"以人为本，尊重个性差异，培养个性发展；突出道德、情感培育；强化安全意识与教育；以提高教育质量为核心，以促进教师职业道德规范与专业成长，促进学生全面和谐发展"的办学思想，并把建设珠晖区"素质教育新型窗口学校"作为学校的办学目标，抓"养成教育"出特色，抓"素质教育"求创新，抓"教育质量"促发展。

学校地址：湖南省衡阳市珠晖区衡州路街道王江村1号

邮编：421173

邮箱：499511153@qq.com

办公电话：0734－8710601

学校行政班子成员信息

校长：周彬

党支部书记：谭仁贵

副校长：吴兴福

工会主席：朱少安

【珠晖区实验小学】

珠晖区实验小学创建于 1942 年，是全国群体工作先进单位、湖南省现代信息技术教育学校、湖南省青少年网球后备人才培养基地、湖南省安全文明校园、湖南省优秀家长学校、湖南省生态文明学校、湖南省规范汉字书写示范校、全国青少年五好小公民主题教育活动示范学校。

学校占地面积 30 亩。各类馆室（场）齐全，均达到湖南省 I 类标准，4 块丙烯酸室外灯光网球场符合国家比赛场地标准。现有教学班 36 个，在校学生 1917 人，教师 96 人，其中特级教师 2 人，中学高级教师 5 人，小学高级教师 50 人；国家级网球教练 2 人；市级骨干教师 3 人，区级骨干教师 10 人。

学校以"本色＋特色，为学生终身成长奠基"为办学思想，秉承"合群、豁达、博学、创新"的校训，努力营造"诚信、懂礼、善思、好问"的校风，追求"让和谐充盈校园，让慈爱充盈教育"的教育境界。学校以网球特色为龙头，全面促进学生素质发展。每周五开设了网球、足球、合唱、机器人、围棋等 60 余项素质拓展活动，取得了令人瞩目的成绩。学校合唱队参加全国第五届、第六届少年儿童合唱节分获"小云雀"奖、"南湖杯"奖；足球队获得衡阳市"博文杯"青少年校园足球乙组冠军；围棋队获得湖南省团体第一名；机器人组多次获国家级、省级奖；尤其是学校网球队，多次代表衡阳市出征国家网球专业赛和湖南省运动会，获金、银、铜牌 30 余次，向国少队、省级专业队输送队员 16 名，向大中专院校输送队员 5 名。

学校十分重视教研教改工作，连续 15 年被珠晖区教育文化体育局评为教育质量优胜学校，有 6 个课题获省、市级奖，学校因此被评为衡阳市"十五""十一五""十二五"教育科研先进单位。

学校地址：珠晖区光明街 35 号

学校行政班子成员信息

校长：袁瑞新（0734－2593901）

党支部书记：匡武（0734－8310593）

工会主席：胡方根（0734－2593902）

副校长：左志坚（0734－2593902）

副校长：刘发军（0734－2593028）

【珠晖区新华实验小学】

珠晖区新华实验小学原为中核集团二七二厂子弟小学，始建于 1959 年，2006 年 1 月移交珠晖区人民政府管理。学校位于美丽的湘江河畔，绿树成荫，风景秀丽。学校占地面积 18530 平方米，校舍面积 8210 平方米，拥有 200 米跑道的标准操场，"十一室"规范齐全。现有 19 个教学班，在校学生 802 人，在职教师 42 人，其中本科学历的 21 人，大专学历的 20 人，中专学历的 1 人。

几年来，学校坚持以德治校，以德修己，以德育人。在长期的办学实践中，学校师生员工立志献身于教育事业，领导班子朝气蓬勃、团结协作、扎实肯干、锐意进取，努力创造了"求真、务实、公正、廉洁、高效"的领导作风，树立了"诚信、协作、开拓、创优"的教风，创立"自强、守纪、博学、创新"的校风，形成了"自信、争先、发展，探究"的学风。

学校树立了"以课题促教研，以教研促课改"的理念，承担多项省、市教研课题，在课题研究方面取得了丰硕的成果。近年来 50 多篇教师专题论文、教案在市级以上获奖、发表或汇报交流，其中湖南省十一五课题"漫画作文与小学生创新思维的培养与研究"得到领导和专家的高度评价。

学校以艺术教育为突破口，把"培养'合格＋特长'的学生"作为目标，曾获"全国少先队红旗大队""四星级少先队集体"荣誉称号，连续两次获湖南省艺术教育先进单位，被评为衡阳市规范化合格学校、珠晖区推行素质教育先进单位、珠晖区教研教改示范校，连续十多年获珠晖区教育目标管理考核一等奖……

学校地址：珠晖区东阳渡镇新湘街道二七二厂内

学校行政班子成员信息

校长：宋崇宁（904587690@qq.com）

党支部书记：谭俊旻（315092119@qq.com）

副校长：张胜兰（1054353087@qq.com）

副校长：陈献（306689612@qq.com）

工会主席：刘梅双（1067501103@qq.com）

【珠晖区冶金小学】

珠晖区冶金小学是一所全日制完全小学，始创于1957年。全校教职员工78人，全部获得大专或大专及以上学历，其中小学高级教师50余人，衡阳市"十佳教师"2人，珠晖区"十佳教师"6人；有教学班30个，学生1637名，是衡阳市规模大、质量高、师资强的现代化小学之一。

在全面育人思想的引领下，学校形成了以日常教学为主、特长培养为辅的办学特色。校足球队曾获得全国小足球赛冠军，九次获得湖南省厂矿小足球赛冠军，培养出国家级足球运动员2名，省级运动员10多名。著名的围棋九段国手罗洗河、墨西哥世界跆拳道锦标赛冠军王鼎都是在学校启蒙的毕业生。从学校毕业的学生，考入音乐、舞蹈学院等专业院校的有20余人，校艺术体操队、篮球队、田径队多次在省、市、区比赛中夺冠。

在多年的办学积淀中，学校先后被评为"全国体育工作先进学校""全国校园足球特色学校""2015年度全国少先队红领巾阅读推广计划示范学校""湖南省青少年校园足球布点学校""湖南省安全文明校园""湖南省防震减灾科普教育示范学校""湖南省贯彻学校体卫工作条例先进学校""湖南省体育传统项目学校""衡阳市首批示范学校""衡阳市语言文字规范化示范校""衡阳市书香校园""衡阳市现代教育技术实验学校""衡阳市首批青少年科技活动示范学校""珠晖区教研教改示范学校""珠晖区教育教学常规管理工作示范学校""珠晖区实施综合实践活动课程先进单位""珠晖区教育文化体育局先进党支部"等。学校在珠晖区教育目标管理考核中，多次获评"优秀学校"称号，连年受到珠晖区政府的表彰。

学校地址：珠晖区互助里1号

邮政编码：421002

邮箱：34183444@qq.com

学校行政班子成员信息

校长：谢建伟（0734-8352379）

党支部书记：罗勇兵

副校长：唐晓东

副校长：姚健

工会主席：张宏伟

【珠晖区建湘小学】

珠晖区建湘小学位于衡阳火车站东侧，毗邻飞机坪，是一所区直公办完全小学。学校占地面积约34亩，建筑面积约3500平方米。学校办学规模现为6个班。现有教师19人，均为大专及以上学历，其中小学高级教师14人，小学一级教师5人。这是一支师德优良、业务过硬、团结协作的教师队伍，是莘莘学子的良师益友，是学校发展、孩子成才的有力保障。

学校办学条件良好，基础设施齐全，校园宽敞宁静，绿树成荫，氛围和谐，是孩子们学习的理想场所。学校教学楼、200米环形运动场、乒乓球场等布局合理，图书阅览室、仪器实验室、电脑室、音乐室、美术室、棋类室等多种功能室配备齐全，为孩子们全面发展、健康成长提供了有力的物质保障和精神支撑。

学校奉行"育人为本、德育为先"的办学理念，"要成才先成人"的发展思路；以安全为首，注重细节，构建平安校园；以课堂学习为主、丰富多彩的课外活动为辅，致力于学生的全面发展；注重教育教学科学规范化管理和教师专业成长，学校教育教学质量不断提升。

学校地址：衡阳市珠晖区建光村1号

邮编：421002

邮箱：947925498@qq.com

办公电话：0734-2894791

学校行政班子成员信息

校长：胡耀东

党支部书记：刘姣云

副校长：谢言平

工会主席：朱江燕

【珠晖区光明路小学】

珠晖区光明路小学是一所全日制完全小学，位于珠晖区苗圃光明路中段——铁路家属区最密集的地段。学校占地8290平方米，建筑面积5278平方米。自1962年创办至今，先后为各级中学输送合格毕业生达3万余人。

学校设施齐备、环境优美，除了18间拥有多媒体教学设备的教室外，还另备有自然科学实验室、音乐教室、计算机教室、学生图书阅览室、多功能教室、风雨体育活动室、乒乓球训练室、书法绘画训练室、民乐训练室等共12间；藏书27000余册，体育、音乐、美术、科学、劳动教学器材按国家标准配备;校园网络连接到每个教室、办公室。2015年,学校在珠晖区委、区政府的关怀下,按照高起点、高规格的要求,投入500多万对学校硬件设施、校园环境进行了提质改造。学校新建了通透式围墙、塑胶跑道、篮球场、食堂、卫生间、植物园、读书长廊,学校旧貌换新颜,是一所现代化、高规格的独具特色的学校。学校现有教职员工51人(均为专业教师),其中小学高级教师33名;大专学历以上教师39名。

学校重视教师队伍的职业道德教育;重视学生的行为习惯基础工程教育;注重以素质培养为主线的课堂改革,以"本色+特色"为辅助线的活动课改革,形成了多层面、网络化的素质教育改革层面;确立了"办学生终生难忘的学校,办家长满意的学校"的办学目标以及"教育回归生活,教育服务社会"的办学理念,形成了"崇德、尚美、博学、慎行"的校训。

近年来,在上级教育行政主管部门的坚强领导和大力支持下,在全体师生的共同努力和奋勇争先下,学校各项工作取得了长足的进步和较大的发展,先后获得了"全国青少年五好小公民主题教育'我是90后'读书征文示范学校""湖南省综合实践常态课程实施单位""湖南省经典诵读特色示范校""湖南省巾帼文明岗""湖南省科技创新优秀组织单位""湖南省示范性家长学校""衡阳市优秀基层党组织""衡阳市创造力培养示范学校""衡阳市示范性家长学校""衡阳市语言文字规范化示范校""珠晖区十佳优秀基层党组织""珠晖区教育工作优秀学校""珠晖区优秀基层党支部""珠晖区德育工作优秀学校""珠晖区教育质量优胜单位""珠晖区工会工作目标管理考评先进单位"等荣誉称号。

学校地址:珠晖区乐群里76号

邮编:421002

办公电话:0734-2523469

学校行政班子成员信息

校长:周群

【珠晖区盐矿小学】

珠晖区盐矿小学位于珠晖区茶山坳镇盐矿新村,地处城郊接合部。前身是湖南省湘衡盐矿子弟学校,始建于1975年,于2007年移交珠晖区政府管理。

学校绿树成荫,环境优美,布局合理。学校现占地面积9246平方米,建筑面积2070平方米,有4道环型200米跑道、内植马尼拉草皮足球场1个、标准篮球场1个、乒乓球场1个。

近年来,学校的办学条件不断得到改善。学校已新增仪器室、阅览室、音乐室、心理咨询室、电脑室、电子白板室、学生食堂等场室。学校的设备设施基本上满足教育教学工作的需要,为学校的持续发展提供必要的条件。学校现有教学班6个,在编教职工15人,其中高级职称教师3人,中级职称教师5人,初级职称教师7人,学历达标率为100%。

学校紧密围绕"创建平安、文明、和谐校园,促进学生、老师、学校可持续发展"这一总体目标,坚持以"厚德至善,深邃求真"为办学理念,走科研兴校之路,以"课程改革"为契机,开设"写字教育""快乐足球""绘画与制作"等校本课程,重视学生学习能力及特长的培养,全面推进素质教育。40多年来,学校的教育教学质量深受师生和家长及社会各界的好评。学校定向越野队培养出一名国家一级运动员;七巧板比赛获国家一等奖;"一师一优课"荣获部级奖;校园足球荣获第一届区长杯乙组季军。

学校地址:珠晖区茶山坳镇湘衡盐矿厂内

邮编:421006

邮箱:873667598@qq.com

学校行政班子成员信息

校长:王智玲

党支部书记:段晖阳

副校长:段淑华

【珠晖区苗圃小学】

珠晖区苗圃小学原名衡阳市探矿机械厂子弟小学,2006年1月移交珠晖区政府管理,2007年1月更名为珠晖区苗圃小学。

学校创办于1958年,坐落在风景秀美的苗圃街道凤凰村。现有12个教学班,569名学生。校园占地面积4118平方米,建筑面积1824平方米。学校拥有两栋教学大楼,一个标准的篮球场,4道标准的50米跑道,两个平整、干净的水泥小操坪。花草树木遍布校园,环境十分优雅，是孩子们求学的乐园！

学校设有电脑室、多媒体教室、仪器室、图书室、少先队活动室等多个专用功能室，图书室藏书达 18687 册。

学校现有在职教师 30 人，其中本科学历的 21 人，专科学历的 9 人；16 人获得小学高级教师职称，2 人为中学一级职称。

学校坚持"以人为本，一切为了学生，为了一切学生，为了学生的一切，创建和谐校园"为宗旨，全面推行素质教育。学校倡导"严谨、务实、创新"的教风和"勤奋、活泼、探索"的学风；在教师中开展比奉献、比爱心、比创新的活动，教师的考核不单以教学质量论成败，而是"重品德、精技能、守纪律、讲奉献"；充分发挥学生的主观能动性，培养学生学习兴趣，发展个性，提高能力；形成了以"育人为中心，管理为主导、活动为主体、德育为主线"的学校工作体系。

近年来，学校各方面工作成绩斐然，连续多年被评为珠晖区"优秀学校""优秀党支部""教育质量优胜单位""民主管理先进单位"，还获得"衡阳市语言文字示范校""衡阳市文明单位创建优秀单位""湖南省经典诵读特色学校""衡阳市家长学校示范校"等光荣称号。

学校地址：珠晖区凤凰村 29～30 号

邮编：421002

邮箱：285005086@ qq. com

办公室电话：0734－8320114

学校行政班子成员信息

校长：屈红（13787726278）

党支部书记：贺慧建（13875757817）

副校长：李艳芝（13974756955）

工会主席：李芳（13548500148）

【珠晖区英发实验学校】

珠晖区英发实验学校创办于 2006 年春，位于珠晖区耒水南岸，占地近 70 亩，绿化 20 多亩，建筑面积 3 万平方米，是目前衡阳城区面积最大的小学。学校有天然草足球场、250 米塑胶跑道、全触摸电子白板教学设施、设备齐全的功能教室，是衡阳现代化程度最高的小学之一。

学校除小学部外，附设幼儿园，以周托管理为主，兼顾月托、日托学生，派车接送学生上下学，实行三餐三点，全面呵护孩子成长。学校实行基础课、兴趣课、移动课立体开课模式，为学生营造了基础牢固、特长发展、见识广博的培养环境。

学校现有教师 80 多人，生活指导老师近 60 人，后勤人员 40 多人，为学生的素质培养提供了师资保障，吸引了衡阳城区及周边区县 1500 多名学生来校就读。近年来，学生参加各类比赛获得省级以上奖励 5000 余项，毕业生升入重点中学连续十届保持在 70% 以上。

学校获得的荣誉主要有："全国民办先进学校""全国百强民办学校""全国素质教育先进单位""社会公认家长放心示范学校""中国民办教育改革创新示范学校""湖南省民办学校优秀举办单位""湖湘名校""衡阳市民办学校教育教学质量先进单位""衡阳市骨干民办学校"等。

学校地址：衡阳市珠晖区衡茶路。

邮箱：yfsyxx@ 163. com

学校电话：0734－3110777　　0734－3110222

微信公众号：HYYFSYXX

学校行政班子成员信息

校长：陶志忠

党支部书记：郭昀

【珠晖区童星小学】

珠晖区童星小学前身为建于 2001 年 8 月由原湖南三师学校附小与衡阳市第八中学教育集团成章中学联合创办的衡阳市童星学校。2006 年 9 月，因政策调整，学校东迁至珠晖区，正式更名珠晖区童星小学。

学校坐落于珠晖区东风南路 224 号，建筑面积近 6200 平方米，设置 20 个教学班，可容纳 800 多名学生。教学专用教室均配有电脑、投影仪、实物展示台等多媒体教学设施和空调、饮水机等生活设施。寄宿生宿舍均配备电视、空调、饮水机、衣柜及卫生淋浴设备，学生伙食实行营养配餐。为了方便半寄宿制午托生就读，学校妥善安排了学生中午食宿，配备了专车早晚定点接送学生。

历年来，学校以"全面育人，办有特色"为宗旨，发挥名校优势，教育教学取得了辉煌的成绩。学校先后被评为"湖南省现代化技术实验学校""湖南省红领巾示范学校""全国优秀红旗大队""园林式单位"等。学生参加全国、省、市各项比赛多次获奖，小学毕业生升入成章中学、船山中学及长沙名校等的比例达到70%以上，被社会各界誉为"雁城小学教育的一朵奇葩"。

目前，全校师生正在以"小规模、精品化、个性化、特色化、现代化"为标准，遵循"立人为本、成志于学"的校训，坚持"自觉、主动、发展、为幸福人生奠基"的办学理念，牢固树立"教育以人为本、教学以生为本、管理以校为本"的治校方略，加强内部管理，深化课程改革，全面推行素质教育，积极谋求"高质量、高水平"的童星教育，实现"家长满意、质量一流"的学校发展目标，为使学校成为一所以小博大、以精求美的知名优质特色学校而努力。

学校地址：衡阳市珠晖区东风南路224号

邮编：421006

邮箱：1262852338@qq.com

办公电话：0734－8319869

学校行政班子成员信息

校长：丁卿

党支部书记：丁卿

副校长：李海燕

【珠晖区凯杰实验小学】

珠晖区凯杰实验小学是一所经教育行政主管部门批准设立的现代化、特色化集幼儿园、小学教育于一体的全日制高端寄宿学校。

学校实行双重安全保障，宿舍生活老师24小时值班，是一所拥有专业生活服务保障体系的学校，为孩子在校学习、生活提供最优质、科学的服务。学校占地58亩，校内绿树成荫，鸟语花香，是一个天然的绿色氧吧；学校设施高档、齐全，拥有游泳池、草皮足球场、塑胶运动场、室内体育馆、学生演艺中心、科技活动中心、全市第一家校内科普植物园等；教室全部装备了最先进的电子白板及空调。目前，学校的硬件设施条件已达到全市乃至全省一流水准。

"强师资、抓质量、创特色、树品牌"是凯杰教育矢志不渝的追求。学校有一支高学历、高职称、业务精湛、爱生如子、师德高尚的专家名师团队。现有学生1200余人，专业教师及员工158人。在珠晖区2012、2013年毕业班教学质量检测中，学校连续两届毕业生总分荣获全区第一名；毕业班学生名校升学率达90%以上。学校已成为孩子们快乐学习的理想场所，是孩子们成长的家园、学园、花园、乐园。

纳优秀学子，铸时代精英。凯杰人正发扬"和谐、奉献，用心工作、用情工作、用力工作"的凯杰精神，给孩子最好的教育梦想！今天的学校，正焕发出蓬勃的朝气，以更加雄伟的姿态，在内涵发展的创新道路上，向着特色化精品教育踏实前进。

学校地址：衡阳市珠晖区粤新路71号

联系电话：0734－8395777（教导处）

18773405399

联系人：陈老师　贺老师

学校行政班子成员信息

校长：陈晓红

党支部书记：贺立学

副校长：宾志勇

【衡阳市跃龙文武学校】

衡阳市跃龙文武学校是一所全日制九年义务教育全寄宿的民办学校，集月托、期托于一体的"高标准、高质量、高品位"的湖南省特色实验学校。学校坐落于珠晖区飞机场旁，占地面积40余亩，建筑面积18960平方米。校园环境得天独厚，清新优雅，人文景观掩映其中，教学设施完善。

学校在20余年的办学实践中，始终坚持"为学生的健康成长铺路，为学生的终身发展奠基"的办学理念，形成了"以养成教育为主导、以文化质量为核心，以武术、健美操、舞蹈为主特色"的办学模式，以培养"阳光、智慧、强健、自信"的学生为己任。学校加强内部管理，深化课程改革，全面推行素质教育，积极谋求"家长满意，质量一流"的跃龙教育，先后被评为"衡阳市民办亮点学校""衡阳市民办教育优等学校""湖南省民办教育特色实验学校""衡阳市现代教育技术实验学校"等。武术童子功因久负盛名，已被列入衡阳市非物质文化遗产，学生参加全国、省、市级武术精英大赛连年获奖，名扬海内外，是目前衡阳市教学设施最完备、教学理念最先进、文化教学成绩最突出的文武特色学校。

十年磨一剑，跃龙人将以开拓创新的精神和不懈的追求，以不畏艰难、勇往直前的精神，努力追求跨越式发展，朝着湖南省一流特色民办学校的目标前进。

地址：珠晖区机场东路 2 号

邮编：421002

邮箱：75852629@qq.com

办公室电话：0734 - 8378061

学校行政班子成员信息

党支部书记：王宏伟

校长：夏小琼

【珠晖区茶山坳镇中心学校】

珠晖区茶山坳镇中心学校坐落在珠晖区茶山坳镇茶山村，毗邻京广线和衡阳市三环东路，是一所完全小学。学校始建于 1950 年，1984 年新建于现址。学校现有教学班 12 个，在校学生 522 人。学校师资力量雄厚，现有教师 26 人，其中本科学历的 17 人，专科学历的 9 人，学历达标率 100%；小学高级教师 16 人。学校占地面积 6800 平方米，建筑面积为 1400 平方米，设有电脑室、实验室、体育器材室、卫生室、语音室、多媒体教室、图书阅览室、仪器室等功能室。学校教学设施齐全，环境优雅，树木葱茏，为师生的工作学习创造了良好的条件。

学校坚持以现代教育理论为指导，努力创建适应 21 世纪信息时代要求和素质教育需要的现代教学模式。近年来，学校通过内抓管理、外树形象，不断加强师德师风建设，加强学生养成教育，强化日常行为规范的管理，不断整顿学校教育教学秩序，提高教育教学质量。学校先后被评为"珠晖区达标学校""珠晖区文明学校""衡阳市日常行为规范示范校""珠晖区示范性完全小学""衡阳市园林式单位""珠晖区图书管理先进单位""珠晖区交通安全示范学校"等。

目前，全校师生正以饱满的热情，为实现"树时代理念，塑一流师资，抓一流管理，创一流质量，育一流人才"的强校战略而努力。

办学理念与宗旨：以改革求发展，向质量要效益；一切为了孩子的健康发展、和谐发展、终身发展而努力。

校训：崇德、善学、健体、创新。

校风：和谐、自主、活泼、进取。

学风：巧学、乐学、勤学、博学。

教风：敬业、爱生、严谨、求精。

学校联系方式：

网站：csazcsxx. xueleyun. net

邮箱：cszxx518@163. com

电话：0734 - 8142118　　0734 - 8308518

学校行政班子成员信息

校长：徐剑锋

党支部书记：邓诗礼

工会主席（兼基教专干）：罗小冬

副校长：肖家民　　钱朝晖

【珠晖区东阳渡镇中心学校】

珠晖区东阳渡镇中心学校位于珠晖区东阳渡镇横街 67 号。学校下辖 8 所小学，在职教师 91 人，在校学生 1800 余人，是珠晖区最大的一个乡镇中心学校。在合格学校建设的进程中，珠晖区委、区政府以及珠晖区教育文化体育局高度重视，对学校所辖的 3 所完全小学的校舍、教育教学设备进行重点投入、全面改造，使学校的教学环境得到了极大改善，大大提高了学校的教学质量和竞争力。

学校地址：珠晖区东阳渡镇横街 67 号

办公电话：0734 - 8364114

学校行政班子成员信息

校长：陈辉德

党支部书记：李荣耀

【珠晖区和平乡中心学校】

珠晖区和平乡中心学校下辖新民小学（中心小学）及和平、湖东、东山、新华四所完全小学。学校现有在编专任教师 72 人（其中小学高级教师 22 人，省级骨干教师 2 人，市级优秀教师 2 人，市级十佳学科带头人 2 人；本科学历教师 42 人，专科学历教师 30 人），在校学生 1307 人，教学班 35 个。

学校办学条件好。学校占地总面积 26541 平方米，校舍总建筑面积 12447 平方米。近年来，在上级政府和教育主管部门的关怀下，在"两评督导"和创建省级教育强区中，政府先后投资 300 多万元对学校进行了全面改造维修，按规定装备了科学实验室、计算机教室、多媒体语音教室、图书室、电子备课室等十余个专用部室，教育教学设施齐备。校园环境得到了进一步美化、绿化，环境更加优雅宜人，面貌焕然一新，为学生全面发展提供了良好的教育环境。

学校师资队伍优。学校以提高质量为根本，以教育现代化为突破口，扎实开展教育科研，强化教师创新意识、质量意识、服务意识，积极推进精细化管理，努力创建一支师德高尚、知识渊博、教艺精湛的教师队伍。学校在教师队伍中积极倡导弘扬"艰苦奋斗、无私奉献、团结协作、求真务实、开拓进取"的精神，以科研引领教学，大力推进写优质教案、讲优质课、写优质论文、争做名师的"三优一名"工程，敦促教师由"教书型教师"向"科研型教师"的角色转变。近年来，教师在教学比武、课件论文评选等各级各类竞赛中捷报频传，取得了骄人成绩。

学校教学质量高。学校坚持"以德育为立校之本、以质量为发展之源、以管理求办学效益"的办学宗旨，坚持以教学为中心，不断优化教育资源，培养学生创新精神和实践能力，全面实施素质教育，教育教学质量逐年攀升，形成了"诚实守信，团结拼搏"的学风。过硬的教师队伍造就了优异的人才，小学适龄儿童入学率、巩固率、合格率均为100%，为各级各类学校输送了大量的优秀学生。教师辅导学生参加各级各类竞赛硕果累累。学校连续几年获得珠晖区年度目标管理考评一等奖，先后荣获"湖南省文明卫生单位""衡阳市小学生日常行为规范示范校""衡阳市规范化小学""衡阳市示范性中心小学""珠晖区教育教学质量优胜单位""珠晖区德育工作优秀学校""珠晖区优秀学校"等荣誉称号。

学校地址：珠晖区东风南路 338 号

邮编：421002

邮箱：xinmin812@163.com

电话：0734 - 3136115

学校行政班子成员信息

校长：陈开元

下辖小学：

新民小学地址：珠晖区东风南路 338 号

和平小学地址：和平乡和平村荷花坪

湖东小学地址：和平乡湖东村

东山小学地址：和平乡东山村

新华小学地址：和平乡新华村

【珠晖区百灵鸟幼儿园】

珠晖区百灵鸟幼儿园坐落于珠晖区苗圃街道，于 2005 年正式开园，占地面积 600 平方米，建筑面积 1800 平方米，现有在岗职教职工 14 人，教学班 4 个，幼儿 110 名。幼儿园领导班子富有朝气、师资队伍素质较高，享有较好的社会声誉。在全体教职工的努力拼搏下，幼儿园多次被评为"衡阳市托幼机构卫生保健工作先进单位""普惠性幼儿园"等荣誉。2015 年幼儿园进行了全面升级，面貌焕然一新，配套设施齐全，校园网畅通，全园采用多媒体触控式电子白板进行教学。现有符合幼儿健康发展要求的活动室、午睡室、漱洗室；有培养幼儿兴趣与能力的舞蹈室、美术创意室；有功能多样的大型玩具、充满冒险的攀爬墙……先进、环保、卫生的设施设备，丰富适宜的活动空间，平等关爱的人文气氛，处处体现着以幼儿发展为本的教育理念。在珠晖区教育文化体育局和社会各界的关怀和支持下，幼儿园将继续秉承"服务幼儿、服务家长、服务社会"的信念，在全面教育与特色教育相结合的办园道路上不断前进！

幼儿园地址：珠晖区苗圃老街 17 号

办公电话：18397791137

邮编：4210020

邮箱：973242590@qq.com

学校行政班子成员信息

园长：朱月华

【珠晖区茶山坳新街幼儿园】

茶山坳新街幼儿园始建于 2010 年 7 月，坐落在珠晖区茶山坳镇新街 G 栋，建筑面积 1250 平方米，占地面积 1800 平方米。现有在职教师及后勤员工共 22 人，开设 6 个班级，160 名幼儿。

幼儿园地理位置处于农村，园内宽敞明亮，活动室光线充足，安全适用；户外绿树成荫，无污染、无噪音；活动场地平坦、整洁。为了促进幼儿全面发展，满足幼儿各种活动需求，幼儿园购置安装大型活动器械 4 套、教学玩具数余种。每班设有电视、DVD、收录机各一台。2013 年，幼儿园被评为衡阳市二级幼儿园。

学校地址：珠晖区茶山坳镇新街 G 栋

电话：0734 – 8225558

邮编：421002

邮箱：1152210434@qq.com

法人代表：刘利国

园长：刘艳姣

【珠晖区扶小里幼儿园】

珠晖区扶小里幼儿园坐落在风景秀丽、交通便利的湘江东岸，与珠晖区实验小学为邻，地理位置优越。园内现有幼儿班 10 个，幼儿 368 人，教职员工近 50 名，园内设施齐全，环境优美，并拥有了一支素质优良的保教队伍，为幼儿成长创造了优越条件，营造了一个观察与认识世界的新天地。

幼儿园以情境数学、国学经典、奥尔夫音乐、游戏识字阅读、围棋、国画、网球、游戏体能课、跆拳道等为突破口，努力打造教育教学特色；以保教并重为前提，丰富幼儿一日活动内容，在强化幼儿日常行为规范上下功夫，力争在幼儿养成教育上创特色、见成效。

幼儿园地址：珠晖区光明街 35 号

办公电话：0734 – 2570192

邮编：421002

邮箱：806243747@qq.com

园长：吴红焰

副园长：谭洁、江雅兰

【珠晖区和平鸽幼儿园】

珠晖区和平鸽幼儿园坐落于衡阳市珠晖区东风支路衡宜村 3 号，创办于 2011 年，占地面积 4500 平方米，建筑面积 2800 平方米，现有教学班 8 个，教职员工 35 人，在园幼儿 245 人。开园以来，在全园教职员工的团结协作下，幼儿园连续三年被评为珠晖区优秀单位，2013 年被认定为衡阳市一级幼儿园，赢得了家长和社会的广泛好评。2013 年，幼儿园投入资金改造了厨房、多功能室、奥尔夫音乐室、舞蹈室、游戏区角等场地，添置了配套的教学设备设施，为幼儿创设了环境优美、富有童趣的学习和生活的场所。

幼儿园地址：珠晖区衡宜村 3 号

办公电话：0734 – 2883866

邮箱：2838995726@qq.com

董事长：雷延生

园长：高淑雄、邓姝

【珠晖区蓝天宝贝幼儿园】

珠晖区蓝天宝贝幼儿园坐落在泉溪村小学旁，是一所集专业、正规、前卫、艺术于一体，融温馨、舒适、和谐、快乐为一家的现代化幼儿园。它以"给孩子快乐童年"的办园宗旨深深赢得了社会及家长的认可。

幼儿园使用了国内最先进的朗朗多媒体一体机，独家使用朗朗六大区角：益智区、游戏区、阅读区、表演区、角色区、建构区，从多种智能领域充分培养孩子的思考和解决问题能力。

幼儿园地址：珠晖区泉溪村 26 号

办公电话：0734 – 8336766

邮编：421002

邮箱：1835004340@qq.com

董事长：李顺华

园长：骆华瑛

【珠晖区蓝天鸿星幼儿园】

珠晖区蓝天鸿星幼儿园坐落于珠晖区冶金有色机械总厂内，是一所环境优美的省级骨干、市级示范性幼儿园，于 2009 年加盟中国幼教第一大品牌——北京红缨教育集团，与国际教育接轨。

幼儿园目前拥有 10 个教学班，300 余名幼儿，教职工 40 人。班内实行"两教一保"，厨师、保健医、保安等人员配备齐全。教职工专业达标率为 100%，具有大专学历的达 90%。

幼儿园本着"全心全意为孩子服务"的办园宗旨，以蒙特梭利教育为特色，以阳光体能、创新智慧游戏和小班化教学为基础，以培养"健康活泼、快乐自信、好奇探究、文明乐群"的学龄前儿童为最终目标，大力倡导"赏识教育""适才教育"的理念，针对每一名幼儿的实际情况，在取得家长理解和支持的基础上，家园共育，共同进行适时、适当的引导和教育，保证在园的每一名幼儿都能得到最大程度的提高和发展。

幼儿园各班均配备空调、电子琴、电视机、VCD、小型消毒柜、桌椅床橱、各种玩教具等现代化设备；活动场地配有淘气堡、音体室、卫生保健室、图书室、科学实验室、多功能室等专用功能室。办公及教学软件设施配有广播、电脑、打印机、复印机、投影仪、摄像机等。厨房结构合理，窗明几净，和面机、冰箱、蒸汽消毒柜、蒸柜等厨房设施配备齐全。每栋楼均有安全消防设施，并经常检查。室外有优美的园林绿化环境、种植园地，饲养角、戏水池、玩沙池、塑胶地面以及各种大型组合式玩具等一应俱全。

学校地址：珠晖区蓝天鸿星幼儿园

办公电话：0734－3126678

邮编：421002

邮箱：21216489@qq.com

董事长：李顺华

理事长：曾淑

园　长：周丽

教学园长：骆华瑛

【珠晖区亲亲幼儿园】

珠晖区亲亲幼儿园有两所幼儿园，位于珠晖区火车站中心位置。亲亲蒙氏园始建于2005年；亲亲亲馨园始建于2001年，在2012年搬迁至新址。幼儿园是衡阳市一级幼儿园、骨干幼儿园、普惠幼儿园。

幼儿园处于小区内，外部环境清净、安全，室内窗明几净，配有数字化、现代化教学设施和充足丰富的玩教具。室外的大型组合玩具以及室内的感统训练器械、攀岩墙等拓展了幼儿的活动空间。绘本馆的建设让孩子养成阅读的习惯，蒙氏教具及区域角让孩子们自由、自主的探索学习，秩序性和自我管理能力得到培养，让两所幼儿园400名幼儿体质得到锻炼，心智受到启迪。

幼儿园现有教师42名，正、副园长4名，后勤人员8名，专业合格率为100%。幼儿园以"四心"（放心、耐心、爱心、尽心）为办园宗旨，以"孩子身心健康，享受游戏的快乐，获得成功的体验，得到和谐的发展"为办园理念，用"敬业、团结、务实、创新"的园风，将幼儿园办成幼儿喜欢、家长放心的幼儿园。

幼儿园地址：

蒙氏园：珠晖区湘江东路（兴衡花苑内）

亲馨园：珠晖区东风南路（青年家园内）

办公电话：

蒙氏园：0734－8466010　17773413039

亲馨园：0734－8393859　18973458198

邮编：421002

邮箱：77524545@qq.com

园长：万莉

副园长：谢丽娟　唐丽娟　刘冉姿　薛娟

【珠晖区世纪宝贝幼儿园】

珠晖区世纪宝贝幼儿园创建于2010年。幼儿园环境优美，布局合理，布置新颖独特，每天24小时门卫、保安值班，全程录像监控，各班配有电子琴、饮水机、空调、液晶电视、多功能DVD等现代化教学设备。每班2名专任教师和谐搭配：经验丰富、有责任心、有爱心、有能力的教师做班主任；素质过硬、有特长的年轻老师打造特色教育。

幼儿园地址：珠晖区冶金特殊学校对面

办公电话：0734－2483307

邮编：421002

邮箱：291126471@qq.com

园长：石艳意

珠晖区主要幼儿园基本情况一览表

名称	园长	办公电话	地址
珠晖区新春幼儿园	廖春艳	15873499862	衡阳市珠晖区茶山坳镇金甲岭农场七组
珠晖区井泉幼儿园	冯超	15074742604	衡阳市珠晖区和平乡荷花坪组
珠晖区世纪宝贝幼儿园	石艳意	0734－2483307	衡阳市珠晖区冶金中路
珠晖区金色未来幼儿园	周忠亮	13875649697	衡阳市珠晖区和平乡洪塘村崔进村民组
珠晖区光明路幼儿园	肖艳	0734－2533832	衡阳市珠晖区乐群里76号
珠晖区亲亲幼儿园（蒙氏园）	万莉	0734－8466010	衡阳市珠晖区湘江东路汽车码头6号
珠晖区小橡树幼儿园	毛桂华	0734－8350058	衡阳市珠晖区酃湖乡双江村建设组

续上表

名称	园长	办公电话	地址
珠晖区蓓蕾幼儿园	许交花	13487549624 0734－2573667	衡阳市珠晖区苗圃市场
珠晖区亲亲幼儿园（亲馨园）	万莉	0734－8393859	衡阳市珠晖区东风南路146号
珠晖区新苗幼儿园	徐萍	0734－2532682	衡阳市珠晖区凤凰村73号
珠晖区明亲幼儿园	刘美凤	18773471818 0734－2534311	衡阳市珠晖区东风南路378号
珠晖区育苗幼儿园	许玉梅	0734－2555369	衡阳市珠晖区武装部院内
珠晖区明星幼儿园	罗超	13908449229 0734－2581800	衡阳市珠晖区东风路75号
珠晖区泉溪村幼儿园	刘世娥	0734－8321259	衡阳市珠晖区广东街道泉溪村41－43号
珠晖区建湘幼儿园	刘世新	0734－2588753	衡阳市珠晖区建湘锂鱼塘
珠晖区昂立幼儿园	邹均贵	0734－8382798	衡阳市珠晖区湖北路56号
一六九医院幼儿园	张馨丹	0734－3169006	衡阳市第一六九医院内
珠晖区苗成第二幼儿园	欧阳溪	15116845834 0734－8603023	衡阳市珠晖区玉麟路盛世嘉园
珠晖区东江丽景海豚贝贝幼儿园	唐芳华	15200586718 0734－8683465	衡阳市珠晖区东江丽景海豚贝贝幼儿园
珠晖区成长幼儿园	罗芙蓉	13786486767 0734－83134189	衡阳市珠晖区苗圃公园新大门旁
珠晖区百灵鸟幼儿园	朱月华	0734－8311311	衡阳市珠晖区苗圃老街17号
珠晖区金色年华幼儿园	罗传美	13873408651 0734－8382798	衡阳市珠晖区湖北路56号
珠晖区和平乡中心幼儿园	何庆华	7343137812 0734－3137812	衡阳市珠晖区和平乡新民村委会
珠晖区美贝幼儿园	何剑	0734－8322133	衡阳市珠晖区苗圃街道健康里10号
珠晖区经典幼儿园	曾维玲	0734－8394934	衡阳市珠晖区和平小区内
珠晖区苗苗幼儿园	李衡英	13873467304	衡阳市珠晖区杜家冲167号
珠晖区金星幼儿园	包中华	0734－8309371	衡阳市珠晖区茶山坳镇金甲岭街
珠晖区茶山中心幼儿园	唐琳	13469101242	衡阳市珠晖区茶山坳镇政府小区内
珠晖区博爱幼儿园	费巧云	13507341059 0734－8331976	衡阳市珠晖区湖北路德福巷17号
珠晖区东阳渡镇乐乐幼儿园	刘中秀	13875603906 13875603906	衡阳市珠晖区东阳渡镇正街28号
珠晖区启源幼儿园	刘银花	0734－3131413	衡阳市珠晖区东阳渡镇周家坳木材厂内
珠晖区金苗幼儿园	朱菲菲	18229221399 0734－3127838	衡阳市珠晖区东风南路340号
珠晖区天天乐幼儿园	甘雪芹	13873467304	衡阳市珠晖区洪塘村159号
珠晖区东阳渡镇中心幼儿园	龙卓然	13907348312 0734－8356045	衡阳市珠晖区新湘街道
珠晖区荷花坪幼儿园	刘红	18175886588 0734－8822793	衡阳市珠晖区广东路荷花坪大桥组

续上表

名称	园长	办公电话	地址
珠晖区华联幼儿园	成海鹏	0734－8403412	衡阳市珠晖区新湘街道华联社区
珠晖区七彩童年幼儿园	朱玲娟	0734－8388098	衡阳市珠晖区湖北路 128 号
珠晖区小天使第一幼儿园	李琳	15575530884	衡阳市珠晖区石子岭粮店
珠晖区新村幼儿园	廖春艳	15873499862 0734－8604389	衡阳市珠晖区茶山坳镇金甲岭农场复兴村
珠晖区小红花幼儿园	高秀珍	15367086976 0734－8313935	衡阳市珠晖区苗圃团结里 100 号
珠晖区苗成幼儿园	欧阳溪	0734－8395135	衡阳市珠晖区临江路 1 号
珠晖区蓝天鸿星幼儿园	周丽	13487541787 0734－3126678	衡阳市珠晖区建国里 1 号蓝天鸿星幼儿园
珠晖区未来星幼儿园	李顺华	18573433150 0734－8336766	衡阳市珠晖区泉溪村 26 号
珠晖区朝阳幼儿园	陈前献	0734－8319206	衡阳市珠晖区苗圃路 116 号
珠晖区天使幼儿园	李爱民	15074701509 0734－8350626	衡阳市珠晖区酃湖乡胜利村蒋家山
珠晖区茶山坳幼儿园	蔡利红	13575279704	衡阳市珠晖区茶山坳镇居委会院内
珠晖区苗圃幼儿园	张莉	0734－2522801	衡阳市珠晖区保卫里 163 号
珠晖区安全里幼儿园	谢东辉	0734－2522691	衡阳市珠晖区安全里 154 号
珠晖区小天使第二幼儿园	晏文娟	18273438533 0734－8668091	衡阳市珠晖区东方里 135 号
珠晖区建光里幼儿园	李明凤	0734－8313499	衡阳市珠晖区建光里 208 号
珠晖区智慧树幼儿园	陆媛	0734－8439658	衡阳市珠晖区北极村 1 号
珠晖区海豚宝宝幼儿园	谭端秀	0734－8314707	衡阳市珠晖区江东村余家组
珠晖区旭日升幼儿园	李红英	0734－8312047	衡阳市珠晖区东阳渡镇松林组
珠晖区酃湖幼儿园	欧阳光明	0734－3132996	衡阳市珠晖区衡茶路口
珠晖区扶小里幼儿园	吴红焰	15367086795 0734－2593919	衡阳市珠晖区光明街 35 号
珠晖区东方红幼儿园	王春花	0734－8164761	衡阳市珠晖区东阳渡镇曙光村耕心组
珠晖区和平鸽幼儿园	雷延生	15096089558 0734－8333812	衡阳市珠晖区衡宜村 3 号
珠晖区喜羊羊幼儿园	钟利平	0734－8164438	衡阳市珠晖区新民村苗江路西头 2 号
珠晖区茶山坳镇甜心幼儿园	曾丽华	18773412764	衡阳市珠晖区茶山坳镇自行车厂
珠晖区大风车苏洲湾幼儿园	黄键媛	0734－8215148	衡阳市珠晖区苏洲湾 25 号
珠晖区彩虹桥幼儿园	何欢	15873420187 0734－8185123	衡阳市珠晖区新风里冶金体育馆
珠晖区育英幼儿园	何云	15200585937	衡阳市珠晖区东阳渡镇周家坳村车站队
珠晖区茶山坳镇新街幼儿园	刘利国	0734－8225558	衡阳市珠晖区茶山坳镇新街 C7 栋
珠晖区农林爱欣幼儿园	唐依金	15573476580	衡阳市珠晖区茶山坳镇农林村
珠晖区阳光宝贝幼儿园	陈宏斌	0734－8326288	衡阳市珠晖区酃湖乡东湖村

第十章 蒸湘区教育风采

蒸湘区教育概况

蒸湘区教育文化体育局于 2001 年 5 月 28 日挂牌成立,位于衡阳市城区西部,因蒸水河在此与湘江合流贯穿全境而得名,下辖雨母山、呆鹰岭 2 个镇,蒸湘、红湘、联合 3 个街道,29 个社区居委会,21 个建制村,总面积 88.76 平方公里,常住人口 23.7 万。近年来,蒸湘区委、区政府紧紧围绕"实力蒸湘、魅力蒸湘、活力蒸湘"发展战略目标,狠抓工作落实,全区经济社会发展持续向好,呈现出良好发展态势。

蒸湘区教育文化体育局具体负责全区教育、文化、体育工作。蒸湘区共有中小学 36 所,在校学生 20657 人。其中公办中小学 31 所,在校学生 16188 人;民办小学 5 所,在校学生 4459 人;幼儿园 67 所,其中公办幼儿园 6 所、民办幼儿园 61 所,在园幼儿共 11535 人。全区共有公、民办学校(幼儿园)专业教师 2000 余人。

近年来,蒸湘区委、区政府大力实施教育优先发展战略,以办人民满意教育为宗旨,以建设教育强区为目标,加快推进教育改革与发展,全区的教育质量持续攀升,办学条件明显改善,队伍素质不断提高,取得了较好的成绩,先后在学前三年教育、现代教育技术装备建设、合格学校建设、教师工作、教育督导、关心下一代工作等方面获国家、省、市级先进 50 多次;"传统文化进社区"被全民终身教育学习活动周工作小组、中国成人教育协会评为终身学习活动品牌;2013 年成功创建湖南省现代教育技术实验区;2014 年被中共湖南省委办公厅、湖南省人民政府办公厅评为"县级人民政府教育工作优秀单位";2015 年被国务院教育督导委授予"全国义务教育发展基本均衡县(市、区)"荣誉称号;2016 年成功创建湖南省社区教育实验区。

与时俱进的蒸湘教育,沐浴着新时代的春风,改革创新、锐意进取,朝着办好人民满意的现代化教育目标阔步前进。

详细地址:衡阳市红湘北路 73 号

办公电话:0734 - 8827556

邮政编码:421001

蒸湘区教育文化体育局领导班子成员

党委书记、局长:杨安平(0734 - 8827556)

党委副书记、副局长:汪诚虔(0734 - 8827567)

蒸湘区纪委派驻纪检组组长、党委委员:陈美丽(0734 - 8827556)

政府主任督学:邹少杰(0734 - 8827559)

副局长:云平(0734 - 8827568)

党委委员、副局长:欧志军(0734 - 8567599)

蒸湘区教育培训中心主任:李竹华(0734 - 8827565)

蒸湘区全民健身中心主任:唐莉(0734 - 8827566)

蒸湘区教育文化体育局内设机构及二级机构职能

【办公室】

主要职能：综合协调局机关重要政务、事务，管理机关内部事务；负责全局性会议的组织和安排；负责全局性综合文字工作及重要文件的起草和发文审校；负责文件的收发、归档和信息网络、保密、信访等工作；负责综合全区教育、文化、体育动态、信息及图书、报刊的发行工作；负责机关车辆管理和后勤服务等工作。

【人事师训股】

主要职能：负责本系统干部、教师队伍管理；负责教育行政干部年度考核、聘任；负责教职工队伍职业道德建设考核、定等、末位淘汰；负责教师调配、招聘、竞聘上岗、末位淘汰及编制管理；负责教职工年度考核；负责教职工劳资、退离及职称评审工作；负责教职工档案管理；组织评选优秀教师、优秀教育工作者及组织"园丁之家"活动；负责人事统计工作；负责教师奖励基金工作；负责辖区内中小学教师资格认定工作；负责毕业生安置手续办理有关工作等。

【计财财务审计股】

主要职能：指导全区学校教育经费的年度预决算，负责局本级教育经费年度预决算；负责全区专项经费统筹，依法检查监督教育经费的筹集和使用及教师工资发放情况；参与局本级大宗物品集体采购和组织全区学校基建维修招投标工作；负责全区中小学布局调整和危房改造及标准化校舍建设，负责和管理局直学校的基建、维修计划、资金安排及有关基础建设的统计工作，负责学校基建维修预决算的审核；负责贯彻执行上级有关中小学的收费政策；负责全区教育经费、基础教育及中职教育统计；负责监督管理教育系统国有资产有关制度的制订；负责对本单位和所属单位的财务收支及其他经济活动进行内部审计和监督；负责对全区直属单位财务收支及有关经济活动的重大事项进行服务。

【基础教育股】

主要职能：指导全区中小学校、幼儿园的常规教育教学管理；指导全区中小学校学籍管理及学生学籍档案建设；指导全区学前教育、特殊教育；指导和监督全区中小学、幼儿园的教材使用；协助衡阳市教育局招生办搞好中学招生工作；指导和审批进城务工农民工子女就读工作；完成局行政会议决定的临时性工作；指导和管理全区中小学贫困学生的救助工作；协助做好全区义务教育的发展规划工作。

【职业教育与成人教育股】

主要职能：综合管理与协调全区的职业技术教育、成人教育等工作；负责拟定职业技术教育、成人教育发展规划与管理措施，并组织实施；负责乡农校建设管理；指导职业教育和成人教育的教育教学改革和检查、评估等工作；归口管理社会力量及厂矿企事业单位举办的各类职业和成人教育的业务工作；协调做好毕业生就业指导工作；负责自考、成人高考的报名和自考学籍管理等工作。

【民办教育管理股】

主要职能：负责全区民办教育机构的设立审批、撤销及名称、层次、类别的变更审批；负责区属民办教育机构年检的组织实施工作及招生简章、广告的备案登记和宣传监督工作；负责区属民办非学历教育机构的办学常规管理工作；协助有关部门对民办教育机构实施教育执法检查。

【体育卫生艺术股】

主要职能：指导学校体育与卫生健康工作；拟定体育与卫生教学政策；组织、协助有关学校、学生参加各级体育、卫生竞赛等交流活动；指导协助做好教育红十字会工作。

【综治办(校车办)】

主要职能：贯彻执行上级工作部署，制订综治工作年度计划，并组织实施；组织协调综治工作中心日常工作，负责处理日常综治工作；协调指导基层综治组织建设和基层平安创建工作，督促基层平安综治各项工作、措施落实到位，组织开展平安创建和综合治理宣传工作；组织、指导开展社会不稳定因素排查调处，协调相关单位采取有效措施妥善化解处置；制订重大不稳定因素预警方案和群体事件应急处置预案，并组织实施演练，指导、协调群体事项预防处置；负责全区校车规划、审批和运营管理，统筹安排校车安全各项工作的组织实施；加强对校车的监督、管理和日常考核工作，落实校车安全管理制度，建立校车管理长效机制；做好有关校车资料的收集整理和建档工作；协调解决校车安全工作实施过程中存在的困难和问题。

【教育研究室】

主要职能：对课程纲要、考试大纲、教材、教法、学法进行研究；进行教学评估检查，管理及实施学生各科考试，对教学改革、课题研究进行管理；策划、组织、指导教研活动、教学竞赛活动，对教师进行业务指导；编写教辅资料，收集、整理、传播教学信息。

【勤工俭学管理站】

主要职能：制订和实施全区勤工俭学、校办产业发展规划；组织和指导全区中小学勤工俭学工作，进行财务监督检查；制订和实施全区学校劳动实践场所建设发展规划及建设标准，指导全区中小学劳动实践场所建设工作，重点扶持农村学校尤其是薄弱学校因地制宜、因校制宜地开展勤工俭学等工作。

【学生资助中心】

主要职能：做好生源地学生信用助学贷款申请、初审等管理工作；负责生源地信用助学贷款学生的贷后联系、催还、信息报送等管理工作；按照《财政部、教育部关于印发〈中等职业学校国家助学金管理暂行办法〉的通知》的有关规定，负责本区中等职业学校的国家助学金管理等资助工作；做好本区范围内资助政策宣传和咨询工作；负责完成其他有关资助工作。

【教育督导办公室】

主要职能：负责对政府有关部门、各乡（镇）街道政府及其有关部门贯彻执行教育法律、法规、规章和方针、政策，履行教育职责的情况进行监督、检查和指导；负责对全区内的义务教育、扫盲教育和素质教育进行检查与指导；负责对全区的中小学、职业学校、成人学校及蒸湘区人民政府有关部门批准的社会力量举办的教育机构与幼儿园的办学水平和教育质量进行评估；负责承办蒸湘区人民政府和衡阳市教育督导室交办的其他事项等。

【教育阳光服务中心】

主要职能：负责全区教育阳光服务工作的统一管理与推进，统筹做好各级各类学校教育阳光服务实体平台和网络平台建设的综合协调、业务指导、督促检查等工作；负责制订教育阳光服务建设的规章制度、管理办法，并组织实施；负责向来电、来信、来访群众提供办事指南、政策咨询、信息公开、投诉受理、舆情回应等具体服务。

蒸湘区主要学校信息

【蒸湘区蒸湘中学】

蒸湘区蒸湘中学是蒸湘区唯一一所直属初级中学。学校位于衡阳市高新技术开发区、长湖町新城区之间，以美丽的平湖公园为伴，与宽阔平坦的船山大道并肩而行。地理位置优越，交通便捷通达。学校创办于1948年，前身为王家湾完全小学；后改为初级中学，接着兴办高中（1978年停办高中），1984年7月由当时的衡阳市郊区接管升格为郊区第一中学，2001年因区划调整再次更名为蒸湘区蒸湘中学。2015年4月加入衡阳市第一中学教育集团。学校历史悠久、校风笃实、学风纯正，誉满蒸湘。

学校占地16667平方米，建筑面积8514平方米，教学配套设施齐全。学校现有教学班16个，在校学生763人，教职员工63人，其中中学高级教师10人、中学一级教师45人，衡阳市优秀教师5人，教师学历合格率为100%。学校坚持"办负责任的学校、做有温度的教育"的办学理念，实行小班精品化教学模式，全面培养学生综合素质,突出"2 + 1"艺术教育特色。

多年来,学校教师坚持求真务实的作风,锐意进取,不断创新,敢立潮头唱大风,形成了"敬业爱岗,无私奉献,勇争一流"的蒸湘精神,锻造了思想素质高、业务能力强的干部教师队伍,他们以高度的事业心与责任感,默默耕耘,默默奉献,全身心地投入到教育教学工作中,以高尚的师德,精湛的业务,赢得了社会的信任。

学校先后被评为"全国五好少年主题教育示范单位""湖南省中初等学校勤工俭学先进单位""衡阳市星级文明单位""衡阳市中学生日常行为规范示范校""衡阳市现代技术实验学校""衡阳市示范家长学校""衡阳市教育系统反邪教警示教育先进单位""衡阳市国防教育先进单位""衡阳市'五四'红旗团组织""蒸湘区示范性初中""蒸湘区先进党组织""蒸湘区教育教学质量先进单位""蒸湘区党风廉政建设先进单位"。

学校地址:衡阳市蒸湘区船山西路

联系电话:0734 - 8529718

邮政编码:421001

校长:周乐

党支部书记:伍仕凌

【蒸湘区实验小学】

蒸湘区实验小学创建于1991年,原称太平小区小学,2003年9月更名为蒸湘区实验小学。学校占地面积15.76亩,建筑面积8906平方米,现有教学班51个,学生2802人,教师132人。2014年8月,为充分发挥学校在全区基础教育领域的引领性、辐射性、示范性作用,缓解城区学校大班额,经蒸湘区委、区政府研究,长湖乡大立小学并入蒸湘区实验小学,进行提质改造。按照"资源共享、一体化办学"的原则,实行"一块牌子、一套班子、一名校长、统一管理"。学校以"尊重学生创设和谐的教育环境,相信学生具有成才的智慧潜能,为了学生提供优质的教育服务,培养学生奠定一生的发展基础"为办学理念,教育管理规范,教学设备齐全,教育环境优雅,教育特色鲜明,教育成果突出。学校少先队大队部被全国少工委、团中央授予"全国红旗大队"光荣

称号,学校先后被授予"全国优秀家长学校""全国青少年文明礼仪教育示范基地""湖南省基础教育教学研究实验学校""湖南省现代教育技术实验学校""湖湘名校""湖南省教师培训基地校""湖南省贯彻体育工作条例优秀学校""湖南省示范性家长学校""湖南省红领巾示范学校""湖南省安全文明学校""衡阳市三星级文明单位""衡阳市巾帼文明示范岗""衡阳市课堂教学改革实验学校""衡阳市优秀教育网站"等市级以上荣誉称号55个。

地址:蒸湘区太平小区113栋

联系号码:0734 - 2896339

校长:李艳(13973406240)

蒸湘区实验小学大立校区

蒸湘区实验小学大立校区位于蒸湘区大型小区冠都现代城内,原称蒸湘区大立小学,属蒸湘区长湖乡中心学校管辖的一所村级小学,为充分发挥蒸湘区实验小学在全区基础教育领域引领性、辐射性、示范性作用,缓解城区学校大班额,满足人民群众对日益增长的优质教育资源的需求,经蒸湘区委常委会和区政府常务会研究,2014年8月,投入1100万元将蒸湘区大立小学并入蒸湘区实验小学,进行扩容办学。按照"资源共享、一体化办学"的原则,实行"一块牌子、一名校长、一套班子、统一管理"。学校占地面积31亩,建筑面积6843平方米,教学班18个,学生888人,教师46人。学校作为"衡阳市化解大班额项目学校",蒸湘区委、区政府高度重视,2017年5月启动教学楼新建工程,增加校舍建筑面积7100平方米,新增学位1300个。学校拥有1000兆以上的校园网,实现了"班班通"工程,各类功能教室一应俱全,办学条件发生了翻天覆地的变化。

把握发展机遇,演绎更多精彩。蒸湘区实验小学大立校区以创建湖南省合格学校为契机,大力倡导校园文化建设,在继承优良传统教育的基础上融入更多的现代教育理念,坚持以人为本,认真遵循"健康发展,快乐成长,为儿童终生发展奠基"的办学理念,以培养儿童"健壮体格、健康心理、健全人格"为育人目标,以"全国青少年校园足球特色学校"创建为办学特色,促进儿童、教师、校园共同和谐发展。学校正以她优美洁净的环境、务实严谨的

作风、卓有成效的管理，展现与时俱进的特有魅力。

地址：蒸湘区冠都现代城

邮编：421001

办公电话：0734－3399716

学校行政班子成员信息

校长：李艳（13973406240）

党支部书记：李鸽鸣（15173408892）

【蒸湘区西站路小学】

蒸湘区西站路小学始建于1964年，在职教师50人，教学班20个，学生951人，是培养人才的摇篮、儿童成长的乐园。学校坐落于青龙山，北邻解放大道商业步行街，南与衡阳市第六中学接壤，东依繁华旧城，西邻国家本科一批学府南华大学。学校秉承"厚德乐学，强体自立"的校训和"以人为本，立德树人"的办学理念，实行以"培养学生的创新精神和动手能力"为重点的素质教育，全面推行"建有文化的校园、塑有理想的老师、育有特长的学生、办有特色的学校"的办学目标。

西站人恪守校训，勤于实践，努力探索，民主治校和依法治校的步伐越走越稳健，教师博学、善导、厚德、乐教，学生乐学、善思、求实、创新。学校坚持内抓管理，外树形象，在教育教学质量、教师队伍建设以及科学管理上取得了一定的成绩。学校2013年挂牌成立蒸湘区青少年校外活动中心技能教学点"花鼓戏"培训社团，花鼓戏成为学校一张独特的校园文化名片。学校还是蒸湘区"一县一品后备人才基地学校"。衡阳市体操队、衡阳市游跳中心（熊倪跳水学校）的孩子均在此注册就读。学校培养了全国少年儿童跳水冠军屈芷欣，湖南省青少年跳水冠军罗文文、聂嘉欣、仇艺霖等一大批优秀跳水人才。学校先后被评为"全国少工委红旗大队""湖南省红领巾示范校""湖南省现代教育技术实验学校""湖南省义务教育合格学校""湖南省安全文明校园""衡阳市教研教改示范校""衡阳市语言文字规范化学校""衡阳市家长示范学校"。

地址：衡阳市天马山南路2号

邮编：421001

邮箱：623817248@qq.com

办公电话：0734－2896136

学校行政班子成员信息

校长：陈远鹏（13787701108）

党支部书记：陈有娟（18607344236）

副校长：李娟娟（13272312600）

副校长：刘小云（13975409033）

工会主席：周侃（18073446028）

【蒸湘区蒸湘北路小学】

蒸湘区蒸湘北路小学是一所蒸湘区直合格化示范小学，创办于1951年，2001年区划调整，划入蒸湘区，改名为蒸湘区蒸湘北路小学。学校现在有18个教学班，855名学生。学校占地面积为4068.75平方米。学校有一个思想过硬、勤政务实、团结协作、乐于奉献的领导班子，有一支师德优良、业务过硬、勇于创新、积极进取的教师队伍。现有专职教师44人，其中大专及以上学历的41人。近年来培养出蒸湘区首席学科教师3人，区级骨干教师4人，市级骨干教师2人。

蒸湘区蒸湘北路小学全面贯彻党和国家的教育方针，树立德育为先、能力为重、全面发展的育人理念。学校将师生语言文字应用能力的培养作为基础工作予以高度重视；以"教书育人、育人为本"为理念实施素质教育；以"真教实学，开拓创新"为校训，努力把学校办成班子硬、师资强、质量高、校园美、校风良的精品学校。

学校实行校长负责制。按规定设置内部管理机构和岗位，各部门分工具体，职责落实。校务会、教代会、家长委员会、教育工会和其他群众组织积极发挥作用。校务公开制度落实情况良好。学校环境优美，校园文化建设富有特色；安全工作制度健全，职责明确；学校建立和完善了促进学生全面发展的评价体系，改革了教师的评价制度，建立了以师德水平、教育业绩、教育研究成果等为主要指标的综合评价体系，效果明显。

学校严格执行课程计划，开发和合理使用课程资源，重视经典诵读、语言文化等校本课程开发使用，国家、地方、校本课程有效实施。学校教研制度健全，教研活动有保障。学校教研管理规范，定期组织说课、听课、议课、评课等教学观摩研讨活动。学校有计划地开展教研工作，积极推广成功的教学改革成果，支持鼓励教师开展教学改革实验。学校建立健全教学质量监测评估制度。教导处定期对教学质量进行评估分析，研究制订提高教学质量的措施办法，并认真组织实施。

蒸湘区蒸湘北路小学连续七年来评为市、区两级"小学生行为规范示范校"，曾获"全国'五有'建设红旗大队部""湖南省文明卫生先进单位"。近两年学校先后被衡阳市授予"绿色学校""青年文明号""双文明二星单位""巾帼建功文明示范岗""体育工作优秀学校""校务公开先进单位"等荣誉，获"湖南省红领巾示范校"称号。

学校地址：衡阳市蒸湘区蒸湘北路 11 号

联系电话：0734 – 2896138

邮政编码：421001

校长：龙海英

党支部书记：刘卫华

【蒸湘区红湖逸夫小学】

蒸湘区红湖逸夫小学原名红湖小学，创建于 1944 年，1997 年以前是原郊区西湖乡的一所村级小学，2001 年 5 月因城区区划调整，划入蒸湘区，2001 年 9 月由邵氏基金投资 15 万港币重建并正式更名。学校占地面积 933 平方米，办学条件不断完善，"十室"建设初具规模。

学校一贯遵循"堂堂正正做人，诚诚恳恳做事"的校训，倡导"勤奋、上进、求实、创新"的学风，广大教师以"敬业、严谨、精细、扎实"的教风教书育人，以"三优、三特"（优良的校风、优良的教育、优美的环境，学校有特色、教学有特点、学生有特长）为办学目标。学校师生形成了讲文明、守纪律、爱学习的良好习惯。开展素质教育，创新课堂教学模式。在教学实践中，学校坚持以"培养学生的创新精神和实践能力"为目标，引导教师积极探索和实践，组织教师围绕"探讨教学模式、优化课堂教学、提高教学质量"，大力开展创新课堂教学模式研究，为学生创造更多自主学习和动手操作的机会，培养和发展学生的创新精神。在狠抓教学常规、教学质量的同时，注重学生的个性培养，促进学生全面发展，受到社会的广泛关注。

自 2002 年起，学校生源逐年增加。学校每年的毕业生合格率为 100%。师生参加市、区各项比赛均取得好成绩，教育教学论文获国家级、省级奖共 86 篇。近几年来学校先后荣获"衡阳市一星级文明单位""蒸湘区三星级文明单位""蒸湘区创建平安工作先进单位""蒸湘区先进团组织""蒸湘区先进党支部"等荣誉称号。体育教学硕果累累，群体活动与竞技活动相得益彰。

学校地址：衡阳市蒸湘区易赖西街 240 号

联系电话：0734 – 8194995

邮政编码：421001

校长：谢素华

党支部书记：谢灿

【蒸湘区胜利小学】

蒸湘区胜利小学是一所由政府主办、隶属蒸湘区的全日制完全小学，创办于 1956 年。建校初，学校办在西站正街罗家井罗家大院内，名为罗家井小学；1965 年迁入胜利山上，更名为衡阳市城南区胜利小学；2001 年，因城区区划调整，学校划到蒸湘区，改名为蒸湘区胜利小学。

学校占地 8 亩，经过搬迁和改造，逐步发展为校园宽敞、环境舒适、设施齐全的一流完全小学。学校配备有电子备课室、多媒体教室、语音室、电脑室、乒乓球室、图书室、实验室、音乐室、美术室等，电视机、DVD 班班齐备，校园网、班班通等现代教育网络通畅。

学校设有语文、数学、综合教研组，是衡阳市乒乓球训练基地、德育教育培训基地。办学以来，学校秉承"以师为本，以生为心；培养和谐、健康、感恩、求上进的少年"的办学理念，坚持"和谐开心，负责奉献，活泼好学，发展全面"的校风、"负责守纪，爱生爱校，贡献感恩，静心精教"的教风、"文明守纪，好学上进，素质全面，发展特长"的办学方向，内抓管理，外树形象，以教育科研为导向，师资培训为重点，构建和谐校园为目标，强化学校内部管理，各方面取得突破性的进展。

学校 2001 年被评为湖南省文明卫生单位，2005 年被评为蒸湘区示范性完全小学，2006 年被评为现代教育实验学校，成为衡阳市乒乓球优秀训练基地。

地址：湖南省衡阳市蒸湘区西站正街 22 号

联系电话：0734－8178455

校长：刘中全

【蒸湘区衡钢小学】

蒸湘区衡钢小学坐落于衡阳市蒸湘区联合街道大栗新村，毗邻衡阳市高新技术开发区。学校创办于1958年，前身为衡阳钢管（集团）有限公司子弟小学，2006年11月30日按照国家有关政策移交蒸湘区政府管理，更名为蒸湘区衡钢小学。现有28个教学班，在校学生1500余人。

衡钢小学绿树成荫，环境优美，学校占地13700平方米，建筑面积6400平方米，固定资产达700余万元。学校设施优良齐备，装备有电脑室、多媒体演播教室、课件制作室、语音室、实验室、仪器室、图书室、体育器材室，拥有彩电、影碟机、幻灯机、录音机等"四机一幕"常规电教设备及移动多媒体投影机、电脑、激光打印机、数码一体机、数码照相机、扫描仪等现代教育技术手段和现代化办公设备，拥有250米环形跑道运动场一处、价值10万余元的体育健身器材，拥有钢琴、电子琴等音乐教学设备设施，学校按Ⅰ类标准配备了各种教学仪器，装备了电脑教室一间。全校拥有教学及办公电脑78台，图书3万余册，电子图书50G。学校办公条件优越，每间教师办公室均安装了空调、配备有办公电脑。学校建成了校园局域网及学校网站，初步实现了无纸化办公。

学校师资队伍优良，有全国优秀教师1人、市级骨干教师4人、市级"十佳教师"1人、市级优秀班主任1人。教师学历合格率为100%。全校教职员工72人，专任教师69人，其中大专及其以上学历的50人，占总人数的72.5%。专任教师中，获得小学高级教师职称的有62人，占总人数的89.9%；小学一级教师6人，待评1人。教师多人次在区、市、省级各类教学比武、课件、论文等评比中荣获一、二等奖。

学校地址：衡阳市蒸湘区联合街道大栗新村18号

联系电话：0734－8873751

邮政编码：421001

校长：李莉

党支部书记：苏红萍

【蒸湘区联合中心学校】

蒸湘区联合中心学校成立于2001年，所辖蒸湘区联合小学、北塘小学、岳屏小学、蒸湘南路小学等，跨联合街道和红湘街道，下辖学校均有悠久的办学历史。学校现有在职教职工70人，退休教职工94人，中共党员49人。学校拥有一支团结、实干、高素质的具有开拓精神的教师队伍，曾培养和造就了一大批优秀教师。教师们凭着开放的教育思想、领先的科研，以良好的素质、进取的态度、奉献的精神和踏实的作风培养了一批又一批优秀的学生。学校以"开发潜能、发展个性"为育人理念，从整体改革实验到差异教育的研究，从创新教育的思考以及网络环境下教学模式的探索到新课改的研究，捕捉着现代教育最敏感的话题，走在教育改革的前沿。学校一贯坚持"品牌、质量、服务"的意识，在全面推进素质教育的进程中，以一流的教育质量树立了自身的品牌形象，赢得了社会的赞誉，是老百姓心目中最好的学校之一。

蒸湘区联合小学

蒸湘区联合小学创建于1954年，始称打字坪小学，1966年更名为联合小学，2006年4月与冶金小学合并，2012年11月通过九年义务教育合格化学校验收，是一所规范化完全小学。

学校坐落在山清水秀、人杰地灵的蒸湘区东南部，与红湘街道毗邻而居，在红湘街道管区中心位置，绿树成荫，环境优雅，硬件设施一流，校园布局合理，占地面积为9732平方米，建筑面积3670平方米。学校现有12个教学班，在校学生630人，分为高、低年级两个校区。学校设备齐全，设施先进。学校低年级部和高年级部两栋教学楼遥相呼应，电脑室、音乐室、美术室、实验室、仪器室、图书室、阅览室、多媒体教室等功能室一应俱全。学校装备有校园网、金话筒广播站和远程教育室。

学校有一个思想过硬、勤政务实、团结协作、乐于奉献的领导班子，有一支师德优良、业务过硬、勇于创新、积极进取的教师队伍。现有专任教师31人，其中中学高级教师1人，中学一级教师3人，小学高级教师25人，小学一级教师2人；已获本科学历教师10人，大专学历教师21人，学历合格率达100%；省级骨干教师1人，市级骨干教师2人，市级优秀班主任1人，区级师德标兵2人，区级十佳班主任1人，区级优秀教师12人，区级学科带头人2人。近两年，教师共有16人次获国家级、省级奖励，40余人次获市级奖励。

学校历经60多年的风雨洗礼，铸就了"爱学校、讲团结、求上进、乐奉献"的联小精神；倡导"生命因联小而充实，教育因联小而完美，未来因联小而宽广，成长与联小同喜悦"的先进教育理念；着力培育"知书达理，身心健康，学有特长，全面发展"的人才，以德育教育为核心，以创新精神和实践能力培养为重点，以课程改革为突破口，全面实施素质教育，让全校师生享受教育的幸福。学校各方面均取得了良好成绩，先后获得"湖南省示范家长学校""湖南省武术进校园段位制试点学校""衡阳市现代教育技术实验学校""衡阳市优秀家长学校""衡阳市养成教育示范校""衡阳市园林绿化单位""衡阳市交通安全学校""蒸湘区教研教改先进单位""蒸湘区一星级文明单位""蒸湘区区规范化完全小学""蒸湘区文艺管理先进单位"等荣誉称号。

学校地址：衡阳市解放西路9号
邮编：421001
联系电话：0734－2896132 0734－2896119
邮箱：460350107@qq.com
学校行政班子成员信息
校长：胡芳（13787707958）
副校长：谷名兰（15367076249）
工会主席：彭光辉（13975400433）

蒸湘区岳屏小学

蒸湘区岳屏小学是一所湖南省义务教育合格学校，享有"花园式小学"的称号，与衡阳市游泳池比邻而居。学校环境优美，设施齐全，师资力量雄厚。学校始建于1953年，占地面积5亩，有着近60多年的办学历史。学校新建标准的塑胶操场、球场、现代化教室、功能室一应俱全。学校绿树成荫，鸟语花香，一年四季鲜花不断，绿化率达40%以上。各类办公设施、教学器材齐备，学校办学条件不断改善。现有6个教学班，在校学生200多人。学校现有教师14人，专任教师11人，其中小学高级教师7人，小学一级教师6人，已获本科学历教师6人，大专学历7人，学历合格率达100%。学校办学的宗旨是"一切为了孩子，一切为了教育"，每一位教师都是怀着为孩子服务、为教育服务、为社会服务的热情释怀讲堂，在岳屏小学领导班子的精诚团结下，努力创建特色学校，让育人理念渗透到学校每一个角落、每一面墙壁、每一处走廊。

蒸湘区蒸湘南路小学

蒸湘区蒸湘南路小学原名为衡阳市氮肥厂、衡阳市三建公司、衡阳市汽车制配厂子弟学校，是在1964年由三家企业联合创办的一所九年制义务学校，位于蒸湘区南三角线119号地段，2005年2月移交给蒸湘区教育文化体育局管理，并更名为蒸湘区蒸湘南路小学。

学校是一所规范化完全小学，占地面积5976平方米，建筑面积2156平方米。校园内绿树成荫，鸟语花香。学校现有6个教学班，在校学生309人，专任教师14人，其中衡阳市骨干教师一名，蒸湘区骨干教师一名，蒸湘区学科带头人一名。

学校管理规范，校风文明，学风浓厚。学校以"和谐·特色·发展"为办学理念，以"关注学生全面发展，倡导学生个性发展，实现学生可持续发展"为办学思想，以"文明、勤奋、务实、创新"为校训，狠抓养成教育，培养学生知书、达礼、诚信、健体，为学生的终身发展打下坚实的基础。

学校认真贯彻党的教育方针，积极实施素质教育，管理规范，校风文明，学风浓厚。学校以学生为本，致力于培养"文明有礼、热情活泼、多才多艺、好学上进"的"秀外慧中"的阳光儿童，让学生"沐浴阳光，快乐成长"；以教师为本，努力造就"爱岗敬业、脚踏实地，师德高尚，业务精湛"的教师队伍，让教师"享受工作，成就梦想"；以学校发展为本，建设"内涵发展、特色发展、持续发展"的阳光学校，让学校能成为一所"重内涵、有特色、上品位"的家长放得心、社会信得过的学校。

地址：衡阳市蒸湘区南三角线119号
联系电话：0734－8431669

蒸湘区北塘小学

蒸湘区北塘小学创建于 1927 年，原名"大栗坑小学"。1992 年，北塘村投资 160 余万元，在北塘六组（幸福路 64 号）建成现校舍，占地面积约 8004 平方米，总建筑面积约 2800 平方米。目前学校拥有一栋三层的教学楼，其中有图书阅览室、电脑室、语音室、实验仪器室、实验室、多媒体教室、音乐室、体育室、卫生保健室、教师课件制作室各一间，一个近 200 米的环形跑道，一个 75 米的直跑道，一个标准的篮球场，一个规范的冲水厕所。学校拥有图书 1 万多册，配置有电脑 51 台、幻灯机 13 台、录音机 6 台、语音机 2 台，"校园网"代替"三机一幕"功能，实验条件和仪器设备达到国家 Ⅰ 类标准。学校现有教师 12 人，其中小学高级教师 12 人。教师的学历、普通话等级以及现代教育技术等级达标率皆为 100%。现有学生 253 人，教学班 6 个。

学校一贯坚持全面贯彻党的教育方针，以"促进师生快乐成长"为办学理念，形成"团结、创新、活泼"的教风，优化师资力量，科学利用教育资源，打造学校特色，努力把学校办成了一个"安全校园、幽美校园、快乐校园、文明校园、书香校园"的农村小学。历年来，学校全面推进素质教育，加大特色教育的力度，圆满地完成各项教育工作目标，教育质量和办学水平有了新的提高，在社会上树立了良好的教育形象。

学校的教育教学质量不断提高，每年的学生巩固率、小学毕业合格率都达到了 100%。1994 年，学校被评为"衡阳市园林式单位"，1995 年获得了"湖南省幼儿教育先进单位"的称号，2000 年被评为衡阳市郊区"示范性完全小学"，2001 年被评为"爱车护路宣传教育活动先进单位"，2004 年被评为"衡阳市现代教育技术实验学校"，2004 年被评为"蒸湘区示范性完全小学"。近几年教学质量大幅提高，师生获取各类国家、省、市级荣誉近 200 项。

现在全体教师正抓紧工作，力争全面实现教育技术的现代化，同时各类教育教学软件也要力争上规模、上水平，形成较为完整的体系，为进一步提高教学质量创造最佳的工作条件。学校将虚心学习兄弟学校的先进经验，克服工作中的疏漏和不足，把今后的工作做得更好，为共同谱写农村小学教育事业的华美乐章而努力！

【蒸湘区雨母山中学】

蒸湘区雨母山中学是一所全日制初级中学，实行寄宿制全封闭式管理。现有在校学生 300 人，7 个教学班。教师 43 人，其中中学高级教师 7 人，中学一级教师 30 人；市级优秀教师 4 人，市级骨干教师 1 人，区级新课改教学能手 1 人；有本科学历的教师 28 人，师资力量雄厚。

学校创办于 1919 年，先后命名为东山寺小学、东阳中学，2001 年因区划调整更名为蒸湘区雨母山中学。学校占地面积为 13340 平方米，校舍建筑面积为 6071 平方米，绿化面积达 4002 平方米。

学校的办学思想是：着眼于教师整体素质的提高，着眼于课堂教学的优化，着眼于学生创新思维和实践能力的培养，全面提高学生综合素质。办学理念是：人文雨母，知行合一，核心是构建环保、人文、和谐校园。办学目标：经过三年努力，实现"校园环境、师资水平、教学设施区内第一，教学质量区内一流，教研教改市内一流"的总体目标。

近年来，学校硬件条件得到了极大的改变，仅 2015 年一年，为进一步强化均衡教育成果，配合打造雨母山乡全国文明乡镇，蒸湘区政府、蒸湘区教育文化体育局对学校建筑改造、屋顶维修、宿舍楼电路改造等共投入 180 多万元。

百舸竞流，千帆待发。如今的蒸湘区雨母山中学，正以全面实施新课改为契机，抓住发展机遇，提升办学品位，向市内一流的初级中学的目标稳步迈进。

【蒸湘区雨母山镇中心小学】

蒸湘区雨母山镇中心小学坐落在雨母山乡东阳村九组，开设 7 个教学班和 1 个学前班，在校学生 341 人，其中小学生 305 人，幼儿 36 人。在职在编专任教师 14 人，其中研究生学历教师 1 人，本科学历教师 7 人，专科学历教师 2 人，中专学历教师 4 人。

学校占地面积 4289 平方米，约合 6.5 亩，校舍总面积 1932 平方米。教学及教学辅助用房共1812平方米，一层教学楼始建于20世纪70年代，砖木结构，面积165平方米；两层教学楼始建于80年代，砖混结构，面积702平方米；三层教学楼始建于90年代，砖混结构，面积945平方米；生活用房120平方米。校园绿树成荫，植被覆盖率达50%。

学校共有8个普通教室，其中5个教室安装了多媒体，有语音室、实验室共3个功能室。学校共有图书1万册，电脑14台。

学校的办学宗旨是：打造"敬业、尽职、奉献"的教师队伍，塑造"勤奋、文明、进取"的学生群体。2015年，陆文娟老师被评为蒸湘区优秀教师；曹熙瑜同学在"少年传承中华传统美德"之"墨香书法展示"活动中，荣获一等奖；蒸湘区科技创新大赛1人获一等奖、3人获三等奖。

近年来，蒸湘区加大了对学校的改造，共投入资金140万元，其中设备设施投入10万元，基建投入约130万元。其中2015年蒸湘区对校园进行美化、亮化，约投入50万元，缩小了城乡差别。

【蒸湘区清华园学校】

蒸湘区清华园学校创办于2011年，是一所九年一贯制的高起点、高标准、高品位的全日制寄宿式学校。学校占地50余亩，建筑面积近4万平方米，现有教学班54个，在校生人数2200多名。

学校办学定位为"全省一流、全国知名"，决心秉承"自强不息，厚德载物"的清华大学校训，以为天地立心之豪气，为生民立命之勇气，为万世开太平之浩然正气，以海纳百川之胸怀，博采中西，融古通今，把各种先进的教育理念熔于一炉，创造自己独特的校园文化和教育教学特色，开创中国小学教育新篇章。孔子曰："有教无类。"清华园学校力图使所有学生的潜能都得到足够挖掘，所有学生的特长都得以充分发展，为祖国培养成千上万品德高尚、体格强健、个性优良、知识渊博、能力超强的栋梁人才，为祖国的发展、民族的振兴尽一份心力。

现代、幽静的校园环境。学校坐落于衡阳市蒸湘区呆鹰岭镇，揽蒸水与衡阳市华新高档住宅区为邻，居闹市而处幽，拥繁华而独雅。

学校占地50余亩，校园采用苏州园林式设计，汉水、唐廊、宋亭、明清湖、赏荷池、共好桥等特色文化景观点缀其间，风景雅致，诗意盎然；梅园、兰园、竹园、菊园各主题园相映成趣，可谓是"一树一草都成景，一砖一瓦皆含情"。教师绘制的"长城墙"，学生、家长、教师共同制作的绘画、书法、剪纸展示墙，凸显了清华园的校园文化图腾。以教育家叶圣陶、钱学森、蔡元培、陶行知等名字命名的教学楼环绕而立，好一派生态校园的诗意！好一处和谐共生的栖居！学生们即使一年四季不出教室，也能呼吸到清新的空气，领略到如画的风景，感受到美丽的人文。校园内可谓是"一树一草都成景，一砖一瓦皆含情"。校园建设采用中欧合璧风格，大气美观、设计新颖，建筑面积达3万多平方米。学校现拥有欧式风格的教学楼4栋、科技艺术楼1栋、学生公寓6栋。每栋楼宇之间均以回廊相连，既遮阳避雨，又浑然成景。学校教学、运动、生活设施齐全：拥有全天候可用的人工塑胶草皮足球场、标准的250米塑胶跑道；学校图书馆全天候向学生开放；每间教室均配备专业的多媒体教学设备和实物投影仪；科技楼内计算机教室、理化生实验室、舞蹈教室、音乐教室、美术教室、琴房、阶梯教室和报告厅等多功能室一应俱全；宿舍楼可容纳2000名学生寄宿，每间寝室内空调、热水、保险柜、免费直饮水等贴心设施齐备；3个食堂可容纳全校学生同时就餐……校园内教学区、运动区、生活区功能齐全、布局合理，为师生提供了一个安全舒适、优美宜人、轻松愉悦的工作、学习环境。

科学严谨的学校管理。学校由三湘名校船山实验中学全面托管，由船山实验中学派出优秀管理团队和骨干教师，全面负责学校教育、教学、管理各项工作。学校秉承了船山实验中学优秀的办学理念和先进的教育管理模式，坚持素质教育，以培养学生创新能力和英语特长为办学特色，注重发展学生的体艺特长和国际视野，促进学生全面发展、特长发展和可持续发展。每位学生在校学习期间将学会一种器乐、学会一至两种运动技能，通过各种特色活动培养综合素质全面、人文底蕴深厚的高品位学生。学校实行寄宿制和午托制管理相结合，走读学生将采取白天全封闭午托制管理，采用精细化管理模式，为每一位学生的终身发展负责。清华园学校是船山实验中学和衡阳市第一中学的优质生源基地。凭借现代化的教学设备、优越的教学条件、先进的办学治校理念、雄厚的师资力量，清华园学校将成为一所管理一流、质量一流、理念先进、特色明显、市内领先、省内知名的优质九年一贯制学校。

多面立体的育人体系。学校树立"让孩子享受最快乐的童年，为人生奠定最坚实的基础"的办学宗旨，贯彻"尊重差异，开发潜能，一切为了孩子健康发展"的教育理念，实施"细节决定品质，特色丰富内涵，创新引领发展"的治校方略，倡导"快乐、进取、儒雅、大气"的校风，"敬业、爱生、严谨、善教"的教风、"勤奋、活泼、求实、创新"的学风，以全省一流的硬件、一流的师资、一流的管理、一流的理念、一流的质量、一流的服务，创建精品化、个性化、特色化、现代化、国际化名校，立足湖南，辐射全国，走向世界。学校以扎实高效的文化课程、百花齐放的艺术培养、丰富多彩的校本课程、独具慧眼的德育体系和独树一帜的生活教育建立起一个全面立体的育人体系，并且取得了优异的教育教学成果，积累了大量资料和经验。

扎实高效的文化课堂。学校坚持以教科研为先导，聚焦课堂，锐意改革，全力追求轻负，提高课堂教学效率。学校着力开展高效课堂。高效课堂是学校在深化课堂教学改革方面所做的积极探索，是在转变教师的教学方式和学生的学习方式上进行的大胆实践，能促进课堂教学改革，促进教师专业成长，从而提高教师教学水平，提高学生学习效益。

百花齐放的艺术培养。为进一步推进素质教育实施，实现学校特色办学、学生多元成长、教育均衡发展的目标，建设健康、文明、和谐的现代校园文化，学校自 2011 年起开设特长社团。学校每周安排特长社团活动，学生从自身兴趣和需求出发自主参与社团活动，发展个性特长，促进身心健康成长。目前学校开设了 38 个特色课程，每门课程都由经验丰富、教艺精湛的专业老师教授，最大限度地满足学生个性化发展的需求，为每个生命撑起一片多彩的天空。

丰富多彩的校本课程。课程如营养配方，科学合理，方能促进孩子健康成长。学校既注重国标课程的教学，又开设丰富多彩的校本课程。学校每年组织"三会一节"——三月诵读会、五月艺术节、九月红歌会、十一月运动会；推行"天天练写字""中华经典诗文诵读""游泳技能达标"等课程；并通过综合实践、体验教育与拓展训练让孩子的操作能力得到综合锻炼，动手能力得以全面提升。苏霍姆林斯基说过："人的内心里有一种极根深蒂固的需要——总想感到自己是发现者、研究者、探寻者。"学校的校本课程通过综合实践、体验教育与拓展训练让孩子的操作能力得到综合锻炼，动手能力得以全面提升，让孩子成为学习的主人，成为探索的主人，成为把握自己未来成长与发展的主人。

独具慧眼的德育体系。"小胜靠智，大胜凭德。"学校追求的便是孩子人生的大胜，就是培养有德的人、有品的人、有格的人、大写的人。学校坚持"以德治校，以德育人"，注重德育手段多元化，倡导环境育人、学科育人、表率育人与活动育人，以爱国主义教育为主线，以文明行为的养成教育为重点，对学生进行爱国教育、诚信教育、礼仪教育、感恩教育、爱心教育、心理健康教育、勤劳节俭教育等，培养学生的责任感、文明意识、耐挫能力和创新精神，让学生养成良好的习惯、性格与品质，始终把育人摆在教育的首位。学校借助《弟子规》《三字经》等经典国学精髓，浸润孩子的心灵，让古圣先贤的德行与智慧跨越时空助孩子奠定幸福人生的基石。

独树一帜的生活教育。"细节决定成败，习惯铸就人生。"学校的生活教育就是要培养孩子生活自理、行为自律、健康自强的习惯，使学校成为孩子们快乐的学园、成长的乐园和温馨的家园。这里有一流的生活设施，学生饮食实行营养配餐，医疗中心全天候服务，心理辅导室随时关注孩子身心健康，校警 24 小时巡逻值班，确保校园的秩序和安全。这里有过硬的生活教师队伍，70% 以上的教师拥有大专学历，平均年龄 35 岁，擅长孩子的心理疏导、行为塑造与生活护理。这里有科学的生活教育课程体系,包括生活训练(学会生活、学会合作、学会生存)、养成教育(生活习惯、学习习惯、交往习惯)、心理教育(得到信任、得到朋友、得到关爱)等,从专业的角度弥补家庭教育的缺失。"教育根植于爱。"学校的老师像爱自己的孩子一样爱学生,像爱自己的家一样爱学校。

书香浓郁的多元阅读。苏霍姆林斯基曾说过:"让学生变聪明的办法就是阅读,阅读,再阅读。"的确,喜爱阅读的学生会越来越聪明,而爱阅读的学生,也会在阅读中净化自己的灵魂,升华自己的人格。学校图书馆全天候开放,每周一节阅读专题课、每天15分钟自由阅读时间,引领学生游历于书海之中,亲历阅读:阅读自然、阅读社会、阅读生活。让浓郁的书香陶冶学生的心灵,让浓郁的书香充盈学生的生活,让浓郁的书香奠基学生的人生。

多姿多彩的校园活动。多姿多彩的校园活动,成为孩子们学习和探索的动力之源。在这片广阔的天空里,孩子们自由地选择,自主地发展,自豪地展示,自信地成长,孩子的兴趣爱好得到培养,个性特长得以张扬,智慧和创造力得到最大程度的发挥。他们以研究者、挑战者、合作者的角色投入各个领域的学习,从中不仅丰富了知识,开阔了视野,训练了技能,而且培养了良好的情感、和谐的人生态度和正确的人生价值观,为日后的学习、工作和生活打下了坚实的基础。

办学成果丰硕。办学六年,学校先后获评全国青少年道德培养实验基地、全国特色教育示范单位、中国民办教育优秀学校、中国百佳美育名校、全国少先队"红领巾阅读推广计划"示范学校、衡阳市骨干民办学校、湖南省青少年足球人才培训基地、湖南省雅礼中学足球后备人才输送基地……师生参加国家、省、市各级竞赛斩获奖项600余人次。现在的清华园荣誉加身、硕果累累,不仅有精彩的今时荣光,还有璀璨的发展前景。

学校地址:衡阳市蒸湘区呆鹰岭镇(华新开发区衡府、香江水岸新城往呆鹰岭方向行车1.5千米即到,104路、140路公交车直达)

联系电话:0734-6767777 0734-6965555

联系人:刘老师 秦老师

学校行政班子成员信息

校长:王林(13607346837)

党委书记、工会主席:欧超群(15773423190)

【蒸湘区文英小学】

蒸湘区文英小学是经衡阳市教育局审批的一所集全日制教育与特长培训教育为一体,全托、半托、走读相结合的优秀民办学校。学校坐落于衡阳市蒸湘区两路口83号(原衡阳市经济干校内)。学校自2005年创办以来,秉承"以人为本、突出个性、全面发展"的教育理念,坚持"以德育工作导校风、教研教改促质量、素质教育创特色",全心致力于"办人民满意的教育"。学校采用"小班化"教学模式,打造双语品牌。学校以优雅的园林式校园、优秀的教师队伍、先进的教学设施以及优质的教育服务,为孩子们的学习、生活和成长提供了一片乐园。

学校配备了一流的现代化多媒体教学设施和全套多功能教室、运动场、后花园、国球馆、图书馆、以及电脑、科学、艺术、制作等学科功能室一应俱全。学校以多元的德育为主导,规范孩子们的良好行为;以多维的"华杯赛"为平台,塑造孩子们智慧的心灵;以第二课堂活动为载体,培养孩子们张扬的个性;以励志的"国球"为突破,锻炼孩子们的身心;以开放的英语为依托,发展学生的语言能力;以和美的校园文化为导向,培养孩子们高尚的情操。

学校自2005年创办以来,在衡阳市委、市政府和各级教育局的正确领导下,在各界人士的关心下,始终坚持全面贯彻党的教育方针,全面实施素质教育,大力推进教育创新,倡导环境育人,构筑和谐校园,不断提升办学水平,以优质的教学质量赢得社会的广泛赞誉,送走的毕业生,其中大多被湖南师大附中、长郡中学、雅礼中学、成章实验中学、船山实验中学等省级示范性普通高中录取,录取率达到了75%以上。目前,学校已被指定为衡阳市第八中学(成章实验中学)、衡阳市第一中学(船山实验中学)生源培训基地,全国"华罗庚金杯赛"少年数学邀请赛指定培训机构。

详细地址:衡阳市蒸湘区两路口83号

联系电话:0734-8150117

学校行政班子成员:伍月英、徐金霞、韩

瑶、崔希、王丽、王祝融、吴芳芸、谢华媛

【蒸湘区愉景新城小学】

蒸湘区愉景新城小学是珠江合创房地产集团精心打造的一所高标准国际化民办学校。学校坐落在衡阳市华新开发区，占地40余亩，建有教学楼、综合楼、食堂、学生公寓、室外灯光篮球场、室外灯光足球场、室内文化广场、自然馆、科技馆、演艺厅等，小学教育所需场馆一应俱全，其他设施设备均按照国际化学校高标准配备，是蒸水河畔一颗璀璨的明珠。

"做中国最好的教育"是学校的办学理想，"为中华民族的伟大复兴"是学校的办学宗旨，"三全教育"是学校的办学理念。学校坚持有教无类，同时又坚持因材施教；坚持以学生为本，促进学生全面、协调发展，为学生的一生发展打下坚实基础；为国家为人类培养大量视野开阔、思维活跃、意志坚韧的领袖型、创新型、国际型人才。

学校有一支名优管理、教师队伍，并聘有专职督学和外籍教师。其中特级教师6名，具有小学高级教师职称的资深骨干教师占60%以上，具有本科学历的教师占96%以上。学校教师男女比例适当，年龄结构合理，团队朝气蓬勃，奋发向上。

"三全教育"是把全人教育、全智教育、全员教育高度融合和统一的一种全新的教育形态，是学校推出的全新的教育思想和教育理论。学校把"三全教育"作为学校一切工作的指导思想和工作目标。

全人教育意旨塑造全德全道之人，也就是完美之人。从教育的角度讲，全人教育就是培养身体强壮，心理健康、品德高尚、知识丰富、能力突出，具有自我更新、自我发展，不断进步的完美型人才。

全智教育是指根据学生的心理特点和生理特点，注重对学生进行全面智力开发的教育。全智教育的基本形式就是利用各种科学的教学形式，强化学生右脑的开发，促进学生左、右脑智力协同发展，发挥人类无穷的创造才能。

全员教育即全员育人、全员发展。全员既包括全体学生，也包括老师和家长。全员教育就是在对学生进行培养的同时，利用教育过程的反作用，使自身也得到培养和提高的教育，从而实现良性循环，让所有受教育者和教育者都得到提高。

学校地址：衡阳市华新开发区蒸水西路1号

学校网址：www.yjxcxx.com

学校行政班子成员信息

理事长兼校长：曾国魁（18907346853）

副校长兼教导处主任：陈宁（18975448875）

教育教学总督导：杨爱斌（15873439436）

【蒸湘区第三实验小学】

蒸湘区第三实验小学是一所民办公助性质的全日制学校。学校下辖一个小学部和一个幼儿园部。学校坐落于衡阳市蒸湘区西外环线旁，校园总占地面积25亩，总建筑面积13000平方米，总投资3500万元。

学校由资深教育专家祝合春先生创办。祝合春先生拥有丰富的办学经验，特别是他提出"教育即是责任"的办学理念，深入人心。祝合春先生已有10多年的办学经验，并成功地在北京市创办了多所优质教育机构。

学校小学部现有24个教学班级，在校学生1069人；幼儿园部现有6个教学班级，在园幼儿165人。学校现有教职员工123人。

学校现已被评为"蒸湘区优秀民办学校""湖南省学前教育协会会员单位""湖南省少儿书画协会会员单位""北京外国语大学教学实践基地""北京外国语大学少儿英语培训基地""衡阳市围棋协会少儿围棋培训基地""衡阳市象棋协会少儿象棋培训基地"。

学校专家库专家有中国人民大学教授、资深教育专家李智，北京外国语大学教授、教育学博士崔校宁，全国特级教师、资深教育专家项国钧，他们高瞻远瞩，为学校未来登高布局。校长莫从芬，衡阳市教育行业先进工作者，拥有18年的教育管理经验，为学校发展殚精谋篇，并带领全校师生砥砺前行。学校现有专任教师60人，其中本科学历以上占90%，团队平均年龄28岁。他们敬业爱生，观念新、业务精，一专多能，教学管理能力突出，大部分教师在省、市、区级教学比赛上获过奖。

学校始终坚持以人为本，从学生终身发展角度，为学生终身发展奠基，教育学生如何做人、如何做事、如何学习，塑造健全人格、养成良好习惯，促进学生全面发展。

学校建立了一整套科学、高效、和谐的管理体系。学校坚持民主管理，定期召开教职工会议，讨论学校的工作规划、重大问题，并制定了一系列规章制度，用制度管事、用制度管人，做到每一项工作都有章可依，有规可循。同时，学校坚持以教学为主，学校领导班子深入教学第一线，通过听课、评课、检查教案等，随时了解和定期检查教师执行教学计划、完成教学任务的情况，沟通师生之间教和学的意见；采取多种措施，组织教师业务进修，不断地提高教师教学水平。为了严格把控教学质量，学校采用"双教制"教学管理模式。

在科学管理的同时，学校倡导以爱心滋润学生，以赏识关注学生，以活动锻炼学生，张扬个性，发展特长。同时着力改进基础课教学手段。如语文、外语，强化阅读和形象记忆培养；数学，增加数学实践，提升运用能力；科学，突出动手实验环节和兴趣培养；美术，增强智"绘"创想能力培养；音乐，要求每个学生必须掌握一种乐器；体育，增加球类教学。其目的就是要促使学生全面、全方位发展。

学校推进养成教育，塑造学生良好品格。自建校之日起，学校便提出了以"培养良好行为习惯""塑造完美品格操守""人与自然、人与社会、人与人、人与自身、人与知识"的大德育策略，持之以恒，形成了鲜明的德育特色。为满足学生个性发展需求，学校组建了10多个特长社团，如书法、小提琴、航模、足球等，并全部列入多元化的校本课程。每个社团都聘请了专家老师授课，多角度、全方位丰富孩子们的知识，开阔视野，增长才能。这些课程和活动挖掘了学生潜质，提高了学生素养，发展了学生个性特长，促进了学生综合素质全面发展。三年来，在各类大大小小的学科和文体艺赛事中，领奖台上总能看到学校学子的身影，甚至还有少数学生走上国家级领奖台。

【蒸湘区仁爱实验中学】

蒸湘区仁爱实验中学是由一批教育志士整合名校资源，经教育主管部门批准成立的一所朝着现代化、寄宿制、特色化方向发展的新型学校。学校位于衡阳市蒸湘区呆鹰岭，占地40余亩，交通便利，距华新开发区仅800米。校园环境清新优雅，绿树成荫，鸟语花香，风景怡人。学校办学条件完善，设施设备先进，功能区域齐全，是莘莘学子读书求学的理想场所。

学校坚持"因人因材施教，用心用情育人"的办学理念，走"精细管理、内涵发展、特色强校"之路，不断探索，实施一系列本校特色的教育教学方法，教学质量飞速提高，2012年中考人均总分720分，位居全市前茅；2013年中考人均总分达760分，省级示范性普通中学上线率达50%；2014年中考再创佳绩，弘志班人均总分875分，学生全部考上省级示范性普通中学；2015年再进一步，被衡南县第一中学录取的人数就达26%；2016年弘志班更是取得人均总分945分的优异成绩，全校人均总分达818分，跻身全市七县五区中考人均成绩上800分的10余所中学之一，被新闻媒体赞为奇迹。

地址：衡阳市蒸湘区呆鹰岭街88号

联系电话：0734－2466606 0734－2466616

校长：王朝辉

党支部书记：李玲

【蒸湘区英豪幼儿园】

蒸湘区英豪幼儿园于1998年投资600万元创办，坐落于衡阳市蒸湘区立新开发区廖家湾路12号，占地10.8亩，建筑面积4600平方米，户外活动场所及草地面积5400平方米。现有教学规模为12个班，开设了小班3个、中班3个、大班6个，目前在园幼儿达360余人。幼儿园设施设备齐全，幼儿教室66平方米、寝区51平方米、卫生间25平方米，园内有风雨操场、戏水池、游乐场、自然角、多功能音乐厅、电脑多媒体游戏教学厅、卡布隆玻璃大厅、塑胶操场和跑道、10多种大型玩器械等硬件设施，还有书画室、美术室、电脑室、阅读活动区、劳动园地等配套齐全的活动功能室，并建立了自己的网站，为幼儿在园快乐地学习、生活提供了全方位的保障。

幼儿园拥有一支由中专、大专和本科学历及小学二级、小学一级和小学高级职称组成的高素质保教队伍，现有教职员工53人，配有专职保健医生1名，日托班配有二教一保（二教二保），全托班配有二教二保。

幼儿园实施幼儿素质教育，以"一切为了孩子，为了孩子的一切"为办园宗旨，突出礼仪、艺术教学特色，全面推行素质教育，做到了因人施教、因人施保，在教育教学、保育方面进行了一系列改革和探索，并在儿童营养保健、语言教学等方面逐步形成了自己的风格。

幼儿园自创办以来，以一流的教育环境、一流的软硬件设施、一流的先进理念、一流的管理水平、一流的师资力量、一流的服务质量，得到了教育行政部门的充分肯定。幼儿园连续 18 年被评为衡阳市优秀民办学校。2005 年 1 月幼儿园被湖南省教育厅评为"湖南省示范性幼儿园"，成为湖南省首家民办省级示范园；2006 年 10 月被湖南省民办教育协会、湖南省教育基金会、湖南省教育厅、湖南日报社、湖南电视台授予"湖南省十佳民办学校"称号；2009 年 12 月又被中国教师发展基金会和中国民办教育协会学前教育专业委员会评为"全国优秀民办幼儿园"；2012 年被评为"湖南省骨干民办幼儿园"；2013 年被评为"衡阳市骨干民办幼儿园"，获得了家长和社会各界的广泛赞誉。

地址：衡阳市蒸湘区立新开发区廖家湾

园长：刘盛章 13875658979

联系电话：0734 - 8800598

蒸湘区主要幼儿园基本情况一览表

名称	园长	办公电话	地址
衡阳市高新技术产业开发区全优加早教中心	谢群	13875672886 0734 - 3114666	蒸湘区祝融路 8 号沐林美郡
衡阳市实验幼儿园华新分园	李江	18175833336 0734 - 8813636	华新开发区明月北街 68 号
蒸湘区都市村庄幼儿园	梅平	18674795747 0734 - 8216408	蒸湘街道红湘北路 76 号
衡阳市高新技术产业开发区爱迪乐幼儿园	廖文斌	18163883722 0734 - 8477068	衡阳市高新区青松路 16 号
蒸湘区金太阳幼儿园	张燕	0734 - 2580248	蒸湘区两路口岳屏小区 D 栋
衡阳市小神童幼儿园	陈琼	15096038667 0734 - 8806558	蒸湘区长湖乡立新社区道源路 10 号
蒸湘区英才幼儿园	蒋凤英	0734 - 8805255	蒸湘区立新开发区 28 栋
蒸湘区成章幼儿园	刘彬	18907341002 0734 - 8801980	蒸湘区立新路 20 号
蒸湘区米奇立新幼儿园	刘燕	15507341624 0734 - 8163078	衡阳市立新开发区道源路 18 号
蒸湘区长湖乡伶俐幼儿园	唐平丽	0734 - 8560246	蒸湘区长湖乡松亭村
衡阳市育林幼儿园	刘燕华	13973469887 0734 - 8252397	蒸湘区勤俭路 16 号
蒸湘区绿茵幼儿园	卢斐	15616677006 0734 - 8236448	蒸湘区红湖塘 5 号
蒸湘区呆鹰岭中心幼儿园	刘天华	0734 - 8575809	蒸湘区呆鹰岭镇
蒸湘区大风车幼儿园	魏崇华	15211378408 0734 - 8808875	蒸湘区红湘北路 71 号
晨曦早期教育中心		0734 - 2896122	蒸湘区立新开发区

续上表

名称	园长	办公电话	地址
蒸湘区聪明贝贝幼儿园	彭敏	13307349923 0734－2610203	蒸湘区蒸湘北路 105 号
金鹰卡通幼儿园衡阳园	王席	13575101130 0734－8376688	蒸湘区船山西路南华苑内
大风车泰豪幼儿园	周泽英	18711478151 0734－8215248	蒸湘区衡祁路 78 号
衡阳市世纪贝贝幼儿园	周鑫迪	13317476666 0734－8805408	蒸湘区长湖乡立新村委办公楼二楼
蒸湘区小太阳幼儿园	余梦苓	0734－8833585	蒸湘区太平小区中心花园旁
蒸湘区明星幼儿园	罗超	13908449020 0734－2616050	蒸湘区两路口麻家塘小区
蒸湘区大拇指幼儿园	曾晖	0734－8199328	蒸湘区蒸湘北路附 113 号
蒸湘区真爱幼儿园	范璐	15096001125 0734－8134062	蒸湘区泉塘路 4 号
蒸湘区乖乖幼儿园	李芳	13873428683 0734－8213458	蒸湘区联合街道洪家湾社区居委会
蒸湘区衡西幼儿园	吕彩云	0734－2547368	蒸湘区罗家井 1 号平安大厦二楼
蒸湘区雨母山乡世纪宝贝幼儿园	谭方圆	15116822929 0734－8635888	蒸湘区雨母山乡东阳村罗家大屋
衡阳市立新开发区幼儿园		0734－2896112	蒸湘区立新开发区
蒸湘区米奇中天幼儿园	刘燕	13786478633 0734－8823179	蒸湘区中天星城小区内
蒸湘区长湖乡中心幼儿园	罗小满	0734－8159748	长湖乡大立村
衡阳市红太阳实验小学附属幼儿园	黄夏琼	0734－8179798	蒸湘区立新大道铁路旁 281 号
衡阳市高新技术产业开发区群星幼儿园	刘诗玉	13187336393 0734－8855048	蒸湘区红湘街道联合村一组
衡阳市高新技术产业开发区爱音幼儿园	肖文利	0734－8833026	开发区金星小区
蒸湘区呆鹰岭镇时代阳光幼儿园	蒋福香	15367078257 0734－8815098	蒸湘区呆鹰岭镇新平村
蒸湘区呆鹰岭镇爱婴幼儿园	贺清秀	15197416088 0734－8815138	蒸湘区呆鹰岭镇中平村
衡阳市高新技术产业开发区爱丁堡幼儿园	左琦	15074724695 0734－8897518	衡阳市高新技术产业开发区银杏路
衡阳市高新技术产业开发区爱迪生幼儿园	尹玉敏	13575118503 0734－8822828	衡阳市高新区内环南街长胜小区
蒸湘区英豪幼儿园	刘盛章	13875658979 0734－8800598	蒸湘区立新开发区廖家湾
蒸湘红雁幼儿园	郭佳	0734－3100268	蒸湘区红湘南路锦绣雁城 15 栋 2 楼
衡阳市小博士幼儿园	王柱贵	13875604314 0734－2498639	蒸湘区解放西路悦华小区
衡阳市大拇指冶金幼儿园	肖孝阳	0734－8163550	蒸湘区红湘南路 8 号

续上表

名称	园长	办公电话	地址
小博士幼儿园	王外香	13574792037 13574792037	蒸湘区红湘北路蒸阳花园
蒸湘区红苹果幼儿园	何荣华 张军芳	0734 – 8214188	蒸湘区西外环张广茂大厦2
衡阳市高新技术产业开发区七田阳光	汤穆	0734 – 8213798	衡阳市高新技术产业开发区光辉路26号
衡阳市红太阳实验小学附属幼儿园	石惠	15211829265 0734 – 8830226	蒸湘区太平小区86栋
衡阳市高新技术产业开发区湘疆幼儿园	谢晓丽	0734 – 8222592	衡阳市高新技术开发区蒸水花苑
衡阳市高新技术产业开发区海豚贝贝幼儿园	周丽平	15211455425 0734 – 8347888	蒸湘区华新开发区长湖街33号
衡阳市高新技术产业开发区苹果树幼儿园	卢志坤	15343040298 0734 – 8867841	衡阳市华新开发区长丰大道
蒸湘区呆鹰岭镇喜羊羊幼儿园	蒋琼	18274720989 0734 – 8575655	蒸湘区呆英岭正街
衡阳市高新技术产业开发区华新幼儿园	周仲云	0734 – 8859160	衡阳市高新技术产业开发区中信花苑
蒸湘区冠都幼儿园	甘雪芹	15211455425 15717346302	蒸湘区立新大道冠都现代城冠都
衡阳市高新技术产业开发区海豚贝贝幼儿园	陆元芳	15073426993 0734 – 8858459	衡阳市高新技术产业开发曙光路丽富花苑
蒸湘区长湖乡弘英幼儿园	杨厚智	15807341616 0734 – 8886288	蒸湘区长湖乡大立村
蒸湘区呆鹰岭镇金色摇篮幼儿园	肖　平	15211376388 0734 – 6999093	蒸湘区呆鹰岭镇土桥村
蒸湘区呆鹰岭镇童馨幼儿园	罗文花	18173418117	蒸湘区呆鹰岭镇鸡市村
天仙宝宝艺术幼儿园	罗春桃	13054052169 0734 – 8309333	蒸湘区红湘路81号
蒸湘区英杰幼儿园	彭玉明	15173468903 0734 – 2611079	蒸湘区长湖乡立新二社区
蒸湘区蒸湘南路幼儿园	刘叶平	15173420756 0734 – 8469038	衡阳市氮肥厂家属区105栋
蒸湘区阳光幼稚园	彭芳	15343347229 0734 – 8235698	蒸湘区衡祁路联合六队
衡阳市高新技术产业开发区幼狮幼儿园	夏娜	13762416858 0734 – 8856520	衡阳市高新技术产业开发区四一七23号门
衡阳市高新技术产业开发区世纪星幼儿园	周一民	18274740705 0734 – 8869437	衡阳市华新开发区紫云北路1号世
蒸湘区弘冰幼儿园	李志旋	0734 – 8131100	蒸湘南路26号
蒸湘区雨母山艺术幼儿园	—	0734 – 2896122	蒸湘区雨母山乡
蒸湘区呆鹰岭镇小太阳幼儿园	张楚斌	13762471607 0734 – 81124572	呆鹰岭镇振兴村
蒸湘区新星幼儿园	徐小丽	18974768122 0734 – 8138711	蒸湘区一环西路蔡伦大道立新一组

续上表

名称	园长	办公电话	地址
蒸湘区亲亲宝贝幼儿园	刘莉	18907340589 0734 - 8531888	蒸湘区长湖乡立新大道 40 号
衡阳市高新技术产业开发区金柘小区幼儿园	周津京	18973486000 0734 - 8291618	衡阳市高新技术产业开发区金柘小区 25 - 1
衡阳市高新技术产业开发区阳光天使	柳慧蓝	18627471119 0734 - 8661858	衡阳市高新技术产业开发区光辉南路互助小区
蒸湘区雨母山乡中心幼儿园	阳金秀	13789394031	蒸湘区雨母山东阳村
蒸湘区迪尼布朗幼稚园	王远珍	18216007853 0734 - 3170000	蒸湘区西外环路 10 号
蒸湘区实验幼儿园	李艳	13975461343 0734 - 2896339	蒸湘区太平小区 113 栋
衡阳市高新技术产业开发区快乐宝贝幼儿园	罗春桃	18627651967 0734 - 8567779	衡阳市华新开发区蒸水大道 36 号
衡阳市高新技术产业开发区爱迪生幼儿园	尹玉敏	15570926903 0734 - 2896612	衡阳市高新技术开发区青松路 1 号
蒸湘区星之源幼儿园	罗洁	18507341397 0734 - 8158082	蒸湘区联合街道杨柳村 8 组 27 号
衡阳市高新技术产业开发区元培幼儿园	盛彪	18374766905 0734 - 8466998	晓霞北街翰林府
衡阳市高新技术产业开发区海豚贝幼儿园	肖文利	0734 - 8833026	开发区沐淋美郡小区
衡阳市高新技术产业开发区红黄蓝幼儿园	唐艳红	15200501680 0734 - 3390333	衡阳市高新技术产业开发区延安路愉景湾
衡阳市高新技术产业开发区蒸水幼儿园	许双林	15575458437 0734 - 8371198	衡阳市高新产业技术开发区蒸水花
衡阳市高新技术产业开发区金色梯幼儿园	罗文	13974724235 0734 - 8999268	衡阳市高新区香江水岸新城小区内
衡阳市高新技术产业开发区艺馨幼儿园	陆细爱	13007346833 0734 - 8366180	衡阳市高新技术产业开发区华新商业广场
湖南衡阳钢管(集团)有限公司幼儿园	倪晓连	13974740306 0734 - 8872064	蒸湘区大栗新村 10 号
南华大学后勤管理处幼儿园	贺德生	0734 - 8282463	南华大学南校区
中国人民解放军 95338 部队幼儿园	谢红灵	14789371275 0734 - 2833105	衡阳市解放西路 69 号
蒸湘区爱宝贝早教中心	黄千又	0734 - 3128880	蒸湘区红湘北路都市村庄商铺 306

第十一章 雁峰区教育风采

雁峰区教育概况

雁峰区教育文化体育局机关目前共有在编在岗干部职工 37 名，其中行政编制 6 名，全额事业编制 31 名，机关内设机构 10 个，下属机构 8 个。

雁峰区现有社区教育学院 1 所(衡阳电大雁峰分校与其一套班子两块牌子)，中小学 23 所。其中初中 1 所，为雁峰区雁峰中学；九年一贯制学校 1 所，为雁峰区飞雁学校；小学 21 所，其中城区小学 10 所，乡镇小学 11 所。小学中，白沙工业园内小学 5 所，分别是雁峰区铜桥港小学、茶园小学、湘农小学、茅叶小学和金桥小学。全区现有幼儿园 59 所，区管民办小学 1 所(雁峰区童星小学)，教育培训机构 16 个。全区现有公办在职中小学教师 548 人，退休教师 550 人。在校学生 10057 人。全区现有乡镇街道文化站 6 个，文化活动中心 37 个，农家书屋 20 个，人均公共文化体育设施面积 4.99 平方米。

近几年来，雁峰区教育文化体育局在雁峰区委、区政府和上级主管部门的领导下，各项工作成绩显著，被国家督导委员会评估认定为"全国义务教育发展基本均衡县(市、区)"；荣获"全国社区教育实验区""全国社区教育示范区"称号；连续三轮在湖南省教育两项督导评估考核中被评为优秀县(市、区)；被湖南省教育厅授予"湖南省现代教育技术实验县(市、区)"；荣获"湖南省社区教育示范区""湖南省学前教育典型县(市、区)""湖南省教育信息化试点项目优秀单位"；雁峰区环城南路小学被评为"全国文明校园"；雁峰区高兴小学被评为"湖南省文明单位"。

地址：衡阳市蒸湘南路 133 号

值班电话：0734 - 8224634

传真：0734 - 8224634

- 雁峰区教育文化体育局领导班子成员

党委书记、局长：何井盛(13875761686)

党委委员、主任督学：刘召荣(13607348413)

党委委员、副科级督学：傅凯(13786401567)

副局长：全灵芝(13073403690)

党委委员、工会主席：罗为姣(13907340289)

党委委员、副局长：廖晓泉(13974769113)

党委委员：李艳玲(13975447899)

雁峰区教育文化体育局内设机构及二级机构职能

【办公室】

主要职能：综合协调局机关重要政务、事务、管理机关内部事务、后勤及接待服务工作；负责本级文件报告和文件的收发、归档及信息网络、保密、信访等工作，综合全区教育、文化、体育动态，负责信息、图书、报刊的发行工作；负责本级教育、文化、体育行政复议、诉讼应诉工作，对局机关干部及直属单位教职工进行法制教育及局中心组学习等工作；协调有关部门组织实施政府采购工作；负责全区教育、文化、体育信息统计、分析、发布；负责本级财务收支内部审计、监督；负责本级的会务、车辆的管理及使用。

【计划财务审计股】

主要职能：指导全区学校教育经费的年度预决算，负责局本级教育经费年度预决算；负责全区专项经费统筹，依法检查监督教育经费的筹集和使用及教师工资发放情况；参与本局大宗物品集体采购和组织全区学校基建维修招投标工作；负责全区中小学布局调整和危房改造及标准化校舍建设，负责和管理局直学校的基建、维修计划、资金安排及有关基础建设的统计工作，负责学校基建维修预决算的审核；负责贯彻执行上级有关中小学的收费政策；负责全区教育经费、基础教育及中职教育统计；负责监督管理教育系统国有资产有关制度的制订；负责本单位和所属单位的财务收支及其他经济活动的内部审计和监督；负责对全区直属单位财务收支及有关经济活动的重大事项进行服务。

【人事师训股】

主要职能：负责本系统干部、教师队伍管理；负责教育行政干部年度考核、聘任；负责教职工队伍职业道德建设考核、定等、末位淘汰；负责教师调配、招聘、竞聘上岗、末位淘汰及编制管理；负责教职工年度考核；负责教职工劳资、退离及职称评审工作；负责教职工档案管理；组织评选优秀教师优秀教育工作者及组织"园丁之家"活动；负责人事统计工作；负责教师奖励基金工作；负责辖区内中小学教师资格认定工作；负责毕业生安置手续办理有关工作等。

【基础教育股】

主要职能：指导全区中小学校、幼儿园的常规教育教学管理；指导全区中小学校学籍管理及学生学籍档案建设；指导全区学前教育、特殊教育；指导和监督全区中小学、幼儿园的教材使用；协助衡阳市教育局招生办搞好中学招生工作；指导和审批进城务工人员子女就读工作；完成局行政会议决定的临时性工作；指导和管理全区中小学贫困学生的救助工作；协助做好全区义务教育的发展规划工作。

【法规监察室】

主要职能：负责检查局机关、局直单位党组织、党员领导干部和局机关工作人员领导干部贯彻执行党和国家的路线、方针、政策、决议、法律法规的情况；调查处理局管党员干部和其他监察对象违犯党纪、政纪案件，并对所查案件提出处理意见；监督检查局机关和局直单位党风廉政责任制执行情况，督促、协调局机关各部门、科室所联系单位管理的各项工作，研究、制订从源头预防和治理腐败的有效措施；在局党委领导下加强党风廉政建设，努力纠正部门和行业不正之风；会同有关部门对党员、干部进行党纪、政纪教育；会同有关部门做好局属单位领导班子和领导干部的考察工作，参加专题民主生活会；按干部管理权限和有关要求，做好人民来信、来访的调查、处理工作；按照行政序列审议经局任命人员的纪律处分事项；开展执法监察、效能监察和廉政监察工作等。

【社会力量办学管理办公室】

主要职能：负责全区民办教育机构的设立审批、撤销及名称、层次、类别的变更审批；负责区属民办教育机构年检的组织实施工作及招生简章、广告的备案登记和宣传监督工作；负责区属民办非学历教育机构的办学常规管理工作；协助有关部门对民办教育机构实施教育执法检查。

【体卫艺股】

主要职能：指导学校体育与卫生健康工作；拟定体育与卫生教学政策；组织、协助有关学校、学生参加各级体育、卫生竞赛等交流活动；指导协助做好教育红十字会工作。

【教育督导室】

主要职能：负责对全区人民政府有关部门、各乡(镇)街道政府及有关部门贯彻执行教育法律、法规、规章和方针、政策，履行教育职责的情况进行监督、检查和指导；负责对全区内的义务教育、扫盲教育和素质教育进行检查与指导；负责对全区的中小学、职业学校、成人学校及雁峰区人民政府有关部门批准的社会力量举办的教育机构与幼儿园的办学水平和教育质量进行评估；负责承办雁峰区人民政府和衡阳市教育督导室交办的其他事项；负责完善教育督导规章，培训督导人员，总结教育督导工作经验。

【综治校车办】

主要职能：贯彻执行上级工作部署，制订综治工作年度计划，并组织实施；组织协调综治工作中心日常工作，负责处理日常综治工作；协调指导基层综治组织建设和基层平安创建工作，督促基层平安综治各项工作、措施落实到位，组织开展平安创建和综合治理宣传工作；组织、指导开展社会不稳定因素排查调处，协调相关单位采取有效措施妥善化解处置；制订重大不稳定因素预警方案和群体事件应急处置预案，并组织实施演练，指导、协调群体事项预防处置；负责全区校车规划、审批和运营管理，统筹安排校车安全各项工作的组织实施；加强对校车的监督、管理和日常考核工作，落实校车安全管理制度，建立校车管理长效机制；做好有关校车资料的收集整理和建档工作；协调解决校车安全工作实施过程中存在的困难和问题。

【教育研究室】

主要职能：对课程纲要、考试大纲、教材、教法、学法进行研究；进行教学评估检查，管理及实施学生各科考试，对教学改革、课题研究进行管理；策划、组织、指导教研活动、教学竞赛活动，对教师进行业务指导；编写教辅资料，收集、整理、传播教学信息。

【自考办】

主要职能：负责自考报名和考生的相关咨询工作；负责自考考生档案（合格试卷）的管理和自考生档案的转迁工作；负责自考毕业生的毕业办证工作；负责成人招生考试报名和解答成人招生考生的相关咨询工作。

【教育技术装备站】

主要职能：组织指导全区中小学校实验教学、电化教学和培训中小学校电教骨干教师，采集、录制、更新各科电教资料，开展电化教学研究工作；负责全区中小学各种教学仪器、电教设备、现代教育技术装备的采购和管理；严格执行大宗物品采购制度，搞好招标组织工作；争取领导重视，与财政协调好关系，落实好年度专项经费。

【勤工俭学管理站】

主要职能：管理区属学校校办产业；发展校办产业，推进素质教育服务；管理局属企业。

雁峰区主要学校信息

【雁峰区雁峰中学】

雁峰区雁峰中学系区属农村初级中学，地处雁峰区岳屏镇水东村。学校占地面积34666平方米，校舍建筑面积近4500平方米，教学用房面积1660平方米。学校现有在职教工16人，其中高级教师3人，中级教师9人，工勤技能人员4人。学校设3个教学班，共有78名学生。学校教学办公楼、宿舍楼、运动场、仪器室、实验室、电脑室、图书室、音乐舞蹈室、美术室、劳技室、卫生室、心理咨询室等设施设备和功能馆室都按规定标准建设和配置到位，能满足教育教学和生活、活动需要。

学校生源数量少，但校领导和全体教职工并未灰心气馁，而是内抓管理、外树形象，兢兢业业做好本职工作，满腔热情教书育人。学校认真落实控流保学责任制，严格规范学籍管理，积极开展教研教改活动，狠抓教学常规管理，千方百计提高教育教学质量。2015年7月初三应届毕业生一次性合格率为72.2%，学生毕业升学率达94.4%。

学校切实加强师资队伍建设，全体教师树立终身学习观念，不断用新的教育理念来充实自己，一线教师基本上具有本科学历，学历合格率达100%，专业技术职称合格率达100%。近三年，学校所有一线各学科教师都参加了国家、省、市级任职资格、非学历远程、新课改、班主任培训等，很多学员被评为优秀学员。近两年来，教师参加各级各类教学及论文评比，获奖达50人次之多。

学校高度重视安全工作，雁峰区政府还花巨资为学校安装了全套安全监控设备，聘配了专职安保人员。学校利用各种形式经常对学生进行安全防范教育，成立安全工作领导小组，制订预案，明确职责，建立台账，加强家校联系，印发宣传教育资料等，多年来，学校从未出现任何安全事故，确保了一方平安。

学校以"弘扬传统国学，践行文明礼貌"活动为抓手，突出办学特色，经常性地开展诵读传统经典国学、文明礼仪礼貌知识竞赛、文明班级评选、文明学生评选等系列活动,极大地激发了学生学国学、讲礼貌的热情。以传统文化和经典国学为特色的校园文化建设呈现出亮丽的风景。

学校地址:雁峰区园艺路十一号

邮编:421008

邮箱:yfzx2008@126.com

办公电话:0734-8470349

学校行政班子成员信息

校长、党支部书记:肖克勤(13974713428)

副校长:郑胜利(13974753553)

副校长、工会主席:刘元和(13975435902)

【衡阳市广播电视大学城南分校(衡阳市雁峰区社区学院)】

衡阳市广播电视大学城南分校创办于1980年,隶属于雁峰区教育文化体育局管理,为全额拨款事业单位。学校现有副高职称3人,中级职称6人。学校以服务经济建设和社会发展为办学宗旨,开展本科、大专层次的学历教育,同时积极开展各类岗位培训、职业技能培训,是雁峰区中小学教师培训基地。

为构建社区教育网络,实施终身教育学习培训工程,2010年8月经雁峰区委、区政府研究决定,挂牌成立了衡阳市雁峰区社区学院,两块牌子一套人马。社区学院具体负责对雁峰区社区教育的业务指导、协调和服务,开展社区居民学习需求调查,制订和实施社区教育发展规划,满足社区居民和干部多样化的学习需求,为各级各类人员提供丰富多样的教育和学习服务。

目前,全区拥有1所社区学院、7个社区(村民)学校、33个社区学习中心,构建了覆盖所有街镇、社区、村的三级社区教育网络。

本着"贴近生活、服务大众"的原则,学校积极探索社区教育服务新模式,以居民为主体、以社区为平台、以教育为手段、以活动为核心,形成课程特色、创建活动品牌、铸造社区精品、打造特色社区,初步形成了"一社区一品牌、百花齐放"的良好局面。

近年来,社区教育工作得到了雁峰区委、区政府及区直各部门、街道乡镇的大力支持,通过全区社区教育工作者的努力,取得了一定的成绩。2010年雁峰区被评为衡阳市社区教育先进单位,2011年被湖南省教育厅确认为第一批省级示范性社区教育实验区;2013年3月被教育部确定为全国社区教育实验区。

学校地址:衡阳市雁峰区先锋路5号

邮编:421001

邮箱:cndd2008@126.com

办公电话:0734-8316663

学校行政班子成员信息

校长(院长):秦琼(13507343301)

党支部书记:周真(13607343021)

副校长:易先军(13974753411)

副校长:丁美秀(13467774356)

【雁峰区白沙学校】

雁峰区白沙学校坐落于交通便利、风景宜人的白沙洲汽车南站以及白沙工业园区附近,毗邻白沙大道,掩映在绿树丛中。学校的前身是衡阳纺机学校,2004年被雁峰区政府接管,更名为雁峰区白沙学校。2015年,学校加入了雁峰区高兴小学教育集团,成为该集团的第二分校。

学校为一所完全小学,现有教职工17人,教学班6个,学生人数222人,占地面积为5547.6平方米,校舍面积2563平方米。目前学校已列为雁峰区政府2016年至2018年的重点改扩建对象,届时学校将成为雁峰区一所上规模的规范化学校。

近几年来,在雁峰区政府及雁峰区教育文化体育局的关心与扶持下,学校的办学条件、基础设施不断得到完善,办学品位得到了大力提升。学校坚持"师生共进,教学相长"的现代教育理念,以"社会满意,家长放心,学生成才"为办学宗旨,以"重素质,促发展,创特色,全面提高教育质量"为办学目标,极力营造"崇德、励志、乐学、尚美"的校风,努力追求一流的育人环境、一流的师资队伍、一流的学校管理、一流的教育质量,进而逐步形成学校的教育特色。学校是衡阳市教委首批命名的十所规范化学校之一。学校先后被确认为"衡阳市第六批现代教育技术实验学校""湖南省中小学远程教育接收站点""湖南省合格学校""雁峰区教育教学常规工作优秀单位""雁峰区文明学校"。

学校地址：雁峰区白沙洲白竹皂 1 号

邮编：421007

邮箱：baishaxx2008@126.com

办公电话：0734－8498613

学校行政班子成员信息

校长：易小红（13974783847）

副校长：贺建辉（13975439369）

副校长：华登发（13574789446）

【雁峰区茶园小学】

雁峰区茶园小学是雁峰区教育文化体育局直属的一所农村完全小学，坐落于白沙洲工业园金龙坪街道茶园管区内，交通十分便利。学校于 1996 年破土新建，2000 年在各级领导的关怀下迁入新学校地址。学校占地面积为 6600 平方米，其中运动场地为 1200 平方米，有篮球场和 200 米跑道。学校建有一栋三层的教学楼，教学楼面积为 1000 平方米，楼内设有 6 间教室以及图书室、电脑室、实验室等多个功能室。校园环境优美，三季有花，四季常青，绿化面积达 800 平方米，2005 年被衡阳市绿化委员会评为"园林式单位"。学校于 2008 年顺利通过湖南省合格学校验收，成为衡阳市第一批合格学校。学校现有教师 10 名，其中具有本科学历教师 6 名，大专学历教师 3 名。近年来在政府的高度重视下，学校办学条件逐步得到改善，接入了 30 兆光纤，校园实现了网络全覆盖，6 个教学班都安装了教学用电脑及投影仪，教学手段实现了现代化，让教师教得更得心应手，学生学得更兴趣浓厚。

学校地址：白沙洲工业园金龙坪街道茶园管区

邮编：421008

邮箱：chayuanxiaoxue0000@163.com

办公电话：0734－8223942

学校行政班子成员信息

校长：刘苏（13973407204）

【雁峰区春华神龙希望小学】

雁峰区春华神龙希望小学位于雁峰区岳屏镇山田寺村，是一所六年制完全小学。现有学生 82 人，共 6 个教学班。学校目前有教职员工 10 人，其中本科学历的 6 人，小学高级职称的 4 人。

学校的前身是山田小学，始建于 1943 年 7 月。2005 年 7 月，教育局对校舍进行维修改造，修建了新的围墙、校门，美化了校园面貌。2006 年，英雄李春华的事迹感动湖南、感动衡阳、感动神龙。神龙大酒店的董事长出资新建了教学楼，极大地改善了学校的办学条件。现在的校园环境优美，文化气息浓厚，是师生学习和生活的好地方。

在合格学校建设的东风下，学校教学楼、综合楼、教师宿舍楼焕然一新。每个教室都配备了多媒体，并新增了电脑室、仪器室、劳技室、美术室、音乐室、体育室、图书室、大队活动室等功能馆室 14 个。办学条件的改善，极大地鼓舞了全校师生工作和学习的积极性，也为学校办学质量的提高打下了坚实的基础。

学校本着"办人民满意的学校，做人民满意的教师，教人民满意的学生"的教育宗旨，立足农村教育现状，科学施教，积极推行素质教育。"文明守纪，勤学创新"是学校的校训。在校训的激励下，全校师生正以一种饱满的姿态，昂首前行。学校坚信，在上级领导的关心和支持下，经过全校师生的努力拼搏，一定能创造更加辉煌的明天！

学校地址：衡阳市雁峰区山田寺村八组

邮编：421008

邮箱：286429137@qq.com

办公电话：18975454688

学校行政班子成员信息

校长：刘驰（18975454688）

【雁峰区飞雁学校】

雁峰区飞雁学校位于衡阳市雁峰区南郊新村 28 号，2003 年 7 月由原衡阳纺织印染厂子弟学校整体改制建校，现为雁峰区教育文化体育局直属的九年一贯制义务教育学校。学校占地总面积为 9117 平方米，现有教学班 13 个（其中小学 9 个班、初中 4 个班），现有学生共计 508 人，专任教师 39 人。

学校校园环境优美、设施一流，文化气息浓郁，特色鲜明。以"楹联教育"为代表的国学特色和以"大课间跳绳"为代表的阳光体育是学校的两大特色。为大力推进义务教育均衡发展，努力促进教育公平，在上级部门的大力支持下，学校积极控制和消除"大班额"现象，取得了明显的成效。

近年来，学校先后被评为"衡阳市二星级文明单位""衡阳市养成教育示范学校""衡阳市未成年人思想道德建设示范单位""湖南省十一五规划重点课题二等奖""湖南省红领巾示范学校""湖南省经典诵读特色学校""湖南省书法进课堂实验学校""湖南省楹联教育基地""首批国家级楹联教育示范基地""全国联教先进单位"等。

学校地址：雁峰区南郊新村 28 号

邮编：421007

邮箱：feiyanxx2008@126.com

办公电话：0734－8400494

学校行政班子成员信息

校长：钱图强（13307341616）

党支部书记：王亚成（15197430209）

副校长：王奇明（13873416851）

副校长：肖玉兰（13807341331）

【雁峰区湘江乡高兴小学】

雁峰区湘江乡高兴小学坐落于雁峰区黄白路 107 号，创建于 1958 年。学校现有教学班 28 个，在校学生 1419 人，教职工 73 人。其中本科学历教师 39 人，大专学历教师 28 人；中学高级教师 1 人，小学高级教师 54 人。校园里有 200 米环形塑胶跑道，功能馆室 16 间。

近年来，学校努力践行"素质立校、科研兴校、特色治校、创新强校"的办学理念，以"做最好的自己"为训导，以"让每个孩子拥有幸福的童年"为目标，逐步形成了"文明和谐、务实创新"的校风、"敬业爱生、严谨博学"的教风、"乐学善思、自信自主"的学风。为了提升学校内涵，学校以"书香满校园"为特色，努力营造书香氛围，打造高兴校园文化。"师生在读书中共同幸福成长"已经成为全体高兴人的共同追求。

学校始终突出"教师幸福成长和学生快乐发展"两个中心，一直致力改进课堂教学，注重提高教育教学质量，形成了浓厚的教学研究氛围。省级课题"网络环境下小学《品德与生活》教学活动设计研究"在课题中期评估中获湖南省一等奖；市级课题"探究活动激活语文课堂"获衡阳市一等奖。师生参加各级各类竞赛活动捷报频传。在全体高兴人的共同努力下，学校获得"湖南省安全文明校园""湖南省

级文明卫生单位""湖南省现代教育技术实验学校""湖南省艺术教育先进单位""湖南省红领巾示范校""湖南省巾帼文明岗""湖南省经典诵读特色学校""湖南省规范汉字书写教育特色学校""湖南省语文优秀教研组""衡阳市园林式单位""衡阳市语言文字示范校""衡阳市教研教改示范校""衡阳市书香校园""衡阳市三星级文明单位""衡阳市国防教育先进单位""衡阳市青少年科普教育特色学校"等荣誉称号。学校配套设施齐全，环境优美，师资雄厚，学有特色，在社会中的反响越来越好。

学校地址：衡阳市雁峰区黄白路 107 号

邮编：421007

邮箱：gxxx_2008@126.com

办公电话：0734－8402112

学校行政班子成员信息

校长、党支部书记：张谊（13907346307）

副校长：邓朝晖（13786442521）

副校长：刘曙光（13875730801）

工会主席：肖伏华（13973461261）

【雁峰区公益小学】

雁峰区公益小学坐落于雁峰区岳屏镇公益村三组，始建于 1958 年，原名平智学校，是一所完全小学。学校占地面积 2777 平方米，生均 22.4 平方米；校舍面积 1606.5 平方米，生均 12.95 平方米；绿化面积 158 平方米，生均 1.27 平方米；体育场地面积 980 平方米，生均 7.9 平方米。现有教学班 6 个，教职工 10 人，其中 50% 的教师拥有本科学历。学校拥有一支有爱心、讲方法、高学识、懂生活的高素质的教师队伍，深受学生与家长的喜爱。

学校拥有一流的教学设施设备，教室配备液晶彩电、电脑，并拥有计算机房、多媒体教室、仪器室、实验室、美术室、音乐室、图书阅览室、塑胶操场等相关配套设施。2012 年学校被评为"合格学校""衡阳市现代教育技术实验学校"，还与衡阳市小红人志愿者协会、蓝丝带志愿者协会、衡阳新闻网衡阳论坛、红网衡阳论坛以及华源泰好建材 1 站六家单位共建"关爱留守儿童心灵成长辅导站"，与衡阳晚报社共同建立爱心书屋等活动，受到了社会的高度关注。

学校认真贯彻落实党的教育方针，"以德

立校、依法治校、教研兴校、质量强校"是学校的管理策略，"为学生健康成长奠基，为教师持续发展铺路"是学校的办学理念，以"办人民满意的学校"为办学宗旨，"让每个孩子的天赋都得到最大限度的发展"为办学目标，努力创设实施素质教育的环境，使学生全面和谐地得到发展。

学校地址：雁峰区岳屏镇公益村王家坪组

邮编：421003

学校行政班子成员信息

校长：龙波（13973423673）

【雁峰区广场小学】

雁峰区广场小学地处衡阳市岳屏广场之畔，创建于1958年，前身为人民小学，1987年翻新重建并更名为"广场小学"，2013年异地重建。学校现有8个班级，近400名学生，在岗教师19人，退休教师17人。在岗教师中，拥有大专及以上学历的18人；小学高级教师12人；省级骨干教师1人，市级骨干教师1人，区级骨干教师5人。

近年来，学校形成了"勤奋、守纪、平等、和谐"的校风、"崇德、敬业、笃志、进取"的教风、"诚实、乐学、向上、志远"的学风。学校秉承"励精图治，精益求精"的传统扎实办学，以"以人为本，以爱育人"为办学理念，以"让每个学生获得发展的机会，让每个教师领略教育的乐趣，让每个家长分享成功的喜悦，让校园处处充满成长的气息"为办学承诺，以"特色引领、文化化人、质量立校"为办学策略，丰富办学内涵，提升管理水平与办学品质，办学声誉逐年提高。

学校地址：衡阳市雁峰区广场路1号

邮编：421001

邮箱：gcxx2008@126.com

办公电话：0734－8226089

学校行政班子成员信息

校长：欧阳利群（13875725995）

党支部书记：阳宏（13974753529）

副校长：邓桂英（13975466664）

【雁峰区环城南路小学】

雁峰区环城南路小学地处湘江河畔、洄雁峰下，有专职教师84人，其中特级教师2人，中学高级教师1人，小学高级教师68人，小学一级教师10人。学校共有34个教学班，学生1784人。学校推出的"光荣小讲台"活动被中宣部定为全国先进典型，被评为全国第二届未成年人思想道德建设优秀创新案例、全国德育创新案例，学校被评为"全国教育系统先进集体""全国未成年人思想道德建设先进单位"，成为衡阳市唯一获此殊荣的单位，实现了衡阳教育两个"零"的突破。学校课题"实践操作"获湖南省基础教育成果三等奖，课题"利用网络及其资源促进未成年人思想道德建设的研究""光荣小讲台德育大课堂"获湖南省一等奖。学校还先后获得了"全国红旗大队""全国语言文字示范校""湖南省德育工作先进单位""湖南省新课程改革实验校""湖南省现代教育技术实验校""湖南省教研教改优秀学校""湖南省安全文明校园""湖南省经典诵读特色学校""湖南省先进基层党组织""湖南省先进工会基层组织"等荣誉称号。2011年12月，在全国中小学德育工作经验交流会上，学校校长作为唯一的小学代表做了经验介绍，得到了教育部部长的高度赞扬。2012年10月，湖南省教育厅王柯敏原厅长亲临学校视察并给予了高度评价。

学校地址：衡阳市雁峰区环城南路90号

邮编：421000

邮箱：hcnlxx2008@126.com

办公电话：0734－8223306

学校行政班子成员信息

校长：林润英（13873465136）

党支部书记：欧灿华（13873416299）

副校长：何文清（18173443555）

副校长：李郴（13974755695）

【雁峰区金桥小学】

雁峰区金桥小学始建于20世纪60年代初。学校现有学生170人，一至六年级6个教学班。

近年来，学校办学条件得到了很大改善。政府于2005年投资70余万元兴建教学楼1148平方米、校舍建筑面积1751平方米、体育运动场馆面积达920平方米；同时投资20万余元修砌大门、围墙、硬化操坪、购置教师办公桌椅等；并且投资近10万元兴建图书室、实验室等。2013年雁峰区教育文化体育局为进一步改善学校办学条件,投资 25 万余元配置了电脑室一间、仪器室一间;同时投资 10 万余元,添置了体育器材、图书等。目前学校图书室书册总数达 6230 册,教学仪器设备值 166700 元,电脑室配置液晶电脑 47 台。

学校师资逐年壮大,生师比为 15.5∶1,达到合格标准。专任教师拥有大专及以上学历人数 11 人,占教师总数的 100%;小学教师持有初中或高中教师资格证的人数为 5 人,占教师总数的 45.45%。

雁峰区岳屏镇金桥村七组

邮编:421001

邮箱:LJWXX2008@126.com

办公电话:13975406116

学校行政班子成员信息

校长:黄飞龙(13975406116)

【雁峰区联盟山学校】

雁峰区联盟山学校位于雁峰区白沙洲白沙大道东侧,地处湘江之滨,学校占地面积 5469 平方米,交通便利,环境优美。学校拥有一支学识水平、综合素质高的师资队伍。全校 34 名教职员工中,有研究生学历的 1 人,13 人拥有本科学历,19 人拥有大专学历;有中学高级教师 2 人,中学一级或小学高级教师 29 人。学校现有 12 个教学班,548 名学生。

学校前身是衡阳市拖拉机厂子弟学校。2007 年 7 月,雁峰区按照国家政策接收了该校和衡阳汽车配件厂子弟学校,并将两校师生合并组建成联盟山学校。学校成立伊始,就受到了雁峰区委、区政府和雁峰区教育文化体育局的高度重视,陆续投资 200 余万元对学校校舍和设施进行全面的维修和装备,迅速将一所濒临荒废的学校打造成了白沙洲片区颇有名气的学校。经过蝶变的雁峰区联盟山学校现在教学环境整洁幽雅,设施设备完善。学校建有完备的科学实验室、仪器室、电脑室、多媒体教室、图书室、阅览室等,美术室、音乐室、舞蹈室等专业教室一应俱全。教师办公室和教室都配置了电脑,新建了校园网络。

教学条件的改善和学校管理的加强,使学校面貌焕然一新,教育教学质量日新月异。组建以来,学校先后被评为"衡阳市现代教育技术学校""雁峰区教育系统目标管理考核先进

单位""雁峰区教育系统先进党支部",还获得了雁峰区教师学科知识竞赛团体第一名,在衡阳市教学质量抽测中,成绩名列前茅,体育运动水平连年在全区乙组夺冠。2008 年 9 月,学校开办了家长学校,2012 年雁峰区教育文化体育局和雁峰区少工委对学校家长学校进行了合格验收,2014 年经衡阳市少工委验收合格评定为市级优秀家长学校。

学校地址:衡阳市雁峰区联盟山 108 号

邮编:421007

邮箱:lmsxx2008@126.com

办公电话:0734 - 2536958(校长办公室)

0734 - 8480566(党支部书记、副校长办公室)

学校行政班子成员信息

校长:刘和平(15570977593)

党支部书记:黄湘彪(13875782640)

副校长:肖克俭(13974796398)

副校长:王立春(13873431069)

【雁峰区六一小学】

雁峰区六一小学创办于 1958 年,地处湘江之滨,前身是 47 军部队子弟小学,现为雁峰区一所全日制公办小学。学校现有 20 个教学班,在校学生 900 余人,在职教师 43 人,其中本科学历的 20 人,大专学历的 21 人。学校总占地面积约 10000 平方米,校舍建筑总面积 4103 平方米,学校绿化面积 1580 平方米,体育场地面积 2600 平方米。学校有标准的 200 米环形塑胶跑道和高标准的足球场,12 间功能馆室配备齐全。

学校一直秉承"以人为本,为未来育人,育未来有用的人"的办学理念,坚持以培养具有"良好的道德素养、扎实的文化知识、强健的体魄"的学生为育人目标,逐步形成了"明德尚学,励志勤勉"的校训、"敬业、爱生、勤研、自律"的教风、"勤学乐思,团结进取"的学风和"文明守纪,自强自信"的校风,走科研型、学习型、和谐型办学之路,实现了学校教育的跨越式发展。

近几年来,学校先后被授予"中国楹联教育基地""湖南省楹联教育基地""衡阳市楹联教育基地""湖南省优秀家长学校""衡阳市书香校园""衡阳市中小学生创造力培养示范校""衡阳市文明学校""衡阳市综合治理先进单

位""衡阳市现代教育技术实验校""衡阳市首批青少年科技活动示范学校""衡阳市足球学校""雁峰区足球训练基地"等荣誉称号，享有较高的社会声誉。

学校地址：衡阳市雁峰区黄茶路 94 号

邮编：421007

邮箱：liuyixx2008@126.com

办公电话：07348411509

学校行政班子成员信息

校长、党支部书记：余雁平（15211839550）

副校长：雷艳芳（13974721316）

副校长：邹丽娜（15886484647）

【雁峰区岳屏镇罗家湾小学】

雁峰区岳屏镇罗家湾小学办学历史悠久，前身为天主教会举办的毓德小学，中华人民共和国成立后改名为罗家湾初级中心小学，1980 年定为岳屏镇中心小学，2001 年区划调整时划归雁峰区，定名为雁峰区岳屏镇罗家湾小学，坐落在雁峰区隆桥村四组。校园占地面积约 9100 平方米，建筑面积 3002 平方米，运动场面积 1481 平方米。教学楼、综合楼各 4 层，其中有普通教室 12 个、功能馆室 12 个。教学设施齐全，图书室、实验室、仪器室、美术室、微机室、多媒体室、音乐教室、体育活动室、卫生室一应俱全，通过了合格学校验收。

学校校园环境优美，布局典雅，风格独特，文化气息浓郁，是培育人才的理想摇篮。现有教学班 12 个，学生 421 人。拥有教职工 23 人，其中中学高级教师 1 人，中学一级教师 1 人，中学二级教师 1 人，小学高级教师 11 人，小学一级教师 8 人，见习教师 1 人。学校有一个团结、向上、廉洁、自律、勇于创新的领导班子。为了实现教师培养目标、学生培养目标，学校要求教师掌握三种能力，即学会学习的能力、学会合作的能力、学会反思的能力；培养教师五种意识，即服务意识、为人师表意识、廉洁从教意识、教学质量意识、团队凝聚意识。学校还注重校本培训，努力促进教师素质的提高。学校锤炼出了一支学习型、科研型、创新型、奉献型的高素质教师队伍。

学校地址：衡阳市雁峰区岳屏镇隆桥管区四组

邮编：421008

办公电话：0734 – 8418980

学校行政班子成员信息

党支部书记：石志芳（13575235389）

副校长：周素军（13875646436）

副校长：李移生（13787702258）

【雁峰区湘江乡茅叶小学】

雁峰区湘江乡茅叶小学位于衡阳市雁峰区蒸湘南路旁，创办于 1954 年，是一所历史悠久的六年制公立小学。学校占地面积 3447 平方米，现有 6 个教学班，在校学生 123 人。在职教师 10 人，其中大专及以上学历教师占 90%；小学高级教师 6 名，小学一级教师 2 名，教师资格、学历、职称、教育能力都达到要求。

多年来，学校始终坚持"德育为首、质量强校、全面育人、以人为本"的办学思想，将"培养人、发展人、完善人"作为学校教育工作的根本，把学生的养成教育贯彻学校工作的始终。学校紧紧围绕办"农村孩子的乐园，教师成长的沃土"这一理念，本着"办人民满意的学校，做人民满意的教师，教人民满意的学生"的教育宗旨，立足农村现实，科学施教，教研兴校，特色强校，全面执行教育方针，积极推进素质教育。学校以"团结、文明、勤奋、创新"为校训，创建学校故事特色校园文化，打造学校故事校园特色品牌，广泛开展学生喜爱的故事特色活动，让学生在故事活动中不断积累知识，品味"在故事中成长"的快乐和幸福。学校经常开展经典诵读、演讲比赛、英语单词听写比赛、硬笔字书法比赛、国旗下系列教育活动、主题班会、养成教育等，寓德育教育于各项活动之中。浓浓书香充满校园，文明礼仪在学生中蔚然成风。

地址：衡阳市雁峰区湘江乡茅叶村二组

邮编：421007

邮箱：myxx_2010@126.com

办公电话：0734 – 3179342

学校行政班子成员信息

校长：陈娜（13786434296）

【雁峰区欧水岭小学】

雁峰区欧水岭小学坐落在雁峰区白沙洲街道欧水岭 1 号，占地面积 5696 平方米，建筑面积 900 平方米，绿化面积 1496 平方米，创建于 1979 年，前身是衡阳油泵油嘴子弟学校。2009

年学校布局调整,与原黄白路小学合并,组建新的雁峰区欧水岭小学。

近几年来,在雁峰区委、区政府的大力支持下,在雁峰区教育局的直接领导下,2010年学校先后投入了200多万元进行全面改造,新建了综合楼,综合楼设有音乐室、实验室、微机室、仪器室等,各种功能馆室装备精良。2015年学校又再次投入资金600万元对教学楼改扩建。学校发生了翻天覆地的变化,也赢得了纷至沓来的赞誉。在2010年的湖南省合格化学校验收中,学校以近乎满分的优异成绩一举夺魁。学校现是湖南省合格化学校和衡阳市信息技术学校。学校现有6个教学班,学生179人。学校有13名教师,其中7名中共党员;本科学历教师2人,大专学历教师10人,中师学历教师1人。这是一支爱岗敬业、业务精良、团结上进的高素质队伍。在这些教师中,小学高级教师11人,小学一级教师2人。

浓郁的校园文化是学校的一大亮点,打造书香型校园是学校孜孜不倦追求的目标。学校始终高度重视校园文化创建工作,积极营造健康向上的校园文化氛围,坚持以高雅的校园文化熏陶人、感染人和塑造人,牢固树立文化兴校、文化强校的理念,着力打造优质的校园文化和书香型校园,大力弘扬了民族传统文化和民族精神。学校匠心独运,让每一堵墙都说话,让每一根柱子都育人,见缝插针,精心设计、精心布置,激励学生奋勇向前、刻苦学习、勇攀高峰。

国学教育是学校的一大特色。中华文化源远流长、博大精深,充分挖掘传统文化的育人功能,与时俱进拓宽、拓深其教育内涵,是学校责无旁贷的育人任务。学校把"国学经典诵读"列入校本课程,编写顺应时代变化的精品教材。每天早晨、中午及放学时刻,校园广播系统将《三字经》《弟子规》《朱子家训》等内容送入校园上空,萦环在每个孩子的耳际,沁入每个学生的心田。每周星期四下午第一节课,是全校统一的国学经典诵读课,朗朗的读书声此起彼伏。学生耳濡目染,在感受中华传统文化神奇魅力的同时,心灵得到净化。

学校全面推行素质教育,以养成教育为主线,既抓学生文化成绩的提高,又注重抓学生

品德、操行的修养和规范,学校重视加强教育教学管理等。总之在学校领导班子和全体教师的共同努力下,学校取得了一些成绩,曾获得"雁峰区先进领导班子""雁峰区校园文化建设先进单位""雁峰区校园文化建设优秀奖"等称号,学校还曾代表雁峰区参加衡阳市校园文化建设经验交流会。

学校地址:雁峰区白沙洲街道欧水岭1号
邮编:421007
邮箱:oslxx2008@126.com
办公电话:0734-8822786
学校行政班子成员信息
校长:唐祁安(18973441291)
党支部书记:刘云生(13974788719)

【雁峰区岳屏镇前进小学】

雁峰区岳屏镇前进小学创办于20世纪80年代,毗邻于蒸湘南路南端,地处衡阳市南郊省道S214路畔。

学校秉承"博学、勤思、励志、笃行"的校训,注重建设一支以团结协作、立足创新、爱岗敬业、乐于奉献的教师队伍。目前,学校共11名在编教师,均为大专及以上学历,其中本科学历的6人,大专学历的5人;小学高级教师7人(其中一名为省级优秀教师),小学一级教师3人。近年来,学校为了提高教师专业水平,更新教育观念,积极组织各级各类专业知识培训。学校在编在岗老师百分之百具有教师资格证书,各学科教师都接受过相关的专业技术培训。学校还以"业务学习、主题研究、反思交流"等活动开展校本教研活动,收到了良好效果,有效地提高了学校教育教学质量。

学校地址:岳屏镇前进村前进4队
邮编:421008
邮箱:28552907@qq.com
办公电话:13875732590
学校行政班子成员信息
校长:丁平辽(13875732590)

【雁峰区天后街小学】

雁峰区天后街小学依湘水之滨,回雁峰下,处繁华的解放大道和蒸阳大道的交会处,是一所历史悠久、传统优良、师资雄厚的全日制公立小学。学校创办于1929年,1977年被定为衡阳市对外开放学校,先后接待过来自日

本、德国等国共 10 余批外宾，并与日本川崎建立友好关系。学校一直以来秉承"以人为本，和谐发展"的办学理念和"面向生活育人，面向社会育才"的办学宗旨，锐意进取，不断改革创新，先后被授予衡阳市"一星级文明单位""现代化技术学校""心理健康教育先进单位""示范家长学校"以及雁峰区"文明学校""教育教学常规管理优秀单位""教育教学先进单位""先进基层党组织""优秀党支部""先进教育工会""计生先进单位"等光荣称号，是教师幸福工作和学生全面发展的和谐乐园。

近年来，学校锐意改革创新，积极探索特色兴校之路，逐渐形成了自己的办学风格和特色，学校开展的爱国主义教育课程丰富了学生的爱国主义知识，培养了学生的爱国主义精神，爱国主义情感深入师生心中，既营造了温馨舒适的文化氛围，又起到了润物细无声的教育效果；正在不断完善的小班化办学模式，对促进学生行为习惯的养成，培养学生个性，挖掘学生潜能，确保学生全面发展等方面提供了有力的保障；葫芦丝、街舞、小合唱、英语、手工、小记者俱乐部等多种形式的第二课堂活动开展得如火如荼，深受师生、家长们的喜欢，成为雁峰区学校特色创建中的一道亮丽风景。

学校现已成为一所功能齐全、设备先进的现代化小学。壮观实用的教学楼、秀美葱茏的绿化带、高速互联的校园网、充满文化气息的校园环境，立体折射出学校深厚的文化底蕴。带电子白板的现代化教室、会议室、电脑房、语音室、多媒体教室、音乐室、美术室、劳技室、图书室、阅览室、实验室、仪器室等多功能教室一应俱全。

学校地址：衡阳市雁峰区天后街 5 号
邮编：421000
邮箱：thjxx2008@126.com
办公电话：0734－8225599
学校行政班子成员信息
校长：丁三洋（13762401145）
副校长：丁魏（13973423355）

【雁峰区铜桥港小学】

雁峰区铜桥港小学创办于 1970 年，其前身为衡阳地区砖瓦厂子弟学校；1984 年至 1986 年为衡阳市床单厂子弟学校；1987 年至 1999 年 10 月为衡阳啤酒厂子弟学校；1999 年 11 月至 2005 年 5 月 31 日为燕京啤酒衡阳有限公司子弟学校；2005 年 6 月至今，学校更名为雁峰区铜桥港小学。

学校位于白沙洲铜桥港，东临湘江，南临白沙工业园，占地面积约 5349.3 平方米，建筑面积 900 余平方米，校园内树木葱茏，环境幽静，是理想的求学之所。学校是一所九年制义务教育小学，现有一至六年级 6 个小学教学班。现有教师 13 人，其中小学高级教师 11 人，小学一级教师 2 人；本科学历的有 2 人，大专学历的有 10 人，中专学历的有 1 人。

学校坚持学校教育以教师为本，坚持教师教学以学生为本，坚持学生学习以自主、合作、创新为本。学校以"教学质量好、学校有特色、教师有特点、学生有特长"为办学目标，赢得了家长、社会和上级领导的广泛赞誉。2011 年度学校领导班子被雁峰区教育文化体育局评为优秀领导班子；2012 和 2014 两个年度分别荣获全区教育质量先进单位。铜桥港小学全体师生将以"崇德、尚智、强体、笃行"的校训自律，为创造学校辉煌的明天而不懈奋斗。

学校地址：雁峰区铜桥港 126 号
邮编：421007
邮箱：tqgxx2008@126.com
办公电话：0734－8400603
学校行政班子成员信息
校长：高忠和（13875613984）
党支部书记：杨冬至（13975460153）

【雁峰区五星小学】

雁峰区五星小学坐落在雁峰区五星管区三组，创办于 20 世纪 70 年代，为一所完全小学。现有教师 10 人，都具有本科学历，学历达标率为 100%，具有中级职称的教师 4 名；学生 96 人，6 个教学班。

学校环境舒适宜人，总面积为 2808 平方米，校舍总面积 1666 平方米，绿化面积 607 平方米，体育场地面积 1600 平方米。仪器室、实验室、图书阅览室、音乐教室、美术教室、体育室、电脑语音室、多媒体室等功能室一应俱全，设备配套齐全，建好了班班通、校园局域网，实现了资源共享。2011 年学校创建湖南省合格学校，2012 年成为衡阳市现代教育技术实验学校。

学校坚持"以人为本，植根基础，因材施教，发展潜能"的办学理念，以"办人民满意的学校"为办学宗旨，以"打造人文和谐的书香校园，培养全面合格人才"为目标，极力营造"崇德、至诚、勤奋、拓新"的校风，努力追求温馨的育人环境、优质的师资队伍、科学的学校管理、喜人的教育质量。

近年来，学校以校本教程——《古诗词》和《弟子规》为依托，整合德育教育，大力开展"诵读经典，传承文明"活动，逐步形成"国学伴成长，书香溢校园"的教育特色。学校还以养成教育为主线，与孝德教育相结合，开展活动，培养学生良好的养成习惯。2012 年，学校被评为雁峰区"教育教学质量优秀单位"。2013 年，学校被评为雁峰区"教育教学常规管理优胜单位"和"教育教学质量优秀单位"。

学校地址：雁峰区湘江乡五星管区三组

邮编：421007

邮箱：hyswxxx@163.com

办公电话：0734－8227686

学校行政班子成员信息

校长：徐志红（13875748146）

【衡阳市湘江农场子弟学校】

衡阳市湘江农场子弟学校现坐落在湘江河畔，白沙工业园金龙坪安置小区内，原名金龙坪小学，为一所村办小学，后归属湘江农场，更名湘江农场子弟小学，区划调整后，隶属雁峰区教育文化体育局。学校占地面积 1250 平方米，建筑面积 850 平方米，有教学楼一栋，各功能馆室配备较全，设施先进，能较好地适应现代化的教学需求。学校体育设施设备、器材齐备，充分满足小学生活泼好动、强身健体的需要。

学校拥有 6 个教学班，是一所完全小学，在校学生 106 人，在农村小学生源普遍锐减的形势下，稳中略升。现有在编在岗教师 10 人，其中大学本科学历的 4 人，专科学历的 6 人；小学高级职称的 6 人，中学二级职称的 1 人，小学一级职称的 3 人，教师平均年龄 30 多岁，是一支年轻化、知识化、专业化的教师队伍。

学校坚持"为学校可持续发展创造条件，为学生终生发展奠定基础"的办学理念，以"诚信尚礼，博学创新"为校训，着力营造"文明、和谐、求真、向上"的校风、"博爱、严谨、敬业、创新"的教风和"博学、慎思、明辨、笃行"的学风，以构建"书香校园，活力校园"为办学特色。

近年来，学校教师参加市、区级教学比武和专业知识竞赛，均获得较好成绩。教师的教育教学论文有近百余篇在国家、省、市、区级获一、二等奖。教师积极参加国家、省、市级骨干教师培训，大多都被授予"优秀学员"称号。学生参加市、区级学科竞赛，都有较好的表现。

根据教育发展规划，并经衡阳市雁峰区和白沙洲工业园协调，为融合教育资源，最大限度发挥区域教育优势，学校将再征地 40 亩，建成一所国际化的实验小学。

地址：衡阳市白沙洲工业园金龙安置小区

邮编：421007

邮箱：xjncxx@126.com

办公电话：0734－8494682

学校行政班子成员信息

校长：彭楚梅（15897344945）

【雁峰区雁城路小学】

雁峰区雁城路小学坐落于南岳第一峰旁，学校创办于 1957 年，是一所中等规模的完全小学，校园占地面积 2600 平方米，建筑面积 3686 平方米，现有教学班 7 个，在校学生 303 人。学校有在编在岗教职工 19 人，其中小学高级教师 13 人，小教一级教师 6 人；本科学历的 9 人，占全校教师总数的 47%，大专学历的 10 人，占全校教师总数的 53%；语文、数学学科教师各 6 人，英语、音乐、品德、美术、电脑、科学、体育学科教师各 1 人；在职教师的学历、普通话、计算机等级合格率都达 100%。

近几年来，学校围绕"创建合格学校，办人民满意教育"的办学目标，形成了一套完善、科学、规范、系统的管理制度，培养了一支敬业、爱生、严谨、笃学的师资队伍，造就了一个勤学、善思、活泼、向上的学生群体。学校坚持"以人为本，务实创新，特色立校，科研兴校"的办学指导思想，秉承"乐学善思，敏锐创新"的校训，内抓管理，外树形象，教育教学各项工作取得了长足的发展：学校从自身实际出发，开发了以安全教育为主题的校本课程，常年聘请雁峰派出所的民警担任学校法制安全副校长，在全校师生的大型集会上进行法制安全知识讲座，不定期地开展法制安全板报展，让学生进一步了解法制安全知识，知道其重要性；学校还积极邀请交警来校给学生讲解交通安全法规，并组织孩子们亲身体验"交通疏导员"一职；组织学生观摩自救和自我保护训练，有计划地开展消防疏散演练和防震疏散演练……学校艺体工作也颇具特色，成立了学生陶笛、手工制作、绘画、英语、体育等兴趣小组，经常开展演讲、征文、歌咏比赛等丰富多彩的活动。校舞蹈队、田径运动队，连年在各级各项比赛中荣获佳绩，创雁峰区艺体工作一流水平，逐步形成了学校艺体工作特色。

近年来，学校先后获得"湖南省安全文明示范校""衡阳市现代教育技术实验校""衡阳市示范家长学校""雁峰区文明学校"，多次被授予"雁峰区社会治安综合治理先进单位""雁峰区先进党支部""雁峰区优秀领导班子""雁峰区中小学教育教学常规工作优良单位"等光荣称号。

学校地址：衡阳市雁峰区接龙村 2 号
邮编：421001
邮箱：ycxx_2008@126.com
办公电话：0734－3134350
学校行政班子成员信息
校长：姜力渝（15273486662）
党支部书记：钟琴（13975403322）
副校长：王彦斐（18073419688）

【雁峰区中南路小学】

雁峰区中南路小学坐落于风景秀丽的回雁峰下，傍依蜿蜒浩渺的母亲河——湘江。学校创办于 1929 年，是一所文化底蕴深厚，人才辈出的历史名校。现有教学班 25 个，学生 1200余人，教职工 60 余人。学校省、市级骨干教师达 30 余人，其中黄植芳老师被评为"全国优秀教师""全国优秀班主任"，青年教师周洁入围"感动衡阳十佳教育人物"，徐孟娟、吴晖丹老师被评为"衡阳市优秀班主任"。

学校教学设施一流，图书馆、仪器实验室、计算机网络教室、音乐舞蹈室等功能馆室一应俱全，均按湖南省Ⅰ类标准配备；并建立了先进的校园网络系统，120 兆专用光纤环境使学校有机地将学科与网络教育资源进行整合，引领教学迈上新台阶。

在"以人为本，以质为本，以优为本，以特为本"的办学理念指引下，学校以"让每一个学生基础扎实，让每一个学生习惯良好，让每一个学生全面发展，让每一个学生学有所长"为目标，率先在全区学校开展精细化管理改革，把教职人员作为精细化管理的主体，以抓住教师管理这一核心来带动学校全盘工作，取得了良好的效果。学校先后被授予"湖南省红领巾示范学校""湖南省现代教育技术实验学校""湖南省'十一五'现代教育技术重点课题实验学校""湖南省经典诵读特色学校""湖南省规范汉字特色学校""湖南省《贯彻体育工作条例》优秀学校""湖南省安全文明校园""衡阳市三星级文明单位""衡阳市教研教改实验学校""衡阳市规范化完全小学""雁峰区新课程改革样本学校"等荣誉称号。学校开展的"读书与实践有机结合，促进小学生综合素质发展"课题荣获湖南省第六届基础教育科研成果三等奖；湖南省现代教育技术"十五"重点课题"小学语文媒体资源的开发与应用"子课题荣获湖南省优秀奖；市级课题"小学生发展性综合评价研究"荣获衡阳市一等奖；湖南省现代教育技术"十一五"课题"网络技术优化校园文化建设研究"获湖南省二等奖。

学校地址：雁城路 21 号
邮编：421001
邮箱：znlxx2008@126.com
办公电话：0734－8156799
学校行政班子成员信息
校长：邓湘（13575144237）
副校长：周治轩（13187308061）
副校长：华瑾（13786411961）

雁峰区主要幼儿园基本情况一览表

名称	园长	办公电话	地址
雁峰区贝乐家幼儿园	何金香	13575288285 0734－8238181	雁峰区白沙街道塑田管区第四小组
雁峰区米奇幼儿园	封忠玉	13786478633 0734－8662057	雁峰区 1 号铁工校内米去幼儿园
雁峰区金娃幼儿园	成激	18607348314 0734－8202359	雁峰区中山南路仙姬大厦二楼
雁峰区好好幼儿园	张瑜	13873430803	雁峰区南郊大道紫星园小区 19 号
雁南幼儿园	曾艳	13297348640 0734－2413619	雁峰区白沙洲广场
雁峰区春岚幼儿园	王裳	18507341029 0734－2576766	雁峰区白沙洲欧水玲 55 号
德馨幼儿园	陶慧	13789369602 0734－8461176	雁峰区纺织新村
雁峰区名人幼儿园	王益梅	15873447277 0734－8474155	岳屏镇前进 9 组
雁峰区星峰幼儿园	彭双红	13974741716 0734－8376096	雁峰区雷公塘 17 号
衡阳市示范托儿所	肖岳屏	18973405266 0734－8222456	雁峰区苏眼井 2 号
雁峰区红旗中心幼儿园	续玲	15211399399 0734－8326488	雁峰区黄茶岭街道红旗村店
雁峰区白沙洲兰芳幼儿园	唐芳华	15800586718 0734－2413471	雁峰区白沙洲兰芳幼儿园
雁峰区兰芳第二幼儿园	唐芳华	15200586718 0734－8453830	雁峰区丁家牌楼雷达区
雁峰区白沙幼儿园	唐芳华	15973483358 0734－8124248	雁峰区白竹皂 1 号
雁峰区岳屏镇中心幼儿园	王园辉	15197486052 0734－2400707	雁峰区岳屏镇车铜 65 号
中国人民解放军 76110 部队幼儿园	杨小怡	13575154681 0734－8481263	雁峰区黄茶岭 76110 部队幼儿园
雁峰区星峰德源幼儿园	李瑶	13762413343 0734－8150606	雁峰区德源小区
雁峰区体艺幼儿园	彭彩云	18907472622 0734－8579393	雁峰区黄茶岭 93 号
雁峰区同乐幼儿园	陈湘伟	13707341838 0734－8432698	雁峰区黄白路东洲水岸 16 栋同乐幼
雁峰区天马山幼儿园	徐秋玲	13575155806 0734－2599156	雁峰区苏眼井路 12 号
衡阳师范学院幼儿园	梁继芳	13469112878 0734－8484930	雁峰区黄白路 165 号
雁峰区金桥幼儿园	成芳	18397751029 0734－8192820	雁峰区岳屏镇罗金桥 41 号

续上表

名称	园长	办公电话	地址
雁峰区花雨幼儿园	周珈丽	18907472205 0734－8152066	雁峰区雁城路 23 号
雁峰区可可幼儿园	颜光明	18216057076 0734－8227996	雁峰区先锋路 5 号
雁峰区亲亲宝贝早期教育中心	刘红芳	13974701598 0734－8255466	雁峰区广场路 39 号
雁峰区玲慧幼儿园	刘元玲	13467770901 0734－8402017	雁峰区联盟山 108 号
雁峰区丁丁体育幼儿园	周岚	18711436055 0734－8153483	雁峰区先锋路 105－4 号
衡阳市人民政府机关一幼儿园	—	0734－8225908	雁峰区先锋路 95 号
雁峰区新白沙幼儿园	王珍琳	13307471205 0734－2453511	雁峰区袁家村 73 号
雁峰区苗成幼儿园	欧阳溪	13378043029 0734－2545719	雁峰区黄茶路 11 号
雁峰区蓓蕾幼儿园	彭芳香	0734－2580736	雁峰区雁城路金田村
雁峰区金宝贝早教中心	朱明	18692045559 0734－8166222	雁峰区蒸阳南路 2 号崇尚百货 2 楼、3 楼
雁峰区雁峰幼儿园	王益梅	13875666062 0734－8157738	雁峰区天马山南路 22 号
雁峰区三〇一幼儿园	蔡振兴	13574788222 0734－8877173	雁峰区罗金桥 301 大队原职工乐园
雁峰区飞天幼儿园	胡海玲	15886464256 0734－8404782	雁峰区丁家牌楼锦绣山庄旁
雁峰区小博士幼儿园	王柱贵	13973463901 0734－2578056	雁峰区天马山街道天马山巷
雁峰区哆唻咪幼儿园	谢建平	1623726898 0734－3120567	雁峰区茶园村
雁峰区飞天吉星幼儿园	汪雯	13875602532 0734－2575778	雁峰区环城南路 16 号
雁峰区小天使幼儿园	李娇丽	18073415038 13873473053	雁峰区岳屏镇罗金桥 14 号
雁峰区东方瑞吉欧幼儿园	刘艳	8961819 0734－8961819	雁峰区东方瑞吉欧幼儿园
雁峰区前进幼儿园	唐金花	13807347862	雁峰区岳屏镇前进村三组
雁峰区兴华幼儿园	滕美	15200501839 0734－8431118	雁峰区蒸湘南路隆桥二组
雁峰区彩虹城幼儿园	张玲慧	0734－8290590	雁峰区红旗六组
雁峰区多多幼儿园	尹郴桂	15873456962 0734－8415680	雁峰区小塘铺路 5 栋 1 号
雁峰区宝宝乐幼儿园	刘艳	13873492213 0734－8411055	雁峰区湘江乡五星村
雁峰区金童子幼儿园	周志英	18975431173 0734－8192418	雁峰区白沙工业园金龙小区

续上表

名称	园长	办公电话	地址
雁峰区江洲花园幼儿园	龙喜雁	18573422871 0734－8882889	雁峰区湘江南路 123 号
雁峰区星升幼儿园	戴仁礼	18975429685 18975429685	雁峰区南郊大道塑田六组
雁峰区体艺金桥幼儿园	彭彩云	18907472622 0734－8125778	雁峰区岳屏镇前进九组
雁峰区奇峰幼儿园	蒋运粮	15073425590	雁峰区奇峰村
雁峰区圣鲁斯幼儿园	—	—	雁峰区变压器厂综合楼

第十二章 石鼓区教育风采

石鼓区教育概况

石鼓区是一个历史古区、文化大区、教育强区，同时又是衡阳市的金融、交通、商贸中心，因境内有北宋时"四大书院"之一的石鼓书院而得名，文化底蕴厚实，素有尊师重教传统。石鼓区教育文化体育局具体负责全区教育、文化、体育工作。石鼓区共有中小学 35 所，其中公办小学 27 所、民办小学 5 所、农村初中 3 所；在校学生 17769 人，其中小学生 16514 人、初中生 1255 人；幼儿园 44 个，其中公办幼儿园 12 所、民办幼儿园 32 所；在园幼儿共 6808 人，专业幼儿教师 503 人。

近年来，石鼓区委、区政府大力实施教育优先发展战略，以办人民满意教育为宗旨，以建设教育强区为目标，加快推进教育改革与发展，全区的教育质量持续攀升，办学条件明显改善，队伍素质不断提高，取得了较好的成绩。全区先后荣获"全国中小学艺术展演优秀组织奖""全国学校艺术教育工作先进单位""湖南省推进义务教育均衡发展工作先进县（市、区）""2012 年度湖南省学前教育三年行动计划实施工作先进县（市、区）""2013 年两项督导评估考核""教育强县（市、区）视导优秀单位""2014 年湖南省十二运会突出贡献奖"，2015 年两项督导评估考核获优秀等次，并顺利通过教育强县（市、区）评估验收，2015 年以全省第一名的成绩顺利通过全国义务教育发展基本均衡县（市、区）评估认定。石鼓教育已成为衡阳教育一张闪亮的名片。

地址：石鼓区石鼓路 66 号
办公电话：0734 - 8177116
网址：www. sgjy. net
邮政编码：421000

● 石鼓区教育文化体育局领导班子成员
党委书记、局长：谢炜
党委委员、教育督导室主任、副局长：魏宏志（0734 - 8177108）
党委委员：张东亚（0734 - 8177118）
党委委员、副局长：肖锋（0734 - 8177118）
党委委员、副局长：张超群（0734 - 8177128）
文化产业发展办公室主任：谢宏伟
全民健身中心主任：李朝晖
副科级督学：陈巧梅

石鼓区教育文化体育局内设机构及二级机构职能

【办公室】
主要职能：综合协调局机关重要政务、事务，管理机关内部事务；负责全局性会议的组织和安排；负责全局性综合文字工作及重要文件的起草和发文审校；负责文件的收发、归档和信息网络、保密、信访等工作；负责综合全区教育、文化、体育动态、信息及图书、报刊的发行工作；负责机关车辆管理和后勤服务等工作；负责教育、文化、体育改革与改革战略研究，并就重大问题进行政策调研，提出意见和建议，为领导决策提供政策、法律服务；做好党务、工会工作和局中心组学习等工作。

【纪检监察室】
主要职能：协助局党委加强党风廉政建

设,会同相关部门开展反腐败宣传和调研工作,监督检查党风廉政建设责任制的落实情况;严肃政治纪律,确保政令畅通,调查和监督处理教文体系统管理的监察对象违反国家政策法规以及违反政治纪律、工作纪律的行为;监督学校收费工作,开展本系统的纠风工作;负责调查并处理局党委管理的党组织和党员干部违反党纪的案件;调查并处理全区教职工违反行政纪律、师德师风规范和损害群众利益的案件;受理个人或单位对监察对象违法行为的检举、控告;指导并完善全区教育系统纪检监察网络建设。

【政策法规股】

主要职能:负责教育文化体育工作政策法律法规的研究实施;做好中小学法律宣传教育工作;开展教育普法宣传活动;开展创建"依法治校示范校"和"安全文明校园"活动;探索建立学校、家庭、社会三位一体的青少年法制教育网络;负责本级教育、文化、体育行政复议、行政诉讼应诉工作;负责对局机关干部职工及直属单位进行法制教育。

【宣教信息中心】

主要职能:负责全区教育文化体育工作的对外宣传、信息发布工作;负责石鼓教文体网站建设;负责数字石鼓建设的相关工作;负责无纸化办公各项工作。

【教育督导股】

主要职能:落实湖南省、衡阳市教育督导政策措施,统筹指导全区教育督导工作;组织开展教育督导评估与监测工作,对同级部门和各级各类学校实施教育督导评估与监测;建立并实施各级各类学校党政主要领导教育工作约谈制度,对督导评估中发现重大问题的责任单位和责任人提出问责意见;根据督导条例,聘任区级督学;对教育工作中的热点问题进行专项督导和调查研究;发布各项教育督导报告和公告;承担石鼓区委、区政府和上级教育督导部门交办的其他事项。

【学校及周边环境综合治理办公室(加挂校车管理办公室的牌子)】

主要职能:贯彻落实上级综治委有关综合治理的方针、政策;对学校及周边治安综合治理工作做出规划,协调有关职能部门积极开展

学校及周边治安综合治理工作;指导督促学校加强安全隐患的排查及整改和矛盾纠纷的排查及调处工作,协调各有关业务股室依法妥善处理突发事件;分析掌握衡阳市教育系统治安状况,建立情报信息网络并及时上报;总结推广学校及周边治安综合治理、学校安全工作典型经验,行使学校安全工作一票否决建议权;办理上级交办的学校周边治安综合治理工作有关事项;负责全区校车管理政策的制订、实施,负责校车服务公司的日常管理。

【计财审计股】

主要职能:负责制订全区教育事业发展的中长期规划及年度计划,并协调组织实施;负责中小学布局调整、危房改造和标准化校舍建设;统筹协调并制订全区中小学招生计划,并监督实施;负责和管理局直属单位的基建、维修计划、资金安排及有关基建数据的统计等工作,负责组织局直属单位基建项目的预决算;指导全区各学校教育经费的年度预决算,负责局本级教育经费年度预决算,并及时领拨资金;依法检查监督教育经费的筹集和使用情况及教师工资发放情况,并协调有关部门组织实施政府采购等工作;负责统筹管理省、市下拨的教育、文化、体育经费和各种捐赠款;根据上级有关收费政策,制订中小学、幼儿园的收费标准和管理办法;负责全区教育、文化、体育事业基本信息的统计、分析、发布;指导学校的后勤管理工作,并负责监督管理教育系统的国有资产及有关制度的制定;指导、协调全区勤工俭学等工作;参与教育信息化建设,指导教育技术装备等工作;负责本单位及全区所属单位的内部审计工作,并对有关问题提供咨询服务;负责全区教育系统财务人员的培训工作。

【人事师训股(加挂语言文字工作办公室牌子)】

主要职能:统筹规划并指导学校教师和教育行政干部队伍建设工作;负责机关和区属事业单位的人员编制、考核、奖励、劳动工资福利等有关工作;负责教育系统教职工的录用、调配工作;组织实施教师资格证书制度和教师聘任工作,负责教职工职务评聘工作,负责特

级教师推荐评选工作；考察、推荐和调配局属单位的领导干部；负责局机关及直属单位离退休干部的管理工作；规划和指导中小学教师培训工作，负责组织和实施新教师上岗前培训和在职中小学、幼儿园等教师的学历培训及继续教育(含信息技术、基础教育新课程、新大纲培训、考试)等工作；负责学校学科带头人和青年骨干教育的考核、认定和培养的工作；负责教育系统中小学校长、幼儿园园长和其他管理人员的业务培训工作；指导社会力量及厂矿企事业举办的教师队伍培训工作；负责贯彻落实国家语言文字工作方针、政策；负责全区普通话培训、测试工作。

【基教民教股】

主要职能：综合管理全区义务教育阶段中小学教育、特殊教育和幼儿教育工作，参与制订全区基础教育发展规划；组织实施"普九"和素质教育；指导中小学教育教学改革并负责对学校教育教学质量进行评价；指导和管理中小学、学前教育、特殊教育的德育、体育、艺术、劳技、科技、法制、社会实践、信息技术教育等工作；审核中小学教材、教学配套用书；制订全区未成年人思想道德建设规划并实施；指导全区中小学校共青团和少年先锋队工作；指导学校的校园文化建设；负责全区小学学籍管理、小学入学范围的划分和组织中小学竞赛等活动；检查、督促、规范学校的办学行为；协调基础教育科研工作、教育装备等工作；归口管理全区的民办小学、学前教育、短期培训机构，拟定全区社会力量办学的发展规划及有关政策规定；负责企事业组织、社会团体、其他社会组织及公民个人利用非国有财政性教育经费，面向社会举办的小学、学前教育、短期培训机构的审批及年检、评估工作；负责全区社会力量举办的小学、学前教育、短期培训机构的有关招生广告(简章)的审核工作；指导全区社会力量举办的小学、学前教育、短期培训机构的校园校舍、图书馆(室)、教育技术装备和教师队伍等方面的建设；负责全区民办教育机构的安全监管及自购校车的审批登记和日常监管；协调处理全区社会力量举办的初中、小学、学前教育、短期培训机构办学中出现涉及全局性的有关问题；负责石鼓区社会力量办学

协会日常工作。

【体卫艺股】

主要职能：全面负责和指导全区中小学的体育工作、体育教学、体育竞赛；全面负责全区中小学卫生、疾病防疫、健康教育教学工作；负责全区学校的食品卫生安全工作；全面负责全区中小学的音乐、美术教育教学工作；全面负责全区群众体育、全民健身活动、社区体育指导员培养工作；全面负责全区业余训练和指导、体育后备人才的培养；负责全区学生健康体质检测和国民体质监测工作；全面负责全区中小学青少年红十字会和国防教育工作。

【职教成教办公室】

主要职能：综合管理与协调全区的职业技术教育、成人教育等工作；负责制订职业技术教育、成人教育发展规划与管理措施，并组织实施；指导职业教育和成人教育的教育教学改革和检查、评估等工作；归口管理社会力量及厂矿企事业单位举办的各类职业和成人教育的业务工作；协调做好毕业生就业指导工作；负责自考、成人高考的报名和自考学籍管理等工作。

【行政审批服务股(加挂教育阳光政务中心牌子)】

主要职能：负责本单位对企业和个人办理行政许可、行政确认、行政征收、行政给付、其他职权(核准、备案、年检)等行政审批和管理服务事项的受理、审核或审批和送达；负责组织协调行政审批和管理服务事项的调研论证；负责有关行政审批和管理服务事项的政策咨询、政务公开工作；负责与本单位承担行政审批和管理服务事项事中事后监管职能股室的沟通协调，并做到信息共享；负责行政审批和管理服务事项办理资料归档和信息统计工作；负责与石鼓区政务服务中心的协调联络，接受石鼓区审改办、法制办、政务服务中心的监督指导。

【教育研究室】

主要职能：根据教育改革和发展的需要及石鼓区教育的实际，开展学科素质教育的研究和其他教育教学课题研究；协助上级科研部门做好石鼓区中小学教育教学研究课题的申报、管理、指导、鉴定和验收工作；根据国家规定

及全区中小学教学的管理,研究教育思想、教学理论、课程标准、教学内容、教学方法、教学手段和学科教学评价等,组织教改实验,探索教育教学规律,推动教学改革和教育发展;指导全区中小学教师和教育教学教研工作,全面开展中小学教研教改,全面提高中小学教育质量;组织多层次、多形式的教学研究活动,帮助广大教师执行课程计划,钻研、掌握课程标准和教材,不断改进教学方法,总结和推广先进教学经验,努力提高课堂教学效益;负责基础教育课程改革的具体实施和监测,做好资料的收集工作;按照上级教育行政部门的要求,组织实施对教师教学过程的管理和学科教学的检查评估,规范教学行为,促进教学质量的提高;领导、组织各学科教研会工作,充分发挥教研会作用,指导各区属中小学教学专干开展工作;加强与各地教育教学研究机构的联系,收集、整理国内外教育教学资料信息,接受教育教学咨询,及时向广大教师提供服务;协助基教民教股进行教育教学管理;协助人事师训股进行教师队伍管理;负责指导全区学校现代教育技术装备、学校校园网建设、学校实验教学、信息技术教学、现代教育技术教学及教育教学应用与研究;落实全区教育技术装备的资产统计和数据上报;协调石鼓区其他部门做好教育文化体育门户网站和监督学校(网页)网站的建设。

【勤工俭学管理站】

主要职能:制订和实施全区勤工俭学、校办产业发展规划;组织和指导全区中小学勤工俭学工作,进行财务监督检查,汇总统计报表和处理日常工作;制订和实施全区学校劳动实践场所建设发展规划及建设标准,指导全区中小学劳动实践场所建设工作,采取得力措施重点扶持农村学校尤其是薄弱学校因地制宜、因校制宜开展勤工俭学,发展校园经济;负责学校食堂的日常管理工作;配合有关部门开展对学校后勤的安全、卫生和质量监督,构建和规范学校消费市场体系,强化安全工作,督促全区中小学按照上级要求落实安全责任制,着力构建学校安全防范风险转移机制;组织开展勤工俭学、校办产业的理论研究,推动全区勤工俭学、校办产业工作的持续健康发展。

【教育捐赠资助中心】

主要职能:全面贯彻落实国家、省、市关于资助家庭经济困难学生的方针、政策,参与并提出本区各级各类学校资助家庭经济困难学生的相关政策和资助家庭经济困难学生的实施办法;拟定资助经济困难学生工作的业务程序,收集掌握全区各类学校家庭经济困难学生的信息,并提供咨询服务;负责指导、监督、检查区内各级各类学校国家助学金发放和国家资助政策落实情况,做到精准资助;负责学前教育家庭经济困难学生资助工作,学前困难幼儿的摸底、家访、资格审查工作;负责义务教育学校寄宿生生活费补助和免费教科书发放工作;负责中等职业学校资助工作;负责收集、整理、汇总户籍为本区家庭经济困难的高校在校学生信息,办理大学生生源地信用助学贷款的申请、认定、签订、初审、协调、催收、偿还等工作;负责户籍为本区的高校学生应征入伍服兵役学费补偿贷款代偿相关工作;指导各级各类学校建立贫困生资助工作档案,及时收集和掌握各级各类学校贫困生有关信息;多渠道筹措贫困生资助资金,组织和发动社会各界仁人志士、有关部门资助资困家庭学生,提出资助经济困难学生资金的分配使用方案;负责学生资助政策宣传工作和其他学生资助工作;完成上级交办的其他工作。

石鼓区主要学校信息

【石鼓区合江中学】

石鼓区合江中学坐落于合江路150号,濒临湘江之滨,交通便利。她是一所全日制初级中学,也是湖南省义务教育首批合格学校。学校于2006年8月由久负盛名的原西湖中学、原江雁中学合并而成。学校占地面积31.7亩,建筑面积8140平方米,有300米标准式环形跑道田径场。

学校现有在职在编教师 43 人,在校学生 400 余人。在职教师中,高级职称教师 13 人,本科及以上学历教师 36 人,学校师资力量雄厚。学校坚持"以德立校、质量强校、特色名校"的办学理念,发扬"自信自强,团结奋进,敢当第一,勇创一流"的精神,贯彻"从严管理、爱在其中"的管理理念,教育理念新,师资队伍精,科研风气浓,素质教育强,以和谐促发展,以质量铸品牌,办学目标明确,办学成果显著,中考总成绩多次荣膺衡阳市四城区区属中学第一名。学校先后被湖南团省委、衡阳团市委评为"五四红旗团组织",荣获"衡阳市三星级文明单位""衡阳市园林式单位""衡阳市消防安全教育示范校""衡阳市示范家长学校""石鼓区课堂教学改革优秀学校""石鼓区教学质量优胜单位""石鼓区目标管理考核先进单位""石鼓区优秀基层党组织"等。

学校校园环境整洁有序,教育教学秩序井然。校园花草相映,错落有致,幽雅清净,绿树成荫,实为莘莘学子求学之良好处所。学校将继续以强化管理为抓手,以教师队伍建设为着力点,以德育创新为新亮点,以和谐促发展,以质量铸品牌,通过自身努力,把学校办成一所全区领先、市内有影响力、有品位、有特色、有活力的区级重点实验中学。

地址:衡阳市石鼓区合江路 150 号

办公电话:0734 - 2580896

邮箱:695464963@ qq. com

邮政编码:421005

学校行政班子成员信息

校长:王四成(13575277263)

【石鼓区角山中学】

石鼓区角山乡中学坐落角山乡三星村,前身为 1905 年创办的燕翼学堂,历史悠久。学校秉承"厚德、博爱、笃学、强体"校训,致力夯实乡村教育基础。现有教职工 51 人,其中本科学历的 38 人,专科学历的 9 人;中学高级教师 8 人,中学一级教师 35 人。在校学生 520 人,教学班 12 个。

近三年政府投入建设资金 535 万元,兴建了教师周转房、食堂,改建了学生公寓,维修了教学楼,建有塑胶运动场,全面硬化、绿化、美化校园,校园环境干净整洁。两个校区均安装校园监控,实行封闭管理。学校拥有现代化的教学设施设备,实现班班通,建立了校园网站与局域网。

学校不断强化内部管理,积极完善管理制度,日常管理有条不紊。学校坚持德育为先,积极推行素质教育,大力推进课堂改革,促进教育质量提高。课外体育锻炼一小时、劳动实践基地、燕翼文学社、燕翼学子志愿者服务队等特色分明,成为学校亮丽风景线。在衡阳市九运会、十运会上,有 12 名学生获得金、银、铜牌。2015 年,陈子璇同学在湖南省中学生举重比赛中获第四名。近三年,学校教育教学质量稳步提升,在衡阳市农村学校综合办学指标中位居前列,社会声誉日益提高。

近年来,学校先后获得"湖南省劳动实践场所建设达标单位""湖南省优秀基层团组织""衡阳市园林式单位""衡阳市一星级文明单位""衡阳市教育科研先进单位""衡阳市示范家长学校""石鼓区社会综合治理先进单位"等荣誉称号。

地址:衡阳市石鼓区角山乡三星村高岭组

办公电话:8583408

邮箱:2548485931qq. com

邮政编码:421001

学校行政班子成员信息

校长:肖启亮(13975456363)

党支部书记:李家军(13974727861)

副校长:肖国庆(13973446369)

副校长:刘和平(13975432755)

工会主席:谭元龙(13973456336)

【石鼓区松木中学】

石鼓区松木中学是一所全日制公办初级中学,坐落于石鼓区黄沙湾街道松木片区黄家坳,位于 107 国道旁,距衡阳市中心城区约 9 公里。学校创办于 1968 年,2005 年原石鼓区新安中学并入学校。学校现有 8 个教学班,在校学生 350 余人。校园占地面积 20830 平方米,有教学楼、学生公寓和教师周转房各一幢。学校各项设施较为完善:实验室、仪器室、班班通、多媒体教室、学生电脑室、语音教室、音乐、美术、劳技教室等一应俱全;配备了图书室一间,藏书 15434 册,设置了教师阅览室、学生阅览室各一间;建设了 200 米环形体育运动场一个、篮球场两个，并配有体育活动室、体育器材室、卫生保健室各一间。学校现有专任教师37人，其中本科学历的30人，硕士研究生1人，学历合格率为100%；中学高级教师7人，中级职称教师25人，初级职称教师5人。

学校坚定地以"三个面向"为指导，科学发展各项工作，全面贯彻党的教育方针，全面推行素质教育，树立正确的教育观、人才观和质量观。学校始终坚持以德育为核心，秉承"励志、勤学、求实、创新"的校训，以学生的健康成长为学校工作的出发点和落脚点。

近几年来，在上级教育行政部门和当地政府的领导及全校教职工的共同努力下，学校发展进入快车道，各项工作取得了较大的成绩：2009年创建为湖南省义务教育合格学校，2010年通过湖南省现代教育技术装备学校验收，2014年度被评为"衡阳市二星级文明学校"，2015年被评为"衡阳市教育信息化示范校"，在2013年和2015年第二轮、第三轮两项督导评估中以优异的成绩通过湖南省督导小组的考核验收。历年来学校各项工作多次受到省、市、区各级表彰。

地址：衡阳市石鼓区黄沙湾街道松木片区黄家垅

办公电话：0734 - 8593627

邮政编码：421005

学校行政班子成员信息

校长：黄书彪（13974717950）

【石鼓区五一路小学】

已有101年办学历史的石鼓区五一路小学，有着深厚的文化底蕴，雄踞丘岗，绿树环抱，常年花香，环境优雅。学校现有18个教学班。在近百年的发展历程中，学校始终围绕"正德尚学，仁爱求真"八字校训，本着"育人为本，德育为先，仁爱爱人，教人求真，学做真人"的办学理念，为学生积淀丰厚的"仁爱"底蕴，把"自主学习、自我教育、差异发展"作为"求真"的目标，培养师生的科学素养，让"五千年古老文化蕴含于少少书课，一千个宝贵人才肇始于小小童年"。

近年来，学校先后荣获"教育部教师培训衡阳师范学院教学实践基地""衡阳市中小学教育科研单位""衡阳市中小学综合实践活动课程常态实施优秀学校""衡阳市级园林式单位""衡阳市十佳书香校园""衡阳市青少年科技创新大赛优秀单位""衡阳市中小学教育科研单位""衡阳市中小学综合实践活动课程常态实施优秀学校""衡阳市创造力培养示范校"等光荣称号。学校合唱队代表湖南省参加第四届中国少年儿童合唱节，获得"小黄鹂"杯；鼓号队参加全区鼓号队比赛荣获一等奖。

地址：衡阳市石鼓区望城路40号

办公电话：0734 - 8512099

邮箱：493782262@qq.com

邮政编码：4210010

学校行政班子成员信息

校长：何晓燕（13575253655）

党支部书记：杨伟飞（15211806888）

副校长：李怡丁（13507344009）

工会主席：刘晟（13873419109）

【石鼓区荷池路小学】

石鼓区荷池路小学创办于1956年，现拥有教学班18个，学生近千名，教师47人，学校师资力量雄厚。学校在品位提升、内涵发展的征程中，秉承其前身湘南学社的优良传统，因校制宜，以"高洁、雅学、正德、容让"为校训，以"沉根自养，和而不同"为学校精神，围绕"荷品和行"的建设主题，以"功能与审美"兼顾的环境文化、"精神与行动"并举的管理文化、"品赏与析悟"递进的活动文化、"传承与创新"结合的课程文化等四大支柱文化的建设为抓手，潜心打造"至清若晨，上美在荷，静水深流，天地人和"的"荷小"特色学校文化，努力构建师生共同成长的精神家园。

学校开展以"敬廉崇洁""诚信守法""勤俭节约""知感恩、懂忠孝"为主题的班队活动，引导学生通过动手、动口、动脑，强化学校以"洁"为美、以"浊"为耻的意识，逐步形成了广大师生遵纪守法、积极上进、廉洁奉公的道德意识氛围。

学校先后被授予"衡阳市规范化完全小学""衡阳市现代教育技术示范校""衡阳市教改教研示范校""衡阳市体育传统项目学校""衡阳市青年文明号""衡阳市学校管理先进单位""衡阳市三星级文明单位""衡阳市生态道

德实践活动最佳表现奖""衡阳市中小学每天一小时校园体育活动视频评比一等奖""石鼓区教育质量先进单位""湖南省语言文字规范示范校""湖南省规范汉字书写特色校""湖南省经典诵读特色校""湖南省中小学安全文明校园""湖南省红十字模范校""湖南省国家锻炼标准达标单位""湖南省模范教工之家""全国少儿工作先进集体""全国少年儿童'双有'优秀集体"等荣誉称号，在全国少年儿童"童心共筑中国梦、改革奋进我同行"主题教育活动中荣获"优秀集体奖"，在全国少年儿童"心中有祖国、心中有他人"主题教育活动中荣获"优秀集体奖"等。

地址：衡阳市石鼓区潇湘街 34 号

办公电话：0734－8711253

邮箱：1711826110@ qq. com

邮政编码：421000

学校行政班子成员信息

校长：刘东方（13367471332）

党支部书记：蒋佼倩（18974730141）

副校长：厉艳（18974702806）

工会主席：周晓钟（13875791210）

【石鼓区合江小学】

石鼓区合江小学成立于 2006 年 8 月，由原江雁机械厂职工子弟小学与合江街道友爱小学、五一小学三所学校合并而成，位于美丽的湘江之滨，与百年古塔珠晖塔隔江相望。学校占地面积约 8593 平方米，建筑面约 7195 平方米。学校现有一至六年级共 18 个教学班，在校学生 786 人，在岗在编教师 43 人。在岗教师中，中学高级教师 1 人，小学高级教师 31 人；教师大专及以上学历的 41 人，其中研究生 1 人，本科学历的 20 人。

学校把发展放在首位。2007 年以来，学校对办学设施进行全面维修改造，教学手段现代化。2008 年，学校被衡阳市教育局评为现代教育技术实验学校。

阅读大王、演讲大王、故事大王、作文大王、编创大王等"五大王"比赛活动，学校常抓不懈，打造学生良好品行，培育学生各种能力。

"阳光讲台"是展示学生积极进步、阳光向上风采的平台，是学校德育工作一张闪亮的名片。

全体教师爱岗敬业，锐意创新，学校管理与教学质量一年一个台阶。教学质量在石鼓区名列前茅，田径队、健美操队、鼓号队、美术兴趣小组等体艺兴趣小组活动，艺术节、体育节等节会活动，有力地推进了学校的素质教育，促进了学生全面健康成长。2010 年，学校顺利地通过了湖南省合格学校验收。

几年来，学校先后被评为"衡阳市现代教育技术实验学校""石鼓区文明单位""衡阳市文明单位""石鼓区教育教学目标管理先进单位""衡阳市'十一五'规划课题先进单位""石鼓区创先争优先进单位""石鼓区社会治安综合治理先进单位""衡阳市文明美德学校""衡阳市语言文字规范化示范校""衡阳市示范性家长学校"。

办学理念：全体发展，全面发展，和谐发展，持续发展。

办学目标：会做人，会学习，会生活，会健体。

校训：团结，高远，坚韧，担当。

核心价值观：为了学生，为了教育，为了社会。

教风：团结协作、谦虚谨慎、敬业奉献、为人师表。

学风：勤奋，多思，守纪，善问。

校风：务实，和谐，文明，快乐。

地址：石鼓区合江套路 195 号

办公电话：0734－8532161

邮箱：1347552478qq. com

邮政编码：421005

学校行政班子成员信息

校长：欧阳顺业（13575278565）

党支部书记：肖宛玲（13607347266）

副校长：邓满英（13507343561）

工会主席：谭新民（13875681376）

【衡阳市旭升小学】

衡阳市旭升小学是一所全日制民办寄宿小学，坐落在衡阳市石鼓区风景秀美的雁栖湖畔，创办于 1996 年。历史悠久的石鼓书院、车水马龙的青草桥、滔滔不息的湘江水，见证了学校的岁月变迁和发展崛起。学校占地面积 25 亩，建筑面积 13600 平方米，现有教学班 23

个,在校生千余人。学校拥有一支以宽容与关爱、尊重与鼓励、启发与引导著称的教师团队,并邀请北京师范大学教授、衡阳市特级教师与高级教师组成的顾问团队指导学校的课程教学和教师发展。

学校绿树掩映,鸟语花香,亭台楼阁点缀其间,教学设施先进,到处洋溢着教育现代化的气息:学校建立了校园网,每间教室都配有电子讲台等现代化设备,每位教师都配备了笔记本电脑,实现了多媒体教学、无纸化办公;校园网络、广播站、微机室、语音室、实验室、音乐、舞蹈、书画等专用教室俱全,配套设施完备。

师生公寓卫生设施齐全,24 小时热水供应,内装空调、电话。校园内充满了人性的关爱和孩子的欢笑。学校办学至今,一直以"文化立校、特色强校"为办学思想,挖掘与发展校园阳光文化内涵,以生命教育、创新教育、国学教育、足球教育为学校特色,实施多元化、开放式教学,确立了培养学生具有"独立的生存能力,真挚的情感世界,规范的德行准则、多艺的特长基础,负责的处世态度,科学的创造意识,自主的求知能力,自强的进取精神"的教育目标,为学生的人生打好基础,办学实绩已赢得了社会、家长的一致好评。学校已步入良性循环发展的轨道,充满可持续和稳步发展的活力。

地址:衡阳市石鼓区建设新村 45 栋

办公电话:0734 - 2567518　　0734 - 2567517

邮箱:738522151qq.com

邮政编码:421001

学校行政班子成员信息

董事长:谢宜伶(13575239688)

校长:周萍(13907344088)

副校长:何敏(13786474303)

【石鼓区建设新村小学】

石鼓区建设新村小学创建于 1985 年,毗邻湘江与蒸水交会处的衡阳名胜古迹石鼓书院,位于石鼓区建设新村 65 栋,北邻建设路,西至雁栖桥。2011 年 9 月为整合和优化教育资源,学校与原望城路小学合并,综合实力大大增强。学校现有教职工 45 人,17 个教学班,学生 854 名。学校占地面积 5741 平方米,校舍面积 5002 平方米,绿化面积 1356 平方米。目前,学校建有高标准的计算机室、图书室、音乐室、美术室、实验室、仪器室、体育器材室、综合档案室等各种功能室,拥有标准的环形跑道、硅 PU 球场。学校布局合理,大小花坛分布在道路场馆周围,绿树花草掩映其中,10 个特色宣传橱窗伫在校园醒目处,整个校园宛如幽雅宁静的公园。

在多年的办学积淀中,学校取得了令人瞩目的成绩,先后被评为"湖南省安全文明校园""湖南省公共机构节能示范单位""湖南省依法治校示范校""衡阳市三星级文明单位""衡阳市抗震减灾科普教育示范校""石鼓区新课程改革示范校""石鼓区先进基层党组织""石鼓区综合治理先进单位""石鼓区家长学校示范校"等。学校在石鼓区教育目标管理考核中,多年蝉联"优秀学校"奖,连年受到石鼓区政府的表彰。

办学理念:尚学博爱,阳光幸福。

办学精神:以人为本,以德为魂。

校训:自信自强,尚善尚美。

校风:德先于智,笃志励学。

教风:以生为本,善诱善导。

学风:以学为乐,边学边做。

办学理想:学生向往,教师幸福,社会满意。

地址:衡阳市石鼓区建设新村 65 栋

办公电话:0734 - 8511313

邮箱:945274361@ qq. com

邮政编码:421001

学校行政班子成员信息

校长:程华(13873453158)

党支部书记:黄银香(13974777363)

副校长:宾莉(18974788626)

工会主席:胡亚非(13762413358)

【石鼓区西湖小学】

石鼓区西湖小学由广东佛山弗平格氏服饰有限公司独资举办,土地及校舍属公司所有,固定资产 3982 万元。学校在石鼓区易赖街 140 号,实行理事会领导下的校长负责制。弗平格氏服饰有限公司总经理罗德平先生为理事长、学校法人代表。学校聘请严洪涛先生为学校教育总监、执行理事;聘请黄红英女士为校长、理事会成员，全面负责学校行政和教育教学管理工作。目前学校聘用 31 名教职工，其中专职教师 19 人，均为大专及以上学历和具备教师资格证；管理人员 5 人。学校设教导处、后勤处、财务室、党小组及工会和少先队组织。学校创办一年多来，以精致高雅的校园文化、风格鲜明的办学理念、丰富多彩的高效课堂、爱生如子的教育情怀，赢得了社会广泛关注与赞许。学校充满祥和清新、欣欣向荣的发展活力。

地址：衡阳市易赖街 140 号

办公电话：0734 – 8160336

邮箱：593420346@ qq. com

邮政编码：421001

学校行政班子成员信息

校长：黄红英（18773411221）

【石鼓区下横街小学】

石鼓区下横街小学创办于 1955 年，占地面积 6667 平方米。目前，学校拥有 18 个教学班，在校学生 997 人，在编教师人数 47 人，各学科均有相关专业毕业的专任教师。学校教师 100% 获得合格学历。

学校设有实验室、仪器室、体育室、音乐室、美术室、卫生保健室、电脑室、图书室、大队活动室等功能教室。每间教室配备了电子白板、电子讲台、投影仪、实物投影仪等现代化教学设备。学校布局规范合理，校园环境优雅，师资力量雄厚，管理科学严谨。

在多元化评价思想的指导下，学校非常注重培养学生的个性特长，建立了"一校一品"工程，筹建了乒乓球训练馆。通过丰富多彩的活动，全方位展示学生才能，培养学生的综合素质。

学校推出了"心"文化，谱写了"心"之歌，围绕"心"文化，开展了一系列"心"活动，通过这些活动的开展，帮助全体师生从"心"出发，做个有"心"之人，养成良好的行为习惯、学习习惯，培养高尚的道德情操和崇高的思想境界。

学校围绕"明德、博学、团结、创新"的办学理念，坚持以人为本，在全校教职工的共同努力下，全校师生上下凝心聚力，奋发图强，各项工作取得了可喜的成绩：学校先后被评为

"湖南省依法治校示范学校""湖南省家长师范学校""衡阳市语言文字示范学校""衡阳市文明单位""石鼓区社会治安综合治理先进单位""石鼓区先进基层党组织""石鼓区诚信教育示范校"等。

地址：石鼓区下横街 3 号

办公电话：0734 – 8292978

邮政编码：421001

学校行政班子成员信息

校长：陈美红（13974794238）

党支部书记：蒋蓉（13575282279）

副校长：周湘莲（13789356131）

工会主席：戴惠（15211395606）

【石鼓区星元小学】

石鼓区星元小学（前身为衡阳市童星学校），是由衡阳市实验小学与衡阳市成章中学联合创办的集幼儿园、小学于一体的优质民办学校。由于国家政策因素，学校于 2006 年 8 月搬迁至石鼓区下横街 32 号，实施独立办学。学校占地面积为 4.3 亩，校舍建筑面积为 6800 平方米，现有教学班 18 个，在校学生 800 余人。学校建有科技室、手工美术室、多功能演播室、电脑室、音乐室、体育器材室、舞蹈厅、钢琴房等。教学专用教室均配有笔记本电脑、投影仪、实物展示台等多媒体教学设施和空调、饮水机等生活设施，寄宿生宿舍均配备电视、空调、饮水机、衣柜及卫生淋浴设备，学生伙食实行营养配餐。为了方便半寄宿制午托生就读，学校妥善安排了学生中午食宿，配备专车早晚定点接送学生。

学校秉承"立人为本、成志于学"的校训，坚持"自觉、主动、和谐、发展，为幸福人生奠基"的办学理念，牢固树立"教育以人为本，教学以生为本，管理以校为本"的治校方略，加强内部管理，深化课程改革，推行阳光素质教育，成效显著，特色鲜明。学校先后被评为"湖南省现代化技术实验学校""湖南省红领巾示范学校""全国优秀红旗大队""衡阳市价格诚信单位""衡阳市中小学生养成教育示范校""石鼓区中小学生养成教育示范校""新课标形势下小学英语网络作业形式探究'十二五'课题实验基地""优秀民办学校"等。办学 13 年来，学校探索出一套完整的教育教学模式，成

功地找到了"素质教育"和"应试教育"的契合点,让学生全面发展综合素质的同时,也能在任何考场上取得优异的成绩!学校每年组织学生参加全国、省、市各项比赛都取得了较好的奖项,每年培养的小学毕业生升入成章中学、船山中学以及长沙四大名校的优秀莘莘学子达到毕业生总人数的90%以上,被社会各界誉为雁城小学教育的一朵奇葩!

地址:衡阳市石鼓区下横街32号

办公电话:0734-8221331

邮箱:2458160503@qq.com

邮政编码:421000

学校行政班子成员信息

校长:阎芳(18670471063)

【石鼓区草后街小学】

石鼓区草后街小学地处湘水左岸,位于草后街35号。学校始建于1958年,曾用名"红色小学",1977年更名为"草后街小学",占地面积1512平方米,建筑面积2380平方米。学校现有1栋教学楼,6个教学班,154名学生。现有教师18人,其中小学高级教师14人;本科学历教师7人,大专学历教师9人。学校本着"让学校的教育使一切都变成可能"的办学理念,坚持"让每个孩子都抬起头来走路"的办学目标,围绕"尚德、尚学、尚美、尚进"的校训,形成"自信开启成功之门"的办学特色,力求培养阳光自信、身心健康、勤学好问、勇于担当的现代小公民。

学校2010、2012年被评为"石鼓区目标管理先进单位",2011年被评为"石鼓区宣传工作先进单位",2015年被评为"石鼓区计生工作优秀单位"。舞蹈节目《悄悄话》《吟啰哪嘞》在2016年石鼓区文艺展演中荣获一等奖,并多次参加市、区各级的文艺演出。学校组织学生参加衡阳市小学数学综合能力竞赛、石鼓区青少年科技创新大赛、石鼓区书法美术比赛等,90%以上学生获奖,学生在得到锻炼的同时也收获了累累的硕果。

"梅花香自苦寒来",奖杯与证书上浸透着师生共同努力的汗水,学校深知成绩只能说明过去的辉煌,它更是前进的号角,激励学校共同努力,再创辉煌!

地址:衡阳市石鼓区草后街35号

办公电话:0734-8528450

邮箱:chj8528450@163.com

邮政编码:421001

学校行政班子成员信息

校长、党支部书记:张娟(13548508889)

副校长、工会主席:陈洁(15115448733)

【石鼓区都司街小学】

石鼓区都司街小学创建于1935年,原名"尚志小学",又名"朝晖小学"。学校校园环境优美,硬件设施一流,是一所历史悠久、社会声誉高的窗口学校。

近几年在各级领导的关心与支持下,学校实现了飞跃式发展,打造了教育教学质量过硬的金字品牌,都司人以"团结奋进,勇争一流"的都司精神创造了一个又一个教育奇迹。"全国保护母亲河先进集体""湖南省现代技术实验学校课题研究先进单位""湖南省未成年人保护先进单位""湖南省红领巾示范校""湖南省体育工作优秀学校""湖南省依法治校示范校""衡阳市德育工作先进单位""衡阳市教改教研先进单位""衡阳市教育教学常规先进单位"等荣誉纷至沓来。

学校办学方向明确,始终坚持以培养"会做人、会学习、会健体"的综合型人才为办学目标,走"重仁义道德,立鸿鹄之志,育儒雅之士"的特色之路。近几年来,教育教学成果显著,年年被评为石鼓区目标管理考核一等奖,参加市、区多项质量检测均名列前茅,多次在衡阳市文艺展演和读书活动中获得金奖,"阳光体育活动的实践与研究"等多项课题在省、市级立项并获奖,多名教师在国家、省、市级各项教学比武活动中获奖。

都司理念:尚德教育。

都司目标:德才兼备。

都司校训:尚德鸿志。

都司校风:言信行果。

都司教风:修身世范。

都司学风:敏学笃行。

都司精神:团结奋进,勇争一流。

特色之路:重仁义道德,立鸿鹄之志,育儒雅之士。

学校发展愿景:营造高尚的德育氛围,以高素质的教师队伍培养"会做人、会学习、会健体"的综合型人才，努力打造"个性化、现代化、精品化"的"德育家园""书香校园""艺术花园"。

地址：衡阳市石鼓区都司街 3 号

办公电话：0734 – 8132208

邮箱：dsjxx8132208@ qq. com

邮政编码：421005

学校行政班子成员信息

校长：欧阳衡湘（13974751371）

党支部书记：汪文红（13607341840）

副校长：李娅（13575108999）

工会主席：胡文革（13807345836）

【石鼓区人民路小学】

石鼓区人民路小学坐落在繁华的老城区中心地段，东临湘江，北接石鼓公园，是一所有着深厚文化底蕴的名牌老校。学校先后被评为"全国教育系统先进集体""全国群众体育工作先进单位""全国少先队红旗大队""全国红十字工作模范学校""全国和谐校园先进校""湖南省文明单位""湖南省体育传统项目学校""湖南省文明交通示范单位""湖南省禁毒教育基地""湖南省基础教育教学研究先进单位""湖南省安全文明校园""湖南省语言文字规范示范学校""湖南省示范家长学校""衡阳市首批'体育艺术 2 + 1'示范校"等百余项国家、省、市级集体荣誉称号。

学校创建于 1944 年，其前身是为纪念清朝名将彭玉麟（彭刚直）而建立的衡阳市私立刚直小学，现有 40 个教学班，教职工百余人，学生 2119 人。

学校布局规范合理，校园环境优雅，师资力量雄厚，管理科学严谨，硬件设施堪称一流。学校设有录播室、实验室、仪器室、体育室、音乐室、美术室、卫生保健室、电脑室、电子阅览室、多媒体阶梯教室、图书室、舞蹈室、少先队活动室等 20 多个多功能教室。每间教室配备了电子白板、电子讲台、投影仪、实物投影仪等现代化教学设备。学校还建立了校园网，实现了班班通。

学校坚持"一切以学生的发展为本，一切以教师的发展为本，一切以学校的发展为本"的办校理念，以"以德治校、科研兴校、质量立校"为办学宗旨，以打造"名师"为基础，以提升质量为目标，以双语教学、阳光体育、经典诵读、艺术教育为办学特色，不断推进素质教育，努力打造和谐校园。

地址：衡阳市石鼓区人民路 12 号

办公电话：0734 – 8224899

邮箱：1403108417@ qq. com

邮政编码：421001

学校行政班子成员信息

校长：韦玉萍（18974788997）

副校长：易小艳（13973402230）

副校长：王振华（18974788669）

工会主席：李黎明（18974788718）

【石鼓区同兴明德小学】

石鼓区同兴明德小学原为衡阳化工总厂子弟小学，始创于 1958 年 7 月；2007 年 7 月由企业移交石鼓区政府管理，更名为石鼓区同兴路小学；2009—2012 年共投资 480 余万元对整个校园进行了彻底改造，在改造的过程中得到了明德集团的资助，于 2011 年 6 月正式更名为石鼓区同兴明德小学。

学校坐落在衡阳市石鼓区同兴路 46 号，占地面积 4800 余平方米，建筑面积 2345 平方米，地处僻静的衡阳化工总厂家属区内，远离喧嚣和闹市。学校布局合理，设计精巧，环境宜人，内部教学装备一流，配套设施齐全，教师敬业爱岗，是孩子们理想的求学之地。

目前，全校有 6 个教学班，在校人数 284 人，在岗教师 19 人，其中小学高级教师 11 人。教师平均年龄 38 岁，35 岁以下青年教师占 45%；学历合格率为 100%，本科学历的 11 人，大专学历的 8 人。教师队伍爱岗敬业、素质精良、乐于奉献。学校办学规范、管理有序，赢得了家长、社会以及各级领导的一致好评。

学校始终以促进全体学生健康成长为目的，坚持"面向生活育人，面向社会育人"的办学宗旨，以"质量立校，管理强校，科研兴校"为办学理念，坚持"务实做事、踏实做人、依实强校、以实促新"，充分关注每一个学生，充分发展好每一个学生，让每一个学生逐步学会做人、学会生活、学会求知、学会健体。

近几年来学校在改革中发展，在发展中创新，业绩卓著，名声彰显，先后被评为"衡阳市规范化小学""石鼓区第九套广播体操比赛优秀组织单位"等，2012 年获阳光体育视频比赛二等奖以及石鼓区小学生健美操比赛特等奖，2012 年被评为湖南省合格化学校，2013、2014、2015 年被评为"石鼓区综合治理先进单位"。

地址：衡阳市石鼓区同兴路 46 号

办公电话：0734 - 2466069

邮箱：hytxmdxx@163.com

邮政编码：421005

学校行政班子成员信息

校长兼党支部书记：李奕（13575122286）

【石鼓区演武坪小学】

石鼓区演武坪小学始建于 1989 年，由原中山北路小学拆迁而来。学校地处石鼓区演武坪社区，故而得名。学校人文环境、地理位置优越，襟三江而制双桥，毗邻全国四大书院之一的石鼓书院，而其本身是清朝著名将领曾国藩操练兵马的地方，文化底蕴深厚。

学校属公办完全小学，占地 13.2 亩，建筑面积 5800 平方米，拥有 18 个教学班，806 名学生，46 名在岗教师。

学校拥有规范宽敞的室外运动场和高规格的室内体育馆，室外运动场含有高规格的 200 米环形塑胶跑道（跑道内圈长 212 米，外圈长 236 米，平均长度 224 米）以及篮球场 3 个、排球场 6 个、羽毛球场 9 个。器械体操区 675 平方米，生均体育场地面积 7.12 平方米。体育馆建设为全钢架结构，高 11 米，长 35 米，宽 27 米，体育馆地面采用专业的 PVC 地胶，室内通风透气、采光良好，为学生体育活动提供了专业场地。

学校各功能馆室齐全。学校拥有音乐舞蹈室、美术室、劳技室、电脑语音室、实验室、图书室、阅览室、体育活动室、卫生室、档案室；拥有教室多媒体教室；全校实行校园网班班通，设备先进。其中图书室 3 间、阅览室 1 间，面积 150 平方米，藏书 28223 册，生均 35 册。

学校的校训为"苦心励志，厚德尚学"，体现了学校艰苦奋斗、德学兼备的办学理念。学校的办学目标是：以湖湘文化与传统儒家思想为文化底蕴，以学生发展为根本，以德育为核心，以创新精神和实践能力培养为重点，以课

程改革为突破口，全面实施素质教育，让全校师生都享受教育的幸福，把学校办成师生自主学习、充满活力的园地。学校的办学抱负是：传承湖湘优秀文化，打造文武双全学子。学校的办学策略是：德育立校、质量强校、文化润校、安全保校。

地址：衡阳市石鼓区演武坪社区

办公电话：0734 - 8716237

邮箱：64233156@qq.com

邮政编码：421001

学校行政班子成员信息

校长：陈永红（18711430330）

党支部书记：洪玲秀（13574796009）

副校长：罗晓玲（13973446442）

副校长：谭赛（13908449549）

工会主席：何东生（13973449899）

【石鼓区黄沙湾街道中心学校】

石鼓区黄沙湾街道进步小学

石鼓区黄沙湾街道进步小学，创建于 20 世纪 50 年代，有着 60 多年的办学历史，是公立全日制完全小学。学校北靠蒸水河，东邻 107 国道，地理条件优越。学校现有 11 个教学班，554 名学生，在职教师 30 人。

学校一直秉承"给孩子一个幸福难忘的童年"的办学理念，以"创特色，求高质量"为办学目标，倡导教师"厚德博学、敬业爱生"，学生"快乐学习，探索进步"。全校师生团结协作，开拓进取，创德育特色，树学校品牌。学校一直着力于打造农村德育特色校，从"养成教育"到"激励教育"到"美心教育"，学校一直坚持德育的实用、实效，立足于培养有良好素质的小公民。学校多次被评为"学雷锋活动先进单位""诚信教育活动先进单位"，是衡阳市及石鼓区养成教育示范校。

近年来，在上级政府及教育主管部门的关心支持下，学校办学条件不断改善，校园环境整洁有序，学校领导班子开拓进取，办学特色凸现，教育教学质量稳步提升，曾获石鼓区"教学质量优胜单位""课堂教学改革优秀学校"称号。学校教育管理硕果累累，连续获得"石鼓区目标管理考核先进单位""石鼓区德育工作先进单位"，先后获"石鼓区教育宣传工作先进单位""石鼓区计划生育工作先进单位"

"衡阳市二星级文明单位""石鼓区三星级文明单位""石鼓区优秀家长学校""衡阳市示范家长学校""衡阳市教科研工作先进单位"等荣誉。学校德育课题"创建良好班级环境对促进学生发展的影响的实践研究"获衡阳市第九届教学成果研究一等奖。

地址：石鼓区黄沙湾街道进步管理处

办公电话：0734 – 8589091

邮政编码：421005

学校行政班子成员信息

校长：佘细华（13975434708）

石鼓区黄沙湾街道团结小学

石鼓区黄沙湾街道团结小学，位于石鼓区黄沙湾街道雁栖湖安置小区，是一所村级完全小学。学校占地面积 10941 平方米，建筑面积 2123 平方米，现有教学班 6 个，学生 160 人。学校有教师 11 人，其中小学高级教师 5 人，小学一级教师 6 人；本科学历的 5 人，大专学历的 6 人。学校创建于 1960 年，办学历史悠久，校内环境优雅，办学配套设施齐全。先进的办学理念、规范的教育管理，使学校教育特色鲜明，教育成果突出。近年来学校教师在市、区各项竞赛中获奖达 30 多人次，在市、区组织的教学质量抽考中，学校抽考班级教学质量一直处于同组前列。

学校以学生发展为根本，以德育教育为核心，以创新精神和实践能力培养为重点，以课程改革为突破口，全面实施素质教育，构建信息化校园，努力培养会做人、会求智、会劳动、会生活、会健体、会审美的"六会"人才。

地址：石鼓区黄沙湾街道雁栖湖安置小区

办公电话：0734 – 8589091

邮政编码：421005

学校行政班子成员信息

校长：邓国喜（13974783221）

【石鼓区五家巷小学】

石鼓区五家巷小学始建于 1954 年。学校现有 6 个教学班，学生 292 人。校园建筑面积 2035 平方米，教学用房面积 1770 平方米，校园整洁美观，育人环境舒适，教学设备齐全。学校拥有较标准的电脑室、实验室、仪器室、卫生室、体育器材室、音美室、图书室、阅览室、会议室。其中，图书室一间，藏书 9000 多册，生均 20 册以上；阅览室一间，设 24 座；实验室、仪器室各一间，实验室水电到位，仪器器材按标准配备，实验室设组数与各班学生人数比为 1∶6；学校共有电脑 54 台（电脑室 40台，教室多媒体电脑 10 台，教师办公电脑 4台）；少先队室一间；体育室、卫生室各一间，体卫器材按标准配备。学校师资队伍优良，现有在职教职工 20 人，师生比为 1∶19。其中本科学历教师 6 人，专科学历教师 12 人，中师学历教师 2 人。所有教师持证上岗，其中小学高级教师 19 人，中学二级教师 1 人，校级骨干教师 5 人，区级骨干教师 1 人。

近年来，学校全面贯彻落实"质量立校、特色兴校、和谐发展、实现共赢"的办学思路及"以人为本、关注生命"的办学理念，秉承"为孩子一生幸福奠基"的办学宗旨，积极营造"严谨和谐、务实创新"的校风，践行"敦品励学、达才成德"的校训，发扬"用心做教育、全力谋发展"的精神，努力向着"品德高、习惯好、基础实、能力强、体魄健、个性明"的育人目标迈进。学校连续十年被评为"石鼓区教育系统目标管理考核先进单位"。

地址：衡阳市石鼓区潇湘街 9 号

办公电话：0734 – 2578892

邮箱：277910755@qq.com

邮政编码：421001

学校行政班子成员信息

校长：陈淑君（18975442753）

副校长：杨厚姣（13973401073）

【石鼓区角山乡中心学校】

石鼓区角山乡中心学校现有中学 1 所、小学 7 所、公办幼儿园 2 所、民办幼儿园 1 所。教职工 159 人，其中研究生学历的 1 人，大学本科学历的 81 人，大学专科学历的 47 人；副高职称的 9 人，中级职称的 96 人。中学在校学生 449 人，小学在校学生 1172 人，幼儿园在园幼儿 511 人。

近年来，政府投入建设资金 1680 多万元，兴建了明德小学、角山乡中心幼儿园、角山村公办幼儿园、教师周转房、食堂，拓宽了校园面积，建有塑胶运动场，全面硬化、绿化、美化校园，全部建好围墙，安装校园监控，实行封闭管理。学校拥有现代化的教学设施设备，完成了班班通建设。占地面积 41 亩、总建筑面积 9436 平方米、新增学位 1350 个的石鼓区角山乡前进小学于 2016 年投入使用。

学校坚持德育为先,建立了学校、社会、家庭三位一体的德育教育体系,细心关爱留守儿童,让孩子感受社会大家庭温暖。学校大力推进课堂改革,注重高效课堂构建,初步形成自主质疑合作探究课堂模式。学校倡导依靠科研提升教师能力理念,努力促进教育质量提高。近三年论文、课件、赛课等获得国家奖励 3 项、省级奖励 25 项、市级奖励 84 项。学校积极开展阳光体育一小时活动,活动形式多样;注重劳动素养培养,校校建有劳动实践基地;强化艺术教育,组建了音乐、美术兴趣小组,有效弥补农村学校艺术教育短板。

学校近年获得"湖南省劳动实践场所建设达标单位""湖南省优秀基层团组织""衡阳市园林式单位""衡阳市一星级文明单位""石鼓区社会综合治理先进单位"等荣誉称号。

地址:石鼓区角山乡三星村高岭组

办公电话:0734 - 8583408

邮箱:2548485931qq. com

邮政编码:421001

学校行政班子成员信息

校长:肖启亮(13975456363)

党支部书记:李家军(13974727861)

副校长:肖国庆(13973446369)

副校长:刘和平(13975432755)

工会主席:谭元龙(13973456336)

石鼓区角山乡莲花小学

石鼓区角山乡莲花小学占地面积为 7200 平方米,其中建筑用房达 2420.55 平方米。学校现有教师 11 人,其中本科学历的 7 人,中专学历的 2 人;小学高级教师 5 名,一级教师 4 名;专任教师合格率为 100%。学校共有 6 个教学班,共计学生 135 人。

学校办学条件不断改善,绿化美化逐年增加。1998 年,学校新建一栋两层教学楼;2008 年,学校拓展 2500 平方米用地,从而使学校占地面积达 7200 平方米;2009 年,学校建乒乓球台 4 个、沙坑 1 个;2010 年添置电视机 6 台及配套设施;2012 年,配置电脑 7 台,6 个班实现了电子白板教学;2013 年,硬化篮球场

600 平方米,植树 60 棵,绿化了教学楼前两个花坛,新购移动式乒乓球台两个。

近年来,学校教育教学质量全面提高,素质教育大为提升。在石鼓区角山乡中心学校举办的 13 届小学生田径运动会上,学校获得了 10 次团体赛前三名;近三年的中心学校语数联赛中,学校学生获一、二、三等奖的达数百人次,名列全乡第一名的班级近半。学校年轻教师不断学习,不断进步,先后有 3 位教师的论文多次被评为优秀论文;在 2014 年教师教学比武中,2 人获一等奖,1 人获二等奖;教师中 1 人获评区级学科带头人,1 人获评区级优秀教师;获评国家、省、市优秀论文 10 余篇。学校获得石鼓区角山乡中心学校 2014 年度目标管理二等奖。

近年来,学校紧密围绕"创建平安、文明、和谐校园,促进学生、教师、学校可持续发展"这一总体目标,坚持以"尚德、至善、求真、务实、创新"为办学理念,以"课程改革"为契机,开设"大课间活动""快乐乒乓球""绘画与制作"等校本课程,重视学生学习能力及特长的培养,全面推进素质教育。

地址:衡阳市石鼓区角山乡莲花塘村

办公电话:0734 - 3370483

邮箱:103993517@ qq. com

邮政编码:421009

学校行政班子成员信息

校长:何军(13975491808)

石鼓区角山乡明德小学

石鼓区角山乡明德小学位于石鼓区角山乡五星村边子塘组衡角公路旁,其前身系角山乡五星小学。学校建设总耗资 500 多万元,现在学校总占地面积 18131 平方米。学校拥有 1 个篮球场、1 个排球场、1 个羽毛球场、1 个足球场、2 个杠上活动场地以及乒乓球场等体育活动场地。学校绿化面积 7655 平方米,校园内环境幽雅,绿树成荫,鸟语花香,景色迷人。学校拥有实验室、音乐室、美术室、计算机室、多媒体教室、图书室、卫生室及体育器材室等。学校现有教学班 6 个,在校学生 235 人。现有在职教师 13 人,其中本科学历的 10 人;中学一级教师 1 人,小学高级教师 2 人,小学一级教师 10 人。

学校自办学以来，始终坚持以"全人教育"为办学理念，以"明德、博学、自信、超越"为校训，形成"循循善诱、诲人不倦、陶冶心灵、启迪智慧"的教风和"博学、善思、探疑、好问"的学风。学校坚持面向全体学生，促进学生全面发展，坚定不移地推行素质教育。学校注重开展课外活动，培养和发展学生的个性特长，加强实验和综合实践活动，充分利用信息技术教学方法和手段，提升学生的综合素质。学校教学质量逐年稳步提高，得到了上级部门的高度评价，学生、家长有口皆碑。

地址：石鼓区角山乡五星村边子塘

办公电话：0734 - 8597278

邮箱：1466967388qq@.com

邮政编码：421219

学校行政班子成员信息

校长：何向荣（15074721068）

石鼓区角山乡前进小学

石鼓区角山乡前进小学，创办于1943年。2009年学校新征土地30余亩，校园土地面积扩展至27116平方米。学校现有教学班6个，在校学生共计133人，专任教师12人。

学校以办人民满意的教育为宗旨，加强学校管理，深化教学改革，规范办学行为，全面实施素质教育，确立了"面向世界求教育发展，面向未来育创新人才"的办学思想。学校始终把教学放在中心地位，一是加强常规管理，把教学的各项工作落到实处；二是深入开展教育科研，用课题研究带动学校发展；三是开展校本培训和校本研究，不断提高教师教学水平，提升教师综合素质。2015年，在石鼓区角山乡中心学校语数联赛中，全校取得了第一名。学校紧扣爱国主义教育、养成教育、感恩教育和法制教育四条主线，抓住课堂教学、德育活动、校园环境三个载体，努力构建学校、家庭和村组有机结合的德育网络。学校注重学生在艺术特色方面的发展，积极开展读书活动等。学校认真做好控流保学，关爱贫困生及留守儿童；加强综治安全信访稳定工作。

地址：石鼓区角山乡茅茶亭村樟木塘组

办公电话：0734 - 8338186

邮箱：1159782798@qq.com

邮政编码：421001

学校行政班子成员信息

校长：黄衡林（13762466826）

石鼓区角山乡三星小学

石鼓区角山乡三星小学创建于1949年，坐落在角山乡三星村三字墙组。学校现有9个教学班，在校生330人；在职教师17人，教师学科结构合理，学历合格率为100%。学校占地7200平方米，有计算机室、图书室、实验室、仪器室、美术室、劳技室、卫生保健室等。2015年，石鼓区教育局投入资金，学校建设了一个占地600平方米的新食堂。

学校以"德育为首、质量立校、乐教乐学"为办学宗旨，将"德育先行、全面发展、快乐成长"作为学校办学特色。学校积极推进校园文化建设，力求让每一面墙壁说话、让每一个景点育人，以校园板报、班级板报、影视厅、学校空间、班级空间等为宣传阵地，对学生进行思想教育。

地址：角山乡三星村三字墙组

办公电话：18975400729

邮箱：1004003544@qq.com

邮政编码：421001

学校行政班子成员信息

校长：何祚信（13607340039）

石鼓区角山乡旭东小学

石鼓区角山乡旭东小学位于旭东村，始建于1947年，占地面积3100平方米，建筑面积1500平方米。学校现有6个教学班，在编教师11人，其中小学高级教师9人；本科学历的4人，大专学历的5人，中师学历的3人，教师学历合格率为100%。学校现有学生131人，适龄儿童入学率100%，毕业生合格率100%。

学校自1996年6月建成教学楼后，2010年在上级政府及教育部门的关怀下，重新翻新了教学楼，硬化了校园、操场，硬化面积达1200多平方米，花园面积200平方米，总投资约34万元；2011年春又重新进行了绿化，总投资近2万元。学校努力营造一个摇篮沃土乐园式的和谐育人环境。

学校以"以人为本、立德培能"为办学理念，以"为了学生、为了家长、为了社会，甘为人梯，高质量完成向高一级学校输送合格新生，为当地经济建设培养合格人才"为学生培养目标，形成了"敬岗、爱生、善教、会导"的教风和"互敬互爱、文明守纪、积极向上"的学风。在教学中，学校面向全体学生，突出德育为首，教学为主。教师积极钻研教材教法，不断改革课堂教学，针对学生不同特点，采取加强双基、培养能力、因材施教、分类指导、提优转差、张扬个性等措施，大面积提高教育教学质量。

地址：石鼓区角山乡旭东村下塘

邮箱：690154066qq.com

邮政编码：421001

学校行政班子成员信息

校长：麻安华(13875738636)

石鼓区角山乡杨岭小学

石鼓区角山乡杨岭小学是一所村办完全小学。校园占地面积为7150平方米，建筑面积960平方米。学校有6个教学班，学生166人。教职员工11名，其中大学专科学历的9人，中专学历的2人；小学高级教师10名，小学一级教师1名。学校有资料仪器室、图书室、实验室、计算机室、远程教育室各1个，计算机24台，体育设施初步完善，操场2个，有乒乓球台9个、跳高跳远沙坑1个等。

学校始终坚持"以人为本，面向全体，夯实基础，立足农村"的办学宗旨，全面贯彻德育为首，教育为本，全面发展的教育方针。学校积极推进素质教育，狠抓教研教改，近年来，学校教师省级以上报纸、杂志发表论文1篇，在市级报纸、杂志、教育性研讨会发表论文10余篇，获市级二等奖1次、三等奖10余次。学校教学质量稳步推进，群众喜爱，家长放心，学生舒心。

地址：石鼓区角山乡杨岭村胡老屋组

办公电话：0734-8387629

邮箱：1552722077@qq.com

邮政编码：421001

学校行政班子成员信息

校长：龙云(13974783583)

石鼓区角山乡云山小学

石鼓区角山乡云山小学始建于1945年，占地面积5600平方米，总建筑面积1288平方米。现有5个教学班，在校生81名，入学率、巩固率均达100%；教职工8名，学历达标率100%。

近年来，学校深入贯彻党的教育方针，全面实施素质教育。通过建立健全各项规章制度，努力加强教师队伍建设，狠抓学生的德育教育和创新能力的培养，促进学生全面发展，教育教学质量得以提高，得到了上级领导和群众的一致认可。学校荣获"石鼓区教育教学先进单位"等光荣称号。

地址：石鼓区角山乡小云山村董细老屋组

邮箱：564654128@qq.com

邮政编码：421219

学校行政班子成员信息

校长：肖敏(13789359400)

【石鼓区松木乡中心学校】

石鼓区松木乡灵官庙小学

石鼓区松木乡灵官庙小学位于灵官庙村。学校共有6个教学班，在职在编教师13名。学校教育教学设施完善，每个班级配有电子白板、电脑教学工具，全校有10余个功能室，如电脑室、仪器室、实验室、音乐室、舞蹈室、美术室等，2014年学校塑胶跑道建成，成为学校一道亮丽的风景线。

地址：松木乡灵官庙村山堪组

办公电话：18473440526

邮箱：598825747@qq.com

邮政编码：421001

学校行政班子成员信息

校长：曾德君(18473440526)

石鼓区松木乡松梅小学

石鼓区松木乡松梅小学是石鼓区一所乡村完全小学，坐落于松木乡经济开发区。学校占地面积5670平方米，校舍面积2893平方米，2013年成功创建"湖南省合格学校"。学校现有6个教学班，在校学生170人。专任教师11人，其中本科学历的6人，专科学历的5人，学历达标率为100%；小学高级教师9人；区级骨干教师2人。

学校始终坚持"以人为本，依法治校，以德育人"的原则，全面实施素质教育。学校教育教学质量一直稳居全乡前列。特别是近几年在市、区级教学质量检测中取得优异成绩，受到了各级领导、家长和社会的好评。学校是一所典型的小而精的农村窗口学校。

学校素质教育异彩纷呈。学校历来重视学生体艺素质的培养，根据实际情况成立了体育、音乐、书法、美术、科技等课外兴趣小组并定期开展活动。各兴趣小组学生在乡、区各级各项体艺比赛中屡次获奖。

学校环境优美，绿树成荫，花草怡人，绿化面积达40%以上。学校先后建起了文化墙、宣传栏，粘贴了校训，营造了富有特色的班级文化。学校设施设备齐全先进，建有各个功能室，有标准的体育场地、完善的体育设施、先进的校园广播系统和多媒体教学设备。校园内装有全方位的电子监控系统。

地址：石鼓区松木乡松梅村七里井

邮政编码：421005

学校行政班子成员信息

校长：钟志晓（13317340860）

石鼓区松木乡明德小学

石鼓区松木乡明德小学位于石鼓区松木乡朝阳村，占地13300平方米，现有学生300多人。学校有教师13人，其中中级职称的7人，初级职称的6人；研究生学历教师1人，本科学历教师9人，专科学历教师2人。

学校环境优美，设施一流，拥有标准化操场，以及电脑室、美术室、音乐室、图书室、阅览室、实验室等多个专用室，每间教室都配有"班班通"、电子白板，实现了教学的信息化、数字化。

作为石鼓区松木乡的窗口学校，这是一所理想的教育百花园。在学校管理上，学校以人为本，形成充满生命活力的管理文化，取得了骄人的业绩，学校知名度显著提升。近三年来，共有2名教师获市级"优秀班主任"称号，1名教师被评为石鼓区师德标兵，在教学比赛中，共有6名教师获市级一等奖，6名教师获区级一等奖，涌现出一批区、乡教学能手。

学校是少年儿童成长的家园、求知的乐园。学校以构建自主创新课堂的教学形式为抓手，狠抓教育教学质量，学生学业成绩大幅提高，艺术、体育、科技活动也异彩纷呈，节目展演多次获石鼓区一等奖。

详细地址：松木乡朝阳村蔡山塘组

邮政编码：421005

学校行政班子成员信息

校长：宁忠燕（18373497228）

石鼓区松木乡青石小学

石鼓区松木乡青石小学现有3个教学班，66个学生；有专任教师8名，其中有本科学历教师4人，专科学历教师2人，中专学历教师2人，学历达标率100%。

近年来，学校积极争取改善办学条件，添置了不少的教学设施设备，校园广播系统、电子讲台、电子白板、电脑、投影仪、实物展示台等现代化的教学设备一应俱全。学校狠抓教研教改工作，教师每年都有优秀论文、教学设计等获奖。由于育人环境的不断改善、教师们的共同努力，学校的教育教学水平在不断地提高。

地址：石鼓区松木乡青石管理处陈家垅组

邮箱：996357403@qq.com

邮政编码：421001

学校行政班子成员信息

校长：罗样（13487341949）

石鼓区松木小学

石鼓区松木小学校创办于1958年，位于石鼓区松木乡松木村。学校现有教学班6个，在校学生277人，学校适龄儿童入学率为100%，巩固率100%，毕业生合格率100%。校园占地面积为10186平方米，建筑面积为2085平方米，体育场地为4500平方米，绿化用地为1777平方米。2011年，学校通过湖南省合格学校验收。

学校现拥有科学实验室、音乐室、美术室、仪器室、计算机室、卫生室、劳技室、图书室、阅览室及体育器材室等公共教学用房。现有藏书9072册，生均34册，是一所稍具规模、发展潜力较大的农村小学。学校有完善的现代化管理制度和团结协作、求真务实领导班子；拥有一批较高素质的教师队伍，共有12名教师，学历全部合格，其中研究生学历的1人，本科学历的5人，专科学历的5人，中师学历的1人；小学高级教师7人。

地址：石鼓区松木乡松木村香炉丘组

办公电话：0734-8131461

邮政编码：421005

学校行政班子成员信息

校长：朱新华（15074784196）

石鼓区松木乡新安小学

石鼓区松木乡新安小学是一所公办六年制完全小学，现坐落在市松木经济开发区，始建于1953年。目前，学校占地面积7160平方米，有一栋教学楼、一栋教师宿舍，校舍面积1672平方米，绿化面积1121平方米，现有7个教学班。学校有教职员工13人，其中专任教师12人，具有大专学历的6人，本科学历的3人；中学一级教师2人，小学高级教师7人；教师学历完全达标。近几年，学校拥有了电脑室、音乐室、美术室、实验室、图书室等，建成了校园局域网，实行了班班通，学校的现代化教育技术设备不断完善，促进了教师队伍的现代化建设。

学校全面贯彻执行党的教育方针和政策，全面推行素质教育，树立正确的教育观、人才观和质量观。学校始终坚持以德育为核心，秉承"爱国、勤学、求实、创新"的校训，以学生的健康成长为学校工作的出发点和落脚点，为培养新型人才而努力。

地址：松木经济开发区新安管理处新安寺组

办公电话：0734－8593627

邮箱：1625788240@qq.com

邮政编码：421005

学校行政班子成员信息

校长：祝伟（15073468520）

石鼓区松木乡新竹小学

石鼓区松木乡新竹小学坐落在市松木经济开发区内。学校校舍竣工于1988年，建筑面积为1320平方米。由于松木经济开发区工业建设的快速发展，学校于2012年1月整体搬迁到租赁的衡阳市政法驾校内。学校现有一至六年级6个教学班，在校学生128人，在职教师11人。

学校坚持"全面贯彻党的教育方针，全面提高办学质量，全面增强师生素质，全面和谐自主发展"的办学宗旨。校领导队伍求真务实、开拓进取、远见卓识。教师群体综合素质好，工作经验丰富，教学能力强，富有工作激情，全体教师正为争创石鼓一流学校而精诚团结，艰苦奋斗。

学校办学理念是"小主人成长的摇篮"。近几年，学校的教学质量稳步提升，在石鼓区松木乡中心学校质量检测和语数联赛中，多个学科获奖；学校田径队和羽毛球队在石鼓区松木乡中心学校比赛中多次获奖。小制作、手抄报、征文获得的奖项不胜枚举。

地址：松木经济开发区新竹管理处樟树垅组

办公电话：13017344510

邮箱：119127326@qq.com

邮政编码：421005

学校行政班子成员信息

校长：黄利勇（13974780879）

石鼓区松木乡中心幼儿园

石鼓区松木乡中心幼儿园创办于2012年，全园占地面积2202平方米，建筑面积1850余平方米。园内环境优美，实现了净化、美化、儿童化、教育化相结合。在硬件方面，幼儿园各类教学设施设备一应俱全：幼儿休息室一人一床，活动室宽敞明亮，配有书架、置物架等，班上设有图书角，学校拥有图书500余册，生均10册以上；配有电子白板、投影仪、实物展示台、电视机、空调等现代教学设备设施；幼儿游乐设施小型的有跷跷板、摇马、积木、滚球等，桌面智力玩具多样多份；室外操场上还有蹦蹦床、滑梯、秋千等大型玩具，配备合理，室内外活动器材安全、卫生，为顺利开展教学活动提供了必备的物质条件。

幼儿园有一支素质过硬、业务精湛的师资队伍，她们思想上进，责任心强，学历达标率为100%。2013—2015年，幼儿园连续三年被评为石鼓区年终目标考核优秀单位；2015年幼儿园又先后被评为"石鼓区养成教育示范园""石鼓区一级幼儿园""衡阳市二级幼儿园"。

地址：石鼓区松木乡青石管理处陈家垅组

邮箱：996357403@qq.com

邮政编码：421001

学校行政班子成员信息

园长：罗样（13487341949）

后　记

　　《衡阳教育信息指南》是由衡阳日报社编辑出版的衡阳市第一部教育信息公开类书籍。编辑本书的指导思想是为了切实助力推进衡阳教育政务校务公开工作，力求摸清衡阳教育行业的"家底"，促进衡阳教育机构之间的信息交流，并服务广大群众。本书资料中有关县(市、区)的信息收集止于2017年12月，至2018年3月定稿。

　　《衡阳教育信息指南》一书的编纂工作得到了衡阳市教育行政管理部门的大力支持，书中有关县(市、区)的基本资料，由各县(市、区)教育局办公室整理提供；市内各类学校的基本资料，由各学校整理提供。在此，特别感谢衡阳市教育局、衡南县教育局、衡阳县教育局、衡山县教育局、衡东县教育局、祁东县教育局、常宁市教育局、耒阳市教育局、南岳区教育局、雁峰区教育文化体育局、石鼓区教育文化体育局、珠晖区教育文化体育局、蒸湘区教育文化体育局及湖南工学院、湖南环境生物职业技术学院、湖南财经工业职业技术学院、衡阳技师学院、衡阳市第八中学教育集团等单位给予的大力支持。本书编纂的采编工作由衡阳日报社教育工作室具体执行。

　　由于本书涉及的各类学校及教育机构多、范围广，所收集的资料不尽齐全，加之编者水平有限，漏误之处在所难免，敬请谅解。

编　者

2018年8月

湖南工学院

团结务实的领导班子

湖南工学院是2007年经教育部批准由湖南建材高等专科学校和湖南大学衡阳分校合并升格的省属公办普通本科院校。学校立足湖南，重点面向工业企业，为区域经济建设和社会发展服务。

学校占地1358亩，教学仪器设备总值1.3亿元，图书馆纸质藏书126万余册；全日制在校学生18000余人；教职工1100余人，正高职称75人，副高职称249人，博士73人，硕士608人；设有11个二级教学院、1个教学部，38个本科专业，有省重点学科1个，教育部特色专业1个，教育部"卓越计划"试点专业3个，省级特色专业和重点资助建设专业4个，省级"十二五"综合改革试点专业2个；设立了14个研究所，拥有省级科研平台3个，省级教育科学研究基地1个，升本以来，承担各级各类科研项目694项，省级以上教研教改课题120余项。

学校以"校企合作、校地合作、产教融合"为重点，是湖南省首批校地合作试点单位，分别与大亚湾核电站、南方水泥、泛华集团、千山药机、华兴工程、共创实业集团等企业共建实践实训基地，搭建实践实训课程平台先后与美国、英国、日本、韩国、马来西亚等10多个国家和地区的高校建立了合作关系；获得招收来华留学生资格，获得中外合作办学项目1项。

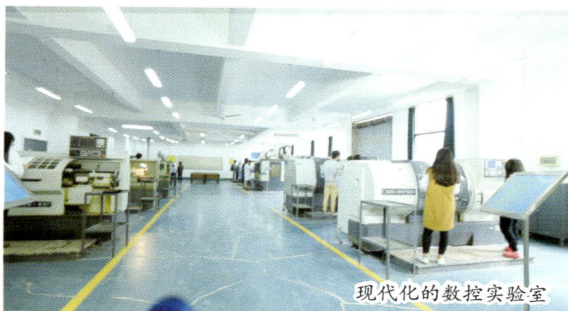
现代化的数控实验室

"十三五"期间，湖南工学院将聚焦"创一流应用学院，建美丽幸福湖工"总目标，实施"依法治校、质量立校、人才兴校、特色强校"的发展战略，为建设特色鲜明、社会声誉良好的应用型大学努力奋斗。

湘南地区最大的校园图书馆

气势恢宏的学生军训

美丽如画的校园环境

地址：衡阳市珠晖区衡花路18号　邮编：421002
邮箱：nic@hnit.edu.cn　办公电话：0734-3452222

湖南财经工业职业技术学院

湖南财经工业职业技术学院是由衡阳市人民政府主办的全日制公办普通高等学校，始创于1958年。2007年通过教育部人才培养工作水平评估，获得"优秀"等级。2012年通过教育部第三轮评估，同年立项为"湖南省示范性（骨干）高等职业院校"建设单位，2015年顺利通过湖南省示范性(骨干)高职院校验收，并以第一名的成绩获评项目建设"优秀"等级。学院占地1026亩，校舍建筑总面积近26万㎡，开设会计、数控技术、市场营销等21个专业。现有在校生近万人，教职工631人，副高以上职称150多人，"双师型"教师比例达90%。学院现有中央财政支持专业3个、省级示范性特色专业群1个、省级示范性特色专业1个、省级特色专业1个、省级精品专业2个、省级教改试点专业2个、省级中高职衔接试点专业1个、省级生产性实训基地1个，牵头成立衡阳现代装备制造和财贸（金融）职教集团2个，拥有全国"三八"红旗集体1个、省级教学团队2个、国家级教学名师1名、省级专业带头人5名、省级青年骨干教师6名、湖南省技能大师工作室1个。

图文信息中心

体育馆

田径运动场

学院是中央财政支持的综合实训基地、中国模具工业协会模具人才培训基地、湖南省服务外包人才培训基地、湖南省高技能人才培训基地，自成立高职院校以来共培养了近5万名高技能人才，其中省内就业率达63.1%，为湖南"四化两型"建设和"一带一路"倡议实施提供了有力的人才支持。近两年，学院为在湘企业年均开展各类职业培训10000多人次；为区域骨干企业提供技术服务54项，校企共同开展应用技术研究178项，获国家技术专利78项。

学院坚持特色发展、内涵发展、创新发展，人才培养质量省内领先。近几年，学院有9个专业参加湖南省高职院校技能抽查，其中7个为优秀，2个为合格；参加全省毕业设计抽查合格率为100%（全省仅7所）；参加国家、省级专业技能竞赛共获得国家一、二等奖37人次，省级一、二

机械实训车间

汽车实训中心

等奖135人次。2016年财经、商贸类专业在全国职业技能大赛中双双获得一等奖。学院先后获得湖南省文明高校、湖南省招生工作先进单位、湖南省就业工作先进单位等150多项省级以上荣誉称号。

学院地址：衡阳市珠晖区狮山路20号　邮政编码：421002
招生热线：0734-8378042

湖南环境生物职业技术学院

学校大门

湖南环境生物职业技术学院是国家生态文明教育基地、全国绿化模范单位、全国职业教育先进单位、湖南省首批省级示范性高职院校、中国林业科学院专业硕士湖南省唯一培养基地、湖南省首个农林职教集团牵头单位。

励精图治，玉汝于成。湖南环境生物职业技术学院前身为1975年创办的湖南农学院衡阳分院；1987年经湖南省人民政府批准改办湖南林业高等专科学校；1999年为适应高等职业教育发展的需要，经教育部批准由普通高等专科学校改办为高等职业院校；2001年3月更为现名；2004年6月原衡阳市卫生学校整体并入，实行湖南省林业厅、湖南省教育厅双重管理。办学以来，湖南环境生物职业技术学院在高职院校中率先进行教育教学改革和内部管理制度改革，教育事业蓬勃发展，综合办学实力与核心竞争力稳居全省同类院校"第一方阵"。

依山畔水，生态优美。校园占地1208亩，固定资产4.11亿元，产权建筑总面积40万平方米。学院环境优美，风景如画，被评为国家生态文明教育基地、全国绿化模范单位。

名师荟萃，英才云集。学院现有国家级教学团队1个（园林植物栽培技术课程教学团队）、省级教学团队4个（园林技术专业、畜牧兽医专业、护理专业和森林生态旅游专业教学团队）；现有在编职工932人，其中专任教师753人，教授及相应职称42人，副教授及相应职称238人，博士、硕士生导师22人；外聘教师180人（高级职称90人）；"双师型"教师占专任教师总数的73.3%，高级职称人员与"双师型"教师比例连续5年位居全省高职院校榜首。现有享受国务院特殊津贴专家、全国农业职业教育教学名师、全国黄炎培职业教育杰出教师、全国林业科技特派员、全国优秀教育工作者、首批跨世纪学术技术带头人、湖南省青年科技奖获得者、省级专业带头人等名师近100人。

园林教学楼

创业孵化中心

校企混合制办学

桃李芬芳，绿满天涯。学院面向全国26个省（直辖市、自治区）招生，现有全日制学生17000余人。自办学以来，学院为国家和社会培养7万余名各级各类人才，被誉为"生态湘军的摇篮"和"湘南医卫的黄埔"。据湖南省林业厅统计，在全省林业战线，学院毕业生占各地（州、市）的技术骨干70%以上。近几年，学院毕业生就业率保持在90%以上，"双证书"拥有率保持在98%以上，学生参加护理职业技能鉴定，通过率在95%以上，学生参加国家级、省级职业技能大赛荣获110个奖项，其中国家级奖项40个。

一主两翼，特色鲜明。学院面对生态建设主战场，以生态产品和生态宜居辅佐，开设专业30余个，确立了以农林牧渔、医药卫生为主的重点专业建设大类，形成了7院4部的教学构架，即园林学院、生物工程学院、生态宜居学院、医学院、医药技术学院、商学院、附属医院、中职部、思想政治理论课教研部、公共基础课部、体育部；形成了生态绿化技术、生态养殖技术、生态建设队伍健康服务、生态建设队伍健康技术、生态宜居技术、生态产品经营管理6个特色专业群。

校企合作，就业导向。2007年学院牵头成立了湖南省第一个农林职教集团（80余家企业加盟）。学院现有各级各类实习实训基地520余个；现为中南大学湘雅医院护理人才合作培养学校；与紫光古汉集团股份有限公司、广东省东莞市岭南园林股份有限公司、湖南鑫广安农牧股份有限公司等400余家企业（单位）签订了合作办学与人才培养协议。2016年与东莞百林园林达成产教融合、深度合作协议，共建生态科技产业示范园，培养学生学、创全能力链。

春暖花开

书香校园

服务社会，成就卓著。学院主动转变高职院校科研与服务理念，倡导在"希望的田野上写论文（农林专业）"、在"温馨的病床上做课题（医卫专业）"、在"成才服务的对象身上搞教改"。近年，学院各类科研课题共立项391项，其中国家科技推广项目、中央财政支持推广项目、国家科技推广跨区域重点项目、国家948项目等国家级课题7项，省、部级课题151项。学院现为湖南省林业职业技能培训和职业资格鉴定单位、湖南省旅游教育培训示范点、湖南农业外援科技人员英语培训基地、湖南省林业系统职工培训基地、湖南省林业技术培训中心。

地址：衡阳市石鼓区望城路165号　传真：0734-8591335
招生电话：0734-8591999　0734-8591244

衡阳技师学院

衡阳技师学院是经湖南省人民政府批准成立的湖南第一所技师学院，是以技师教育为龙头，集职业技能教育、培训、鉴定、产品研发与生产为一体的技能人才培养高等学府，是国家级重点技工院校、国家高技能人才培养示范基地、全国技工院校师资培训基地、中国人民解放军士官输送基地、湖南省大学生创业就业技能培训基地、湖南省汽车制造业高技能人才培养基地、湖南省对口援疆后备人才培训高校。学院先后被评为"全国职业教育先进单位""全国技能人才培育突出贡献奖"，连续十二年被评为"湖南省招生就业先进单位"。

第一教学大楼

学院总占地701.8亩，固定资产3.5亿元，现有全日制在校学生12000多人。学院设有电气工程学院、机械工程系、工模具设计与制造系、汽车工程系、信息与生物技术系、经济贸易系、物流技术系等7个教学（院）系，现有37个教学专业。专业设置涵盖现代工业、现代农业和现代服务业的主要职业工种和高新技术，其中电气自动化、机电一体化、数控技术应用、工模具设计与制造、现代物流技术等专业是中央财政重点支持专业。

学院拥有国家级的数控加工、数控仿真及CAD/CAM、3D打印、汽车检测与维修、工业机器人、模具制造、机械装调、电气技术、智能楼宇、服装设计与制作、网络布线、物流配送、电算会计、电子商务等实验实训场所、一体化技能工作室和网络化操作平台219个。拥有"双师型"教师293人，近几年编辑出版专业教材31本，获省级教研教改成果35项，在国家级学术期刊发表专业论文300多篇。

学院坚持"以就业为导向，以质量为核心，以特色树品牌，以创新求发展"的办学理念，形成了具有鲜明特色的技能教育新格局。

在技能教学上，以多媒体网络教室、校内实训室和生产线、一体化工作室为平台，让学生在学中做、做中学，强化实践动手能力和专业技能水平；以文明校园创建、半军事化管理、兴趣爱好协会、职业道德培养为依托，提升学生综合素质和职业道德素养。学院历年来在国家、省、市级各类技能大赛中笑傲群雄，2015年获得各级各类技能竞赛奖项109个，其中国家级二等奖4个、三等奖9个，省部级一等奖3个、二等奖6个、三等奖13个；在2016年衡阳市"嘉杰杯"职业学校技能竞赛中，一举获得25个一等奖，再次居全市之首；在2016年湖南省职业院校技能竞赛中，获得3个一等奖、5个二等奖、2个三等奖；在2016年全国机械行业高等职业院校技能大赛中获得1个一等奖；在2016年湖南技能大赛·数控赛暨全国选拔赛中获得2个一等奖、2个二等奖、4个三等奖及参赛单位团体一等奖。

在人才培养上，学院实行校企合作、工学结合，在全省首推"学徒制试点"，与200多家知名企业建立了战略合作关系。与三一重工、中联重科、山河智能、中国中车、富士康鸿准模具、特变电工、南岳电控、华菱钢管、华为、联想电脑、三星电子、上海大众、格力电器等30多家国际国内知名企业联合办学，开办定向班。合格毕业生都能享受优质的就业保障——100%免费推荐就业、月薪3500~8000元、免费跟踪服务3年。

"厚德强技，自强不息。"
从制造大国到制造强国，从中国制造到中国创造，需要大国工匠！衡阳技师学院愿与你一道前行，共筑美好中国梦，成就你的出彩人生！

地址：衡阳市西郊三塘镇振兴路5号　邮编：421101
招生电话：0734-8729898　0734-8729305

温馨的家园　成才的摇篮

中国百强中学

衡阳市八中

衡阳市八中（全称为衡阳市第八中学）创办于1907年，前身为私立成章中学，素有"湘南名校"之称，1953年更名为衡阳市第八中学，曾四次确定为湖南省重点中学，1994年成为湖南省首批挂牌重点中学，是全省20所挂牌重点中学之一。2002年评为全国百所知名重点中学；2003年在湖南省首次教育督导评估中，综合得分位居全省第三，被誉为"湖南省重点中学的领头羊"；2004年成为湖南省首批挂牌的湖南省示范性普通高中；2005、2007、2009、2011、2013、2015年连续六次被评为"中国百强中学"；2006年被认定具有聘请外国文教专家单位资格；2009年成为全国百所特色高中、全国群众体育先进单位；2010年被评为中国百年名校；2012年被评为全国重点大学暨"211工程"大学生源基地学校，全国素质教育先进示范校，全国环境教育示范学校；2013年被新浪网评为全国百强、湖南五强学校；2014年被评为国家级体育传统学校，并组建了衡阳市八中教育集团，成为衡阳市规模最大的基础教育办学联合体；2015年被评为全国青少年校园足球特色学校、全国学校体育工作示范学校、全国学校艺术教育百强示范学校、湖南省文明标兵单位；2016年成为清华大学生源中学；2017年被评为全国国防教育特色学校。

学校恪守"忠信笃敬"校训，坚持"固本尚真，办一所美丽学校"的教育思想，形成了"全面育人，科学育人，质量为本，和谐发展"的办学理念和"从高从严，求真求美"的八中精神。学校拥有了一支全市乃至全省一流的教师队伍，现有教职工257人，其中具有研究生学历的教师37人，特级教师12人，正高1人，副高97人，国家及省级骨干教师12人，国家、省、市级优秀教师43人，市学科带头人4人，聘请外籍教师6人。

学校经过百年的发展，拥有了先进的硬件设施，荟萃了精良的教师队伍，积淀了厚重的校园文化，彰显了鲜明的办学特色，取得了丰硕的办学成果，已成为了一所教风正、学风浓、教学质量高、社会声誉好的学校，被广大家长、师生称为"温馨的家园，成才的摇篮"。

黄门鱼跃　黄门，校门之古称谓也。校门古朴典雅，媲美清华北大；门内鲤鱼跳龙门，寓意志存高远，胸怀天下。

校　　址：衡阳市雁峰区黄白路81号　　网　　址：http://www.hysbz.com
校办电话：0734-8401598　　官方邮箱：hysbz@hysbz.com　　邮　　编：421007
乘车路线：衡阳市内乘303、125、139、142路到市八中站下车

衡阳市成章实验中学
HENGYANG CHENGZHANG EXPERIMENTAL MIDDLE SCHOOL

衡阳市成章实验中学

学校简介

衡阳市成章实验中学是衡阳市第八中学于1998年创办的国有民办学校，2006年改制为股份制民办学校。现校园面积68亩，校舍建筑面积50000平方米，固定资产9000万元，教学仪器设备总值近500万元。办公楼、教学楼、学生公寓、学生食堂、实验楼、图书馆、体育艺术馆等及塑胶运动场，应有尽有，每间宿舍都安装了空调和热水淋浴系统，每个教室都配置了空调和多媒体教学设备，并联通计算机网络，硬件设施先进、齐全。学校绿树成荫，环境宜人。学校现有规模为83个教学班，师生5000余人。

办学理念	学校有灵魂　教师有思想　学生有个性
成章校训	忠信笃敬　礼义廉耻
工作态度	从高从严　求真求美

办学成果

"成章"语出于《论语》"斐然成章"。学校一手抓教学质量，一手抓素质教育，成绩斐然。自2004年到2017年，已有100多名毕业生从衡阳市第八中学等示范性高中考入北京大学、清华大学、香港大学等世界名校。截止2017年，我校已连续十七年中考成绩雄居全市第一，教育教学质量是衡阳市初级中学的一面旗帜。2017年我校初三中考人平总分905.6分，连续17年蝉联全市第一，其中12个学科平均分居全市第一。高分段学生总人数雄踞榜首，1000分以上高分学生人数达279人，全市前20名我校占11人，全市前100名我校占66人，全市前200名我校占117人。

学校主要荣誉有：全国青少年校园足球特色学校、全国最佳校报特等奖、湖南省教育学会初中校长工作研究分会常务理事单位、湖南省中小学教师培训基地学校、湖南省体育后备人才重点学校、湖南省社会治安综合治理先进单位、影响衡阳市民生活100品牌、衡阳市优秀学校、衡阳市文明单位、衡阳市工会工作先进单位、教育信息化工作先进单位、衡阳市市直初中教育教学质量先进单位、衡阳市普通中小学班级管理工作先进集体、衡阳市共青团工作先进单位、校园禁毒预防教育活动优秀组织单位、市级民办骨干学校、中国青少年机器人竞赛全国一等奖、湖南省青少年国学大赛全省一等奖、湖南省青少年科技创新大赛优秀组织奖等，多次在省市级足球、排球、篮球、羽毛球、田径、健美操比赛中均获得冠军。

首届湖南省青少年国学大赛全省一等奖

2016年衡阳市青少年校园足球联赛一等奖

第十六届中国青少年机器人竞赛全国一等奖

地址：湖南省衡阳市雁峰区黄白路108号
电话：0734-8496291（校办公室）
传真：0734-8496291（校办公室）
邮编：421007
网址：www.hyscz.com

衡阳艺术学校

衡阳艺术学校始建于1960年，系湖南省政府批准成立的公办中等艺术专业学校，是湖南艺术职业学院第一附属学校、华中师范大学教学基地、湖南湘海国际船舶管理有限公司衡阳地区唯一的海事专业人才定点培养基地、全国文化工作先进集体。

近年来，学校坚持"以高考为导向，以就业为依托"的办学方向，获得了高考、就业双丰收，一大批毕业生升入全国重点艺术院校深造。学校就业渠道畅通，毕业生供不应求，被衡阳市教育局评为"毕业生就业推荐优秀学校"，升学就业率一直保持在99%以上。

校园风貌

学校坚持专业建设至上，实现了重大突破，2014年在衡阳市教育教学质量评估中被评为"优秀学校"。舞蹈表演专业2011年被评为湖南省特色专业，2012年又成功跻身于湖南省示范性特色专业行列，成为湖南省中职学校艺术表演类专业唯一的省级示范，2015年被列为衡阳市示范性特色专业群。近年来，在全市、全省、全国职业学校技能竞赛中，学校分别获得市级一等奖8个，二等奖5个，三等奖3个；省级一等奖3个，二等奖5个；国家级二等奖1个，三等奖2个。2015年7月，学校创作的《南岳山歌风情》获得第三届"荷花少年"全国舞蹈展演最高奖项——"荷花少年奖"；2016年5月，学校创作的女子独舞《天水边》获第四届"荷花少年"全国舞蹈展演银奖，学生刘昱彤被中国舞协授予"星光少年"荣誉称号。中国舞蹈家协会授予学校"全国

第四届荷花少年比赛现场

中小学舞蹈教育传统校"殊荣。目前，学校已成长为全省地市级中实力最强的公办中等艺术职业学校，稳居湖南省艺术教育第一方阵。

学校以一流的师资、一流的教学、一流的管理、造就了一大批一流的高素质人才，为文艺团体、新闻媒体、中小学等企事业单位、部队及高等艺术院校输送了一大批毕业生。刘一祯、易秒英、龚孝雄、雷丽莎、傅丽珊、李军林等一批优秀毕业生目前已成为国家级文艺院团的骨干力量。

2015年教师技能比赛

第三届荷花少年比赛现场

学校地址：衡阳市西外环路8号　邮箱：119728089@qq.com
办公电话：0734-8851511

衡阳市职业中等专业学校

衡阳市职业中等专业学校创建于1940年，前身为衡阳师专附中，1996年按国家级重点A类标准改制为市职业中专，先后并入了衡阳市第一、二、三、四职业中学和衡阳市第二十七中学。学校开设了信息技术专业群、电子技术专业群、现代服务专业群3个专业群13个专业，全日制在校学生3733人。教职员工244人，其中全国优秀教师1人，全国职教名师1人，特级教师3人，省优秀教师3人，市优秀教师12人，省级专业带头人3人，市级专业带头人9人，校级专业带头人30人，市级专业建设指导委员会委员17人，衡阳市职业教育教学评估与咨询委员会专家48人；兼职教师51人，其中曾媚姣老师荣获全国职业院校信息化教学大赛中职组信息化实训教学比赛一等奖。

长期以来，学校坚持"对接产业、工学结合、提升质量，推动职业教育深度融入产业链，有效服务经济社会发展"的工作方针不动摇，以"突出大品牌、提升大内涵、服务大衡阳、引领大职教"为目标，坚持"示范引领，革新图治，特色立校，科学发展"的办学方针，团结一致，开拓创新，取得了较大的发展成果，形成了鲜明的办学特色。

学校先后获得国家级重点中等职业学校、全国中职德育工作先进单位、湖南省卓越中等职业学校、湖南省示范性中等职业学校、湖南省职业教育先进单位、湖南省级文明单位、湖南省中职教学工作先进单位、衡阳市园林式单位等186项荣誉称号。

依托园区、行业、校企互通，学校优化了"深度融合、校企双赢"的合作办学模式。2011年，学校与湖南省两型社会建设示范园区白沙洲工业园区签订了校园合作协议，建立了校园战略合作联盟，构建了"政府、协会、企业、学校"四方良性互动的校企合作机制，形成了特色鲜明的"融入行业、融入企业、融入产业、融入职业、融入实践、融入团队"的"六融入"系统，成为了学校富有个性特征的人才培养系统。学校拥有校外实习基地75个，合作企业94家，对接产业、依靠品牌驱动，完善了结构合理、发展有序的专业体系。学校建成了计算机网络技术省级示范性专业群、2个省级精品专业、4个市级精品专业、6个校级精品专业、1个省级示范性专业、2个特色专业、1个省级生产性实训（教师认证）基地；建设了58门优质核心课程，专业带头人、精品课程、精品专业互为支撑、互为平台的局面已经形成；文化引领、制度护航，形成了规范化、科学化的内部管理机制。学校把"敬业、求实、奉献、廉洁"作为文化价值观的核心，形成了以忠孝礼仪廉为特色的礼仪文化，以乐业、敬业、服从、协作、守纪为基本内容的职业文化，以公平、公正、公开、自觉、规范、精细、高效为特点的管理文化，形成了敬业、爱岗、爱生的教风，勤奋、上进、守纪的学风和廉洁、民主、务实的校风。学校开展了"千名学生企业游"、蓝领大讲坛等活动，让学生亲身体验企业生产流程及文化氛围。学生在参加全国、全省或全市的各类比赛中，集体获得金牌4次获得银牌5次，31人次获得各级奖励。

学校已成为办学质量较为突出的中职学校。学校共承担市级以上赛事12次。学生共有487人次在国家、省、市支能竞赛中获奖，连续十届技能大赛团体总分和获奖等次稳居衡阳市同类学校第一。在2016年湖南省职业院校技能竞赛中，学校信息技术专业群的学生获一等奖3个（包揽动画片制作项目的前3名）、二等奖2个、三等奖2个。在全国职业院校技能大赛中，学生曾获二等奖1个，三等奖3个。

学校已成为全市技能人才培养和输送的主阵地。学生初级获证率100%，中级80%。毕业生就业质量明显提高，学生就业率98%，对口就业率82%，用人单位满意率100%，稳定就业率达85%。在教育培训和技能鉴定服务方面，学校与衡阳市白沙洲工业园区、衡阳市人社局职业技能鉴定中心、鸿富锦精密工业(衡阳)有限公司等45家企事业单位合作开展职工的在职培训、农村劳动力转移培训等培训达3246人次；开展了9个工种的职业技能鉴定，职业技能培训服务规模达到36000人/天。在科技服务方面，学校为瑞达电源有限公司等50余家企业完成技术服务工作20项。在共享帮扶方面，学校与衡阳县职业中专等8所中职学校结成帮扶共建关系，培训教师12名，支援与共建合作开发课程7门，联合开展课题研究3项。学校开展了对外合作，与韩国永进专门大学签署了合作办学协议。

图书馆　　第二教学大楼　　实训大楼　　学生公寓二楼

衡阳市职业中等专业学校

衡阳市第七中学

衡阳市第七中学创建于1921年，是衡阳市教育局直属市级示范性高中，湖南省唯一一所全日制日本语学校，长郡中学远程教育示范学校。日语教学是学校的办学品牌，英语和日语双语教学是学校的办学亮点，学生在高中三年可掌握英语和日语两门外语。

励志班：

衡阳市第七中学励志班是经过衡阳市教育局同意，面向城区招收家庭困难且品学兼优的学生的班级，从2014年秋季开始招生，每届不超过50人。学校免收励志生在校期间的一切费用，每年资助学生2000元生活费，并提供四套校服，同时学生还可享受国家助学金。学校对励志班的管理采用小班制、名师制、导师制、月假制等形式，与衡阳市第八中学同教材、同教辅、同考试、同评价。2014年秋季首批招收32名学生。通过两年多的努力，32名学生高考全部考入二本及以上学校。高二的励志班学生在高二上期的期末考试中，有34名学生进入衡阳市第八中学优秀学生成绩行列。

励志班启动仪式

日语特色教学

学校现有在校日语生840人，是湖南省高中学校日语教学规模较大的学校；现有日语专职教师10人，其中有3名教师分别毕业于日本广岛大学、札幌大学和创价大学，另聘有日籍教师。

1.从开办日语教学以来，学校有1000多人考上北京外国语大学、广东外语外贸大学、中山大学、武汉大学等著名高校。

2.留日学生200多人，其中不乏早稻田大学、东京大学等名校骄子。

3.近几年，在湖南省中学日语演讲及作文竞赛中，学校几乎揽获所有的一、二等奖；在全国日语作文和演讲比赛中，学校学生获奖达50人次，其中12人获特等奖，得到免费赴日交流学习一周的机会。

4.近几年，在高考、学业水平考试中，学校日语单科成绩稳居全省日语学校前两名。

与日本高校结为友好学校

赴日交流

日语学习优势

1.日语生在高中阶段只是将外语科目英语改为日语，其他学科同普通高中一样，在参加高考和学考时，外语科目考日语，计入高考、学业水平考试成绩。

2.高考优势：日语作为一门小语种，在高考中容易得高分，全国高考日语试题比较容易，学校日语生高考成绩远远高于英语生，许多学生在130分以上。2013年湖南高考日语单科第一名是学校刘佳同学，高考得145分。高考录取率高，全国共有800多所高校、2000多个本科专业在湘招收日语生，而湖南每年高考日语生不足1000人，很容易录取。

3.出路广：可通过国内高考升学；可参加日本高校到学校单招，2015年日本五所高校来学校单招9人；可赴日留学深造；毕业后可直接推荐到日资企业就业。

赴日留学：

1.学校同日本创价大学、圣泉大学、静冈大学、德山大学、星城大学、亚细亚国际语言学校、东京千代田国际学院、大阪文化国际学校等多所学校建立友好合作关系。学校日语生高中毕业后，可以直接到日本留学，现在学校每年有20多名学生赴日留学。

2.因为学校日语教学良好声誉，学校学生赴日留学手续简便，签证率达百分之百。

留日学生

3.留学费用低。留学期间，学生通过勤工俭学，完全能够解决学费和生活费，还可以赚钱寄回家。

学校地址：衡阳市珠晖区湘江东路108号（三得利水果市场、珠晖区政府隔壁）

招生办：0734-8332253　网址：www.hysdqz.com

衡阳市田家炳实验中学

衡阳市田家炳实验中学（原衡阳市第四中学）创办于1938年，坐落于风景秀丽的雁栖湖畔（耀江花园），是一所历史悠久、办学规模大、教学质量高、育人环境优的公办市级示范性高中。

学校设施先进完备，教学大楼、实验大楼、图书科技大楼、学生公寓、学生食堂和运动场地一应俱全，装备有2个电脑室、38个多媒体教室、校园网等现代教育技术设备。2009年5月学校与长郡中学成功携手，全校师生可以跨越空间，共享长郡中学优质的教育资源。

学校师资力量雄厚。现有在岗教职员工160名，其中特级教师1人，市级学科带头人1人，市级骨干教师3人，高、中级职称教师占70%，学历合格率达100%。教师年富力强，教学经验丰富，全部配备笔记本电脑上课。学校现有36个教学班，学生2000多名。

学校被评为湖南省现代教育技术实验学校、湖南省师德建设先进单位、湖南省校务公开民主管理先进单位、衡阳市新课改样本校、衡阳市三星级文明单位、衡阳市中学生日常行为规范示范学校，连续七年被评为衡阳市优秀学校。

学校是香港田家炳基金会赞助的外向型中学。应届优秀高中毕业生均享受田家炳基金会奖励，凡学校毕业生考入清华大学、北京大学、上海交通大学、浙江大学、复旦大学、中国科技大学、华中科技大学、南开大学、西安交通大学、南京大学、哈尔滨工业大学、吉林大学、武汉大学、北京师范大学、中山大学、华南理工大学、四川大学、天津大学、大连理工大学、中南大学、厦门大学、西北工业大学、山东大学、华南大学、重庆大学等64所高校，田家炳基金会将发放奖学金5000元/生。目前学校已有谢亚琼（2007年高考市直高中文科总分第二名，被中山大学录取等88人荣获此项奖励。

学校全面推行素质教育，教学质量直线上升，建立了蒲公英文学社、英语角、奥赛班、篮球队、田径队、美术兴趣小组、音乐兴趣小组。近两年，教师参加业务比赛或撰写论文在国家、省、市获奖200余人次。学生参加市级以上各项比赛载誉而归，共有300余人次获各种奖励。高考升学率一年一个台阶，近三年本科上线率分别达到了74%、78%、82.6%。已毕业的10届宏志班学生高考本科升学率均为100%。

长郡中学网校挂牌

1. 宏志班：在衡阳市委、市政府以及衡阳市教育局的大力支持下，学校于2003年创办宏志班，现已招收14届宏志生。宏志班以资助品学兼优、家庭困难的学生完成高中学业为目标。宏志班学生实行四免一补，免交全部学费、杂费、住宿费、校服费，享受生活补助。

2. 男生班：学校以多元发展的视野开拓创新，探索多样化办学育人模式。在尊重男生思维发展规律和身心发展特点的基础上，集中优化适合男生的教育资源，开展针对性教育，学校于2015年9月创办"男生班"，目的就是把男生们培养成为具有"正气凛然、善思好学、志向远大"的"男子汉"。

3. 女生班：在尊重女生思维发展规律和身心发展特点的基础上，学校于2016年9月创办女生班。

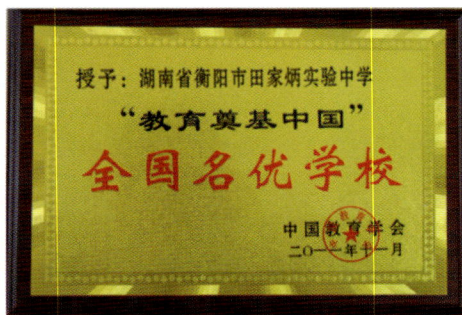

校址：衡阳市石鼓区黄沙湾44号

乘车路线：446路，116路，128路，143路，105路，449路，345路

招生热线：0734-8516373　学校网址：http://www.hytjb.net/

衡阳市逸夫中学

衡阳市逸夫中学是由香港著名爱国实业家邵逸夫先生捐资助建的一所衡阳市教育局直属公办初级中学。学校创办于1969年，原名衡阳市城建中学，1981年更名为衡阳市第十三中学，1995年全面改建并更名为衡阳市逸夫中学。学校前临雁栖湖公园，后枕石鼓书院，集传统文化之神韵，揽现代文明之精华，交通便利，乃求学胜地。

学校教学环境优雅，面积近40亩，建筑面积13000多平方米。校园布局科学合理，高标准的建筑群体融中国古典园林特色与现代建筑艺术于一体，美观典雅，独具风格。建筑群间亭廊相接，花草掩映，水榭廊台，相得益彰。四季鲜花盛开，处处草木葱茏，为湖南省园林式单位。校内设施先进齐备，办学条件优越。

学校现有27个教学班，学生1633人，其中住校生700人。在职教工124人，以中青年教师为主，其中省级特级教师1人、中学高级教师23人、中学一级教师55人，省市级优秀教师7人、骨干教师5人。学校领导班子秉承"勇健博专"的校训和"自强不息，厚德载物"的逸夫精神，立足于铸品牌、办名校，带领全校师生不断求精求新，乘风破浪，正阔步建设"四型学校"，向"全市一流初中"迈进！

办学理念：对学生一生发展负责，为学生终身幸福奠基。
总体目标：建设"四型学校"、打造市一流初中。
办学目标：学校有理想，学生有志向，老师有追求，家长有希望。
校 训：勇健博专
逸夫精神：自强不息 厚德载物
建设目标：绿色 礼仪 书香 和谐 数字 平安
办学方针：以德立校 依法治校 质量兴校 特色亮校
师德规范：爱国守法 爱岗敬业 关爱学生 教书育人
    为人师表 终身学习
教 风：爱生善诱 爱岗敬业
学 风：忠孝礼信 仁义智勇

学校地址：衡阳市石鼓区建设路3号 邮箱：382309442@qq.com
校长室：0734-8512438 教导处：0734-2439710 邮政编码：421001

衡阳市华新实验中学

校长　罗树春

三维地理教室

　　衡阳市华新实验中学成立于2010年9月1日，是一所极具现代化气息的市直公办寄宿制初级中学。学校占地55亩，建筑面积14077平方米，办学规模30个班，可容纳学生1500余人。现有初中3个年级，24个教学班，1300余名学生。

　　办学以来，学校秉承"尊重学生天性，发展学生个性，培养学生灵性"和"教育适度超前"的办学理念，内强素质，外树形象，开拓进取，强化特色，努力创建衡阳市义务教育窗口学校。学校基础设施不断完善，拥有电子白板、数字网络智能广播系统、安防监控系统、多功能报告厅、三维地理教室、塑胶跑道等一流的现代教学设备。教学质量稳步上升，中考成绩稳居市直公办中学前列，连续五年被衡阳市教育局授予"衡阳市市直义务教育阶段教育教学质量先进单位"称号。教研教改结出硕果，教师获得各项荣誉148人次，其中国家级4人次；学生获得各项荣誉135人次，其中国家级12人次。学生德育工作凸显特色，形成"八德"教育为主的中华传统文化教育。学校还先后荣获全国五好小公民示范校等各类荣誉50多项。办学至今，学校办学影响力不断提升，社会知名度不断提高，学校正朝着衡阳市义务教育窗口学校阔步前进！

地址：衡阳市蒸湘区高新技术开发区华新汽车站往南800米（蒸水南路与天台路交汇处）
招生电话：0734-2635685

衡阳市第三中学

衡阳市第三中学前身为衡阳市广德中学，于1931年7月由美国教会出资兴办。

近年来，在衡阳市委、市政府和衡阳市教育局的关怀下，学校先后投入近700万元，完成了第二教学楼的拆除重建、学校前坪广场与校园文化长廊的兴建以及塑胶运动场的铺设，校园环境得到大幅改善。学校现有在职在编教职工115人，其中高级教师36人，中级教师77人。中、高级教师比例占学校教职工总数的85%。学校现有21个教学班，学生总人数达千人。

近几年，为提高教育教学质量，学校立足课改，聚焦课堂，通过理论培训、外出学习、班级试点、分年级实施等方式，掀起了新一轮课堂教学改革热潮，摸索出一套符合学校校情的课改教学模式——"四习"教学模式（复习、预习、讲习、练习）。学校新课改取得了明显成效。2012年12月，衡阳市教育局组织的历史、生物课改观摩活动在学校成功举行。2013年，学校被评为衡阳市"新课改试点验收校"，每年15%以上毕业生升入省级示范性普通高中。同时，学校整体得到了稳步发展，先后荣获衡阳市教育局目标管理考核优秀学校、湖南省教育厅优秀教育实习基地、教育部关工委全国青少年主题教育优秀学校等称号。

学校地址：衡阳市珠晖区东风路188号
邮　　编：421002　　办公电话：0734-3122485

衡阳市第十七中学

衡阳市十七中的前身为省立三中，创办于清光绪三十年（1904年），被誉为"湘南革命摇篮"。校址位于衡阳市珠晖区晏家坪，地处衡阳市珠晖区湘江和耒河汇合处的三角平原上，面临湘江，背负耒河，与历史悠久、巍峨耸立的衡阳八景之一——来雁塔隔江相望，是衡阳市重点文物保护单位。

学校占地49.5亩，共有建筑13栋,教学班12个,现有在编教职工75人，具有中学高级职称的14人，中学一级职称的38人，初级教师20人。近年来，学校以"进德修业，慎思笃行"为校训，以省立三中旧址为基地，办具有红色传统的特色教育。

强抓新课改，促进教学稳步提高。学校推行新课改，进一步转变广大教师的教学理念，优化教学手段，实现高效课堂，促进学生能力的多元发展，确立了"做好计划，稳步推进，挂钩绩效，奖惩到人"总方针，紧紧围绕"自主、合作、探究"核心理念，开展了积极探索，打造出适合学校特点的"五步自主联动教学"课堂教学模式。

强抓习惯养成，促进学生中心发展。教育教学，德育为先。学校坚持以行为规范教育为切入点，以德育活动为载体，以各种评比为手段，全方位培养学生的良好习惯。每学期都开展"弯腰活动月""生态文明校园""文明餐桌,有你有我""我走过，留下一片洁净"等主题活动，使全校学生养成良好的文明行为规范和劳动、卫生意识。

强抓师德师风，促进教师队伍建设。学校以省立三中为全体师生的教育基地，经常开展讲历史、继传统的活动，让全体师生在工作和学习中能够传承老一辈革命先烈讲奉献、讲团结、讲服务，无私奉献的优良传统。学校提出了"打造共产党员示范年级组"的创建活动，全体党员和任课教师发扬团队精神，营造了"比、学、赶、超"的良好氛围；开展了党员教师暑期家访活动，强化教职工"学雷锋,爱生爱岗爱校"观念，共产党员的先锋模范作用得到充分发挥；大胆启用和锻炼新人，确保学校工作可持续发展。

强抓安全，促进和谐教育局面形成。安全工作是一切工作的重中之重，学校加大校园安全教育的力度，不断提高师生自我防范、自我保护、自我救助的意识和能力。开学、期中邀请铁路公安处干警来学校做铁路交通安全专题讲座；邀请法制专家、粤汉派出所有关领导做法制知识专题讲座；组织全校学生进行紧急疏散演练，让他们熟悉应急逃生线路，掌握应对突发事件的方法，提高青少年自我保护能力。食堂工作人员都持有健康证，穿戴工作服挂牌上岗，并有健全的食品卫生安全管理制度、食品原料的索证及留验制度、餐具消毒保洁制度，经常开展食品卫生安全大检查，保证了师生的饮食卫生安全。

近年来学校获得了许多荣誉。2000年至2017年在衡阳市教育局年终目标管理考核中十二次获得"优秀学校"的称号，学校还被评为"衡阳市课改示范校""衡阳市三星级文明单位""衡阳市治理乱收费先进单位""湖南省学校A级食堂""湖南省体育优秀学校""衡阳市优秀基层党组织""衡阳市园林式单位""衡阳市优秀工会""衡阳市依法治校示范校""衡阳市德育教育基地""衡阳市行为规范示范校"等。

地址：衡阳市珠晖区晏家坪34号　　招生电话：0734-8371714

衡阳市第九中学

　　衡阳市第九中学始创于1941年，原名平智中学，是由民主人士何益平、李明智夫妇创办的，中华人民共和国成立后，按统一规划更名为衡阳市第九中学，至今已经走过了70余年的风雨。

　　随着学校所在地——衡阳市白沙洲工业园园区的飞速发展，学校迎来了前所未有的发展机遇，作为工业园区唯一的公办初中，衡阳市专题办公会议纪要（〔2012〕第49次）中明确指出"衡阳市第九中学是园区唯一一所初级中学，必须高起点、高规划、高标准"，才能适应园区的发展要求，规划面积要达到130～150亩，向衡云干线、湘江风光带扩展，征地由衡阳市白沙工业园管委会负责，学校内部整体规划由衡阳市教育局负责。

　　根据园区经济平台发展的需要以及周边老百姓对教育资源的需求，衡阳市第九中学迁建项目于2014年12月立项，规划设计为全寄宿制中学，办学规模为42个教学班，可容纳在校学生约2100人，项目位于衡阳市白沙洲工业园区内，总建筑面积53500平方米。学校自2016年6月开始桩基础施工，目前已完成12栋主建筑楼主体工程，装修工程也基本完成，所有工程计划在2018年5月30日前完工，9月正式在新址开学。

衡阳市外国语学校

中心花坛

校园一角

学生公寓

综合实验楼

衡阳市外国语学校前身为南路师范学堂，始建于1908年，1915年更名为湖南私立道南中学，1958年更名为衡阳市第十一中学，2000年5月更名为"衡阳市外国语学校"，2014年加入衡阳市第八中学教育集团，教育理念和管理措施与集团同步，教育资源共享。学校是衡阳市教育局直属的唯一一所全日制涉外公办特色中学，系全国外语特色学校、湖南省外国语实验学校。学校现有21个教学班，在校学生1000余人。

学校以外语特色教育为突破口，以"强化特色，提高质量"为办学思想，开创了一条"外语特长"的教育新路。学校实行小班制教学，长期聘请外籍教师在校任教，让学生感受纯正的欧美英语，给学生提供口语交流的平台，并开设第二外语——日语、法语。同时在师生中积极推广英语口语交谈，广泛开展英语之角、英语沙龙、英语广播、英语演讲等形式多样的活动，营造了浓厚的外语交流氛围，培育了富有特色的校园文化和人文精神，以此为莘莘学子打造冲出湖南、走向世界的阶梯，为国家培养外向型综合人才。

凭借独特的办学理念和办学模式，经过多年的不断创新和努力，学校外语特色教育成果显著，带动了其他学科成绩的均衡提高，促进了学校各项工作的飞速发展，学校教育教学质量逐年提高，高考、中考成绩一路攀升。近几年来，学校还获得"湖南省外国语特色教育先进单位""衡阳市优秀学校""衡阳市文明单位"等100多项殊荣。

学校师资力量雄厚。现有专任教师84名，其中外籍教师1名，有国外留学经历的教师1名。学校环境优雅，办学设施一流，有崭新的塑胶跑道、学生公寓和食堂，并配有多媒体教室、实验室、舞蹈室和语音室。学校配备全方位安全监控系统，实行全封闭式管理、保安24小时轮流值班制。

教学大楼

地址：衡阳市石鼓区易赖街72号　邮编：421000
电话：0734-8887899　0734-8191334　邮箱：magie612@163.com

衡阳市第六中学

校长　贺仁忠

衡阳市第六中学是一所老牌市属重点完全中学、首批市级示范性高中，坐落于蒸湘区衡祁路风景秀丽的青化山上。学校始建于1941年，前身为国民党第九战区副司令长官杨森将军创办的"湖南私立建德中学"，经数次搬迁、屡经兴废后迁于现址，改为现名。七十多年来，历届学校领导和教职员工不断开拓，勤勉工作，创造了享誉衡阳的辉煌成绩，形成了鲜明的办学特色和优良的办学传统。

学校系联合国教科文组织在我国开创人口教育的全国十所中学之一。近10多年来，学校先后获得湖南省体育工作先进学校、青少年科技教育先进单位、优秀高考考点、湖南省安全文明校园、衡阳市二星级文明单位、教研教改示范校、中学生日常行为规范示范校、现代教育技术实验学校、优秀学校、综合治理模范学校、德育常规管理先进单位等数十项荣誉称号。

学校规划科学，布局合理。教学区、运动区、生活区分开，建筑风格统一，功能齐全。校园绿树成荫，环境幽雅。学校现有在校学生2300余人，40个教学班，其中初中10个班，高中30个班。现有在职教职工162人，其中特级教师2人，高级教师59人。学校占地50亩，建筑面积37945平方米，有教学楼两栋，实验楼一栋，办公楼一栋，可容纳600名住校生的学生公寓一栋，可容纳800人就餐的食堂一个，300米塑胶田径运动场一个。

办公楼和实验楼

学校有体育和科技教育两大特色。1999年学校被列为"湖南师大体育学院实验学校"，进一步拓宽了特色教育路子。1997年和2000年学校运动员参加湖南省"八运会"和"三青会"获九金五银，其中学生肖劲宇一人独得四枚游泳金牌。2000年学校女足参加湖南省中学生足球赛获第二名。近十多年间，学校篮球队获衡阳市中学生篮球赛冠军6次、亚军4次，学校田径队获衡阳市城区中学生田径运动会团体总分第一名5次、第二名4次，学生个人项目获冠军78个，共有52名体育特长生被大学特招或

文化广场

教学楼

录取。学校曾被评为湖南省"群体工作优秀学校"和湖南省贯彻《中学生体育工作条例》优秀学校。

学校重视开展学生科技创新教育活动，配备专门的科技辅导老师，每年拨给一定的活动经费。科技辅导老师曾被湖南省教育厅、湖南省科学技术委员会评为"优秀科技辅导员"，学生"三小活动"（小制作、小论文、小发明）作品在衡阳市获一等奖8项、二等奖12项，学生科技作品曾获湖南省一等奖两项、二等奖五项，学校被评为湖南省"青少年科技创新教育先进单位。"

近几年，学校继续加大建设力度，优化育人环境，提高办学品位，特别是2011年与衡阳市第一中学合作办学以来，借助省级示范性普通高中的优质教育资源，进一步深化教学改革，推进素质教育，教育教学质量获得长足发展。2015年，学校正式加入衡阳市第一中学教育集团，成为副理事长单位。现在学校全体师生正发扬"努力创造奇迹"的校训精神，内抓管理，外树形象，朝着争创衡阳市一流名校目标迈进。

塑胶运动场

地址：衡阳市蒸湘区衡祁路9号　联系电话：0734-8306611

珠晖区第二中学

2016年开学典礼

　　珠晖区第二中学创办于1958年，前身为茶山人民公社民办中学，校址在茶山坳耒水河畔；1984年升为衡阳市郊区直属中学，更名为衡阳市郊区三中；2001年衡阳市区划调整时，学校属珠晖区管辖，定名为珠晖区第二中学。她仰云峰珠塔之毓秀，瞰湘江耒河之浩渺，立衡州古城沃土以秀美，承湖湘文化润泽以丰腴，堪称钟山川之灵秀的读书胜地。学校经过几十年的建设和成长，现已打造成为一所按照初中Ⅰ类标准装备的现代化初级中学。学校占地面积11000平方米，生均占地45.8平方米。学校有6个班，在校学生300余人。学校有着一支素质优良的教职工队伍，现有教职工26人，其中专业教师26人；具有高级职称的教师7人，中级职称教师16人。学校以办人民满意的教育为宗旨，以"面向全体学生，为学生的发展奠基"为理念；以"人人成功、人人成才"为目标，全面实施素质教育，教育学生"厚德、博学、求索、创新"，从而为幸福人生打下坚实的基础。学校连年被评为"教育目标管理优秀学校"和"先进基层党组织"，先后荣获"衡阳市三星级文明单位""衡阳市二星级教研教改示范校""湖南省合格学校"和"衡阳市现代教育技术学校"等荣誉。

合唱比赛

文艺节目

中考誓师大会

地址： 衡阳市珠晖区茶山坳镇茶金路珠晖二中　**邮编：** 421002
邮箱： hyzhuer@126.com　**网站：** www.hyzhuer.com
电话： 0734-8303689　0734-8122655

珠晖区泉溪村小学

　　珠晖区泉溪村小学地处繁华的火车站旁，西临美丽的湘江，北接雄伟的珠晖塔，是一所有着深厚文化底蕴的品牌学校，是珠晖区窗口学校、湖南省名校，在半个多世纪的历史长河中，培养了成千上万的优秀学子。

　　学校创建于1954年，现有24个教学班，学生1233人，教师71人。其中省级骨干教师3人，省级优秀少先队辅导员1人，衡阳市"十佳"学科教师5人；中学高级教师1人，小学高级教师51人，小学一级教师20人；具有本科学历的教师39人，大专学历的教师32人。

　　学校治校严谨，教育理念新颖，教育教学质量高，校园环境优雅温馨。学校师生团结务实，开拓进取，与时俱进，学校工作一年一个新台阶。学校被评为：全国中小学民族团结教育先进单位、全国优秀雏鹰大队、全国优秀手拉手联谊校、湖南省现代教育技术实验学校、湖南省现代教育技术工作先进单位、湖南省小学干训实践基地、湖南省基础教育教学研究实验学校、湖南省基础教育教学研究先进实验学校、湖南省文明卫生先进单位、湖南省关心下一代教育工作先进单位、衡阳市二星级文明单位、衡阳市规范化示范小学、衡阳市中小学三星级教研教改示范校、衡阳市学校管理工作先进单位、衡阳市社会综合治理先进单位。"十一五"期间，学校开发了校本教材《小学生理财教育读本》。2007年学校荣获湖南省基础教育教学研究先进实验学校称号。2009年学校校本项目"小学理财教育研究"荣获第二届湖南省基础教育教学成果二等奖。《小学生理财教育》校本课程的开发与实施研究荣获全国"十一五"教育科研优秀成果一等奖。2011年学校荣获湖南省基础教育优秀实验学校称号。2012年学校获衡阳市中小学心理健康教育先进单位。"十二五"期间，学校继续开发了第二套校本教材《小学生文明礼仪教育读本》。学校"十一五""十二五"期间被评为衡阳市教育科研先进单位。学校在"十五"和"十一五"期间承担省级课题分别获优秀奖、成果一等奖、优秀单位等奖项。学校在珠晖区教育目标管理年度考核中连续十年获得一等奖，还多次获优秀学校称号。

领导班子研究工作

校内公开课

参加珠晖区全民读书月活动表演

鼓号队列表演荣获一等奖第一名

参加珠晖区创建全国文明城市文艺会演

地址：衡阳市珠晖区广东街道泉溪村42号　电话：0734-8331259

石鼓区松木乡灵官庙小学

石鼓区松木乡灵官庙小学于2001年6月从衡阳县集兵镇行政划拨并入石鼓区松木乡，同年，多方筹资建立新校，校址坐落于灵官庙村山勘组与何老屋交界处，占地12951.94平方米。2002年10月迁入新校，现有6个教学班，学生191人，教师13人。

全体教师集体照

教学楼

校园风采

学校大门

高新区祝融小学创建于2011年3月，学校占地面积58亩，建筑面积约20000平方米。学校现开设46个教学班，在校学生3000余人，在职教职工132人。

学校坚持"幸福教育"的办学理念，并围绕这一办学理念开设特色课程，进行教学改革，开展师生活动。校长齐少娟提出幸福教育的三项举措：幸福教育，始于"足"下；幸福教育，从"心"开始；幸福教育，"课"不容缓。

学校开设足球课，聘请专业老师确保足球课开课、开训、开赛。学校建有高新区心理咨询室，开设心理健康课，心理咨询师桃子妈妈每天为师生及家长排解心理的困惑，促进孩子们的健康快乐成长。学校重视课堂教学改革、校本课程的开发和课题研究。为促使课堂教育与信息技术深度融合，开设试点班，实施"翻转课堂"。为发展学生特长，培养学生的综合素养，学校进行校本课程的开发，成立了"幸福花开"学生俱乐部，开设20多门特殊课程。学校重视课题研究，《基于提升师生幸福感的学校发展策略研究》获得湖南省课题成果一等奖。

同时，定期举行的"祝融讲坛"，邀请教育专家、社会名流讲学，在提升教师专业素质与人文涵养的同时迅速成为学校的一张名片，已具有一定的知名度与影响力。学校每学期开展的特色迎新活动，将学生的思想道德教育与综合实践活动相结合，营造了浓郁的"幸福磁场"，受到了社会各界的高度评价。

学校先后被评为"全国足球示范校""湖南省语言文字示范校""中小学心理健康教育先进单位""全国中小学生英语电视大赛优秀培训基地""湖南省中小学管理专业委员会常务副理事长单位""衡阳市基层思想政治工作示范点""衡阳市二星级文明单位""衡阳市综合实践活动课程常态实施优秀学校"。

高新区祝融小学

校长：齐少娟

团结奋进的领导班子

幸福教育，始于"足"下　幸福教育，从"心"开始　幸福教育，"课"不容缓

心理咨询室

石鼓区星元小学

　　石鼓区星元小学（前身为衡阳市童星学校），是由衡阳市实验小学与衡阳市成章中学联合创办的集幼儿园、小学于一体的优质民办学校。由于国家政策因素，学校于2006年8月搬迁至石鼓区下横街32号，实施独立办学。学校占地面积为4.3亩，校舍建筑面积为6800平方米，现有教学班18个，在校学生800余人。学校建有科技室、手工美术室、多功能演播室、电脑室、音乐室、体育器材室、舞蹈厅、钢琴房等。教学专用教室均配有笔记本电脑、投影仪、实物展示台等多媒体教学设施和空调、饮水机等生活设施，寄宿生宿舍均配备电视、空调、饮水机、衣柜及卫生淋浴设备，学生伙食实行营养配餐。为了方便半寄宿制午托生就读，学校妥善安排了学生中午食宿，配备专车早晚定点接送学生。

　　学校秉承"立人为本、成志于学"的校训，坚持"自觉、主动、和谐、发展，为幸福人生奠基"的办学理念，坚持以"立德树人"和"培育学生社会主义核心价值观"为学校的根本任务。学校积极引进先进成功的办学经验和技术，实施"项目推动"，按照"乐学、探究、自主、文雅、健康、个性"的育人目标，打造"BRIGHT"特色课程。从办学的第一天起就坚持全员管理、全面管理、全程管理的宏观管理模式，力求管理出效益、管理出质量，坚持全面发展、全体发展、均衡发展，坚定不移地贯彻党的教育方针，以教育教学改革为工作的切入点，促进学生的全面发展。

　　学校先后被评为"湖南省现代化技术实验学校""湖南省红领巾示范学校""全国优秀红旗大队""衡阳市价格诚信单位""衡阳市中小学生养成教育示范校""新课标形势下小学英语网络作业形式探究十二五课题实验基地""优秀民办学校"等。十几年来，学校探索出一套完整的教育教学模式，成功找到了"素质教育"和"应试教育"的契合点。学校每年组织学生参加全国、省、市各项比赛都取得了较好的奖项，每年培养的小学毕业生升入成章中学、船山中学以及长沙四大名校的优秀莘莘学子达到毕业生总人数的90%以上，被社会各界誉为雁城小学教育的一朵奇葩！

地址：衡阳市石鼓区下横街32号　办公电话：0734-8221331　邮政编码：421000
网址：www.xingyuanedu.com　邮箱：2458160503@qq.com

石鼓区下横街小学

石鼓区下横街小学创办于1955年，占地面积6667平方米。目前，学校拥有18个教学班，在校学生997人，在编教师人数47人，各学科均有相关专业毕业的专任教师。学校教师100%获得合格学历。

学校设有实验室、仪器室、体育室、音乐室、美术室、卫生保健室、电脑室、图书室、大队活动室等功能教室。每间教室配备了电子白板、电子讲台、投影仪、实物投影仪等现代化教学设备。学校布局规范合理，校园环境优雅，师资力量雄厚，管理科学严谨。

在多元化评价思想的指导下，学校非常注重培养学生的个性特长，建立了"一校一品"工程，筹建了乒乓球训练馆。通过丰富多彩的活动，全方位展示学生才能，培养学生的综合素质。

学校推出了"心"文化，谱写了"心"之歌，围绕"心"文化，开展了一系列"心"活动，通过这些活动的开展，帮助全体师生从"心"出发，做个有"心"之人，养成良好的行为习惯、学习习惯，培养高尚的道德情操和崇高的思想境界。

学校围绕"明德、博学、团结、创新"的办学理念，坚持以人为本，在全校教职工的共同努力下，全校师生上下凝心聚力，奋发图强，各项工作取得了可喜的成绩：学校先后被评为"湖南省依法治校示范学校""湖南省家长师范学校""衡阳市语言文字示范学校""衡阳市文明单位""石鼓区社会治安综合治理先进单位""石鼓区先进基层党组织""石鼓区诚信教育示范校"等。

详细地址：衡阳市石鼓区下横街3号　**邮政编码：** 421001
办公电话： 0734-8292978　**网址：** http://www.hyxhjxx.com/

蒸湘区实验小学

　　蒸湘区实验小学创建于1991年，原名太平小区小学，2003年9月更名为蒸湘区实验小学。学校占地面积15.76亩，建筑面积8906平方米，现有教学班51个，学生2802人，教师132人。2014年8月，为充分发挥学校在全区基础教育领域的引领性、辐射性、示范性作用，缓解城区学校大班额，经蒸湘区委、区政府研究，将长湖乡大立小学并入蒸湘区实验小学，进行提质改造。按照"资源共享、一体化办学"的原则，实行"一块牌子、一套班子、一名校长、统一管理"。学校以"尊重学生创设和谐的教育环境，相信学生具有成才的智慧潜能，为了学生提供优质的教育服务，培养学生奠定一生的发展基础"为办学理念，教育管理规范，教学设备齐全，教育环境优雅，教育特色鲜明，教育成果突出。学校少先队大队部被全国少工委、团中央授予"全国红旗大队"光荣称号，学校先后被授予"全国优秀家长学校""全国青少年文明礼仪教育示范基地""湖南省基础教育教学研究实验学校""湖南省现代教育技术实验学校""湖湘名校""湖南省教师培训基地校""湖南省贯彻体育工作条例优秀学校""湖南省示范性家长学校""湖南省红领巾示范学校""湖南省安全文明学校""衡阳市三星级文明单位""衡阳市巾帼文明示范岗""衡阳市课堂教学改革实验学校""衡阳市优秀教育网站"等市级以上荣誉称号55项。

英语特色教学展示活动

大立校区雕塑

太平路上的"绿色通道"

　　每天上学、放学高峰期时段，不论刮风下雨，还是严寒酷暑，在蒸湘区实验小学门前的太平路上，人们始终能看到交警们忙碌的身影。在蒸湘区交警大队交警们的指挥下，学校门前的交通井然有序，为家长和孩子们筑起了一条"绿色通道"。这些活跃在太平路上的交警被大家亲切地称为"雷锋交警"。

地址：衡阳市蒸湘区太平小区113栋　联系电话：0734-2896339

石鼓区松木乡松梅小学

　　石鼓区松木乡松梅小学是石鼓区一所乡村完全小学，坐落于松木经济开发区鑫源管理处七里井组，占地面积5670平方，校舍面积2893平方。2013年该校成功创建"湖南省合格学校"。如今，学校面貌焕然一新，育人环境优美，教育教学设施配套齐全、先进，成为石鼓区一所乡村"示范学校"。学校现有6个教学班，在校学生170人，专任教师11人，其中本科学历的6人，专科学历的5人，学历达标率达100%。小学高级教师9人，市级优秀教师1人，区级优秀教师3人，区级骨干教师2人。教师平均年龄42岁，50岁以上教师比率为36%，教师年龄结构比较合理。学校认真执行党的教育方针，贯彻落实《中华人民共和国义务教育法》，始终坚持"以人为本，依法治校，以德育人"的原则，全面实施素质教育。学校教育教学质量一直稳居全乡前列。

　　学校校园环境舒适宜人，绿树成荫，绿化面积达40%以上。学校先后建起了文化墙、宣传栏，粘贴了校训，营造了富有特色的班级文化。学校教学设施设备齐全先进，建有各个功能室，有标准的体育场地、完善的体育设施、先进的校园广播系统和多媒体教学设备。校园内装有全方位的电子监控系统。

　　学校素质教育异彩纷呈，成立了体育、音乐、书法、美术、科技等课外兴趣小组并定期开展活动，各兴趣小组学生在乡、区各项体艺比赛中屡次获奖。

学校全貌

学校校训

实验室

篮球场

塑胶跑道

衡阳市实验小学

校门

校长：刘梁生

衡阳市实验小学地处雁峰区黄白路，前身为湖南三师附小，始建于1908年，2001年被更名为衡阳市实验小学，是隶属于衡阳市教育局的一所公办小学。学校现有教学班49个，在校学生2884人。教职工总人数120人，专任教师96人，退休教师32人。其中特级教师2人，中学高级教师8人，小学高级教师67人，省级骨干教师2人、学科带头人3人。教师学历达到本科的有66人，80%的教师在省、市举行的优质课评选及基本功大赛中获奖，其中获省级奖的占12%。学校占地面积30.6亩，建筑面积20000平方米，拥有固定资产2600多万元。学校布局合理，每个班级都配有实物展示台，设施设备一流。

依托百年老校浓厚的文化底蕴，学校以新课程改革为契机，树立"质量就是满意"的意识。办学质量、办学水平、办学声誉显著提升，在全市质量抽检中，名列第一。学校先后

衡阳市中小学运动会开幕式霸王操展示

开展了"潜智儿童跟踪调查""注音识字、提前读写""三算教学""作文教学从内容入手""小学作文教学改革探索""小学语文思维能力培养""小学创新素质发展研究""新课程改革中的校本培训""小学教师教育教学研训一体化""专题网站《蛇》的建设与应用研究"等课题，获国家、省、市级教育科研成果奖。

悠悠岁月，在百余年的发展历程中，衡阳市实验小学一直站在时代的最前沿，是雁城教育改革的示范校和窗口校，先后获得"全国红旗大队""国家级语言文字规范化示范学校""教育部体艺工作先进单位""湖南省文明美德学校""湖南省经典诵读特色学校""衡阳市十佳书香学校""衡阳市教育教学质量先进单位"等90多项荣誉称号。

办公电话：0734-8451300　官方网站：www.hyssyxx.cn

招生对象： 片区内年满6周岁的适龄儿童。

片区： 衡阳市黄茶南路以南、蒸阳南路以东、徐家井路（附中岔路）一党校通往河边路（包括党校）以北及湘江所围成区域。

蒸湘区雨母山镇中心小学

蒸湘区雨母山镇中心小学坐落在雨母山乡东阳村九组，开设7个教学班和1个学前班，在校学生341人，其中小学生305人，幼儿36人。在职在编专任教师14人，其中研究生学历教师1人，本科学历教师7人，专科学历教师2人，中专学历教师4人。

学校占地面积4289平方米，约合6.5亩，校舍总面积1932平方米。教学及教学辅助用房共1812平方米，一层教学楼始建于20世纪70年代，砖木结构，面积165平方米；两层教学楼始建于80年代，砖混结构，面积702平方米；三层教学楼始建于90年代，砖混结构，面积945平方米；生活用房120平方米。校园绿树成荫，植被覆盖率达50%。

学校共有8个普通教室，其中5个教室安装了多媒体，有语音室、实验室共3个功能室。学校共有图书1万册，电脑14台。

学校的办学宗旨是：打造"敬业、尽职、幸献"的教师队伍，塑造"勤奋、文明、进取"的学生群体。2015年，陆文娟老师被评为蒸湘区优秀教师；曹熙瑜同学在"少年传承中华传统美德"之"墨香书法展示"活动中，荣获一等奖；蒸湘区科技创新大赛1人获一等奖、3人获三等奖。

近年来，蒸湘区加大了对学校的改造，共投入资金140万元，其中设备设施投入10万元，基建投入约130万元。其中2015年蒸湘区对校园进行美化、亮化，约投入50万元，缩小了城乡差别。

衡阳市华泰职业学校

衡阳市华泰职业学校创办于2005年，系全日制中等职业学校。学校坚持以人为本，严谨治学，服务社会，是一所集学历教育、职业技能培训于一体的多功能、多层次的教育机构，多次被衡阳市教育局评定为"优良学校"。

学校在办好中职教育的同时，还开办大专、本科层次的成人教育，是南华大学、长江大学、湖南交通职业技术学院等院校的成人教学站（点），在学校就读学生，若学习刻苦，成绩优良，均可拿到大学文凭（成人教育、对口升学），圆其"大学梦"。

学校是衡阳市教育局定点的教师从业资格证考前培训机构、普通话水平测试点，是衡阳师范学院的教学点（继续教育）。十余年来，教师资格证考前培训学员超过四万人。学校符合条件的毕业生通过考试，均可获得教师资格证书，圆其"教师梦"。

学校的办学宗旨是"一切为了学生，为了一切学生，为了学生的一切"。全体教师关注学生爱好，注重学生特长，按照用人单位的需要，通过精准培养，强化实操，使学生掌握过硬的"专业技能"，成为相关行业的所需人才，让学生毕业即就业，圆其"就业梦"。

教师资格证考前培训　　计算机技能竞赛　　学前教育实习基地

地址： 衡阳珠晖区龙家坪21号对面(衡阳市第三中学南门)　　**电话：** 0734-8416888
网址： http://www.htzyxx.com　　**邮箱：** htzyxx@126.com　　**邮编：** 421001

蒸湘区蒸水小学

教学楼与读书长廊

国学教研活动

操场综合楼

衡阳，雁语传赞的沃土，蒸水，源连湘江的河流。在风光怡人的蒸水河畔，在船山文学的水脉里，一所现代化小学正在崛起！

蒸湘区蒸水小学于2010年秋季开始建校招生，经过几年的探索和研究，2012年底确立了"爱"的教育理念，制定了打造"书香校园"这一办学目标，2013年围绕教育理念和办学目标开展工作，树立了学校的形象；2014年引进国学课程体系，丰富了书香校园内涵；2015年以"建设有蒸湘区蒸水小学特色的课程体系"来推动学校学科建设与学校发展，取得了一定的成效；2016年本着在"在传承基础上创新，在改革进程中发展"的思想，提出了"办一所有爱心的学校，建一所中国小公民学院"的"十三五"学校规划，并努力实现"经由中华优秀传统文化的教育，为孩子们播下具有中华文化的种子，使他们成为有根的现代小公民"的蒸水教育梦想。

学校位于衡阳市华新开发区西头，背靠衡州大道（322国道），与华新车站、生态公园和衡阳市爱国主义教育基地"陆家新屋"遥首相望。

学校现占地32亩，将向南扩建20亩地，现有建筑面积11804.8平方米。学校拥有8058平方米的园林绿化、9600平方米的运动场馆。学校现有37个教学班，1821名在校学生。现在学校硬件设施已经达到市级一流水平，架设了校园局域网、广播系统及班级多媒体设备，实现了教学手段现代化。学校综合楼现为高新区青少年活动基地，设有音乐室、舞蹈室、电脑室、文体室等专业教室24间，使该校乃至高新区的素质教育得到更大的发展。

学校拥有一批高素质的教师团队，现有在职教师99名，教师的平均年龄30岁，本科学历教师83人，小学高级教师31人。整个教师队伍朝气蓬勃，积极向上。

教职员工合影

珠晖区实验小学

庄重大气的校门

开拓进取的校领导班子

　　珠晖区实验小学，创建于1942年，坐落在珠晖区光明街35号，是全国群体工作先进单位、全国示范性青少年体育俱乐部、湖南省网球后备人才基地、湖南省首批经典诵读特色学校、湖南省首批规范汉字书写教育特色学校、湖南省现代信息技术教育学校、湖南省体育传统项目学校、湖南省安全文明校园、湖南省优秀家长学校、湖南省绿色学校、湖南省首批合格学校。

　　学校占地面积30亩，建筑面积9780余平方米。现有教学班36个，在校学生1917人，教职工96人，其中特级教师2人，高级教师5人，一级教师50人，全国优秀教师1人，全国教改先进个人3人，国家级网球教练2人，市级教学能手3人，区级骨干教师10人。

　　学校校园环境幽雅，绿树成荫，浮雕画廊，引人入胜。教学区、运动区、生活区相对独立；教学楼、综合楼、办公楼、科技楼、运动场馆设计科学、布局合理。各类馆室（场）齐全，均达到省级标准，4块丙烯酸室外灯光网球场符合国家比赛场地标准。

　　学校办学思想明确，即"本色+特色，为学生终身成长奠基"。学校提出了"合群、豁达、博学、创新"的校训，努力营造"诚信、懂礼、善思、好问"的校风，追求"厚学、笃行、慈爱、通达"的教育境界。学校连续15年被珠晖区教育文化体育局评为教育质量优胜学校，被社会各界誉为"公立学校的一面旗帜"。学校还被评为衡阳市"十五""十一五""十二五"教育科研先进单位。学校开设了网球、足球、合唱、英语兴趣、围棋等特色活动项目，取得了令人瞩目的成绩。学校小百灵合唱团参加中国少年儿童合唱节，分获"小云雀""南湖杯"奖。学校网球队多次代表衡阳市出征国家网球专业赛和湖南省运动会，获金、银、铜牌30余枚，向国少队、省级专业队输送队员16名，向大中专院校输送队员10名。

宽敞明亮的阅览室

2016中国网球协会少儿网球发展联盟地区赛

机器人小组

符合国家比赛标准的网球场

第六届中国少年儿童合唱节

足球啦啦操表演

石鼓区松木乡新安小学

教师风采

石鼓区松木乡新安小学坐落在松木经济开发区新安管理处新安寺组，东临湘江，南闩石鼓书院。学校创办于1953年9月，改建于1991年冬，至今已有65年历史。目前，学校占地面积7160平方米，校舍面积1672平方米，绿化面积1121平方米。学校环境优美，被评为"衡阳市园林式学校"。

在几代人的辛勤努力下，学校健康稳步发展。近几年，学校筹建了电脑室、音乐室、美术室、实验室、图书室等功能室，建成了校园局域网，安装了"班班通"，完善了体育设施，促进了教师队伍的现代化建设。学校现有7个教学班，教职员工13人，其中专任教师12人，具有大专学历的6人，本科学历的3人，中学一级教师2人，小学高级教师7人，教师学历完全达标。

学校始终以"三个面向"的精神指导学校工作，全面贯彻执行党的教育方针和政策，全面推行素质教育，树立正确的教育观、人才观和质量观，培植学生的核心素养。学校始终坚持以德育为核心，秉承"爱国、勤学、求实、创新"的校训，以学生的健康成长为学校工作的出发点和落脚点，为培养新型人才而努力。自创建以来，学校秉办学传统，已育万千精英，创造了辉煌的办学成果。

"红歌嘹亮 童心向党"活动

"向国旗敬礼"德育活动

学校全景

珠晖区冶金小学

第二届"区长杯"男（女）足决赛中，学校均荣获冠军

　　珠晖区冶金小学是一所全日制完全小学，学校始创于1957年。学校原属衡阳有色冶金机械总厂，因企业改制，2006年4月移交珠晖区人民政府管理。学校占地9000平方米，校舍面积7000平方米，拥有固定资产500余万元。全校教职员工78人，教学班30个，学生1637名。学校师资力量雄厚，现有小学高级教师50余人，大专以上学历60多人，衡阳市"十佳教师"2人，珠晖区"十佳教师"6人。

　　学校始终把"创建一流的教师队伍、创建一流的教育质量、创建一流的教学设施、创建一流的教育环境"当作办学目标，在全面育人思想的引领下，形成了以日常教学为主、特长培养为辅的办学特色。校足球队获得一次全国小足球赛冠军，九次获得湖南省厂矿小足球赛冠军，培养出国家级足球运动员2名，省级运动员10多名。著名的围棋九段国手罗洗河就是在这里启蒙学棋并走上大师之路的。校艺术体操队、篮球队多次在省、市级比赛中夺冠。

　　学校取得了令人瞩目的成绩，先后被评为全国"体育传统项目先进学校""湖南省体育传统项目学校""全国红花集体""中国有色总公司普及教育先进学校""湖南省安全文明校园""衡阳市首批示范学校""湖南省贯彻学校体卫工作条例先进学校""衡阳市二星级文明单位""衡阳市语言文字示范校"学校在珠晖区教育目标管理考核中，10多年蝉联"优秀学校"，连年受到区政府的表彰。

珠晖区教育文化体育系统职工气排球比赛中，学校获得甲组冠军

"小手拉大手 文明齐步走"主题日学校文明创建宣传活动

学校第51届田径运动会盛大开幕

学校全体教师大合影

石鼓区松木乡中心学校

石鼓区松木乡中心学校位于石鼓区松木乡松木村黄家垅组，毗邻107国道，交通便利。学校始建于1968年，2003年撤销乡镇教育办公室时更名为现在的石鼓区松木乡中心学校，下辖1所中学、7所小学及1所公办幼儿园。在校初中学生计8个教学班，在校学生344人，初中教职工36人，专任教师36人，学历合格率达100%；在校小学生计39个教学班，在校学生1327人，小学教职工90人，专任教师89人，学历合格率达100%。学校拥有一支结构合理、素质精良、团结奋进、富有开拓奉献精神的教师队伍。

随着教育教学质量的不断提高，办学理念的不断提升，学校配套设施不断完善，各项管理日趋规范。学校建有标准微机室、多媒体教室、语音室、图书室、电子备课室、实验室、学生餐厅、学生公寓等，各教室均配备电子白板及投影仪，为全体师生营造了一个舒适的学习、工作和生活环境。

学校自建校以来，为高中及中等职业技术学校输送了大量的优秀学生。近五年来，有128人升入省级示范性普通高中，初中毕业会考连续几年在衡阳市区级中学中名列前列，小学毕业生合格率达100%，优秀率为68%。教师近年来公开发表的论文、经验介绍有15篇，获奖论文有400余篇，教师赛课获省、市级奖30余人次。其中李莎莉教师在2012年湖南省中小学音乐教学评比活动中获省级一等奖，在2012年湖南省第六届中小学音乐美术教师基本功比赛中荣获小学音乐组二等奖及钢琴单项第一名、理论考试单项第五名；欧阳子文老师在衡阳市首届中小学教学资源应用网络说课竞赛中荣获第一名，在湖南省首届中小学教学资源应用网络说课竞赛中荣获一等奖。"春风吹绿满园芳"，学校的办学水平和教育质量赢得了社会各界的广泛赞誉，相继被评为"衡阳市三星级文明单位""衡阳市信息化先进学校""衡阳市人防参演先进单位""衡阳市消防安全教育示范校""现代教育技术装备学校""先进基层党组织""珠晖区学雷锋活动先进单位"等荣誉称号。

学校全体教职工正秉承"励志、勤学、求实、创新"的校训，贯彻落实"办满意教育、做特色教育，实现办学多元化、多层次"的办学思路及"以德立校、质量强校、特色名校"的办学理念，发扬"勤奋进取，严谨求实"的精神，以"培养志存高远、才思敏捷、身心健美、全面发展的学生"为目标，以推行素质教育为根本任务，开拓创新，与时俱进，继续创造松木乡教育事业的崭新业绩，谱写素质教育的华丽篇章。

衡阳市跃龙文武学校

快乐学习 健康成长 开心生活

衡阳市跃龙文武学校是一所九年制全寄宿的特色实验学校。学校坐落于珠晖区飞机场内，占地面积40亩，校园环境得天独厚，人文景观掩映其中，全方位高标准配备教学生活设施。学校在十多年的办学实践中，始终坚持"为学生的健康成长铺路，为学生的终身发展奠基"的办学理念；以培养"阳光、智慧、强健、自信的学生"为使命，形成了"以养成教育为主导、以文化质量为核心，以武术为主特色"的办学模式。学校办学成效显著，多次得到省、市级人民政府和教育行政部门的充分肯定，先后被评为"衡阳市民办亮点学校""湖南省特色实验学校""衡阳市现代教育技术实验学校"。久负盛名的武术"童子功"被列为衡阳市非物质文化遗产。学生参加全国、省、市级武术精英大赛连年获奖，名扬海内外。小学毕业生可参加衡阳市船山实验中学和衡阳市成章实验中学微机派位和招生考试。初中毕业生统一参加衡阳市中考，历届毕业生60％以上升入高中，30％的武术特长生被推荐到武汉体育学院、北京电影学院。

2011年被评为湖南省特色实验学校

学校理事长王宏伟参加湖南省民办教育创新大会

参加第三届群众艺术文化节"青春风华"校园文艺会演获一等奖

学校德育实践活动

地址： 衡阳市珠晖区机场东路2号　　**联系电话：** 0734-8378061　18607346182

网址： www.hyyuelong.com　　**微信号：** ylwwxx

珠晖区新华实验小学

珠晖区新华实验小学原为中核集团二七二厂子弟小学，始建于1959年，2006年1月移交衡阳市珠晖区人民政府管理。学校位于美丽的湘江河畔，绿树成荫，风景秀丽。学校占地面积18530平方米，建筑面积8210平方米，拥有200米跑道的标准操场，"十一室"规范齐全。在校学生近1000人，在职教师42人，其中副高级教师1人，中级教师（含小学高级教师）37人，初级教师（含小学一级教师）4人；专任教师中本科学历的21人，大专学历的20人，中专学历的1人。

学校坚持以艺术教育为突破口，力求培养"合格+特长"的学生，取得了良好的社会反响。学校连续两次被评为"湖南省艺术教育先进单位"，校管弦乐队在省、市、区级中小学艺术节文艺会演中多次荣获一等奖；2015年，学校被评为"全国青少年足球示范校"，校足球队在"市长杯""区长杯"赛上都颇有收获，校园足球建设已初露锋芒。

学校秉承全面发展、培养全人的办学原则，为学生的健康成长创设了良好的教育氛围。"育人为本，德育为先"，学校坚持不懈地抓好未成年人思想道德建设，被评为"湖南省四星级少先队集体""湖南省安全文明校园"。学校还承担了多项省、市级教研课题，在课题研究方面取得了丰硕的成果。其中湖南省"十一五"课题"漫画作文与小学生创新思维的培养与研究"得到领导和专家的高度评价。学校被评为"衡阳市教育科研先进单位""珠晖区推行素质教育先进单位""珠晖区教研教改示范校"，连续十多年获珠晖区教育目标管理考核一等奖。

地址：衡阳市珠晖区东阳渡街道二七二厂内　邮编：421002
邮箱：272school@163.com　办公电话：0734-8356252

蒸湘北路小学

地址：衡阳市蒸湘北路11号　办公电话：0734-2896138

石鼓区建设新村小学

石鼓区建设新村小学创建于1985年，毗邻湘江与蒸水交会处的衡阳名胜古迹石鼓书院，位于石鼓区建设新村65栋，北邻建设路，西至雁栖桥。2011年9月为整合和优化教育资源，学校与原望城路小学合并，综合实力大大增强。学校现有教职工45人，17个教学班，学生854名。学校占地面积5741平方米，校舍面积5002平方米，绿化面积1356平方米。目前，学校建有高标准的计算机室、图书室、音乐室、美术室、实验室、仪器室、体育器材室、综合档案室等各种功能室，拥有标准的环形跑道、硅PU球场。学校布局合理，大小花坛分布在道路场馆周围，绿树花草掩映其中，10个特色宣传橱窗伫在校园醒目处，整个校园宛如幽雅宁静的公园。

在多年的办学积淀中，学校取得了令人瞩目的成绩，先后被评为"湖南省安全文明校园""湖南省公共机构节能示范单位""湖南省依法治校示范校""衡阳市三星级文明单位""衡阳市抗震减灾科普教育示范校""石鼓区新课程改革示范校""石鼓区先进基层党组织""石鼓区综合治理先进单位"'石鼓区家长学校示范校"等。学校在石鼓区教育目标管理考核中，多年蝉联"优秀学校"奖，连年受到石鼓区政府的表彰。

办学理念：尚学博爱，阳光幸福。尊重学生，创设和谐的教育环境，引导学生学会学习、学会生活、学会做人，学做现代社会的高尚人。展示学校博爱众生、海纳百川的大气象，让学校成为一个充满热情和朝气的"生命场"，成为师生享受生命幸福的精神家园。

办学目标：使学校具有"诚信、民主、公平、优质"等现代品质。遵守教育法规，为家长和学生创造良好的信用氛围，严谨治学，科学管理。开辟多种途径让教师、学生、家长参与学校决策与管理，形成平等、开放的舆论环境，使民主精神深入人心。尊重个性与差异，尊重学生、教师、家长人格与尊严的平等。构建底蕴丰厚的人文环境，创设优质的精神文化，形成文明、活泼、高雅、进取的校园风貌。

办学精神：以人为本，以德为魂。

校训：自信自强，尚善尚美。

校风：德先于智，笃志励学。

教风：以生为本，善诱善导。

学风：以学为乐，边学边做。

办学理想：学生向往，教师幸福，社会满意。

"打造精品特色，争创一流学校"，学校将继续保持高昂的姿态，以团结奋进的精神风貌，抓住机遇，为创造更美好的校园而努力。

石鼓区角山乡中心学校

中学教学楼 梦想摇篮

课外活动 趣味多多

劳动实践 发展能力

石鼓区角山乡中心学校办学历史悠久，前身为1905年创办的燕翼学堂。现有中学1所、小学7所、公办幼儿园2所、民办幼儿园1所，教职工159人，其中副高职称的9人，中级职称的96人。中学在校学生449人，小学在校生1172人，在园幼儿511人。

近年来，政府投入建设资金1680多万元，兴建了明德小学、角山乡中心幼儿园、角山村公办幼儿园、教师周转房。占地面积41亩、学位1350个的石鼓区角山乡前进小学综合楼主体于2016年底投入使用。中学学生公寓改建共投入400万元。校园环境干净整洁，全部建好围墙，安装校园监控，实行封闭管理。学校拥有现代化的教学设施设备，完成了班班通建设，建立了校园网站与局域网。

学校秉承"厚德、博爱、笃学、强体"校训，坚持德育为先，积极规范办学行为。重视师德师风建设，突出养成教育。注重核心素养培育，积极推进特色发展。课外体育锻炼一小时、劳动实践基地、燕翼文学社、燕翼学子志愿者服务队成为学校亮丽的风景线。在衡阳市九运会、十运会上，有12名学生获得金、银、铜牌。2016年中学合唱团、小学合唱团双双荣获石鼓区"童心向党"歌咏赛一等奖。

学校近年先后获得"湖南省劳动实践场所建设达标单位""湖南省优秀基层团组织""衡阳市园林式单位""衡阳市二星级文明单位""衡阳市教育科研先进单位""衡阳市示范家长学校""石鼓区四星级文明单位"等荣誉称号。

教师周转房 温馨家园

明德小学 乡村明珠

前进小学 气势恢宏

地址：衡阳市石鼓区角山乡角山坪街　电话：0734-8583408
邮编：421009　邮箱：lhp0418@163.com
校长：肖启亮　手机：13975456363　QQ：2548485931

衡阳市教育局实验幼儿园

开学第一天园长的寄语

秋季运动会园长给学生发奖品

衡阳市教育局实验幼儿园创办于1955年，是衡阳市第一所省级示范幼儿园、湖南省学前教育研究会常务理事单位、湖南省艺术教育先进园，先后获得了"衡阳市巾帼建功标兵岗""衡阳市园林式单位""影响衡阳市人民生活100品牌"等称号，2011年成为教育部学前教育教师培训教学实践基地、衡阳电视台娱乐频道小明星培训基地。近十年来，幼儿园获得各级荣誉100多项。

秋收的快乐

幼儿园是隶属于衡阳市教育局管理的公办园，是全市规模最大、师资最强、设备最好的幼儿园。经历半个多世纪的风雨春秋，幼儿园不断发展壮大。现配有全方位监控系统、直饮水系统，建筑面积4800多平方米，有11个教学班，共325名幼儿。

幼儿园始终坚持正确的办园方向，以"爱心献幼儿、放心给家长、恒心钻教育、全心创事业"为办园宗旨，把"以美健体、以美益智、以美养德、以美陶情"作为办园特色，围绕"全

冬季运动会大合影

面+特色"的培养目标，运用科学的教育方法，用出色的办学实绩彰显省级示范幼儿园的形象。目前，幼儿园教师拥有研究生学历的3人，大学本科学历的46人，大专学历的57人，大专及以上学历的占教师的94.6%。近年来，幼儿园在全国、省、市级教学竞赛、论文比赛和绘画、舞蹈大赛中多次夺魁，成绩斐然，涌现出全国、省、市级优秀教师，湖南省巾帼建功标兵，湖南省"三八"红旗手、湖南省党代表等先进人物。

家长和孩子们开展敬老活动

衡阳市少儿春节联欢晚会活动现场

地址：衡阳市石鼓区蒸阳北路43号　办公电话:0734-8223105　邮编:421001

蒸湘区英豪幼儿园

良好的环境设施

　　蒸湘区英豪幼儿园于1998年投资600万元创办，坐落于衡阳市蒸湘区立新开发区廖家湾路12号，占地10.8亩，建筑面积4600平方米，户外活动场所及草地面积5400平方米。现有教学规模为12个班，开设了小班3个、中班3个、大班6个，目前在园幼儿达360余人。幼儿园设施设备齐全，幼儿教室66平方米、寝区51平方米、卫生间25平方米，园内有风雨操场、戏水池、游乐场、自然角、多功能音乐厅、电脑多媒体游戏教学厅、卡布隆玻璃大厅、塑胶操场和跑道、10多种大型玩器械等硬件设施，还有书画室、美术室、电脑室、阅读活动区、劳动园地等配套齐全的活动功能室，并建立了自己的网站，为幼儿在园快乐地学习、生活提供了全方位的保障。

　　幼儿园拥有一支由中专、大专和本科学历及小学二级、小学一级和小学高级职称组成的高素质保教队伍，现有教职员工53人，配有专职保健医生1名，日托班配有二教一保(二教二保)，全托班配有二教二保。

　　幼儿园实施幼儿素质教育，以"一切为了孩子，为了孩子的一切"为办园宗旨，突出礼仪、艺术教学特色，全面推行素质教育，做到了因人施教、因人施保，在教育教学、保育方面进行了一系列改革和探索，并在儿童营养保健、语言教学等方面逐步形成了自己的风格。

　　幼儿园自创办以来，以一流的教育环境、一流的软硬件设施、一流的先进理念、一流的管理水平、一流的师资力量、一流的服务质量，得到了教育行政部门的充分肯定。幼儿园连续18年被评为衡阳市优秀民办学校。2005年1月幼儿园被湖南省教育厅评为"湖南省示范性幼儿园"，成为湖南省首家民办省级示范园；2006年10月被湖南省民办教育协会、湖南省教育基金会、湖南省教育厅、湖南日报社、湖南电视台授予"湖南省十佳民办学校"称号；2009年12月又被中国教师发展基金会和中国民办教育协会学前教育专业委员会评为"全国优秀民办幼儿园"；2012年被评为"湖南省骨干民办幼儿园"；2013年被评为"衡阳市骨干民办幼儿园"，获得了家长和社会各界的广泛赞誉。

丰富多彩的校园活动

衡阳市海豚贝贝幼教集团

海豚贝贝

在2016年3月7日下午，中共衡阳市委宣传部举行"最美家庭""最美创业""最美故事"分享会。集团董事长马文兰女士获得"衡阳最美创业"荣誉

衡阳市海豚贝贝幼教集团自2003年创办以来，通过十多年的茁壮成长，在衡阳地区发展成具有卓越品牌影响力的专业学前教育机构。集团目前有9所全资直营幼儿园，正筹备0～3岁婴幼儿多元智能训练营、学前教育课程及教玩具研究中心，拥有在园幼儿近2000名，教职员工200余人。

自办园以来，集体和个人荣获国家、省、市、区等各级各类奖励百余次，累计在《学前教育研究》《早期教育》等期刊发表各类论文及随笔100余篇。集团教学部总结十多年的教研成果，与国内幼教专家及院校合作，以科学规律发展为统领，以开拓创新、求真务实精神为指导，坚持以孩子发展为本，关注与促进每个幼儿的需要与发展，以教师的专业化发展保障幼儿的发展；坚持教研与科研整合，提高保教科学化的过程，全方位地开发幼儿潜能，培养完整人格和成功特质。

"一切为了孩子，为了一切孩子，为了孩子一切"，海豚贝贝幼教集团志在立足衡阳，辐射湘中南，以"争做湘中南学前教育第一品牌"为发展目标，以推动幼教事业发展为己任，争取更大的发展。

集团董事长马文兰同志，具有小学高级职称，从事幼教工作30余年，现任湖南省学前教育学会委员、衡阳市民办教育协会理事、衡阳市雁峰区民办教育协会副秘书长，曾多次被评为"全国民办教育优秀工作者""衡阳市十佳园长"等荣誉称号。马文兰同志把热心于民生教育、办优质的普惠教育作为现今集团的发展方向。同时马文兰还利用空闲时间参加市妇联主导的女企业家协会，投身公益事业，捐助了"玫瑰书屋"，并每年资助贫困幼儿数十名。

衡阳市海豚贝贝幼教集团剪影

衡阳市海豚贝贝幼教集团第一届园长年会

启 航 未 来

衡阳市海豚贝贝幼教集团——军事训练

衡阳市高新区海豚贝贝幼儿园

衡阳市雁峰区白沙幼儿园

衡阳市蒸湘区冠都幼儿园

衡阳市蒸湘区冠都幼儿园——南湖公园亲子乐跑活动剪影

集 团 成 员

衡阳市高新区海豚贝贝幼儿园
电话：0734-8858459
地址：高新区丽富花苑（雁城茶都一步步高对面）
衡阳市高新区海豚贝贝第二幼儿园
电话：0734-8347888
地址：高新区长湖街33号自来水营业厅楼上
衡阳市蒸湘区冠都幼儿园
电话：0734-
地址：蒸湘区立新大道冠都现代城109终点站旁
衡阳市蒸湘区海豚贝贝锦绣湘城幼儿园
电话：0734-8300859
地址：蒸湘区长丰大道锦绣湘城小区内（新华书店旁）
衡阳市珠晖区海豚贝贝东江丽景海豚贝贝幼儿园
电话：0734-8683465
地址：珠晖区粤新路东江丽景小区

衡阳市雁峰区兰芳幼儿园
电话：0734-2413471
地址：雁峰区白沙洲源华小区（船山实验小学后）
衡阳市雁峰区兰芳第二幼儿园
电话：0734-8453830
地址：雁峰区丁家牌楼雷达小区
衡阳市雁峰区白沙幼儿园
电话：0734-8124248
地址：雁峰区一纺机家属区
长沙市雨花区海豚贝贝双水湾幼儿园
电话：0731-83072770
地址：长沙市雨花区沙湾路1088号双水湾小区（人民东路浏阳河大桥旁）

"我们只专注 中小学生升学教育

好 状态 习惯 方法 成绩 "

一家人 精品教育
从平凡走向卓越

升学热线
13007349535

衡阳市致公卫校

一所对就业负责的学校

董事长　汪华

地址：衡阳市珠晖区狮子山路1号　招生热线：18674717936

衡南县第一中学

校门

　　春风又绿耒水岸，一中花开压雁城。百年名校衡南县第一中学，是衡南县唯一一所省示范性高中，素以"校园美，管理严，校风好，质量高"饮誉湖湘，是衡阳地区办学历史最悠久、规模最大、享誉最高的学府之一，是清华大学、北京大学等数十所985大学正式挂牌的生源基地。

　　历史悠久，文化深厚。学校原名衡清师范学堂，始创于1905年，至今已有110多年。首任校长为晚清著名书法绘画大师——曾熙。百年沧桑，数迁学校地址，九易校名，1958年，正式改为现名，1981年被评为首批湖南省重点中学，1999年正式挂牌，现已成为在全省享有盛誉的湘南名校。

　　理念先进，追求卓越。学校秉承"因人因材施教，用心用情育人"的育人理念，全力打造"忠诚，团结，勤奋，健美"优良校风，努力践行"办一流名校，做一流名师，育一流人才"的办学宗旨，正在朝着"全省领先，全国知名"的方向阔步前进。

　　环境优雅，条件优越。学校坐落在衡南县向阳桥镇，俯临耒水，近傍107国道。学校占地288.3亩，绿化率达40%，远离闹市，独守宁静，林木葱郁，环境幽雅，是湖南省建设厅认定的"园林式单位"。校园布局合理，设施先进，配备现代化的多媒体教室80多间，建有数字化广播系统、监控系统和信息化办公系统，教室配有空调、直饮水系统，寝室配有空调和热水系统。

　　团队优良，师资雄厚。学校有一支特别能吃苦、特别能奉献、特别能战斗、特别能创新的教师队伍，尤其是有一支高水平、有爱心、专家型的班主任队伍。学校现有教职员工315人，其中专任教师241人。专任教师中，有国家级优秀教师6人，特级教师3人，省级骨干教师8人，衡阳市"金牌教师"1人（全市高中学校仅2人），市级学科带头人14人，县级首届教学名师7人，高级教师99人，一级教师79人，教师100%具有本科学历，拥有研究生学历的19人。

　　业绩优异，质量一流。近年来，学校教育质量突飞猛进，高考、学业水平考试连创佳绩，不断改写历史。学校相继培养了全国汉字听写大赛、成语大赛双科冠军彭敏，全省理科状元左芬，高中数学联赛全国一等奖、被北京大学破格录取的邓子房等优秀学生。2013—2016年连续四年高考本科一批、本科二批上线总人数雄踞衡阳市第一，清华大学、北京大学累计上线18人，在衡阳地区首屈一指。在2016年高考中，清华大学、北京大学上线4人，录取3人；本科一批、本科二批上线991人，其中理科上线819人，是衡阳市唯一一所文化成绩上线总人数突破900人、理科上线人数突破800人的学校；全省前100名和前300学校分别有2人和4人，位列全省前15强。学校连续十年获得"衡阳市普通

图书馆

学校全景

高中教育教学质量先进单位"，连续三年获得"衡阳市高素质人才培养先进单位"，多次获得衡阳市"教育教学质量突出贡献奖"。《湖南日报》《科教新报》《衡阳日报》等数十家媒体对学校做典型推介报道，吸引众多省内外学校来学习交流。

　　发展特长，彰显特色。学校在"创新发展，突出特色"的目标指引下，特长教育卓有成效，音、体、美特长生屡创佳绩。校文艺队、田径队、篮球队在衡阳市独领风骚，在各级大赛中摘金夺银。高考体、艺特长生录取人数一直稳居全市前三强，学校获得"湖南省艺术教育先进单位""湖南省体育传统项目学校"和"全国青少年校园足球特色学校"称号。

　　百年一中，底蕴深厚，名师荟萃，俊才云集；衡南一中，花繁果硕，名扬雁城，誉满三湘。"海阔凭鱼跃，天高任鸟飞。"选择衡南一中，你就选择了广阔与高远，选择了与优秀为伍、与卓越同行！

地址：衡阳市衡南县向阳镇向氮路193号　电话：0734-8742355
网址：http://www.hnhnyz.com

衡南县第二中学

衡南县第二中学原名大刚中学，1941年9月18日由江西省旅衡同乡会集资创办。首任校长为主要倡办人毛健吾，时为《大刚报》报社总经理，故以"大刚"为校名。历经沧桑，六易学校地址，现坐落在衡南县历史古镇——车江镇。秉着"立德树人，健心报国"的创校宗旨，七十多年来，学脉绵延，人才辈出。1958年学校由私立转公立，1959年正式更名为"衡南县第二中学"。1986年，学校成为衡阳市首批"重点中学"，2002年被评为衡阳市示范性高中。现有校园面积146亩，建筑面积91400平方米；教学班56个，学生4100余人；教职员工299人，其中专任教师206人，职员、工人93人。

学校是"衡阳市高中教学质量先进单位""湖南省校务公开民主管理先进单位""湖南省教研教改先进单位""湖南省文明美德学校""湖南省书香校园""湖南省园林式单位""全国五好小公民主题教育示范学校""全国中小学思想教育先进单位""教育奠基中国——全国名优学校"。

办学理念：德育为首，教学为主，特色为先，素质为本。
办学目标：改革、实验、示范、高质量、有特色、创名校。
　　　　　校以育人为本，师以敬业为训，生以成才为志。
办学模式：人本管理、创新教学、面向全体。
校　　训：忠、信、勤、健。
校　　风：文明、守纪、勤奋、创新。
师　　则：爱岗敬业，团结奋进。

湖　南　省
书香校园
湖南省人民政府
二〇一四年十月

地址：衡阳市衡南县云集镇车江片区万兴路106号　办公电话：0734-8732394
邮政编码：421131

衡南县职业中等专业学校

校长 邓红君

衡南县职业中等专业学校始创于1984年，是一所由衡南县政府主办的集职业教育、成人教育、职业培训于一体的综合性职业中等专业学校，先后获得"国家教学科研先进单位""湖南省示范性中等职业学校""湖南省示范性职业教育中心牵头学校""湖南省德育工作先进单位""衡阳市中等职业学校教育教学质量优秀学校"等126项殊荣。学校开设机械加工类、信息技术类和现代服务类13个专业，现有教职工148名（其中省级专业带头人6人、市级专业带头人12人），在校学生2578人。

学校按照校长邓红君提出的"德育为首，课改为基，合作为径，质量为本"这一职业教育办学模式，引进企业"6S"管理模式，推行军事化管理，实行全员育人导师制；围绕市场设置专业，瞄准岗位开课程，依托企业需求进行专业建设和课程改革，在人才培养理念上与时俱进，既能做到与市场接轨，又能满足企业对人才的真正需求；搭建校企合作平台，实现双方共赢，以服务区域经济为宗旨，充分利用衡南云集工业园、衡阳市白沙工业园等本土资源积极开创校企合作，实行专业共建、人才共育，为服务当地经济培养了一批批高素质技能人才，实现学生"高薪、阳光、体面"就业。

学校老校区校门

学校学生实训场景

学校在2017年8月整体搬迁至衡南县县城，此图为新校区鸟瞰图

地址：衡阳市衡南县向阳镇学辅路15号　网址：http://www.hnzyzz.net/　邮编：421141

衡南县第三中学

衡南县第三中学创建于1958年，是衡南县人民政府兴办的一所普通高级中学。改革发展中的三中荣膺了各种称号：教育部首批认定的"全国青少年校园足球特色学校"、湖南省体育局教育厅共同命名的"湖南省体育传统项目（足球）学校"、湖南师范大学艺术学院实验中学、衡阳市星级文明单位。

学校坐落在湖南省鸟类自然保护区江口鸟洲所在地——江口古镇，东接京珠高速公路，西濒耒水，与江口鸟洲隔水相望，并与107国道相通，交通十分便捷。

学校是衡阳市园林式单位，校园内有竹林、池塘荷花等亮丽景点。学校校园环境十分优美幽静，堪称老师传道解惑和学生进业修身的理想场所。

学校现拥有35个教学班，在校学生超过2200人。学校拥有一支充满活力、深受学生欢迎的师资队伍，教师专业知识精深，业务素质优良。专业教师共105人，其中高级教师35人，一级教师55人。学校办学条件优越，教学设施齐备，并日趋现代化。学校拥有一流的教学大楼、学生公寓、餐厅及运动场所。教室、学生公寓和办公室都安装空调，学生公寓24小时供应冷、热水。

学校历史久远，人文积淀深厚。建校以来，学校培养出了一大批优秀人才，人民日报社江苏分社社长贺广华、任职中央办公厅调研室局的厅级干部何金定、湖南省社科院副院长贺培育、湖南省委办公厅副主任胡建新、"千人计划"入选者的中国科学技术大学教授雷久侯（空间物理学博士）、郴州市副市长贺遵庆、中国人民大学硕士毕业的谢玲华、清华大学硕士毕业的罗文广、湖南大学硕士毕业的秦春生、武汉大学硕士毕业的倪洪波等学子就是其中的杰出代表。

学校音、体、美、书法、足球等特色专业在衡阳乃至湖南都久负盛名，历年来为高等院校输送了大批优秀专业学生。2016年5月，教研处主任谢雕老师荣获第七届"羲之杯"诗书画邀请赛一等奖，享誉湖南。

学校注重学生的思想道德品质、专业特长及综合素质教育。学校文化气息浓厚，校园生活丰富多彩。"校园之声"广播站、绿岛文学社、天健体育（足球）俱乐部等学生社团每个学期都定期开展各种活动。学校每年春季举行的近40公里的学生远足活动深受社会各界人士好评。

2011年以来，以朱斌为校长的行政领导开拓创新，锐意进取，带领三中人共同奋斗努力，学校取得了一系列重大成绩：校园建设突飞猛进，环境日益优美舒适，教学质量稳步提高。学校每年都吸引了大批优秀学子前来求学。

学校过去成就真非凡，未来发展更美好！三中人正在把建设人文、特色、大美三中的理想目标变成生动现实。

地址：衡阳市衡南县江口镇龙王街1号　邮编：421156　办公电话：0734-8016083

衡南县第九中学

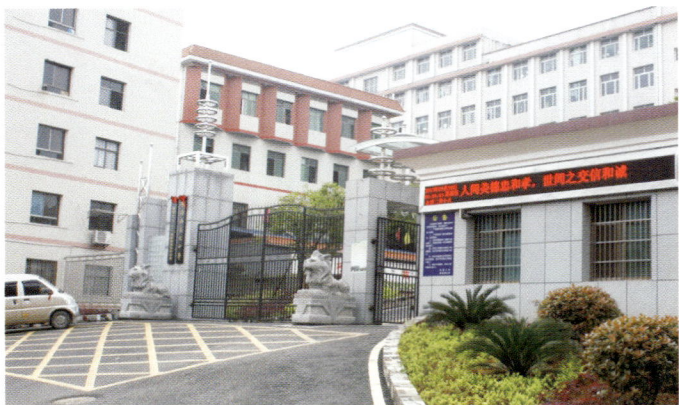

衡南县第九中学创建于1958年，是一所全日制公办县属高级中学，占地70余亩。学校现有36个教学班，学生2300余人；教职员工238人，其中高级教师37人，中级教师61人。

学校贯彻"以人为本，和谐发展；让学生称心、家长满意、社会认可；让教师活得有尊严、工作很开心、生活很幸福"的办学思想，秉着培养"身心健康、人格健全、对自己负责、为父母争气、为学校争光、为国家出力的合格高中生"的育人目标，关心、关怀、关爱每一个学生。历年来，学校高考升学率稳居同类学校前列。近年来，学生巩固率不断提高，其中2012年高达99.46%，居全县之首。

学校是衡南县政府授予的"规范化高级中学"、衡南县学校管理和德育工作示范单位、衡阳市"五四"红旗单位、衡阳市现代教育实验学校、湖南省长郡中学远程合作学校。

学校坚持以教学为中心，狠抓学风、校风建设，努力深化教育改革，积极推进素质教育和创新教育，从2012年下学期开始积极稳步推进新课改，充分发挥学生的主体作用，调动学生学习积极性，全面培养学生能力。学校建立了学校、家长、社会三级教育网络，配有法制课教师及心理辅导教师；与长郡中学合

作办学、共享优质教学资源，学生在教室可以直接聆听长郡中学名师的授课；特别注重对学生情商的培养和潜能的开发。

学校对学生实行"宽进严出"，采取半军事化和封闭式管理，校门24小时有专人值班，学生凭卡出入。校长带领行政领导及班主任中午和晚上睡进学生宿舍，真正实现了管理"时间上不留空隙，空间上不留死角"。

学校以培养学生德、智、体、美、劳全面发展为导向，以提高学生综合素质和能力为目标，在狠抓教学质量的同时，经常开展丰富多彩的课外体育、文娱活动，既有校运会，又有班级篮球赛、体操赛、拔河赛等各种体育兴趣活动，还有美术兴趣小组、历史兴趣小组、舞蹈兴趣小组、翰轩棋社、龙虎辩论协会、羽毛球协会、乒乓球协会等各种学生社团，更有让学生一展写作才华的多棱镜文学社。朗诵比赛、演讲比赛、辩论比赛是学生雄辩口才的舞台，学科竞赛给学生提供了崭露头角的机会。畅通快捷的校园网络让学生足不出户便可一览外面精彩的世界，迅速了解天下大事。

衡南县第五中学

衡南县第五中学创办于1958年，是衡阳市重点中学、衡阳市示范性高中，坐落在衡南县三塘镇，北接湘桂线、322国道，南临雨母山。学校环境优美，是湖南省园林式单位。学校现有48个高中教学班，学生3400余人，教职员工263人，其中高级教师66人，一级教师94人；全国优秀教师1人，国家级、省级骨干教师6人。学校占地8万余平方米，建筑面积5万余平方米，各种教学设施齐全，教学手段现代化，拥有标准的教学楼，一流的科技楼、图书馆、公寓楼和大礼堂，建有先进的校园网络系统，设有学生电脑室、语音室、电子阅览室、多媒体教室和现代教育技术中心。

学校坚持"德育为首、教学为主、教研引路、争创一流"的办学宗旨，德育工作常抓不懈，学校管理与时俱进，教研教改成效卓著。学校视质量为生命，近年教育教学质量稳中有升：连续多年高考本科二批上线突破200余人；先后有多位学子考取名校，学校教学质量位居衡阳市重点中学的前列。学校课题"农村中学影响、反思、探究性学习研究""中华民族传统美德教育实验研究"均获国家级一等奖，"宋词专题学习网站"获湖南省教育科研一等奖，"课堂教学创新策探索"获衡阳市教育科研二等奖。学校前景看好，形势喜人，先后荣获"全国百家优秀文学社团""全国教育改革创新示范校""湖南省园林式单位""湖南省现代教育技术示范学校""衡阳市重点中学""衡阳市示范性高级中学""衡阳市学校管理先进单位""衡阳市教研教改示范校""衡阳市双文明单位""衡阳市教育质量先进单位""全国十一五教育科研先进单位""衡阳市十佳书香校园"等称号。在大力推行素质教育的铿锵号角中，校长罗战辉同志提出了"改革、实验、示范、高质量、现代化、有特色"的奋斗目标，学校正以矫健的步伐向一流中学迈进。

衡南县明德小学

　　衡南县明德小学坐落于云集镇新塘路，是一所公办完全小学。学校创办于2007年，现有47个班级，3000多名学生，150名教师。占地面积27141.4平方米，建筑面积12669.08平方米，绿化面积8726平方米，绿化覆盖率达43％。教学设施齐备，现已建成教学大楼、综合大楼、学生教师餐厅等主要用房和250米环形塑胶跑道运动场。学校配备科学实验室2个、音乐舞蹈室3个、美术室2个、书法教室1个、图书阅览室1个、劳技室1个、教学自动录播室1个、学生计算机教室2个、多媒体多功能教室1个。校园绿树成荫，环境优雅，景色宜人。

　　学校以"一切为了每一位学生心智的发展，让每一位学生都获得学习的成功"为办学理念，以"国学教育"为特色品牌，将中国传统文化引入学校教育之中。学校以经典诵读为切入点，开展国学知识大讲堂、每日一诵、国学一刻、书法学堂等课程，通过礼文化走廊、楹联亭、明德赋等校园文化项目建设，致力于育人环境的优化，着力打造"绿意、书香、人文、和谐"的校园。

　　学校把"为学生的终身发展奠基"作为教育的终极目标。德育课程以养成教育作为重要抓手，培养学生良好的文明、礼仪和卫生习惯；常规课程实行"主题引领，活动育人"的原则，注重学生体验，培养学生综合能力；学校还开设了手工、绘画、书法、足球、小器乐等兴趣小组，让每一位学生都有所专长。

　　近年来，学校深入推进教育教学改革，在探索中提高，在实践中深化，大大提升了学校的办学声誉。学校先后获得全省明德项目的最高奖项——明德奖、湖南优秀少先队集体、湖南省教育科学"十一五"规划课题学校、湖南省优秀青少年维权岗、衡阳市"十一五""十二五"教育教研先进单位、衡阳市小学德育工作评价先进单位、衡阳市语言文字规范化示范学校、衡阳市禁毒示范校、衡阳市心理健康教育先进单位、衡南县文明单位等各类荣誉称号30多项。

地址： 衡阳市衡南县云集镇新塘路　**办公电话：** 0734-8552728
邮箱： 1913485457@qq.com

衡南云集中学

衡南云集中学原石塘中学，2010年经衡南县人民政府批准更为现名。学校坐落于衡南县县城云峰南路。

为满足衡南人民对优质公办教育资源的需求，衡南县委、县政府将衡南县特殊教育学校项目与衡南云集中学合并建设，实行"两校一址"，分开建设，并在衡南县特殊教育学校内附设了衡南云集中学小学部，待云集镇中心小学改扩建工程完成后并入其中。

学校环境优美，设施一流，办公楼、教学楼（每间教室配备多媒体一体机）、塑胶运动场、生活楼、学生公寓等一应俱全，实验室、计算机教学室、学术报告厅、录播室、阅览室、图书室等功能室按标准高配。学校共有教职员工180多名，师资力量雄厚；现有教学班级48个，在校学生3000余人。

学校遵循"全面实施素质教育，为学生持续发展服务"的办学理念，确立"博学、诚信、笃行"的教学理念，树立"依法治校与情感管理相结合，凸显人文关爱"的管理理念，坚守"办人民满意的优质教育"的目标，立足现实，着眼未来，开拓进取，踏实奋进，形成了"敬业、精业、乐业"的教风和"勤学、善学、乐学"的学风。2015年五科联考中，学校45位同学被衡南县第一、二中学重点班录取；2016年中考文化成绩上省、市级示范性普通高中人数达146人，音体美特长生专业上线22人，总人数168人，居全县前列。学校已崛起为衡南教育界的一颗新星。

衡南县洪山镇古城中学

衡南县洪山镇古城中学是一所历史悠久的规范化学校，始创于1969年，坐落于衡南县洪山镇石塘村石塘铺组。学校校园面积26006平方米，校舍面积6461平方米，校园布局合理，环境优美。教学用房、教师宿舍、学生宿舍、多功能媒体教室等一应俱全，图书室、阅览室、仪器室、实验室、微机室、美术室、音乐室等功能室齐全，运动场、篮球场、乒乓球场规范标准，并广泛运用于教育教学之中。

学校现有教学班13个，学生800多人。学校有师44人，其中本科学历的21人，大专学历的34人，中学高级教师2人，中学一级教师（或小高教师）25人。教师爱岗敬业，教学水平精湛。

地址：衡阳市衡南县洪山镇石塘村石塘铺组

衡南县洪山镇中心小学

衡南县洪山镇中心小学始建于1952年，原名双林完全小学；1976年更名为双林乡中心小学；1995年全国实行撤区并乡，以洪山镇中心小学为校名沿用至今。

学校面貌日新月异，原来总面积不足5000平方米的四合院式校园已发展成占地面积3万余平方米的县级强校。学校建有250米的标准跑道运动场、篮球场、实验室、图书室、仪器室、音乐室、美术室、体育活动室、计算机室、多媒体教室等。学校现有教学班19个，学生1352人。教职员工67人，其中中级职称的32人，初级职称的27人；大专及以上学历的教师60人，其中本科学历的24人，专任教师学历达标率100%。

学校针对农村小学学生的实际情况，切实推行素质教育。自2010年以来，学校教师撰写的论文获得国家级奖项12人次、省级奖30余人次、市级一等奖达100余人次；近年来，学生参加各级各类比赛获奖达530余人次。学校申报的课题"留守家庭的家庭教育特点与指导的研究"获省级三等奖。

衡南县宝盖镇初级中学

衡南县宝盖镇初级中学位于美丽的省级生态旅游示范乡镇——宝盖镇中心地带，坐落在316省道边。学校依山傍水，环境幽雅，交通便利，文化底蕴深厚。学校始建于1959年，占地面积41126平方米，建筑面积15625平方米，体育用地7910平方米，学生宿舍面积3389平方米，绿化面积18000平方米。学校现有多媒体室和现代化远程教学设施，计算机室、图书室、阅览室、理化生仪器室、理化生实验室、音乐室、美术室、体育器材室、教职工活动室等一应俱全。学校建有三栋教学楼、两栋学生公寓、两栋教师宿舍、一栋实验楼、一个文化广场及一座礼堂等。学校现开设初中19个教学班，在校学生1260人，教职工88人。87名专职教师中，中学高级教师11名，中级教师70名；本科学历的63人，学历合格率为100%。

学校有一个团结、务实、创新的领导班子，坚持正确的办学方向，从严治校、科学管理，坚持"双基"并重，形成了以教师为主导、学生为主体、训练为主线、思维为核心、能力为目标的课堂教学模式。学校注重创新精神和实践能力的培养，不断加强社会、学校、家庭三方的交流互动，学生在德、智、体各方面得到全面健康发展，形成了良好的校风、班风、学风，教育教学教研成绩斐然，硕果累累。学校先后被上级主管部门评为"衡阳市规范化初级中学""教学质量先进单位"。

校园布局合理、环境清幽、设施齐全、师资雄厚、管理先进、教育教学质量显著，有"衡南教育明珠"之美誉。

衡南县冠市中学

衡南县冠市中学创立于1944年。学校占地38亩，在校学生1100余人，有16个教学班。现有教学人员83人，本科及以上学历的50人，高级职称的15人，师资力量雄厚。近三年，教师获奖论文和发表在各种刊物的文章105篇；近三年，在衡南县初中毕业班教育教学质量评价中，学校均居前三名。近五年，学校为重点高中输送学生429人，参加县级以上各学科竞赛的成绩一直名列衡南县前茅；学校是"衡南县初中教育示范性学校"以及湖南省首批"合格化学校"。

学校实行全封闭式管理，采用多媒体教学，电脑室、仪器实验室、图书阅览室、美术室等设施齐全。学校坚持"以人为本、以德育人"的办学理念、"一切为了学生，为了一切学生，为了学生的一切"的办学宗旨；倡导"崇德、博学、慎思、创新"的校训，以大力推进素质教育为宗旨，实行分层次教育，设有培优班。学校创办了跆拳道培训基地，培养合格加特长的新型人才；成立了"溪水"文学社，给广大师生提供一个充分展示个性风采的舞台和相互交流的空间；改善了学生食堂生活，教室及寝室装好了风扇，并在寝室向学生全天候提供热水。学校育人环境舒适优雅、管理科学规范、教学质量一流。

衡南县铁丝塘镇初级中学

衡南县铁丝塘镇初级中学始建于1964年。学校占地面积33210平方米，建筑面积5368平方米，食堂580平方米。学校拥有校园绿化面积550平方米；运动场地有800平方米田径场1个、排球场3个、篮球场3个、羽毛球场1个、乒乓球台10个；配备了物化生实验室、电脑室、音乐室、图书室等各种功能室。校园内建筑布局合理，设施完整，绿树成荫，基本上满足现代教育和师生们的生活需要。

学校以"以德为首，教学为主，育人为本"为办学思想，以素质教育为核心，大力推进新课程改革，恪守"团结、务实、进取、创新"的精神，倡导"追求卓越、崇尚一流"的品质，遵循"让学生满意，让家长放心"的办学思路，适应新形式，注重抓管理，创先争优，力求特色。

联系电话：13787715667

衡南县泉溪镇中心学校

泉溪镇是衡南县四个卫星城镇之一，位于耒水河畔，交通便利，环境优美，教育覆盖半径10余公里。

该镇辖一所初级中学和一所中心小学。衡南县泉溪镇初级中学始建于20世纪50年代，校园占地面积41.2亩，校舍建筑面积10206平方米。现有18个教学班，在校学生1000余人。教职员工80余人，专任教师70余人。其中高级教师12人，中级教师50人；本科学历的58人，专科学历的23人，学历合格率达100%。学校是一所规划合理、平整宽敞、环境优美、设施齐全的规范化初级中学。衡南县泉溪镇中心小学，创办于1984年，占地32000平方米，建筑面积7260平方米，体育场地3000平方米。现有教职工57人，其中专任教师55人，占96.4%，高级教师5人，小学高级教师41人，小学一级教师6人，本科学历的18人，专科学历的32人，中师学历的6人，学历合格率达100%。学校管理规范，设施齐全，以质量求生存，以特色求发展，是一所合格化中心小学。另外，全镇还有3所联校、1个教学点，共有28个教学班，学生600余人。

学校管理规范，严格遵循"更新观念，奋发进取，追求卓越，完善自我"的理念。广大教职员工求真务实，恪尽职守，深受学生家长和社会各界的好评。

衡南县咸塘镇中心小学

衡南县咸塘镇中心小学始建于1957年，是一所寄宿制农村小学。

学校现有12个教学班，学生约600人；30名教职工，其中副高级职称教师1人，一级职称教师22人，二级职称教师6人，拥有大专及以上学历的占60%，学历合格率达100%，曾获得县级以上教学能手、骨干教师称号的有5人。

学校环境优美，布局合理，教学设施完善。目前学校占地面积5800多平方米，建筑面积3200多平方米，校内有250米塑胶跑道一个、篮球场一个、羽毛球场两个，按标准配置了电脑室、音乐室、实验室、图书室、美术室、体育室。2017年，学校又新建了一栋高标准的教师公租房。

学校确立了"团结活泼、求实创新"的校训，以"尚德、博学、健体、爱美"为校风，以"忠于教育、严谨治学、为人师表"为教风，以"巧学、守纪、求真、创新"为学风，取得了累累硕果。学校连续十三年荣获了镇、县级以上的先进教育单位称号，赢得了社会各界的广泛好评。

衡南县双林中学

衡南县双林中学始建于1975年，前身为双合完全小学附中，于1986年迁至现址并更名为衡南县双林中学。

学校北临衡花公路，占地面积51129平方米，建筑面积13608平方米，交通便利，环境优雅，师资力量雄厚，教学设备设施完善，是莘莘学子求学的理想摇篮。学校现有21个班级，学生1500多人。

学校遵循"以人为本、追求卓越"的办学理念，秉承"团结、勤学、文明、创新"的校训，以争创"星级文明单位"和衡南县优质初级中学为目标，努力创建办学条件好、办学水平高、办学效益优的义务教育阶段农村合格化学校。目前，学校已跻身为"规范化学校"，打造成为了衡南县名校。

地址：衡阳市衡南县洪山镇双林中学
邮编：421172
联系电话：18973410208

衡南县相市乡中心学校

衡南县相市乡中心学校坐落在相市乡托塘村，现辖13所公办中小学校、2所公办幼儿园和1所民办幼儿园。在校中小学生1592人；教职工141人，其中专任教师140人，高级职称的7人，中级职称的80人；本科学历的52人，专科学历的78人，学历合格率为100%。在校幼儿351人，教职工24人，其中专任教师13人。

学校校园占地总面积124587平方米，建筑面积27933平方米，学校配有图书室、仪器室、实验室、电脑室、音乐室、美术室、体育器材室、卫生保健室、教师活动室等，校园绿化覆盖率达31.2%。

学校坚持"以人为本，德育领先，全面发展"的办学理念，加强校园文化建设，重视育人环境的改善，开展形式多样的德育活动，促进学生的身心健康发展。学校布局合理，环境优良，管理科学，办学规范。

近年来，学校坚持"依法治校、改革活校、科研兴校、质量固校"的办学策略，大力实施课程改革和推进素质教育，教育教学工作成绩斐然。

衡南县北斗星小学

衡南县北斗星小学是一所2013年9月正式投入使用的全日制示范性寄宿学校，坐落在衡南县云集镇雅园路与云雅路交汇处，交通便利。学校占地60亩，建筑面积37000平方米，校园设备设施先进，功能齐全，环境优美，布局典雅，风格独特，文化气息浓郁，是培育人才的理想摇篮。学校现有学生2600余人，教职工220余人。学校致力于办有灵魂的教育、办负责任的教育、办有公信力的教育、办有发展力的教育，坚持走"办特色学校、创特色品牌、育特色人才"的特色教育之路。学校围绕"阳光、活力、自信、和美"的办学理念进行双向发展：一是让从学校走出去的学生不但爱学习、会学习，还能各自拥有一项特长；二是重视书法与国学特色课堂教育，以使其成为学校的一面特色旗帜。

学校地址：衡阳市衡南县云集镇雅园北路与云雅路交汇处
咨询电话：0734-8551111　0734-8552222
学校网址：www.hndxxx.com

衡南县大同小学

学校前身是衡阳市工业职业学校，2012年改办基础教育。学校于2014年开办，现有21个班，1007名学生。学校现有教师65人，其中专科学历的26人，本科学历的39人，教师学历合格率达100%。校园面积为105338平方米，校舍面积为41000平方米，图书室藏有图书25000册，实验室设施齐全，配备完整，能完成相关教学环节的任务，教学设备总值为570万元。学校已达到义务教育基本均衡的相关标准。

衡南县雅文小学

衡南县雅文小学是经衡南县教育局批准的一所现代化示范性全日制、走读寄宿相结合的完全小学。

学校占地面积2万余平方米，建筑面积1.46万平方米，校园绿化面积4800多平方米，设有环形塑胶跑道、足球场、篮球场、羽毛球场各一个，乒乓球台和健身器材多个。学校现有多媒体教室36间，达到市级标准的功能教室12间，食堂餐厅可同时容纳1200人用餐，学生公寓可容纳1100人住宿。

学校现有教职员工96人，其中专职教师50人。学校配有专职生活老师对学生在校生活进行护理。此外，学校特聘请6名国家、省级教授，定期为学生上辅导课。为了全面培养学生素质，学校免费为学生增开了写作、奥数、声乐、葫芦丝、舞蹈、跆拳道、绘画、书法等多种特长兴趣教学科目。

校址：衡阳市衡南县云集大道工业园78号
电话：0734-8021999　0734-8023999
网址：http://www.hnywschool.com

衡南县近尾洲镇中心学校

衡南县近尾洲镇中心学校位处衡南县最南端乡镇，负责管理全镇1所中学、1所中心小学、5所乡村完全小学及1所公办幼儿园和1所民办幼儿园。现有在职教职工158人，在校学生2066人。学校始终以办好人民满意教育为己任，统筹规划，与时俱进，妥善处理教育发展过程中出现的各种问题，得到了师生和各级领导的肯定。

衡南县三塘镇大山中学

衡南县三塘镇大山中学地处衡南县三塘镇最偏僻的地方，距离交通要道322国道主干线还有8公里，分别与谭子山镇、硫市镇接壤。

学校创建于1968年8月，2006年与南堡中学合并，2015年由于乡镇合并更名为衡南县三塘镇大山中学。学校是一所独立的农村初级中学。

校园内绿树成荫，环境幽静，空气清新，逐步实现了文化、净化、美化、绿化。学校现有高级教师2人，一级教师26人，二级教师11人。

学校现有在校生425人，开设8个教学班。

衡南县星火实验小学

衡南县星火实验小学坐落在衡南县三塘镇中心地段，南邻湘桂铁路，北接322国道，毗邻衡阳技师学院。学校占地面积35.29亩，校舍建筑面积8980平方米。学校规划合理，环境优美，景色宜人，各种设施较齐全。现有34个教学班，学生2385人，教职员工126人，专任教师117人，其中中级以上职称的76人，湖南省特级教师1人，省级骨干教师3人，本科学历的25人，专科学历的82人，学历合格率达100%。

学校地址：衡阳市衡南县三塘镇　邮编：421101　办公电话：0734-8722381

衡南县星火实验中学

衡南县星火实验中学原名为三塘镇初级中学，始建于1987年，是一所公办的初级中学。学校位于三塘镇三元村和衡阳技师学院之间，现有38个教学班，学生约2600人，有高标准的教学综合楼、学生公寓、实验楼、教工住宅楼、礼堂、学生淋浴澡堂等建筑群。学校还有4个篮球场、1个排球场和300米环形跑道的田径场一个。学校固定资产逾千万元，配有多媒体电教室、实验室、音乐室、美术室、劳技室、图书室、阅览室、电脑室、体育器材室、卫生保健室等教育教学实验设施和现代技术装备。学校现有教职工近200人，其中教师160人中，有本科学历的115人，专科学历的45人，学历合格率达100%，有高级职称教师15人。

学校以"一切为了学生，为了学生的一切，为了一切学生""坚持全面发展，培养特色人才"为办学理念。用"忠诚、勤奋、勇敢、坚毅"做校训，以整体推进素质教育，逐渐把学校建成和谐团结、设施完美的"家园"，教学严谨、学风扎实的"学园"，身心健康、个性发展的"乐园"，环境优美、精神文明的"花园"，发展星火特色教育。

校址：衡阳市衡南县三塘镇　邮编：421101
办公电话：0734-8722381

衡南县江口镇中心小学

衡南县江口镇中心小学创建于1985年。学校位于江口镇东北面的江新街22号，拥有两栋教学楼、一栋综合楼、一栋教师宿舍楼和礼堂、食堂等建筑。校园地形平坦，环境优美，一年四季绿树成荫，花香袭人，绿化率为54.68%，被人们誉为"耒水河畔一枝花"。

学校现有15个教学班，学生984人。在职教师47人，是一支老、中、青相结合的队伍，其中具有专科学历的23人，本科学历的15人，中师学历的6人，幼师学历的3人；小学副高级教师2人，中级职称教师23人，初级职称教师14人。学校配备了电脑室、广播室、图书馆、音乐室、多媒体室以及卫生保健室等，各项功能室一应俱全。如今，学校已成为一所办学规模较大、教育教学设施比较齐全的中心小学。

学校秉承以人为本、与时俱进的办学理念，建立健全了比较完整的管理制度和方案，内抓管理，外树形象，形成了良好的教风、学风和校风。"尊师爱校、勤学守纪"的校训约束全校学生勤勉自励，好学上进；"学为人师，行为世范"的师德督促全体教师关爱学生，严谨笃学。学校建立了红领巾广播站，开辟了文化走廊，校园文化氛围浓郁。

地址：衡阳市衡南县江口中心小学
邮编：421156

衡南县江口镇中学

衡南县江口镇中学座落在风景秀丽的耒水河畔。校内古樟参天，绿树成荫，花香四溢，环境幽静，是学子求知的上选之地。学校建筑布局合理，配套设施齐全，有标准式的理、化、生仪器室，实验室，电脑室，图书室，多功能教室。学生住的是公寓，吃的是点菜。兴趣小组任学生选择，课余生活丰富多彩。

学校现有专任教师45人，其中本科学历的15人，大专学历的30人；具有中学高级教师职称的5人，中级职称的28人；各专业都有学科带头人。现有教学班12个，在校学生800余人。

学校科学管理，品位提升，狠抓学生思想道德品质教育。在2010年与2011年衡南县教育局德育工作评价中，学校荣获先进单位荣誉称号。学校注重校园文化建设，不断改善校园环境。在2009年学校顺利通过衡阳市合格化学校验收，得到市、县领导高度评价。2011年学校家长学校被评为市级示范性家长学校，2012年学校家长学校被评为省级示范性家长学校。2013年学校兴建樟韵广场，此广场由学校44班部分校友捐资建成，目前是衡南县各类学校中最大的园林式广场，极大地发挥了环境育人的作用。

学校地址：衡阳市衡南县江口镇江口村　联系电话：13016196546　邮政编码：421156

衡阳县教育局

衡阳县教育局位于西渡镇保安小区，全局现有干部职工92人，退休55人，内设19个股室。教育局班子成员9人，属其行政管理范围的有县属高中6所，职业中专、教师进修学校、特殊教育学校各1所，26个乡镇中心学校及所辖中小学399所（其中初级中学62所、九年一贯制学校7所、小学330所）。全县在校中小学生156928人，其中小学90775人、初中44634人、高中21519人。现有在职教职员工9018人，其中专任教师8076人（小学教师3977人、初中教师2988人、高中教师1111人）。

近年来，衡阳县教育局牢固树立和贯彻落实创新、协调、绿色、开放、共享的发展理念，以办人民满意教育为宗旨，以提质量、树正气、保稳定、塑形象为根本，全面加强校长、班子及教师队伍建设，推进依法治校，提升治理能力，努力构建"学前、小学、初中、高中'四段并进'，普教、职教、成教、幼教'四教齐驱'，学校、家庭、社会'三位一体'"的教育工作格局，力促教育均衡，回归教育本位。

"普九"水平不断提高。1999年实现"两基"教育目标后，衡阳县一直把"普九"工作作为教育的重点。一是办学条件不断改善。近年来，为改善中小学办学条件，全县将中小学危房改造工作作为重中之重，狠抓落实，到2006年底，全县原有中小学D级危房已基本消除。衡阳县因此连年被评为"衡阳市危房改造工作先进县"。结合危房改造，不断推进寄宿制学校建设，全县农村初中基本实现了寄宿制目标。同时，加大了学校设备设施投入。2007年全县基本建成了农村中小学"校校通"工程。全县所有乡镇中学、中心小学的实验室和电教室均达到Ⅰ类装备标准。二是控流保学形成机制。全县进一步完善了双向控流保学机制，落实了县、乡政府、村组和学校的控流保学责任；认真落实"两免一补"政策，2007年春季起，全免了义务教育阶段中小学生杂费和书籍费，补助了部分经济困难的寄宿生生活费；在此基础上，大力实施"减、免、缓、捐"助学措施，在校学生巩固率不断提高。"普九"各项指标均接近或达到省定Ⅰ类标准。

高中教育均衡发展。衡阳县教育局以省级示范性普通高中——衡阳县第一中学为龙头，实施高中均衡发展战略，狠抓常规管理及教育教学研究，取得了令人瞩目的成绩。近年来，衡阳县高考成绩在全市独占鳌头，教育局及6所普通高中多次被评为衡阳市高中教育质量先进单位。衡阳县高中教育引起了省、市媒体的广泛关注，并给予高度评价：衡阳县的高中教育"重点更重点，一般不一般""衡阳县的高中教育是这个农业大县一张精美的名片"。2016年高考，衡阳县全县本科一批上线642人，其中600分以上57人；本科二批及以上上线2345人，上线总数约占全市1/5，以绝对优势高居全市首位。衡阳县第一中学本科一批上线333人，本科二批及以上上线777人，本科二批上线率为56.39%，其中600分以上44人。高考大户衡阳县第三中学本科二批及以上上线人数为1081人，连续六年突破千人大关，其中应届生本科二批及以上上线307人，上线率为26~28%；高考复习班本科二批及以上上线人数774人，上线率为51.53%。

民办教育初绽新蕾。衡阳县委、县政府坚持"积极鼓励，大力支持，正确引导，依法管理"的十六字方针，采取政策扶持、招商引资、融资办学等措施，为民办学校营造了宽松的发展环境。同时，加强对民办学校办学的检查评估，有力地推动了民办教育的发展。民办学校大多能立足长远，积极改善办学条件，并通过加强学校管理来提高学校品位。光华实验学校、江山（中英文）学校成为全县乃至全市的知名民办学校。

职成教育锦上添花。成教工作先后荣获"湖南省扫盲工作先进县""湖南省农村成人教育工作先进县"的殊荣。2007年西渡镇农校被立项批复为湖南省重点建设项目。衡阳县职业教育一直是全省的一面旗帜，已拥有中等职业学校9所，其中公办职业中专1所，民办公助学校8所，在校学生8000余人。衡阳县职业中等专业学校在2005年被教育部认定为"全国重点职业中学"后，办学规模不断扩大，在全市公办职业学校中独领风骚。职业教育的强劲发展为新农村建设积蓄了大量人才资源。

近年来，衡阳县教育各项工作均衡推进，协调发展，一直在省、市享有盛誉。2003年，衡阳县教育局党委被评为全省教育战线唯一的"防非"工作先进基层党组织。此外，全县教育获得的省级荣誉有"文明卫生单位""统计工作先进单位""档案宣传工作先进单位""学校及周边治安综合治理先进单位"等10项；获得的市级荣誉有"职业教育发展先进县""高中教育质量先进单位""四五普法依法治理先进单位""社会主义新农村建设先进职能单位""两项督导评估先进单位"等38项。

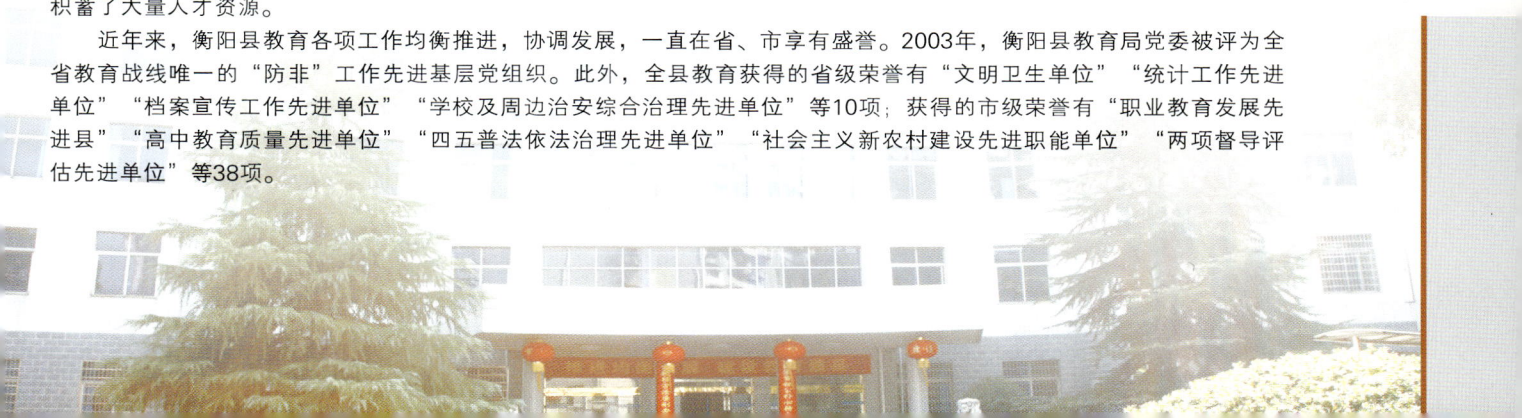

衡阳县第一中学

衡阳县第一中学前身为湖南私立光华中学，创建于1945年。学校五易学校地址，三更校名，1997年搬迁到衡阳县县城城西大道39号。学校于1998年获"湖南省重点中学"称号，2004年获"湖南省示范性普通高中"称号，是衡阳县唯一一所省级示范性普通高中，湖南省教育厅和湖南省人民政府教育督导室对学校教学业务、内部管理、办学行为进行指导和督导。

学校占地近300亩，建筑面积11万平方米，有学生公寓楼7幢，教学大楼3幢，综合实验大楼1幢，图书大楼1幢，多媒体教室70间，通用技术教室2间，理化生实验室17间，舞蹈排练室、美术欣赏室各一间，专业画室2间，图书阅览室4间，图书馆藏书16万余册，电子图书10万册，教学设备设施齐全。学生教室、寝室和教师办公室全部安装了空调和直饮水，学生宿舍还安装了热水系统，为师生提供了优雅、舒适的学习、工作和生活条件。学校新修了能容纳2400人的体育馆，新建了塑胶田径场。学校现有教职员工340余人，其中特级教师3人，高级教师110余人；教学班级67个，在校学生4200余人。

学校办学历史悠久，底蕴深厚，师生和谐，发展稳定。办学理念在实践中不断提升，办学行为在自律中逐步规范，办学条件在发展中整体优化，学校管理在务实探索中全面渗透，教学教研特色在积淀中初步形成。学校陆续改善，队伍素质在竞争实中更加精细，德育工作在创新中再上台阶，学校先后获得"全国基础教育名校""全国高质量特色办学单位""湖南省文明单位""湖南省现代教育技术实验学校""湖南省教研教改先进单位""衡阳市普通高中教育教学质量先进单位""衡阳市中学生行为规范教育示范学校""衡阳市书香校园""衡阳市诚信机关诚信单位""衡阳市最受欢迎好品牌五十强"等几十项荣誉称号。中央文明委和湖南省委宣传部的领导称赞学校为"文明的殿堂，人才的摇篮，教育的窗口"，《人民日报》赞誉学校为"三湘教育一明珠"。多家知名媒体对学校的办学成果进行了推介报道。中国科技大学、中南大学、湖南大学、湘潭大学、湖南农大、南华大学、原广州军区后勤部等十几所名牌高校及单位授予学校"优秀生源基地"称号。

学校教学区、生活区、运动区相对独立，又融为一体，规划科学，布局合理，校园环境优美，绿树葱茏，绿草成茵，建有励志亭、树人亭、飞天雕塑、名言警句牌、假山曲水、文化广场等景观，不是花园，胜似花园，是理想的求学场所，是全县人民公认和青年学子向往的好学校。学校校友资源丰富，社会精英遍布各行各业、五洲四海，其中有睿智的学者，有高水平的专家，有威武的将军，有政坛的翘楚，有商界的巨贾。

学校校风正，学风浓，管理严，质量高，高考录取总人数连续10多年荣居衡阳市榜首，是衡阳市乃至湖南省的高考大户，20余名学生被北京大学、清华大学录取，被社会各界称为"高考场上的不倒翁"。2016年高考，学校本科一批上线347人，本科二批及以上上线778余人，本科二批及以上上线率为58.88%，在衡阳市省级示范性普通高中中名列第三，位居衡阳县第一。近年来，300余名学生在全国奥赛及其他学科竞赛中获国家级及省级大奖。

学校正为早日实现省内一流、全国知名示范性高中的"一中梦"而不懈努力。

衡阳县第三中学

　　衡阳县第三中学始建于1958年，属县政府公办学校，衡阳市示范性普通高中，原址在偏远山区，因生源不足于1995年停办。1998年为适应全县高中教育发展需要，经衡阳县政府批准，恢复挂牌于县城之东的原衡阳县第一中学农场，现坐落县城之东，米子路82号，西靠工业园区，南临蒸阳大道和S315省道，北靠衡邵高速公路。学校位置优越，交通便捷，占地面积366亩，建筑面积11.2万平方米，软硬件设施齐全；师资力量雄厚，专任教师310人，均有本科及以上学历，国家级骨干教师1人，省级骨干教师12人；现有83个教学班，学生5600余人。

　　学校以"求知、创新、强体、励志"为校训，以"合格+特长、个性+创新"全面提高学生素质为办学特色，以"办人民满意的教育"为办学目标。十几年来，学校为高校输送本科二批及以上学生13000余人；有30多位教师先后在省、市级教学比武中获奖；课题研究结成果"普通高中学案导学教学法研究与实践"获湖南省二等奖，"如何提高班主任工作的积极性与能力"获全国二等奖；2008年经督导评估验收，被评为"衡阳市示范性普通高中""湖南省三星级文明单位"，2012年被评为全国"十一五"教育科研示范学校，2014年被评为衡阳市思想政治工作先进单位，连续七年被评为衡阳市普通高中教学质量先进单位，连续十一年被衡阳县教育局评为高中教育教学质量先进单位；中国教育学会基础教育评价专业委员会与湖南日报社授予学校"湖湘名校"称号；2016年顺利通过湖南省"安全文明学校"验收。

　　学校虽底蕴不深，却胜在地利人勤。几番风雨，今日三中恰似翱翔九天的雄鹰，又似动力十足航母，朝着理想的彼岸不停地挺进。

衡阳县第五中学

衡阳县第五中学是衡阳市示范性普通高中，坐落在夏明翰故乡——洪市镇，南临蒸水河，北靠天柱峰。学校的前身是1884年创办的文昌书院。现有在编教工160余人，高级教师37人，一级教师81人；教学班级38个，在校学生2748人。

学校坚持"全面育人、科学育人、安全为本、质量为主、和谐发展"的办学理念，全面推行素质教育，创造了辉煌的办学业绩。2001—2008年，五中连续八年被衡阳市教育局表彰为"高中教学质量先进单位"；2008年正式挂牌为"衡阳市示范性普通高中"；2010年被评为"湖南省文明单位""全国名优学校"，2010年10月14日，学校作为衡阳典型单位在湖南省高中德育工作会上介绍经验，题为"德育领航，办好农村高中"；2011年，被评为"衡阳县基层单位政风行风建设示范单位"；2010—2015年连获衡阳县教育局年度目标考核一等奖；2011—2014年连获衡阳市"高中教学质量先进单位"奖牌；2013年6月被衡阳市委宣传部表彰为"衡阳市未成年人思想道德建设先进单位"；2014年12月被评为"全国教育管理创新示范校"；2015年2月被评为"衡阳市'十二五'教育科研先进单位"；2016年3月被评为"衡阳市毒品预防教育示范学校"；2016年6月评为"衡阳县先进基层党组织"。

衡阳县集兵镇中学

衡阳县集兵镇中学坐落于集兵镇集市街002号，在107国道与衡阳县西集公路交会处，环境优美，是一所闻名遐迩的乡镇中学。

学校始创于1926年10月，当时命名为钟祠萃英小学，历经数次更名，撤区并乡时定为集兵镇中学。大革命时期，毛泽建烈士曾在这里举办过"农民运动讲习班"，培养了肖觉先、戴金吾等一批革命先烈，传承革命遗志。

学校现有21个教学班，学生1235人，教职工83人。其中专任教师74人，大学本科学历的25人，中学高级教师8人，中学一级教师60人。校园面积24000余平方米，建筑面积为7000余平方米，家属楼3栋，学生宿舍2000多平方米，雄伟的教学楼与实验楼对峙矗立，内设电脑室、语音室、多媒体教室等现代化教学装备。图书室、阅览室宽敞明亮，标准环形跑道及篮球场更为学校增添了无限的生机。校园四季如春，鸟语花香，林映蔽日。

学校信守"管理为重点、教学为主题、质量为生命"的办学宗旨，制定了"用正确的思想引导人、凭高尚的人格感染人、以竞争的机制激励人、靠科学的管理规范人"的工作标准。学校全面推行素质教育，大胆实施课改，把德育工作放在首位，严格执行全日制封闭式管理，将愿升学的培育成好苗子、将愿读职高的夯实基础，秉承"以人为本，全面发展，合格+特长"的办学理念，功夫不负有心人，在师生的共同努力下，取得了令人瞩目的成就。近十年内，获国家级奖励的师生30多人次，获省、市、县级奖励的不胜枚举。2006年刘凯同学被湖南师大附中破格录取，后保送清华大学。衡阳市第八中学、衡阳市第一中学、衡阳县第一中学等省级示范性普通高中每年争先恐后来学校选拔苗子。学校于1993年被湖南省政府授予"合格初级中学"铜牌，2002年获市级"示范性初级中学"美誉，2004年5月获县级"中小学图书建设合格中学"称号，被多所省级示范性普通高中认定为"优秀生源基地学校"，2009年创建合格学校，2010年获衡阳县"新课改示范性学校"称号。

衡阳县杉桥镇中心小学

伊山寺下梅花开，六朝圣境今犹在。衡阳县杉桥镇中心小学创建于1953年7月，位于衡阳县东北部，距离市区与县城约15公里，是一所农村寄宿制小学，校园环境优雅，空气怡人。

学校总用地面积11386平方米，建筑面积为6295平方米。学校服务区域包含杉桥村、东木村、云山村、伊山村、和睦村、东日村、集福村等7个行政村。学校共有12个教学班，教师28人，所有专任教师均拥有合格学历。在校学生581名，入学率达100%。

办学条件良好。学校有12间教室，各功能室及教辅用房基本齐全，有围墙、大门、冲水厕所，操场等，且布局合理规范，"三化"到位。设有图书室两间，现有图书17730册，藏书比例达到规定标准。学校数学、科学、音、体、美、劳等器材配备均已达标，管理和使用情况良好。

学校特色明鲜，弘扬传统文化，传承中华美德。《三字经》《弟子规》成为学校的校本课程内容，以国学之内涵端正学生之品行。学校还开设书法写字课程，练写毛笔字。

活动多样化，评价多元化。学校经常举办拔河、球类、跳绳比赛，运动会，六一会演等活动，开设了红领巾校园广播站等栏目，为学生的快乐成长开创了广阔的空间。

构建家校学习共同体。学校通过开展了"家长委员会"等活动，让家长更多地了解、参与到学校各种教学活动中来，从而达到学校、家庭教育同心、同向、同步。

衡阳县岘山镇岘山中学

衡阳县岘山镇岘山中学创办于1944年。学校占地19100平方米，建筑面积6750平方米。学校各功能室齐全，装备水平达到国家规定标准。学校现有电脑50台，图书室藏书量达13840册。近年来，学校发展步入快车道，2008年财政投入54万元，新建学生宿舍楼1200平方米；2011年学校被列入国家"初中工程"项目学校，国家财政投入260万元，新建学生宿舍1280平方米、学生食堂950平方米。

学校师资力量雄厚，共有教职工49人，其中专任教师45人，本科学历的13人，专科学历的32人，教师学历合格率100%。教师爱岗敬业，治学严谨。

学校以"博学、修德、勤勉、奋进"为校训，以创新教育为突破口，注重素质教育，面向全体学生。学校现有9个教学班，在校学生569名学生。近年来，学校初中毕业会考成绩一直名列全县前茅，毕业生合格率80%以上，初中升高中率60%以上，被上级学校定名为"优秀生源学校"。学校目标管理综合考核获全镇第一名。

衡阳县演陂镇中学

衡阳县演陂镇中学创办于1958年，环境优美，交通便利，是一所底蕴深厚、理念先进、业绩一流的示范性农村初级中学。学校现有12个教学班，学生700余人，教职员工49人，其中高级教师5人，达本科学历者40余人。

学校占地15047平方米，校园建筑面积7547平方米，配有标准的理化生实验室、语音室、仪器室、图书室、多媒体室、电脑室、美术室、音乐室、科技活动室、标准的运动场等。2008年学校被上级教育行政部门认定为省级合格学校。近年来，在上级有关部门的关怀下，学校建设取得了长足的发展，自2006年以来，共投入近400万元，新建校舍面积3000余平方米；安装了班班通工程，实现了课堂网络化、教学多媒体化；新建标准化冲水公厕、崭新的教师周转房和校园风雨走廊；安装了全覆盖的校园广播系统和监控系统。师生的学习、工作、生活条件大为改善。

学校牢固树立"崇德修身、励志博学、活泼开朗、追求卓越"的办学宗旨，始终坚持"面向全体，因材施教，分类指导，整体推进"的办学理念，推行"以德育为先导，以教学为中心，以教研为突破口"的办学方针，在推进新课程改革的基础上全面提高教育教学质量。近八年来，学校中考成绩均居全县前10强，校排球队5次进入全县前3名，并夺得过全市第2名的佳绩。学校先后被评为"湖南省农村初级中学合格学校""湖南省基础教育优秀实验学校""衡阳市示范性初级中学""衡阳市教育科研先进单位"。2014年省级课题"培养农村初中学生课外阅读兴趣的研究"荣获衡阳市第九届基础教育优秀教研教改成果二等奖，2014年省级课题"培养农村初中学生课外阅读能力的研究"荣获首届湖南省基础教育教学研究项目成果三等奖。

60年的风风雨雨，60年的春华秋实，一代又一代的演中人求真务实，开拓创新，学校的明天更美好。

衡阳县库宗桥镇石口中学

衡阳县库宗桥镇石口中学创建于1976年，坐落于库宗桥镇大关村，占地面积30余亩，建筑面积约6500平方米。学校现有教学班11个，学生800余人。

学校秉承"吃苦耐劳、求真务实"的校训，高扬"教师兴教、教师兴研"的发展旗帜，在"立足课堂、注意课外"的办学理念指导下，强化"质量意识、责任意识"的价值观，着力培养"积极向上、永不言弃"的石中人。

近年来，学校科学民主管理，扎扎实实办学，兢兢业业育人，教育教学质量连续10年名列全县公立学校前列，多次被评为全县先进教育单位。

衡阳县台源镇台源中学

衡阳县台源镇台源中学始创于1930年，最初为衡阳县第八高级小学；1958年增设初中班，为台源附中；1971年台源附中更名为红卫中学，始招高中生；1978年，红卫中学更名为台源区中学；1984年调整学校布局，台源区中学被撤销，停招高中生，合并于台源中学。

学校东临蒸水，北望南岳，吸蒸湘之灵气，人文钟灵毓秀，人才辈出。学校师资雄厚，成绩显著，先后荣获"全国中小学实验室与仪器管理工作先进集体""衡阳县规范化初级中学""衡阳县中小学图书管理示范学校""衡阳县常规管理示范学校""衡阳县初中教学质量先进单位"等荣誉称号。

学校占地面积21635平方米，建筑面积9000多平方米。学校建筑布局合理，环境优雅。实验室、微机室、语音室、多媒体教室、远程教室、图书室、阅览室一应俱全；实验器材共50多万元；图书室藏书2.1万册；多媒体教室可容纳200多人同时听课。这些教学设施为提高学校教学质量创造了良好的条件。

学校现有17个教学班，1100余名学生，教职工82名，其中中学高级教师8人，中学一级教师56人，具有本科及以上学历的55人。学校以"善志、笃学、求实、创新"为校训，以"把台源中学办成名校"为奋斗目标，以"一切为了学生，以教育质量服务社会"为办学宗旨，以"诚信、勤廉、高效"作为工作要求。对教师，学校本着"发展新人、培养名人、起用能人、淘汰庸人"的原则，实行竞争上岗和全员聘用制度，不断强化师资队伍。学校十分注重素质教育，深化教育教学改革，广泛开展书法、绘画、舞蹈、体育运动等各项课外活动，力促学生全面发展，让学生"学会求知，学会做事，学会合作，学会生存"。

为提高教育教学质量，学校一直重视教育教学教研的有机结合。教学研究目前已经成为全校教师的一项常规工作，学校省级课题"农村乡镇学校校本教研制度建设的研究"已经结题，并获省级二等奖；多位教师在省市教学比武中获奖；学校还申报了衡阳市现代教育技术实验学校项目。

近年来，学校的教学质量稳步提高。2007年以来，在全县80多所公办初中中，学校中考综合排名一直稳居全县前列。学校代表全镇参加衡阳县中学生田径运动会，团体总分名列全县前列。近年有不少教师取得理化奥林匹克竞赛国家级园丁奖，辅导学生在国家、省、市、县各级比赛中获奖的数不胜数。

衡阳县金兰中学

衡阳县金兰中学是金兰镇的中心初中，现有18个教学班，在校学生1200余人，在职教职工86人。

学校办学历史悠久，校园环境优美，布局合理科学。学校占地30000多平方米，拥有教学楼、科学实验楼、学生宿舍楼、教工宿舍楼、学生食堂、风雨活动室、灯光球场、250米环形跑道的田径运动场和充满浓郁国学文化气息的诗词书法碑墙。学校设施一流，拥有高标准的物理、化学、生物实验室，实验仪器、图书资料均按省级二类标准配备，完全可以满足教学的需要，还配有中学标准的电脑室、语音室、多媒体教室，可容纳120多人，移动多媒体已安装到每个班级。校园绿树成荫，鸟语花香，是衡阳县首批园林式单位和教育系统首批文明单位。

学校办学理念先进，办学设施一流，办学业绩优异，学校先后获得"湖南省中小学教学仪器达标学校""湖南省电化科学实验先进单位""湖南图书馆（室）建设示范学校""湖南省合格初级中学""湖南省中小学生文学联合会理事单位""湖南省示范性家长学校""全国优秀文学社"等荣誉称号，2013年被载入《湖南省名校志》，2016年被评为"全国学校体育工作示范学校"和"五好小公民主题教育示范校"。

衡阳县金溪镇中学

衡阳县金溪镇中学创办于1964年，坐落于衡阳县金溪镇金溪村高照组，占地面积11322平方米，总建筑面积6982平方米，办学层次为三年制初级中学教育。在校学生760多人。

学校以"弘扬民族精神，培育优秀人才"为核心教育理念，培养一批批懂礼仪、善学习、会合作，具有创新思维和独立思考能力的"四有"新人。学校拥有精英管理团队和一支业务水平高、教学能力强、经验丰富的教师队伍，共有教职工55人，其中高级教师9人，中级职称教师27人。

衡阳县三湖镇鼓峰中学

衡阳县三湖镇鼓峰中学前身是1927年在湖南第一师范任校长的王况裴先生所倡办的王族一校。1968年，鼓峰中学始得其名。2003年9月，全县调整学校布局，鼓峰中学与文峰中学合并，搬迁至新址。新校坐落于三湖镇鼓峰村马环组，这里交通十分便利，渣（江）九（峰）公路和渣（江）洪（市）公路在此交汇。

学校占地面积40000平方米，建筑面积9933平方米。整个校园气势恢宏，教学区、运动区、生活区，分块明显，布局合理，是莘莘学子成长的摇篮、放飞理想的乐园。

学校现有18个教学班，在校学生1144人。教职员工73人，含专任教师72人，其中高级教师10人，一级教师38人，二级教师22人，本科及以上学历的50人，占教师总数69.4%，大专及以上学历的达100%。

学校安装了高标准的理化生实验室、劳技室、体育锻炼室、舞蹈室、音乐室、棋艺室。学校图书室共藏书16858册，阅览室读物达40余种。学校建有2个多媒体室、2个计算机室，共有计算机70台；安装了20兆的光纤网络，WiFi覆盖了整个教学区和办公区；建有3个篮球场、1个足球场、10个乒乓球台，运动场地达6280平方米；安装了监控系统和校园广播系统，绿化面积达1240平方米。学校各类设备设施基本齐全，一年四季绿树成荫，环境优美。

学校共有文学社、排球、足球、田径、乒乓球、棋艺、书法绘画、合唱队、舞蹈队、奥数等兴趣小组13个，近年来，在教师们的辅导下，均取得了较好成绩。其中体育方面，2014年男女排球队双双获得全县亚军，2015、2016年女排均获全县第四名的好成绩；田径队2015年荣获全县第六名，2016年获全县第八名。学校还被确立为湖南省足球特色学校。艺术方面，舞蹈队2015年获全县二等奖；合唱队2016年获全县二等奖；"三独比赛"中，王姝菲荣获2011年衡阳市独奏一等奖，王颖仪荣获2014年全县独唱第一名，曾玉凡荣获2016年全县独奏第一名。文学方面，王睿荣获全国一等奖，欧阳雅琴荣获全国三等奖。奥赛近年有12人荣获国家级一等奖，10人荣获二等奖。

近年来，学校培养的学生参加高考取得的成绩有：每年本科一批上线30余人，本科二批上线50余人；其中在2009年高考中，王成同学被清华大学录取；凌军同学荣获2012年衡阳县理科状元；王娟同学荣获2015年衡阳县理科状元；2016年毕业生王睿同学被国家空军青少年航空学校破格录取。

衡阳县渣江镇中学

衡阳县渣江镇中学地处蒸水河畔、历史重镇渣江西侧，其前身为晚清名臣彭玉麟于1866年始创的彭氏义塾，风雨兼程，迄今已历150余年。如今，学校桃李满天下，已成为一所规模较大、办学规范的公办初级中学。她以深厚的人文底蕴、科学的管理手段、优秀的办学质量闻名遐迩。

学校办学历史悠久，近年来，又多方筹措资金，不断改善办学条件，优化育人环境。现学校布局合理、设施齐全，校园绿树成荫，鸟语花香，是莘莘学子求学的理想场所。学校师资力量雄厚，其中音、体、美、信息技术等专任教师配备到位，整个教师队伍学历层次高、政治素质高、业务素质硬，师德高尚，结构合理，能助广大学子放飞梦想，铸就人生辉煌。

在全面推行素质教育的改革洪流中，学校乘风破浪，披荆斩棘，不断贯彻落实科学发展观，以"质量为本"为核心，树立"以师生发展为本，办人民满意教育"的办学思想，始终坚持"面向全体学生、优化教育过程、培养素质特长、促进全面发展"的教育原则，大胆创新，勇于探索，取得了令人瞩目的办学成果，受到了上级的首肯、同行的赞赏。在初中学业水平考试、衡阳县田径运动会及其他各级各类竞赛中，渣中学子不负众望，屡传捷报。学校多次被评为县级先进单位和市级先进集体，并曾被誉为"农村初中实验教学的闪光点"；2001年被评为"衡阳县中小学生行为规范教育示范学校"；2004年经衡阳县教育局推荐申报为"湖南省名校"；2008年通过"湖南省合格学校"验收。

衡阳县溪江中学

衡阳县溪江中学创办于1925年，坐落于衡阳县西北边陲——溪江乡，地处九峰山脚、岳沙河畔。学校依山傍水，绿树成荫，交通便利，环境优美，人才辈出，远近闻名。在历届党政领导的正确领导和一代代师生的共同努力下，学校培育了许多优秀人才，打造了教育名校品牌，被誉为"衡阳县山区教育的一朵奇葩"。学校校园占地面积14061平方米，拥有高标准的电脑室、语音室、多媒体室、美术室、音乐室、劳技制作室和规范化的仪器室、实验室、图书室、阅览室等，近年又新建了教学楼、学生宿舍楼、体育运动场、水泥篮球场……硬件设施已初具规模。

学校现有初中3个年级，12个教学班，在校学生768人，教职工48人，专任教师45人，其中中学高级教师2人，中学一级教师26人，多人被评为省、市、县优秀教师。

多年来，沐浴着社会各界和溪江父老的关爱，学校坚持"一切为了学生，为了一切学生，为了学生的一切"的办学理念，本着"面向全体、发展全面"的育人宗旨，内抓管理，外树形象，打造品牌，书写辉煌，取得了令人瞩目的成绩，赢得了上级主管部门的多次褒奖和溪江父老的交口赞誉，先后被评为"合格初级中学""示范性初级中学""学生行为规范教育示范性学校""衡阳县教育教学质量先进单位""衡阳县第一中学优秀生源基地单位"。学校毕业生多人获得硕士、博士学位，在各个领域做出了卓越的贡献。近年来，学校进一步加强校园管理，狠抓教育教学工作，努力改善后勤服务，各项工作都在一步一个新台阶地稳步发展。

衡阳县实验学校

衡阳县实验学校是衡阳县委、县政府为优先发展教育、关心民生、着力化解城区大班额问题而决策新建的一所九年一贯制义务教育公办学校。

学校位于衡阳县西渡镇高新区岭园路，占地面积127.98亩，总投资近3亿元。学校规划设计为初中60个班，小学40个班，可容纳学生5000人。

学校建设于2014年10月份启动，2015年10月正式奠基，2016年8月全部完工且高标准通过验收。教学楼、综合楼、体育馆、办公楼、学生公寓、教师周转房、生活服务楼、报告厅、田径场、地下车库等硬件设施一应俱全，恢宏中彰显精致。教室里开通了网络并配有电子白板辅助教学，构建了信息化教学模式。物理实验室、生物实验室、化学实验室、音乐教室、美术教室、图书室、阅览室等功能室装配齐全，为推行素质教育、开设校本课程、开展课外活动兴趣小组，提供了有力保障。

学校于2016年9月正式开学，目前有专任教师175人，共开设68个班，其中小学部38个班，初中部30个班。在校学生4338人，其中小学部2541人，初中部1797人，初中部绝大部分学生在校寄宿。

学校以"一流的设施办成一流的学校，一流的师资培养一流的学生"为办学宗旨，以"为每个学生提供适合的教育，引领学生生动活泼地发展"为办学理念，以"诚信、严谨、求实、创新"为校训，以"让每个教师都明白教育即陪伴、教育即引领、教育即唤醒，让每个孩子都享受有温度有幸福感的教育"为办学愿景，以"不辱使命，共享荣光"为团队的追求！

衡阳县弘扬中学

衡阳县弘扬中学坐落于西渡镇咸水村，南临315省道。学校前身是衡阳县卫生职业学校，2014年12月4日开始筹建，2015年5月13日正式启动一期工程，2015年9月1日如期招生开学。学校为衡阳县直属公办寄宿制初中，目前占地40余亩，现有教学班13个，学生802人，在职在编教师39人；以"弘道、笃学、扬善、求真"为校训；确立了"一年打基础、两年上台阶、三年成示范"的发展目标。

学校二期工程现已启动。规划向南征地29.6亩，校门南移，修筑校园大道；向西征地27亩，修建标准足球场和田径场；新建学生公寓两栋约4500平方米；新建教学楼一栋约2400平方米；新建教师周转房两栋约3000平方米；新建科技实验楼一栋约2000平方米，预计投入约1800万元。二期工程结束后，将建成一所占地100亩、功能设施齐备、分区合理、美观大方的标准化学校，为县城解决初中学位2000个，有效缓解城区大班额问题。

衡阳县光华实验中学

衡阳县光华实验中学是深圳昂泰科技有限公司于2005年投资创办的一所全封闭、全寄宿、全日制初级中学。学校坐落在衡阳县工业园大门东侧，东接衡阳县第三中学，南临蒸水，西近船山广场，北依曾公山岭。

办学理念先进。学校全面实施素质教育，坚持"三个"面向，培育"四有"新人，努力建设"美丽光华、奋进光华、品牌光华"。

教师队伍优秀。学校拥有一支师德高尚、师心慈厚、业务精湛、工作勤奋的教师队伍，现有专任教师78人，其中高级职称教师9人，中级职称教师44人，初级职称教师22人。

教学设施完备。教学楼、办公楼、科技大楼、学生公寓、师生食堂，建筑雄伟；运动场、篮球场、乒乓球场、室内操场，场地宽敞；实验室、图书室、计算机室、音舞美专用教室，配备高精；一体印刷、智能广播、多媒体教室、安全监控、校园网络一应俱全；热水、开水、直饮水全天供应。

学校管理精细。学校实行规范管理，遵循教育规律，坚持依法治校，实行制度管理；实行精细管理，从高处着眼，从细处入手，从严从实，从精从细；实行人性管理，尊重师生人格，保障师生权益，关心师生生活。

教学质量上乘。中考成绩年年夺冠，2006—2017年连续12年，中考成绩在全县83所初中学校中稳居第一。"5A"学生数、特优率、省级示范性普通高中录取率、普通高中录取率各项指标，遥遥领先，成为全县教育质量最好的学校。教学科研硕果累累，学校有10余名教师在衡阳市青年教师教学比赛中获一等奖；有20余人次获市、县"优秀教师""优秀班主任""师德标兵"等荣誉称号；有30余名教师在县级教学比武中获奖；有70余篇教育教学论文在国家、省、市、县级刊物发表。学生参赛连连获奖，学校学生在科技、艺术以及学科竞赛中，获国家级奖10余人次，获省级奖30余人次，获市级奖60余人次，在报刊上发表文章80余篇。

学校声名远播。学校获得"首届湖南省十佳民办中学""湖南省文明卫生单位""湖南省安全文明校园""湖南省规范民办学校""衡阳市十佳民办学校""湖南省示范性高中衡阳县第一中学优秀生源基地""衡阳县常规管理示范学校""衡阳县教学质量先进单位""衡阳县教学工作先进单位"等多项荣誉。

衡阳县元培学校

衡阳县元培学校是由北京京师元培教育科技发展中心、衡阳县教师进修学校和中国元培教育家书院引进"北大附校"品牌，在衡阳县倾力打造的股份制民办学校。学校坐落于衡阳县西渡高新区联胜路，占地面积30余亩，总建筑面积2万多平方米，目前办学层次为小学和幼儿园，提供走读和寄宿两种就读方式。

办学条件优越。学校为全国足球特色学校。学校建有200米环形塑胶跑道、足球场、网球场、排球场、羽毛球场、篮球场、乒乓球室、软式垒球场、室内外游泳池等体育运动设施。学校配有能容纳千人的学生公寓及餐厅。学生公寓配备空调、直饮水、电话、独立卫生间、淋浴设施，餐厅内装备空调、广播电视系统等。安全设施包括遵循国家检测标准的欧普光源、进口安全的环保地胶、高档大鼻子校车、24小时高清监控、校园安全卫士接送系统、交互式家园网上实时沟通平台等。小学部共有24间教室，12间专业功能室。

课程独具特色。学校在完成国家规定课程的前提下，开设了20多个特长社团。少年军校军事拓展、游泳、足球、阅读、国学已成为学校特色课程。

师资力量雄厚。学校理事长盛彪先生是北京师范大学区域教育均衡化研究中心研究员、中国元培教育研究院执行院长、北京京师元培教育中心主任、菲尔德国际教育董事。学校常务副校长魏振英女士是衡阳市十佳老师、东莞市骨干教师、北京大学教育家型校长培养对象，国家"立体教育"课题组成员，参与全国教育科学"十一五"2007年教育部规划课题"中小学整体课堂管理模式的理论与实践研究"成果《整体课堂管理教师手册》的编写，并担任"课堂创建"卷的副主编，曾在东莞市东华小学、衡阳市船山英文学校、珠晖区凯杰实验小学任教及担任校领导。2016年学校教师在衡阳市语文教学比赛中连获三个一等奖。

教育教学成果显著。2016年学校首届毕业班26名学生中有6人进入衡阳市成章实验中学和船山实验中学，有16人考入衡阳县光华实验中学，其中6人获得光华奖学金。

衡东县第一中学

教学楼

衡东县第一中学始创于1940年，前身为国立师范学院附中和湖南省立十二中。20世纪50年代，其是当时省属六所重点中学之一，还是湘南地区唯一一所具有保送留苏预备生资格的学校。1977年恢复高考后，学校被首批定为市属重点中学，1998年挂牌为湖南省重点中学，2004年更名为湖南省示范性普通高中。学校现有校园面积305亩，48个高中教学班，在校学生3136人，教职员工256人，其中特级教师3人，高级教师87人，市级以上优秀教师、优秀班主任、劳动模范23人，省、市学科研究会理事和学科带头人21人。

学校地处洣水之滨，素有"公园式、花园式学校"之称。校内软硬件设施较为完善，拥有综合性教学大楼、藏书8万册的图书馆、多功能体育馆、50米×22.5米标准游泳池、400米塑胶田径场、学生公寓以及现代化的校园网络教学平台。

近年来，学校以"砺志、勤学、求实、奋进"为校训，以"优化育人环境，构筑名师群体，推行素质教育，培育高质人才，创建一流名校"为办学理念，坚持走"依法治校，质量立校，科研兴校，特色强校"的内涵发展之路，努力办人民满意的学校，形成了"和谐、文明"的校风、"奉献、务实"的教风和"好学、奋进"的学风。学校高考本科二批及以上录取率多年保持在全市省级示范性普通高中前五名。其

体育馆游泳池

中，2008、2009年学校学生连续两年摘得衡阳市理科状元桂冠，3人考入清华大学（自恢复高考以来，总计28人考入清华大学、北京大学）。

学校在长期的办学实践中，始终坚持"质量立校，特色强校"的办学方针，着眼于学生的长远发展和终身发展，大力推进素质教育，努力为学生个性特长的发挥、综合素质的提高和创新精神的养成提供平台。各兴趣小组和社团基本保持在20个以上，每学期开展的大型活动不少于10次。在省、市中学生科技创新大赛中，年年有作品进入决赛并获奖，已连续7年被评为省、市青少年科技创新优秀组织单位，还被衡阳市教育局授予"中小学创造力培养示范校"荣誉称号。

行政办公楼

此外，学校被授予"全国学校体育卫生工作先进单位""全国部门造林绿化400佳单位""全国青少年校园足球特色学校""湖南省中小学德育工作先进集体""湖南省园林式单位""湖南省文明单位""湖南省安全文明校园""湖南省现代教育技术实验学校""湖南省模范教工之家""湖南省优秀省级体育传统项目学校""衡阳市普通高中教学质量先进单位""衡阳市校园综合治理先进单位"等50多项荣誉称号。

地址：衡阳市衡东县洣水镇向阳路18号　邮编：421400
邮箱：553775305@qq.com　办公电话：0734-5222381

衡东县欧阳遇实验中学

衡东县欧阳遇实验中学成立于1986年，坐落在衡东县新塘镇，是一所全日制现代化完全中学。

学校是由美籍华人、著名实业家黄彰任先生捐资创办的涉外型学校，其名取自黄彰任先生的夫人欧阳遇女士。近年来，该校坚持"德育为首、质量至上、以人为本、和谐发展"的办学理念，依托涉外优势，学校英语教学已形成特色。学校高考成绩突出，曾有5届本科一批、二批上线率居衡阳市第一，省级教研课题"信息技术与英语教学的有效整合研究"获得湖南省一等奖。学校先后获得"全国绿化模范单位""湖南省文明卫生单位""湖南省侨界科技兴湘先进单位"等30多项省级以上荣誉称号，并通过湖南省示范性普通高中验收。

30年来，学校培养了1万余名学生，在各行各业各显风采。学校现有教职员工232人，其中专任教师174人，

学生3200人，共有52个班。学校有一流的教育教学设施，有独立的科技楼，物理、化学、生物实验设备和电化教学设备都达到了国家I类标准。电脑室、多媒体教室、语音室齐全，是湖南省第一批认定的"现代教育技术实验学校"。图书馆藏书达90000多册，生均56册；学生阅览室有座位500多个。学校投资377万元，建成了校园网、电子阅览室、电脑室。所有教室均为多媒体教室，并且都连接了互联网，每堂课均可运用网上的信息和资源。

涉外是学校的优势。为把学校办好，黄彰任先生已捐资200多万美元，还设立了160多万美元的三项基金，其利息的一部分用于聘请美籍教师来学校任教、学校教师出国进修、学校学生出国留学及购置图书仪器等。在基金会的资助下，学校常年驻有2~3名美籍教师，已有6名英语教师赴美进修，每年选送一名高中毕业生到美国留学。黄先生每年捐资资助贫困生，奖励优秀生。他还帮助学校与湖南名校——长沙雅礼中学结成姊妹学校，使学校在高考信息、成绩比较等方面享有独特优势。2008年3月，学校与美国圣马克中学缔结为姊妹学校。

衡东县第二中学

衡东县第二中学始建于1956年，坐落在四方山下、洣水河畔的杨林镇。学校占地106亩，现有64个教学班，4000余名学生，239名教职工，其中特级教师1人，高级教师39人，一级教师87人，省级优秀教师5人，市级优秀教师、优秀班主任8人，省、市级骨干教师5人，县级学科带头人7人。

学校本着"让学校成为学生获得发展、教师获得成功的乐园"的办学理念，坚持"高质量、创一流、有特色、示范性"的办学目标，努力打造衡阳市一流的完全中学。学校先后获得"湖南省文明卫生单位""湖南省园林式单位""湖南省文明单位""衡阳市普通高中教学质量先进单位"等十多项省、市级荣誉称号。

学校注重德育育人，专题活动、节日活动丰富了学生的校园生活，如主题征文比赛、国旗下讲话、感恩教育、诚信教育等活动逐渐彰显学校德育特色，促进了学生全面发展。

学校树立全面的质量关，教研氛围浓厚。"高中理科问题·探究·创新教学模式研究"在2005年被评为湖南省第七届基础教育教学研究成果一等奖，填补了衡东县基础教育科研史的空白。近五年来，全校教师在各级各类杂志、学会上发表和获奖的教育教学论文达200余篇。高中教学质量一直稳居市级重点中学第一名，连续13年荣获"衡阳市高中教育教学质量先进单位"称号。

地址：衡阳市衡东县杨林镇新街7号　办公电话：0734-5358255
邮箱：635015662@qq.com　邮政编码：421400

衡东县职业中专学校

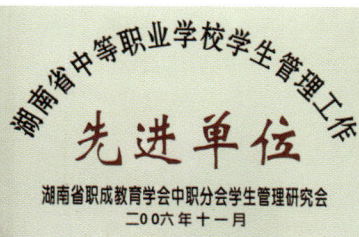

衡东县职业中专学校前身是由创办于1946年的湖南私立文昭中学逐步发展而来的衡东三中，1983年改制为衡东县农业职业中学，1988年更名为衡东县第一职业中学，1990年经湖南省教委批准晋升为职业中专学校。学校于1995年经国家教委批准，湖南省人民政府授牌为湖南省重点学校。学校办学理念:视质量如生命，视家长为上帝，视学生如亲子。校训：做人为本，技能立身。办学方略：以服务为宗旨，以就业为导向，以能力为本位。校风：文明、严谨、勤奋、进取。

学校新校区现已落成并投入使用，位于衡东县城河西新区状元路，占地160亩，总投资2.2亿，规划总建筑面积65079平方米，可容纳学生3600人。学校拥有四合院式的教学楼，共有教室60间、一栋实训楼、图书办公楼、学生食堂、两栋学生公寓，第三期工程正在筹备建设中。学校设施齐全，拥有实验仪器设备1000万元，图书5.4万余册，图书阅览室3个。实训大楼共六层，每个专业有独立的实训楼层，建成了汽修专业实训车间、手机维修实训室、单片机实训室、制冷与空调实训、电工实训室、音视频八合一实验实训室、服装工艺室、中心机房、立体裁剪制版室、画室、会计沙盘实训室、影视后期制作机房、平面设计机房、动画片制作机房、网络搭建机房、网络空间安全实训室、多个微机室，同时投入大量财力建立了工业机器人实训中心。校内实训基地设备先进，同时还有50多个校外（企业）实习基地，校区建设了完善的校园网，所有教室均配备多媒体教学设备，为教学和实验实习提供了良好的条件。

学校现有在编教师117人，其中高级讲师15人，讲师40人，省级专业带头人2人，市级专业带头人5人，市级骨干教师2人，县级学科带头人5人，先后有20余人参加国家级骨干教师培训，3人赴德国研修，专业课双师型教师59人。

学校开设了电子技术应用（工业机器人应用方向）、电子技术应用（理想班）、电子技术应用（美的班）、计算机及应用（数字媒体技术应用方向）、计算机及应用（计算机网络技术方向）、计算机及应用（凯舟班）、服装设计与工艺（以纯班）、会计、工艺美术、数控技术应用（湘泵班）、中餐烹饪、汽车运用与检修等专业。

学校在教育教学中把德育工作放在首位，将社会主义核心价值观教育践行活动和敢做大国工匠教育实践活动作为德育的两大主题，组织学生参加青年志愿者、文明风采大赛、社会实践等德育活动，开设了30多个社团，并将本地区的先进地域文化、产业文化、企业文化引进和融入校园文化。学校注重学生文化素养与身心素质培养，开设人文、礼仪和音乐欣赏、体育等课程。

学校坚持就业导向的课程设置和教学改革，坚持专业与产业、课程内容与职业标准、教学过程与生产过程、学历证书与职业资格证书、职业教育与终身学习对接。学校组织教师及专家加强对企业、市场调研，及时调整专业布局，及时修改各专业人才培养方案、坚持"2.5+0.5"办学模式，并在人才培养上采用学校与企业结合模式，侧重技能培养，利用寒、暑假让学生去企业接受培训和锻炼，让学生学以致用，实现与企业零距离对接；教学教程中大力推进"行动导向教学法"，充分调动学生学习积极性和主动性，在"做中教，做中学，学中做"，让学生"乐于学，学得会，用得上"，增强学生的自信心。实行"双证书"制度，让毕业生获取职业技能等级证书。 近年来，在全国技能大赛中，学校学生先后获得服装设计与制作一等奖1项、平面模特三等奖1项、果蔬嫁接三等奖2项、单片机装置安装与调试三等奖1项、工业机器人二等奖1项。2017年全市共13项技能大赛国赛获奖，学校占2项，跻身全国中职学校20强； 2017年服装专业抽查合格率和优秀率均

新校区全景

位居全市第一，电子专业合格率全市第一，优秀率全市第五，文化课抽考数学合格率全市第一，优秀率全市第二；近年来，学生技能考证通过率100%。2017年对口高考录取率100%，名列衡阳市中职学校第一名。衡阳市教育局对各县区目标管理考核，2016、2017年我校教学质量均以满分位居第一。

30多年来，学校曾荣获"全国军民学雷锋先进单位""湖南省职业教育先进单位""湖南省中等职业学校学生管理先进单位""湖南省中等职校教学工作优秀学校""湖南省学生就业指导先进单位""衡阳市三星级文明单位""2016？-2017学年度高中阶段教育教学质量先进单位""2017年度衡阳市中等职业学校教育教学先进单位"等荣誉称号，8项课题获湖南省教育科研成果奖，"湖南省普通高中与职业高中毕业生对比效益研究"获湖南省九五教育科研规划课题优秀成果二等奖。

目前，学校是一所基本实现办学条件现代化的中职学校。未来，学校将着力构建现代智能系、现代服务系、文化艺术系，力求将学校建设成为衡东产业人才摇篮、衡东产业技术中心、衡东技能培训中心，为衡东经济发展做出应有的贡献。

老校区全景

衡东县第五中学

衡东县第五中学创办于1958年，是衡东县唯一一所具有开办俄语、英语双语教学的完全中学，现有教学班36个，在校学生2000余人。学校于2003年确定为衡阳市重点中学、衡阳市示范性高级中学，并获得了"衡阳市二星级文明单位""衡阳市园林式单位""规范化中学""现代教育技术实验学校""中学生日常行为规范教育示范校""衡东县高中教育质量和教育目标管理先进单位"等光荣称号。

学校地处交通便利的大浦镇，占地面积205亩，校舍面积25978平方米。学校绿草如茵，拥有教学大楼两幢，有面积为9213平方米、按湖南省Ⅰ类标准配备的科技实验楼1幢，拥有全省最大的天文观测台1个、400米标准田径场1个、篮球场4个、排球场2个、足球场1个、标准化学生公寓3幢、按现代化标准设计的学生综合服务楼1幢，为莘莘学子成长、成才提供了良好条件。

学校现有教师157人，其中高级职称的29人，中级职称的67人，市、县级骨干教师12人，17人曾担任过衡东县高三学科组长，具有研究生学历的1人。近年来，在省、市教学比武中，学校有36人次荣获一等奖，67人次获得二等奖。

学校坚持"夯实基础、发展特长、广育英才"的办学宗旨，秉承"一切为了学生、为了一切学生、为了学生的一切"的办学思想，努力培养"敬业、严谨、创新、奉献"的教风和"勤学、多思、善问、实践"的学风，办人民满意的教育。学校先后有邓建梅、颜岳雄、胡用等同学考入北京大学、复旦大学、南京大学、吉林大学、天津大学、武汉大学等著名重点大学，其中胡用同学曾获全县应届文科状元。俄语教学已成为学校特色教育品牌，邓建梅同学就是以俄语优势考入了北京大学，俄语毕业生有90余人在国家经贸部门及国外从事俄语翻译工作。同时，学校已发展成为全县最大的音体美特长生培训基地。近几年来，有一大批音体美专业生考入各类音乐、美术、体育院校，其中胡天遥同学考入清华大学，刘慧、赵永红同学考入中央美术学院，陈楼同学考入俄罗斯柴可夫斯基音乐学院，毛文根、谭文亮考取了空军航天航空大学，成为飞行员。

地址：衡阳市衡东县大浦镇民主街99号　办公电话：0734-5375109
邮箱：3766785@qq.com　邮政编码：421421

衡东县第六中学

衡东县第六中学是一所久负盛名的公办县直初级中学，创建于1958年，定名为"石湾农中"，两年后改为"石湾中学"，1981年升格为"衡东县第六中学"。学校师资力量雄厚，现有教职员工80多人，其中高级教师8人，省、市、县级优秀教师（班主任）7人，县级骨干教师1人。目前，学校开设18个教学班，学生1200余人。

学校布局合理，环境优美，设施齐全。教学区、运动区、生活区规划科学，图书馆、运动场、标准化实验室、多功能教学室、现代远程教育设施、校园网络、热水系统、监控系统等一应俱全，是求学上进的理想之地。

学校办学理念先进，内部管理规范。校风好、教风正、学风浓、质量优成了学校的特色。学校教育教学质量一直名列全县前茅，曾创下中考成绩全县六连冠的佳绩；每年考入省、市级重点高中的达300人之多，升学率达85%以上，是衡东县优质生源基地；参加各级各类竞赛，获奖人数众多，居衡东县公办学校之首。毕业生中有陈鸥、曾亚军、陈增辉、周衡威等人考入了清华大学。

近年来，以尹国平校长、罗文晋书记为首的学校行政班子政治素质过硬、业务素质精良、团结务实协作，有力地保证了学校的和谐稳定、改革发展。他们秉承"以德立校，以章治校，以质强校，以特兴校"的办学理念，着力打造团队精神，着力打造高效课堂，着力打造三湘名校，着力培养"四有"新人。在他们的带领和感召下，学校事业蒸蒸日上，教师敬业，学生乐学，人文蔚起，成绩斐然。

地址：衡阳市衡东县石湾镇向阳路1号　办公电话：0734-5323558
邮箱：914276954@qq.com　邮政编码：421431

衡东县第九中学

学校创立于1958年8月，现有面积116亩，教学班18个，学生1345人，教职工77名，其中专任教师73人，中学高级职称的8名，学生入学年巩固率均在98%以上，合格率100%。现在校园环境幽雅、教学设施先进、学习资源丰富、师资力量雄厚，教学质量在全县名列前茅，先后荣获"衡阳市园林式单位""衡阳市现代教育技术实验学校""衡阳市楹联教育基地""衡东县教育教学质量先进单

雄伟的校门

位""衡东县教育教学常规管理示范校""衡东县教育目标考核先进单位""衡东县双文明单位""衡阳市综治工作先进单位"等一系列荣誉称号。如今学校教育管理精细、教育质量良好、学生行为文明、校园环境优美，初步形成积极向上、求真务实、平安和谐的校园精神，初步形成了学校让家长满意、教师让学生满意、领导让教师满意的局面。《湖南日报》《科教新报》《湖南教育》《衡阳日报》《衡阳晚报》、湖南卫视等省、市媒体对学校的办学经验进行了宣传报道，学校被誉为"山旮旯里飞出的金凤凰"。

地址：衡阳市衡东县杨桥镇交通北路8号　　办公电话：0734-5347378

衡东县教师进修学校

衡东县教师进修学校创办于1980年，是一所集教师培训、高中教育、职业教育、青少年校外活动中心、电大教育五位一体的全日制学校。学校现有教职工125人，专任教师113人，其中特级教师1人，高级教师37人，一级教师53人，均具有本科及以上学历（其中研究生学历的1人）。学校牢牢把握"整合优质资源，形成办学特色，保障高位发展，打造名校品牌"的治校方略，紧扣"奋发向上、人格健全、知书明礼、素质全面"的育人目标，努力办好人民满意学校。

新落成的教师培训大楼

近年来学校先后被湖南省人民政府、湖南省教育厅授予"湖南省文明单位""湖南省园林式单位""湖南省示范性教师培训机构""2015年湖南省中小学教师远程培训工作先进单位""2016年省级先进基层党组织""湖南省示范性县级电大教育机构"；2015年学校协助衡东县教育局以全省第四名的得分成功申报"国培计划"项目县，2016年湖南省国培办对2015年"国培计划"项目县进行评估，衡东县被评为A类项目县；2012、2013、2014、2016年被衡东县教育局评为"教育质量先进单位"；2015年被衡东县教育局评为"全县教育目标管理考评先进单位"；连续多年高考成绩本科一批、本科二批上线率居全市同类学校前列，其中陈博同学勇夺2005年高考湖南省文科状元。

地址：衡阳市衡东县洣水镇交通东路343号　办公电话：0734-5222362
邮政编码：421400　网址：http://www.hdjinxiu.net/

衡东县三樟树中学

衡东县三樟树中学是一所普通农村初级中学，坐落于衡东东北隅美丽的湘江河畔，交通便利，环境优美，占地面积23760平方米。其教学区、生活区、运动区、科技实验区布局合理，现代教学设备优化齐全，有一大批师德高尚、业务精良的高素质师资队伍和一个精诚团结、德才兼备、务实拼搏的行政领导班子。学校坚持"为成功的人生而准备着"的办学理念，在教育上，用"活、情、勤"三字贯穿工作始终，提升学生道德素质，在教学上，推行3+x课改模式推进学科均衡发展，开展广泛性的课外活动，发展学生个性特长，获省级"十一五"重点科研课题结题，并获省级二等奖，学生年度巩固率达99%以上，教学质量连续十六年进入衡东县先进行列。

地址：衡阳市衡东县三樟镇长源村　办公室电话：5486098

衡东县甘溪镇中学

衡东县甘溪镇中心学校坐落在衡东县甘溪镇前进村。为了整合教育资源，原石岗中学、原夏浦中学先后并入原甘溪中学，统称为衡东县甘溪镇中学，成为甘溪镇唯一一所初级中学。

学校现有8个教学班，学生人数466人。学校现有教职工46人，其中专任教师36人，高级1人，中级教师32人，本科学历教师24人，教师学历达标率为100%。

校园总面积11904平方米，校舍建筑面积为6076平方米，体育用地面积2674平方米，绿化用地面积1057平方米。

学校多次被评为"衡东县教育局先进单位""衡东县教育教学质量先进单位""衡东县规范化中学""衡东县中学生日常行为规范教育示范校"。

地址：衡阳市衡东县甘溪镇金党峰社区

常宁市职业中等专业学校

　　常宁市职业中等专业学校专创办于1983年，是一所有着30多年职业教育办学积淀的国家公办中等职业学校。学校占地面积348亩，建筑面积6.9万平方米，现有全日制在校学生3176人。学校现有教职工182人，教职工中有专任教师156人，其中高级职称教师33人，外聘教师及合作企业工程师28人。学校专任理论课教师全部拥有本科及以上学历，其中，硕士学历的2人，双师型专业课教师59人，省级学科带头人3人，技师6人，省级优秀教师2人。学校师资队伍呈现出多层次、多渠道、高学历、专技能的新特点。学校开设了汽车运用与维修、计算机应用、电子电器应用与维修、计算机动画与游戏制作、会计电算化、文秘、电子商务、服装设计与工艺、模具制造技术、机电设备安装与维护（工业机器人方向）及现代特种生态农艺等11个专业。校内建有计算机、电子电器、机电、模具、工业机器人、汽修、服装、现代农艺等八个实训中心，校外有15个生产性实训基地。计算机应用专业为衡阳市精品专业，电子电器应用与维修专业为省级精品专业，模具制造技术专业为国家级地方骨干专业。学校是常宁市三星文明单位、保安培训基地、阳光工程培训基地、劳动力转移培训定点基地，是衡阳市园林式单位、中职招生先进单位，被湖南省商务厅认定为"外派劳务培训基地"。学校成功申报湖南省示范性中等职业学校、湖南省示范性县级职教中心的牵头学校、国家级重点中等职业学校、国家级模具制造技术专业重点实训基地、湖南省校企合作油茶生产性实习实训基地以及衡阳市卓越中等职业学校。

校园文化艺术节

地址：衡阳市常宁市泉峰东路378号　邮政编码：421500

耒阳市正源学校

LEIYANGSHI ZHENGYUAN XUEXIAO

网址：www.lyzyedu.cn
电话：0734-4300000　4300035

世外桃源　天然氧吧　求学胜地　成才摇篮

耒阳市正源学校创建于2005年。经过十多年的发展，如今的学校，已经是名副其实的世外桃源、天然氧吧、求学胜地，成才摇篮。学校拥有14200名学生、1100多名教职员工，成为湖南省规模较大的中小学校。

学校长期独立践行的分层教学，初高中一体化2+4办学模式获得巨大成功，"文科抓阅读，理科抓竞赛"的教学战略取得显著成效。2012到2016年5年间，7名学生考入清华、北大。2016年高考，学校继续演绎着以少胜多、以弱克强的奇迹：1008人参考，二本及以上上线670多人，在耒阳首屈一指；高分段学生大幅增加，600分以上耒阳市69人学校占42人，文科前50名学校占29人，理科前100名学校占68人；一本上线人数310多人，占耒阳市半壁江山；艺术高考异军突起，美术生实现上清华大学零的突破。正源已成为湖南省首屈一指的农村中小学校，享誉三湘。

然而罗湘云校长并不满足于现有的成就，他说"我们的目标是要让我们的教育走出国门，实现国际化，为我们的国家、我们的社会培养真正有学识、有技能、有眼界、全面发展的人才。"可喜的是，通过近一年来的努力，正源教育国际化已经向全球教育水平最高的美国东部地区成功迈出了第一步，美国正源教育集团（Zhengyuan Education U.S.A.简称ZYE）业已正式开始运作！位于美国大纽约地区新泽西州、占地1555亩、拥有永久产权、作为美国正源教育大本营的正源农场，已经闪亮登场。美国湘云幼儿教育研究院，已经完成官方注册，在占地20亩、建筑面积近万平方米、毗邻著名的罗格斯大学的美国正源桑梓楼正式成立。闻名新泽西州的Sundance School幼儿园已经被正源收购，拥有30多位老师和近百名学生的正源Sundance也已正式开学。纽约中国文化中心、美国正源职业技术学院、美国正源教育集团户外活动大本营等系列工程正在稳步推进！

2016年秋季开学典礼

一年一度的学生北京励志行
——长城又见正源红

首届中学生体育艺术节开幕式
万人跑操

首批老师赴美度假与考察
与美国朋友在美国正源农场聚会

要想学生飞得更高　先让老师走得更远
正源教师2016年鄂陕豫中华武侠文化之旅

耒阳市大市中学

　　前依滔滔敖河，后靠巍巍青山，耒阳市大市中学就坐落在这青山绿水环绕的大市乡大陂村黎家冲。自1980年迁入现址以来，随着办学规模的日益增大，学校目前占地面积23998平方米，校舍面积6648平方米，18个教学班，学生1225人。学校现有教职工60人，其中中学高级教师4人，中学一级教师22人，中学二级教师12人；本科学历的45人，专科学历的13人，中专学历的2人（食堂工人）。教师学历全部达标，学科结构均衡，年龄结构呈年轻化。学校是耒阳市农村中学规模较大、人数较多的学校之一。学校环境不断美化，条件不断优化，教学质量突飞猛进，每年升入示范性普通高中的学生人数在耒阳市农村中学中名列前茅。

开学典礼

老师演讲比赛

学校大门

清明节扫墓

教学楼

学生宿舍

校运会

耒阳市蔡子池街道办事处中心学校

　　耒阳市蔡子池街道办事处中心学校辖区共有13所小学、61所幼儿园，现有小学生18904人、幼儿12905人，教职工683人，其中中学高级教师1人，中学一级教师及小学高级教师414人。现有全国特级教师1人，衡阳市学科带头人1人、衡阳市优秀骨干教师6人、耒阳市优秀骨干教师10人。教师学历合格率为100％，本科学历的245人。学校聘请专任幼儿教师582人。

　　学校以做"耒阳基础教育的领头雁、创耒阳基础教育的一面旗"为工作思路，展示出团结和谐的工作局面，呈现出生机勃勃的发展态势。学校强化德育创新：以小学生养成教育为契机深化社会主义核心价值观，以学生全面发展的质量观衡量学校管理。近年来，学校积极推行阳光锻炼一小时、学校大课间、足球进校园、国学教育等特色教育。学校教育、教学、教研等各项工作稳居耒阳市前茅。

地址：衡阳市耒阳市金由路72号　　邮政编码：421800
办公电话：0734-4332319　　0734-4339007

运动队训练

耒阳市蔡子池中学

耒阳市蔡子池中学创办于1990年，是一所全日制公办初级中学，校园占地12700平方米，校舍面积10520平方米，现有48个教学班，3000多名学生和260多名教职工。学校地处耒阳市区中心，地理位置优越，交通条件便利，校园环境优雅，文化底蕴厚重。学校秉承"教书育人、思想为本，素质为标"的办学宗旨，以全面贯彻落实素质教育为工作引领，以创建"学生成才，家长放心，社会满意"学校为办学目标，不断深化教育改革，持续推进质量攻坚。

设施一流。学校教学设施齐全，现有2栋教学楼、1栋科教楼、1栋现代化的学生公寓、1个标准学生食堂、2个多媒体电教中心、3个电脑机房（现有电脑200余台）、1个语音室和6个篮球场，建有1个高标准的教师电子备课室，并设有教学用音乐室、美术室以及图书室，学生用电子阅览室、理化生实验室齐备。为拓展教学空间，学校建有功能强大的百兆校园网。

师资雄厚。学校师资力量雄厚，研究生学历教师1人，80%以上的教师皆具有大学本科及以上学历，高级职称教师有30多人，中级职称教师有170多人。教师队伍学历层次高、政治素质高、业务素质过硬、师德师品高尚、师资结构合理。

特色办学。学校始终坚持"面向全体学生，优化教育过程，培养素质特长，促进全面发展"的教育理念，把"求知、创新、发展、责任感"作为学生培养目标，逐步形成了以"面向全体，分层教学，培优补差，个个成人"为主要特色的教学模式，促使优等生更加优秀，不同层次、不同类别的学生都得到转化、提高和发展。

成绩斐然。学校励精图治，内抓管理，外树形象，各项工作都取得了质的飞跃。教育教学质量稳步提高，每年初三毕业会考，学校升学率名列耒阳市榜首，合格率均名列耒阳市第一。教研教改一直处于耒阳市的前列，学校课题研究连连报捷，"十二五"课题"提升农村初中教师课件开发和应用能力的研究"中期评估获优秀奖。学校连续荣获耒阳市学校目标管理考评一等奖、耒阳市初中教育教学质量考评一等奖，是衡阳市二星级教研教改示范学校、湖南省基础教育

实验校、衡阳市现代教育技术实验学校、湖南省依法治校示范学校，2005年被教育部命名为"全国依法治校示范学校"。

学校以"一流的教育观念，一流的校园环境，一流的教学装备，一流的师资队伍，一流的教学质量，一流的管理水平"为发展目标，努力办成省内知名的基础教育学校。

地址：衡阳市耒阳市蔡子池街道办事处野鹅塘北巷7号
邮政编码：421800　办公电话：0734-4334150

耒阳市洲陂中学

雄伟壮观的校门

耒阳市洲陂中学始创于1969年，当时只是一栋民房。随着教育事业的发展，1990年，在各级政府的领导和全乡民众的大力支持下，建起了一所全新的标准初级中学。现在，学校拥有校园面积36996平方米，建筑面积7508平方米，教学楼1136平方米。新校舍建成后又硬化了道路，美化了校园，添置和完善了教学设施和生活设施，图书馆藏书达17560册，教仪器配备齐全，有全国一流的实验室、多媒体室、电脑室、美术室、音乐室等，教室都安装了多媒体。

学校现有教师20人，其中本科学历的11人，专科学历的9人，学历合格率达100%。现有教学班8个，学生370人。

学校不断优化教学，美化环境，深化管理，狠抓教师队伍建设和文化建设，教育教学质量不断提高。学校于2003年创建为衡阳市示范性学校，多次被评为教育系统综治安全工作先进单位和先进班集体，在2012年度学校教育目标管理考评中获得三等奖，2014年被评为"中职招生先进单位"。

办学宗旨：坚持"三个面向"，全面贯彻党和国家的教育方针，努力提高教育教学质量，办人民满意的教育。

办学目标：打造品牌学校，争创优质教育。

校训：朴谨、勤励、奋进、担当。

校风：勤励务实，乐于奉献。

教风：博识善诱，关爱创新。

学风：自觉、勤学、刻苦、主动。

优雅舒适的环境

丰富多彩的校园文化

配备一流的实验室

儒雅宁静的图书室

生动活泼的课堂教学

绚丽多姿的美术室

耒阳市第十中学

耒阳市第十中学创办于1958年，系耒阳市直属初级中学。学校位于耒阳市仁义镇，占地面积21800多平方米，校园内古樟参天，绿树成荫，区划合理，布局科学。近几年来，学校因管理出色，教育教学质量稳步提升，取得了可喜的成绩，在社会上享有较高声誉，逐渐走入人们的视野，被誉为"耒阳市农村中学的一面新旗帜"。学校现有18个教学班，在校学生1468人，教职员工82人，其中本科学历的26人，专任教师学历合格率为100%，中学高级教师8人，中学一级教师62人。

学校有图书室1个，藏书21800余册；电脑室1个，电脑80多台；标准化化学实验室和物理实验室各1个。近年来，学校开源节流，加大投入，新建了多媒体教室、学生宿舍、澡堂、塑胶篮球场，修缮了老教学楼，换上了铝合金门窗，添置了学生用空气能热水器。校容校貌焕然一新，设施设备不断完善，功能较为齐全，为学校发展提供了有力保障。

继承优良传统，剔除管理弊端。在"内强管理，外树形象"的思想指导下，秉承"做祖国期望的学生、当家长信赖的老师、办人民满意的教育"的办学目标和"诚信为人、踏实做事、严谨治学"的校训，学校始终坚持以质量效益为核心，不断深化管理制度改革，狠抓教学质量，紧紧围绕"学"和"教"做文章，总结经验，走出了一条较有特色的办学之路，较多经验被兄弟学校借鉴。制度合理严格，管理科学人性，干部以身作则，教师恪尽职守，师生融洽，学教和谐。由于管理到位，教师凝聚力增强，敢于打拼，乐于奉献，学校各项工作开展有声有色，教学质量稳步提高，中考上重点高中人数年年攀升，连续五年居耒阳市农村中学之首。学校良好的发展势头及取得的成绩，得到了上级领导和有关部门的好评，近几年在耒阳市教育局组织的教育教学质量评价和目标管理考评中都能获奖。

地址：衡阳市耒阳市仁义镇　邮政编码：421837

耒阳市长坪中学

雄伟的校门

耒阳市长坪中学始建于1985年7月，坐落在长坪乡政府东侧约200米处，占地面积9000多平方米。学校布局合理，教学楼、综合楼、师生宿舍等鳞次栉比；各功能室建设、设备齐全；校园广播系统、校园网络建设完成；篮球场、乒乓球场、排球场、羽毛球场等设施完备。

学校于2010年6月创建为湖南省第二批农村义务教育合格学校，是耒阳市农村学校的"领头羊"。学校现有学生737人，教学班10个，在编教师31人，其中中学高级教师3人，中学一级教师13人，耒阳市骨干教师2人。学校秉承"厚德博学，自强不息"的教育精神和"敢争第一"的雄心壮志，内强管理、外树形象、深化课改，建立了一整套行之有效的科学管理机制。近年来，学校毕业生考上省级示范性普通高中人数一直居片内第一。

团结务实的领导班子

校团活动

耒阳市第八中学

　　耒阳市第八中学坐落在耒阳市夏塘镇，面临耒阳市交通主干道——夏大路，交通极为便利，校园环境优雅，布局合理。

　　学校创建于1958年，有着近60年的办学经验和文化底蕴。学校现有12个教学班，在校学生600余人。校园面积4万平方米，建筑面积8800多平方米，体育运动场7200平方米，教育教学设施齐全，教学设备先进，装备有现代化的语音室、电脑室、多媒体室及多功能餐厅。

　　学校坚持以办"人民满意的教育"为宗旨，以"勤奋求实，开拓创新"为校训，坚持以文化建设为中心，弘扬个性特长，把学校办成一流的规范化完全中学，真正成为农村学生成长的摇篮。

地址：衡阳市耒阳市夏塘镇　邮政编码：421804

耒阳市第五中学

教学楼

耒阳市第五中学，创办于1934年秋，原名为新城纺织职业学校；1937年改为新城高级小学，1938年，广湘中学自衡阳迁入，1939年南京私立新生中学迁入，1940年，二校合一，名为新京中学；1943年，广湘中学复迁耒阳城关；1948年学校改名为新城中学；1950年，中南中学自江苏镇江迁入，与新城合并，办高小、初中、高中；同年，湖南私立大江初级中学迁入，三校合一，办初中，更名为湖南私立大江初级中学；1952年秋，由湖南省人民政府接办，更名为衡南第二初级中学；1953年又更名为湖南省耒阳第三初级中学；1966年升格为完全中学，1977年秋更名为新市区中；1984年定为耒阳市第五中学。学校历史悠久，校风笃实，桃李芬芳。

学校现有教学班12个，在校学生715人，在职教职工41人，其中中学高级教师4人，中学一级教师20人，耒阳市骨干教师2人，教师学历合格率为100%，本科学历人数占81.8%。学校占地70余亩，建筑面积7980平方米，学校图书馆藏书3.368万册，教学配套设施齐全。

团结务实的学校领导班子

学校确立了"坚持三个面向——服务社会，实施素质教育——质量立校，创新教育观念——教研兴校"的办学理念，坚持用严格规范要求学生，扎实课程发展学生，丰富活动提高学生，现代理念武装学生，树立了"文明、团结、勤奋、进取"的校风和"严谨、求实、创新、奉献"的教风，学校始终坚持正确的办学方向，全体教职工齐心协力、无私奉献、立足本职、埋头苦干，八十多年创业，硕果累累，学校先后被评为湖南省基础教育课程改革耒阳试验区样本学校、耒阳市教育教学质量先进单位、耒阳市综治工作先进单位、耒阳市先进基层党组织、耒阳市中小学控流保学先进单位等称号。

紫云峰

地址：衡阳市耒阳市新市镇紫云路　邮政编码：421818　办公电话：0734-4900392

耒阳市上架乡中心学校

　　耒阳市上架乡中心学校现辖上架中心完全小学、下庄联小、三江教学点、东畔教学点、文冲教学点、架木教学点、丛木塘教学点、南基教学点，即2所小学、6个教学点，此外还有1所中心幼儿园、1所民办幼儿园。现有学生587人，19个教学班，教职工51人。其中小学高级教师24人，耒阳市骨干教师4人。教师学历合格率达100%，本科学历的6人。2所小学通过湖南省合格学校建设标准验收。

　　学校布局合理，环境优美，基础设施齐全，文化氛围浓郁。学校坚持依法治校的办学政策，坚持以人为本的办学理念，以新课改为契机，以师资建设为动力，以安全工作为底线，以教学质量为生命线，全面贯彻教育方针，全面实施素质教育，教学质量稳步提高，多年来为党和国家培养教育一批批合格人才。

地址：衡阳市耒阳市上架乡古楼村1组　邮政编码：421808　办公电话：0734-4641006

耒阳市太平圩中学

耒阳市太平圩中学是耒阳市一所农村乡镇初级中学，牵手于群山翠绿之间，以高山水库为伴，与蜿蜒的公太乡级公路并肩而行，可谓地理位置得天独厚，交通便利。学校创办于1958年，时为明德小学，1968年下期附设初中班，1974年至1976年期间兴办高中，并更名为耒阳市太平中学；1976年至1997年期间，校舍坐落在太平圩乡太平村三组，1997年秋，因发展需要，学校搬迁到太平村四组，延续至今，现更名为耒阳市太平圩中学。

学校现有教学班14个，在校学生855人，教职工38人，其中中学高级教师2人，中学一级教师15人，耒阳市优秀教师8人，教师学历合格率达100%。学校占地30余亩，建筑面积4698平方米，绿化面积2600多平方米，运动场使用面积958平方米。学校教学配套设施完备，拥有学生计算机房、多媒体教室、多功能理化生实验室等现代化的功能教室。学校秉承着"德育为首、育人为本、五育并举、全面发展、提高素质、发展能力，努力培养合格+特长的创新型人才"的办学宗旨，坚持"教书育人、管理育人、服务育人、活动育人、环境育人"的育人方针，确立了"自强诚信、求是创新"的办学思路，传承着"团结谦逊、文明礼貌、遵规守纪、奋发图强"的优良校风，用"严谨执教、管教管导、教书育人、为人师表"作为

教职工的座右铭，教育学生勇于坚持、注重细节，激励学生勤奋扎实、戒骄戒躁，培养学生学有创建、全面发展，为高一级学校和社会培养了大量德才兼备的优秀人才。

深化素质教育，优化课程体系，立足于学生的整体发展，着眼于学生个性特长，培养合格+特长的学生。学校在关注学生学科成绩的同时，尤为重视学生的身心健康发展，特别是"留守儿童"的心理健康发展。广泛开展学生书画、器乐、科技创新、文学、英语、环保、篮球、羽毛球、乒乓球、跳绳、自行车越野、留守儿童心理辅导等社团活动，其中校篮球队、乒乓球队已成为太平圩乡青少年活动中心技能培训基地，"留守儿童"的心理辅导课题已与湖南农业大学该课题研究小组精诚合作，被定为教育部人文社会研究项目的合作基地。

学校先后被评为"耒阳市综治先进单位""湖南省初等学校勤工俭学先进单位""耒阳市教育系统反邪教警示教育先进单位""耒阳市国防教育先进单位"等称号。

地址：衡阳市耒阳市太平圩乡太平村四组　邮政编码：421826

耒阳市导子乡浔江中学

学校创办于1969年，坐落于耒阳市导子镇风景秀丽的曹流村陈家山脚下。学校依山傍水，环境优美宜人。学校占地面积约99.3亩，建筑面积18664平方米，实现了教学区、运动区、生活区基本分离。学校拥有理化生实验室、电脑室、多媒体室、图书室等多种教学功能室，配置了校园智能广播系统，有高标准的师生食堂，教学、生活设施设备齐全。学校现有8个教学班，其中初中6个班，小学六年级2个班，共有学生476人，教职工27人，其中中级职称教师15人。

近几年来，在学校领导的多方努力争取下，学校面貌焕然一新。学校建成了标准的柏油跑道，添置了多个乒乓球台、羽毛球场、篮球场，安装了太阳能路灯。教职工宿舍及女生寝室真正做到了明窗净几。学校安装了2个6吨的热水供应系统，还安装了净水系统，让师生喝上了放心水。

这几年学校的教育事业一年一个新台阶，2015年获耒阳市教育局年终目标考评二等奖，2016年获耒阳市教育局年终目标考评一等奖，得到了浔江人民的普遍称赞。

耒阳市小水镇中学

耒阳市小水镇中学地处耒阳市小水镇农科村一组，分为两个校区，其中一部占地面积27264平方米，二部占地10000平方米。校园布局合理，绿化环境优美。自2002年起，学校争取上级或自筹资金，先后修建了运动场，装备了实验室（3个）、仪器室（3个）、多媒体教室（2个、含电脑126台）、电子图书系统、图书馆（藏书44375册），兴建了学生公寓、教工宿舍、围墙、校门、食堂礼堂，硬化了进校道路，改造了综合楼窗户等。学校办学条件有了很大的改观，极大地满足了现代教育教学的需要。学校从课堂入手，坚持"先学后教，三维五步"的现代教学理念，改革教学模式，提高教学质量。学校现有教学班33个，在校学生2068人。学校在编教工123人，其中中学高级教师6人，中学一级教师59人，省级骨干教师1人。专任教师中，有本科学历的75人，专科学历的48人。

近三年，学校省级示范性普通高中上线情况：2014年78人，2015年87人，2016年92人。学校已形成了自己的办学特色，得到了上级领导部门和社会各界的好评。2008年学校成为湖南省首批义务教育合格学校。

学校综合教学实验楼

学校文化墙

方奉才综合楼

学校餐厅礼堂

学校学生住宿区

学校运动场

东湖圩镇中心学校

　　耒阳市东湖圩镇中心学校下辖15所小学：东湖中心完全小学、枫泉小学、北龙小学、湖塘小学、枣子小学、龙山小学、株山小学、上石小学、大桥小学、观音阁小学、小塘小学、石堰小学、汤泉小学、玄芝小学、小田小学。其中：枫泉小学在2010年、汤泉小学在2011年、观音阁小学在2012年分别被耒阳市人民政府督导室评估认定为"合格学校"。

　　学校现有教学班78个，在校小学生2175人，教职工109人，其中中级职称的82人，高级职称的1人，专任教师有本科学历的24人，专科学历的37人，学历合格率达100%。

　　学校以"德育为先，育人为本，全面发展，提高素质，发展能力，努力培养合格加特长的创新型人才"为办学宗旨，以"办合格学校，育创新人才，创一流佳绩"为办学目标，以"忠、勇、公、朴"为校训。

　　近年来，学校紧紧围绕教学工作中心，构筑科学的教学常规管理体系，通过教职工大会，形成一系列教育教学常规管理章程、制度、规定；创建教师广泛参与的教学评价队伍，定期实施阳光评价，充分运用评价结果激励广大教工爱校乐教，良好的教风、校风、学风初步形成，学校工作成绩喜人。2009、2010、2012年学校获耒阳市学校教育目标管理考评一等奖；2010、2011年分别获耒阳市教学质量评估二等奖、三等奖；2010—2015年连续五年获耒阳市教育系统综治安全工作先进单位；2010年获耒阳市教育系统新课程教学改革优秀实验学校；2009年在两项制度评估考核中获耒阳市先进单位；2014、2015年分别获耒阳市中小学生田径运动会小学二组第七名、第三名。

六一儿童节表演

体育课活动剪影

耒阳市实验中学

耒阳市实验中学是耒阳市十五届人大一号议案的重要项目，也是衡阳市一项重点民生工程。学校地处耒阳市五里牌办事处锡里居委会，南抵107国道，北临新城一路，东邻西湖北路，西至锣鼓岭山峰，占地面积184亩。从2009年开始建设，历时四年，于2012年9月交付使用。学校建设总投资约1.7亿，全部由衡阳市财政承担。校园规划依山傍势，分区合理，总建筑面积约44000平方米。学校功能齐全，设备先进，环境清雅，是学生学习的理想场所。现有学生4000多名，教职员工200余名，其中高级教师19人，中级教师116人，衡阳市骨干教师4人，耒阳市骨干教师12人。

办学理念：以人为本，着眼持续发展，构建和谐校园，追求卓越未来。

办学目标：创有特色、高质量、高品位的标准化初中。

教风：爱生敬业，务实善导。

学风：文明守纪，勤思好学。

校风：团结拼搏，求是创新。

校训：公、信、毅、博。

学校制订了"一年保稳定，三年上台阶，五年创品牌，十年铸辉煌"的规划。

学校坚持以全面提升教育教学质量为核心：在教学管理上，立足常规，以提高教学质量为中心，大胆开展课堂教学改革，2013年以来，学校分批次派员到杜朗口中学、景鸿中学、许市中学等学校学习，探索具有自己特色的课堂教学模式，稳步推进课堂教学改革；2015年学校的教研教改又以创建"优质空间课堂"为龙头开展创新性研究，成绩斐然，其中欧阳生安同志的个人空间课堂获湖南省优质空间课堂优秀等级。学校积极推广"武术进校园"活动，并结合学校实际创新性开展阳光锻炼一小时活动——"大课间操"，4000多人环足球场跑步，做武术操，动作整齐、气势磅礴、活力四射，深受社会各界赞誉。在德育工作管理上，坚持以德育人，以养成教育为重心，实施"晨会、夕会"制，创造性开展德育活动。在师资队伍建设上，立足校本，积极发挥教研组、备课组集体的力量，发挥市、县级骨干教师的引领作用，同时采取"请进来，送出来"方式给老师们充电，还开展教师业务测试、教学比武、"名师工程""一师一优课、一课一名师"等活动提升教师综合素养。一支师德高尚、业务精湛、结构合理、充满活力的教师队伍逐渐形成。

耒阳市白山坪学校

耒阳市白山坪学校始建于1976年，原隶属于白沙矿务局白山坪煤矿，2005年因企业改制移交耒阳市教育局管理。该校属九年一贯制学校，校区由白山坪总校和磨田分校组成，占地积17000平米，现有学生1022人，教职员工62人。近年来，学校以"办一流农村学校"为目标，坚持"依法、科学、人文、严格"的办学理念，从提高教师素质入手，大力开展师德师风建设，立足学校实际，致力内部挖潜，倡导新型教学模式，改变陈旧教学观念，以提高教学质量。2013年，该校5名教师参加耒阳市青年教师教学比武，有3人获一等奖，2人获二等奖，其中李青枚老师的"等腰三角形"作为优秀课参加了耒阳市"送课下乡"活动。师资水平的提升促进了校风学风的显著变化。近5年来学校学生被耒阳示范性普通高口录取人数逐年攀升，2015年被耒阳市教育局评为教学质量一等奖；职高升学率年年名列前茅；体育特色突出，连续四年代表公平片区参加耒阳市初中二组篮球赛，均获第一名，有多名学生被耒阳市第二中学篮球队特招；连续五年获耒阳市教育教学目标考评二等奖。

学生课间活动

丰富多彩的学生文体活动

学校全貌

耒阳师范附属小学

耒师附小

耒阳师范附属小学创办于1961年，在"文化立校、质量为本、爱心育人"的办学理念引导下，"附小人"历经50余年的不断进取，学校已形成了两校三区的格局，共有教职工480余人。学校本部坐落于耒阳市城区中心的大桥路128号，现有44个教学班，在校学生3100人；本部校舍占地面积20000余平方米，建筑面积15550平方米，体育活动场地4000余平方米。学校现有一支师德高尚、业务精湛的优秀教师队伍。在编教师100名，退休教师22人。专业教师中，87人拥有本科及以上学历。国家级骨干教师1人，省级骨干教师3人、特级教师1人、优秀教师1人，衡阳市优秀教师1人；中学高级教师7人，小学高级教师69人。

附属合资民办耒阳市港湘实验小学和耒阳市港湘实验幼儿园分别位于神农路和白云路，现共有80个教学班，学生4000余人。

学校坚持实施封闭式管理，拥有良好的基础设施和一流的教学设备。根据教育现代化的需要，学校先后建成了校园智能广播系统、校园宽带网、校园局域无线网、校园电话网、校园监控网、多媒体教室及云机房等专业教室，基本实现了教学现代化、办公现代化、管理现代化。2016年起，学校启动了校园布局调整三年规划，已经基本实现了办公区与教学区分离，功能教室得到进一步完善。

学校坚持走素质教育之路，坚持教育面向全体学生，促进学生全面发展。建校以来，共向高一级学校输送人才逾万名，其中已有不少成为知名人士和杰出人才。从学校毕业的学生有80余人考入北京大学、清华大学，有50余人获得博士学位。

学校把创品牌、铸名校作为自己的不懈追求。近年来，先后获得全国文明礼仪教育实验基地、全国少先队红旗大队、湖南省现代教育技术实验学校、湖南省创造教育基地、湖南省模范职工之家、湖南省巾帼文明示范岗、衡阳市文明学校、衡阳市园林式单位、衡阳市优秀学校、衡阳市教育教改示范校、衡阳市语言文字规范化示范学校、衡阳市优秀基层党组织等荣誉称号。

学校高度重视校园文化建设，塑胶操场、风雨长廊、桃李亭交相辉映，宣传橱窗、绿茵草地、腾飞钢雕等勾画出充满文化气息的美丽校园；学校坚持"全面发展、快乐成长"的办学目标和"以文明礼仪教育和经典诵读"为主线的办学特色，精心编排了《文明礼仪歌》《文明礼仪操》和校歌《再创辉煌》，把文明礼仪教育贯穿于学生的日常活动中。结合"经典诵读"开展的师生"晨读"活动有声有色，启动了教师"附小精神大讲坛"活动，汇编了师生校本教材，坚持让学生从小学习经典，接受中国传统文化的熏陶。

耒阳市金杯小学

耒阳市金杯小学创建于1976年，是耒阳市五里牌办事处的中心小学，现有两个校区，校园面积16092.9平方米，建筑面积13001.9平方米，教学班55个，学生3885人，教职工143人。教职工岗位合格率和学历达标率均为100%。

学校坚持"以德为首，五育并举，努力培养合格加特长的创新型人才"的办学宗旨，坚持"铸金杯特色，创金牌学校"的办学目标，坚持"教书育人，管理育人，活动育人，环境育人"的育人方针，全面实施素质教育，取得了丰硕的办学成果。

学校被评为湖南省合格学校，多次被评为耒阳市"文明单位""语言文字规范化学校""少先队工作先进单位""社会治安综合治理先进单位""无流失学生优秀学校""毒品预防教育活动示范学校""第五届科技创新大赛优胜单位""新课程教学改革优秀实验学校""教育阳光服务平台建设先进单位"等，教育教学质量名列耒阳市前茅，办学水平得到社会广泛好评。

耒阳市哲桥镇中心完小

　　耒阳市哲桥镇中心完小位于耒阳市北面，环境优雅、绿树成荫。学校现有10个教学班，学生433人，在编教师28人。学校占地总面积17302平方米，建筑面积5095平方米，绿化面积2377平方米，绿化覆盖率达30％。

教育教学设备精良

　　学校设施比较全面：建有多媒体教室（75平方米）、计算机室（30台，75平方米）、图书室（60平方米）、阅览室（30平方米）、劳技美术室（75平方米）、仪器室（60平方米）、实验室（75平方米）、体育器材室（30平方米）等专用教室，建有标准的篮球场，正在维修改建有250米环形跑道的运动场。

管理队伍求真务实

　　学校拥有一个"与时俱进，开拓创新，管理科学，敢为人先"的领导班子。他们均从事学校管理工作多年，领导班子学科结构合理，分工明确，精诚团结，求真务实，锐意进取，管理工作富有成效。

教师队伍爱岗敬业

　　学校在职教师28人，50岁以上3人，40-45岁的教师有9人，40岁以下的16人。教师年龄结构、学科结构比较合理，敬业精神强，教学理念新，教学方法活，教学效果好。

书香校园魅力四射

　　学校坚持"文化立校、质量强校"的办学理念，以"立足内涵发展，创建品牌学校"为办学目标，着力打造文化校园、智慧校园、和谐发展、生命校园。校园处处充满朝气、生机。校园环境绿化、美化、亮化。校园的思想文化、精神文化、制度文化、环境文化、行为文化已成为耒阳市校园文化建设的亮点。

成果骄人的办学效益

　　学校在"文化立校、质量强校"理念的指导下，践行"博学善导、厚生乐教"的教风。教育教学成绩优异，硕果累累，先后获得了"衡阳市合格中心完小""衡阳市园林式单位""耒阳市规范化中心完小""耒阳市区域性素质教育实验学校""耒阳市中小学教研教改示范学校""耒阳市小学生行为规范示范学校""耒阳市示范管理优胜单位""湖南省基础教育课程改革耒阳实验区样本学校"等荣誉称号，近三年年终目标和教育目标考评均获奖。

耒阳市金华小学

校门口

耒阳市金华小学创办于2007年9月，是一所从事幼儿园到小学教育教学的民办学校。学校占地24亩，建设面积16200平方米，总投资2820万元，在校学生、幼儿2300余人，教职工146人。学校办学设备先进，教师每人配有手提电脑，智能广播、校园网班班通，每班装有多媒体，实现现代化教学。教学功能室齐全，有电脑室、电子备课室、多媒体室、美术室、音乐室、舞蹈厅、仪器室、实验室、图书室、阅览室，每班有图书柜。校内绿树成荫，芳草如茵，是一所环境优美、设备先进的现代化学校。

学校拥有先进的办学理念和高素质的教师队伍，开办以来取得了令人瞩目的成绩：学生参加各种竞赛获国家级奖89人次、省级奖21人次、市级奖207人次、县级奖426人次；教师参加教学比武和论文评奖，118人次获国家级奖，335人次获省级奖、216人次获市级奖、316人次获县级奖，参加上级部门组织的各类学生竞赛中，10人次获国家级优秀指导老师奖、15人次获省级优秀指导老师奖、25人次获市级优秀指导老师奖、68人次获县级优秀指导老师奖。学校被中国民办教育联合会评为"全国先进民办学校"；被中国关心下一代工作委员会确认为"全国养成教育实验学校"；获"湖南省优秀少先队集体称号"；在耒阳市教育局学校教育目标管理考评中，四年获一等奖，两年获二等奖，两年获三等奖；连续八年被评为"耒阳市优秀民办学校"；学生参加耒阳市中小学生田径运动会连续七年获耒阳市小学一组团体总分第一名；

美丽的校园

2012年确定为衡阳市校园足球试点校；2015年确定为全国校园足球特色学校；2011年3月校长周平安同志被评为湖南省民办办学校优秀校长。学校拥有先进的办学理念和管理模式，特色教育成效誉满三湘，学校办学品牌初步形成。

学校将继续秉承"为每个学生的健康成长服务，让每个学生拥有成功的喜悦、拥有进步的欢乐"的办学理念，努力让每个学生充分享受教师的关爱，让每个学生的个性得到充分发展，为培养具有国际竞争力的中国人打下良好的基础。

标准的五人制足球场

学校小花园，孩子们的乐园

地址：衡阳市耒阳市经济开发区金华路北端西侧　**邮政编码：**421800
办公电话：0734-4367729

耒阳市前进小学

团结奋进的领导班子

耒阳市前进小学创办于1958年，现已成为耒阳市基础教育的一面旗帜。学校占地约8000平方米，在校学生人数约2600人，有３４个教学班，现有教职工93人，其中专科以上学历的达95％，小学高级教师69人，衡阳市学科带头人1人，耒阳市学科带头人3人，耒阳市骨干教师3人。

学校环境优美，办学条件一流。学校配备了35间多媒体学生教室，配备了现代化的、功能齐全的"十室"，建立了校园网络、广播系统、安监系统，配备了教师电子备课设施，图书馆藏书近40000册。学校拥有高标准的200米塑胶环形跑道、硅PU篮球场和排球场。

长期以来，学校实施规范化、精细化管理，打造了一支"师德高尚、业务精湛、追求卓越"的师资队伍，培养了一批批"文明守纪、好学向上"的莘莘学子，铸就了学校深厚的文化底蕴，学校各项工作取得了优异的成绩。近年来，学校师生共获得县级及以上各类比赛奖励达1600多人次。学校的教育教学质量，近年来在耒阳市乃至衡阳市稳居同类学校的前茅。学校语文课题"农村小学运用信息技术优化语文教学的研究"荣获了湖南省一等奖。学校体育教学有成效，连续几年在耒阳市田径运动会上，荣获同类学校第一名的好成绩。学校先后获得了"全国模范教工之家""全国名优学校""全国首批武术进校园试点学校""湖南省校园足球特色学校""湖南省示范性家长学校""湖南省文明卫生单位""湖南省少先队工作先进单位""衡阳市现代教育技术实验学校""衡阳市语言文字规范化示范学校""衡阳市十佳巾帼文明岗""衡阳市班级工作管理先进集体""衡阳市教育信息化创新应用示范学校"等多项殊荣，连续五年被评为耒阳市教育系统"综治安全工作先进单位"。

运动队训练

地址：衡阳市耒阳市南外街79号　邮政编码：421800　办公电话：0734-4349587

耒阳市哲桥镇集贤中心完小

耒阳市哲桥镇集贤中心完小位于耒阳市哲桥镇黎明村，在校学生240名，8个班级，专任教师15人。学校占地面积约 8200 平方米，建筑面积约2433平方米。学校布局合理，功能明确。经过2013年合格校的创建，学校的办学条件已经有了很大的改善，基本能满足现代化教育教学。

学校以"育全面发展的学生，办人民满意的教育"为办学宗旨，全面贯彻教育方针，注重学生全面素质的提高和创新能力的培养，重视学生身心健康和谐的发展，发展学生个性。学校以"诚实守信，团结拼搏"的校训、"守时守纪，团结拼搏"的校风、"敬业严谨，爱生善教"的教风和"尊师律已，勤学好问"的学风为办学理念。学校不断加强师资培训，不断改善办学条件，逐步创建"十室"，充分发挥现代技术在教育教学中的作用，培养学生的认知理解能力、综合实践能力、科学创新能力，为学生终身发展奠定良好的基石。

地址：衡阳市耒阳市哲桥镇黎明村9组　电话：0734-4920080　邮编：421800

耒阳市马水镇坪田学校

耒阳市马水镇坪田学校创办于1969年春，地处耒阳市东北角，距耒阳市区约60公里，东与郴州市的安仁县、北与衡阳市的衡南县接壤，是耒阳市农村首批九年一贯寄宿制学校之一。现有在校学生984人（含学前班66人），一至三年级为走读生，其余为寄宿生，当前寄宿生763人。学校共分17个教学班。现有教师44人，其中中学高级教师2人，耒阳市学科带头人3人，中级职称教师27人。学校总占地面积59816.2平方米，校舍建筑总面积10174平方米。学校布局合理，分区明确，环境幽静，是理想的办学场所。

学校积极探索办学方向、拓展发展思路，大胆开展教学及管理改革，几年来，学校坚持"师生为本，内涵发展"的办学理念，逐步形成了"自主、合作、热爱、向上"的校园文化，教学质量稳步提高。学校在积极推行课堂教学及管理改革以提升教育教学质量的同时，还建好了两个平台——教师大讲坛、学生才艺大舞台，营造了丰富多彩的校园生活氛围，让师生在活动中充实发展、共同成长，让课堂变成师生绽放活力的平台，让学校成为师生共有的美好家园。通过努力，学校逐步形成并完善了"123管理理念"，取得了良好的办学效益。

学校的课改、信息化教学及校园文化建设正引领着耒阳农村教育，成为耒阳市农村教育一面旗帜。学校连续多年被评为"耒阳市教学质量先进单位""新课改及校园文化建设示范学校""衡阳师范学院教学实践基地校"，2016年入选"湖南省最美乡村学校"、"校长国培计划——2016年边远贫困地区农村校长助力工程初中校长培训班影子实践基地"。

校园文化墙

新教学综合楼

才艺大舞台表演中的孩子们

趣味运动会中的孩子们

地址：衡阳市耒阳市马水镇坪田村　办公电话：0734-4815179　邮编：421821

耒阳市哲桥镇长源小学

　　耒阳市哲桥镇长源小学坐落在哲桥镇长源村8组，前身是由渔波塘小学、敖风角小学和大厉庵小学三校合并组建的和平小学，1985年正式更为现名。学校占地面积3000平方米，校舍建筑面积1600平方米。学校现有学生37人，5个教学班。有专任教师9人，其中小学高级教师7人，一级教师1人；教师学历合格率100%，其中大专学历的4人，中师学历的5人。以前，学校办学条件差，课桌板凳破、教室光线暗。为改变这种状况，2004年，耒阳市财政共投入100多万元，为学校新建了综合楼和厕所；2015年又投入了100余万元，为学校配备了多媒体教室、美术室、音乐室、图书室、仪器室和实验室，为学校信息化教学提供了硬件上的保障。2015年11月学校顺利通过湖南省合格学校验收。学校校园环境整洁优美，全部实现了绿化、美化、净化及路面硬化，在校园环境整体布局上，以突显中华古典文化、营造浓郁读书氛围为主线，努力营建书香校园，彰显学校特色。

　　学校管理严格，治学严谨，围绕"求实、求真、求善、求美"的办学目标，逐步确立了"让每个孩子幸福地成长"的办学理念，形成了"立德、求真、勤思、笃学"的良好学风和"文明和谐、追求卓越"的教风。学校建立健全各项制度，使学校德育、常规管理、教学管理、艺术教育等工作有序发展。几年来，在乡镇组织的教师基本功大赛、说课、学生演讲比赛、六一文艺会演等活动中，学校均取得了较好的成绩，为上一级学校培养了一大批合格人才。

耒阳市哲桥镇石塘完小

耒阳市哲桥镇石塘完小坐落在雷国基烈士故乡——哲桥镇石塘村柘塘组，前身是石塘小学，1992年迁入现址。经过二十多年的建设，学校已成为耒阳市北乡的样板学校。

学校占地面积6690平方米，建筑面积1703.6平方米，建有教学楼、综合楼、教工食堂等。学校办学条件好，设施设备齐，近年来积极争取上级拨款，先后装备和完善了图书室、阅览室、实验室、仪器室、美术室、音乐室、多媒体教室等，又新建了篮球场，改造维修了教学楼、综合楼、校门，新建了开放式围墙、花坛、绿化带和护坡，添置了现代化办公设备和学生课桌300套。学校的办学条件有了很大的改善，校园文化氛围非常浓厚，环境十分优雅舒适，极大地满足了现代化教育教学的需要。

学校现有教学班6个，在校学生223人，专任教师11人。学校师资力量雄厚，有小学高级教师10人；本科学历教师2人、专科学历教师9人，教师队伍学历合格率达100%。多名教师参加耒阳市教学比武获奖，教师撰写的论文、制作的课件多次获省、市级奖或在各级各类的刊物上发表。

学校坚持"为学生一生健康和谐发展奠基"的办学理念，形成了"立德、求真、勤思、笃学"的学风和"文明和谐、追求卓越"的教风。学校实行开放式办学、封闭式管理，积极为每一位学生的个性化成长创设平台。学校全面推行素质教育，教学质量好，得到社会各界的好评。

湖南师大附中耒阳分校

国务院研究发展中心社会发展研究部
研究室副主任佘宁(左一)视察学校

中共湖南省省委书记、省人大常委会主任杜家毫(正中)，
原衡阳市委副书记、市长周海兵(右一)，原耒阳市委书记
彭玉明(右三)来校指导工作

团结奋进的领导班子：
湖南师大附中校长（左二）谢永红，湖南师大附中耒阳分校董事长李泽（正中），副校长张凌（左一）、李智敏（右二），湖南师大附中办公室主任莫晖（右一）

校园风景

室内体育馆

学校学生实践示范基地暨学校绿色生态食品供应基地

综合楼

军营生活总结大会

校园风景

耒阳市灶市完全小学

　　耒阳市灶市完全小学创建于1950年，是一所公立完全小学。学校地处耒阳市五一南路253号，交通便利，占地面积5960平方米，建筑面积4730平方米。校园环境优雅，设施齐备，是莘莘学子成长的摇篮。学校现有19个教学班，在校学生1500余人。现有教师52人，其中本科学历的14人，专科学历的32人，中师学历的6人；小学高级教师36人，小学一级教师16人。

　　学校秉着"全面贯彻教育方针，全面提高教育教学质量"的办学宗旨，以"创精品学校、育优秀人才"为办学目标，逐步形成了"尊重、合作、博学、健体"的校训、"爱生、敬业、学高、身正"的教风和"尊师、乐学、善思、好问"的学风。学校教育教学质量稳步提升，各项工作成绩显著。2012年，学校参加耒阳市中小学田径运动会荣获团体第四名，2013年，学校荣获团体第三名；2013、2014年，学校参加耒阳市庆"六一"文艺会演活动连续两年荣获一等奖；2015年参加耒阳市诗词歌赋比赛获得一等奖；2014、2015年度，学校被评为耒阳市综治安全先进单位；2014年，学校被评为湖南省合格学校；2015年，学校被评为耒阳市养成教育示范校。学校不断彰显办学特色，积极推进和深化科教体制改革，各项工作均实现了历史性的跨越和发展。

地址：衡阳市耒阳市五一南路253号　邮政编码：421800　办公电话：0734-4252172

耒阳市鹿峰学校

　　耒阳市鹿峰学校创办于1992年，是耒阳市教育局直属、正规、专业、唯一的公办复读学校。20多年的办学经验使学校成为了质量过硬的专业性高考教学研究机构。专业的教师队伍更是学生的良师益友和实现理想的有力保障。校园安静恬雅，交通便利，闹中取静，绿树成荫。学校在"用心教育，服务于人"的办学宗旨指导下，办学成果得到社会各界的一致认可。

地址：衡阳市耒阳市金杯路10号　邮政编码：421800